बृहद्-अनुवाद-चन्द्रिका

बृहद्-अनुवाद-चन्द्रिका

[अनुवाद-व्याकरण-निबन्धादिविषय-संवलिता]

चक्रधर नौटियाल 'हंस' शास्त्री

मोतीलाल बनारसीदास

दिल्ली • मुम्बई • चेन्नई • कोलकाता

बंगलूरू • वाराणसी • पटना

चौदहवां पुनर्मुद्रण : दिल्ली, 2016
प्रथम संस्करण: वाराणसी, 1962

ISBN: 978-81-208-2114-9 (सजिल्द)
ISBN: 978-81-208-2115-6 (अजिल्द)

मोतीलाल बनारसीदास

41 यू.ए. बंग्लो रोड, जवाहर नगर, दिल्ली 110 007
236, नाइंथ मेन, III ब्लॉक, जयनगर, बंगलूरू 560 011
8 महालक्ष्मी चैम्बर, 22, भुलाभाई देसाई रोड, मुम्बई 400 026
203 रायपेट्टा हाई रोड, मैलापोर, चेन्नई 600 004
8 कैमेक स्ट्रीट, कोलकाता 700 017
अशोक राजपथ, पटना 800 004
चौक, वाराणसी 221 001

आर.पी. जैन के द्वारा एन ए बी प्रिंटिंग यूनिट,
ए-44, नारायणा, फेज़-1, नई दिल्ली 110 028 में मुद्रित
एवं जे.पी. जैन द्वारा मोतीलाल बनारसीदास
41 यू.ए., बंगलो रोड, जवाहर नगर, दिल्ली-110 007, के लिए प्रकाशित

दो शब्द

स्वतन्त्रता-प्राप्ति के अनन्तर भारतवासियों के हृदय में अपनी प्राचीन संस्कृति तथा गौरवमय अतीत के प्रति श्रद्धा एवं आदर के भाव जागरित होने लगे। आज भारतवासियों के मानस-पटल वैदेशिक दासता के कालुष्य से उन्मुक्त होकर उनमें अपनी मातृभाषा के प्रति सहज प्रेम अङ्कुरित हो रहा है। युग परिवर्तन होने में देर नहीं लगती है। यह भाषा विकास काल निःसन्देह संस्कृत भाषा का पुनरुत्थान काल है। कल जो लोग संस्कृत भाषा को मृतभाषा कह कर नाक-भौं सिकोड़ते थे और उसे अत्यन्त उपेक्षा एवं अवहेलना की दृष्टि से देखते थे आज उनमें भी संस्कृत के अध्ययन एवं अनुशीलन की अभिरुचि की भावना का प्रस्फुरण हो रहा है। आज वे अपने पूर्वजों की भारती को तथा भारतीय अतीत गौरव को पहचानने लगे हैं और उसी उपेक्षित संस्कृत भाषा को अपनी प्रादेशिक भाषाओं की जननी एवं कामधेनु मानने में गौरव का अनुभव करने लगे हैं। यहाँ तक कि आज देश के विद्वन्मूर्धन्य, सम्मान्य एवं प्रतिष्ठित व्यक्ति संस्कृत भाषा को राष्ट्रभाषा पद पर आसीन देखना चाहते हैं और देश के शिक्षा-संस्थानों में संस्कृत के अनिवार्य रूप से पठन की व्यवस्था के परिपोषक हो रहे हैं। ऐसे वातावरण में हमने प्रस्तुत पुस्तक को तैयार कर उसे विद्वत् समाज के समक्ष श्रद्धाञ्जलि के रूप में अर्पित किया है। हमें आशा है कि विद्वत्समाज हमारे सत्प्रयास का समादर करेगा। हमने संस्कृत वाङ्मय की विकीर्ण मौलिक कड़ियों को शृङ्खलाबद्ध करने का भरसक प्रयत्न किया है। हम अपने ध्येय में कहाँ तक सफल हुए हैं इसका निर्णय भी विद्वत्समाज ही करेगा।

अन्त में हम आदरणीय श्री महेन्द्रप्रताप शास्त्री एम. ए., एम. ओ. एल., प्रिंसपल जाट डिग्री कालेज, बड़ौत, मेरठ, श्रीमती लक्ष्मी सोंधी एम. ए., प्रिंसिपल, खुनखुनजी, गर्ल्स डिग्री कालिज लखनऊ, उनकी बहिन कुमारी आचार्या अन्नपूर्णा तांगड़ी एम. ए., एल. टी., प्रिंसिपल भारतीय बालिका विद्यालय लखनऊ, तथा आचार्य जितेन्द्र भारतीय एम. ए., साहित्य रत्न, लखनऊ के अत्यन्त आभारी हैं कि जिनकी सतत प्रेरणा एवं सौहार्दपूर्ण-आग्रह के फलस्वरूप प्रस्तुत पुस्तक अपने कलेवर में विद्वत् समाज के समक्ष उपस्थित हुई है।

बनारसी बाग, लखनऊ
१ मई, १९६२।

चक्रधर नौटियाल 'हंस'

विषय-सूची

भूमिका

भूमिका

अनुवाद-चन्द्रिका को विद्वत्समाज ने जो आदर एवं सम्मान प्रदान किया है उससे हमारे उत्साह का बढ़ना स्वाभाविक ही है। यह हमारे लिए कितने गौरव की बात है कि अनुवाद-चन्द्रिका का ५००० प्रतियों वाला द्वादश संस्करण एक वर्ष से भी कम समय में समाप्त हो गया और हमें अगले संस्करण को निकालने के लिए प्रोत्साहन मिला। हमारी पुस्तक में क्या विशेषता है, इसके पारखी सहृदय पठक एवं पाठक हैं, जिन्होंने इसे यह सम्मान प्रदान किया। अब अपने नवीन कलेवर में यह पुस्तक शीघ्र ही उनके समक्ष प्रस्तुत हो जायगी। इस पुस्तक के प्रचार एवं प्रसार का श्रेय स्वनाम-धन्य लाला सुन्दरलालजी जैन को है, जिनकी सतत प्रेरणा द्वारा पुस्तक के विशेष उपयोगी बनने में हमें सहायता मिली है। कई वर्षों से लाला जी का आग्रह था कि हम इस पुस्तक का एक बृहत् संस्करण निकालें, जिसमें सविस्तर संस्कृत व्याकरण, उच्चस्तर के अनुवाद एवं निबन्धों का समावेश हो तथा जो उच्च शिक्षार्थियों की आवश्यकताओं की पूर्ति कर सके। निदान परिस्थितियों के अनुकूल न होते हुए भी हमने लालाजी के आग्रह को आदेश समझा और प्रस्तुत पुस्तक का निर्माण कर डाला। इस पुस्तक के लिखने के ध्येय में हम कहाँ तक सफल हुए हैं, इसका निर्णय भी हमारे विज्ञ पठक-पाठक ही करेंगे, जिन्हें हम पुस्तक के गुणावगुण का सर्वोत्तम पारखी समझते हैं। वस्तुतः पुस्तक के लेखक को अपनी प्रशंसा करने अथवा करवाने का अधिकार है ही नहीं, क्योंकि पुस्तक के गुणावगुण का सच्चा पारखी छात्रवृन्द ही होता है।

आजकल के विद्वान् लेखक अपनी प्रशंसा के पुल बाँधते हुए नहीं हिचकिचाते। वे अपनी प्रशंसा एवं अपनी कृति के गुण बखान करते हुए लिखते हैं—"पुस्तक लिखने का उद्देश्य....अनुवाद के द्वारा सम्पूर्ण व्याकरण सिखाना। ६ मास में प्रौढ़ संस्कृत लिखने और बोलने का अभ्यास कराना....इत्यादि।" ऐसी बातें लिखकर हम विद्वत्समाज में अपना उपहास कराना नहीं चाहते। संस्कृत व्याकरण जैसे दुरूह और गहन विषय के सम्बन्ध में इस प्रकार की गर्वोक्ति हम समझते हैं कि लेखक की विद्वत्ता की परिचायिका नहीं है। राष्ट्र के सम्मान्य व्यक्तियों से अपनी प्रशंसा करवाना अथवा अपनी पुस्तक में विशिष्ट व्यक्तियों के चित्र छापकर लगाना तथा अपनी पुस्तक उन्हें समर्पित करना भी हम उचित नहीं समझते, क्योंकि जिस पुस्तक में समुचित ज्ञान का अभाव होता है या जिसमें नैसर्गिक ग्राह्य गुणों की कमी रहती है, लेखक इस प्रकार बाह्य आडम्बर द्वारा उसी पुस्तक के प्रचार के लिए सतत प्रयत्नशील रहता है।

कौन नहीं जानता कि संस्कृत व्याकरण की अनूठी पद्धति की पाश्चात्य विद्वानों ने भूरि-भूरि प्रशंसा की है और निःसन्देह उसी पद्धति को अपनाने से संस्कृत आज

भी जीवित भाषा है, फिर भी पाश्चात्य दासता का हम पर इतना प्रभाव है कि हम "इङ्गलिश, जर्मन, फ्रेंच और रूसी आदि भाषाओं में अपनायी गयी पद्धति को" ही वैज्ञानिक पद्धति समझते हैं और इन्हीं भाषाओं का नाम लेकर अपनी रचना की विशेषता या महत्त्व दिखलाने का प्रयास करते हैं। यह कितनी विडम्बना है कि पाश्चात्य विद्वान् हमारी संस्कृत शिक्षा-पद्धति की प्रशंसा करें और हम निःसार पाश्चात्य वैज्ञानिक पद्धति का ढोल पीटकर अपनी कृति का प्रचार करें !

संस्कृत भाषा में व्याकरण का जितना सूक्ष्म और विस्तृत अध्ययन है उतना संसार की किसी भी भाषा में नहीं है। ईसा से ८०० वर्ष पूर्व यास्क मुनि ने सर्वप्रथम शब्द निरुक्ति सम्बन्धी महत्त्वपूर्ण ग्रन्थ-निरुक्त का निर्माण किया। उन्होंने ही सर्वप्रथम नाम, आख्यात, उपसर्ग और निपात नाम से शब्दों का चतुर्विध विभाजन स्थापित किया। उसी के आधार पर महर्षि पाणिनि ने अपनी अनूठी पुस्तक अष्टाध्यायी का निर्माण किया।

लगभग ५०० वर्ष ईसा-पूर्व महर्षि पाणिनि ने अतीव सुदृढ़, सुसंयत तथा शृङ्खलाबद्ध व्याकरण की रचना की। उसकी जैसी वैज्ञानिक एवं परिपूर्ण शैली की टक्कर की पुस्तक संसार की किसी भाषा में उपलब्ध नहीं है। पाणिनि की अष्टाध्यायी में ४००० सूत्र हैं और वे आठ अध्यायों में विभाजित हैं, प्रत्येक अध्याय में चार पाद हैं। पाणिनि ने अपने व्याकरण को अत्यन्त संक्षेप में रखा है। इसका कारण सम्भवतः लेखन-सामग्री का अभाव या कंठाग्र करना रहा हो। समस्त शब्दजाल को संक्षिप्त करने के लिए महर्षि पाणिनि ने छः साधन अपनाये हैं—(१) प्रत्याहार, (२) अनुबन्ध, (३) गणपाठ, (४) संज्ञाएँ—घ, टि, लुक्, षष्, श्लु, घु आदि। (५) अनुवृत्ति, (६) असिद्ध (किसी विशेष नियम के सामने किसी नियम को हुआ न मानना—पूर्वत्रासिद्धम्।)

संस्कृत-व्याकरण के समुचित ज्ञान के लिए हम यहाँ पर कुछ उपयोगी पारिभाषिक शब्द दे रहे हैं।

(१) प्रत्याहार (संक्षिप्त कथन)—इनका आधार ये चौदह माहेश्वर सूत्र हैं—अ इ उ ण्, ऋ लृ क्, ए ओ ङ्, ऐ औ च्, ह य व र ट्, ल ण्, ञ म ङ ण न म्, झ भ ञ्, घ ढ ध ष्, ज ब ग ड द श्, ख फ छ ठ थ च ट त व्, क प य्, श ष स र्, ह ल्।

अक्, इक्, अच्, हल् आदि प्रत्याहार हैं। उदाहरणार्थ—'अइउण्' से 'अ' को लेकर और 'ऋलृक्' से इत्संज्ञक 'क्' को लेकर अक् (अ इ उ ऋ लृ) प्रत्याहार बनता है, इसी प्रकार झश् प्रत्याहार से झकारादि (झ भ घ ढ ध ज ब ग ड द) १० वर्णों का बोध होता है।

(२) अनुबन्ध—प्रत्ययों के आदि या अन्त में कुछ स्वर या व्यञ्जन इस कारण जुटे रहते हैं कि ऐसे प्रत्यय के होने पर गुण, वृद्धि, आगम, आदेश आदि कोई विशेष कार्य ह जाय, ऐसे वर्णों को अनुबन्ध कहते हैं। उदाहरणार्थ—स्त्री प्रत्यय

के विधान के लिए एक सूत्र है "षिद्गौरादिभ्यश्च"। इस सूत्र के अनुसार जिन प्रत्ययों में ष् इत् होता है, उन प्रत्ययों वाले शब्दों में स्त्री प्रत्यय द्योतनार्थ 'ङीष्' प्रत्यय लगता है, जैसे रजक (रञ्ज् + ष्वुन्) में ष्वुन् प्रत्यय आया है, अतः उसमें ङीष् जुड़कर 'रजकी' बनता है। इसी प्रकार 'क्तवतु' प्रत्यय में क् और उ, शतृ में श् और ऋ। 'क्तवतु' को कित् एवं 'शतृ' को शित् कहेंगे।

(३) गणपाठ—जब अनेक शब्दों में एक ही प्रत्यय लगाना होता है तब सब का एक गण बना दिया जाता है और आदि शब्द को लेकर एक सूत्र रच दिया जाता है, जैसे—"गर्गादिभ्यो यञ्" अर्थात् गर्ग शब्द से आरम्भ होनेवाले गण में यञ् प्रत्यय लगता है। गर्गादिगण में १०२ शब्द आये हैं। ये समस्त शब्द सूत्र में नहीं गिनाये गये और गर्गादि कहकर काम चलाया गया।

(४) संज्ञाएँ एवं परिभाषाएँ—

(१) **गुण**—(अदेङ्गुणः) अ, ए, ओ, गुण कहलाते हैं।

(२) **वृद्धि**—(वृद्धिरादैच्) आ, ए, औ को वृद्धि कहते हैं।

(३) **उपधा**—(अलोन्त्यात् पूर्व उपधा) अन्तिम वर्ण के ठीक पहले आने वाले वर्ण को उपधा कहते हैं।

(४) **सम्प्रसारण**—(इग्यणः सम्प्रसारणम्) य, व, र, ल, के स्थान पर इ, उ, ऋ, लृ का हो जाना सम्प्रसारण कहलाता है।

(५) टि—(अचोन्त्यादि टि) किसी भी शब्द के अन्तिम स्वर से लेकर अन्त तक का अक्षर समुदाय टि कहलाता है, जैसे—"मनस्" में अस् तथा "एशस्" में अस् टि हैं।

(६) प्रातिपदिक—(अर्थवदधातुरप्रत्ययः प्रातिपदिकम्) धातु और प्रत्यय के अतिरिक्त जो कोई भी शब्द अर्थयुक्त हो वह प्रातिपदिक कहलाता है। कृदन्त, तद्धितान्त, और समास पदों को प्रातिपदिक कहते हैं; जैसे—राम शब्द व्यक्तिवाचक होने से अर्थवान् है और न यह धातु है और न प्रत्यय। इसलिये यह प्रातिपदिक कहा जायगा। "रघु" शब्द में अण् प्रत्यय लगाकर राघव शब्द बना, यह भी प्रातिपदिक है।

(७) पद—(सुप्तिङन्तं पदम्) सुप् और तिङ् प्रत्यय लगने से पद बनता है प्रातिपदिक में लगने वाले प्रत्ययों को सुप् तथा धातु में लगने वाले प्रत्ययों को तिङ् कहते हैं, जैसे—राम में सु प्रत्यय लगने से 'रामः' बना यह पद हुआ। इसी प्रकार पठ् धातु में ति, तस् इत्यादि तिङ् प्रत्यय लगने से पठति, पठतः इत्यादि क्रियापद बनते हैं।

(८) सर्वनामस्थान—(सुडनपुंसकस्य) पुँल्लिङ्ग, और स्त्रीलिङ्ग शब्दों के आगे लगने वाले सुट्—सु, औ, जस्, अम् तथा औट् विभक्ति-प्रत्यय सर्वनामस्थान कहलाते हैं।

(९) पद—(स्वादिष्वसर्वनामस्थाने) सु से लेकर सुप् तक के प्रत्ययों में सर्वनाम स्थान को छोड़कर अन्य प्रत्ययों के आगे जुटने पर पूर्व शब्द की पद संज्ञा होती है।

(१०) भ—(यचिभम्) पद संज्ञा प्राप्त करनेवाले उपर्युक्त प्रत्ययों में यकार अथवा स्वर से आरम्भ होने वाले प्रत्ययों के आगे जुटने पर पूर्व शब्द की भ संज्ञा होती है।

(११) घु—(दाधा घ्वदाप्) दा और धा धातु को घु कहते हैं दाप् को नहीं।

(१२) घ—(तरप्तमपौ घः) तरप् और तमप् प्रत्ययों का सामान्य नाम घ है।

(१३) विभाषा—(न वेति विभाषा) जहाँ पर होने या न होने की सम्भावना रहती है, वहाँ पर विभाषा (विकल्प) है, ऐसा कहा जाता है।

(१४) निष्ठा—(क्तक्तवतू निष्ठा) क्त और क्तवतु प्रत्ययों का नाम निष्ठा है।

(१५) संयोग—(हलोऽनन्तराः संयोगः) स्वरों से अव्यवहित होकर हल् संयुक्त कहे जाते हैं, जैसे भव्य शब्द में व् और य् के बीच में कोई स्वर नहीं आया है, इसलिए ये संयुक्त वर्ण कहे जायेंगे। इसी प्रकार कृत्स्न आदि में।

(१६) संहिता—(परः सन्निकर्षः संहिता) वर्णों की अत्यन्त समीपता ही संहिता कही जाती है।

(१७) प्रगृह्य—(ईदूदेद्द्विवचनं प्रगृह्यम्) ईकारान्त, ऊकारान्त, एकारान्त द्विवचन पद प्रगृह्य कहलाते हैं।

(१८) सार्वधातुक प्रत्यय—(तिङ् शित् सार्वधातुकम्) धातुओं के पश्चात् जुड़ने वाले प्रत्ययों में तिङ् प्रत्यय एवं वे प्रत्यय जिनमें श् इत्संज्ञक हो जाता है सार्वधातुक कहलाते हैं, जैसे—(शतृ) सार्वधातुक प्रत्यय कहलाता है।

(१९) आर्धधातुक प्रत्यय—(आर्धधातुकं शेषः) धातुओं में जुड़ने वाले शेष अर्थात् सार्वधातुक के अतिरिक्त प्रत्यय आर्धधातुक कहलाते हैं।

(२०) सत्—(तौ सत्) शतृ और शानच् का नाम सत् है।

(२१) अनुनासिक—(मुखनासिकावचनोऽनुनासिकः) जिन वर्णों का उच्चारण मुख और नासिका दोनों से होता है उन्हें अनुनासिक कहा जाता है, जैसे—कँ, एँ, हँ, इत्यादि। "ँ" अनुनासिक चिन्ह द्वारा प्रकट किया जाता है। वर्गों के पंचमाक्षर ङ्, ञ्, ण्, न्, म् अनुनासिक वर्ण हैं, क्योंकि इनमें भी नासिका की सहायता ली जाती है।

(२२) सवर्ण—(तुल्यास्यप्रयत्नं सवर्णम्) जब दो या उनसे अधिक वर्णों के उच्चारण स्थान (मुखविवर में स्थित ताल्वादि) और आभ्यन्तर प्रयत्न समान या एक हों तो उन्हें "सवर्ण" कहते हैं।

(२३) अनुवृत्ति—सूत्रों के विस्तार को अधिक से अधिक संकुचित करने के लिये अनुवृत्ति पाँचवीं प्रणाली है। पाणिनि ने कुछ ऐसे सूत्र बनाये हैं, जिनका अलग तो कोई अर्थ नहीं होता, लेकिन परवर्त्ती सूत्रमाला के प्रत्येक सूत्र से युक्त

होने पर उनका अर्थ निकलता है। ऐसे सूत्र अधिकार सूत्र कहे जाते हैं। इनकी अनुवृत्ति का क्षेत्र तब तक बना रहता है जब तक कोई दूसरा अधिकार सूत्र नहीं आ जाता। जैसे—"तस्य विकारः", "तस्यापत्यम्" "अनभिहिते" आदि सूत्र हैं।

(२४) उदात्त—(उच्चैरुदात्तः) जो स्वर उच्च ध्वनि से बोला जाता है, उसे उदात्त कहते हैं।

(२५) अनुदात्त—(नीचैरनुदात्तः) जो स्वर नीची ध्वनि से बोला जाता है उसे अनुदात्त स्वर कहते हैं।

(२६) स्वरित—(समाहारः स्वरितः) उदात्त अनुदात्त के बीच की ध्वनि को स्वरित कहते हैं।

(२७) अध्याहार—(सूत्रे अश्रूयमाणत्वे सति अर्थप्रत्यायकत्वम्) सूत्र में जो शब्द या अर्थ नहीं है और वह शब्द या अर्थ ग्रहण किया जाता है तो उसे अध्याहार कहते हैं।

(२८) अन्वादेश—(किंचित् कार्यं विधातुमुपात्तस्य कार्यान्तरं विधातुं पुनरुपादानमन्वादेशः) पूर्वोक्त व्यक्ति आदि के पुनः किसी काम के लिए उल्लेख करने को अन्वादेश कहते हैं, यथा—अनेन व्याकरणमधीतम्, एनं छन्दोऽध्यापय।

(२९) आख्यात - (नामाख्यातोपसर्गनिपाताश्च) धातु और क्रिया को आख्यात कहते हैं।

(३०) आगम—शब्द या धातु के बीच में जो वर्ण या अक्षर जुड़ जाते हैं उन्हें आगम कहते हैं।

(३१) अपवाद—(विशेष नियम) यह नियम सामान्य नियम का बाधक होता है।

(३२) अपृक्त—(अपृक्त एकाल् प्रत्ययः) एक अल्—(स्वर या व्यंजन) मात्र शेष प्रत्यय अपृक्त कहलाता है। जैसे—सु का स्, ति का त्, सि का स्।

(३३) उणादि—(उणादयो बहुलम्) धातुओं से उण् आदि प्रत्यय होते हैं। उण प्रत्यय के ही कारण उणादि गण कहलाता है।

(३४) उपपद विभक्ति—किसी पद या शब्द को मानकर जो विभक्ति होती है उसे उ. वि. कहते हैं, जैसे—"श्रीगणेशाय नमः" में नमः के कारण चतुर्थी विभक्ति होती है।

(३५) कर्म प्रवचनीय—(कर्मप्रवचनीयाः) अनु, प्रति, उप आदि उपसर्ग कुछ अर्थों में कर्म प्रवचनीय होते हैं। इनके साथ द्वितीया आदि विभक्तियाँ होती हैं।

(३६) कृदन्त—जिन शब्दों के अन्त में कृत् प्रत्यय लगे होते हैं, उन्हें कृदन्त कहते हैं।

(३७) गण—धातुओं को १० भागों में बाँटा गया है, उन्हें गण कहते हैं; भ्वादि गण, अदादि गण आदि।

(३८) **निपात** (चादयोऽसत्त्वे, स्वरादि निपातमव्ययम्) च, वा, ह आदि को निपात कहते हैं, सभी निपात अव्यय या अविकारी होते हैं।

(३९) **आत्मनेपद**—(तङानावात्मने पदम्) तङ् (ते, एते, अन्ते आदि) शानच्, कानच् , ये आत्मनेपद होते हैं।

(४०) **परस्मैपद** - (लः परस्मै पदम्) लकारों के स्थान पर होने वाले तिः, तः, अन्ति आदि प्रत्ययों को परस्मैपद कहते हैं।

(४१) **मुनित्रय**—पाणिनि, कात्यायन, पतञ्जलि को मुनित्रय कहते हैं। मतभेद होने पर बाद वाले मुनि का मत प्रामाणिक समझा जाता है।

(४२) **यौगिक**—वे शब्द हैं जिनमें प्रकृति और प्रत्यय का अर्थ निकलता है, जैसे—पाचकः (पच् + अकः) पकाने वाला।

(४३) **वीप्सा**—दो बार पढ़ने (द्विरुक्ति) को वीप्सा कहते हैं, जैसे—स्मारं स्मारम्, स्मृत्वा-स्मृत्वा।

(४४) **समानाधिकरण**—एक आधार को समानाधिकरण कहते हैं।

(४५) **स्पर्श**—(कादयो मावसानाः स्पर्शाः) क से लेकर म तक वर्णों को स्पर्श कहते हैं। ये २५ वर्ण हैं।

(४६) **विकल्प**—ऐच्छिक नियम विकल्प कहलाते हैं।

(४७) **वार्तिक**—कात्यायन तथा पतञ्जलि द्वारा बनाये गये व्याकरण के नियमों को वार्तिक कहते हैं।

(४८ **वृत्ति**—(परार्थाभिधानं वृत्तिः) सूत्रों की व्याख्या वृत्ति कहलाती है। तद्धित, समास, कृत्, एकशेष, सन् आदि से युक्त धातु रूपों को वृत्ति कहते हैं।

(४९) **लुक्**—(प्रत्ययस्य लुक् श्लु लुपः) प्रत्यय के लोप का ही नाम लुक्, श्लु और लुप् है।

(५०, **अकर्मक**—वे धातुएँ हैं जिनके साथ कर्म नहीं आता। इन अर्थों वाली धातुएँ अकर्मक होती हैं—

"लज्जासत्तास्थितिजागरणं वृद्धिक्षयभयजीवितमरणम्।
शयनक्रीडारुचिदीप्त्यर्थं धातुगणं तमकर्मकमाहुः॥"

संस्कृत भाषा को पाणिनि ने जीवित भाषा के रूप में लिया, क्योंकि वैदिक भाषा को अपवाद के रूप में उन्होंने लिया। 'व्रीहिशाल्योर्ढक्' जैसे कृषक-जीवन से सम्बद्ध सूत्रों की व्यवस्था तथा नवाकु, गुहुलु, वटाकु आदि नाम बोलचाल की भाषा के ही द्योतक हैं।

ईसा से ४०० वर्ष पूर्व वररुचि का जन्म हुआ। उन्होंने पाणिनि के १५०० सूत्रों में कमी पाकर ४००० वार्तिकों की रचना की। वररुचि ने अष्टाध्यायी में केवल दोष नहीं निकाले, अपितु उनके निवारण के उपाय भी बतलाये। अतः उनकी आलोचना युक्तियुक्त और उचित है। कहीं-कहीं पर उन्होंने अनुचित आलोचना भी की है, जिसकी ओर महाभाष्यकार पतञ्जलि ने हमारा ध्यान आकृष्ट किया।

कात्यायन द्वारा पाणिनि पर किये गये आलोचनात्मक वार्तिकों का पतञ्जलि ने खण्डन किया और पाणिनि के सूत्रों का मण्डन कया। उन्होंने एक कठिन और नीरस विषय को वस्तुतः सरस एवं सजीव बना डाला है। महाभाष्य की शैली अत्यन्त सजीव और सुबोध है। महाभाष्य के जोड़ का कोई ग्रंथ संस्कृत साहित्य में नहीं है।

पाणिनीय व्याकरण को सुगम बनाने की दृष्टि से सन् १६३० के लगभग प्रख्यात पण्डित भट्टोजि दीक्षित ने 'सिद्धान्त कौमुदी' नामक ग्रन्थ की रचना की। इस ग्रन्थ में मुनित्रय के सिद्धान्तों के सांगोपांग समन्वय के साथ अन्य वैयाकरणों तथा अन्य पद्धतियों से भी सार ग्रहण किया गया है। इन्होंने सिद्धान्त कौमुदी पर स्वयं 'प्रौढ मनोरमा' नाम की टीका भी लिखी है।

श्री वरदराजाचार्य ने बालकों की सुविधा के लिए सिद्धान्त कौमुदी का संक्षिप्त रूप 'लघु सिद्धान्त कौमुदी' तथा 'मध्य सिद्धान्त कौमुदी' नामक पुस्तिकाओं से किया है।

संस्कृत भाषा के अनुवाद के लिए संस्कृत व्याकरण आवश्यक ही नहीं, अपितु अनिवार्य है, इसी कारण हमने ऊपर अत्यन्त संक्षेप में संस्कृत व्याकरण का ऐतिहासिक विवेचन किया है।

ओ नमः परमात्मने

तद्दिव्यमव्ययं धाम सारस्वतमुपास्महे ।
यत्प्रसादात्प्रलीयन्ते मोहान्धतमसश्छटा ॥

विषय-प्रवेश

रचना का उद्देश्य—भारतीय संस्कृति का स्रोत एवं राष्ट्रभाषा हिन्दी तथा अन्य भारतीय भाषाओं की जननी, संस्कृत भाषा का अध्ययन उसके नियमबद्ध व्याकरण की दुरूहता के कारण कठिन हो गया है। तथापि इस तथ्य को तो सभी देश-विदेशी भाषा-विशारदों ने माना है कि संस्कृत भाषा का व्याकरण अत्यन्त वैज्ञानिक एवं सुव्यवस्थित है। निःसन्देह उसके प्राचीन ढंग के अध्ययन तथा अध्यापन से आजकल के सुकुमार बालकों का अपेक्षित बुद्धिविकास नहीं होता और न उन्हें वह रुचिकर हो प्रतीत होता है। इसी कठिनाई को ध्यान में रखते हुए हमने संस्कृत भाषा के अध्ययन एवं अध्यापन को आजकल के वातावरण के अनुकूल सरल तथा सुबोध बनाने का प्रयत्न किया है।

वाक्य-रचना—वाक्य-रचना में भाषा का प्रयोग होता है। भाषा ही एक ऐसा साधन है जिसके द्वारा मानव-समाज अपने भाव और विचार दूसरों पर प्रकट करता है। भाषा में वाणी का ही नहीं, अपितु संकेतों का भी समावेश है। लिखनें और बोलने में हम भाषा का ही प्रयोग करते हैं। भाषाएँ अनेक प्रकार की है, जैसे—संस्कृत भाषा, अंग्रेजी भाषा, हिन्दी भाषा आदि।

'संस्कृत भाषा' उस भाषा को कहते हैं, जो संस्कृत अर्थात् शुद्ध एवं परिमार्जित हो। भाषा वाक्यों से बनती है; वाक्य में अनेक शब्द रहते हैं और प्रत्येक शब्द में अनेक ध्वनियाँ रहती हैं। उदाहरणार्थ—

"चन्द्रगुप्त एक प्रतापी राजा था।"—इस वाक्य में पाँच शब्द हैं और प्रत्येक शब्द में पृथक्-पृथक् ध्वनियाँ हैं। 'चन्द्रगुप्त' शब्द में 'च् + अ + न् + द् + र् + अ + ग् + उ + प् + त् + अ' ग्यारह ध्वनियाँ हैं। 'एक' में 'ए + क् + अ' तीन ध्वनियाँ* हैं।

यह लिपि, जिसमें हम इन अक्षरों को लिख रहे हैं, 'देवनागरी' कहलाती है। आजकल संस्कृत तथा हिन्दी भाषाएँ इसी लिपि में लिखी जा रही हैं। प्राचीन काल में संस्कृत भाषा ब्राह्मी लिपि में लिखी जाती थी।

स्वर और व्यञ्जन—ये ध्वनियों के दो भेद हैं। स्वर और व्यञ्जन में ध्वनि का अन्तर है। स्वर के बोलने में मुख-द्वार कम या अधिक खुलता रहता है, वह

---

*मानव की वाणी के उस छोटे-से-छोटे अंश को ध्वनि कहते हैं, जिसके टुकड़े न किये जा सकें। ध्वनि के उस छोटे से लिखित अंश को वर्ण अथवा अक्षर कहते हैं।

बिलकुल बन्द या इतना संकुचित नहीं किया जाता कि हवा रगड़ खा कर बाहर निकल सके। व्यञ्जन के उच्चारण में मुख-द्वार या तो सहसा खुलता है या इतना संकुचित हो जाता है कि हवा रगड़ खाकर बाहर निकलती है। इसी रगड़ या स्पर्श के कारण व्यञ्जन स्वरों से भिन्न हो जाते हैं। स्वर तीन प्रकार के होते हैं—ह्रस्व, दीर्घ और मिश्रित। दीर्घ स्वर के उच्चारण में ह्रस्व स्वर की अपेक्षा दुगुना समय लगता है। व्यञ्जनों को हल् अक्षर कहते हैं, जैसे—क्, ख्, ग्, आदि। संस्कृत एवं हिन्दी भाषाओं में इन्हीं अक्षरों (स्वरों एवं व्यञ्जनों) का उपयोग होता है।

निम्नलिखित १४ माहेश्वर सूत्र हैं। इनमें पूरी वर्णमाला इस प्रकार है—स्वर, अन्तःस्थ, वर्ग के पञ्चम, चतुर्थ, तृतीय, द्वितीय, प्रथम वर्ण, ऊष्म। १. अ इ उ ण्, २. ऋ ऌ क्, ३. ए ओ ङ्, ४. ऐ औ च्, ५. ह य व र ट्, ६. ल ण्, ७. ञ म ङ ण न म्, ८. झ भ ञ्, ९. घ ढ ध ष्, १०. ज ब ग ड द श्, ११. ख फ छ ठ थ च ट त व् १२. क प य्, १३. श ष स र्, १४. ह ल्।

स्वर {
अ इ उ ऋ ऌ—ह्रस्व (एक मात्रिक)
आ ई ऊ ॠ—दीर्घ (द्वि मात्रिक)
ए ऐ ओ औ—मिश्रित[1]
}

व्यञ्जन {
(कु) क ख ग घ ङ—कवर्ग
(चु) च छ ज झ ञ—चवर्ग
(टु) ट ठ ड ढ ण—टवर्ग
(तु) त थ द ध न—तवर्ग
(पु) प फ ब भ म—पवर्ग
} स्पर्श[2]
य र ल व—अन्तःस्थ
श ष स ह—ऊष्म
ं अनुस्वार
ँ अनुनासिक
: विसर्ग

२५ वर्ण—क से लेकर म तक—स्पर्श कहलाते हैं। ४ वर्ण—य र ल व—अन्तःस्थ हैं, अर्थात् इनके उच्चारण करने में भीतर से कुछ अधिक बल से साँस लानी पड़ती है। पाँचों वर्गों के प्रथम और द्वितीय अक्षरों (क ख, च छ आदि)

१—मिश्रित स्वर विकृत और दीर्घ हैं, जैसे—अ + इ = ए।

२—व्यञ्जन के उच्चारण में मुख के किसी न किसी भाग का दूसरे भाग से कुछ न कुछ स्पर्श अवश्य होता है; जैसे च् के उच्चारण में जिह्वा का तालु से तथा त् के उच्चारण में जिह्वा का दाँतों से स्पर्श होता है।

तथा ऊष्म वर्णों (श, ष, स, ह) को 'परुष व्यञ्जन' और शेष वर्णों (ग घ आदि) को **'कोमल-व्यञ्जन'** कहते हैं। व्यञ्जनों के दो और प्रकार हैं—**अल्पप्राण** तथा **महाप्राण**। पाँचों वर्गों के पहले और तीसरे वर्ण (क ग, च ज आदि) अल्पप्राण हैं तथा दूसरे और चौथे वर्ण (ख घ, छ झ आदि) महाप्राण हैं। वर्णों के पञ्चम वर्ण (ङ् ञ् ण् न् म्) अनुनासिक व्यञ्जन कहलाते हैं। ध्वनि के विचार से वर्णों के कण्ठ आदि स्थान हैं।'

अनुवाद—किसी भाषा के शब्दार्थ को दूसरी भाषा के शब्दों में बदलने को अनुवाद कहते हैं।

[अनु = पश्चात्, वद् = वाद = कहना; एक बात को फिर से कहना अर्थात् एक बात को अन्य शब्दों में बदल करके कहना। इस यौगिक अर्थ के अनुसार अनुवाद एक भाषा से उसी भाषा में भी हो सकता है, परन्तु लोक व्यवहार में अनुवाद शब्द का योगरूढ़ अर्थ ही प्रसिद्ध है, अर्थात् 'एक भाषा को दूसरी भाषा में बदलना'।]

अनुवाद-प्रणाली के वर्णन करने से पूर्व वाक्य में जो सुबन्त, तिङन्त आदि शब्द रहते हैं उनका विवेचन करना तथा कारकों का संक्षिप्त वर्णन यहाँ पर उचित होगा।

कारक (कर्त्ता, कर्म आदि)—"गोपाल पुस्तक पढ़ता है।" इस वाक्य में पढ़नेवाला 'गोपाल' है। "राम ने रावण को मारा।" इस वाक्य में मारने वाला 'राम' है। 'पढ़ना' और 'मारना' ये दो क्रियाएँ हैं। इन क्रियाओं के करने वाले 'गोपाल' और 'राम' हैं। क्रिया के करने वाले को **कर्त्ता** कहते हैं। अतः इन दो वाक्यों में 'गोपाल' और 'राम' कर्त्ता हैं।

प्रथम वाक्य में पढ़ने का विषय 'पुस्तक' है और द्वितीय में मारने का विषय 'रावण' है। 'पुस्तक' और 'रावण' के लिए ही कर्त्ताओं ने क्रियाएँ कीं, अतः मुख्यतः जिस चीज के लिए कर्त्ता क्रिया को करता है, उसको **कर्म** कहते हैं।

'राजा ने अपने हाथ से ब्राह्मणों को दान दिया।' इस वाक्य में दान क्रिया की पूर्ति हाथ से हुई, अतः हाथ **करण** हुआ। इसी वाक्य में दान की क्रिया 'ब्राह्मणों' के लिए हुई, अतः 'ब्राह्मण' **सम्प्रदान** हुआ।

१—ध्वनि के विचार से वर्णों का स्थान—अ आ : ह् क् ख् ग् घ् ङ् (कण्ठ)
इ ई य् श् च् छ् ज् झ् ञ् (तालु)
ऋ ॠ र् ष् ट् ठ् ड् ढ् ण् (मूर्धा)
ऌ ल् स् त् थ् द् ध् न् (दन्त)
उ ऊ ⁀ प् ⁀ फ प् फ् ब् भ् म् (ओष्ठ)
ए ऐ (कण्ठ तालु), ओ औ (कण्ठ ओष्ठ)
व् (दन्त ओष्ठ), अनुस्वार (नासिका)
ङ् आदि का स्थान (कण्ठ नासिका आदि)

"आम के वृक्षों से भूमि पर फल गिरे।" इस वाक्य में वृक्षों से फल पृथक् हुए, अतः 'वृक्ष' **अपादान** हुआ। फल भूमि पर गिरे, अतः 'भूमि' **अधिकरण** हुई। आम का सम्बन्ध वृक्षों से है, अतः 'आम' **सम्बन्ध** हुआ।

उपरिलिखित चार वाक्यों में 'पढ़ना' 'मारना' 'देना' और 'गिरना' क्रियाओं के सम्पादन में जिन कर्त्ता, कर्म आदि शब्दों का उपयोग हुआ है, उन्हें कारक कहते हैं। कारक वह वस्तु है जिसका उपयोग क्रिया की पूर्ति के लिए किया जाता है। अनेक वैयाकरणों ने सम्बन्ध को भी कारक माना है।[1]

कारकों को जोड़ने के लिए हिन्दी में 'ने' 'को' आदि चिह्न काम में आते हैं, ये 'विभक्ति' (कारक-चिह्न) कहलाते हैं। संस्कृत में सात विभक्तियाँ और एक सम्बोधन होता है।

विभक्तियाँ (Case-signs)	कारक (Cases)	अर्थ (Meanings)
प्रथमा	कर्त्ता (Nominative)	(वह वस्तु), ने
द्वितीया	कर्म (Accusative)	को
तृतीया	करण (Instrumental)	से, के द्वारा
चतुर्थी	सम्प्रदान (Dative)	के लिए
पञ्चमी	अपादान (Ablative)	से[2]
षष्ठी	सम्बन्ध (Genitive)	का, के, की
सप्तमी	अधिकरण (Locative)	में, पर, पै
सम्बोधन	सम्बोधन (Vocative)	हे, अये, भोः

हिन्दी में कर्त्ता कर्म आदि सम्बन्ध दिखाने के लिए 'ने' 'को' 'से' आदि शब्द संज्ञा या सर्वनाम के पीछे जोड़ दिये जाते हैं, किन्तु संस्कृत में यह सम्बन्ध दिखाने के लिए संज्ञा या सर्वनाम का रूप ही बदल जाता है, जैसे रामः (राम ने) रामम् (राम को), रामस्य (राम का)।

राम शब्द का सात विभक्तियों में प्रयोग—

रामो राजमणिः सदा विजयते रामं रमेशं भजे
रामेणाभिहता निशाचरचमू रामाय तस्मै नमः।
रामान्नास्ति परायणं परतरं रामस्य दासोऽस्म्यहम्
रामे चित्तलयः सदा भवतु मे हेराम मां पालय॥

इन प्रथमा आदि विभक्तियों से कारकों का ही निर्देश नहीं होता, अपितु ये

१—कर्तृवाच्यप्रयोगे तु प्रथमा कर्तृकारके। द्वितीयान्तं भवेत् कर्म कर्त्रधीनं क्रियापदम्। कर्त्ता कर्म च करणं च संप्रदानं तथैव च। अपादानाधिकरणे इत्याहुः कारकाणि षट्॥

२—जब पृथक् होने या हटने का ज्ञान हो तब अपादान (पञ्चमी) होता है और जब संज्ञा से क्रिया के साधन (जरिया) का ज्ञान हो तब करण (तृतीया) होता है।

विभक्तियाँ वाक्य में प्रति, विना, अन्तरेण, अन्तरा, ऋते, सह, साकम् आदि निपातों के योग से भी 'नाम' से परे प्रयुक्त होती हैं। ये विभक्तियाँ नमः, स्वस्ति, स्वाहा, स्वधा, अलम् आदि अव्ययों के योग से भी व्यवहृत होती हैं। ऐसी दशा में इन्हें **"उपपद विभक्तियाँ"** कहते हैं।

कारकों के समझने के लिए छात्रों को अन्य भाषाओं का सहारा न लेना चाहिए। उन्हें कारकों के ज्ञान अथवा शुद्ध संस्कृत भाषा के बोध के लिए संस्कृत साहित्य का परिशीलन करना चाहिए। कहाँ कौन सा कारक होना चाहिए, इसका ज्ञान शिष्टों अथवा प्रसिद्ध संस्कृत ग्रन्थकारों के व्यवहार से ही हो सकता है, क्योंकि "विवक्षातः कारकाणि भवन्ति। लौकिकी चेह विवक्षा न प्रायोक्त्री।"

संस्कृत के व्याकरण में सुबन्त और तिङन्त के रूपों का प्रतिपादन किया गया है। छात्रों को ये कठिन और शुष्क प्रतीत होते हैं। सुबन्त और तिङन्त के समस्त रूपों का याद कर लेना सुगम नहीं है। अतः हमने आचार्य पाणिनि के नियमों के आधार पर छात्रों के लिए वैज्ञानिक एवं सुव्यवस्थित ढङ्ग पर विषय का प्रतिपादन किया है।

नाम या सुबन्त शब्दों के साथ सात विभक्तियों के तीन वचनों में २१ प्रत्यय लगते हैं। उन विभक्तियों के साधारण ज्ञान प्राप्त करने के लिए हम यहाँ पर 'सरित्' शब्द के रूप दे रहे हैं। इनमें प्रायः सब प्रत्यय (सु को छोड़कर) अपने रूपों में स्पष्ट हैं।

सरित् (नदी)

	एकवचन	द्विवचन	बहुवचन
प्रथमा	सरित्	सरितौ	सरितः
द्वितीया	सरितम्	सरितौ	सरितः
तृतीया	सरिता	सरिद्भ्याम्	सरिद्भिः
चतुर्थी	सरिते	सरिद्भ्याम्	सरिद्भ्यः
पंचमी	सरितः	सरिद्भ्याम्	सरिद्भ्यः
षष्ठी	सरितः	सरितोः	सरिताम्
सप्तमी	सरिति	सरितोः	सरित्सु
सम्बोधन	हे सरित्	हे सरितौ	हे सरितः

सुबन्त के २१ प्रत्यय

	अर्थ	एकवचन	द्विवचन	बहुवचन
प्र०	(ने)	स् (सु)	औ	अस् (जस्)
द्वि०	(को)	अम्	औ (औट)	अस् (शस्)
तृ०	(से, के द्वारा)	आ (टा)	भ्याम्	भिस्
च०	(के लिए)	ए (ङे)	भ्याम्	भ्यस्
पं०	(से)	अस् (ङसि)	भ्याम्	भ्यस्
ष०	(का, के, की)	अस् (ङस्)	ओस्	आम्
स०	(में, पर)	इ (ङि)	ओस्	सु (सुप)

विकारी तथा अविकारी शब्द—ऊपर कहा जा चुका है कि वाक्य में अनेक शब्द रहते हैं, यथा—(१) "छात्रः सदा पुस्तकं पठति (विद्यार्थी हमेशा पुस्तक पढ़ता है।)" इसी वाक्य को इस ढंग से भी कह सकते हैं—

(२) छात्रः सदा पुस्तकानि पठति (विद्यार्थी हमेशा पुस्तकें पढ़ता है।)

(३) छात्राः सदा पुस्तकानि पठन्ति (विद्यार्थी हमेशा पुस्तकें पढ़ते हैं।)

इन वाक्यों को देखने से ज्ञात होता है कि शब्दों में कुछ ऐसे शब्द हैं जिनके रूप हमेशा एक से रहते हैं, जैसे इन वाक्यों में 'सदा' शब्द है। कुछ शब्द ऐसे हैं जिनके रूपों में परिवर्तन हो जाता है, जैसे—छात्रः, पुस्तकम्, पठति के रूपों में परिवर्तन हो गया है। अतः यह निष्कर्ष निकला कि—

जिन शब्दों के रूपों में किसी भी दशा में परिवर्तन या विकार नहीं होता है वे **अव्यय** कहलाते हैं, जैसे ऊपर के वाक्य में 'सदा' शब्द है। जिन शब्दों के रूपों में परिवर्तन हो जाता है वे **विकारी** शब्द कहलाते हैं। विकारी शब्द अनेक प्रकार के होते हैं, उदाहरणार्थ—

"राष्ट्रपतिः तुभ्यं सुन्दरं पारितोषिकम् अददात् (राष्ट्रपति ने तुम्हें सुन्दर इनाम दिया)।" इस वाक्य में '**राष्ट्रपतिः**' शब्द **संज्ञा** या नाम है; **तुभ्यम्** (तुझे) संज्ञा के स्थान पर आया है, अतः **सर्वनाम** है; **सुन्दरम्** शब्द पारितोषिक (इनाम) की विशेषता बतलाता है, अतः **विशेषण** है; **अददात्** (दिया) शब्द किसी कार्य का करना बतलाता है, अतः **क्रिया** है।

शब्दों के भेद

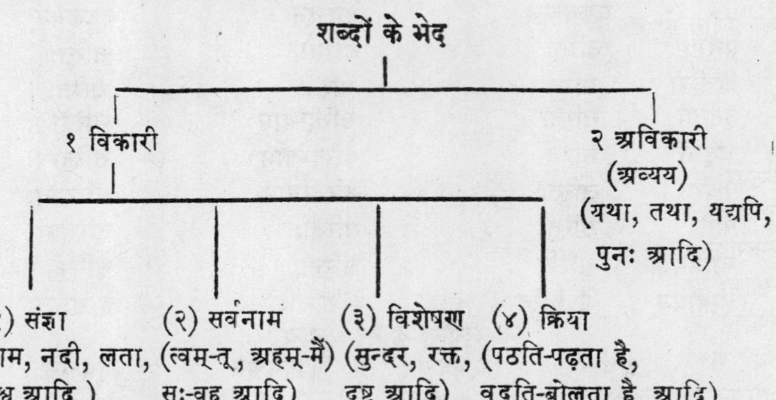

वाक्य-रचना—"नलः दमयन्तीं परिणिनाय (नल ने दमयन्ती से विवाह किया।)" इस वाक्य में पहले कर्ता (नलः) फिर कर्म (दमयन्तीम्) और अन्त में क्रिया (परिणिनाय) आयी है। अतः संस्कृत के वाक्यों का क्रम भी राष्ट्रभाषा हिन्दी के समान ही है—पहले कर्त्ता, फिर कर्म और अन्त में क्रिया, परन्तु हम ऊपर लिख आये हैं कि संस्कृत में विकारी शब्द अधिक हैं और अविकारी कम। अतः हम इन्हीं वाक्यों को इस प्रकार भी लिख सकते हैं—

दमयन्तीं नलः परिणिनाय,
परिणिनाय दमयन्तीं नलः,
अथवा
परिणिनाय नलः दमयन्तीम्।

इन वाक्यों में शब्दों का क्रम चाहे जैसा भी हो, 'नलः' कर्त्ता, 'दमयन्तीम्' कर्म और 'परिणिनाय' क्रिया ही रहती है। कारण, इन सब शब्दों में सुप् विभक्ति अथवा तिङ् विभक्ति रहती है, अतः इनके स्थान परिवर्तन करने से भी ये विभक्ति-चिह्नों द्वारा झट पहिचाने जा सकते हैं। यह क्रम अंग्रेजी आदि अविकारी भाषाओं में नहीं है। हिन्दी में भी अंग्रेजी के समान क्रिया का स्थान निश्चित रहता है। हिन्दी में क्रिया वाक्य के अन्त में आती है, किन्तु अंग्रेजी में क्रिया कर्त्ता और कर्म के बीच में। संस्कृत में अधिकांश शब्दों के विकारी होने के कारण कर्त्ता, कर्म, क्रिया आगे-पीछे भी आ सकती हैं और यह संस्कृत की अपनी विशेषता है।
अब इस वाक्य को देखो—

धर्मज्ञो नलः सर्वगुणालङ्कृतां दमयन्तीं विधिना परिणिनाय। (धर्मात्मा नल ने सब गुणों से सम्पन्न दमयन्ती से विधिपूर्वक विवाह किया।)

इस वाक्य में 'धर्मज्ञ' शब्द 'नल' संज्ञा का विशेषण है और 'विधिना' शब्द 'परिणिनाय' क्रिया का विशेषण है, अतः जिन शब्दों की ये विशिष्टता बतलाते हैं, उनके पूर्व ही इनका मुख्यतः प्रयोग होता है, अर्थात् संज्ञा शब्द का विशेषण उसके पूर्व और क्रिया-विशेषण क्रिया के पूर्व आता है, किन्तु कभी-कभी आगे पीछे भी इनका प्रयोग हो सकता है, जैसे—

नलः सर्वगुणालङ्कृतां विधिना परिणिनाय दमयन्तीम्।
नलः सर्वगुणालङ्कृतां दमयन्तीं परिणिनाय विधिना।

लिंग और वचन

उपर के वाक्यों में 'नलः' एक ऐसा नाम है जिससे पुरुष जाति का बोध होता है, अतः यह शब्द **पुँल्लिङ्ग** है।

'दमयन्ती' शब्द से स्त्री जाति का बोध होता है, अतः यह **स्त्रीलिङ्ग** शब्द है।

छात्रः पुस्तकानि क्रीणाति (विद्यार्थी पुस्तकें खरीदता है।)" इस वाक्य में 'पुस्तकानि' शब्द से न तो पुरुष जाति का बोध होता है और न स्त्री जाति का, अतः यह शब्द **नपुंसक लिङ्ग** है।

संस्कृत में लिङ्ग-ज्ञान कोष की सहायता अथवा साहित्य के पारायण से ही होता है। व्याकरण के नियमों का लिङ्ग-निर्धारण में अधिक उपयोग नहीं किया जा सकता।

संस्कृत में एक ही शब्द या वस्तु के वाचक शब्द भिन्न-भिन्न लिङ्गों के हैं, यथा-तटः, तटी,तटम्—(तीनों का अर्थ किनारा है।) इसी प्रकार—परिग्रहः, भार्या, कलत्रम् (तीनों का अर्थ पत्नी है।) इसी भाँति—संगरः, आजिः, युद्धम् (तीनों का अर्थ युद्ध है।)

कभी-कभी एक ही शब्द का कुछ थोड़े से अर्थ भेद के कारण भिन्न-भिन्न लिङ्गों में प्रयोग होता है, यथा—सरस्वत् (पुँल्लिङ्ग) का अर्थ है समुद्र, किन्तु सरस्वती (स्त्रीलिङ्ग) का अर्थ है एक नदी। इसी प्रकार सरस् (नपुं०) का अर्थ है तालाब या छोटी झील, किन्तु सरसी (स्त्री लिङ्ग) का अर्थ है एक बड़ी झील। कृत् प्रत्यय भी लिङ्ग-ज्ञान में सहायक होते हैं, किन्तु पूर्ण ज्ञान तो पाणिनि के लिङ्गानुशासन से ही हो सकता है।

इन्हीं वाक्यों में 'नलः' या 'छात्रः' से एक संख्या का बोध होता है, अतः ये शब्द **एक वचन** हैं और 'पुस्तकानि' (पुस्तकें) से बहुत सी पुस्तकों का ज्ञान होता है, अतः यह शब्द **बहुवचन** है। संस्कृत में द्विवचन भी होता है जैसे—छात्रः पुस्तके अक्रीणात् (छात्र ने दो पुस्तकें खरीदीं)। इस वाक्य में 'पुस्तकें' द्विवचन है।

संस्कृत भाषा में श्रोत्र, चक्षुस्, बाहु, स्तन, चरण आदि शब्द द्विवचन में ही प्रयुक्त होते हैं, यथा—'ममाक्षिणी दुःख्यतः (मेरी आँखें दुखती हैं),' श्रान्तायास्त स्याश्चरणौ न प्रसरतः (उस थकी हुई के पाँव आगे नहीं बढ़ते)। संस्कृत में अपने लिए बहुवचन का ही प्रयोग होता है, यथा—'वयमिह परितुष्टाः वल्कलैस्त्वं दुकूलैः (भर्तृहरि) (मुझे छाल पहनकर ही सन्तोष है और तुझे महीन वस्त्र से।)

संस्कृत में कुछ ऐसे शब्द हैं जिनका बहुवचन में ही प्रयोग होता है, यथा—दार (पत्नी) पुँ०, अक्षत (पूजार्ह अटूट चावल) पुँ०, लाज (खील) पुँ०। इसी प्रकार अप् (जल) सुमनस् (फूल), वर्षा, अप्सरस् (अप्सराएँ), सिकता (रेत) समा (वर्ष), जलौकस् (जोंक) इन स्त्रीलिङ्ग शब्दों का बहुवचन में ही प्रयोग होता है। गृह (पुँ०), पांसु (धूलि) पुँ०, धाना (भूने जौ) स्त्री०, सक्तु, असु (प्राण), प्रजा, प्रकृति (मन्त्रिगण, या प्रजावर्ग) कश्मीर शब्द बहुवचन में ही प्रयुक्त होते हैं।

जब क्रिया से कोई वचन सूचित न हो तब एक वचन ही प्रयुक्त होता है, यथा—इदं ते कर्त्तव्यम्।

सर्वनाम शब्द—बात चीत करने में एक व्यक्ति वह होता है जो बातचीत करता है; दूसरा वह होता है जिससे बातचीत की जाती है और तीसरा (चेतन अथवा अचेतन) वह होता है जिसके विषय में बात चीत की जाती है। बोलनेवाला उत्तम पुरुष, जिससे बातचीत की जाती है मध्यम पुरुष, और जिसके विषय में बातचीत की जाती है वह प्रथम पुरुष या अन्य पुरुष कहलाता है।

	(१) उत्तम पुरुष	(२) मध्यम पुरुष	(३) प्रथम पुरुष
एक वचन	अहम् (मैं)	त्वम् (तू)	सः (वह) सा (वह) तत्
द्वि वचन	आवाम् (हम दो)	युवाम् (तुमदो)	तौ (वे दो) ते (वे दो) ते
बहु वचन	वयम् (हम)	यूयम् (तुम)	ते (वे) ताः (वे) तानि

युष्मद् और अस्मद् को छोड़ कर सर्वनाम शब्द तीनों लिङ्गों में विशेष्य के अनुसार होते हैं।

संख्यावाचक शब्द—एक, द्वि आदि तथा पूरण (प्रथम, द्वितीय आदि) विशेषण होते हैं, किन्तु सामूहिक वाचक द्वय, त्रय आदि संज्ञाएँ हैं। अतः इनका

प्रयोग विशेषण के रूप में न होकर संज्ञा के रूप में होता है, यथा—पुस्तकयोर्द्वयम्, पुस्तकानां त्रयम् आदि।

एक शब्द केवल एकवचन में होता है; द्वि शब्द केवल द्विवचन में और त्रि से लेकर अष्टादशन् तक शब्दों का केवल बहुवचन में ही प्रयोग होता है। 'एक' से 'चतुर्' तक शब्दों का लिङ्ग विशेष्य शब्द के अनुसार होता है; यथा— चत्वारः मानवाः, चतस्रः स्त्रियः, चत्वारि फलानि आदि। इनके बाद लिङ्ग का भेद नहीं होता, यथा—पञ्च मानवाः, पञ्च स्त्रियः, विंशतिः मानवाः, विंशतिः स्त्रियः।

एकोनविंशति से नव विंशति तक समस्त शब्द एकवचनान्त स्त्री लिङ्ग हैं। इनके रूप एक वचन में ही चलते हैं। इकारान्त विंशति, षष्टि, सप्तति, अशीति, नवति तथा जिनके अन्त में ये शब्द हों उनके रूप स्त्रीलिङ्ग में 'मति' शब्द के समान होते हैं। तकारान्त त्रिंशत्, चत्वारिंशत् के रूप 'सरित्' शब्द की भाँति होते हैं। शतम्, सहस्रम्, अयुतम्, लक्षम्, नियुतम् आदि सदैव एकवचनान्त नपुंसक हैं।

संख्या वाचक शब्दों के सम्बन्ध में एक बात स्मरणीय है कि उनका अन्य सुबन्त शब्दों के साथ समास नहीं हो सकता, यथा—'विंशतिर्नार्यः' शुद्ध है, किन्तु 'विंशतिनार्यः' अशुद्ध है। इसी प्रकार 'शतं पुरुषाः' शुद्ध है, किन्तु "शतपुरुषाः' यह समस्त शब्द अशुद्ध है। इसी भाँति 'सप्तसप्ततिर्नार्यः' शुद्ध है पर 'सप्तसप्ततिनार्यः' अशुद्ध है। 'पञ्चाशतं फलानि क्रीणाति,' शुद्ध है, किन्तु 'पञ्चाशत् फलानि' अशुद्ध है। 'शतस्य पुस्तकानां कियन्मूल्यम्' प्रयोग शुद्ध है, किन्तु 'शतपुस्तकानां कियन्मूल्यम्' यह प्रयोग अशुद्ध है। 'चत्वारिंशता कर्मकरैः परिखां खानयति' शुद्ध है, किन्तु 'चत्वारिंशत् कर्मकरैः परिखां खानयति' यह प्रयोग अशुद्ध है। यदि समास से संज्ञा का बोध होता हो तो संख्या वाचक शब्द के साथ समास हो सकता है, यथा पञ्चाम्राः, सप्तर्षयः आदि।

तिङन्त पद (क्रिया)—"छात्रः पठति, बालकाः क्रीडन्ति" इन दो वाक्यों को देखने से ज्ञात होता है कि संस्कृत में तिङन्त क्रिया का लिङ्ग नहीं होता; चाहे कर्त्ता पुँल्लिङ्ग हो या स्त्रीलिङ्ग या नपुंसक लिङ्ग, किन्तु क्रिया एक-सी रहती है, यथा–बालकः क्रीडति, बालिका क्रीडति (बालक या बालिका खेलती है); बालः अपठत्, बालिका अपठत् (लड़का पढ़ा, लड़की पढ़ी)। हिन्दी भाषा में क्रियाओं के रूप कर्तृवाच्य में कर्त्ता के अनुसार तथा कर्मवाच्य में कर्म के अनुसार पुँल्लिङ्ग एवं स्त्रीलिङ्ग में बदल जाते हैं। जैसे लड़का पढ़ता है, लड़की पढ़ती है आदि।

क्रिया के बिना कोई वाक्य नहीं होता और प्रत्येक वाक्य में एक क्रिया होती है (एकतिङ् वाक्यम्)। संस्कृत भाषा में लगभग २००० धातुएँ हैं और वे १० गणों (समूहों)[१] में बँटी हैं। इनकी जटिलता इस कारण बढ़ गयी है कि इनका

---

१ दस गण ये हैं—भ्वाद्यदादी जुहोत्यादिः दिवादिः स्वादिरेव च।
तुदादिश्च रुधादिश्च तनादिः क्रीचुरादयः।

(१) भ्वादि, (२) अदादि, (३) जुहोत्यादि, (४) दिवादि, (५) स्वादि, (६) तुदादि, (७) रुधादि, (८) तनादि, (९) क्र्यादि और (१०) चुरादि।

प्रयोग तभी किया जा सकता है जब दस गणों का ठीक-ठीक ज्ञान हो और फिर प्रत्येक गण में ये धातुएँ, परस्मैपद, आत्मनेपद और उभयपद में विभक्त हैं। पचति, पचते भ्वादिगणीय है और हन्ति अदादिगणीय, इनके रूप दोनों पदों में अलग-अलग चलते हैं। इन्हीं धातुओं के मूल रूप—पठति–पटतः–पठन्ति, अपठत्-अपठताम्-अपठन् आदि चलते हैं और इन्हीं के प्रत्ययान्त रूप भी चलते हैं, जैसे णिजन्त में 'पाठयति' (पढ़ाता है) और सन्नन्त में 'पिपठिषति' (पढ़ने की इच्छा करता है)।

कुछ धातुएँ सकर्मक होती हैं और कुछ अकर्मक। सकर्मक धातुओं के रूपों के साथ किसी कर्म की आकांक्षा रहती है, किन्तु अकर्मक धातुओं के रूपों के साथ नहीं रहती है।

संस्कृत भाषा में पद दो होते हैं—परस्मैपद तथा आत्मनेपद। परस्मैपद अर्थात् वह पद जिसका फल दूसरे के लिए होता है, जैसे सः पचति (वह पकाता है) यहाँ पकाने की क्रिया का फल दूसरे के लिए होगा पकाने वाले के लिए नहीं, किन्तु आत्मनेपद में क्रिया का फल अपने लिए होगा।

धातुओं के तीन वाच्य होते हैं—कर्तृवाच्य, कर्मवाच्य तथा भाववाच्य। भाववाच्य तभी होता है जब क्रिया अकर्मक हो। भाववाच्य में कर्ता तृतीयान्त होता है और क्रिया केवल प्रथम पुरुष के एकवचन में प्रयुक्त होती है; जैसे—

कर्तृवाच्य—सेवकः ग्रामं गच्छति (नौकर गाँव जाता है।)
कर्मवाच्य—मया पुस्तकं पठ्यते (मुझ से पुस्तक पढ़ी जाती है।)
भाववाच्य—मनुष्यैर्म्रियते (मनुष्यों से मरा जाता है।)

संस्कृत भाषा में १० लकार[1] क्रियासूचक तथा आज्ञादि सूचक दोनों प्रकार के हैं। लट आदि सब 'ल्' से आरम्भ होते हैं अतः इनको दस लकार भी कहते हैं। इन में से लोट् एवं विधिलिङ् आज्ञा, अनुज्ञा विधान आदि अर्थों में प्रयुक्त होते हैं, यथा-गोपालः पठतु, पठेत् वा (गोपाल पढ़े)। आशीर्लिङ् आशीर्वाद के अर्थ में प्रयुक्त होता है, यथा-गोपालः पठ्यात् (गोपाल पढ़े।) लोट् भी आशीर्वाद के अर्थ में आता है। लृङ् लकार हेतुहेतुमद्भाव (जहाँ एक क्रिया के होने पर दूसरी क्रिया हो) के अर्थ में आता है, यथा—यदि त्वमपठिष्यः तदावश्यम् परीक्षायाम् उत्तीर्णोऽभविष्यः (यदि तुम पढ़ते तो अवश्य परीक्षा में उत्तीर्ण हो जाते।) इन चार लकारों के अतिरिक्त शेष लकार काल-सूचक हैं। लट् वर्तमान काल में होता

---

१ लट् वर्तमाने लेट् वेदे भूते लुङ् लङ् लिटस्तथा।
विध्याशिषोस्तु लिङ्लोटौ लुट् लृट् लृङ् च भविष्यति॥

इस कारिका में १० लकारों के अतिरिक्त लेट् भी है। लेट् का प्रयोग वैदिक संस्कृत में ही पाया जाता है।

है, यथा-देवः पठति (देव पढ़ता है)। तीन लकार[1] भूतकाल सूचक हैं—लुङ्, (सामान्य भूत), लङ् (अनद्यतन भूत) और लिट् (परोक्ष भूत)। (लेट् लकार का प्रयोग केवल वैदिक भाषा में ही होता है। अतः लौकिक संस्कृत में उसे छोड़ दिया गया है।)

संस्कृत भाषा में दस काल अथवा वृत्तियाँ होती है, वे इस प्रकार हैं—

(१)	वर्तमानकाल—	लट्	(Present tense)
(२)	अनद्यतनभूत—	लङ्	(Past imperfect tense)
(३)	सामान्यभूत—	लुङ्	(Aorist)
(४)	परोक्षभूत—	लिट्	(Past perfect tense)
(५)	सामान्यभविष्य—	लृट्	(Simple Future)
(६)	अनद्यतनभविष्य—	लुट्	(First Future)
(७)	आज्ञा—	लोट्	(Imperative mood)
(८)	विधि लिङ्	विधिलिङ्	(Potential Mood)
(९)	आशी र्लिङ्	आशीर्लिङ्	(Benedictive)
(१०)	क्रियातिपत्ति—	लृङ्	(Conditional)

क्रियाओं की क्लिष्टता के कारण छात्र ही नहीं, अपितु कुछ अध्यापक भी तिङन्त क्रिया के स्थान पर कृदन्त शब्द का प्रयोग करते हैं, यथा 'सेवकः ग्रामं गतः (गतवान्)' का अर्थ होगा—'सेवक गाँव को गया हुआ या जा चुका है।' 'सेवक गाँव को गया' का अनुवाद 'सेवकः ग्रामम् अगच्छत्' ही होगा। इसी प्रकार कुछ लोग क्लिष्टतर क्रियाओं से बचने के उद्देश्य से मुख्य क्रिया को कहने वाली धातु से व्युत्पन्न (कृदन्त) द्वितीयान्त शब्द के साथ तिङन्त कृ का प्रयोग करते हैं। उदाहरणार्थ—वे 'लज्जते' के स्थान पर 'लज्जां करोति.' 'बिभेति' के स्थान पर 'भयं करोति' लिखते हैं। परन्तु ऐसे प्रयोग अशुद्ध हैं और त्याज्य हैं। कारण, 'लज्जां करोति' का अर्थ 'लज्जा करता है' और 'भयं करोति' का अर्थ 'भय पैदा करता है'। इनके शुद्ध प्रयोग हैं 'लज्जामनुभवति' तथा 'भयमनुभवति।

कृदन्तों का क्रिया के रूप में प्रयोग

धातुओं से बने हुए कृदन्त[2] भी क्रिया के स्थान पर प्रयुक्त होते हैं। क्रियाओं

१. संस्कृत व्याकरण में इन तीन लकारों में अन्तर किया गया है। लुङ् सामान्य भूत में आता है अर्थात् सब प्रकार के भूतकाल में; लङ् लकार अनद्यतन भूत में, अर्थात् जो बात आज से पहले की हो, प्रयुक्त होता है; अतः शुद्ध व्याकरण की दृष्टि से 'अहमद्य पुस्तकमपठम्, (मैंने आज पुस्तक पढ़ी) अशुद्ध है। ऐसे स्थल पर लुङ् (अपाठिषम्) का प्रयोग होना चाहिए। लिट् का प्रयोग परोक्ष (जो आँख के सामने न हो) ऐतिहासिक बात के लिए होता है, यथा—रामः रावणं जघान (राम ने रावण मारा।)

२. भाववाचक कृदन्त शुद्ध क्रिया के द्योतक हैं, जैसे—हासः, पाकः, रागः आदि; कर्तृवाचक कृदन्त क्रिया के कर्त्ता के द्योतक हैं, जैसे—पठकः पाठकः,

के १० लकार तीनों कालों को प्रकट करते हैं या आज्ञा, अनुज्ञा आदि को। यही कार्य कृदन्तों से होता है। शतृ तथा शानच्* वर्तमान क्रिया को प्रकट करते हैं। क्त और क्तवतु भूतकालिक क्रिया को प्रकट करते हैं और तव्य एवं अनीयर् आज्ञा तथा भविष्यत् काल की क्रिया को प्रकट करते हैं।

कृत्य, तव्य, अनीयर्, क्त—ये भाववाच्य या कर्मवाच्य में होते हैं। सकर्मक धातु से कर्मवाच्य में तथा अकर्मक धातु से भाववाच्य में होते हैं। ऐसी दशा में कर्त्ता तृतीया विभक्ति में होता है और कर्म में प्रथमा तथा तव्य प्रत्ययान्त शब्द के लिङ्ग और वचन कर्म के अनुसार होते हैं, यथा—

सकर्मक धातु (कर्म में) { छात्रैः पुस्तकानि पठितव्यानि। मया बालिका दृष्टा। त्वया ग्रन्थः पठितव्यः।

अकर्मक धातु (भाव में) { शिशुना शयितव्यम्। त्वया न हसितव्यम् (हसनीयं वा)।

अकर्मक धातु से कृदन्त प्रत्यय भाववाच्य में होता है और कृदन्त शब्द सदा नपुंसक लिङ्ग और एकवचन में होता है; जैसे शयितव्यम्, हसनीयम् आदि।

(क्त, क्तवतु) क्त प्रत्यय सकर्मक धातु से कर्मवाच्य में होता है और अकर्मक धातु से कर्तृवाच्य में, यथा—अस्माभिः ग्रन्थः पठितः।

छात्रैः पुस्तकानि पठितानि।

दमयन्त्या लता दृष्टा।

परन्तु देवः आगतः, बालिका सुप्ता आदि में अकर्मक धातुओं के प्रयोग के कारण कृदन्त कर्त्ता के अनुसार (कर्तृवाच्य) होता है।

क्तवतु प्रत्यय अकर्मक एवं सकर्मक धातुओं से कर्तृवाच्य में ही होता है, यथा—सः पुष्पं दृष्टवान्, सा पुष्पं दृष्टवती, स हसितवान्, सा हसितवती।

शतृ और शानच्—शतृ प्रत्यय परस्मैपद में और शानच् प्रत्यय आत्मनेपद में होता है। ये प्रत्यय मुख्य क्रिया के रूप में न होकर विशेषण रूप में होते हैं, यथा—पठन् छात्रः (पढ़ता हुआ विद्यार्थी), शयानः बालः (सोता हुआ लड़का)। ये भविष्यत् काल सूचक भी होते हैं, जैसे—पठिष्यन् छात्रः (वह छात्र, जो पढ़ता हुआ होगा), वर्धिष्यमाणः पुरुषः (वह पुरुष, जो बढ़ता हुआ होगा)।

पाचकः आदि; और कर्मवाच्य कृदन्त क्रिया के आधार कर्म को प्रकट करते हैं, जैसे—सुकरः (आसानी से किया जाने वाला कार्य)।

* शतृ एवं शानच् का प्रयोग प्रायः विशेषण रूप में ही होता है, मुख्य वर्तमान क्रिया के रूप में नहीं।

सन्धि-प्रकरण

ध्यान से देखो ये शब्द कैसे मिलते हैं—

देव + अरिः = देवारिः । वाक् + ईश = वागीशः । देवः + तिष्ठति = देवस्तिष्ठति ।
देव + इन्द्रः = देवेन्द्रः । तत् + श्रुत्वा = तच्छ्रुत्वा । हरः + अवदत् = हरोऽवदत् ।
यदि + अपि = यद्यपि । हरिम् + वन्दे = हरिं वन्दे । सः + गच्छति = स गच्छति ।

ऊपर के उदाहरणों को देखने से ज्ञात हुआ कि संस्कृत के प्रत्येक शब्द के अन्त में कोई स्वर, व्यञ्जन, अनुस्वार अथवा विसर्ग अवश्य रहता है और उस शब्द के आगे जब किसी दूसरे शब्द के होने से उनका मेल होता है तब पूर्व शब्द के अन्तवाले स्वर, व्यञ्जन आदि में कुछ परिवर्तन हो जाता है । उस प्रकार के मेल हो जाने से जो परिवर्तन होता है, उसे **सन्धि** कहते हैं । सन्धि का अर्थ है मेल । इस परिवर्तन से कहीं पर (१) दो अक्षरों के स्थान पर एक नया अक्षर हो जाता है, जैसे—रमा + ईशः = रमेशः; (२) कहीं पर एक अक्षर का लोप हो जाता है, जैसे छात्राः + गच्छन्ति = छात्रा गच्छन्ति; और कहीं पर दो अक्षरों के बीच में एक नया अक्षर आ जाता है, जैसे धावन् + अश्वः = धावन्नश्वः । यहाँ एक 'न्' और आ गया ।

† सन्धियां तीन प्रकार की हैं—स्वर सन्धि, व्यञ्जन सन्धि और विसर्गसन्धि ।

स्वरसन्धि

एक स्वर के साथ दूसरे स्वर के मेल होने से जो परिवर्तन होता है, उसे स्वर सन्धि कहते हैं । स्वरसन्धि में निम्नलिखित सन्धियां मुख्य हैं—

---

† सन्धि के विषयमें कुछ लोगों को भ्रम है । वे समझते हैं कि वाक्य में सन्धि वैकल्पिक है और वे इस कारिका का उद्धरण देते हैं—"संहितैकपदे नित्या नित्या धातूपसर्गयोः । नित्या समासे, वाक्ये तु सा विवक्षामपेक्षते ॥" निःसन्देह यह कारिका वाक्य के अन्तर्गत पदों के बीच सन्धि को वैकल्पिक कहती है, किन्तु इसका विकल्प से होना सीमा-बद्ध है । संहिता शब्द का भाव है—स्वरों एवं व्यञ्जनों का एक दूसरे के अनन्तर आना, परन्तु सन्धि के नियम तभी लागू होते हैं जब वाक्यगत शब्दों में संहिता हो या विराम न हो । विराम होने ही पर सन्धि नहीं होती, यथा—"मित्र, एहि, अनुगृहाणेमं जनम् ।" यहाँ मित्र और एहि के बीच में विराम अपेक्षित है, परन्तु 'अनुगृहाण और इमम्' के बीच में विराम अपेक्षित नहीं है । पद्य में तो यदि सन्धि का अवसर हो और न की जाय तो विसन्धि दोष होता है—"न संहितां विवक्षामीत्यसन्धानं पदेषु यत्तद्विसन्धीति निर्दिष्टम्" (काव्यादर्शे) । श्लोक के प्रथम और तृतीय चरणों के पीछे शिष्टों ने विराम नहीं माना, अतः वहाँ अवश्य संधि होती है । बाणभट्ट एवं सुबन्धु आदि के गद्यों में वाक्य के अन्तगत पदों में सदैव सन्धि मिलती है ।

१—दीर्घ सन्धि

अकः सवर्णे दीर्घः ।६।१।१०१।

जब ह्रस्व या दीर्घ स्वर के बाद ह्रस्व या दीर्घ स्वर आवे तब दोनों के स्थान में दीर्घ स्वर हो जाता है, जैसे—रत्न + आकरः = रत्नाकरः ।

यहाँ पर 'रत्न' के 'त्न' में जो ह्रस्व अकार है उसके बाद 'आकरः' का दीर्घ 'आ' आता है, इसलिए ऊपर के नियम के अनुसार दोनों के (ह्रस्व 'अ' और दीर्घ 'आ' के) स्थान में दीर्घ 'आ' हो गया, इसी प्रकार—

सुर + अरिः = सुरारिः ।	गिरि + इन्द्र = गिरीन्द्रः ।
हिम + आलयः = हिमालयः ।	क्षिति + ईशः = क्षितीशः ।
दया + अर्णवः = दयार्णवः ।	सुधी + इन्द्रः = सुधीन्द्रः ।
विद्या + आलय—विद्यालयः ।	श्री + ईशः = श्रीशः ।
गुरु + उपदेशः—गुरूपदेशः ।	वधू + उत्सवः = वधूत्सवः ।
लघु + ऊर्मिः—लघूर्मिः ।	पितृ + ऋणम्=पितॄणम् ।

यदि ऋ या ऌ के बाद ह्रस्व ऋ या ऌ आवे तो दोनों के स्थान में ॠ या ॡ स्वेच्छा से कर सकते हैं जैसे—होतृ + ऋकार=होतॄकार या होतृ ऋकारः। होतृ + ऌकारः=होत् ऌकार या होतृ ऌकारः ।

२—गुणसन्धि

अदेङ् गुणः ।१। ।२। आद्गुणः ।६।१।८७।

यदि 'अ' अथवा 'आ' के बाद ह्रस्व 'इ' या दीर्घ 'ई' आवे तो दोनों के स्थान में 'ए' हो जाता है, और यदि ह्रस्व 'उ' या दीर्घ 'ऊ' आवे तो दोनों के स्थान में 'ओ' हो जाता है, और यदि ह्रस्व 'ऋ' या दीर्घ 'ॠ' आवे तो दोनों के स्थान में 'अर्' हो जाता है, और यदि ऌ आवे तो दोनों के स्थान में 'अल्' गुण हो जाता है; यथा—देव + इन्द्रः = देवेन्द्रः । यहाँ पर देव के 'व' में 'अ' है, उसके बाद इन्द्र की 'इ' है, इसलिए ऊपर के नियम के अनुसार दोनों (देव कें 'अ' और इन्द्र की 'इ' के स्थान में 'ए' हो गया इसी प्रकार—

उप + इन्द्रः = उपेन्द्र ।	गंगा + उदकम् = गंगोदकम् ।
सुर + ईशः = सुरेशः ।	पीन + ऊरुः = पीनोरुः ।
तथा + इति = तथेति ।	देव + ऋषिः = देवर्षिः ।
रमा + ईशः = रमेशः ।	महा + ऋषिः = महर्षिः ।
हित + उपदेशः + हितोपदेशः ।	तव + ऌकारः = तवल्कारः इत्यादि ।

गुण के अपवाद—

(अक्षादूहिन्यामुपसङ्ख्यानम् वा०) अक्ष + ऊहिनी में गुण न होकर वृद्धि होती है और अक्षौहिणी बनता है ।

(स्वादीरेरिणोः वा०) जब स्व शब्द के बाद 'ईर' और 'ईरिन्' आते हैं तो

गुण न होकर वृद्धि होती है,—स्व + ईरः = स्वैरः (स्वेच्छाचारी), स्व + ईरिणी = स्वैरिणी (स्वेच्छाचारिणी स्त्री), स्व + ईरी = स्वैरी ।

(प्रादूहोढोढ्येषैष्येषु वा०) जब प्र के बाद ऊह, ऊढ, ऊढि, एष, एष्य आते हैं तब गुण न होकर वृद्धि होती है, प्र + ऊहः – प्रौहः । प्र + ऊढः = प्रौढः । प्र + ऊढिः = प्रौढिः । ये दो उदाहरण 'आद्गुणः' के अपवाद हैं ।

प्र + एषः = प्रैषः । प्र + एष्यः = प्रैष्यः । यह रूप 'एङिपररूपम्' का अपवाद है ।

उपसर्गादृति धातौ ।६।१।९१। यदि अकारान्त उपसर्ग के बाद ऐसी धातु आवे जिसके आदि में ह्रस्व 'ऋ' हो तो 'अ' और ऋ के स्थान में 'आर्' हो जाता है यथा—उप + ऋच्छति = उपार्च्छति । यदि नामधातु हो तो 'आर्' विकल्प से हो ा, यथा—प्र + ऋषभीयति = प्रार्षभीयति, प्रर्षभीयति (बैल की भाँति आचरण करता है) ।

(ऋते च तृतीया समासे वा०) जब ऋत के साथ किसी पूर्वगामी शब्द का तृतीया समास हो तब भी पूर्वगामी अकान्त शब्द के 'अ' और ऋत के ऋ से मिलकर 'आर्' होगा 'अर्' नहीं, यथा—सुखेन ऋतः = सुखार्तः ।

ऋत्यकः ।६।१।२८। (ऋति परे पदान्ता अकः प्राग्वत्) अ आ, इ ई, उ ऊ, ऋ ॠ तथा ऌ जब किसी पद के अन्त में रहें और इनके बाद ह्रस्व ऋ आवे तब पदान्त अक विकल्प से ह्रस्व हो जाते हैं, यह नियम गुण सन्धि का विकल्प उपस्थित करता है, यथा—

ब्रह्मा + ऋषिः = ब्रह्मर्षिः, ब्रह्म ऋषिः । सप्त ऋषीणाम् = सप्तर्षीणाम्; सप्त ऋषीणाम् ।

३—वृद्धि-सन्धि

वृद्धिरेचि ।६।१।८८। वृद्धिरादैच् ।१।१।१।

यदि 'अ' 'आ' के बाद 'ए' या 'ऐ' आवे तो दोनों के स्थान में 'ऐ' और यदि 'ओ' या 'औ' आवे तो दोनों के स्थान में 'औ' वृद्धि हो जाती है; जैसे—

अद्य + एव = अद्यैव । तण्डुल + ओदनम् + तण्डुलौदनम् ।
देव + ऐश्वर्यम् = देवैश्वर्यम् । महा + औषधिः = महौषधिः ।
तथा + एव = तथैव । महा + औषधम् = महौषधम्
विद्या + ऐश्वर्यम् = विद्यैश्वर्यम् । इत्यादि ।

अपवाद-नियम—एङि पररूपम् ।६।१।९४।

(१) यदि अकारान्त उपसर्ग के बाद एकारादि या ओकारादि धातु आवे तो दोनों के स्थान में 'ए' या 'ओ' हो जाता है, यथा—प्र + एजते = प्रेजते । उप + ओषति = उपोषति; किन्तु यदि नामधातु आवे तो विकल्प से वृद्धि होती है (वा सुपि), यथा—उप = एडकीयति = उपेडकीयति, उपैडकीयति । प्र + ओघीयति = प्रौघीयति, प्रोघीयति ।

(२) **(एवे चानियोगे वा०)** एव के साथ भी जब अनिश्चय का बोध हो तब

पूर्वगामी अकारान्त शब्द का 'अ' और एव का 'ए' मिलकर 'ए' ही रह जायँगे, जैसे—क्व + एव भोक्ष्यसे = क्वेव भोक्ष्यसे (कहीं खाओगे)। जब अनिश्चय नहीं रहेगा, तब 'ए' ही होगा, यथा—तव + एव = तवैव।

(३) (**शकन्ध्वादिषु पररूपं वाच्यम् वा०। तच्टेः वा०**) शक + अन्धुः, कुल + टा, मनस् + ईषा इत्यादि उदाहरणों में भी परवर्त्ती शब्द के आदि स्वर का ही अस्तित्व रहता है॥ पूर्ववर्त्ती शब्द के 'टि' का लोप हो जाता है। इन में दो उदाहरण 'अकः सवर्णे दीर्घः' सूत्र से होने वाली सवर्ण दीर्घ सन्धि के अपवाद हैं, यथा—मार्त + अण्डः = मार्तण्डः, कर्क + अन्धुः = कर्कन्धुः, शक + अन्धुः = शकन्धुः, कुल + अटा = कुलटा। मनस् + ईषा = मनीषा।

(**अ**) (**सीमन्तः केशवेशे**) बालों में माँग के अर्थ में सीम + अन्तः = सीमन्तः होगा, अन्यथा सीमान्तः (हद) रूप होगा।

(**आ**) (**ओत्वोष्ठयोः समासे वा०**) समास में ओतु और ओष्ठ के परे रहते हुए विकल्प से पररूप होता है, यथा—स्थूल + ओतुः = स्थूलोतुः, स्थूलौतुः। बिम्ब + ओष्ठः = बिम्बोष्ठः, बिम्बौष्ठः।

(**इ**) (**सारङ्गः पशुपक्षिणोः**) पशु-पक्षी के अर्थ में सार + अङ्गः = सारङ्गः, अन्यथा साराङ्गः रूप बनेगा।

४—यण्सन्धि

इकोयणचि।६।१।७७।

(१) जब ह्रस्व इ या दीर्घ ई के बाद इ, ई को छोड़कर कोई दूसरा स्वर आवे तब 'इ' 'ई' के स्थान में 'य्' हो जाता है,

(२) जब उ या ऊ के बाद उ, ऊ को छोड़कर कोई दूसरा स्वर आवे तब 'उ, ऊ' के स्थान में 'व्' हो जाता है,

(३) जब ऋ या ॠ के बाद ऋ ॠ को छोड़कर कोई दूसरा स्वर आवे तब 'ऋ-ॠ' के स्थान में 'र्' हो जाता है, जैसे—

(१) यदि = अपि = यद्यपि।
नदी + उदकम् = नद्युदकम्।
इति + आह = इत्याह।
प्रति + एकम् = प्रत्येकम्।
प्रति + उपकारः = प्रत्युपकारः।
मातृ + अनुमतिः = मात्रनुमतिः।

(२)—अनु + अयः = अन्वयः।
गुरु + आदेशः = गुर्वादेशः
शिशु + ऐक्यम् = शिश्वैक्यम्।
वधू + आदेशः = वध्वादेशः।

(३)—पितृ + उपदेशः = पित्रुपदेशः।
ऌ + आकृतिः = लाकृतिः।

५—अयादि चतुष्टय

एचोऽयवायावः।६।१।७८।

ए, ऐ, ओ, औ, के बाद जब कोई स्वर आता है तब 'ए' के स्थान में 'अय्', 'ओ' के 'अव्', 'ए' के 'आय्' और 'औ' के स्थान में 'आव' हो जाता है, जैसे—

शे + अनम् = शयनम् ।
ने + अनम् = नयनम् ।
नै + अकः = नायकः ।
भो + अति = भवति ।
वटो + ऋक्षः = वटवृक्षः ।
पौ + अकः = पावकः इत्यादि ।

(१) लोपः शाकल्यस्य ।८।५।१६।

पदान्त य् या व् के ठीक पूर्व यदि अ या आ रहे और पश्चात् कोई स्वर आवे तो य् और व् का लोप करना या न करना अपनी इच्छा पर निर्भर रहता है, जैसे— हरे + एहि = हरयेहि या हर एहि । विष्णो + इह = विष्णविह या विष्ण इह । तस्यै + इमानि = तस्यायिमानि या तस्या इमानि । श्रियै + उत्सुकः = श्रियायुत्सुकः या श्रिया उत्सुकः । गुरौ + उत्कः = गुरावुत्कः या गुरा उत्कः । रात्रौ + आगतः = रात्रावागतः या रात्रा आगतः । ऋतौ + अन्नम् = ऋतावन्नम् या ऋता अन्नम् ।

(२) मध्यस्थ व्यञ्जन अथवा विसर्ग के लोप हो जाने पर जब कोई दो स्वर समीप आ जायँ तब उन की आपस में सन्धि नहीं होती । ('पूर्वत्रासिद्धमिति' लोपशास्त्रस्यासिद्धत्वान्न स्वरसन्धिः ।)

(३) वान्तो यि प्रत्यये ।६।१।७६।

जब ओ या औ के बाद यकारादि प्रत्यय (ऐसा प्रत्यय जिसके आरम्भ में 'य' हो) आवे तो "औ" के स्थान में क्रम से अव् और आव् हो जाते हैं, यथा—गोर्विकारो (गो + यत्) + गव्यम् । नावा तार्यम् (नौ + यत्) = नाव्यम् ।

(४) (गो र्यूतौ, अध्वपरिमाणे च वा०) गो शब्द से यूति शब्द परे होने पर मार्ग की लम्बाई अर्थ में ओ को अव् होता है, यथा—गो + यूतिः = गव्यूतिः ।

(५) यकारादि प्रत्यय बाद में होने पर धातु के ओ को अव् और औ को आव् होता है (धातोस्तन्निमित्तस्यैव), किन्तु जब ओ और औ प्रत्यय के कारण ही हुए हों, यथा—लो + यम् = लाव्यम् । भौ + यम् = भाव्यम् ।

६—पूर्वरूप

एङः पदान्तादति ।६।१।१०६।

यदि किसी पद (सुबन्त या तिङन्त) के अन्त में 'ए' आवे और उसके बाद ह्रस्व 'अ' आवे तो उस का पूर्व रूप (ए या ओ जैसा रूप) हो जाता है, और 'अ' के स्थान में केवल पूर्वरूप-सूचक चिह्न (ऽ) लगाया जाता है, जैसे—

हरे + अव = हरेऽव ।
वृक्षे + अस्मिन् = वृक्षेऽस्मिन् ।
बालो + अवदत् = बालोऽवदत् ।
लोको + अयम् = लोकोऽयम् ।
गुरो + अव = गुरोऽव ।
वने + अत्र = वनेऽत्र इत्यादि ।

अपवाद—

(१) सर्वत्र विभाषा गोः ।६।१।१२२।

यदि गो शब्द के आगे अ आवे तो विकल्प से प्रकृति भाव भी हो जाता है, यथा—गो + अग्रम् = गोऽग्रम् या गो अग्रम् ।

(२) अवङ् स्फोटायनस्य । ६ । १ ।१२३ ।

यदि गो के बाद अकारादि शब्द हों तो गो के ओ के स्थान में 'अव्' का आदेश विकल्प से हो जाता है, यथा गो + अग्रम् = गवाग्रम्, गोऽग्रम् या गो अग्रम् ।

(३) इन्द्रे च । ६ । १ । १२४ ।

गो + इन्द्रः = गवेन्द्रः (यहाँ भी गो के ओ के स्थान में अव् आदेश हुआ है) ।

७–प्रकृतिभाव

ईदूदेद् द्विवचनं प्रगृह्यम् ।१ । १ । ११ ।

यदि द्विवचनान्त शब्द के अन्त में ई ऊ ए आवें और बाद में यदि कोई स्वर (द्विवचन शब्द के आदि में) आवे तो ई ऊ ए ज्यों के त्यों रहते हैं, यथा–मुनी + इमौ = मुनी इमौ, साधू एतौ = साधू एतौ, गंगे + अमू = गंगे अमू (गंगेऽमू नहीं होता) ।

अपवाद—

(१) अदसो मात् ।१।१।१२।

जब अदस् शब्द के मकार के बाद ई या ऊ आते हैं तब प्रगृह्य होते हैं, यथा–अमी ईशाः, अमू आसाते ।

(२) निपात एकाजनाङ् ।१।१।१४।

आङ् के अतिरिक्त अन्य एक स्वरात्मक अव्ययों की भी प्रगृह्य संज्ञा होती है, यथा–इ इन्द्रः, उ उमेशः, आ एवं नु मन्यसे ।

(३) ओत् ।१।१।१५।

जब अव्यय ओकारान्त हो तब ओ को प्रगृह्य कहते हैं, यथा–अहो ईशाः ।

(४) सम्बुद्धौ शाकल्यस्येतावनार्षे ।१।१।१६।

संज्ञा शब्दों के सम्बोधन के अन्त के ओकार के बाद 'इति' शब्द आवे तो सम्बुद्धिनिमित्तक ओकार की विकल्प से प्रगृह्य संज्ञा होती है, यथा–विष्णो इति = विष्णो इति, विष्णविति, विष्ण इति ।

(५) **प्लुतों के साथ भी सन्धि नहीं होती**–यथा–एहि कृष्ण ३ अत्र गौश्चरति ।

व्यञ्जन-सन्धि

८—स्तोः श्चुना श्चुः ८।४।४०।

यदि तवर्ग से पहले या बाद में श् या चवर्ग आवे तो स् को श् और तवर्ग को चवर्ग (त् को च्, द् को ज्, न् को ञ् और स् को श्) जैसे—

सत् + चरितम् = सच्चरितम्	सत् + चित् = सच्चित्	सद् + जनः = सज्जनः
कस् + चित् = कश्चित्	एतत् + जलम् = एतज्जलम्	बृहद् + झरः = बृहज्झरः
हरिस् + शेते = हरिश्शेते	उत् + चारणम् = उच्चारणम्	शार्ङ्गिन् + जय = शार्ङ्गिञ्जय

९—शात् ।८।४।४४।

श् के बाद तवर्ग को चवर्ग नहीं होता है, यथा—प्रश् + नः प्रश्नः । विश् + नः = विश्नः ।

१०—ष्टुना ष्टुः ।८।४।४१।

स् या तवर्ग से पहले या बाद में ष् या तवर्ग कोई भी हो तो स् को ष् और तवर्ग को टवर्ग होता है। (त् को ट्, द् को ड्, न् को ण् और स् को ष्) यथा—

रामस् + षष्ठः = रामष्षष्ठः	इष् + तः = इष्टः	उद् + डीनः = उड्डीनः
रामस् + टीकते=रामष्टीकते	दुष् + तः = दुष्टः	विष् + नुः = विष्णुः
पेष् + ता = पेष्टा	तत् + टीका = तट्टीका	कृष् + नः = कृष्णः

११—(क) न पदान्ताट्टोरनाम् ।८।४।४२।

पद के अन्तिम टवर्ग के बाद नाम छोड़कर स् और तवर्ग को ष् और टवर्ग नहीं होता है, यथा—षट् + सन्तः = षट् सन्तः । षट् + ते = षट् ते ।

(ख) (अनाम्नवतिनगरीणामिति वाच्यम् वा०) टवर्ग के बाद नाम्, नवति, नगरी हों तो "ष्टुनाष्टुः" के अनुसार इनके न् को ण् होता है और आगे आनेवाले सूत्र (यरोऽनुनासिकेऽनुनासिको वा) से ड् को ण् होता है, यथा—षड् + नाम् = षण्णाम् । षड् + नवतिः = षण्णवतिः । षड् + नगर्यः = षण्णगर्यः ।

१२—तोः षि ।८।४। ३।

तवर्ग के बाद ष हो तो तवर्ग को टवर्ग नहीं होता है, यथा—सन् + षष्ठः = सन् षष्ठः ।

१३—झलां जशोऽन्ते ।८।२।३९।

पदान्त झलों (वर्ग के पहले, दूसरे, तीसरे, चौथे अक्षर और ऊष्म) को जश् (अपने वर्ग का तृतीय अक्षर) होता है, (पद का अर्थ है सुबन्त शब्द या तिङन्त धातुएँ) । यथा—

वाक् + ईशः = वागीशः	चित् + आनन्दः = चिदानन्दः	षट् + एव = षडेव
वाक् + हरिः = वाग्हरिः	जगत् + ईशः = जगदीशः	षट् + आननः=षडाननः
अच् + अन्तः = अजन्तः	उत् = देश्यम् = उद्देश्यम्	सुप् + अन्तः = सुबन्तः

१४—झलां जश् झशि ।८।४।५३।

झलों (वर्ग के प्रथम, द्वितीय, तृतीय, चतुर्थ और ऊष्म) को जश् (अपने वर्ग के तृतीय अक्षर) होता है, झश् (वर्ग का तीसरा, चौथा अक्षर) परे हों तो ।

सूचना—यह नियम पद के बीच में लगता है, जैसे—

दुघ् + धम् = दुग्धम्	बुध् + धिः = बुद्धिः	लभ् + धः = लब्धः
दघ् + धः = दग्धः	वृध् + धिः = वृद्धिः	आरभ् + धम् = आरब्धम्
द्रोघ् + धा = द्रोग्धा	सिध् + धिः = सिद्धिः	क्षुभ् + धः = क्षुब्धः

१५—यरोऽनुनासिकेऽनुनासिको वा ।८।४।४५।

पदान्त यर् (ह के अतिरिक्त सभी व्यञ्जनों) के बाद यदि अनुनासिक (वर्ग का

पंचम अक्षर) हो तो यर् को अपने वर्ग का पंचम वर्ण हो जाएगा। यह नियम इच्छा पर निर्भर रहता है।

(प्रत्यये भाषायां नित्यम् वा०) प्रत्यय के म आदि के बाद में होने पर यह नियम ऐच्छिक नहीं होगा, अपि तु नित्य लगेगा।

दिक् + नागः = दिङ्नागः	सद् + मतिः = सन्मतिः	तत् + मात्रम् = तन्मात्रम्
तत् + न = तन्न	पद् + नगः = पन्नगः	तत् + मयम् = तन्मयम्
एतत् + मुरारिः=एतन्मुरारिः	षट् + मुखः = षण्मुखः	वाक् + मयम् = वाङ्मयम्

१६—तोर्लि ।८।४।६०।

तवर्ग के बाद ल आवे तो तवर्ग को भी ल् हो जाता है। (त् या द् + ल = ल्ल, न् + ल = ँल्ल) जैसे—

तत् + लयः = तल्लयः।	उद् + लेखः = उल्लेखः
तत् + लीनः = तल्लीनः	विद्वान् + लिखति = विद्वाँल्लिखति

१७—उदः स्थास्तम्भोः पूर्वस्य ।८।४।६१।

उद् के बाद यदि स्था या स्तम्भ् धातु हो तो उसे पूर्वसवर्ण होता है अर्थात् स्था और स्तम्भ् के स् को थ् होगा और बाद में "झरो झरि सवर्णे" के अनुसार थ् का लोप हो जायगा, यथा—उद् + स्थानम् = उत्थानम्। उद् + स्तम्भनम् = उत्तम्भनम्। द् को "खरि च" से त्।

१८—झरो झरि सवर्णे ।८।४।६५।

व्यंजन के बाद सवर्ण झर् हो तो झर् (वर्ग के प्रथम, द्वितीय, तृतीय और चतुर्थ अक्षर और श ष स) का विकल्प से लोप होता है, यथा—उद् + थ् थानम् = उत्थानम्। रुन्ध् + धः = रुन्धः। कृष्णर् + ध्धिः = कृष्णर्धिः।

१९—झयो होऽन्यतरस्याम् ।८।४।६२।

झय् (वर्ग के प्रथम, द्वितीय, तृतीय और चतुर्थ अक्षर के बाद ह हो तो उसे विकल्प से पूर्वसवर्ण होता है, अर्थात् पूर्व अक्षर के वर्ग का चतुर्थ अक्षर (घ्, झ्, ढ्, ध्, भ्) हो जाता है। (क् या ग् + ह = ग्घ, त् या द् + ह = द्ध) वाग् + हरिः = वाग्घरिः, वाग्हरिः। तद् + हितः = तद्धितः। अच् + ह्रस्वः = अज्झ्रस्वः, अप् + हरणम् = अब्भरणम्।

२०—खरि च ।८।४।५५। वावसाने ।८।४।५६।

झल् (अनुनासिक व्यञ्जन ञ् म् ङ् ण् न्) तथा अन्तःस्थ वर्णों को छोड़कर और किसी व्यञ्जन के बाद यदि खर् (क् ख्, च् छ्, ट् ठ्, त् थ्, प् फ्) में से कोई वर्ण आवे तो पूर्वोक्त व्यञ्जन के स्थान में चर् अर्थात् उसी वर्ग का प्रथम अक्षर हो जाता है, परन्तु जब उसके बाद कुछ भी नहीं रहता तब उसके स्थान में प्रथम या तृतीय वर्ण हो जाता है, यथा—सद् + कारः = सत्कारः, सुहृद् + क्रीडति = सुहृत्क्रीडति। तज् + शिवः = तच्छिवः। दिग् + पालः = दिक् पालः।

परन्तु कोई वर्ण आगे न रहने पर—रामात्, रामाद्। वाक्, वाग्।

२१—शश्छोऽटि ।८।४।६३।

पदान्त झय् (वर्ग के प्रथम, द्वितीय, तृतीय, चतुर्थ अक्षर) के बाद श् हो तो उसको छ् हो जाता है, यदि उस श् के बाद अट् (स्वर, ह्, य्, व्, र्) हो तो श् को छ् होने पर पूर्ववर्ती द् को "स्तो श्चुना श्चुः" से ज् और ज् को "खरि च" से च्, पूर्ववर्ती त् हो तो "स्तो श्चुना श्चुः" से च्। यह नियम वैकल्पिक है, यथा—

तद् (तत्) + शिवः = तच्छिवः, तच्शिवः	सत् + शीलः = सच्छीलः
तद् (तत्) + शिला = तच्छिला, तच्शिला	उत् + श्रायः = उच्छ्रायः

(छत्वममीति वाच्यम् वा०)

श् के बाद अम् (स्वर, ह, अन्तःस्थ, वर्ग का पञ्चम वर्ण) हो तो भी श् को विकल्प से छ् होगा। तत् + श्लोकेन = तच्छ्लोकेन, तच्श्लोकेन।

२२—मोऽनुस्वारः ।८।३।२३।

यदि बाद में कोई हल् वर्ण हो तो पदान्त म् को अनुस्वार (ं) हो जाता है, परन्तु बाद में स्वर होगा तो अनुस्वार नहीं होगा, यथा—

हरिम् + वन्दे = हरिं वन्दे	सत्यम् + वद = सत्यं वद
कार्यम् + कुरु = कार्यं कुरु	धर्मम् + चर = धर्मं चर

२३—नश्चापदान्तस्य झलि ।८।३।२४।

बाद में झल् (वर्ग के प्रथम, द्वितीय, तृतीय, चतुर्थ अक्षर) हो तो अपदान्त न् और म् को अनुस्वार (ं) हो जाता है, यथा—यशान् + सि = यशांसि। पयान् + सि = पयांसि। नम् + स्यति = नंस्यति। आक्रम् + स्यते = आक्रंस्यते। यह नियम पद के बीच में लगता है।

२४—अनुस्वारस्य ययि परसवर्णः ।८।४।५८।

अनुस्वार के अनन्तर यय् (श, ष, स, ह को छोड़कर सभी व्यंजन) हो तो अनुस्वार को परसवर्ण (अगले वर्ग का पञ्चम वर्ण) हो जाता है, यथा—

अं + कः = अङ्कः	अं + चितः = अञ्चितः	शां + तः = शान्तः
शं + का = शङ्का	कुं + ठितः = कुण्ठितः	गुं + फितः = गुम्फितः

२५—वा पदान्तस्य ।८।४।५९।

पद के अन्तिम अनुस्वार के अनन्तर यय् (श, ष, स, ह को छोड़कर कोई भी व्यञ्जन) हो तो अनुस्वार को परसवर्ण विकल्प से होगा। यह नियम पदान्त में लगता है, यथा—त्वं + करोषि = त्वङ्करोषि, त्वं करोषि। तृणम् + चरति = तृणं चरति या तृणञ्चरति। ग्रामं + गच्छति = ग्रामं गच्छति या ग्रामङ्गच्छति।

२६—मो राजि समः क्वौ ।८।३।२५।

सम् के अनन्तर राज् शब्द हो तो सम् के म् को म् ही रहता है, उसको अनुस्वार नहीं होता, यथा—सम् + राट् = सम्राट्। सम्राजौ, सम्राजः।

२७—ङ्णोः कुक्टुक्शरि ।८।३।२८।

ङ् या ण् के अनन्तर शर् (श, ष, स) हो तो विकल्प से बीच में क् या ट् जुड़

जाते हैं। ङ् के बाद क् और ण् के बाद ट्। प्राङ् + षष्ठः = प्राङ्क्षष्ठः, प्राङ्षष्ठः। सुगण् + षष्ठ = सुगण्ट्षष्ठः, सुगण्षष्ठः।

२८—डः सि धुट् ।८।३।२९।

ड् के अनन्तर स हो तो बीच में ध् विकल्प से जुड़ जाता है। "खरि च" से ध् को त् और पूर्ववर्ती ड् को ट्। षड् + सन्तः = षट्त्सन्तः, षट्सन्तः।

२९—नश्च ।८।३।३०।

न् के बाद स हो तो बीच में विकल्प से ध् जुड़ जाता है। "खरि च" से ध को त् होता है, यथा—सन् + सः = सन्त्सः, सन्सः।

३०—शि तुक् ।८।३।३१।

पदान्त न् के अनन्तर श हो तो विकल्प से बीच में त् जुड़ जाता है "शश्छोऽटि" से ग् को छ। सन् + शम्भुः = सञ्च्छम्भुः, सञ्छम्भुः।

३१—ङमो ह्रस्वादचि ङमुण् नित्यम् ।८।३।३२।

ह्रस्व स्वर के बाद ङ् ण् न् हों और बाद में कोई स्वर हो तो बीच में एक ङ्, ण्, न् और जुड़ जाता है, यथा—प्रत्यङ् + आत्मा = प्रत्यङ्ङात्मा। सुगण् + ईशः = सुगण्णीशः। सन् + अच्युतः = सन्नच्युतः।

३२—समः सुटि ।८।३।५। अत्रानुनासिकः पूर्वस्य तु वा ।८।३।२। अत्रानुनासिकात्परोऽनुस्वारः ।८।३।४ (संपुंकानां सो वक्तव्यः वा०)

सम् + स्कर्ता में म् के स्थान पर र् होकर स् हो जाता है तथा उससे पहले अनुस्वार (ं) या अनुनासिक (ँ) लग जाता है। बीच से एक स् लुप्त भी हो जाएगा। सम् + स्कर्ता = सँस्कर्ता, सम् + कृधातु होने पर इसी भाँति ं स् लगाकर सन्धि होगी, यथा—संस्करोति, संस्कृतम्, संस्कारः आदि।

३३—पुमः खय्यम्परे ।८।३।६।

यदि बाद में कोकिलः, पुत्रः आदि हों तो पुम् के म् को र् होकर "समः सुटि" से स् हो जायगा, स् से पहले ं या ँ लग जाएँगे, यथा—पुम् + कोकिलः = पुंस्कोकिलः। पुम् + पुत्रः = पुंस्पुत्रः।

३४—नश्छव्यप्रशान् ।८।३।७।

पद के अन्तिम न् को रु (:, स्) होता है, यदि छव् (च्, छ्, ट्, ठ्, त्, थ्) बाद में हो और छव् के अनन्तर अम् (स्वर, ह, अन्तःस्थ, वर्ग के पंचम अक्षर) हो तो। प्रशान् शब्द में यह नियम नहीं लगेगा। न् को स् होने पर उससे पहले ं या ँ लग जाएँगे। इस नियम का रूप होगा—न् + छव् = ँ स् + छव् या ं स् + छव्। श्चुत्व की प्राप्ति होने पर "स्तोश्चुना श्चुः' के अनुसार ही होगा।

कस्मिन् + चित् = कस्मिंश्चित्	चलन् + टिट्टिभः = चलंष्टिट्टिभः
महान् + छेदः = महांश्छेदः	चक्रिन् + त्रायस्व = चक्रिंस्त्रायस्व
तस्मिन् + तरौ = तस्मिंस्तरौ	पतन् + तरुः = पतंस्तरुः

३५— कानाम्रेडिते ।८।३।१२।

कान्+कान् में पहले कान् के न् को र् होकर स् होगा और उससे पहले ँ या ं लगेगा। कान्+कान्=काँस्कान्, कांस्कान्।

३६—(अ) छे च ।६।१।७३। ह्रस्व स्वर के बाद छ् हो तो बीच में त् लग जाता है और "स्तोश्चुना श्चुः" से त् को च् हो जाएगा, यथा—स्व+छाया=स्वच्छाया। शिव+छाया=शिवच्छाया। स्व+छन्दः=स्वच्छन्दः।

(आ) दीर्घात् ।६।१।७५। दीर्घ स्वर के बाद छ हो तो भी बीच में त् लगेगा, त् को च् हो जाता है, यथा—चे+छिद्यते=चेच्छिद्यते।

(ई) पदान्ताद् वा ।६।१।७६। पद के अन्तिम दीर्घ अक्षर के बाद छ हो तो विकल्प से त् लगेगा, यथा—लक्ष्मी+छाया=लक्ष्मीच्छाया, लक्ष्मीछाया।

(उ) आङ्माङोश्च ।६।१।७४। आ और मा के बाद छ हो तो नित्य त् लगेगा। त् को च् हो जाता है, यथा—आ+छादयति=आच्छादयति।

विसर्ग-सन्धि

३७—ससजुषो रुः ।८।२।६६।

-पद के अन्तिम स् को रु (र्) होता है तथा सजुष् शब्द के ष् को भी रु होता है। (**विशेष**—इस रु (र्) को साधारणतया अगले नियम से विसर्ग (ः) होकर विसर्ग ही शेष रहता है।) यथा—राम+स्=रामः, कृष्ण+स्=कृष्णः। इसी विसर्ग को "अतोरोरप्लुतादप्लुते" "हशि च" "भो भगो०" सूत्रों से उ या य् होता है। जहाँ उ या य् नहीं होगा, वहाँ र् शेष रहता है। अतः अ आ के अतिरिक्त अन्य स्वरों के बाद स् या विसर्ग का र् शेष रहता है, बाद में कोई स्वर या व्यंजन (वर्ग के द्वितीय, तृतीय, पंचम अक्षर) हों तो। यथा—

हरिः+अवदत्=हरिरवदत्
शिशुः+आगच्छत्=शिशुरागच्छत्
पितुः+इच्छा=पितुरिच्छा

वधूः+एषा=वधूरेषा
गुरोः+भाषणम्=गुरोर्भाषणम्
हरेः+द्रव्यम्=हरेर्द्रव्यम्

३८—खरवसानयोर्विसर्जनीयः ।८।३।१५।

यदि आगे खर् (वर्ग के प्रथम, द्वितीय अक्षर या श ष स) हो या कुछ न हो तो र् का विसर्ग होता है, यथा—पुनर्=पृच्छति= पुनः पृच्छति। राम+स् (र्)=रामः। **विशेष**—पुं० शब्दों के प्रथमा एक० में जो विसर्ग रहता है, वह स् का ही विसर्ग है, उसको "ससजुषो रुः" से रु (र्) होता है और "खरवसान०" से र् को विसर्ग (ः) होता है।

३९—विसर्जनीयस्य सः ।८।३।३४।

विसर्ग के बाद खर् (वर्ग के प्रथम, द्वितीय अक्षर या श ष स हो तो विसर्ग को स् हो जाता है। (श् या चवर्ग बाद में हो तो "स्तोश्चुना श्चुः" से श्चुत्व सन्धि भी होती है), यथा—

विष्णुः + त्रायते = विष्णुस्त्रायते
बालः + तिष्ठति = रामस्तिष्ठति
कः + चित् = कश्चित्
हरिः + त्राता = हरिस्त्राता
बालः + चलति = बालश्चलति
गजाः + तिष्ठन्ति = गजास्तिष्ठन्ति ।

४०—वा शरि ।८।३।३६।

विसर्ग के बाद शर् (श, ष, स) हो तो विसर्ग को विसर्ग या स् विकल्प से होते हैं । श्चुत्व या ष्टुत्व यथोचित होंगे, यथा—

हरिः + शेते = हरिःशेते, हरिश्शेते
रामः + शेते = रामःशेते, रामश्शेते
रामः + षष्ठः = रामष्षष्ठः
बालः + स्वपिति = बालस्स्वपिति

४१—शर्परे विसर्जनीयः ।८।३।३५।

यदि विसर्ग के बाद आने वाले खर् प्रत्याहार के वर्ण के बाद श् ष् स् में से कोई एक अक्षर आवे तो विसर्ग के स्थान में स् नहीं होता, यथा—कः + त्सरुः = कः त्सरुः ।

४२—सोऽपदादौ ।८।३।३८। पाशकल्पककाम्येष्विति वाच्यम् ।वा०।

पाश, कल्प, क और काम्य प्रत्यय बाद में हों तो विसर्ग को स् हो जाता है, यथा—पयः + पाशम् = पयस्पाशम् । यशः + कल्पम् = यशस्कल्पम् । यशः + कम् = यशस्कम् । यशस्काम्यति ।

४३—इणः षः ।८।३।३९।

पाश, कल्प, क, काम्य प्रत्यय बाद में हों तो विसर्ग को यदि वह विसर्ग इ, उ के बाद हो तो ष् हो जाता है, यथा—सर्पिष्पाशम्, सर्पिष्कल्पम्, सर्पिष्कम् ।

४४—कस्कादिषु च ।८।३।४८।

कस्क आदि शब्दों में विसर्ग से पहले अ या आ हो तो विसर्ग को स् होता है, यदि इण् (इ, उ) हो तो ष् होता है, यथा—कः + कः = कस्कः । कौतः + कुतः = कौतस्कुतः । सर्पिः + कुण्डिका = सर्पिष्कुण्डिका । धनुः + कपालम् = धनुष्कपालम् । भाः + करः = भास्करः ।

४५—नमस्पुरसोर्गत्योः ।८।३।४०।

यदि कवर्ग या पवर्ग परे हो तो गतिसंज्ञक नमस् को विकल्प से और पुरस् के विसर्ग को नित्य स् होता है । (कृ धातु बाद में होती है तो नमस्, पुरस् गतिसंज्ञक होते हैं), यथा—नमः + करोति = नमस्करोति या नमः करोति । पुरः + करोति = पुरस्करोति ।

४६—इदुदुपधस्य चाप्रत्ययस्य ।८।३।४१।

उपधा (अन्तिम वर्ण से पूर्ववर्ण) में इ या उ हो और बाद में कवर्ग का पवर्ग हो तो इ या उ के विसर्ग को ष् होता है । यह विसर्ग प्रत्यय का नहीं होना चाहिए, यथा—नि + प्रत्यूहम् = निष्प्रत्यूहम् । निः + क्रान्तः = निष्क्रान्तः । आविः + कृतम् = आविष्कृतम् । दुः + कृतम् = दुष्कृतम् ।

४७—तिरसोऽन्यतरस्याम् ।८।३।४२।

यदि तिरस् के बाद क् ख्, प् फ् आवें तो विसर्ग को स् विकल्प से होता

है, यथा—तिरः + करोति = तिरस्करोति, तिरःकरोति। तिरः + कृतम् = तिरस्कृतम्, तिरः कृतम्।

४८—इसुसोः सामर्थ्ये ।८।३।४४।

कवर्ग या पवर्ग परे रहने पर इस् और उस् के विसर्ग को विकल्प से ष् होता है। दोनों पदों में मिलने की सामर्थ्य होनी चाहिए, तभी ष् होगा, यथा—सर्पिः + करोति = सर्पिष्करोति, सर्पिष्करोति। धनुः + करोति = धनुष्करोति, धनुःकरोति।

४९—नित्यं समासेऽनुत्तरपदस्थस्य ।८।३।४५।

समास होने पर इस् और उस् के विसर्ग को नित्य ष् होगा, कवर्ग या पवर्ग परे रहने पर। इस् और उस् वाला शब्द उत्तरपद (बाद के पद) में नहीं होना चाहिए, यथा—सर्पिः + कुण्डिका = सर्पिष्कुण्डिका।

५०—द्विस्त्रिश्चतुरिति कृत्वोऽर्थे ।८।३।४३।

यदि वार-बार वाचक द्विः, त्रि और चतुः क्रिया-विशेषण अव्ययों के परे क् ख्, प् फ् आवें तो विसर्ग के स्थान में विकल्प से ष् होता है, यथा—द्विः + करोति = द्विस्करोति, द्विष्करोति या द्विःकरोति। त्रिः + खादति = त्रिष्खादति, त्रिःखादति। चतुः + पठति = चतुष्पठति, चतुःपठति, किन्तु चतुष्कपालम् नहीं होगा, क्योंकि, चतुः क्रिया-विशेषण अव्यय नहीं है।

५१—अतः कृकमिकंसकुम्भपात्रकुशाकर्णीष्वनव्ययस्य ।८।३।४६।

अ के बाद समास में यदि कृ कम् आदि हों तो विसर्ग को स् नित्य होता है, यह विसर्ग अव्यय का नहीं होना चाहिए और उत्तर पद में न होना चाहिए यथा—अयः + कारः = अयस्कारः। अयः + कामः = अयस्कामः। इसी प्रकार अयस्कंसः, अयस्कुम्भः, अयस्पात्रम्, अयस्कुशा, अयस्कर्णी।

५२—अतो रोरप्लुतादप्लुते ।६।१।११३।

ह्रस्व अ के बाद रु (स् के र् या :) को उ हो जाता है, यदि ह्रस्व अ परे हो तो। (विशेष—इस उ को पूर्ववर्ती अ के साथ "आद्गुणः" से गुण (ओ) हो जाता है और बाद में अ को "एङः पदान्तादति" से पूर्वरूप संधि होती है। (अतएव अः + अ = ओऽ होता है।) जैसे—

शिवः + अर्च्यः = शिवोऽर्च्यः	कः + अयम् = कोऽयम्
बालः + अस्ति = बालोऽस्ति	नृपः + अवदत् = नृपोऽवदत्
यः + अपि = योऽपि	देवः + अधुना = देवोऽधुना

५३—हशि च ।६।१।११४।

बाद में हश् (वर्ग के तृतीय, चतुर्थ, पञ्चम अक्षर ह, अन्तःस्थ) हो तो ह्रस्व अ के बाद रु (स् के र् या :) को उ हो जाता है। (विशेष—सन्धिनियम "अतो रोरप्लुतादप्लुते" तब लगता है जब बाद में अ हो और "हशिच" तब लगता है जब

बाद में हश् हो। उ करने के बाद "आद्गुणः" से अ + उ को गुण होकर ओ होगा। अतः अः + हश् = ओ + हश् होगा, अर्थात् अः को ओ होगा।) यथा—

शिवः + वन्द्यः = शिवो वन्द्यः	गजः + गच्छति = गजो गच्छति
रामः + वदति = रामो वदति	बालः + हसति = बालो हसति

५४—भोभगोअघोअपूर्वस्य योऽशि ।८।३।१७।

भोः, भगोः, अघोः शब्द और अ या आ के बाद रु (स् का र् या :) को य् होता है, यदि बाद में अश् (स्वर, ह, अन्तःस्थ, वर्ग के तृतीय, चतुर्थ, पञ्चम अक्षर) हो तो। विशेष—इसके उदाहरण आगे "लोपः शाकल्यस्य" में देखें।

५५—हलि सर्वेषाम् ।८।३।२२।

भोः, भगोः, अघोः शब्द और अ या आ के बाद य् का लोप अवश्य हो जाता है, व्यञ्जन के परे रहने पर। **विशेष**—इसके उदाहरण आगे देखें।

५६—लोप शाकल्यस्य ।८।३।१६।

अ या आ पहले हो तो पदान्त य् और व् का लोप विकल्प से होता है, अश् (स्वर, ह, अन्तःस्थ, वर्ग के तृतीय, चतुर्थ और पञ्चम अक्षर) के बाद में होने पर। विशेष—भोःगभोः अघो० के य् के बाद व्यञ्जन होगा तो "हलिसर्वेषाम्" से य् का लोप अवश्य होगा। य् के बाद यदि कोई स्वर आदि होगा तो "लोपः शाकल्यस्य" से य् का लोप ऐच्छिक होगा। य् का लोप होने पर कोई दीर्घ, गुण, वृद्धि आदि सन्धि नहीं होती है, यथा—

भोः + देवाः = भो देवाः	नराः + गच्छन्ति = नरा गच्छन्ति
देवाः + नम्याः = देवा नम्याः	देवाः + इह = देवा इह, देवायिह
नराः + यान्ति = नरा यान्ति	सुतः + आगच्छति = सुत आगच्छति

५७—(क) रोऽसुपि ।८।२।६६।

बाद में कोई सुप् (विभक्ति) न हो तो अहन् के न् को र् होता है, यथा—अहन् + अहः = अहरहः। अहन् + गणः = अहर्गणः।

(ख) (रूपरात्रिरथन्तरेषु रुत्वं वाच्यम् वा०) रूप, रात्रि, रथन्तर परे हों तो अहन् के न् को रु होता है और उसको "हशि च" से उ होगा और "आद्गुणः" से गुण होकर ओ होगा, यथा—अहन् + रूपम् = अहोरूपम्, अहन् + रात्रः = अहोरात्रः। इसी प्रकार अहोरथन्तरम्।

(ग) (अहरादीनां पत्यादिषु वा रेफः वा०) अहर् आदि के र् के बाद पति आदि हों तो र् को र् विकल्प से रहता है, यथा—अहर् + पतिः = अहर्पतिः। इसी प्रकार गीर्पतिः, धूर्पतिः, अन्यथा विसर्ग रहता है।

५८—रो रि ।८।३।१४।

र् के बाद र् हो तो पहले र् का लोप हो जाता है।

५६—ढ्लोपे पूर्वस्य दीर्घोऽणः ।६।३।१११।

ढ् या र् का लोप हुआ हो तो उससे पूर्ववर्ती अ, इ, उ को दीर्घ हो जाता है, यथा—उढ्+ढः=ऊढः, लिढ्+ढः=लीढः।

पुनर्+रमते=पुना रमते	गुरुर्+रुष्टः=गुरू रुष्टः
शिशुर्+रोदिति=शिशू रोदिति	अन्तर्+राष्ट्रियः=अन्ताराष्ट्रियः

६०—एतत्तदोः सुलोपोऽकोरनञ्समासे हलि ।६।१।१३२।

सः और एषः के विसर्ग के परे कोई व्यञ्जन हो तो विसर्ग का लोप होता है। (सकः, एषकः, असः, अनेषः के विसर्ग का लोप नहीं होता है।)

(१) सः+गच्छति=स गच्छति	(२) सः+अपि=सोऽपि
एषः+विष्णुः=एष विष्णुः	सः+इच्छति=स इच्छति

यदि नञ् तत्पुरुष में सः और एषः (अर्थात् असः, अनेषः) आवें अथवा क में परिणत होकर (सकः, एषकः) आवें तो विसर्ग का लोप नहीं होगा, असः विष्णुः का अस विष्णुः नहीं होगा तथा एषकः गजः का एषक गजः नहीं होगा, किन्तु सः अत्र = सोऽत्र तथा एषः+अत्र = एषोऽत्र होगा, क्योंकि अ हल् नहीं है।

६१—सोऽचि लोपे चेत्पादपूरणम् ।६।१।१३४।

सः के विसर्ग का लोप हो जाता है, स्वर परे रहने पर और लोप करने से यदि श्लोक के पाद की पूर्ति हो। सः+एषः = सैष दाशरथी रामः सैष राजा युधिष्ठिरः।

६२—णत्वविधान

रषाभ्यां नोणः समानपदे। अट्कुप्वाङ्नुम्व्यवायेऽपि ।८।४।१-२। (ऋवर्णान्नस्य णत्वं वाच्यम् वा०) ऋ ॠ र् और ष् इन चार वर्णों से परे न् का ण् होता है; जैसे नृणाम्-नॄणाम्, चतसृणाम्, भ्रातॄणाम्, चतुर्णाम्, विस्तीर्णम्, दोष्णाम्, पुष्णाति आदि।

*स्वर वर्ण कवर्ग, पवर्ग, य्, व्, ह्, र् और आ और न् से व्यवधान होने पर अर्थात् ये सब बीच में भी पड़ जायें तो भी न् का ण् होता है, जैसे—कराणाम्, करिणा, गुरुणा, मृगेण, मूर्खेण, दर्पेण, रयेण, गर्वेण, ग्रहाणाम् इत्यादि।

पदान्तस्य ।८।४।३७। पद के अन्त वाले न् का ण् नहीं होता, यथा—रामान्, हरीन्, गुरून्, वृक्षान्, भ्रातॄन् इत्यादि।

६३—षत्वविधान†

अपदान्तस्य मूर्धन्यः। इण्कोः। आदेशप्रत्यययोः ।८।३।५५, ५७, ५६। अ, आ भिन्न स्वर से अन्तःस्थ वर्ण, ह अथवा कवर्ग से परे कोई प्रत्यय सम्बन्धी स् या

---

*इनके अतिरिक्त अक्षरों के मध्यस्थित होने पर ण् नहीं होता, जैसे—अर्चना, किरीटेन, अर्थेन, स्पर्शेन, रसेन, दृढानाम्, अर्जनम् इत्यादि।

†सात् प्रत्यय के स् का ष् नहीं होता, जैसे—नदीसात्, वायुसात्, भ्रातृसात्, वह्निसात् इत्यादि।

किसी दूसरे वर्ण के स्थान में आदेश किया हुआ स् आवे और वह पदान्त का न हो तो उस स् के स्थान में ष् हो जाता है, यथा—रामे+सु=रामेषु। वने+सु= वनेषु। ए+साम्=एषाम्। अन्ये+साम्=अन्येषाम्।

इसी प्रकार मुनिषु, नदीषु, धेनुषु, वधूषु, मातृषु, गोषु, ग्लौषु आदि।

परन्तु राम+स्य=रामस्य, यहाँ स् को ष् नहीं हुआ, क्योंकि स् के पूर्व अ है, लता+सु=लतासु यहाँ भी षत्व नहीं हुआ। पेस्+अति=पेसति यहाँ म् न तो किसी प्रत्यय का है न आदेश का। पद के अन्त वाले स् का ष् नहीं होता, यथा—हरिः।

नुम् विसर्जनीयशर्व्यवायेऽपि ।८।३।५८। अनुस्वार, विसर्ग, श्, ष्, स्, का व्यवधान होने पर अर्थात् इनके बीच में रहने पर भी स् का ष् होता है, यथा—हवींषि, धनूंषि, आशीःषु, आयुःषु, चक्षुःषु आदि, किन्तु पुंसु में स् का ष् नहीं होता।

हिन्दी में अनुवाद करो और विच्छेद करके सन्धि नियम बताओ—

१—विषमप्यमृतं क्वचिद्भवेदमृतं वा विषमीश्वरेच्छया। २—पिबन्त्येवोदकं गावो मण्डूकेषु रुवत्स्वपि। ३—नाग्निस्तृप्यति काष्ठानां नापगानां महोदधिः ४—प्राणव्ययाय शूराणां जायते हि रणोत्सवः ५—अहं स तं परं मित्रमुपकारवशीकृतः। ६—यद्भवान्मधुरं वक्ति तन्मह्यं नाद्य रोचते। ७—शरदभ्रचलाश्चलेन्द्रियैरसुरक्षा हि बहुच्छलाः श्रियः। ८—सुखाच्च यो याति नरो दरिद्रतां धृतः शरीरेण मृतः स जीवति। ९—को नाम लोके स्वयमात्मदोषमुद्घाटयेन्नष्टघृणः सभासु। १०—विवक्षता दोषमपि च्युतात्मना त्वयैकमीशं प्रति साधु भाषितम्। ११—यास्यत्यद्य शकुन्तला पतिगृहं सर्वैरनुज्ञायताम्। १२—नाहं जानामि केयूरे नाहं जानामि कुण्डले। नूपुरे त्वभिजानामि नित्यं पादाभिवन्दनात्। १३—यद्यपि शुद्धं लोकविरुद्धं नाचरणीयम्। १४—किंवाऽभविष्यदरुणस्तमसां विभेत्ता तं चेत्सहस्रकिरणो धुरि नाऽकरिष्यत्। १५—स्फुटता न पदैरपाकृता, न च न स्वीकृतमर्थगौरवम्। रचिता पृथगर्थता गिरां, न च सामर्थ्यमपोहितं क्वचित्॥

संस्कृत में अनुवाद करो

१—मेरा भतीजा (भ्रातृव्यः) इस वर्ष लखनऊ विश्वविद्यालय में संस्कृत की एम० ए० की परीक्षा में प्रथम रहा (प्रथम इति निर्दिष्टोऽभूत्)। २—*बुद्धिमान् जल्दी ही कण्ठस्थ कर लेता है और देर तक याद रखता है। ३—कोसे जल से (कदुष्णेन जलेन) स्नान करो, इस से आपको सुख अनुभव होगा। ४—यदि वह पाप को धोना चाहता है (प्रमार्ष्टुमिच्छति) तो उसे ब्राह्मण को दस गाय और एक बैल (वृषभैकादश गाः) देने चाहिएँ। ५—अमित तेजवाले और पापों से विशुद्ध

---

*मेधावी क्षिप्रं स्मरति चिरं च धारयति।

(अमिततेजसः पूतपापाः) ऋषि भारत में रहते थे। *६—जितना अधिक संस्कृत साहित्य का मैंने अध्ययन किया उतना ही अधिक मुझे अपनी संस्कृति पर विश्वास होता गया। ७—वह इतना चञ्चल (तथा चपलः) है कि एक क्षण भी चुपचाप (निश्चलम्) नहीं बैठ सकता। ८—†वह भले ही प्राणों को छोड़ दे पर शत्रु के आगे न झुकेगा। ९—अनुवाद करना विशेषज्ञों के लिए भी कठिन है (अनीषत्करोऽनुवादो विशेषज्ञैः) साधारण छात्रों का तो कहना ही क्या है (किं पुनः)! १०—सूर्य पूर्व में उदय होता है (उदेति) और पश्चिम में अस्त होता है (अस्तमेति) यह कथन मिथ्या है।

---

*यथा यथाहं संस्कृतं वाङ्मयमध्यैयि तथा तथास्मत्संस्कृतेर्गौरवं प्रति प्रत्यायितोऽजाये।

†कामं प्राणान् त्यजेत् न पुनरसौ शत्रोः पुरतो वैतसीं वृत्तिमाश्रयेत्।

संज्ञा-शब्द

हमने इस पुस्तक के आरम्भ में लिखा है कि भाषा का आधार शब्द है और शब्द का आधार वाक्य। संस्कृत भाषा में शब्द दो प्रकार के होते हैं—एक तो ऐसे शब्द हैं जिनका रूप वाक्य के और शब्दों के कारण बदलता रहता है और दूसरे ऐसे शब्द हैं जिनका रूप सदा एक-सा रहता है। बदलने वाले शब्दों में संज्ञा, सर्वनाम, विशेषण तथा क्रिया (आख्यात) हैं और न बदलने वाले शब्दों में यदा, कदा, सदा आदि अव्यय हैं तथा 'पठितुम्' 'कृत्वा' आदि क्रियाओं के रूप हैं।

संस्कृत भाषा में ३ पुरुष होते हैं—(१) प्रथम पुरुष, (२) मध्यम पुरुष और (३) उत्तम पुरुष। हिन्दी में केवल दो वचन होते हैं, किन्तु संस्कृत में एक वचन और बहुवचन के अतिरिक्त द्विवचन भी होता है। संज्ञा शब्दों के तीन लिङ्ग होते हैं—पुँल्लिङ्ग, स्त्रीलिङ्ग और नपुंसक लिङ्ग। हिन्दी में कर्त्ता, कर्म आदि सम्बन्ध बतलाने के लिए संज्ञा शब्द के अथवा सर्वनाम शब्द के आगे ने, को, से आदि जोड़ दिये जाते हैं, किन्तु संस्कृत में इस सम्बन्ध को बतलाने के लिए संज्ञा या सर्वनाम का रूप ही बदल देते हैं, जैसे—गोपालः (गोपाल ने), गोपालम् (गोपाल को) आदि। इस प्रकार एक ही शब्द के अनेक रूप हो जाते हैं। प्रथमा, द्वितीया से लेकर सप्तमी तक सात विभक्तियाँ होती हैं।

भिन्न-भिन्न कारकों को बतलाने के लिए प्रातिपदिकों में जो प्रत्यय जोड़े जाते हैं उन्हें 'सुप्' कहते हैं। इसी प्रकार भिन्न-भिन्न काल की क्रियाओं का अर्थ बतलाने के लिए धातुओं में जो प्रत्यय जोड़े जाते हैं, उन्हें तिङ् कहते हैं। सुप् और तिङ् को ही विभक्ति कहते हैं और सुबन्त और तिङन्त शब्दों को ही पद कहते हैं।

विभक्तियों के मूल रूप

विभक्ति	अर्थ	एकवचन	द्विवचन	बहुवचन
प्रथमा	ने	स् (:)	औ	अस् (अः)
द्वितीया	को	अम्	औ	अः[1]
तृतीया	से, के द्वारा	एन[2]	भ्याम्	भिः
चतुर्थी	के लिए	ए[3]	भ्याम्	भ्यः

१. अकारान्त, इकारान्त, उकारान्त और ऋकारान्त शब्दों को दीर्घ होकर अन्त में 'न्' हो जाता है, जैसे—रामान्, हरीन् आदि। २. इकारान्त, उकारान्त और ऋकारान्त शब्दों के अन्त में 'ना' होता है, जैसे—कविना, साधुना। ३. अकारान्त शब्द के अन्त में 'आय' होता है, जैसे—रामाय।

विभक्ति	अर्थ	एकवचन	द्विवचन	बहुवचन
पञ्चमी	से	आत्[1]	भ्याम्	भ्यः
षष्ठी	का, के, की	स्य	ओस् (ओः)	आम्
सप्तमी	में, पर	इ[2]	ओस् (ओः)	सु (षु)

अकारान्त पुँल्लिङ्ग

(१) राम

प्र० रामः (राम)	रामौ (दो राम)	रामाः (बहुत राम)
द्वि० रामम् (राम को)	रामौ (दो रामों को)	रामान् (रामों को)
तृ० रामेण (राम से)[3]	रामाभ्याम् (दो रामों से)	रामैः (रामों से)
च० रामाय (राम केलिए)	रामाभ्याम् (दो रामोंकेलिए)	रामेभ्यः (रामों केलिए)
पं० रामात् (राम से)	रामाभ्याम् (दो रामों से)	रामेभ्यः (रामों से)
ष० रामस्य (रामका,के,की)	रामयोः (दो रामों का)	रामाणाम् (रामों का)
स० रामे (राम में, पर)	रामयोः (दो रामों में)	रामेषु (रामों में)
सं० हे राम (हे राम)[4]	हे रामौ (हे दो रामो)	हे रामाः (हे रामो)

राम की भाँति इनके रूप चलते हैं—

नरः—मनुष्य	भक्तः—भगत	मयूरः—मोर
बालः—बालक	शिष्यः—चेला	प्रश्नः—सवाल
पुत्रः—पुत्र	सूर्यः—सूरज	क्रोशः—कोस
जनकः—पिता	चन्द्रः—चाँद	लोकः—संसार या लोक
नृपः—राजा	सुरः—देवता	धर्मः—धर्म
	खगः—पक्षी	अनलः—आग

---

१. इकारान्त, उकारान्त और ऋकारान्त शब्दों के पञ्चमी और षष्ठी के एकवचन में 'इ' 'ऊ' और 'ऋ' को गुण होकर 'स्' का विसर्ग होता है।

२. इकारान्त तथा उकारान्त शब्दों के सप्तमी के एकवचन में 'औ' और आकारान्त के अन्त में 'याम्' हो जाता है।

३. स्वरों (अ, आ, इ, ई आदि), ह, य्, व्, र्, कवर्ग (क, ख आदि), पवर्ग (प, फ आदि) आ और न् के बीच में आने पर भी र्, ऋ, ॠ और 'ष्' के बाद 'न्' का 'ण्' हो जाता है (अट् कुप्वाङ् नुम् व्यवायेऽपि)। इससे नपुंसक लिङ्ग शब्द के प्रथमा तथा द्वितीया के बहुवचन में, तृतीया के एकवचन और षष्ठी के बहुवचन में 'न्' का 'ण्' हो जायगा, यथा—गृहाणि, गृहेण, गृहाणाम्; पत्राणि, पत्रेण, पत्राणाम्; नृपाणाम्, हरिणा, हरीणाम्।

४. सम्बोधन में विसर्ग नहीं होता।

प्राज्ञः—विद्वान्	करः—हाथ	अनिलः—हवा
सज्जनः—अच्छा आदमी	पिकः—कोयल	वृकः—भेड़िया
दुर्जनः—बुरा आदमी	वंशः—कुल	नक्रः—नाका
	वानरः—बन्दर	रासभः—गदहा
खलः—दुष्ट	गजः—हाथी	उपहारः—भेंट

२ भवादृश (आप जैसा)

	एकवचन	द्विवचन	बहुवचन
प्र०	भवादृशः	भवादृशौ	भवादृशाः
द्वि०	भवादृशम्	भवादृशौ	भवादृशान्
तृ०	भवादृशेन	भवादृशाभ्याम्	भवादृशैः
च०	भवादृशाय	भवादृशाभ्याम्	भवादृशेभ्यः
पं०	भवादृशात्	भवादृशाभ्याम्	भवादृशेभ्यः
ष०	भवादृशस्य	भवादृशयोः	भवादृशानाम्
स०	भवादृशे	भवादृशयोः	भवादृशेषु
सं०	हे भवादृश	हे भवादृशौ	हे भवादृशाः

इसी प्रकार तादृश, मादृश, त्वादृश, यादृश, एतादृश आदि अकारान्त शब्द चलते हैं। इसी अर्थ में भवादृश्, तादृश् आदि शकारान्त शब्द भी होते हैं। उनके रूप व्यञ्जनान्त शब्दों में दिये गये हैं।

आकारान्त पुँल्लिङ्ग

३–विश्वपा (संसार का रक्षक)

	एकवचन	द्विवचन	बहुवचन
प्र०	विश्वपाः	विश्वपौ	विश्वपाः
द्वि०	विश्वपाम्	विश्वपौ	विश्वपः
तृ०	विश्वपा	विश्वपाभ्याम्	विश्वपाभिः
च०	विश्वपे	विश्वपाभ्याम्	विश्वपाभ्यः
पं०	विश्वपः	विश्वपाभ्याम्	विश्वपाभ्यः
ष०	विश्वपः	विश्वपोः	विश्वपाम्
स०	विश्वपि	विश्वपोः	विश्वपासु
सं०	हे विश्वपाः	हे विश्वपौ	हे विश्वपाः

इसी प्रकार सोमपा (सोमरस पीने वाला), धूम्रपा (धुआँ पीने वाला), गोपा (गाय का रक्षक), शंखध्मा (शंख बजाने वाला), बलदा (बल देने वाला-इन्द्र) आदि।

इकारान्त पुँल्लिङ्ग

४–हरि (विष्णु अथवा बन्दर)

	एकवचन	द्विवचन	बहुवचन
प्र०	हरिः	हरी	हरयः
द्वि०	हरिम्	हरी	हरीन्
तृ०	हरिणा	हरिभ्याम्	हरिभिः
च०	हरये	हरिभ्याम्	हरिभ्यः
पं०	हरेः	हरिभ्याम्	हरिभ्यः
ष०	हरेः	हर्योः	हरीणाम्
स०	हरौ	हर्योः	हरिषु
सं०	हे हरे	हे हरी	हे हरयः

इसी प्रकार कवि, मुनि, कपि, ऋषि, यति, विरञ्चि (ब्रह्मा), विधि (ब्रह्मा), निधि (खजाना), गिरि (पर्वत), अग्नि, अरि (शत्रु), वह्नि (आग), सप्ति (घोड़ा), रवि (सूर्य), नृपति, उदधि (समुद्र), अतिथि, असि (तलवार), पाणि (हाथ), मरीचि (किरण), व्याधि (बीमारी), सेनापति, प्रजापति, प्रभृति आदि।

विशेष—विधि (विधान, ढंग) उदधि, जलधि, आधि, व्याधि, समाधि आदि शब्द हरि के समान इकारान्त पुँल्लिङ्ग होते हैं।

पति शब्द के रूप 'हरि' से बिलकुल भिन्न प्रकार से चलते हैं।

५–पति (स्वामी, दूल्हा)

	एकवचन	द्विवचन	बहुवचन
प्र०	पतिः	पती	पतयः
द्वि०	पतिम्	पती	पतीन्
तृ०	पत्या	पतिभ्याम्	पतिभिः
च०	पत्ये	पतिभ्याम्	पतिभ्यः
पं०	पत्युः	पतिभ्याम्	पतिभ्यः
ष०	पत्युः	पत्योः	पतीनाम्
स०	पत्यौ	पत्योः	पतिषु
सं०	हे पते	हे पती	हे पतयः

पति शब्द जब किसी शब्द के साथ समास के अन्त में आता है तब उसके रूप हरि के समान होते हैं, जैसे—

६-गणपति (गणेश)

	एकवचन	द्विवचन	बहुवचन
प्र०	गणपतिः	गणपती	गणपतयः
द्वि०	गणपतिम्	गणपती	गणपतीन्
तृ०	गणपतिना	गणपतिभ्याम्	गणपतिभिः
च०	गणपतये	गणपतिभ्याम्	गणपतिभ्यः
पं०	गणपतेः	गणपतिभ्याम्	गणपतिभ्यः
ष०	गणपतेः	गणपत्योः	गणपतीनाम्
स०	गणपतौ	गणपत्योः	गणपतिषु
सं०	हे गणपते	हे गणपती	हे गणपतयः

इसी प्रकार भूपति, महीपति, नरपति, लोकपति, सुरपति, गजपति, अधिपति, जगत्पति, बृहस्पति, पृथ्वीपति, गृहपति आदि ।

सखि (मित्र) शब्द के रूप भी बिलकुल भिन्न प्रकार के होते हैं, जैसे—

७-सखि (मित्र)

	एकवचन	द्विवचन	बहुवचन
प्र०	सखा	सखायौ	सखायः
द्वि०	सखायम्	सखायौ	सखीन्
तृ०	सख्या	सखिभ्याम्	सखिभिः
च०	सख्ये	सखिभ्याम्	सखिभ्यः
पं०	सख्युः	सखिभ्याम्	सखिभ्यः
ष०	सख्युः	सख्योः	सखीनाम्
स०	सख्यौ	सख्योः	सखिषु
सं०	हे सखे	हे सखायौ	हे सखायः

८—ईकारान्त पुँल्लिङ्ग

प्रधी (अच्छा ध्यान करनेवाला)

	एकवचन	द्विवचन	बहुवचन
प्र०	प्रधीः	प्रध्यौ	प्रध्यः
द्वि०	प्रध्यम्	प्रध्यौ	प्रध्यः
तृ०	प्रध्या	प्रधीभ्याम्	प्रधीभिः
च०	प्रध्ये	प्रधीभ्याम्	प्रधीभ्यः
पं०	प्रध्यः	प्रधीभ्याम्	प्रधीभ्यः
ष०	प्रध्यः	प्रध्योः	प्रध्याम्
स०	प्रध्यि	प्रध्योः	प्रधीषु
सं०	हे प्रधीः	हे प्रध्यौ	हे प्रध्यः

वेगी (फुर्ती से जानेवाला) के रूप प्रधी के समान होते हैं।

सेनानी, ग्रामणी, उन्नी शब्दों के रूप भी प्रधी के समान होते हैं, केवल सप्तमी के एकवचन में सेनान्याम्, ग्रामण्याम् तथा उन्न्याम् रूप हो जाते हैं।

९–सुधी (विद्वान्)

	एकवचन	द्विवचन	बहुवचन
प्र०	सुधीः	सुधियौ	सुधियः
द्वि०	सुधियम्	सुधियौ	सुधियः
तृ०	सुधिया	सुधीभ्याम्	सुधीभिः
च०	सुधिये	सुधीभ्याम्	सुधीभ्यः
पं०	सुधियः	सुधीभ्याम्	सुधीभ्यः
ष०	सुधियः	सुधियोः	सुधियाम्
स०	सुधियि	सुधियोः	सुधीषु
सं०	हे सुधीः	हे सुधियौ	हे सुधियः

इसी प्रकार शुद्धधी, परमधी, सुश्री, शुष्की, पक्वी आदि।

१०–सखी (मित्र चाहने वाला–सखायमिच्छतीति)

प्र०	सखा	सखायौ	सखायः
द्वि०	सखायम्	सखायौ	सख्यः
तृ०	सख्या	सखीभ्याम्	सखीभिः
च०	सख्ये	सखीभ्याम्	सखीभ्यः
पं०	सख्युः	सखीभ्याम्	सखीभ्यः
ष०	सख्युः	सख्योः	सख्याम्
स०	सख्यि	सख्योः	सखीषु
सं०	हे सखा	हे सखायौ	हे सखायः

११–सखी (खेन सह अस्ति इति सखः–सखमिच्छतीति)

प्र०	सखी	सख्यौ	सख्यः
द्वि०	सख्यम्	सख्यौ	सख्यः
तृ०	सख्या	सखीभ्याम्	सखीभिः
सं०	हे सखी	हे सख्यौ	हे सख्यः

शेष रूप पूर्ववर्ती, सखी की भाँति होते हैं। इसी प्रकार सुखी (सुखमिच्छतीति), सुती (सुतमिच्छतीति), क्षामी (क्षाममिच्छतीति), लूनी (लूनमिच्छतीति), प्रस्तीमी (प्रस्तीममिच्छतीति) के रूप भी होते हैं।

उकारान्त पुँल्लिङ्ग

१२—गुरु (ज्ञान देनेवाला)

	एकवचन	द्विवचन	बहुवचन
प्र०	गुरुः	गुरू	गुरवः
द्वि०	गुरुम्	गुरू	गुरून्
तृ०	गुरुणा	गुरुभ्याम्	गुरुभिः
च०	गुरवे	गुरुभ्याम्	गुरुभ्यः
पं०	गुरोः	गुरुभ्याम्	गुरुभ्यः
ष०	गुरोः	गुर्वोः	गुरूणाम्
स०	गुरौ	गुर्वोः	गुरुषु
सं०	हे गुरो	हे गुरू	हे गुरवः

इसी प्रकार भानु (सूर्य), कृशानु (आग), विधु (चन्द्रमा), रिपु, शत्रु, विष्णु, शम्भु, शिशु, साधु, ऊरु (जाँघ), प्रभु, वेणु, (बांस), पांशु (धूल), वायु, मृत्यु, बाहु आदि के रूप गुरु की भाँति चलते हैं।

विशेष—जिन शब्दों में ऋ, र् या ष् नहीं हैं, उनमें 'न' को 'ण' नहीं होता। अतः भानु शब्द के तृतीया के एक वचन में 'भानुना' और षष्ठी के बहुवचन में भानूनाम् होता है।

ऊकारान्त पुँल्लिङ्ग

१३—स्वयम्भू (ब्रह्मा)

प्र०	स्वयम्भूः	स्वयम्भुवौ	स्वयम्भुवः
द्वि०	स्वयम्भुवम्	स्वयम्भुवौ	स्वयम्भुवः
तृ०	स्वयम्भुवा	स्वयम्भूभ्याम्	स्वयम्भूभिः
च०	स्वयम्भुवे	स्वयम्भूभ्याम्	स्वयम्भूभ्यः
पं०	स्वयम्भुवः	स्वयम्भूभ्याम्	स्वयम्भूभ्यः
ष०	स्वयम्भुवः	स्वयम्भुवोः	स्वयम्भुवाम्
स०	स्वयम्भुवि	स्वयम्भुवोः	स्वयम्भूषु
सं०	हे स्वयम्भूः	हे स्वयम्भुवौ	स्वयम्भुवः

इसी प्रकार स्वभू (स्वयं उत्पन्न), सुभ्रू (सुन्दर भौं वाला), प्रतिभू (जामिन) शब्दों के रूप चलते हैं।

ऋकारान्त पुँल्लिङ्ग

१४—पितृ (बाप)

प्र०	पिता	पितरौ	पितरः
द्वि०	पितरम्	पितरौ	पितॄन्

	एकवचन	द्विवचन	बहुवचन
तृ०	पित्रा	पितृभ्याम्	पितृभिः
च०	पित्रे	पितृभ्याम्	पितृभ्यः
पं०	पितुः	पितृभ्याम्	पितृभ्यः
ष०	पितुः	पित्रोः	पितॄणाम्
स०	पितरि	पित्रोः	पितृषु
सं०	हे पितः	हे पितरौ	हे पितरः

भ्रातृ (भाई), जामातृ (दामाद) देवृ (देवर), इत्यादि पुँल्लिङ्ग ऋकारान्त शब्दों के रूप पितृ की भाँति चलते हैं।

१५-नृ (मनुष्य)

प्र०	ना	नरौ	नरः
द्वि०	नरम्	नरौ	नॄन्
तृ०	न्रा	नृभ्याम्	नृभिः
च०	न्रे	नृभ्याम्	नृभ्यः
पं०	नुः	नृभ्याम्	नृभ्यः
ष०	नुः	न्रोः	नृणाम् / नॄणाम्
स०	नरि	न्रोः	नृषु
सं०	हे नः	हे नरौ	हे नरः

१६-कर्तृ (करने वाला)

प्र०	कर्ता	कर्तारौ	कर्तारः
द्वि०	कर्तारम्	कर्तारौ	कर्तॄन्
तृ०	कर्त्रा	कर्तृभ्याम्	कर्तृभिः
च०	कर्त्रे	कर्तृभ्याम्	कर्तृभ्यः
पं०	कर्तुः	कर्तृभ्याम्	कर्तृभ्यः
ष०	कर्तुः	कर्त्रोः	कर्तॄणाम्
स०	कर्तरि	कर्त्रोः	कर्तृषु
सं०	हे कर्तः	हे कर्तारौ	हे कर्तारः

इसी प्रकार वक्तृ (बोलने वाला), धातृ (ब्रह्मा), दातृ (देने वाला), गन्तृ (जाने वाला), नेतृ (ले जाने वाला), (श्रोतृ सुननेने वाला), नप्तृ (पोता), सवितृ (सूर्य), भर्तृ (स्वामी) द्रष्टृ (देखने वाला) के रूप चलते हैं।

विशेष—तृन् और तृच् प्रत्ययान्त शब्दों के एवं स्वसृ, नेष्टृ, नप्तृ, त्वष्टृ, क्षत्तृ, प्रशास्तृ, होतृ और पोतृ के आगे जब प्रथमा और द्वितीया विभक्ति के प्रत्यय आवें तब ऋ के आदिष्ट रूप अ को दीर्घ हो जाता है।

सम्बोधन के सूचक सु के परे होने पर अ को दीर्घ नहीं होता अतः कर्तः रूप बनता है न कि 'कर्ताः'।

ऐकारान्त पुँल्लिङ्ग

१७-रै (धन)

	एकवचन	द्विवचन	बहुवचन
प्र०	राः	रायौ	रायः
द्वि०	रायम्	रायौ	रायः
तृः०	राया	राभ्याम्	राभिः
च०	राये	राभ्याम्	राभ्यः
पं०	रायः	राभ्याम्	राभ्यः
ष०	रायः	रायोः	रायाम्
स०	रायि	रायोः	रासु
सं०	हे राः	हेरायौ	हेरायः

ओकारान्त पुँल्लिङ्ग

१८-गो (साँड़ या बैल)

प्र०	गौः	गावौ	गावः
द्वि०	गाम्	गावौ	गाः
तृ०	गवा	गोभ्याम्	गोभिः
च०	गवे	गोभ्याम्	गोभ्यः
पं०	गोः	गोभ्याम्	गोभ्यः
ष०	गोः	गवोः	गवाम्
स०	गवि	गवोः	गोषु
सं०	हे गौः	गावौ	हे गावः

औकारान्त पुँल्लिङ्ग

१९-ग्लौ-(चन्द्रमा)

प्र०	ग्लौः	ग्लावौ	ग्लावः
द्वि०	ग्लावम्	ग्लावौ	ग्लावः
तृ०	ग्लावा	ग्लौभ्याम्	ग्लौभिः
च०	ग्लावे	ग्लौभ्याम्	ग्लौभ्यः
पं०	ग्लावः	ग्लौभ्याम्	ग्लौभ्यः
ष०	ग्लावः	ग्लावोः	ग्लावाम्
स०	ग्लावि	ग्लावोः	ग्लौषु
सं०	हे ग्लौः	हे ग्लावौ	हे ग्लावः

अकारान्त नपुंसकलिङ्ग

२०–फल

	एकवचन	द्विवचन	बहुवचन
प्र०	फलम्	फले	फलानि
द्वि०	फलम्	फले	फलानि
तृ०	फलेन	फलाभ्याम्	फलैः
च०	फलाय	फलाभ्याम्	फलेभ्यः
पं०	फलात्	फलाभ्याम्	फलेभ्यः
ष०	फलस्य	फलयोः	फलानाम्
स०	फले	फलयोः	फलेषु
सं०	हे फल	हे फले	हे फलानि

इसी प्रकार वन, अरण्य (जंगल), मुख, कुसुम, पुष्प, कमल, पर्ण (पत्ता), मित्र, नक्षत्र, पत्र (कागज या पत्ता), तृण (घास), बीज, जल, गगन, शरीर, ज्ञान, पुस्तक इत्यादि अकारान्त नपुंसकलिंग शब्दों के रूप चलते हैं।

इकारान्त नपुंसकलिंग

२१–(क) वारि (पानी)

प्र०	वारि	वारिणी	वारीणि
द्वि०	वारि	वारिणी	वारीणि
तृ०	वारिणा	वारिभ्याम्	वारिभिः
च०	वारिणे	वारिभ्याम्	वारिभ्यः
पं०	वारिणः	वारिभ्याम्	वारिभ्यः
ष०	वारिणः	वारिणोः	वारीणाम्
स०	वारिणि	वारिणोः	वारिषु
सं०	हे वारि, हे वारे	हे वारिणी	हे वारीणि

विशेष—अस्थि (हड्डी), सक्थि (जाँघ), अक्षि (आँख), दधि (दही) को छोड़ कर अन्य इकारान्त नपुंसकलिंग शब्दों के रूप वारि की भान्ति चलते हैं।

२२–दधि (दही)

प्र०	दधि	दधिनी	दधीनि
द्वि०	दधि	दधिनी	दधीनि
तृ०	दध्ना	दधिभ्याम्	दधिभिः
च०	दध्ने	दधिभ्याम्	दधिभ्यः
पं०	दध्नः	दधिभ्याम्	दधिभ्यः

	एकवचन	द्विवचन	बहुवचन
ष०	दध्नः	दध्नोः	दध्नाम्
स०	दध्नि, दधनि	दध्नोः	दधिषु
सं०	हे दधि, दधे	हे दधिनी	हे दधीनि

२३-अक्षि (आँख)

प्र०	अक्षि	अक्षिणी	अक्षीणि
द्वि०	अक्षि	अक्षिणी	अक्षीणि
तृ०	अक्ष्णा	अक्षिभ्याम्	अक्षिभिः
च०	अक्ष्णे	अक्षिभ्याम्	अक्षिभ्यः
पं०	अक्ष्णः	अक्षिभ्याम्	अक्षिभ्यः
ष०	अक्ष्णः	अक्ष्णोः	अक्ष्णाम्
स०	अक्ष्णि, अक्षणि	अक्ष्णोः	अक्षिषु
सं०	हे अक्षि, अक्षे	हे अक्षिणी	हे अक्षीणि

इसी प्रकार अस्थि और सक्थि के रूप भी चलते हैं।

२४ शुचि (पवित्र)*

प्र०	शुचि	शुचिनी	शुचीनि
द्वि०	शुचि	शुचिनी	शुचीनि
तृ०	शुचिना	शुचिभ्याम्	शुचिभिः
च०	शुचये, शुचिने	शुचिभ्याम्	शुचिभ्यः
पं०	शुचेः, शुचिनः	शुचिभ्याम्	शुचिभ्यः
ष०	शुचेः, शुचिनः	शुच्योः, शुचिनोः	शुचीनाम्
स०	शुचौ, शुचिनि	शुच्योः, शुचिनोः	शुचिषु
सं०	हे शुचि, शुचे	हे शुचिनी	हे शुचीनि

उकारान्त नपुंसकलिङ्ग

२५-मधु (शहद)

प्र०	मधु	मधुनी	मधूनि
द्वि०	मधु	मधुनी	मधूनि
तृ०	मधुना	मधुभ्याम्	मधुभिः
च०	मधुने	मधुभ्याम्	मधुभ्यः

* इकारान्त एवं उकारान्त विशेषण शब्दों का प्रयोग नपुंसकलिङ्ग वाले संज्ञा शब्दों के साथ होने पर उनके रूप चतुर्थी, पञ्चमी, षष्ठी, सप्तमी विभक्तियों के एकवचन में तथा षष्ठी एवं सप्तमी के द्विवचन में विकल्प से इकारान्त तथा उकारान्त पुँल्लिङ्ग शब्दों की भाँति होते हैं, यथा—शुचि (पवित्र), गुरु (भारी)।

	एकवचन	द्विवचन	बहुवचन
पं०	मधुनः	मधुभ्याम्	मधुभ्यः
ष०	मधुनः	मधुनोः	मधूनाम्
स०	मधुनि	मधुनोः	मधुषु
सं०	हे मधु, हे मधो	हे मधुनी	हे मधूनि

इसी प्रकार जानु (घुटना), दारु (काठ), जतु (लाख), जत्रु (कंधों की संधि); तालु, वस्तु (चीज), सानु [(पर्वत की चोटी) पुँल्लिङ्ग तथा नपुंसक-लिङ्ग भी] इत्यादि शब्दों के रूप चलते हैं।

२६—बहु

प्र०	बहु	बहुनी	बहूनि
द्वि०	बहु	बहुनी	बहूनि
तृ०	बहुना	बहुभ्याम्	बहुभिः
च०	बहुने,बहवे	बहुभ्याम्	बहुभ्यः
पं०	बहोः, बहुनः	बहुभ्याम्	बहुभ्यः
ष०	बहोः, बहुनः	बह्वोः, बहुनोः	बहूनाम्
स०	बहौ, बहुनि	बह्वोः, बहुनोः	बहुषु
सं०	हे बहु, बहो	हे बहुनी	हे बहूनि

इसी प्रकार कटु, मृदु, लघु, पटु इत्यादि के रूप चलते हैं।

ऋकारान्त नपुंसकलिंग

२७—कर्तृ (करने वाला)*

प्र०	कर्तृ	कर्तृणी	कर्तॄणि
द्वि०	कर्तृ	कर्तृणी	कर्तॄणि
तृ०	कर्त्रा / कर्तृणा	कर्तृभ्याम्	कर्तृभिः
च०	कर्त्रे	कर्तृभ्याम्	कर्तृभ्यः
पं०	कर्तुः / कर्तृणः	कर्तृभ्याम्	कर्तृभ्यः
ष०	कर्तुः / कर्तृणः	कर्त्रोः / कर्तृणोः	कर्तॄणाम्

*कर्तृ, धातृ, नेतृ, रक्षितृ इत्यादि शब्द विशेषण हैं, अतः इनका प्रयोग तीनों लिंगों में होता है। यहाँ पर नपुंसकलिंग के रूप दिये गये हैं।

	एकवचन	द्विवचन	बहुवचन
स०	कर्तरि	कर्त्रोः / कर्तृणोः	कर्तृषु
सं०	हे कर्तः	हे कर्तृणी	हे कर्तृणि

इसी प्रकार नेतृ, धातृ इत्यादि के रूप चलते हैं।

आकारान्त स्त्रीलिंग

२८—लता (बेल)

प्र०	लता	लते	लताः
द्वि०	लताम्	लते	लताः
तृ०	लतया	लताभ्याम्	लताभिः
च०	लतायै	लताभ्याम्	लताभ्यः
पं०	लतायाः	लताभ्याम्	लताभ्यः
ष०	लतायाः	लतयोः	लतानाम्
स०	लतायाम्	लतयोः	लतासु
सं०	हे लते	हे लते	हे लताः

इसी प्रकार रमा (लक्ष्मी), बाला (स्त्री), ललना (स्त्री), कन्या, निशा, भार्या, बडवा (घोड़ी), सुमित्रा, राधा, तारा, कौशल्या, कला इत्यादि शब्दों के रूप चलते हैं।

इकारान्त स्त्रीलिंग

२९—मति (बुद्धि)

प्र०	मतिः	मती	मतयः
द्वि०	मतिम्	मती	मतीः
तृ०	मत्या	मतिभ्याम्	मतिभिः
च०	मत्यै, मतये	मतिभ्याम्	मतिभ्यः
पं०	मत्याः, मतेः	मतिभ्याम्	मतिभ्यः
ष०	मत्याः, मतेः	मत्योः	मतीनाम्
स०	मत्याम् , मतौ	मत्योः	मतिषु
सं०	हे मते	हे मती	हे मतयः

इसी प्रकार धूलि (धूर), बुद्धि, शुद्धि, गति, भक्ति, शक्ति, स्मृति, रुचि, शान्ति, रीति, नीति, रात्रि, पङ्क्ति, जाति, गीति इत्यादि शब्दों के रूप चलते हैं।

ईकारान्त स्त्रीलिङ्ग

३०—नदी

	एकवचन	द्विवचन	बहुवचन
प्र०	नदी	नद्यौ	नद्यः
द्वि०	नदीम्	नद्यौ	नदीः
तृ०	नद्या	नदीभ्याम्	नदीभिः
चतु०	नद्यै	नदीभ्याम्	नदीभ्यः
पं०	नद्याः	नदीभ्याम्	नदीभ्यः
ष०	नद्याः	नद्योः	नदीनाम्
स०	नद्याम्	नद्योः	नदीषु
सं०	हे नदि	हे नद्यौ	हे नद्यः

इसी प्रकार राज्ञी (रानी), पार्वती, गौरी, जानकी, नटी, पृथ्वी, अरुन्धती, नन्दिनी, द्रौपदी, देवी, कैकेयी, पांचाली, त्रिलोकी, पंचवटी, अटवी (जंगल), गान्धारी, कादम्बरी, कौमुदी (चन्द्रमा की रोशनी), माद्री, कुन्ती, देवकी, सावित्री, गायत्री, कमलिनी, नलिनी आदि शब्दों के रूप चलते हैं।

विशेष—अवी (रजस्वला स्त्री), तन्त्री (वीणा), तरी (नाव), लक्ष्मी, ह्री, धी, श्री तथा स्तरी (धुआँ) की प्रथमा के एक वचन में विसर्ग होता है; जैसे—प्रथमा एक वचन—*अवीः, तन्त्रीः तरीः लक्ष्मीः, ह्रीः, धीः, श्रीः।

३१–लक्ष्मी

प्र०	लक्ष्मीः	लक्ष्म्यौ	लक्ष्म्यः
द्वि०	लक्ष्मीम्	लक्ष्म्यौ	लक्ष्मीः
तृ०	लक्ष्म्या	लक्ष्मीभ्याम्	लक्ष्मीभिः
च०	लक्ष्म्यै	लक्ष्मीभ्याम्	लक्ष्मीभ्यः
पं०	लक्ष्म्याः	लक्ष्मीभ्याम्	लक्ष्मीभ्यः
ष०	लक्ष्म्याः	लक्ष्म्योः	लक्ष्मीणाम्
स०	लक्ष्म्याम्	लक्ष्म्योः	लक्ष्मीषु
सं०	हे लक्ष्मि	हे लक्ष्म्यौ	हे लक्ष्म्यः

३२–श्री (लक्ष्मी)

प्र०	श्रीः	श्रियौ	श्रियः
द्वि०	श्रियम्	श्रियौ	श्रियः
तृ०	श्रिया	श्रीभ्याम्	श्रीभिः

* अवी-तन्त्री-तरी-लक्ष्मी-ह्री-धी-श्रीणामुणादिषु।
सप्तानामपि शब्दानां सुलोपो न कदाचन॥

	एकवचन	द्विवचन	बहुवचन
च०	श्रियै, श्रिये	श्रीभ्याम्	श्रीभ्यः
पं०	श्रियाः, श्रियः	श्रीभ्याम्	श्रीभ्यः
ष०	श्रियाः, श्रियः	श्रियोः	श्रीणाम्, श्रियाम्
स०	श्रियाम्, श्रियि	श्रियोः	श्रीषु
सं०	हे श्रीः	हे श्रियौ	हे श्रियः

इसी प्रकार ह्री (लज्जा), धी (बुद्धि), सुश्री, भी (डर) इत्यादि के रूप चलते हैं।

३३-स्त्री

प्र०	स्त्री	स्त्रियौ	स्त्रियः
द्वि०	स्त्रियम्-स्त्रीम्	स्त्रियौ	स्त्रियः-स्त्रीः
तृ०	स्त्रिया	स्त्रीभ्याम्	स्त्रीभिः
च०	स्त्रियै	स्त्रीभ्याम्	स्त्रीभ्यः
पं०	स्त्रियाः	स्त्रीभ्याम्	स्त्रीभ्यः
षं०	स्त्रियाः	स्त्रियोः	स्त्रीणाम्
स०	स्त्रियाम्	स्त्रियोः	स्त्रीषु
सं०	हे स्त्रि	हे स्त्रियौ	हे स्त्रियः

उकारान्त स्त्रीलिंग

३४-धेनु (गाय)

प्र०	धेनुः	धेनू	धेनवः
द्वि०	धेनुम्	धेनू	धेनूः
तृ०	धेन्वा	धेनुभ्याम्	धेनुभिः
च०	धेनवे, धेन्वै	धेनुभ्याम्	धेनुभ्यः
पं०	धेनोः, धेन्वाः	धेनुभ्याम्	धेनुभ्यः
ष०	धेनोः, धेन्वाः	धेन्वोः	धेनूनाम्
स०	धेनौ, धेन्वाम्	धेन्वोः	धेनुषु
सं०	हे धेनो	हे धेनू	हे धेनवः

इसी प्रकार तनु (शरीर), रेणु [(धूलि) पुँल्लिङ्ग तथा स्त्रीलिंग भी], हनु [(ठुड्डी) पुँल्लिग तथा स्त्रीलिंग भी] इत्यादि उकारान्त स्त्रीलिंग शब्दों के रूप चलते हैं।

ऊकारान्त स्त्रीलिंग

३५-वधू (बहू)

प्र०	वधूः	वध्वौ	वध्वः
द्वि०	वधूम्	वध्वौ	वधूः

	एकवचन	द्विवचन	बहुवचन
तृ०	वध्वा	वधूभ्याम्	वधूभिः
च०	वध्वै	वधूभ्याम्	वधूभ्यः
पं०	वध्वाः	वधूभ्याम्	वधूभ्यः
ष०	वध्वाः	वध्वोः	वधूनाम्
सं०	वध्वाम्	वध्वोः	वधूषु
सं०	हे वधु	हे वध्वौ	हे वध्वः

इसी प्रकार चमू (सेना), तनूः (शरीर), रज्जू (रस्सी) श्वश्रू (सास), कर्कन्धू (बेर), जम्बू (जामुन) आदि ऊकारान्त स्त्रीलिंग शब्दों के रूप चलते हैं।

३६–भू (पृथ्वी)

प्र०	भूः	भुवौ	भुवः
द्वि०	भुवम्	भुवौ	भुवः
तृ०	भुवा	भूभ्याम्	भूभिः
च०	भुवै, भुवे	भूभ्याम्	भूभ्यः
सं०	भुवाः, भुवः	भूभ्याम्	भूभ्यः
ष०	भुवाः, भुवः	भुवोः	भुवाम् ; भूनाम्
स०	भुवाम् , भुवि	भुवोः	भूषु
सं०	हेभूः	है भुवौ	हे भुवः

इसी प्रकार भ्रू (भौं) के रूप होते हैं।

"सुभ्रू" शब्द के रूप भू से भिन्न होते हैं :—

३७–सुभ्रू (सुन्दर भौं वाली स्त्री)

प्र०	सुभ्रूः	सुभ्रुवौ	सुभ्रुवः
द्वि०	सुभ्रुवम्	सुभ्रुवौ	सुभ्रुवः
तृ०	सुभ्रुवा	सुभ्रूभ्याम्	सुभ्रूभिः
च०	सुभ्रुवे	सुभ्रूभ्याम्	सुभ्रूभ्यः
पं०	सुभ्रुवः	सुभ्रूभ्याम्	सुभ्रूभ्यः
ष०	सुभ्रुवः	सुभ्रुवोः	सुभ्रुवाम्
स०	सुभ्रुवि	सुभ्रुवोः	सुभ्रूषु
सं०	हे सुभ्रु	हे सुभ्रुवौ	हे सुभ्रुवः

ऋकारान्त स्त्रीलिंग

३८–मातृ (माता)

प्र०	माता	मातरौ	मातरः
द्वि०	मातरम्	मातरौ	मातॄः

	एकवचन	द्विवचन	बहुवचन
तृ०	मात्रा	मातृभ्याम्	मातृभिः
च०	मात्रे	मातृभ्याम्	मातृभ्यः
पं०	मातुः	मातृभ्याम्	मातृभ्यः
ष०	मातुः	मात्रोः	मातॄणाम्
स०	मातरि	मात्रोः	मातृषु
सं०	हे मातः	हे मातरौ	हे मातरः

दुहितृ (लड़की), यातृ (देवरानी) के रूप मातृ के समान चलते हैं।

३९-स्वसृ (बहिन)

प्र०	स्वसा	स्वसारौ	स्वसारः
द्वि०	स्वसारम्	स्वसारौ	स्वसॄः
तृ०	स्वस्रा	स्वसृभ्याम्	स्वसृभिः
च०	स्वस्रे	स्वसृभ्याम्	स्वसृभ्यः
पं०	स्वसुः	स्वसृभ्याम्	स्वसृभ्यः
ष०	स्वसुः	स्वस्रोः	स्वसॄणाम्
स०	स्वसरि	स्वस्रोः	स्वसृषु
सं०	हे स्वसः	हे स्वसारौ	हे स्वसारः

ऐकारान्त स्त्रीलिंग शब्दों के तथा ओकारान्त स्त्रीलिंग (गो आदि) शब्दों के रूप पुंल्लिङ्ग के समान चलते हैं। औकारान्त स्त्रीलिंग शब्दों के रूप भी पुँल्लिङ्ग के समान होते हैं।

औकारान्त स्त्रीलिं

४०-नौ (नाव)

प्र०	नौः	नावौ	नावः
द्वि०	नावम्	नावौ	नावः
तृ०	नावा	नौभ्याम्	नौभिः
च०	नावे	नौभ्याम्	नौभ्यः
पं०	नावः	नौभ्याम्	नौभ्यः
ष०	नावः	नावोः	नावाम्
स०	नावि	नावोः	नौषु
सं०	हे नौः	हे नावौ	हे नावः

हलन्त संज्ञाएँ

विशेष—अजन्त संज्ञा-शब्दों का क्रम भट्टोजिदीक्षित की "सिद्धान्त कौमुदी" के अनुसार पुँल्लिङ्ग, नपुंसकलिङ्ग और स्त्रीलिङ्ग आदि लिङ्गानुसार दिया गया

है, किन्तु हलन्त संज्ञाएँ सभी लिंगों में प्रायः एकसी ाती है, अतः यहाँ पर वर्ण-क्रमानुसार दी गयी हैं।

चकारान्त पुंल्लिंग

४१–जलमुच् (बादल)

	एकवचन	द्विवचन	बहुवचन
प्र०	जलमुक्–ग्	जलमुचौ	जलमुचः
द्वि०	जलमुचम्	जलमुचौ	जलमुचः
तृ०	जलमुचा	जलमुग्भ्याम्	जलमुग्भिः
च०	जलमुचे	जलमुग्भ्याम्	जलमुग्भ्यः
पं०	जलमुचः	जलमुग्भ्याम्	जलमुग्भ्यः
ष०	जलमुचः	जलमुचोः	जलमुचाम्
स०	जलमुचि	जलमुचोः	जलमुक्षु
सं०	हे जलमुक्	हे जलमुचौ	हे जलमुचः

इसी प्रकार सत्यवाच् आदि चकारान्त शब्द चलते हैं, परन्तु प्राञ्च्, प्रत्यञ्च्, उदञ्च्, तिर्यञ्च् के रूपों में कुछ अन्तर है। अञ्च् (जाना) धातु से इन शब्दों की उत्पत्ति हुई है।

४२–प्राञ्च् (पूर्वी)

प्र०	प्राङ्	प्राञ्चौ	प्राञ्चः
द्वि०	प्राञ्चम्	प्राञ्चौ	प्राचः
तृ०	प्राचा	प्राग्भ्याम्	प्राग्भिः
च०	प्राचे	प्राग्भ्याम्	प्राग्भ्यः
पं०	प्राचः	प्राग्भ्याम्	प्राग्भ्यः
ष०	प्राचः	प्राचोः	प्राचाम्
स०	प्राचि	प्राचोः	प्राक्षु
सं०	हे प्राङ्	हे प्राञ्चौ	हे प्राञ्चः

४३–प्रत्यञ्च् (पश्चिमी)

प्र०	प्रत्यङ्	प्रत्यञ्चौ	प्रत्यञ्चः
द्वि०	प्रत्यञ्चम्	प्रत्यञ्चौ	प्रतीचः
तृ०	प्रतीचा	प्रत्यग्भ्याम्	प्रत्यग्भिः
च०	प्रतीचे	प्रत्यग्भ्याम्	प्रत्यग्भ्यः
पं०	प्रतीचः	प्रत्यग्भ्याम्	प्रत्यग्भ्यः
ष०	प्रतीचः	प्रतीचोः	प्रतीचाम्
स०	प्रतीचि	प्रतीचोः	प्रत्यक्षु
सं०	हे प्रत्यङ्	हे प्रत्यञ्चौ	हे प्रत्यञ्चः

४४-उदञ्च् (उत्तरी)

	एकवचन	द्विवचन	बहुवचन
प्र०	उदङ्	उदञ्चौ	उदञ्चः
द्वि०	उदञ्चम्	उदञ्चौ	उदीचः
तृ०	उदीचा	उदग्भ्याम्	उदग्भिः
च०	उदीचे	उदग्भ्याम्	उदग्भ्यः
पं०	उदीचः	उदग्भ्याम्	उदग्भ्यः
ष०	उदीचः	उदीचोः	उदीचाम्
स०	उदीचि	उदीचोः	उदक्षु
सं०	हे उदङ्	हे उदञ्चौ	हे उदञ्चः

४५-तिर्यञ्च् (तिरछा जाने वाला)

प्र०	तिर्यङ्	तिर्यञ्चौ	तिर्यञ्चः
द्वि०	तिर्यञ्चम्	तिर्यञ्चौ	तिरश्चः
तृ०	तिरश्चा	तिर्यग्भ्याम्	तिर्यग्भिः
च०	तिरश्चे	तिर्यग्भ्याम्	तिर्यग्भ्यः
पं०	तिरश्चः	तिर्यग्भ्याम्	तिर्यग्भ्यः
ष०	तिरश्चः	तिरश्चोः	तिरश्चाम्
स०	तिरश्चि	तिरश्चोः	तिर्यक्षु
सं०	हे तिर्यङ्	हे तिर्यञ्चौ	हे तिर्यञ्चः

४६-वाच् (वाणी)

प्र०	वाक्, वाग्	वाचौ	वाचः
द्वि०	वाचम्	वाचौ	वाचः
तृ०	वाचा	वाग्भ्याम्	वाग्भिः
च०	वाचे	वाग्भ्याम्	वाग्भ्यः
पं०	वाचः	वाग्भ्याम्	वाग्भ्यः
ष०	वाचः	वाचोः	वाचाम्
स०	वाचि	वाचोः	वाक्षु
सं०	हे वाक्, हे वाग्	हे वाचौ	हे वाचः

इसी प्रकार त्वच् (चमड़ा, पेड़ की छाल), शुच् (सोच), रुच्, ऋच् (ऋगवेद के मन्त्र) इत्यादि चकारान्त स्त्रीलिंग शब्दों के रूप चलते हैं।

जकारान्त पुँल्लिङ्ग

४७-ऋत्विज् (पुजारी)

प्र०	ऋत्विक्	ऋत्विजौ	ऋत्विजः
द्वि०	ऋत्विजम्	ऋत्विजौ	ऋत्विजः

	एकवचन	द्विवचन	बहुवचन
तृ०	ऋत्विजा	ऋत्विग्भ्याम्	ऋत्विग्भिः
च०	ऋत्विजे	ऋत्विग्भ्याम्	ऋत्विग्भ्यः
पं०	ऋत्विजः	ऋत्विग्भ्याम्	ऋत्विग्भ्यः
ष०	ऋत्विजः	ऋत्विजोः	ऋत्विजाम्
स०	ऋत्विजि	ऋत्विजोः	ऋत्विक्षु
सं०	हे ऋत्विक्	हे ऋत्विजौ	हे ऋत्विजः

इसी प्रकार हुतभुज् (अग्नि), भूभुज् (राजा), भिषज् (वैद्य), वणिज् (बनिया) के रूप चलते हैं।

४८-भिषज् (वैद्य)

प्र०	भिषक्-ग्	भिषजौ	भिषजः
द्वि०	भिषजम्	भिषजौ	भिषजः
तृ०	भिषजा	भिषग्भ्याम्	भिषग्भिः इत्यादि।

४९-वणिज् (बनिया)

प्र०	वणिक्-ग्	वणिजौ	वणिजः
द्वि०	वणिजम्	वणिजौ	वणिजः
तृ०	वणिजा	वणिग्भ्याम्	वणिग्भिः इत्यादि।

५०-पयोमुच् (बादल)

प्र०	पयोमुक्-ग्	पयोमुचौ	पयोमुचः
द्वि०	पयोमुचम्	पयोमुचौ	पयोमुचः
तृ०	पयोमुचा	पयोमुग्भ्याम्	पयोमुग्भिः इत्यादि।

५१-सम्राज् (महाराज)

प्र०	सम्राट्-ड्	सम्राजौ	सम्राजः
द्वि०	सम्राजम्	सम्राजौ	सम्राजः
तृ०	सम्राजा	सम्राड्भ्याम्	सम्राड्भिः
च०	सम्राजे	सम्राड्भ्याम्	सम्राड्भ्यः
पं०	सम्राजः	सम्राड्भ्याम्	सम्राड्भ्यः
ष०	सम्राजः	सम्राजोः	सम्राजाम्
स०	सम्राजि	सम्राजोः	सम्राट्सु
सं०	हे सम्राट्	हे सम्राजौ	हे सम्राजः

इसी प्रकार विश्वसृज् (संसार का रचने वाला), विराज् (बड़ा), परिव्राज् (सन्यासी) के रूप चलते हैं।

५२–परिव्राज् (संन्यासी)

	एकवचन	द्विवचन	बहुवचन
प्र०	परिव्राट्–ड्	परिव्राजौ	परिव्राजः
द्वि०	परिव्राजम्	परिव्राजौ	परिव्राजः
तृ०	परिव्राजा	परिव्राड्भ्याम्	परिव्राड्भिः इत्यादि ।

५३–विराज् (बड़ा)

प्र०	विराट्–ड्	विराजौ	विराजः
द्वि०	विराजम्	विराजौ	विराजः
तृ०	विराजा	विराड्भ्याम्	विराड्भिः इत्यादि ।

जकारान्त स्त्रीलिङ्ग

५४–स्रज् (माला)

प्र०	स्रक्–ग्	स्रजौ	स्रजः
द्वि०	स्रजम्	स्रजौ	स्रजः
तृ०	स्रजा	स्रग्भ्याम्	स्रग्भिः
च०	स्रजे	स्रग्भ्याम्	स्रग्भ्यः
पं०	स्रजः	स्रग्भ्याम्	स्रग्भ्यः
ष०	स्रजः	स्रजोः	स्रजाम्
स०	स्रजि	स्रजोः	स्रक्षु
सं०	हे स्रक्	हे स्रजौ	हे स्रजः

इसी प्रकार रुज् (रोग) के भी रूप चलते हैं ।

जकारान्त नपुंसकलिंग

५५–असृज् (लोहू)

प्र०	असृक्–ग्	असृजी	असृञ्जि
द्वि०	असृक्	असृजी	असृञ्जि
तृ०	असृजा	असृग्भ्याम्	असृग्भिः
च०	असृजे	असृग्भ्याम्	असृग्भ्यः
पं०	असृजः	असृग्भ्याम्	असृग्भ्यः
ष०	असृजः	असृजोः	असृजाम्
स०	असृजि	असृजोः	असृक्षु
सं०	हे असृक्	हे असृजी	हे असृञ्जि

तकारान्त पुँल्लिङ्ग

५६–भूभृत् (राजा, पहाड़)

	एकवचन	द्विवचन	बहुवचन
प्र०	भूभृत्	भूभृतौ	भूभृतः
द्वि०	भूभृतम्	भूभृतौ	भूभृतः
तृ०	भूभृता	भूभृद्भ्याम्	भूभृद्भिः
च०	भूभृते	भूभृद्भ्याम्	भूभृद्भ्यः
पं०	भूभृतः	भूभृद्भ्याम्	भूभृद्भ्यः
ष०	भूभृतः	भूभृतोः	भूभृताम्
स०	भूभृति	भूभृतोः	भूभृत्सु
सं०	हे भूभृत्	हे भूभृतौ	हे भूभृतः

इसी प्रकार महीभृत् (राजा, पहाड़), शशभृत् (चन्द्रमा), दिनकृत् (सूर्य), मरुत् (वायु), परभृत् (कोयल), विश्वजित् (संसार विजयी या एक प्रकार का यज्ञ) के रूप चलते हैं।

५७–धीमत् (बुद्धिमान्)

प्र०	धीमान्	धीमन्तौ	धीमन्तः
द्वि०	धीमन्तम्	धीमन्तौ	धीमतः
तृ०	धीमता	धीमद्भ्याम्	धीमद्भिः
च०	धीमते	धीमद्भ्याम्	धीमद्भ्यः
पं०	धीमतः	धीमद्भ्याम्	धीमद्भ्यः
ष०	धीमतः	धीमतोः	धीमताम्
स०	धीमति	धीमतोः	धीमत्सु
सं०	हे धीमन	हे धीमन्तौ	हे धीमन्तः

बुद्धिमत्, भानुमत् (चमकने वाला), श्रीमत् (भाग्यवान्), सानुमत् (पहाड़), अंशुमत् (सूर्य), विद्यावत् (विद्यावाला), धनुष्मत् (धनुर्धारी), बलवत् (बलवान्), भगवत् (पूज्य), भाग्यवत् (भाग्यवान्), उक्तवत् (बोल चुका हुआ) गतवत् (गया हुआ), श्रुतवत् (सुन चुका हुआ) के रूप धीमत् के समान चलते हैं।

धीमत्, बुद्धिमत् आदि शब्दों के स्त्रीलिङ्ग रूप 'ई' प्रत्यय लगाकर धीमती, बुद्धिमती आदि बनते हैं और वे नदी के समान चलते हैं

५८–भवत् (आप)

प्र०	भवान्	भवन्तौ	भवन्तः
द्वि०	भवन्तम्	भवन्तौ	भवतः

	एकवचन	द्विवचन	बहुवचन
तृ०	भवता	भवद्भ्याम्	भवद्भिः
च०	भवते	भवद्भ्याम्	भवद्भ्यः
पं०	भवतः	भवद्भ्याम्	भवद्भ्यः
ष०	भवतः	भवतोः	भवताम्
स०	भवति	भवतोः	भवत्सु
सं०	हे भवन्	हे भवन्तौ	हे भवन्तः

भवत् का स्त्रीलिंग रूप 'भवती' बनता है, जो नदी की भाँति चलता है।

५९-महत् (बड़ा)

प्र०	महान्	महान्तौ	महान्तः
द्वि०	महान्तम्	महान्तौ	महतः
तृ०	महता	महद्भ्याम्	महद्भिः
च०	महते	महद्भ्याम्	महद्भ्यः
पं०	महतः	महद्भ्याम्	महद्भ्यः
ष०	महतः	महतोः	महताम्
स०	महति	महतोः	महत्सु
सं०	हे महन्	हे महान्तौ	हे महान्तः

महत् का स्त्रीलिङ्ग रूप 'महती' है, जो नदी की भाँति चलता है।

६०-गच्छत् (जाता हुआ)

प्र०	गच्छन्	गच्छन्तौ	गच्छन्तः
द्वि०	गच्छन्तम्	गच्छन्तौ	गच्छतः
तृ०	गच्छता	गच्छद्भ्याम्	गच्छद्भिः
च०	गच्छते	गच्छद्भ्याम्	गच्छद्भ्यः
पं०	गच्छतः	गच्छद्भ्याम्	गच्छद्भ्यः
ष०	गच्छतः	गच्छतोः	गच्छताम्
स०	गच्छति	गच्छतोः	गच्छत्सु
सं०	हे गच्छन्	हे गच्छन्तौ	हे गच्छन्तः

धावत् (दौड़ता हुआ), वदत् (बोलता हुआ), पठत् (पढ़ता हुआ), पश्यत् (देखता हुआ), पतत् (गिरता हुआ), गृह्णत् (लेता हुआ), शोचत् (सोचता हुआ), भवत् (होता हुआ), पिबत् (पीता हुआ) इत्यादि शतृ प्रत्ययान्त पुँल्लिङ्ग शब्दों के रूप गच्छत् के समान चलते हैं। स्त्रीलिङ्ग में गच्छन्ती, धावन्ती आदि रूप होते हैं जो नदी के समान चलते हैं।

६१–दत् (दाँत)*

	एकवचन	द्विवचन	बहुवचन
द्वि०	—	—	दतः
तृ०	दता	दद्भ्याम्	दद्भिः
च०	दते	दद्भ्याम्	दद्भ्यः
पं०	दतः	दद्भ्याम्	दद्भ्यः
ष०	दतः	दतोः	दताम्
स०	दति	दतोः	दत्सु

६२–स्त्रीलिङ्ग सरित् (नदी)

प्र०	सरित्	सरितौ	सरितः
द्वि०	सरितम्	सरितौ	सरितः
तृ०	सरिता	सरिद्भ्याम्	सरिद्भिः
च०	सरिते	सरिद्भ्याम्	सरिद्भ्यः
पं०	सरितः	सरिद्भ्याम्	सरिद्भ्यः
ष०	सरितः	सरितोः	सरिताम्
स०	सरिति	सरितोः	सरित्सु
सं०	हे सरित्	हे सरितौ	हे सरितः

इसी प्रकार विद्युत् (बिजली), हरित् (दिशा), योषित् (स्त्री) के रूप चलते हैं।

६३–जगत् (संसार) नपुं०

प्र०	जगत्, जगद्	जगती	जगन्ति
द्वि०	जगत्–जगद्	जगती	जगन्ति
तृ०	जगता	जगद्भ्याम्	जगद्भिः
च०	जगते	जगद्भ्याम्	जगद्भ्यः
पं०	जगतः	जगद्भ्याम्	जगभ्यः
ष०	जगतः	जगतोः	जगताम्
स०	जगति	जगतोः	जगत्सु
सं०	हे जगत्, हे जगद्	हे जगती	हे जगन्ति

इसी प्रकार भवत् (होता हुआ), श्रीमत् आदि तकारान्त नपुंसकलिङ्ग शब्दों के रूप चलते हैं।

---

* दत् शब्द के प्रथम पाँच रूप संस्कृत में नहीं मिलते। उनके स्थान पर अकारान्त दन्त शब्द के रूपों का प्रयोग होता है।

६४-महत् (बड़ा) नपुंसकलिङ्ग

	एकवचन	द्विवचन	बहुवचन
प्र०	महत्	महती	महान्ति
द्वि०	महत्	महती	महान्ति
तृ०	महता	महद्भ्याम्	महद्भिः

शेष जगत् के समान चलते हैं।

दकारान्त पुंल्लिङ्ग

६५-सुहृद् (मित्र)

प्र०	सुहृत्, सुहृद्	सुहृदौ	सुहृदः
द्वि०	सुहृदम्	सुहृदौ	सुहृदः
तृ०	सुहृदा	सुहृद्भ्याम्	सुहृद्भिः
च०	सुहृदे	सुहृद्भ्याम्	सुहृद्भ्यः
पं०	सुहृदः	सुहृद्भ्याम्	सुहृद्भ्यः
ष०	सुहृदः	सुहृदोः	सुहृदाम्
स०	सुहृदि	सुहृदोः	सुहृत्सु
सं०	हे सुहृत्-सुहृद्	हे सुहृदौ	हे सुहृदः

इसी प्रकार मर्मभिद्, सभासद् (सभा में बैठने वाला), तमोनुद् (सूर्य), धर्मविद् (धर्म को जानने वाला), हृदयच्छिद्, हृदयन्तुद् (हृदय को पीड़ा पहुँचाने वाला) इत्यादि दकारान्त पुँल्लिङ्ग शब्दों के रूप चलते हैं।

६६-पद् (पैर)*

द्वि०	—	—	पदः
तृ०	पदा	पद्भ्याम्	पद्भिः
च०	पदे	पद्भ्याम्	पद्भ्यः
पं०	पदः	पद्भ्याम्	पद्भ्यः
ष०	पदः	पदोः	पदाम्
स०	पदि	पदोः	पत्सु

दकारान्त नपुंसकलिङ्ग

६७-हृद् (हृदय)

प्र०	हृत्	हृदी	हृन्दि
द्वि०	हृत्	हृदी	हृन्दि

---

* दकारान्त पद् शब्द के प्रथम पाँच रूप नहीं मिलते। उनके स्थान पर अकारान्त पद के रूपों का प्रयोग होता है।

	एकवचन	द्विवचन	बहुवचन
तृ०	हृदा	हृद्भ्याम्	हृद्भिः
च०	हृदे	हृद्भ्याम्	हृद्भ्यः
पं०	हृदः	हृद्भ्याम्	हृद्भ्यः
ष०	हृदः	हृदोः	हृदाम्
स०	हृदि	हृदोः	हृत्सु
सं०	हे हृत्	हे हृदी	हे हृन्दि

दकारान्त स्त्रीलिङ्ग

६८–दृषद् (पत्थर, चट्टान)

प्र०	दृषद्	दृषदौ	दृषदः
द्वि०	दृषदम्	दृषदौ	दृषदः
तृ०	दृषदा	दृषद्भ्याम्	दृषद्भिः
च०	दृषदे	दृषद्भ्याम्	दृषद्भ्यः
पं०	दृषदः	दृषद्भ्याम्	दृषद्भ्यः
ष०	दृषदः	दृषदोः	दृषदाम्
स०	दृषदि	दृषदोः	दृषत्सु
सं०	हे दृषद्	हे दृषदौ	हे दृषदः

धकारान्त स्त्रीलिङ्ग

६९–समिध् (यज्ञ की लकड़ी)

प्र०	समित्	समिधौ	समिधः
द्वि०	समिधम्	समिधौ	समिधः
तृ०	समिधा	समिद्भ्याम्	समिद्भिः
च०	समिधे	समिद्भ्याद्	समिद्भ्यः
०	समिधः	समिद्भ्याम्	समिद्भ्यः
ष०	समिधः	समिधोः	समिधाम्
स०	समिधि	समिधोः	समित्सु
सं०	समित्	हे समिधौ	हे समिधः

इसी प्रकार क्षुध् (भूख), युध् (युद्ध), क्रुध् (क्रोध), वीरुध् (लता) स्त्र लग शब्दों के रूप चलते हैं ।

नकारान्त पुँल्लिङ्ग

७०–आत्मन् (आत्मा)*

	एकवचन	द्विवचन	बहुवचन
प्र०	आत्मा	आत्मानौ	आत्मानः
द्वि०	आत्मानम्	आत्मानौ	आत्मनः
तृ०	आत्मना	आत्मभ्याम्	आत्मभिः
च०	आत्मने	आत्मभ्याम्	आत्मभ्यः
पं०	आत्मनः	आत्मभ्याम्	आत्मभ्यः
ष०	आत्मनः	आत्मनोः	आत्मनाम्
स०	आत्मनि	आत्मनोः	आत्मसु
सं०	हे आत्मन्	हे आत्मानौ	हे आत्मानः

इसी प्रकार अश्मन् (पत्थर), यज्वन् (यज्ञ करने वाला), अध्वन् (मार्ग), ब्रह्मन् (ब्रह्मा), सुशर्मन् (महाभारत के समय का एक योद्धा), कृतवर्मन् (एक योद्धा) के रूप चलते हैं ।

७१–राजन् (राजा)

	एकवचन	द्विवचन	बहुवचन
प्र०	राजा	राजानौ	राजानः
द्वि०	राजानम्	राजानौ	राज्ञः
तृ०	राज्ञा	राजभ्याम्	राजभिः
च०	राज्ञे	राजभ्याम्	राजभ्यः
पं०	राज्ञः	राजभ्याम्	राजभ्यः
ष०	राज्ञः	राज्ञोः	राज्ञाम्
स०	राज्ञि, राजनि	राज्ञोः	राजसु
सं०	हे राजन्	हे राजानौ	हे राजानः

राजन् का स्त्रीलिङ्ग रूप राज्ञी (ईकारान्त) है, इसके रूप नदी के समान चलते हैं ।

७२–महिमन् (बड़प्पन)†

	एकवचन	द्विवचन	बहुवचन
प्र०	महिमा	महिमानौ	महिमानः
द्वि०	महिमानम्	महिमानौ	महिम्नः
तृ०	महिम्ना	महिमभ्याम्	महिमभिः

---

* यह शब्द हिन्दी में स्त्रीलिङ्ग होता है, किन्तु संस्कृत में पुँल्लिङ्ग ।

† महिमा, गरिमा, कालिमा आदि शब्द हिन्दी में स्त्रीलिङ्ग में प्रयुक्त होते हैं, किन्तु संस्कृत में पुंल्लिङ्ग में ।

	एकवचन	द्विवचन	बहुवचन
च०	महिम्ने	महिमभ्याम्	महिमभ्यः
पं०	महिम्नः	महिमभ्याम्	महिमभ्यः
ष०	महिम्नः	महिम्नोः	महिम्नाम्
स०	महिम्नि, महिमनि	महिम्नोः	महिमसु
सं०	हे महिमन्	हे महिमानौ	हे महिमानः

इसी प्रकार सीमन् [(चौहद्दी) स्त्रीलिङ्ग], मूर्धन् (शिर), गरिमन् (बड़प्पन), अणिमन् (छोटापन), लघिमन् (छोटापन), शुक्लिमन् (सफेदी), कालिमन् (कालापन), अश्वत्थामन्, द्रढिमन् (मजबूती) इत्यादि अनन्त पुँल्लिङ्ग शब्दों के रूप चलते हैं।

सीमन् के रूप महिमन् की भाँति होते हैं, जैसे—

नकारान्त स्त्रीलिंग

७३–सीमन् (चौहद्दी)

प्र०	सीमा	सीमानौ	सीमानः
द्वि०	सीमानम्	सीमानौ	सीम्नः
तृ०	सीम्ना	सीमभ्याम्	सीमभिः
च०	सीम्ने	सीमभ्याम्	सीमभ्यः
पं०	सीम्नः	सीमभ्याम्	सीमभ्यः
ष०	सीम्नः	सीम्नोः	सीम्नाम्
स०	सीम्नि, सीमनि	सीम्नोः	सीमसु
सं०	हे सीमन्	हे सीमानौ	हे सीमानः

नकारान्त पुँल्लिंग

७४–युवन् (जवान)

प्र०	युवा	युवानौ	युवानः
द्वि०	युवानम्	युवानौ	यूनः
तृ०	यूना	युवभ्याम्	युवभिः
च०	यूने	युवभ्याम्	युवभ्यः
पं०	यूनः	युवभ्याम्	युवभ्यः
ष०	यूनः	यूनोः	यूनाम्
स०	यूनि	यूनोः	युवसु
सं०	हे युवन्	हे युवानौ	हे युवानः

युवन् का स्त्रीलिङ्ग युवती है, जिसके रूप नदी के समान चलते हैं।

७५–श्वन् (कुत्ता)

	एकवचन	द्विवचन	बहुवचन
प्र०	श्वा	श्वानौ	श्वानः
द्वि०	श्वानम्	श्वानौ	शुनः
तृ०	शुना	श्वभ्याम्	श्वभिः
च०	शुने	श्वभ्याम्	श्वभ्यः
पं०	शुनः	श्वभ्याम्	श्वभ्यः
ष०	शुनः	शुनोः	शुनाम्
स०	शुनि	शुनोः	श्वसु
सं०	हे श्वन्	हे श्वानौ	हे श्वानः

७६–अर्वन् (घोड़ा, इन्द्र)

प्र०	अर्वा	अर्वन्तौ	अर्वन्तः
द्वि०	अर्वन्तम्	अर्वन्तौ	अर्वतः
तृ०	अर्वता	अर्वद्भ्याम्	अर्वद्भिः
च०	अर्वते	अर्वद्भ्याम्	अर्वद्भ्यः
पं०	अर्वतः	अर्वद्भ्याम्	अर्वद्भ्यः
ष०	अर्वतः	अर्वतोः	अर्वताम्
स०	अर्वति	अर्वतोः	अर्वत्सु
सं०	हे अर्वन्	हे अर्वन्तौ	हे अर्वन्तः

७७–मघवन् (इन्द्र) पुंल्लिङ्ग

प्र०	मघवा	मघवानौ	मघवानः
द्वि०	मघवानम्	मघवानौ	मघोनः
तृ०	मघोना	मघवभ्याम्	मघवभिः
च०	मघोने	मघवभ्याम्	मघवभ्यः
पं०	मघोनः	मघवभ्याम्	मघवभ्यः
ष०	मघोनः	मघोनोः	मघोनाम्
स०	मघोनि	मघोनोः	मघवत्सु
सं०	हे मघवन्	हे मघवानौ	हे मघवानः

मघवन् के रूप निम्न प्रकार भी चलते हैं—

प्र०	मघवान्	मघवन्तौ	मघवन्तः
द्वि०	मघवन्तम्	मघवन्तौ	मघवतः
तृ०	मघवता	मघवद्भ्याम्	मघवद्भिः
च०	मघवते	मघवद्भ्याम्	मघवद्भ्यः

	एकवचन	द्विवचन	बहुवचन
पं०	मघवतः	मघवद्भ्याम्	मघवद्भ्यः
ष०	मघवतः	मघवतोः	मघवताम्
स०	मघवति	मघवतोः	मघवत्सु
सं०	हे मघवन्	हे मघवन्तौ	हे मघवन्तः

७८–पूषन् (सूर्य) पुंल्लिङ्ग

प्र०	पूषा	पूषणौ	पूषणः
द्वि०	पूषणम्	पूषणौ	पूष्णः
तृ०	पूष्णा	पूषभ्याम्	पूषभिः
च०	पूष्णे	पूषभ्याम्	पूषभ्यः
पं०	पूष्णः	पूषभ्याम्	पूषभ्यः
ष०	पूष्णः	पूष्णोः	पूष्णाम्
स०	पूष्णि, पूषणि	पूष्णोः	पूषसु
सं०	हे पूषन्	हे पूषणौ	हे पूषणः

७९–करिन् (हाथी)* पुंल्लिङ्ग

प्र०	करी	करिणौ	करिणः
द्वि०	करिणम्	करिणौ	करिणः
तृ०	करिणा	करिभ्याम्	करिभिः
च०	करिणे	करिभ्याम्	करिभ्यः
पं०	करिणः	करिभ्याम्	करिभ्यः
ष०	करिणः	करिणोः	करिणाम्
स०	करिणि	करिणोः	करिषु
सं०	हे करिन्	हे करिणौ	हे करिणः

इसी प्रकार हस्तिन् (हाथी), गुणिन् (गुणी), मन्त्रिन् (मन्त्री) पक्षिन् (पक्षी), शशिन् (चन्द्रमा), धनिन्, वाजिन् (घोड़ा), तपस्विन् (तपस्वी), बलिन् (बली), सुखिन् (सुखी), एकाकिन् (अकेला), सत्यवादिन् (सच बोलने वाला) इत्यादि इन्नन्त शब्दों के रूप चलते हैं।

करिन् आदि शब्दों के स्त्रीलिङ्ग शब्द ईकार जोड़ कर करिणी, हस्तिनी, गुणिनी आदि ईकारान्त होते हैं जिनके रूप नदी के समान चलते हैं।

---

* जिन इन्नत शब्दों में ऋ, र्, या ष् नहीं है उनके रूप प्र० हस्ती-हस्तिनौ-हस्तिनः, द्वि० हस्तिनम्-हस्तिनौ-हस्तिनः आदि चलते हैं।

नकारान्त पुँल्लिंग

८०—पथिन् (रास्ता)

प्र०	पन्थाः	पन्थानौ	पन्थानः
द्वि०	पन्थानम्	पन्थानौ	पथः
तृ०	पथा	पथिभ्याम्	पथिभिः
च०	पथे	पथिभ्याम्	पथिभ्यः
पं०	पथः	पथिभ्याम्	पथिभ्यः
ष०	पथः	पथोः	पथाम्
स०	पथि	पथोः	पथिषु
सं०	हे पन्थाः	हे पन्थानौ	हे पन्थानः

नकारान्त नपुंसकलिंग

८१—नामन् (नाम)

प्र०	नाम	नाम्नी, नामनी	नामानि
द्वि०	नाम	नाम्नी, नामनी	नामानि
तृ०	नाम्ना	नामभ्याम्	नामभिः
च०	नाम्ने	नामभ्याम्	नामभ्यः
पं०	नाम्नः	नामभ्याम्	नामभ्यः
ष०	नाम्नः	नाम्नोः	नाम्नाम्
स०	नाम्नि, नामनि	नाम्नोः	नामसु
सं०	हे नाम, नामन्	हे नाम्नी, नामनी	हे नामानि

इसी प्रकार व्योमन् (आकाश), धामन् (घर, चमक), सामन् (सामवेद का मन्त्र), दामन् (रस्सी), प्रेमन् (प्यार) के रूप चलते हैं।

८२—शर्मन् (सुख) नपुं० लिङ्ग

प्र०	शर्म	शर्मणी	शर्माणि
द्वि०	शर्म	शर्मणी	शर्माणि
तृ०	शर्मणा	शर्मभ्याम्	शर्मभिः
च०	शर्मणे	शर्मभ्याम्	शर्मभ्यः
पं०	शर्मणः	शर्मभ्याम्	शर्मभ्यः
ष०	शर्मणः	शर्मणोः	शर्मणाम्
स०	शर्मणि	शर्मणोः	शर्मसु
सं०	हे शर्मन्, हे शर्म	हे शर्मणी	हे शर्माणि

इसी प्रकार पर्वन् (पौर्णमासी, अमावास्या का त्योहार), ब्रह्मन् (ब्रह्म), वर्मन् (कवच), वर्त्मन् (रास्ता), जन्मन् (जन्म), चर्मन् (चमड़ा) के रूप चलते हैं।

८३—अहन् (दिन) नपुं० लिङ्ग

	एकवचन	द्विवचन	बहुवचन
प्र०	अहः	अह्नी, अहनी	अहानि
द्वि०	अहः	अह्नी, अहनी	अहानि
तृ०	अह्ना	अहोभ्याम्	अहोभिः
च०	अह्ने	अहोभ्यांम्	अहोभ्यः
पं०	अह्नः	अहोभ्याम्	अहोभ्यः
ष०	अह्नः	अह्नोः	अह्नाम्
स०	अह्नि, अहनि	अह्नोः	अहःसु, अहस्सु
सं०	हे अहः	हे अह्नी, अहनी	हे अहानि

८४—भाविन् (होने वाला) नपुं० लिङ्ग

प्र०	भावि	भाविनी	भावीनि
द्वि०	भावि	भाविनी	भावीनि
तृ०	भाविना	भाविभ्याम्	भाविभिः
च०	भाविने	भाविभ्याम्	भाविभ्यः
पं०	भाविनः	भाविभ्याम्	भाविभ्यः
ष०	भाविनः	भाविनोः	भाविनाम्
स०	भाविनि	भाविनोः	भाविषु
सं०	हे भावि	हे भाविनी	हे भावीनि

पकारान्त स्त्रीलिंग

८५—अप् (पानी)

अप् शब्द के रूप बहुवचन में ही चलते हैं—

	बहुवचन
प्र०	आपः
द्वि०	अपः
तृ०	अद्भिः
च०	अद्भ्यः
पं०	अद्भ्यः
ष०	अपाम्
स०	अप्सु
सं०	हे आपः

भकारान्त स्त्रीलिंग

८६–ककुभ् (दिशा)

	एकवचन	द्विवचन	बहुवचन
प्र०	ककुप्	ककुभौ	ककुभः
द्वि०	ककुभम्	ककुभौ	ककुभः
तृ०	ककुभा	ककुब्भ्याम्	ककुब्भिः
च०	ककुभे	ककुब्भ्याम्	ककुब्भ्यः
पं०	ककुभः	ककुब्भ्याम्	ककुब्भ्यः
ष०	ककुभः	ककुभोः	ककुभाम्
स०	ककुभि	ककुभोः	ककुप्सु
सं०	हे ककुभ्	हे ककुभौ	हे ककुभः

रकारान्त नपुसकलिंग

८७–वार (पानी)

प्र०	वाः	वारी	वारि
द्वि०	वाः	वारी	वारि
तृ०	वारा	वार्भ्याम्	वार्भिः
च०	वारे	वार्भ्याम्	वार्भ्यः
पं०	वारः	वार्भ्याम्	वार्भ्यः
ष०	वारः	वारोः	वाराम्
स०	वारि	वारोः	वार्षु
सं०	हे वाः	हे वारी	हे वारि

८८–गिर् (वाणी)

प्र०	गीः	गीरौ	गिरः
द्वि०	गिरम्	गिरौ	गिरः
तृ०	गिरा	गीर्भ्याम्	गीर्भिः
च०	गिरे	गीर्भ्याम्	गीर्भ्यः
पं०	गिरः	गीर्भ्याम्	गीर्भ्यः
ष०	गिरः	गिरोः	गिराम्
स०	गिरि	गिरोः	गीर्षु
सं०	हे गीः	हे गिरौ	हे गिरः

९८–पुर् (नगर) स्त्रीलिङ्ग

प्र०	पूः	पुरौ	पुरः
द्वि०	पुरम्	पुरौ	पुरः

	एकवचन	द्विवचन	बहुवचन
तृ०	पुरा	पूर्भ्याम्	पूर्भिः
च०	पुरे	पूर्भ्याम्	पूर्भ्यः
पं०	पुरः	पूर्भ्याम्	पूर्भ्यः
ष०	पुरः	पुरोः	पुराम्
स०	पुरि	पुरोः	पूर्षु
सं०	हे पूः	हे पुरौ	हे पुरः

इसी प्रकार धुर् (धुरा) के रूप भी चलते हैं।

वकारान्त स्त्रीलिङ्ग

९०–दिव् [आकाश या स्वर्ग]

प्र०	द्यौः	दिवौ	दिवः
द्वि०	दिवम्	दिवौ	दिवः
तृ०	दिवा	द्युभ्याम्	द्युभिः
च०	दिवे	द्युभ्याम्	द्युभ्यः
पं०	दिवः	द्युभ्याम्	द्युभ्यः
ष०	दिवः	दिवोः	दिवाम्
स०	दिवि	दिवोः	द्युषु
सं०	हे द्यौः	हे दिवौ	हे दिवः

शकारान्त पुँल्लिङ्ग

९१–विश् [बनिया]

प्र०	विट्	विशौ	विशः
द्वि०	विशम्	विशौ	विशः
तृ०	विशा	विड्भ्याम्	विड्भिः
च०	विशे	विड्भ्याम्	विड्भ्यः
पं०	विशः	विड्भ्याम्	विड्भ्यः
ष०	विशः	विशोः	विशाम्
स०	विशि	विशोः	विट्सु
सं०	हे विट्	हे विशौ	हे विशः

९२–भवादृश् [आपके समान] पुँल्लिङ्ग

प्र०	भवादृक्	भवादृशौ	भवादृशः
द्वि०	भवादृशम्	भवादृशौ	भवादृशः
तृ०	भवादृशा	भवादृग्भ्याम्	भवादृग्भिः
च०	भवादृशे	भवादृग्भ्याम्	भवादृग्भ्यः

	एकवचन	द्विवचन	बहुवचन
पं०	भवादृशः	भवादृग्भ्याम्	भवादृग्भ्यः
ष०	भवादृशः	भवादृशोः	भवादृशाम्
स०	भवादृशि	भवादृशोः	भवादृक्षु
सं०	हे भवादृक्	हे भवादृशौ	हे भवादृशः

इसी प्रकार यादृश् (जैसा), मादृश् (मेरे समान), तादृश् (उसके समान) त्वादृश् (तुम्हारे समान), एतादृश् (इसके समान) इत्यादि के रूप चलते हैं।

भवादृश् , यादृश् आदि के स्त्रीलिङ्ग शब्द भवादृशी, यादृशी, मादृशी आदि हैं, जिनके रूप नदी के समान चलते हैं।

९३-भवादृश् (आपके समान) नपुँसक लिङ्ग

प्र०	भवादृक्	भवादृशी	भवादृंशि
द्वि०	भवादृक्	भवादृशी	भवादृंशि
तृ०	भवादृशा	भवादृग्भ्याम्	भवादृग्भिः शेष पुंवत्।

भवादृश् , तादृश् , मादृश् , त्वादृश् इत्यादि के समानार्थक अकारान्त शब्द भवादृश, तादृश, मादृश, त्वादृश, आदि हैं।

९४-दिश् (दिशा) स्त्रीलिङ्ग

प्र०	दिक् , दिग्	दिशौ	दिशः
द्वि०	दिशम्	दिशौ	दिशः
तृ०	दिशा	दिग्भ्याम्	दिग्भिः
च०	दिशे	दिग्भ्याम्	दिग्भ्यः
पं०	दिशः	दिग्भ्याम्	दिग्भ्यः
ष०	दिशः	दिशोः	दिशाम्
स०	दिशि	दिशोः	दिक्षु
सं०	हे दिक् , दिग्	हे दिशौ	हे दिशः

९५-निश् (रात) स्त्रीलिङ्ग*

द्वि०	×	×	निशः
तृ०	निशा	निज्भ्याम् / निड्भ्याम्	निज्भिः / निड्भिः
च०	निशे	निज्भ्याम् / निड्भ्याम्	निज्भ्यः / निड्भ्यः
पं०	निशः	निज्भ्याम् / निड्भ्याम्	निज्भ्यः / निड्भ्यः

* निश् के पहले पाँच रूप नहीं मिलते।

	एकवचन	द्विवचन	बहुवचन
ष०	निशः	निशोः	निशाम्
स०	निशि	निशोः	निच्सु निट्सु निट्त्सु

षकारान्त पुँल्लिङ्ग

९६–द्विष् (शत्रु)

प्र०	द्विट्	द्विषौ	द्विषः
द्वि०	द्विषम्	द्विषौ	द्विषः
तृ०	द्विषा	द्विड्भ्याम्	द्विड्भिः
च०	द्विषे	द्विड्भ्याम्	द्विड्भ्यः
पं०	द्विषः	द्विड्भ्याम्	द्विड्भ्यः
ष०	द्विषः	द्विषोः	द्विषाम्
स०	द्विषि	द्विषोः	द्विट्सु
सं०	हे द्विट्	हे द्विषौ	हे द्विषः

९७–प्रावृष् (वर्षा ऋतु) स्त्रीलिङ्ग

प्र०	प्रावृट्, प्रावृड्	प्रावृषौ	प्रावृषः
द्वि०	प्रावृषम्	प्रावृषौ	प्रावृषः
तृ०	प्रावृषा	प्रावृड्भ्याम्	प्रावृड्भिः
च०	प्रावृषे	प्रावृड्भ्याम्	प्रावृड्भ्यः
पं०	प्रावृषः	प्रावृड्भ्याम्	प्रावृड्भ्यः
ष०	प्रावृषः	प्रावृषोः	प्रावृषाम्
स०	प्रावृषि	प्रावृषोः	प्रावृट्सु
सं०	हे प्रावृट्, प्रावृड्	हे प्रावृषौ	हे प्रावृषः

सकारान्त पुँल्लिंग

९८–चन्द्रमस् [चन्द्रमा]

प्र०	चन्द्रमाः	चन्द्रमसौ	चन्द्रमसः
द्वि०	चन्द्रमसम्	चन्द्रमसौ	चन्द्रमसः
तृ०	चन्द्रमसा	चन्द्रमोभ्याम्	चन्द्रमोभिः
च०	चन्द्रमसे	चन्द्रमोभ्याम्	चन्द्रमोभ्यः
पं०	चन्द्रमसः	चन्द्रमोभ्याम्	चन्द्रमोभ्यः
ष०	चन्द्रमसः	चन्द्रमसोः	चन्द्रमसाम्

	एकवचन	द्विवचन	बहुवचन
स०	चन्द्रमसि	चन्द्रमसोः	चन्द्रमःसु-स्सु
सं०	हे चन्द्रमः	हे चन्द्रमसौ	हे चन्द्रमसः

इसी प्रकार महौजस् (बड़ा तेजस्वी), दिवौकस् (देवता), सुमनस् (अच्छा मन वाला), महायशस् (बड़ा यशस्वी), वेधस् (ब्रह्मा), महातेजस् (बड़ा तेजस्वी), वनौकस् (बनवासी), विशालवक्षस् (चौड़ी छाती वाला), दुर्वासस् (दुर्वासा, बुरे कपड़ों वाला), प्रचेतस् इत्यादि शब्दों के रूप चलते हैं।

९९-मास् [महीना]* पुँल्लिङ्ग

द्वि०	×	×	मासः
तृ०	मासा	माभ्याम्	माभिः
च०	मासे	माभ्याम्	माभ्यः
पं०	मासः	माभ्याम्	माभ्यः
ष०	मासः	मासोः	मासाम्
स०	मासि	मासोः	माःसु मास्सु

१००-पुम्स् [पुरुष] पुँल्लिंग

प्र०	पुमान्	पुमांसौ	पुमांसः
द्वि०	पुमांसम्	पुमांसौ	पुंसः
तृ०	पुंसा	पुम्भ्याम्	पुम्भिः
च०	पुंसे	पुम्भ्याम्	पुम्भ्यः
पं०	पुंसः	पुम्भ्याम्	पुम्भ्यः
ष०	पुंसः	पुंसोः	पुंसाम्
स०	पुंसि	पुंसोः	पुंसु
सं०	हे पुमन्	हे पुमांसौ	हे पुमांस

१०१-विद्वस् (विद्वान्) पुँल्लिङ्ग

प्र०	विद्वान्	विद्वांसौ	विद्वांसः
द्वि०	विद्वांसम्	विद्वांसौ	विदुषः
तृ०	विदुषा	विद्वद्भ्याम्	विद्वद्भिः
च०	विदुषे	विद्वद्भ्याम्	विद्वद्भ्यः
पं०	विदुषः	विद्वद्भ्याम्	विद्वद्भ्यः
ष०	विदुषः	विदुषोः	विदुषाम्

* मास् शब्द के प्रथम पाँच रूप संस्कृत में नहीं मिलते। आवश्यकतानुसार उसके स्थान पर अकारान्त पुं० मास शब्द के रूपों का प्रयोग किया जा सकता है।

	एकवचन	द्विवचन	बहुवचन
स०	विदुषि	विदुषोः	विद्वत्सु
सं०	हे विद्वन्	हे विद्वांसौ	हे विद्वांसः

विद्वस् का स्त्रीलिंग शब्द "विदुषी" है। उसके रूप नदी के समान होते हैं।

१०२–लघीयस् (उससे छोटा) पुँल्लिंग

प्र०	लघीयान्	लघीयांसौ	लघीयासः
द्वि०	लघीयासम्	लघीयांसौ	लघीयसः
तृ०	लघीयसा	लघीयोभ्याम्	लघीयोभिः
च०	लघीयसे	लघीयोभ्याम्	लघीयोभ्यः
पं०	लघीयसः	लघीयोभ्याम्	लघोयोभ्यः
ष०	लघीयसः	लघीयसोः	लघीयसाम्
स०	लघीयसि	लघीयसोः	लघीयःसु, लघीयस्सु
सं०	हे लघीयन्	हे लघीयांसौ	हे लघीयांसः

इसी प्रकार, गरीयस् (अधिक बड़ा), द्रढीयस् (अधिक मजबूत), प्रथीयस् (अधिक मोटा या बड़ा), द्राघीयस् (अधिक लम्बा), श्रेयस् इत्यादि ईयस् प्रत्यय से बने हुये शब्दों के रूप चलते हैं।

लघीयस्, गरीयस् आदि के स्त्रीलिंग शब्द लघीयसी, गरीयसी, द्रढीयसो, द्राघीयसी इत्यादि बनते हैं और वे नदी के समान होते हैं।

१०३–श्रेयस् [अधिक प्रशंसनीय] पुँल्लिङ्ग

प्र०	श्रेयान्	श्रेयांसौ	श्रेयांसः
द्वि०	श्रेयांसम्	श्रेयांसौ	श्रेयसः
तृ०	श्रेयसा	श्रेयोभ्याम्	श्रेयोभिः
च०	श्रेयसे	श्रेयोभ्याम्	श्रेयोभ्यः
पं०	श्रेयसः	श्रेयोभ्याम्	श्रेयोभ्यः
ष०	श्रेयसः	श्रेयसोः	श्रेयसाम्
स०	श्रेयसि	श्रेयसोः	श्रेयस्सु श्रेयःसु
सं०	हे श्रेयन्	हे श्रेयांसौ	हे श्रेयांसः

१०४–दोस् [भुजा] पुँल्लिंग

प्र०	दोः	दोषौ	दोषः
द्वि०	दोः	दोषौ	दोषः, दोष्णः
तृ०	दोषा दोष्णा	दोर्भ्याम् दोषभ्याम्	दोर्भिः दोषभिः
च०	दोषे दोष्णे	दोर्भ्याम् दोषभ्याम्	दोर्भ्यः दोषभ्यः

	एकवचन	द्विवचन	बहुवचन
पं०	दोषः दोष्णः	दोर्भ्याम् दोषभ्याम्	दोर्भ्यः दोषभ्यः
ष०	दोषः दोष्णः	दोषोः दोष्णोः	दोषाम् दोष्णाम्
स०	दोषि दोष्णि दोषणि	दोषोः दोष्णोः	दोष्षु दोःषु दोषसु
सं०	हे दोः	हे दोषौ	हे दोषः

१०५–अप्सरस् [अप्सरा] स्त्रीलिंग

प्र०	अप्सराः	अप्सरसौ	अप्सरसः
द्वि०	अप्सरम्	अप्सरसौ	अप्सरसः
तृ०	अप्सरसा	अप्सरोभ्याम्	अप्सरोभिः
च०	अप्सरसे	अप्सरोभ्याम्	अप्सरोभ्यः
पं०	अप्सरसः	अप्सरोभ्याम्	अप्सरोभ्यः
ष०	अप्सरसः	अप्सरसोः	अप्सरसाम्
स०	अप्सरसि	अप्सरसोः	अप्सरस्सु
सं०	हे अप्सरः	हे अप्सरसौ	हे अप्सरसः

अप्सरस् शब्द का प्रयोग प्रायः बहुवचन में होता है।

१०६–आशिस् [आशीर्वाद] स्त्रीलिंग

प्र०	आशीः	आशिषौ	आशिषः
द्वि०	आशिषम्	आशिषौ	आशिषः
तृ०	आशिषा	आशीर्भ्याम्	आशीर्भिः
च०	आशिषे	आशीर्भ्याम्	आशीर्भ्यः
पं०	आशिषः	आशीर्भ्याम्	आशीर्भ्यः
ष०	आशिषः	आशिषोः	आशिषाम्
स०	आशिषि	आशिषोः	आशीःषु, आशीष्षु
सं०	हे आशीः	हे आशिषौ	हे आशिषः

१०७–मनस् [मन] नपुंसकलिंग

प्र०	मनः	मनसी	मनांसि
द्वि०	मनः	मनसी	मनांसि
तृ०	मनसा	मनोभ्याम्	मनोभिः
च०	मनसे	मनोभ्याम्	मनोभ्यः
पं०	मनसः	मनोभ्याम्	मनोभ्यः
ष०	मनसः	मनसोः	मनसाम्

	एकवचन	द्विवचन	बहुवचन
स०	मनसि	मनसोः	मनस्सु, मनःसु
सं०	हे मनः	हे मनसी	हे मनांसि

इसी प्रकार नभस् (आकाश), अम्भस् (पानी), आगस् (पाप), उरस (छाती), पयस् (दूध या पानी) रजस् (धूल), वयस् (उम्र), वक्षस् (छाती), अयस् (लोहा), तमस् (अँधेरा), वचस् (वचन, बात), यशस् (यस, कीर्ति) तपस् (तपस्या), सरस् (तालाब), शिरस् (शिर) इत्यादि शब्दों के रूप चलते हैं।

१०८– हविस् [होम की चीज] नपुंसकलिंग

प्र०	हविः	हविषी	हवींषि
द्वि०	हविः	हविषी	हवींषि
तृ०	हविषा	हविर्भ्याम्	हविर्भिः
च०	हविषे	हविर्भ्याम्	हविर्भ्यः
पं०	हविषः	हविर्भ्याम्	हविर्भ्यः
ष०	हविषः	हविषोः	हविषाम्
स०	हविषि	हविषोः	हविःषु, हविष्षु
सं०	हे हविः	हे हविषी	हे हवींषि

१०९–धनुस् [धनुष] नपुंसकलिङ्ग

प्र०	धनुः	धनुषी	धनूंषि
द्वि०	धनुः	धनुषी	धनूंषि
तृ०	धनुषा	धनुर्भ्याम्	धनुर्भिः
च०	धनुषे	धनुर्भ्याम्	धनुर्भ्यः
पं०	धनुषः	धनुर्भ्याम्	धनुर्भ्यः
ष०	धनुषः	धनुषोः	धनुषाम्
स०	धनुषि	धनुषोः	धनुःषु, धनुष्षु
सं०	हे धनुः	हे धनुषी	हे धनूंषि

इसी प्रकार वपुस् (शरीर), चक्षुस् (आँख), आयुस् (उम्र), यजुस् (यजुर्वेद) इत्यादि 'उस्' में अन्त होने वाले शब्दों के रूप चलते हैं।

हकारान्त पुँल्लिंग

११०–मधुलिह् [शहद की मक्खी या भौंरा]

प्र०	मधुलिट्–लिड्	मधुलिहौ	मधुलिहः
द्वि०	मधुलिहम्	मधुलिहौ	मधुलिहः
तृ०	मधुलिहा	मधुलिड्भ्याम्	मधुलिड्भिः
च०	मधुलिहे	मधुलिड्भ्याम्	मधुलिड्भ्यः

	एकवचन	द्विवचन	बहुवचन
पं०	मधुलिहः	मधुलिड्भ्याम्	मधुलिड्भ्यः
ष०	मधुलिहः	मधुलिहोः	मधुलिहाम्
स०	मधुलिहि	मधुलिहोः	मधुलिट्सु–लिट्त्सु
सं०	हे मधुलिट्	हे मधुलिहौ	हे मधुलिहः

१११–अनडुह् (बैल) पुँल्लिङ्ग

प्र०	अनड्वान्	अनड्वाहौ	अनड्वाहः
द्वि०	अनड्वाहम्	अनड्वाहौ	अनडुहः
तृ०	अनडुहा	अनडुद्भ्याम्	अनडुद्भिः
च०	अनडुहे	अनडुद्भ्याम्	अनडुद्भ्यः
पं०	अनडुहः	अनडुद्भ्याम्	अनडुद्भ्यः
ष०	अनडुहः	अनडुहोः	अनडुहाम्
स०	अनडुहि	अनडुहोः	अनडुत्सु
सं०	हे अनड्वन्	हे अनड्वाहौ	हे अनड्वाहः

११२–उपानह् [जूता] स्त्री लिंग

प्र०	उपानत्-उपानद्	उपानहौ	उपानहः
द्वि०	उपानहम्	उपानहौ	उपानहः
तृ०	उपानहा	उपानद्भ्याम्	उपानद्भिः
च०	उपानहे	उपानद्भ्याम्	उपानद्भ्यः
पं०	उपानहः	उपानद्भ्याम्	उपानद्भ्यः
ष०	उपानहः	उपानहोः	उपानहाम्
स०	उपानहि	उपानहोः	उपानत्सु
सं०	हे उपादत्-द्	हे उपानहौ	हे उपानहः

संज्ञा शब्दों के सम्बन्ध में कुछ ज्ञातव्य बातें

संज्ञाएँ मुख्यतः ३ प्रकार की होती हैं :—(क) व्यक्तिवाचक संज्ञाएँ, (ख) जातिवाचक संज्ञाएँ तथा (ग) भाववाचक संज्ञाएँ।

(क) व्यक्तिवाचक संज्ञाएँ

कुछ व्यक्तिवाचक संज्ञाएँ ऐसी होती हैं जो हिन्दी और संस्कृत में एक समान रहती हैं, उन्हें तत्सम कहते हैं, यथा—

(१) **काश्मीरदेशो** भूस्वर्गः (काश्मीर संसार में स्वर्ग है।)
(२) **प्रयागस्य** आम्रलानि प्रसिद्धानि (इलाहाबाद के अमरूद प्रसिद्ध हैं।)
(३) **चुनारस्य** मृत्पात्राणि भारते विख्यातानि सन्ति (चुनार के मिट्टी के बरतन भारत में प्रसिद्ध हैं।)

(४) **काश्याः** कौशेयशाटका जगद्विख्याताः (काशी की रेशमी साड़ियाँ संसार में प्रसिद्ध हैं ।)

(५) **यूरोपीय**प्रदेशात् वायुयानेन वृत्तपत्राणि भारतमायान्ति (यूरोप से समाचारपत्र वायुयान द्वारा भारत आते हैं ।)

(६) **हिमालयाद्** गङ्गा निगच्छति (हिमालय से गङ्गा निकलती है ।)

(७) **शान्तिनिकेतनं बोलपुर**विश्रामस्थानस्य समीपम् (शान्तिनिकेतन बोलपुर स्टेशन के समीप है ।)

(८) **महेञ्जोदडौ** प्राचीनतमानि वस्तूनि भूम्या निर्गतानि (महेंजोदाड़ू में जमीन के नीचे से बहुत पुरानी वस्तुएँ निकली हैं ।)

कुछ व्यक्तिवाचक संज्ञाएँ (तद्भव) हिन्दी में ऐसी हैं जिनका संस्कृत में थोड़ा सा परिवर्तन करके अनुवाद किया जाता है—

(१) पुरा मौर्यवंशोद्भवानां राज्ञां राजधानी **पाटलिपुत्र**मासीत् (प्राचीनकाल में पटना नगर मौर्य राजाओं की राजधानी था ।)

(२) **वङ्गदेशीया**स्तण्डुलप्रिया भवन्ति (बङ्गाली चावल बहुत पसन्द करते हैं ।)

(३) **जयपुरे** सङ्गमरमरस्य चित्रकर्म प्रसिद्धम् (जयपुर में सङ्गमरमर की चित्रकारी मशहूर है ।)

(४) **आगरा**नगरे यमुनातटे **ताजमहलं** जगद्विख्यातम् (आगरा में यमुना तट पर ताजमहल संसार में मशहूर है ।)

(५) **सिन्धो**रत्यधिकं जलम् (सिन्धु नदी में बहुत ज्यादा पानी है ।)

(६) **रणजितसिंहः** पञ्चनदस्य शासक आसीत् (रणजीतसिंह पञ्जाब का शासक था ।)

(७) **गढदेशे** श्रीबदरीशस्य मन्दिरमस्ति (गढ़वाल में श्रीबद्रीनाथजी का मन्दिर है ।)

(८) पुरा **तक्षशिला**स्थाने जगद्विख्यातो विश्वविद्यालय आसीत् (पुराने जमाने में तक्षशिला में अतिविख्यात यूनिवर्सिटी थी ।)

(९) **शतद्रुः, विपाशा, इरावती, चन्द्रभागा, वितस्ता, सिन्धुश्च पञ्चनदे** विद्यन्ते (शतलज, व्यास, रावी, चुनाव, जेहलम और सिन्धु नदी पञ्जाब में हैं ।)

हिन्दी भाषा में कुछ ऐसे शब्द हैं, जो दूसरी भाषाओं से आये हैं और कुछ ऐसे हैं जो संस्कृत से कुछ सम्बन्ध नहीं रखते, उनका संस्कृत-अनुवाद ज्यों का त्यों करना चाहिए, किन्तु कुछ ऐसे भी शब्द है जो विदेशी भाषा और संस्कृत से कोई सम्बन्ध न रखते हुए भी संस्कृत लेखकों में प्रचलित हो गये हैं । उनको बदलने में कोई क्षति नहीं, यथा—

(१) **कलकत्ता**नामकं भारतविख्यातं नगरम् (कलकत्ता भारत में मशहूर शहर है।)

(२) **भोंदूमलः** प्रयागे प्रसिद्धः वणिक् (भोंदूमल इलाहाबाद में प्रसिद्ध सौदागर है।)

(३) **एस० एम० रज्जिकस्य** कानपुरे चर्मव्यापारोऽस्ति (एस० एम० रज्जिक का कानपुर में चमड़े का व्यापार है।)

(४) **जापानस्य** व्यापारविषये महती उन्नतिरस्ति (जापान ने व्यापार में बड़ी उन्नति की है।)

(५) यवनदेशीयः सम्राट् **अलक्षेन्द्रो** भारतमाजगाम (ग्रीक सम्राट् अलेग्जेण्डर भारत में आया था।)

(६) **मानचैस्टराद्** भारतमायातिस्म वस्त्रम् (मानचैस्टर से कपड़ा भारत को आता था।)

(७) **जविस्कोनाम्नो गामानाम्नश्च** मल्लयोर्मल्लयुद्धमभवत् (जविस्को और गामा का जोड़ हुआ हुआ था।)

(ख) जातिवाचक संज्ञाएँ

कुछ जातिवाचक शब्द ऐसे हैं, जिनके पर्यायवाची शब्द भी उनके स्थान पर व्यवहृत हो सकते हैं, यथा—मनुष्य, राजा, प्रजा, पशु, पक्षी, पुरुष, स्त्री आदि। उदाहरण—स एव राजा (नृपः, भूपः) यस्य प्रजायाः सुखम् (राजा वही है; जिसकी प्रजा सुखी है।)

परन्तु बिड़ला, मालवीय, सैयद आदि शब्द संस्कृत-अनुवाद में व्यक्तिवाचक संज्ञाओं की भाँति प्रयुक्त होते हैं, यथा—

बिडलोपाह्वः घनश्यामदासः (घनश्यामदास बिड़ला।)

कुछ देशी या विदेशी शब्द आजकल संस्कृत में कल्पित रूप से प्रचलित हो गये हैं, उनका अनुवाद प्रचलित शब्दों में होगा, यथा—

१—राष्ट्रपतिः—प्रेसीडेंट
२—प्रधानमन्त्री—प्राइम मिनिस्टर।
३—विधानपरिषद्—लेजिस्लेटिव काउंसिल।
४—विधानसभा—लेजि० असेंबली।
५—विषयनिर्धारिणी सभा—सब्जेक्ट कमेटी।
६—कार्यकारिणी सभा—एग्जीक्यूटिव कमेटी।
७—मण्डलम्—जिला।
८—लोक सभा—पार्लियामेंट।
९—राज्यपरिषद्—काउंसिल आफ स्टेट्स।
१०—प्रदेशः—प्राविंस।
११—वाष्पयानम्—रेलगाड़ी।
१२—सचिवः—सेक्रेटरी।
१३—जलयानम्—जहाज।
१५—वायुयानम्—हवाईजहाज।
१५—राज्यपालः—गवर्नर।
१६—कुलपतिः—चान्सलर।
१७—उपकुलपतिः—वाइस-चान्सलर।
१८—मुख्यमन्त्री—चीफ मिनिस्टर।

१६—विद्यालयः—कालिज।
२०—विश्वविद्यालयः—यूनिवर्सिटी।
२१—प्राध्यापक—प्रोफेसर।
२२—अध्यक्षः—स्पीकर।
२३—अधीक्षकः—सुपरिंटेंडेंट।
२४—शिक्षा-सञ्चालकः (निदेशकः)—डाइरेक्टर आफ एजकेशन।
२५—शिक्षोपञ्चालकः—डिप्टी डाइरेक्टर आफ एजूकेदन।
२६—शिक्षा-निरीक्षकः—इन्सपेक्टर आफ स्कूल्स।
२७—द्विचक्रिका—बाइसिकिल।
२८—जलान्तरितयानम्—सबमैरिन (पनडुब्बी)।

परन्तु मोटरकार के लिए 'मोटरयानम्' और कोट के लिए 'कोटनामकं वस्त्रम्' ही लिखना उचित है।

(ग) भाववाचक संज्ञाएँ

विद्वत्त्वं च **नृपत्वं** च नैव तुल्यं कदाचन (विद्वत्त्व और राजत्व हरगिज बराबर नहीं।) तस्य **ज्ञान**मेवैतावद् आसीत् (उसका ज्ञान ही इतना था।)

असहयोगान्दोलनस्य कार्यक्रमे बहवः **प्रस्तावा** आसन् (नानकोआपरेशन मूवमेंट के प्रोग्राम में बहुत से रेजोल्यूशन थे।)

कुछ अन्य भाववाचक संज्ञाओं के उदाहरण—

१—नूनं **छनच्छनिति** वाष्पकणाः पतन्ति (निःसन्देह 'छनछन' ध्वनि करके आँसुओं की बूँदें गिर रही हैं।)

२—स्थाने स्थाने मुखरककुभो **झांकृतै**र्निर्झराणाम् (स्थान-स्थान पर झरनों की झांकृत ध्वनि से दिशाएँ गूँज रही थीं।)

३—क्वणत्कनककिङ्किणी**झणझणायित**स्यन्दनैः (रथ पर टकराकर सोने की किंकिणियाँ झन-झन कर रही थीं।)

४—**धनुष्टङ्कारो** दूरतोऽपि श्रूयते (धनुष का टंकार दूर से भी सुनाई देता है।)

५—नूपुराणानां **शिञ्जितं** मधुरम् (जेवरों की ध्वनि बहुत ही मनोहर थी।)

६—क्व श्रूयते **षट्पदानां** झंकारः (भौरों की ध्वनि कहाँ सुनाई देती है?)

७—गजानां **बृंहितेन** सिंहानां नादेन च वनमेवाकम्पत (हाथियों की चिंघाड़ और सिंहों की गर्जना से जंगल ही काँप उठा।)

८—चरणसिंहेऽतीव **धृष्टता** विद्यते (चरणसिंह में बड़ी ढिठाई है।)

९—समुद्रस्य **गाम्भीर्यं** ज्ञातुमसुलभम् (समुद्र की गहराई कठिनता से जानी जाती है।)

१०—**सत्यं** वद (सच बोल।)

सर्वनाम-शब्द

सर्वादीनि सर्वनामानि ।१।१।२७।

सर्व शब्द से आरम्भ होनेवाले शब्द * सर्वनाम कहलाते हैं। 'सर्वनाम' शब्द का अर्थ है वह शब्द "जो किसी संज्ञा के स्थान में आता है।" द्वन्द्व समास को छोड़कर यदि अन्य किसी समास के अन्त में ये शब्द आते हैं तो उनकी भी सर्वनाम संज्ञा होती है। (तदन्तस्यापि इयं संज्ञा) सर्वनाम शब्दों में विशेषण एवं कुछ संज्ञावाची शब्द भी आते हैं।

अस्मद्

प्र०	अहम्	आवाम्	वयम्
द्वि०	माम्, मा	आवाम्, नौ	अस्मान्, नः
तृ०	मया	आवाभ्याम्	अस्माभिः
च०	मह्यम्, मे	आवाभ्याम्, नौ	अस्मभ्यम्, नः
पं०	मत्	आवाभ्याम्	अस्मत्
ष०	मम, मे	आवयोः, नौ	अस्माकम्, नः
स०	मयि	आवयोः	अस्मासु

युष्मद्

प्र०	त्वम्	युवाम्	यूयम्
द्वि०	त्वाम्, त्वा	युवाम्, वाम्	युष्मान्, वः
तृ०	त्वया	युवाभ्याम्	युष्माभिः
च०	तुभ्यम्, ते	युवाभ्याम्	युष्मभ्यम्, वः
पं०	त्वत्	युवाभ्याम्	युष्मत्
ष०	तव, ते	युवयोः, वाम्	युष्माकम्, वः
स०	त्वयि	युवयोः	युष्मासु

---

* सर्वादि में निम्नलिखित ३५ शब्द हैं—

१–सर्व, २–विश्व, १–उभय, ४–उभ, ५–डतर अर्थात् डतर जोड़कर बनाये हुए शब्द यथा कतर, यतर इत्यादि। ६–डतम अर्थात् डतम जोड़कर बनाये हुये शब्द यथा कतम, यतम इत्यादि। ७–अन्य, ८–अन्यतर, ६–इतर, १६–त्वत्, ११–त्व, १२–नेम, १३–सम, १४–सिम, १५–पूर्व, १६–पर, १७–अवर, १८–दक्षिण, १६–उत्तर, २०–अपर, २१–अधर, २२–स्व, २३, अन्तर, २४–त्यद्, २५–तद्, २६–यद्, १७–एतद्, १८–इदम्, २६–अदस्, ३०–एक, ३१–द्वि, ३२–युष्मद्, ३३–अत्मद्, ३४–भवत्, ३५–किम्। इनमें 'त्वत्' और 'त्व' दोनों ही 'अन्य' के पर्याय हैं। 'नेम' अर्ध का और 'सम' सर्व का पर्याय है। 'सम' तुल्य का पर्याय होने पर सर्वनाम नहीं होगा। उस अवस्था में उसका रूप नर के समान होगा। पाणिनि के 'यथासंख्यमनुदेशःसमानम्' इस सूत्र से भी स्पष्ट है। 'सिम' सम्पूर्ण का पर्याय है। 'स्व' भी निज का वाचक होने पर ही सर्वनाम होता है। 'जातिवाले व्यक्ति' या 'धन' का वाचक होने पर नहीं (स्वमज्ञातिधनाख्यायाम्)।

*भवत् (आप-प्रथम पुरुष)

पुँल्लिङ्ग				स्त्रीलिङ्ग		
एकव०	द्विव०	बहुव०		एकव०	द्विव०	बहुव०
भवान्	भवन्तौ	भवन्तः	प्र०	भवती	भवत्यौ	भवत्यः
भवन्तम्	भवन्तौ	भवतः	द्वि०	भवतीम्	भवत्यौ	भवतीः
भवता	भवद्भ्याम्	भवद्भिः	तृ०	भवत्या	भवतीभ्याम्	भवतीभिः
भवते	भवद्भ्याम्	भवद्भ्यः	च०	भवत्यै	भवतीभ्याम्	भवतीभ्यः
भवतः	भवद्भ्याम्	भवद्भ्यः	पं०	भवत्याः	भवतीभ्याम्	भवतीभ्यः
भवतः	भवतोः	भवताम्	ष०	भवत्याः	भवत्योः	भवतीनाम्
भवति	भवतोः	भवत्सु	स०	भवत्याम्	भवत्योः	भवतीषु
हेभवन्	हेभवन्तौ	हेभवन्तः	सं०	हे भवति	हे भवत्यौ	हेभवत्यः

तत् [वह] पुंल्लिङ्ग

प्र०	सः	तौ	ते
द्वि०	तम्	तौ	तान्
तृ०	तेन	ताभ्याम्	तैः
च०	तस्मै	ताभ्याम्	तेभ्यः
पं०	तस्मात्	ताभ्याम्	तेभ्यः
ष०	तस्य	तयोः	तेषाम्
स०	तस्मिन्	तयोः	तेषु

तत् [वह]

नपुंसक लिङ्ग				स्त्रीलिङ्ग		
तत्	ते	तानि	प्र०	सा	ते	ताः
तत्	ते	तानि	द्वि०	ताम्	ते	ताः
तेन	ताभ्याम्	तैः	तृ०	तया	ताभ्याम्	ताभिः
तस्मै	ताभ्याम्	तेभ्यः	च०	तस्यै	ताभ्याम्	ताभ्यः
तस्मात्	ताभ्याम्	तेभ्यः	पं०	तस्याः	ताभ्याम्	ताभ्यः
तस्य	तयोः	तेषाम्	ष०	तस्याः	तयोः	तासाम्
तस्मिन्	तयोः	तेषु	स०	तस्याम्	तयोः	तासु

---

*नपुंसक लिङ्ग में (प्र० द्वि०) भवत् भवती भवन्ति और तृतीया से आगे पुंल्लिङ्ग के समान रूप चलेंगे। भवत् शब्द प्रथम पुरुष के स्थान में प्रयुक्त होता है, इसके साथ प्रथम पुरुष की ही क्रिया लगती है, यथा—भवान् गच्छतु (आप जायें)।

*इदम् [यह]

पुँल्लिंग				स्त्रीलिङ्ग		
एकव०	द्विव०	बहुव०		एकव०	द्विव०	बहुव०
अयम्	इमौ	इमे	प्र०	इयम्	इमे	इमाः
इमम्,एनम्	इमौ एनौ	इमान्, एनान्	द्वि०	इमाम्	इमे	इमाः
अनेन, एनेन	आभ्याम्	एभिः	तृ०	अनया	आभ्याम्	आभिः
अस्मै	आभ्याम्	एभ्यः	च०	अस्यै	आभ्याम्	आभ्यः
अस्मात्	आभ्याम्	एभ्यः	पं०	अस्याः	आभ्याम्	आभ्यः
अस्य	अनयोः,एनयोः	एषाम्	ष०	अस्याः	अनयोः	आसाम्
अस्मिन्	अनयोः,एनयोः	एषु	स०	अस्याम्	अनयोः	आसु

†एतत् [यह]

पुँल्लिंग				स्त्रीलिंग		
एषः	एतौ	एते	प्र०	एषा	एते	एताः
एतम्,एनम्	एतौ, एनौ	एतान्एनान्	द्वि०	एताम्	एते	एताः
एतेन, एनेन	एताभ्याम्	एतैः	तृ०	एतया	एताभ्याम्	एताभिः
एतस्मै	एताभ्याम्	एतेभ्यः	च०	एतस्यै	एताभ्याम्	एताभ्यः
एतस्मात्	एताभ्याम्	एतेभ्यः	पं०	एतस्याः	एताभ्याम्	एताभ्यः
एतस्य	एतयोःएनयोः	एतेषाम्	ष०	एतस्याः	एतयोः	एतासाम्
एतस्मिन्	एतयोःएनयोः	एतेषु	स०	एतस्याम्	एतयोः	एतासु

‡अदस् (वह)

असौ	अमू	अमी	प्र०	असौ	अमू	अमूः
अमुम्	अमू	अमून्	द्वि०	अमुम्	अमू	अमूः
अमुना	अमूभ्याम्	अमीभिः	तृ०	अमुया	अमूभ्याम्	अमूभिः
अमुष्मै	अमूभ्याम्	अमीभ्यः	च०	अमुष्यै	अमूभ्याम्	अमूभ्यः
अमुष्मात्	अमूभ्याम्	अमीभ्यः	पं०	अमुष्याः	अमूभ्याम्	अमूभ्यः
अमुष्य	अमुयोः	अमीषाम्	ष०	अमुष्याः	अमुयोः	अमूषाम्
अमुष्मिन्	अमुयोः	अमीषु	स०	अमुष्याम्	अमुयोः	अमूषु

*नपुंसकलिङ्ग में प्र०, द्वि०—इदम्, इमे, इमानि (द्वितीया एनत्, एने, एनानि) पुंल्लिङ्ग की भाँति होती है।

†नपुंसकलिङ्ग में एतत् शब्द की प्रथमा और द्वितीया विभक्तियों में एतत्, एते, एतानि और शेष विभक्तियाँ पुंल्लिङ्ग की भाँति होती हैं।

‡ नपुंसकलिङ्ग में अदस् शब्द की प्रथमा और द्वितीया विभक्तियों में अदः, अमू, अमूनि और शेष विभक्तियाँ पुंल्लिङ्ग की भाँति होती है।

*यत् (जो)

पुँल्लिंग				स्त्रीलिंग		
यः	यो	ये	प्र०	या	ये	याः
यम्	यौ	यान्	द्वि०	याम्	ये	याः
येन	याभ्याम्	यैः	तृ०	यया	याभ्याम्	याभिः
यस्मै	याभ्याम्	येभ्यः	च०	यस्यै	याभ्याम्	याभ्यः
यस्मात्	याभ्याम्	येभ्यः	पं०	यस्याः	याभ्याम्	याभ्यः
यस्य	ययोः	येषाम्	ष०	यस्याः	ययोः	यासाम्
यस्मिन्	ययोः	येषु	स०	यस्याम्	ययोः	यासु

†किम् (कौन) ?

पुँल्लिङ्ग				स्त्रीलिङ्ग		
कः	कौ	के	प्र०	का	के	काः
कम्	कौ	कान्	द्वि०	काम्	के	काः
केन	काभ्याम्	कैः	तृ०	कया	काभ्याम्	काभिः
कस्मै	काभ्याम्	केभ्यः	च०	कस्यै	काभ्याम्	काभ्यः
कस्मात्	काभ्याम्	केभ्यः	पं०	कस्याः	काभ्याम्	काभ्यः
कस्य	कयोः	केषाम्	ष०	कस्याः	कयोः	कासाम्
कस्मिन्	कयोः	केषु	स०	कस्याम्	कयोः	कासु

सर्व–सब

पुंल्लिङ्ग				स्त्रीलिङ्ग		
एकवचन	द्विवचन	बहुवचन		एकवचन	द्विवचन	बहुवचन
सर्वः	सर्वौ	सर्वे	प्र०	सर्वा	सर्वे	सर्वाः
सर्वम्	सर्वौ	सर्वान्	द्वि	सर्वाम्	सर्वे	सर्वाः
सर्वेण	सर्वाभ्याम्	सर्वैः	तृ०	सर्वया	सर्वाभ्याम्	सर्वाभिः
सर्वस्मै	सर्वाभ्याम्	सर्वेभ्यः	च०	सर्वस्यै	सर्वाभ्याम्	सर्वाभ्यः
सर्वस्मात्	सर्वाभ्याम्	सर्वेभ्यः	पं०	सर्वस्याः	सर्वाभ्याम्	सर्वाभ्यः
सर्वस्य	सर्वयोः	सर्वेषाम्	ष०	सर्वस्याः	सर्वयोः	सर्वासाम्
सर्वस्मिन्	सर्वयोः	सर्वेषु	स०	सर्वस्याम्	सर्वयोः	सर्वासु

* नपुंसकलिङ्ग में यत् शब्द की प्र० द्वि० विभक्तियों में यत्, ये, यानि और शेष विभक्तियाँ पुंल्लिङ्ग की भाँति होती हैं।

† नपुंसकल्लिङ्ग में किम् शब्द की प्र० द्वि० विभक्तियों में–किम् के, कानि और शेष विभक्तियाँ पुंल्लिङ्ग की भाँति होती हैं।

अन्यत् शब्द

नपुंसक लिंग				नपुंसक लिंग		
सर्वम्	सर्वे	सर्वाणि	प्र०	अन्यत्	अन्ये	अन्यानि
सर्वम्	अर्वे	सर्वाणि	द्वि०	अन्यत्	अन्ये	अन्यानि
सर्वेण	सर्वाभ्याम्	सर्वैः	तृ०	अन्येन	अन्याभ्याम्	अन्यैः

आगे पुँल्लिङ्ग के समान रूप होते हैं। शेष पुँल्लिगवत्।

विशेष— अन्यत् (दूसरा), अन्यतर (दूसरा जिसके बारे में कुछ कहा जा चुका हो उससे दूसरा) इतर (दूसरा), कतर (कौनसा), कतम (दो से अधिक में से कौन सा), यतर (दो में से जो सा), यतम (दो से अधिक में से जो सा), ततर (दो में से वह सा), ततम (दो से अधिक में से वह सा) के रूप एक समान होते हैं।

अन्यत् दूसरा

पुंल्लिग				स्त्रीलिंग		
एकव०	द्विव	बहुव०		एकव०	द्विव०	बहुव०
अन्यः	अन्यौ	अन्ये	प्र०	अन्या	अन्ये	अन्याः
अन्यम्	अन्यौ	अन्यान्	द्वि०	अन्याम्	अन्ये	अन्याः
अन्येन	अन्याभ्याम्	अन्यैः	तृ०	अन्यया	अन्याभ्याम्	अन्याभिः
अन्यस्मै	अन्याभ्याम्	अन्येभ्यः	च०	अन्यस्यै	अन्याभ्याम्	अन्याभ्यः
अन्यस्मात्	अन्याभ्याम्	अन्येभ्यः	पं०	अन्यस्याः	अन्याभ्याम्	अन्याभ्यः
अन्यस्य	अन्ययोः	अन्येषाम्	ष०	अन्यस्याः	अन्ययोः	अन्यासाम्
अन्यस्मिन्	अन्ययोः	अन्येषु	स०	अन्यस्याम्	अन्ययोः	अन्यासु

विशेष—पूर्व (पहला), अवर (बाद वाला), दक्षिण, उत्तर, पर (दूसरा), अपर (दूसरा), अधर (नीचे वाला) शब्दों के रूप एक समान चलते हैं। उदाहरण के लिए पूर्व शब्द के रूप नीचे दिये जाते हैं—

पूर्व शब्द

पुँल्लिंग				स्त्रीलिंग		
पूर्वः	पूर्वौ	पूर्वे, पूर्वाः	प्र०	पूर्वा	पूर्वे	पूर्वाः
पूर्वम्	पूर्वौ	पूर्वान्	द्वि०	पूर्वाम्	पूर्वे	पूर्वाः
पूर्वेण	पूर्वाभ्याम्	पूर्वैः	तृ०	पूर्वया	पूर्वाभ्याम्	पूर्वाभिः
पूर्वस्मै	पूर्वाभ्याम्	पूर्वेभ्यः	च०	पूर्वस्यै	पूर्वाभ्याम्	पूर्वाभ्यः
पूर्वस्मात्, पूर्वात्	पूर्वाभ्याम्	पूर्वेभ्यः	पं०	पूर्वस्याः	पूर्वाभ्याम्	पूर्वाभ्यः
पूर्वस्य	पूर्वयोः	पूर्वेषाम्	ष०	पूर्वस्याः	पूर्वयोः	पूर्वासाम्
पूर्वस्मिन्, पूर्वे	पूर्वयोः	पूर्वेषु	स०	पूर्वस्याम्	पूर्वयोः	पूर्वासु

नपुंसकलिंग

प्र०	पूर्वम्	पूर्वे	पूर्वाणि
द्वि०	पूर्वम्	पूर्वे	पूर्वाणि
तृ०	पूर्वेण	पूर्वाभ्याम्	पूर्वैः शेष पुँल्लिंगवत्

उभ-(दोनों)

उभ शब्द केवल द्विवचन में होता है और तीनों लिङ्गों में अलग-अलग विशेष्य के अनुसार इनकी विभक्तियाँ होती हैं तथा लिङ्ग भी।

	पुंल्लिङ्ग	नपुंसकलिङ्ग	स्त्रीलिङ्ग
प्र०	उभौ	उभे	उभे
द्वि०	उभौ	उभे	उभे
तृ०	उभाभ्याम्	उभाभ्याम्	उभाभ्याम्
च०	उभाभ्याम्	उभाभ्याम्	उभाभ्याम्
पं०	उभाभ्याम्	उभाभ्याम्	उभाभ्याम्
ष०	उभयोः	उभयोः	उभयोः
स०	उभयोः	उभयोः	उभयोः

उभय (दोनों)

	एकवचन	बहुवचन
प्र०	उभयः	उभये
द्वि०	उभयम्	उभयान्
तृ०	उभयेन	उभयैः
च०	उभयाय	उभयेभ्यः
पं०	उभयस्मात्	उभयेभ्यः
ष०	उभयस्य	उभयेषाम्
स०	उभयस्मिन्	उभयेषु

उभय नपुंसक

प्र० उभयम् उभयानि

द्वि० उभयम् उभयानि शेष पुंवत्।

स्त्रिलिङ्ग

प्र० उभयी उभय्यः शेष नदीवत्।

यति (जितने), कति (कितने), तति (उतने) ये शब्द सब लिङ्गों में प्रयुक्त होते हैं तथा नित्य बहुवचन होते हैं। प्रथमा और द्वितीया विभक्तियों में 'यति', 'कति', 'तति' ही रहते हैं। शेष विभक्तियों में भिन्न रूप होते हैं।

	कति (कितने)	यति (जितने)	तति (उतने)
प्र०	कति	यति	तति
द्वि०	कति	यति	तति
तृ०	कतिभिः	यतिभिः	ततिभिः
च०	कतिभ्यः	यतिभ्यः	ततिभ्यः
पं०	कतिभ्यः	यतिभ्यः	ततिभ्यः
ष०	कतीनाम्	यतीनाम्	ततीनाम्
स०	कतिषु	यतिषु	ततिषु

सर्वनाम शब्द और उनका प्रयोग

सर्वनाम का प्रयोग सामान्यतया नाम के स्थान पर किया जाता है जब कि नाम को एक से अधिक बार प्रयोग करने की आवश्यकता होती है। एक ही शब्द की आवृत्ति सुन्दर प्रतीत नहीं होती। इस प्रकार नाम के स्थान पर प्रयुक्त सर्वनाम शब्द के ही लिङ्ग, विभक्ति और वचन ग्रहण करते हैं (यो यत्स्थानापन्नः स तद्धर्माल्लभते)।

इदमादि सर्वनाम शब्दों में इदम् (यह) अदस् (वह) युष्मद् (तू, तुम) अस्मद् (मैं, हम) और भवान् (आप) इन सभी के रूप निम्नलिखित अर्थों में प्रयुक्त होते हैं—

१—समीप की वस्तु या व्यक्ति के लिए इदम् शब्द, अधिक समीप की वस्तु या व्यक्ति के लिए एतद् शब्द, सामने के दूरवर्ती पदार्थ या व्यक्ति के लिए अदस् और परोक्ष (जो सामने नहीं है) पदार्थ वा व्यक्ति को बताने के लिए तत् शब्द का प्रयोग किया जाता है। जैसा कि इस श्लोक में बतलाया गया है—

"इदमस्तु सन्निकृष्टं समीपतरवर्ति चैतदो रूपम्।
अदसस्तु विप्रकृष्टं तदिति परोक्षे विजानीयात्॥"

२—जिस व्यक्ति या वस्तु के सम्बन्ध में एकबार कुछ कह कर फिर उसके विषय में कुछ कहना हो तो (पुनरुक्तिबोध होने से) द्वितीया विभक्ति में, तृतीया विभक्ति के एकवचन में, और षष्ठी तथा सप्तमी विभक्तियों के द्विवचन में इदम् शब्द के स्थान में 'एन' आदेश होता है, यथा—अनेन व्याकरणमधीतम् एनं छन्दोऽध्यापय (इसने व्याकरण पढ़ लिया है, अब इसे छन्द पढ़ाइये)। अनयोः पवित्रं कुलम्, एनयोः प्रभूतं स्वम् (इनका पवित्र कुल है, इनके पास बहुत धन है)।

इदम् और एनत् के वैकल्पिक रूप—
पुं०—एनम्, एनौ, एनान्; एनेन, एनयोः एनयोः।
स्त्री०—एनाम्, एने, एनाः; एनया, एनयोः, एनयोः
नपुं०—एनत्, एेने, एनानि; एनेन एनयोः, एनयोः।

३—युष्मद् और अस्मद् शब्दों की द्वितीया, चतुर्थी और षष्ठी के एकवचन में क्रमशः 'त्वा, ते, ते, मा, मे, मे,' द्विवचन में क्रमशः 'वाम्, नौ' और बहुवचन में क्रमशः 'वः, नः' आदेश होते हैं।* इनको प्रयोग में लाने के नियम ये हैं—

---

*श्रीशस्त्वावतु मापीह दत्ता ते मेऽपि शर्म सः।
स्वामी ते मेऽपि स हरिः पातु वामपि नौ विभुः॥
सुखं वां नौ ददात्वीशः पति र्वामपि नौ हरिः।
सोऽ व्याद्वो नः शिवं वो नो दद्यात्सेव्योऽ त्र वः स नः॥

ये सब आदेश (त्वा, ते, मे आदि) वाक्य या श्लोक के चरण के आरम्भ में 'च वा हा, अह, एव' इन पाँच अव्ययों के योग में और सम्बोधन के परे नहीं होते, यथा—वाक्यारम्भ में–मम गृहं गच्छ (मेरे घर जाओ)। इसमें 'मम' के स्थान पर 'मे' नहीं हुआ। पाँच अव्ययों के योग में—स त्वां मां च जानाति (वह तुझे और मुझे जानता है)। इदं पुस्तकं तवैवास्ति (यह पुस्तक तेरी ही है)। हा मम मन्दभाग्यम् (हाय मेरा दुर्भाग्य)। इनमें क्रमशः त्वा, मा, ते, मे आदेश नहीं हुए। सम्बोधन के ठीक परे–बन्धो, मम ग्राममागच्छ (भाई मेरे गाँव चलो)। यहाँ 'मम' के स्थान पर 'मे' नहीं हुआ।

४—जब 'च' आदि अव्ययों का युष्मद् , अस्मद्, के 'त्वा, ते, मा मे' आदि संक्षिप्त रूपों से कोई सम्बन्ध नहीं होता तब ये आदेश हो सकते हैं, यथा—केशवः शिवश्च मे इष्टदेवौ (केशव और शिव मेरे इष्टदेव हैं)। यहाँ 'मे' का सम्बन्ध इष्टदेव से है और 'च' केशव और शिव को एक वाक्य के साथ मिलाता है।

५—जब सम्बोधन के साथ कोई विशेषण हो तब युष्मद् और अस्मद् को उक्त आदेश हो सकते हैं, यथा—हरे दयालो नः पाहि (हे दयालु हरि, हमारी रक्षा करो)।

६—सम्मान के अर्थ में युष्मद् के स्थान पर भवत्* शब्द का प्रयोग होता है, यथा—"रक्तमुखेन स प्रोक्तः—भो भवान् अभ्यागतः अतिथिः तद् भक्षयतु (भवान्) मया दत्तानि जम्बूफलानि" (रक्तमुख ने उससे कहा—सुनिए, आप अभ्यागत और अतिथि हैं, अतः आप मेरे दिये हुए जामुन के फल खाइये।)

७—सम्मान बोध के अभाव में भी युष्मद् के स्थान में भवत् शब्द का प्रयोग होता है, यथा—अहमपि भवन्तं किमपि पृच्छामि (मैं भी आपसे कुछ पूछता हूँ)।

८—सम्मान बोध होने से कभी-कभी 'भवत्' शब्द के पहले 'अत्र' और 'तत्र' का प्रयोग किया जाता है। सम्मान का पात्र यदि उपस्थित हो तो 'अत्रभवत्' और उपस्थित न हो तो 'तत्रभवत्' का प्रयोग किया जाता है; यथा—अत्रभवन्तः विदाङ्कुर्वन्तु, अस्ति तत्रभवान् भवभूतिः नाम काश्यपः (आप लोग यह जानें कि श्री पूज्य पाद काश्यप गोत्र में भवभूति हैं)। अत्रभवान् वसिष्ठ आज्ञायपति (पूज्यवाद वसिष्ठ जी आज्ञा देते हैं)। अपि कुशली तत्रभवान् कण्वः ? (पूजनीय कण्व जी कुशल से तो हैं ? अत्रभवान् प्रयागीयविश्वविद्यालयकुलपतिः अभिभाषते (ये इलाहाबाद यूनिवर्सिटी के चांसलर अभिभाषण कर रहे हैं)।

९—भवत् शब्द के पूर्व 'एषः' और 'सः' का भी प्रयोग होता है, यथा—†एष भवान् अत्र वर्तते (आप यहीं हैं)। स भवान् मामेतदुक्तवान् (श्रीमान् ने मुझे ऐसा कहा है)।

---

*भवत् शब्द यद्यपि मध्यम पुरुष के स्थान में प्रयुक्त होता है, तथापि वह सदा प्रथम पुरुष ही रहता है।

†'एषः' और 'सः के' आगे अकार को छोड़कर कोई भी अक्षर रहे तो विसर्ग का लोप हो जाता है।

इन सर्वनामों के अतिरिक्त त्वत् , त्व, त्यद् आदि और भी सर्वनाम हैं, जिनका बहुत कम प्रयोग किया जाता है।

१०—युष्मद्, अस्मत् और भवत् शब्दों को छोड़कर सब सर्वनाम विशेष्य और विशेषण दोनों हो सकते हैं, यथा—सर्वस्य हि परीक्ष्यन्ते स्वभावा नेतरे गुणाः (सब के स्वभाव की ही परीक्षा होती है, अन्य गुणों की नहीं)। अतीत्य हि गुणान् सर्वान् स्वभावो मूर्ध्नि वर्तते (क्योंकि सब गुणों के ही ऊपर स्वभाव रहता है)। इन उदाहरणों में 'सर्वस्य' विशेष्य और 'सर्वान्' विशेषण हैं।

११—सर्वनाम शब्दों के आगे सम्बन्धार्थ में 'ईय' आदि प्रत्यय होते हैं, जैसे—मदीय, मामक, मामकीन (मेरे); आस्माकीन, अस्मदीय (हमारा); त्वदीय, तावक, तावकीन (तेरा); यौष्माक, यौष्माकीण, भवदीय (तुम्हारा); स्वीय, स्वकीय (अपना); परकीय (दूसरे का); तदीय (उसका)।

कुछ और सादृश्यवाचक विशेषण—मादृशः, मत्समः, (मुझ सा); अस्मादृशः, अस्मत्समः (हम सा); त्वादृशः, त्वत्समः, (तुझ सा); युष्मादृशः, युष्मत्समः (तुम सा); भवादृशः, भवत्समः (आप सा); ईदृशः (ऐसा); कीदृशः (कैसा) ?

१२—प्रश्नवाची सर्वनाम "कौन, क्या" के अनुवाद के लिए संस्कृत में "किम्" शब्द का प्रयोग होता है और इसके रूप तीनों लिङ्गों में चलते हैं—

कः आगतः (कौन आया है ?), का आगता (कौन स्त्री आयी है ?) किमस्ति (क्या है ?)

"किम्" (क्या ?) का अनुवाद "अपि" "चित्" "चन" और "ननु" से भी किया जाता है, यथा—

किमिदमापतितम् ? (ओ ! यह क्या आ पड़ा ?)

अपि गतः प्राध्यापकः ? (क्या प्रोफेसर साहब चले गये ?)

किमप्यस्ति, किंञ्चिदस्ति अथवा किञ्चनास्ति ? (कुछ है ?)

ननु जलयानं गतम् ? (क्या जहाज चला गया ?)

किम् शब्द के रूपों के साथ 'अपि' 'चित्' 'चन' जोड़ देने से हिन्दी के "किसी, कोई, कुछ" आदि अनिश्चयवाचक सर्वनाम का बोध होता है, यथा—

कश्चिदागतोऽस्ति कश्चन आगतोऽस्ति कोपि आगतोंऽस्ति	कोई आया है।
किञ्चिदस्ति किञ्चनास्ति किमप्यस्ति	कुछ है।
काचिदागताऽस्ति काचनागताऽस्ति काप्यागताऽस्ति	कोई आयी है।

१३—'यत्' शब्द के साथ 'तत्' शब्द का सम्बन्ध होता है (यत्तदोर्नित्य-सम्बन्धः), किन्तु जहाँ 'यत्' शब्द उत्तर के वाक्य में आता है वहाँ पूर्व के वाक्य में 'तत्' शब्द का रखना जरूरी नहीं, यथा—

सोऽयं तव पुत्रः आगतः यः देव्या स्वकरकमलैरुपलालितः (यह तुम्हारा वह पुत्र आ गया जिसका देवी जी ने अपने हस्तकमलों से लालत-पालन किया।) षोडशवर्षीया आसीत् सा ब्रह्मचारिणोढा (जो सोलह वर्षों की थी उसके साथ ब्रह्मचारी ने विवाह किया।)

यत् वदामि तत् शृणु (जो कहता हूँ वह सुनो)। किन्तु—

शृणोमि यत् वदसि (सुनता हूँ जो कहते हो)।

१४—संस्कृत भाषा में 'यह' या 'ऐसा' का अनुवाद 'यत्' शब्द से होता है, किन्तु कभी-कभी 'इति' शब्द से भी होता है, यथा—

ममेति निश्चयो यदहं पठिष्यामि (मेरा यह निश्चय है कि मैं पढूँगा)।

जर्मन-शासकस्य हिटलरस्यैषा दशा भविष्यति इति को जानाति स्म (यह कौन जानता था कि जर्मनी के शासक हिटलर की यह दशा होगी।)

हिन्दी में अनुवाद करो—

१—ग्रामोपकण्ठे विमलापं सरोऽस्ति, **तस्मिन्सुखं** स्नान्ति ग्रामीणाः। २—रामो राज्ञां सत्तमोऽभूद्। स **पितुर्वचनं** पालयित्वा वनं प्राव्रजत्। ३—वृत्तेन वर्णनीया रमेशसुता कमला नाम। **तां** परोक्षमपि प्रशंसति लोकः। ४—अमुं **पुरः** पश्यसि देवदारुं **पुत्रीकृतोऽसौ** वृषभध्वजेन। ५—**स** सम्बन्धी श्लाघ्यः प्रियसुहृदसौ तच्च हृदयम्। ६—सिध्यन्ति कर्मसु महत्स्वपि यन्नियोज्याः संभावनागुणमवेहि **तमीश्वराणाम्**। ७—यदेते गृहागतेषु शत्रुष्वप्यातिथेया **भवन्ति स एषां** कुलधर्मः। ८—**तस्य** च **मम** च पौरधूर्तैर्वैरमुदपाद्यत। ९—आयुष्मन्नेष वाग्विषयीभूतः **स** वीरः। १०—साहसकारिण्यस्ताः कुमार्यो **याः** स्वयं संदिशन्ति समुपसर्पन्ति वा। ११—**एषोऽ**स्मि कार्यवशादायोधिक्यस्तदानींतनश्च संवृत्तः। १२—एव**मत्र भवन्तो** विदाङ्कुर्वन्तु। अस्ति **तत्र भवान्** काश्यपः श्रीकण्ठपदलाञ्छनो भवभूतिर्नाम जातूकर्णीपुत्रः

संस्कृत में अनुवाद करो

१—पिता ने कहा—वह मेरा योग्य शिष्य है, प्रिय पुत्र है। २—भारतवासी जो घर आये हुए शत्रु का भी आतिथ्य करते हैं, यह उनका कुलधर्म है। ३—इन प्राणों के लिए मनुष्य क्या पाप नहीं करता? ४—कोई जन्म से देवता होते हैं और कोई कर्म से। दोनों का (उभयेषामपि द्वयानामपि वा) दुबारा जन्म नहीं होता। ५—जो जिसको प्यारा है, वह उसके लिए कोई अपूर्व वस्तु है (किमपि द्रव्यम्)। ६—मैं अच्छी तरह जानता हूँ कि आप हमारे रिश्तेदार (सम्बन्धी) हैं। ७—आप दोनों की मित्रता कब से (कदा प्रभृति) है? ८—देवता तथा असुर दोनों ही

(उभये) प्रजापति की सन्तान हैं। इनका आपस में (मिथः) लड़ाई झगड़ा होता आया है। ९—कहिए क्या यह आप का कसूर नहीं है? १०—हे परमेश्वर, आप हमारी रक्षा करें। ११—क्या गाड़ी (वाष्पयानम्) चली गई? १२—वे तुम्हारे कौन होते हैं? १३—यह हाथी किसका है? १४—लीजिए, यह आपकी चिट्ठी है। १५—जो ठण्डक है वह पानी का स्वभाव है। (शैत्यं हि यत् सा····) १६—पूज्य गौतमजी ने मुझे यह कार्य करने की आज्ञा दी है। १७—बुद्धिमान् लोगों की सङ्गति में एक अपूर्व आनन्द होता है। १८—जो लोग तुम्हारे घर पर आवें उनसे कोमलतापूर्वक बोलो। १९—उस विपत्ति काल में उन लोगों ने बड़ी कठिनता से अपने को बचाया। २०—इस शुभ अवसर पर श्रीमान् जी क्या बोलने का सङ्कल्प करते हैं?

विशेषण-शब्द

१-निश्चित संख्या वाचक (विशेषण)

'एक' शब्द का अर्थ संख्यावाचक 'एक' होने पर इसका रूप केवल एकवचन में होता है; अन्य अर्थों* में इसके रूप तीनों वचनों में होते हैं।

अल्प (थोड़ा, कुछ), प्रधान, प्रथम, केवल, साधारण, समान और एक अर्थों में एक शब्द का प्रयोग होता है।

'एक का वहुवचन में अर्थ होता है—'कुछ लोग' 'कोई कोई', यथा 'एके पुरुषाः', 'एकाः नार्यः, 'एकानि फलानि' इत्यादि।

एक शब्द | **द्वि (दो)**

पुंल्लिंग	नपुं०	स्त्रीलिंग		पुंल्लिंग	नपुं० स्त्रीलिंग
एकः	एकम्	एका	प्र०	द्वौ	द्वे
एकम्	एकम्	एकाम्	द्वि०	द्वौ	द्वे
एकेन	एकेन	एकया	तृ०	द्वाभ्याम्	द्वाभ्याम्
एकस्मै	एकस्मै	एकस्यै	च०	द्वाभ्याम्	द्वाभ्याम्
एकस्मात्	एकस्मात्	एकस्याः	पं०	द्वाभ्याम्	द्वाभ्याम्
एकस्य	एकस्य	एकस्याः	ष०	द्वयोः	द्वयोः
एकस्मिन्	एकस्मिन्	एकस्याम्	स०	द्वयोः	द्वयोः

'द्वि' शब्द के रूप केवल द्विवचन में तथा तीनों लिङ्गों में भिन्न-भिन्न होते हैं।

त्रि (तीन) | **चतुर (चार)**

'त्रि' शब्द के रूप केवल वहुवचन में होते हैं—

त्रयः	त्रीणि	तिस्रः†	प्र०	चत्वारः	चत्वारि	चतस्रः
त्रीन्	त्रीणि	तिस्रः	द्वि०	चतुरः	चत्वारि	चतस्रः
त्रिभिः	त्रिभिः	तिसृभिः	तृ०	चतुर्भिः	चतुर्भिः	चतसृभिः
त्रिभ्यः	त्रिभ्यः	तिसृभ्यः	च०	चतुर्भ्यः	चतुर्भ्यः	चतसृभ्यः
त्रिभ्यः	त्रिभ्यः	त्रिसृभ्यः	पं०	चतुर्भ्यः	चतुर्भ्यः	चतसृभ्यः

---

* 'एक' शब्द के अर्थ—

एकोऽल्पार्थे प्रधाने च प्रथमे केवले तथा।
साधारणे समानेऽपि संख्यायां च प्रयुज्यते॥

†त्रि तथा चतुर् शब्दों के स्थान में स्त्रीलिङ्ग में तिसृ और चतसृ आदेश हो जाते हैं (त्रिचतुरोः स्त्रियां तिसृचतसृ)।

*त्रयाणाम्	त्रयाणाम्	तिसृणाम्	ष०	चतुर्णाम्† चतुर्ण्णाम्	चतुर्णाम्, चतुर्ण्णाम्	चतसृणाम्
त्रिषु	त्रिषु	तिसृषु	स०	चतुर्षु	चतुर्षु	चतसृषु

चतुर् (चार) शब्द के रूप भी तीनों लिङ्गों में भिन्न-भिन्न और केवल बहुवचन में होते हैं—

पञ्चन्, षष्, सप्तन् आदि संख्यावाची शब्दों के रूप तीनों लिंगों में समान होते हैं और केवल बहुवचन में होते हैं—

पुंल्लिंग, नपुंसकलिंग तथा स्त्रीलिंग

	पञ्चन्—पाँच	षष्—छः	सप्तन्—सात
प्र०	पंच	षट्	सप्त
द्वि०	पंच	षट्	सप्त
तृ०	पंचभिः	षड्भिः	सप्तभिः
च०	पंचभ्यः	षड्भ्यः	सप्तभ्यः
पं०	पंचभ्यः	षड्भ्यः	सप्तभ्यः
ष०	पंचानाम्	षण्णाम्	सप्तानाम्
स०	पंचसु	षट्सु	सप्तसु

	‡अष्टन्—आठ	नवन्—नौ	दशन्—दस
प्र०	अष्टौ, अष्ट	नव	दश
द्वि०	अष्टौ, अष्ट	नव	दश
तृ०	अष्टाभिः, अष्टभिः	नवभिः	दशभिः
च०	अष्टाभ्यः, अष्टभ्यः	नवभ्यः	दशभ्यः

*आम् (षष्ठी बहु० के विभक्ति प्रत्यय) के जुड़ने पर 'त्रि' शब्द के स्थान में 'त्रय' हो जाता है (त्रेस्त्रयः) इस प्रकार 'त्रयाणाम्' रूप बन जाता है।

†'षट्' छः संज्ञा वाले संख्यावाची शब्दों तथा चतुर् शब्द में आम् (षष्ठी बहुवचन के विभक्ति प्रत्यय) के पूर्व न् का आगम हो जाता है (षट्चतुर्भ्यश्च) फिर 'रषाभ्यां नो णः समानपदे' से न् का ण् हो जाता है। स्वर के बाद र और ह हो तो उस र या ह को छोड़कर किसी भी व्यञ्जन वर्ण का विकल्प करके द्वित्व हो जाता है, इसके अनुसार 'चतुर्ण्णाम्' भी होगा (अचो रहाभ्यां द्वे)।

‡यदि अष्टन् शब्द के बाद व्यञ्जनवर्ण से आरम्भ होने वाले विभक्ति प्रत्यय जुड़े हों तो 'न्' के स्थान में 'आ' हो जाता है, किन्तु 'न्' के स्थान में 'आ' का होना वैकल्पिक है (अष्टन आ विभक्तौ)।

'अष्टा' के बाद प्रथमा तथा द्वितीया के बहुवचन के विभक्ति-प्रत्ययों के जुड़ने पर उनके स्थान में 'औ' का आदेश हो जाने पर 'अष्टौ' रूप बन जाता है। 'न्' के स्थान में 'आ' न होने पर 'अष्ट' रूप बनता है (अष्टाभ्य औश्)।

पं०	अष्टाभ्यः, अष्टभ्यः	नवभ्यः	दशभ्यः
ष०	अष्टानाम्	नवानाम्	दशानाम्
स०	अष्टासु, अष्टसु	नवसु	दशसु
सं०	हे अष्टौ, हे अष्ट	हे नव	हे दश

सभी नकारान्तसंख्यावाची (एकादशन्, द्वादशन्, त्रयोदशन्, पञ्चदशन्, षोडशन् आदि) शब्दों के रूप पञ्चन् के समान तीनों लिङ्गों में एक ही समान होते हैं।

नित्य स्त्रीलिङ्ग ऊनविंशति से लेकर जितने संख्यावाची शब्द हैं, उन सब के रूप केवल एकवचन *ही में होते हैं।

ह्रस्व इकारान्त नित्यस्त्रीलिङ्ग संख्यावाचक ऊनविंशति, विंशति, एकविंशति आदि 'विंशति' में अन्त होने वाले शब्दों के रूप 'मति' के समान चलते हैं।

संख्या वाचक विंशति, त्रिंशत् (तीस) चत्वारिंशत् (चालीस) पञ्चाशत् (पचास) तथा 'शत्' में अन्त होने वाले अन्य संख्यावाची शब्दों के रूप—'विपद्' के समान नित्य स्त्रीलिङ्ग होते हैं, यथा—

	विंशति	त्रिंशत्	चत्वारिंशत्
प्र०	विंशतिः	त्रिंशत्	चत्वारिंशत्
द्वि०	विंशतिम्	त्रिंशतम्	चत्वारिंशतम्
तृ०	विंशत्या	त्रिंशता	चत्वारिंशता
च०	विंशत्यै, विंशतये	त्रिंशते	चत्वारिंशते
पं०	विंशत्याः, विंशतेः	त्रिंशतः	चत्वारिंशतः
ष०	विंशत्याः, विंशतेः	त्रिंशतः	चत्वारिंशतः
स०	विंशत्याम् विंशतौ	त्रिंशति	चत्वारिंशति

इसी भाँति पञ्चाशत् के भी रूप चलते हैं। षष्टि (साठ) सप्तति (सत्तर) अशीति (अस्सी) नवति (नब्बे) इत्यादि सभी इकारान्त संख्या वाची शब्दों के रूप 'विंशति' के अनुसार 'मति' के समान नित्यस्त्रीलिङ्ग होते हैं।

षष्टिः	प्र०	सप्ततिः
षष्टिम्	द्वि०	सप्ततिम्
षष्ट्या	तृ०	सप्तत्या
षष्ट्यै, षष्टये	च०	सप्तत्यै, सप्ततये
षष्ट्याः, षष्टेः	पं०	सप्तत्याः, सप्ततेः
षष्ट्याः, षष्टेः	स०	सप्तत्याः, सप्ततेः
षष्ट्याम्, षष्टौ	स०	सप्तत्याम्, सप्ततौ

इसी भाँति अशीति, नवति के भी रूप चलते हैं।

संख्या	पूरणी संख्या पुँ० तथा नपुं०	पूरणी संख्या स्त्री०
१ एकः	प्रथमः-मम्	प्रथमा
२ द्विः	द्वितीयः-यम्	द्वितीया
३ त्रिः	तृतीयः-यम्	तृतीया
४ चतुर्	चतुर्थ*तुरीय, तुर्य	चतुर्थी, तुरीया, तुर्या
५ पञ्चन्	पंचम†	पंचमी
६ षष्	षष्ठ	षष्ठी
७ सप्तन्	सप्तम	सप्तमी
८ अष्टन्	अष्टम	अष्टमी
९ नवन्	नवम	नवमी
१० दशन्	दशम	दशमी
११ एकादशन्	एकादश	एकादशी
१२ द्वादशन्	द्वादश	द्वादशी
१३ त्रयोदशन्	त्रयोदश	त्रयोदशी
१४ चतुर्दशन्	चतुर्दश	चतुर्दशी
१५ पंचदशन्	पंचदश	पंचदशी
१६ षोडशन्	षोडश	षोडशी
१७ सप्तदशन्	सप्तदश	सप्तदशी
१८ अष्टादशन्	अष्टादश	अष्टादशी
१९ नवदशन् अथवा	नवदश	नवदशी
एकोनविंशति (स्त्री०) अथवा	एकोनविंश एकोनविंशतितम	एकोनविंशी एकोनविंशतितमी
ऊनविंशति अथवा	ऊनविंश, ऊनविंशतितम	ऊनविंशी ऊनविंशतितमी
एकान्नविंशति	एकान्नविंश, एकान्नविंशतितम	एकान्नविंशी एकान्नविंशतितमी

* पूरण के अर्थ में षट्, कतिपय तथा चतुर् शब्दों में डट् प्रत्यय जुड़ने पर उन्हें थुक् आगम होता है (षट्कतिकतिपयचतुरां थुक्)। चतुर् शब्द में पूरण अर्थ में छ और यत् प्रत्यय भी लगते हैं आद्य आद्य अक्षर 'च' का लोप हो जाता है (चतुरश्छयतावाद्यक्षरलोपश्च)। इस प्रकार तुरीय और तुर्य रूप बनते हैं।

† नान्तसंख्यावाची शब्दों में पूरण के अर्थ में डट् प्रत्यय जुड़ने पर उसे मट आगम होता है (नान्तादसंख्यादेर्मट्)।

२० विंशति	विंश* विंशतितम	विंशी, विंशतितमी
२१ एकविंशति	एकविंश, एकविंशतितम	एकविंशी एकविंशतितमी
२२ द्वाविंशति	द्वाविंश, द्वाविंशतितम	द्वाविंशी द्वाविंशतितमी
२३ त्रयोविंशति	त्रयोविंश, त्रयोविंशतितम	त्रयोविंशी त्रयोविंशतितमी
२४ चतुर्विंशति	चतुर्विंश, चतुर्विंशतितम	चतुर्विंशी चतुर्विंशतितमी
२५ पंचविंशति	पंचविंश, पंचविंशतितम	पंचविंशी पंचविंशतितमी
२६ षड्विंशति	षड्विंश, षड्विंशतितम	षड्विंशी षड्विंशतितमी
२७ सप्तविंशति	सप्तविंश, सप्तविंशतितम	सप्तविंशी सप्तविंशतितमी
२८ अष्टाविंशति	अष्टाविंश अष्टाविंशतितम	अष्टाविंशी अष्टाविंशतितमी
२९ नवविंशति अथवा	नवविंश नवविंशतितम	नवविंशी नवविंशतितमी
एकोनत्रिंशत् अथवा	एकोनत्रिंश, एकोनत्रिंशत्तम	एकोनत्रिंशी एकोनत्रिंशत्तमी
ऊनत्रिंशत् अथवा	ऊनत्रिंश, ऊनत्रिंशत्तम	ऊनत्रिंशी ऊनत्रिंशत्तमी
एकान्नत्रिंशत्	एकान्नत्रिंश, एकान्नत्रिंशत्तम	एकान्नत्रिंशी एकान्नत्रिंशत्तमी
३० त्रिंशत्	त्रिंश, त्रिंशत्तम	त्रिंशी, त्रिंशत्तमी
३१ एकत्रिंशत्	एकत्रिंश एकत्रिंशत्तम	एकत्रिंशी एकत्रिंशत्तमी
३२ द्वात्रिंशत्	द्वात्रिंश द्वात्रिंशत्तम	द्वात्रिंशी द्वात्रिंशत्तमी
३३ त्रयस्त्रिंशत्	त्रयस्त्रिंश त्रयस्त्रिंशत्तम	त्रयस्त्रिंशी त्रयस्त्रिंशत्तमी

---

* विंशति इत्यादि शब्दों में पूरणतम के अर्थ में विकल्प से ट् प्रत्यय लगता है (विंशत्यादिभ्यस्तमडन्यतरस्याम्) और डट् भी लगता है। इस प्रकार इनके दो दो रूप होंगे विंशः, विंशतितमः, त्रिंशः त्रिंशत्तमः इत्यादि।

३४ चतुस्त्रिशत्	चतुस्त्रिश	चतुस्त्रिशी
	चतुस्त्रिशत्तम	चतुस्त्रिशत्तमा
३५ पंचत्रिंशत्	पंचत्रिंश	पंचत्रिंशी
	पंचत्रिंशत्तम	पंचत्रिंशत्तमी
३६ षट्त्रिंशत्	षट्त्रिंश	षट्त्रिंशी
	षट्त्रिंशत्तम	षट्त्रिंशत्तमी
३७ सप्तत्रिंशत्	सप्तत्रिंश	सप्तत्रिंशी
	सप्तत्रिंशत्तम	सप्तत्रिंशत्तमी
३८ अष्टात्रिंशत्	अष्टात्रिंश	अष्टात्रिंशी
	अष्टात्रिंशत्तम	अष्टात्रिंशत्तमी
३९ नवत्रिंशत्	नवत्रिंश	नवत्रिंशी
अथवा	नवत्रिंशत्तम	नवत्रिंशत्तमी
एकोनचत्वारिंशत्	एकोनचत्वारिंश	एकोनचत्वारिंशी
अथवा	एकोनचत्वारिंशत्तम	एकोनचत्वारिंशत्तमी
ऊनचत्वारिंशत्	ऊनचत्वारिंश	ऊनचत्वारिंशी
अथवा	ऊनचत्वारिंशत्तम	ऊनचत्वारिंशत्तमी
एकान्नचत्वारिंशत्	एकान्नत्वारिंश	एकान्नचत्वारिंशी
	एकान्नचत्वारिंशत्तम	एकान्नचत्वारिंशत्तमी
४० चत्वारिंशत्	चत्वारिंश	चत्वारिंशी
	चत्वारिंशत्तम	चत्वारिंशत्तमी
४१ एकचत्वारिंशत्	एकचत्वारिंश	एकचत्वारिंशी
	एकचत्वारिंशत्तम	एकचत्वारिंशत्तमी
४२ द्वाचत्वारिंशत्	द्वाचत्वारिंश	द्वाचत्वारिंशी
अथवा	द्वाचत्वारिंशत्तम	द्वाचत्वारिंशत्तमी
द्विचत्वारिंशत्	द्विचत्वारिंश	द्विचत्वारिंशी
	द्विचत्वारिंशत्तम	द्विचत्वारिंशत्तमी
४३ त्रयश्चत्वारिंशत्	त्रयश्चत्वारिंश	त्रयश्चत्वारिंशी
अथवा	त्रयश्चत्वारिंशत्तम	त्रयश्चत्वारिंशत्तमी
त्रिचत्वारिंशत्	त्रिचत्वारिंश	त्रिचत्वारिंशत्तमी
	त्रिचत्वारिंशत्तम	त्रिचत्वारिंशत्तमी
४४ चतुश्चत्वारिंशत्	चतुश्चत्वारिंश	चतुश्चत्वारिंशी
	चतुश्चत्वारिंशत्तम	चतुश्चत्वारिंशत्तमी
४५ पञ्चचत्वारिंशत्	पञ्चचत्वारिंश	पञ्चचत्वारिंशी
	पञ्चचत्वारिंशत्तम	पञ्चचत्वारिंशत्तमी

४६ षट्चत्वारिंशत्	षट्चत्वारिंश	षट्चत्वारिंशी
	षट्चत्वारिंशत्तम	षट्चत्वारिंशत्तमी
४७ सप्तचत्वारिंशत्	सप्तचत्वारिंश	सप्तचत्वारिंशी
	सप्तचत्वारिंशत्तम	सप्तचत्वारिंशत्तमी
४८ अष्टाचत्वारिंशत्	अष्टाचत्वारिंश	अष्टाचत्वारिंशी
अथवा	अष्टाचत्वारिंशतम	अष्टाचत्वारिंशत्तमी
अष्टचत्वारिंशत्	अष्टचत्वारिंश	अष्टचत्वारिंशी
	अष्टचत्वारिंशत्तम	अष्टचत्वारिंशत्तमी
४९ नवचत्वारिंशत्	नवचत्वारिंश	नवचत्वारिंशी
अथवा	नवचत्वारिंशत्तम	नवचत्वारिंशत्तमी
एकोनपञ्चाशत्	एकोनपञ्चाश	एकोनपञ्चाशी
अथवा	एकोनपञ्चाशत्तम	एकोनपञ्चाशत्तमी
ऊनपंचाशत्	ऊनपंचाश	ऊनपंचाशी
अथवा	ऊनपंचाशत्तम	ऊनपंचाशत्तमी
एकान्नपञ्चाशत्	एकान्नपञ्चाश	एकान्नपञ्चाशी
	एकान्नपञ्चाशत्तम	एकान्नपञ्चाशत्तमी
५० पञ्चाशत्	पञ्चाश	पञ्चाशी
	पञ्चाशत्तम	पञ्चाशत्तमी
५१ एकपञ्चाशत्	एकपञ्चाश	एकपञ्चाशी
	एकपञ्चाशत्तम	एकपञ्चाशत्तमी
५२ द्वापञ्चाशत्	द्वापञ्चाश	द्वापञ्चाशी
अथवा	द्वापञ्चाशत्तम	द्वापञ्चाशत्तमी
द्विपञ्चाशत्	द्विपञ्चाश	द्विपञ्चाशी
	द्विपञ्चाशत्तम	द्विपञ्चाशत्तमी
५३ त्रयःपञ्चाशत्	त्रयःपञ्चाश	त्रयःपञ्चाशी
अथवा	त्रयःपञ्चाशत्तम	त्रयःपञ्चाशत्तमी
त्रिपञ्चाशत्	त्रिपञ्चाश	त्रिपञ्चाशी
	त्रिपञ्चाशत्तम	त्रिपञ्चाशत्तमी
५४ चतुःपञ्चाशत्	चतुःपञ्चाश	चतुःपञ्चाशी
	चतुःपञ्चाशत्तम	चतुःपञ्चाशत्तमी
५५ पञ्चपञ्चाशत्	पञ्चपञ्चाश	पञ्चपञ्चाशी
	पञ्चपञ्चाशत्तम	पञ्चपञ्चाशत्तमी
५६ षट्पञ्चाशत्	षट्पञ्चाश	षट्पञ्चाशी
	षट्पञ्चाशत्तम	षट्पञ्चाशत्तमी

	सप्तपञ्चाश	सप्तपञ्चाशी
५७ सप्तपञ्चाशत्	सप्तपञ्चाशत्तम	सप्तपञ्चाशत्तमी
५८ अष्टापञ्चाशत्	अष्टापञ्चाश	अष्टापञ्चाशी
अथवा	अष्टापञ्चाशत्तम	अष्टापञ्चाशत्तमी
	अष्टपञ्चाश	अष्टपञ्चाशी
अष्टपञ्चाशत्	अष्टपञ्चाशत्तम	अष्टपञ्चाशत्तमी
५९ नवपञ्चाशत्	नवपञ्चाश	नवपञ्चाशी
अथवा	नवपञ्चाशत्तम	नवपञ्चाशत्तमी
एकोनषष्टि	एकोनषष्ट	एकोनषष्टी
अथवा	एकोनषष्टितम	एकोनषष्टितमी
ऊनषष्टि	ऊनषष्ट	ऊनषष्टी
अथवा	ऊनषष्टितम	ऊनषष्टितमी
	एकान्नषष्ट	एकान्नषष्टी
एकान्नषष्टि	एकान्नषष्टितम	एकान्नषष्टितमी
६० षष्टि	षष्टितम	षष्टितमी
	एकषष्ट	एकषष्टी
६१ एकषष्टि	एकषष्टितम	एकषष्टितमी
६२ द्वाषष्टि	द्वाषष्ट	द्वाषष्टी
अथवा	द्वाषष्टितम	द्वाषष्टितमी
	द्विषष्ट	द्विषष्टी
द्विषष्टि	द्विषष्टितम	द्विषष्टितमी
६३ त्रयष्षष्टि	त्रयष्षष्ट	त्रयष्षष्टी
अथवा	त्रयःषष्टितम	त्रयःषष्टितमी
	त्रिषष्ट	त्रिषष्टी
त्रिषष्टि	त्रिषष्टितम	त्रिषष्टितमी
	चतुष्षष्ट	चतुष्षष्टी
६४ चतुष्षष्टि	चतुष्षष्टितम	चतुष्षष्टितमी
	पञ्चषष्ट	पञ्चषष्टी
६५ पञ्चषष्टि	पञ्चषष्टितम	पञ्चषष्टितमी
	षट्षष्ट	षट्षष्टी
६६ षट्षष्टि	षट्षष्टितम	षट्षष्टितमी
	सप्तषष्ट	सप्तषष्टी
६७ सप्तषष्टि	सप्तषष्टितम	सप्तषष्टितमी
६८ अष्टाषष्टि	अष्टाषष्ट	अष्टाषष्टी
अथवा	अष्टाषष्टितम	अष्टाषष्टितमी

अष्टषष्टि	अष्टषष्ट	अष्टषष्टी
	अष्टषष्टितम	अष्टषष्टितमी
६९ नवषष्टि	नवषष्ट	नवषष्टी
अथवा	नवषष्टितम	नवषष्टितमी
एकोनसप्तति	एकोनसप्तत	एकोनसप्तती
अथवा	एकोनसप्ततितम	एकोनसप्ततितमी
ऊनसप्तति	ऊनसप्तत	ऊनसप्तती
अथवा	ऊनसप्ततितम	ऊनसप्ततितमी
एकान्नसप्तति	एकान्नसप्तत	एकान्नसप्तती
	एकान्नसप्ततितम	एकान्नसप्ततितमी
७० सप्तति	सप्तत	सप्तती
	सप्ततितम	सप्ततितमी
७१ एकसप्तति	एकसप्तत	एकसप्तती
	एकसप्ततितम	कसप्ततितमी
७२ द्वासप्तति	द्वासप्तत	द्वासप्तती
अथवा	द्वासप्ततितम	द्वासप्ततितमी
द्विसप्तति	द्विसप्तत	द्विसप्तती
	द्विसप्ततितम	द्विसप्ततितमी
७३ त्रयस्सप्तति	त्रयस्सप्तत	त्रयस्सप्तती
अथवा	त्रयस्सप्ततितम	त्रयस्सप्ततितमी
त्रिसप्तति	त्रिसप्तत	त्रिसप्तती
	त्रिसप्ततितम	त्रिसप्ततितमी
७४ चतुस्सप्तति	चतुस्सप्तत	चतुस्सप्तती
	चतुस्सप्ततितम	चतुस्सप्ततितमी
७५ पञ्चसप्तति	पञ्चसप्तत	पञ्चसप्तती
	पञ्चसप्ततितम	पञ्चसप्ततितमी
७६ षट्सप्तति	षट्सप्तत	षट्सप्तती
	षट्सप्ततितम	षट्सप्ततितमी
७७ सप्तसप्तति	सप्तसप्तत	सप्तसप्तती
	सप्तसप्ततितम	सप्तसप्ततितमी
७८ अष्टासप्तति	अष्टासप्तत	अष्टासप्तती
अथवा	अष्टासप्ततितम	अष्टासप्ततितमी
अष्टसप्तति	अष्टसप्तत	सष्टसप्तती
	अष्टसप्ततितम	अष्टसप्ततितमी
७९ नवसप्तति	नवसप्तत	नवसप्तती

अथवा	नवसप्ततितम	नवसप्ततितमी
एकोनाशिति	एकोनाशीत	एकोनाशीती
	एकोनाशीतितम	एकोनाशीतितमी
ऊनाशीति	ऊनाशीत	ऊनाशीती
अथवा	ऊनाशीतितम	ऊनाशीतितमी
एकान्नाशीति	एकान्नाशीत	एकान्नाशीती
	एकान्नाशीतितम	एकान्नाशीतितमी
८० अशीति	अशीतितम	अशीतितमी
८१ एकशीति	एकाशीत	एकाशीती
	एकाशीतितम	एकाशीतितमी
८२ द्व्यशीति	द्व्यशीत	द्व्यशीती
	द्व्यशीतितम	द्व्यशीतितमी
८३ त्र्यशीति	त्र्यशीत	त्र्यशीती
	त्र्यशीतितम	त्र्ययशीतितमी
८४ चतुरशीति	चतुरशीत	चतुरशीती
	चतुरशीतितम	चतुरशीतितमी
८५ पंचाशीति	पंचाशीत	पंचाशीती
	पंचाशीतितम	पंचाशीतितमी
८६ षडशीत	षडशीत	षडशीती
	षडशीतितम	षडशीतितमी
८७ सप्ताशीति	सप्ताशीत	सप्ताशीती
	सप्ताशीतितम	सप्ताशीतितमी
८८ अष्टाशीति	अष्टाशीत	अष्टाशीती
	अष्टाशीतितम	अष्टाशीतितमी
८९ नवाशीति	नवाशीत	नवाशीती
अथवा	नवाशीतितम	नवाशीतितमी
एकोननवति	एकोननवत	एकोननवती
अथवा	एकोननवतितम	एकोननवतितमी
ऊननवति	ऊननवत	ऊननवती
अथवा	ऊननवतितम	ऊननवतितमी
एकान्ननवति	एकान्ननवत	एकान्ननवती
	एकान्ननवतितम	एकान्ननवतितमी
९० नवति	नवतितम	नवतितमी
९१ एकनवति	एकनवत	एकनवती
	एकनवतितम	एकनवतितमी

९२ द्वानवती	द्वानवत	द्वानवती
अथवा	द्वानवतितम	द्वानवतितमी
द्विनवति	द्विनवत	द्विनवती
	द्विनवतितम	द्विनवतितमी
९३ त्रयोनवति	त्रयोनवत	त्रयोनवती
अथवा	त्रयोनवतितम	त्रयोनवतितमी
त्रिनवति	त्रिनवत	त्रिनवती
	त्रिनवतितम	त्रिनवतितमी
९४ चतुर्नवति	चतुर्नवत	चतुर्नवती
	चतुर्नवतितम	चतुर्नवतितमी
९५ पनञ्चवति	पञ्चनवत	पञ्चनवती
	पञ्चनवतितम	पञ्चनवतितमी
९६ षएणवति	षएणवत	षएणवती
	षएणवतितम	षएणवतितमी
९७ सप्तनवति	सप्तनवत	सप्तनवती
	सप्तनवतितम	सप्तनवतितमी
९८ अष्टानवति	अष्टानवत	अष्टानवती
अथवा	अष्टानवतितम	अष्टानवतितमी
अष्टनवति	अष्टनवत	अष्टनवती
	अष्टनवतितम	अष्टनवतितमी
९९ नवनवति	नवनवत	नवनवती
अथवा	नवनवतितम	नवनवतितमी
एकोनशत (नपुं०)	एकोनशततम	एकोनशततमी
१०० शत	शततम	शततमी
२०० द्विशत	द्विशततम	द्विशततमी
३०० त्रिशत	त्रिशततम	त्रिशततमी
४०० चतुश्शत	चतुश्शततम	चतुश्शततमी
५०० पञ्चशत	पञ्चशततम	पञ्चशततमी
१००० सहस्र	सहस्रतम	सहस्रतमी

१०,००० अयुत (नपुं०)

१,००,००० लक्ष (नपुं०) अथवा लक्षा (स्त्री०)

दस लाख—प्रयुत (नपुं०)	दस अरब—खर्व (पुं०, नपुं०)
करोड़—कोटि (स्त्री०)	खरब—निखर्व (पुं०, नपुं०)
दस करोड़—अर्बुद (नपुं०)	दस खरब—महापद्म (नपुं०)
अरब—अब्ज (नपुं०)	नील—शङ्कु (पुं०)

	दस नील—जलधि (पुं०)	दस पद्म—मध्य (नपुं०)
	पद्म—अन्त्य (नपुं०)	शङ्ख—परार्ध (नपुं०)
४०१	एकाधिकचतुः शतम्	एकोत्तरचतुः शतम् ।
	एकाधिकं चतुः शतम्	एकोत्तरं चतुः शतम् ।
५०२	द्व्यधिकपञ्चशतम्	द्व्युत्तरपञ्चशतम् ।
	द्व्यधिकं पञ्चशतम्	द्व्युत्तरं पञ्चशतम् ।
६०३	त्र्यधिकषट् शतम्	त्र्युत्तरषट् शतम् ।
	त्र्यधिकं षट् शतम्	त्र्युत्तरं षट् शतम् ।
७०४	चतुरधिकसप्तशतम्	चतुरुत्तरसप्तशतम् ।
	चतुरधिकं सप्तसतम्	चतुरुत्तरं सप्तशतम् ।
८०५	पञ्चाधिकाष्टशतम्	पञ्चोतराष्टशतम् ।
	पञ्चाधिकमष्टशतम्	पञ्चोत्तरमष्टशतम् ।
७९५	पञ्चनवत्यधिकसप्तशतम्	पञ्चनवत्युत्तरसप्तशतम्
	पञ्चनवत्यधिकं सप्तशतम्	पञ्चनवत्युत्तरं सप्तशतम् ।

१,३२४ चतुर्विंशत्यधिकत्रयोदशशतम् चतुर्विंशत्यधिकत्रिशताधिकसहस्रम्

७९,६३५ पञ्चत्रिंशदधिकषट्शताधिकनवसहस्राधिकसप्तायुतम् ।

१,१५,३३२ द्वात्रिंशदधिकत्रिशतोत्तरपञ्चदशसहस्राणि एकं लक्षञ्च ।

कुछ उदाहरण

१—अस्यां श्रेण्यां द्वाषष्टिश्छात्राः । (इस कक्षा में ६२ विद्यार्थी हैं) ।

२—अष्टाचत्वारिंशता संकलिता द्वात्रिंशदशीतिर्भवति । (अड़तालीस में बत्तीस जोड़ने से अस्सी होते हैं) ।

३—दशशतात् व्यवकलितायां पचाशति षष्टिरवशिष्यते । (एक सौ दस में से पचास निकालने से साठ शेष रहते हैं) ।

४—अत्र षट् त्रिंशदधिकं शतं (षट् त्रिंशदुत्तरं शतं वा) वानराणामुपस्थितम् । (यहाँ एक सौ छत्तीस बन्दर हैं) ।

५—मम चत्वारि सहस्राणि पञ्चदश च स्वर्णमुद्राः सन्ति अथवा मम पञ्चदशाधिकानि चत्वारि स्वर्णमुद्रासहस्राणि सन्ति (मेरे पास चार हजार पन्द्रह स्वर्णमुद्राएँ हैं) ।

६—पञ्चविंशत्यधिकत्रिशताधिकसहस्रं (त्रिशताधिकसहस्रं वा) जनानामुपस्थितम् । (एक हजार तीन सौ पचीस मनुष्य उपस्थित हैं) ।

७—विभक्तेरूर्ध्वमत्र देशे साम्प्रतं पञ्चचत्वारिंशत् कोटयो जनाः । एकषष्ट्युत्तरनवशत्युत्तरसहस्रतमे खिस्ताब्दे जनसंख्यानं जातम् । (विभाजन के बाद इस देश की आबादी इस समय पैंतालिस करोड़ के लगभग है । सन् १९६१ में नयी जनगणना हुई थी ।)

८—मनुष्याणां पञ्चचत्वारिंशदधिकयोः शतयोः (पञ्चचत्वारिंशदुत्तरयोः शतयोः वा) उपरि अर्थदण्डः आदिष्टः, एकोनसप्तत्यधिकानां त्रयाणां शतानामुपरि कायदण्डः (दो सौ पैंतालीस आदमियों के ऊपर जुर्माना किया गया और तीन सौ उनहतर को सजा हुई)।

संख्यावाचक शब्द और उनका प्रयोग

(क) **संख्यावाचक** शब्द **विशेषण** भी होते हैं और **विशेष्य** भी। **एक** से अष्टादशन् तक संख्याएँ विशेषण ही होती हैं। १९ से परार्ध तक संख्याएँ कहीं विशेष्य और कहीं विशेषण होती हैं। "एक" शब्द एकवचनान्त, "द्वि" द्विवचनान्त तथा "त्रि" से "अष्टादशन्" तक बहुवचनान्त होते हैं। एक, द्वि, त्रि, चतुर शब्दों का लिङ्ग अपने विशेष्य के अनुसार होता है और विशेष्य के अनुसार ही उनका लिङ्ग बदलता रहता है, यथा—"एकः बालकः, एका बालिका, एकं फलम्। द्वौ बालकौ, द्वे बालिके, द्वे फले। त्रयः बालकाः, तिस्रः बालिकाः, त्रीणि फलानि। चत्वारः छात्राः, चतस्रः गावः, चत्वारि कलत्राणि"। (**अष्टन् और** षष् को छोड़कर) पञ्चन् से अष्टादशन् तक के रूप पञ्चन् शब्द के समान होते हैं। इनके रूप सब लिङ्गों में एक जैसे होते हैं, यथा—"पञ्च मानवाः, सप्त ग्रन्थाः, अष्टादश स्त्रियः, नव पुस्तकानि" इत्यादि।

(ख) **ऊनविंशतिः** (१९), **विंशतिः** (२०), **त्रिंशत्** (३०), **चत्वारिंशत्** (४०), **पञ्चाशत्** (५०), **षष्टिः** (६०), **सप्ततिः** (७०), **अशीतिः** (८०), **नवतिः** (९०), **शतम्** (१००), **सहस्रम्** (१०००), **अयुतम्** (१००००), **लक्षम्** (१०००००), **नियुतम्** (१००००००), **कोटिः** (स्त्री. १०००००००) इत्यादि * संख्यावाचक शब्द यदि अपनी संख्या को सूचित करें अर्थात् 'विंशति' के द्वारा केवल २० ही का ज्ञान हो तब ये संख्याएँ एकवचनान्त होती हैं, किन्तु यदि उससे दो अथवा तीन विंशति या उससे भी अधिक का ग्रहण हो तो वहाँ द्विवचन अथवा बहुवचन होगा, यथा—'बीस (२०) फल लाओ'। इसमें "बीस" तो एक है पर फल बहुत (अनेक) हैं, इसलिए विंशति आदि शब्द इस अवस्था में एकवचनान्त होंगे, चाहे उनका विशेष्य बहुवचनान्त ही क्यो न हो। इनकी विभक्ति तो विशेष्य के अनुसार होती है पर वचन और लिङ्ग नहीं। इस लिए इसकी संस्कृत हुई:— **"विंशतिम् फलानि आनय"**। अब एक दूसरा उदाहरण लीजिये—"दो बीस (४०) फल लाओ'। यहाँ दो 'विंशति' होने से "विंशति" शब्द द्विवचनान्त होगा। अतः इस वाक्य की संस्कृत होगी:—**"फलानां द्वे विंशती आनय"**। इसी प्रकार ६० कहने पर—**"फलानां तिस्रः विंशतीः आनय"** इत्यादि। इसी प्रकार—

---

* विंशत्यादेरनावृत्तौ। आवृत्ति के न होने पर 'विंशति' आदि संख्यावाचक शब्द सदा एकवचनान्त होते हैं।

"५० बकरियाँ घूम रही हैं"—"**पञ्चाशत् अजाः विचरन्ति**"—"**६० छात्र क्रीडा-क्षेत्र में घूम रहे हैं**"—"षष्टिः छात्राः क्रीडा-क्षेत्रे विचरन्ति"—"९० लड़के स्कूल जा रहे हैं"—"**नवतिः बालकाःविद्यालयं गच्छन्ति**"।

(ग) ऊनविंशति से लेकर नवनवति (६६) तक शब्द स्त्रीलिङ्ग हैं, यथा—तीस घोड़े सुन्दर हैं, "**अश्वानां सा त्रिंशत् सुन्दरी**"। बीस छात्र आये हैं, "**छात्राणां विंशतिः आगतवती**"। यहाँ त्रिंशत् और विंशति शब्द स्त्रीलिङ्ग हैं, इसीलिए "सा" "सुन्दरी" और "आगतवती" इसके स्त्रीलिङ्ग विशेषण हैं।

विशेष—विंशति, षष्टि, सप्तति, अशीति, नवति, शब्दों के रूप मति शब्द की तरह चलते हैं। **त्रिंशत्, चत्वारिंशत्,** और **पञ्चाशत्** के रूप 'भूभृत्' की तरह।

(घ) सब संख्यावाचक शब्द विशेषण की तरह प्रयुक्त होते हैं, किन्तु अनेक स्थलों पर इनका विशेष्य की तरह भी व्यवहार होता है। उस समय क्रिया का वचन एकवचन के अनुसार होता है, यथा—२५ बालक आये हैं '**बालकानां पञ्चविंशतिः आगवती**" अथवा "पञ्चविंशतिः बालकाः आगवन्तः"। हम ३६ यहाँ हैं— "**वयं षट्त्रिंशत् अत्र वर्त्तामहे**" अथवा "अस्माकं षट् त्रिंशत् अत्र वर्तते"। ४८ अध्यापक हैं—"**अध्यापकानां अष्टचत्वारिंशत् अस्ति**" अथवा "अष्टचत्वारिंशत् अध्यापकाः सन्ति"। २० कैंडीडेट्स से साक्षात्कार हुआ-"**विंशत्या आवेदकैः सह साक्षात्कारः अभवत्**" अथवा "आवेदकानां विंशत्या सह साक्षात्कारः अभवत्" इत्यादि।

(ङ) शत से पहले की, दशन्, विंशति इत्यादि संख्याओं के साथ एक, द्वि, त्रि इत्यादि लघु संख्या लगाने से अनेक संख्याएँ बनती हैं, यथा—"विंशति" वृहत्तर संख्यावाचक है, और 'एक' लघु संख्यावाचक। अब 'एक' इस लघु संख्या-वाचक शब्द को 'विंशति' के पूर्व लगाने से "एकविंशति" (२१) बन जायगा इस प्रकार संख्यावाचक शब्द बनाने के कुछ नियम सुविधा के लिए यहाँ दिये जाते हैं—

(१) "दशन्" शब्द परे रहने पर एक के स्थान में "**एका**" (अशीति को छोड़कर) शत से पहिले के संख्यावाचक शब्दों के परे रहने पर 'द्वि' के स्थान में **द्वा,** 'त्रि' के स्थान में **त्रयः** और अष्टन् के स्थान में **अष्टा** आदेश हो जाता है। चत्वारिंशत् आदि शब्द परे होने पर ये आदेश विकल्प से होतें हैं, यथा—"एकादशगावः" द्विचत्वारिंशत् (द्वाचत्वारिंशत्) फलानि। त्रिषष्टिः (त्रयःषष्टिर्वा) पठकाः विद्यालयमागच्छन्ति"। "**अष्टपञ्चाशत् (अष्टापञ्चाशत्) पुस्तकानि दृश्यन्ते**"। "एकत्रिंशतं मत्स्यान् आनय"। "**त्रयः सप्ततिः (त्रिसप्ततिः) चौराः** धृताः"। "**द्वाविंशतिः वानराः गच्छन्ति**" इत्यादि। अशीति शब्द परे होने पर "**द्व्यशीतिः त्र्यशीतिः**" इस प्रकार रूप होंगे।

(२) 'शत' आदि संख्यावाचक शब्दों के साथ लघु संख्या के मिलाने के लिए लघु संख्या के साथ **"अधिक"** वा **"उत्तर"** शब्द भी वृहत्तर संख्या के बाद में लगा दिया जाता है, यथा--**एक सौ तेरह बालक खेल रहे हैं"** यहाँ तेरह लघु संख्या है, इसकी संस्कृत है "त्रयोदश"। इसके आगे अधिक लगाकर इसके बाद "शतं" यह वृहत्तर संख्या लगाने से "एक सौ तेरह" की संस्कृत हुई "त्रयोदशाधिक-शतम्"। इसलिए इस वाक्य का अनुवाद हुआ **"त्रयोदशाधिकशतं छात्राः क्रीडन्ति'** अथवा पूर्वोक्त नियम के अनुसार **'छात्राणां त्रयोदशाधिकशतं क्रीडति'**। इसी तरह—**१००००१—"एकाधिकं लक्षम्"**। **२०१२—"द्वादशाधिकं द्विसहस्रम्"**, चाहे संख्या कितनी बड़ी भी क्यों न हो उसका इसी तरह अनुवाद किया जाता है।

(३) शत, सहस्र इत्यादि संख्याओं के साथ यदि उनका आधा (५०, ५०० आदि) और साथ हो तो **"सार्द्ध"** चौथाई साथ हो (२५, २५० आदि) तो **"सपादं"** और चौथाई कम हो तो **"पादोन"** शब्द का उनके साथ प्रयोग किया जाता है, यथा—**"मैंने भागवत के ४५० श्लोक पढ़े हैं"**; **"अहं भागवतस्य श्लोकानां सार्द्ध-शत-चतुष्टयमपठम्"**, **"वह १२५ फल लाया"**; **"स सपादशतम फलानि आनीतवान्"**। **"इस पुस्तक का मूल्य सवा रुपया है"**; **"अस्य पुस्तकस्य मूल्यं सपाद-रौप्यमुद्रा"**। **"१७५० पुस्तकें थीं"**; **"पुस्तकानां पादोन-सहस्रद्वयमासीत्"**। **"१२५ फल का मूल्य ७।।) है"**; **"सपाद-शतस्य फलानां मूल्यं सार्ध-मुद्रा-सप्तकम्"**। **"श्रीचैतन्य १९८५ ई० में उत्पन्न हुए थे"**; **"श्री चैतन्यः पञ्चदशोन-सार्द्ध-सहस्रतमे ख्रिस्ताब्दे अजायत"**।

विशेष—शत, शहस्र इत्यादि के पहले द्वि, त्रि आदि के आने पर, 'समाहार द्विगु हो जाने से वे विशेषण नहीं रहते, क्योंकि समाहार द्विगु हो जाने पर वे विशेष्य पद हो जाते हैं, यथा—**"छात्राणां द्विशती, त्रिशती, पञ्चशती वा याति"** "यहाँ ५०० पण्डित हैं"; **"पण्डितानां पञ्चशती अत्र तिष्ठति"**। "राम की दो सहस्र वानरों की सेना थी"; **"रामस्य वानरसैन्यानां द्विसहस्री आसीत्'**। "मेरे पास ३०० पुस्तकें हैं"; **"मम पुस्तकानां त्रिशती अस्ति"**।

(४) दो या तीन, तीन या चार, चार या पाँच—इस प्रकार अनिश्चित संख्या को व्यक्त करने के लिए प्रयुक्त संख्याओं के संस्कृत शब्दों को मिलाकर पिछले शब्द को अकारान्त कर देना चाहिए। उसके आगे विशेष्य के अनुसार विभक्ति और वचन होते हैं, यथा—**"मैं पाँच छः दिन में यह काम करूँगा"**; **"अहं पञ्चषैः दिनैः कार्यमेतत्करिष्यामि"**। **मैं सात-आठ दिन ठहरकर घर जाऊँगा"**; **"सप्ताष्टानि दिनानि स्थित्वा आलयं गमिष्यामि"**। **मैंने व्याकरण दो-तीन महीने में पढ़ा है"**; **"अहं द्वित्रैः मासैः व्याकरणमधीतवान्"**। **मैंने अपने पुत्र को प्यार से दो-तीन फल दिये"**, **"अहं द्वित्राणि फलानि सस्नेहं पुत्राय दत्तवान्"**। **"यहाँ तीन चार बन्दर हैं"**; **"अत्र त्रिचतुरा वानराः सन्ति"**।

(५) यदि पूरणार्थक संख्यावाचक शब्द का प्रयोग करना हो तो द्वि त्रि शब्दों के आगे "**तीय**" चतुर् और षष् के आगे "**थुक्**" पञ्चन् से दशन् तक शब्दों के आगे "**म**" एकादशन् से अष्टादशन् तक शब्दों के आगे "**डट्**" और विंशति से आगे की सब संख्याओं के आगे "**तमट्**" प्रत्यय लगाया जाता है, यथा—**इस श्रेणी में वह पाँचवाँ** है—"**अस्यां श्रेण्यां स पञ्चमः**"। **वह बालिका श्रेणी में ७ वीं है**—"**अस्यां श्रेण्यां बालिकेयं सप्तमी**"। **यह भागवत के १५७ वें अध्याय में कहा गया है**—"**एतद्धि भागवतस्य सप्तपञ्चाशदधिक-शततमे अध्याये वर्णितम्**"। **आपका १५ वीं तारीख का पत्र आया है**—"**तव पञ्चदश-दिवसीयं पत्रं मया प्राप्तम्**"। बीते हुए पांचवें वर्ष में मैं यहाँ आया था—"विगते **पञ्चमे** वर्षे अहमत्र आगतवान्"। आगामी २८ आश्विन को दीपावली होगी—"**आगामिनि अष्टाविंशतितमे आश्विने दीपावलिः भविष्यति**"।

(६) 'बार' अर्थ में द्वि, त्रि, चतुर् शब्द के आगे "सुच्" प्रत्यय लगाने से "द्विः" "त्रिः" और "चतुः" यह रूप बनते हैं। एक, द्वि, त्रि, चतुर् और अन्यान्य संख्यावाचक शब्दों से 'प्रकार' अर्थ में "**धाच्**" प्रत्यय होता है, यथा—"स मासस्य (मासे वा) द्विः त्रिर्वा अधीते"। **सहस्रधा** विदीर्णं तस्या हृदयम्"।

(७) अवयव दिखाने के लिए **द्वय, त्रय, चतुष्टय** और **पञ्चक, षट्क, सप्तक, अष्टक** इत्यादि 'क' प्रत्ययान्त एक वचनान्त नपुंसकलिङ्ग शब्दों का प्रयोग **किया जा सकता है,** यथा—"बालक **द्वयं** क्रीडति"। "द्वौ बालकौ क्रीडतः", इसके स्थान पर उसका भी प्रयोग हो सकता है, किन्तु यह ध्यान रखना चाहिए कि इस प्रयोग में क्रिया और विशेषण एकवचनान्त होंगे। पूर्व नियमों के अनुसार निम्न वाक्यों का अनुवाद किया जाता है। भगवान् की तीन मूर्तियाँ सुन्दर हैं—भगवतः **मूर्तित्रयं** (मूर्तित्रयी वा) सुन्दरं (सुन्दरी वा)। उसका वेतन ४०० सुवर्ण-मुद्रा प्रतिदिन है—"वृत्तिस्तस्य प्रत्यहं सुवर्ण-शत-**चतुष्टयम्**"। मैं ६ महीने में आपके पुत्रों को नीतिज्ञ बना दूँगा—"**अहं मास-षट्केन भवतः पुत्रान् नीतिज्ञान् करिष्यामि**"। आज कल साढ़े पाँच रुपये में व्याकरण और ६॥) में वेदान्त दर्शन आ जाते हैं—"**साम्प्रतं सार्द्धमुद्रा-पञ्चकेन व्याकरणं सार्द्धमुद्रा-षट्केन च वेदान्तदर्शनं लभ्यते।**"

(८) आयु का परिमाण सूचित करने के लिए संख्या-वाचक शब्द के आगे **वर्षीय, वार्षिक, वर्षीण** और **वर्ष** प्रयुक्त होता है, यथा—"कृष्ण सोलह वर्ष की अवस्था में वृन्दावन गया था"—"**षोडशवर्षीयः (वार्षिकः, वर्षीणः, वर्षः वा) कृष्णः वृन्दावनं गतवान्**"। "२ वर्ष की अवस्था में हरि ने पूतना-राक्षसी को मारा था"—"**द्विवर्षीयः (वार्षिकः, वर्षीणः, वर्षः** वा) हरिः पूतना-राक्षसीं जघान"। "वह ७० वर्ष की उम्र में मरा"—"**सप्ततिवार्षिकः** स **प्राणान्** तत्याज"। "**मुझ अस्सी वर्ष की उम्र वाले को धन की क्या आवश्यकता**"—"**अशीतिवर्षस्य मम न किञ्चित् अर्थेन प्रयोजनम्**"।

(६) **"लगभग दो वर्ष का" "लगभग तीन वर्ष का"** इस प्रकार के वाक्यों का अनुवाद करने के लिए **"वर्षदेशीय"** यह पद संख्या के पीछे लगाया जाता है, यथा—"लगभग ७ वर्ष की उम्र में श्रीकृष्ण ने गोवर्धन पर्वत को उठाया था"—**सप्तवर्षदेशीयः श्रीकृष्णः गोवर्धनं पर्वतं दधार"**। "हरि की आयु लगभग ३ वर्ष की है"—**"त्रिवर्षदेशीयः हरिः"**। वह लगभग ८० वर्ष की आयु में बनारस गया"—**"अशीतिवर्षदेशीयः स वाराणसीं गतः"**।

विशेष—संख्यावाचक शब्द के प्रयोग करने में यदि संशय हो तो अनेक स्थलों में संख्यावाचक शब्द के साथ "संख्यक" शब्द लगाकर, अकारान्त शब्द की तरह रूप करके सरलता से अनुवाद किया जा सकता है। यथाः—**"धृतराष्ट्रस्य शतसंख्यकाः सुताः"**, "पाण्डोः पञ्चसंख्यकाः पुत्राः", **"विंशतिसंख्यकानि स्वादूनि** फलानि"।

हिन्दी में अनुवाद करो—

१—विक्रमवत्सराणां चतुरुत्तरे सहस्रद्वये (गते) शताब्दीर्विलुप्तं भारतवर्षं स्वातन्त्र्यं लब्धवान्। २—दशसहस्राणि पञ्चशतानि द्विषष्टिं चाष्टाभिः शतैश्च-तुष्पञ्चाशता गुणय। ३—अस्माकं श्रेण्यां दशाधिकं शतं छात्राः (११०) सन्ति, दयानन्दविद्यालये तु दशमश्रेण्यां दशशती (दश शतानि वा) (१०००) छात्राः सन्ति। ५—प्रयागविश्वविद्यालये पञ्चसप्ततिः (७५) छात्रेभ्यः पारितोषिकानि वितीर्णानि।

संस्कृत में अनुवाद करो—

१—हजारों कुलनारियाँ (सहस्राणि कुलाङ्गनाः) भारत की स्वतन्त्रता के लिए हँसती-हँसती जेलों में गयीं। २—दो कोड़ी बर्तन कलई कराये गये (द्वे विंशती पात्राणां त्रपुलेपं लभ्यते)। ३—आठवीं कक्षा का बीसवाँ (विंशतितमः) दशवीं कक्षा का तीसवाँ (त्रिंशत्तमः) छात्र यहाँ आवे। ४—नवीं कक्षा के पैंतीसवें छात्र को गुरु जी बुला रहे हैं। ६—उस पंक्ति का पाँचवाँ छात्र दौड़ में (धावन-प्रतियोगितायाम्) प्रथम आया। ७—शायद वह यहाँ पाँचवें दिन आवेगा। ८—प्यारेलाल अपनी जमात में दूसरा रहा। ९—मनुस्मृति के अनुसार ब्राह्मण का आठवें, क्षत्रिय का ग्यारहवें, और वैश्य का बारवें वर्ष यज्ञोपवीत संस्कार होना चाहिए।

२—विशेषण (आवृत्तिवाचक)

'दुगुना' तिगुना' आदि आवृत्तिसूचक शब्दों के अनुवाद के लिए संस्कृत में संख्या शब्दों के आगे 'गुण' या 'गुणित' शब्दों को जोड़ना चाहिए, परन्तु आवृत्ति वाचक शब्दों पर 'आवृत्त' या 'आवर्तित' भी जोड़ दिया जाता है, जैसे—

(१) सोहनो व्यापारे द्विगुणं धनं लेभे (सोहन को व्यापार में दूना धन मिला)।

(२) अस्य भवनस्य उच्चता तस्मात् त्रिगुणा। (इस मकान की ऊँचाई उससे तिगुनी है)।

(३) अस्मिन् विद्यालये चत्वारिंशद्गुणा अधिकाः छात्रा जाताः। (इस कालिज में चालीसगुने ज्यादा छात्र हो गये)।

(४) अस्य मार्गस्य दीर्घता शतगुणा (इस रास्ते की लम्बाई सौ गुनी है)।

(५) स धनं तावत् त्वत् सहस्रगुणं, लक्षगुणं, कोटिगुणं या अधिकम् अर्जयतु परं न कीर्तिम् (वह तुझसे हजारगुना या लाखगुना या करोड़गुना धन कमा ले पर यश नहीं कमा सकता)।

(६) ब्रह्मचारिणः त्रिगुणां मौञ्जीं मेखलां धारयन्ति (ब्रह्मचारी तिहरी मूँज की तड़ागी बाँधते हैं)।

(७) इयम् अजा द्विगुणया (द्विरावृत्तया) रज्वा बद्धा (यह बकरी दुहरी रस्सी से बँधी है)।

(८) सा बाला त्रिरावृत्तं (त्रिरावर्तितं, त्रिगुणं, त्रिगुणितं वा) दाम धारयति (वह लड़की तिहरी माला पहने हुई है)।

३—विशेषण (समुदायबोधक)

जहाँ पर 'दोनों, चारों, तीसों, पचासों आदि समुदायवाचक शब्द हों, उनका अनुवाद संख्यावाचक शब्द के आगे 'अपि' जोड़ने से किया जाता है, जैसे—

(१) किं द्वावपि छात्रौ गतौ ? (क्या दोनों छात्र गये ?)

(२) अस्मिन् प्रकोष्ठे पञ्चत्रिंशदपि पठकाः पठनाय शक्नुवन्ति (इस कमरे में पैंतीस विद्यार्थी पढ़ सकते हैं)।

(३) पञ्चाशदपि सैनिका युद्धे हताः (पचासों सिपाही युद्ध में मारे गये)।

(४) किं त्वया षोडशापि आणका व्ययिताः ? (क्या तूने सोलहों आने खर्च कर दिये ?)

(५) अष्टावपि चौराः पलायिताः (आठों चोर भाग गये)।

४—विशेषण (विभागबोधक)

'हर एक' या 'सब' आदि शब्दों का अनुवाद संस्कृत में 'सर्व' या 'सकल' आदि शब्दों द्वारा किया जाता है, जैसे—

(१) अस्याः कक्षायाः सर्वे छात्राः पटवः सन्ति (इस दर्जे के सब छात्र चतुर हैं)।

(२) अस्या वाटिकायाः सर्वाणि आम्राणि मिष्टानि सन्ति (इस बाग के सब आम मीठे हैं)।

(३) सर्वे ब्राह्मणा आहूयन्ताम् (सब ब्राह्मणों को बुलाओ)।

(४) प्रतिबालकं (सर्वेभ्यः बालेभ्यः) पारितोषिकं देहि (हर लड़के को इनाम दो)।

(५) प्रतिदिनं (दिने दिने) पठितुं पाठशालामागच्छ (हर रोज पढ़ने के लिए स्कूल आया करो)।

(६) प्रतिब्राह्मणं पञ्च रूप्यकाणि देहि अथवा सर्वेभ्यः ब्राह्मणेभ्यः पञ्च रूप्यकाणि देहि (हर एक ब्राह्मण को पाँच रुपये दो)।

५—विशेषण (अनिश्चित संख्यावाचक)

एक शब्द द्वारा—एकः संन्यासी न्यवसत्। एका नदी आसीत्।

एकस्मिन् वने एकः सिंहो न्यवसत्।

किम् चित् शब्दों द्वारा—कश्चित् संन्यासी न्यवसत्। काचित् नदी आसीत्।

कस्मिंश्चिद् वने एकः सिंहो न्यवसत्।

एक तथा अपर शब्दों द्वारा—एकः उत्तीर्णः अपरोऽनुतीर्णः।

एके मृता अपरे पलायिताः।

एक तथा अन्य शब्दों द्वारा—एकः हसति अन्यो रोदिति।

परस्पर, अन्योन्य शब्दों द्वारा—दुष्टा बालाः परस्परं (अन्योऽन्यम्) कलहायन्ते।

असज्जनाः परस्परं (अन्योऽन्यम्, इतरेतरम्) गालीः ददति।

सर्व, समस्त आदि शब्दों द्वारा—सर्वे बाला अस्यां श्रेण्यामुत्तीर्णाः।

सर्वाणि पुष्पाणि व्यकसन्। सर्वः स्वार्थं समीहते।

बहु, अनेक आदि शब्दों द्वारा—

बहवः (बह्वयः) बालिकाः सीवनं शिक्षन्ते।

एतत् कार्यसाधनाय बहव उपायाः सन्ति।

देशे अनेकशः रोगाः विद्यन्ते।

कतिपय या किम् चित् (चन) शब्दों द्वारा—

कतिपयाः (कतिचित्) छात्रा उत्तीर्णाः।

कतिपयानि (कानिचित्) पुष्पाणि विकसितानि।

कतिपयाः (काश्चन) स्त्रियः विदुष्यः।

६—विशेषण (परिमाणवाचक)

तोल (तुलामान) के शब्द	**माप—**
रक्तिका, गुञ्जा—रत्ती	अङ्गुलम्—अंगुल
माषकः—माशा	वितस्तिः—बालिश्त
तोलकः—तोला	
षट्टङ्कः—छटांक	पादः—फुट
पादः—पाव	हस्तः—हाथ
मूल्यवाचक शब्द—	**समयबोधक—**
वराटकः, वराटिका—कौड़ी	पलम्—पल
पादिका—पाई	क्षणः—छिन

पणः (पणकः)—पैसा
आणः (आणकः)—आना
द्व्याणी (द्व्याणकी)—दुअन्नी
चतुराणी (चतुराणकी)—चवन्नी
अष्टाणी (अष्टाणकी)—अठन्नी
रूप्यकम् (रूपकम्)—रुपया
निष्कः (दीनारः)—सोने की मोहर

प्रहरः—(यामः)—पहर
विकला—सेकण्ड
कला—मिनट
घण्टा (होरा)—घंटा
अहोरात्रः—एक दिन
सप्ताहः—हफ्ता
पक्षः—पाख
मासः—महीना
वर्षम् (वत्सरः, अब्दः, शरत्) बरस

सेर, मन (मण), गज, मील आदि के लिए संस्कृत में शब्द नहीं मिलते, इसलिए अनुवाद में इन्हीं का प्रयोग किया जाता है, जैसे—

१—चतुर्मणपरिमिता व्रीहयः ।
२—वार्जरस्य त्रीन् सेरान् आनय ।
३—सप्तगजपरिमितं वस्त्रं दीनाय देहि ।
४—शतमीलपरिमितोऽयं पन्थाः ।
५—सुवर्णस्य चत्वारः तोलका अलं भूषणाय ।
६—सेरः तण्डुलः (तण्डुलाः) ।
७—चत्वारः माषकाः सुवर्णम् ।
८—रूप्यकस्य चत्वारः पट्टङ्काः घृतम् ।
९—त्रीणि औंसानि टिंचर-अयोडीनम् ।

संस्कृत में अनुवाद करो—

१—विधान भवन की ऊँचाई उस मकान से चौगुनी है। २—यह मार्ग उस मार्ग से दुगुना है। ३—दोहरी रस्सी में पुलिस के सिपाहियों (राजपुरुषों) ने चोर को बाँधा। ४—दसवें दर्जे में इस वर्ष कौन छात्र पहला रहा ? ५—मैंने गणित के पर्चे में सौ में से साठ नम्बर पाये। ६—हजारों मन गेहूँ विदेश से भारत को आया। ७—ताजमहल के बनाने में शाहजहाँ बादशाह ने करोड़ों रुपये खर्च किये। ८—यह तो उसका सौवाँ हिस्सा भी नहीं है। ९—कुछ लोग स्वभाव से आलसी होते हैं। १०—दयानन्द विद्यालय यहाँ से पाँच मील दूर है। ११—बीमार के लिए तीन औंस दवाई मोल लो। १२—मैं रात को दस बजे सोऊँगा। १३—इस वर्तन में दस सेर घी आ सकता है। १४—इन्स्पेक्टर ने हुक्म दिया कि छोटी कक्षाओं में एक-एक दर्जे में ४० से ज्यादा लड़के न बैठें। १५—आज कल रुपए के कितने सेर चावल मिलते हैं ? १६—पहले रुपये में १५ सेर गेहूँ मिलते थे, अब चार सेर भी नहीं मिलते।

७—सर्वनाम विशेषण

सर्वनामों में से इदम्, एतद्, तद्, अदस्, यद्, किम्, तथा अनिश्चयवाचक और निश्चयवाचक सर्वनाम सभी का प्रयोग विशेपण के रूप में भी होता है, जैसे—अयं अश्वः, एषा नदी, एतद्वनम्, ते जनाः, अमी छात्राः, यो मनुजः, का स्त्री, कस्मिन् वने, तस्मिन् गृहे आदि।

इसका, उसका, मेरा, तेरा, हमारा, तुम्हारा, जिसका आदि सम्बन्ध सूचक भाव बताने के लिए संस्कृत में दो ढंग हैं, एक तो इदम्, तद्, अस्मद् आदि की षष्ठी विभक्ति के रूपों का प्रयोग किया जाता है, जैसे मम गृहम्, तव भ्राता, अस्य महिमा इत्यादि। दूसरे इन शब्दों को प्रत्ययान्त बनाकर इनसे विशेषण बनाकर उनको अन्य विशेषणों के अनुसार प्रयोग में लाया जाता है। इनमें छ, अण्, और खञ् प्रत्यय लगाकर बनाते हैं। युस्मद् में विकल्प से 'खञ्' और 'छ' प्रत्यय भी लगते हैं। छ को ईय् आदेश होता है। 'छ' प्रत्यय के जुड़ने पर अस्मद् के स्थान में, 'मत्' तथा 'अस्मत्' और 'युष्मद्' के स्थान में 'त्वत्' तथा 'युष्मत्' हो जाते हैं। 'छ' तथा 'खञ्' प्रत्यय के अतिरिक्त युष्मद् और अस्मद् में 'अण्' भी लगता है। 'खञ्' और 'अण्' लगने पर युष्मद्, अस्मद् के एक वचन में *'तवक' और 'ममक' और बहुवचन में †'युष्माक' और 'अस्माक' आदेश होते हैं, 'खञ्' का 'ईन्' हो जाता है।

(क) अस्मद् से बने हुए सर्वनाम विशेषण—

पुँल्लिङ्ग तथा नपुंसकलिङ्ग

१—मदीय	(मेरा)	और अस्मदीय	(हमारा)	छ प्रत्यय
२—ममाक	(")	और आस्माक	(")	अण् प्रत्यय
३—मामकीन	(")	और आस्माकीन	(")	खञ्

स्त्रीलिङ्ग

१—मदीया	(तेरा)	अस्मदीया	(हमारी)	छ प्रत्यय
२—मामिका	(")	आस्माकी	(")	अण् प्रत्यय
३—मामकीना	(")	आस्माकीना	(")	खञ् प्रत्यय

(ख) युष्मद् से बने हुए सर्वनाम विशेषण—

पुँल्लिङ्ग तथा नपुंसकलिङ्ग

१—त्वदीय	(")	युष्मदीय	(तुम्हारा)	छ प्रत्यय
२—तावक	(")	यौष्माक	(")	अण् प्रत्यय
३—तावकीन	(")	यौष्माकीण	(")	खञ् प्रत्यय

स्त्रीलिङ्ग

१—त्वदीया	(तेरी)	युष्मदीया	(तुम्हारी)	छ प्रत्यय
२—तावकी	(")	यौष्माकी	(")	अण् प्रत्यय
३—तावकीना	(")	यौष्माकीणा	(")	खञ् प्रत्यय

(ग) तद् शब्द से—

पुं० तथा नपुं०—तदीय (उसका) स्त्री०—तदीया (उसकी)

---

*तवकममकावेकवचने।

†तस्मिन्नणि च युष्माकास्माकौ।

(घ) एतद् शब्द से—
पुं० तथा नपुं०—एतदीय (इसका) स्त्री०—एतदीया (इसकी)

(ङ) यद् शब्द से—
पुं० तथा नपुं०—यदीय (जिसका) स्त्री०—यदीया (जिसकी)

इनमें जो अकारान्त हैं उनके राम (पुं०) तथा ज्ञान (नपुं०) के समान, और जो आकारान्त व ईकारान्त हैं उनके लता और नदी के समान सब विभक्तियों और वचनों में रूप चलते हैं। उदाहरणार्थ—

त्वदीयानां वंशजानामियं परम्परा।

यदीया बुद्धिः तदीयं बलम्।

अस्मद्, युष्मद् आदि की षष्ठी के रूप विशेष्य के अनुसार नहीं बदलते, यथा—अस्य गृहम्, अस्य पिता, अस्य बुद्धिः इत्यादि।

'ऐसा, जैसा' आदि शब्दों द्वारा बोधित 'प्रकार' के अर्थ के लिए संस्कृत में तद्, अस्मद, युष्मद् आदि शब्दों में प्रत्यय जोड़ कर तादृश आदि शब्द बनते हैं और विशेषण होते हैं। अन्य विशेषणों की भाँति इनकी विभक्ति, लिङ्ग, वचन आदि विशेष्य के अनुसार होते हैं। ये शब्द नीचे लिखे हैं—

*अस्मद् से

(पुं०)	मादृश्	(मुझ सा)	अस्मादृश्	(हमारा सा)	क्विन् प्रत्यय
(नपुं०)	मादृश	(मुझ सा)	अस्मादृश	(,,)	कञ् प्रत्यय
(स्त्री०)	मादृशी	(मुझ सी)	अस्मादृशी	(हमारी सी)	

युष्मद् से

(पुं०)	त्वादृश्	(तुझ सा)	युष्मादृश्	(तुम्हारा सा)	क्विन् प्रत्यय
(नपुं०)	त्वादृश	(,,)	युष्मादृश	(,,)	कञ् प्रत्यय
(स्त्री०)	त्वादृशी	(तुझ सी)	युष्मादृशी	(तुम्हारी सी)	

तद् से

(पुं०)	तादृश्	(वैसा, तैसा)	(स्त्री०) तादृशी (वैसी, तैसी)
(नपुं०)	तादृश	(,, ,,)	

---

* त्यदादिषु दृशोऽनालोचने कञ्च, अर्थात् जब त्यद्, तद्, अस्मद्, यद्, किम् इत्यादि शब्दों के आगे दृश् धातु हो और देखने का अर्थ न हो, तब कञ् प्रत्यय लगता है और उसका तुल्य अथवा समान का अर्थ होता है। इसी अर्थ में 'क्सोऽपि वाच्यः' इस वार्तिक के द्वारा दृश् धातु के आगे क्सः भी लगता है, यथा—अस्मादृक्ष, तादृक्ष, ईदृक्ष इत्यादि। 'आ सर्वनाम्नः' इस नियम के अनुसार त्वत्, अस्मत्, मत्, तत् इत्यादि को क्रमशः त्वा, अस्मा, मा, ता इत्यादि हो जाते हैं।

इदम् से

(पुं०)	ईदृश्	(ऐसा)	(स्त्री०)	ईदृशी	(ऐसी)
(नपुं०)	ईदृश	(„)			

एतत् से

(पुं०)	एतादृश्	(ऐसा)	(स्त्री०)	एतादृशी	(ऐसी)
(नपुं०)	एतादृश	(„)			

यत् से

(पुं०)	यादृश्	(जैसा)	(स्त्री०)	यादृशी	(जैसी)
(नपुं०)	यादृश	(„)			

किम् से

(पुं०)	कीदृश्	(कैसा)	(स्त्री०)	कीदृशी	(कैसी)
(नपुं०)	कीदृश	(„)			

भवत् से

(पुं०)	भवादृश्	(आप सा)	(स्त्री०)	भवादृशी	(आपसी)
(नपुं०)	भवादृश	(„)			

८—विशेषण (गुणवाचक)

"विशेष्यं स्यादनिर्ज्ञातं निर्ज्ञातोऽर्थो विशेषणम् ।" ज्ञाप्य प्रधान होता है और उसे विशेष्य कहते हैं। जो ज्ञापक है वह अप्रधान है और विशेषण कहलाता है। कोई विशेष्य (द्रव्य) अपने सामान्य रूप मे ही हमें ज्ञात होता है, वह अपने अन्तर्गत विशेष के रूप में अज्ञात होता है। अतः विशेषण ही निश्चित रूप या गुण के ज्ञापक होते हैं। 'नीलम् उत्पलम्' यहाँ नील विशेषण है और उत्पल को अनील (जो नीला न हो) से जुदा करता है, अतः विशेषण है।

इस प्रकार गुणवाचक शब्द को विशेषण कहते हैं। गुण शब्द से अच्छे और बुरे दोनों ही प्रकार के गुणों का ग्रहण होता है। हिन्दी में कहीं विशेषण का लिङ्ग बदलता है और कहीं नहीं बदलता है, जैसे-रमा बुद्धिमती है। यह सरला बालिका है। उस बालक की प्रकृति चंचल है, उसकी बुद्धि प्रखर है। पर संस्कृत में यह नियम है—

जो लिङ्ग, जो वचन और जो विभक्ति विशेष्य की होती है, वही लिङ्ग, वही वचन और वही विभक्ति विशेषण की भी होती है*।

---

*"यल्लिङ्गं यद्वचनं या च विभक्तिर्विशेष्यस्य ।
तल्लिङ्गं तद्वचनं सैव विभक्ति र्विशेषणस्यापि ॥

शब्द	अर्थ	पुं०	स्त्री०	नपुं०
श्वेत	(सफेद)	श्वेतः	श्वेता	श्वेतम्
कृष्ण	(काला)	कृष्णः	कृष्णा	कृष्णम्
रक्त	(लाल)	रक्तः	रक्ता	रक्तम्
पीत	(पीला)	पीतः	पीता	पीतम्
हरित	(हरा)	हरितः	हरिता	हरितम्
मधुर	(मिठा)	मधुरः	मधुरा	मधुरम्
कटु	(कडुआ)	कटुः	कट्वी	कटु
अम्ल	(खट्टा)	अम्लः	अम्ला	अम्लम्
शीतल	(ठंडा)	शीतलः	शीतला	शीतलम्
उष्ण	(गर्म)	उष्णः	उष्णा	उष्णम्
लघु	(छोटी)	लघुः	लघ्वी	लघु
विशाल	(चौड़ा)	विशालः	विशाला	विशालम्
शोभन	(सुन्दर)	शोभनः	शोभना	शोभनम्
स्थूल	(मोटा)	स्थूलः	स्थूला	स्थूलम्
कृश	(कोमल)	कृशः	कृशा	कृशम्
मनोहर	(सुन्दर)	मनोहरः	मनोहरा	मनोहरम्
बुद्धिमत्	(होशियार)	बुद्धिमान्	बुद्धिमती	बुद्धिमत्
साधु	(अच्छा)	साधुः	साध्वी	साधु

प्रथमा (गुण में)

पुं० अयं शोभनः नरः। इमौ शोभनौ नरौ। इमे शोभना नराः।
स्त्री० इयं शोभना स्त्री। इमे शोभने स्त्रियौ। इमाः शोभनाः स्त्रियः।
नपुं० इदं शोभनं पुष्पम्। इमे शोभने पुष्पे। इमानि शोभनानि पुष्पाणि

प्रथमा (दोष में)

पुं० दश्चिद् दुष्टः नरः। कौचिद् दुष्टौ नरौ। केचिद् दुष्टाः नराः।
स्त्री० काचित् दुष्टा स्त्री। केचिद् दुष्टे स्त्रियौ। काश्चिद् दुष्टाः स्त्रियः।
नपुं० किंचिद् दुष्टं जलम्। केचिद् दुष्टे जले। कानिचिद् दुष्टानि जलानि।

द्वितीया

पुं० इमं शोभनं नरम्। इमौ शोभनो नरौ। इमान् शोभनान् नरान्।
स्त्री० इमां शोभनां स्त्रियम्। इमे शोभने स्त्रियौ। इमाः शोभनाः स्त्रीः।
नपुं० इदं शोभनं पुष्पम्। इमे शोभने पुष्पे। इमानि शोभनानि पुष्पाणि।

तृतीया

पुं० अनेन शोभनेन नरेण। आभ्यां शोभनाभ्याम्, एभिः शोभनैः नरैः।
नराभ्यान्।

स्त्री० अनया शोभनया स्त्रिया। आभ्यां शोभनाभ्याम् स्त्रीभ्याम्। आभिः शाभनाभिः स्त्रीभिः।

नपुं० अनेन शोभनेन पुष्पेण। आभ्यां शोभनाभ्याम् पुष्पाभ्याम्। एभिः शोभनैः पुष्पैः। इसी प्रकार शेष विभक्तियाँ समझनी चाहिएँ।

संस्कृत में अनुवाद करो—

१—विधाता (विधि) की सुन्दर सृष्टि उसकी महत्ता को प्रकट करती है। २—क्या तुम गर्म दूध पीना चाहते हो? ३—ईश्वर की माया क्या ही विचित्र है! ४—किसी निर्धन को वस्त्र दो। ५—खट्टी छाँछ (तक्रम्) न पीओ गर्म दूध पीओ। ६—गोपाल की सायकिल (द्विचक्रिका) अच्छी है। ७—सूर्य सुन्दर कमलों को खिलाता है (उन्मीलयति)। ८—लाल घोड़ा काले घोड़े के आगे दौड़ रहा है। ९—यह चञ्चल नयन बालिका है। १०—तेरा हृदय कोमल नहीं है। ११—यह तालाब (तडाग) अतिसुन्दर है। १२—तपस्वी ब्राह्मणों के लिए वस्त्र का प्रबन्ध करो। १३—किसी पेड़ पर एक वानर और एक कबूतर (कपोत) रहता था। १४—उस गहन जङ्गल की कंदरा में एक भासुरक नामक सिंह रहता था। १५—नीले जलवाली यमुना के किनारे श्रीकृष्ण ने विहार किया।

९—विशेषण (तुलनात्मक)

वाक्य में विशेषणों का प्रयोग तीन प्रकार से होता है—विशेषण या तो सामान्य होता है, या अतिशय बोधक। जब विशेषण साधारण रीति से उत्कर्ष या अपकर्ष का बोधक हो तब वह सामान्य **विशेषण** कहलाता है।

१—सामान्य विशेषण; जैसे—१—अयं बालकः पटुः (उत्कर्ष)। २—**अयं** नरः दुष्टः (अपकर्ष)।

२—तुलनात्मक विशेषण—जब दो की तुलना करके उनमें से एक की अधिकता या न्यूनता दिखलाई जाती है तब विशेषण 'तुलनात्मक' कहलाता है और विशेषण के आगे 'तर' या 'ईयस्' प्रत्यय लगाया जाता है (द्विवचनविभाज्योपपदे तरबीयसुनौ),

(१) गोपालः श्यामात् पटुतरः (उत्कर्ष)।

(१) नरः देवात् निकृष्टतरः (अपकर्ष)।

(३) आचार्यः पितुः महीयान् (महत्तरः) (उत्कर्ष)।

३—अतिशयबोधक विशेषण—जब दो से अधिक पदार्थों की तुलना करके एक को उन सबसे अधिक या न्यून बतलाया जाता है तब विशेषण 'अतिशयबोधक' कहलाता है और विशेषण के आगे 'तम' या 'इष्ठ' प्रत्यय लगाया जाता है (अतिशायने तमबिष्ठनौ), यथा—

(१) हिमालयः सर्वेषां पर्वतानां (सर्वेषु पर्वतेषु) उन्नततमः (उत्कर्ष)।

(२) बदरीफलं सर्वेषां फलानां (सर्वेषु फलेषु) निकृष्टतमम् (अपकर्ष)।

(३) महेशः सर्वेषां भ्रातॄणां (सर्वेषु भ्रातृषु) कनिष्ठः (अपकर्ष)।

सामान्य	तुलनात्मक	अतिशयबोधक
चतुरः	चतुरतरः	चतुरतमः
कुशलः	कुशलतरः	कुशलतमः
विद्वान्	विद्वत्तरः	विद्वत्तमः
साधुः	साधुतरः	साधुतमः
धीरः	धीरतरः	धीरतमः
महान्	महत्तरः	महत्तमः
शुक्लः	शुक्लतरः	शुक्लतमः
पटुः	पटुतरः, पटीयान्	पटुतमः, पटिष्ठः
प्रियः[1]	प्रियतरः, प्रेयान्	प्रियतमः, प्रेष्ठः
गुरुः	गुरुतरः, गरीयान्	गुरुतमः, गरिष्ठः
धनी	धनितरः, धनीयान्	धनितमः, धनिष्ठः
लघुः	लघुतरः, लघीयान्	लघुतमः, लघिष्ठः
दीर्घः	दीर्घतरः, द्राघीयान्	दीर्घतमः, द्राघिष्ठः
दृढः	दृढतरः, द्रढीयान्	दृढतमः, द्रढिष्ठः
मृदुः	मृदुतरः, म्रदीयाम्	मृदुतमः, म्रदिष्ठः
कृशः	कृशतरः, क्रशीयान्	कृशतमः, क्रशिष्ठः
वृद्धः	वर्षीयान्, ज्यायान्	वर्षिष्ठः, ज्येष्ठः
अल्पः	अल्पीयान्, कनीयान्	अल्पिष्ठः, कनिष्ठः
बहुः	बहुतरः, भूयान्	बहुतमः, भूयिष्ठः
प्रशस्यः[2]	श्रेयान्, ज्यायान्	श्रेष्ठः, ज्येष्ठः
युवा (कन्)[3]	कनीयान्, यवीनान्	कनिष्ठः, यविष्ठः
उरुः	उरुतरः, वरीयान्	उरुतमः, वरिष्ठः

१—'प्रियस्थिरस्फिरोरुबहुलगुरुवृद्धतृप्रदीर्घबृन्दारकाणां प्रस्थस्फवर्बंहिगर्वर्षित्रब्द्राघिवृन्दाः' (प्रिय के स्थान में प्र, स्थिर के स्थान में स्थ, स्फिर के स्थान में स्फ, उरु के स्थान में वर, बहुल के स्थान में बंहि, गुरु के स्थान में गर्, वृद्ध के वर्षि, तृप्र के स्थान में त्रप्, दीर्घ के स्थान में द्राघि तथा वृन्दारक के स्थान में वृन्द् हो जाता है।)

२—'प्रशस्य श्रः'। (ईयसुन् और इष्ठन् जुड़ने पर प्रशस्य को 'श्र'—आदेश होता है। इस प्रकार श्रेयस और श्रेष्ठ रूप होते हैं। पुनः—'ज्य च' से प्रशस्य को 'ज्य' आदेश भी होता है। अतएव ज्यायस् और ज्येष्ठ रूप भी बनते हैं।

३—'युवाल्पयोः कनन्यतरस्याम्'। (युवन् तथा अल्प शब्दों के स्थान में विकल्प से कन् आदेश हो जाता है।)

स्थूलः[1]	स्थूलतरः, स्थवीयान्	स्थूलतमः, स्थविष्टः
दूरः	दूरतरः, दवीयान्	दूरतमः, दविष्ठः
क्षुद्रः	क्षुद्रतरः, क्षोदीयान्	क्षुद्रतमः, क्षोदिष्ठः
ह्रस्वः	ह्रसीयान्	ह्रसिष्ठः
बाढः (साध)	साधीयान्	साधिष्ठः
बलवान्	बलीयान्	बलिष्ठः
अन्तिकः (नेद्)	नेदीयान्	नेदिष्ठः
क्षिप्रः	क्षेपीयान्	क्षेपिष्ठः
बहुलः	बंहीयान्	बंहिष्ठः
स्थिरः	स्थेयान्	स्थेष्ठः
पृथुः	प्रथीयान्	प्रथिष्ठः
पापी	पापीयान्	पापिष्ठः
स्फिरः	स्फेयान्	स्फेष्ठः

अतिशय के अर्थ में क्रियाओं और अव्ययों के आगे भी 'तर' और 'तम' आम् के साथ (तराम् तमाम्) लगाये जाते हैं। यथा—

क्रिया से— { सीता हसतितराम् (सीता जोर से हँसती है)।
महेशः हसतितमाम् (महेश अत्यन्त हँसता है)।

अव्यय से— { शीला उच्चैस्तरां हसति (शीला अधिक हँसती है)।
गोपाल उच्चैस्तमां हसति (गोपाल बहुत ऊँचे हँसता है)।
केशवः उच्चैस्तमाम् आक्रोशति परं न कोऽपि शृणोति
(केशव ऊँचे चिल्ला रहा है पर कोई नहीं सुनता)।

संस्कृत में अनुवाद करो—

१—गोविन्द सब भाइयों में बड़ा है। २—कालिदास भारत में अन्य कवियों में श्रेष्ठ और शेक्सपीयर इङ्गलिश साहित्य में सर्वोत्तम नाटककार और कवि थे। ३—तुम दोनों में कौन बड़ा है? ४—विमला और शीला में कौन अधिक चतुर है? ५—मोहन और गोपाल में कौन अधिक बुद्धिमान् है? ६—दिल्ली से आगरा की अपेक्षा लखनऊ अधिक दूर है। ७—हिमालय विन्ध्याचल से ऊँचा है। ८—संसार भर में कौन पहाड़ सब पहाड़ों से ऊँचा है? ९—दौड़ (धावनप्रतियोगिता) में देवेन्द्र सबसे तेज है। १०—वह छोटा शिशु सब बालकों में प्रिय है।

१—स्थूलदूरयुवह्रस्वक्षिप्रक्षुद्राणां यणादिपरं पूर्वस्य च गुणः'। सूत्रोक्त शब्दों में परवर्ती य, र, ल, व, (यण् प्रत्याहार के वर्णों) का लोप हो जाता है और पूर्व के स्वर को गुण हो जाता है। इस प्रकार क्षिप्र के र् का लोप हो जायगा तथा क्षिप्र को क्षेप् हो जायगा।

११—श्रेष्ठ मुनिजन कन्द और फलों द्वारा अपने सरल जीवन का निर्वाह करते हैं (वृत्तिं कल्पयन्ति)। १२—दलीप ने जवान पुत्र रघु को राज्य सौंपा (अर्पयाम्बभूव) और स्वयं जंगल को चला गया (प्रतस्थे)। १३—उसने अपनी शारीरिक दुर्बलता का विचार न करते हुए परिश्रम किया। १४—अब तुम्हें समान गुणवाली (गुणैरात्मसदृशीम्) सोलह वर्ष की (षोडशहायनीम्) सुन्दर कन्या से विवाह करना चाहिए। १५—यदि तुम नित्य मृदु व्यायाम करोगे तो हृष्ट-पुष्ट हो जाओगे।

१०—अजहल्लिङ्ग (विशेषण)

पूर्ववर्ती तृतीय अभ्यास में इस विषय का प्रतिपादन किया गया है कि विशेषण विशेष्य के अधीन होता है। जो विभक्ति, लिङ्ग अथवा वचन विशेष्य के होते हैं वे ही प्रायः विशेषण के होते हैं, परन्तु कुछ ऐसे भी विशेषण शब्द हैं जो विशेष्य का अनुसरण नहीं करते, अर्थात् विशेष्य चाहे किसी लिङ्ग का हो, किन्तु वे अपने लिङ्ग का परित्याग नहीं करते। ऐसे शब्दों को अजहल्लिङ्ग विशेषण कहते हैं, यथा—

(१) आपः **पवित्रं परमं** पृथिव्याम् (पृथ्वी में जल बहुत पवित्र हैं।) यहाँ पर 'पवित्र' शब्द 'आप': का विशेषण है, किन्तु नपुंसकलिङ्ग के एक वचनमें प्रयुक्त हुआ है, जब कि 'आपः' (विशेष्य) स्त्रीलिङ्ग शब्द है और बहुवचानान्त है। अतः यह विशेषण विशेष्य से भिन्न लिङ्ग ही नहीं है, अपितु भिन्न वचन भी है।

(२) दुहिताश्च **कृपणं** परम् (मनुस्मृतौ) लड़कियाँ अत्यन्त दया की पात्र हैं)। इस उदाहरण में विशेष्य 'दुहिता' स्त्रीलिङ्ग है और उसका विशेषण 'कृपणम्' नपुंसकलिङ्ग।

(३) अग्निः **पवित्रं** स मां पुनातु। (अग्नि पवित्र है वह मुझे शुद्ध करे।) यहाँ पर विशेष्य (अग्निः) पुंल्लिङ्ग है और विशेषण (पवित्रम्) नपुंसकलिङ्ग।

(४) वेदाः **प्रमाणम्** (वेद साक्षी हैं।) यहाँ पर 'प्रमाण' शब्द विशेषण है और नपुंसक लिङ्ग है, यद्यपि विशेष्य 'वेदाः' पुँल्लिङ्ग।

इसी प्रकार

१—पाकिस्तानवासिन आरम्भत एव भारतवासिनां **शङ्कास्थानम्**। (पाकिस्तानी आरम्भ से ही भारतवासियों के लिए शंका का स्थान बन गये।)

२—सतां हि सन्देहपदेषु वस्तुषु **प्रमाणमन्तः** करणप्रवृत्तयः। (सज्जनों के लिए अपने अन्तःकरण की प्रवृत्तियाँ प्रमाण होती हैं।)

३—मरणं प्रकृतिः शरीरिणां **विकृतिर्जीवितमुच्यते** बुधैः। (विद्वान् लोग कहते हैं कि मृत्यु शरीरधारी जीवों का स्वभाव है और जीवन विकार है।)

४—अभिमन्युः **श्रेण्यारत्नं** कुलस्यावतंसश्चासीत्। (अभिमन्यु अपनी श्रेणी का रत्न और अपने कुल का भूषण था।)

५—अविवेकः परमापदां **पदम्*** (अज्ञान विपत्तियों का सबसे बड़ा कारण है।)

६—गुणाः पूजास्थानं गुणिषु न च लिङ्गं न च वयः। (गुणियों के गुण ही पूजा के स्थान हैं, न लिङ्ग और न अवस्था।)

७—उर्वशी सुकुमारं **प्रहरणं** महेन्द्रस्य, प्रत्यादर्शो रूपगर्वितायाः श्रियः। (उर्वशी इन्द्र का कोमल शस्त्र और रूप पर इतरानेवाली लक्ष्मी को लज्जित करने वाली थी।)

८—'यत्र समाजे मूर्खाः प्रधानमुपसर्जनं च पण्डिताः स चिरं नावतिष्ठते। (जिस-समाज में मूर्ख प्रधान होते हैं और पण्डित गौण, वह अधिक समय तक नहीं ठहर सकता।)

९—**वरमेको** गुणी पुत्रो न च मूर्खशतान्यपि।
एकश्चन्द्रस्तमो हन्ति न च तारासहस्रकम् ॥

(एक गुणी पुत्र अच्छा है, सैकड़ों मूर्ख नहीं, अकेला चाँद अंधेरे को दूर कर देता है, हजारों तारे नहीं।)

संस्कृत में अनुवाद करो—

१—दूसरे की निन्दा मत करो, निन्दा पाप है। २—अच्छा शासक प्रजाओं के अनुराग का पात्र हो जाता है। ३—कोरी नीति कायरता है और कोरी वीरता जंगली जानवरों की चेष्टा के समान है। ४—वह अँगूठी शकुन्तला को पति की

---

* जब विधेय के रूप में पात्र, आस्पद, स्थान, पद, प्रमाण, और भाजन इत्यादि शब्द प्रयुक्त होते हैं, तब ये सर्वदा एकवचन और नपुंसक लिङ्ग में होते हैं, चाहे कर्ता (उद्देश्य) किसी भी लिङ्ग या वचन में हो, और क्रिया कर्ता का अनुसरण करती है, न कि विधेयस्थानीय संज्ञा का, चाहे यह विधेयस्थानीय संज्ञा जिस भी स्थान पर हो; जैसे—गुणाः पूजास्थानं गुणिषु (गुणी पुरुषों में गुण ही पूजा का हेतु होता है)। 'आर्यमिश्राः प्रमाणम्' (आप, प्रमाण हैं—अर्थात् आपकी सम्मति मान्य है)। 'सम्पदः पदमापदाम्' (धन विपत्तियों का घर है)। 'त्वमसि महसां भाजनम्' (आप तेज के आधार हैं)। 'विविधमहमभूवं पात्रमालोकितानाम्' (मैं अनेक प्रकार से उस (स्त्री) की दृष्टि का विषय हुआ)। यहाँ पर 'गुणाः पूजास्थानमस्ति' और 'अहंपात्रमभूत्' कहना अशुद्ध है, यद्यपि 'स्थानम्' और 'पात्रम्' शब्द वाक्य में किसी भी स्थान पर रखे जा सकते हैं। विशेष—पात्र, भाजन, पद, स्थान आदि शब्द कभी कभी बहुवचन में प्रयुक्त होते हैं, यथा—भवादृशा एव भवन्ति भाजनान्युपदेशानाम् (आपके सदृश व्यक्ति ही उपदेश के पात्र होते हैं)। (कादम्बर्याम्)।

३—कातर्यं केवला नीतिः शौर्यं श्वापदचेष्टितम्। ४—अंगूठी—अंगुलीयकम्, भेंट—प्रतिग्रहः।

ओर से भेंट थी। ५—परमात्मा की महिमा अनन्त है, वह वाणी और मन का विषय नहीं। ६—हम देवताओं की शरण में जाते हैं और नित्य उनका ध्यान करते हैं। ७—पुत्र मेरा शरीरधारी चलता फिरता जीवन है और सर्वस्व है। ८—आप का तो कहना ही क्या, आप तो विद्या के निधि और गुणों की खान हैं। ९—विपत्ति मित्रता की कसौटी है, सम्पत्ति में तो बनावटी मित्र बहुत मिलते हैं। १०—वेद पढ़ी हुई वह तपस्विकन्या अपने आप को बड़भागिन् समझती है, उसका अपने प्रति यह आदर उचित ही है।

क्रियाविशेषण (अव्यय)

कतिपय क्रियाविशेषण स्वः आदि अव्ययों में परिगणित हैं, जैसे—नाना पृथक्, विना, वृथा आदि; कतिपय सर्वनामों से बनते हैं, जैसे—इदानीम्, सदा, यथा, तथा आदि; कपितय संख्यावाची शब्दों से बनते हैं, जैसे—एकधा, द्विधा, द्विः, त्रिः आदि; और कपितय संज्ञाओं में तद्धित प्रत्यय लगाकर बनते हैं, जैसे—पुत्रवत्, अग्निसात् आदि। इनके अतिरिक्त संज्ञाओं को द्वितीया के एकवचन में प्रायः क्रियाविशेषण के रूप में व्यवहार में लाते हैं; जैसे सत्यम्, सुखम् आदि।

(क) नीचे अकारादि वर्ण-क्रमानुसार अधिक प्रचलित क्रियाविशेषण दिये जाते हैं—

अकस्मात्—अचानक
अग्रतः—आगे, सामने
अग्रे—पहले
अचिरम्— } शीघ्र
अचिरात्— } शीघ्र
अचिरेण— } शीघ्र
अजस्रम्—निरन्तर
अन्तर्—भीतर
अतः—इसलिए
अतीव—बहुत

अत्र—यहाँ
अथ—तब, इसके बाद
अथकिम्—हाँ, तो क्या
अद्य—आज
अधः— } नीचे
अधस्तात्— } नीचे
अपरम्—और
अपरेद्युः—दूसरे दिन
अधुना—अब
अनिशम्—निरन्तर

५—परमात्मनो महिमा परिच्छेदातीतः, अतो वाङ्मनसयोरगोचरः (वाक् च मनश्चेति वाङ्मनसे—द्वन्द्वसमासः)। ६—दैवतानि शरणं यामो नित्यं च तानि ध्यायामः (रक्षितार्थ में 'शरण' नपुं० एकवचन में प्रयुक्त होता है)। ७—पुत्रो मम मूर्तिसञ्चाराः प्राणाः सर्वस्वं च (जीवनार्थक 'प्राण' शब्द नित्य बहुवचनान्त है।) ८—निधि—निधानम्, खान—आकारः। ९—कसौटी—निकषः, बनावटी—कृत्रिमाणि। १०—अधीतवेदा सा तपस्वीकन्या आत्मानं कृतिनीं मन्यते। युक्ता खल्वस्या आत्मनि सम्भावना। यहाँ पर 'आत्मन्' शब्द के नित्य पुंल्लिङ्ग होने पर भी 'कृतिन्' विधेय स्त्रीलिङ्ग में प्रयुक्त हुआ है।

अन्तरेण—बारे में, बिना
अन्तरा—बिना, बीच में
अन्तरे—बीच में
अन्यच्च—और भी
अन्यत्र—दूसरी जगह
अन्यथा—दूसरे प्रकार से
अभितः—चारों ओर, पास
अभीक्ष्णम्—निरन्तर
अर्वाक्—पहले
अलम्—बस, पर्याप्त
असकृत्—कई बार
असम्प्रति— } अनुचित
असाम्प्रतम्— } अनुचित
आरात्—दूर, समीप
इतः—यहाँ से
इतस्ततः—इधर उधर
इति—इस प्रकार, बस
इत्थम्—इस प्रकार
इदानीम्—इस समय
इह—यहाँ
ईषत्—कुछ, थोड़ा
उच्चैः—ऊँचे
उभयतः—दोनों ओर
ऋतम्—सत्य
ऋते—बिना
एकत्र—एक जगह
एकदा—एक बार
एकधा—एक प्रकार
एकपदे—एक साथ
एतर्हि—अब
एव—ही
एवम्—इस तरह
कच्चित्— } क्या
कच्चन— } क्या
कथम्—कैसे
कथञ्चन— } किसी प्रकार
कथञ्चित्— } किसी प्रकार
कदा—कब
कदाचित्—कभी, शायद
कदापि—कभी
कदापि न—कभी नहीं
किञ्च—और
किन्तु—लेकिन
किम्—क्या ? क्यों ?
किमुत—और क्या ?
किम्वा—या
किल—सचमुच
कुतः—कहाँ से
कुत्र—कहाँ
कुत्रचित्—कहीं
कृतम्—बस, हो गया
केवलम्—सिर्फ
क्व—कहाँ
क्वचित्—कहीं
खलु—निश्चय पूर्वक
चिरम्—देर तक
जातु—कभी भी
झटिति—शीघ्र
तत्—इसलिए
ततः—तब, फिर
तत्र—वहाँ
तदा—तब
तदानीम्—तब
तथा—उस तरह
तथाहि—जैसे (सविस्तर वर्णन)
तस्मात्—इसलिए
तर्हि—तब, तो
तावत्—तब तक
तिरः— } —तिर्छे
तिर्यक् } —तिर्छे

तूष्णीम्—मौन, चुप
दिवा—दिन में
दिष्ट्या—सौभाग्य से
दूरम्—दूर
दोषा—रात में
द्राक्—शीघ्र, तुरन्त
ध्रुवम्—निश्चय ही
नक्तम्—रात में
न—नहीं
न वरम्—किन्तु
नाना—हर तरह से
नाम—नामक, नाम वाला
निकषा—नजदीक
नीचैः—नीचे
नूनम्—अवश्य
नो—नहीं
परम्—परन्तु, फिर
परश्वः—परसों
परितः—चारों ओर
परेद्युः—दूसरे दिन (कल)
पर्याप्तम्—काफी
पश्चात्—पीछे
पुनः—फिर
पुरतः— | आगे
पुरः— | आगे
पुरस्तात्— | आगे
पुरा—पहले
पूर्वेद्युः—पहले दिन (कल)
पृथक्—अलग-अलग
प्रकामम्—पर्याप्त, काफी
प्रतिदिनम्—नित्य
प्रत्युत—इसके विपरीत
प्रसह्य—बलात्
प्राक्—पहले
प्रातः—सबेरे

प्रायः—बहुधा
प्रेत्य—मरकर, दूसरे संसार में
बलात्—जबर्दस्ती
बहिः—बाहर
बहुधा—प्रायः, बहुत प्रकार से
भूयः—फिर-फिर, अधिक
भृशम्—बार बार, अधिकाधिक
मनाक्—थोड़ा
मिथः—परस्पर
मिथ्या—झूठ
मुधा—व्यर्थ
मुहुः—बार-बार
मृषा—झूठ, व्यर्थ
यत्—जो, क्योंकि
यतः—क्योंकि
यत्र—जहाँ
यथा—जैसे
यथा-तथा—जैसे-तैसे
यथा-यथा—जैसे-जैसे
यदा—जब
यावत्—जब तक
युगपत्—साथ, एकबारगी
विना—बगैर
वृथा—व्यर्थ
वै—निश्चय
शनैः—धीरे-धीरे
श्वः—कल (आनेवाला दिन)
शश्वत्—सदा
सर्वथा—सब प्रकार से
सर्वदा—सब दिन
सह—साथ
सहसा—एकबारगी
सहितम्—साथ
साकम्—साथ
सकृत्—एक बार

सततम्—बराबर, सब दिन
सदा—हमेशा
सद्यः—तुरन्त
सपदि—तुरन्त, शीघ्र
समन्तात्—चारों ओर
समम्—बराबर-बराबर
समया—निकट
समीपे, समीपम्—निकट
समीचीनम्—ठीक
सम्प्रति—इस समय, अभी
सम्मुखम्—सामने
सम्यक्—भली भाँति
सर्वतः—चारों तरफ
सर्वत्र—सब कहीं
साम्प्रतम्—अब, उचित
सायम्—शाम को
सुष्ठु—भली-भाँति
स्वस्ति—आशीर्वाद
स्वयम्—अपने आप
हि—इसलिए
साक्षात्—आँखों के सामने
सार्धम्—साथ
ह्यः—कल (बीता हुआ दिन)

समुच्चयबोधक अव्यय

च (और) शब्द प्रायः हिन्दी में दोनों शब्दों के बीच में आता है, जैसे—राम और शिव, परन्तु संस्कृत में 'च' शब्द दोनों के उपरान्त आता है, जैसे—रामः शिवश्च अथवा रामश्च शिवश्च। 'च' को प्रायः अन्य समुच्चयबोधक शब्दों के अनन्तर भी जोड़ देते हैं, जैसे—अथच, परञ्च, किञ्च।

अथ, अथो, अथ च—वाक्य के आदि में आते हैं, और प्रायः 'तब' का अर्थ बतलाते हैं।

तु—तो; यह वाक्य के आदि में नहीं आता; जैसे—स तु गतः—वह तो गया आदि।

किन्तु, परन्तु, परञ्च—लेकिन।

वा—या के अर्थ में आता है और च की तरह प्रत्येक के बाद में अथवा दोनों के उपरान्त आता है; जैसे, रामः शिवो वा अथवा रामो वा शिवो वा (राम या शिव)।

अथवा—इसका भी प्रयोग वा की तरह होता है।

चेत्, यदि—यदि, अगर। चेत् वाक्य के आरम्भ में नहीं आता।

नोचेत्—नहीं तो
यदि-तर्हि—यदि, तो
तत्—इसलिए
हि—क्योंकि
यावत्-तावत्—जब तक-तब तक
यदा-तदा—जब-तब

इति—वाक्य के अन्त में समाप्तिबोधक आता है, जैसे—अहम् गच्छामि इति देवोऽवदत्। इससे हिन्दी की 'कि' का बोध होता है। 'कि' का बोध 'यत्' से भी होता है, परन्तु यह वाक्य के आदि में आता है, यथा—देवोऽवदत् यदहं गच्छामि।

मनोविकारसूचक अव्यय

इन अव्ययों का वाक्य से कोई सम्बन्ध नहीं रहता। मुख्य ये हैं—

बत—दयासूचक, खेदसूचक। हन्त—हर्षसूचक, खेदसूचक।

किम्, धिक्—धिक्कार-सूचक। आः, हुम्, हम्—क्रोधसूचक।

हा, हाहा, हन्त—शोकसूचक।

अङ्ग, अयि, अये, भोः—आदर के साथ बुलाने के अर्थ में आते हैं। अरे, रे, रेरे—निन्दा के साथ बुलाने में। अहो, ही—विस्मयसूचक।

विविध अव्यय

अव्यय में विभक्ति, लिङ्ग और वचन के अनुसार रूप-परिवर्तन नहीं होता। अतः तद्धित-प्रत्ययान्त, कृदन्त तथा कुछ समासान्त शब्द भी अव्यय होते हैं।

तद्धितश्चासर्वविभक्तिः।१।१।३८।

तद्धितो में तसिल्-प्रत्ययान्त, त्रल्-प्रत्ययान्त, दा-प्रत्ययान्त, दानीम्-प्रत्ययान्त, अधुना, तर्हि, कर्हि, यर्हि, सद्यः से लेकर उत्तरेद्युः तक शब्द अव्यय हैं, थाल्-प्रत्ययान्त, दिक् और कालवाचक पुरः, पश्चात्, उत्तरा, उत्तरेण आदि, धा-प्रत्ययान्त (एकधा, द्विधा, त्रिधा आदि) शस्-प्रत्ययान्त (बहुशः, अक्षरशः, अल्पशः आदि) च्वि-प्रत्ययान्त (भस्मीभूय, शुक्लीभूय आदि), साति-प्रत्ययान्त (भस्मसात्, ब्रह्मसात् आदि), कृत्वसुच्-प्रत्ययान्त (द्विकृत्वः, त्रिकृत्वः) और इसके अर्थ में प्रयुक्त (द्विः, त्रिः)।

कृन्मेजन्तः।१।१।३९।

कृदन्तों में—मकारान्त शब्द अव्यय हैं, यथा—णमुल्-प्रत्ययान्त (स्मारं स्मारम् आदि), तुमुन्-प्रत्ययान्त (भोक्तुम्) तथा ए, ऐ, ओ, औ में अन्त होने वाले, जैसे—गन्तुम्, जीवसे (तुमर्थ प्रत्यय असे लगा कर), पिबध्यै (तुमर्थ शध्यै प्रत्यय); तथा (**क्त्वातोसुन्कसुनः।१।१।४०।**) क्त्वा (और क्त्वार्थ ल्यप्), तोसुन् और कसुन् प्रत्ययान्त शब्द; जैसे—गत्वा, उदेतोः, विसृपः।

अव्ययीभावश्च।१।१।४१।

अव्ययीभाव समास वाले शब्द भी अव्यय हैं, जैसे—यथाशक्ति, उपगङ्गम्, अधिहरि, अनुविष्णु इत्यादि।

अव्ययों का वाक्यों में प्रयोग

अव्यय (अर्थ)	प्रयोग
अंग (संबोधन)	अंग विद्वन् माणवकमध्यापय (हे विद्वन् माणवक को पढ़ाइए)।
अकस्मात् (अचानक)	गुरुः अकस्मादागतः (गुरु अचानक आ गये)।
अग्रतः (सामने, आगे)	न जनस्याग्रतो गच्छेत् (लोगों के आगे न जावे)।

अचिरम् अचिरात् अचिरेण } (शीघ्र, जल्दी)	अचिरादेव वृष्टिर्भविष्यति (वर्षा जल्दी होगी)।
अतः अतएव } (इसलिए)	अतएव एवं वर्ण्यते (इस लिए इसका ऐसा वर्णन किया है)।
अद्य (आज)	अद्यैव कुरु यत् श्रेयः (जो अच्छा कार्य हो उसे आज ही करो)।
अथ (मंगल-चिह्न, आरम्भ सूचक	अथातो ब्रह्मजिज्ञासा (अब इसके आगे ब्रह्म के बारे में विवेचन है)।
अथ किम् (हाँ, ठीक ऐसी ही बात है)	शकारः—चेट, प्रवहणमागतम्। चेटः—अथ किम्। (शकार—क्या गाड़ी आ गयी ! चेट—हाँ।)
अधुना, इदानीम् सम्प्रति-साम्प्रतम् } (अब)	अधुना जगत् शून्यमिव प्रतिभाति (अब संसार सूना मालूम पड़ता है।
अधः (नीचे)	अधस्त्यजसि रत्नानि ! (क्या तुम रत्न नीचे फेंक रहे हो) !
अधिकृत्य (बारे में)	अथ कतमं पुनर्ऋतुमधिकृत्य गास्यामि (किस ऋतु के बारे में गाऊँ) !
अन्तरा (बीच में)	स त्वां माञ्च अन्तरा उपविष्टः (वह तुम्हारे और मेरे बीच में बैठा है)।
अन्तरेण (विना)	तमन्तरेणापि न शोभते च सा (वह उसके विना शोभा नहीं पाती है) !
अन्येद्युः अपरेद्युः } (किसी दूसरे दिन)	अन्येद्युः चन्द्रापीडः आगमिष्यति (किसी दूसरे दिन चन्द्रापीड आयेगा)।
अपि (शंका और सम्भावना, संख्या-वाची शब्दों के साथ सम्पूर्णता)	(१) अपि जानासि देवीं विनोदयितुम् (क्या तुम रानी को प्रसन्न करना जानते हो) ? (२) सर्वैरपि राज्ञां प्रयोजनम् (राजाओं से सभी का मतलब रहता है)।
अपि च (और भी)	अपि च श्रूयताम् (और भी सुनो)।
अयि (कोमल सम्बोधन)	अयि मातर्देवयजनसम्भवे देवि सीते (देवताओं के पूजन से पैदा हुई प्रिय सीते)।
अये (आश्चर्य बोधक)	अये देवपादपद्मोपजीविनोऽवस्थेयम् (खेद है कि महाराज के चरण कमलों के नौकर की यह दशा है) ?
अरे, अरेरे (नीच सम्बोधन)	अरे धूर्त !

अलम् (व्यर्थ, समर्थ) (क) अलमतिविस्तरेण (बस बस, रहने दो)। (ख) अलं मल्लो मल्लाय।

असि (तुम) कृतवानसि विप्रियम् (यह अनर्थ तुमने किया है)।

अस्मि (मैं) तद् दृष्टवानस्मि (मैंने यह देखा है)।

अहह (खेद या विस्मयसूचक) अहह महतां निःसीमानः चरित्रविभूतयः (ओहो! महापुरुषों के चरित्र की विभूति अपरिमित होती है)।

अहह कष्टमपण्डितता विधेः (हाय रे, ब्रह्मा की मूर्खता)।

अहो (सम्बोधन) अहो! मधुरमासां कन्यकानां दर्शनम् (आहा, इन कन्याओं का दर्शन कितना सुखकर है!)

अहो! दारुणो दैवदुर्विपाकः (हाय रे, दुर्भाग्य!)

*आ, आम् (अतीत घटना-स्मरण) (क) आ एवं किल तदासीत् (अच्छा तो बात ऐसी थी)।

(ख) किं नाम दण्डकेयम्! आम् चिरस्य प्रतिबुद्धोऽस्मि (क्या यह दण्डकारण्य है? सचमुच, मैं तो बहुत देर में जागा हूँ)।

†आः (पीड़ा या क्रोध सूचक आः कथममद्यापि राक्षसत्रासः (अरे, क्या अब भी राक्षसों का भय है?)

आहोस्वित् (अथवा) स आगतः आहोस्वित् पलायितः (वह आ गया या भाग गया)।

इति (क—किसी के कथन को व्यक्त करने के लिए, ख—यह, ग—निम्नलिखित) (क) इत्युक्त्वा रामः विरराम (यह कह कर राम चुप हो गया)।

(ख) तयोर्मुनिकुमारकयोरन्यतरः कथयति अक्षमालामुपयाचयितुमागतोऽस्मीति (मुनिकुमारों में से एक कह रहा है कि अक्षमाला माँगने आया हूँ)।

(ग) रामाभिधानो हरिरित्युवाच (राम नामक हरि ने निम्नलिखित बात कही)।

इतिह (इतिहास वाचक) इतिहस्म आह भगवान् आत्रेयः (ऐसा भगवान् आत्रेय ने कहा था)।

इह (यहाँ) नास्तीह कश्चित् जनपदः (यहाँ कोई गाँव नहीं है)।

*इव (सदृश, सम्भवतः) (१) सबृहस्पतिरिव प्रज्ञावान् (वह बृहस्पति की तरह बुद्धिमान् है)।

---

* आ प्रगृह्यः स्मृतौ वाक्ये (अ०), आं स्मृतौ चावधारणे (वि०)

† आस्तु स्यात् कोपपीडयोः (अ०)।

(२) परायत्तः प्रीतेः कथमिव रसंवेत्तुः पुरुषः (सम्भवतः पराधीन पुरुष कैसे प्रीति के सुख का स्वाद जाने) ।

इत्थम् (इस प्रकार) — इत्थं जनकनन्दिनी पुनरगात् (इस प्रकार सीता फिर चली गयी) ।

*उत (अथवा, या तो—या) — स्थाणुरयम् उत पुरुषः (यह या तो खूंटा हो सकता है या पुरुष) । उत दण्डः पतिष्यति (क्या डंडा गिर जायगा) ?

उत्तरेण (उत्तर की ओर) — नगरमुत्तरेण नदी (नगर के उत्तर में नदी है) । तत्रागारं धनपतिगृहानुत्तरेणास्मदीयम् । मेघ० ।

उपरि (ऊपर) — उपरि उड्डीयमानोऽसौ कपोतः (यह कबूतर ऊपर उड़ रहा है) ।

उभयतः (दोनों ओर) — ग्राममुभयतः वनानि (गाँव के दोनों ओर वन हैं) ।

ऋते (विना) — धर्मम् ऋते कुतो मोक्षः (धर्म के विना मोक्ष कहाँ) ।

एकदा (एक बार) — स एकदा आगमिष्यति (वह एक बार यहाँ आयेगा) ।

एव (ही, किसी भाव पर जोर देने के लिए) — अर्थोष्मणा विरहितः पुरुषः स एव (धनकी गर्मी से रहित वही पुरुष) ।

रात्रिरेव व्यरंसीत् (रात ही गुजर गयी, किन्तु प्रेमालाप समाप्त न हुआ) । भवितव्यमेव तेन (यह तो होवेगा ही) ।

†एवम् (प्रकार, हाँ आदि) — एवमुवाच चन्द्रापीडः (चन्द्रापीड ने ऐसा कहा) । एवमेतत् (हाँ, यह ऐसा ही है) । एवं कुर्मः (हाँ हम लोग ऐसा करेंगे) ।

‡ओम् (अनुमति के अर्थ में) — ओमित्युच्यताममात्यः (मंत्री से कह दो कि मैं ऐसा ही करूंगा) ।

कथं कथमपि (किसी तरह, किसी तरह भी) — स कथमपि आगमिष्यति (वह किसी तरह भी अयगा) ।

कच्चित् (प्रश्नवाचक, मैं आशा करता हूँ कि) — शिवानि वस्तीर्थजलानि कच्चित् (आपके तीर्थ जल विघ्न-रहित तो हैं) ?

क्व (कहाँ) — क्व सूर्यप्रभवो वंशः क्व चाल्पविषयामतिः (कहाँ तो सूर्य से उत्पन्न वंश और कहाँ स्वल्प ज्ञान वाली मेरी बुद्धि) ।

---

*उत प्रश्ने वितर्के स्यादुतात्यर्थविकल्पयोः । वि० ।

†एवं प्रकारोपमयोरंगीकारेऽवधारणे । वि० ।

‡ओमित्यनुमतौ प्रोक्तं प्रणवे चाप्युपक्रमे । वि० ।

कामम् (स्वेच्छानुसार, माना कि)	तपः क्व वत्से क्व च तावकं वपुः ! कामं न तिष्ठति मदाननसंमुखी सा भूयिष्ठमन्यविषया न तु दृष्टिरस्याः (माना कि वह मेरे सामने मुँह करके खड़ी नहीं होती तब भी उसकी दृष्टि अधिकांशतः किसी अन्य वस्तु की ओर नहीं है)।
किम् (प्रश्न—क्यों किस कारण से) ?	तत्रैव किं न चपले प्रलयं गतासि (ऐ चपल देवि, तू उसी स्थान पर नष्ट क्यों न हो गयी) ?
किम् (समस्त शब्द खराब या कुत्सित अर्थ में)	स किंसखा साधु न शास्ति योऽधिपम् (जो स्वामी को उचित राय नहीं देता वह क्या मित्र है— वह बुरा मित्र है)।
किमु, किमुत, किं पुनः (क्या कहना है)	(१) एकैकमप्यनर्थाय किमु यत्र चतुष्टयम् (एक भी अनर्थकारी है, जहाँ चारों हों वहाँ कहना ही क्या है !) (२) चाणक्येनाहूतस्य निर्दोषस्यापि शंका जायते किमुत सदोषस्य (चाणक्य द्वारा बुलाये जाने पर तो निर्दोष को भी शंका पैदा हो जाती है, तो फिर अपराधी पुरुष का तो कहना ही क्या है) ! (३) स्वयं रोपितेषु तरुषु उत्पद्यते स्नेहः किं पुनरंगसंभवेष्वपत्येषु (अपने लगाये हुए वृक्षों के प्रति स्नेह उत्पन्न हो जाता है, फिर अपनी संतान के प्रति तो कहना ही क्या है)।
किल (कहते हैं, नकली कार्य-घोषित करने के लिए, आशा प्रकट करने के लिए)	(१) बभूव योगी किल कार्तवीर्यः (कहते हैं कि कार्तवीर्य नाम का कोई योगी था)। (२) प्रसह्य सिंहः किल तां चकर्ष (नकली सिंह ने उस (गाय) को जबर्दस्ती खींच लिया)। (३) पार्थः किल विजेष्यति कुरून् (आशा है कि पार्थ कुरुओं को जीत लेगा)।
केवलम् (क्रि॰ वि॰ सिर्फ, किन्तु कभी कभी विशेषण के रूप में भी)	निषेदुषी स्थंडिल एव केवले (सिर्फ स्थंडिल पर बैठती थी—बिना किसी चीज के बिछाये हुए)।
न केवलम् (अपि या किन्तु के साथ)	वसु तस्य विभोर्न केवलं गुणवत्तापि पर प्रयोजना (न सिर्फ उसकी सम्पत्ति ही, बल्कि उसमें अच्छे-अच्छे गुणों का होना भी दूसरों की भलाई के लिए था)।
खलु (क—निश्चय ही,	(क) मार्गे पदानि खलु ते विषमीभवन्ति (सचमुच तेरे कदम रास्ते में इधर-उधर पड़ते हैं)।

ख–प्रार्थना सूचक, ग–शिष्टतापूर्ण प्रश्न करने में, घ–निषेधार्थक क्त्वा के साथ, ङ–कारण, च–वाक्यालंकार)

(ख) न खलु न खलु बाणः सन्निपात्योऽयमस्मिन् (इसके ऊपर बाण न छोड़ा जाय) ।

(ग) न खलु तामभिक्रुद्धो गुरुः (क्या गुरुजी उससे क्रुद्ध नहीं हो गये) ?

(घ) निर्धारितेऽर्थे लेखेन खलूक्त्वा खलु वाचिकम् (जब कोई मामला पत्र द्वारा निर्णीत किया जाता हो तो मौखिक संदेश मत जोड़ दो) ।

(ङ) न विदीर्यें कठिनाः खलु स्त्रियः (मैं टुकड़े-टुकड़े नहीं हो रही हूँ, क्योंकि स्त्रियों का हृदय कठोर होता है) ।

च (क–आश्रित घटना का मुख्य घटनासे योग, ख–सामूहिक ऐक्य, ग–पारस्परिक सम्बन्ध, घ–समुच्चय-समूह, ङ–दो घटनाओं का एक साथ होना)

(क) भिक्षामट गां चानय (भीख माँगने जाओ और गाय लेते आना) ।

(ख) पाणी च पादौ च पाणिपादम् ।

(ग) प्लक्षश्च न्यग्रोधश्च प्लक्षन्यग्रोधौ ।

(घ) पचति पठति च ।

(ङ) ते च प्रापुरुदन्वन्तं बुबुधे चादिपूरुषः (ज्यों ही वे लोग समुद्र पर पहुँचे त्यों ही आदि पुरुष (हरि) जाग पड़े) ।

चिरम्, चिरेण (दीर्घ काल से, तक)

चिरं खलु गतः मैत्रेयः (मैत्रेय बहुत पहले जा चुका है) ।

जातु (जरा भी, सम्भवतः, कदाचित्)

किं तेन जातु जातेन (सम्भवतः उसके पैदा होने से क्या लाभ) ?

न जातु बाला लभते स्म निर्वृतिम् (वह कुमारी जरा भी सुख नहीं भोग पायी) ।

ततः (उसके बाद, तो, उसके परे)

(क) ततः कतिपयदिवसापगमे (इसके बाद कुछ दिनों के बीत जाने पर) ।

(ख) यदि गृहीतमिदं ततः किम् (यदि वह पकड़ लिया गया तो क्या होगा) ?

(ग) ततः परतो निर्मानुषमरण्यम् (उसके परे एक निर्जन वन है) ।

ततस्ततः (इसके आगे, कहते चलिए)

राक्षसः—उभयोरस्थाने प्रयत्नः । ततस्ततः (राक्षस-दोनों का प्रयत्न अनुचित था । अच्छा, तो आगे क्या हुआ कहते चलिए) ।

तथा (इसी ढंग से, हाँ,

(क) सूतस्तथा करोति (सारथि वैसा ही करता है) ।

ऐसा ही हो, इतने निश्चय पूर्वक जितने)

(ख) राजा—एनं तत्र भवतः सकाशं प्रापय । प्रतिहारी तथेति निष्क्रान्ता (राजा—इसे श्रीमान् जी के पास ले जाओ । प्रती०—अच्छा ऐसा ही होगा । ऐसा कहती हुई निकल गयी) ।

(ग) यथाहमन्यं न चिन्तये तथायं पततां परासुः (जितना यह निश्चय है कि मैं किसी भी दूसरे पुरुष के बारे में नहीं सोचता हूँ उतने ही निश्चयपूर्वक यह घटना भी घटे कि वह मर जाय ।)

तावत् (पहले, बल देने के लिए, विषय में)

(क) आह्लादयस्व तावच्चन्द्रकरश्चन्द्रकान्तमिव (पहले तो मुझे प्रसन्न करो जैसे चन्द्रमा की किरण चन्द्रकान्त मणि को प्रसन्न करती है) ।

(ख) त्वमेव तावत् प्रथमो राजद्रोही (तू ही पहला राजद्रोही है) ।

(ग) एवं कृते तव तावत् प्राणयात्रा क्लेशं विना भविष्यति (तुम्हारे विषय में, तो ऐसा हो जाने पर तुम्हारी जीविका बिना किसी कष्ट के हो जाया करेगी) ।

*तु (परन्तु, और अब विभिन्नतासूचक)

(क) सर्वेषां सुखानां प्रायोऽन्तं ययौ । एकं तु सुतमुखदर्शनसुखं न लेभे (वह सभी सुखों को पूर्णरूप से भोगता था, परन्तु उसने पुत्र मुख दर्शन का सुख कभी नहीं भोगा) ।

(ख) अवनिपतिस्तु तामनिमेषलोचनो ददर्श (महाराज तो उसकी तरफ टकटकी लगाकर देखने लगे) ।

(ग) मृष्टं पयो मृष्टतरं तु दुग्धम् (पानी निर्मल होता है, परन्तु दूध और भी निर्मल होता है) ।

तूष्णीम् (चुप) — तूष्णीं भव (चुप रहो) ।

दिवा (दिन में) — दिवा मा स्वाप्सीः (दिन में मत सोओ) ।

दिष्टया (हर्षसूचक) — दिष्टया प्रतिहतं दुर्जातम् (हर्ष की बात है कि विपत्ति टल गयी) ।

दिष्टया वृध् (बधाई) — दिष्ट्या महाराजो विजयेन वर्धते (मैं श्रीमान् को आपकी विजय पर बधाई देता हूँ) ।

न (नहीं) — नहि, नैतन्मया कर्त्तव्यम् (नहीं, मुझे ऐसा नहीं करना चाहिए) ।

नाम (क—नामक,

(क) पुष्पपुरी नाम नगरी (पुष्पपुरी नामक नगरी) ।

---

*तु पादपुरणे भेदे समुच्चयेऽवधारणे ।

ख–निश्चय ही, ग–संभवतः, घ–बहानासूचक, ङ–यदि आप चाहें, च–आश्चर्य सूचक, छ–आश्चर्य अथवा निन्दा)

(ख) विनीतवेषेण प्रवेष्टव्यानि तपोवनानि नाम (अवश्य आश्रमों में बहुत सीधा-सादा वस्त्र पहनकर घुसना चाहिए)।

(ग) को नाम पाकाभिमुखस्य जन्तुर्द्वाराणि दैवस्य पिधातुमीष्टे (सम्भवतः जब भाग्य अपनी शक्ति दिखलाने पर तुला हो तो भला उसके दरवाजे को कौन बंद कर सकता है ?)

(घ) कार्तान्तिको नाम भूत्वा (ज्योतिषी का बहाना करके ।)

(ङ) एवमस्तु नाम (अच्छा, ऐसा ही हो)।

(च) अन्धो नाम पर्वतमारोहति (आश्चर्य की बात है कि अन्धा आदमी पर्वत पर चढ़ता है)।

(छ) किं नाम विस्फुरन्ति शस्त्राणि (ओहो, क्या अस्त्र-शस्त्र चमक रहे हैं)।

ननु (सन्देह सूचक प्रश्न, सचमुच, अवश्य ही, सम्बोधार्थक, प्रार्थना, सम्बोधनार्थ में)

(क) स्वप्नो नु माया नु मतिभ्रमो नु (क्या वह स्वप्न था, या धोखा या मस्तिष्क का पागलपन)।

(ख) कथं नु गुणवद् विन्देयं कलत्रम् (सचमुच मैं गुणवती स्त्री कैसे पाऊँ) ?

(ग) यदाऽमेधाविनी शिष्योपदेशं मलिनयति तदाचार्यस्य दोषो ननु (जब मन्दबुद्धि शिष्या उपदेश को नष्ट कर देती है तो क्या वस्तुतः आचार्य का दोष नहीं) ?

(घ) ननु भवान् अग्रतो मे वर्तते (क्यों, आप मेरे सामने हैं—यह सच नहीं है) ?

(ङ) ननु मां प्रापय पत्युरन्तिकम् (कृपया आप मुझे मेरे पति के पास पहुँचा दें)।

(च) ननु मूर्खाः पठितमेव युष्माभिस्तत्काण्डे (हे मूर्खों, तुमने उस अध्याय में यह विषय पहले ही पढ़ लिया है)।

(छ) ननु समाप्तकृत्यो गौतमः (क्या गौतम ने अपना कार्य समाप्त कर लिया) ?

नितराम् (अत्यन्त) — नितरामसौ निर्बोधः दरिद्रश्च (यह अत्यन्त दरिद्र और मूर्ख है)।

नूनम् (निश्चय ही, वस्तुतः) — स नूनं तव पाशांश्छेत्स्यति (वह अवश्य ही तुम्हारे जालों को काट देगा)।

अद्यापि नूनं हरकोपवह्निस्त्वयि ज्वलति (निश्चय ही हर की क्रोधाग्नि तुम में आज भी जल रही है)।

पञ्चधा (पाँच प्रकार) — पञ्चधा यज्ञं कुर्वीत (पाँच प्रकार से यज्ञ करना चाहिए)।

परश्वः (परसों) — परश्वः राष्ट्रपतिरत्रागमिष्यति (परसों राष्ट्रपति यहाँ आयेंगे)।

परितः (चारों ओर) — परितः नगरं राजमार्गं वर्तते (नगर के चारों ओर सड़क है)।

पुनः (फिर) — पुनरपि जननं पुनरपि मरणम् (जन्म और मरण फिर फिर आते हैं)।

पुनः, पुनः, असकृत्, भूयः, भृशम् (बारबार) — विघ्नैः पुनः पुनरपि प्रतिहन्यमानाः प्रारब्धमुत्तमगुणा न परित्यजन्ति (बारबार विघ्न आने पर भी उत्तम पुरुष आरम्भ किये हुए कार्य को नहीं छोड़ते)।

पुरः, पुरस्तात्, पुरतः (सामने) — नीरसतरुरिह विलसति पुरतः (सूखा पेड़ सामने पड़ा है)।

पुरा (पहले) — आसीत् पुरा चन्द्रगुप्तो नाम राजा (प्राचीन समय में चन्द्रगुप्त नाम का एक राजा था)।

पृथक् (भिन्न) — रामं न हरेः पृथक् मन्यस्व (राम को हरि से भिन्न मत समझो)।

प्राक् (पहले, आगे पूर्वदिशा) — प्रागुक्तमेतत् (यह पहले कहा जा चुका है)।

प्रातः (सबेरे) — प्रातराचार्यः स्नातुं नदीं गतः (आचार्य सबेरे नहाने के लिए नदी की ओर गये)।

प्रायः, प्रायेण (साधारणतया) — प्रायो भृत्यास्त्यजन्ति प्रचलितविभवं स्वामिनं सेवमानाः (जब स्वामी की सम्पत्ति नष्ट हो जाती है तब उसकी सेवा करने वाले नौकर साधारणतया उसको त्याग देते हैं)।

प्रेत्य (परलोक, मर कर) — प्रेत्य च दुःखम् (परलोक में भी दुःख है)।

*बत (अफसोस अर्थ में, हर्ष एवं आश्चर्य अर्थ में अहो के साथ) — (क) अहो बत महत्पापं कर्तुं व्यवसिता वयम् (हाय शोक की बात है कि हम लोग कैसा बड़ा पाप करने जा रहे हैं)।

(ख) अहो बतासि स्पृहणीयवीर्यः (अहो, तेरी वीरता कैसी स्पृहणीय है) !

---

*खेदानुकम्पासन्तोषविस्मयामर्षणे बत । अ० ।

बलवत् (अत्यन्त, खूब)	बलवदपि शिक्षितानाम् आत्मन्यप्रत्ययं चेतः (अत्यन्त शिक्षित व्यक्तियों के चित्त अपने में विश्वास नहीं करते)।
मा (मत)	मा प्रयच्छेश्वरे धनम् (धनवान् को धन मत दो)।
मिथ्या, मृषा (झूठ)	मृषा वदति लोकोऽयं ताम्बूलं मुखभूषणम् । मुखस्य भूषणं पुंसां स्यादेकैव सरस्वती (लोग झूठ कहते हैं कि मुख की शोभा पान है, मुख की शोभा तो एक सरस्वती ही है)।
मुहुः (प्रायः, कभी-कभी के अर्थ में दोहरा दिया जाता है)	मुहु र्भ्रश्यद्बीजा मुहुरपि बहुप्रापितफला। अहो चित्राकारा नियतिरिव नीतिर्नयविदः। (एक समय इसके बीज लुप्त हुए मालूम पड़ते हैं, दूसरे समय वह बहुत से फल देती है। अहो ! भाग्य के समान राजनीतिज्ञ की नीति कितने विचित्र-विचित्र प्रकार की होती है)।
यत् (कि, क्योंकि)	किं शेषस्य भरव्यथा न वपुषि क्ष्मां न क्षपत्येष यत् (क्या शेषनाश को अपने शरीर पर भारीपन का बोझ मालूम नहीं पड़ता ? क्योंकि वह अपने सिर से पृथ्वी को फेंक नहीं देते)।
यतः (जिस जगह से, क्योंकि)	(क) यतस्त्वया ज्ञानमशेषमाप्तम् (जिससे तुमने पूर्ण ज्ञान प्राप्त किया)। (ख) किमेवमुच्यते। महदन्तरं यतः कर्पूरद्वीपः स्वर्ग एव (तुम ऐसा क्यों कहते हो ? बहुत अन्तर है, क्योंकि कर्पूर द्वीप साक्षात् स्वर्ग है)।
यत्सत्यम् (निश्चय ही, सच पूछिए तो)	अमंगलाशंसयस्य वो वचनस्य यत्सत्यं कम्पितमिव मे हृदयम् (तुम्हारे अमंगल-सूचक वचन से सचमुच मेरा हृदय काँपता है)।
यथा (जैसे, समान, ताकि)	(क) यथाज्ञापयति देवः (जिस प्रकार महाराज आज्ञा देते हैं)। (ख) विदितं खलु ते यथा स्मरः क्षणमप्युत्सहते न मां विना (आपको मालूम है कि कामदेव मेरे बिना एक क्षण के लिए भी चैन नहीं पाता)। (ग) तं दर्शयत चौरसिंहं यथा व्यापादयामि (तुम मुझे उस बदमाश सिंह को दिखलाओ, ताकि मैं उसे मार डालूँ)।

यथा–तथा (जैसा-वैसा, इस प्रकार–कि, चूँकि–इसलिए, यदि-तर्हि, जितना-उतना)

(क) यथा वृक्षस्तथा फलम् (जैसा पेड़ वैसा फल)।

(ख) अहं स्वामिनं विज्ञाप्य तथा करिष्ये यथा स वधं करिष्यति (मैं श्रीमान् जी से निवेदन करके इस प्रकार व्यवस्था करूँगा कि वह उसे मार डालेगा)।

(ग) यथायं चलितमलयाचलशिलासञ्चयः प्रचंडो नभस्वांस्तथा तर्कयामि आसन्नीभूतः पक्षिराजः (चूँकि मलय पर्वत पर स्थित प्रस्तर समूह को हिला देने वाली यह हवा बड़ी प्रचण्ड है, इसलिए मैं समझता हूँ कि पक्षिराज आ गये हैं)।

(घ) वाङ् मनः कर्मभिः पत्यौ व्यभिचारो यथा न मे। तथा विश्वम्भरे देवि मामन्तर्धातुमर्हसि ॥ (यदि अपने पति के प्रति मेरे आचरण में मनसा, वाचा, कर्मणा कोई भी बुराई न हो, तो ऐ विश्वव्यापिनी पृथ्वी देवि, कृपा कर मुझे अपने अन्दर ले लो)।

(ङ) न तथा बाधते शीतं यथा बाधति बाधते (जाड़ा मुझको उतना नहीं सता रहा है जितना 'बाधति' शब्द)।

यथा यथा–तथा तथा (जितना-जितना उतना उतना)

यथा यथा यौवनमतिचक्राम तथा तथा अनपत्यताजन्मा महानवर्धतास्य सन्तापः (ज्यों ज्यों वह जवान होता गया त्यों त्यों सन्तापहीनताजनित उसका सन्ताप बढ़ता ही गया)।

यावत् (तो, अभी)

तद् यावद् गृहिणीमाहूय संगीतकमनुतिष्ठामि (तो स्त्री को बुलाकर मैं संगीत आरम्भ करता हूँ)।

यावत् तावत् (उतना ही जितना, सब, जब तक–तब तक, ज्यों ही त्यों ही)

(क) पुरे तावन्तमेवास्य तनोति रविरातपम्। दीर्घिकाकमलोन्मेषो यावन्मात्रेण साध्यते (उसके नगर में सूर्यदेव उतना ही घाम करते हैं जितने से तालाबों में के कमलों की कलियाँ खिल जायँ)।

(ख) यावद् दत्तं तावद् भुक्तम् (जितना मुझे दिया गया उतना सब मैंने खा डाला)।

(ग) यावद्वित्तोपार्जनशक्तस्तावन्निजपरिवारो रक्तः (जब तक मनुष्य धन कमाने के योग्य रहता है तब तक उसका परिवार उससे अनुराग करता है)।

(घ) एकस्य दुखस्य न यावदन्तं गच्छामि तावद् द्वितीयं समुपस्थितं मे—(ज्योंही मैंने एक विपत्ति से पार पाया त्यों ही मेरे ऊपर दूसरी आ पड़ी)।

यावत् (पहले ही) यावदेते सरसो नोत्पद्यन्ते तावदेतेभ्यः प्रवृत्तिरवगमयितव्या (सरोवर से इनके उड़ने से पूर्व ही मुझे इनसे समाचार प्राप्त कर लेना चाहिए)।

युगपत् (एक साथ) युगपदेव सुखमोहौ समुपस्थितौ (सुख और मोह एक साथ आ गये)।

वरम् न (च, तु, पुनः के साथ—अच्छा है, न कि, अच्छा है....परन्तु नहीं) (क) वरं कन्या जाता न चाविद्वांस्तनयः (अच्छा है कि कन्या पैदा हो, परन्तु मूर्ख पुत्र नहीं)।

(ख) याञ्चा मोघा वरमधिगुणे नाधमे लब्धकामा (श्रेष्ठ पुरुष से की हुई याचना चाहे विफल भी हो जाय तो भी अच्छा है, परन्तु अधम पुरुष से की हुई याचना चाहे सफल भी हो जाय तो भी अच्छा नहीं)।

वा (या भी, समान, सम्भवतः) (क) रामो गोविन्दो वा अथवा रामो वा गोविन्दो वा (राम या गोविन्द)।

(ख) पत्रलेखे कथय महाश्वेतायाः कादम्बर्याश्च कुशलं कुशली वा सकलः परिजन इति (पत्रलेखा, मुझसे बताओ कि महाश्वेता और कादम्बरी कुशल तो हैं, और यह भी बताओ कि सारा भृत्यवर्ग सकुशल तो है)?

(ग) जातां मन्ये तुहिनमथितां पद्मिनीं वान्यरूपाम् (मैं उसे पाले से मारी हुई कमलिनी के समाम विकृत आकार वाली समझता हूँ)।

(घ) मृतः को वा न जायते (सम्भवतः कौन मरा हुआ व्यक्ति फिर से पैदा नहीं होता)।

वा....वा (या तो....या) उभे एव क्षमे बोद्धुमुभयोर्बीजमाहितम्। सा वा शम्भोस्तदीया वा मूर्तिर्जलमयी मम ॥ (हम दोनों के वीर्य को केवल दो ही धारण करने में समर्थ हैं, या तो शम्भुजी के वीर्य को पार्वती या मेरे वीर्य को उनकी जलमयी मूर्ति)।

शनैः शनैः (धीरे-धीरे) शनैःशनैरुपगच्छन् स महापंके निमग्नः (धीरे-धीरे जाता हुआ वह गहरे कीचड़ में डूब गया)।

शान्तम् (बस बस, निवृत्ति) शान्तं पापम् प्रतिहतममङ्गलम्। ईश्वर न करें, बस बस)

श्वः (कल) पण्डितनेहरुः श्वो ऽत्रागन्ता (पं० नेहरु कल यहाँ आयंगे)।

सद्यः (तत्क्षण) सद्य एव ममार सः (वह तत्क्षण मर गया)।

सह, समं, सार्द्धम् (साथ) स तेन सहागतः (वह उसके साथ आया)।

सम्यक् (ठीक तरह)	सम्यक् विचार्य कर्त्तव्यम् (ठीक तरह विचार करके करना चाहिए)।
सहसा (हठात्—एक दम)	सहसा विदधीत न क्रियाम् (कोई कार्य एक दम नहीं करना चाहिए)।
साम्प्रतम् (अब)	साम्प्रतम् अपराह्णोजातः (अब शाम हो गयी है)।
स्थाने (न्यायतः, यह सर्वथा उचित ही है)	स्थाने तपो दुश्चरमेतदर्थमपर्णया पेलवयापि तप्तम् (यह सर्वथा उचित ही है कि कोमलांगी होते हुए भी अपर्णा ने उन (शीव जी) के लिए बहुत ही कठिन तपस्या की)।
अस्थाने (अनुपयुक्त, अनवसर)	अस्थाने द्वयोरपि प्रयत्नः (दोनों का प्रयत्न अनवसर अथवा अनुपयुक्त था)।
*हंत (क—हर्ष, आश्चर्य ख—अनुकम्पा, देख, ग—विषाद सूचक, घ—वाक्यारम्भ)	(क) हंत प्रवृत्तं संगीतकम् (अरे, संगीत आरम्भ हो गया)। (ख) हंत ते धानाकाः (हे पुत्र खेद है कि तुम्हारे पास केवल धानाक है)। (ग) हंत धिङ् मामधन्यम् (हाय मुझ अभागे को धिक्कार है)। (घ) हंत ते कथयिष्यामि (अच्छा, अब मैं आप से कहूंगा)।
†हा (शोक, विषाद, आश्चर्य, विस्मय)	हा हादेवि स्फुटति हृदयम् (हाय देवी, मेरा हृदय विदीर्ण हो रहा है)। हाकथं महाराजदशरथस्य धर्मदाराः प्रिय सखी मे कौसल्या (ओहो, यह तो वस्तुतः महाराज दशरथ की धर्मपत्नी मेरी प्रिय सखी कौसल्या है)।
हि (क—क्योंकि ख—वस्तुतः, सत्यतः, ग—स्फुटार्थ, च—केवल, अकेला, ङ—अलंकार के रूप में)	(क) अग्निरिहास्ति धूमो हि दृश्यते (यहाँ आग है, क्योंकि धुआँ दिखाई पड़ता है)। (ख) देव, प्रयोगप्रधानं हि नाट्यशास्त्रं किमत्र वाग्व्यवहारेण (महाराज, नाट्यशास्त्र में वस्तुतः प्रयोग ही प्रधान वस्तु होता है, इस विषय में मौखिक वाद-विवाद से क्या लाभ)?

*हन्त हर्षेऽनुकम्पायां वाक्यारम्भविषादयोः (अ०)

†हा इति विस्मयविषादजुगुप्सार्तिषु। (ग० म०)

(ग) प्रजानामिव भूत्यर्थं स ताभ्यो बलिमग्रहीत्।
सहस्रगुणमुत्स्रष्टुमादत्ते हि रसं रविः ॥ (वह केवल प्रजाओं का हित करने के लिए उनसे कर लेता था, जैसे सूर्यदेव जल को हजार गुना बढ़ा कर लौटालने के लिए ही जल को पीते हैं)।

(घ) मूढो हि मदनेनायास्यते (केवल मूर्ख पुरुष कामदेव से सताया जाता है)।

हिन्दी में अनुवाद करो—

१—हा कथं सीतादेव्या ईदृशं जनापवादं देवस्य कथयिष्यामि। अथवा नियोगः खल्वीदृशो मन्दभाग्यस्य (उत्तर०)

२—अपि ज्ञायते कतमेन दिग्भागेन गतः स जाल्मः। (वक्रमो०)

३—अप्यग्रणीर्मन्त्रकृताम् ऋषीणां कुशाग्रबुद्धे कुशली गुरुस्ते। (रघु०)

४—भर्तृदारिके आर्यायाः पण्डितकौशिक्या इव स्वरसंयोगः श्रूयते। (मालविका०)

५—सखे करटक किमित्ययमुदकार्थी स्वामी पानीयमपीत्वा सचकितो मन्दं मन्दमवतिष्ठते। (हितो०)

६—सीता—एते चत्वारो भ्रातरो विवाहदीक्षिता यूयम्। अहो जाने तस्मिन्नेव प्रदेशे तस्मिन्नेव काले वर्ते इति। रामः—एवम्।

७—लिंपतीव तमोऽङ्गानि वर्षतीवांजनं नभः।
असत्पुरुषसेवेव दृष्टिर्विफलतां गता ॥ मृच्छ०।

८—का कथा बाणसन्धाने ज्याशब्देनैव दूरतः।
हुंकारेणेव धनुषः स हि विघ्नानपोहति ॥ शा०।

९—सर्वोपमाद्रव्यसमुच्चयेन यथा प्रदेशं विनिवेशितेन।
सा निर्मिता विश्वसृजा प्रयत्नादेकस्थसौन्दर्यदिदृक्षयैव ॥

१०—विकारं खलु परमार्थतोऽज्ञात्वाऽनारम्भः प्रतीकारस्य। शा०।

११—कच्चिदेतच्छ्रुतं पार्थ त्वयैकाग्रेण चेतसा।
कच्चिदज्ञानसम्मोहः प्रनष्टस्ते धनंजय ॥ श्रीमद्गी०।

१२—न केवलं तद्गुरुरेकपार्थिवः क्षितावभूदेकधनुर्धरोऽपि सः ॥ रघु०।

१३—रघुमेव निवृत्तयौवनं तममन्यन्त नवेश्वरं प्रजाः।
स हि तस्य न केवलां श्रियं प्रतिपेदे सकुलान्गुणानपि ॥ रघु०।

१४—तद्यदि नातिखेदकरमिव ततः कथनेनात्मानमनुग्राह्यमिच्छामि। काद०।

१५—तात लताभगिनीं वनज्योत्स्नां तावदामन्त्रयिष्ये। शा०।

१६—न जातु कामः कामानामुपभोगेन शाम्यति।
हविषा कृष्णवर्त्मेव भूय एवाभिवर्द्धते ॥ मनु०।

१७—अनियन्त्रणानुयोगो नाम तपस्विजनः। शा०।

१८—इमं ललनाजनं सृजता विधात्रा नूनमेषा घुणाक्षरन्यायेन निर्मिता,
नोचेदब्जभूरेवंविधनिर्माणनिपुणो यदि स्यात्तर्हि.... ।

१६—यदि गर्जति वारिधरो गर्जतु तन्नाम निष्ठुराः पुरुषाः ।
अयि विद्युत्प्रमदानां त्वमपि च दुःखं न जानासि ॥ मृच्छ० ।

२०—पुण्यभाजः खल्वमी मुनयो यदहर्निशमेनं भगवन्तं पुण्याः कथाः शृण्वन्तः समुपासते । काद० ।

२१—यथा यथेयं चपला दीप्यते तथा तथा दीपशिखेव कज्जलमलिनमेव कर्म केवलमुद्वमति । काद० ।

२२—बहुवल्लभा राजानः श्रूयन्ते । तद्यथा नौ प्रियसखी बन्धुजनशोचनीया न भवति तथा निर्वाहय । शाकु० ॥

२३—चन्द्रापीडः प्रातरेव किंवदन्तीं शुश्राव । यथा किल दशपुरीं यावत् परागतः स्कन्धावार इति । काद० ।

२४—हन्त भोः शकुंतलां पतिकुलं विसृज्य लब्धमिदानीं स्वास्थ्यम् । शा० ।

२५—स्थाने खलु प्रत्यादेशविमानिताप्यस्य कृते शकुंतला क्लाम्यति । शा० ।

२६—तदेषा भवतः कान्ता त्यजैनां वा गृहाण वा ।
उपपन्ना हि दारेषु प्रभुता सर्वतोमुखी ॥ शा० ।

२७—सेवां लाघवकारिणीं कृतधियः स्थाने श्ववृत्तिं विदुः । मुद्रा० ।

२८—शिशुत्वं स्त्रैणं वा भवतु ननु वंद्यासि जगतो
गुणाः पूजास्थानं गुणिषु न च लिंगं न च वयः । उत्तर० ।

२६—स्थाने भवानेकनराधिपः सन्नकिंचनत्वं मखजं बिभर्ति ।
पर्यायपीतस्य सुरैर्हिमांशोः कलाक्षयः श्लाघ्यतरो हि वृद्धेः ॥ रघु० ।

३०—कुसुमान्यपि गात्रसंगमात्प्रभवंत्यायुरपोहितुं यदि ।
न भविष्यति हन्त साधनं किमिवान्यत्प्रहरिष्यतो विधेः ॥ रघु० ।

३१—स्वसुखनिरभिलाषः खिद्यते लोकहेतोः प्रतिदिनमथवा ते वृत्तिरेवं विधैव ।
अनुभवति हि मूर्ध्ना पादपस्तीव्रमुष्णं शमयति परितापं छायया संश्रितानाम् ॥

३२—व्यतिषजति पदार्थानांतरः कोऽपि हेतुर्न खलु बहिरुपाधीन्प्रीतयः संश्रयन्ते ।
विकसति हि पतंगस्योदये पुण्डरीकं द्रवति च हिमरश्मावुद्गते चन्द्रकान्तः ।

संस्कृत में अनुवाद करो

१—आहा इस रमणीक उद्यान की क्या सुन्दर शोभा है !

२—जिस छात्र के विषय में मैं कह रहा हूँ वह बड़ा कुशाग्रबुद्धि है ।

३—क्या यह सम्भव है कि उसकी आकाङ्क्षाएँ पूर्ण हों ।

४—मूर्ख का भी अपमान न किया जाना चाहिए, विद्वान् की तो बात ही क्या ?

५—अभीष्ट मनोरथ की सिद्धि में अनेक विघ्न पड़ते हैं ।

६—मैं नहीं जानता कि अब मुझे क्या करना चाहिए—मुझे यहाँ रहना चाहिए या यहाँ से चला जाना चाहिए।

७—चालिस दिनों से अनशन करने के कारण वह मरणासन्न हो गया।

८—समस्त संसार मुझे निर्बल समझता है, क्योंकि मैं किसी का अहित नहीं करता।

९—कहा जाता है कि हम लोगों की अनवधानता के कारण राजा हम लोगों से रुष्ट हो गये हैं।

१०—मैं आशा करता हूँ कि आप लोगों की तपस्याएँ निर्विघ्न चल रही हैं।

११—वस्तुतः मुझे ज्ञात नहीं कि मैंने इससे विवाह किया था, किन्तु इसे देखकर मेरे हृदय पर बड़ा प्रभाव पड़ा है।

१२—यही नहीं कि लोग मुझे घृणा नहीं करते, अपितु लोग मुझे भोजन भी कराते हैं।

१३—केवल एक बार देखे हुए व्यक्ति को मैं कभी भूल नहीं सकता, फिर पुराने मित्र को कैसे भूल सकता हूं।

१४—कहाँ तो प्रकृत्या अपरिमेय राजाओं के कार्य और कहाँ स्वल्प ज्ञान वाले मुझ जैसे व्यक्ति।

१५—माना कि आप में सभी उत्तम गुण विद्यमान हैं, तथापि आपको उपदेश देना मैं अपना कर्त्तव्य समझता हूँ।

१६—अपने मधुर वचनों से इस प्रकार ठगकर क्या अब मुझे त्याग कर तुम लजाते नहीं हो?

१७—सोमेश्वर शर्मा के पास जाओ और उससे पूछो कि तुम इतनी देर क्यों रुक गये, तब तक मैं दूसरे ब्राह्मणों को बुला लाता हूँ।

१८—यदि यह हो जाय तो आप स्वयं ही निर्विघ्न अपना कार्य करते चलेंगे और हम लोग भी अपना-अपना कार्य कर सकेंगे।

१९—जो लोग धर्मानुकूल आचरण करते हैं और परोपकार में लगे रहते हैं वे ही परमात्मा की कृपा के पात्र होते हैं।

२०—मैं वाराणसी से छः रेशमी वस्त्र, दो चाँदी के पात्र और अनेक उपयोगी वस्तुएँ लाया हूँ।

२१—ज्योंही मैंने घर की देहरी पर पाँव रखा त्योंही तीन आदमी मुझ पर झपट पड़े और मुझे बन्दी बनाकर ले गये।

२२—मणिपुर नामक नगर में धनमित्र नामक वणिक् रहता था।

२३—क्या यह सच्चा बाघ हो सकता है या बाघ का चमड़ा पहने हुए कोई दूसरा जानवर है?

२४—कौन ऐसा होगा जो अपने ही हाथों अपने सिर पर विपत्ति लाने की चेष्टा करेगा?

२५—तुम कहते हो कि रुपया खर्च करने में देवदत्त बहुत ही अपव्ययी है। क्यों, तुम स्वयं ही उससे इस बात में तथा अन्य बहुत-सी बातों में मिलते जुलते हो।

२६—अभीष्ट मनोरथ की सिद्धि पर आप सब लोगों को बधाई देता हूँ।

२७—भगवान् को धन्यवाद है कि दीर्घकालिक वियोग के बाद तू फिर मुझसे देखा जाता है।

२८—मित्र बहुत जल्द मेरे जालों को काट कर मुझे बचाओ, क्योंकि यह सच ही कहा गया है कि विपत्ति मित्रता की कसौटी है।

२९—जिस जगह से तुम आये हो क्या वह जगह प्रचुर अन्न से युक्त है ?

३०—कन्या सन्बन्धी मामलों में गृहस्थ लोग प्रायः अपनी पत्नियों के नेत्रों से देखते हैं।

३१—मैं स्वामी की आज्ञा पालन करने के लिए जा रहा हूँ, पर तुम कहाँ जा रहे हो ?

३२—मैं इस विषय में कुछ भी बोलना उचित नहीं समझता, क्योंकि मैं इसके विवरण से परिचित नहीं हूँ।

३३—इस प्रकार लकड़हारे ने अपना प्राण और धन बचाया, पर पिशाच पूरे बारह वर्ष काम में लगा रहा।

३४—मैं जितना ही अधिक इस संसार के बारे में सोचता हूँ उतना ही मेरा मन इससे विरक्त हो जाता है।

३५—मैं आशा करता हूँ कि आप यहाँ तब तक ठहरे रहेंगे जब तक सोहन अपनी तीर्थ यात्रा से लौट नहीं आयेगा।

३६—रावण ने अपनी तपस्या द्वारा शंकर जी को ऐसा प्रसन्न कर लिया कि उन्होंने उसे कई वरदान दिये।

३७—क्या तुम नहीं जानते कि सभी मांसाहारी पशुओं के पंजे होते हैं (यावत् तावत्)।

३८—शूरता में वह भीम के समान है पर हृदय की दुष्टता में वह निर्दय से निर्दय राक्षस को भी मात करता है।

३९—या तो वह या उसके दोनों भाई इसे करने में समर्थ हैं, परन्तु अन्य कोई भी व्यक्ति नहीं।

४०—सचमुच दूसरों का प्राण बचाने के लिए इस उदारचित्त पुरुष के अतिरिक्त और कौन अपने प्राणों को संकट में डालेगा।

४१—ओ हो, इस पुरुष की आकृति कैसी प्रसन्न है।

४२—मैं सभी देवताओं को समान श्रद्धा से पूजता हूँ, चाहे वे हिन्दुओं के हों चाहे मुसलमानों के।

क्रिया विशेषण—भिन्नता करनेवाला या भेदक विशेषण होता है। क्रिया में भिन्नता लानेवाले को ही क्रिया विशेषण कहते हैं। क्रिया विशेषण नपुंसक लिङ्ग की द्वितीया विभक्ति के एक वचन में प्रयुक्त होते हैं, यथा—

(१) तदा नेहरूमहोदयः सभायां देशभक्तिविषयं सविस्तरं *विशदं च व्याख्यात् (उस दिन सभा में पण्डित नेहरू ने देशभक्ति के विषय पर विस्तार और स्पष्टता से भाषण किया)।

(२) सुखमास्ताम्, तपोवनं ह्यतिथिजनस्य स्वं गेहम् (आप आराम से बैठिए, तपोवन तो अतिथियों का अपना घर होता है)।

(३) साधु ‡पुत्र साधु रक्षितं त्वया कालुष्यात्कुलयशः (शाबास, पुत्र शाबास तूने अपने कुल को बट्टा नहीं लगने दिया)।

(४) इतो हस्तदक्षिणोऽवक्रं गच्छ क्षिप्रं विधानभवनमासादयिष्यसि (आप यहाँ से सीधे दाहिने हाथ जायँ, आप थोड़ी देर में काउन्सिल हाउस में पहुँच जायँगे)।

(५) साग्रहं, सप्रश्रयं चात्रभवन्तं प्रार्थयेऽत्रभवानत्ययेऽस्मिन्ममाभ्युपपत्तिं सम्पादयतु (मैं आप से आग्रह पूर्वक और नम्रता से प्रार्थना करता हूं कि आप इस संकट में मेरी सहायता करें)।

संस्कृत में अनुवाद करो

१—पहले हम दोनों एक दूसरे से समान रूप से मिलते थे, अब आप अफसर हैं और मैं आपके अधीन कर्मचारी। २—शिशु बहुत ही डर गया है, अभीतक होश में नहीं आया है। ३—हे मित्र यह बात हंसी में कही गयी है, इसे सच करके न जानिए। ४—दूर तक देखो, निकट में ही दृष्टि मत रखो, परलोक को देखो, इस लोक को ही नहीं। ५—उसने यह पाप इच्छा से किया था, अतः आचार्य ने उसे त्याग दिया। ६—उसने मुझे जबर्दस्ती खींचा और पीछे धकेल दिया। ७—मैं बड़ी चाह से अपने भाई के घर लौटने की प्रतीक्षा कर रहा हूँ। ८—नारद इच्छा से त्रिलोकी में घूमता था और सभी वृत्तान्त जानता था। ९—वह अटक अटक कर बोलता है, उसकी वाणी में यह स्वाभाविक दोष है। १०—तपोवन में स्थान विशेष के कारण विश्वास में आये हुए हिरन निर्भय होकर घूमते फिरते हैं।

---

*'सविस्तारम्' अशुद्ध है। विस्तार (पुं०) वस्तुओं की चौड़ाई को कहते हैं।

‡साधु कृतम् से वाक्य की पूर्ति होती है।

१—अब आप अफसर.........ईश्वरो भवान्, अहं चाधिष्ठितो नियोज्यः। २—बहुत ही—बलवत्। ३—परिहासविजल्पितं सखे परमार्थेन न गृह्यतां वचः। ४—दीर्घं पश्यत मा ह्रस्वं, परं पश्यत माऽपरम्। ५—इच्छा से—कामेन। ६—जबर्दस्ती—हठात्, पीछे धकेल दिया—पृष्ठतः प्राणुदत्। ७—बड़ी चाह से—सोत्कण्ठम्, भाई के घर....प्रतीक्षा कर रहा हूँ—गृहं प्रति भ्रातुः प्रत्यावृत्तिं सोत्कण्ठं प्रतीक्षे। ८—अपनी इच्छा से—स्वैरम्। ९—अटक—अटक कर—स्खलिताक्षरम् (सगद्गदम्)। १०—विस्रब्धं हरिणाश्चरन्त्यचकिता देशागतप्रत्ययाः।

कारक-प्रकरण

प्रथमा

कर्त्ता—ने

पिछले पृष्ठों में हम लिख चुके हैं कि संज्ञाओं की सात विभक्तियाँ होती हैं। पीछे सर्वनामों एवं विशेषणों पर विचार करते समय हम लिख आये कि संज्ञा की भाँति विशेषण तथा सर्वनाम की भी सात विभक्तियाँ होती हैं।

इस प्रकरण में यह बताया जा रहा है कि क्रिया के सम्पादन में जिन शब्दों का उपयोग होता है उन्हें कारक कहते हैं। उदाहरणार्थ—'प्रयाग में महाराज हर्ष ने अपने हाथ से हजारों रुपये ब्राह्मणों को दान दिये?' इस वाक्य में दान क्रिया के सम्पादन के लिए जिन-जिन वस्तुओं का (शब्दों का) उपयोग हुआ है वे 'कारक' कहलायेंगी। दान की क्रिया किसी स्थान पर हो सकती है, यहाँ प्रयाग में हुई, अतः 'प्रयाग' कारक हुआ। इस क्रिया के करने वाले हर्ष थे, अतः हर्ष कारक हुए। यह क्रिया हाथ से सम्पादित हुई, अतः 'हाथ' कारक हुआ। रुपये दिये गये, अतः रुपये कारक हुए और ब्राह्मणों को दिये गये, अतः 'ब्राह्मण' कारक हुए। इस प्रकार क्रिया के सम्पादन के लिए छः सम्बन्ध स्थापित हुए—

क्रिया का करने वाला (सम्पादक)—कर्त्ता

क्रिया का कर्म—कर्म

क्रिया का सम्पादन जिसके द्वारा हो—करण

क्रिया जिसके लिए हो—सम्प्रदान

क्रिया जिससे दूर हो—अपादान

क्रिया जिस स्थान पर हो—अधिकरण

इस प्रकार कर्त्ता, कर्म, करण, सम्प्रदान, अपादान, और अधिकरण ये छः कारक* हैं। इन्हीं कारकों के चिह्न विभक्तियाँ कहलाती हैं।

'कारक' वही कहलाता है जिसका क्रिया के साथ सीधा सम्बन्ध हो। 'राम के पुत्र लव ने अश्वमेध के घोड़े को पकड़ा।' इस वाक्य में 'पकड़ने' की क्रिया लव और घोड़े से है, क्योंकि पकड़ने वाला 'लव' और पकड़ा जानेवाला 'घोड़ा' है; राम और अश्वमेध का 'पकड़ने' की क्रिया से कोई सम्बन्ध नहीं, अतः राम को और अश्वमेध को कारक नहीं कहेंगे। राम का सम्बन्ध लव से है और अश्वमेध का घोड़े से, किन्तु क्रिया के सम्पादन में इनका (राम का तथा अश्वमेध का) कोई उपयोग नहीं होता।

---

* कर्त्ता कर्म च करणं च सम्प्रदानं तथैव च।
अपादानाधिकरणे इत्याहुः कारकाणि षट्॥

प्रथमा

प्रातिपदिकार्थलिङ्गपरिमाणवचनमात्रे च प्रथमा ।२।३।४६। प्रथमा विभक्ति का उपयोग केवल शब्द का अर्थ बतलाने के लिए अथवा केवल लिङ्ग बतलाने के लिए अथवा परिमाण या वचन बतलाने के लिए होता है।

प्रातिपदिक का अर्थ है 'शब्द' और प्रत्येक शब्द का कुछ नियत अर्थ होता है, किन्तु संस्कृत वैयाकरण जब तक किसी शब्द में कोई प्रत्यय जोड़कर (सुप्तिङन्तं पदम्) न बना लें तब तक उसका कुछ अर्थ नहीं समझते। अतः जब किसी शब्द का कोई अर्थ निकालना हो तो उस शब्द में प्रथमा विभक्ति लगाते हैं। 'गोविन्द' का उच्चारण निरर्थक होगा, किन्तु यदि 'गोविन्दः' कहें तो 'गोविन्द' शब्द का अर्थ होगा। इसी कारण संज्ञा, विशेषण, सर्वनाम में ही नहीं, अपितु अव्यय शब्दों तक में भी संकृत के विद्वान् प्रथमा लगाते हैं, जैसे—उच्चैः नीचैः आदि। यदि न लगावें तो उन अव्ययों का अर्थ न समझा जाय।

लिङ्ग का अर्थ ऐसे शब्दों से है जिनमें लिङ्ग नहीं होता (जैसे—उच्चैः नीचैः आदि अव्यय) और ऐसे शब्द जिनका लिङ्ग नियत है (जैसे वृक्षः पुल्लिङ्ग, फलम् नपुंसकलिङ्ग, या लता स्त्रीलिङ्ग) इनको छोड़कर शेष शब्दों के अर्थ और लिङ्ग दोनों प्रथमा विभक्त के द्वारा ही जाने जाते हैं। उदाहरणार्थ—तटः, तटी, तटम्—इन शब्दों में 'तटः' से ज्ञात होता है कि यह शब्द पुँल्लिङ्ग में है और इसका अर्थ 'किनारा' है।

केवल परिमाण, जैसे सेरो गोधूमः (एक सेर गेहूँ) यहाँ प्रथमा विभक्ति से सेर का नाप विदित होता है।

केवल वचन (संख्या) जैसे एकः, द्वौ, बहवः।

सम्बोधने च ।२।४।४७।

सम्बोधन में भी प्रथमा विभक्ति का उपयोग होता है, जैसे—छात्राः (हे विद्यार्थियो), बालिकाः (हे लड़कियो) आदि।

कर्त्ता और क्रिया का समन्वय

जिस व्यक्ति या वस्तु के विषय में कुछ कहा जाता है उसे वाक्य का कर्त्ता कहते हैं और वह प्रथमा विभक्ति में रखा जाता है। क्रिया का पुरुष तथा वचन कर्त्ता के अनुसार होता है, अर्थात् जिस पुरुष और वचन का कर्त्ता होगा उसी पुरुष और वचन की क्रिया भी होगी, जैसे—'अस्ति भारतवर्षे राष्ट्रपतिः श्रीराजेन्द्रप्रसादः' (भारतवर्ष में राष्ट्रपति श्री राजेन्द्रप्रसाद हैं)। 'साधयामो वयम्' (हम लोग जाते हैं)।

वाक्य में जब दो या दो से अधिक कर्ता हों और वे 'च' (और) से जोड़ दिये जाते हैं तब क्रिया कर्त्ताओं के संयुक्त वचन के अनुसार होती है, यथा—तयोर्जग्रिहतुः पादान् राजा राज्ञी च मागधी। (राजा और मागधी रानी ने उनके पाँव पकड़े।)

जब अनेक संज्ञाएँ पृथक् पृथक् समझी जाती हैं या वे सब एक साथ मिलकर एक विचार विशेष की द्योतक होती हैं तब क्रिया एक वचन की होती है, यथा—न मां त्रातुं तातः प्रभवति न चाम्बा न भवती। (मुझे न तो मेरे पिता बचा सकते हैं और न मेरी माता और न आप ही)। पटुत्वं सत्यवादित्वं कथायोगेन बुध्यते (पटुता और सत्यवादिता वार्तालाप से ज्ञात होती है।)

कभी कभी क्रिया समीपतम कर्ता के अनुसार होती है और शेष कर्ताओं के साथ समझ लिये जाने के लिए छोड़ दी जाती है, यथा—अहश्च रात्रिश्च उभे च सन्ध्ये धर्मोऽपि जानाति नरस्य वृत्तम्)। (दिन और रात, दोनों गोधूलियाँ और धर्म भी मनुष्य के कार्य को जानते हैं।)

जब वाक्य में कर्तृपद अथवा या वा द्वारा जुड़े होते हैं तो एक वचन की क्रिया आती, यथा—गोपालः कृष्णः जगदीशो वा गच्छतु। (गोपाल या कृष्ण या जगदीश जायें)। (शिशुत्वं स्त्रैणं वा भवतु ननु वन्द्यासि जगतः) (तुम चाहे शिशु हो और स्त्री हो, किन्तु जगत् की वन्दनीय हो।)

जब कर्त्ता भिन्न भिन्न वचन के कर्तृपदों से युक्त होता है तब क्रिया निकटतम कर्तृपद के अनुसार होती है, जैसे—ते वा अयं वा पारितोषिकं गृह्णातु (चाहे वे लोग चाहे यह व्यक्ति इनाम ले)।

जब भिन्न भिन्न पुरुषों के दो या दो से अधिक कर्तृपद 'च' (और) द्वारा जुड़े होते हैं तब क्रिया उनके संयुक्त वचन के अनुसार होती है, तथा उत्तम, मध्यम तथा प्रथम पुरुष के योग में उत्तमपुरुष की क्रिया होती है और मध्यम तथा प्रथम पुरुष के योग में मध्यम पुरुष की क्रिया होती है, यथा—

ते किङ्कराः अहञ्च श्वो ग्रामं प्रतिष्ठेमहि) (वे नौकर और मैं कल गांव को चल दूँगा।) (त्वञ्चाहञ्च पचावः—तू और मैं पकाता हूँ।) त्वञ्चैव सोमदत्तिश्च कर्णश्चैव तिष्ठत (तू और सोमदत्ति और कर्ण रहें)।

जब भिन्न २ पुरुषों के दो या दो से अधिक कर्तृपद 'वा' या 'अथवा' द्वारा जुड़े हों तब क्रिया का पुरुष और वचन निकटतम पद के अनुसार होता है यथा—स वा यूयं वा एतत्कर्म अकुरुत (उसने अथवा तुम लोगों ने यह काम किया है)।

ते वा वयं वा इदं दुष्कर्म कार्यं सम्पादयितुं शक्नुमः।

(या तो वे लोग या हम लोग इस कठिन कार्य को कर सकते हैं)

जब दो या दो से अधिक कर्तृपद किसी संज्ञा या सर्वनाम के समानाधिकरण होते हैं तब क्रिया संज्ञा अथवा सर्वनाम के अनुसार होती है, यथा—माता मित्रं पिता चेति स्वभावात् त्रितयं हितम् (माता, मित्र और पिता ये तीनों स्वभाव से ही हितैषी होते हैं)।

प्रथम अभ्यास

वर्तमानकाल (लट्)*

	एकवचन	द्विवचन	बहुवचन
प्र०पु०	पठति (वह पढ़ता है)	पठतः (वे दो पढ़ते हैं)	पठन्ति (वे पढ़ते हैं)
म०पु०	पठसि (तू पढ़ता है)	पठथः (तुम दो पढ़ते हो)	पठथ (तुम पढ़ते हो)
उ०पु०	पठामि (मैं पढ़ता हूँ)	पठावः (हम दो पढ़ते हैं)	पठामः (हम पढ़ते हैं)

संक्षिप्तरूप

प्र० पु०	(सः) अति	(तौ) अतः	(ते) अन्ति
म० पु०	(त्वम्) असि	(युवाम्) अथः	(यूयम्) अथ
उ० तु०	(अहम्) आमि	(आवाम्) आवः	(वयम्) आमः

इसी प्रकार कुछ भ्वादिगणीय धातुएँ

धातु	एकव०	द्वि०	बहुव०
भू (भव्)—होना	भवति	भवतः	भवन्ति
लिख्—लिखना	लिखति	लिखतः	लिखन्ति
वद्—बोलना	वदति	वदतः	वदन्ति
हस्—हँसना	हसति	हसतः	हसन्ति
धाव्—दौड़ना	धावति	धावतः	धावन्ति
रक्ष्—रक्षा करना	रक्षति	रक्षतः	रक्षन्ति
क्रीड्—खेलना	क्रीडति	क्रीडतः	क्रीडन्ति
गम्—जाना	गच्छति	गच्छतः	गच्छन्ति
आगम्—आना	आगच्छति	आगच्छतः	आगच्छन्ति
पत्—गिरना	पतति	पततः	पतन्ति
†नृत्—नाचना	नृत्यति	नृत्यतः	नृत्यन्ति

---

* (१) 'ति' 'सि' 'मि' और 'अन्ति' इनमें ह्रस्व 'इ' है, दीर्घ 'ई' कभी मत लिखो। इन चारों ह्रस्व इकारों के आगे कभी विसर्ग (:) भी मत रक्खो। (२) तीनों पुरुषों के द्विवचन में 'तः' 'थः' 'वः' और 'मः' के आगे विसर्ग अवश्य रक्खो, अन्यत्र नहीं। सारांश यह है कि इन नौ वचनों में चार के आगे विसर्ग है और चार ही ह्रस्व 'इ' विसर्ग (:) के बिना हैं।

† नृत् (नृत्य नाचना) दिवादिगणीय धातु है, तथापि क्योंकि इसके रूप भ्वादिगणीय धातुओं की भाँति चलते हैं, अतः इसे भ्वादिगणीय धातुओं के साथ रखा गया है।

संस्कृत-अनुवाद

इन वाक्यों को ध्यान से देखो—

(१) बालकः हसति (लड़का हँसता है ।)
(२) यूयं कुत्र गच्छथ ? (तुम कहाँ जाते हो)
(३) आवाम् अत्र क्रीडावः (हम दो यहाँ खेलते हैं ।)
(४) भवन्तः कथं न पठन्ति ? (आप क्यों नहीं पढ़ते हैं ?)

प्रथम वाक्य में 'हसति', क्रिया का कार्य 'बालकः' करता है, द्वितीय में 'गच्छथ' क्रिया का कार्य 'यूयम्' करता है, तृतीय में 'क्रीडावः' क्रिया का कार्य 'आवाम्' करता है और चतुर्थ वाक्य में 'पठन्ति' क्रिया का कार्य 'भवन्तः' करता है । ये चारों 'बालकः' यूयम्' 'आवाम्' और 'भवन्तः' कर्त्ता हैं, क्योंकि **क्रिया के करनेवाले को कर्त्ता कहते हैं ।**

प्रथम वाक्य में 'हसति' क्रिया प्रथम पुरुष के एकवचन में है और उसका कर्त्ता 'बालकः' भी प्रथम पुरुष के एवचन में, द्वितीय वाक्य में 'गच्छथ' क्रिया मध्यम पुरुष के बहुवचन में है और उसका कर्त्ता 'यूयम्' भी मध्यम पुरुष के बहुवचन में है, तृतीय वाक्य में 'क्रीडावः' क्रिया उत्तम पुरुष के द्विवचन में है और उसका कर्त्ता 'आवाम्' भी उत्तम पुरुष के द्विवचनमें है, तथा चतुर्थ वाक्य में 'पठन्ति' क्रिया प्रथम पुरुष के बहुवचन में है और उसका कर्त्ता 'भवन्तः' भी प्रथम पुरुष के बहुवचन में है ।

इसका निष्कर्ष यह निकला कि संस्कृत भाषा के अनुवाद करने में यदि कर्त्ता प्रथम पुरुष का हो तो क्रिया भी प्रथम पुरुष की और यदि कर्त्ता मध्यम पुरुष का हो तो क्रिया भी मध्यम पुरुष की और कर्त्ता उत्तम पुरुष का हो तो क्रिया भी उत्तम पुरुष की होती है । इसके अतिरिक्त यदि कर्त्ता एकवचन में होता है तो क्रिया भी एक वचन में और कर्त्ता द्विवचन में होता है तो क्रिया भी द्विवचन में और कर्त्ता बहुवचन में होता है तो क्रिया भी बहुवचन में होती है । परन्तु भवान् (आप), भवन्तौ (आप दो), भवन्तः (आप सब) के साथ क्रिया मध्यम पुरुष की नहीं लगती, जैसे कि त्वम्-युवाम् यूयम् के साथ लगती है । अतः 'भवान् गच्छसि' अशुद्ध है, 'भवान् गच्छति' ही शुद्ध वाक्य है । इसी प्रकार 'भवन्तौ गच्छतः भवन्तः गच्छन्ति' शुद्ध हैं ।

"बालकः हसति" इसी वाक्य को हम 'हसति बालकः' भी लिख या बोल सकते हैं । यह प्रणाली संस्कृत भाषा की अपनी विशेषता है, क्योंकि इसमें विकारी शब्दों का बाहुल्य है । अँगरेजी भाषा के वाक्य में पहले कर्ता फिर क्रिया और अन्त में कर्म आता है और हिन्दी में पहले कर्त्ता, फिर कर्म और अन्त में क्रिया आती है, किन्तु संस्कृत में कर्त्ता, कर्म और क्रिया आगे पीछे भी रखे जा सकते हैं, यथा—

भवान् कुत्र गच्छति ? (आप कहाँ जाते हैं), अथवा कुत्र गच्छति भवान् ?

इन वाक्यों में क्रिया कर्त्ता का अनुसरण करती है, अर्थात् कर्त्ता के अनुसार है, अतः इन वाक्यों को **कर्तृ वाच्य** कहते हैं।

कर्तृवाच्य में कर्त्ता (व्यक्ति का नाम या किसी वस्तु का नाम) में प्रथमा विभक्ति होती है और कर्म वाच्य में कर्म में प्रथमा विभक्ति होती है, जैसे ऊपर के उदाहरणों में है, यथा—बालकः हसति। भवान् गच्छति। देवेन पाठः पठ्यते।

संस्कृत में अनुवाद करो।

(क) १—गोपाल खेलता है। २—शकुन्तला हँसती है। ३—केशव धीरे-धीरे लिखता है। ४—बन्दर (वानराः) दौड़ते हैं। ५—हाथी (गजाः) यहाँ आते हैं। ६—घोड़े (अश्वाः) कहाँ जाते हैं? ७—पत्ते (पत्राणि) और फल गिरते हैं। ८—सुशीला क्या पढ़ती है? ९—रमेश और सुरेश खेलते हैं। १०—लड़के आते हैं और लड़कियाँ जाती हैं।

(ख) ११—वह जोर से (उच्चैः) हँसता है। १२—वे कहाँ जाते हैं? १३—तू कहाँ जाता है? १४—आप (भवन्तः) क्यों हँसते हैं? १५—तुम कहाँ जाते हो? १६—हम यहाँ नहीं खेल रहे हैं। १७—तुम इस प्रकार क्यों दौड़ते हो? १८—तुम दो क्यों नहीं खेलते हो? १९—वे अब क्यों नहीं पढ़ते हैं? २०—मैं इस समय नहीं खेलता हूँ। २१—वे अवश्य पढ़ते हैं। २२—हम सब अलग-अलग (पृथक्) पढ़ते हैं। २३—वह वैसे ही नाचती है। २४—आप यहाँ क्यों नहीं आते हैं? २५—तुम सब पढ़कर (पठित्वा) खेलते हो।

द्वितीय अभ्यास

अनद्यतन भूतकाल (लङ्) *

	एकवचन	द्विवचन	बहुवचन
प्र० पु०	अपठत् (उसने पढ़ा)	अपठताम् (उन दोने पढ़ा)	अपठन् (उन्होंने पढ़ा)
म० पु०	अपठः (तूने पढ़ा)	अपठतम् (तुम दोने पढ़ा)	अपठत (तुमने पढ़ा)
उ० पु०	अपठम् (मैंने पढ़ा)	अपठाव (हम दोने पढ़ा)	अपठाम (हमने पढ़ा)

संक्षिप्त रूप

	एकवचन		द्विवचन		बहुवचन	
प्र० पु०	(सः)	अत्	(तौ)	अताम्	(ते)	अन्
म० पु०	(त्वम्)	अः	(युवाम्)	अतम्	(यूयम्)	अत
उ० पु०	(अहम्)	अम्	(आवाम्)	आव	(वयम्)	आम

---

* अनद्यतन भूत (लङ्) में केवल मध्यम पुरुष के एक वचन में विसर्ग (:) होता है, और कहीं नहीं। हल् अक्षरों का पाँच स्थानों पर ध्यान रखो, जैसे—'अपठत्' में त् हलन्त अक्षर है।

इसी प्रकार

धातु	एकवचन	द्विवचन	बहुवचन
लिख्—लिखना	अलिखत्	अलिखताम्	अलिखन्
वद्—कहना	अवदत्	अवदताम्	अवदन्
हस्—हँसना	अहसत्	अहसताम्	अहसन्
धाव्—दौड़ना	अधावत्	अधावताम्	अधावन्
रक्ष्-रक्षा करना	अरक्षत्	अरक्षताम्	अरक्षन्
क्रीड्—खेलना	अक्रीडत्	अक्रीडताम्	अक्रीडन्
गम्—जाना	अगच्छत्	अगच्छताम्	अगच्छन्
आगम्—आना	आगच्छत्	आगच्छताम्	आगच्छन्
पत्—गिरना	अपतत्	अपतताम्	अपतन्
नृत्—नाचना	अनृत्यत्	अनृत्यताम्	अनृत्यन्
भू (भव्)–होना	अभवत्	अभवताम्	अभवन्

भूतकाल—संस्कृत भाषा में भूतकाल सूचक तीन लकार हैं—लिट् (परोक्षभूत), लङ् (अनद्यतन भूत) और लुङ् (सामान्य भूत)। संस्कृत व्याकरण में इन तीनों में अन्तर माना गया है। परोक्षभूत् अर्थात् वह बात जो आँख के सामने की न हो, एक प्रकार से ऐतिहासिक हो उसमें लिट् होता है, जैसे—'रामो राजा बभूव' (राम राजा हुए)। अनद्यतन भूत जो बात आज की न हो, पिछले दिन की हो, उसमें लङ् होता है, जैसे—'देवदत्तः ह्यः काशीमगच्छत्' (देवदत्त कल काशी गया)। इस प्रकार व्याकरण की दृष्टि से 'रमा अद्य प्रातः पुस्तकमपठत्' (रमा ने आज सुबह पुस्तक पढ़ी) अशुद्ध वाक्य होता और इस वाक्य के स्थान में शुद्ध वाक्य 'रमा अद्य प्रातः पुस्तकमपाठीत्' होना चाहिए था, किन्तु व्यवहार में यह भेद नहीं रह गया है और लङ् एवं लुङ् का किसी भेद के विना प्रयोग किया जा रहा है, बल्कि लङ् का भूतकाल में प्रायः प्रयोग होता है।

भूतकाल के लिए 'लङ्' का प्रयोग करते समय छात्र प्रायः भूल करते हैं। वे 'उसने पढ़ा' का अनुवाद 'तेन अपठत्' कर देते हैं। यहाँ पर 'उसने' का अनुवाद 'सः' होगा, क्योंकि प्रथमा विभक्ति का अर्थ भी 'ने' है, अतः इस वाक्य का अनुवाद 'सः अपठत्' होगा। उदाहरणार्थ—

१—शीला अपठत् (शीला ने पढ़ा) २—तौ अवदताम् (उन दोनों ने कहा) ३—ते अहसन् (वे हँसे)। ४—अहम् अधावम् (मैं दौड़ा)। ५—युवाम् अक्रीडतम् (तुम दो खेले)।

संस्कृत में अनुवाद करो।

(क) १—बन्दर आया। २—लड़के दौड़े। ३—रमेश ने आज नहीं पढ़ा। ४—सोहन और श्याम वहाँ खेले। ५—गोपाल यहाँ क्यों नहीं आया ? ६—

देवेन्द्र कहां खेला? ७—पिताजी कल आये। ८—तुम नहीं हँसे। ९—इस समय सोहन कहाँ गया? १०—कमला ने कल क्यों नहीं पढ़ा? ११—हाथी और घोड़े दौड़े। १२—छात्रों ने क्यों नहीं पढ़ा? १३—ईश्वर ने रक्षा की। १४—गुरु जी क्यों हँसे? १५—साधु ने क्या कहा?

(ख) १६—वह क्यों नहीं खेले? १७—तुम क्यों हँसे? १८—तूने क्या क्या कहा? १९—हमने कुछ नहीं (किमपि न) पढ़ा। २०—तूने ऐसा क्यों लिखा? २१—शीला नहीं नाची। २२—वे दो कहाँ गये? २३—वे क्यों हँसे? २४—तुमने क्या पढ़ा? २५—क्या वह हँसी थी?

तृतीय अभ्यास

सामान्य भविष्यत् (लृट्)

	एकव०	द्विव०	बहुव०
प्र० पु०	पठिष्यति (वह पढ़ेगा)	पठिष्यतः (वे दो पढ़ेंगें)	पठिष्यन्ति (वे पढ़ेंगें)
म० पु०	पठिष्यसि (तू पढ़ेगा)	पठिष्यथः (तुम दो पढ़ोगे)	पठिष्यथ (तुम पढ़ोगे)
उ० पु०	पठिष्यामि (मैं पढ़ूंगा)	पठिष्यावः (हम दो पढ़ेंगे)	पठिष्यामः (हम पढ़ेंगे)

संक्षिप्त रूप

प्र० पु०	(सः)	इष्यति	(तौ)	इष्यतः	(ते)	इष्यन्ति
म० पु०	(त्वम्)	इष्यसि	(युवाम्)	इष्यथः	(यूयम्)	इष्यथ
उ० पु०	(अहम्)	इष्यामि	(आवाम्)	इष्यावः	(वयम्)	इष्यामः

इसी प्रकार—

धातु	एकव०	द्विव०	बहुप०
लिख्—लिखना	लेखिष्यति	लेखिष्यतः	लेखिष्यन्ति
वद्—कहना	वदिष्यति	वदिष्यतः	वदिष्यन्ति
हस्—हँसना	हसिष्यति	हसिष्यतः	हसिष्यन्ति
धाव्—दौड़ना	धाविष्यति	धाविष्यतः	धाविष्यन्ति
रक्ष्—रक्षा करना	रक्षिष्यति	रक्षिष्यतः	रक्षिष्यन्ति
क्रीड्—खेलना	क्रीडिष्यति	क्रीडिष्यतः	क्रीडिष्यन्ति
गम्—जाना	गमिष्यति	गमिष्यतः	गमिष्यन्ति
आगम्—आना	आगमिष्यति	आगमिष्यतः	आगमिष्यन्ति
पत्—गिरना	पतिष्यति	पतिष्यतः	पतिष्यन्ति
नृत्—नाचना	नर्तिष्यति	नर्तिष्यतः	नर्तिष्यन्ति
भू [भव्]—होना	भविष्यति	भविष्यतः	भविष्यन्ति

भविष्यत् काल—भविष्यत् काल के सूचक दो लकार हैं—लृट् (सामान्य भविष्य) और लुट् (अनद्यतन भविष्य)। परन्तु यह अन्तर भी व्यवहार में नहीं रह

गया है। लुट् का प्रयोग बहुत कम देखने में आता है, केवल लृट् का ही प्रयोग होता है।

लृट् बनाने का सरल ढंग यह है कि शुद्ध धातु पर 'इ'* लगाकर आगे 'ष्य' रखो और फिर वर्तमान काल की भाँति 'ति' 'तः' 'न्ति' आदि प्रत्यय जोड़ दो।

उदाहरणार्थ—

१. देवः पठिष्यति (देव पढ़ेगा)। २. वानरा धाविष्यन्ति (बानर दौड़ेंगे)। ३. पत्राणि पतिष्यन्ति (पत्ते गिरेंगे)। ४. त्वं कदा गमिष्यसि? (तू कब जाएगा?) ५. वयं क्रीडिष्यामः (हम खेलेंगे।) ६. के लेखिष्यतः (कौन दो लिखेंगी)?

संस्कृत में अनुवाद करो

(४) १—गोविन्द कल आयेगा। २—श्यामा यहाँ नाचेगी। ३—हरि कल वहाँ दौड़ेगा। ४—घोड़े नहीं दौड़ेंगे। ५—लड़कियाँ जरूर नाचेंगी। ६—रमेश सुबह पढ़ेगा। ७—ईश्वर रक्षा करेगा। ८—पके हुए (पक्वानि) फल गिरेंगे। ९—कमला नहीं हँसेगी। १०—छात्र शाम को खेलेंगे। ११—हाथी यहाँ आवेंगे। १२—दो छात्र यहाँ पढ़ेंगे। १३—रजनी कब नाचेगी? १४—दो ब्राह्मण यहाँ आवेंगे। १५—मेहमान (अतिथयः) कल जावेंगे।

(क) १६—तुम कब जाओगे? १७—मैं नहीं दौड़ूंगा। १८—तुम दो कब आओगे? १९—वे क्यों हँसेंगे? २०—मैं यहीं पढ़ूंगा। २१—हम नहीं जावेंगे। २२—वे कब नाचेंगी? २३—तुम सब वहाँ खेलोगे। २४—क्या आप वहाँ नहीं आवेंगे? २५—राजा (नृप) रक्षा करेगा।

चतुर्थ अभ्यास

आज्ञार्थक लोट

	एकवचन	द्विवचन	बहुवचन
प्र० पु०	पठतु (वह पढ़े)	पठताम् (वे दो पढ़ें)	पठन्तु (वे पढ़ें)
म० पु०	पठ (तू पढ़)	पठतम् (तुम दो पढ़ो)	पठत (तुम पढ़ो)
उ० पु०	पठानि (मैं पढ़ूं)	पठाव (हम दो पढ़ें)	पठाम (हम पढ़ें)

संक्षिप्त रूप

प्र० पु०	(सः)	अत्	(तौ)	अताम्	(ते)	अन्तु
म० पु०	(त्वम्)	अ	(युवाम्)	अतम्	(यूयम्)	अत
उ० पु०	(अहम्)	आनि	(आवाम्)	आव	(वयम्)	आम

*कुछ ऐसी भी धातुएँ हैं जिनमें 'इ' नहीं लगता, ऐसी दशा में शुद्ध धातु के आगे 'स्यति' 'स्यतः' 'स्यन्ति' लगेंगे, यथा—पास्यति (पीवेगा), वत्स्यति (वास करेगा), दास्यति (देगा) आदि।

इसी प्रकार

लिख्–लिखना	लिखतु	लिखताम्	लिखन्तु
वद्–कहना	वदतु	वदताम्	वदन्तु
हस्–हसना	हसतु	हसताम्	हसन्तु
धाव्–दौड़ना	धावतु	धावताम्	धावन्तु
रक्ष्–रक्षा करना	रक्षतु	रक्षताम्	रक्षन्तु
क्रीड्–खेलना	क्रीडतु	क्रीडताम्	क्रीडन्तु
गम्–जाना	गच्छतु	गच्छताम्	गच्छन्तु
आगम्–आना	आगच्छतु	आगच्छताम्	आगच्छन्तु
पत्–गिरना	पततु	पतताम्	पतन्तु
नृत्–नाचना	नृत्यतु	नृत्यताम्	नृत्यन्तु
भू (भव्) होना	भवतु	भवताम्	भवन्तु

आज्ञार्थक लोट—विधिलिङ् और लोट् लकार आज्ञा, अनुज्ञा तथा प्रार्थना आदि के अर्थों के सूचक हैं। आशीर्वाद के अर्थ में भी लोट् का प्रयोग होता है।

उदाहरणार्थ

१—सुशीला गच्छतु (सुशीला जावे) २—छात्राः क्रीडन्तु (विद्यार्थी खेलें) ३—परमात्मा रक्षतु (ईश्वर रक्षा करे।) ४—यूयम् गच्छत (तुम जाओ) ५—बालिकाः नृत्यन्तु (लड़कियाँ नाचें।) ६—गच्छाम किम् ? (क्या हम जावें ?) ७—इदानीं छात्राः पठन्तु (इस समय छात्र पढें।)

(विशेष अध्ययन के लिए आगे क्रिया-प्रकरण देखिए)।

संस्कृत में अनुवाद करो

१—गोपाल और कृष्ण पढें। २—नौकर (सेवकः) जावे। ३—लड़के दौड़ें। ४—भगवान् रक्षा करे। ५—मैं जाऊँ ? ६—हम खेलें ? ७—वे न हँसें। ८—अब आप खेलें। ९—तुम लोग पढ़ो। १०—हम दो पढ़े ? ११—तुम दो मत हँसो। १२—तुम सब दौड़ो। १३—नर्तकियाँ (नर्तक्यः) नाचें। १४—क्यों हँसते हो ? १५—यहाँ आओ। १६—वहाँ न जाओ। १७—दौड़ो मत। १८—हँसो मत। १९—पढ़ो। २०—जाओ, नाचो। २१—अब खेलो मत, पढ़ो। २२—सब छात्र पढ़ें। २३—हम क्या पढ़ें। २४—तुम वहाँ जाओ। २५—दो छात्र दौड़ें।

*प्रकीर्ण

१—संसार में धन विपत्तियों का कारण है। २—जब वह घोड़े से गिरा, उस समय हम वहाँ उपस्थित थे। ३—वे लोग वहाँ सन्देह के पात्र हो गये।

---

* ओदरिकस्य (पेटूका), अभ्यवहार्यं (भोजन), अभिभवास्पदम् (अपमानपात्र)

४—बंग के राजा ने युद्ध में प्राण (प्राणान्) दे दिये। ५—अच्छी पत्नियाँ धार्मिक कृत्यों की मूल कारण होती हैं। ६—देवदत्त अपनी कक्षा का रत्न तथा अपने कुल का दीपक है। ७—क्या वह कार्य बहुत कठिन है? ८—संसार में विद्या के समान कोई धन नहीं है। ९—ऐ गोविन्द! तुम मेरे प्राण और मेरे सारे संसार हो! १०—कल मैंने तीन सुन्दर बगीचे और दो तालाब देखे।

हिन्दी में अनुवाद करो

१—अदेयमासीत् त्रयमेव भूपतेः शशिप्रभं छत्रमुभे च चामरे।
२—बलवानपि निस्तेजाः कस्य नाभिभवास्पदम्।
३—तीर्थोदकं च वह्निश्च नान्यतः शुद्धिमर्हतः।
४—ममापि दुर्योधनस्य शंकास्थानं पाण्डवाः।
५—सर्वत्रोदरिकस्याभ्यवहार्यमेव विषयः।
६—त्वं जीवितं त्वमसि मे हृदयं द्वितीयम्। त्वं कौमुदी नयनयोरमृतं त्वमंगे।
७—जनकानां रघूणाञ्च सम्बन्धः कस्य न प्रियः।
८—वयमपि भवत्योः सखीगतं किमपि पृच्छामः।

पञ्चम अभ्यास

कर्मकारक (द्वितीया) 'को'

आज्ञार्थक विधिलिङ्

	एकव०	द्विव०	बहुव०
प्र० पु०	पठेत्	पठेताम्	पठेयुः
म० पु०	पठेः	पठेतम्	पठेत
उ० पु०	पठेयम्	पठेव	पठेम

संक्षिप्त रूप

प्र० पु०	(सः)	एत्	(तौ)	एताम्	(ते)	एयुः
म० पु०	(त्वम्)	एः	(युवाम्)	एतम्	(यूयम्)	एत
उ० पु०	(अहम्)	एयम्	(आवाम्)	एव	(वयम्)	एम

इसी प्रकार

भू (भव्)—होना	भवेत्	भवेताम्	भवेयुः
लिख्—लिखना	लिखेत्	लिखेताम्	लिखेयुः
वद्—कहना	वदेत्	वदेताम्	वदेयुः
हस्—हँसना	हसेत्	हसेताम्	हसेयुः
धाव्—दौड़ना	धावेत्	धावेताम्	धावेयुः
रक्ष्—रक्षा करना	रक्षेत्	रक्षेताम्	रक्षेयुः
क्रीड्—खेलना	क्रीडेत्	क्रीडेताम्	क्रीडेयुः

गम्—जाना	गच्छेत्	गच्छेताम्	गच्छेयुः
आगम्—आना	आगच्छेत्	आगच्छेताम्	आगच्छेयुः
पत्—गिरना	पतेत्	पतेताम्	पतेयुः
नृत्—नाचना	नृत्येत्	नृत्येताम्	नृत्येयुः

इन वाक्यों को ध्यान से देखो—

(१) छात्राः गुरुं नमेयुः (छात्र गुरु को प्रमाण करें)।

(२) शिशुः दुग्धं पिबेत् (बच्चा दूध पीवे)।

(३) सुधाकरः सुधां वर्षेत् (चन्द्रमा अमृत की वर्षा करे।)

(४) नृपः शत्रून् जयेत् (राजा शत्रु को जीते)।

(५) गुरुः शिष्यं प्रश्नं पृच्छेत् (गुरु शिष्य से प्रश्न पूछे)।

कर्मणि द्वितीया ।२।३।२।

जिस वस्तु या पुरुष के ऊपर क्रिया का फल (प्रभाव) पड़ता है उसे कर्म कारक कहते हैं। और कर्म कारक में द्वितीया विभक्ति होती है।

"नृपः शत्रुं जयेत् (राजा शत्रु को जीते।)" इस-वाक्य में 'जीतना' क्रिया का फल 'नृपः (राजा)' कर्त्ता पर समाप्त न होकर 'शत्रु' पर समाप्त हुआ, क्योंकि शत्रु ही जीता जायेगा। अतः 'शत्रु' कर्म कारक हुआ और उसमें द्वितीया विभक्ति (शत्रुम्) हुई। जब क्रिया का व्यापार कर्त्ता पर ही समाप्त होता है, तब क्रिया अकर्मक होती है, जैसे 'बालकः हसति' इस वाक्य में 'हँसने' का व्यापार कर्त्ता तक ही समाप्त हो जाता है' अतः 'हसति' अकर्मक क्रिया का रूप है।

कर्म का उपर्युक्त लक्षण ठीक नहीं, क्योंकि साहित्य में ऐसे अनेक उदाहरण हैं जिन पर क्रिया का फल तो समाप्त होता है, पर वे कर्म कारक नहीं माने जाते। "वह घर जाता है" यहाँ यद्यपि जाने का कार्य 'घर' पर समाप्त होता है, तथापि 'घर' प्रायः कर्म नहीं माना जाता और न 'जाना' ही सकर्मक क्रिया है। घर को कर्म मानने के लिए विशेष नियम है। पाणिनि के अनुसार कर्म की यह परिभाषा है—"कर्त्ता सब से अधिक जिस पदार्थ को चाहता है वह कर्म है।" (कर्तुरीप्सित-तमं कर्म) यथा–पयसा ओदनं भुङ्क्ते (दूध से भात खाता है) यहाँ दूध की अपेक्षा भात कर्त्ता को अधिक पसन्द है।

मुनेः शिष्यं मार्गं पृच्छति (मुनि के शिष्य से रास्ता पूछता है) इस वाक्य में यद्यपि पूछने वाला कर्ता शिष्य की अपेक्षा मुनि से ही रास्ता पूछना अधिक पसन्द करता तथापि मुनि की कर्म संज्ञा नहीं हो सकती, क्योंकि मुनि का 'पृच्छति' क्रिया के साथ कोई सीधा सम्बन्ध न होकर शिष्य के साथ विशेष सम्बन्ध है।

तथायुक्तं चानीप्सितम् ।१।४।५०।

कुछ पदार्थ ऐसे भी हैं जो कि कर्त्ता द्वारा अनीप्सित होते हुए भी ईप्सित की तरह क्रिया से सम्बद्ध रहते हैं। उनकी भी कर्म संज्ञा होती है, यथा—ओदनं

भुञ्जानो विषं भुंक्ते। इस वाक्य में विष कर्ता को अनीप्सित है, परन्तु ओदन (जो भोजन क्रिया के द्वारा ईप्सिततम है) की 'ही' तरह वह भी उस क्रिया से सटा है और ओदन-भोजन के साथ उसके भोजन का रहना भी अनिवार्य है। इसलिए विष भी कर्म संज्ञक हो जायगा। इसी प्रकार 'ग्रामं गच्छन् तृणं स्पृशति' इस वाक्य में तृण भी कर्म संज्ञक होगा।

(अकर्मक धातुभिर्योगे देशः कालो भावो गन्तव्योऽध्वा च कर्मसंज्ञक इति वाच्यम्-वा०) अकर्मक धातुओं के योग में देश, काल, भाव तथा गन्तव्य मार्ग भी कर्म समझे जाते हैं, जैसे—पाञ्चालान् स्वपिति (पाञ्जाब देश में सोता है) (पाञ्चाल देश व्यञ्जक है)।

वर्षमास्ते (वर्ष भर रहता है)। (वर्षम् काल व्यञ्जक है)। गोदोहमास्ते (गाय दुहने की बेला तक रहता है)। क्रोशमास्ते (कोस भर में रहता है) (क्रोशं मार्ग व्यञ्जक है)।

अभिनिविशश्च।१।४।४७।

'अभि' तथा 'नि' उपसर्ग जब एक साथ 'विश्' धातु के पहले आते हैं तब 'विश्' का आधार कर्म कारक होता है, जैसे—सन्मार्गम् अभिनिविशते (वह अच्छे मार्ग का अनुसरण करता है)। यदि अभि+नि एक साथ न आकर इनमें से केवल एक ही आवे तो द्वितीया नहीं होती है, जैसे—निविशते यदि शूकशिखापदे।

उपान्वध्याङ्वसः।१।४।४८।

यदि 'वस्' धातु के पूर्व उप, अनु, अधि, आ में से कोई उपसर्ग लगा हो तो क्रिया का आधार कर्म होता है, यथा—

विष्णुः वैकुण्ठम् अधिवसति	(विष्णु वैकुण्ठ में वास करते हैं)।
विष्णुः वैकुण्ठम् उपवसति	
विष्णुः वैकुण्ठम् आवसति	किन्तु विष्णुः वैकुण्ठे वसति—यहाँ पर
विष्णुः वैकुण्ठम् अनुवसति	द्वितीया विभक्ति नहीं हुई।

(अभुक्त्यर्थस्य न वा) जब 'उपवस्' का अर्थ उपवास करना, न खाना होता है तब 'उपवस्' का आधार कर्म नहीं होता अधिकरण ही रहता है। जैसे—वने उपवसति (वन में उपवास करता है)।

धातोरर्थान्तरे वृत्तेर्धात्वर्थेनोपसंग्रहात्।
प्रसिद्धेरविवक्षातः कर्मणोऽकर्मिका क्रिया॥

सकर्मक धातुएँ भी अकर्मक हो जाती हैं, यदि—

(क) धातु का अर्थ बदल जाय, यथा—वह् 'धातु' का अर्थ है ढोना, ले जाना। नदी वहति इस प्रयोग में 'वह्' का अर्थ स्पन्दन करना है।

(ख) धातु के ही अर्थ में कर्म समाविष्ट हो, जैसे—'जीवति' इस प्रयोग में 'जीवनं जीवति' इस प्रकार का अर्थ गम्य होने के कारण इसमें जीवन की कर्मता छिपी हुई है।

(ग) जब 'धातु' का कर्म अत्यन्त प्रख्यात हो, जैसे—'मेघो वर्षति' का कर्म 'जलम्' अत्यंत लोक विख्यात है।

(घ) जब कर्म का कथन अभीष्ट न हो, जैसे—'हितान्न यः संशृणुते स किं प्रभुः' इस प्रयोग में 'हित' कर्म है पर उसे कर्म बतलाना वक्ता को अभीष्ट नहीं है।

(ङ) अकर्मक धातुएँ सोपसर्ग होने पर प्रायः सकर्मक हो जाती हैं, यथा—ऋषीणां पुनराद्यानां वाचमार्थोऽनुधावति (धाव् क्रिया पर अनु उपसर्ग)। प्रभुचित्तमेव जनोऽनुवर्तते (वृत् धातु पर अनु उपसर्ग)। अचलतुङ्गशिखरमारुरोह (रुह् धातु पर आ उपसर्ग)। ऊपर के प्रथम उदाहरण में धाव् धातु अकर्मक है, किन्तु अनु उपसर्ग लगने से वह सकर्मक हो गयी और वाचम् अनुधाव् क्रिया का कर्म हुआ।

७—दूरान्तिकार्थेभ्यो द्वितीया च ।२।३।३५।

दूर, अन्तिक (निकट) तथा इनके समानार्थक शब्दों में द्वितीया, तृतीया, पंचमी तथा सप्तमी विभक्तियाँ होती है, यथा—गृहस्य, गृहात् वा अन्तिकम्, अन्तिकेन, अन्तिकात्, अन्तिके वा। (गृहस्य निकटम् उद्यानं वर्तते।)

८—अनुर्लक्षणे ।१।४।८४। तृतीयार्थे ।१।४।८५। हीने।१।४।८६।

विशेष हेतु को लक्षित करने के लिए जब 'अनु' का प्रयोग होता है तब यह प्रवचनीय बन जाता है, यथा—'जपमनु प्रावर्षत्' अर्थात् जप समाप्त होते ही वृष्टि हो गयी। यहाँ जप ही वृष्टि का कारण हुआ।

'अनु' से तृतीया होने पर उसकी प्रवचनीय संज्ञा होती है, यथा—'नदीम् अन्वसिता सेना' (नद्या सह सम्बद्धा)।

'अनु' से हीन अर्थ लक्षित होने पर वह प्रवचनीय कहलाता है, यथा—'अनु हरिं सुराः' देवता हरि के बाद ही आते हैं अर्थात् हरि से कुछ नीचे ही हैं।

उपोऽधिके च ।१।४।८७।

'अधिक' तथा 'हीन' अर्थ का वाचक होने पर 'उप' भी प्रवचनीय कहलाता है, किन्तु हीन का अर्थ लक्षित होने पर द्वितीया होती है, अन्यथा सप्तमी होती है, यथा—'उप हरिं सुराः' अर्थात् देवता हरि से कुछ नीचे पड़ते हैं, अधिक अर्थ में "उपपरार्धे हरेर्गुणाः' अर्थात् परार्ध से अधिक (ऊपर) ही हरि के गुण होंगे।' 'उप परार्धम्' ऐसा प्रयोग नहीं होगा।

लक्षणेत्थंभूताख्यानभागवीप्सासु प्रतिपर्यनवः ।१।४।९०।

जब किसी ओर संकेत करना हो, या जब 'ये इस प्रकार के हैं' ऐसा बतलाना हो या 'यह उनके हिस्से में पड़ता है' या पुनरुक्ति बतलानी हो तब प्रति, परि और अनु प्रवचनीय कहलाते हैं और इनके योग में द्वितीया विभक्ति होती है, यथा—

प्रासादं प्रति विद्योतते विद्युत् (बिजली महल पर चमक रही है)

भक्तो हरिं प्रति पर्यनु वा (हरि के ये भक्त हैं)।

लक्ष्मीः हरिं प्रति (लक्ष्मी विष्णु के हिस्से पड़ी)।

लतां लतां प्रति सिंचति (प्रत्येक लता को सींचता है)।

अभिरभागे ।१।४।९१।

भाग को छोड़कर अन्य समस्त ऊपर के अर्थों में 'अभि' कर्मवचनीय कहलाता है, यथा—हरिम् अभिवर्तते ।

भक्तो हरिमभि ।

देवं देवमभिषिञ्चति ।

उपपद विभक्तियाँ—

कारकों से सदैव विभक्तियों का ही निर्देश नहीं होता, अपितु ये विभक्तियाँ वाक्य में अनु, अन्तरा, विना, प्रति, सह आदि निपातों तथा नमः, स्वाहा, अलम् आदि अव्ययों के योग से भी व्यवहृत होती हैं और 'उपपद विभक्तियाँ' कहलाती हैं, जैसे—

अन्तरान्तरेण युक्ते ।२।३।४।

अन्तरा (बीच में), अन्तरेण (विना, विषयमें, छोड़कर) शब्दों की जिससे सन्निकटता प्रतीतत होती है उसमें द्वितीया होती है, यथा—

(अन्तरा) गङ्गां यमुनां चान्तरा प्रयागराजः अस्ति (गंगा और यमुना के बीच में प्रयाग राज है), अन्तरा त्वां मां हरिः ।

(अन्तरेण) ज्ञानमन्तरेण (ज्ञानं विना वा) नैव सुखम् (ज्ञान के बिना सुख नहीं है ।) राममन्तरेण न किंचिद् जानामि (राम के विषय में कुछ नहीं जानता हूँ ।)

(अभितः परितः समयानिकषा हा प्रतियोगेऽपि वा०) अभितः (चारों ओर) परितः (सब ओर) समया, निकषा (समीप) हा, प्रति (ओर तरफ) के साथ द्वितीया विभक्ति होती है । यथा—

(अभितः) परिजनः राजानम् अभितः तस्थौ (नौकर राजा के चारों ओर खड़े थे ।)

(निकषा, समया) वनं निकषा (समया वा) सरसी वर्तते (वन के समीप एक तालाब है ।)

(प्रति) दीनं प्रति दयां कुरु (दीन पर दया करो) ।

(हा) हा नास्तकं य ईश्वरं न मन्यते (नास्तिक पर अफसोस है कि वह ईश्वर को नहीं मानता ।)

गत्यर्थकर्मणि द्वितीयचतुर्थ्यौ चेष्टायामध्वनि ।२।३।१२।

गत्यर्थक धातुओं (गम्, चल्, या इण्) का कर्म जब मार्ग नहीं रहता है तब चतुर्थी और द्वितीया होती है, यथा—गृहं गृहाय वा गच्छति—यहाँ जाने में हाथ, पैर आदि अंगों का हिलना-डुलना रहा और गृह मार्ग नहीं है । मार्ग में द्वितीया होती है—पन्थानं गच्छति । शरीर के व्यापार न करने पर—चेतसा हरिं व्रजति (केवल द्वितीया) ।

अधिशीङ्स्थासां कर्म ।१।४।४६।

शीङ्, स्था, तथा आस् धातुओं के पूर्व यदि 'अधि' उपसर्ग लगा हो तो इन क्रियाओं का आधार कर्म कहलाता है, यथा—भूपतिः सिंहासनम् अध्यास्ते (राजा सिंहासन पर बैठा है) ।

शिष्यः आसनम् अधितिष्ठति (शिष्य आसन पर बैठता है) । चन्द्रापीडः मुक्ताशिला पट्टम् अधिशिश्ये (चन्द्रापीड मुक्ताशिला पर लेट गया ।)

उभसर्वतसोः कार्या *धिगुपर्यादिषु त्रिषु ।
द्वितीया मेड्रितान्तेषु† ततोऽन्यत्रापि दृश्यते ॥

उभयतः, सर्वतः, धिक्, उपर्युपरि, अधोऽधः तथा अध्यधि शब्दों की जिससे सन्निकटता पायी जाती है उसमें द्वितीया होती है, यथा—

(उभयतः) उभयतः नदीं वृक्षाः (नदी के दोनों ओर पेड़ हैं,)
(सर्वतः) सर्वतः कृष्णं गोपाः (कृष्ण के सभी ओर ग्वाले हैं) ।
(धिक्) धिक् पिशुनम् (चुगुलखोर को धिक्कार है) ।
(उपर्युपरि) उपर्युपरि लोकं हरिः (हरि लोक के ठीक ऊपर है) ।
(अधोऽधः) अधोऽधः लोकं पातालः (ठीक नीचे पाताल लोक है) ।
(अध्यधि) अध्यधि लोकम् (संसार के ठीक नीचे) ।
(ऋते) न कृष्णम् ऋते कोऽपि कंसं हन्तुं समर्थः (कृष्ण के बिना कोई कंस को नहीं मार सकता) ।

कालाध्वनोरत्यन्तसंयोगे ।२।३।५।

समय और मार्गवाची शब्दों में द्वितीया होती है, यदि अन्त तक पूरे काल या मार्ग का ज्ञान हो, यथा—रमेशः पञ्च वर्षाणि अधिजगे (रमेश ने पूरे पाँच वर्षों तक पढ़ा) । क्रोशं गोमती कुटिला (गोमती नदी परे एक कोस तक टेढ़ी है ।)

एनपा द्वितीया ।२।३।३१।

एनप् प्रत्ययान्त शब्द की जिससे निकटता प्रतीत होती है, उस में द्वितीया या षष्ठी होती है, जैसे—नगरं नगरस्य वा दक्षिणेन (नगर के दक्षिण की ओर) । उत्तरेण यमुनाम् (यमुना के उत्तर) । तत्रागारं धनपतिगृहानुत्तरेणास्मदीयम् (वहां पर कुबेर के महल के उत्तर में मेरा घर है) ।

‡द्विकर्मक धातुएँ—"गोपः गां पयः दोग्धि" (ग्वाला गौ से दूध दुहता है ।)

---

* धिक् के साथ कभी कभी प्रथमा और सम्बोधन भी होते हैं, यथा—
धिग् इयं दरिद्रता, धिग् अर्थाः कष्ट संश्रयाः, धिङ् मूढ !

† उपर्यध्यधसः सामीप्ये ।८।१।७। सामीप्य के अर्थ में उपरि, अधि, तथा अधः आम्रेडित (द्विरुक्त) होते हैं, किन्तु सामीप्य अर्थ न होने पर षष्ठी ही होती है यथा—उपर्युपरि सर्वेषाम् आदित्य इव तेजसा ।

‡दुह्याच् पच् दण्ड् रुधि प्रच्छि चि ब्रू शासु जिमन्थमुषाम् ।
कर्मयुक् स्यादकथितं तथा स्यान्नीहृकृष्वहाम् ॥

'गौ से' का अनुवाद पञ्चमी विभक्ति (गोः) से होना चाहिए था, किन्तु दुह् धातु के प्रयोग होने से पञ्चमी न हो कर द्वितीया (गाम्) हो जाती है। इसी प्रकार निम्न १६ धातुएँ तथा इनके अर्थ वाली धातुएँ द्विकर्म हैं—

१—दुह्—"गोपः गां दोग्धि पयः" (ग्वाला गाय से दूध दुहता है।) इस अर्थ में साधारणतया अपादान कारक होता है, अतः इस में पञ्चमी विभक्ति (गोः) होनी चाहिए; परन्तु यहाँ पर 'गाय' दूध के निमित्त मात्र के लिए गृहीत है, अवधिरूप में नहीं। इस लिए उपर्युक्त नियमानुसार गाय की कर्म संज्ञा हुई। अभिप्राय यह निकला कि पयः कर्मक गोसम्बन्धी दोहन व्यापार हुआ। यदि अपादान की विशेष विवक्षा होगी तो 'गोपालः गोर्दोग्धि पयः' ऐसा ही प्रयोग होगा। इसी भाँति याच् आदि क्रियाओं के साथ द्विकर्मक का सम्बन्ध जानना चाहिए।

२—याच् (माँगना) दरिद्रः राजानं वस्त्रं याचते (दरिद्र राजा से कपड़ा माँगता है)।

३—पच् (पकाना) सः तण्डुलान् ओदनं पचति (वह चावलों से भात पकाता है)।

४—दण्ड् (सजा देना) राजा चौरं शतं दण्डयति (राजा चोर को सौ रुपये जुर्माना करता है)।

५—रुध् (घेरना) व्रजमवरुणद्धि गाम् (गाय को व्रज में घेरता है)।

६—प्रच्छ् (पूछना) मुनिं मार्गं पृच्छति (मुनि से रास्ता पूछता है।)

७—चि (बटोरना) लताम् चिनोति पुष्पाणि (बेल से फूल चुनता है।)

८—ब्रू (बोलना) शिष्यं धर्मं ब्रूते (शिष्य से धर्म की बात कहता है।)

९—शास् (शासन करना) (गुरुः शिष्यं धर्मं शास्ति (गुरु शिष्य को धर्म की बात बताता है।)

इस कारिका में गिनाई गयी धातुएँ तथा इनकी पर्यायवाची धातुएँ भी सम्मिलित समझनी चाहिएँ।

१०—जि (जीतना) शत्रु शतं जयति (दुश्मन से सौ जीतता है)।

११—मन्थ् (मथना) क्षीरसागरममृतं मथ्नन्ति (क्षीरसागर से अमृत मथते हैं)।

१२—मुष् (चोरना) चौरः राजानं सहस्रं मुष्णाति (चोर राजा के हजार रुपये चुराता है)।

१३-१४—नी, वह् (ले जाना) सः ग्राममजां नयति वहति वा (वह गाँव को बकरी ले जाता है)।

१५—हृ (चुराना) चौरः कृपणं धनमहरत् (चोर कंजूस का धन ले गया)।

१६—कृष् (खोदना) नराः वसुधां रत्नानि कर्षन्ति (लोग जमीन से रत्न निकालते हैं)।

द्विकर्मक धातुओं के कर्मवाच्य बनाने में दुह् धातु से मुष् तक के गौण कर्म में और नी, हृ, कृष, वह् के प्रधान कर्म में प्रथमा लगाते हैं, शेष कर्मों में अर्थात् दुह् से मुष् तक के प्रधान कर्म में और नी, हृ, कृष्, वह् के गौण कर्म में द्वितीया विभक्ति होती है, यथा—

कर्तृवाच्य	कर्मवाच्य
गोपः धेनुं पयो दोग्धि,	गोपेन धेनुः पयो दुह्यते
देवाः समुद्रं सुधां मन्मथुः	देवैः समुद्रः सुधां मन्मथे
सोऽजां ग्रामं नयति	तेन अजा ग्रामं नीयते।

विशेष—शेष प्रेरणार्थक क्रियाओं के प्रकरण में देखिए।

संस्कृत में अनुवाद करो—

१—अलकनन्दा तथा भागीरथी के बीच में देवप्रयाग है। २—ग्राम के दोनों ओर वन हैं। ३—ज्ञान के विना सुख नहीं होता है। ४—सदा सच बोलना चाहिए। ५—छात्र दस वर्षों तक अध्ययन करता है (अधीते।) ६—सीता कोस भर चलती है। ७—नगर के नीचे-नीचे जल है। ८—नगर और विद्यालय के बीच में (अन्तरा) तालाब है। ९—राजा चोर को दण्ड देता है। १०—दुर्जन सज्जन को दुःख देता है। ११—विद्या धर्म की ओर जाती है। १२—परिश्रम के बिना विद्या नहीं होती है। १३—सिपाही (राजपुरुषः) वन तक [यावत्] चोर का पीछा करता है। १४—मेरा गाँव काशी के समीप है। १५—हम ईश्वर को नमस्कार करते हैं [नमस्कुर्मः]। १६—अवन्ती के चारों ओर दो कोश तक सुन्दर बगीचे हैं। १७—राम चित्रकूट पर्वत पर बहुत दिन रहे (अधि-वस्)। १८—जो स्वार्थ के बिना ही दूसरों को सताते हैं उन्हें धिक्कार है। १९—हाय मेरा दुर्भाग्य कि मेरा इकलौता पुत्र भी मर गया। २०—जो कृष्ण का भक्त नहीं है उसके ऊपर विपत्ति पड़े।

हिन्दी में अनुवाद करो—

१—सागरं वर्जयित्वा कुत्र वा महानद्यवतरति।

२—धिगिमां असारतां देहभृताम्।

३—खलः सर्षपमात्राणि परच्छिद्राणि पश्यति।
आत्मनो बिल्वमात्राणि पश्यन्नपि न पश्यति।

४—अस्यां बेलायां किन्नु खलु मामन्तरेण चिन्तयति वैशम्पायनः।

५—स राजर्षिरिमानि दिवसानि प्रजागरकृशो लक्ष्यते।

६—मन्दौत्सुक्योऽस्मि नगरगमनं प्रति।

७—कथय कथमियन्तङ्कालमवस्थिता मया विना भवती!

८—अर्थानामर्जने दुःखमर्जितानाञ्च रक्षणे।
आये दुःखं व्यये दुःखं धिगर्थाः कष्टसंश्रयाः॥

९—धिग्विधातारम् असदृशसंयोगकारिणम्।

१०—नरपतिहितकर्ता द्वेष्यतां याति लोके।

११—कोऽन्यस्त्वामन्तरेण शक्तः प्रतिकर्तुम्? (प्रति + कृ = बदला लेना)

अदादिगणीय अस् (होना) परस्मैपद

वर्तमान काल [लट्]

	एकव०	द्विव०	बहुव०
प्र० पु०	अस्ति (वह है)	स्तः (वे दो हैं)	सन्ति (वे हैं)
म० पु०	असि (तू है)	स्थः (तुम दो हो)	स्थ (तुम हो)
उ० पु०	अस्मि (मैं हूँ)	स्वः (हम दो हैं)	स्मः (हम हैं)

अनद्यतन भूत [लङ्]

प्र० पु०	आसीत् (वह था)	आस्ताम् (वे दो थे)	आसन् (वे थे)
म० पु०	आसीः (तू था)	आस्तम् (तुम दो थे)	आस्त (तुम थे)
उ० पु०	आसम् (मैं था)	आस्व (हम दो थे)	आस्म (हम थे)

आज्ञार्थक लोट्

प्र० पु०	अस्तु	स्ताम्	सन्तु
म० पु०	एधि	स्तम्	स्त
उ० पु०	असानि	असाव	असाम

भविष्यत् काल (लृट्) भविष्यति भविष्यतः भविष्यन्ति आदि।

विधि-लिङ्

प्र० पु०	स्यात्	स्याताम्	स्युः
म० पु०	स्याः	स्यातम्	स्यात
उ० पु०	स्याम्	स्याव	स्याम

हन् (मारना) लट्

प्र० पु०	हन्ति	हतः	घ्नन्ति
म० पु०	हन्सि	हथः	हथ
उ० पु०	हन्मि	हन्वः	हन्मः

अनद्यतन भूत (लङ्)

प्र० पु०	अहन्	अहताम्	अघ्नन्
म० पु०	अहन्	अहतम्	अहत
उ० पु०	अहनम्	अहन्व	अहन्म

आज्ञार्थक लोट्				विधिलिङ्		
हन्तु	हताम्	घ्नन्तु	प्र० पु०	हन्यात्	हन्याताम्	हन्युः
जहि	हतम्	हत	म० पु०	हन्याः	हन्यातम्	हन्यात
हनानि	हनाव	हनाम	उ० पु०	हन्याम्	हन्याव	हन्याम

भविष्यत् काल (लृट्) हनिष्यति हनिष्यतः हनिष्यन्ति आदि।

अदादिगणीय कुछ धातुएँ

	लट्	लङ्	लृट्	लोट्	विधिलिङ्
अद्-खाना	अत्ति	आदत्	अत्स्यति	अत्तु	अद्यात्
या-जाना	याति	अयात्	यास्यति	यातु	यायात्
स्ना-नहाना	स्नाति	अस्नात्	स्नास्यति	स्नातु	स्नायात्
भा-चमकना	भाति	अभात्	भास्यति	भातु	भायात्
रुद्-रोना	रोदिति	अरोदीत्	रोदिष्यति	रोदितु	रुद्यात्
दुह्-दोहना	दोग्धि	अधोक्	धोक्ष्यति	दोग्धु	दुह्यात्

इन वाक्यों को ध्यान से देखो—

(१) गोपालः जलेन मुखं प्रक्षालयति (गोपाल पानी से मुँह धोता है)।

(२) सेवकः स्कन्धेन भारं वहति (नौकर कन्धे पर भार ले जाता है)।

(३) शशिना सह याति कौमुदी (चाँदनी चाँद के साथ जाती है)।

(४) कुम्भकारः दण्डेन चक्रं चालयति (कुम्हार डंडे से चक्र चलाता है)।

(५) स्वर्णकारः स्वर्णेन अलङ्कारान् निर्माति (सुनार सोने से जेवर बनाता हैं)।

(६) अस्या मुखं सीताया मुखचन्द्रेण संवदति (इसका मुख सीताजी के चन्द्रतुल्य मुख से मिलता-जुलता है)।

(७) तृणेन कार्यं भवतीश्वराणाम् (धनी लोगों का कोई-कोई काम तिनके से भी सध जाता है)।

करण कारक—तृतीया

साधकतमं करणम् ।१।४।४२।

क्रिया की सिद्धि में जो अत्यन्त सहायक होता है उसे करण कहते हैं।

कर्तृकरणयोस्तृतीया ।२।३।१८।

करण में तृतीया विभक्ति होती है और कर्मवाच्य या भाववाच्य के कर्त्ता में भी तृतीया होती है। ऊपर के उदाहरण (जलेन प्रक्षालयति) में धोने में जल अत्यन्त सहायक है। अतः उसमें तृतीया विभक्ति हुई है। साधारण रूप से तो मुँह धोने में गोपाल अपने हाथ तथा जलपात्र दोनों की सहायता लेता है, हाथ न लगायेगा तो मुँह किस प्रकार धो सकेगा तथा जलपात्र न होगा तो जल किस में रखेगा। अतः यह मानी हुई बात है कि गोपाल मुँह धोने में हाथ और जलपात्र की

सहायता लेता है, किन्तु मुँह धोने में सबसे अधिक आवश्यकता पानी की है अतः वही अधिक सहायक हुआ। इनमें भी तृतीया होती है—

कर्मवाच्य—मया गृहं गम्यते।

भाववाच्य—तेन हस्यते। इनका विस्तृत वर्णन आगे दिया गया है।

करण या क्रिया-विशेषण के कारण यहाँ तृतीया होती है, यथा—राष्ट्रपतिः विमानेन याति। जीवितेन शपामि। विधिना पूज्यति। भर्तुराज्ञां मूर्ध्ना आदाय....। द्रव्येण हीनः जनः।

इत्थंभूतलक्षणे ।२।३।२१।

जिस लक्षण (चिह्न) से किसी व्यक्ति या वस्तु का ज्ञान होता है उस लक्षण-बोधक शब्द में तृतीया विभक्ति होती है, यथा—जटाभिस्तापसः (जटाओं से तपस्वी ज्ञात होता है।) स्वरेण रामभद्रमनुहरति (स्वर में राम के समान है।)

किम्, कार्यम्, अर्थः, प्रयोजनम्, गुणः तथा इसी प्रकार अन्य प्रयोजन प्रकट करने वाले शब्दों के योग में भी आवश्यक वस्तु तृतीया में रखी जाती है, यथा—मूर्खेण पुत्रेण किम्, तृणेन कार्यं भवतीश्वराणाम्, कोऽर्थः मूर्खेण भृत्येन, देवपादानां सेवकैर्न प्रयोजनम्, सानुरागेणापि मूर्खेण मित्रेण को गुणः।

येनाङ्गविकारः ।२।३।२०।

यदि शरीर के किसी अङ्ग में विकृति दिखाई पड़े तो विकृत अङ्ग के वाचक शब्द में तृतीया विभक्ति हो जाती है, यथा—नेत्रेण काणः (आँख से काना), कर्णेन बधिरः (कान का बहरा), देवदत्तः शिरसा खल्वाटोऽस्ति (देवदत्त शिर का गंजा है।)

हेतौ ।२।३।२३।

कारण (हेतु) बोधक शब्दों में तृतीया होती हैं, यथा—सः अध्ययनेन वसति (वह पढ़ने के लिए रहता है)। विद्यया यशः भवति (विद्या से यश होता है।) वास का हेतु 'अध्ययन' और यश का हेतु 'विद्या' है। गुणैः आत्मसदृशीं कन्यामुद्वहेत् (गुणों में अपने समान कन्या से विवाह करे।) सीता वीणावादनेन शीलामतिशेते (सीता वीणा बजाने में शीला से बढ़ गयी है।) सा श्रियमपि रूपेणातिक्रामति (वह सुन्दरता में लक्ष्मी से बढ़ चढ़कर है।)

(गम्यमानापि क्रिया कारक विभक्तौ प्रयोजिका)

वाक्य में प्रयुक्त न होने पर भी यदि अर्थ से ही क्रिया समझ ली जाय तो भी वह कारक-व्यवस्था में प्रयोजिका हो जाती है, यथा—"अलं महीपाल तव श्रमेण" (हे राजन् श्रम मत करो।) अर्थात् "हे महीपाल श्रमेण साध्यं नास्ति" यहाँ साधन क्रिया गम्यमान है, श्रूयमाण नहीं। अतः श्रम में तृतीया हुई, क्योंकि साधन क्रिया के प्रति श्रम कारक है। "शतेन शतेन साधून् खादयति" अर्थात् सौ-सौ करके साधुओं को खिलाता है। परिच्छिद्य (करके) गम्यमान क्रिया है।

दिवः कर्म च ।१।४।४३।

दिव् धातु के साधकतम कारक की विकल्प से कर्म संज्ञा भी होती है, जैसे—अक्षैः (अक्षान् वा) दीव्यति। इसी प्रकार सम्पूर्वक 'ज्ञा' धातु के कर्म की विकल्प से करण संज्ञा होती है, जैसे—पित्रा (पितरं वा) सञ्जानीते (पिता के मेल में रहता है।)

पृथग्विनानानाभिस्तृतीयाऽन्यतरस्याम् ।२।३।३२।

पृथक् (अलग), विना, नाना शब्दों के साथ द्वितीया, तृतीया, पञ्चमी विभक्तियों में से कोई एक विभक्ति हो सकती है, जैसेः—दशरथो रामेण, रामात्, रामं विना नाजीवत् (राम के बिना दशरथ न जिये)।

जलं, जलेन, जलात् विना नरो न जीवति (जल के विना मनुष्य जीता नहीं रहता है)।

कौरवाः पाण्डवेभ्यः पृथगवसन् (कौरव पाण्डवों से अलग रहते थे)।

विना या वर्जन अर्थ का वाचक होने पर ही 'नाना' के योग में द्वितीया, तृतीया या पञ्चमी होती हैं, जैसे—नाना नारीं निष्फला लोकयात्रा (स्त्री के विना लोकयात्रा या जीवन निष्फल है।)

(प्रकृत्यादिभ्य उपसंख्यानम् वा०)

प्रकृति (स्वभाव) आदि क्रिया विशेषण शब्दों में तृतीया विभक्ति होती है, यथा—मोहनः सुखेन जीवति (मोहन सुख से रहता है।) प्रकृत्या गवां पयः मधुरम् (स्वभावतः गौओं का दूध मीठा होता है।) सः स्वभावेन कोमलः (वह स्वभाव से प्रिय है)।

जैसा कि 'कर्म कारक' में बताया गया है 'सह, साकम्' आदि निपातों तथा अव्ययों के योग से भी ये विभक्तियाँ व्यवहृत होती हैं। अतः ये उपपद विभक्तियाँ कहलाती हैं। इनके कुछ उदाहरण यहाँ दिये जाते हैं,—

सहयुक्तेऽप्रधानम् ।२।३।१९।

सह, साकम्, सार्धम्, समम् के साथ वाले शब्दों में तृतीया विभक्ति होती है, यथा—शिष्यः गुरुणा सह विद्यालयं गच्छति। रामः जानक्या साकं गच्छति। हनुमान् वानरैः सार्धं जानकीं मार्गयामास।

अपवर्गे तृतीया ।२।३।६। कालाध्वनोरत्यन्तसंयोगे ।२।३।५।

अपवर्ग या फल प्राप्ति में काल-सातत्यवाची तथा मार्ग-सातत्यवाची शब्दों में तृतीया होती है। जितने समय या मार्ग चलते-चलते कार्य सिद्ध होता है उसमें तृतीया होती है, यथा—दशभिः वर्षैः अध्ययनं समाप्तम् (दस वर्षों में अध्ययन समाप्त हो गया) अर्थात् दस वर्षों में अध्ययन का फल मिल गया।

द्वादशभिः दिनैः नीरोगः जातः (बारह दिनों में नीरोग हो गया)।
मासेनायम् इमं ग्रन्थं लिखितवान् (एक महीने में इसने यह ग्रन्थ लिख डाला)।
क्रोशेन पुस्तकं पठितवान् (एक कोस चलते-चलते पुस्तक पढ़ डाली)।

तुल्यार्थैरतुलोपमाभ्यां तृतीयाऽन्यतरस्याम् ।२।३।७२।

'तुला' तथा 'उपमा' इन दो शब्दों को छोड़कर शेष सब तुल्य (समान बराबर) का अर्थ बताने वाले शब्दों के साथ तृतीया अथवा षष्ठी होती है, यथा—स देवेन देवस्य वा समानः (वह देव के समान है)। धर्मेण धर्मस्य वा सदृशः (धर्म के समान)। न त्वं मया मम वा समं पराक्रमं बिभर्षि (तू मेरे समान पराक्रम नहीं रखता है)।

तुला और उपमा के साथ षष्ठी होती है, यथा—तुला उपमा वा रामस्य नास्ति।

(**यजेः कर्मणः करणसंज्ञा सम्प्रदानस्य च कर्म संज्ञा वा०**)यज् धातु के कर्म की करण संज्ञा होती है और सम्प्रदान की कर्म संज्ञा, यथा—पशुना रुद्रं यजते (भगवान् रुद्र को पशु चढ़ाता है)।

संस्कृत में अनुवाद करो

१—श्यामा जल से मुख धो रही है (प्रक्षालयति)।
२—श्रीराम सीता और लक्ष्मण के साथ वन को गये।
३—इन्स्पेक्टर (निरीक्षक) मोटर से (मोटरयानेन) मुरादाबाद जायगा।
४—नाई (नापितः) उस्तरे से (क्षुरेण) हजामत बनाता है (मस्तकं मुण्डयति)।
५—धन से हीन मनुष्य दुःखी रहता है (दुःख्यति)।
६—मनोरथों से कार्य सिद्ध नहीं होते हैं (सिध्यन्ति)।
७—पुत्र के बिना माता दुःख से समय बिताती है (यापयति)।
८—वह साबुन से (फेनिलेन) मुँह धोता है।
९—विद्यार्थी दोस्तों के साथ गेंद (कन्दुक) खेलते हैं।
१०—वीरेन्द्र ने तलवार (खड्ग) से चीते को (द्वीपिनम्) मारा।
११—जटा से वह तपस्वी प्रतीत होता है (प्रतीयते)।
१२—राष्ट्रपति के साथ सेनापति यहाँ आया।
१३—यात्रियों (यात्रिकाः) ने साधुओं के साथ स्नान किया।
१४—सर्व सम्मति से प्रस्ताव स्वीकृत हो गया।
१५—सिपाहियों ने लाठी से (यष्टिकया) चोरों को पीटा (अताडयन्)।
१६—गोविन्द दाहिने पाँव का लँगड़ा है अतः जल्दी नहीं चलता।
१७—क्या तुम अज्ञान से लजाते नहीं हो ?
१८—प्राण को सकट में डालकर भी मित्र की रक्षा करनी चाहिए।
१९—श्रीमान् को (देवपादानाम्) नौकरों की आवश्यकता नहीं है।

हिन्दी में अनुवाद करो

१—अलमलं बहु विकथ्य। २—अप्राज्ञेन सानुरागेण भृत्येन को गुणः। ३—कोऽर्थः पुत्रेण जातेन यो न विद्वान् न धार्मिकः ४—धनदेन समस्त्यागे सत्ये धर्म इवापरः। ५—माभूदेवं क्षणमपि च ते विद्युता विप्रयोगः। ६—तामेव दिव्ययोषितं चक्षुषा पुनर्निरूपयामास। ७—स्वहृदयेनापि विदितवृत्तान्तेनामुना जिहेमि। ८—मा लोकवादश्रवणादहासीः, श्रुतस्य किं तत् सदृशं कुलस्य। ९—विनाप्यर्थैर्वीरः स्पृशति बहुमानोन्नतिपदम्। १०—सौजन्यं यदि किं गुणैः स्वमहिमा यद्यस्ति किं मण्डनैः। ११—जानन्नपि हि मेधावी जडवल्लोक आचरेत्। १२—अनुचरति शशाङ्के राहुदोषेऽपि तारा।

सप्तम अभ्यास

सम्प्रदान कारक (चतुर्थी) (को, के लिये)

(३) जुहोत्यादिगणीय दा (देना) परस्मैपद

वर्तमान काल (लट्)

	एकव०	द्विव०	बहुव०
प्र० पु०	ददाति	दत्तः	ददति
म० पु०	ददासि	दत्थः	दत्थ
उ० पु०	ददामि	दद्वः	दद्मः

भूतकाल (लङ्)

प्र० पु०	अददात्	अदत्ताम्	अददुः
म० पु०	अददाः	अदत्तम्	अदत्त
उ० पु०	अददाम्	अदद्व	अदद्म

भविष्यत् काल (लृट्)

प्र० पु०	दास्यति	दास्यतः	दास्यन्ति
म० पु०	दास्यसि	दास्यथः	दास्यथ
उ० पु०	दास्यामि	दास्यावः	दास्यामः

आज्ञार्थक (लोट्)

प्र० पु०	ददातु	दत्ताम्	ददतु
म० पु०	देहि	दत्तम्	दत्त
उ० पु०	ददानि	ददाव	ददाम

विधि लिङ्

प्र० पु०	दद्यात्	दद्याताम्	दद्युः
म० पु०	दद्याः	दद्यातम्	दद्यात
उ० प्र०	दद्याम्	दद्याव	दद्याम

जुहोत्यादिगणीय कुछ अन्य धातुएँ

	लट्	लङ्	लृट्	लोट्	विधि लिङ्
धा–धारण करना	दधाति	अदधात्	धास्यति	दधातु	दध्यात्
अभि + धा-कहना	अभिदधाति	अभ्यदधात्	अभिधास्यति	अभिदधातु	अभिदध्यात्
वि + धा–करना	विदधाति	व्यदधात्	विधास्यति	विदधातु	विदध्यात्
भी–डरना	बिभेति	अबिभेत्	भेष्यति	बिभेतु	बिभीयात्
हा–छोड़ना	जहाति	अजहात्	हास्यति	जहातु	जह्यात्

इन वाक्यों को ध्यान से पढ़ो—

(१) उपदेशो हि मूर्खाणां प्रकोपाय न शान्तये (मूर्खों को उपदेश देना केवल उनका क्रोध बढ़ाना है, वह उनकी शान्ति के लिए नहीं होता)।

(२) कृषकेभ्यः कर्मकरेभ्यश्च कुशलं भूयात् (किसानों तथा मजदूरों का भला हो।)

(३) अलमिदम् उत्साहभ्रंशाय भविष्यति (यह उत्साह भंग करने के लिए काफी है।)

(४) गामानामा प्रख्यातमल्लः जबिस्कोनाम्ने मल्लायालम् (गामा नामक प्रसिद्ध पहलवान जबिस्को पहलवान के जोड़ के लिए काफी है।)

(५) आर्तत्राणाय वः शस्त्रं न प्रहर्तुमनागसि (तुम्हारा हथियार पीड़ितों को रक्षा के लिये है, न कि निर्दोषों को मारने के लिए।)

(६) परोपकारः पुण्याय पापाय परपीडनम्।

(७) इन्द्राय वज्रं प्राहरत् (इन्द्र पर वज्र फेंका।) जिस पर शस्त्र फेंका जाता है (प्र + हृ) उसमें चतुर्थी होती है।

सम्प्रदान कारक—चतुर्थी

कर्मणा यमभिप्रैति स सम्प्रदानम्।१।४।३२।

दान के कर्म के द्वारा कर्त्ता जिसे सन्तुष्ट करना चाहता है, वह पदार्थ सम्प्रदान कहलाता है।

चतुर्थी सम्प्रदाने।२।३।३६।

सम्प्रदान में चतुर्थी होती है, यथा—ब्राह्मणाय गां ददाति (ब्राह्मण को गाय देता है)। यहाँ गोदान कर्मद्वारा ब्राह्मण को सन्तुष्ट करना ही ब्राह्मण को इष्ट है। 'सम्प्रदान' का अर्थ है 'अच्छा दान', अर्थात् जिसमें दी हुई वस्तु सर्वथा दी जाती है और दान–कर्त्ता के पास वापस नहीं आती।

स रजकस्य वस्त्रं ददाति (वह धोबी को कपड़ा देता है)। इसमें कर्त्ता धोबी

को कपड़ा सर्वथा नहीं देता, पुनः वापस ले लेता है, अतः 'रजकस्य' में चतुर्थी* नहीं हुई।

(क्रियया यमभिप्रैति सोऽपि सम्प्रदानम् वा०)

न केवल दान कर्म द्वारा अपितु किसी विशेष क्रिया द्वारा जो इष्ट (अभिप्रेत) हो वह भी सम्प्रदान कहलायगा, यथा—'पत्ये शेते'। यहाँ पति को अनुकूल बनाने की क्रिया का इष्ट पति ही है, अतः 'पति' सम्प्रदान हुआ।

(अशिष्टव्यवहारे दाणः प्रयोगे चतुर्थ्यर्थे तृतीया वा०)

अशिष्ट व्यवहार में दान का पात्र सम्प्रदान नहीं होगा, उसमें चतुर्थी का अर्थ होने पर भी तृतीया होगी, यथा—दास्या संयच्छते कामुकः, किन्तु शिष्ट व्यवहार में "भार्यायै संयच्छति" ही होगा।

(तादर्थ्ये चतुर्थी वाच्या वा०)

(क) जिस प्रयोजन के लिए कोई कार्य किया जाता है, उस प्रयोजन में चतुर्थी होती है, यथा—भक्तः मुक्तये हरिं भजति (भक्त मुक्ति के लिए हरि का स्मरण करता है)।

बालः दुग्धाय क्रन्दति (लड़का दूध के लिए रोता है)।
त्वं धनाय प्रयतसे (तू धन के लिए प्रयत्न करता है)।

(ख) जब कोई काम किसी दूसरे फल की प्राप्ति के लिए किया जाता है तब उस फल में चतुर्थी होती है, यथा—भक्तिः ज्ञानाय जायते, सम्पद्यते, कल्पते वा (भक्ति ज्ञान के लिए होती है)।

(ग) जिस वस्तु के बनाने के लिए किसी दूसरी वस्तु का अस्तित्व रहता है, उसमें चतुर्थी होती है, यथा—आभूषणाय सुवर्णम् (जेवरों के लिए सोना), शकटाय दारु (गाड़ी बनाने के लिए लकड़ी)।

(उत्पातेन ज्ञापिते च वा०)

कोई उत्पात किसी अशुभ घटना का सूचक हो तो उसमें चतुर्थी होती है, यथा—वाताय कपिला विद्युत् (लाल बिजली आँधी की सूचना देती है)।

---

*'के लिए' देखकर झट से चतुर्थी का प्रयोग नहीं करना चाहिए। 'तादर्थ्य, (एक वस्तु दूसरी वस्तु के लिए) में ही चतुर्थी होती है। इन उदाहरणों को देखो (१) "नैष भारो मम" (यह मेरे लिए भार नहीं है)। (२) अप्युपहासस्य समयोऽयम्! (क्या यह समय हँसी करने के लिए है!) (३) प्राणेभ्योऽपि प्रिया सीता रामस्यासीन्महात्मनः (महात्मा राम के लिए सीता प्राणों से भी प्यारी थी।) इन उदाहरणों में 'के लिए' है, किन्तु 'तादर्थ्य' नहीं है अतः चतुर्थी नहीं हुई।

(हितयोगे च वा०)

हित तथा सुख के साथ भी चतुर्थी होती है, यथा—ब्राह्मणाय हितं सुखं वा भवेत्।

गत्यर्थकर्मणि द्वितीया चतुर्थ्यौ चेष्टायामध्वनि।२।३।१२।

गत्यर्थक धातु के साथ यदि चेष्टा हो तो द्वितीया और चतुर्थी होती है, यथा—ग्रामं ग्रामाय वा गच्छति।

चेष्टा न होने पर—मनसा हरिं भजति।

मार्ग कर्म होने पर—पन्थानं गच्छति। शेष द्वितीया में देखिए।

रुच्यर्थानां प्रीयमाणः।१।४।३३।

रुच् तथा रुच् के अर्थवाली धातुओं के योग में प्रसन्न होनेवाला संप्रदान कहलाता है, उसमें चतुर्थी होती है, यथा—शिशवे क्रीडनकं रोचते (बच्चे को खिलौना अच्छा लगता है)। गीतायै रामायणपठनं रोचते (गीता को रामायण का पाठ अच्छा लगता है)।

कथन अर्थवाली कथ्, शंस्, चक्ष्, ख्या धातुओं के अकथित कारक तथा निपूर्वक प्रेरणार्थक (निवेद्) धातु के प्रकृत दशा के कर्ता का कर्म में प्रयोग न होकर संप्रदान में प्रयोग होता है, यथा—यस्मै ब्रह्मपारायणं जगौ (जिसे वेद पढ़ाया)। आर्ये कथयामि ते भूतार्थम् (देवि, तुमसे सत्य कहता हूँ)। एतत् गुरवे निवेदयामहे (यह गुरुजी से निवेदन कर दें)।

भेजना अर्थवाली धातुओं के प्रयोग में जिस व्यक्ति के पास कोई भेजा जाता है वह चतुर्थी में तथा जिस स्थान पर भेजा जाता है, वह द्वितीया में रखा जाता है, यथा—भोजेन दूतो रघवे विसृष्टः (भोज ने रघु के पास दूत भेजा)।

धारेरुत्तमर्णः।१।४।३५।

णिजन्त धृञ् (धारि) (कर्ज लेना या उधार लेना) धातु के अर्थ में धनक (कर्ज देने वाले) की सम्प्रदान संज्ञा होती है और उससे चतुर्थी होती है, यथा—सोमः देवानन्दाय शतं धारयति (सोम ने देवानन्द से सौ रुपये ऋण लिये हैं)।

गोपालः मह्यम् सहस्रं धारयति (गोपाल ने मुझसे एक हजार कर्ज लिया है।)

स्पृहेरीप्सितः।१।४।३६।

स्पृह् (चाहना) धातु के योग में जिसे चाहा जाय वह संप्रदान संज्ञक होता है और उसमें चतुर्थी होती है, यथा—युवती शिशवे स्पृहयति (युवती बच्चे की चाहना करती है)।

स्पृह् से बने हुए शब्दों के साथ भी कभी-कभी सम्प्रदान देखा गया है, यथा—भोगेभ्यः स्पृहयालवः (भोगों के इच्छुक), किन्तु प्रायः सप्तमी होती है—स्पृहावती वस्तुषु केषु मागधी (मागधी किन वस्तुओं की इच्छा रखती है)।

मन्यकर्मण्यनादरे विभाषाऽप्राणिषु ।२।३।१७।

जब अनादर दिखाया जाय तब मन् (समझना) धातु के कर्म में, यदि वह प्राणी न हो, तो विकल्प से चतुर्थी भी होती है, यथा—धनवन्तं तृणं तृणाय वा मन्ये (मैं धनी को तृणवत् समझता हूँ)।

राधीक्ष्योर्यस्य विप्रश्नः ।१।४।३६।

शुभाशुभ अर्थ में राध् और ईक्ष् धातुओं के प्रयोग में जिनके विषय में प्रश्न किया जाता है उनकी सम्प्रदान संज्ञा होती है, यथा—कृष्णाय राध्यति ईक्षते वा भरतः।

क्रुधद्रुहेर्ष्यासूयार्थानां यं प्रति कोपः ।१।४।३७।

क्रुध्, द्रुह्, ईर्ष्य्, असूय् धातुओं के योग में तथा इन धातुओं के समान अर्थ वाले धातुओं के योग में जिस पर क्रोध किया जाता है, उसमें चतुर्थी होती है, यथा—पिता पुत्राय क्रुध्यति (पिता पुत्र पर क्रोध करता है)।

दुष्टाः सज्जनेभ्यो द्रुह्यन्ति (दुष्ट सज्जनों से द्रोह करते हैं)।

गोविन्दः मह्यम् ईर्ष्यति (गोविन्द मुझसे ईर्ष्या करता है)।

खलः सज्जनाय असूयति (दुष्ट सज्जन में ऐब निकालता है)।

सीता रावणाय अकुप्यत्।

क्रुधद्रुहोरुपसृष्टयोः कर्म ।१।४।३८।

जब क्रुध् तथा द्रुह् उपसर्ग सहित होती हैं तब जिसके प्रति क्रोध या द्रोह किया जाता है वह कर्म संज्ञक होता है सम्प्रदान नहीं, यथा—गुरुः शिष्यं संक्रुध्यति। साधुः क्रूरमभिक्रुध्यति संद्रुह्यति वा।

प्रत्याङ्भ्यां श्रुवः पूर्वस्य कर्त्ता ।१।४।४०।

प्रति और आ पूर्वक श्रु धातु के साथ प्रतिज्ञा करनेवाले कर्त्ता में चतुर्थी होती है, यथा—राजा विप्राय गां प्रतिशृणोति, आशृणोति वा (राजा ब्राह्मण को गाय देने की प्रतिज्ञा करता है)। इस से ऐसा अर्थ भासित होता है कि ब्राह्मण ने ही पहले 'मुझे गाय दो' ऐसा कहा होगा, तब राजा ने प्रतिज्ञा की होगी।)

परिक्रयणे सम्प्रदानमन्यतरस्याम् ।१।४।४४।

परिक्रयण में जो करण होता है वह विकल्प से सम्प्रदान होता है, 'परिक्रयण' का अर्थ है निश्चित काल के लिए किसी को वेतन पर रखना, यथा—शतेन शताय वा परिक्रीतः।

तुमर्थाच्च भाववचनात् ।२।३।१५।

तुमुन् (तुम्) प्रत्यय जोड़ने से किसी धातु में जो अर्थ निकलता है (यथा—गन्तुम्, पठितुम् आदि) उसको प्रकट करने के लिए उसी धातु से बनी हुई भाववाचक संज्ञा का प्रयोग करने पर उसमें चतुर्थी होती है, यथा—दानाय (दातुम्) धनमर्जयति (दान के लिए धन कमाता है)।

यहाँ पर 'दान' 'दा' धातु से बना भाववाचक शब्द है 'दा' धातु में 'तुम्' जोड़ने से 'दातुम्' बनता है जिसका अर्थ 'देने के लिए' होता है, इसी अर्थ को प्रकट करने के लिए 'दान' भाववाचक शब्द में चतुर्थी हुई है। इसी प्रकार—

उत्थानाय (उत्थातुं) यतते।

देवदत्तः यागाय (यष्टुम्) याति।

स्नानाय गङ्गातटं याति अथवा स्नातुं गङ्गातटं याति।

क्रियार्थोपपदस्य च कर्मणि स्थानिनः।२।३।१४।

यदि तुमुन् (तुम्) प्रत्ययान्त धातु का प्रयोग परोक्ष रहे तो उसके कर्म में चतुर्थी होती है, यथा—सेवकः फलेभ्यो याति (सेवकः फलानि आनेतुं याति) नौकर फल लाने को जाता है। इस वाक्य में 'आनेतुम्' का प्रयोग परोक्ष है, अतः 'फल' में चतुर्थी हुई।

वनाय गां मुमोच (वनं गन्तुं गां मुमोच)।

गणपतये नमस्कृत्य (गणपतिं प्रीणयितुं नमस्कृत्य) गणेशजी को प्रसन्न करने के लिए नमस्कार करके।

नमः स्वस्तिस्वाहास्वधाऽलंवषड्योगाच्च।२।३।१६।

नमः, स्वस्ति, स्वाहा, स्वधा, अलम्, वषट् शब्दों के योग में चतुर्थी हो जाती है, यथा—ईश्वराय नमः (ईश्वर के लिए नमस्कार) श्रीगुरवे नमः, तुभ्यं नमः।

नृपाय स्वस्ति (राजा का कल्याण हो)।

अग्नये स्वाहा (अग्नि को यह आहुति है)।

पितृभ्यः स्वधा। इन्द्राय वषट्।

मधुकैटभाय दुर्गा अलम्।

अलं मल्लो मल्लाय। (यहां अलम् का अर्थ पर्याप्त है, निषेध नहीं।) 'अलम्' पर्याप्त अर्थ के वाचक शब्द प्रभु, समर्थ, शक्त आदि पदों का भी ग्रहण होता है, अतः इनके योग में भी चतुर्थी होती है, यथा—

दैत्येभ्यो विष्णुः प्रभुः, समर्थः, शक्तः वा।

प्रभुर्बुभूर्षुर्भुवनत्रयस्य। विधिरपि न येभ्यः प्रभवति।

उपपदविभक्तेः कारकविभक्तिर्बलीयसी (प०)

अर्थात्—पद सम्बन्धी विभक्ति से क्रिया सम्बन्धी विभक्ति बलवती होती है—इस नियम के अनुसार 'नमस्करोति' इत्यादि क्रिया पदों के योग में चतुर्थी विभक्ति न होकर द्वितीया विभक्ति होती है—लक्ष्मीं नमस्करोति। ब्रह्मणे नमस्कुर्मः। परन्तु नमस्कार अर्थवाली प्रणिपत् प्रणम् इत्यादि धातुओं के साथ नमस्कार किये जाने वाले को द्वितीया या चतुर्थी दोनों में ही रखते हैं, यथा—तस्मै प्रणिपत्य नन्दी।

प्रणम्य त्रिलोचनाय। धातारं प्रणिपत्य। इत्यादि।

इन धातुओं से बने हुए प्रणाम आदि शब्दों के साथ चतुर्थी का ही प्रयोग होता है, यथा—गुरवे प्रणाममकरवम्।

चतुर्थी के अर्थ में 'कृते' तथा 'अर्थम्' अव्ययों का प्रयोग होता है, यथा—भोजनस्य कृते। 'अर्थम्' के साथ समास होता है, यथा—पठनार्थम् पाठशालां गच्छामि।

संस्कृत में अनुवाद करो

१—मैं धन की इच्छा नहीं करता हूँ (स्पृहयामि)।* २—सज्जन सदैव परोपकार की चेष्टा करता है (चेष्ट्)। ३—गुरु शिष्यों को उपदेश करता है। ४—बालक को लड्डू (मोदकः) अच्छा लगता है। ५—वह मूर्ख तुम से ईर्ष्या करता है। ६—वह दुर्जन उस सज्जन से द्रोह करता है। ७—पिता पुत्र पर क्रोध करता है। ८—सोहन मेरा सौ रुपये का ऋणी है। ९—मुनि मोक्ष के लिए ईश्वर को भजता है। १०—राजा ने ब्राह्मणों को धन दिया। ११—शिक्षा-इन्स्पेक्टर ने मोहन को इनाम (पारितोषिक) दिया। १२—तुम मुझसे क्यों ईर्ष्या करते हो? १३—यह दवाई (अगदम्) रोगी (रुग्ण) को दे दो। १४—उन प्राचीन मुनियों के लिए नमस्कार हो। १५—ब्राह्मणों और गौओं का कल्याण हो। १६—उस रोगी को पतली-सी खिचड़ी (तरलं कृशरम्) दे दो। १७—उसे दस्त आते हैं (सः अतिसारकी), उसके लिए लंघन ही अच्छा (लङ्घनं हितम्) है। १८—पहले गुरु को प्रणाम करो, फिर पाठ आरंभ करो। १९—संसार में विषयों का उपभोग केवल खेद पैदा करता है। २०—ऐ मूर्ख, क्या तुझे चाण्डाल के घर में नौकरी पसन्द है? २१—मैं धन नहीं चाहता (स्पृह्) बल्कि अमर यश। २२—मैं अपने अभीष्ट मनोरथ की सिद्धि के लिए उनकी सेवा करूँगा।

हिन्दी में अनुवाद करो

१—चापलोऽयं वटुः कदाचिदस्मत्प्रार्थनामन्तःपुरेभ्यः कथयेत्।

२—मूर्ख, नैष तत्र दोषः। साधोः शिक्षा गुणाय सम्पद्यते नासाधोः।

३—प्रतिशुश्राव काकुत्स्थस्तेभ्यो विघ्नप्रतिक्रियाम्।

४—स स्थाणुः स्थिरभक्तियोगसुलभो निःश्रेयसायास्तु वः।

५—सखि, वासन्ति दुःखायेदानीं रामस्य दर्शनं सुहृदाम्।

६—पयः पानं भुजङ्गानां केवलं विषवर्द्धनम्।
उपदेशो हि मूर्खाणां प्रकोपाय न शान्तये॥

७—सर्वज्ञस्याप्येकाकिनो निर्णयाभ्युपगमो (उत्तरदायित्व) दोषाय।

८—प्रसीद भगवति वसुन्धरे शरीरमसि संस्यारस्य, तत्किमसंविदानेव जामात्रे कुप्यसि।

---

* इसके रूप "पठति पठतः पठन्ति" आदि की भाँति चलेंगे—क्रुध्यति, कुप्यति, द्रुह्यति, ईर्ष्यति, असूयति, कथयति, उपदिशति धारयति, क्रन्दति। 'रोचते' के रूप आठवें अभ्यास में 'जायते' की भाँति चलेंगे।

९—किमित्यपास्याभरणानि यौवने धृतं त्वया वार्द्धकशोभि वल्कलम् ।

१०—दुदोह गां स यज्ञाय सस्याय मघवा दिवम् ।
संपद्विनिमयेनोभौ दधतुर्भुवनद्वयम् ॥

अष्टम अभ्यास

अपादान कारक (पञ्चमी) से

(४) दिवादिगणीय जन् (पैदा होना) आत्मनेपद

वर्तमानकाल (लट्)

प्र० पु०	जायते	जायेते	जायन्ते
म० पु०	जायसे	जायेथे	जायध्वे
उ० पु०	जाये	जायावहे	जायामहे

भूतकाल (लङ्)

प्र० पु०	अजायत	अजायेताम्	अजायन्त
म० पु०	अजायथाः	अजायेथाम्	अजायध्वम्
उ० पु०	अजाये	अजायावहि	अजायामहि

भविष्यत्काल (लृट्)

प्र० पु० जनिष्यते जनिष्येते जनिष्यन्ते इत्यादि ।

आज्ञार्थक लोट्				विधिलिङ्		
जायताम्	जायेताम्	जायन्ताम्	प्र० पु०	जायेत	जायेयाताम्	जायेरन्
जायस्व	जायेथाम्	जायध्वम्	म० पु०	जायेथाः	जायेयाथाम्	जायेध्वम्
जाये	जायावहै	जायामहै	उ० पु०	जायेय	जायेवहि	जायेमहि

दिवादिगणीय कुछ धातुएँ

	लट्	लङ्	लृट्	लोट्	विधिलिङ्
विद्-होना	विद्यते	अविद्यत	वेत्स्यते	विद्यताम्	विद्येत
युध्-लड़ना	युध्यते	अयुध्यत	योत्स्यते	युध्यताम्	युध्येत
सिव्-सीना	सीव्यति	असीव्यत्	सेविष्यति	सीव्यतु	सीव्येत्
नश्-नाश होना	नश्यति	अनश्यत्	नशिष्यति	नश्यतु	नश्येत्
नृत्-नाचना	नृत्यति	अनृत्यत्	नर्तिष्यति	नृत्यतु	नृत्येत्

इन वाक्यों को ध्यान से देखो—

(१) धीरा मनस्विनः न धनात्प्रतियच्छन्ति मानम् (धीर मनस्वी लोग धन के बदले मान को नहीं छोड़ते) ।

(२) स्वार्थात् सतां गुरुतरा प्रणयिक्रियैव (सत्पुरुषों के लिए अपने प्रयोजन से मित्रों का प्रयोजन ही बड़ा है ।)

(३) नास्ति सत्यात्परो धर्मो नानृतात् पातकं महत् (सत्य से बढ़कर कोई धर्म नहीं और झूठ से बढ़कर कोई पाप नहीं ।)

(४) असज्जनात् कस्य भयं न जायते (दुष्ट से किस को डर नहीं लगता ।)

(५) आमूलात् रहस्यमिदं श्रोतुमिच्छामि (आरम्भ से लेकर इस रहस्य को सुनना चाहता हूँ ।)

(६) हिमालयात् गङ्गा प्रभवति (गङ्गा हिमालय से निकलती है ।)

अपादान कारक—पञ्चमी

ध्रुवमपायेऽपादानम् ।१।४।२४। अपादाने पञ्चमी ।२।३।२८।

जिससे कोई वस्तु पृथक् (अलग) हो, उसे अपादान कहते हैं । अपादान में पञ्चमी होती है, यथा—वृक्षात् पत्राणि पतन्ति (पेड़ से पत्ते गिरते हैं ।) यहाँ पर पत्ते पेड़ से अलग हो रहे हैं । इसी प्रकार 'ग्रामाद् आयाति' यहाँ पर ग्राम से वियोग या पृथकत्व पाया जाता है, क्योंकि आने वाला पुरुष गाँव से अलग हो रहा है । अतः 'पेड़' और 'ग्राम' अपादान हुए और अपादान में पञ्चमी होती है । यदि अपादान में (पृथक् करण) का भाव न हो तो पञ्चमी नहीं होती, जैसे—"कां बेलां त्वामन्वेष्यामि" (कितने समय से मैं तुम्हें ढूँढ रहा हूँ ।) यहाँ पर 'बेला' अवधि नहीं है, अन्वेषण क्रिया से व्याप्तकाल है, अतः 'अत्यन्त संयोग' में द्वितीया हुई है । इसी प्रकार "वृक्षशाखासु अवलम्बन्ते मुनीनां वासांसि" (मुनियों के वस्त्र वृक्ष की शाखाओं से लटक रहे हैं ।) यहाँ पर वृक्षशाखा अपादान कारक नहीं, अपितु 'अधिकरण कारक' (वस्त्रों की अवलम्बन क्रिया का आधार) है ।

भीत्रार्थानां भयहेतुः ।१।४।२५।

भय और रक्षा के अर्थवाली धातुओं के साथ भय के कारण में पञ्चमी होती है, यथा—असज्जनात् कस्य भयं न जायते । बालकः सिंहात् बिभेति ।

(जुगुप्साविरामप्रमादार्थानामुपसंख्यानम् वा०)

जुगुप्सा (घृणा), विराम (बन्द होना, हटना), प्रमाद (भूल, असावधानी) अथवा इनके समानार्थक शब्दों के साथ पञ्चमी होती है, यथा—

पापात् जुगुप्सते, विरमति वा ।

न निश्चयार्थात् विरमन्ति धीराः ।

न नवः प्रभुराफलोदयात् स्थिरकर्मा विरराम कर्मणः (वह नया राजा तब तक कर्म करने से न हटा जब तक उसे फलप्राप्ति न हो गयी ।)

धर्मात् प्रमाद्यति (धर्म कार्य में भूल करता है ।)

विशेष—जिसके विषय में भूल या असावधानी होती है, उसमें सप्तमी का प्रयोग भी होता है, यथा—न प्रमाद्यन्ति प्रमदासु विपश्चितः ।

वारणार्थानामीप्सितः ।१।४।२७।

जिस वस्तु से किसी को हटाया जाय, उसमें पञ्चमी होती है, यथा—यवेभ्यो गां वारयति क्षेत्रे (खेत में जौ से गौ को हटाता है ।)

गुरुः शिष्यं पापात् वारयति। इन दो उदाहरणों में रोकनेवाले की इच्छा जो बचाने की और पाप से हटाने की है, अतः जौ और पाप अपादान कारक हुए।

आख्यातोपयोगे ।१।४।२९।

जिससे विद्या नियमपूर्वक पढ़ी जाय या मालूम की जाय वह गुरु या अध्यापक आदि अपादान होता है, यथा—

उपाध्यायात् अधीते (उपाध्याय से पढ़ता है)।

कौशिकात् विदितशापया (विश्वामित्र से श्राप जान कर उसने)।

तेभ्योऽधिगन्तुं निगमान्तविद्यां वाल्मीकिपार्श्वादिह पर्यटामि (उत्तरे) (उन लोगों से वेद पढ़ने के लिए मैं वाल्मीकि के यहाँ से इस स्थान पर चली आयी हूँ।) नियम न होने पर षष्ठी, यथा—नटस्य गाथां शृणोति।

पराजेरसोढः ।१।४।२६।

परापूर्वक जि धातु के प्रयोग में जो असह्य होता है उस की अपदान संज्ञा होती है, यथा—अध्ययनात् पराजयते (वह अध्ययन से भागता है।) उसके लिए अध्ययन असह्य या कष्टप्रद है। परन्तु हराने के अर्थ में द्वितीया होती है, यथा—शत्रून् पराजयते।

अन्तर्धौ येनादर्शनमिच्छति ।१।४।२८।

जब कोई अपने को छिपाता है तब जिससे छिपाता है वह अपादान होता है, यथा—मातुर्निलीयते कृष्णः (कृष्ण माता से छिपाता है)। कृष्ण अपने को माता से छिपाता है, अतः माता अपादान कारक हुआ।

जनिकर्तुः प्रकृतिः ।१।४।३०।

जन् धातु के कर्ता का मूल कारण अपादान होता है, यथा—ब्रह्मणः प्रजाः प्रजायन्ते (ब्रह्माजी से समस्त प्रजा उत्पन्न होती है)।

यहाँ 'प्रजायन्ते' का कर्ता 'प्रजाः' है और उस कर्त्ता (प्रजाः) का मूल कारण 'ब्रह्मा' है, अतः 'ब्रह्मा' अपादान हुआ। इसी प्रकार—कामात् क्रोधोऽभिजायते। परन्तु जिससे कोई उत्पन्न होता है, उसमें प्रायः सप्तमी होती है, यथा—शुकनासस्यापि रेणुकायां तनयो जातः।

स स्वभार्यायां कन्यारत्नमजीजनत्।

परदारेषु जायेते द्वौ सुतौ कुण्डगोलकौ (मनुस्मृतौ)

भुवः प्रभवश्च ।१।४।३१।

प्रभव का अर्थ है—उत्पत्तिस्थान। उत्पन्न होने वाले का प्रभव अपादान होता है, यथा—हिमवतः गङ्गा प्रभवति।

(ल्यब् लोपे कर्मण्यधिकरणे च वा०)

जब क्त्वा प्रत्ययान्त अथवा ल्यप् प्रत्ययान्त क्रिया वाक्य में प्रकट नहीं की जाती, परन्तु छिपी रहती है तब उस क्रिया के कर्म और आधार पञ्चमी में होते हैं, यथा—

श्वशुराज् जिहेति (श्वशुरं वीक्ष्य दृष्ट्वा वा जिहेति।) ससुर को देखकर लजाती है।

आसनात् प्रेक्षते (आसने उपविश्य स्थित्वा वा प्रेक्षते।) आसन पर बैठकर देखता है।

ऊपर के उदाहरणों में दृष्ट्वा का कर्म 'श्वसुर' में तथा उपविश्य के आधार 'आसन' में सप्तमी न होकर पञ्चमी हुई है।

(यतश्चाध्वकालनिर्माणं तत्र पञ्चमी। तद्युक्तादध्वनः प्रथमासप्तम्यौ। कालात् सप्तमी च वक्तव्या। वा०)

जिस स्थान या काल (समय) से किसी दूसरे स्थान या काल की दूरी दिखायी जाती है, वह स्थान या काल पञ्चमी में रखा जाता है और उस स्थान का वाचक शब्द प्रथमा या सप्तमी में रखा जाता है, यथा—देवप्रयागात् रुद्रप्रयागः पञ्चदशयोजनानि पञ्चदशयोजनेषु वा।

यहाँ जिस स्थान से दूरी दिखायी गयी है वह 'देवप्रयाग' है, अतः वह पञ्चमी में रखा गया है और जितनी दूरी दिखायी गयी है वह 'पञ्चदश योजन' है, अतः 'पञ्चदश योजन' प्रथमा में अथवा 'सप्तमी' में रखा गया है।

काल (समय) की दूरी के वाचक शब्द में सप्तमी होती है, यथा—राष्ट्रियपर्वात् महावीरजन्मदिवसः द्वादशदिवसेषु।

कार्तिक्या मासे आग्रहायणी (कार्तिकी पूर्णिमा से अगहन की पूर्णिमा एक महीने में आती है।)

यहाँ 'कार्तिक्याः' की दूरी दिखायी गयी है, अतः उसमें पञ्चमी हुई, महीने से दूरी दिखाई गयी है, अतः उसमें सप्तमी हुई।

पञ्चमी विभक्ते।२।३।४२।

विभक्त का अर्थ है—भेद। तरप् या ईयसुन् प्रत्ययान्त विशेषण शब्दों द्वारा या साधारण विशेषण या क्रिया के द्वारा जिससे किसी वस्तु का तुलनात्मक भेद दिखाया जाता है, उसमें पञ्चमी होती है, यथा—

धनात् ज्ञानं गुरुतरम् (धन से ज्ञान अच्छा है।)
देवात् रमेशः पटुतरः (देव से रमेश अधिक चतुर है।)
मौनात् सत्यं विशिष्यते (मौन से सत्य श्रेष्ठ है)।
वर्धनाद्रक्षणं श्रेयः तदभावे तदप्यसत् (बढ़ाने से रक्षा करना अच्छा है)।
श्रेयान् स्वधर्मो विगुणः परधर्मात्स्वनुष्ठितात् (दूसरे के धर्म से अपना धर्म अच्छा है।)

पञ्चम्यपाङ्परिभिः।२।३।१०। आङ् मर्यादावचने।१।४।८९। अपपरी वर्जने।१।४।८८।

अप, आङ् और परि के योग में पञ्चमी होती है। तक, जहाँ तक, मर्यादा अर्थ

में 'आ' के योग में पञ्चमी विभक्ति होती है, यथा—आमूलाच्छ्रोतुमिच्छामि (आरम्भ से सुनना चाहता हूँ।) आकैलासात् (जहाँ तक कैलास है।)

अव्ययी भाव समास बतलाने के लिए भी कभी-कभी 'आ' को संज्ञा-शब्दों के साथ जोड़ते हैं, यथा—

आमेखलं सञ्चरतां घनानाम् (मध्य भाग तक घूमते फिरते हुए बादलों के)।

अप परि वा विष्णोः संसारः (भगवान् को छोड़कर अन्यत्र संसार रहता है)

प्रतिनिधिप्रतिदाने च यस्मात् ।२।३।११।

प्रतिनिधि तथा प्रतिदान (विनिमय) के अर्थ में प्रति के योग में पञ्चमी होती है।

कृष्णः पाण्डवेभ्यः प्रति (कृष्ण पांडवों के प्रतिनिधि हैं।)

तिलेभ्यः प्रतियच्छति माषान् (तिलों के बदले उड़द देता है)।

विभाषागुणेऽस्त्रियाम् ।२।३।२५।

कारण या हेतु प्रकट करनेवाले गुणवाचक अस्त्रीलिङ्ग शब्द तृतीया या पञ्चमी में रखे जाते हैं, यथा—

जाड्येन जाड्यात् वा बद्धः (वह अपनी मूर्खता के कारण पकड़ा गया)।

गुण वाचक न होने पर तृतीया होती है—धनेन कुलम्।

स्त्रीलिङ्ग में भी तृतीया ही होती है यथा—स बुध्या मुक्तः (वह अपनी बुद्धि के कारण छोड़ दिया गया)।

अन्यारादितरर्ते दिक्शब्दाञ्चूत्तरपदाजाहियुक्ते ।२।३।२९।

अन्य, इतर, आरात्, ऋते तथा दिग्वाचक प्रत्यक्, उदीच्, प्रभृति शब्दों तथा दक्षिणा, उत्तरा आदि शब्दों तथा दक्षिणाहि, उत्तराहि प्रभृति शब्दों के योग में पञ्चमी होती है, यथा—

हरेः अन्यः, भिन्नः इतरः वा।

आराद् वनात्।

ज्ञानात् ऋते न सुखम्।

नगरात् प्राक् प्रत्यग्वा।

भाद्रपदात् पूर्वः श्रावणः।

दक्षिणा नगरात्। दक्षिणाहि नगरात्।

प्रभृति तथा इसके अर्थ में प्रयुक्त होनेवाले 'आरभ्य' आदि शब्दों के योग में भी पञ्चमी होती है, यथा—शैशवात् प्रभृति पोषितां प्रियाम् (बचपन से ही पाली पोसी हुई)। भवात् प्रभृति आरभ्य वा सेव्यो हरिः। अद्य प्रभृति तवास्मि दासः।

इसी प्रकार 'बहिः' के योग में भी पञ्चमी होती है—नगराद् बहिः (नगर के बाहर)।

ऊर्ध्वम्, परम्, अनन्तरम् के योग में भी पञ्चमी होती है, यथा—अस्मात् परम् अनन्तरं वा। मुहूर्त्तादूर्ध्वं तिष्ठ। पाणिपीडनविधेरनन्तरम्।

पृथग्विनानानाभिस्तृतीयान्यतरस्याम् ।२।२।३२।

पृथक्, विना और नाना के साथ पंचमी, तृतीया और द्वितीया तीनों होती हैं, यथा—श्रमात्, श्रमं, श्रमेण वा विना विद्या न भवति (परिश्रम के बिना विद्या नहीं आती।) सः भ्रातुः, भ्रातरं, भ्रात्रा वा पृथक् निवसति।

दूरान्तिकार्थेभ्यो द्वितीया च ।२।३।३५।

दूर और अन्तिक (निकटवाची) शब्दों में सप्तमी, पञ्चमी, द्वितीया और तृतीया होती है, यथा—नगरात् नगरस्य वा दूरं दूरेण दूरात् दूरे वा।

वनस्य वनाद् वा अन्तिकम्, अन्तिकेन, अन्तिकात् अन्तिके वा ग्रामस्य निकटं, निकटेन, निकटात्, निकटे वा।

संस्कृत में अनुवाद करो—

१—बालक ऊँचे महल से गिर पड़ा। २—धर्म से सुख और अधर्म से दुःख होता है। ३—पेड़ से पके हुए (पक्वानि) फल गिर रहे हैं। ४—मैं सिंह से नहीं डरता हूँ, दुर्जन से डरता हूँ। ५—गङ्गा और यमुना हिमालय से निकलती हैं। ६—गाँव से पश्चिम की ओर हरिजन रहते हैं। ७—बनिया (वणिक्) चावलों (तण्डुल) से उदड़ नहीं बदलता है। ८—गुरु शिष्य को पाप से हटाता है। ९—ब्रह्मा से (ब्रह्मणः) लोक पैदा होते हैं। १०—सज्जन पाप से घृणा करता है। ११—बालक माता से छिपाता है। १२—उस नाटककार से यह कवि बहुत चतुर है। १३—घुड़सवार (सादी) घोड़े से गिर पड़ा। १४—गोविन्द श्याम से अधिक बुद्धिमान् (बुद्धिमत्तरः) है। १५—श्वशुर से बहू लज्जा करती है। १६—ज्ञान के विना सुख नहीं है। १७—चोर सेंध लगा कर (सन्धि छित्वा) चौकीदारों से (प्रहरिभ्यः) छिप गये (तिरोऽभवन्)। १८—गृहणी के विना गृह सुनसान में जङ्गल को मात कर देता है। १९—पाँच वर्ष पूर्व मैंने इसी रमणीय वन को देखा था। २०—सच्चा मित्र मित्र के मन को पाप से हटाकर सत्कर्म में लगाता है। २१—अध्ययन प्रारम्भ करने से पहले व्याकरण की पुस्तक पास रखनी चाहिए। २२—दुष्टों के पद चिन्हों पर चलने से नाना प्रकार के दुःख पैदा होते हैं।

हिन्दी में अनुवाद करो—

१—अश्वमेधसहस्रेभ्यः सत्यमेवातिरिच्यते।

२—स्वार्थात् सतां गुरुतरा प्रणयिक्रियैव।

३—नास्ति जीवितात् अन्यदभिमततरमिह जगति सर्वजन्तूनाम्।

४—वत्से मालति, जन्मनः प्रभृति वल्लभा ते लवङ्गिका।

५—यद्यस्मत्तो वरीयान् राक्षसोऽवगम्यते तदिदं शस्त्रं तस्मै दीयताम्।

६—नैव जानासि तं देवमैक्ष्वाकं यद्येवं वदसि। तद्विरम्यतामतिप्रसङ्गात्।

७—तं नृपं वसुरक्षितो नाम मन्त्रिवृद्ध एकदाऽभासत बुद्धिश्च निसर्गपट्वी तवेतरेभ्यः प्रतिविशिष्यते।

८—सङ्गात्सञ्जायते कामः कामात्क्रोधोऽभिजायते।
क्रोधाद्भवति सम्मोहः सम्मोहात्स्मृतिविभ्रमः।
स्मृतिभ्रंशाद् बुद्धिनाशो बुद्धिनाशात् प्रणश्यति॥

९—सर्वद्रव्येषु विद्यैव द्रव्यमाहुरनुत्तमम्।
अहार्यत्वादनर्घ्यत्वादक्षयत्वाच्च सर्वदा॥

१०—प्रजानां विनयाधानाद्रक्षणाद्भरणादपि।
स पिता पितरस्तासां केवलं जन्महेतवः।

नवम अभ्यास

सम्बन्ध (षष्ठी) का, के, की, रा, रे, री

विशेष—हम पहले बता चुके हैं कि षष्ठी कारक नहीं है, अपितु यह विभक्ति है जो एक संज्ञा शब्द का दूसरे संज्ञा शब्द के साथ सम्बन्ध बतलाती है, परन्तु हमने पञ्चमी, षष्ठी, सप्तमी इसी क्रम से इन विभक्तियों को रखा है।

(५) स्वादिगणीय श्रु (सुनना) परस्मैपद

वर्तमानकाल (लट्)

प्र० पु०	शृणोति	शृणुतः	शृण्वन्ति
म० पु०	शृणोषि	शृणुथः	शृणुथ
उ० पु०	शृणोमि	शृणुवः, शृण्वः	शृणुमः, शृण्मः

अनद्यतनभूतकाल (लङ्)

प्र० पु०	अशृणोत्	अशृणुताम्	अशृण्वन्
म० पु०	अशृणोः	अशृणुतम्	अशृणुत
उ० पु०	अशृणवम्	अशृणुव, अशृण्व	अशृणुम, अशृण्म

भविष्यकाल (लृट्)

प्र० पु०	श्रोष्यति	श्रोष्यतः	श्रोष्यन्ति आदि

आज्ञार्थक लोट् / विधि लिङ्

आज्ञार्थक लोट्				विधि लिङ्		
शृणोतु	शृणुताम्	शृण्वन्तु	प्र० पु०	शृणुयात्	शृणुयाताम्	शृणुयुः
शृणु	शृणुतम्	शृणुत	म० पु०	शृणुयाः	शृणुयातम्	शृणुयात
शृणवानि	शृणवाव	शृणवाम	उ० पु०	शृणुयाम्	शृणुयाव	शृणुयाम

स्वादिगणीय कुछ धातुएँ

	लट्	लङ्	लृट्	लोट्	विधिलिङ्
शक्—सकना	शक्नोति	अशक्नोत्	शक्ष्यति	शक्नोतु	शक्नुयात्
चिञ्—चुनना	चिनोति	अचिनोत्	चेष्यति	चिनोतु	चिनुयात्

आप्—पाना	आप्नोति	आप्नोत्	आप्स्यति	आप्नोतु	आप्नुयात्
धुञ्—काँपना	धुनोति	अधुनोत्	धविष्यति	धुनोतु	धुनुयात्
क्षि—कम होना	क्षिणोति	अक्षिणोत्	क्षेष्यति	क्षिणोतु	क्षिणुयात्

इन वाक्यों को ध्यान से देखो—

(१) न हि **परगुणानां** विज्ञातारो बहवो भवन्ति (दूसरे के गुणों को जानने-वाले बहुत नहीं होते।)

(२) पुत्र, **लोकव्यवहाराणाम्** अनभिज्ञोऽसि (बेटा, तुम लोक व्यवहार को नहीं जानते)।

(३) गन्तव्या ते वसतिरलका नाम **यक्षेश्वराणाम्** (तुम्हें यक्षेश्वरों की नगरी अलका को जाना है।

(४) विचित्रा हि **सूत्राणां** कृतिः पाणिनेः (पाणिनि के सूत्रों की कृति विचित्र है!)

(५) **अलसस्य** कुतो विद्या, **अविद्यस्य** कुतो धनम्। **अधनस्य** कुतो मित्रम्, **अमित्रस्य** कुतः सुखम् (आलसी को विद्या कहाँ और विद्या के बिना धन कहाँ, धन के बिना मित्र कहाँ और मित्र के बिना सुख कहाँ!)

सम्बन्ध में षष्ठी

षष्ठी शेषे।२।३।५०।

जो बात और विभक्तियों से नहीं बतलायी जा सकती, उसको बतलाने के लिए षष्ठी का प्रयोग होता है।

स्वामी तथा भृत्य, जन्य तथा जनक, कार्य तथा कारण इत्यादि सम्बन्ध दिखाने के लिए षष्ठी काम में लायी जाती है। उसका क्रिया से साक्षात् सम्बन्ध नहीं होता जैसा कि प्रथमा, द्वितीया आदि विभक्तियों का होता है; जैसे—यस्य नास्ति स्वयं प्रज्ञा (जिसके स्वयं बुद्धि नहीं है।) स्खलनं मनुष्याणां धर्मः (गलती करना मनुष्य का धर्म है)। इमे नो गृहाः (ये हमारे घर हैं।)

विशेष—ध्यान रहे कि संस्कृत में षष्ठी उन सभी सम्बन्धों और अर्थों का बोध नहीं करा सकती जिन्हें दिखाने के लिये हिन्दी में "का, की, के," प्रयुक्त किये जाते हैं, जैसे—'एक सोने का वर्तन' का अनुवाद प्रायः समस्त पद "हेमपात्रम्" अथवा प्रत्यय निष्पन्न पद 'हैम' द्वारा 'हैमपात्रम्' होता है, परन्तु 'हेम्नः पात्रम्' कभी नहीं होता। इसी प्रकार (२) मिट्टी का वर्तन, 'मृद्भाण्डम्' अथवा 'मृण्मयंभाण्डम्' होता है, परन्तु 'मृदःभाण्डम्' नहीं होता। (३) बड़े मूल्य की मुक्ता। 'महार्घं मुक्ताफलम्' (४) शक्ति वाला पुरुष 'सबलो नरः' न कि 'बलस्य नरः' होता है। (५) इसी प्रकार वैशाख के महिने में 'वैशाखेमासे' न कि 'वैशाखस्य मासे' होता है। (६) बम्बई का शहर 'मोहमयी पुरी' अथवा 'मोहमयीनामपुरी' 'मोहमय्याः पुरी' नहीं होता, क्योंकि मोहमयी और पुरी में समानाधिकरण सम्बन्ध है।

षष्ठी हेतुप्रयोगे।२।३।२६।

हेतु (प्रयोजन) शब्द के साथ षष्ठी होती है, यथा—अन्नस्य हेतोः वसति (अन्न के लिए रहता है)। यहाँ रहने का हेतु या प्रयोजन 'अन्न' है, अतः अन्न और हेतु में षष्ठी हुई।

अध्ययनस्य हेतोः वाराणस्यां तिष्ठति (अध्ययन के लिए बनारस में ठहरा है।) यहाँ ठहरने का प्रयोजन या कारण 'अध्ययन' है, अतः 'अध्ययन' और 'हेतु' में षष्ठी हुई।

सर्वनाम्नस्तृतीया च।२।३।२७।

यदि हेतु शब्द के साथ सर्वनाम का प्रयोग हो तो सर्वनाम और हेतु शब्द, दोनों में तृतीया, पंचमी या षष्ठी होती है, यथा—केन हेतुना अत्र वसति, कस्मात् हेतोः अत्र वसति अथवा कस्य हेतोः अत्र वसति।

इसी प्रकार—तेन हेतुना, तस्मात् हेतोः, तस्य हेतोः आदि।

निमित्तपर्यायप्रयोगे सर्वासां प्रायदर्शनम् (वा०)

निमित्त अथवा उसके अर्थवाचक शब्दों (कारण, प्रयोजन, हेतु आदि) के प्रयोग होने पर सर्वनाम एवं निमित्तवाचक शब्दों में प्रायः समस्त विभक्तियाँ होती हैं, यथा—

को हेतुः	इसी प्रकार	यत् प्रयोजनम्
कं हेतुम्	किं निमित्तम्	येन प्रयोजनेन
केन हेतुना	केन निमित्तेन	यस्मै प्रयोजनाय
कस्मै हेतवे	कस्मै निमित्ताय	आदि
कस्मात् हेतोः	आदि।	
कस्य हेतोः		
कस्मिन् हेतौ		

वार्तिक में प्राय से तात्पर्य यह है कि सर्वनाम शब्द के प्रयोग न रहने पर भी प्रथमा द्वितीया को छोड़ कर अन्य विभक्तियाँ होती हैं, यथा—

अध्ययेन	निमित्तेन	(अध्ययन के लिए)
अध्ययनाय	निमित्ताय	,,
अध्ययनात्	निमित्तात्	,,
अध्ययनस्य	निमित्तस्य	,,
अध्ययने	निमित्ते	,,

षष्ठ्यतसर्थप्रत्ययेन।२।३।३०।

अतसुच् (तस्) प्रत्ययान्त शब्दों (उत्तरतः, दक्षिणतः आदि) तथा इस प्रत्यय का अर्थ रखनेवाले प्रत्ययान्त (उपरि, अधः, अग्रे, आदौ, पुरः आदि) की जिससे समीपता पायी जाती है, उसमें षष्ठी होती है, यथा—

ग्रामस्य दक्षिणतः उत्तरतः वा।

गृहस्योपरि, अग्रे, पुरः, पश्चाद् वा।

पतिव्रतानाम् अग्रे कीर्तनीया सावित्री।

तस्य स्थित्वा कथमपि पुरः कौतुकाधानहेतोः (मेघदूते)

दूरान्तिकार्थैः षष्ठ्यन्यतरस्याम् ।२।३।३४।

दूर, अन्तिक (समीप) तथा इनके अर्थवाची शब्दों का प्रयोग होने पर षष्ठी तथा पञ्चमी होती है, यथा—

ग्रामस्य ग्रामाद् वा दूरं वनम्। (वन ग्रामसे दूर है।)

सारनाथः वाराणस्याः समीपम् (सारनाथ बनारस के समीप है।)

प्रत्यासन्नः माधवीमण्डपस्य (माधवी लाताकुंज के पास)।

अधीगर्थदयेशां कर्मणि ।२।३।५२।

अधि+इ धातु (स्मरण करना), दय् (दया करना), ईश्, (समर्थ होना) तथा इन धातुओं की अर्थवाची धातुओं के कर्म में षष्ठी होती है, यथा—

मातुः स्मरति (माता की याद करता है)।

रामस्य दयमानः (रामके ऊपर दया करता हुआ)।

गात्राणाम् अनीशोऽस्मि संवृतः (मैं अपने अंगों का स्वामी न रहा)।

प्रभवति निजस्य कन्यकाजनस्य महाराजः (महाराज अपनी पुत्री के ऊपर समर्थ हैं।)

विशेष—जब स्मृ धातु अपने साधारण अर्थ (पाठ करना) में प्रयुक्त होती है तब उसके कर्म में द्वितीया ही आती है, यथा—स्मरसि तान्यहानि स्मरसि गोदावरीं वा। यहाँ कर्म का व्यक्त किया जाना अभीष्ट है (यदा कम विवक्षितं भवति तदा षष्ठी न भवति)।

"जाननेवाला", या 'परिचित' या 'सावधान' इन अर्थों का बोध करनेवाले विशेषणों तथा इनके उलटे अर्थों का बोध करानेवाले विशेषणों के योग में कर्म में षष्ठी होती है, यथा—अनभिज्ञो गुणानां यः स भृत्यैर्नानुगम्यते (जो गुणों को नहीं जानता उसका नौकर अनुसरण नहीं करते।)

अनभ्यन्तरे आवां मदनगतस्य वृत्तान्तस्य।

कभी-कभी सप्तमी का भी प्रयोग होता है, यथा—यदि त्वमीदृशः कथायामभिज्ञः। तत्राप्यभिज्ञो जनः।

कर्तृकर्मणोः कृति ।२।३।६५।

कृदन्त शब्दों के कर्त्ता और कर्म में षष्ठी होती है। कृदन्त शब्द अर्थात् जिनके अन्त में कृत् प्रत्यय—तृच् (तृ), अच् (अ), घञ् (अ), ल्युट् (अन), क्तिन (ति), ण्वुल् (अक) आदि रहते हैं।

शिशोः रोदनम् (बच्चे का रोना) शास्त्राणां परिचयः
कालस्य गतिः (समय की चाल) (शास्त्रों का ज्ञान)
पुस्तकस्य पाठः (पुस्तक का पढ़ना) क्रियामिमां कालिदासस्य
राक्षसानां घातः (राक्षसों का वध) (कालिदास की इस
राज्यस्य प्राप्तिः (राज्य की प्राप्ति), क्रिया को)।

यतश्च निर्धारणम् ।२।३।४१।

एक समुदाय में से एक वस्तु जब विशिष्टता दिखलाकर छांट दी जाती है तब जिससे छांटा जाय उसमें षष्ठी या सप्तमी होती है, यथा—

कवीनां कविषु वा कालिदासः श्रेष्ठः (कवियों में कालिदास श्रेष्ठ हैं ।) छात्राणां छात्रेषु वा गोपालः पटुतमः ।

चतुर्थी चाशिष्यायुष्यमद्रभद्रकुशलसुखार्थहितैः ।२।३।७३।

आशीर्वाद देने की इच्छा होने पर आयुष्य, मद्र, भद्र, कुशल, सुख, अर्थ, हित तथा इनके पर्यायवाची शब्दों के साथ चतुर्थी या षष्ठी होती है, यथा—आयुष्यं चिरंजीवितं वा रामस्य रामाय वा स्यात् (राम चिरंजीवी हों)।

नृपस्य नृपाय वा मद्रं, भद्रं, कुशलं वा भूयात् ।

कृते (के लिए), समक्षम् (सामने), मध्ये, अन्तरे, अन्तः के साथ षष्ठी होती है, यथा—अमीषां प्राणिनां कृते (इन जीवों के लिए)। राज्ञः समक्षमेव (राजा के ही सामने)। बालानां मध्ये, गृहस्य अन्तः अन्तरे वा ।

षष्ठी चानादरे ।२।३।३८।

जिसका अनादर (तिरस्कार) करके कोई कार्य किया जाता है उसमें षष्ठी या सप्तमी होती है, यथा—

रुदतः शिशोः, रुदति वा शिशौ माता बहिरगच्छत् (रोते हुए बच्चे के माता बाहर चली गयी)।

निवारयतोऽपि पितुः निवारयत्यपि पितरि वा सः अध्ययनं त्यक्तवान् (पिता के मना करने पर भी उसने पढ़ना छोड़ दिया ।)

तुल्यार्थैरतुलोपमाभ्यां तृतीयान्यतरस्याम् ।२।३।७२।

बराबर, समान या "की तरह" अर्थवाची तुल्य, सदृश, सम, सकाश, आदि शब्दों के योग में वह शब्द तृतीया या षष्ठी में रखा जाता है जिससे किसी की तुलना की जाती है, यथा—

कृष्णस्य कृष्णेन वा समः तुल्यः सदृशः। नायं मया मम वा समं पराक्रमं बिभर्ति ।

योग्य, उचित, अनुरूप, उपयुक्त अर्थवाची विशेषणों के साथ प्रायः षष्ठी होती है, यथा—सखे पुण्डरीक, नैतदनुरूपं भवतः (मित्र पुंडरीक यह तुम्हारे योग्य नहीं है)।

अनु + कृ का अर्थ जब नकल करना या मिलना जुलना होता है, तब इसके कर्म में प्रायः षष्ठी होती है, यथा—ततोऽनुकुर्यात् तस्याः स्मितस्य । (तब कदाचित् यह

उसकी मुस्कराहट से मिल जुल जाय।) सर्वाभिरन्याभिः कलाभिरनुचकार तं वैशंपायनः (अन्य सभी कलाओं में वैशंपायन उससे मिलता जुलता था)।

क्तस्य च वर्तमाने ।२।३।६७।

(क) जब क्तप्रत्ययान्त शब्द (जो भूतकाल का वाचक है) वर्तमान के अर्थ में प्रयुक्त होता है तब षष्ठी होती है, यथा—

अहमेव मतो महीपतेः (राजा मुझे ही मानते हैं।)

राज्ञः पूजितः, मतः वा (राजा पूजते हैं, मानते हैं)।

यहाँ वर्तमान के अर्थ में क्त प्रत्यय है, इसका अर्थ हुआ—राजा पूजयति मन्यते वा।

परन्तु जब भूतकाल विवक्षित होता है तब केवल तृतीया आती है, यथा—न खलु विदितास्ते चाणक्यहतकेन (क्या दुष्ट चाणक्य द्वारा उन लोगों का पता नहीं लगा दिया गया ?)

(ख) नपुंसके भावेक्तः ।३।३।१४। सूत्र के अनुसार भाव अर्थ में क्तप्रत्ययान्त नपुंसक लिङ्ग शब्दों के साथ 'कर्तृकर्मणोः कृति' के अनुसार षष्ठी होती है, यथा—मयूरस्य नृत्यम् (मोर का नाच)। छात्रस्य हसितम् (छात्र का हँसना)। कोकिलस्य व्याहृतम् (कोयल का कूकना)।

कृत्यानां कर्तरि वा ।२।३।७१।

कृत्य प्रत्ययान्त शब्दों के योग में कर्ता में तृतीया या षष्ठी होती है, यथा—पिता मम पूज्यः, पिता मया पूज्यः (पिताजी मेरे पूज्य हैं)।

न वञ्चनीयाः प्रभवोऽनुजीविभिः (नौकरों को अपने स्वामियों को न ठगना चाहिए)। कृत्य प्रत्ययान्त क्रियाएँ तिङन्त क्रियाओं में यों बदलेंगी—

पिता मम पूज्यः—अहं पितरं पूजयेयम्।

प्रभवोऽनुजीविभिः न व[illegible]नीयाः—प्रभून् अनुजीविनः न वञ्चयेयुः।

कृत्वोऽर्थप्रयोगे कालेऽ[illegible]णे ।२।३।६४।

वार-बार या अनेक बार अर्थ प्रकट करने वाले "द्विः, त्रिः" शब्दों अथवा 'अष्टकृत्वः' 'शतकृत्वः' अर्थ बोधक संज्ञा विशेषण अव्यय शब्दों के साथ समयवाची शब्द में सप्तमी का भाव प्रकट होने पर भी षष्ठी होती है, यथा—द्विरह्नो भोजनम् (दिन में दो बार भोजन), शतकृत्वस्तवैकस्याः स्मरत्यह्नो रघूत्तमः (रघुश्रेष्ठ श्रीरामचन्द्र जी तुम्हें दिन में सौ बार याद करते हैं।)

जासिनिप्रहणनाटक्राथपिषां हिंसायाम् ।२।३।५६।

हिंसार्थक जस् (णिजन्त), नि तथा प्र पूर्वक हन्, क्रथ् (णिजन्त), नट् (णिजन्त) तथा पिष् धातुओं के कर्म में षष्ठी होती है, यथा—

निजौजसोज्जासयितुं जगद् द्रुहाम् (संसार के द्रोहियों को अपने बल से मारने के लिए।)

अपराधिनः निहन्तुं, प्रहन्तुं, प्रणिहन्तुं वा (अपराधी के मारने के लिए)।

बधिकस्य नाटयितुं क्राथयितुं वा (बधिक के वध करने के लिए)।

क्रमेण पेष्टुं भुवनद्विषामपि (क्रमशः जगद् द्रोहियों के नाश के लिए)।

व्यवहृपणोः समर्थयोः ।२।३।५७।

'सौदा का लेन-देन करना', 'जुआ में लगा देना' इन अर्थों की वाचक व्यवहृ और पण् धातुओं के योग में इनके कर्म में षष्ठी होती है, यथा—शतस्य व्यवहरणं पणम् (सैकड़ों का लेन-देन करना)।

प्राणानामपणिष्टासौ (उसने प्राणों की बाजी लगा दी)।

परन्तु द्वितीया का प्रयोग प्रायः मिलता है, यथा—

कृष्णां पणस्व पांचालीम् (पांचालराज की कन्या द्रौपदी को दाँव पर लगा दो)।

दिवस्तदर्थस्य ।२।३।५८।

दिव् धातुका जब उपर्युक्त अर्थ में प्रयोग होता है तब उसके योग में भी कर्म में षष्ठी होती है, यथा—शतस्य दीव्यति (सौ का जुआ खेलता है)।

परन्तु दिव् का उपर्युक्त अर्थ न होने पर कर्म में द्वितीया ही होती है, यथा—हरिं दीव्यति (हरि की स्तुति करता है)।

जब किसी घटना के हुए कुछ समय बीता हुआ बतलाया जाता है तब बीती घटना के वाचक शब्द षष्ठी में प्रयुक्त होते हैं, यथा—

कतिपये संवत्सरास्तस्य तपस्तप्यमानस्य (तप करते हुए उन्हें कई वर्ष हो गये हैं)।

अद्य दशमो मासस्तातस्योपरतस्य (मुद्राराक्षसे)।

अंशांशिभाव या अवयवावयविभाव होने पर अंशी तथा अवयवी में षष्ठी होती है, यथा—जलस्य बिन्दुः, अयुतं शरदां ययौ (दस हजार वर्ष बीत गये) रात्रेः पूर्वम्, दिनस्य उत्तरम्।

प्रिय, वल्लभ तथा इसी अर्थ के वाचक शब्दों के योग में षष्ठी होती है, यथा—कायः कस्य न वल्लभः। प्रकृत्यैव प्रिया सीता रामस्यासीत्।

विशेष, अन्तर आदि शब्दों के योग में जिनमें विशेष या अन्तर दिखाया जाता है वे षष्ठी में होते हैं, यथा—तव मम च समुद्रपल्वलयोरिवान्तरम्। एतावानेवायुष्मतः शतक्रतोश्च विशेषः (आप और इन्द्र में इतना ही अन्तर है)।

संस्कृत में अनुवाद करो

१—सीता को राम प्राणों से भी अधिक प्रिय थे। २—यदि मनुष्य सभी कार्यों में पशुओं की नकल करे (अनु + कृ) तो दोनों में क्या अन्तर है। ३—हे मित्र पुण्डरीक यह तुम्हारे योग्य नहीं है। ४—श्रीरामचन्द्रजी को मित्रों के देखने से केवल दुःख ही होगा। ५—गलती करना मनुष्य का धर्म है। ६—मित्र,

निराश मत होओ, जिसके लिए (कृते) इतने दुःखी हो वह स्वयं तुम्हारे पास आवेगी। ७—प्राचीन काल में आर्य लोग सारा काम पुत्रों को सौंप कर वन को गमन करते थे। ८—तुम्हारा यह कार्य अपने उच्च कुल के उपयुक्त है। ६—अनेक कवियों ने हिमालय की भूरि-भूरि प्रशंसा की है। १०—धार्मिक पुस्तकों में वेद सब से प्राचीन तथा श्रेष्ठ हैं। ११—विद्यार्थियों को उत्तम पुस्तकें सुन्दर सुन्दर वस्त्रों की अपेक्षा अधिक प्रिय लगती हैं। १२—श्रीमान् अपने शिष्यों के ऊपर प्रभाव रखते हैं (प्र+भू)। १३—जिसके स्वयं बुद्धि नहीं है, उसको कैसे ज्ञान दें? १४—श्रीमान् तथा मुझमें उतना ही अन्तर है जितना समुद्र और गड़ही में। १५—पिताजी को मरे हुए आज दस महीने हो गये।

हिन्दी में अनुवाद करो

१—अयि, भागीरथीप्रसादात् वनदेवतानामप्यदृश्यासि संवृत्ता। २—न खलु स उपरतः यस्य वल्लभो जनः स्मरति। ३—कापि महती वेला वर्तते तवादृष्टस्य। ४—धिङ् मां दुष्कृतकारिणीं यस्याः कृते तवेयमीदृशी दशा वर्तते। ५—देव्याः शून्यस्य जगतो द्वादशः परिवत्सरः। ६—शरीरस्य गुणानां च दूरमत्यन्तमन्तरम्। शरीरं क्षणविध्वंसि कल्पान्तस्थायिनो गुणाः। ७—अपीप्सितं क्षत्रकुलांगनानां न वीरसूशब्दमकामयेताम्। ८—तस्मै कोपिष्यामि यदि तं प्रेक्षमाणा आत्मनः प्रभविष्यामि। ६—अहं पुनर्युष्माकं प्रेक्षमाणानामेनं स्मर्तव्यशेषं नयामि। १०—कच्चिद्भर्तुः स्मरसि सुभगे त्वं हि तस्य प्रियेति। ११—मया तस्य किमपराद्धं य मां परुषमवादीत्। १२—कोऽतिभारः समर्थानां किं दूरं व्यवसायिनाम्। को विदेशः सविद्यानां कः परः प्रियवादिनाम्।

दशम अभ्यास

अधिकरण कारक (सप्तमी) में, पर

(६) तुदादिगणीय कुछ धातुएँ

	लट्	लङ्	लृट्	लोट	विधिलिङ्
तुद्—दुःखदेना	तुदति	अतुदत्	तोत्स्यति	तुदतु	तुदेत्
मिल्—मिलना	मिलति	अमिलत्	मेलिष्यति	मिलतु	मिलेत्
मुञ्च्—छोड़ना	मुञ्चति	अमुञ्चत्	मोक्ष्यति	मुञ्चतु	मुञ्चेत्
सिञ्च्—सींचना	सिञ्चति	असिञ्चत्	सेक्ष्यति	सिञ्चतु	सिञ्चेत्
तृप्—तृप्त होना	तृपति	अतृपत्	तर्पिष्यति	तृपतु	तृपेत्
विश्—प्रवेश करना	विशति	अविशत्	वेक्ष्यति	विशतु	विशेत्
प्रच्छ्—पूछना	पृच्छति	अपृच्छत्	प्रक्ष्यति	पृच्छतु	पृच्छेत्

१४—अत्रभवतः मम च समुद्रपल्वलयोरिवान्तरम्। १५—पिताजी को मरे हुए—तातस्योपरतस्य।

विशेष—तुदादिगण की धातुएँ भ्वादिगण की धातुओं के समान हैं। अन्तर इतना ही है कि भ्वादिगण में धातु की उपधा को अथवा अन्त के स्वर को गुण होता है, तुदादि में नहीं होता। तुदादिगणीय धातुओं के रूप परस्मैपद में 'पठति—पठतः' की भांति और आत्मनेपद में 'सेवते' या 'जायते' की भांति होते हैं।

(७) रुधादिगणीय भुज् (भोजन करना) आत्मनेपद

वर्तमान काल (लट्)

	एकव०	द्विव०	बहुव०
प्र० पु०	भुङ्क्ते	भुञ्जाते	भुञ्जते
म० पु०	भुङ्क्षे	भुञ्जाथे	भुङ्ग्ध्वे
उ० पु०	भुञ्जे	भुञ्ज्वहे	भुञ्ज्महे

अनद्यतन भूतकाल (लङ्)

प्र० पु०	अभुङ्क्त	अभुञ्जाताम्	अभुञ्जत
म० पु०	अभुङ्क्थाः	अभुञ्जाथाम्	अभुङ्ग्ध्वम्
उ० पु०	अभुञ्जि	अभुञ्ज्वहि	अभुञ्ज्महि

भविष्यत्काल (लृट्)

प्र० पु०	भोक्ष्यते	भोक्ष्येते	भोक्ष्यन्ते
म० पु०	भोक्ष्यसे	भोक्ष्येथे	भोक्ष्यध्वे
उ० पु०	भोक्ष्ये	भोक्ष्यावहे	भोक्ष्यामहे

आज्ञार्थक लोट्				विधिलिङ्		
भुङ्क्ताम्	भुञ्जाताम्	भुञ्जताम्	प्र० पु०	भुञ्जीत	भुञ्जीयाताम्	भुञ्जीरन्
भुङ्क्ष्व	भुञ्जाथाम्	भुङ्ग्ध्वम्	म० पु०	भुञ्जीथाः	भुञ्जीयाथाम्	भुञ्जीध्वम्
भुनजै	भुनजावहै	भुनजामहै	उ० पु०	भुञ्जीय	भुञ्जीवहि	भुञ्जीमहि

रुधादिगणीय कुछ धातुएँ

	लट्	लङ्	लृट्	लोट्	विधिलिङ्
रुध्—रोकना	रुणद्धि	अरुणत्	रोत्स्यति	रुणद्धु	रुन्ध्यात्
भिद्—फाड़ना	भिनत्ति	अभिनत्	भेत्स्यति	भिनत्तु	भिन्द्यात्
छिद्—काटना	छिनत्ति	अच्छिनत्	छेत्स्यति	छिनत्तु	छिन्द्यात्

सप्तमी

इन वाक्यों को ध्यान से पढ़ो—

(१) **कस्मिन्नपि पूजार्हे**ऽपराद्धा शकुन्तला (शकुन्तला ने किसी गुरुजन के प्रति अपराध किया है।)

(२) योग्यसचिवे न्यस्तः समस्तो भरः (समस्त राज्यभार योग्य मन्त्री पर छोड़ दिया गया है।)

(३) न खलु न खलु बाणः सन्निपात्योऽयमस्मिन् (इस सुकुमार हरिण-शरीर पर कदापि बाण नहीं छोड़ना चाहिए।)

(४) पुरोचनो जतुगृहे अग्निमदात् पाण्डवास्तु प्रागेव ततो निरक्रामन् (पुरोचन ने लाख के घर को आग लगा दी, किन्तु पाण्डव पहले ही वहाँ से निकल चुके थे।)

(५) यतीनां वल्कलानि वृक्षशाखास्ववलम्बन्ते, अतस्तपोवनेनानेन भवितव्यम् (मुनियों के वल्कल वृक्षों की शाखाओं से लटक रहे हैं, अतः यह तपोवन ही होगा।)

अधिकरण कारक—सप्तमी

आधारोऽधिकरणम् ।१।४।४५। सप्तम्यधिकरणे च ।२।३।३६।

जिस स्थान पर कोई कार्य होता है उसे अधिकरण कहते हैं और वह सप्तमी विभक्ति में रखा जाता है, यथा—स्थाल्यामोदनं पचति (बटली में खाना पकाता है)। आसने उपविशति (आसन पर बैठता है)।

आधार तीन प्रकार का होता है—(१) औपश्लेषिक, (२) वैषयिक तथा (३) अभिव्यापक।

(१) औपश्लेषिक आधार—जिसके साथ आधेय का भौतिक संश्लेष हो, यथा—कटे आस्ते (चटाई पर है), यहाँ बैठने वाले का भौतिक संश्लेष स्पष्ट दिखाई देता है।

(२) वैषयिक आधार—जिसके साथ आधेय का व्याप्य-व्यापक संश्लेष हो, यथा—मोक्षे इच्छास्ति। यहाँ इच्छा का 'मोक्ष' में अधिष्ठित होना पाया जाता है।

(३) अभिव्यापक आधार—जिसके साथ आधेय का व्याप्य-व्यापक सम्बन्ध हो, यथा—तिलेषु तैलम्। यहाँ तेल सभी तिलों में व्याप्त है।

(क्तस्येन्विषयस्य कर्मण्युपसंख्यानम् वा०)

क्तप्रत्ययान्त शब्द में इन् प्रत्यय लगाकर बने हुए शब्द के योग में उसके कर्म में सप्तमी होती है, यथा—अधीती चतुर्ष्वाम्नायेषु (चारों वेदों को पढ़ चुकने वाला)। गृहीती षट्स्वंगेषु (छहों अंगों का प्रकाण्ड विद्वान्)।

(साध्वसाधु प्रयोगे च वा०)

साधु और असाधु के प्रयोग में सप्तमी विभक्ति होती है, यथा—मातरि साधुरसाधुर्वा (अपनी माता के प्रति सद्व्यवहार अथवा असद् व्यवहार करता है।)

(निमित्तात्कर्मयोगे वा०)

जिस फल की प्राप्ति के लिए कोई क्रिया की जाती है, वह फल यदि उस क्रिया के कर्म से युक्त हो तो उसमें सप्तमी होती है, यथा—

चर्मणि द्वीपिनं हन्ति, दन्तयोर्हन्ति कुञ्जरम्।
केशेषु चमरीं हन्ति, सीम्नि पुष्कलको हतः॥

यहाँ 'द्वीपी' कर्म के साथ उसका चर्म फल प्राप्ति है, उसीके लिए हत्या की जाती है। इसी प्रकार दन्तयोः, केशेषु तथा सीम्नि में भी सप्तमी हुई।

यतश्च निर्धारणम् ।२।३।४१।

जब किसी वस्तु की अपने समुदाय से किसी विशेषण द्वारा कोई विशिष्टता दिखलायी जाती है तब समुदाय वाचक शब्द षष्ठी अथवा सप्तमी में रखा जाता है, यथा—

कवीनां कविषु वा कालिदासः श्रेष्ठः।

छात्राणां छात्रेषु वा गोविन्दः पटुतमः।

जीवेषु जीवानां वा मानवाः श्रेष्ठाः।

यस्य च भावेन भावलक्षणम् ।२।३।३७।

जब किसी कार्य के हो जाने पर दूसरे कार्य का होना प्रतीत होता है तब जो कार्य हो चुकता है उसमें सप्तमी होती है, यथा—रामे वनं गते दशरथः प्राणान् तत्याज (राम के वन चले जाने पर दशरथ ने प्राण त्याग दिये।)

सूर्ये उदिते कमलं प्रकाशते (सूर्य के उदय होने पर कमल खिलता है)। सर्वेषु शयानेषु कमला रोदिति (सब के सो जाने पर कमला रोती है)।

सप्तमीपञ्चम्यौ कारकमध्ये ।२।३।७।

समय और मार्ग का अन्तर बतलाने वाले शब्दों में पञ्चमी और सप्तमी होती है, यथा—अयं क्रोशे क्रोशाद्वा लक्ष्यं विध्येत् (यह एक कोस पर लक्ष्य वेध देगा)। अद्य भुक्त्वायं त्र्यहे त्र्यहाद्वा भोक्ता।

आयुक्तकुशलाभ्यां चासेवायाम् ।२।३।४०। साधुनिपुणाभ्यामर्चायां सप्तम्यप्रतेः ।२।३।४३।

संलग्नार्थक शब्दों तथा (युक्तः, व्यापृतः, तत्परः आदि) चतुरार्थक शब्दों (कुशलः, निपुणः, पटुः आदि) के साथ सप्तमी होती है, यथा—कार्ये लग्नः, तत्परः। शास्त्रे निपुणः दक्षः प्रवीणः आदि।

षष्ठी चानादरे ।२।३।३८।

जिसका अनादर करके कोई कार्य किया जाता है, उसमें षष्ठी या सप्तमी होती है, यथा—निवारयतोऽपि पितुः निवारयत्यपि पितरि वा रमेशः अध्ययनं त्यक्तवान्- पिता के मना करने पर भी रमेश ने पढ़ना छोड़ दिया।)

वैषयिकाधार में सप्तमी—स्निह्, अभिलष्, अनुरंज् आदि स्नेह, आसक्ति तथा सम्मानवाचक शब्दों के साथ जिसके लिए स्नेह, आसक्ति तथा सम्मान प्रदर्शित किया जाता है, वह सप्तमी में रखा जाता है, यथा—किन्नु खलु बालेऽस्मिन् स्निह्यति मे मनः (मेरा मन इस बालक को क्यों प्यार करता है!) न तापसकन्यायां शकुन्तलायां ममाभिलाषः (मुनिकन्या शकुन्तला से मेरा स्नेह नहीं है)। देवे चन्द्रगुप्ते दृढमनुरक्ताः प्रकृतयः (चन्द्रगुप्त के प्रति प्रजा का बहुत बड़ा अनुराग है)।

युज् धातु के साथ तथा युज् से प्रत्यय द्वारा निष्पन्न शब्दों के साथ सप्तमी होती है, यथा—असाधुदर्शी भगवान् काश्यपो य इमामाश्रमधर्मे नियुङ्क्ते (पूज्यपाद काश्यपजी महाराज बुद्धिमान् नहीं हैं, जिन्होंने इसे आश्रम के कार्यों में लगा रखा है)।

'योग्यता' अथवा 'उपयुक्तता' आदि अर्थों का बोध कराने वाले शब्दों के योग में उस व्यक्ति का वाचक शब्द सप्तमी में रखा जाता है, जिसके विषय में योग्यता अथवा उपयुक्तता प्रकट की जाती है, यथा—युक्तरूपमिदं त्वयि (यह तुम्हारे लिए योग्य है)। त्रैलोक्यस्यापि प्रभुत्वं तस्मिन् युज्यते (तीनों लोकों का भी राज्य उसके लिए उपयुक्त है)। ते गुणाः परस्मिन् ब्रह्मणि उपपद्यन्ते (वे गुण परब्रह्म के लिए उपयुक्त हैं)।

जब कारणवाची शब्द का प्रयोग होता है तब कार्य सप्तमी में रखा जाता है, यथा—दैवमेव हि नृणां वृद्धौ क्षये कारणम् (भाग्य ही मनुष्य की उन्नति तथा अवनति का कारण है)।

सप्तमी विभक्ति स्थान का बोध कराती है, परन्तु अनेक स्थलों पर सप्तमी उस वस्तु या पात्र में भी प्रयुक्त होती है, जिसको कोई चीज दी जाती है या सुपुर्द की जाती है, यथा—योग्यसचिवे न्यस्तः समस्तो भरः (योग्य मन्त्री के ऊपर समस्त भार सौंप दिया)। शुकनासनाम्नि मन्त्रिणि राज्यभारमारोप्य स यौवनसुखमनुबभूव (राज्य का भार योग्यमन्त्री शुकनास को सौंपकर वह यौवन का सुख भोगने लगा)। वितरति गुरुः प्राज्ञे विद्यां यथैव तथा जडे (गुरु जिस प्रकार से चतुर शिष्य को विद्या प्रदान करता है, उसी प्रकार मूढ़ को भी)।

'फेंकना' या 'किसी पर झपटना' अर्थ का बोध कराने वाली क्षिप्, मुच्, अस् धातुओं के योग में जिस पर कोई चीज फेंकी जाती है या झपटती है वह सप्तमी में रखा जाता है, यथा—मृगेषु शरान् मुमुक्षोः (हरिणों पर बाण छोड़ने की इच्छा रखने वाला)। न खलु बाणः सन्निपात्योऽस्मिन् मृगशरीरे।

संस्कृत में अनुवाद करो

१—इस विद्यालय में बालक और बालिकाएँ पढ़ती हैं। २—राम ने बाल्यकाल में समस्त विद्याएँ सीखीं। ३—गेंद के खेल (कन्दुकप्रतियोगिता) में हमारा विद्यालय प्रथम रहा। ४—सड़क (राजमार्ग) पर घोड़े दौड़ रहे हैं। ५—शरद् काल में (शरदि) वन में मयूर नाचते हैं। ६—क्या वह तुम्हें मार्ग में नहीं मिला? ७—विधान-भवन में विधान-सभा की बैठकें (उपनिवेशन) होती हैं। ८—मनुष्यों में ब्राह्मण श्रेष्ठ हैं और पशुओं में सिंह। ९—पशुओं में शृगाल बहुत चतुर है। १०—इस तालाब में कमल के फूल खिले (फुल्लित) हैं। ११—जिसने जवानी (यौवन) में नहीं पढ़ा वह बुढ़ापे (वार्द्धक) में क्या पढ़ेगा? १२—यौवन के मद में सभी अन्धे हो जाते हैं। १३—फलों में आम (आम्र) उत्तम है।

१४—जिस देश में तुम उत्पन्न हुए हो, उसमें हाथी नहीं मारे जाते (न हन्यन्ते)। १५—इस राजा की सारी प्रजा इसमें अनुरक्त है (अनु + रंज्)। १६—इस बगीचे में सब वृक्षों से यह वृक्ष लम्बा है। १७—भारतीय कवियों में कालिदास और भवभूति सबसे अधिक प्रसिद्ध हैं। १८—कैकेयी राम के चौदह वर्ष के बनवास का प्रधान कारण थी। १९—जो द्यूतकला में निपुण हैं वे अपना सारा समय जुआ खेलने में बिताते हैं। २०—इस लड़के की शिक्षा के विषय में चिन्ता न कीजिए।

हिन्दी में अनुवाद करो

१—दृढं त्वयि बद्धभावोर्वशी। न सा इतोगतमनुरागं शिथिलयति। २—अशुद्धप्रकृतौ राज्ञि जनता नानुरज्यते। ३—न जानामि केनापि कारणेन त्वयि विश्वसिति मे हृदयम्। ४—क्षमा शत्रौ च मित्रे च यतीनामेव भूषणम्। ५—न मातरि न दारेषु न सोदर्ये न चात्मनि। विश्वासस्तादृशः पुंसां यावन्मित्रे स्वभावजे। ६—उपकारिषु यः साधुः साधुत्वे तस्य को गुणः। अपकारिषु यः साधुः स साधुः सद्भिरुच्यते। ७—भूतानां प्राणिनः श्रेष्ठाः प्राणिनां बुद्धिजीविनः। बुद्धिमत्सु नराः श्रेष्ठा नरेषु ब्राह्मणाः स्मृताः। ८—लतायां पूर्वलूनायां प्रसूनस्यागमः कुतः? ९—इदमवस्थान्तरं गते तादृशेऽनुरागे किं वा स्मारितेन। १०—जीवत्सु तातपादेषु नवे दारपरिग्रहे। मातृभिश्चिन्त्यमानानां ते हि नो दिवसा गताः॥

एकादश अभ्यास

सम्बोधन (प्रथमा), हे, भोः

(८) तनादिगणीय कृ (करना) परस्मैपद

लट्				लङ्		
करोति	कुरुतः	कुर्वन्ति	प्र० पु०	अकरोत्	अकुरुताम्	अकुर्वन्
करोषि	कुरुथः	कुरुथ	म० पु०	अकरोः	अकुरुतम्	अकुरुत
करोमि	कुर्वः	कुर्मः	उ० पु०	अकरवम्	अकुर्व	अकुर्म

लृट्— करिष्यति करिष्यतः करिष्यन्ति आदि।

लोट्				विधिलिङ्		
करोतु	कुरुताम्	कुर्वन्तु	प्र० पु०	कुर्यात्	कुर्याताम्	कुर्युः
कुरु	कुरुतम्	कुरुत	म० पु०	कुर्याः	कुर्यातम्	कुर्यात
करवाणि	करवाव	करवाम	उ० पु०	कुर्याम्	कुर्याव	कुर्याम

(९) क्र्यादिगणीय ग्रह् (पकड़ना) परस्मैपद

लट्				लङ्		
गृह्णाति	गृह्णीतः	गृह्णन्ति	प्र० पु०	अगृह्णात्	अगृह्णीताम्	अगृह्णन्
गृह्णासि	गृह्णीथः	गृह्णीथ	म० पु०	अगृह्णाः	अगृह्णीतम्	अगृह्णीत
गृह्णामि	गृह्णीवः	गृह्णीमः	उ० पु०	अगृह्णाम्	अगृह्णीव	अगृह्णीम

लृट्—ग्रहीष्यति ग्रहीष्यतः ग्रहीष्यन्ति आदि।

लोट्				विधिलिङ्		
गृह्णातु	गृह्णीताम्	गृह्णन्तु	प्र० पु०	गृह्णीयात्	गृह्णीयाताम्	गृह्णीयुः
गृहाण	गृह्णीतम्	गृह्णीत	म० पु०	गृह्णीयाः	गृह्णीयातम्	गृह्णीयात
गृह्णानि	गृह्णाव	गृह्णाम	उ० पु०	गृह्णीयाम्	गृह्णीयाव	गृह्णीयाम

क्र्यादिगणीय कुछ धातुएँ

	लट्	लङ्	लृट्	लोट्
क्री—खरीदना	क्रीणाति	अक्रीणात्	क्रेष्यति	क्रीणातु
प्री—खुश करना	प्रीणाति	अप्रीणात्	प्रेष्यति	प्रीणातु
पू—पवित्र करना	पुनाति	अपुनात्	पविष्यति	पुनातु
वृ—वर छांटना	वृणाति	अवृणात्	वरिष्यति	वृणातु
धू—कांपना	धुनाति	अधुनात्	धविष्यति	धुनातु
अश्—खाना	अश्नाति	आश्नात्	अशिष्यति	अश्नातु
मुष्—चुराना	मुष्णाति	अमुष्णात्	मोषिष्यति	मुष्णातु
बध्—बाँधना	बध्नाति	अबध्नात्	भत्स्यति	बध्नातु
ज्ञा—जानना	जानाति	अजानात्	ज्ञास्यति	जानातु

विधिलिङ्—(क्री) क्रीणीयात्, (प्री) प्रीणीयात्, (पू) पुनीयात् (वृ) वृणीयात् इत्यादि।

(१०) चुरादिगणीय कुछ धातुएँ

	लट्	लङ्	लृट्	लोट्
चुर्—चुराना	चोरयति-ते	अचोरयत्-त	चोरयिष्यति-ते	चोरयतु-ताम्
गण्—गिनना	गणयति	अगणयत्	गणयिष्यति	गणयतु
कथ्—कहना	कथयति	अकथयत्	कथयिष्यति	कथयतु
भक्ष्—खाना	भक्षयति	अभक्षयत्	भक्षयिष्यति	भक्षयतु
तड—पीटना	ताडयति	अताडयत्	ताडयिष्यति	ताडयतु
रच्—बनाना	रचयति	अरचयत्	रचयिष्यति	रचयतु
तुल्—तोलना	तोलयति	अतोलयत्	तोलयिष्यति	तोलयतु
पूज्—पूजा करना	पूजयति	अपूजयत्	पूजयिष्यति	पूजयतु
अर्च्—पूजा करना	अर्चयति	आर्चयत्	अर्चयिष्यति	अर्चयतु
आह्लाद्—खुश करना	आह्लादयति	आह्लादयत्	आह्लादयिष्यति	आह्लादयतु
चिन्त्—सोचना	चिन्तयति	अचिन्तयत्	चिन्तयिष्यति	चिन्तयतु
क्षल्—धोना	क्षालयति	अक्षालयत्	क्षालयिष्यति	क्षालयतु
वण्ट्—बाँटना	वण्टयति	अवण्टयत्	वण्टयिष्यति	वण्टयतु
घुष्—ढिंढोरा पीटना	घोषयति	अघोषयत्	घोषयिष्यति	घोषयतु

प्री—खुश करना	प्रीणयति	अप्रीणयत्	प्रीणयिष्यति	प्रीणयतु
स्पृह्—इच्छा करना	स्पृहयति	अस्पृहयत्	स्पृहयिष्यति	स्पृहयतु
मृग्—ढूँढ़ना	मार्गयति	अमार्गयत्	मार्गयिष्यति	मार्गयतु
भूष्—सजाना	भूषयति	अभूषयत्	भूषयिष्यति	भूषयतु
वर्ण्—वर्णनकरना	वर्णयति	अवर्णयत्	वर्णयिष्यति	वर्णयतु
लोक्—देखना	लोकयति	अलोकयत्	लोकयिष्यति	लोकयतु
सान्त्व्–शान्तकरना	सान्त्वयति	असान्त्वयत्	सान्त्वयिष्यति	सान्त्वयतु
बुक्क–कुत्तेका भौंकना	बुक्कयति	अबुक्कयत्	बुक्कयिष्यति	बुक्कयतु

विधि लिङ्—(चुर्) चोरयेत्, (गण्) गणयेत्, (कथ्) कथयेत् आदि।

इन वाक्यों को ध्यान से पढ़ो—

(१) हे ईश्वर ! देहि मे मुक्तिम् (हे ईश्वर, मुझे मुक्ति दो।)

(२) भो मित्र, क्षमस्व अजानता मया एवं भाषितम् (हे मित्र, क्षमा करो, अज्ञानवश मैंने ऐसा कहा।)

(३) हे बाले, क्व गन्तुमिच्छसि (हे बाला, कहाँ जाना चाहती हो !)

(४) भो महात्मन्, किं भवता भोजनं कृतम् ! (हे महात्मन्, क्या आपने भोजन कर लिया !)

(५) हे पुत्र, सदा सत्यं वद धर्मं चर (हे पुत्र, सदा सच बोल और धर्म कर)।

सम्बोधन (प्रथमा)—किसी को पुकार कर अपनी ओर आकृष्ट करने को सम्बोधन कहते हैं। सम्बोधन में प्रथमा विभक्ति होती है और सम्बोधनवाचक शब्द के पूर्व भोः, अये, हे आदि चिह्न लगते हैं। सर्वनाम शब्दों का सम्बोधन नहीं होता और अकारान्त शब्दों के एकवचन में विसर्ग नहीं होता। आकारान्त और इकारान्त शब्दों के प्रथमा के एकवचन में ए (हे लते, हे हरे) और ईकारान्त शब्द के प्रथमा के एकवचन में 'इ' (हे नदि) और उकारान्त शब्द के 'ओ' (हे साधो) हो जाता है।

संस्कृत में अनुवाद करो

१—महाराज, आपके राज्य में प्रजा को सुख है। २—मित्र, कल तुम हमारे घर आओगे ! ३—छात्रो, अपना पाठ ध्यान से पढ़ो। ४—बालको, गुरु की सेवा करो, फल मिलेगा। ५—लड़को, परिश्रम करो अवश्य परीक्षा में उत्तीर्ण हो जाओगे। ६—प्रातः उठो, हाथ-पैर धोओ और पढ़ो। ७—विद्यार्थियो, अध्यापकों का उपदेश ग्रहण करो और उस पर चलो। ८—मित्र, आपके पिता कुशल से तो हैं ! (अपि कुशली·······!) ९—पुत्र कभी झूठ न बोल, सत्य पर चल। १०—लड़कियो ! तुम आज स्कूल क्यों नहीं गयीं ! ११—महाशय, क्या आप कल मुझे दर्शन देंगे ! १२—बच्चो, समय पर उठो और व्यायाम करो। १३—पिता जी,

मैं मेहनत करूँगा और परीक्षा में सफल होऊँगा। १४—भरत, तुम्हारे जैसा (त्वादृशः) भाई संसार में अन्य नहीं है। १५—हे सीता, जंगल में अनेक कष्ट हैं, तुम घर पर ही रहो।

उपपद विभक्तियों की पुनरावृत्ति

कारण बताओ कि मोटे टाइप में मुद्रित शब्दों में उल्लिखित विभक्तियाँ क्यों हुई हैं—

(क) द्वितीया

१—**दिवं** च **पृथ्वीं** चान्तराऽन्तरिक्षम् (आकाश और पृथ्वी के बीच में अन्तरिक्ष है।) २—**मामन्तरेण** किं नु चिन्तयत्याचार्य इति चिन्ता मां बाधते (आचार्य मेरे विषय में क्या विचार करेंगे यह चिन्ता मुझे दुःख दे रही है।) ३—धिक् **त्वां यः** कार्यानुबन्धविचारमन्तरेण कार्यं करोषि (तुम्हें धिक्कार है जो कार्य के फल पर विचार किये बिना कार्य करते हो।) ४—परितः **नगरं** विद्यत एका परिखा या सदैव जलपूर्णा (नगर के चारों ओर एक खाई है जो सदैव पानी से भरी रहती है।)। ५—मां प्रति त्वं हि नासि वीरः, त्वं हि कातरान्नातिभिद्यसे (मेरे विचार से तुम वीर नहीं हो, तुम तो एक कायर से अधिक भिन्न नहीं हो।)

६—विना **वातं** विना **वर्षं विद्युदुत्पतनं** विना।
विना हस्तिकृतान्दोपान्केनेमौ पातितौ द्रुमौ॥

(आँधी, वर्षा और बिजली के गिरने के बिना तथा हाथियों के उत्पात के बिना किसने इन दो वृक्षों को गिराया है?)

(ख) तृतीया

७—**शशिना** सह याति कौमुदी **सह मेघेन** तडित् प्रलीयते (चाँदनी चन्द्रमा के साथ जाती है और मेघ के साथ बिजली)। ८—कष्टं व्याकरणम्, इदं हि **द्वादशभिर्वर्षैः** श्रूयते (व्याकरण कठिन है, यह बारह वर्षों में पढ़ा जाता है।) ९—**सहस्रैरपि** मूर्खाणामेकं क्रीणीत पण्डितम् (हजारों मूर्खों के बदले में एक पण्डित खरीदना अच्छा है।) १०—स **स्वरेण** रामभद्रमनुहरति (वह स्वर में प्यारे राम से मिलता-जुलता है।) ११—**हिरण्येनार्थिनो** भवन्ति राजानः, न च ते प्रत्येकं दण्डयन्ति (राजाओं को सुवर्ण की आवश्यकता रहती है, किन्तु वे सभी से तो जुर्माना नहीं लेते।)

(ग) चतुर्थी

१२—गामानामकः प्रख्यातमल्लः **जविस्कोनाम्ने** प्रसिद्ध-**मल्लायालम्** (गामा नामक विख्यात पहलवान जविस्को नामक पहलवान के लिए काफी है।) १३—उपदेशो हि मूर्खाणां **प्रकोपाय न शान्तये** (मूर्खों को उपदेश देना केवल उनके क्रोध को बढ़ाना है, न कि उनकी शान्ति के लिए।) १४—**नमस्तेभ्यः पुराणमुनिभ्यो** ये मानवमात्रस्य कृते आचारपद्धतिं प्राणयन् (उन प्राचीन मुनियों को

प्रणाम है, जिन्होंने मनुष्य मात्र के सदाचार के लिए नियम बनाये।) १५—**गोभ्यो ब्राह्मणेभ्यश्च** स्वस्ति (गौओं का और ब्राह्मणों का कल्याण हो।) १६—अलमिदम् **उत्साहभ्रंशाय** भविष्यति (यह उत्साह को गिराने के लिए काफी है।) १७—**कृषकेभ्यः कर्मकरेभ्यश्च** कुशलम्भूयात् (किसानों और मजदूरों का भला हो।) १८—प्रभवति स एकेनैव हायनेन साहित्यमध्य**मपरीक्षोत्तरणाय** (वह एक वर्ष में साहित्य मध्यम परीक्षा में उत्तीर्ण होने के योग्य है।) १९—**भवबन्धच्छिदे तस्यै** स्पृहयामि न **मुक्तये**। भवान् प्रभुरहं दास इति यत्र विलुप्यते॥ (श्री हनूमतः) जिस मुक्ति में आप प्रभु हैं और मैं दास हूँ, यह भावना विलुप्त हो जाती है, भव-बन्धन के नाश के लिए मैं उस मुक्ति की इच्छा नहीं करता।)

(घ) पञ्चमी

२०—धीरा मनस्विनो न **धनात्प्रतियच्छन्ति** मानम् (धीर मनस्वी लोग धन के बदले में मान को नहीं छोड़ते।) २१—**स्वार्थात्** सतां गुरुतरा प्रणयिक्रियैव (सत्पुरुषों के लिए अपने प्रयोजन से मित्रों का प्रयोजन ही बड़ा है।) २२—नास्ति **सत्यात्परो** धर्मो **नानृतात्** पातकं महत् (सत्य से बढ़कर कोई धर्म नहीं और झूठ से बढ़कर कोई पाप नहीं।) २३—**ग्रामादारादारामः यत्र** व्यवसायान्निवृत्ता ग्रामीणा आरमन्ति (गांव के पास एक बाग है, जहाँ काम धंधे से छुट्टी पाकर ग्रामवासी आनन्द मनाते हैं।) २४—ऋते **वसन्तान्नापरः** ऋतुराजः (वसन्त को छोड़कर अन्य ऋतु को ऋतुराज नहीं कहते।) २५—मूर्खो हि चापलेन भिद्यते **पण्डितात्** (मूर्ख का चपलता के कारण पण्डित से भेद समझा जाता है।)

(ङ) षष्ठी

२६—तस्मै कोपिष्यामि यदि तं **प्रेक्षमाणाऽऽत्मनः** प्रभविष्यामि (उससे मैं क्रोध करूँगी, यदि मैं उसे देखती हुई अपने आपको वश में रख सकी।) २७—मया तस्य किमपराद्धं यः मां परुषमवादीत् (मैंने उसका क्या अपराध किया जो वह मुझे खोटी-खरी सुनाने लगा ?) २८—**तस्य** दर्शनस्योत्कण्ठे, चिरं **दृष्टस्य तस्य** (मुझे उसके दर्शनों की उत्कण्ठा है, उसे मिले हुए चिर हो गया है।) २९—कोऽतिभारः **समर्थानां** किं दूरं **व्यवसायिनाम्**। को विदेशः सविद्यानां कः परः प्रियवादिनाम् ? (समर्थ लोगों के लिए क्या कठिन कार्य है ? व्यवसायवाले लोगों के लिये दूर क्या है ? विद्वानों के लिए कौन-सा विदेश है ? प्रियवादियों के लिए कौन पराया है ?) ३०—कच्चिद्भर्तुः स्मरसि सुभगे, त्वं हि **तस्य** प्रियेति (हे सुन्दरि, क्या तुम्हें अपने स्वामी की याद है, क्योंकि तुम उसको प्यारी हो)। ३१—**त्वं लोकस्य** वाल्मीकिः, **मम** पुनस्तात एव (तुम संसार के लिए वाल्मिकि हो, किन्तु मेरे तो तुम पिता हो।)

३२—दवदहनजटालज्वालजालाहतानां,
परिगलितलतानां म्लायतां **भूरुहाणाम्**।
अयि जलधर ! शैलश्रेणिशृङ्गेषु तोयं,
वितरसि बहु कोऽयंश्रीमदस्तावकीनः॥

(हे मेघ, तेरा यह कैसा गर्व है कि जंगल की आग की ज्वालाओं से जले हुए गलित लताओं वाले, मुरझाये हुए वृक्षों का अनादर करके तू पर्वतों के शिखरों पर तमाम पानी देता है।)

३३—पुरुषेषूत्तमो रामो भुवि **कस्य** न वन्द्यः (मानवों में श्रेष्ठ राम संसार में किसके नमस्कार के योग्य नहीं ?) ३४—अहं पुनर्युष्माकं **प्रेक्षमाणानामेनं** स्मर्तव्यशेषं नयामि (मैं तो तुम्हारे देखते ही देखते इस (कुमार वृषभसेन) को मार डालता हूँ।) ३५—पौरवे वसुमतीं **शासति** कोऽविनयमाचरति प्रजासु (पौरव के पृथ्वी पर राज्य करते हुए कौन प्रजाओं के प्रति अनाचार करेगा ?) ३६—**लतायां पूर्वलूनायां** प्रसूनस्यागमः कुतः (बेल के पहले ही कट चुकने पर उसमें फूल कहाँ से आ सकते हैं ?) ३७—**अभिव्यक्तायां चन्द्रिकायां किं** दीपिका पौनरुक्त्येन (शुभ्रज्योत्स्ना में व्यर्थ दीपक जलाने से क्या लाभ ?) ३८—विपदि हन्त सुधापि विषायते (विपत्ति में मित्र भी शत्रु हो जाते हैं।) ३६—**जीवत्सु तातपादेषु** नवे दारपरिग्रहे। मातृभिश्चिन्त्यमानानां ते हि नो दिवसा गताः (पिताजी के जीते जी जब हमारा नया-नया विवाह हुआ था। निश्चय ही हमारे वे दिन बीत गये जब हमारी माताएँ हमारी देखभाल करती थीं।) ४०—**इदमवस्थान्तरं गते तादृशेऽनुरागे** किंवा स्मारितेन (उस प्रकार के प्रेम के इस अवस्था में पहुँच जाने पर याद करने से क्या ?) ४१—**चर्मणि** द्वीपिनं हन्ति व्याधः (शिकारी चीते को चाम के लिए मारता है।)

४२—हते **भीष्मे** हते **द्रोणे कर्णे** च विनिपातिते।
आशा बलवती राजन् शल्यो जेष्यति पाण्डवान्॥

(भीष्म के मारे जाने पर, द्रोण के मारे जाने और कर्ण के मार गिराये जाने पर, हे राजन् आशा ही बलवती है कि शल्य पाण्डवों को जीतेगा।)

कारक एवं विभक्तियाँ
(एक दृष्टि में)

प्रथमा—१—कर्त्ता में—शिशुः रोदिति। अहं पुष्पं पश्यामि।
२—कर्मवाच्य के कर्म में—बटुभिः पठ्यते वेदः, पशुभिः पीयते जलम्।
३—संबोधन में—भो गुरो ! क्षमस्व।
४—अव्यय के साथ—अशोक इति विख्यातः राजा सर्वजनप्रियः।
५—नाम मात्र में—आसीद् राजा विक्रमादित्यो नाम।

द्वितीया—१—कर्म में—प्रजां संरक्षति नृपः सा वर्द्धयति पार्थिवम्।
२—ऋते, अन्तरेण, विना के साथ—धनमन्तरेण, विना, ऋते वा नैव सुखम्।
३—एनप् के साथ—तत्रागारं धनपतिगृहानुत्तरेणास्मदीयम्।
४—अभितः के साथ—अभितो भुवनं वाटिका।

५—परितः, सर्वतः के साथ—सन्ति परितः (सर्वतः) ग्रामं वृक्षाः ।
६—उभयतः के साथ—गोमतीमुभयतस्तरवः सन्ति ।
७—अन्तरा (बीच में) के साथ—रामं कृष्णं चान्तरा गोपालः ।
८—समया, निकषा (समीप) के साथ—ग्रामं समया निकषा वा नदी ।
९—कालवाची अर्थ में—स चत्वारि वर्षाणि न्यायमध्यैष्ट ।
१०—अध्ववाची शब्दों के साथ—क्रोशं कुटिला नदी ।
११—अनु के साथ—गुरुमनु शिष्यो गच्छेत् ।
१२—प्रति के साथ—दीनं प्रति दयां कुरु ।
१३—धिक् के साथ—धिक् त्वां पापिनम् (पिशुनं वा) ।
१४—अधिशीङ् के साथ—चन्द्रापीडः मुक्ताशिलापट्टमधिशिश्ये ।
१५—अधिस्था के साथ—रमेशः गृहमधितिष्ठति (अथवा रमेशः गृहे तिष्ठति) ।
१६—अधि आस् के साथ—नृपः सिंहासनमध्यास्ते (नृपः सिंहासने आस्ते) ।
१७—अनु, उप पूर्वक वस् के साथ—हरिः वैकुण्ठमुपवसति, अनुवसति वा ।
१८—आवस् एवं अधिवस् के साथ—अधिवसति काशीं विश्वनाथः । भक्तःदेवमन्दिरम् आवसति ।
१९—अभि-निपूर्वक विश् के साथ—मनो धर्मम् अभिनिविशते ।
२०—क्रिया विशेषण में—सत्वरं धावति मृगः ।

तृतीया—१—करण में—सः जलेन मुखं प्रक्षालयति ।
२—कर्मवाच्य कर्त्ता में—रामेण रावणो हतः ।
३—स्वभाव आदि अर्थों में-रामः प्रकृत्या साधुः । नाम्ना गोपालोऽयम् ।
४—सह के साथ—शशिना सह याति कौमुदी ।
५—सदृश के अर्थ में—धर्मेण सदृशो नास्ति बन्धुरन्यो महीतले ।
६—हेतु के अर्थ में—केन हेतुना अत्र वससि ?
७—हीन के साथ—विद्यया हि विहीनस्य किं वृथा जीवितेन ते ।
८—विना के साथ—श्रमेण हि विना विद्या लभ्यते न कथंचन ।
९—अलं के साथ—अलं महीपाल तव श्रमेण ।
१०—प्रयोजन के अर्थ में—धनेन किं यो न ददाति नाश्नुते ।
११—लक्षण बोध में—जटाभिस्तापसोऽयं प्रतीयते ।
१२—फलप्राप्ति में—पञ्चभिर्वर्षैर्न्यायमधीतम् । पञ्चभिर्दिनैः स नीरोगो जातः ।
१३—विकृत अङ्ग में—मानवश्चक्षुषा काणः कर्णेन बधिरश्च सः ।
पादेन खञ्जः वृद्धोऽसौ कुब्जा पृष्ठेन मन्थरा ।

चतुर्थी—१—संप्रदान में—राजा ब्राह्मणाय धनं ददाति।
२—निमित्त के अर्थ में—धनं सुखाय, विद्या ज्ञानाय भवति।
३—रुचि के अर्थ में—शिशवे क्रीडनकं रोचते।
४—धारय् (ऋणी होना) के अर्थ में—स मह्यं शतं धारयति।
५—स्पृह् के साथ—अहं यशसे स्पृहयामि।
६—नमः, स्वस्ति के साथ—गुरवे नमः, नृपाय स्वस्ति भवतु।
७—समर्थ अर्थवाली धातुओं के साथ—प्रभवति मल्लो मल्लाय।
८—कल्प् (होना) के साथ—ज्ञानं सुखाय कल्पते।
९—तुम् के अर्थ में—ब्राह्मणः स्नानाय (स्नातुं) याति।
१०—क्रुध् अर्थवाली धातुओं के साथ—गुरुः शिष्याय क्रुध्यति।
११—द्रुह् अर्थवाली धातुओं के साथ—मूर्खः पण्डिताय द्रुह्यति।
१२—असूय् (निन्दा) अर्थवाली धातुओं के साथ—दुर्जनः सज्जनाय असूयति।

पञ्चमी—१—पृथक् अर्थ में—वृक्षात् फलानि पतन्ति। स ग्रामाद् आगच्छति।
२—भय के अर्थ में—असज्जनात् कस्य भयं न जायते?
३—ग्रहण करने के अर्थ में—कूपात् जलं गृह्णाति।
४—पूर्वादि के योग में—स्नानात् पूर्वं न खादेत्, न धावेत् भोजनात् परम्।
५—अन्यार्थ के योग में—ईश्वरादन्यः कः रक्षितुं समर्थः?
६—उत्कर्ष बोध में—जननी जन्मभूमिश्च स्वर्गादपि गरीयसी।
७—विना, ऋते के योग में—परिश्रमाद् विना (ऋते) विद्या न भवति।
८—आरात् (दूर या समीप) के योग में—ग्रामाद् आरात् सुन्दरमुपवनम्।
९—प्रभृति के योग में—शैशवात्प्रभृति सोऽतीव चतुरः।
१०—आङ् के साथ—आमूलात् रहस्यमिदं श्रोतुमिच्छामि।
११—विरामार्थक शब्दों के साथ—न नवः प्रभुराफलोदयात् स्थिरकर्मा विरराम कर्मणः।
१२—काल की अवधि में—विवाहात् नवमे दिने।
१३—मार्ग की दूरी प्रदर्शन में—वाराणस्याः पञ्चाशत् क्रोशाः।
१४—जायते आदि के अर्थ में—बीजेभ्यः अङ्कुरा जायन्ते।
१५—उद्भवति, प्रभवति, निलीयते, प्रतियच्छति के साथ—हिमालयात् गङ्गा प्रभवति, उद्गच्छति वा। नृपात् चोरः निलीयते। तिलेभ्यः माषान् प्रतियच्छति।
१६—जुगुप्सते, प्रमाद्यति के साथ—सपापात् जुगुप्सते,। त्वं धर्मात् प्रमाद्यसि।

१७—निवारण अर्थ में—मित्रं पापात् निवारयति।

१८—जिससे कोई विद्या सीखी जाय उसमें—छात्रोऽध्यापकात् अधीते।

षष्ठी—१—सम्बन्ध में—मूर्खस्य बहवो दोषाः, सतां च बहवो गुणाः।

२—कृदन्त कर्ता में—शिशोः शयनम्, फलस्य पतनम्।

३—कृदन्त कर्म में—अन्नस्य पाकः, धनस्य दानम्।

४—स्मरणार्थक धातुओं के साथ—स मातुः स्मरति।

५—दूर एवं समीप वाची शब्दों के साथ—नगरस्य दूरं, (नगराद् वा दूरम्) समीपम् सकाशम् वा।

६—कृते, मध्ये, समक्षम्, अन्तरे, अन्तः के साथ—पठनस्य कृते, आचार्यस्य समक्षम्, बालानां मध्ये, गृहस्य अन्तरे अन्तः वा।

७—अतस् प्रत्यय वाले शब्दों के साथ—नगरस्य दक्षिणतः, उत्तरतः आदि।

८—अनादर में—रुदतः शिशोः माता ययौ।

९—हेतु शब्द के प्रयोग में—अन्नस्य हेतोर्वसति।

१०—निर्धारण में—कवीनां (कविषु वा) कालिदासः श्रेष्ठः।

सप्तमी—१—अधिकरण में—गृहे तिष्ठति बालः। आसने शोभते गुरुः।

२—भाव में—यत्ने कृते यदि न सिद्ध्यति कोऽत्र दोषः ?

३—अनादर में—रुदति शिशौ (रुदतः शिशोः वा) गता माता।

४—निर्धारण में—जीवेषु मानवाः श्रेष्ठाः, मानवेषु न पण्डिताः।

५—एक क्रिया के पश्चात् दूसरी क्रिया होने पर—सूर्ये उदिते कमलं प्रकाशते।

६—विषय के (बारे में) अर्थ में तथा समय बोधक शब्दों में—मोक्षे इच्छाऽस्ति। दिने, प्रातः काले, मध्याह्ने, सायंकाले वा कार्यं करोति।

७—संलग्नार्थक शब्दों और चतुरार्थक शब्दों के साथ—कार्ये लग्नः, तत्परः। शास्त्रे निपुणः, प्रवीणः दक्षः आदि।

समास-प्रकरण

कारक प्रकरण में विभक्तियों का प्रयोग बताया गया है, पर कभी-कभी शब्दों की विभक्तियों को हटा कर वे छोटे कर दिये जाते हैं या दो से अधिक विभक्तिरहित शब्द मिला दिये जाते हैं। इस एक साथ जोड़ने को ही समास कहते हैं।

समास शब्द का अर्थ है 'संक्षेप' या 'घटाना' अर्थात् दो या अधिक शब्दों को इस प्रकार मिला देना कि उनके आकार में कुछ कमी भी हो जाय और अर्थ पूरा-पूरा निकल जाय, यथा—नराणां पतिः = नरपतिः।

यहाँ 'नरपतिः' का वही अर्थ है जो 'नराणां पतिः' का है, परन्तु दोनों शब्दों को मिला देने से 'नराणाम्' शब्द के विभक्ति-सूचक प्रत्यय (आणाम्) का लोप हो गया और 'नरपतिः' शब्द 'नराणां पतिः' से छोटा हो गया।

जब समास वाले शब्द को तोड़कर उसको पूर्वकाल का रूप दिया जाता है तब उसके विग्रह का अर्थ है 'टुकड़े-टुकड़े' करना, यथा—'सभापतिः' का विग्रह है—'सभायां पतिः'।

समास के लिए संस्कृत वैयाकरणों ने नियम बना दिये हैं। ऐसा नहीं कि जिस शब्द को चाहा उसे दूसरे शब्द के साथ मिला दिया। समास के छः भेद*—

१—अव्ययीभाव,
२—तत्पुरुष,
३—कर्मधारय (तत्पुरुष का भेद),
४—द्विगु (तत्पुरुष का भेद),
५—बहुव्रीहि, और
६—द्वन्द्व।

अव्ययीभाव समास में समास का प्रथम शब्द प्रायः प्रधान रहता है, तत्पुरुष समास में प्रायः दूसरा शब्द प्रधान रहता है, द्वन्द्व समास में प्रायः दोनों ही समस्त शब्द प्रधान रहते हैं और बहुव्रीहि समास में दोनों ही समस्त शब्द अप्रधान रहते हैं और एक तीसरा ही शब्द प्रधान रहता है, जिसके दोनों समस्त शब्द मिलकर विशेषण होते हैं।

अव्ययीभाव समास

अव्ययीभाव समास में पहला शब्द अव्यय (उपसर्ग या निपात) रहता है और दूसरा शब्द संज्ञा, दोनों मिलाकर अव्यय हो जाते हैं। अव्ययीभाव समास वाले शब्द के रूप नहीं चलते। अव्ययीभाव समास वाले शब्द का नपुंसकलिङ्ग

---

*समास के छः भेदों के नाम—

द्वन्द्वो द्विगुरपि चाहं मद्गेहे नित्यमव्ययीभावः।
तत्पुरुष कर्मधारय येनाहं स्यां बहुव्रीहिः॥

के एकवचन में जैसा रूप रहता है (अव्ययीभावश्च ।२।४।१८।) इस समास में प्रायः पूर्व पदार्थ प्रधान रहता है, यथा—

यथाकामम् = कामम् अनतिक्रम्य इति (जितनी इच्छा हो उतना)।

अव्ययं विभक्तिसमीपसमृद्धिव्यृद्ध्यर्थाभावात्ययासम्प्रतिशब्दप्रादुर्भावपश्चाद्यथाऽऽनुपूर्व्ययौगपद्यसादृश्यसम्पत्तिसाकल्यान्तवचनेषु ।२।१।६।

अव्ययीभाव समास में अव्यय प्रायः इन अर्थों में आते हैं—

(१) विभक्ति (सप्तमी) अर्थ में—अधिहरि (हरौ इति–हरि के विषय में)।

(२) समीप अर्थ में—उपगङ्गम् (गङ्गायाः समीपम्—गङ्गा के पास)। इसी प्रकार उपयमुनम्, उपकृष्णम् आदि।

(३) समृद्धि के अर्थ में—सुमद्रम् (मद्राणां समृद्धिः—मद्रास की समृद्धि)।

(४) व्यृद्धि (दरिद्रता, नाश) के अर्थ में—दुर्यवनम् (यवनानां व्यृद्धिः—यवनों का नाश)।

(५) अभाव अर्थ में—निर्मक्षिकम् (मक्षिकाणामभावः—मक्खियों से विमुक्ति)। इसी प्रकार निर्द्वन्द्वम्, निर्विघ्नम्, निर्जनम्, आदि।

(६) अत्यय (नाश) अर्थ में—अतिहिमम् (हिमस्यात्ययः—जाड़े की समाप्ति पर)।

(७) असम्प्रति (अनुचित) अर्थ में—अतिनिद्रम् (निद्रा सम्प्रति न युज्यते—निद्रा के अनुपयुक्त समय में)।

(८) शब्द-प्रादुर्भाव (प्रकाश) अर्थ में—इति हरि (हरिशब्दस्य प्रकाशः—हरि शब्द का उच्चारण)।

(९) पश्चात् अर्थ में—अनुरथम्, अनुहरि, अनुविष्णु (विष्णोः पश्चात्—विष्णु के पीछे)।

(१०) *यथा के भाव (योग्यता) अर्थ में—अनुरूपम् (रूपस्य योग्यम्—उचित)
(वीप्सा) अर्थ में प्रतिग्रामम् ग्रामं ग्रामं प्रति (प्रत्येक ग्राम में)
(अनतिक्रम) अर्थ में—यथाशक्ति (शक्तिमनतिक्रम्य—शक्त्यनुसार)

(११) आनुपूर्व्य (क्रम) अर्थ में—अनुज्येष्ठम् (ज्येष्ठस्यानुपूर्व्येण—ज्येष्ठ के अनुसार)

(१२) यौगपद्य (एक साथ होना) अर्थ में—सचक्रम् (चक्रेण युगपत्—चक्र के साथ ही)

(१३) सादृश्य अर्थ में सहरि (हरेः सादृश्यम्—हरि के सदृश)।

(१४) सम्पत्ति के अर्थ में—सक्षत्रम् (क्षत्राणां सम्पत्तिः—क्षत्रिय)

[योग्यतानुसार जो प्राप्त हो वह 'सम्पत्ति' है और जो देवता के प्रसाद से प्राप्त हो वह समृद्धि या ऋद्धि है।]

---

*योग्यतावीप्सापदार्थानतिवृत्तिसादृश्यानि यथार्थाः (सिद्धान्तकौमुद्याम्)।

(१५) साकल्य सहित अर्थ में—सतृणम् (तृणमपि अपरित्यज्य—सब कुछ)
(१६) अन्त (तक) के अर्थ में—साग्नि (अग्निग्रन्थपर्यन्तम्—अग्निकाण्ड पर्यन्त)
[काल के अतिरिक्त अर्थ में अव्ययीभाव समास में सह के स्थान में स हो जाता है, कालवाचक शब्द के साथ समास में 'सह' ही रहता है, यथा—सह पूर्वाह्णम् ।]
(१७) बहिः (बाहर) अर्थ में—बहिर्वनम् (वनात् बहिः—गाँव से बाहर)

(१८) यावदवधारणे ।२।१।८।

यावत् के साथ अवधारण अर्थ में भी अव्ययीभाव समास होता है, यथा—यावच्छ्लोकम्, अर्थात् "यावन्तः श्लोकास्तावन्तोऽच्युतप्रणामाः" ।

(१९) आङ् मर्यादाभिविध्योः ।२।१।१३।

मर्यादा और अभिविधि के अर्थ में आङ् के साथ विकल्प से अव्ययीभाव समास होता है और समास न करने पर पञ्चमी विभक्ति होती है, यथा—आमुक्तेः इति (मुक्ति पर्यन्त) । आमुक्तेः, आमुक्ति वा संसारः । इसी भाँति आबालेभ्यः, आबालम् वा हरिभक्तिः । आसमुद्रम् ।

(२०) लक्षणेनाभिप्रती आभिमुख्ये ।२।१।१४ ।

आभिमुख्यद्योतक 'अभि' तथा 'प्रति' चिह्नवाची पद के साथ अव्ययीभाव समास होता है, यथा—अग्निमभि इति अभ्यग्नि, अग्निं प्रति इति प्रत्यग्नि । अभ्यग्नि प्रत्यग्नि शलभाः पतन्ति (अग्नि की ओर पतंगे गिरते हैं ।)

(२१) अनुर्यत्समया ।२।१।१५।

जिस वस्तु से किसी की समीपता दिखायी जाती है, उस लक्षणभूत वस्तु के साथ समीपता सूचक "अनु" अव्ययीभाव बनाता है, यथा—अनुवनमशनिर्गतः (वनस्य समीपं गतः) ।

(२२) पारे मध्ये षष्ठ्या वा ।२।१।१८।

पार और मध्य षष्ठ्यन्त पद के साथ अव्ययीभाव समास तथा विकल्प से षष्ठी-तत्पुरुष भी होता है, यथा—गङ्गायाः पारम्, गङ्गापारम्, अथवा गङ्गापारम् । इसी तरह मध्येगङ्गम्, अथवा गङ्गामध्यम् (गङ्गा के बीच) ।

अव्ययी भाव समास के विशेष ज्ञान के लिए निम्नलिखित नियमों पर ध्यान देना चाहिए—

(१) ह्रस्वो नपुंसके प्रातिपादिकस्य ।१।२।४७।

दूसरे समस्त शब्द का अन्तिम अक्षर दीर्घ रहे तो वह ह्रस्व कर दिया जाता है । यदि अन्त में 'ए, ऐ' हो तो उसके स्थान में 'इ' और 'ओ, औ' हो तो उसके स्थान में 'उ' हो जाता है, यथा—

उप + गङ्गा (गङ्गायाः समीपे) = उपगङ्गम् ।
उप + वधू (वध्वाः समीपे) = उपवधु ।

उप + गो (गोः समीपे) = उपगु ।
उप + नौ (नावः समीपे) = उपनु ।

(२) अनश्च ।५।४।१०८।

अन् अन्तवाली संज्ञाओं में समासान्त टच् (तद्धित) प्रत्यय (पुँल्लिङ्ग, स्त्रीलिङ्ग में नित्य और नपुंसक में विकल्प से) लगता है नपुंसकादन्यतरस्याम् ।५।४।१०९। और टच् लगने पर "नस्तद्धिते" के अनुसार अन् का लोप हो जायगा और टच् का अ जुड़ जाता है, यथा—उपचर्मन् और फिर 'न लोपः प्रातिपदिकस्य' से न् का लोप होकर उपचर्म बना ।

उप + राजन् (राज्ञः समीपे) = उपराजम् ।
अधि + आत्मन् = अध्यात्मम् ।
उप + सीमन् (सीम्नः समीपे) = उपसीमम् ।

(३) झयः ।५।४।१११।

जब अव्ययीभाव समास के अन्त में झय् प्रत्याहार का कोई अक्षर आता है तब विकल्प से समासान्त टच् प्रत्यय जुड़ता है, यथा—

उप + सरित् (सरितः समीपे) + टच् = उपसरितम् ।
टच् के न होने पर = उपसरित् ।

(४) अव्ययीभावे शरत्प्रभृतिभ्यः ।५।४।१०७। (जरायाजरश्च । वा०)

शरद्, विपाश्, अनस्, मनस्, उपानह्, अनडुह्, दिव्, हिमवत्, दिश्, विश्, चेतस्, चतुर्, तद्, यद्, कियत्, जरस्—इनमें अकार जोड़ दिया जाता है, यथा—

उपशरदम्, अधिमनसम्, उपदिशम् आदि ।

(५) नदीपौर्णमास्याग्रहायणीभ्यः ।५।४।११०।

नदी, पौर्णमासी, और आग्रहायणी शब्दों के अव्ययीभाव समास के अन्त में आने पर विकल्प से टच् (अ) प्रत्यय लगता है, अतः इनके दो-दो रूप होंगे, यथा—

उप + नदी = उपनदि, उपनदम् ।
उप + पौर्णमासी = उपपौर्णमासि, उपपौर्णमासम् ।
उप + आग्रहायणी = उपाग्रहायणि, उपाग्रहायणम् ।

(६) गिरेश्च सेनकस्य ।५।४।११२।

अव्ययीभाव समास के अन्त में गिरि शब्द के आने पर विकल्प से टच् (अ) लगता है, यथा—उप + गिरिः = उपगिरि, उपगिरम् ।

तत्पुरुष समास

तत्पुरुष समास में प्रथम शब्द विशेषण का कार्य करता है, द्वितीय शब्द विशेष्य होता है और वह प्रधान होता है ।

"प्रायेण उत्तरपदार्थप्रधानस्तत्पुरुषः" । उदाहरण—

राज्ञः पुरुषः = राजपुरुषः—यहाँ राज्ञः शब्द पुरुष शब्द का प्रायः विशेषण है। इसी प्रकार कृष्णः सर्पः = कृष्णसर्पः, यहाँ 'कृष्ण' शब्द 'सर्प' शब्द का विशेषण है।

तत्पुरुष शब्द के दो अर्थ हैं—तस्य पुरुषः = तत्पुरुषः और सः पुरुषः = तत्पुरुषः अर्थात् एक में विभिन्न विभक्तियाँ हैं और दूसरे में समान विभक्तियाँ। इन्हीं अर्थों के अनुसार तत्पुरुष के मुख्य दो भेद हैं। ऊपर के उदाहरणों में राज्ञः पुरुषः = राजपुरुषः 'व्यधिकरण' तत्पुरुष का उदाहरण है और कृष्णः सर्पः = कृष्णसर्पः समानाधिकरण तत्पुरुष का उदाहरण।

व्यधिकरण तत्पुरुष समास

इसके ६ भेद हैं—

१—द्वितीया तत्पुरुष,	४—पञ्चमी तत्पुरुष,
२—तृतीया तत्पुरुष,	५—षष्ठी तत्पुरुष,
३—चतुर्थी तत्पुरुष,	६—सप्तमी तत्पुरुष।

प्रथमा विभक्ति में व्यधिकरण समास नहीं होता, समानाधिकरण हो जाता है।

द्वितीया तत्पुरुष—जब समास का प्रथम शब्द द्वितीया में होता है तब उसे द्वितीया तत्पुरुष ससास कहते हैं।

द्वितीया श्रितातीतपतितगतात्यस्तप्राप्तापन्नैः ।२।१।२४।

द्वितीया तत्पुरुष समास श्रित, अतीत, पतित, गत, अत्यस्त, प्राप्त और आपन्न शब्दों के संयोग में होता है, यथा—

(श्रित) कृष्णं श्रितः = कृष्णश्रितः (कृष्ण के सहारे)।
(अतीत) दुःखमतीतः = दुःखातीतः (दुःखके पार गया हुआ)।
(पतित) शोकं पतितः = शोकपतितः (शोक में पड़ा हुआ)।
(गत) प्रलयं गतः = प्रलयगतः (नाश को प्राप्त)।
(अत्यस्त) मेघम् अत्यस्तः = मेघात्यस्तः (मेघ के पार पहुँचा हुआ)
(प्राप्त) सुखं प्राप्तः = सुखप्राप्तः (सुख पाया हुआ)।
(आपन्न) भयम् आपन्नः = भयापन्नः (भय पाया हुआ।)

प्राप्तापन्ने च द्वितीयया ।२।२।४।

आपन्न और प्राप्त शब्द द्वितीयान्त के साथ समास बनाने पर प्रथम भी प्रयुक्त होते हैं, यथा—प्राप्तजीवनः, आपन्नकष्टः।

गम्यादीनामुपसंख्यानम् ।वा०।

गमी आदि शब्दों के साथ भी द्वितीया तत्पुरुष होता है, यथा—ग्रामं गमी इति ग्रामगमी, अन्नं बुभुक्षुः इति अन्नबुभुक्षुः (अन्न का भूखा)।

कालाः ।२।१।२८। अत्यन्तसंयोगे च ।२।१।२९।

समयवाची द्वितीयान्त शब्दों का क्तान्त कृदन्त शब्दों के साथ द्वितीया तत्पुरुष समास होता है, यथा—मासं प्रमितः (परिच्छेतुमारब्धवान् इति) मासप्रमितः प्रतिपच्चन्द्रः ।

अत्यन्त संयोग या सातत्य सूचक समयवाची द्वितीयान्त शब्दों में भी द्वितीय तत्पुरुष समास होता है, यथा—मुहूर्तं सुखम् इति मुहूर्तसुखम्, क्षणस्थायी, मुहूर्तव्यापी ।

तृतीया तत्पुरुष समास—

जब तत्पुरुष समास का प्रथम शब्द तृतीया विभक्ति में हो तब वह तृतीया तत्पुरुष समास कहलाता है ।

कर्तृकरणे कृता बहुलम् ।२।१।३२।

तृतीया तत्पुरुष समास होता है (१) यदि तृतीयान्त कर्त्ता या करण कारक हो और साथ वाला शब्द कृदन्त हो, यथा—

हरिणात्रातः = हरित्रातः, यहाँ पर हरिणा तृतीयान्त है और कर्त्ता है और दूसरा शब्द त्रातः क्त प्रत्ययान्त कृदन्त है ।

नखैर्भिन्नः = नखभिन्नः, खड्गेन हतः = खड्गहतः ।

(२) पूर्वसदृशसमोनार्थकलहनिपुणमिश्रश्लक्ष्णैः ।२।१।३१।

यदि तृतीयान्त शब्द के साथ पूर्व, सदृश, सम शब्दों में से कोई आवे या ऊन (कम) कलह (झगड़ा), निपुण (चतुर), मिश्र, (मिला हुआ), श्लक्ष्ण (चिकना) शब्दों में से कोई या इनका समानार्थक कोई शब्द आवे, यथा—मासेन पूर्वः = मासपूर्वः, पित्रा समः = पितृसमः, मात्रासदृशः = मातृसदृशः, धान्येन ऊनम् = धान्योनम्, धान्येन विकलम् = धान्यविकलम्, वाचा कलहः = वाक्कलहः, आचारेण निपुणः = आचारनिपुणः, आचारेण कुशलः = आचारकुशलः । शर्करया मिश्रम् = शर्करामिश्रम्, गुडेन युक्तम् = गुडयुक्तम्, कुट्टनेन श्लक्ष्णम् = कुट्टनश्लक्ष्णम् (कूटने से चिकना) ।

अवरस्योपसंख्यानम् । वा० ।

अवर की भी गणना ऊपर के शब्दों के साथ करनी चाहिए, यथा—मासेन अवरः = मासावरः (एक मास छोटा) ।

अन्नेन व्यञ्जनम् ।२।१।३४।

संस्कार करने वाले द्रव्य का वाचक तृतीयान्त शब्द का अन्नवाचक शब्द के साथ तृतीया तत्पुरुष समास होता है, यथा—दध्ना ओदनः इति दध्योदनः ।

चतुर्थी तत्पुरुष समास—

जब तत्पुरुष समास का प्रथम शब्द चतुर्थी में रहता है तब उसे चतुर्थी तत्पुरुष समास कहते हैं, यथा—यूपाय दारु = यूपदारु, कुम्भाय मृत्तिका = कुम्भमृत्तिका ।

चतुर्थी तदर्थार्थबलिहितसुखरक्षितैः ।२।१।३६।

चतुर्थ्यन्त शब्दों का अर्थ, बलि, हित, सुख तथा रक्षित के साथ भी चतुर्थी तत्पुरुष समास होता है, यथा—द्विजाय अयम् इति = द्विजार्थः, ब्राह्मणायहितम् = ब्राह्मणहितम्, भूतेभ्यो बलिः = भूतबलिः, गोहितम्, गोरक्षितम्, गोसुखम् आदि।

पञ्चमी तत्पुरुष—

जब तत्पुरुष समास का प्रथम शब्द पञ्चमी विभक्ति में हो तब वह पञ्चमी तत्पुरुष समास कहलाता है।

पञ्चमी भयेन ।२।१।३७। भयभीतभीतिभीभिरिति वाच्यम् । वा०।

मुख्यतः पञ्चमी तत्पुरुष समास भय, भीत, भीति और भी के साथ होता है, यथा—चौराद् भयम् = चौरभयम्। सिंहाद् भीतः = सिंहभीतः। व्याघ्राद् भीतिः = व्याघ्रभीतिः। अयशसः भीः = अयशोभीः।

स्तोकान्तिकदूरार्थकृच्छ्राणिक्तेन ।२।१।३६।

स्तोक, अन्तिक, दूर तथा इनके वाचक शब्द पञ्चम्यन्त शब्द के साथ समस्त होते हैं, किन्तु पञ्चमी का लोप नहीं होता, यथा—स्तोकात् मुक्तः = स्तोकान्मुक्तः, अन्तिकात् आगतः = अन्तिकादागतः, दूरादागतः, कृच्छ्रादागतः।

षष्ठी तत्पुरुष समास—

षष्ठी ।२।२।८।

षष्ठी तत्पुरुष समास में प्रथम शब्द षष्ठी में होता है। यह समास प्रायः सभी षष्ठ्यन्त शब्दों के साथ होता है, यथा—राज्ञः पुरुषः = राजपुरुषः।

इसके कुछ अपवाद हैं, जिनमें मुख्य ये हैं—

तृजकाभ्यां कर्तरि ।२।२।१५।

(क) यदि षष्ठी तृच् प्रत्ययान्त कर्त्ता, भर्त्ता (धारण करने वाला) स्रष्टा आदि अथवा अक प्रत्यान्त पाचक, याचक, सेवक आदि कर्तृवाचक शब्दों के साथ आती है तो षष्ठी तत्पुरुष समास नहीं होता, यथा—

अन्नस्य पाचकः, धनस्य हर्ता, जगतः स्रष्टा, घटस्यकर्ता।

याजकादिभिश्च ।२।२।६।

परन्तु याजक आदि शब्दों के साथ षष्ठी समास होता है, यथा—ब्राह्मणयाजकः। "आदि" शब्द में पूजक, परिचारक, परिषेवक, स्नातक, अध्यापक, उत्पादक, होतृ, पोतृ, भर्तृ (पति), रथगणक, पत्तिगणक आ जाते हैं। इनके साथ षष्ठी समास होता है।

न निर्धारणे ।२।२।१०।

निर्धारण के अर्थ में प्रयुक्त षष्ठी का समास नहीं होता। (निर्धारण का अर्थ है किसी वस्तु से दूसरी वस्तु की विशिष्टता दिखाना) यथा—

नृणां द्विजः श्रेष्ठः, गवां कृष्णा बहुक्षीरा इत्यादि में समास नहीं होता।

गुणात्तरेण तरलोपश्चेति वक्तव्यम्। वा०।

तरप् प्रत्ययान्त गुणवाची शब्द के साथ षष्ठी आने पर समास हो जाता है और तर का लोप भी होता है, यथा—

सर्वेषां महत्तरः = सर्वमहान्। सर्वेषां श्वेततरः = सर्वश्वेतः।

पूरणगुणसुहितार्थसदव्ययतव्यसमानाधिकरणेन।२।२।११।

पूरणार्थक प्रत्ययों से बने हुए शब्दों के साथ, गुणवाचक शब्दों के साथ, सुहित (तृप्ति) अर्थवाले शब्दों के साथ, शतृ एवं शानच् प्रत्ययों के साथ, कृदन्त अव्ययों के साथ, तव्यप्रत्ययान्त शब्दों के साथ, तथा समानाधिकरण शब्दों के साथ षष्ठी तत्पुरुष नहीं होता, यथा—सतां षष्ठः, काकस्य कार्ष्ण्यम्, फलानां सुहितः, द्विजस्य कुर्वन् कुर्वाणः वा, किंकरः, ब्राह्मणस्य कृत्वा, ब्राह्मणस्य कर्त्तव्यम्, तक्षकस्य सर्पस्य।

क्तेन च पूजायाम्।२।२।१२।

पूजार्थवाची क्त प्रत्ययान्त शब्दों के साथ भी षष्ठी तत्पुरुष समास नहीं होता, यथा—राज्ञां पूजितः बुद्धः मतो वा। 'राजपूजितः' आदि शब्द अशुद्ध हैं।

सप्तमी तत्पुरुष

जिसका प्रथम शब्द सप्तमी विभक्ति में रहता है, वह सप्तमी तत्पुरुष समास कहलाता है। यह समास विशेष दशाओं में होता है।

(१) सप्तमी शौण्डैः।२।१।४०। सिद्ध शुष्कपक्वबन्धैश्च।२।१।४१।

जब सप्तम्यन्त शब्द शौण्ड (चतुर), धूर्त, कितव (शठ) प्रवीण, संवीत (भूषित), अन्तर, अधि, पटु, पण्डित, कुशल, चपल, निपुण, सिद्ध, शुष्क, पक्व और बन्ध इन शब्दों में से किसी के साथ आता है तब सप्तमी तत्पुरुष समास होता है, यथा—अक्षेषु शौण्डः = अक्ष-शौण्डः, प्रेम्णि धूर्तः = प्रेमधूर्तः, द्यूते कितवः = द्यूतकितवः, सभायां पण्डितः = सभा-पण्डितः, आतपे शुष्कः = आतपशुष्कः, चक्रे बन्धः = चक्रबन्धः। स्थाल्यां पक्वः = स्थालीपक्वः।

ध्वाङ्क्षेण क्षेपे।२।१।४२। ध्वाङ्क्षेणेत्यर्थग्रहणम्। वा०।

जब ध्वाङ्क्ष (कौवा) शब्द अथवा उसके समानार्थक शब्दों के साथ निन्दा का अर्थ आवे तब सप्तमी तत्पुरुष समास होता है, यथा—श्राद्धे काकः = श्राद्धकाकः, तीर्थे ध्वाङ्क्षः = तीर्थध्वाङ्क्षः (तीर्थ का कौवा अर्थात् लालची)।

समानाधिकरण तत्पुरुष समास

ऐसी वस्तुएँ जिनका अधिकरण एक हो, यदि देवदत्त और गोविन्द एक ही आसन पर बैठे हों तो वह आसन बन दोनों का समानाधिकरण हुआ, अलग-

अलग आसन हो तो व्यधिकरण होगा, यथा—"कृष्णः सर्पः" में कालापन सांप के साथ है, अतः यह समानाधिकरण है।

तत्पुरुषः समानाधिकरणः कर्मधारयः ।१।२।४२।

ऐसा तत्पुरुष समास जिसमें प्रथम शब्द दूसरे शब्द का विशेषण हो, दोनों शब्दों का समानाधिकरण हो वह समानाधिकरण अथवा कर्मधारय तत्पुरुष कहलाता है। कर्मधारय की क्रिया दोनों शब्दों को धारण करती है। उदाहरण—"कृष्णसर्पः अपसर्पति" में सर्प जब क्रिया करता है तब कृष्णत्व उसके साथ रहता है, किन्तु 'राजपुरुषः' में राजा पुरुष के साथ क्रिया नहीं करता।

समानाधिकरण या कर्मधारय समास में दोनों शब्द प्रथमा विभक्ति में रहते हैं, किन्तु व्यधिकरण में प्रथम शब्द प्रथमा को छोड़ कर किसी और विभक्ति में रहता है।

समानाधिकरण या कर्मधारय समास में प्रथम शब्द या तो दूसरे का विशेषण होना चाहिए और द्वितीय शब्द संज्ञा होनी चाहिए अथवा दोनों संज्ञाएँ हों अथवा दोनों विशेषण हों जिसमें समय पड़ने पर संयुक्त शब्द किसी तीसरे शब्द का विशेषण रहे।

विशेषणं विशेष्येण बहुलम् ।२।१।५७।

यदि प्रथम शब्द विशेषण हो और दूसरा विशेष्य तो उस कर्मधारय समास को 'विशेषणपूर्वपदकर्मधारय' कहते हैं, यथा—नीलम् उत्पलम् = नीलोत्पलम्, रक्तोत्पलम्, कृष्णसर्पः।

किं क्षेपे ।२।१।६४।

जब 'खराब या बुरे' अर्थ में 'कु' शब्द का प्रयोग हो और उस पद का समास किसी संज्ञा से हो तब वह पूरा कर्मधारय समास होता है, यथा—कुत्सितः पुरुष = कुपुरुषः, कुत्सितः पुत्रः = कुपुत्रः, कुत्सितः देशः = कुदेशः।

कभी-कभी 'कु' का रूपान्तर 'कद्' और कभी 'का' हो जाता है, यथा—कुत्सितम् अन्नम् = कदन्नम्, कुत्सितः पुरुषः = कापुरुषः।

उपमानपूर्वपद कर्मधारय

उपमानानि सामान्यवचनैः ।२।१।५५।

उपमान और उपमेय का समास 'उपमानपूर्वपद कर्मधारय' समास कहलाता है, यथा—घन इव श्यामः = घनश्यामः, चन्द्रः इव आह्लादकः = चन्द्राह्लादकः।

इन उदाहरणों में प्रथम में 'घन' उपमान और 'श्याम' उपमेय (सामान्य गुण) है, दूसरे में 'चन्द्र' उपमान और 'आह्लाद' उपमेय (सामान्य गुण) है।

उपमानोत्तरपद कर्मधारय

उपमितं व्याघ्रादिभिः सामान्याप्रयोगे ।२।१।५६।

यदि उपमित (जिसकी उपमा दी जाय) और उपमान (जिससे उपमा दी जाय) दोनों साथ-साथ आवें तो उस समास को उपमानोत्तरपद कर्मधारय कहते

हैं। यहाँ उपमान प्रथम शब्द न होकर द्वितीय शब्द होता है, यथा—मुखं कमलमिव = मुखकमलम्। पुरुषः व्याघ्रः इव = पुरुषव्याघ्रः। इनका विग्रह इस प्रकार भी होगा—मुखमेव कमलम् = मुखकमलम्। पुरुषः एव व्याघ्रः = पुरुषव्याघ्रः। पहले को उपमित समास कहते हैं और दूसरे को रूपक समास।

विशेषणोभयपद कर्मधारय

दो समानाधिकरण विशेषणों के समास को 'विशेषणोभयपद कर्मधारय' समास कहते हैं, यथा—कृष्णश्च श्वेतश्च = कृष्णश्वेतः (कुक्कुरः)।

इसी तरह दो क्तप्रत्ययान्त शब्द जो दोनों वस्तुतः विशेषण होते हैं, इसी भाँति समास बनाते हैं, यथा—स्नातश्च अनुलिप्तश्च = स्नातानुलिप्तः।

दो विशेषणों में से एक दूसरे का प्रतिवादी भी हो सकता है, यथा—चरञ्च अचरञ्च = चराचरम् (जगत्), कृतञ्च अकृतञ्च = कृताकृतम् (कर्म

द्विगु समास

संख्यापूर्वो द्विगुः।२।१।३२।

यदि कर्मधारय समास में प्रथम शब्द संख्यावाची हो और दूसर शब्द संज्ञा तो उसे द्विगु समास कहते हैं। द्विगु समास मे (१) या तो उसके अनन्तर कोई तद्धित प्रत्यय लगता है या (२) वह किसी और शब्द के साथ समास में आता है, यथा—

(१) षष् + मातृ = षण्मातृ + अ (तद्धित प्रत्यय) = षाण्मातुरः (षण्णां मातॄणाम् अपत्यं पुमान्)।

(२) पञ्चगावः धनं यस्य सः = पञ्चगवधनः। यहाँ 'पञ्चगव' में द्विगु समास न होता यदि वह धन शब्द के साथ फिर समास में न आया होता।

द्विगुरेकवचनम्।२।४।१। स नपुंसकम्।२।४।१७

किसी समाहार (समूह) का द्योतक भी द्विगु समास होता है और वह सदा नपुंसकलिङ्ग एकवचन में रहता है, यथा—

चतुर्णां युगानां समाहारः = चतुर्युगम्।
त्रयाणां भुवनानां समाहारः = त्रिभुवनम्।
पञ्चानां गवां समाहारः = पञ्चगवम्।
पञ्चानां पात्राणां समाहारः = पञ्चपात्रम् इत्यादि।

अकारान्तोत्तरपदो द्विगुःस्त्रियामिष्टः। पात्राद्यन्तस्य न। वा०।

वट, लोक, मूल इत्यादि अकारान्त शब्दों के साथ समाहार द्रिगु में समस्त पद ईकारान्त स्त्रीलिङ्ग होता है, किन्तु पात्र, भुवन, युग में अन्त होने वाले द्विगु समास नहीं होते, यथा—

त्रयाणा लोकानां समाहारः = त्रिलोकी।
पञ्चानां मूलाना समाहारः = पञ्चमूली।
पञ्चानां वटानां समाहारः = पञ्चवटी।
(पञ्चपात्रम्, त्रिभुवनम्, चतुर्युगम्।)

आबन्तो वा । वा० ।

जब समाहार द्विगु का उत्तरपद आकारान्त हो तब समस्त पद विकल्प से स्त्रीलिङ्ग होता है, यथा—पञ्चानां खट्वानां समाहारः = पञ्चखट्वी, पञ्चखट्वम् ।

अन्य तत्पुरुष समास

ये तत्पुरुष समास तो हैं ही, किन्तु इनमें अपनी विशेषता भी है ।

नञ् तत्पुरुष समास

यदि तत्पुरुष में प्रथम शब्द 'न' रहे और दूसरा संज्ञा या विशेषण तो वह नञ् तत्पुरुष समास कहलाता है । यह 'न' व्यंजन के पूर्व 'अ' में और स्वर के पूर्व 'अन्' में बदल जाता हैं, यथा—

न ब्राह्मणः = अब्राह्मणः (जो ब्राह्मण न हो) ।
न सत्यम् = असत्यम् ।
न अश्वः = अनश्वः (जो घोड़ा न हो) ।
न कृतम् = अकृतम् ।
न आगतम् = अनागतम् ।

प्रादि तत्पुरुष समास

यदि तत्पुरुष में प्रथम शब्द प्र आदि उपसर्गों में से कोई हो, तो वह प्रादि तत्पुरुष समास कहलाता है, यथा—

प्रगतः (अत्यन्त विद्वान्) आचार्यः = प्राचार्यः ।
प्रगतः (बड़े) पितामहः = प्रपितामहः (परदादा)
अतिक्रान्तः मर्यादम् = अतिमर्यादः (जिसने सीमा पार कर दी हो)
प्रतिगतः (सामने आया हुआ) अक्षम् (इन्द्रियम्) = प्रत्यक्षः ।
उद्गतः (ऊपर उठा हुआ) वेलाम् (किनारा) = उद्वेलः ।
अतिक्रान्तः रथम्=अतिरथः (बहुत बलशाली योद्धा) ।
अवक्रुष्टः कोकिलया=अवकोकिलः (कोकिला से उच्चारित-मुग्ध)
निर्गतः गृहात्=निर्गृहः (घर से निकाला हुआ) ।
परिम्लानोऽध्ययनाय=पर्यध्ययनः (पढ़ने से थका हुआ) ।

गतितत्पुरुष समास

कुछ कृत्प्रत्ययान्त शब्दों के साथ कुछ विशेष शब्दों (ऊरी आदि) का जो समास होता है उसे गतितत्पुरुष समास कहते हैं ।

ऊर्यादिच्विडाचश्च ।१।४।६१।

ऊरी आदि निपात क्रिया के योग में गति कहलाते हैं, अत एव यह समास गति समास कहा जाता है । च्वि तथा डाच् प्रत्ययान्त शब्द भी गति कहे जाते हैं,

यथा—ऊरी कृत्वा=ऊरीकृत्य। नीलीकृत्य (नीला करके), शुक्लीभूय (सफेद होकर), स्वीकृत्य, पटपटाकृत्य।

भूषणेऽलम् ।१।४।६४। भूषणार्थवाची अलम् की भी गति संज्ञा होती है, यथा—अलं (भूषितं) कृत्वा=अलंकृत्य (सजाकर)।

आदरानादरयोः सदसती ।१।४।६३। आदर एवं अनादर अर्थ में सत् तथा असम् गति संज्ञक हैं, यथा—सत्कृत्य (आदर करके), असत्कृत्य।

अन्तरपरिग्रहे ।२।४।६५। परिग्रह से भिन्न (मध्य) अर्थ में 'अन्तर्' भी गति संज्ञक है, यथा—अन्तर्हत्य (मध्ये हत्वा)। अपरिग्रहे किम्—अन्तर्हत्वा गतः (हतं परिगृह्य गतः)।

साक्षात्प्रभृतीनि च ।१।४।७४। साक्षात् आदि भी कृ धातु के साथ विकल्प से गति कहलाते हैं, यथा—साक्षात्कृत्य अथवा साक्षात् कृत्वा।

पुरोऽव्ययम् ।१।४।६७। पुरः नित्य गति संज्ञक है, अतः 'पुरस्कृत्य' समस्त शब्द बनेगा।

अस्तं च ।१।४।६८। अस्तम् मान्त अव्यय है और गति संज्ञक है, अतः समस्त शब्द 'अस्तंगत्य' होता है।

तिरोऽन्तर्धौ ।१।४।७१। 'तिरः' शब्द अन्तर्धान के अर्थ में नित्य गति संज्ञक होता है, अतः समस्त शब्द 'तिरोभूय' होता है।

विभाषा कृञि ।१।४।७६। तिरः कृ के साथ विकल्प से गति संज्ञक है, अतः तिरस्कृत्य, तिरः कृत्य, तिरः कृत्वा रूप बनते हैं।

अनत्याधान उरसिमनसी ।१।४।७५। अत्याधान (उपश्लेषण) भिन्न उरस् और मनस् की गति संज्ञा होती है, अतः उरसिकृत्य, उरसिकृत्वा। मनसिकृत्य, मनसिकृत्वा रूप बनते हैं।

उपपद तत्पुरुष समास

तत्रोपपदं सप्तमीस्थम् ।३।१।९२। यदि तत्पुरुष का कोई शब्द ऐसी संज्ञा या अव्यय हो जिसके अभाव में द्वितीय शब्द का वह रूप नहीं रह सकता जो उसका है तो वह उपपद तत्पुरुष समास कहलाता है। द्वितीय शब्द का रूप कृदन्त का होना चाहिए न कि क्रिया का। प्रथम शब्द को उपपद कहते हैं, जिससे इस समास का ऐसा नाम पड़ा, यथा—कुम्भं करोति इति = कुम्भकारः।

कुम्भ और कार दो शब्द इसमें हैं, कुम्भ उपपद है। कारः क्रिया का रूप नहीं कृदन्त का है। यदि पूर्व में उपपद (कुम्भ) न हो तो कारः नहीं रह सकता वह कुम्भ या किसी अन्य उपपद के साथ ही रह सकता है, यथा—स्वर्णकारः, चर्मकारः। इसी तरह धनं ददाति इति धनदः। यहाँ उपपद (धन) के रहने के ही कारण 'दः' शब्द है, 'दः' का प्रयोग अकेले नहीं हो सकता। इसी प्रकार—कम्बलं ददाति इति कम्बलदः। साम गायति इति सामगः, गां ददाति इति गोदः।

त्वा च ।२।२।२२। तृतीयान्त उपपद त्वा के साथ विकल्प से समास होते हैं, यथा—एकधामूय, उच्चैः कृत्य । समास न होने पर उच्चैः कृत्वा होता है ।

मध्यमपदलोपी तत्पुरुष समास

शाकप्रियः पार्थिवः = शाकपार्थिवः, देवपूजकः ब्राह्मणः = देवब्राह्मणः । इन शब्दों में 'प्रिय' तथा 'पूजक' शब्दों का लोप हो गया है, इसी से इस समास को मध्यमपद लोपी तत्पुरुष समास कहते हैं ।

मयूरव्यंसकादि तत्पुरुष समास

ऐसे तत्पुरुष समासों को जिनमें प्रत्यक्ष नियमों का उल्लंघन किया गया है, मयूर व्यंकासकादि तत्पुरुष समास कहा गया है, यथा—व्यंसकः मयूरः = मयूर व्यसकः (चतुर मोर)। यहाँ व्यंसक शब्द पहले आना चाहिए था और मयूर बाद में ।

अन्यो राज = राजान्तरम् । अन्यो ग्रामः ग्रामान्तरम् । उदक् च अवाक् चेति उच्चावचम् । निश्चितं च प्रचितं चेति = निश्चप्रचम् ।

राजान्तरम्, चिदेव नित्य समास हैं, क्योंकि इनका अपने पदों से विग्रह नहीं होता । इसी प्रकार जिनका विग्रह होता ही नहीं वे भी नित्य समास हैं, यथा—जीमूतस्येव ।

अलुक् तत्पुरुष समास

समास में प्रायः प्रथम शब्द की विभक्ति का लोप हो जाता है, यथा—राजः पुरुषः = राजपुरुषः, किन्तु कुछ ऐसे समास हैं जिनमें विभक्ति के प्रत्यय का लोप नहीं होता, वे अलुक् समास कहलाते हैं । अलुक् समास में केवल ऐसे ही उदाहरण हैं जो साहित्य में ग्रन्थकारों के ग्रन्थों में मिलते हैं, इसमें नवीन शब्दों का निर्माण नहीं किया जा सकता । कुछ उदाहरण ये हैं—

जनुषान्धः (जन्मान्ध), मनसा गुप्ता (किसी स्त्री का नाम), आत्मने पदम्, परस्मैपदम्, दूरादागतः, देवनां प्रियः (मूर्ख), पश्यतो हरः (चोर), अन्तेवासी (शिष्य), युधिष्ठिरः, खेचरः (सिद्ध, देव, पक्षी-आकाश में चलने वाला), सरसिजम् (कमल) इत्यादि ।

बहुव्रीहि समास

अनेकमन्यपदार्थे ।२।२।२४।

जब दोनों या दो से अधिक सभी समस्त शब्द किसी अन्य शब्द के विशेषण होकर रहते हैं तब उसे बहुव्रीहि समास कहते हैं । बहुव्रीहि का अर्थ है—बहु-व्रीहिः (धान्यम्) यस्य अस्ति सः बहुव्रीहि (जिसके पास बहुत धान्य हों)। यहाँ प्रथम शब्द (बहु) दूसरे शब्द (व्रीहि) का विशेषण है और दोनों ही शब्द किसी तीसरे शब्द के विशेषण हो गये । अतएव इसका नाम 'बहुव्रीहि' पड़ा ।

तत्पुरुष और बहुव्रीहि में भेद—तत्पुरुष में प्रथम शब्द दूसरे शब्द का विशेषण होता है, यथा—पीतम् अम्बरम् = पीताम्बरम् (पीला वस्त्र)—कर्मधारय समास। बहुव्रीहि में दोनों शब्द मिलकर किसी तीसरे शब्द के विशेषण होते हैं, यथा—पीताम्बरः—पीतम् अम्बरम् यस्य सः (जिसका पीला वस्त्र हो अर्थात् श्रीकृष्ण)।

अन्यपदार्थप्रधानो बहुव्रीहिः (बहुव्रीहि समास में समास के दोनों शब्दों में से किसी में प्रधानत्व नहीं रहता, दोनों मिलकर किसी तीसरे का प्रधानत्व सूचित करते हैं, यथा—पीताम्बर में बहुव्रीहि समास के दो भेद—

(क) समानाधिकरण बहुव्रीहि,

(ख) व्यधिकरण बहुव्रीहि,

(क) समानाधिकरण बहुव्रीहि वह है जिसके दोनों या सभी शब्दों का समान अधिकरण हो, अर्थात् वे प्रथमान्त हों, यथा—पीताम्बरः।

(ख) व्यधिकरण बहुव्रीहि वह है जिसके दोनों शब्द प्रथमान्त न हों, एक प्रथमान्त हो, और दूसरा षष्ठी या सप्तमी में हो, यथा—

चक्रपाणिः—चक्रं पाणौ यस्य सः (विष्णुः)

चन्द्रशेखरः—चन्द्र शेखरे यस्य सः (शिवः)

बहुव्रीहि समास के विग्रह करने के लिए यह आवश्यक है कि उसके विग्रह में 'यत्' का प्रयोग हो। 'यत्' से ही ज्ञात होता है कि समस्त शब्दों का किसी अन्य शब्द से सम्बन्ध है।

व्यधिकरण बहुव्रीहि के दोनों शब्द प्रथमा विभक्ति में नहीं रहते, एक ही प्रथमा में रहता है और दूसरा षष्ठी या सप्तमी में।

यथा—चक्रपाणिः—चक्रंपाणौ यस्य सः।

चन्द्रशेखरः—चन्द्रःशेखरे यस्य सः।

चन्द्रकान्तिः—चन्द्रस्य कान्तिः इव कान्तिः यस्य सः।

समानाधिकरण बहुव्रीहि के ६ भेद हैं—

द्वितीया समानाधिकरण बहुव्रीहि	पञ्चमी समानाधिकरण बहुव्रीहि
तृतीया समानाधिकरण बहुव्रीहि	षष्ठी समानाधिकरण बहुव्रीहि
चतुर्थी समानाधिकरण बहुव्रीहि	सप्तमी समानाधिकरण बहुव्रीहि

द्वितीया समानाधिकरण बहुव्रीहि—आरूढः वानरः यं सः = आरूढवानरः (वृक्षः)। प्राप्तम् उदकं यं सः = प्राप्तोदकः (ग्रामः)।

तृतीया समा० बहु०—दत्तं चित्तं येन सः = दत्तचित्तः (शिष्यः)। जितानि इन्द्रियाणि येन सः = जितेन्द्रियः (पुरुषः)। उढः रथः येन सः = ऊढरथः (अनड्वान्) ऐसा बैल जिसने रथ खींचा हो।

चतुर्थी समा० बहु०—दत्तम् धनम् यस्मै सः = दत्तधनः (ब्राह्मणः), उपहृतः पशुः यस्मै सः = उपहृतपशुः (रुद्रः)।

पञ्चमी समा० बहु०—निर्गतं बलं यस्मात् सः निर्गतबलः (पुरुषः)।
उत्धृतम् ओदनम् यस्याः सा = उद्धृतौदना (स्थाली)॥
निर्गतं धनं यस्मात् सः निर्धनः (पुरुषः)

षष्ठी समा० बहु०—लम्बौ कर्णौ यस्य सः = लम्बकर्णः (गर्धवः)।

सप्तमी समा० बहु०—वीरा पुरुषाः यस्मिन् सः = वीरपुरुषः (ग्रामः)।

नञोऽस्त्यर्थानां वाच्यो वा चोत्तरपदलोपः। वा०। प्रादिभ्यो धातुजस्य वाच्यो वा चोत्तरपदलोपः। वा०।

नञ् अथवा कोई उपसर्ग संज्ञा के साथ रहे तो इस प्रकार बहुव्रीहि समास होता है—अविद्यमानः पुत्रः यस्य सः = अपुत्रः, अविद्यमानपुत्रो वा।
विजीवितः, विगतजीवितो वा।
उत्कन्धरः, उद्गतकन्धरो वा।
प्रपतितपर्णः प्रपर्णः।

तेन सहेति तुल्ययोगे।२।२।२८।

सह तथा तृतीयान्त संज्ञा के साथ बहुव्रीहि समास होता है, यथा—राधिकया सह इति = सराधिकः (कृष्णः), ससीतः (रामः)।

बहुव्रीहि समास के लिए निम्नलिखित नियमों पर ध्यान देना चाहिए—

(क) आपोऽन्यतरस्याम्।७।४।१५।

यदि अन्तिम शब्द आकारान्त हो और कप् बाद में हो तो इच्छानुसार आकार को अकार कर सकते हैं, यथा—पुष्पमालाकः, पुष्पमालकः, (कप् के अभाव में) पुष्पमालः।

(ख) शेषाद्विभाषा।५।४।१५४।

यदि बहुव्रीहि समास के अन्तिम शब्द में अन्य नियमों के अनुसार कोई विकार न हुआ हो तो उसमें इच्छानुसार कप् (क) जोड़ दिया जाता है, यथा—
महत् यशः यस्य सः=महायशस्कः, महायशाः वा।
उदात्तं मनः यस्य सः=उदात्तमनस्कः, उदात्तमनाः वा।

अपवाद—व्याघ्रपात् (व्याघ्रस्य इव पादौ यस्य सः) यहाँ व्याघ्रपास्कः नहीं हुआ, कारण—समास के अन्तिम शब्द 'पाद' को दूसरे नियम से 'पाद्' हो गया और इस तरह अन्तिम शब्द में विकार हो गया।

(ग) उरस्, सर्पिष् इत्यादि शब्दों के अन्त में आने पर अवश्य ही कप् प्रत्यय लगता है, यथा—
प्रियं सर्पिः यस्य सः प्रियसर्पिष्कः (जिसे घी प्रिय हो)।
व्यूढं उरो यस्य सः व्यूढोरस्कः (चौड़ी छाती वाला)।

(घ) इनः स्त्रियाम्।५।४।१५२।

यदि समास के अन्त में इन्नन्त शब्द आवे और समस्त शब्द स्त्री लिङ्ग बनाना हो तो अवश्य ही कप् प्रत्यय लगता है, यथा—
बहवः दण्डिनः यस्या साः बहुदण्डिका (नगरी)।

परन्तु यदि पुँल्लिङ्ग बनाना हो तो कप् इच्छा पर निर्भर रहता है, यथा—बहुदण्डिको ग्रामः, बहुदण्डी ग्रामो वा।

(ङ) स्त्रियाः पुंवद्भाषितपुंस्कादनूङ् समानाधिकरणे स्त्रियामपूरणीप्रियादिषु। ६।३।३४।

समानाधिकरण बहुव्रीहि में यदि प्रथम शब्द पुँल्लिङ्ग शब्द (सुन्दर-सुन्दरी, रूपवद्–रूपवती) हो किन्तु उकारान्त न हो और दूसरा शब्द स्त्री लिङ्ग हो तो शब्द का आदि रूप (पुँल्लिङ्ग) रखा जाता है, यथा—रूपवती भार्या यस्य सः रूपवद्भार्यः।

इस उदाहरण में प्रथम शब्द रूपवती था और दूसरा भार्या, प्रथम शब्द रूपवद् (पुँ०) था और ऊकारान्त नहीं था ईकारान्त था, अतः प्रथम शब्द पुँ० में हो गया।

चित्राः गावः यस्य सः चित्रगुः (न कि चित्रागुः)।
किन्तु गंगा भार्या यस्य सः गंगाभार्यः (गंगभार्यः नहीं)

क्योंकि गंगा शब्द किसी पुँल्लिग का स्त्री लिंग रूप नहीं है।

वामोरूः भार्या यस्य सः वामोरूभार्यः, क्योंकि यहाँ पर प्रथम शब्द ऊकारान्त है, आकारान्त या ईकारान्त नहीं।

यदि प्रथम शब्द किसी का नाम हो, पूरणी संख्या हो, उसमें अङ्ग का नाम आता हो और वह ईकारान्त हो, जाति का नाम हो आदि या यदि द्वितीय शब्द प्रियादि गण में पठित या क्रम संख्या हो तो पूर्वपद पुँल्लिग में नहीं होता, यथा—

दत्ताभार्यः (जिसकी दत्ता नाम की स्त्री है।)
पञ्चमीभार्यः (जिसकी पाँचवीं स्त्री है)
सुकेशीभार्यः (सुकेशी भार्या यस्य सः)
शूद्राभार्यः (शूद्रा भार्या यस्य सः)
कल्याणीप्रियः (कल्याणी प्रिया यस्य सः)
कल्याणीपञ्चमाः (कल्याणीपञ्चमी यासां ताः)

(च) यदि बहुव्रीहि समास का अन्तिम शब्द ऋकारान्त (किसी भी लिङ्ग का) हो, अथवा स्त्री लिङ्ग का ईकारान्त या ऊकारान्त हो तो कप् प्रत्यय निश्चय रूप से लगता है, यथा—

ईश्वरः कर्ता यस्य सः ईश्वर कर्तृकः (संसारः)।
सुशीला माता यस्य सः सुशीलमातृकः (बालः)।
अन्नं धातृ यस्य सः अन्नधातृकः (नरः)।
सुन्दरी वधूः यस्य सः सुन्दरवधूकः (पुरुषः)।
रूपवती स्त्री यस्य सः रूपवत्स्त्रीकः (नरः)।

द्वन्द्व समास

चार्थे द्वन्द्वः ।२।२।२१।

यदि दो या दो से अधिक संज्ञाएँ 'च' शब्द से जोड़ दी जायँ तो वह द्वन्द्व-समास कहलाता है। "उभयपदार्थप्रधानोद्वन्द्वः" द्वन्द्व समास में दोनों ही संज्ञाएँ प्रधान रहती हैं अथवा उनके समूह का प्रधानत्व रहता है। द्वन्द्वसमास ३ प्रकार का है—

१—इतरेतर द्वन्द्व,

२—समाहार द्वन्द्व, और

३—एकशेष द्वन्द्व।

१—इतरेतर द्वन्द्व

इतरेतर द्वन्द्वसमास में दोनों संज्ञाएँ अपना व्यक्तित्व अथवा प्रधानत्व रखती हैं, यथा—रामश्च लक्ष्मणश्च = रामलक्ष्मणौ। रामश्च लक्ष्मणश्च भरतश्च = रामलक्ष्मणभरताः। रामश्च लक्ष्मणश्च भरतश्च शत्रुघ्नश्च = रामलक्ष्मणभरतशत्रुघ्नाः।

जब दो शब्द हों तो द्विवचन में और दो से अधिक शब्द हों तो बहुवचन में समस्त शब्द होगा।

आनङ् ऋतो द्वन्द्वे ।६।३।२५।

ऋकारान्त (विद्या सम्बन्ध या योनि सम्बन्ध के वाचक) पद या पदों के साथ द्वन्द्वसमास में अन्तिम पद के पूर्व स्थित ऋकारान्त पद के ऋ के स्थान में आ हो जाता है, यथा—

माता च पिता च = मातापितरौ।
होता च पोता चेति = होतापोतारौ।
होता च पोता च उद्गाता च = होतृपोतोद्गातारः।

परवल्लिङ्गं द्वन्द्वतत्पुरुषयोः ।२।४।२६।

द्वन्द्व समास में अन्तिम पद के अनुसार ही समस्त समास का लिङ्ग होता है, यथा—कुक्कुटश्च मयूरीच = कुक्कुटमयूर्यौ।
मयूरीच कुक्कुटश्च = मयूरीकुक्कुटौ।

२—समाहार द्वन्द्व

यदि द्वन्द्व समास में 'च' से जुड़ी ऐसी संज्ञाएँ आवें जो प्रधानतया एक समाहार (समूह) का बोध करावें तो उसे समाहार द्वन्द्व कहते हैं। यह समास सदा नपुंसक के एक वचन में रखा जाता है,—यथा—

आहारश्च निद्रा च भयंच=आहारनिद्राभयम्।
पाणीच पादौ च = पाणिपादम्।
अहिश्च नकुलश्च = अहिनकुलम्।

प्राणियों में खाना, पीना, सोना, भय ये जीवों के खास लक्षण हैं। इसी प्रकार हाथ और पैर के अतिरिक्त प्रधानतया अंगमात्र का ज्ञात होता है। सांप और नेवले का भी जन्म वैर बोध होता है।

द्वन्द्वश्च प्राणितूर्यसेनांगानाम् ।२।४।२। प्रायः द्वन्द्व समास होता है यदि

(क) मनुष्य अथवा पशु के शरीर के अंग के वाचक हों, यथा—

पाणी च पादौ च = पाणिपादम् (हाथ पैर)।

(ख) गानेबजाने वाले अंगों के वाचक हों यथा—

मार्दङ्गिकाश्च पाणविकाश्च = मार्दङ्गिकपाणविकम् (मृदंग और पणव बजाने वाले)

(ग) सेना के अंग के वाचक हों, यथा—

अश्वारोहाश्च पदातयश्च = अश्वारोहपदाति (घुड़ सवार और पैदल)।

जातिरप्राणिनाम् ।२।४।६। यदि समस्तशब्द अचेतन पदार्थ के वाचक हों यथा—

गोधूमश्च चणकश्च = गोधूमचणकम्, धानाशष्कुलिः।

विशिष्टलिङ्गो नदीदेशोऽग्रामाः ।२।४।७।

यदि समस्त शब्द नदियों के भिन्नलिङ्ग वाले नाम हों, यथा—गंगा च शोणश्च = गंगाशोणम् (किन्तु गङ्गायमुने होगा क्योंकि भिन्नलिङ्ग के नहीं हैं।)

देशों के भिन्नलिङ्ग वाले नाम हों, यथा—कुरवश्च कुरुक्षेत्रं च = कुरुकुरुक्षेत्रम्।

यदि दोनों ग्राम के नाम न हों तो समाहार द्वन्द्व नहीं होगा, यथा—

जाम्बवं (नगर) शालूकिनी (ग्राम) = जाम्बवतीशालूकिन्यौ।

दोनों नगर के नाम हों तो समाहार द्वन्द्व ही होता हैं, यथा—

मथुरा च पाटलिपुत्रं च = मथुरापाटलिपुत्रम्।

क्षुद्रजन्तवः २।४।८। **येषां च विरोधः शाश्वतिकः** ।२।४।९।

(क) क्षुद्र जीवों के नाम में समास होता है, यथा—

यूका च लिक्षा च = यूकालिक्षम् (जुएँ और लीखें)।

(ख) जन्मवैरी जीवों के नाम के साथ समास होता है, यथा—

सर्पश्च नकुलश्च = सर्पनकुलम्।

मूषकश्च मार्जारश्च = मूषकमार्जारम्।

विभाषा वृक्षमृगतृणधान्यव्यञ्जनपशुशकुन्यश्ववडवपूर्वापराधरोत्तराणाम् ।२।४।१२।
(**वृक्षादौ विशेषाणामेव ग्रहणम्**।)

वृक्ष, मृग, तृण, धान्य, व्यञ्जन, पशु, शकुनि (वृक्ष से वृक्ष विशेष) वाचक शब्दों के समास तथा अश्ववडवे, पूर्वापरे, तथा अधरोत्तरे समास भी विकल्प से समाहार द्वन्द्व होते हैं, यथा—

प्लक्षन्यग्रोधम्, प्लक्षन्यग्रोधाः। शुकबकम्, शुकबकाः।
रुरुपृषतम्, रुरुपृषताः। गोमहिषम्, गोमहिषाः।
कुशकाशम्, कुशकाशाः। अश्ववडवम्, अश्ववडवौ।
व्रीहियवम्, व्रीहियवाः। पूर्वापरम्, पूर्वापरे।
दधिघृतम्, दधिघृते। अधरोत्तरम्, अधरोत्तरे।

३—एकशेष द्वन्द्व

जब दो या दो से अधिक शब्दों में से द्वन्द्व समास में केवल एक शेष रह जाय तब वह एकशेष द्वन्द्व कहलाता है, यथा—

माता च पिता च = पितरौ।

श्वश्रूश्च श्वशुरश्च = श्वशुरौ।

सरूपाणामेकशेष एकविभक्तौ ।१।२।६४। विरूपाणामपि समानार्थानाम् ।वा०।

एक शेष में केवल समान रूपवाले शब्द (जैसे देवश्च देवश्च देवौ) अथवा समान अर्थ रखने वाले विरूप शब्द भी आ सकते है। समस्त शब्दों का वचन समास के अङ्गभूत शब्दों के संख्यानुसार होगा। जब समास में पुंल्लिङ्ग और स्त्रीलिङ्ग दोनों शब्द मिले हों तब समास नपुंसकलिङ्ग में होगा, यथा—

अजश्च अजा च = अजौ, चटकौ।

(सरूप) ब्राह्मणी च ब्राह्मणश्च = ब्राह्मणौ, शूद्री च शूद्रश्च = शूद्रौ

घटश्च कलशश्च = घटौ या कलशौ।

वक्रदण्डश्च कुटिलदण्डश्च = वक्रदण्डौ या कुटिलदण्डौ।

द्वन्द्व समास में ध्यान देने योग्य नियम—

(क) द्वन्द्वे घि ।२।२।३२।

द्वन्द्व में इकारान्त शब्द को पहले रखना चाहिए, यथा—हरिश्च हरश्च = हरिहरौ।

अनेकप्राप्तावेकत्र नियमोऽनियमः शेषे ।वा०।

जब अनेक इकारान्त शब्द हों तब एक को प्रथम रखना चाहिए शेष को चाहे जहाँ रखा जाय, यथा—हरिश्च हरश्च गुरुश्च = हरिहरगुरवः, हरिगुरुहराः।

(ख) अजाद्यदन्तम् ।२।२।३३।

स्वर से आरम्भ होने वाले और 'अ' में अन्त होने वाले शब्द पहले आने चाहिएँ, यथा—

ईश्वरश्च प्रकृतिश्च = ईश्वरप्रकृती।

इन्द्रश्च अग्निश्च = इन्द्राग्नी।

(ग) अल्पाच्तरम् ।२।२।३४।

जिस शब्द में कम अक्षर हों वह पहले आना चाहिए, यथा—शिवश्च केशवश्च = शिवकेशवौ (केशवशिवौ नहीं, क्योंकि शिव में कम अक्षर है।)

(घ) वर्णानामानुपूर्व्येण । भ्रातुर्ज्यायसः ।वा०।

वर्णों के तथा भाइयों के नाम ज्येष्ठक्रमानुसार आने चाहिएँ, यथा—ब्राह्मणश्च क्षत्रियश्च = ब्राह्मणक्षत्रियौ (क्षत्रिय ब्राह्मणौ नहीं)। रामश्च लक्ष्मणश्च = रामलक्ष्मणौ। युधिष्ठिरभीमौ। (लक्ष्मणरामौ, भीमयुधिष्ठिरौ नहीं)।

समासान्त

नीचे लिखे स्थानों पर समास होने के बाद अन्त में कोई प्रत्यय (टच्, अ) अवश्य लगता है। बहुव्रीहि या द्वन्द्व के समासान्त प्रत्ययों के लिए नियम पहले दिये जा चुके हैं।

राजाहः सखिभ्यष्टच् ।५।४।९१।

जब तत्पुरुष के अन्त में राजन्, अहन् या सखि शब्द आते हैं तब इनमें समासान्त टच् (अ) जुड़ कर राज, अह, सख हो जाता है, यथा—

महान् चासौ राजा = महाराजः, देवराजः आदि।

उत्तमम् + अहः = उत्तमाहः (उत्तम दिन)

कृष्णस्य सखा = कृष्णसखः।

अपवाद—नञ् तत्पुरुष में नहीं होता, यथा—न सखा = असखा, अराजा। कहीं कहीं 'अहन्' शब्द का 'अह्न' हो जाता है, यथा—सायाह्नः (सायंकाल), सर्वाह्णः (सारा दिन)।

आन्महतः समानाधिकरणजातीययोः ।६।३।४६।

महत् शब्द को समानाधिकरण कर्मधारय या बहुव्रीहि में ही 'महा' होता है, व्यधिकरण में नहीं, यथा—महादेवः, महाराजः, महाशयः, महायशाः। (महतां सेवा महत्सेवा में समानाधिकरण नहीं)।

ऋक्पूरब्धूः पथामानक्षे ।५।४।७४।

ऋक्, पुर्, अप्, धुर् तथा पथिन् शब्द यदि समास के अन्तिम शब्द हों तो अन्त में 'अ' जुड़ जाता है, यथा—

ऋचः अर्धम् = अर्धर्चः। हरे पूः = हरिपुरम्।

सु पन्थाः यस्य सः सुपथः (देशः)।

विमलाः आपः यस्य तत् विमलापं (सरः)।

राज्य धूः = राज्य धुरा। किन्तु अक्षधूः में नहीं हुआ, क्योंकि अक्ष (गाड़ी) की धुरा का भाव है।

द्व्यन्तरुपसर्गेभ्योऽप ईत् ।६।३।९७।

उपर्युक्त स्थानों पर अन्तिम अप् को ईप् हो जाता है—द्वीपम्, अन्तरीपम्, प्रतीपम्, समीपम्।

अच् प्रत्यन्ववपूर्वात्सामलोम्नः ५।४।७५।

इन स्थानों पर अच् होकर लोमन् को लोम होता है, यथा—अनुलोमम्, प्रतिलोमम्, अवलोमम्। प्रतिसामम्, अनुसामम्, अवसामम्।

अहः सर्वैकदेशसंख्यातपुण्याच्च रात्रेः ।५।४।८७

अहः, सर्व, एक देश (भाग), सूचक शब्द सख्यात तथा पुण्य के साथ रात्रि का समास होने पर समासान्त 'अच्' प्रत्यय लगता है और समस्त पद रात्रि को रात्र हो जाता है, संख्या एवं अव्यय के साथ भी इसी प्रकार होता है, यथा—

अहश्च रात्रिश्चेति अहोरात्रः। सर्वा रात्रिः = सर्वरात्रः।

पूर्वं रात्रेः पूर्वरात्रः। संख्यातरात्रः, पुण्यरात्रः।

नवानां रात्रीणां समाहारः नवरात्रम्। द्विरात्रम्।

अतिक्रान्तो रात्रिमतिरात्रः।

संख्यापूर्वं रात्रं क्लीबम् ।वा०।

संख्यापूर्व रात्रन्त समास वाले शब्द नपुंसक लिंग होते हैं, यथा—द्विरात्रम् नवरात्रम् त्रिरात्रम् आदि।

अह्नोऽह्न एतेभ्यः ।५।४।८८।

उपर्युक्त 'सर्व' आदि के साथ समास होने पर 'अहन्' का 'अह्न' हो जाता है। तदन्तर अह्नोऽदन्तात्। ।८।४।७। के अनुसार अकारान्त पूर्वपद के रकार के बाद 'अह्न' के 'न' को 'ण' होता है, यथा—सर्वाह्णः, पूर्वाह्णः, मध्याह्नः, सायाह्नः, द्व्यह्नः, अपराह्णः, संख्याताह्नः।

किन्तु संख्यावाचक शब्द के साथ समाहार अर्थ में समास होने पर 'अहन्' का 'अह्न' नहीं होता, यथा—

सप्तानाम् अह्नां समाहारः सप्ताहः। इसी तरह एकाहः, द्व्यह, त्र्यहः आदि।

अनोऽश्मायः सरसां जातिसंज्ञयोः ।५।४।९४।

समासयुक्त पदका जाति या संज्ञा अर्थ होने पर अनस्, अश्मन्, अयस् और सरस् उत्तर पदवाले समस्त पदों में टच् प्रत्यय जुड़ जाता है, यथा—

(जाति अर्थ में)उपानसम्, अमृताश्मः, कालायसम्, मण्डूकसरसम्।

(संज्ञा अर्थ में)महानसम् (रसोई), पिण्डाश्मः, लोहितायसम्, जलसरसम्।

रात्राह्नाहाः पुंसि ।२।४।२९। पुण्यसुदिनाभ्यामह्नः क्लीबतेष्टा ।वा०।

अह्न और अहः समासान्त पुँल्लिङ्ग होते हैं, किन्तु पुण्य और सुदिन पूर्वपदवाले तथा अहः अन्तवाले समास नहीं।

नित्यमसिच् प्रजामेधयोः ।५।४।१२२।

नञ्, दुः और सु के साथ प्रजा एवं मेधा का बहुव्रीहि समास होने पर असिच् प्रत्यय लगता है, यथा—अप्रजाः, दुष्प्रजाः, सुप्रजाः। अमेधाः, दुर्मेधाः, सुमेधाः। इनके रूप इस प्रकार चलते हैं—अप्रजाः, अप्रजसौ, अप्रजसः आदि, क्योंकि ये सब 'अस्' में अन्त होते हैं।

धर्मादनिच् केवलात् ।५।४।१२४।

धर्म के पूर्व यदि केवल एक पद हो तो बहुव्रीहि समास में धर्म के बाद 'अनिच्' जुड़ता है, यथा—कल्याणधर्मा (धर्मन्)।

प्रसंभ्यां जानुनोर्ज्ञुः ।५।४।१२९।

प्र और सम् के साथ बहुव्रीहि समास होने पर 'जानु' का 'ज्ञु' हो जाता है, यथा—प्रज्ञुः (प्रगते जानुनी यस्य सः), संज्ञुः ।

ऊर्ध्वाद्विभाषा ।५।४।१३०।

ऊर्ध्व के साथ विकल्प से 'ज्ञु' होता है, यथा—ऊर्ध्वज्ञुः, ऊर्ध्वजानुः ।

धनुषश्च ।५।४।१३२। **वा संज्ञायाम्** ।५।४।१३३।

धनुष् में अन्त होनेवाले बहुव्रीहि समास में अनङ् आदेश होता है, यथा—पुष्पधन्वा (पुष्पं धनुर्यस्य सः), इसी तरह शार्ङ्गधन्वा ।

परन्तु समस्त पद के नामवाची होने पर विकल्प से अनङ् होगा, यथा—शतधन्वा, शतधनुः ।

गन्धस्येदुत्पूतिसुसुरभिभ्यः ।५।४।१३५।

उत्, पूति, सु, तथा सुरभिपूर्वपद वाले तथा 'गन्ध' शब्दान्त बहुव्रीहि समास में इकार जुड़ जाता है, यथा—उद्गन्धिः (उद्गतः गन्धः यस्य सः), इसी तरह—सुगन्धिः, पूतिगन्धिः, सुरभिगन्धिः ।

पादस्य लोपोऽहस्त्यादिभ्यः ।५।४।१३८।

बहुव्रीहि समास में हस्ति आदि शब्दों को छोड़कर यदि कोई उपमान शब्द पूर्व में हो और बाद में 'पाद' शब्द हो तो पाद के अन्तिम वर्ण 'अ' का लोप हो जाता है, यथा—व्याघ्रपात् (व्याघ्रस्य इव पादौ यस्य सः) । हस्ति आदि पूर्व पद होने पर हस्तिपादः, कुसूलपादः आदि ।

कुम्भपदीषु च ।५।४।१३९। **पादः पत्** ।६।४।१२०।

कुम्भपदी आदि स्त्रीलिङ्ग शब्दो में भी पाद के आकार का लोप हो जाता है और पाद को पत् होकर ङीप् जुड़ता है, यथा—कुम्भपदी, एकपदी । स्त्रीलिङ्ग न होने पर कुम्भपादः बनेगा ।

जायाया निङ् ।५।४।१३४।

जायान्त बहुव्रीहि में निङ् आदेश हो जाता है, यथा—युवजानिः (युवती जाया यस्य सः) । इसी भाँति भूजानिः, महीजानिः (राजा) ।

अचतुरविचतुरसुचतुरस्त्री० ।५।४।७७।

ये रूप निपातन से बनते हैं—नक्तन्दिवम्, रात्रिदिवम्, अहर्दिवम्, निःश्रेयसम्, पुरुषायुषम्, ऋग्यजुषम् ।

न पूजनात् ।५।४।६९। **किमः क्षेपे** ।५।४।७०। **नञस्तत्पुरुषात्** ।५।४।७१।

पूजा, निन्दा अर्थ में एवं नञ् समास में कोई समासान्त नहीं होगा, यथा—सुराजा, अराजा, किंराजा, असखा ।

अव्ययीभावे शरत् प्रभृतिभ्यः ।५।४।१०७।

अव्ययीभाव में (१) शरद् आदि से टच् (अ) होता है—उपशरदम् (शरदः समीपम्), प्रतिविपाशम्, (२) (प्रतिपरसमनुभ्योऽक्ष्णः) प्रति, पर, सम् और अनु के बाद अक्षि को अक्ष होता है—प्रत्यक्षम्, परोक्षम्, समक्षम्। (३) (अनश्च) अन्नन्त को टच् (अ) और अन् का लोप होता है—उपराजम्, अध्यात्मम्।

संस्कृत में अनुवाद करोः—

१—देवप्रयाग के पास भागीरथी और अलकनन्दा का संगम है । २—माता पिता पुत्र को सदुपदेश देते हैं। ३—अशोक का राज्य समुद्र तक फैला हुआ था। ४—धार्मिक पुरुष मरते-मरते भी धर्म की रक्षा करते हैं । ५—संसार में सच्चे मार्ग पर चलने वाला मनुष्य साधु कहलाता है। ६—महात्मा पुरुष सुख से युक्त जीवन को नहीं चाहते। ७—व्याध के तीर से विधा हुआ मोर मर गया। ८—जो तुम्हारे घर अतिथि आया है उसको खाना खिलाओ। ९—तूने भूतों के लिए बलियाँ क्यों नहीं रखीं ? १०—तुम्हारे जैसा मनुष्य तीनों लोकों में नहीं है। ११—ईश्वर की भक्ति मनुष्य के जीवन को सफल बना देती है। २—क्षण-क्षण जीवन का काल घटता जाता है। १३—महाराज विक्रमादित्य का राज्य हिमालय तक विस्तृत था। १४—संसार के माता-पिता पार्वती और परमेश्वर हैं। १५—मैंने पिता जी के कमल समान चरणों को नमस्कार किया। १६—उस युवती का पति बहुत बूढ़ा है, लठ्ठी के सहारे चलता है। १७—उस नगरी में बहुत से दण्डी रहते हैं और वहाँ एक विशाल शिव मन्दिर है। १८—उसकी स्त्री सर्वगुणसम्पन्न और रूपवाली भी है। १९—उस राज कुमार के विवाह में सैकड़ों घुड़सवार पैदल और मृदंग तथा पणव बजाने वाले भी थे। २०—अग्नि की तरफ पतंगे गिरते हैं।

हिन्दी में अनुवाद करो तथा रेखांकित में समास बताओ और विग्रह करो—

१—आपन्नार्तिप्रशमनफलाः सम्पदो ह्युत्तमानाम्।

२—अभ्यर्थनाभंगभयेन साधुर्माध्यस्थ्यमीष्टेऽप्यवलम्बतेऽर्थे।

३—मन्ये दुर्जनचित्तवृत्तिहरणे धातापि भग्नोद्यमः।

४—गुणार्जनोच्छ्रायविरुद्धबुद्धयः प्रकृत्यमित्रा हि सतामसाधवः।

५—अलोकसामान्यमचिन्त्यहेतुकं द्विषन्ति मन्दाश्चरितं महात्मनाम्।

६—अलब्धशाणोत्कषणा नृपाणां न जातु मौलौ मणयो वसन्ति।

७—निसर्गविरोधिनी चेयं पयः पावकयोरिव धर्मक्रोधयोरेकत्र वृत्तिः।

८—पीत्वामोहमयीं प्रमादमदिरामुन्मत्तभूतं जगत्।

९—शरदभ्रचलाश्चलेन्द्रियैरसुरक्षा हि बहुच्छलाः श्रियः।

१०—पञ्चत्वाऽनुगमिष्यन्ति यत्र यत्र गमिष्यसि।
उपकार्योपकर्तारौ मित्रोदासीनशत्रवः।

क्रिया-प्रकरण

क्रिया वह शब्द है जो किसी वस्तु के सम्बन्ध में कुछ बतलावे, अर्थात् होना, जाना, खाना, पढ़ना, सोना, जागना आदि।

'रामः पठति', 'देवदत्तो गच्छति' में 'पठति' और 'गच्छति' क्रियाएँ हैं। क्रिया-पद तिङन्त और कृदन्त हैं—ति, तस्, अन्ति आदि विभक्तियों के जोड़ने से जो क्रिया-पद बनते हैं, उन्हें तिङन्त कहते हैं और क्त, क्तवतु आदि कृत् प्रत्ययों के जोड़ने से जो क्रिया-पद बनते हैं, उन्हें कृदन्त कहते हैं, जैसे—पुस्तकमपठम् (गम् + लङ् + अम् = तिङन्त) और गतोऽहं नगरम् (गम् + क्त = कृदन्त)।

तिङन्त की दस विभक्तियाँ हैं—

लट्, लोट्, लङ्, लिङ्, लिट्, लुट्, लृट्, लुङ्, लृङ् और लेट्। इनमें से प्रत्येक में 'ल' है, अतः इन्हें लकार भी कहते हैं। लेट् का प्रयोग केवल वेद में पाया जाता है, अतः उसके विषय में यहाँ कुछ भी लिखना अनावश्यक है।

उपर्युक्त विभक्तियाँ परस्मैपद और आत्मनेपद के भेद से दो प्रकार की हैं—कुछ धातुएँ परस्मैपदी होती हैं और कुछ आत्मनेपदी तथा कुछ उभयपदी होती हैं—

परस्मैपद—भू (भव्)—भवति, भवतः, भवन्ति आदि।

आत्मनेपद—वृत्—वर्तते, वर्तेते, वर्तन्ते आदि।

उभयपदी—कृ—(प०) करोति, कुरुतः, कुर्वन्ति आदि।

(आ०) कुरुते, कुर्वाते, कुर्वते आदि।

प्रत्येक लकार के तीन पुरुष होते हैं—(१) प्रथम पुरुष, (२) मध्यम पुरुष, और (३) उत्तम पुरुष। प्रत्येक पुरुष के तीन वचनहोते हैं—एक वचन, द्विवचन तथा बहुवचन। इस प्रकार प्रत्येक लकार के नौ रूप हो जाते हैं।

सकर्मक, अकर्मक और द्विकर्मक क्रियाएँ

"लज्जा-सत्ता-स्थिति-जागरणं वृद्धि-क्षय-भय-जीवित-मरणम्।
नर्तन-निद्रा-रोदन-वासाः स्पर्धा-कम्पन-मोदन-हासाः।
शयन-क्रीडा-रुचि-दीप्त्यर्थाः धावत एते कर्मणि नोक्ताः॥"

ये धातुएँ अकर्मक हैं। इनके अतिरिक्त सिद्धि, शुद्धि, नाश, तुष्टि आदि तथा स्निह धातु 'स्नेह करने के अर्थ में' सदा अकर्मक है। विपूर्वक श्वस् धातु भी प्रायः अकर्मक होती है, यथा—अहं त्वयि स्निह्यामि (मैं तुम से प्रेम करता हूँ)। रामः कस्मिन्नपि न विश्वसिति (राम किसी पर भी विश्वास नहीं करता)।

दुह्, याच् आदि १६ ऐसी धातुएँ हैं, जिनके दो कर्म होते हैं, यथा—स माणवकं व्याकरणं शास्ति (वह माणवक को व्याकरण पढ़ाता है)। यहाँ पर शास्ति क्रिया के दो कर्म हैं—(१) व्याकरण और (२) माणवक। व्याकरण इस का मुख्य कर्म है और माणवक गौण कर्म। प्रायः निर्जीव वस्तु मुख्य कर्म और सजीव गौण कर्म होती है। द्विकर्मक धातुओं का सविस्तर वर्णन कर्मकारक प्रकरण में दिया जा चुका है।

गण

भ्वाद्यदादी जुहोत्यादिदिवादिः स्वादिरेव च।
तुदादिश्च रुधादिश्च तनक्र्यादिचुरादयः॥

१—भ्वादि।	६—तुदादि।
२—अदादि।	७—रुधादि।
३—जुहोत्यादि।	८—तनादि।
४—दिवादि।	९—क्र्यादि।
५—स्वादि।	१०—चुरादि।

काल—संस्कृत भाषा में काल *अथवा वृत्तियाँ दस हैं, यथा—

(१) **वर्तमान काल—लट्, यथा—सः पठति, अहं पठामि।**
(२) **भूतकाल**—(आसन भूत काल) **लुङ्, सः पुस्तकम् अपाठीत्।**
(३) **भूतकाल** (परोक्षभूत) **लिट्, छिन्नमूलस्तरुः पपात।**
(४) **भूतकाल** (अनद्यतन भूत) **लङ्, स एवमब्रवीत्।**
(५) **भविष्य** (सामान्य) **लृट्, अद्य पिता प्रयागं गमिष्यति।**
(६) **भविष्य** (अनद्यतन) **लुट्, श्वः पण्डितनेहरुः लक्ष्मणपुरीमागन्ता।**
(७) **लोट्** (आज्ञार्थक) **मह्यम् जलमानय।**
(८) **लिङ्** (विधिलिङ्) **वर्जयेत् तादृशं मित्रं विषकुम्भं पयोमुखम्।**
(९) **लिङ्** (आशीर्लिङ्) **पुत्रस्ते सुचिरं जीव्यात्।**
(१०) **लृङ्** (क्रियातिपत्ति) **देवश्चेद् वर्षिष्यति धान्यं वप्स्यामः।**

इस कारिका में लट् आदि दस लकारों के अतिरिक्त लेट् भी है। लेट् का प्रयोग केवल वैदिक भाषा में होता है अतः लौकिक संस्कृत में लेट् का वर्णन अनावश्यक है।

अनिट् और सेट् धातुएँ

संस्कृत में धातुएँ दो प्रकार की हैं—(१) सेट् और दूसरी अनिट्। सेट धातुएँ वे हैं, जिनके बीच में इट् (इ) लगता है, यथा—(गम्) गम्+इट्

---

*लट् वर्तमाने लेट् वेदे भूते लुङ् लङ् लिटस्तथा।
विध्याशिषोस्तु लिङ् लोटौ लुट् लृट् लृङ् च भविष्यतः॥

(इ) + स्यति = गमिष्यति, (भू) भविष्यति, (तॄ) तरिष्यति, (जागृ) जागरिष्यति, (चिन्त्) चिन्तयिष्यति इत्यादि ।

अनिट् धातुएँ वे है, जिनके बीच में इट् (इ) नहीं लगता, यथा—(दा) दास्यति, (छिद्) छेत्स्यति, (जि) जेष्यति इत्यादि ।

अनिट् (इट् के बिना) धातुएँ

एकाच् अजन्त धातुओं में—

ऊदन्त (भू, लू आदि), ॠदन्त (कॄ, तॄ आदि), यु, रु, क्ष्णु, शीङ्, स्नु, नु, क्षु, श्वि, डीङ्, श्रि, वृङ् और वृञ् को छोड़कर शेष धातुएँ अनिट् हैं ।

हलन्त धातुओं में—

शक्लृ–पच्–मुच्–रिच्–वच्–विच्–सिच्–प्रच्छि–त्यज्–निजिर्–भज् ।
भञ्ज्–भुज्–भ्रस्ज–मस्जि–यज्–युज्–रुज्–रञ्ज्–विजिर्–स्वञ्जि–सञ्ज्–सृज् ।
अद्–क्षुद्–खिद्–छिद्–तुद्–नुद्–पद्य–भिद्–विद् (विद्यति), विनद्,
शद्–सद्–स्विद्–स्कन्द्–हद्–क्रुध्–क्षुध्–बुध्,
बन्ध्–युध्–रुध्–राध्–व्यध्–शुध्–साध्–सिध्,
मन्–हन्–आप्–क्षिप्–छुप्–तप्–तिप्–तृप्–दृप्,
लिप्–लुप्–वप्–शप्–स्वप्–सृप्–यभ्–रभ्–लभ्–गम्–नम्–रम्–यम्,
क्रुश्–दंश्–दिश्–दृश्–मृश्–रिश्–रुश्–लिश्–विश्–स्पृश्,
कृष्–त्विष्–तुष्–द्विष्–दुष्–पुष्य–पिश्–विष्–शिष्–शिष्–शुष्–श्लिष्य,
घस्लृ–वसति–दह्–दिह्–दुह्–मिह–नह्–रुह्–लिह् और वह् ।
ये १०२ (हलन्त) धातुएँ अनिट् हैं ।

(उपर्युक्त धातुओं की गणना में कान्त, चान्त, जान्त आदि क्रम रखा गया है ।)

वर्तमान काल—लट् लकार—

"आरब्धोऽपरिसमाप्तश्च कालः वर्तमानः कालः"

निरन्तर होती हुई—वर्तमान काल की क्रिया लट् लकार द्वारा बतायी जाती है; "वह खेलता है—खेल रहा है, पढ़ता है—पढ़ रहा है" आदि का अनुवाद "क्रीडति, पठति" आदि से किया जाता है। कुछ अध्यापक एवं छात्र "कह रहा है और खेल रहा है" का अनुवाद "प्रभाषमाणोऽस्ति तथा क्रीडन्नस्ति" से करते हैं। ऐसा अनुवाद व्याकरण के नियमों के विरुद्ध है ।

(क) जिस वस्तु का जो स्वभाव हो, जो कि सदा सत्य है, उस अर्थ को बतलाने के लिए लट् लकार का प्रयोग होता है, यथा—चिरं पर्वतास्तिष्ठन्ति, नद्यश्च प्रवहन्ति । सत्यवादिनः प्रतिज्ञां वितथां न हि कुर्वन्ति ।

(ख) वर्त्तमानसामीप्ये वर्त्तमानवद्वा ।३।३।१३१।

वर्त्तमान काल के समीप में स्थित भविष्यत् और भूत काल का बोध कराने के लिए अर्थात् जो क्रिया जल्दी ही समाप्त होगी या अभी समाप्त हो गयी है, उसके लिए लट् का प्रयोग होता है—

(१) कदा गोपाल गमिष्यसि ? **एष गच्छामि** । (गोपाल) कब जाओगे ? अभी जाता हूँ ।)

(२) कदा गोपाल आगन्तोऽसि ? **अयमागच्छामि** । (गोपाल कब आये हो ? अभी आ रहा हूँ ।)

(ग) किसी प्रश्न का उत्तर देने के लिए भूत काल के अर्थ में लट् का प्रयोग होता है, यथा—कटम् अकार्षीः किम् ? ननु करोमि भोः । क्या तुमने चटाई बनाई ? हाँ, बनाई है) ।

(घ) पुनः पुनः का बोध कराने के लिए भी लट् लकार का प्रयोग होता है, यथा—मृगः प्रत्यहं तत्र गत्वा शस्यं खादति (हरिन नित्य वहाँ जाकर अनाज की पौध खाया करता था) ।

सोऽपि प्रभुधर्मेण सर्वेभ्यस्तान् विभज्य प्रयच्छति (वह भी अपने स्वामिधर्म को निभाता हुआ उसे सब जानवरों में बाँट देता था) ।

लट् स्मे ।३।२।११८। अपरोक्षे च ।३।२।११९।

(ङ) लट् लकार के साथ 'स्म' (अव्यय) जोड़ देने पर भूतकाल का अर्थ निकलता है, यथा—कस्मिंश्चिद्देशे धर्म्मबुद्धिः पापबुद्धिश्च द्वे मित्रे प्रतिवसतः स्म ।

विशेष—'स्म' का लट् लकार के पीछे लगाना ही आवश्यक नहीं है, यह वाक्य में कहीं पर भी आ सकता है, यथा—

(१) दुनोति निर्गन्धतया स्म चेतः ।

(२) त्वं स्म वेत्थ महाराज, यत् स्माह न बिभीषणः ।

यावत्पुरा निपातयोर्लट् ।३।३।४।

(च) पुरा (पहले) शब्द के साथ लुङ् को छोड़कर भूतकाल के अर्थ में विकल्प से लट् लकार का प्रयोग होता है, परन्तु स्म युक्त पुरा शब्द के साथ नहीं होता है, यथा—वसन्तीह (अवात्सुः वा) पुराच्छात्राः (पहले यहाँ विद्यार्थी रहा करते थे) ।

(छ) यावत्, तावत् के योग में (तक, ज्योंही, जहाँ तक आदि) भविष्यत् के अर्थ में लट् लकार का प्रयोग होता है, यथा—

(१) यावदहं आगच्छामि तावदपेक्षस्व (जब तक मैं वापस आऊँ, तुम प्रतीक्षा करो) ।

(२) आर्य माधव्य, अवलम्बस्व चित्रफलकं यावदागच्छामि (आर्य माधव्य, मेरे आने तक इस चित्र फलक को पकड़ो) ।

(३) यावत् स त्वां पश्यति तावद् दूरमपसर (यहाँ से भाग जाओ, ताकि वह तुम्हें देख न ले)।

(ज) निश्चिन्तता के अर्थ में 'यावत्' और 'पुरा' इन दो अव्ययों के योग में भविष्यत् काल में लट् का प्रयोग होता है, यथा—

(१) पुरा सप्तद्वीपां जयति वसुधाम् अप्रतिरथः (वह अनुपम वीर सप्तद्वीपा पृथ्वी को अवश्य ही जीत लेगा)।

(२) यावत् यते त्वदर्थम् (मैं यथा शक्ति तुम्हारे कार्य को पूरा करने का प्रयत्न करूँगा)।

(३) यावदस्य दुरात्मनः कुम्भीनसीपुत्रस्य समुन्मूलनाय शत्रुघ्नं प्रेषयामि (मैं इस कुम्भीनसी के पुत्र के विनाश के लिए शत्रुघ्न को भेजूँगा)।

लिप्स्यमान सिद्धौ च ।३।३।७।

अन्नादि देकर स्वर्ग की प्राप्ति की इच्छा रखने पर तथा 'ऐसा करने पर ऐसा होगा' ऐसी शर्त बोध कराने के लिए भविष्यत् के अर्थ में विकल्प से लट् लकार होता है, यथा—योऽन्नं ददाति (दास्यति, दाता वा) स स्वर्गं याति (यास्यति याता वा) जो अन्नदान करेगा वह स्वर्ग जायगा।

देवश्चेद वर्षति (वर्षिष्यति वा) तर्हि धान्यं वपामः (वप्स्यामः वा)

विभाषा कदा कर्ह्योः ।३।३।५।

कदा और कर्हि शब्दों के योग में भविष्यत् के अर्थ में विकल्प से लट् लकार होता है, यथा—कदा कर्हि वा भुङ्क्ते, भोक्ष्यते, भोक्ता वा (कब खायगा ?)

लोडर्थलक्षणे च ।३।३।८।

भविष्यत् के अर्थ में लोट् के अर्थ ग्रहण करने पर भी लट् लकार का प्रयोग होता है, यथा—कृष्णश्चेद् भुङ्क्ते (भोक्ष्यते, भोक्ता वा) त्वं गाश्चारय (यदि कृष्ण खाना खावें तो तुम गाओं को चराओ)।

(२) आचार्यश्चेत् आगच्छति (आगमिष्यति, आगन्ता वा) त्वं वेदान् अधीश्व)।

किं वृत्ते लिप्सायाम् ।३।३।६।

प्रश्न सूचक भविष्यत् अर्थ में विकल्प से लट् लकार का प्रयोग होता है, यथा—अस्मासु कं (कतरं, कतमं वा) भोजयसि (भोजयिष्यसि, भोजयितासि वा) (हम में से किसको खिलाओगे ?)

इन उदाहरणों को ध्यान से पढ़ो—

(१) आलोके ते निपतति पुरा (वह अभी तुम्हारे सामने आवेगी)।

(२) प्रकृतिः खलु सा महीयसः सहते नान्यसमुन्नतिं यया (तेजस्वी पुरुषों का यह स्वभाव है कि वे दूसरों की उन्नति नहीं सह सकते)।

(३) केसराग्रं भूषिकः कश्चित् प्रत्यहं छिनत्ति (कोई चूहा उस शेर के बाल नित्य कुतर जाता है)।

(४) तिष्ठन्तु भवन्तोऽत्रैव यावदहं प्रभोराज्ञां गृहीत्वागच्छामि (मैं स्वामी की आज्ञा मांग कर जब तक न आऊँ तब तक आप यहीं ठहरिए)।

(५) न हि प्रतीक्षते मृत्युः कृतमस्य न वा कृतम् (मौत यह नहीं देखती कि इसने क्या कर लिया है और क्या करना है)।

भूतकाल (लङ्, लिट् और लुङ्)

भूत काल की क्रिया को प्रकट करने के लिए संस्कृत में लङ्, लिट् और लुङ् लकारों का प्रयोग होता है, अर्थात् "था, हुआ था, रहा था, किया था" के लिए। यथा--स पपाठ (उसने पढ़ा), त्वम् अपठः (तूने पढ़ा), अहम् अगमम् (मैं गया), अनेनैव पथा वयं वाराणसीम् अगच्छाम (अगमाम वा) (हम इसी रास्ते से बनारस गये थे), श्री कृष्णः कंसं जघान (अहन् अवधीत्, हन्ति स्म वा) (श्री कृष्ण ने कंस को मारा)

यदि भूत काल सूचक वाक्य में अद्य (आज) का प्रयोग हो तो लुङ् लकार का ही प्रयोग होता है, यथा—अद्य रामो राजा अभूत् (आज राम राजा हुआ)।

भूत काल सूचक वाक्य में यदि ह्यः (कल बीता हुआ) का प्रयोग हो तो लङ् का प्रयोग होता है (लिट् और लुङ् का नहीं), यथा—ह्यः वृष्टिरभवत् (कल वर्षा हुई थी)।

परोक्ष भूतकाल में (इन्द्रिय से अगोचर होने पर) लिट् का प्रयोग होता है, **किन्तु उत्तम पुरुष में लिट् नहीं होता,** यथा—नारद उवाच (नारद मुनि बोले), किन्तु 'अहं वनं जगाम, (मैं जंगल गया) यह प्रयोग ठीक नहीं है।

अनद्यतने लङ् ।३।२।१११।

जो कार्य आज से पहले हुआ हो, उसके बोध कराने के लिए लङ् लकार का प्रयोग होता है, यथा—देवदत्तो ह्येवम् अब्रवीत् (देवदत्त ने ऐसा कहा था)। स चैकदा पानीयं पातुं यमुनाकच्छम् अगच्छत् (एक दिन वह पानी पीने के लिए यमुना के किनारे गया)। आसीद् राजा नलो नाम (नल नामक एक राजा हुआ)। अपश्यद् देवदेवस्य शरीरे पाण्डवस्तदा (तब अर्जुन ने भगवान् के शरीर में देखा)।

प्रश्ने चासन्न काले ।३।२।११७।

प्रश्नबोधक वाक्य में लुङ् लकार भिन्न आसन्न भूतकाल के बोध कराने के लिए परोक्ष में (इन्द्रिय से अगोचर होने पर) लङ् और लिट् का प्रयोग होता है, यथा—अभाषत किम् ? बभाषे किम् ? जगाम किम् ?

किन्तु विप्रकृष्ट भूत काल में (जो देर से बीत चुका), उसके बोध कराने के लिए लङ् का प्रयोग नहीं होता, उसमें लिट् का ही प्रयोग होता है, यथा—कंसं जघान किम् ?

मास्म—'मास्म' के योग में लङ् और लुङ् का प्रयोग होता है तथा 'मास्म' के प्रयोग होने पर आगम के अकार का लोप हो जाता है, यथा—मास्म करोत् (नहीं करना चाहिए), मास्म भवः (मत होओ)।

वाक्य के मध्य में स्थित 'ह' और 'शश्वत्' के रहने पर 'लङ्' और 'लिट्' लकार का प्रयोग होता है, यथा—इति होवाच याज्ञवल्क्यः (याज्ञवल्क्य ने ऐसा कहा)। कलशं पूर्णमादाय पृष्ठतोऽनु जगाम ह [पानी से भरे हुए कलश को लेकर वह (मुनि के) पीछे चली गयी]। शश्वत् अकरोत् (चकार वा)

लिट् लकार का प्रयोग

(क) जैसा कि ऊपर बतलाया जा चुका है कि परोक्ष भूत (इन्द्रिय से अगोचर) होने पर लिट् लकार होता है, यथा—

(१) शैलाधिराजतनया न ययौ न तस्थौ (पार्वती न आगे जा सकी न ठहर ही सकी)।

(२) जहार लज्जां भरतस्य मातुः (रामने भारत की माता की लाज हरी)।

(३) इत्यालोच्यात्मनः शिरश्चिच्छेद (इस प्रकार सोच विचार कर उसने अपना सर काट डाला)।

(४) छिन्नमूल इव पपात (वह कटी हुई जड़ वाले पेड़ की भाँति नीचे गिर पड़ा)।

(५) तत्र विप्राश्रमाभ्यासे वैश्यमेकं ददर्श सः (वहाँ ब्राह्मण के आश्रम के पास उसने एक बनिया देखा)।

(ख) अत्यन्तापह्नवे लिट् वक्तव्यः ।वा०।

सत्य को छिपाने की इच्छा में लिट् लकार का प्रयोग होता है, यथा—अपि कलिङ्गेष्ववसः ? नाहं कलिङ्गान् जगाम (क्या तुम कलिङ्ग में रहे ? नहीं, मैं कभी कलिङ्ग देश में नहीं गया)।

अरे ! किमिति मे पुस्तकं मलिनीकृतवान् असि ? नाहं ददर्श ते पुस्तकम् (अरे, तूने मेरी पुस्तक क्यों गन्दी कर दी ? नहीं, मैंने नहीं की, मैने तुम्हारी पुस्तक देखी तक नहीं है)।

(ग) उत्तम पुरुष में लिट् लकार नहीं होता, किन्तु स्वप्न और उन्मत्त अवस्था में उत्तम पुरुष में भी लिट् लकार का प्रयोग होता है, यथा—

अहम् उन्मत्तः सन् वनं विचचार (मैंने पागलपन की दशा में जंगल में भ्रमण किया)।

अप्यहं निद्रितः सन् विललाप ? (क्या मैं निद्रित अवस्था में विलाप कर रहा था ?)

लुङ् लकार का प्रयोग

(क) आसन्न भूत काल (अर्थात् जो क्रिया आज ही हुई हो) में लुङ् लकार का प्रयोग होता है, यथा—

(१) इदमच्छोदं सरः स्नातुम् अभ्यागमम् (मैं इस अच्छोद सरोवर में स्नान के लिए आयी)।

(२) सुरथो नाम राजाभूत् समस्ते क्षितिमण्डले (समस्त पृथ्वी में सुरथ नाम का एक राजा था)।

(३) धवले परिधाय धौते वाससी देवगृहमगमत् (धोये हुए सफेद कपड़ों का जोड़ा पहन कर वह देवमन्दिर में गया)।

(ख) माङ् और मास्म शब्दों के योग में तीनों कालों में ही लुङ् का प्रयोग होता है, यथा—

(१) क्लैव्यं मास्म गमः पार्थ (हे अर्जुन निराश मत होओ)।

(२) मास्म प्रतीपं गमः (विपरीत मत हो जाना)।

(३) प्रिये, मा भैषीः (कपोत ने कहा—प्रिये, डरो मत)।

(४) मा भूत् दुःखम् (दुःखी मत होओ)।

इन उदाहरणों को ध्यान से पढ़ो—

(१) बहु जगद पुरस्तात् तस्य मत्ता किलाहम् (मैं पगली उसके सामने बहुत कुछ बक गयी)।

(२) पुरा हि त्रेतायाम् अतीव भीषणं दैवासुरयुद्धमासीत् (पहले त्रेता में देवों और असुरों के बीच भीषण युद्ध हुआ था)।

(३) दुदोह गां स यज्ञाय शस्याय मघवा दिवम् (उसने यज्ञ के लिए पृथ्वी को दुहा और इन्द्र ने अन्न के लिए द्युलोक को दुहा)।

(४) कथं नाम तत्र भवान् धर्म्मम् अत्याक्षीत् (आपने धर्म कैसे छोड़ दिया ?)

(५) सोऽपि तेन सह चिरं गोष्ठीसुखमनुभूय भूयोऽपि स्वभवनम् अगात् (चिरकाल तक उसकी संगति का आनन्द लेकर वह अपने घर चला गया)।

लृट् और लुट् का प्रयोग

अनद्यतने लुट् ।३।३।१५। लृट् शेषे च ।३।३।१३।

हिन्दी के गा, गे, गी का अनुवाद संस्कृत में भविष्यत् काल बोधक लुट् और लृट् से किया जाता है। यद्यपि इन दोनों ही लकारों से भविष्यत् काल का बोध होता है तो भी दोनों में भेद यह है कि दूरवर्त्ती भविष्यत् के बोध के लिए लुट् लकार और आसन्न या समीपवर्त्ती भविष्यत् के लिए लृट् का प्रयोग होता है, यथा—

१ (क) अयोध्यां श्वःप्रयातासि कपे भरतपालिताम् (हे वानर, तू कल भरत-पालित अयोध्या में जायेगा)।

(ख) पञ्चषैरहोभिः वयमेव तत्रागन्तारः (पांच छः दिनों में हम ही वहाँ जायँगे) ।

२ (क) न जाने क्रुद्धः स्वामी किं विधास्यति (न जाने स्वामी क्रोध में क्या कर डालेंगे)

(ख) प्रत्ययं दास्यते सीता तामनुज्ञातुमर्हसि (सीता अपने सतीत्व का प्रमाण देगी, उसे आज्ञा देना आपका काम है) ।

(लृट्) आशंसायां भूतवच्च ।३।३।१३२।

आशंसा (ऐसा होने पर ऐसा होगा—इस प्रकार के अर्थ में) लृट् लकार का प्रयोग होता है, यथा—देवश्चेद् वर्षिष्यति धान्यं वप्स्यामः (यदि वर्षा होगी तो हम धान बोयेंगे) ।

(विशेष—इसी अर्थ में लुङ् और लट् का भी प्रयोग होता है—देवश्चेद् अवर्षीत् वर्षति वा) ।

क्षिप्रवचने लृट् ।३।३।१३३।

वाक्य में क्षिप्र (शीघ्र) शब्द रहने पर केवल लृट् का प्रयोग होता है, यथा—वृष्टिश्चेत् शीघ्रं (त्वरितं, आशु वा) आयास्यति क्षिप्रं वप्स्यामः (यदि शीघ्र वर्षा होगी तो हम अनाज बोयेंगे) ।

अभिज्ञावचने लृट् ।३।२।११२।

वाक्य में अभिज्ञावचन अर्थात् स्मरणार्थक बोधक शब्द रहने पर लङ् के स्थान पर लृट् लकार का प्रयोग होता है, यथा—स्मरसि कृष्ण गोकुले वत्स्यामः (हे कृष्ण तुम्हें याद है, हम गोकुल में रहते थे) ।

'आश्चर्य' अर्थ में धातु से लृट् लकार होता है, यथा—आश्चर्यम् अन्धो नाम कृष्णं द्रक्ष्यति (आश्चर्य है कि अन्धा कृष्ण को देखेगा) ।

'निश्चयार्थक' और 'समर्थ बोधक' अलं शब्द के साथ लृट् लकार का प्रयोग होता है, यथा—"अलं कृष्णो हस्तिनं हनिष्यति ।"

लृङ् लकार का प्रयोग

लिङ् निमित्ते लृङ् क्रियातिपत्तौ ।३।३।१३९।

"यदि ऐसा होता तो ऐसा होता" इस प्रकार के भविष्यत् के अर्थ में धातु से लृङ् लकार होता है, यथा—सुवृष्टिश्चेदभविष्यत् सुभिक्षभविष्यत् (यदि अच्छी वर्षा होती तो अच्छा अन्न होता) ।

जहाँ क्रियातिपत्ति (क्रिया की अनिष्पत्ति या असिद्धि) अर्थ से प्रतीत हो अथवा हेतु या वाक्यार्थ का झूठापन (न होना) झलकता है, वहीं लृङ् का प्रयोग होता है । लृङ् भूत या भविष्यत् के अर्थ में प्रयुक्त होता है । चन्द्र व्याकरण-

नुसारी विद्वान् भविष्यत् काल में लृङ् का प्रयोग नहीं मानते। वे भविष्यत् काल में लृङ् के स्थान पर लृट् का ही प्रयोग करते हैं। (भविष्यति क्रियातिपतने भविष्यन्त्येवेति चान्द्राः) यथा—

(१) यदि गोपालः सन्तरणकौशलमज्ञास्यत् तर्हि जलात् नाभेष्यत् (यदि गोपाल तैरना जानता तो उसे जल से डर न लगता।)

(२) निशाश्चेत् तमस्विन्यो नाभविष्यन् को नाम चन्द्रमसो गुणं व्यज्ञास्यत् (यदि रातें अँधेरी न होतीं तो चन्द्रमा का गुण कौन जानता?)

(३) यद्यहम् अन्धो नाभविष्यम् तर्हि पृथिव्याः सर्वेषां गुणानां सौन्दर्यमद्रक्ष्यम् (यदि मैं अन्धा न होता तो मैं पृथ्वी की समस्त वस्तुओं का सौन्दर्य देखता।)

(४) यदि राजा दुष्टेषु दण्डं नाधारयिष्यत् तदावश्यं ते प्रजा उपापीडयिष्यन् (यदि राजा दुष्टों को दण्ड न देता तो वे लोगों को अवश्य पीडित करते)।

(५) यदि दक्षिणाफ्रीकास्था गौराङ्गाः शासका आजन्मसिद्धानधिकारान् भारतीयेभ्योऽदास्यन् तदा द्वयोर्जात्योःशोभनो मिथः सम्बन्धोऽभविष्यत् (यदि दक्षिण अफ्रीका के गोरे शासक भारतीयों को उनके जन्मसिद्ध अधिकार दे देते तो दोनों ही जातियों के परस्पर सम्बन्ध अच्छे हो जाते)।

इन उदाहरणों को ध्यान से पढ़ो—

(१) आशा बलवती राजन् शैल्यो जेष्यति पाण्डवान् (हे राजन् आशा बलवती होती है, क्योंकि आशा है कि शैल्य पाण्डवों को जीत लेगा)।

(२) यास्यत्यद्य शकुन्तला पतिगृहं सर्वैरनुज्ञायताम् (सभी को सूचित करता हूँ, कि आज शकुन्तला अपने पति के घर चली जायगी)।

(३) देव्या अपराधेन तृतीयदिवसे राजा पञ्चत्वं गमिष्यति (देवी के अपराध से राजा आज से पाँचवें दिन मर जायगा)।

(४) किन्तु त्वत्प्रार्थनासिद्ध्यर्थं सरस्वतीविनोदं करिष्यामि (किन्तु तेरी प्रार्थना पूरी करने के लिए सरस्वती का मन बहलाऊँगा)।

(५) शत्रून् विजेष्ये वा मरिष्यामि वा (या तो शत्रुओं को ही जीतूँगा या मरूँगा)।

लोट् लकार

विधिनिमन्त्रणामन्त्रणाधीष्टसंप्रश्नप्रार्थनेषु लिङ्।३।३।१६१।

लोट् च।३।३।१६२। आशिषि लिङ्लोटौ।३।३।१७३।

(विध्यादिषु अर्थेषु धातोर्लोट् स्यात्। सि० कौ०)

अनुमति, निमन्त्रण, आमन्त्रण, अनुरोध, जिज्ञासा और सामर्थ्य अर्थ में लोट् लकार का प्रयोग होता है, यथा—

अनुमति अर्थ में—अद्य भवान् अत्र आगच्छतु (आज आप यहाँ आइए।)

निमन्त्रण अर्थ में—अद्य भवान् इह भुङ्क्ताम् (आज आप यहाँ भोजन कीजिए)।

आमन्त्रण अर्थ में—वनेऽस्मिन् यथेच्छं वस (इस वन में इच्छानुसार रह सकते हो)।

माम् अस्याः विपदः रक्षतु भवान् (आप इस विपत्ति से मेरी रक्षा कीजिए)।

जहि शत्रुं महाबाहो कामरूपं दुरासदम् (हे महाबाहो, इच्छारूपी शत्रु का नाश कीजिए)।

त्यज दुर्जनसंसर्गं भज साधुसमागमम् (दुष्टों की संगति छोड़िए और सज्जनों की संगति कीजिए)।

भद्र, अनुजानीहि, पिंगलकसमीपं गच्छामि (मित्र, आज्ञा दीजिए, मैं पिंगलक के पास जाता हूँ)।

आशीर्वाद अर्थ में मध्यम तथा अन्य पुरुष में लोट् लकार का प्रयोग होता हैं, यथा—

गच्छ विजयी भव (जाओ, विजय प्राप्त करो)।

पन्थानः सन्तु ते शिवाः (तुम्हारे मार्ग कल्याणकारी होवें)।

पुत्रं लभस्वात्मगुणानुरूपम् (अपने ही समान गुण वाला पुत्र प्राप्त करो)।

सदारपुत्रो राजपुत्रो जीवतु (राजपुत्र पुत्र सहित जीवित रहें)।

विशेष—आशीर्वाद अर्थ में जब लोट् का प्रयोग होता है तब 'तु' और 'हि' के स्थान में विकल्प से 'तात्' हो जाता है यथा—

चिरंजीवतात् (जीवतु वा) शिशुः।

कुशलं ते भवतात् (भवतु वा)।

'उपदेश द्वारा' आदेश के बोध होने पर भी लोट् लकार का प्रयोग होता है, यथा—यः सर्वाधिकारे नियुक्तः प्रधानमन्त्री स यथोचितं करोतु।

'प्रश्न' और 'सामर्थ्य' आदि का बोध होने पर उत्तम पुरुष में लोट् लकार होता है, यथा—

किं करवाणि ते प्रियं देवि! (देवि, तेरे लिए मै क्या करूँ?)

सिन्धुमपि शोषयाणि (मैं समुद्र भी सुखा सकता हूँ)।

इन उदाहरणों को ध्यान से पढ़ो—

(१) सत्यं ब्रूहिं, अनुयाहि साधुपदवीम्, सेवस्व विद्वज्जनम्।

(२) शुश्रूषस्व गुरून् कुरु प्रियसखीवृत्तिं सपत्नीजने।

(३) हा प्रिय सखि, क्वासि देहि मे प्रतिवचनम्।

(४) रामे चित्तलयः भवतु मे भो राम, मामुद्धर।

विधिलिङ् लकार का प्रयोग

अनुमति को छोड़कर शेष पूर्वोक्त अर्थों में तथा विधि (आज्ञा) और सामर्थ्य अर्थ में विधिलिङ् का प्रयोग होता है, यथा—

विधि में—(१) ब्रह्मचारी मधु मांसं च वर्जयेत् (ब्रह्मचारियों को मधु और मांस न खाना चाहिए)।

(२) प्रत्यक् शिरा न स्वप्यात् (पश्चिम की ओर सिर करके न सोवे)।

(३) नान्यस्यापराधेनान्यस्य दण्डमाचरेत् (दूसरे के अपराध के लिए दूसरे को दण्ड न दे)।

सामर्थ्य में—अनेन रथवेगेन पूर्वप्रस्थितं वैनतेयमप्यासादयेयम् (रथ की इस चाल से मैं पहले चले हुए गरुड़ को भी पकड़ सकता हूँ)।

सम्भाव्य भविष्यत् एवं प्रवर्त्तना (लोट् तथा लिङ्)

सम्भाव्य भविष्यत् अर्थात् सम्भावना, प्रश्न, औचित्य, शपथ तथा इच्छा आदि अर्थों में लोट् एवं विधि लिङ् का प्रयोग होता है। प्रवर्तना अर्थात् प्रत्यक्ष विधि, प्रार्थना, उपदेश, अनुमति, अनुरोध एवं आज्ञा आदि अर्थों में लोट् एवं विधिलिङ् का प्रयोग होता है।

सम्भावना—सम्भाव्यतेऽद्य पिता आगच्छेत् (शायद आज पिताजी आ जायँ)। कदाचिदाचार्यः श्वः वाराणसीं गच्छेत् (शायद कल गुरुजी काशी जावें)।

संप्रश्न—किमहं वेदान्तमधीयीय उत न्यायम् (मैं वेदान्त पढ़ूँ या न्याय ?)

औचित्य— त्वं साधूनां सेवां कुर्याः (तुम साधुओं की सेवा करो)। तथा कुरु यथानिन्दा न भवेत् (ऐसा न करो कि जिससे निन्दा हो)।

शपथ—यो मां पिशाच इति कथयति तस्य पुत्रा म्रियेरन् (म्रियन्ताम्) (जो मुझे पिशाच कहता है उसके पुत्र मर जायँ)।

प्रार्थना—दीने मयि दयां कुरु (मुझ गरीब पर दया कीजिए)। अप्यन्तराऽऽगच्छानि आर्य (श्रीमान्, क्या मैं भीतर आ सकता हूँ)।

आज्ञा—तीर्थोदकं च समिधः सुकुमानि दर्भान्। स्वैरं वनादुपनयन्तु तपोधनानि (स्वेच्छा से तपस्या का धन, तीर्थों का जल, समिधाएँ, फूल तथा कुशा घास ले आयँ)। रमेश, त्वं पुस्तकं दशमे पार्श्वे समुद्घाटय पठनं चारभस्व (रमेश, अपनी पुस्तक के दसवें पृष्ठ को खोलो और पढ़ना शुरू करो)।

आशीर्वाद—आत्मसदृशं भर्तारं लभस्व वीरसूश्च भव (परमात्मा करे तुम अपने योग्य पति को प्राप्त करो और वीरजननी हो जाओ)। पुत्रोऽस्य जनिषीष्ट यः शत्रुश्रियं हृषीष्ट, (ह्रियात्) (ईश्वर करे उसके घर इस वार पुत्र पैदा हो जो शत्रुओं की लक्ष्मी का हरण करे)।

उपदेश—सत्यं ब्रूयात् प्रियं ब्रूयात् (सच बोले। मीठा बोले), सहसा विदधीत न क्रियाम् (विना विचारे कार्य न करे)। सावधानो भव शत्रुर्निभृतमवसरं प्रतीक्षते (सावधान रहो, शत्रु तुम्हारी घात में है)।

अनुरोध—इहासीत (आस्ताम्) तावद् भवान् (आप यहाँ बैठिए)।

अनुमति—उपदिशतु भवान् कथं तं प्रसादयेयम् (आप ही बतावें कैसे उसे प्रसन्न करूँ)। अपि छात्रा गृहं गच्छेयुः (गच्छन्तु वा) (क्या विद्यार्थी घर जावें ?)

विधि, सामर्थ्य—इनके उदाहरण ऊपर दिये जा चुके हैं।

इच्छार्थेषु लिङ् लोटौ।३।३।१५७।

इच्छा—भवान् शीघ्रं नीरोगो भवेत् (भवतु वा) (आप शीघ्र स्वस्थ होजायँ।)

प्राप्तकाल—प्रसाधयतु भवान् स्वां योग्यताम् (आप के लिए यह अच्छा अवसर है कि आप अपनी योग्यता दिखाएँ)।

कामचारानुज्ञा—अपि याहि, अपि तिष्ठ (तुम चाहो तो जा सकते हो और चाहो तो ठहर सकते हो)।

आशीर्लिङ् लकार

आशीर्वाद के अर्थ में आशीर्लिङ् होता है, यथा—सम्राट् सुचिरं जीव्यात्। त्वं दीर्घायुः भूयाः। वीरप्रसविनी भूयाः ! विधेयासुर्देवाः परमरमणीयां परिणतिम्।

इन वाक्यों को ध्यान से पढ़ो—

(१) आत्मानं सततं रक्षेत् दारैरपि धनैरपि (स्त्रियों से भी और धनों से भी अपनी हमेशा रक्षा करे)।

(२) पादनिर्णेजनं कृत्वा विप्रा अन्नेन परिविष्यन्ताम् (पाँव धुलाकर ब्राह्मणों को अन्न परोस दो)।

(३) व्यवसतु भवान् इदं कृत्यम् (आप चाहें तो यह कार्य कर सकते हैं)।

(४) मान्यान्मानय शत्रूनप्यनुनय (मान योग्यों का मान करो और शत्रुओं को भी अनुकूल बनाओ)।

(५) शिष्यस्तेऽहं शाधि मां त्वं प्रपन्नम् (मैं आपका शिष्य हूँ आपके पास आया हूँ, मुझे उपदेश करें)।

(६) गुरुश्चेदागच्छेत् आशंसे युक्तोऽधीयीय (यदि गुरु जी आ जायँ तो आशा है मैं दत्तचित्त होकर पढ़ूँगा)।

(७) सम्पत्तौ न हृष्येद् विपत्तौ च न विषीदेत् प्राज्ञः (बुद्धिमान् पुरुष न सुख में हर्ष मनावे और न दुःख में शोक)।

(८) यदि रक्षापुरुषा मध्ये नापतिष्यन् मित्रभावेन विवादो निरणेष्यत (यदि पुलिस वाले हस्तक्षेप न करते तो झगड़ा भली भाँति निपट जाता)।

लकारों के संक्षिप्त रूप

परस्मैपद

लट्				आशीर्लिङ्		
ति	तः	अन्ति	प्र०	यात्	यास्ताम्	यासुः
सि	थः	थ	म०	याः	यास्तम्	यास्त
मि	वः	मः	उ०	यासम्	यास्व	यास्म
लृट्				**लिट्**		
स्यति	स्यतः	स्यन्ति	प्र०	अ	अतुः	उः
स्यसि	स्यथः	स्यथ	म०	(इ) थ	अथुः	अ
स्यामि	स्यावः	स्यामः	उ०	अ	(इ) व	(इ) म
लङ्				**लुट्**		
त्	ताम्	अन्	प्र०	ता	तारौ	तारः
:	तम्	त	म०	तासि	तास्थः	तास्थ
अम्	व	म	उ०	तास्मि	तास्वः	तास्मः
लोट्				*** लुङ्**		
तु	ताम्	अन्तु	प्र०	त्	ताम्	उः (अन्)
हि	तम्	त	म०	:	तम्	त
आनि	आव	आम	उ०	अम्	व	म
विधिलिङ्				**लृङ्**		
ईत्	ईताम्	ईयुः	प्र०	स्यत्	स्यताम्	स्यन्
ईः	ईतम्	ईत	म०	स्यः	स्यतम्	स्यत
ईयम्	ईव	ईम	उ०	स्यम्	स्याव	स्याम
अथवा						
यात्	याताम्	युः	प्र०			
याः	यातम्	यात	म०			
याम्	याव	याम	उ०			

---

* लुङ् में कुछ भेद (परस्मैपद)				लुङ् में कुछ भेद(आत्मनेपद)		
सीत्	स्ताम्	सुः	प्र०	स्त	साताम्	सत
सीः	स्तम्	स्त	म०	स्थाः	साथाम्	ध्वम्
सम	स्व	स्म	उ०	सि	स्वहि	स्महि
ईत्	इष्टाम्	इषुः	प्र०	इष्ट	इषाताम्	इषत
ईः	इष्टम्	इष्ट	म०	इष्ठाः	इषाथाम्	इध्वम्-इढ्वम्
इषम्	इष्व	इष्म	उ०	इषि	इष्वहि	इष्महि

आत्मनेपद

लट्				आशीर्लिङ्		
ते	इत (आते)	अन्ते (अते)	प्र०	सीष्ट	सीयास्ताम्	सीरन्
से	इथे (आथे)	ध्वे	म०	सीष्ठाः	सीयास्थाम्	सीध्वम्
इ (ए)	वहे	महे	उ०	सीय	सीवहि	सीमहि
लृट्				लिट्		
स्यते	स्येते	स्यन्ते	प्र०	ए	आते	इरे
स्यसे	स्येथे	स्यध्वे	म०	(इ) से	आथे	(इ) ध्वे
स्ये	स्यावहे	स्यामहे	उ०	ए	(इ) वहे	(इ) महे
लङ्				लुट्		
त	इताम्(आताम्)	अन्त(अत)	प्र०	ता	तारौ	तारः
थाः	इथाम्(आथाम्)	ध्वम्	म०	तासे	तासाथे	ताध्वे
इ	वहि	महि	उ०	ताहे	तास्वहे	तास्महे
लोट्				लुङ्		
ताम्	इताम्(आताम्)	अन्ताम्(अताम्)	प्र०	अत	एताम्	अन्त
स्व	इथाम्(आथाम्)	ध्वम्	म०	अथाः	एथाम्	अध्वम्
ऐ	आवहै	आमहै	उ०	ए	आवहि	आमहि
विधिलिङ्				लृङ्		
ईत	ईयाताम्	ईरन्	प्र०	स्यत	स्येताम्	स्यन्त
ईथाः	ईयाथाम्	ईध्वम्	म०	स्यथाः	स्येथाम्	स्यध्वम्
ईय	ईवहि	ईमहि	उ०	स्ये	स्यावहि	स्यामहि

धातु-रूपावली

१—भ्वादिगण

सूचना—धातुरूपावली अकारादि वर्णात्मक क्रम से रखी गयी है।

गण दस हैं। उनमें भ्वादिगण प्रथम गण है। इस का नाम भ्वादिगण इस कारण पड़ा कि इस की प्रथम धातु भू है। दस गणों में धातुओं की कुल संख्या १९७० है जिनमें से केवल भ्वादिगण में १०३५ धातुएँ हैं।

भ्वादि गणीय धातुओं में धातु और प्रत्यय के बीच में शप् (अ) विकरण लगता है (कर्तरि शप्)। मूल प्रत्ययों 'ति तः अन्ति' के साथ शप् (अ) मिलकर वे 'अति, अतः, अन्ति' बन जाते हैं।

धातु के अन्तिम स्वर इ ई, उ ऊ, ऋ ॠ, को एवं उपधा (अन्तिम वर्ण के पूर्व) के इकार, उकार तथा ऋकार को गुण (ए, ओ, अर्) हो जाता है तथा अन्तिम गुण के ए को अय्, और ओ को अव् हो जाता है, जैसे भू + अ + ति= भवति, नि + अ + ति=नयति, हृ + अ + ति=हरति आदि।

लट्, लङ्, लोट् और विधि लिङ् में संक्षिप्त रूप ये हैं—

परस्मैपद—

लट्				लोट्		
अति	अन्तः	अन्ति	प्र०	अतु	अताम्	अन्तु
असि	अथः	अथ	म०	अ	अतम्	अत
आमि	आवः	आमः	उ०	आनि	आव	आम
लङ्				**विधि लिङ्**		
अत्	अताम्	अन्	प्र०	एत्	एताम्	एयुः
अः	अतम्	अत	म०	एः	एतम्	एत
अम्	आव	आम	उ०	एयम्	एव	एम

आत्मनेपद—

लट्				लोट्		
अते	एते	अन्ते	प्र०	अताम्	एताम्	अन्ताम्
असे	एथे	अध्वे	म०	अस्व	एथाम्	अध्वम्
ए	आवहे	आमहे	उ०	ऐ	आवहै	आमहै
लङ्				**विधि लिङ्**		
अत	एताम्	अन्त	प्र०	एत	एताम्	एरन्
अथाः	एथाम्	अध्वम्	म०	एथाः	एयाथाम्	एध्वम्
ए	आवहि	आमहि	उ०	एय	एवहि	एमहि

भ्वादिगण

*(१) भू (होना) परस्मैपदी

वर्तमान्-लट्				आशीर्लिङ्		
भवति	भवतः	भवन्ति	प्र०	भूयात्	भूयास्ताम्	भूयासुः
भवसि	भवथः	भवथ	म०	भूयाः	भूयास्तम्	भूयास्त
भवामि	भवावः	भवामः	उ०	भूयासम्	भूयास्व	भूयास्म
सामान्य भविष्य-लृट्				**परोक्ष भूत-लिट्**		
भविष्यति	भविष्यतः	भविष्यन्ति	प्र०	बभूव	बभूवतुः	बभूवुः
भविष्यसि	भविष्यथः	भविष्यथ	म०	बभूविथ	बभूवथुः	बभूव
भविष्यामि	भविष्यावः	भविष्यामः	उ०	बभूव	बभूविव	बभूविम
अनद्यतनभूत-लङ्				**अनद्यतन भविष्य-लुट्**		
अभवत्	अभवताम्	अभवन्	प्र०	भविता	भवितारौ	भवितारः
अभवः	अभवतम्	अभवत	म०	भवितासि	भवितास्थः	भवितास्थ
अभवम्	अभवाव	अभवाम	उ०	भवितास्मि	भवितास्वः	भवितास्मः
आज्ञा-लोट्				**सामान्यभूत लुङ्**		
भवतु	भवताम्	भवन्तु	प्र०	अभूत्	अभूताम्	अभूवन्
भव	भवतम्	भवत	म०	अभूः	अभूतम्	अभूत
भवानि	भवाव	भवाम	उ०	अभूवम्	अभूव	अभूम
विधिलिङ्—				**क्रियातिपत्ति लृङ्**		
भवेत्	भवेताम्	भवेयुः	प्र०	अभविष्यत्	अभविष्यताम्	अभविष्यन्
भवेः	भवेतम्	भवेत	म०	अभविष्यः	अभविष्यतम्	अभविष्यत
भवेयम्	भवेव	भवेम	उ०	अभविष्यम्	अभविष्याव	अभविष्याम

(२) कम्प् (काँपना) आत्मनेपदी

वर्तमान-लट्				सामान्य भविष्य लृट्		
कम्पते	कम्पेते	कम्पन्ते	प्र०	कम्पिष्यते	कम्पिष्येते	कम्पिष्यन्ते
कम्पसे	कम्पेथे	कम्पध्वे	म०	कम्पिष्यसे	कम्पिष्येथे	कम्पिष्यध्वे
कम्पे	कम्पावहे	कम्पामहे	उ०	कम्पिष्ये	कम्पिष्यावहे	कम्पिष्यामहे

***विशेष**—भ्वादिगण भू धातु से आरम्भ होता है, अतः धातु-पाठ में पहली धातु हमने भू रखी है। आगे अकारादि वर्णात्मक क्रम से धातुएँ दी गयी हैं। अदादि, जुहोत्यादि गणों में भी प्रथम धातु गण वाचक ही रखी है और शेष धातुओं में अकरादि वर्णात्मक क्रम ही रखा है।

अनद्यतन भूत-लङ्				परोक्षभूत-लिट्		
अकम्पत	अकम्पेताम्	अकम्पन्त	प्र०	चकम्पे	चकम्पाते	चकम्पिरे
अकम्पथाः	अकम्पेथाम्	अकम्पध्वम्	म०	चकम्पिषे	चकम्पाथे	चकम्पिध्वे
अकम्पे	अकम्पावहि	अकम्पामहि	उ०	चकम्पे	चकम्पिवहे	चकम्पिमहे

आज्ञा-लोट्				अनद्यतन भविष्य-लुट्		
कम्पताम्	कम्पेताम्	कम्पन्ताम्	प्र०	कम्पिता	कम्पितारौ	कम्पितारः
कम्पस्व	कम्पेथाम्	कम्पध्वम्	म०	कम्पितासे	कम्पितासाथे	कम्पिताध्वे
कम्पै	कम्पावहै	कम्पामहै	उ०	कम्पिताहे	कम्पितास्वहे	कम्पितास्महे

विधिलिङ्				सामान्य भूत-लुङ्		
कम्पेत	कम्पेयाताम्	कम्पेरन्	प्र०	अकम्पिष्ट	अकम्पिषाताम्	अकम्पिषत
कम्पेथाः	कम्पेयाथाम्	कम्पेध्वम्	म०	अकम्पिष्ठाः	अकम्पिषाथाम्	अकम्पिध्वम्
कम्पेय	कम्पेवहि	कम्पेमहि	उ०	अकम्पिषि	अकम्पिष्वहि	अकम्पिष्महि

आशीर्लिङ्				क्रियातिपत्ति-लृङ्		
कम्पिषीष्ट	कम्पिषीयास्ताम्	कम्पिषीरन्	प्र०	अकम्पिष्यत	अकम्पिष्येताम्	अकम्पिष्यन्त
कम्पिषीष्ठाः	कम्पिषीयास्थाम्	कम्पिषीध्वम्	म०	अकम्पिष्यथाः	अकम्पिष्येथाम्	अकम्पिध्वम्
कम्पिषीय	कम्पिषीवहि	कम्पिषीमहि	उ०	अकम्पिष्ये	अकम्पिष्यावहि	अकम्पिष्यामहि

(३) काङ्क्ष (इच्छा करना) परस्मैपदी

वर्तमान-लट्				विधिलिङ्		
काङ्क्षति	काङ्क्षतः	काङ्क्षन्ति	प्र०	काङ्क्षेत्	काङ्क्षेताम्	काङ्क्षेयुः
काङ्क्षसि	काङ्क्षथः	काङ्क्षथ	म०	काङ्क्षेः	काङ्क्षेतम्	काङ्क्षेत
काङ्क्षामि	काङ्क्षावः	काङ्क्षामः	उ०	काङ्क्षेयम्	काङ्क्षेव	काङ्क्षेम

सामान्यभविष्य-लृट्				आशीर्लिङ्		
काङ्क्षिष्यति	काङ्क्षिष्यतः	काङ्क्षिष्यन्ति	प्र०	काङ्क्ष्यात्	काङ्क्ष्यास्ताम्	काङ्क्ष्यासुः
काङ्क्षिष्यसि	काङ्क्षिष्यथः	काङ्क्षिष्यथ	म०	काङ्क्ष्याः	काङ्क्ष्यास्तम्	काङ्क्ष्यास्त
काङ्क्षिष्यामि	काङ्क्षिष्यावः	काङ्क्षिष्यामः	उ०	काङ्क्ष्याम्	काङ्क्ष्याव	काङ्क्ष्याम

अनद्यतनभूत-लङ्				परोक्षभूत-लिट्		
अकाङ्क्षत्	अकाङ्क्षताम्	अकाङ्क्षन्	प्र०	चकाङ्क्ष	चकाङ्क्षतुः	चकाङ्क्षुः
अकाङ्क्षः	अकाङ्क्षतम्	अकाङ्क्षत	म०	चकाङ्क्षिथ	चकाङ्क्षथुः	चकाङ्क्ष
अकाङ्क्षम्	अकाङ्क्षाव	अकाङ्क्षाम	उ०	चकाङ्क्ष	चकाङ्क्षिव	चकाङ्क्षिम

आज्ञा-लोट्				अनद्यतन भविष्य-लट्		
काङ्क्षतु	काङ्क्षताम्	काङ्क्षन्तु	प्र०	काङ्क्षिता	काङ्क्षितारौ	काङ्क्षितारः
काङ्क्ष	काङ्क्षतम्	काङ्क्षत	म०	काङ्क्षितासि	काङ्क्षितास्थः	काङ्क्षितास्थ
काङ्क्षाणि	काङ्क्षाव	काङ्क्षाम	उ०	काङ्क्षितास्मि	काङ्क्षितास्वः	काङ्क्षितास्मः

सामान्य भूत-लुङ्				क्रियातिपत्ति-लृङ्		
अकाङ्क्षीत्	अकाङ्क्षिष्टाम्	अकाङ्क्षिषुः	प्र०	अकाङ्क्षिष्यत्	अकाङ्क्षिष्यताम्	अकाङ्क्षिष्यन्
अकाङ्क्षीः	अकाङ्क्षिष्टम्	अकाङ्क्षिष्ट	म०	अकाङ्क्षिष्यः	अकाङ्क्षिष्यतम्	अकाङ्क्षिष्यत
अकाङ्क्षिषम्	अकाङ्क्षिष्व	अकाङ्क्षिष्म	उ०	अकाङ्क्षिष्यम्	अकाङ्क्षिष्याव	अकाङ्क्षिष्याम

(४) क्रीड् (खेलना) परस्मैपदी

वर्तमान-लट्				आशीर्लिङ्		
क्रीडति	क्रीडतः	क्रीडन्ति	प्र०	क्रीड्यात्	क्रीड्यास्ताम्	क्रीड्यासुः
क्रीडसि	क्रीडथः	क्रीडथ	म०	क्रीड्याः	क्रीड्यास्तम्	क्रीड्यास्त
क्रीडामि	क्रीडावः	क्रीडामः	उ०	क्रीड्यासम्	क्रीड्यास्व	क्रीड्यास्म
सामान्य भविष्य-लृट्				**परोक्षभूत-लिट्**		
क्रीडिष्यति	क्रीडिष्यतः	क्रीडिष्यन्ति	प्र०	चिक्रीड	चिक्रीडतुः	चिक्रीडुः
क्रीडिष्यसि	क्रीडिष्यथः	क्रीडिष्यथ	म०	चिक्रीडिथ	चिक्रीडथुः	चिक्रीड
क्रीडिष्यामि	क्रीडिष्यावः	क्रीडिष्यामः	उ०	चिक्रीड	चिक्रीडिव	चिक्रीडिम
अनद्यतनभूत-लङ्				**अनद्यतन भविष्य-लुट्**		
अक्रीडत्	अक्रीडताम्	अक्रीडन्	प्र०	क्रीडिता	क्रीडितारौ	क्रीडितारः
अक्रीडः	अक्रीडतम्	अक्रीडत	म०	क्रीडितासि	क्रीडितास्थः	क्रीडितास्थ
अक्रीडम्	अक्रीडाव	अक्रीडाम	उ०	क्रीडितास्मि	क्रीडितास्वः	क्रीडितास्मः
आज्ञा-लोट्				**सामान्यभूत-लुङ्**		
क्रीडतु	क्रीडताम्	क्रीडन्तु	प्र०	अक्रीडीत्	अक्रीडिष्टाम्	अक्रीडिषुः
क्रीड	क्रीडतम्	क्रीडत	म०	अक्रीडीः	अक्रीडिष्टम्	अक्रीडिष्ट
क्रीडानि	क्रीडाव	क्रीडाम	उ०	अक्रीडिषम्	अक्रीडिष्व	अक्रीडिष्म
विधिलिङ्				**क्रियातिपत्ति-लृङ्**		
क्रीडेत्	क्रीडेताम्	क्रीडेयुः	प्र०	अक्रीडिष्यत्	अक्रीडिष्यताम्	अक्रीडिष्यन्
क्रीडेः	क्रीडेतम्	क्रीडेत	म०	अक्रीडिष्यः	अक्रीडिष्यतम्	अक्रीडिष्यत
क्रीडेयम्	क्रीडेव	क्रीडेम	उ०	अक्रीडिष्यम्	अक्रीडिष्याव	अक्रीडिष्याम

(५) गम् (जाना) परस्मैपदी

वर्तमान-लट्				अनद्यतनभूत-लङ्		
गच्छति	गच्छतः	गच्छन्ति	प्र०	अगच्छत्	अगच्छताम्	अगच्छन्
गच्छसि	गच्छथः	गच्छथ	म०	अगच्छः	अगच्छतम्	अगच्छत
गच्छामि	गच्छावः	गच्छामः	उ०	अगच्छम्	अगच्छाव	अगच्छाम
सामान्यभविष्य-लृट्				**आज्ञा-लोट्**		
गमिष्यति	गमिष्यतः	गमिष्यन्ति	प्र०	गच्छतु	गच्छताम्	गच्छन्तु
गमिष्यसि	गमिष्यथः	गमिष्यथ	म०	गच्छ	गच्छतम्	गच्छत
गमिष्यामि	गमिष्यावः	गमिष्यामः	उ०	गच्छानि	गच्छाव	गच्छाम

विधिलिङ्				अनद्यतनभविष्य-लुट्		
गच्छेत्	गच्छेताम्	गच्छेयुः	प्र०	गन्ता	गन्तारौ	गन्तारः
गच्छेः	गच्छेतम्	गच्छेत	म०	गन्तासि	गन्तास्थः	गन्तास्थ
गच्छेयम्	गच्छेव	गच्छेम	उ०	गन्तास्मि	गन्तास्वः	गन्तास्मः

आशीर्लिङ्				सामान्यभूत-लुङ्		
गम्यात्	गम्यास्ताम्	गमम्यासुः	प्र०	अगमत्	अगमताम्	अगमन्
गम्याः	गमम्यास्तम्	गम्यास्त	म०	अगमः	अगमतम्	अगमत
गम्यासम्	गम्यास्व	गम्यास्म	उ०	अगमम्	अगमाव	अगमाम

परोक्षभूत-लिट्				क्रियातिपत्ति-लुङ्		
जगाम	जग्मतुः	जग्मुः	प्र०	अगमिष्यत्	अगमिष्यताम्	अगमिष्यन्
जगमिथ, जगन्थ	जग्मथुः	जग्म	म०	अगमिष्यः	अगमिष्यतम्	अगमिष्यत
जगाम, जगम	जग्मिव	जग्मिम	उ०	अगमिष्यम्	अगमिष्याव	अगमिष्याम

(६) जि (जीतना) परस्मैपदी

वर्तमान-लट्				आशीर्लिङ्		
जयति	जयतः	जयन्ति	प्र०	जीयात्	जीयास्ताम्	जीयासुः
जयसि	जयथः	जयथ	म०	जीयाः	जीयास्तम्	जीयास्त
जयामि	जयावः	जयामः	उ०	जीयासम्	जीयास्व	जीयास्म

सामान्य भविष्य-लृट्				परोक्षभूत-लिट्		
जेष्यति	जेष्यतः	जेष्यन्ति	प्र०	जिगाय	जिग्यतुः	जिग्युः
जेष्यसि	जेष्यथः	जेष्यथ	म०	जिगयिथ, जिगेथ	जिग्यथुः	जिग्य
जेष्यामि	जेष्यावः	जेष्यामः	उ०	जिगाय, जिगय	जिग्यिव	जिग्यिम

अनद्यतनभूत-लङ्				अनद्यतन भविष्य-लुट्		
अजयत्	अजयताम्	अजयन्	प्र०	जेता	जेतारौ	जेतारः
अजयः	अजयतम्	अजयत	म०	जेतासि	जेतास्थः	जेतास्थ
अजयम्	अजयाव	अजयाम	उ०	जेतास्मि	जेतास्वः	जेतास्मः

आज्ञा-लोट्				सामान्यभूत-लुङ्		
जयतु	जयताम्	जयन्तु	प्र०	अजैषीत्	अजैष्टाम्	अजैषुः
जय	जयतम्	जयत	म०	अजैषीः	अजैष्टम्	अजैष्ट
जयानि	जयाव	जयाम	उ०	अजैषम्	अजैष्व	अजैष्म

विधिलिङ्				क्रियातिपत्ति-लृङ्		
जयेत्	जयेताम्	जयेयुः	प्र०	अजेष्यत्	अजेष्यताम्	अजेष्यन्
जयेः	जयेतम्	जयेत	म०	अजेष्यः	अजेष्यतम्	अजेष्यत
जयेयम्	जयेव	जयेम	उ०	अजेष्यम्	अजेष्याव	अजेष्याम

(७) त्यज् (छोड़ना) परस्मैपदी

वर्तमान-लट्				आशीर्लिङ्		
त्यजति	त्यजतः	त्यजन्ति	प्र०	त्यज्यात्	त्यज्यास्ताम्	त्यज्यासुः
त्यजसि	त्यजथः	त्यजथ	म०	त्यज्याः	त्यज्यास्तम्	त्यज्यास्त
त्यजामि	त्यजावः	त्यजामः	उ०	त्यज्यासम्	त्यज्यास्व	त्यज्यास्म
सामान्य भविष्य-लृट्				परोक्षभूत-लिट्		
त्यक्ष्यति	त्यक्ष्यतः	त्यक्ष्यन्ति	प्र०	तत्याज	तत्यजतुः	तत्यजुः
त्यक्ष्यसि	त्यक्ष्यथः	त्यक्ष्यथ	म०	तत्यजिथ, तत्यक्थ	तत्यजथुः	तत्यज
त्यक्ष्यामि	त्यक्ष्यावः	त्यक्ष्यामः	उ०	तत्याज, तत्यज	तत्यजिव	तत्यजिम
अनद्यतनभूत-लङ्				अनद्यतन भविष्य-लुट्		
अत्यजत्	अत्यजताम्	अत्यजन्	प्र०	त्यक्ता	त्यक्तारौ	त्यक्तारः
अत्यजः	अत्यजतम्	अत्यजत	म०	त्यक्तासि	त्यक्तास्थः	त्यक्तास्थ
अत्यजम्	अत्यजाव	अत्यजाम	उ०	त्यक्तास्मि	त्यक्तास्वः	त्यक्तास्मः
आज्ञा-लोट्				सामान्यभूत-लुङ्		
त्यजतु	त्यजताम्	त्यजन्तु	प्र०	अत्याक्षीत्	अत्याक्ताम्	अत्याक्षुः
त्यज	त्यजतम्	त्यजत	म०	अत्याक्षीः	अत्याक्तम्	अत्याक्त
त्यजानि	त्यजाव	त्यजाम	उ०	अत्याक्षम्	अत्याक्ष्व	अत्याक्ष्म
विधिलिङ्				क्रियातिपत्ति-लृङ्		
त्यजेत्	त्यजेताम्	त्यजेयुः	प्र०	अत्यक्ष्यत्	अत्यक्ष्येताम्	अत्यक्ष्यन्
त्यजेः	त्यजेतम्	त्यजेत	म०	अत्यक्ष्यः	अत्यक्ष्यतम्	अत्यक्ष्यत
त्यजेयम्	त्यजेव	त्यजेम	उ०	अत्यक्ष्यम्	अत्यक्ष्याव	अत्यक्ष्याम

(८) दृश् (पश्य्) देखना—परस्मैपदी

वर्तमानकाल-लट्				आज्ञा-लोट्		
पश्यति	पश्यतः	पश्यन्ति	प्र०	पश्यतु	पश्यताम्	पश्यन्तु
पश्यसि	पश्यथः	पश्यथ	म०	पश्य	पश्यतम्	पश्यत
पश्यामि	पश्यावः	पश्यामः	उ०	पश्यानि	पश्याव	पश्याम
सामान्य भविष्य-लृट्				विधिलिङ्		
द्रक्ष्यति	द्रक्ष्यतः	द्रक्ष्यन्ति	प्र०	पश्येत्	पश्येताम्	पश्येयुः
द्रक्ष्यसि	द्रक्ष्यथः	द्रक्ष्यथ	म०	पश्येः	पश्येतम्	पश्येत
द्रक्ष्यामि	द्रक्ष्यावः	द्रक्ष्यामः	उ०	पश्येयम्	पश्येव	पश्येम
अनद्यतनभूत-लङ्				आशीर्लिङ्		
अपश्यत्	अपश्यताम्	अपश्यन्	प्र०	दृश्यात्	दृश्यास्ताम्	दृश्यासुः
अपश्यः	अपश्यतम्	अपश्यत	म०	दृश्याः	दृश्यास्तम्	दृश्यास्त
अपश्यम्	अपश्याव	अपश्याम	उ०	दृश्यासम्	दृश्यास्व	दृश्यास्म

परोक्षभूत-लिट्				सामान्यभूत-लुङ्		
ददर्श	ददृशतु	ददृशुः	प्र०	अद्राक्षीत्	अद्राष्टाम्	अद्राक्षुः
ददर्शिथ	ददृशथुः	ददृश	म०	अद्राक्षीः	अद्राष्टम्	अद्राष्ट
ददर्श	ददृशिव	ददृशिम	उ०	अद्राक्षम्	अद्राक्ष्व	अद्राक्ष्म

अनद्यतनभविष्य-लुट्				क्रियातिपत्ति-लृङ्		
द्रष्टा	द्रष्टारौ	द्रष्टारः	प्र०	अद्रक्ष्यत्	अद्रक्ष्यताम्	अद्रक्ष्यन्
द्रष्टासि	द्रष्टास्थः	द्रष्टास्थ	म०	अद्रक्ष्यः	अद्रक्ष्यतम्	अद्रक्ष्यत
द्रष्टास्मि	द्रष्टास्वः	द्रष्टास्मः	उ०	अद्रक्ष्यम्	अद्रक्ष्याव	अद्रक्ष्याम

उभयपदी

(९) धृ (धरना) परस्मैपद

वर्तमान-लट्				आशीर्लिङ्		
धरति	धरतः	धरन्ति	प्र०	ध्रियात्	ध्रियास्ताम्	ध्रियासुः
धरसि	धरथः	धरथ	म०	ध्रियाः	ध्रियास्तम्	ध्रियास्त
धरामि	धरावः	धरामः	उ०	ध्रियासम्	ध्रियास्व	ध्रियास्म

सामान्य भविष्य-लृट्				परोक्ष भूत-लिट्		
धरिष्यति	धरिष्यतः	धरिष्यन्ति	प्र०	दधार	दध्रतुः	दध्रुः
धरिष्यसि	धरिष्यथः	धरिष्यथ	म०	दधर्थ	दध्रथुः	दध्र
धरिष्यामि	धरिष्यावः	धरिष्यामः	उ०	दधार,दधर	दधृव	दधृम

अनद्यतन भूत-लङ्				अनद्यतन भविष्य-लुट्		
अधरत्	अधरताम्	अधरन्	प्र०	धर्ता	धर्तारौ	धर्तारः
अधरः	अधरतम्	अधरत	म०	धर्तासि	धर्तास्थः	धर्तास्थ
अधरम्	अधराव	अधराम	उ०	धर्तास्मि	धर्तास्वः	धर्तास्मः

आज्ञा-लोट्				सामान्य भूत-लुङ्		
धरतु	धरताम्	धरन्तु	प्र०	अधार्षीत्	अधार्ष्टाम्	अधार्षुः
धर	धरतम्	धरत	म०	अधार्षीः	अधार्ष्टम्	अधार्ष्ट
धराणि	धराव	धराम	उ०	अधार्षम्	अधार्ष्व	अधार्ष्म

विधि-लिङ्				क्रियातिपत्ति-लृङ्		
धरेत्	धरेताम्	धरेयुः	प्र०	अधरिष्यत्	अधरिष्यताम्	अधरिष्यन्
धरेः	धरेतम्	धरेत	म०	अधरिष्यः	अधरिष्यतम्	अधरिष्यत
धरेयम्	धरेव	धरेम	उ०	अधरिष्यम्	अधरिष्याव	अधरिष्याम

धृ (धरना) आत्मनेपद

वतमान-लट्				सामान्यभविष्य-लृट्		
धरते	धरेते	धरन्ते	प्र०	धरिष्यते	धरिष्येते	धरिष्यन्ते
धरसे	धरेथे	धरध्वे	म०	धरिष्यसे	धरिष्येथे	धरिष्यध्वे
धरे	धरावहे	धरामहे	उ०	धरिष्ये	धरिष्यावहे	धरिष्यामहे

अनद्यतन भूत-लङ्				परोक्षभूत-लिट्		
अधरत	अधरेताम्	अधरन्त	प्र०	दध्रे	दध्राते	दध्रिरे
अधरथाः	अधरेथाम्	अधरध्वम्	म०	दध्रिषे	दध्राथे	दध्रिध्वे
अधरे	अधरावहि	अधरामहि	उ०	दध्रे	दध्रिवहे	दध्रिमहे

आज्ञा-लोट्				अनद्यतनभविष्य-लुट्		
धरताम्	धरेताम्	धरन्ताम्	प्र०	धर्ता	धर्तारौ	धर्तारः
धरस्व	धरेथाम्	धरध्वम्	म०	धर्तासे	धर्तासाथे	धर्ताध्वे
धरै	धरावहै	धरामहै	उ०	धर्ताहे	धर्तास्वहे	धर्तास्महे

विधिलिङ्				समान्यभूत-लुङ्		
धरेत	धरेयाताम्	धरेरन्	प्र०	अधृत	अधृषाताम्	अधृषत
धरेथाः	धरेयाथाम्	धरेध्वम्	म०	अधृथाः	अधृषाथाम्	अधृढ्वम्
धरेय	धरेवहि	धरेमहिं	उ०	अधृषि	अधृष्वहि	अधृष्महि

आशीर्लिङ्				क्रियातिपत्ति-लृङ्		
धृषीष्ट	धृषीयास्ताम्	धृषीरन्	प्र०	अधरिष्यत	अधरिष्येताम्	अधरिष्यन्त
धृषीष्ठाः	धृतीयास्थाम्	धृषीध्वम्	म०	अधरिष्यथाः	अधरिष्येथाम्	अधरिष्यध्वम्
धृषीय	धृषीवहि	धृषीमहि	उ०	अधरिष्ये	अधरिष्यावहि	अधरिष्यामहि

(१०) नम् (नमस्कार करना, झुकना) परस्मैपदी

वर्तमान-लट्				विधिलिङ्		
नमति	नमतः	नमन्ति	प्र०	नमेत्	नमेताम्	नमेयुः
नमसि	नमथः	नमथ	म०	नमेः	नमेतम्	नमेत
नमामि	नमावः	नमामः	उ०	नमेयम्	नमेव	नमेम

सामान्य भविष्य-लृट्				आशीर्लिङ्		
नंस्यति	नंस्यतः	नंस्यन्ति	प्र०	नम्यात्	नम्यास्ताम्	नम्यासुः
नंस्यसि	नंस्यथः	नंस्यथ	म०	नम्याः	नम्यास्तम्	नम्यास्त
नंस्यामि	नंस्यावः	नंस्यामः	उ०	नम्यासम्	नम्यास्व	नम्यास्म

अनद्यतनभूत-लङ्				परोक्षभूत-लिट्		
अनमत्	अनमताम्	अनमन्	प्र०	ननाम	नेमतुः	नेमुः
अनमः	अनमतम्	अनमत	म०	नेमिथ, ननन्थ	नेमथुः	नेम
अनमम्	अनमाव	अनमाम	उ०	ननाम, ननम	नेमिव	नेमिम

आज्ञा-लोट्				अनद्यतन भविष्य-लुट्		
नमतु	नमताम्	नमन्तु	प्र०	नन्ता	नन्तारौ	नन्तारः
नम	नमतम्	नमत	म०	नन्तासि	नन्तास्थः	नन्तास्थ
नमानि	नमाव	नमाम	उ०	नन्तास्मि	नन्तास्वः	नन्तास्मः

सामान्यभूत-लुङ्				क्रियातिपत्ति-लृङ्		
अनंसीत्	अनंसिष्टाम्	अनंसिषुः	प्र०	अनंस्यत्	अनंस्यताम्	अनंस्यन्
अनंसीः	अनंसिष्टम्	अनंसिष्ट	म०	अनंस्यः	अनंस्यतम्	अनंस्यत
अनंसिषम्	अनंसिष्व	अनंसिष्म	उ०	अनंस्यम्	अनंस्याव	अनंस्याम

उभयपदी

(११) नी (नय्) ले जाना—परस्मैपद

वर्तमान-लट्				आशीर्लिङ्		
नयति	नयतः	नयन्ति	प्र०	नीयात्	नीयास्ताम्	नीयासुः
नयसि	नयथः	नयथ	म०	नीयाः	नीयास्तम्	नीयास्त
नयामि	नयावः	नयामः	उ०	नीयासम्	नीयास्व	नीयास्म

सामान्य भविष्य-लृट्				परोक्षभूत-लिट्		
नेष्यति	नेष्यतः	नेष्यन्ति	प्र०	निनाय	निन्यतुः	निन्युः
नेष्यसि	नेष्यथः	नेष्यथ	म०	निनयिथ, निनेथ	निन्यथुः	निन्य
नेष्यामि	नेष्यावः	नेष्यामः	उ०	निनाय, निनय	निन्यिव	निन्यिम

अनद्यतनभूत-लङ्				अनद्यतन भविष्य-लुट्		
अनयत्	अनयताम्	अनयन्	प्र०	नेता	नेतारौ	नेतारः
अनयः	अनयतम्	अनयत	म०	नेतासि	नेतास्थः	नेतास्थ
अनयम्	अनयाव	अनयाम	उ०	नेतास्मि	नेतास्वः	नेतास्मः

आज्ञा-लोट्				सामान्यभूत-लुङ्		
नयतु	नयताम्	नयन्तु	प्र०	अनैषीत्	अनैष्टाम्	अनैषुः
नय	नयतम्	नयत	म०	अनैषीः	अनैष्टम्	अनैष्ट
नयानि	नयाव	नयाम	उ०	अनैषम्	अनैष्व	अनैष्म

विधिलिङ्				क्रियातिपत्ति-लृङ्		
नयेत्	नयेताम्	नयेयुः	प्र०	अनेष्यत्	अनेष्यतान्	अनेष्यन्
नयेः	नयेतम्	नयेत	म०	अनेष्यः	अनेष्यतम्	अनेष्यत
नयेयम्	नयेव	नयेम	उ०	अनेष्यम्	अनेष्याव	अनेष्याम

नी (नय्) आत्मनेपद

वर्तमान-लट्				सामान्यभविष्य-लृट्		
नयते	नयेते	नयन्ते	प्र०	नेष्यते	नेष्येते	नेष्यन्ते
नयसे	नयेथे	नयध्वे	म०	नेष्यसे	नेष्येथे	नेष्यध्वे
नये	नयावहे	नयामहे	उ०	नेष्ये	नेष्यावहे	नेष्यामहे

अनद्यतनभूत-लङ्				परोक्ष-लिट्		
अनयत	अनयेताम्	अनयन्त	प्र०	निन्ये	निन्याते	निन्यिरे
अनयथाः	अनयेथाम्	अवयध्वम्	म०	निन्यिषे	निन्याथे	निन्यिध्वे
अनये	अनयावहि	अनयामहि	उ०	निन्ये	निन्यिवहे	निन्यिमहे
आज्ञा-लोट्				अनद्यतन भविष्य-लुट्		
नयताम्	नयेताम्	नयन्ताम्	प्र०	नेता	नेतारौ	नेतारः
नयस्व	नयेथाम्	नयध्वम्	म०	नेतासे	नेतासाथे	नेताध्वे
नयै	नयावहै	नयामहै	उ०	नेताहे	नेतास्वहे	नेतास्महे
विधिलिङ्				सामान्यभूत-लुङ्		
नयेत	नयेयाताम्	नयेरन्	प्र०	अनेष्ट	अनेषाताम्	अनेषत
नयेथाः	नयेयाथाम्	नयेध्वम्	म०	अनेष्ठाः	अनेषाथाम्	अनेध्वम्
नयेय	नयेवहि	नयेमहि	उ०	अनेषि	अनेष्वहि	अनेष्महि
आशीर्लिङ्				क्रियातिपत्ति-लृङ्		
नेषीष्ट	नेषीयास्ताम्	नेषीरन्	प्र०	अनेष्यत	अनेष्येताम्	अनेष्यन्त
नेषीष्ठाः	नेषीयास्थाम्	नेषीढ्वम्	म०	अनेष्यथाः	अनेष्येथाम्	अनेष्यध्वम्
नेषीय	नेषीवहि	नेषीमहि	उ०	अनेष्ये	अनेष्यावहि	अनेष्यामहि

उभयपदी

(१२) पच् (पकाना) परस्मैपद

वर्तमान-लट्				विधिलिङ्		
पचति	पचतः	पचन्ति	प्र०	पचेत्	पचेताम्	पचेयुः
पचसि	पचथः	पचथ	म०	पचेः	पचेतम्	पचेत
पचामि	पचावः	पचामः	उ०	पचेयम्	पचेव	पचेम
सामान्य भविष्य-लृट्				आशीर्लिङ्		
पक्ष्यति	पक्ष्यतः	पक्ष्यन्ति	प्र०	पच्यात्	पच्यास्ताम्	पच्यासुः
पक्ष्यसि	पक्ष्यथः	पक्ष्यथ	म०	पच्याः	पच्यास्तम्	पच्यास्त
पक्ष्यामि	पक्ष्यावः	पक्ष्यामः	उ०	पच्यासम्	पच्यास्व	पच्यास्म
अनद्यतनभूत-लङ्				परोक्षभूत-लिट्		
अपचत्	अपचताम्	अपचन्	प्र०	पपाच	पेचतुः	पेचुः
अपचः	अपचतम्	अपचत	म०	पेचिथ, पपक्थ	पेचथुः	पेच
अपचम्	अपचाव	अपचाम	उ०	पपाच, पपच	पेचिव	पेचिम
आज्ञा-लोट्				अनद्यतन भविष्य-लुट्		
पचतु	पचताम्	पचन्तु	प्र०	पक्ता	पक्तारौ	पक्तारः
पच	पचतम्	पचत	म०	पक्तासि	पक्तास्थः	पक्तास्थ
पचानि	पचाव	पचाम	उ०	पक्तास्मि	पक्तास्वः	पक्तास्मः

सामान्यभूत-लुङ्				क्रियातिपत्ति-लृङ्		
अपाक्षीत्	अपाक्ताम्	अपाक्षुः	प्र०	अपक्ष्यत्	अपक्ष्यताम्	अपक्ष्यन्
अपाक्षीः	अपाक्तम्	अपाक्त	म०	अपक्ष्यः	अपक्ष्यतम्	अपक्ष्यत
अपाक्षम्	अपाक्ष्व	अपाक्ष्म	उ०	अपक्ष्यम्	अपक्ष्याव	अपक्ष्याम

पच् (पकाना) आत्मनेपद

वर्तमान-लट्				आशीर्लिङ्		
पचते	पचेते	पचन्ते	प्र०	पक्षीष्ट	पक्षीयास्ताम्	पक्षीरन्
पचसे	पचेथे	पचध्वे	म०	पक्षीष्ठाः	पक्षीयास्थाम्	पक्षीध्वम्
पचे	पचावहे	पचामहे	उ०	पक्षीय	पक्षीवहि	पक्षीमहि
सामान्य भविष्य-लृट्				**परोक्षभूत-लिट्**		
पक्ष्यते	पक्ष्येते	पक्ष्यन्ते	प्र०	पेचे	पेचाते	पेचिरे
पक्ष्यसे	पक्ष्येथे	पक्ष्यध्वे	म०	पेचिषे	पेचाथे	पेचिध्वे
पक्ष्ये	पक्ष्यावहे	पक्ष्यामहे	उ०	पेचे	पेचिवहे	पेचिमहे
अनद्यतनभूत-लङ्				**अनद्यतन भविष्य-लुट्**		
अपचत	अपचेताम्	अपचन्त	प्र०	पक्ता	पक्तारौ	पक्तारः
अपचथाः	अपचेथाम्	अपचध्वम्	म०	पक्तासे	पक्तासाथे	पक्तावे
अपचे	अपचावहि	अपचामहि	उ०	पक्ताहे	पक्तास्वहे	पक्तास्महे
आज्ञा-लोट्				**सामान्यभूत-लुङ्**		
पचताम्	पचेताम्	पचन्ताम्	प्र०	अपक्त	अपक्षाताम्	अपक्षत
पचस्व	पचेथाम्	पचध्वम्	म०	अपक्थाः	अपक्षाथाम्	अपक्ध्वम्
पचै	पचावहै	पचामहै	उ०	अपक्षि	अपक्ष्वहि	अपक्ष्महि
विधिलिङ्				**क्रियातिपत्ति-लृङ्**		
पचेत	पचेयाताम्	पचेरन्	प्र०	अपक्ष्यत	अपक्ष्येताम्	अपक्ष्यन्त
पचेथाः	पचेयाथाम्	पचेध्वम्	म०	अपक्ष्यथाः	अपक्ष्येथाम्	अपक्ष्यध्वम्
पचेय	पचेवहि	पचेमहि	उ०	अपक्ष्ये	अपक्ष्यावहि	अपक्ष्यामहि

(१३) पठ् (पढ़ना) परस्मैपदी

वर्त्तमान-लट्				सामान्य भविष्य-लृट्		
पठति	पठतः	पठन्ति	प्र०	पठिष्यति	पठिष्यतः	पठिष्यन्ति
पठसि	पठथः	पठथ	म०	पठिष्यसि	पठिष्यथः	पठिष्यथ
पठामि	पठावः	पठामः	उ०	पठिष्यामि	पठिष्यावः	पठिष्यामः
अनद्यतनभूत-लङ्				**आज्ञा-लोट्**		
अपठत्	अपठताम्	अपठन्	प्र०	पठतु	पठताम्	पठन्तु
अपठः	अपठतम्	अपठत	म०	पठ	पठतम्	पठत
अपठम्	अपठाव	अपठाम	उ०	पठानि	पठाव	पठाम

विधिलिङ्				अनद्यतन भविष्य–लुट्		
पठेत्	पठेताम्	पठेयुः	प्र०	पठिता	पठितारौ	पठितारः
पठेः	पठेतम्	पठेत	म०	पठितासि	पठितास्थः	पठितास्थ
पठेयम्	पठेव	पठेम	उ०	पठितास्मि	पठितास्वः	पठितास्मः
आशीर्लिङ्				सामान्यभूत–लुङ्		
पठ्यात्	पठ्यास्ताम्	पठ्यासुः	प्र०	अपाठीत्	अपाठिष्टाम्	अपाठिषुः
पठ्याः	पठ्यास्तम्	पठ्यास्त	म०	अपाठीः	अपाठिष्टम्	अपाठिष्ट
पठ्यासम्	पठ्यास्व	पठ्यास्म	उ०	अपाठिषम्	अपाठिष्व	अपाठिष्म
परोक्षभूत–लिट्				क्रियातिपति–लृङ्		
पपाठ	पेठतुः	पेठुः	प्र०	अपठिष्यत्	अपठिष्यताम्	अपठिष्यन्
पेठिथ	पेठथुः	पेठ	म०	अपठिष्यः	अपठिष्यतम्	अपठिष्यत
पपाठ, पपठ	पेठिव	पेठिम	उ०	अपठिष्यम्	अपठिष्याव	अपठिष्याम

(१४) पा (पिब्) पीना—परस्मैपदी

वर्तमान–लट्				आशीर्लिङ्		
पिबति	पिबतः	पिबन्ति	प्र०	पेयात्	पेयास्ताम्	पेयासुः
पिबसि	पिबथः	पिबथ	म०	पेयाः	पेयास्तम्	पेयास्त
पिबामि	पिबावः	पिबामः	उ०	पेयासम्	पेयास्व	पेयास्म
सामान्य–लृट्				परोक्षभूत–लिट्		
पास्यति	पास्यतः	पास्यन्ति	प्र०	पपौ	पपतुः	पपुः
पास्यसि	पास्यथः	पास्यथ	म०	पपिथ, पपाथ	पपथुः	पप
पास्यामि	पास्यावः	पास्यामः	उ०	पपौ	पपिव	पपिम
अनद्यतनभूत–लङ्				अनद्यतन भविष्य–लुट्		
अपिबत्	अपिबताम्	अपिबन्	प्र०	पाता	पातारौ	पातारः
अपिबः	अपिबतम्	अपिबत	म०	पातासि	पातास्थः	पातास्थ
अपिबम्	अपिबाव	अपिबाम	उ०	पातास्मि	पातास्वः	पातास्मः
आज्ञा–लोट्				सामान्यभूत–लुङ्		
पिबतु-पिबतात्	पिबताम्	पिबन्तु	प्र०	अपात्	अपाताम्	अपुः
पिब	पिबतम्	पिबत	म०	अपाः	अपातम्	अपात
पिबानि	पिबाव	पिबाम	उ०	अपाम्	अपाव	अपाम
विधिलिङ्				क्रियातिपत्ति–लृङ्		
पिबेत्	पिबेताम्	पिबेयुः	प्र०	अपास्यत्	अपास्यताम्	अपास्यन्
पिबेः	पिबेतम्	पिबेत	म०	अपास्यः	अपास्यतम्	अपास्यत
पिबेयम्	पिबेव	पिबेम	उ०	अपास्यम्	अपास्याव	अपास्याम

उभयपदी

(१५) भज् (सेवा करना) परस्मैपद

वर्तमान–लट्				आशीर्लिङ्		
भजति	भजतः	भजन्ति	प्र०	भज्यात्	भज्यास्ताम्	भज्यासुः
भजसि	भजथः	भजथ	म०	भज्याः	भज्यास्तम्	भज्यास्त
भजामि	भजावः	भजामः	उ०	भज्यासम्	भज्यास्व	भज्यास्म

सामान्य भविष्य–लृट्				परोक्षभूत–लिट्		
भक्ष्यति	भक्ष्यतः	भक्ष्यन्ति	प्र०	बभाज	भेजतुः	भेजुः
भक्ष्यसि	भक्ष्यथः	भक्ष्यथ	म०	भेजिथ, बभक्थ	भेजथुः	भेज
भक्ष्यामि	भक्ष्यावः	भक्ष्यामः	उ०	बभाज, बभज	भेजिव	भेजिम

अनद्यतनभूत–लङ्				अनद्यतन भविष्य–लुट्		
अभजत्	अभजताम्	अभजन्	प्र०	भक्ता	भक्तारौ	भक्तारः
अभजः	अभजतम्	अभजत	म०	भक्तासि	भक्तास्थः	भक्तास्थ
अभजम्	अभजाव	अभजाम	उ०	भक्तास्मि	भक्तास्वः	भक्तास्मः

आज्ञा–लोट्				सामान्यभूत–लुङ्		
भजतु	भजताम्	भजन्तु	प्र०	अभाक्षीत्	अभाक्ताम्	अभाक्षुः
भज	भजतम्	भजत	म०	अभाक्षीः	अभाक्तम्	अभाक्त
भजानि	भजाव	भजाम	उ०	अभाक्षम्	अभाक्ष्व	अभाक्ष्म

विधिलिङ्				क्रियातिपत्ति–लृङ्		
भजेत्	भजेताम्	भजेयुः	प्र०	अभक्ष्यत्	अभक्ष्यताम्	अभक्ष्यन्
भजेः	भजेतम्	भजेत	म०	अभक्ष्यः	अभक्ष्यतम्	अभक्ष्यत
भजेयम्	भजेव	भजेम	उ०	अभक्ष्यम्	अभक्ष्याव	अभक्ष्याम

भज्—(सेवा करना) आत्मनेपद

वर्तमान–लट्				आज्ञा–लोट्		
भजते	भजेते	भजन्ते	प्र०	भजताम्	भजेताम्	भजन्ताम्
भजसे	भजेथे	भजध्वे	म०	भजस्व	भजेथाम्	भजध्वम्
भजे	भजावहे	भजामहे	उ०	भजै	भजावहै	भजामहै

सामान्य भविष्य–लृट्				विधिलिङ्		
भक्ष्यते	भक्ष्येते	भक्ष्यन्ते	प्र०	भजेत	भजेयाताम्	भजेरन्
भक्ष्यसे	भक्ष्येथे	भक्ष्यध्वे	म०	भजेथाः	भजेयाथाम्	भजेध्वम्
भक्ष्ये	भक्ष्यावहे	भक्ष्यामहे	उ०	भजेय	भजेवहि	भजेमहि

अनद्यतन भूत–लङ्				आशीर्लिङ्		
अभजत	अभजेताम्	अभजन्त	प्र०	भक्षीष्ट	भक्षीयास्ताम्	भक्षीरन्
अभजथाः	अभजेथाम्	अभजध्वम्	म०	भक्षीष्ठाः	भक्षीयास्थाम्	भक्षीध्वम्
अभजे	अभजावहि	अभजामहि	उ०	भक्षीय	भक्षीवहि	भक्षीमहि

परोक्ष भूत–लिट्				सामान्यभूत–लुङ्		
भेजे	भेजाते	भेजिरे	प्र०	अभक्त	अभक्षाताम्	अभक्षत
भेजिषे	भेजाथे	भेजिध्वे	म०	अभक्थाः	अभक्षाथाम्	अभग्ध्वम्
भेजे	भेजिवहे	भेजिमहे	उ०	अभक्षि	अभक्ष्वहि	अभक्ष्महि
अनद्यतन भविष्य–लुट्				क्रियातिपत्ति–लृङ्		
भक्ता	भक्तारौ	भक्तारः	प्र०	अभक्ष्यत	अभक्ष्येताम्	अभक्ष्यन्त
भक्तासे	भक्तासाथे	भक्ताध्वे	म०	अभक्ष्यथाः	अभक्ष्येथाम्	अभक्ष्यध्वम्
भक्ताहे	भक्तास्वहे	भक्तास्महे	उ०	अभक्ष्ये	अभक्ष्यावहि	अभक्ष्यामहि

(१६) भाष् (बोलना) आत्मनेपदी

वर्तमान–लट्				आशीर्लिङ्		
भाषते	भाषेते	भाषन्ते	प्र०	भाषिषीष्ट	भाषिषीयास्ताम्	भाषिषीरन्
भाषसे	भाषेथे	भाषध्वे	म०	भाषिषीष्ठाः	भाषिषीयास्थाम्	भाषिषीध्वम्
भाषे	भाषावहे	भाषामहे	उ०	भाषिषीय	भाषिषीवहि	भाषिषीमहि
सामान्य भविष्य–लृट्				परोक्षभूत–लिट्		
भाषिष्यते	भाषिष्येते	भाषिष्यन्ते	प्र०	बभाषे	बभाषाते	बभाषिरे
भाषिष्यसे	भाषिष्येथे	भाषिष्यध्वे	म०	बभाषिषे	बभाषाथे	बभाषिध्वे
भाषिष्ये	भाषिष्यावहे	भाषिष्यामहे	उ०	बभाषे	बभाषिवहे	बभाषिमहे
अनद्यतनभूत–लङ्				अनद्यतन भविष्य–लुट्		
अभाषत	अभाषेताम्	अभाषन्त	प्र०	भाषिता	भाषितारौ	भाषितारः
अभाषथाः	अभाषेथाम्	अभाषध्वम्	म०	भाषितासे	भाषितासाथे	भाषिताध्वे
अभाषे	अभाषावहि	अभाषामहि	उ०	भाषिताहे	भाषितास्वहे	भाषितास्महे
आज्ञा–लोट्				सामान्यभूत–लुङ्		
भाषताम्	भाषेताम्	भाषन्ताम्	प्र०	अभाषिष्ट	अभाषिषाताम्	अभाषिषत
भाषस्व	भाषेथाम्	भाषध्वम्	म०	अभाषिष्ठाः	अभाषिषाथाम्	अभाषिध्वम्
भाषै	भाषावहै	भाषामहै	उ०	अभाषिषि	अभाषिष्वहि	अभाषिष्महि
विधिलिङ्				क्रियातिपत्ति–लृङ्		
भाषेत	भाषेयाताम्	भाषेरन्	प्र०	अभाषिष्यत	अभाषिष्येताम्	अभाषिष्यन्त
भाषेथाः	भाषेयाथाम्	भाषेध्वम्	म०	अभाषिष्यथाः	अभाषिष्येथाम्	अभाषिष्यध्वम्
भाषेय	भाषेवहि	भाषेमहि	उ०	अभाषिष्ये	अभाषिष्यावहि	अभाषिष्यामहि

उभयपदी

(१७) भृ (भरना, पालना-पोसना) परस्मैपद

वर्तमान–लट्				सामान्य भविष्य–लृट्		
भरति	भरतः	भरन्ति	प्र०	भरिष्यति	भरिष्यतः	भरिष्यन्ति
भरसि	भरथः	भरथ	म०	भरिष्यसि	भरिष्यथः	भरिष्यथ
भरामि	भरावः	भरामः	उ०	भरिष्यामि	भरिष्यावः	भरिष्यामः

अनद्यतनभूत-लङ्				परोक्षभूत-लिट्		
अभरत्	अभरताम्	अभरन्	प्र०	बभार	बभ्रतुः	बभ्रुः
अभरः	अभरतम्	अभरत	म०	बभर्थ	बभ्रथुः	बभ्र
अभरम्	अभराव	अभराम	उ०	बभार, बभर	बभृव	बभृम

आज्ञा-लोट्				अनद्यतन भविष्य-लुट्		
भरतु	भरताम्	भरन्तु	प्र०	भर्ता	भर्तारौ	भर्तारः
भर	भरतम्	भरत	म०	भर्तासि	भर्तास्थः	भर्तास्थ
भरानि	भराव	भराम	उ०	भर्तास्मि	भर्तास्वः	भर्तास्मः

विधिलिङ्				सामान्यभूत-लुङ्		
भरेत्	भरेताम्	भरेयुः	प्र०	अभार्षीत्	अभार्ष्टाम्	अभार्षुः
भरेः	भरेतम्	भरेत	म०	अभार्षीः	अभार्ष्टम्	अभार्ष्ट
भरेयम्	भरेव	भरेम	उ०	अभार्षम्	अभार्ष्व	अभार्ष्म

आशीर्लिङ्				क्रियातिपत्ति-लृङ्		
भ्रियात्	भ्रियास्ताम्	भ्रियासुः	प्र०	अभरिष्यत्	अभरिष्यताम्	अभरिष्यन्
भ्रियाः	भ्रियास्तम्	भ्रियास्त	म०	अभरिष्यः	अभरिष्यतम्	अभरिष्यत
भ्रियासम्	भ्रियास्व	भ्रियास्म	उ०	अभरिष्यम्	अभरिष्याव	अभरिष्याम

भृ (पालना-पोसना, भरना) आत्मनेपदी

वर्तमान-लट्				विधिलिङ्		
भरते	भरेते	भरन्ते	प्र०	भरेत	भरेयाताम्	भरेरन्
भरसे	भरेथे	भरध्वे	म०	भरेथाः	भरेयाथाम्	भरेध्वम्
भरे	भरावहे	भरामहे	उ०	भरेय	भरेवहि	भरेमहि

सामान्यभविष्य-लृट्				आशीर्लिङ्		
भरिष्यते	भरिष्येते	भरिष्यन्ते	प्र०	भृषीष्ट	भृषीयास्ताम्	भृषीरन्
भरिष्यसे	भरिष्येथे	भरिष्यध्वे	म०	भृषीष्ठाः	भृषीयास्थाम्	भृषीध्वम्
भरिष्ये	भरिष्यावहे	भरिष्यामहे	उ०	भृषीय	भृषीवहि	भृषीमहि

अनद्यतनभूत-लङ्				परोक्षभूत-लिट्		
अभरत	अभरेताम्	अभरन्त	प्र०	बभ्रे	बभ्राते	बभ्रिरे
अभरथाः	अभरेथाम्	अभरध्वम्	म०	बभृषे	बभ्राथे	बभृध्वे
अभरे	अभरावहि	अभरामहि	उ०	बभ्रे	बभृवहे	बभृमहे

आज्ञा-लोट्				अनद्यतन भविष्य-लुट्		
भरताम्	भरेताम्	भरन्ताम्	प्र०	भर्ता	भर्तारौ	भर्तारः
भरस्व	भरेथाम्	भरध्वम्	म०	भर्तासे	भर्तासाथे	भर्ताध्वे
भरै	भरावहै	भरामहै	उ०	भर्ताहे	भर्तास्वहे	भर्तास्महे

सामान्यभूत-लुङ्				क्रियातिपत्ति-लृङ्		
अभृत	अभृषाताम्	अभृषत	प्र०	अभरिष्यत	अभरिष्येताम्	अभरिष्यन्त
अभृथाः	अभृषाथाम्	अभृढ्वम्	म०	अभरिष्यथाः	अभरिष्येथाम्	अभरिष्यध्वम्
अभृषि	अभृष्वहि	अभृष्महि	उ०	अभरिष्ये	अभरिष्यावहि	अभरिष्यामहि

(१८) भ्रम् (भ्रमण करना) परस्मैपदी

वर्तमान-लट्				परोक्षभूत-लिट्		
भ्रमति	भ्रमतः	भ्रमन्ति	प्र०	बभ्राम	भ्रेमतुः	भ्रेमुः
भ्रमसि	भ्रमथः	भ्रमथ	म०	भ्रेमिथ	भ्रेमथुः	भ्रेम
भ्रमामि	भ्रमावः	भ्रमामः	उ०	बभ्राम, बभ्रम	भ्रेमिव	भ्रेमिम
सामान्य भविष्य-लृट्				तथा		
भ्रमिष्यति	भ्रमिष्यतः	भ्रमिष्यन्ति	प्र०	बभ्राम	बभ्रमतुः	बभ्रमुः
भ्रमिष्यसि	भ्रमिष्यथः	भ्रमिष्यथ	म०	बभ्रमिथ	बभ्रमथुः	बभ्रम
भ्रमिष्यामि	भ्रमिष्यावः	भ्रमिष्यामः	उ०	बभ्राम, बभ्रम	बभ्रमिव	बभ्रमिम
अनद्यतनभूत-लङ्				अनद्यतन भविष्य-लुट्		
अभ्रमत्	अभ्रमताम्	अभ्रमन्	प्र०	भ्रमिता	भ्रमितारौ	भ्रमितारः
अभ्रमः	अभ्रमतम्	अभ्रमत	म०	भ्रमितासि	भ्रमितास्थः	भ्रमितास्थ
अभ्रमम्	अभ्रमाव	अभ्रमाम	उ०	भ्रमितास्मि	भ्रमितास्वः	भ्रमितास्मः
आज्ञा-लोट्				सामान्यभूत-लुङ्		
भ्रमतु	भ्रमताम्	भ्रमन्तु	प्र०	अभ्रमीत्	अभ्रमिष्टाम्	अभ्रमिषुः
भ्रम	भ्रमतम्	भ्रमत	म०	अभ्रमीः	अभ्रमिष्टम्	अभ्रमिष्ट
भ्रमानि	भ्रमाव	भ्रमाम	उ०	अभ्रमिषम्	अभ्रमिष्व	अभ्रमिष्म
विधिलिङ्				क्रियातिपत्ति-लृङ्		
भ्रमेत्	भ्रमेताम्	भ्रमेयुः	प्र०	अभ्रमिष्यत्	अभ्रमिष्यताम्	अभ्रमिष्यन्
भ्रमेः	भ्रमेतम्	भ्रमेत	म०	अभ्रमिष्यः	अभ्रमिष्यतम्	अभ्रमिष्यत
भ्रमेयम्	भ्रमेव	भ्रमेम	उ०	अभ्रमिष्यम्	अभ्रमिष्याव	अभ्रमिष्याम
आशीर्लिङ्						
भ्रम्यात्	भ्रम्यास्ताम्	भ्रम्यासुः	प्र०			
भ्रम्याः	भ्रम्यास्तम्	भ्रम्यास्त	म०			
भ्रम्यासम्	भ्रम्यास्व	भ्रम्यास्म	उ०			

(१९) मुद् (प्रसन्न होना) आत्मनेपदी

लट्				लृट्		
मोदते	मोदेते	मोदन्ते	प्र०	मोदिष्यते	मोदिष्येते	मोदिष्यन्ते
मोदसे	मोदेथे	मोदध्वे	म०	मोदिष्यसे	मोदिष्येथे	मोदिष्यध्वे
मोदे	मोदावहे	मोदामहे	उ०	मोदिष्ये	मोदिष्यावहे	मादिष्यामहे

लङ्				लिट्		
अमोदत	अमोदेताम्	अमोदन्त	प्र०	मुमुदे	मुमुदाते	मुमुदिरे
अमोदथाः	अमोदेथाम्	अमोदध्वम्	म०	मुमुदिषे	मुमुदाथे	मुमुदिध्वे
अमोदे	अमोदावहि	अमोदामहि	उ०	मुमुदे	मुमुदिवहे	मुमुदिमहे

लोट्				लुट्		
मोदताम्	मोदेताम्	मोदन्ताम्	प्र०	मोदिता	मोदितारौ	मोदितारः
मोदस्व	मोदेथाम्	मोदध्वम्	म०	मोदितासे	मोदितासाथे	मोदिताध्वे
मोदै	मोदावहै	मोदामहै	उ०	मोदिताहे	मोदितास्वहे	मोदितास्महे

विधिलिङ्				लुङ्		
मोदेत	मोदेयाताम्	मोदेरन्	प्र०	अमोदिष्ट	अमोदिषाताम्	अमोदिषत
मोदेथाः	मोदेयाथाम्	मोदेध्वम्	म०	अमोदिष्ठाः	अमोदिषाथाम्	अमोदिढ्वम्
मोदेय	मोदेवहि	मोदेमहि	उ०	अमोदिषि	अमोदिष्वहि	अमोदिष्महि

आशीर्लिङ्				लृङ्		
मोदिषीष्ट	मोदिषीयास्ताम्	मोदिषीरन्	प्र०	अमोदिष्यत	अमोदिष्येताम्	अमोदिष्यन्त
मोदिषीष्ठाः	मोदिषीयास्थाम्	मोदिषीध्वम्	म०	अमोदिष्यथाः	अमोदिष्येथाम्	अमोदिष्यध्वम्
मोदिषीय	मोदिषीवहि	मोदिषीमहि	उ०	अमोदिष्ये	अमोदिष्यावहि	अमोदिष्यामहि

उभयपदी

(२०) यज् (यज्ञ करना, पूजा करना) परस्मैपद

वर्तमान-लट्				विधिलिङ्		
यजति	यजतः	यजन्ति	प्र०	यजेत्	यजेताम्	यजेयुः
यजसि	यजथः	यजथ	म०	यजेः	यजेतम्	यजेत
यजामि	यजावः	यजामः	उ०	यजेयम्	यजेव	यजेम

सामान्य भविष्य-लृट्				आशीर्लिङ्		
यक्ष्यति	यक्ष्यतः	यक्ष्यन्ति	प्र०	इज्यात्	इज्यास्ताम्	इज्यासुः
यक्ष्यसि	यक्ष्यथः	यक्ष्यथ	म०	इज्याः	इज्यास्तम्	इज्यास्त
यक्ष्यामि	यक्ष्यावः	यक्ष्यामः	उ०	इज्यासम्	यज्यास्व	यज्यास्म

अनद्यतनभूत-लङ्				परोक्षभूत-लिट्		
अयजत्	अयजताम्	अयजन्	प्र०	इयाज	ईजतुः	ईजुः
अयजः	अयजतम्	अयजत	म०	इजयिथ, इयष्ठ	ईजथुः	ईज
अयजम्	अयजाव	अयजाम	उ०	इयाज, इयज	ईजिव	ईजिम

आज्ञा-लोट्				अनद्यतन भविष्य-लुट्		
यजतु	यजताम्	यजन्तु	प्र०	यष्टा	यष्टारौ	यष्टारः
यज	यजतम्	यजत	म०	यष्टासि	यष्टास्थः	यष्टास्थ
यजानि	यजाव	यजाम	उ०	यष्टास्मि	यष्टास्वः	यष्टास्मः

सामान्यभूत-लुङ्				क्रियातिपत्ति-लृङ्		
अयाक्षीत्	अयाष्टाम्	अयाक्षुः	प्र०	अयक्ष्यत्	अयक्ष्यताम्	अयक्ष्यन्
अयाक्षीः	अयाष्टम्	अयाष्ट	म०	अयक्ष्यः	अयक्ष्यतम्	अयक्ष्यत
अयाक्षम्	अयाक्ष्व	अयाक्ष्म	उ०	अयक्ष्यम्	अयक्ष्याव	अयक्ष्याम

(२१) यज् (यज्ञ करना, पूजा करना) आत्मनेपद

वर्तमान-लट्				आशीर्लिङ्		
यजते	यजेते	यजन्ते	प्र०	यक्षीष्ट	यक्षीयास्ताम्	यक्षीरन्
यजसे	यजेथे	यजध्वे	म०	यक्षीष्ठाः	यक्षीयास्थाम्	यक्षीध्वम्
यजे	यजावहे	यजामहे	उ०	यक्षीय	यक्षीवहि	यक्षीमहि

सामान्य भविष्य-लृट्				परोक्षभूत-लिट्		
यक्ष्यते	यक्ष्येते	यक्ष्यन्ते	प्र०	ईजे	ईजाते	ईजिरे
यक्ष्यसे	यक्ष्येथे	यक्ष्यध्वे	म०	ईजिषे	ईजाथे	ईजिध्वे
यक्ष्ये	यक्ष्यावहे	यक्ष्यामहे	उ०	ईजे	ईजिवहे	ईजिमहे

अनद्यतनभूत-लङ्				अनद्यतन भविष्य-लुट्		
अयजत	अयजेताम्	अयजन्त	प्र०	यष्टा	यष्टारौ	यष्टारः
अयजथाः	अयजेथाम्	अयजध्वम्	म०	यष्टासे	यष्टासाथे	यष्टाध्वे
अयजे	अयजावहि	अयजामहि	उ०	यष्टाहे	यष्टावहे	यष्टामहे

आज्ञा-लोट्				सामान्यभूत-लुङ्		
यजताम्	यजेताम्	यजन्ताम्	प्र०	अयष्ट	अयक्षाताम्	अयक्षत
यजस्व	यजेथाम्	यजध्वम्	म०	अयष्ठाः	अयक्षाथाम्	अयड्ढ्वम्
यजै	यजावहै	यजामहै	उ०	अयक्षि	अयक्ष्वहि	अयक्ष्महि

विधिलिङ्				क्रियातिपत्ति-लृङ्		
यजेत	यजेयाताम्	यजेरन्	प्र०	अयक्ष्यत	अयक्ष्येताम्	अयक्ष्यन्त
यजेथाः	यजेयाथाम्	यजेध्वम्	म०	अयक्ष्यथाः	अयक्ष्येथाम्	अयक्ष्यध्वम्
यजेय	यजेवहि	यजेमहि	उ०	अयक्ष्ये	अयक्ष्यावहि	अयक्ष्यामहि

उभयपदी

(२२) याच् (माँगना) परस्मैपद

वर्तमान-लट्				सामान्य भविष्य-लृट्		
याचति	याचतः	याचन्ति	प्र०	याचिष्यति	याचिष्यतः	याचिष्यन्ति
याचसि	याचथः	याचथ	म०	याचिष्यसि	याचिष्यथः	याचिष्यथ
याचामि	याचावः	याचामः	उ०	याचिष्यामि	याचिष्यावः	याचिष्यामः

लङ्				लिट्		
अयाचत्	अयाचताम्	अयाचन्	प्र०	ययाच	ययाचतुः	ययाचुः
अयाचः	अयाचतम्	अयाचत	म०	ययाचिथ	ययाचथुः	ययाच
अयाचम्	अयाचाव	अयाचाम	उ०	ययाच	ययाचिव	ययाचिम

लोट्				लुट्		
याचतु	याचताम्	याचन्तु	प्र०	याचिता	याचितारौ	याचितारः
याच	याचतम्	याचत	म०	याचितासि	याचितास्थः	याचितास्थ
याचानि	याचाव	याचाम	उ०	याचितास्मि	याचितास्वः	याचितास्मः

विधिलिङ्				लुङ्		
याचेत्	याचेताम्	याचेयुः	प्र०	अयाचीत्	अयाचिष्टाम्	अयाचिषुः
याचेः	याचेतम्	याचेत	म०	अयाचीः	अयाचिष्टम्	अयाचिष्ट
याचेयम्	याचेव	याचेम	उ०	अयाचिषम्	अयाचिष्व	अयाचिष्म

आशीर्लिङ्				लृङ्		
याच्यात्	याच्यास्ताम्	याच्यासुः	प्र०	अयाचिष्यत्	अयाचिष्यताम्	अयाचिष्यन्
याच्याः	याच्यास्तम्	याच्यास्त	म०	अयाचिष्यः	अयाचिष्यतम्	अयाचिष्यत
याच्यासम्	याच्यास्व	याच्यास्म	उ०	अयाचिष्यम्	अयाचिष्याव	अयाचिष्याम

याच् (माँगना) आत्मनेपदी

लट्				विधिलिङ्		
याचते	याचेते	याचन्ते	प्र०	याचेत	याचेयाताम्	याचेरन्
याचसे	याचेथे	याचध्वे	म०	याचेथाः	याचेयाथाम्	याचेध्वम्
याचे	याचावहे	याचामहे	उ०	याचेय	याचेवहि	याचेमहि

लृट्				आशीर्लिङ्		
याचिष्यते	याचिष्येते	याचिष्यन्ते	प्र०	याचिषीष्ट	याचिषीयास्ताम्	याचिषीरन्
याचिष्यसे	याचिष्येथे	याचिष्यध्वे	म०	याचिषीष्ठाः	याचिषीयास्थाम्	याचिषीध्वम्
याचिष्ये	याचिष्यावहे	याचिष्यामहे	उ०	याचिषीय	याचिषीवहि	याचिषीमहि

लङ्				लिट्		
अयाचत	अयाचेताम्	अयाचन्त	प्र०	ययाचे	ययाचाते	ययाचिरे
अयाचथाः	अयाचेथाम्	अयाचध्वम्	म०	ययाचिषे	ययाचाथे	ययाचिध्वे
अयाचे	अयाचावहि	अयाचामहि	उ०	ययाचे	ययाचिवहे	ययाचिमहे

लोट्				लुट्		
याचताम्	याचेताम्	याचन्ताम्	प्र०	याचिता	याचितारौ	याचितारः
याचस्व	याचेथाम्	याचध्वम्	म०	याचितासे	याचितासाथे	याचिताध्वे
याचै	याचावहै	याचामहै	उ०	याचिताहे	याचितास्वहे	याचितास्महे

लुङ्				लृङ्		
अयाचिष्ट	अयाचिषाताम्	अयाचिषत	प्र०	अयाचिष्यत	अयाचिष्येताम्	अयाचिष्यन्त
अयाचिष्ठाः	अयाचिषाथाम्	अयाचिढ्वम्	म०	अयाचिष्यथाः	अयाचिष्येथाम्	अयाचिष्यध्वम्
अयाचिषि	अयाचिष्वहि	अयाचिष्महि	उ०	अयाचिष्ये	अयाचिष्यावहि	अयाचिष्यामहि

(२३) रक्ष् (रक्षा करना) परस्मैपदी

वर्तमान लट्				आशीर्लिङ्		
रक्षति	रक्षतः	रक्षन्ति	प्र०	रक्ष्यात्	रक्ष्यास्ताम्	रक्ष्यासुः
रक्षसि	रक्षथः	रक्षथ	म०	रक्ष्याः	रक्ष्यास्तम्	रक्ष्यास्त
रक्षामि	रक्षावः	रक्षामः	उ०	रक्ष्यासम्	रक्ष्यास्व	रक्ष्यास्म
लृट्				लिट्		
रक्षिष्यति	रक्षिष्यतः	रक्षिष्यन्ति	प्र०	ररक्ष	ररक्षतुः	ररक्षुः
रक्षिष्यसि	रक्षिष्यथः	रक्षिष्यथ	म०	ररक्षिथ	ररक्षथुः	ररक्ष
रक्षिष्यामि	रक्षिष्यावः	रक्षिष्यामः	उ०	ररक्ष	ररक्षिव	ररक्षिम
लङ्				लुट्		
अरक्षत्	अरक्षताम्	अरक्षन्	प्र०	रक्षिता	रक्षितारौ	रक्षितारः
अरक्षः	अरक्षतम्	अरक्षत	म०	रक्षितासि	रक्षितास्थः	रक्षिताथ
अरक्षम्	अरक्षाव	अरक्षाम	उ०	रक्षितास्मि	रक्षितास्वः	रक्षितास्मः
लोट्				लुङ्		
रक्षतु	रक्षताम्	रक्षन्तु	प्र०	अरक्षीत्	अरक्षिष्टाम्	अरक्षिषुः
रक्ष	रक्षतम्	रक्षत	म०	अरक्षीः	अरक्षिष्टम्	अरक्षिष्ट
रक्षाणि	रक्षाव	रक्षाम	उ०	अरक्षिषम्	अरक्षिष्व	अरक्षिष्म
विधिलिङ				लृङ्		
रक्षेत्	रक्षेताम्	रक्षेयुः	प्र०	अरक्षिष्यत्	अरक्षिष्यताम्	अरक्षिष्यन्
रक्षेः	रक्षेतम्	रक्षेत	म०	अरक्षिष्यः	अरक्षिष्यतम्	अरक्षिष्यत
रक्षेयम्	रक्षेव	रक्षेम	उ०	अरक्षिष्यम्	अरक्षिष्याव	अरक्षिष्याम

(२४) लभ् (पाना) आत्मनेपदी

वर्तमान–लट्				अनद्यतनभूत–लङ्		
लभते	लभेते	लभन्ते	प्र०	अलभत	अलभेताम्	अलभन्त
लभसे	लभेथे	लभध्वे	म०	अलभथाः	अलभेथाम्	अलभध्वम्
लभे	लभावहे	लभामहे	उ०	अलभे	अलभावहि	अलभामहि
सामान्यभविष्य–लृट्				आज्ञा–लोट्		
लप्स्यते	लप्स्येते	लप्स्यन्ते	प्र०	लभताम्	लभेताम्	लभन्ताम्
लप्स्यसे	लप्स्येथे	लप्स्यध्वे	म०	लभस्व	लभेथाम्	लभध्वम्
लप्स्ये	लप्स्यावहे	लप्स्यामहे	उ०	लभै	लभावहै	लभामहै

विधिलिङ्				अनद्यतनभविष्य–लुट्		
लभेत	लभेयाताम्	लभेरन्	प्र०	लब्धा	लब्धारौ	लब्धारः
लभेथाः	लभेयाथाम्	लभेध्वम्	म०	लब्धासे	लब्धासाथे	लब्धाध्वे
लभेय	लभेवहि	लभेमहि	उ०	लब्धाहे	लब्धास्वहे	लब्धास्महे

आशीर्लिङ्				सामान्यभूत–लुङ्		
लप्सीष्ट	लप्सीयास्ताम्	लप्सीरन्	प्र०	अलब्ध	अलप्साताम्	अलप्सत
लप्सीष्ठाः	लप्सीयास्थाम्	लप्सीध्वम्	म०	अलब्धाः	अलप्साथाम्	अलब्ध्वम्
लप्सीय	लप्सीवहि	लप्सीमहि	उ०	अलप्सि	अलप्स्वहि	अलप्स्महि

परोक्षभूत–लिट्				क्रियातिपत्ति–लृङ्		
लेभे	लेभाते	लेभिरे	प्र०	अलप्स्यत	अलप्स्येताम्	अलप्स्यन्त
लेभिषे	लेभाथे	लेभिध्वे	म०	अलप्स्यथाः	अलप्स्येथाम्	अलप्स्यध्वम्
लेभे	लेभिवहे	लेभिमहे	उ०	अलप्स्ये	अलप्स्यावहि	अलप्स्यामहि

(२५) वद् (कहना) परस्मैपदी

वर्तमान–लट्				आशीर्लिङ्		
वदति	वदतः	वदन्ति	प्र०	उद्यात्	उद्यास्ताम्	उद्यासुः
वदसि	वदथः	वदथ	म०	उद्याः	उद्यास्तम्	उद्यास्त
वदामि	वदावः	वदामः	उ०	उद्यासम्	उद्यास्व	उद्यास्म

लृट्				लिट्		
वदिष्यति	वदिष्यतः	वदिष्यन्ति	प्र०	उवाद	ऊदतुः	ऊदुः
वदिष्यसि	वदिष्यथः	वदिष्यथ	म०	उवदिथ	ऊदथुः	ऊद
वदिष्यामि	वदिष्यावः	वदिष्यामः	उ०	उवाद, उवद	ऊदिव	ऊदिम

लङ्				लुट्		
अवदत्	अवदताम्	अवदन्	प्र०	वदिता	वदितारौ	वदितारः
अवदः	अवदतम्	अवदत	म०	वदितासि	वदितास्थः	वदितास्थ
अवदम्	अवदाव	अवदाम	उ०	वदितास्मि	वदितास्वः	वदितास्मः

लोट्				लुङ्		
वदतु	वदताम्	वदन्तु	प्र०	अवादीत्	अवादिष्टाम्	अवादिषुः
वद	वदतम्	वदत	म०	अवादीः	अवादिष्टम्	अवादिष्ट
वदानि	वदाव	वदाम	उ०	अवादिषम्	अवादिष्व	अवादिष्म

विलिलिङ्				लृङ्		
वदेत्	वदेताम्	वदेयुः	प्र०	अवदिष्यत्	अवदिष्यताम्	अवदिष्यन्
वदेः	वदेतम्	वदेत	म०	अवदिष्यः	अवदिष्यतम्	अवदिष्यत
वदेयम्	वदेव	वदेम	उ०	अवदिष्यम्	अवदिष्याव	अवदिष्याम

उभयपदी

(२६) वप् (बोना, कपड़ा बुनना) परस्मैपद

वर्तमान-लट्				आशीर्लिङ्		
वपति	वपतः	वपन्ति	प्र०	उप्यात्	उप्यास्ताम्	उप्यासुः
वपसि	वपथः	वपथ	म०	उप्याः	उप्यास्तम्	उप्यास्त
वपामि	वपावः	वपामः	उ०	उप्यासम्	उप्यास्व	उप्यास्म
सामान्य भविष्य-लृट्				**परोक्षभूत-लिट्**		
वप्स्यति	वप्स्यतः	वप्स्यन्ति	प्र०	उवाप	ऊपतुः	ऊपुः
वप्स्यसि	वप्स्यथः	वप्स्यथ	म०	उवपिथ, उवाथ	ऊपथुः	ऊप
वप्स्यामि	वप्स्यावः	वप्स्यामः	उ०	उवाप, उवप	ऊपिव	ऊपिम
अनद्यतनभूत-लङ्				**अनद्यतन भविष्य-लुट्**		
अवपत्	अवपताम्	अवपन्	प्र०	वप्ता	वप्तारौ	वप्तारः
अवपः	अवपतम्	अवपत	म०	वप्तासि	वप्तास्थः	वप्तास्थ
अवपम्	अवपाव	अवपाम	उ०	वप्तास्मि	वप्तास्वः	वप्तास्मः
आज्ञा-लोट्				**सामान्यभूत-लुङ्**		
वपतु	वपताम्	वपन्तु	प्र०	अवाप्सीत्	अवाप्ताम्	अवाप्सुः
वप	वपतम्	वपत	म०	अवाप्सीः	अवाप्तम्	अवाप्त
वपानि	वपाव	वपाम	उ०	अवाप्सम्	अवाप्स्व	अवाप्स्म
विधिलिङ्				**क्रियातिपत्ति-लृङ्**		
वपेत्	वपेताम्	वपेयुः	प्र०	अवप्स्यत्	अवप्स्यताम्	अवप्स्यन्
वपेः	वपेतम्	वपेत	म०	अवप्स्यः	अवप्स्यतम्	अवप्स्यत
वपेयम्	वपेव	वपेम	उ०	अवप्स्यम्	अवप्स्याव	अवप्स्याम

वप् (बोना, कपड़ा बुनना) आत्मनेपद

वर्तमान-लट्				अनद्यतनभूत-लङ्		
वपते	वपाते	वपते	प्र०	अवपत	अवपेताम्	अवपन्त
वपसे	वपाथे	वपध्वे	म०	अवपथाः	अवपेथाम्	अवपध्वम्
वपे	वपावहे	वपामहे	उ०	अवपे	अवपावहि	अवपामहि
सामान्य भविष्य-लृट्				**आज्ञा-लोट्**		
वप्स्यते	वप्स्येते	वप्स्यन्ते	प्र०	वपताम्	वपेताम्	वपन्ताम्
वप्स्यसे	वप्स्येथे	वप्स्यध्वे	म०	वपस्व	वपेथाम्	वपध्वम्
वप्स्ये	वप्स्यावहे	वप्स्यामहे	उ०	वपै	वपावहै	वपामहै

विधिलिङ्				अनद्यतन भविष्य-लुट्		
वपेत	वपेयाताम्	वपेरन्	प्र०	वप्ता	वप्तारौ	वप्तारः
वपेथाः	वपेयाथाम्	वपेध्वम्	म०	वप्तासे	वप्तासाथे	वप्ताध्वे
वपेय	वपेवहि	वपेमहि	उ०	वप्ताहे	वप्तास्वहे	वप्तास्महे

आशीर्लिङ्				अनद्यतन भूत-लुङ्		
वप्सीष्ट	वप्सीयास्ताम्	वप्सीरन्	प्र०	अवप्त	अवप्साताम्	अवप्सत
वप्सीष्ठाः	वप्सीयास्थाम्	वप्सीध्वम्	म०	अवप्थाः	अवप्साथाम्	अवन्ध्वम्
वप्सीय	वप्सीवहि	वप्सीमहि	उ०	अवप्सि	अवप्स्वहि	अवप्स्महि

परोक्षभूत-लिट्				क्रियातिपत्ति-लृङ्		
ऊपे	ऊपाते	ऊपिरे	प्र०	अवप्स्यत	अवप्स्येताम्	अवप्स्यन्त
ऊपिषे	ऊपाथे	ऊपिध्वे	म०	अवप्स्यथाः	अवप्स्येथाम्	अवप्स्यध्वम्
ऊपे	ऊपिवहे	ऊपिमहे	उ०	अवप्स्ये	अवप्स्यावहि	अवप्स्यामहि

(२७) वस् (रहना, समय बिताना, होना) परस्मैपदी

वर्तमान-लट्				आशीर्लिङ्		
वसति	वसतः	वसन्ति	प्र०	वस्यात्	वस्यास्ताम्	वस्यासुः
वससि	वसथः	वसथ	म०	वस्याः	वस्यास्तम्	वस्यास्त
वसामि	वसावः	वसामः	उ०	वस्यासम्	वस्यास्व	वस्यास्म

सामान्य भयिष्य-लृट्				परोक्षभूत-लिट्		
वत्स्यति	वत्स्यतः	वत्स्यन्ति	प्र०	उवास	ऊषतुः	ऊषुः
वत्स्यसि	वत्स्यथः	वत्स्यथ	म०	उवसिथ, उवस्थ	ऊषथुः	ऊष
वत्स्यामि	वत्स्यावः	वत्स्यामः	उ०	उवास, उवस	ऊषिव	ऊषिम

अनद्यतनभूत-लङ्				अनद्यतन भविष्य-लुट्		
अवसत्	अवसताम्	अवसन्	प्र०	वस्ता	वस्तारौ	वस्तारः
अवसः	अवसतम्	अवसत	म०	वस्तासि	वस्ताथः	वस्तास्थ
अवसम्	अवसाव	अवसाम	उ०	वस्तास्मि	वस्तास्वः	वस्तास्मः

आज्ञा-लोट्				सामान्यभूत-लुङ्		
वसतु	वसताम्	वसन्तु	प्र०	अवात्सीत्	अवात्ताम्	अवात्सुः
वस	वसतम्	वसत	म०	अवात्सीः	अवात्तम्	अवात्त
वसानि	वसाव	वसाम	उ०	अवात्सम्	अवात्स्व	अवात्स्म

विधिलिङ्				क्रियातिपत्ति-लृङ्		
वसेत्	वसेताम्	वसेयुः	प्र०	अवत्स्यत्	अवत्स्यताम्	अवत्स्यन्
वसेः	वसेतम्	वसेत	म०	अवत्स्यः	अवत्स्यतम्	अवत्स्यत
वसेयम्	वसेव	वसेम	उ०	अवत्स्यम्	अवत्स्याव	अवत्स्याम

उभयपदी

(२८) वह् (ढोना) परस्मैपद

वर्तमान-लट्				आशीर्लिङ्		
वहति	वहतः	वहन्ति	प्र०	उह्यात्	उह्यास्ताम्	उह्यासुः
वहसि	वहथः	वहथ	म०	उह्याः	उह्यास्तम्	उह्यास्त
वहामि	वहावः	वहामः	उ०	उह्यासम्	उह्यास्व	उह्यास्म
लृट्				लिट्		
वक्ष्यति	वक्ष्यतः	वक्ष्यन्ति	प्र०	उवाह	ऊहतुः	ऊहुः
वक्ष्यसि	वक्ष्यथः	वक्ष्यथ	म०	उवहिथ, उवोढ	ऊहथुः	ऊह
वक्ष्यामि	वक्ष्यावः	वक्ष्यामः	उ०	उवाह, उवह	ऊहिव	ऊहिम
लङ्				लुट्		
अवहत्	अवहताम्	अवहन्	प्र०	वोढा	वोढारौ	वोढारः
अवहः	अवहतम्	अवहत	म०	वोढासि	वोढास्थः	वोढास्थ
अवहम्	अवहाव	अवहाम	उ०	वोढास्मि	वोढास्वः	वोढास्मः
लोट्				लुङ्		
वहतु	वहताम्	वहन्तु	प्र०	अवाक्षीत्	अवोढाम्	अवाक्षुः
वह	वहतम्	वहत	म०	अवाक्षीः	अवोढम्	अवोढ
वहानि	वहाव	वहाम	उ०	अवाक्षम्	अवाक्ष्व	अवाक्ष्म
विधिलिङ्				लृङ्		
वहेत्	वहेताम्	वहेयुः	प्र०	अवक्ष्यत्	अवक्ष्यताम्	अवक्ष्यन्
वहेः	वहेतम्	वहेत	म०	अवक्ष्यः	अवक्ष्यतम्	अवक्ष्यत
वहेयम्	वहेव	वहेम	उ०	अवक्ष्यम्	अवक्ष्याव	अवक्ष्याम

वह् (ढोना) आत्मनेपद

वर्तमान-लट्				लङ्		
वहते	वहेते	वहन्ते	प्र०	अवहत	अवहेताम्	अवहन्त
वहसे	वहेथे	वहध्वे	म०	अवहथाः	अवहेथाम्	अवहध्वम्
वहे	वहावहे	वहामहे	उ०	अवहे	अवहावहि	अवहामहि
लृट्				लोट्		
वक्ष्यते	वक्ष्येते	वक्ष्यन्ते	प्र०	वहताम्	वहेताम्	वहन्ताम्
वक्ष्यसे	वक्ष्येथे	वक्ष्यध्वे	म०	वहस्व	वहेथाम्	वहध्वम्
वक्ष्ये	वक्ष्यावहे	वक्ष्यामहे	उ०	वहै	वहावहै	वहामहै

विधिलिङ्				लुट्		
वहेत	वहेयाताम्	वहेरन्	प्र०	वोढा	वोढारौ	वोढारः
वहेथाः	वहेयाथाम्	वहेध्वम्	म०	वोढासे	वोढासाथे	वोढाध्वे
वहेय	वहेवहि	वहेमहि	उ०	वोढाहे	वोढास्वहे	वोढास्महे
आशीर्लिङ्				लुङ्		
वक्षीष्ट	वक्षीयास्ताम्	वक्षीरन्	प्र०	अवोढ	अवक्षाताम्	अवक्षत
वक्षीष्ठाः	वक्षीयास्थाम्	वक्षीध्वम्	म०	अवोढाः	अवक्षाथाम्	अवोढ्वम्
वक्षीय	वक्षीवहि	वक्षीमहि	उ०	अवक्षि	अवक्ष्वहि	अवक्ष्महि
लिट्				लृङ्		
ऊहे	ऊहाते	ऊहिरे	प्र०	अवक्ष्यत	अवक्ष्येताम्	अवक्ष्यन्त
ऊहिषे	ऊहाथे	ऊहिध्वे	म०	अवक्ष्यथाः	अवक्ष्येथाम्	अवक्ष्यध्वम्
ऊहे	ऊहिवहे	ऊहिमहे	उ०	अवक्ष्ये	अवक्ष्यावहि	अवक्ष्यामहि

(२६) * वृत् (होना) आत्मनेपदी

वर्तमान—लट				विधिलिङ्		
वर्तते	वर्तेते	वर्तन्ते	प्र०	वर्तेत	वर्तेयाताम्	वर्तेरन्
वर्तसे	वर्तेथे	वर्तध्वे	म०	वर्तेथाः	वर्तेयाथाम्	वर्तेध्वम्
वर्ते	वर्तावहे,	वर्तामहे	उ०	वर्तेय	वर्तेवहि	वर्तेमहि
सामान्यभविष्य—लृट् (आत्मने०)				आशीर्लिङ्		
वर्तिष्यते	वर्तिष्येते	वर्तिष्यन्ते	प्र०	वर्तिषीष्ट	वर्तिषीयास्ताम्	वर्तिषीरन्
वर्तिष्यसे	वर्तिष्येथे	वर्तिष्यध्वे	म०	वर्तिषीष्ठाः	वर्तिषीयास्थाम्	वर्तिषीध्वम्
वर्तिष्ये	वर्तिष्यावहे	वर्तिष्यामहे	उ०	वर्तिषीय	वर्तिषीवहि	वर्तिषीमहि
अथवा (परस्मैपद)				लिट्		
वर्त्स्यति	वर्त्स्यतः	वर्त्स्यन्ति	प्र०	ववृते	ववृताते	ववृतिरे
वर्त्स्यसि	वर्त्स्यथः	वर्त्स्यथ	म०	ववृतिषे	ववृताथे	ववृतिध्वे
वर्त्स्यामि	वर्त्स्यावः	वर्त्स्यामः	उ०	ववृते	ववृतिवहे	ववृतिमहे
लङ्				लुट्		
अवर्तत	अवर्तेताम्	अवर्तन्त	प्र०	वर्तिता	वर्तितारौ	वर्तितारः
अवर्तथाः	अवर्तेथाम्	अवर्तध्वम्	म०	वर्तितासे	वर्तितासाथे	वर्तिताध्वे
अवर्ते	अवर्तावहि	अवर्तामहि	उ०	वर्तिताहे	वर्तितास्वहे	वर्तितास्महे
आज्ञा-लोट्				लुङ् (आत्मने०)		
वर्तताम्	वर्तेताम्	वर्तन्ताम्	प्र०	अवर्तिष्ट	अवर्तिषाताम्	अवर्तिषत
वर्तस्व	वर्तेथाम्	वर्तध्वम्	म०	अवर्तिष्ठाः	अवर्तिषाथाम्	अवर्तिढ्वम्
वर्तै	वर्तावहै	वर्तामहै	उ०	अवर्तिषि	अवर्तिष्वहि	अवर्तिष्महि

* वृत् धातु के रूप लृट्, लुङ् तथा लृङ् में परस्मैपद में भी चलते हैं ।

लुङ् (परस्मैपद)				क्रियातिपत्ति–लृङ् (परस्मैपद)		
अवृतत्	अवृतताम्	अवृतन्	प्र०	अवर्त्स्यत्	अवर्त्स्यताम्	अवर्त्स्यन्
अवृतः	अवृततम्	अवृतत	म०	अवर्त्स्यः	अवर्त्स्यतम्	अवर्त्स्यत
अवृतम्	अवृताव	अवृताम	उ०	अवर्त्स्यम्	अवर्त्स्याव	अवर्त्स्याम

क्रियातिपत्ति–लृङ् (आत्मने०)			
अवर्तिष्यत	अवर्तिष्येताम्	अवर्तिष्यन्त	प्र०
अवर्तिष्यथाः	अवर्तिष्येथाम्	अवर्तिष्यध्वम्	म०
अवर्तिष्ये	अवर्तिष्यावहि	अवर्तिष्यामहि	उ०

(३०) वृध् (बढ़ना) आत्मनेपदी

वर्तमान–लट्				आशीर्लिङ्		
वर्धते	वर्धेते	वर्धन्ते	प्र०	वर्धिषीष्ट	वर्धिषीयास्ताम्	वर्धिषीरन्
वर्धसे	वर्धेथे	वर्धध्वे	म०	वर्धिषीष्ठाः	वर्धिषीयास्थाम्	वर्धिषीध्वम्
वर्धे	वर्धावहे	वर्धामहे	उ०	वर्धिषीय	वर्धिषीवहि	वर्धिषीमहि

लृट्				लिट्		
वर्धिष्यते	वर्धिष्येते	वर्धिष्यन्ते	प्र०	ववृधे	ववृधाते	ववृधिरे
वर्धिष्यसे	वर्धिष्येथे	वर्धिष्यध्वे	म०	ववृधिषे	ववृधाथे	ववृधिध्वे
वर्धिष्ये	वर्धिष्यावहे	वर्धिष्यामहे	उ०	ववृधे	ववृधिवहे	ववृधिमहे

लङ्				लुट्		
अवर्धत	अवर्धेताम्	अवर्धन्त	प्र०	वर्धिता	वर्धितारौ	वर्धितारः
अवर्धथाः	अवर्धेथाम्	अवर्धध्वम्	म०	वर्धितासे	वर्धितासाथे	वर्धिताध्वे
अवर्धे	अवर्धावहि	अवर्धामहि	उ०	वर्धिताहे	वर्धितास्वहे	वर्धितास्महे

लोट्				लुङ्		
वर्धताम्	वर्धेताम्	वर्धन्ताम्	प्र०	अवर्धिष्ट	अवर्धिषाताम्	अवर्धिषत
वर्धस्व	वर्धेथाम्	वर्धध्वम्	म०	अवर्धिष्ठाः	अवर्धिषाथाम्	अवर्धिढ्वम्
वर्धै	वर्धावहै	वर्धामहै	उ०	अवर्धिषि	अवर्धिष्वहि	अवर्धिष्महि

विधिलिङ्				लृङ्		
वर्धेत	वर्धेयाताम्	वर्धेरन्	प्र०	अवर्धिष्यत	अवर्धिष्येताम्	अवर्धिष्यन्त
वर्धेथाः	वर्धेयाथाम्	वर्धेध्वम्	म०	अवर्धिष्यथाः	अवर्धिष्येथाम्	अवर्धिष्यध्वम्
वर्धेय	वर्धेवहि	वर्धेमहि	उ०	अवर्धिष्ये	अवर्धिष्यावहि	अवर्धिष्यामहि

उभयपदी

(३१) श्री (सहारा लेना) परस्मैपद

वर्तमान–लट्				सामान्यभविष्य–लृट्		
श्रयति	श्रयतः	श्रयन्ति	प्र०	श्रयिष्यति	श्रयिष्यतः	श्रयिष्यन्ति
श्रयसि	श्रयथः	श्रयथ	म०	श्रयिष्यसि	श्रयिष्यथः	श्रयिष्यथ
श्रयामि	श्रयावः	श्रयामः	उ०	श्रयिष्यामि	श्रयिष्यावः	श्रयिष्यामः

अनद्यतनभूत-लङ्				परोक्षभूत-लिट्		
अश्रयत्	अश्रयताम्	अश्रयन्	प्र०	शिश्राय	शिश्रियतुः	शिश्रियुः
अश्रयः	अश्रयतम्	अश्रयत	म०	शिश्रयिथ	शिश्रियथुः	शिश्रिय
अश्रयम्	अश्रयाव	अश्रयाम	उ०	शिश्राय, शिश्रय	शिश्रियिव	शिश्रियिम

आज्ञा-लोट्				अनद्यतन भविष्य-लुट्		
श्रयतु	श्रयताम्	श्रयन्तु	प्र०	श्रयिता	श्रयितारौ	श्रयितारः
श्रय	श्रयतम्	श्रयत	म०	श्रयितासि	श्रयितास्थः	श्रयितास्थ
श्रयानि	श्रयाव	श्रयाम	उ०	श्रयितास्मि	श्रयितास्वः	श्रयितास्मः

विधिलिङ्				सामान्यभूत-लुङ्		
श्रयेत्	श्रयेताम्	श्रयेयुः	प्र०	अशिश्रियत्	अशिश्रियताम्	अशिश्रियन्
श्रयेः	श्रयेतम्	श्रयेत	म०	अशिश्रियः	अशिश्रियतम्	अशिश्रियत
श्रयेयम्	श्रयेव	श्रयेम	उ०	अशिश्रियम्	अशिश्रियाव	अशिश्रियाम

आशीर्लिङ्				क्रियातिपत्ति-लृङ्		
श्रीयात्	श्रीयास्ताम्	श्रीयासुः	प्र०	अश्रयिष्यत्	अश्रयिष्यताम्	अश्रयिष्यन्
श्रीयाः	श्रीयास्तम्	श्रीयास्त	म०	अश्रयिष्यः	अश्रयिष्यतम्	अश्रयिष्यत
श्रीयासम्	श्रीयास्व	श्रीयास्म	उ०	अश्रयिष्यम्	अश्रयिष्याव	अश्रयिष्याम

श्रि (सहारा लेना) आत्मनेपद

वर्तमान-लट्				विधिलिङ्		
श्रयते	श्रयेते	श्रयन्ते	प्र०	श्रयेत	श्रयेयाताम्	श्रयेरन्
श्रयसे	श्रयेथे	श्रयध्वे	म०	श्रयेथाः	श्रयेयाथाम्	श्रयेध्वम्
श्रये	श्रयावहे	श्रयामहे	उ०	श्रयेय	श्रयेवहि	श्रयेमहि

सामान्य भविष्य-लृट्				आशीर्लिङ्		
श्रयिष्यते	श्रयिष्येते	श्रयिष्यन्ते	प्र०	श्रयिषीष्ट	श्रयिषीयास्ताम्	श्रयिषीरन्
श्रयिष्यसे	श्रयिष्येथे	श्रयिष्यध्वे	म०	श्रयिषीष्ठाः	श्रयिषीयास्थाम्	श्रयिषीध्वम्
श्रयिष्ये	श्रयिष्यावहे	श्रयिष्यामहे	उ०	श्रयिषीय	श्रयिषीवहि	श्रयिषीमहि

अनद्यतनभूत-लङ्				परोक्षभूत-लिट्		
अश्रयत	अश्रयेताम्	अश्रयन्त	प्र०	शिश्रिये	शिश्रियाते	शिश्रियिरे
अश्रयथाः	अश्रयेथाम्	अश्रयध्वम्	म०	शिश्रियिषे	शिश्रियाथे	शिश्रियिध्वे-ढ्वे
अश्रये	अश्रयावहि	अश्रयामहि	उ०	शिश्रिये	शिश्रियिवहे	शिश्रियिमहे

आज्ञा-लोट्				अनद्यतन भविष्य-लुट्		
श्रयताम्	श्रयेताम्	श्रयन्ताम्	प्र०	श्रयिता	श्रयितारौ	श्रयितारः
श्रयस्व	श्रयेथाम्	श्रयध्वम्	म०	श्रयितासे	श्रयितासाथे	श्रयिताध्वे
श्रयै	श्रयावहै	श्रयामहै	उ०	श्रयिताहे	श्रयितास्वहे	श्रयितास्महे

सामान्यभूत-लुङ्				क्रियातिपत्ति-लृङ्		
अशिश्रियत	अशिश्रियेताम्	अशिश्रियन्त	प्र०	अश्रयिष्यत	अश्रयिष्येताम्	अश्रयिष्यन्त
अशिश्रियथाः	अशिश्रियेथाम्	अशिश्रियध्वम्	म०	अश्रयिष्यथाः	अश्रयिष्येथाम्	अश्रयिष्यध्वम्
अशिश्रिये	अशिश्रियावहि	अशिश्रियामहि	उ०	अश्रयिष्ये	अश्रयिष्यावहि	अश्रयिष्यामहि

(३२) श्रु-शृ (सुनना) परस्मैपदी

वर्तमान-लट्				आशीर्लिङ्		
शृणोति	शृणुतः	शृण्वन्ति	प्र०	श्रूयात्	श्रूयास्ताम्	श्रूयासुः
शृणोषि	शृणुथः	शृणुथ	म०	श्रूयाः	श्रूयास्तम्	श्रूयास्त
शृणोमि	शृणुवः,शृण्वः	शृणुमः,शृण्मः	उ०	श्रूयासम्	श्रूयास्व	श्रूयास्म
सामान्य भविष्य-लृट्				**परोक्षभूत-लिट्**		
श्रोष्यति	श्रोष्यतः	श्रोष्यन्ति	प्र०	शुश्राव	शुश्रुवतुः	शुश्रुवुः
श्रोष्यसि	श्रोष्यथः	श्रोष्यथ	म०	शुश्रोथ	शुश्रुवथुः	शुश्रुव
श्रोष्यामि	श्रोष्यावः	श्रोष्यामः	उ०	शुश्राव,शुश्रव	शुश्रुव	शुश्रुम
अनद्यतनभूत-लङ्				**अनद्यतन भविष्य-लुट्**		
अशृणोत्	अशृणुताम्	अशृण्वन्	प्र०	श्रोता	श्रोतारौ	श्रोतारः
अशृणोः	अशृणुतम्	अशृणुत	म०	श्रोतासि	श्रोतास्थः	श्रोतास्थ
अशृणवम्	अशृणुव, अशृण्व	अशृणुम, अशृण्म	उ०	श्रोतास्मि	श्रोतास्वः	श्रोतास्मः
आज्ञा-लोट्				**सामान्यभूत-लुङ्**		
शृणोतु	शृणुताम्	शृण्वन्तु	प्र०	अश्रौषीत्	अश्रौष्टाम्	अश्रौषुः
शृणु	शृणुतम्	शृणुत	म०	अश्रौषीः	अश्रौष्टम्	अश्रौष्ट
शृणवानि	शृणवाव	शृणवाम	उ०	अश्रौषम्	अश्रौष्व	अश्रौष्म
विधिलिङ्				**क्रियातिपत्ति-लृङ्**		
शृणुयात्	शृणुयाताम्	शृणुयुः	प्र०	अश्रोष्यत्	अश्रोष्यताम्	अश्रोष्यन्
शृणुयाः	शृणुयातम्	शृणुयात	म०	अश्रोष्यः	अश्रोष्यतम्	अश्रोष्यत
शृणुयाम्	शृणुयाव	शृणुयाम	उ०	अश्रोष्यम्	अश्रोष्याव	अश्रोष्याम

(३३) सह् (सहन करना) आत्मनेपदी

लट्				लङ्		
सहते	सहेते	सहन्ते	प्र०	असहत	असहेताम्	असहन्त
सहसे	सहेथे	सहध्वे	म०	असहथाः	असहेथाम्	असहध्वम्
सहे	सहावहे	सहामहे	उ०	असहे	असहावहि	असहामहि
लृट्				**लोट्**		
सहिष्यते	सहिष्येते	सहिष्यन्ते	प्र०	सहताम्	सहेताम्	सहन्ताम्
सहिष्यसे	सहिष्येथे	सहिष्यध्वे	म०	सहस्व	सहेथाम्	सहध्वम्
सहिष्ये	सहिष्यावहे	सहिष्यामहे	उ०	सहै	सहावहै	सहामहै

विधिलिङ्				लुट्		
सहेत	सहेयाताम्	सहेरन्	प्र०	सोढा	सोढारौ	सोढारः
सहेथाः	सहेयाथाम्	सहेध्वम्	म०	सोढासे	सोढासाथे	सोढाध्वे
सहेय	सहेवहि	सहेमहि	उ०	सोढाहे	सोढास्वहे	सोढास्महे

आशीर्लिङ्				लुङ्		
सहिषीष्ट	सहिषीयास्ताम्	सहिषीरन्	प्र०	असहिष्ट	असहिषाथाम्	असहिषत
सहिषीष्ठाः	सहिषीयास्थाम्	सहिषीध्वम्	म०	असहिष्ठाः	असहिषाताम्	असहिढ्वम्
सहिषीय	सहिषीवहि	सहिषीमहि	उ०	असहिषि	असहिष्वहि	असहिष्महि

लिट्				लृट्		
सेहे	सेहाते	सेहिरे	प्र०	असहिष्यत	असहिष्येताम्	असहिष्यन्त
सेहिषे	सेहाथे	सेहिध्वे	म०	असहिष्यथाः	असहिष्येथाम्	असहिष्यध्वम्
सेहे	सेहिवहे	सेहिमहे	उ०	असहिष्ये	असहिष्यावहि	असहिष्यामहि

(३४) सेव् (सेवा करना) आत्मनेपदी

वर्तमान–लट्				आशीर्लिङ्		
सेवते	सेवेते	सेवन्ते	प्र०	सेविषीष्ट	सेविषीयास्ताम्	सेविषीरन्
सेवसे	सेवेथे	सेवध्वे	म०	सेविषीष्ठाः	सेविषीयास्थाम्	सेविषीध्वम्
सेवे	सेवावहे	सेवामहे	उ०	सेविषीय	सेविषीवहि	सेविषीमहि

सामान्य भविष्य–लृट्				लिट्		
सेविष्यते	सेविष्येते	सेविष्यन्ते	प्र०	सिषेवे	सिषेवाते	सिषेविरे
सेविष्यसे	सेविष्येथे	सेविष्यध्वे	म०	सिषेविषे	सिषेवाथे	सिषेविध्वे
सेविष्ये	सेविष्यावहे	सेविष्यामहे	उ०	सिषेवे	सिषेविवहे	सिषेविमहे

लङ्				लुट्		
असेवत	असेवेताम्	असेवन्त	प्र०	सेविता	सेवितारौ	सेवितारः
असेवथाः	असेवेथाम्	असेवध्वम्	म०	सेवितासे	सेवतासाथे	सेविताध्वे
असेवे	असेवावहि	असेवामहि	उ०	सेविताहे	सेवितास्वहे	सेवितास्महे

लोट्				लुङ्		
सेवताम्	सेवेताम्	सेवन्ताम्	प्र०	असेविष्ट	असेविषाताम्	असेविषत
सेवस्व	सेवेथाम्	सेवध्वम्	म०	असेविष्ठाः	असेविषाथाम्	असेविढ्वम्
सेवै	सेवावहै	सेवामहै	उ०	असेविषि	असेविष्वहि	असेविष्महि

विधिलिङ्				लङ्		
सेवेत	सेवेयाताम्	सेवेरन्	प्र०	असेविष्यत	असेविष्येताम्	असेविष्यन्त
सेवेथाः	सेवेयाथाम्	सेवेध्वम्	म०	असेविष्यथाः	असेविष्येथाम्	असेविष्यध्वम्
सेवेय	सेवेवहि	सेवेमहि	उ०	असेविष्ये	असेविष्यावहि	असेविष्यामहि

(३५) स्था तिष्ठ् (ठहरना) परस्मैपदी

वर्तमान–लट्				आशीर्लिङ्		
तिष्ठति	तिष्ठतः	तिष्ठन्ति	प्र०	स्थेयात्	स्थेयास्ताम्	स्थेयासुः
तिष्ठसि	तिष्ठथः	तिष्ठथ	म०	स्थेयाः	स्थेयास्तम्	स्थेयास्त
तिष्ठामि	तिष्ठावः	तिष्ठामः	उ०	स्थेयासम्	स्थेयास्व	स्थेयास्म
सामान्य भविष्य–लृट्				परोक्षभूत–लिट्		
स्थास्यति	स्थास्यतः	स्थास्यन्ति	प्र०	तस्थौ	तस्थतुः	तस्थुः
स्थास्यसि	स्थास्यथः	स्थास्यथ	म०	तस्थिथ, तस्थाथ	तस्थथुः	तस्थ
स्थास्यामि	स्थास्यावः	स्थास्यामः	उ०	तस्थौ	तस्थिव	तस्थिम
लङ्				अनद्यतनभविष्य–लुट्		
अतिष्ठत्	अतिष्ठताम्	अतिष्ठन्	प्र०	स्थाता	स्थातारौ	स्थातारः
अतिष्ठः	अतिष्ठतम्	अतिष्ठत	म०	स्थातासि	स्थातास्थः	स्थातास्थ
अतिष्ठम्	अतिष्ठाव	अतिष्ठाम	उ०	स्थातास्मि	स्थातास्वः	स्थातास्मः
लोट्				सामान्यभूत–लुङ्		
तिष्ठतु	तिष्ठताम्	तिष्ठन्तु	प्र०	अस्थात्	अस्थाताम्	अस्थुः
तिष्ठ	तिष्ठतम्	तिष्ठत	म०	अस्थाः	अस्थातम्	अस्थात
तिष्ठानि	तिष्ठाव	तिष्ठाम	उ०	अस्थाम्	अस्थाव	अस्थाम
विधिलिङ्				क्रियातिपत्ति–लृङ्		
तिष्ठेत्	तिष्ठेताम्	तिष्ठेयुः	प्र०	अस्थास्यत्	अस्थास्यताम्	अस्थास्यन्
तिष्ठेः	तिष्ठेतम्	तिष्ठेत	म०	अस्थास्यः	अस्थास्यतम्	अस्थास्यत
तिष्ठेयम्	तिष्ठेव	तिष्ठेम	उ०	अस्थास्यम्	अस्थास्याव	अस्थास्याम

(३६) स्मृ (स्मरण करना) परस्मैपदी

वर्तमान–लट्				लोट्		
स्मरति	स्मरतः	स्मरन्ति	प्र०	स्मरतु	स्मरताम्	स्मरन्तु
स्मरसि	स्मरथः	स्मरथ	म०	स्मर	स्मरतम्	स्मरत
स्मरामि	स्मरावः	स्मरामः	उ०	स्मराणि	स्मराव	स्मराम
सामान्य भविष्य–लृट्				विधिलिङ्		
स्मरिष्यति	स्मरिष्यतः	स्मरिष्यन्ति	प्र०	स्मरेत्	स्मरेताम्	स्मरेयुः
स्मरिष्यसि	स्मरिष्यथः	स्मरिष्यथ	म०	स्मरेः	स्मरेतम्	स्मरेत
स्मरिष्यामि	स्मरिष्यावः	स्मरिष्यामः	उ०	स्मरेयम्	स्मरेव	स्मरेम
लङ्				आशीर्लिङ्		
अस्मरत्	अस्मरताम्	अस्मरन्	प्र०	स्मर्यात्	स्मर्यास्ताम्	स्मर्यासुः
अस्मरः	अस्मरतम्	अस्मरत	म०	स्मर्याः	स्मर्यास्तम्	स्मर्यास्त
अस्मरम्	अस्मराव	अस्मराम	उ०	स्मर्यासम्	स्मर्यास्व	स्मर्यास्म

लिट्				लुङ्		
सस्मार	सस्मरतुः	सस्मरुः	प्र०	अस्मार्षीत्	अस्मार्ष्टाम्	अस्मार्षुः
सस्मर्थ	सस्मरथुः	सस्मर	म०	अस्मार्षीः	अस्मार्ष्टम्	अस्मार्ष्ट
सस्मार, सस्मर	सस्मरिव	सस्मरिम	उ०	अस्मार्षम्	अस्मार्ष्व	अस्मार्ष्म

लुट्				लृङ्		
स्मर्ता	स्मर्तारौ	स्मर्तारः	प्र०	अस्मरिष्यत्	अस्मरिष्यताम्	अस्मरिष्यन्
स्मर्तासि	स्मर्तास्थः	स्मर्तास्थ	म०	अस्मरिष्यः	अस्मरिष्यतम्	अस्मरिष्यत
स्मर्तास्मि	स्मर्तास्वः	स्मर्तास्मः	उ०	अस्मरिष्यम्	अस्मरिष्याव	अस्मरिष्याम

(३७) हस् (हँसना) परस्मैपदी

वर्तमान-लट्				आशीर्लिङ्		
हसति	हसतः	हसन्ति	प्र०	हस्यात्	हस्यास्ताम्	हस्यासुः
हससि	हसथः	हसथ	म०	हस्याः	हस्यास्तम्	हस्यास्त
हसामि	हसावः	हसामः	उ०	हस्यासम्	हस्यास्व	हस्यास्म

सामान्य भविष्य-लृट्				परोक्षभूत-लिट्		
हसिष्यति	हसिष्यतः	हसिष्यन्ति	प्र०	जहास	जहसतुः	जहसुः
हसिष्यसि	हसिष्यथः	हसिष्यथ	म०	जहसिथ	जहसथुः	जहस
हसिष्यामि	हसिष्यावः	हसिष्यामः	उ०	जहास, जहस	जहसिव	जहसिम

अनद्यतनभूत-लङ्				अनद्यतन भविष्य-लुट्		
अहसत्	अहसताम्	अहसन्	प्र०	हसिता	हसितारौ	हसितारः
अहसः	अहसतम्	अहसत	म०	हसितासि	हसितास्थः	हसितास्थ
अहसम्	अहसाव	अहसाम	उ०	हसितास्मि	हसितास्वः	हसितास्मः

आज्ञा-लोट्				सामान्यभूत-लुङ्		
हसतु	हसताम्	हसन्तु	प्र०	अहासीत्	अहासिष्टाम्	अहासिषुः
हस	हसतम्	हसत	म०	अहासीः	अहासिष्टम्	अहासिष्ट
हसानि	हसाव	हसाम	उ०	अहासिषम्	अहासिष्व	अहासिष्म

विधिलिङ्				क्रियातिपत्ति-लृङ्		
हसेत्	हसेताम्	हसेयुः	प्र०	अहसिष्यत्	अहसिष्यताम्	अहसिष्यन्
हसेः	हसेतम्	हसेत	म०	अहसिष्यः	अहसिष्यतम्	अहसिष्यत
हसेयम्	हसेव	हसेम	उ०	अहसिष्यम्	अहसिष्याव	अहसिष्याम

उभयपदी

(३८) हृ (लेजाना, चुराना) परस्मैपद

वर्तमान-लट्				लृट्		
हरति	हरतः	हरन्ति	प्र०	हरिष्यति	हरिष्यतः	हरिष्यन्ति
हरसि	हरथः	हरथ	म०	हरिष्यसि	हरिष्यथः	हरिष्यथ
हरामि	हरावः	हरामः	उ०	हरिष्यामि	हरिष्यावः	हरिष्यामः

लङ्				लिट्		
अहरत्	अहरताम्	अहरन्	प्र०	जहार	जह्रतुः	जह्रुः
अहरः	अहरतम्	अहरत	म०	जहर्थ	जह्रथुः	जह्र
अहरम्	अहराव	अहराम	उ०	जहार, जहर	जह्रिव	जह्रिम

लोट्				लुट्		
हरतु	हरताम्	हरन्तु	प्र०	हर्ता	हर्तारौ	हर्तारः
हर	हरतम्	हरत	म०	हर्तासि	हर्तास्थः	हर्तास्थ
हराणि	हराव	हराम	उ०	हर्तास्मि	हर्तास्वः	हर्तास्मः

विधिलिङ्				लुङ्		
हरेत्	हरेताम्	हरेयुः	प्र०	अहार्षीत्	अहार्ष्टाम्	अहार्षुः
हरेः	हरेतम्	हरेत	म०	अहार्षीः	अहार्ष्टम्	अहार्ष्ट
हरेयम्	हरेव	हरेम	उ०	अहार्षम्	अहार्ष्व	अहार्ष्म

आशीर्लिङ्				लृङ्		
ह्रियात्	ह्रियास्ताम्	ह्रियासुः	प्र०	अहरिष्यत्	अहरिष्यताम्	अहरिष्यन्
ह्रियाः	ह्रियास्तम्	ह्रियास्त	म०	अहरिष्यः	अहरिष्यतम्	अहरिष्यत
ह्रियासम्	ह्रियास्व	ह्रियास्म	उ०	अहरिष्यम्	अहरिष्याव	अहरिष्याम

हृ (ले जाना, चुराना) आत्मनेपद

लट्				विधिलिङ्		
हरते	हरेते	हरन्ते	प्र०	हरेत	हरेयाताम्	हरेरन्
हरसे	हरेथे	हरध्वे	म०	हरेथाः	हरेयाथाम्	हरेध्वम्
हरे	हरावहे	हरामहे	उ०	हरेय	हरेवहि	हरेमहि

लृट्				आशीर्लिङ्		
हरिष्यते	हरिष्येते	हरिष्यन्ते	प्र०	हृषीष्ट	हृषीयास्ताम्	हृषीरन्
हरिष्यसे	हरिष्येथे	हरिष्यध्वे	म०	हृषीष्ठाः	हृषीयास्थाम्	हृषीढ्वम्
हरिष्ये	हरिष्यावहे	हरिष्यामहे	उ०	हृषीय	हृषीवहि	हृषीमहि

लङ्				लिट्		
अहरत	अहरेताम्	अहरन्त	प्र०	जह्रे	जह्राते	जह्रिरे
अहरथाः	अहरेथाम्	अहरध्वम्	म०	जह्रिषे	जह्राथे	जह्रिध्वे
अहरे	अहरावहि	अहरामहि	उ०	जह्रे	जह्रिवहे	जह्रिमहे

लोट्				लुट्		
हरताम्	हरेताम्	हरन्ताम्	प्र०	हर्ता	हर्तारौ	हर्तारः
हरस्व	हरेथाम्	हरध्वम्	म०	हर्तासे	हर्तासाथे	हर्ताध्वे
हरै	हरावहै	हरामहै	उ०	हर्ताहे	हर्तास्वहे	हर्तास्महे

लुङ्				लृङ्		
अहृत	अहृषाताम्	अहृषत	प्र०	अहरिष्यत	अहरिष्येताम्	अहरिष्यन्त
अहृथाः	अहृषाथाम्	अहृढ्वम्	म०	अहरिष्यथाः	अहरिष्येथाम्	अहरिष्यध्वम्
अहृषि	अहृष्वहि	अहृष्महि	उ०	अहरिष्ये	अहरिष्यावहि	अहरिष्यामहि

भ्वादिगणीय कुछ अन्य धातुएँ

(३६) क्रन्द (रोना) परस्मैपदी

लट्	क्रन्दति	क्रन्दतः	क्रन्दन्ति
लृट्	क्रन्दिष्यति	क्रन्दिष्यतः	क्रन्दिष्यन्ति
आ० लिङ्	क्रन्दयात्	क्रन्दयास्ताम्	क्रन्दयासुः
लिट्	चक्रन्द	चक्रन्दतुः	चक्रन्दुः
लुट्	क्रन्दिता	क्रन्दितारौ	क्रन्दितारः
लुङ्	अक्रन्दीत्	अक्रन्दिष्टाम्	अक्रन्दिषुः
	अक्रन्दीः	अक्रन्दिष्टम्	अक्रन्दिष्ट
	अक्रन्दिषम्	अक्रन्दिष्व	अक्रन्दिष्म
लृङ्	अक्रन्दिष्यत्	अक्रन्दिष्यताम्	अक्रन्दिष्यन्

क्रुश् (चिल्लाना, रोना) परस्मैपदी

लट्	क्रोशति	क्रोशतः	क्रोशन्ति
लृट्	क्रोक्ष्यति	क्रोक्ष्यतः	क्रोक्ष्यन्ति
लङ्	अक्रोशत्	अक्रोशताम्	अक्रोशन्
लोट्	क्रोशतु	क्रोशताम्	क्रोशन्तु
वि०लिङ्	क्रोशेत्	क्रोशेताम्	क्रोशेयुः
आ०लिङ्	क्रुश्यात्	क्रुश्यास्ताम्	क्रुश्यासुः
लिट्	चुक्रोश	चुक्रुशतुः	चुक्रुशुः
	चुक्रोशिथ	चुक्रुशथुः	चुक्रुश
	चुक्रोश	चुक्रुशिव	चुक्रुशिम
लुट्	क्रोष्टा	क्रोष्टारौ	क्रोष्टारः
लुङ्	अक्रुशत्	अक्रुशताम्	अक्रुशन्
	अक्रुशः	अक्रुशतम्	अक्रुशत
	अक्रुशम्	अक्रुशाव	अक्रुशाम
लृङ्	अक्रोक्ष्यत्	अक्रोक्ष्यताम्	अक्रोक्ष्यन्

(४०) क्लम् (थकना) परस्मैपदी

लट्	क्लामति	क्लामतः	क्लामन्ति
लृट्	क्लमिष्यति	क्लमिष्यतः	क्लमिष्यन्ति
आ०लिङ्	क्लम्यात्	क्लम्यास्ताम्	क्लम्यासुः
लिट्	चक्लाम	चक्लमतुः	चक्लमुः
	चक्लमिथ	चक्लमथुः	चक्लम
	चक्लाम, चक्लम	चक्लमिव	चक्लमिम
लुङ्	अक्लमत्	अक्लमताम्	अक्लमन्

(४१) क्षम् (क्षमा करना) आत्मनेपदी

लट्	क्षमते	क्षमेते	क्षमन्ते
लिट्	चक्षमे	चक्षमाते	चक्षमिरे
	चक्षमिषे, चक्षंसे	चक्षमाथे	चक्षमिध्वे, चक्षन्ध्वे
	चक्षमे	चक्षमिवहे, चक्षण्वहे	चक्षमिमहे, चक्षण्महे

(४२) काश् (चमकना) आत्मनेपदी

लट्	काशते	काशेते	काशन्ते
लृट्	काशिष्यते	काशिष्येते	काशिष्यन्ते
आ०लिङ्	काशिषीष्ट	काशिषीयास्ताम्	काशिषीरन्
लिट्	चकाशे	चकाशाते	चकाशिरे
	चकाशिषे	चकाशाथे	चकाशिध्वे
	चकाशे	चकाशिवहे	चकाशिमहे
लुट्	काशिता	काशितारौ	काशितारः
लुङ्	अकाशिष्ट	अकाशिषाताम्	अकाशिषत
	अकाशिष्ठाः	अकाशिषाथाम्	अकाशिध्वम्
	अकाशिषि	अकाशिष्वहि	अकाशिष्महि
लृङ्	अकाशिष्यत	अकाशिष्येताम्	अकाशिष्यन्त

उभयपदी

(४३) खन् (खोदना) परस्मैपद

लट्	खनति	खनतः	खनन्ति
लृट्	खनिष्यति	खनिष्यतः	खनिष्यन्ति
आ०लिङ्	खायात्	खायाताम्	खायुः
	खन्यात्	खन्याताम्	खन्युः
चिट्	चखान	चख्नतुः	चख्नुः
	चखनिथ	चख्नथुः	चख्न
	चखान, चखन	चख्निव	चख्निम

लुट्	खनिता	खनितारौ	खनितारः
लुङ्	अखनीत्, अखानीत्	अखनिष्टाम् अखानिष्टाम्	अखनिषुः अखानिषुः

(४४) खन् आत्मनेपद

लट्	खनते	खनेते	खनन्ते
लृट्	खनिष्यते	खनिष्येते	खनिष्यन्ते
आ०लिङ्	खनिषीष्ट	खनिषीयास्ताम्	खनिषीरन्
लिट्	चख्ने	चख्नाते	चख्निरे
	चख्निषे	चख्नाथे	चख्निध्वे
	चख्ने	चख्निवहे	चख्निमहे
लुङ्	अखनिष्ट	अखनिषाताम्	अखनिषत

(४५) ग्लै (क्षीण होना) परस्मैपदी

लट्	ग्लायति	ग्लायतः	ग्लायन्ति
लृट्	ग्लास्यति	ग्लास्यतः	ग्लास्यन्ति
आ० लिङ्	ग्लायात्	ग्लायास्ताम्	ग्लायासुः
	ग्लेयात्	ग्लेयास्ताम्	ग्लेयासुः
लिट्	जग्लौ	जग्लतुः	जग्लुः
	जग्लिथ, जग्लाथ	जग्लथुः	जग्ल
	जग्लौ	जग्लिव	जग्लिम
लुट्	अग्लासीत्	अग्लास्ताम्	अग्लासुः

(४६) चल् (चलना) परस्मैपदी

लट्	चलाति	चलतः	चलन्ति
लृट्	चलिष्यति	चलिष्यतः	चलिष्यन्ति
आ० लिङ्	चल्यात्	चल्यास्ताम्	चल्यासुः
लिट्	चचाल	चेलतुः	चेलुः
	चेलिथ	चेलथुः	चेल
	चचाल, चचल	चेलिव	चेलिम
लुङ्	अचालीत्	अचालिष्टाम्	अचालिषुः
लृङ्	अचलिष्यत्	अचलिष्यताम्	अचलिष्यन्

(४७) ज्वल् (जलना) परस्मैपदी

लट्	ज्वलति	ज्वलतः	ज्वलन्ति
लृट्	ज्वलिष्यति	ज्वलिष्यतः	ज्वलिष्यन्ति
आ० लिङ्	ज्वल्यात्	ज्वल्यास्ताम्	ज्वल्यासुः

लिट्	जज्वाल	जज्वलतुः	जज्वलुः
	जज्वलिथ	जज्वलथुः	जज्वल
	जज्वाल, जज्वल	जज्वलिव	जज्वलिम
लुङ्	अज्वालीत्	अज्वालिष्टाम्	अज्वालिषुः

(४८) डी (उड़ना) आत्मनेपदी

लट्	डयते	डयेते	डयन्ते
लृट्	डयिष्यते	डयिष्येते	डयिष्यन्ते
आ० लिङ्	डयिषीष्ट	डयिषीयास्ताम्	डयिषीरन्
लिट्	डिड्ये	डिड्याते	डिड्यिरे
लुङ्	अडयिष्ट	अडयिषाताम्	अडयिषत

(४९) दह् (जलाना) परस्मैपदी

लट्	दहति	दहतः	दहन्ति
लृट्	धक्ष्यति	धक्ष्यतः	धक्ष्यन्ति
आ० लिङ्	दह्यात्	दह्यास्ताम्	दह्यासुः
लिट्	ददाह	देहतुः	देहुः
	देहिथ, ददग्ध	देहथुः	देह
	ददाह, ददह	देहिव	देहिम
लुट्	दग्धा	दग्धारौ	दग्धारः
लुङ्	अधाक्षीत्	अदाग्धाम्	अधाक्षुः
	अधाक्षीः	अदाग्धम्	अदाग्ध
	अधाक्षम्	अधाक्ष्व	अधाक्ष्म

(५०) ध्यै (ध्यान करना) परस्मैपदी

लट्	ध्यायति	ध्यायतः	ध्यायन्ति
लृट्	ध्यास्यति	ध्यास्यतः	ध्यास्यन्ति
लिट्	दध्यौ	दध्यतुः	दध्युः
	दध्यिथ, दध्याथ	दध्यथुः	दध्य
	दध्यौ	दध्यिव	दध्यिम
लुट्	ध्याता	ध्यातारौ	ध्यातारः
लुङ्	अध्यासीत्	अध्यासिष्टाम्	अध्यासिषुः

(५१) पत् (गिरना) परस्मैपदी

लट्	पतति	पततः	पतन्ति
लृट्	पतिष्यति	पतिष्यतः	पतिष्यन्ति
लुट्	पतिता	पतितारौ	पतितारः

लुङ्	अपतत्	अपतताम्	अपतन्
	अपतः	अपततम्	अपतत
	अपतम्	अपताव	अपताम

(५२) फल् (फलना) परस्मैपदी

लट्	फलति	फलतः	फलन्ति
लृट्	फलिष्यति	फलिष्यतः	फलिष्यन्ति
लिट्	पफाल	फेलतुः	फेलुः
	फेलिथ	फेलथुः	फेल
	पफाल	फेलिव	फेलिम
लुट्	फलिता	फलितारौ	फलितारः
लुङ्	अफालीत्	अफालिष्टाम्	अफालिषुः

(५३) फुल्ल् (फूलना) परस्मैपदी

लट्	फुल्लति	फुल्लतः	फुल्लन्ति
लृट्	फुल्लिष्यति	फुल्लिष्यतः	फुल्लिष्यन्ति
लिट्	पुफुल्ल	पुफुल्लतुः	पुफुल्लुः
लुङ्	अफुल्लीत्	अफुल्लिष्टाम्	अफुल्लिषुः

(५३) बाध् (पीड़ा देना) आत्मनेपदी

लट्	बाधते	बाधेते	बाधन्ते
लृट्	बाधिष्यते	बाधिष्येते	बाधिष्यन्ते
लिट्	बबाधे	बबाधाते	बबाधिरे
लुट्	बाधिता	बाधितारौ	बाधितारः
लुङ्	अबाधिष्ट	अबाधिषाताम्	अबाधिषत

उभयपदी

(५४) बुध् (जानना) परस्मैपद

लट्	बोधति	बोधतः	बोधन्ति
लृट्	बोधिष्यति	बोधिष्यतः	बोधिष्यन्ति
आ०लिङ्	बुध्यात्	बुध्यास्ताम्	बुध्यासुः
लिट्	बुबोध	बुबुधतुः	बुबुधुः
लुङ्	{ अबुधत्	अबुधताम्	अबुधन्
	{ अबोधीत्	अबोधिष्टाम्	अबोधिषुः

बुध् (जानना) आत्मनेपद

लट्	बोधते	बोधेते	बोधन्ते
लृट्	बोधिष्यते	बोधिष्येते	बोधिष्यन्ते

आ०लिङ्	बोधिषीष्ट	बोधिषीयास्ताम्	बोधिषीरन्
लिट्	बुबुधे	बुबुधाते	बुबुधिरे
लुङ्	अबोधिष्ट	अबोधिषाताम्	अबोधिषत

(५५) भिक्ष् (भीख माँगना) आत्मनेपदी

लट्	भिक्षते	भिक्षेते	भिक्षन्ते
लृट्	भिक्षिष्यते	भिक्षिष्येते	भिक्षिष्यन्ते
आ०लिङ्	भिक्षिषीष्ट	भिक्षिषीयास्ताम्	भिक्षिषीरन्
लिट्	बिभिक्षे	बिभिक्षाते	बिभिक्षिरे
	बिभिक्षिषे	बिभिक्षाथे	बिभिक्षिध्वे
	बिभिक्षे	बिभिक्षिवहे	बिभिक्षिमहे
लुट्	भिक्षिता	भिक्षितारौ	भिक्षितारः
लुङ्	अभिक्षिष्ट	अभिक्षिषाताम्	अभिक्षिषत

(५६) भूष् (सजाना) परस्मैपदी

लट्	भूषति	भूषतः	भूषन्ति
लृट्	भूषिष्यति	भूषिष्यतः	भूषिष्यन्ति
आ०लिङ्	भूष्यात्	भूष्यास्ताम्	भूष्यासुः
लिट्	बुभूष	बुभूषतुः	बुभूषुः
लुट्	भूषिता	भूषितारौ	भूषितारः
लुङ्	अभूषीत्	अभूषिष्टाम्	अभूषिषुः
लृङ्	अभूषिष्यत्	अभूषिष्यताम्	अभूषिष्यन्

(५७) भ्रंश् (गिरना) आत्मनेपदी

लट्	भ्रंशते	भ्रंशेते	भ्रंशन्ते
लृट्	भ्रंशिष्यते	भ्रंशिष्येते	भ्रंशिष्यन्ते
आ०लिङ्	भ्रंशिषीष्ट	भ्रंशिषीयास्ताम्	भ्रंशिषीरन्
लिट्	बभ्रंशे	बभ्रंशाते	बभ्रंशिरे
लुङ्	अभ्रंशत्	अभ्रंशताम्	अभ्रंशन्
		तथा	
	अभ्रंशीष्ट	अभ्रंशिषाताम्	अभ्रंशिषत

(५८) मथ् (मथना) परस्मैपदी

लट्	मन्थति	मन्थतः	मन्थन्ति
लृट्	मन्थिष्यति	मन्थिष्यतः	मन्थिष्यन्ति
आ०लिङ्	मथ्यात्	मथ्यास्ताम्	मथ्यासुः
लिट्	ममन्थ	ममन्थतुः	ममन्थुः
लुङ्	अमन्थीत्	अमन्थिष्टाम्	अमन्थिषुः

(५६) यत् (प्रयत्न करना) आत्मनेपदी

लट्	यतते	यतेते	यतन्ते
लृट्	यतिष्यते	यतिष्येते	यतिष्यन्ते
आ०लिङ्	यतिषीष्ट	यतिषीयास्ताम्	यतिषीरन्
लिट्	येते	येताते	येतिरे
	येतिषे	येताथे	येतिध्वे
	येते	येतिवहे	येतिमहे
लुङ्	अयतिष्ट	अयतिषाताम्	अयतिषत
	अयतिष्ठाः	अयतिषाथाम्	अयतिध्वम्
	अयतिषि	अयतिष्वहि	अयतिष्महि

(६०) रभ् (शुरू करना) आत्मनेपदी

लट्	रभते	रभेते	रभन्ते
लृट्	रप्स्यते	रप्स्येते	रप्स्यन्ते
आ०लिङ्	रप्सीष्ट	रप्सीयास्ताम्	रप्सीरन्
लिट्	रेभे	रेभाते	रेभिरे
	रेभिषे	रेभाथे	रेभिध्वे
	रेभे	रेभिवहे	रेभिमहे
लुङ्	अरब्ध	अरप्साताम्	अरप्सत
	अरब्धाः	अरप्साथाम्	अरब्ध्वम्
	अरप्सि	अरप्स्वहि	अरप्स्महि

(६१) रम् (खेलना) आत्मनेपदी

लट्	रमते	रमेते	रमन्ते
लृट्	रंस्यते	रंस्येते	रंस्यन्ते
लिट्	रेमे	रेमाते	रेमिरे
लुङ्	अरंस्त	अरंसाताम्	अरंसत
	अरंस्थाः	अरंसाथाम्	अरंध्वम्
	अरंसि	अरंस्वहि	अरंस्महि

(६२) रुह् (उगना) परस्मैपदी

लट्	रोहति	रोहतः	रोहन्ति
लृट्	रोक्ष्यति	रोक्ष्यतः	रोक्ष्यन्ति
लिट्	रुरोह	रुरुहतुः	रुरुहुः
	रुरोहिथ	रुरुहथुः	रुरुह
	रुरोह	रुरुहिव	रुरुहिम

लुङ्	अरुदत्	अरुदताम्	अरुदन्
	अरुदः	अरुदतम्	अरुदत
	अरुदम्	अरुदाव	अरुदाम

(६३) वन्द् (नमस्कार करना) आत्मनेपदी

लट्	वन्दते	वन्देते	वन्दन्ते
लृट्	वन्दिष्यते	वन्दिष्येते	वन्दिष्यन्ते
आ०लिङ्	वन्दिषीष्ट	वन्दिषीयास्ताम्	वन्दिषीरन्
लिट्	ववन्दे	ववन्दाते	ववन्दिरे
लुङ्	अवन्दिष्ट	अवन्दिषाताम्	अवन्दिषत

(६४) वाञ्छ् (इच्छा करना) परस्मैपदी

लट्	वाञ्छति	वाञ्छतः	वाञ्छन्ति
लृट्	वाञ्छिष्यति	वाञ्छिष्यतः	वाञ्छिष्यन्ति
आ०लिङ्	वाञ्छयात्	वाञ्छयास्ताम्	वाञ्छयासुः
लिट्	ववाञ्छ	ववाञ्छतुः	ववाञ्छुः
	ववाञ्छिथ	ववाञ्छथुः	ववाञ्छ
	ववाञ्छ	ववाञ्छिव	ववाञ्छिम
लुङ्	अवाञ्छीत्	अवाञ्छिष्टाम्	अवाञ्छिषुः

(६५) वृष् (बरसना) परस्मैपदी

लट्	वर्षति	वर्षतः	वर्षन्ति
लृट्	वर्षिष्यति	वर्षिष्यतः	वर्षिष्यन्ति
आ०लिङ्	वृष्यात्	वृष्यास्ताम्	वृष्यासुः
लिट्	ववर्ष	ववर्षतुः	ववर्षुः
लुङ्	अवर्षीत्	अवर्षिष्टाम्	अवर्षिषुः

(६६) व्रज् (चलना) परस्मैपदी

लट्	व्रजति	व्रजतः	व्रजन्ति
लृट्	व्रजिष्यति	व्रजिष्यतः	व्रजिष्यन्ति
आ०लिङ्	व्रज्यात्	व्रज्यास्ताम्	व्रज्यासुः
लिट्	वव्राज	वव्रजतुः	वव्रजुः
लुङ्	अव्राजीत्	अव्राजिष्टाम्	अव्राजिषुः

(६७) शंस् (प्रशंसा करना) परस्मैपदी

लट्	शंसति	शंसतः	शंसन्ति
लृट्	शंसिष्यति	शंसिष्यतः	शंसिष्यन्ति
आ०लिङ्	शस्यात्	शस्यास्ताम्	शस्यासुः

लिट्	शशंस	शशंसतुः	शशंसुः
लुट्	शंसिता	शंसितारौ	शंसितारः
लुङ्	अशंसीत्	अशंसिष्टाम्	अशंसिषुः

(६८) शंक् (शंका करना) आत्मनेपदी

लट्	शङ्कते	शङ्केते	शङ्कन्ते
लृट्	शङ्किष्यते	शंङ्किष्येते	शङ्किष्यन्ते
आ०लिङ्	शङ्किषीष्ट	शङ्किषीयास्ताम्	शङ्किषीरन्
लिट्	शशङ्के	शशङ्काते	शशङ्किरे
लुट्	शङ्किता	शङ्कितारौ	शङ्कितारः
लुङ्	अशङ्किष्ट	अशङ्किषाताम्	अशङ्किषत

(६९) शिक्ष् (सीखना) आत्मनेपदी

लट्	शिक्षते	शिक्षेते	शिक्षन्ते
लृट्	शिक्षिष्यते	शिक्षिष्येते	शिक्षिष्यन्ते
आ०लिङ्	शिक्षिषीष्ट	शिक्षिषीयास्ताम्	शिक्षिषीरन्
लिट्	शिशिक्षे	शिशिक्षाते	शिशिक्षिरे
लुट्	शिक्षिता	शिक्षितारौ	शिक्षितारः
लुङ्	अशिक्षिष्ट	अशिक्षिषाताम्	अशिक्षिषत

(७०) शुच् (शोक करना) परस्मैपदी

लट्	शोचति	शोचतः	शोचन्ति
लृट्	शोचिष्यति	शोचिष्यतः	शोचिष्यन्ति
आ०लिङ्	शुच्यात्	शुच्यास्ताम्	शुच्यासुः
लिट्	शुशोच	शुशुचतुः	शुशुचुः
	शुशोचिथ	शुशुचथुः	शुशुच
	शुशोच	शुशुचिव	शुशुचिम
लुङ्	अशोचीत्	अशोचिष्टाम्	अशोचिषुः

(७१) शुभ् (शोभित होना) आत्मनेपदी

लट्	शोभते	शोभेते	शोभन्ते
लृट्	शोभिष्यते	शोभिष्येते	शोभिष्यन्ते
आ०लिङ्	शोभिषीष्ट	शोभिषीयास्ताम्	शोभिषीरन्
लिट्	शुशुभे	शुशुभाते	शुशुभिरे
लुङ्	अशोभिष्ट	अशोभिषाताम्	अशोभिषत

(७२) स्वद् (स्वादलेना) आत्मनेपदी

लट्	स्वदते	स्वदेते	स्वदन्ते
लृट्	स्वदिष्यते	स्वदिष्येते	स्वदिष्यन्ते

आ० लिङ्	स्वदिषीष्ट	स्वदिषीयास्ताम्	स्वदिषीरन्
लिट्	सस्वदे	सस्वदाते	सस्वदिरे
	सस्वदिषे	सस्वदाथे	सस्वदिध्वे
	सस्वदे	सस्वदिवहे	सस्वदिमहे
लुट्	स्वदिता	स्वदितारौ	स्वदितारः
लुङ्	अस्वदिष्ट	अस्वदिषाताम्	अस्वदिषत
	अस्वदिष्ठाः	अस्वदिषाथाम्	अस्वदिध्वम्
	अस्वदिषि	अस्वदिष्वहि	अस्वदिष्महि

(७३) स्वाद् (स्वाद लेना) आत्मनेपदी

लट्	स्वादते	स्वादेते	स्वादन्ते
लृट्	स्वादिष्यते	स्वादिष्येते	स्वादिष्यन्ते
आ० लिङ्	स्वादिषीष्ट	स्वादिषीयास्ताम्	स्वादिषीरन्
लिट्	सस्वादे	सस्वादाते	सस्वादिरे
	सस्वादिषे	सस्वादाथे	सस्वादिध्वे
	सस्वादे	सस्वादिवहे	सस्वादिमहे
लुट्	स्वादिता	स्वादितारौ	स्वादितारः
लुङ्	अस्वादिष्ट	अस्वादिषाताम्	अस्वादिषत

(७४) ह्लाद् (प्रसन्न होना) आत्मनेपदी

लट्	ह्लादते	ह्लादेते	ह्लादन्ते
लृट्	ह्लादिष्यते	ह्लादिष्येते	ह्लादिष्यन्ते
आ० लिङ्	ह्लादिषीष्ट	ह्लादिषीयास्ताम्	ह्लादिषीरन्
लिट्	जह्लादे	जह्लादाते	जह्लादिरे
लुट्	ह्लादिता	ह्लादितारौ	ह्लादितारः
लुङ्	अह्लादिष्ट	अह्लादिषाताम्	अह्लादिषत

२–अदादिगण

अदादिगण की प्रथम धातु 'अद्' है, अतः इस गण का नाम अदादिगण पड़ा। इस गण में ७२ धातुएँ हैं। इस गण की धातुओं और तिङ् प्रत्यय के बीच में भ्वादिगण के समान शप् नहीं लगाया जाता। उदाहरणार्थ, अद् + ति = अत्ति।

परस्मैपदी अकारान्त धातुओं के बाद अनद्यतन भूत के प्रथम पुरुष के बहुवचन के 'अन्' प्रत्यय के स्थान पर विकल्प से उस् आता है, जैसे—आदन् या आदुः।

परस्मैपद

लट्				लोट्		
ति	तः	अन्ति	प्र०	तु	ताम्	अन्तु
सि	थः	थ	म०	हि	तम्	त
मि	वः	मः	उ०	आनि	आव	आम
लृट्				**विधिलिङ्**		
स्यति	स्यतः	स्यन्ति	प्र०	यात्	याताम्	युः
स्यसि	स्यथः	स्यथ	म०	याः	यातम्	यात
स्यामि	स्यावः	स्यामः	उ०	याम्	याव	याम
लङ्				**आशीर्लिङ्**		
त्	ताम्	अन्	प्र०	यात्	यास्ताम्	यासुः
तः	तम्	त	म०	याः	यास्तम्	यास्त
अन्	व	म	उ०	यासम्	यास्व	यास्म

आत्मनेपद

लट्				लोट्		
ते	आते	अते	प्र०	ताम्	आताम्	अताम्
से	आथे	ध्वे	म०	स्व	आथाम्	ध्वम्
ए	वहे	महे	उ०	ऐ	आवहै	आमहै
लृट्				**विधिलिङ्**		
स्यते	स्येते	स्यन्ते	प्र०	ईत	ईयाताम्	ईरन्
स्यसे	स्येथे	स्यध्वे	म०	ईथाः	ईयाथाम्	ईध्वम्
स्ये	स्यावहे	स्यामहे	उ०	ईय	ईवहि	ईमहि
लङ्				**आशीर्लिङ्**		
त	आताम्	अत	प्र०	इषीष्ट	इषीयास्ताम्	इषीरन्
थाः	आथाम्	ध्वम्	म०	इषीष्ठाः	इषीयास्थाम्	इषीध्वम्
इ	वहि	महि	उ०	इषीय	इषीवहि	इषीमहि

(७५) अद् (खाना) परस्मैपदी

	लट्				आशीर्लिङ्	
अत्ति	अत्तः	अदन्ति	प्र०	अद्यात्	अद्यास्ताम्	अद्यासुः
अत्सि	अत्थः	अत्थ	म०	अद्याः	अद्यास्तम्	अद्यास्त
अद्मि	अद्वः	अद्मः	उ०	अद्यासम्	अद्यास्व	अद्यास्म
	लृट्				लिट्*	
अत्स्यति	अत्स्यतः	अत्स्यन्ति	प्र०	आद	आदतुः	आदुः
अत्स्यसि	अत्स्यथः	अत्स्यथ	म०	आदिथ	आदथुः	आद
अत्स्यामि	अत्स्यावः	अत्स्यामः	उ०	आद	आदिव	आदिम
	लङ्				लुट्	
आदत्	आत्ताम्	आदन्, आदुः	प्र०	अत्ता	अत्तारौ	अत्तारः
आदः	आत्तम्	आत्त	म०	अत्तासि	अत्तास्थः	अत्तास्थ
आदम्	आद्व	आद्म	उ०	अत्तास्मि	अत्तास्वः	अत्तास्मः
	लोट्				लुङ्	
अत्तु	अत्ताम्	अदन्तु	प्र०	अघसत्	अघसताम्	अघसन्
अद्धि	अत्तम्	अत्त	म०	अघसः	अघसतम्	अघसत
अदानि	अदाव	अदाम	उ०	अघसम्	अघसाव	अघसाम
	विधिलिङ्				लृङ्	
अद्यात्	अद्याताम्	अद्युः	प्र०	आत्स्यद्	आत्स्यताम्	आत्स्यन्
अद्याः	अद्यातम्	अद्यात	म०	आत्स्यः	आत्स्यतम्	आत्स्यत
अद्याम्	अद्याव	अद्याम	उ०	आत्स्यम्	आत्स्याव	आत्स्याम

(७६) अस् (होना) परस्मैपदी

	लट्				लोट्	
अस्ति	स्तः	सन्ति	प्र०	अस्तु	स्ताम्	सन्तु
असि	स्थः	स्थ	म०	एधि	स्तम्	स्त
अस्मि	स्वः	स्मः	उ०	असानि	असाव	असाम
	लृट्				विधिलिङ्	
भविष्यति	भविष्यतः	भविष्यन्ति	प्र०	स्यात्	स्याताम्	स्युः
भविष्यसि	भविष्यथः	भविष्यथ	म०	स्याः	स्यातम्	स्यात
भविष्यामि	भविष्यावः	भविष्यामः	उ०	स्याम्	स्याव	स्याम
	लङ्				आशीर्लिङ्	
आसीत्	आस्ताम्	आसन्	प्र०	भूयात्	भूयास्ताम्	भूयासुः
आसीः	आस्तम्	आस्त	म०	भूयाः	भूयास्तम्	भूयास्त
आसम्	आस्व	आस्म	उ०	भूयासम्	भूयास्व	भूयास्म

*(अद् को घस्) जघास, जक्षतुः, जक्षुः आदि रूप भी होते हैं।

लिट्				लुङ्		
बभूव	बभूवतुः	बभूवुः	प्र०	अभूत्	अभूताम्	अभूवन्
बभूविथ	बभूवथुः	बभूव	म०	अभूः	अभूतम्	अभूत
बभूव	बभूविव	बभूविम	उ०	अभूवम्	अभूव	अभूम
लुट्				**लृङ्**		
भविता	भवितारौ	भवितारः	प्र०	अभविष्यत्	अभविष्यताम्	अभविष्यन्
भवितासि	भवितास्थः	भवितास्थ	म०	अभविष्यः	अभविष्यतम्	अभविष्यत
भवितास्मि	भवितास्वः	भवितास्मः	उ०	अभविष्यम्	अभविष्याव	अभविष्याम

(७७) आस् (बैठना) आत्मनेपदी

लट्				आशीर्लिङ्		
आस्ते	आसाते	आसते	प्र०	आसिषीष्ट	आसिषीयास्ताम्	आसिषीरन्
आस्से	आसाथे	आध्वे	म०	आसिषीष्ठाः	आसिषीयास्थाम्	आसिषीध्वम्
आसे	आस्वहे	आस्महे	उ०	आसिषीय	आसिषीवहि	आसिषीमहि
लृट्				**लिट्**		
आसिष्यते	आसिष्येते	आसिष्यन्ते	प्र०	आसांचक्रे	आसांचक्राते	आसांचक्रिरे
आसिष्यसे	आसिष्येथे	आसिष्यध्वे	म०	आसांचकृषे	आसांचक्राथे	आसांचकृढ्वे
आसिष्ये	आसिष्यावहे	आसिष्यामहे	उ०	आसांचक्रे	आसांचकृवहे	आसांचकृमहे
लङ्				**लुट्**		
आस्त	आसाताम्	आसत	प्र०	आसिता	आसितारौ	आसितारः
आस्थाः	आसाथाम्	आध्वम्	म०	आसितासे	आसितासाथे	आसिताध्वे
आसि	आस्वहि	आस्महि	उ०	आसिताहे	आसितास्वहे	आसितास्महे
लोट्				**लुङ्**		
आस्ताम्	आसाताम्	आसताम्	प्र०	आसिष्ट	आसिषाताम्	आसिषत
आस्स्व	आसाथाम्	आध्वम्	म०	आसिष्ठाः	आसिषाथाम्	आसिध्वम्
आसै	आसावहै	आसामहै	उ०	आसिषि	आसिष्वहि	आसिष्महि
विधिलिङ्				**लृङ्**		
आसीत	आसीयाताम्	आसीरन्	प्र०	आसिष्यत	आसिष्येताम्	आसिष्यन्त
आसीथाः	आसीयाथाम्	आसीध्वम्	म०	आसिष्यथाः	आसिष्येथाम्	आसिष्यध्वम्
आसीय	आसीवहि	आसीमहि	उ०	आसिष्ये	आसिष्यावहि	आसिष्यामहि

(७८) (अधि) इङ् (अध्ययन करना) आत्मनेपदी

लट्				लृट्		
अधीते	अधीयाते	अधीयते	प्र०	अध्येष्यते	अध्येष्येते	अध्येष्यन्ते
अधीषे	अधीयाथे	अधीध्वे	म०	अध्येष्यसे	अध्येष्येथे	अध्येष्यध्वे
अधीये	अधीवहे	अधीमहे	उ०	अध्येष्ये	अध्येष्यावहे	अध्येष्यामहे

लङ्				लिट्		
अध्यैत	अध्यैयाताम्	अध्यैयत	प्र०	अधिजगे	अधिजगाते	अधिजगिरे
अध्यैथाः	अध्यैयाथाम्	अध्यैध्वम्	म०	अधिजगिषे	अधिजगाथे	अधिजगिध्वे
अध्यैयि	अध्यैवहि	अध्यैमहि	उ०	अधिजगे	अधिजगिवहे	अधिजगिमहे
लोट्				लुट्		
अधीताम्	अधीयाताम्	अधीयताम्	प्र०	अध्येता	अध्येतारौ	अध्येतारः
अधीष्व	अधीयाथाम्	अधीध्वम्	म०	अध्येतासे	अध्येतासाथे	अध्येताध्वे
अध्ययै	अध्ययावहै	अध्ययामहै	उ०	अध्येताहे	अध्येतास्वहे	अध्येतास्महे
विधिलिङ्				लुङ्		
अधीयीत	अधीयीयाताम्	अधीयीरन्	प्र०	अध्यैष्ट	अध्यैषाताम्	अध्यैषत
अधीयीथाः	अधीयीयाथाम्	अधीयीध्वम्	म०	अध्यैष्ठाः	अध्यैषाथाम्	अध्यैढ्वम्, ध्वम्
अधीयीय	अधीयीवहि	अधीयीमहि	उ०	अध्यैषि	अध्यैष्वहि	अध्यैष्महि
आशीर्लिङ्				लृङ्*		
अध्येषीष्ट	अध्येषीयास्ताम्	अध्येषीरन्	प्र०	अध्यैष्यत	अध्यैष्येताम्	अध्यैष्यन्त
अध्येषीष्ठाः	अध्येषीयास्थाम्	अध्येषीध्वम्	म०	अध्यैष्यथाः	अध्यैष्येथाम्	अध्यैष्यध्वम्
अध्येषीय	अध्येषीवहि	अध्येषीमहि	उ०	अध्यैष्ये	अध्यैष्यावहि	अध्यैष्यामहि

(७६) इ (जाना) परस्मैपदी

लट्				विधिलिङ्		
एति	इतः	यन्ति	प्र०	इयात्	इयाताम्	इयुः
एषि	इथः	इथ	म०	इयाः	इयातम्	इयात
एमि	इवः	इमः	उ०	इयाम्	इयाव	इयाम
लृट्				आशीर्लिङ्		
एष्यति	एष्यतः	एष्यन्ति	प्र०	ईयात्	ईयास्ताम्	ईयासुः
एष्यसि	एष्यथः	एष्यथ	म०	ईयाः	ईयास्तम्	ईयास्त
एष्यामि	एष्यावः	एष्यामः	उ०	ईयासम्	ईयास्व	ईयास्म
लङ्				लिट्		
ऐत्	ऐताम्	आयन्	प्र०	इयाय	ईयतुः	ईयुः
ऐः	ऐतम्	ऐत	म०	इययिथ, इयेथ	ईयथुः	ईय
आयम्	ऐव	ऐम	उ०	इयाय, इयय	ईयिव	ईयिम
लोट्				लुट्		
एतु	इताम्	यन्तु	प्र०	एता	एतारौ	एतारः
इहि	इतम्	इत	म०	एतासि	एतास्थः	एतास्थ
अयानि	अयाव	अयाम	उ०	एतास्मि	एतास्वः	एतास्मः

*लृङ् में अध्यगीष्यत, अध्यगीष्येताम्, अध्यगीष्यन्त आदि रूप भी होंगे।

लुङ्				लृङ्		
अगात्	अगाताम्	अगुः	प्र०	ऐष्यत्	ऐष्यताम्	ऐष्यन्
अगाः	अगातम्	अगात	म०	ऐष्यः	ऐष्यतम्	ऐष्यत
अगाम्	अगाव	अगाम	उ०	ऐष्यम्	ऐष्याव	ऐष्याम

उभयपदी

(८०) दुह् (दुहना) परस्मैपद

लट्				आशीर्लिङ्		
दोग्धि	दुग्धः	दुहन्ति	प्र०	दुह्यात्	दुह्यास्ताम्	दुह्यासुः
धोक्षि	दुग्धः	दुग्ध	म०	दुह्याः	दुह्यास्तम्	दुह्यास्त
दोह्मि	दुह्वः	दुह्मः	उ०	दुह्यासम्	दुह्यास्व	दुह्यास्म
लृट्				**लिट्**		
धोक्ष्यति	धोक्ष्यतः	धोक्ष्यन्ति	प्र०	दुदोह	दुदुहतुः	दुदुहुः
धोक्ष्यसि	धोक्ष्यथः	धोक्ष्यथ	म०	दुदोहिथ	दुदुहथुः	दुदुह
धोक्ष्यामि	धोक्ष्यावः	धोक्ष्यामः	उ०	दुदोह	दुदुहिव	दुदुहिम
लङ्				**लुट्**		
अधोक्	अदुग्धाम्	अदुहन्	प्र०	दोग्धा	दोग्धारौ	दोग्धारः
अधोक्	अदुग्धम्	अदुग्ध	म०	दोग्धासि	दोग्धास्थः	दोग्धास्थ
अदोहम्	अदुह्व	अदुह्म	उ०	दोग्धास्मि	दोग्धास्वः	दोग्धास्मः
लोट्				**लुङ्**		
दोग्धु	दुग्धाम्	दुहन्तु	प्र०	अधुक्षत्	अधुक्षताम्	अधुक्षन्
दुग्धि	दुग्धम्	दुग्ध	म०	अधुक्षः	अधुक्षतम्	अधुक्षत
दोहानि	दोहाव	दोहाम	उ०	अधुक्षम्	अधुक्षाव	अधुक्षाम
विधिलिङ्				**लृङ्**		
दुह्यात्	दुह्याताम्	दुह्युः	प्र०	अधोक्ष्यत्	अधोक्ष्यताम्	अधोक्ष्यन्
दुह्याः	दुह्यातम्	दुह्यात	म०	अधोक्ष्यः	अधोक्ष्यतम्	अधोक्ष्यत
दुह्याम्	दुह्याव	दुह्याम	उ०	अधोक्ष्यम्	अधोक्ष्याव	अधोक्ष्याम

उभयपदी

(८१) ब्रू (कहना) परस्मैपद

लट्				लृट्		
ब्रवीति, आह	ब्रूतः, आहतुः	ब्रुवन्ति, आहुः	प्र०	वक्ष्यति	वक्ष्यतः	वक्ष्यन्ति
ब्रवीषि, आत्थ	ब्रूथः, आहथुः	ब्रूथ	म०	वक्ष्यसि	वक्ष्यथः	वक्ष्यथ
ब्रवीमि	ब्रूवः	ब्रूमः	उ०	वक्ष्यामि	वक्ष्यावः	वक्ष्यामः

लङ्				लिट्		
अब्रवीत्	अब्रूताम्	अब्रुवन्	प्र०	उवाच	ऊचतुः	ऊचुः
अब्रवीः	अब्रूतम्	अब्रूत	म०	उवचिथ, उवक्थ	ऊचथुः	ऊच
अब्रवम्	अब्रूव	अब्रूम	उ०	उवाच, उवच	ऊचिव	ऊचिम

लोट्				लुट्		
ब्रवीतु	ब्रूताम्	ब्रुवन्तु	प्र०	वक्ता	वक्तारौ	वक्तारः
ब्रूहि	ब्रूतम्	ब्रूत	म०	वक्तासि	वक्तास्थः	वक्तास्थ
ब्रवाणि	ब्रवाव	ब्रवाम	उ०	वक्तास्मि	वक्तास्वः	वक्तास्मः

विधिलिङ्				लुङ्		
ब्रूयात्	ब्रूयाताम्	ब्रूयुः	प्र०	अवोचत्	अवोचताम्	अवोचन्
ब्रूयाः	ब्रूयातम्	ब्रूयात	म०	अवोचः	अवोचतम्	अवोचत
ब्रूयाम्	ब्रूयाव	ब्रूयाम	उ०	अवोचम्	अवोचाव	अवोचाम

आशीर्लिङ्				लृङ्		
उच्यात्	उच्यास्ताम्	उच्यासुः	प्र०	अवक्ष्यत्	अवक्ष्यताम्	अवक्ष्यन्
उच्याः	उच्यास्तम्	उच्यास्त	म०	अवक्ष्यः	अवक्ष्यतम्	अवक्ष्यत
उच्यासम्	उच्यास्व	उच्यास्म	उ०	अवक्ष्यम्	अवक्ष्याव	अवक्ष्याम

(८२) ब्रू (कहना) आत्मनेपद

लट्				विधिलिङ्		
ब्रूते	ब्रुवाते	ब्रुवते	प्र०	ब्रुवीत	ब्रुवीयाताम्	ब्रुवीरन्
ब्रूषे	ब्रुवाथे	ब्रूध्वे	म०	ब्रुवीथाः	ब्रुवीयाथाम्	ब्रुवीध्वम्
ब्रुवे	ब्रूवहे	ब्रूमहे	उ०	ब्रुवीय	ब्रुवीवहि	ब्रुवीमहि

लृट्				आशीर्लिङ्		
वक्ष्यते	वक्ष्येते	वक्ष्यन्ते	प्र०	वक्षीष्ट	वक्षीयास्ताम्	वक्षीरन्
वक्ष्यसे	वक्ष्येथे	वक्ष्यध्वे	म०	वक्षीष्ठाः	वक्षीयास्थाम्	वक्षीध्वम्
वक्ष्ये	वक्ष्यावहे	वक्ष्यामहे	उ०	वक्षीय	वक्षीवहि	वक्षीमहि

लङ्				लिट्		
अब्रूत	अब्रुवाताम्	अब्रुवत	प्र०	ऊचे	ऊचाते	ऊचिरे
अब्रूथाः	अब्रुवाथाम्	अब्रूध्वम्	म०	ऊचिषे	ऊचाथे	ऊचिध्वे
अब्रुवि	अब्रूवहि	अब्रूमहि	उ०	ऊचे	ऊचिवहे	ऊचिमहे

लोट्				लुट्		
ब्रूताम्	ब्रुवाताम्	ब्रुवताम्	प्र०	वक्ता	वक्तारौ	वक्तारः
ब्रूष्व	ब्रुवाथाम्	ब्रूध्वम्	म०	वक्तासे	वक्तासाथे	वक्ताध्वे
ब्रवै	ब्रवावहै	ब्रवामहै	उ०	वक्ताहे	वक्तास्वहे	वक्तास्महे

लुङ्				लृङ्		
अवोचत	अवोचेताम्	अवोचन्त	प्र०	अवक्ष्यत	अवक्ष्येताम्	अवक्ष्यन्त
अवोचथाः	अवोचेथाम्	अवोचध्वम्	म०	अवक्ष्यथाः	अवक्ष्येथाम्	अवक्ष्यध्वम्
अवोचे	अवोचावहि	अवोचामहि	उ०	अवक्ष्ये	अवक्ष्यावहि	अवक्ष्यामहि

(८३) * या (जाना) परस्मैपदी

लट्				आशीर्लिङ्		
याति	यातः	यान्ति	प्र०	यायात्	यायास्ताम्	यायासुः
यासि	याथः	याथ	म०	यायाः	यायास्तम्	यायास्त
यामि	यावः	यामः	उ०	यायासम्	यायास्व	यायास्म
लृट्				लिट्		
यास्यति	यास्यतः	यास्यन्ति	प्र०	ययौ	ययतुः	ययुः
यास्यसि	यास्यथः	यास्यथ	म०	ययिथ, ययाथ	ययथुः	यय
यास्यामि	यास्यावः	यास्यामः	उ०	ययौ	ययिव	ययिम
लङ्				लुट्		
अयात्	अयाताम्	अयान्, अयुः	प्र०	याता	यातारौ	यातारः
अयाः	अयातम्	अयात	म०	यातासि	यातास्थः	यातास्थ
अयाम्	अयाव	अयाम	उ०	यातास्मि	यातास्वः	यातास्मः
लोट्				लुङ्		
यातु	याताम्	यान्तु	प्र०	अयासीत्	अयासिष्टाम्	अयासिषुः
याहि	यातम्	यात	म०	अयासीः	अयासिष्टम्	अयासिष्ट
यानि	याव	याम	उ०	अयासिषम्	अयासिष्व	अयासिष्म
विधिलिङ्				लृङ्		
यायात्	यायाताम्	यायुः	प्र०	अयास्यत्	अयास्यताम्	अयास्यन्
यायाः	यायातम्	यायात	म०	अयास्यः	अयास्यतम्	अयास्यत
यायाम्	यायाव	यायाम	उ०	अयास्यम्	अयास्याव	अयास्याम

(८४) रुद् (रोना) परस्मैपद

लट्				लृट्		
रोदिति	रुदितः	रुदन्ति	प्र०	रोदिष्यति	रोदिष्यतः	रोदिष्यन्ति
रोदिषि	रुदिथः	रुदिथ	म०	रोदिष्यसि	रोदिष्यथः	रोदिष्यथ
रोदिमि	रुदिवः	रुदिमः	उ०	रोदिष्यामि	रोदिष्यावः	रोदिष्यामः

---

* इन धातुओं के रूप भी या की भाँति चलते हैं—ख्या (कहना), पा (पालना), भा (चमकना), मा (मापना), रा (देना), ला (लेना या देना), वा (बहना)।

लङ्				लुट्		
अरोदीत्, अरोदत्	अरुदिताम्	अरुदन्	प्र०	रोदिता	रोदितारौ	रोदितारः
अरोदीः, अरोदः	अरुदितम्	अरुदित	म०	रोदितासि	रोदितास्वः	रोदितास्थ
अरोदम्	अरुदिव	अरुदिम	उ०	रोदितास्मि	रोदितास्थः	रोदितास्मः
लोट्				लुङ्		
रोदितु	रुदिताम्	रुदन्तु	प्र०	अरोदीत्	अरोदिष्टाम्	अरोदिषुः
रुदिहि	रुदितम्	रुदित	म०	अरोदीः	अरोदिष्टम्	अरोदिष्ट
रोदानि	रोदाव	रोदाम	उ०	अरोदिषम्	अरोदिष्व	अरोदिष्म
विधिलिङ्				अथवा		
रुद्यात्	रुद्याताम्	रुद्युः	प्र०	अरुदत्	अरुदताम्	अरुदन्
रुद्याः	रुद्यातम्	रुद्यात	म०	अरुदः	अरुदतम्	अरुदत
रुद्याम्	रुद्याव	रुद्याम	उ०	अरुदम्	अरुदाव	अरुदाम
आशीर्लिङ्				लृङ्		
रुद्यात्	रुद्यास्ताम्	रुद्यासुः	प्र०	अरोदिष्यत्	अरोदिष्यताम्	अरोदिष्यन्
रुद्याः	रुद्यास्तम्	रुद्यास्त	म०	अरोदिष्यः	अरोदिष्यतम्	अरोदिष्यत
रुद्यासम्	रुद्यास्व	रुद्यास्म	उ०	अरोदिष्यम्	अरोदिष्याव	अरोदिष्याम
लिट्						
रुरोद	रुरुदतुः	रुरुदुः	प्र०			
रुरोदिथ	रुरुदथुः	रुरुद	म०			
रुरोद	रुरुदिव	रुरुदिम	उ०			

(८५) विद् (जानना) परस्मैपदी

लट्*				लोट्		
वेत्ति	वित्तः	विदन्ति	प्र०	वेत्तु	वित्ताम्	विदन्तु
वेत्सि	वित्थः	वित्थ	म०	विद्धि	वित्तम्	वित्त
वेद्मि	विद्वः	विद्मः	उ०	वेदानि	वेदाव	वेदाम
लृट्				विधिलिङ्		
वेदिष्यति	वेदिष्यतः	वेदिष्यन्ति	प्र०	विद्यात्	विद्याताम्	विद्युः
वेदिष्यसि	वेदिष्यथः	वेदिष्यथ	म०	विद्याः	विद्यातम्	विद्यात
वेदिष्यामि	वेदिष्यावः	वेदिष्यामः	उ०	विद्याम्	विद्याव	विद्याम
लङ्				आशीर्लिङ्		
अवेत्	अवित्ताम्	अविदुः	प्र०	विद्यात्	विद्यास्ताम्	विद्यासुः
अवेः, अवेत्	अवित्तम्	अवित्त	म०	विद्याः	विद्यास्तम्	विद्यास्त
अवेदम्	अविद्व	अविद्म	उ०	विद्यासम्	विद्यास्व	विद्यास्म

---

*लट् में वेद, विदतुः, विदुः। वेत्थ, विदथुः, विद। वेद, विद्व, विद्म रूप भी होते हैं। लिट् में विदाञ्चकार और लोट् में विदाङ्कुर्वन्तु आदि रूप भी होते हैं।

लिट्				लुङ्		
विदाञ्चकार	विदाञ्चक्रतुः	विदाञ्चक्रुः	प्र०	अवेदीत्	अवेदिष्टाम्	अवेदिषुः
विदाञ्चकृथ	विदाञ्चक्रथुः	विदाञ्चक्र	म०	अवेदीः	अवेदिष्टम्	अवेदिष्ट
विदाञ्चकार	विदाञ्चकृव	विदाञ्चकृम	उ०	अवेदिषम्	अवेदिष्व	अवेदिष्म
लुट्				**लृङ्**		
वेदिता	वेदितारौ	वेदितारः	प्र०	अवेदिष्यत्	अवेदिष्यताम्	अवेदिष्यन्
वेदितासि	वेदितास्थः	वेदितास्थ	म०	अवेदिष्यः	अवेदिष्यतम्	अवेदिष्यत
वेदितास्मि	वेदितास्वः	वेदितास्मः	उ०	अवेदिष्यम्	अवेदिष्याव	अवेदिष्याम

(८६) शास् (शासन करना) परस्मैपदी

लट्				आशीर्लिङ्		
शास्ति	शिष्टः	शासति	प्र०	शिष्यात्	शिष्यास्ताम्	शिष्यासुः
शास्सि	शिष्ठः	शिष्ठ	म०	शिष्याः	शिष्यास्तम्	शिष्यास्त
शास्मि	शिष्वः	शिष्मः	उ०	शिष्यासम्	शिष्यास्व	शिष्यास्म
लृट्				**लिट्**		
शासिष्यति	शासिष्यतः	शासिष्यन्ति	प्र०	शशास	शशासतुः	शशासुः
शासिष्यसि	शासिष्यथः	शासिष्यथ	म०	शशासिथ	शशासथुः	शशास
शासिष्यामि	शासिष्यावः	शासिष्यामः	उ०	शशास	शशासिव	शशासिम
लङ्				**लुट्**		
अशात्	अशिष्टाम्	अशासुः	प्र०	शासिता	शासितारौ	शासितारः
अशाः, अशात्	अशिष्टम्	अशिष्ट	म०	शासितासि	शासितास्थः	शासितास्थ
अशासम्	अशिष्व	अशिष्म	उ०	शासितास्मि	शासितास्वः	शासितास्मः
लोट्				**लुङ्**		
शास्तु	शिष्टाम्	शासतु	प्र०	अशिषत्	अशिषताम्	अशिषन्
शाधि	शिष्टम्	शिष्ट	म०	अशिषः	अशिषतम्	अशिषत
शासानि	शासाव	शासाम	उ०	अशिषम्	अशिषाव	अशिषाम
विधिलिङ्				**लृङ्**		
शिष्यात्	शिष्याताम्	शिष्युः	प्र०	अशासिष्यत्	अशासिष्यताम्	अशासिष्यन्
शिष्याः	शिष्यातम्	शिष्यात	म०	अशासिष्यः	अशासिष्यतम्	अशासिष्यत
शिष्याम्	शिष्याव	शिष्याम	उ०	अशासिष्यम्	अशासिष्याव	अशासिष्याम

(८७) शी (शयन करना) आत्मनेपदी

लट्				लृट्		
शेते	शयाते	शेरते	प्र०	शयिष्यसे	शयिष्येते	शयिष्यन्ते
शेषे	शयाथे	शेध्वे	म०	शयिष्यसे	शयिष्येथे	शयिष्यध्वे
शये	शेवहे	शेमहे	उ०	शयिष्ये	शयिष्यावहे	शयिष्यामहे

लङ्				लिट्		
अशेत	अशयाताम्	अशेरत	प्र०	शिश्ये	शिश्याते	शिश्यिरे
अशेथाः	अशयाथाम्	अशेध्वम्	म०	शिश्यिषे	शिश्याथे	शिश्यिध्वे
अशयि	अशेवहि	अशेमहि	उ०	शिश्ये	शिश्यिवहे	शिश्यिमहे

लोट्				लुट्		
शेताम्	शयाताम्	शेरताम्	प्र०	शयिता	शयितारौ	शयितारः
शेष्व	शयाथाम्	शेध्वम्	म०	शयितासे	शयितासाथे	शयिताध्वे
शयै	शयावहै	शयामहै	उ०	शयिताहे	शयितास्वहे	शयितास्महे

विधिलिङ्				लुङ्		
शयीत	शयीयाताम्	शयीरन्	प्र०	अशयिष्ट	अशयिषाताम्	अशयिषत
शयीथाः	शयीयाथाम्	शयीध्वम्	म०	अशयिष्ठाः	अशयिषाथाम्	अशयिध्वम्
शयीय	शयीवहि	शयीमहि	उ०	अशयिषि	अशयिष्वहि	अशयिष्महि

आशीर्लिङ्				लृङ्		
शयिषीष्ट	शयिषीयास्ताम्	शयिषीरन्	प्र०	अशयिष्यत	अशयिष्येताम्	अशयिष्यन्त
शयिषीष्ठाः	शयिषीयास्थाम्	शयिषीध्वम्	म०	अशयिष्यथाः	अशयिष्येथाम्	अशयिष्यध्वम्
शयिषीय	शयिषीवहि	शयिषीमहि	उ०	अशयिष्ये	अशयिष्यावहि	अशयिष्यामहि

(८८) स्ना (नहाना) परस्मैपदी

लट्				लोट्		
स्नाति	स्नातः	स्नान्ति	प्र०	स्नातु-स्नातात्	स्नाताम्	स्नान्तु
स्नासि	स्नाथः	स्नाथ	म०	स्नाहि-स्नातात्	स्नातम्	स्नात
स्नामि	स्नावः	स्नामः	उ०	स्नानि	स्नाव	स्नाम

लृट्				विधिलिङ्		
स्नास्यति	स्नास्यतः	स्नास्यन्ति	प्र०	स्नायात्	स्नायाताम्	स्नायुः
स्नास्यसि	स्नास्यथः	स्नास्यथ	म०	स्नायाः	स्नायातम्	स्नायात
स्नास्यामि	स्नास्यावः	स्नास्यामः	उ०	स्नायाम्	स्नायाव	स्नायाम

लङ्				आशीर्लिङ्		
अस्नात्	अस्नाताम्	अस्नुः-अस्नान्	प्र०	स्नायात्	स्नायास्ताम्	स्नायासुः
अस्नाः	अस्नातम्	अस्नात	म०	स्नायाः	स्नायास्तम्	स्नायास्त
अस्नाम्	अस्नाव	अस्नाम	उ०	स्नायासम्	स्नायास्व	स्नायास्म

अथवा				लुङ्		
स्नेयात्	स्नेयास्ताम्	स्नेयासुः	प्र०	अस्नासीत्	अस्नासिष्टाम्	अस्नासिषुः
स्नेयाः	स्नेयास्तम्	स्नेयास्त	म०	अस्नासीः	अस्नासिष्टम्	अस्नासिष्ट
स्नेयासम्	स्नेयास्व	स्नेयास्म	उ०	अस्नासिषम्	अस्नासिष्व	अस्नासिष्म

लिट्				लृङ्		
सस्नौ	सस्नतुः	सस्नुः	प्र०	अस्नास्यत्	अस्नास्यताम्	अस्नास्यन्
सस्निथ, सस्नाथ	सस्नथुः	सस्न	म०	अस्नास्यः	अस्नास्यतम्	अस्नास्यत
सस्नौ	सस्निव	सस्निम	उ०	अस्नास्यम्	अस्नास्याव	अस्नास्याम

लुट्			
स्नाता	स्नातारौ	स्नातारः	प्र०
स्नातासि	स्नातास्थः	स्नातास्थ	म०
स्नातास्मि	स्नातास्वः	स्नातास्मः	उ०

*(८९) स्वप् (सोना) परस्मैपदी

लट्				लोट्		
स्वपिति	स्वपितः	स्वपन्ति	प्र०	स्वपितु	स्वपिताम्	स्वपन्तु
स्वपिषि	स्वपिथः	स्वपिथ	म०	स्वपिहि	स्वपितम्	स्वपित
स्वपिमि	स्वपिवः	स्वपिमः	उ०	स्वपानि	स्वपाव	स्वपाम

लृट्				विधिलिङ्		
स्वप्स्यति	स्वप्स्यतः	स्वप्स्यन्ति	प्र०	स्वप्यात्	स्वप्याताम्	स्वप्युः
स्वप्स्यसि	स्वप्स्यथः	स्वप्स्यथ	म०	स्वप्याः	स्वप्यातम्	स्वप्यात
स्वप्स्यामि	स्वप्स्यावः	स्वप्स्यामः	उ०	स्वप्याम्	स्वप्याव	स्वप्याम

लङ्				आशीर्लिङ्		
अस्वपीत्, अस्वपत्	अस्वपिताम्	अस्वपन्	प्र०	सुप्यात्	सुप्यास्ताम्	सुप्यासुः
अस्वपीः, अस्वपः	अस्वपितम्	अस्वपित	म०	सुप्याः	सुप्यास्तम्	सुप्यास्त
अस्वपम्	अस्वपिव	अस्वपिम	उ०	सुप्यासम्	सुप्यास्व	सुप्यास्म

---

* श्वस् (सांस लेना) के रूप स्वप् के समान होते हैं, यथा—

लट्—श्वसिति	आ० लिङ्—श्वस्यात्
लृट्—श्वसिष्यति	लिट्—शश्वास
लङ्—अश्वसीत्—अश्वसत्	लुट्—श्वसिता
लोट्—श्वसितु	लुङ—अश्वसीत्
विधिलिङ्—श्वस्यात्	लृङ्—अश्वसिष्यत्

लिट्				लुङ्		
सुष्वाप	सुषुपतुः	सुषुपुः	प्र०	अस्वाप्सीत्	अस्वाप्ताम्	अस्वाप्सुः
सुष्वपिथ, सुष्वप्थ	सुषुपथुः	सुषुप	म०	अस्वाप्सीः	अस्वाप्तम्	अस्वाप्त
सुष्वाप, सुष्वप	सुषुपिव	सुषुपिम	उ०	अस्वाप्सम्	अस्वाप्स्व	अस्वाप्स्म

लुट्				लृङ्		
स्वप्ता	स्वप्तारौ	स्वप्तारः	प्र०	अस्वप्स्यत्	अस्वप्स्यताम्	अस्वप्स्यन्
स्वप्तासि	स्वप्तास्थः	स्वप्तास्थ	म०	अस्वप्स्यः	अस्वप्स्यतम्	अस्वप्स्यत
स्वप्तास्मि	स्वप्तास्वः	स्वप्तास्मः	उ०	अस्वप्स्यम्	अस्वप्स्याव	अस्वप्स्याम

(९०) हन् (मारना) परस्मैपदी

लट्				आशीर्लिङ्		
हन्ति	हतः	घ्नन्ति	प्र०	वध्यात्	वध्यास्ताम्	वध्यासुः
हंसि	हथः	हथ	म०	वध्याः	वध्यास्तम्	वध्यास्त
हन्मि	हन्वः	हन्मः	उ०	वध्यासम्	वध्यास्व	वध्यास्म

लृट्				लिट्		
हनिष्यति	हनिष्यतः	हनिष्यन्ति	प्र०	जघान	जघ्नतुः	जघ्नुः
हनिष्यसि	हनिष्यथः	हनिष्यथ	म०	जघनिथ, जघन्थ	जघ्नथुः	जघ्न
हनिष्यामि	हनिष्यावः	हनिष्यामः	उ०	जघान, जघन	जघ्निव	जघ्निम

लङ्				लुट्		
अहन्	अहताम्	अघ्नन्	प्र०	हन्ता	हन्तारौ	हन्तारः
अहन्	अहतम्	अहत	म०	हन्तासि	हन्तास्थः	हन्ताथ
अहनम्	अहन्व	अहन्म	उ०	हन्तास्मि	हन्तास्वः	हन्तास्मः

लोट्				लुङ्		
हन्तु	हताम्	घ्नन्तु	प्र०	अवधीत्	अवधिष्टाम्	अवधिषुः
जहि	हतम्	हत	म०	अवधीः	अवधिष्टम्	अवधिष्ट
हनानि	हनाव	हनाम	उ०	अवधिषम्	अवधिष्व	अवधिष्म

विधिलिङ्				लृङ्		
हन्यात्	हन्याताम्	हन्युः	प्र०	अहनिष्यत्	अहनिष्यताम्	अहनिष्यन्
हन्याः	हन्यातम्	हन्यात	म०	अहनिष्यः	अहनिष्यतम्	अहनिष्यत
हन्याम्	हन्याव	हन्याम	उ०	अहनिष्यम्	अहनिष्याव	अहनिष्याम

३–जुहोत्यादिगण

इस गण की पहली धातु 'हु' है, अतः इस गण का नाम जुहोत्यादिगण पड़ा। इस गण में २४ धातुएँ हैं। इस गण की धातुओं में प्रत्यय जोड़ते हुए बीच में कुछ नहीं लगाया जाता।

इस गण में वर्तमान (लट्) के प्रथम पुरुष के बहुवचन में 'अन्ति' के स्थान पर 'अति' तथा अनद्यतनभूत (लङ्) के प्रथम पुरुष के बहुवचन में अन् के स्थान पर उस् होता है। इस उस् प्रत्यय के पूर्व धातु का अन्तिम आ लोप कर दिया जाता है और अन्तिम इ, उ, ऋ को गुण होता है।

(९१) हु (हवन करना, खाना, लेना) परस्मैपदी

लट्				आशीर्लिङ्		
जुहोति	जुहुतः	जुह्वति	प्र०	हूयात्	हूयास्ताम्	हूयासुः
जुहोषि	जुहुथः	जुहुथ	म०	हूयाः	हूयास्तम्	हूयास्त
जुहोमि	जुहुवः	जुहुमः	उ०	हूयासम्	हूयास्व	हूयास्म
लृट्				**लिट्**		
होष्यति	होष्यतः	होष्यन्ति	प्र०	जुहाव	जुहुवतुः	जुहुवुः
होष्यसि	होष्यथः	होष्यथ	म०	जुहविथ, जुहोथ	जुहुवथुः	जुहुव
होष्यामि	होष्यावः	होष्यामः	उ०	जुहाव, जुहव	जुहुविव	जुहुविम
लङ्				**लुट्**		
अजुहोत्	अजुहुताम्	अजुहवुः	प्र०	होता	होतारौ	होतारः
अजुहोः	अजुहुतम्	अजुहुत	म०	होतासि	होतास्थः	होतास्थ
अजुहवम्	अजुहुव	अजुहुम	उ०	होतास्मि	होतास्वः	होतास्मः
लोट्				**लुङ्**		
जुहोतु	जुहुताम्	जुह्वतु	प्र०	अहौषीत्	अहौष्टाम्	अहौषुः
जुहुधि	जुहुतम्	जुहुत	म०	अहौषीः	अहौष्टम्	अहौष्ट
जुहवानि	जुहवाव	जुहवाम	उ०	अहौषम्	अहौष्व	अहौष्म
विधिलिङ्				**लृङ्**		
जुहुयात्	जुहुयाताम्	जुहुयुः	प्र०	अहोष्यत्	अहोष्यताम्	अहोष्यन्
जुहुयाः	जुहुयातम्	जुहुयात	म०	अहोष्यः	अहोष्यतम्	अहोष्यत
जुहुयाम्	जुहुयाव	जुहुयाम	उ०	अहोष्यम्	अहोष्याव	अहोष्याम

उभयपदी

(६२) दा (देना) परस्मैपद

लट्				आशीर्लिङ्		
ददाति	दत्तः	ददति	प्र०	देयात्	देयास्ताम्	देयासुः
ददासि	दत्थः	दत्थ	म०	देयाः	देयास्तम्	देयास्त
ददामि	दद्वः	दद्मः	उ०	देयासम्	देयास्व	देयास्म
लृट्				**लिट्**		
दास्यति	दास्यतः	दास्यन्ति	प्र०	ददौ	ददतुः	ददुः
दास्यसि	दास्यथः	दास्यथ	म०	ददिथ, ददाथ	ददथुः	दद
दास्यामि	दास्यावः	दास्यामः	उ०	ददौ	ददिव	ददिम
लङ्				**लुट्**		
अददात्	अदत्ताम्	अददुः	प्र०	दाता	दातारौ	दातारः
अददाः	अदत्तम्	अदत्त	म०	दातासि	दातास्थः	दातास्थ
अददाम्	अदद्व	अदद्म	उ०	दातास्मि	दातास्वः	दातास्मः
लोट्				**लुङ्**		
ददातु	दत्ताम्	ददतु	प्र०	अदात्	अदाताम्	अदुः
देहि	दत्तम्	दत्त	म०	अदाः	अदातम्	अदात
ददानि	ददाव	ददाम	उ०	अदाम्	अदाव	अदाम
विधिलिङ्				**लृङ्**		
दद्यात्	दद्याताम्	दद्युः	प्र०	अदास्यत्	अदास्यताम्	अदास्यन्
दद्याः	दद्यातम्	दद्यात	म०	अदास्यः	अदास्यतम्	अदास्यत
दद्याम्	दद्याव	दद्याम	उ०	अदास्यम्	अदास्याव	अदास्याम

दा (देना) आत्मनेपद

लट्				लङ्		
दत्ते	ददाते	ददते	प्र०	अदत्त	अददाताम्	अददत
दत्से	ददाथे	दद्ध्वे	म०	अदत्थाः	अददाथाम्	अदद्ध्वम्
ददे	दद्वहे	दद्महे	उ०	अददि	अदद्वहि	अदद्महि
लृट्				**लोट्**		
दास्यते	दास्येते	दास्यन्ते	प्र०	दत्ताम्	ददाताम्	ददताम्
दास्यसे	दास्येथे	दास्यध्वे	म०	दत्स्व	ददाथाम्	दद्ध्वम्
दास्ये	दास्यावहे	दास्यामहे	उ०	ददै	ददावहै	ददामहै

	विधिलिङ्				लुट्	
ददीत	ददीयाताम्	ददीरन्	प्र०	दाता	दातारौ	दातारः
ददीथाः	ददीयाथाम्	ददीध्वम्	म०	दातासे	दातासाथे	दाताध्वे
ददीय	ददीवहि	ददीमहि	उ०	दाताहे	दातास्वहे	दातास्महे
	आशीर्लिङ्				लुङ्	
दासीष्ट	दासीयास्ताम्	दासीरन्	प्र०	अदित	अदिषाताम्	अदिषत
दासीष्ठाः	दासीयास्थाम्	दासीध्वम्	म०	अदिथाः	अदिषाथाम्	अदिध्वम्
दासीय	दासीवहि	दासीमहि	उ०	अदिषि	अदिष्वहि	अदिष्महि
	लिट्				लृङ्	
ददे	ददाते	ददिरे	प्र०	अदास्यत	अदास्येताम्	अदास्यन्त
ददिषे	ददाथे	ददिध्वे	म०	अदास्यथाः	अदास्येथाम्	अदास्यध्वम्
ददे	ददिवहे	ददिमहे	उ०	अदास्ये	अदास्यावहि	अदास्यामहि

उभयपदी

(६३) धा (धारण करना, पोषण करना) परस्मैपद

	लट्				आशीर्लिङ्	
दधाति	धत्तः	दधति	प्र०	धेयात्	धेयास्ताम्	धेयासुः
दधासि	धत्थः	धत्थ	म०	धेयाः	धेयास्तम्	धेयास्त
दधामि	दध्वः	दध्मः	उ०	धेयासम्	धेयास्व	धेयास्म
	लृट्				लिट्	
धास्यति	धास्यतः	धास्यन्ति	प्र०	दधौ	दधतुः	दधुः
धास्यसि	धास्यथः	धास्यथ	म०	दधिथ, दधाथ	दधथुः	दध
धास्यामि	धास्यावः	धास्यामः	उ०	दधौ	दधिव	दधिम
	लङ्				लुट्	
अदधात्	अधत्ताम्	अदधुः	प्र०	धाता	धातारौ	धातारः
अदधाः	अधत्तम्	अधत्त	म०	धातासि	धातास्थः	धातास्थ
अदधाम्	अदध्व	अदध्म	उ०	धातास्मि	धातास्वः	धातास्मः
	लोट्				लुङ्	
दधातु	धत्ताम्	दधतु	प्र०	अधात्	अधाताम्	अधुः
धेहि	धत्तम्	धत्त	म०	अधाः	अधातम्	अधात
दधानि	दधाव	दधाम	उ०	अधाम्	अधाव	अधाम
	विधिलिङ्				लृङ्	
दध्यात्	दध्याताम्	दध्युः	प्र०	अधास्यत्	अधास्यताम्	अधास्यन्
दध्याः	दध्यातम्	दध्यात	म०	अधास्यः	अधास्यतम्	अधास्यत
दध्याम्	दध्याव	दध्याम	उ०	अधास्यम्	अधास्याव	अधास्याम

धा (धारण करना, पोषण करना) आत्मनेपद

लट्				आशीर्लिङ्		
धत्ते	दधाते	दधते	प्र०	धासीष्ट	धासीयास्ताम्	धासीरन्
धत्से	दधाथे	दद्ध्वे	म०	धासीष्ठाः	धासीयास्थाम्	धासीध्वम्
दधे	दध्वहे	दध्महे	उ०	धासीय	धासीवहि	धासीमहि

लृट्				लिट्		
धास्यते	धास्येते	धास्यन्ते	प्र०	दधे	दधाते	दधिरे
धास्यसे	धास्येथे	धास्यध्वे	म०	दधिषे	दधाथे	दधिध्वे
धास्ये	धास्यावहे	धास्यामहे	उ०	दधे	दधिवहे	दधिमहे

लङ्				लुट्		
अधत्त	अदधाताम्	अदधत	प्र०	धाता	धातारौ	धातारः
अधत्थाः	अदधाथाम्	अधद्ध्वम्	म०	धातासे	धातासाथे	धाताध्वे
अदधि	अदध्वहि	अदध्महि	उ०	धाताहे	धातास्वहे	धातास्महे

लोट्				लुङ्		
धत्ताम्	दधाताम्	दधताम्	प्र०	अधित	अधिषाताम्	अधिषत
धत्स्व	दधाथाम्	धद्ध्वम्	म०	अधिथाः	अधिषाथाम्	अधिध्वम्
दधै	दधावहै	दधामहै	उ०	अधिषि	अधिष्वहि	अधिष्महि

विधिलिङ्				लृङ्		
दधीत	दधीयाताम्	दधीरन्	प्र०	अधास्यत	अधास्येताम्	अधास्यन्त
दधीथाः	दधीयाथाम्	दधीध्वम्	म०	अधास्यथाः	अधास्येथाम्	अधास्यध्वम्
दधीय	दधीवहि	दधीमहि	उ०	अधास्ये	अधास्यावहि	अधास्यामहि

(९४) भी (डरना) परस्मैपदी

लट्				लङ्		
बिभेति	बिभितः, बिभीतः	बिभ्यति	प्र०	अबिभेत्	अबिभिताम् अबिभीताम्	अबिभयुः
बिभेषि	बिभिथः बिभीथः	बिभिथ बिभीथ	म०	अबिभेः	अबिभितम् अबिभीतम्	अबिभित अबिभीत
बिभेमि	बिभिवः बिभीवः	बिभिमः बिभीमः	उ०	अबिभयम्	अबिभिव अबिभीव	अबिभिम अबिभीम

लृट्				लोट्		
भेष्यति	भेष्यतः	भेष्यन्ति	प्र०	बिभेतु	बिभीताम्	बिभ्यतु
भेष्यसि	भेष्यथः	भेष्यथ	म०	बिभीहि	बिभीतम्	बिभीत
भेष्यामि	भेष्यावः	भेष्यामः	उ०	बिभयानि	बिभयाव	बिभयाम

विधिलिङ्				लुट्		
बिभियात्, बिभीयात्	बिभियाताम्, बिभीयाताम्	बिभियुः, बिभीयुः	प्र०	भेता	भेतारौ	भेतारः
बिभियाः, बिभीयाः	बिभियातम्, बिभीयातम्	बिभियात, बिभीयात	म०	भेतासि	भेतास्थः	भेतास्थ
बिभियाम्, बिभीयाम्	बिभियाव, बिभीयाव	बिभियाम, बिभीयाम	उ०	भेतास्मि	भेतास्वः	भेतास्मः

आशीर्लिङ्				लुङ्		
भीयात्	भीयास्ताम्	भीयासुः	प्र०	अभैषीत्	अभैष्टाम्	अभैषुः
भीयाः	भीयास्तम्	भीयास्त	म०	अभैषीः	अभैष्टम्	अभैष्ट
भीयासम्	भीयास्व	भीयास्म	उ०	अभैषम्	अभैष्व	अभैष्म

* लिट्				लृङ्		
बिभाय	बिभ्यतुः	बिभ्युः	प्र०	अभेष्यत्	अभेष्यताम्	अभेष्यन्
बिभयिथ, बिभेथ	बिभ्यथुः	बिभ्य	म०	अभेष्यः	अभेष्यतम्	अभेष्यत
बिभाय, बिभय	बिभ्यिव	बिभ्यिम	उ०	अभेष्यम्	अभेष्याव	अभेष्याम

उभयपदी

(६५) भृ (धारण करना, पोषण करना) परस्मैपद

लट्				लोट्		
बिभर्ति	बिभृतः	बिभ्रति	प्र०	बिभर्तु	बिभृताम्	बिभ्रतु
बिभर्षि	बिभृथः	बिभृथ	म०	बिभृहि	बिभृतम्	बिभृत
बिभर्मि	बिभृवः	बिभृमः	उ०	बिभराणि	बिभराव	बिभराम

लृट्				विधिलिङ्		
भरिष्यति	भरिष्यतः	भरिष्यन्ति	प्र०	बिभृयात्	बिभृयाताम्	बिभृयुः
भरिष्यसि	भरिष्यथः	भरिष्यथ	म०	बिभृयाः	बिभृयातम्	बिभृयात
भरिष्यामि	भरिष्यावः	भरिष्यामः	उ०	बिभृयाम्	बिभृयाव	बिभृयाम

लङ्				आशीर्लिङ्		
अबिभः	अबिभृताम्	अबिभरुः	प्र०	भ्रियात्	भ्रियास्ताम्	भ्रियासुः
अबिभः	अबिभृतम्	अबिभृत	म०	भ्रियाः	भ्रियास्तम्	भ्रियास्त
अबिभरम्	अबिभृव	अबिभृम	उ०	भ्रियासम्	भ्रियास्व	भ्रियास्म

---

* लिट् में ये रूप भी चलेंगे—

प्र० पु०	बिभयाञ्चकार	बिभयाञ्चक्रतुः	बिभयाञ्चक्रुः
प्र० पु०	बिभयाम्बभूव	बिभयाम्बभूवतुः	बिभयाम्बभूवुः
प्र० पु०	बिभयामास	बिभयामासतुः	बिभयामासुः

लिट्				लुङ्		
बभार	बभ्रतुः	बभ्रुः	प्र०	अभार्षीत्	अभार्ष्टाम्	अभार्षुः
बभर्थ	बभ्रथुः	बभ्र	म०	अभार्षीः	अभार्ष्टम्	अभार्ष्ट
बभार, बभर	बभृव	बभृम	उ०	अभार्षम्	अभार्ष्व	अभार्ष्म

लुट्				लृङ्		
भर्ता	भर्तारौ	भर्तारः	प्र०	अभरिष्यत्	अभरिष्यताम्	अभरिष्यन्
भर्तासि	भर्तास्थः	भर्तास्थ	म०	अभरिष्यः	अभरिष्यतम्	अभरिष्यत
भर्तास्मि	भर्तास्वः	भर्तास्मः	उ०	अभरिष्यम्	अभरिष्याव	अभरिष्याम

(९६) हा (छोड़ना) परस्मैपदी

लट्				विधिलिङ्		
जहाति	जहितः जहीतः	जहति	प्र०	जह्यात्	जह्याताम्	जह्युः
जहासि	जहिथः जहीथः	जहिथ जहीथ	म०	जह्याः	जह्यातम्	जह्यात
जहामि	जहिवः जहीवः	जहिमः जहीमः	उ०	जह्याम्	जह्याव	जह्याम

लृट्				आशीर्लिङ्		
हास्यति	हास्यतः	हास्यन्ति	प्र०	हेयात्	हेयास्ताम्	हेयासुः
हास्यसि	हास्यथः	हास्यथ	म०	हेयाः	हेयास्तम्	हेयास्त
हास्यामि	हास्यावः	हास्यामः	उ०	हेयासम्	हेयास्व	हेयास्म

लङ्				लिट्		
अजहात्	अजहिताम् अजहीताम्	अजहुः	प्र०	जहौ	जहतुः	जहुः
अजहाः	अजहितम् अजहीतम्	अजहित अजहीत	म०	जहिथ, जहाथ	जहथुः	जह
अजहाम्	अजहिव अजहीव	अजहिम अजहीम	उ०	जहौ	जहिव	जहिम

लोट्				लुट्		
जहातु जहितात् जहीतात्	जहिताम् जहीताम्	जहतु	प्र०	हाता	हातारौ	हातारः
जहाहि जहिहि, जहीहि जहितात्, जहीतात्	जहितम् जहीतम्	जहित जहीत	म०	हातासि	हातास्थः	हातास्थ
जहानि	जहाव	जहाम	उ०	हातास्मि	हातास्वः	हातास्मः

लुङ्				लृङ्		
अहासीत्	अहासिष्टाम्	अहासिषुः	प्र०	अहास्यत्	अहास्यताम्	अहास्यन्
अहासीः	अहासिष्टम्	अहासिष्ट	म०	अहास्यः	अहास्यतम्	अहास्यत
अहासिषम्	अहासिष्व	अहासिष्म	उ०	अहास्यम्	अहास्याव	अहास्याम

४–दिवादिगण

इस गण की पहली धातु दिव् है, अतः इसका नाम दिवादिगण पड़ा। इसमें १४० धातुएँ हैं। इस गण की धातुओं और प्रत्ययों के बीच में श्यन् (य) जोड़ दिया जाता है (दिवादिभ्यः श्यन्) और धातु को गुण नहीं होता, यथा--दिव् + य + ति = दीव्यति।

इस गण की मुख्य धातुओं के रूप दिव् को छोड़ कर अकारादि क्रम से दिये गये हैं।

(६७) दिव् (जुवा खेलना, चमकना आदि) परस्मैपदी

लट्				आशीर्लिङ्		
दीव्यति	दीव्यतः	दीव्यन्ति	प्र०	दीव्यात्	दीव्यास्ताम्	दीव्यासुः
दीव्यसि	दीव्यथः	दीव्यथ	म०	दीव्याः	दीव्यास्तम्	दीव्यास्त
दीव्यामि	दीव्यावः	दीव्यामः	उ०	दीव्यासम्	दीव्यास्व	दीव्यास्म
लृट्				**लिट्**		
देविष्यति	देविष्यतः	देविष्यन्ति	प्र०	दिदेव	दिदिवतुः	दिदिवुः
देविष्यसि	देविष्यथः	देविष्यथ	म०	दिदेविथ	दिदिवथुः	दिदिव
देविष्यामि	देविष्यावः	देविष्यामः	उ०	दिदेव	दिदिविव	दिदिविम
लङ्				**लुट्**		
अदीव्यत्	अदीव्यताम्	अदीव्यन्	प्र०	देविता	देवितारौ	देवितारः
अदीव्यः	अदीव्यतम्	अदीव्यत	म०	देवितासि	देवितास्थः	देवितास्थ
अदीव्यम्	अदीव्याव	अदीव्याम	उ०	देवितास्मि	देवितास्वः	देवितास्मः
लोट्				**लुङ्**		
दीव्यतु	दीव्यताम्	दीव्यन्तु	प्र०	अदेवीत्	अदेविष्टाम्	अदेविषुः
दीव्य	दीव्यतम्	दीव्यत	म०	अदेवीः	अदेविष्टम्	अदेविष्ट
दीव्यानि	दीव्याव	दीव्याम	उ०	अदेविषम्	अदेविष्व	अदेविष्म
विधिलिङ्				**लृङ्**		
दीव्येत्	दीव्येताम्	दीव्येयुः	प्र०	अदेविष्यत्	अदेविष्यताम्	अदेविष्यन्
दीव्येः	दीव्येतम्	दीव्येत	म०	अदेविष्यः	अदेविष्यतम्	अदेविष्यत
दीव्येयम्	दीव्येव	दीव्येम	उ०	अदेविष्यम्	अदेविष्याव	अदेविष्याम

(६८) कुप् (क्रोध करना) परस्मैपदी

लट्				आशीर्लिङ्		
कुप्यति	कुप्यतः	कुप्यन्ति	प्र०	कुप्यात्	कुप्यास्ताम्	कुप्यासुः
कुप्यसि	कुप्यथः	कुप्यथ	म०	कुप्याः	कुप्यास्तम्	कुप्यास्त
कुप्यामि	कुप्यावः	कुप्यामः	उ०	कुप्यासम्	कुप्यास्व	कुप्यास्म
लृट्				लिट्		
कोपिष्यति	कोपिष्यतः	कोपिष्यन्ति	प्र०	चुकोप	चुकुपतुः	चुकुपुः
कोपिष्यसि	कोपिष्यथः	कोपिष्यथ	म०	चुकोपिथ	चुकुपथुः	चुकुप
कोपिष्यामि	कोपिष्यावः	कोपिष्यामः	उ०	चुकोप	चुकुपिव	चुकुपिम
लङ्				लुट्		
अकुप्यत्	अकुप्यताम्	अकुप्यन्	प्र०	कोपिता	कोपितारौ	कोपितारः
अकुप्यः	अकुप्यतम्	अकुप्यत	म०	कोपितासि	कोपितास्थः	कोपितास्थ
अकुप्यम्	अकुप्याव	अकुप्याम	उ०	कोपितास्मि	कोपितास्वः	कोपितास्मः
लोट				लुङ्		
कुप्यतु	कुप्यताम्	कुप्यन्तु	प्र०	अकुपत्	अकुपताम्	अकुपन्
कुप्य	कुप्यतम्	कुप्यत	म०	अकुपः	अकुपतम्	अकुपत
कुप्यानि	कुप्याव	कुप्याम	उ०	अकुपम्	अकुपाव	अकुपाम
विधिलिङ्				लृङ्		
कुप्येत्	कुप्येताम्	कुप्येयुः	प्र०	अकोपिष्यत्	अकोपिष्यताम्	अकोपिष्यन्
कुप्येः	कुप्येतम्	कुप्येत	म०	अकोपिष्यः	अकोपिष्यतम्	अकोपिष्यत
कुप्येयम्	कुप्येव	कुप्येम	उ०	अकोपिष्यम्	अकोपिष्याव	अकोपिष्याम

(६६) * क्रम् (जाना) परस्मैपदी

लट्				लङ्		
क्राम्यति	क्राम्यतः	क्राम्यन्ति	प्र०	अक्राम्यत्	अक्राम्यताम्	अक्राम्यन्
क्राम्यसि	क्राम्यथः	क्राम्यथ	म०	अक्राम्यः	अक्राम्यतम्	अक्राम्यत
क्राम्यामि	क्राम्यावः	क्राम्यामः	उ०	अक्राम्यम्	अक्राम्याव	अक्राम्याम
लृट्				लोट्		
क्रमिष्यति	क्रमिष्यतः	क्रमिष्यन्ति	प्र०	क्राम्यतु	क्राम्यताम्	क्राम्यन्तु
क्रमिष्यसि	क्रमिष्यथः	क्रमिष्यथ	म०	क्राम्य	क्राम्यतम्	क्राम्यत
क्रमिष्यामि	क्रमिष्यावः	क्रमिष्यामः	उ०	क्राम्यानि	क्राम्याव	क्राम्याम

* क्रम् धातु भ्वादिगणीय भी है, इसके रूप क्रामति, क्रामतु आदि होते हैं। यह आत्मनेपदी भी है, किन्तु अनिट् है, जैसे—क्रमते, क्रंस्यते, अक्रमत, क्रमताम्, क्रमेत, क्रंसीष्ट, चक्रमे, क्रन्ता, अक्रंस्त, अक्रंस्यत।

विधिलिङ्				लुट्		
काम्येत्	काम्येताम्	काम्येयुः	प्र०	क्रमिता	क्रमितारौ	क्रमितारः
काम्येः	काम्येतम्	काम्येत	म०	क्रमितासि	क्रमितास्थः	क्रमितास्थ
काम्येयम्	काम्येव	काम्येम	उ०	क्रमितास्मि	क्रमितास्वः	क्रमितास्मः
आशीर्लिङ्				लुङ्		
क्रम्यात्	क्रम्यास्ताम्	क्रम्यासुः	प्र०	अक्रमीत्	अक्रमिष्टाम्	अक्रमिषुः
क्रम्याः	क्रम्यास्तम्	क्रम्यास्त	म०	अक्रमीः	अक्रमिष्टम्	अक्रमिष्ट
क्रम्यासम्	क्रम्यास्व	क्रम्यास्म	उ०	अक्रमिष्म्	अक्रमिष्व	अक्रमिष्म
लिट्				लृङ्		
चक्राम	चक्रमतुः	चक्रमुः	प्र०	अक्रमिष्यत्	अक्रमिष्यताम्	अक्रमिष्यन्
चक्रमिथ	चक्रमथुः	चक्रम	म०	अक्रमिष्यः	अक्रमिष्यतम्	अक्रमिष्यत
चक्राम-चक्रम	चक्रमिव	चक्रमिम	उ०	अक्रमिष्यम्	अक्रमिष्याव	अक्रमिष्याम

(१००) * क्षम् (क्षमा करना) परस्मैपदी

लट्				लोट्		
क्षाम्यति	क्षाम्यतः	क्षाम्यन्ति	प्र०	क्षाम्यतु	क्षाम्यताम्	क्षाम्यन्तु
क्षाम्यसि	क्षाम्यथः	क्षाम्यथ	म०	क्षाम्य	क्षाम्यतम्	क्षाम्यत
क्षाम्यामि	क्षाम्यावः	क्षाम्यामः	उ०	क्षाम्याणि	क्षाम्याव	क्षाम्याम
लृट्				विधिलिङ्		
क्षमिष्यति	क्षमिष्यतः	क्षमिष्यन्ति	प्र०	क्षाम्येत्	क्षाम्येताम्	क्षाम्येयुः
क्षमिष्यसि	क्षमिष्यथः	क्षमिष्यथ	म०	क्षाम्येः	क्षाम्येतम्	क्षाम्येत
क्षमिष्यामि	क्षमिष्यावः	क्षमिष्यामः	उ०	क्षाम्येयम्	क्षाम्येव	क्षाम्येम
अथवा				आशीर्लिङ्		
क्षंस्यति	क्षंस्यतः	क्षंस्यन्ति	प्र०	क्षम्यात्	क्षम्यास्ताम्	क्षम्यासुः
क्षंस्यसि	क्षंस्यथः	क्षंस्यथ	म०	क्षम्याः	क्षम्यास्तम्	क्षम्यास्त
क्षंस्यामि	क्षंस्यावः	क्षंस्यामः	उ०	क्षम्यासम्	क्षम्यास्व	क्षम्यास्म
लङ्				लिट्		
अक्षाम्यत्	अक्षाम्यताम्	अक्षाम्यन्	प्र०	चक्षाम	चक्षमतुः	चक्षमुः
अक्षाम्यः	अक्षाम्यतम्	अक्षाम्यत	म०	चक्षमिथ चक्षन्थ	चक्षमथुः	चक्षम
अक्षाम्यम्	अक्षाम्याव	अक्षाम्याम	उ०	चक्षाम चक्षम	चक्षमिव चक्षण्व	चक्षमिम चक्षण्म

* इस धातु में विकल्प से इट् होता है, अतः इसके रूप क्षमिष्यति, क्षंस्यति, क्षमिता, क्षंता तथा अक्षमिष्यत्, अक्षंस्यत् आदि होते हैं।

लुट्				लृङ्		
क्षमिता, क्षंता	क्षमितारौ	क्षमितारः	प्र०	अक्षमिष्यत्	अक्षमिष्यताम्	अक्षमिष्यन्
क्षमितासि	क्षमितास्थः	क्षमितास्थ	म०	अक्षमिष्यः	अक्षमिष्यतम्	अक्षमिष्यत
क्षमितास्मि	क्षमितास्वः	क्षमितास्मः	उ०	अक्षमिष्यम्	अक्षमिष्याव	अक्षमिष्याम
लुङ्				**अथवा**		
अक्षमत्	अक्षमताम्	अक्षमन्	प्र०	अक्षंस्यत्	अक्षंस्यताम्	अक्षंस्यन्
अक्षमः	अक्षमतम्	अक्षमत	म०	अक्षंस्यः	अक्षंस्यतम्	अक्षंस्यत
अक्षमम्	अक्षमाव	अक्षमाम	उ०	अक्षंस्यम्	अक्षंस्याव	अक्षंस्याम

(१०१) जन् (उत्पन्न होना) आत्मनेपदी

लट्				आशीर्लिङ्		
जायते	जायेते	जायन्ते	प्र०	जनिषीष्ट	जनिषीयास्ताम्	जनिषीरन्
जायसे	जायेथे	जायध्वे	म०	जनिषीष्ठाः	जनिषीयास्थाम्	जनिषीध्वम्
जाये	जायावहे	जायामहे	उ०	जनिषीय	जनिषीवहि	जनिषीमहि
लृट्				**लिट्**		
जनिष्यते	जनिष्येते	जनिष्यन्ते	प्र०	जज्ञे	जज्ञाते	जज्ञिरे
जनिष्यसे	जनिष्येथे	जनिष्यध्वे	म०	जज्ञिषे	जज्ञाथे	जज्ञिध्वे
जनिष्ये	जनिष्यावहे	जनिष्यामहे	उ०	जज्ञे	जज्ञिवहे	जज्ञिमहे
लङ्				**लुट्**		
अजायत	अजायेताम्	अजायन्त	प्र०	जनिता	जनितारौ	जनितारः
अजायथाः	अजायेथाम्	अजायध्वम्	म०	जनितासे	जनितासाथे	जनिताध्वे
अजाये	अजायावहि	अजायामहि	उ०	जनिताहे	जनितास्वहे	जनितास्महे
लोट्				**लुङ्**		
जायताम्	जायेताम्	जायन्ताम्	प्र०	अजनिष्ट, अजनि	अजनिषाताम्	अजनिषत
जायस्व	जायेथाम्	जायध्वम्	म०	अजनिष्ठाः	अजनिषाथाम्	अजनिध्वम्
जायै	जायावहै	जायामहै	उ०	अजनिषि	अजनिष्वहि	अजनिष्महि
विधिलिङ्				**लृङ्**		
जायेत	जायेयाताम्	जायेरन्	प्र०	अजनिष्यत	अजनिष्येताम्	अजनिष्यन्त
जायेथाः	जायेयाथाम्	जायेध्वम्	म०	अजनिष्यथाः	अजनिष्येथाम्	अजनिष्यध्वम्
जायेय	जायेवहि	जायेमहि	उ०	अजनिष्ये	अजनिष्यावहि	अजनिष्यामहि

(१०२) विद् (होना) आत्मनेपदी

लट्				लृट्		
विद्यते	विद्येते	विद्यन्ते	प्र०	वेत्स्यते	वेत्स्येते	वेत्स्यन्ते
विद्यसे	विद्येथे	विद्यध्वे	म०	वेत्स्यसे	वेत्स्येथे	वेत्स्यध्वे
विद्ये	विद्यावहे	विद्यामहे	उ०	वेत्स्ये	वेत्स्यावहे	वेत्स्यामहे

लङ्				लिट्		
अविद्यत	अविद्येताम्	अविद्यन्त	प्र०	विविदे	विविदाते	विविदिरे
अविद्यथाः	अविद्येथाम्	अविद्यध्वम्	म०	विविदिषे	विविदाथे	विविदिध्वे
अविद्ये	अविद्यावहि	अविद्यामहि	उ०	विविदे	विविदिवहे	विविदिमहे

लोट्				लुट्		
विद्यताम्	विद्येताम्	विद्यन्ताम्	प्र०	वेत्ता	वेत्तारौ	वेत्तारः
विद्यस्व	विद्येथाम्	विद्यध्वम्	म०	वेत्तासे	वेत्तासाथे	वेत्ताध्वे
विद्यै	विद्यावहै	विद्यामहै	उ०	वेत्ताहे	वेत्तास्वहे	वेत्तास्महे

विधिलिङ्				लुङ्		
विद्येत	विद्येयाताम्	विद्येरन्	प्र०	अवित्त	अवित्साताम्	अवित्सत
विद्येथाः	विद्येयाथाम्	विद्येध्वम्	म०	अवित्थाः	अवित्साथाम्	अविद्ध्वम्
विद्येय	विद्येवहि	विद्येमहि	उ०	अवित्सि	अवित्स्वहि	अवित्स्महि

आशीर्लिङ्				लृङ्		
वित्सीष्ट	वित्सीयास्ताम्	वित्सीरन्	प्र०	अवेत्स्यत	अवेत्स्येताम्	अवेत्स्यन्त
वित्सीष्ठाः	वित्सीयास्थाम्	वित्सीयध्वम्	म०	अवेत्स्यथाः	अवेत्स्येथाम्	अवेत्स्यध्वम्
वित्सीय	वित्सीवहि	वित्सीमहि	उ०	अवेत्स्ये	अवेत्स्यावहे	अवेत्स्यामहे

(१०३) नश् (नष्ट होना) परस्मैपदी

लट्				लोट्		
नश्यति	नश्यतः	नश्यन्ति	प्र०	नश्यतु	नश्यताम्	नश्यन्तु
नश्यसि	नश्यथः	नश्यथ	म०	नश्य	नश्यतम्	नश्यत
नश्यामि	नश्यावः	नश्यामः	उ०	नश्यानि	नश्याव	नश्याम

लृट्				विधिलिङ्		
नशिष्यति	नशिष्यतः	नशिष्यन्ति	प्र०	नश्येत्	नश्येताम्	नश्येयुः
नशिष्यसि	नशिष्यथः	नशिष्यथ	म०	नश्येः	नश्येतम्	नश्येत
नशिष्यामि	नशिष्यावः	नशिष्यामः	उ०	नश्येयम्	नश्येव	नश्येम

(अथवा)				आशीर्लिङ्		
नङ्क्ष्यति	नङ्क्ष्यतः	नङ्क्ष्यन्ति	प्र०	नश्यात्	नश्यास्ताम्	नश्यासुः
नङ्क्ष्यसि	नङ्क्ष्यथः	नङ्क्ष्यथ	म०	नश्याः	नश्यास्तम्	नश्यास्त
नङ्क्ष्यामि	नङ्क्ष्यावः	नङ्क्ष्यामः	उ०	नश्यासम्	नश्यास्व	नश्यास्म

लङ्				लिट्		
अनश्यत्	अनश्यताम्	अनश्यन्	प्र०	ननाश	नेशतुः	नेशुः
अनश्यः	अनश्यतम्	अनश्यत	म०	नेशिथ, ननष्ठ	नेशथुः	नेश
अनश्यम्	अनश्याव	अनश्याम	उ०	ननाश, ननश	नेशिव, नेश्व	नेशिम, नेश्म

लुट्				लृङ्		
नशिता	नशितारौ	नशितारः	प्र०	अनशिष्यत्	अनशिष्यताम्	अनशिष्यन्
नशितासि	नशितास्थः	नशितास्थ	म०	अनशिष्यः	अनशिष्यतम्	अनशिष्यत
नशितास्मि	नशितास्वः	नशितास्मः	उ०	अनशिष्यम्	अनशिष्याव	अनशिष्याम
अथवा				अथवा		
नंष्टा	नंष्टारौ	नंष्टारः	प्र०	अनङ्क्ष्यत्	अनङ्क्ष्यताम्	अनङ्क्ष्यन्
नंष्टासि	नंष्टास्थः	नंष्टास्थ	म०	अनङ्क्ष्यः	अनङ्क्ष्यतम्	अनङ्क्ष्यत
नंष्टास्मि	नंष्टास्वः	नंष्टास्मः	उ०	अनङ्क्ष्यम्	अनङ्क्ष्याव	अनङ्क्ष्याम

लुङ्			
अनशत्	अनशताम्	अनशन्	प्र०
अनशः	अनशतम्	अनशत	म०
अनशम	अनशाव	अनशाम	उ०

(१०४) नृत् (नाचना) परस्मैपदी

लट्				विधिलिङ्		
नृत्यति	नृत्यतः	नृत्यन्ति	प्र०	नृत्येत्	नृत्येताम्	नृत्येयुः
नृत्यसि	नृत्यथः	नृत्यथ	म०	नृत्येः	नृत्येतम्	नृत्येत
नृत्यामि	नृत्यावः	नृत्यामः	उ०	नृत्येयम्	नृत्येव	नृत्येम
लृट्				आशीर्लिङ्		
नर्तिष्यति	नर्तिष्यतः	नर्तिष्यन्ति	प्र०	नृत्यात्	नृत्यास्ताम्	नृत्यासुः
नर्तिष्यसि	नर्तिष्यथः	नर्तिष्यथ	म०	नृत्याः	नृत्यास्तम्	नृत्यास्त
नर्तिष्यामि	नर्तिष्यावः	नर्तिष्यामः	उ०	नृत्यासम्	नृत्यास्व	नृत्यास्म
अथवा				लिट्		
नर्त्स्यति	नर्त्स्यतः	नर्त्स्यन्ति	प्र०	ननर्त	ननृततुः	ननृतुः
नर्त्स्यसि	नर्त्स्यथः	नर्त्स्यथ	म०	ननर्तिथ	ननृतथुः	ननृत
नर्त्स्यामि	नर्त्स्यावः	नर्त्स्यामः	उ०	ननर्त	ननृतिव	ननृतिम
लङ्				लुट्		
अनृत्यत्	अनृत्यताम्	अनृत्यन्	प्र०	नर्तिता	नर्तितारौ	नर्तितारः
अनृत्यः	अनृत्यतम्	अनृत्यत	म०	नर्तितासि	नर्तितास्थः	नर्तितास्थ
अनृत्यम्	अनृत्याव	अनृत्याम	उ०	नर्तितास्मि	नर्तितास्वः	नर्तितास्मः
लोट्				लुङ्		
नृत्यतु	नृत्यताम्	नृत्यन्तु	प्र०	अनर्तीत्	अनर्तिष्टाम्	अनर्तिषुः
नृत्य	नृत्यतम्	नृत्यत	म०	अनर्तीः	अनर्तिष्टम्	अनर्तिष्ट
नृत्यानि	नृत्याव	नृत्याम	उ०	अनर्तिषम्	अनर्तिष्व	अनर्तिष्म

लृङ्				(लृङ्) अथवा		
अनर्तिष्यत्	अनर्तिष्यताम्	अनर्तिष्यन्	प्र०	अनर्त्स्यत्	अनर्त्स्यताम्	अनर्त्स्यन्
अनर्तिष्यः	अनर्तिष्यतम्	अनर्तिष्यत	म०	अनर्त्स्यः	अनर्त्स्यतम्	अनर्त्स्यत
अनर्तिष्यम्	अनर्तिष्याव	अनर्तिष्याम	उ०	अनर्त्स्यम्	अनर्त्स्याव	अनर्त्स्याम

(१०५) पद् (जाना) आत्मनेपदी

लट्				आशीर्लिङ्		
पद्यते	पद्येते	पद्यन्ते	प्र०	पत्सीष्ट	पत्सीयास्ताम्	पत्सीरन्
पद्यसे	पद्येथे	पद्यध्वे	म०	पत्सीष्ठाः	पत्सीयास्थाम्	पत्सीध्वम्
पद्ये	पद्यावहे	पद्यामहे	उ०	पत्सीय	पत्सीवहि	पत्सीमहि
लृट्				**लिट्**		
पत्स्यते	पत्स्येते	पत्स्यन्ते	प्र०	पेदे	पेदाते	पेदिरे
पत्स्यसे	पत्स्येथे	पत्स्यध्वे	म०	पेदिषे	पेदाथे	पेदिध्वे
पत्स्ये	पत्स्यावहे	पत्स्यामहे	उ०	पेदे	पेदिवहे	पेदिमहे
लङ्				**लुट्**		
अपद्यत	अपद्येताम्	अपद्यन्त	प्र०	पत्ता	पत्तारौ	पत्तारः
अपद्यथाः	अपद्येथाम्	अपद्यध्वम्	म०	पत्तासे	पत्तासाथे	पत्ताध्वे
अपद्ये	अपद्यावहि	अपद्यामहि	उ०	पत्ताहे	पत्तास्वहे	पत्तास्महे
लोट्				**लुङ्**		
पद्यताम्	पद्येताम्	पद्यन्ताम्	प्र०	अपादि	अपत्साताम्	अपत्सत
पद्यस्व	पद्येथाम्	पद्यध्वम्	म०	अपत्थाः	अपत्साथाम्	अपद्ध्वम्
पद्यै	पद्यावहै	पद्यामहै	उ०	अपत्सि	अपत्स्वहि	अपत्स्महि
विधिलिङ्				**लृङ्**		
पद्येत	पद्येयाताम्	पद्येरन्	प्र०	अपत्स्यत	अपत्स्येताम्	अपत्स्यन्त
पद्येथाः	पद्येयाथाम्	पद्येध्वम्	म०	अपत्स्यथाः	अपत्स्येथाम्	अपत्स्यध्वम्
पद्येय	पद्येवहि	पद्येमहि	उ०	अपत्स्ये	अपत्स्यावहि	अपत्स्यामहि

(१०६) बुध् (जानना) आत्मनेपदी

लट्				लङ्		
बुध्यते	बुध्येते	बुध्यन्ते	प्र०	अबुध्यत	अबुध्येताम्	अबुध्यन्त
बुध्यसे	बुध्येथे	बुध्यध्वे	म०	अबुध्यथाः	अबुध्येथाम्	अबुध्यध्वम्
बुध्ये	बुध्यावहे	बुध्यामहे	उ०	अबुध्ये	अबुध्यावहि	अबुध्यामहि
लृट्				**लोट्**		
भोत्स्यते	भोत्स्येते	भोत्स्यन्ते	प्र०	बुध्यताम्	बुध्येताम्	बुध्यन्ताम्
भोत्स्यसे	भोत्स्येथे	भोत्स्यध्वे	म०	बुध्यस्व	बुध्येथाम्	बुध्यध्वम्
भोत्स्ये	भोत्स्यावहे	भोत्स्यामहे	उ०	बुध्यै	बुध्यावहै	बुध्यामहै

विधिलिङ्				लुट्		
बुध्येत	बुध्येयाताम्	बुध्येरन्	प्र०	बोद्धा	बोद्धारौ	बोद्धारः
बुध्येथाः	बुध्येयाथाम्	बुध्येध्वम्	म०	बोद्धासे	बोद्धासाथे	बोद्धाध्वे
बुध्येय	बुध्येवहि	बुध्येमहि	उ०	बोद्धाहे	बोद्धास्वहे	बोद्धास्महे

आशीर्लिङ्				लुङ्		
भुत्सीष्ट	भुत्सीयास्ताम्	भुत्सीरन्	प्र०	अबुद्ध, अबोधि	अभुत्साताम्	अभुत्सत
भुत्सीष्ठाः	भुत्सीयास्थाम्	भुत्सीध्वम्	म०	अबुद्धाः	अभुत्साथाम्	अभुद्ध्वम्
भुत्सीय	भुत्सीवहि	भुत्सीमहि	उ०	अभुत्सि	अभुत्स्वहि	अभुत्स्महि

लिट्				लृङ्		
बुबुधे	बुबुधाते	बुबुधिरे	प्र०	अभोत्स्यत	अभोत्स्येताम्	अभोत्स्यन्त
बुबुधिषे	बुबुधाथे	बुबुधिध्वे	म०	अभोत्स्यथाः	अभोत्स्येथाम्	अभोत्स्यध्वम्
बुबुधे	बुबुधिवहे	बुबुधिमहे	उ०	अभोत्स्ये	अभोत्स्यावहि	अभोत्स्यामहि

(१०७) भ्रम् (घूमना) परस्मैपदी

लट्				विधिलिङ्		
भ्राम्यति	भ्राम्यतः	भ्राम्यन्ति	प्र०	भ्राम्येत्	भ्राम्येताम्	भ्राम्येयुः
भ्राम्यसि	भ्राम्यथः	भ्राम्यथ	म०	भ्राम्येः	भ्राम्येतम्	भ्राम्येत
भ्राम्यामि	भ्राम्यावः	भ्राम्यामः	उ०	भ्राम्येयम्	भ्राम्येव	भ्राम्येम

लृट्				आशीर्लिङ्		
भ्रमिष्यति	भ्रमिष्यतः	भ्रमिष्यन्ति	प्र०	भ्रम्यात्	भ्रम्यास्ताम्	भ्रम्यासुः
भ्रमिष्यसि	भ्रमिष्यथः	भ्रमिष्यथ	म०	भ्रम्याः	भ्रम्यास्तम्	भ्रम्यास्त
भ्रमिष्यामि	भ्रमिष्यावः	भ्रमिष्यामः	उ०	भ्रम्यासम्	भ्रम्यास्व	भ्रम्यास्म

लङ्				लिट्		
अभ्राम्यत्	अभ्राम्यताम्	अभ्राम्यन्	प्र०	बभ्राम	बभ्रमतुः भ्रेमतुः	बभ्रमुः भ्रेमुः
अभ्राम्यः	अभ्राम्यतम्	अभ्राम्यत	म०	बभ्रमिथ भ्रेमिथ	बभ्रमथुः भ्रेमथुः	बभ्रम भ्रेम
अभ्राम्यम्	अभ्राम्याव	अभ्राम्याम	उ०	बभ्राम बभ्रम	बभ्रमिव भ्रेमिव	बभ्रमिम भ्रेमिम

लोट्				लुट्		
भ्राम्यतु	भ्राम्यताम्	भ्राम्यन्तु	प्र०	भ्रमिता	भ्रमितारौ	भ्रमितारः
भ्राम्य	भ्राम्यतम्	भ्राम्यत	म०	भ्रमितासि	भ्रमितास्थः	भ्रमितास्थ
भ्राम्याणि	भ्राम्याव	भ्राम्याम	उ०	भ्रमितास्मि	भ्रमितास्वः	भ्रमितास्मः

लुङ्				लृङ्		
अभ्रमत्	अभ्रमताम्	अभ्रमन्	प्र०	अभ्रमिष्यत्	अभ्रमिष्यताम्	अभ्रमिष्यन्
अभ्रमः	अभ्रमतम्	अभ्रमत	म०	अभ्रमिष्यः	अभ्रमिष्यतम्	अभ्रमिष्यत
अभ्रमम्	अभ्रमाव	अभ्रमाम	उ०	अभ्रमिष्यम्	अभ्रमिष्याव	अभ्रमिष्याम

(१०८) युध् (लड़ाई करना) आत्मनेपदी

लट्				आशीर्लिङ्		
युध्यते	युध्येते	युध्यन्ते	प्र०	युत्सीष्ट	युत्सीयास्ताम्	युत्सीरन्
युध्यसे	युध्येथे	युध्यध्वे	म०	युत्सीष्ठाः	युत्सीयास्थाम्	युत्सीध्वम्
युध्ये	युध्यावहे	युध्यामहे	उ०	युत्सीय	युत्सीवहि	युत्सीमहि
लृट्				लिट्		
योत्स्यते	योत्स्येते	योत्स्यन्ते	प्र०	युयुधे	युयुधाते	युयुधिरे
योत्स्यसे	योत्स्येथे	योत्स्यध्वे	म०	युयुधिषे	युयुधाथे	युयुधिध्वे
योत्स्ये	योत्स्यावहे	योत्स्यामहे	उ०	युयुधे	युयुधिवहे	युयुधिमहे
लङ्				लुट्		
अयुध्यत	अयुध्येताम्	अयुध्यन्त	प्र०	योद्धा	योद्धारौ	योद्धारः
अयुध्यथाः	अयुध्येथाम्	अयुध्यध्वम्	म०	योद्धासे	योद्धासाथे	योद्धाध्वे
अयुध्ये	अयुध्यावहि	अयुध्यामहि	उ०	योद्धाहे	योद्धास्वहे	योद्धास्महे
लोट्				लुङ्		
युध्यताम्	युध्येताम्	युध्यन्ताम्	प्र०	अयुद्ध	अयुत्साताम्	अयुत्सत
युध्यस्व	युध्येथाम्	युध्यध्वम्	म०	अयुद्धाः	अयुत्साथाम्	अयुद्ध्वम्
युध्यै	युध्यावहै	युध्यामहै	उ०	अयुत्सि	अयुत्स्वहि	अयुत्स्महि
विधिलिङ्				लृङ्		
युध्येत	युध्येयाताम्	युध्येरन्	प्र०	अयोत्स्यत	अयोत्स्येताम्	अयोत्स्यन्त
युध्येथाः	युध्येयाथाम्	युध्येध्वम्	म०	अयोत्स्यथाः	अयोत्स्येथाम्	अयोत्स्यध्वम्
युध्येय	युध्येवहि	युध्येमहि	उ०	अयोत्स्ये	अयोत्स्यावहि	अयोत्स्यामहि

(१०६) क्रुध् (क्रोध करना) परस्मैपदी

लट्	क्रुध्यति	क्रुध्यतः	क्रुध्यन्ति
लृट्	क्रोत्स्यति	क्रोत्स्यतः	क्रोत्स्यन्ति
आशीर्लिङ्	क्रुध्यात्	क्रुध्यास्ताम्	क्रुध्यासुः
लिट्	चुक्रोध	चुक्रुधतुः	चुक्रुधुः
लुङ्	अक्रुधत्	अक्रुधताम्	अक्रुधन्
लृङ्	अक्रोत्स्यत्	अक्रोत्स्यताम्	अक्रोत्स्यन्

(११०) क्लिश् (खिन्न होना) आत्मनेपदी

लट्	क्लिश्यते	क्लिश्येते	क्लिश्यन्ते
लृट्	क्लेशिष्यते	क्लेशिष्येते	क्लेशिष्यन्ते

आशीर्लिङ्	क्लेशिषीष्ट	क्लेशिषीयास्ताम्	क्लेशिषीरन्
लिट्	चिक्लिशे	चिक्लिशाते	चिक्लिशिरे
	चिक्लिशिषे	चिक्लिशाथे	चिक्लिशिध्वे
	चिक्लिशे	चिक्लिशिवहे	चिक्लिशिमहे
लुङ्	अक्लिष्ट	अक्लिष्टाताम्	अक्लिष्टन्त
लृङ्	अक्लेशिष्यत	अक्लेशिष्यताम्	अक्लेशिष्यन्त

(१११) क्षुध् (भूखा होना) परस्मैपदी

लट्	क्षुध्यति	क्षुध्यतः	क्षुध्यन्ति
लृट्	क्षोत्स्यति	क्षोत्स्यतः	क्षोत्स्यन्ति
लङ्	अक्षुध्यत्	अक्षुध्यताम्	अक्षुध्यन्
आशीर्लिङ्	क्षुध्यात्	क्षुध्यास्ताम्	क्षुध्यासुः
लिट्	चुक्षोध	चुक्षुधथुः	चुक्षुधुः
लुट्	क्षोद्धा	क्षोद्धारौ	क्षोद्धारः
लुङ्	अक्षुधत्	अक्षुधताम्	अक्षुधन्

(११२) खिद् (खिन्न होना) आत्मनेपदी

लट्	खिद्यते	खिद्येते	खिद्यन्ते
लृट्	खेत्स्यते	खेत्स्येते	खेत्स्यन्ते
लङ्	अखिद्यत	अखिद्येताम्	अखिद्यन्त
आशीर्लिङ्	खित्सीष्ट	खित्सीयास्ताम्	खित्सीरन्
लिट्	चिखिदे	चिखिदाते	चिखिदिरे
लुट्	खेत्ता	खेत्तारौ	खेत्तारः

(११३) तुष् (प्रसन्न होना) परस्मैपदी

लट्	तुष्यति	तुष्यतः	तुष्यन्ति
लृट्	तोक्ष्यति	तोक्ष्यतः	तोक्ष्यन्ति
आशीर्लिङ्	तुष्यात्	तुष्यास्ताम्	तुष्यासुः
लिट्	तुतोष	तुतुषतुः	तुतुषुः
लुट्	तोष्टा	तोष्टारौ	तोष्टारः
लुङ्	अतुषत्	अतुषताम्	अतुषन्
लृङ्	अतोक्ष्यत्	अतोक्ष्यताम्	अतोक्ष्यन्

(११४) दम् (दबाना) परस्मैपदी

लट्	दाम्यति	दाम्यतः	दाम्यन्ति
लृट्	दमिष्यति	दमिष्यतः	दमिष्यन्ति
आशीर्लिङ्	दम्यात्	दम्यास्ताम्	दम्यासुः
लिट्	ददाम	ददमतुः	ददमुः
लुट्	दमिता	दमितारौ	दमितारः

लुङ्	अदमत्	अदमताम्	अदमन्
लृङ्	अदमिष्यत्	अदमिष्यताम्	अदमिष्यन्

(११५) दुष् (बिगड़ना) परस्मैपदी

लट्	दुष्यति	दुष्यतः	दुष्यन्ति
लृट्	दोक्ष्यति	दोक्ष्यतः	दोक्ष्यन्ति
आशीर्लिङ्	दुष्यात्	दुष्यास्ताम्	दुष्यासुः
लिट्	दुदोष	दुदुषतुः	दुदुषुः
लुट्	दोष्टा	दोष्टारौ	दोष्टारः
लुङ्	अदुषत्	अदुषताम्	अदुषन्

(११६) द्रुह् (द्रोह करना) परस्मैपदी

लट्	द्रुह्यति	द्रुह्यतः	द्रुह्यन्ति
लृट्	{ द्रोहिष्यति	द्रोहिष्यतः	द्रोहिष्यन्ति
	ध्रोक्ष्यति	ध्रोक्ष्यतः	ध्रोक्ष्यन्ति
लिट्	{ दुद्रोह	दुद्रुहतुः	दुद्रुहुः
	दुद्रोहिथ, दुद्रोढ	दुद्रुहथुः	दुद्रुह
	दुद्रोह		
	दुद्रोग्ध	दुद्रुहिव, दुद्रुह्व	दुद्रुहिम, दुद्रुह्म
लुट्	{ द्रोहिता	द्रोहितारौ	द्रोहितारः
	द्रोढा	द्रोढारौ	द्रोढारः
	द्रोग्धा	द्रोग्धारौ	द्रोग्धारः
लुङ्	अद्रुहत्	अद्रुहताम्	अद्रुहन्
लृङ्	{ अद्रोहिष्यत्	अद्रोहिष्यताम्	अद्रोहिष्यन्
	अध्रोक्ष्यत्	अध्रोक्ष्यताम्	अध्रोक्ष्यन्

(११७) मन् (समझना) आत्मनेपदी

लट्	मन्यते	मन्येते	मन्यन्ते
लृट्	मंस्यते	मंस्येते	मंस्यन्ते
आशीर्लिङ्	मंसीष्ट	मंसीयास्ताम्	मंसीरन्
लिट्	मेने	मेनाते	मेनिरे
लुट्	मन्ता	मन्तारौ	मन्तारः
लुङ्	{ अमंस्त	अमंसाताम्	अमंसत
	अमंस्थाः	अमंसाथाम्	अमंध्वम्
	अमंसि	अमंस्वहि	अमंस्महि

(११८) व्यध् (बेधना) परस्मैपदी

लट्	विध्यति	विध्यतः	विध्यन्ति
लृट्	व्यत्स्यति	व्यत्स्यतः	व्यत्स्यन्ति

लिट्	विव्याध	विविधतुः	विविधुः
	विव्यधिथ, विव्यद्ध	विविधथुः	विविध
	विव्याध, विव्यध	विविधिव	विविधिम
लुट्	व्यद्धा	व्यद्धारौ	व्यद्धारः
लुङ्	अव्यात्सीत्	अव्याद्धाम्	अव्यात्सुः
	अव्यात्सीः	अव्याद्धम्	अव्यात्त
	अव्यात्सम्	अव्यात्स्व	अव्यात्स्म

(११९) शुष् (सूखना) परस्मैपदी

लट्	शुष्यति	शुष्यतः	शुष्यन्ति
लृट्	शोक्ष्यति	शोक्ष्यतः	शोक्ष्यन्ति
आशीर्लिङ्	शुष्यात्	शुष्यास्ताम्	शुष्यासुः
लिट्	शुशोष	शुशुषतुः	शुशुषुः
लुट्	शोष्टा	शोष्टारौ	शोष्टारः
लुङ्	अशुषत्	अशुषताम्	अशुषुः

(१२०) सिध् (सिद्ध होना) परस्मैपदी

लट्	सिध्यति	सिध्यतः	सिध्यन्ति
लृट्	सेत्स्यति	सेत्स्यतः	सेत्स्यन्ति
आशीर्लिङ्	सिध्यात्	सिध्यास्ताम्	सिध्यासुः
लिट्	सिषेध	सिषिधतुः	सिषिधुः
लुट्	सेद्धा	सेद्धारौ	सेद्धारः
लुङ्	असिधत्	असिधिष्टाम्	असिधिषुः

(१२१) सिव् (सीना) परस्मैपदी

लट्	सीव्यति	सीव्यतः	सीव्यन्ति
लृट्	सेविष्यति	सेविष्यतः	सेविष्यन्ति
आशीर्लिङ्	सीव्यात्	सीव्यास्ताम्	सीव्यासुः
लिट्	सिषेव	सिषिवतुः	सिषिवुः
लुट्	सेविता	सेवितारौ	सेवितारः
लुङ्	असेवीत्	असेविष्टाम्	असेविषुः

(१२२) हृष् (हर्षित होना) परस्मैपदी

लट्	हृष्यति	हृष्यतः	हृष्यन्ति
लृट्	हर्षिष्यति	हर्षिष्यतः	हर्षिष्यन्ति
आशीर्लिङ	हृष्यात्	हृष्यास्ताम्	हृष्यासुः
लिट	जहर्ष	जहर्षतुः	जहर्षुः
लुट्	हर्षिता	हर्षितारौ	हर्षितारः
लुङ्	अहृषत्	अहृष्टाम्	अहृषुः

५—स्वादिगण

इस गण की प्रथम धातु 'सु' है, अतः इस गण का नाम स्वादिगण पड़ा। इस गण में ३५ धातुएँ हैं। इस गण की धातु और प्रत्यय के बीच में श्नु (नु) जोड़ दिया जाता है और धातु को गुण नहीं होता।

सूचना—प्रत्यय के व् म् के पूर्व विकल्प से नु का उ हटा कर केवल न् जोड़ा जाता है, यथा—सु + नु + वः = सुनुवः, सुन्वः, सुनुमः, सुन्मः। यदि नु के पूर्व कोई व्यञ्जन हो तो उ नहीं हटाया जाता, यथा—साध् + नु + मः = साध्नुमः।

उभयपदी

(१२३) सु (रस निकालना) परस्मैपद

लट्				आशीर्लिङ्		
सुनोति	सुनुतः	सुन्वन्ति	प्र०	सूयात्	सूयास्ताम्	सूयासुः
सुनोषि	सुनुथः	सुनुथ	म०	सूयाः	सूयास्तम्	सूयास्त
सुनोमि	सुनुवः-न्वः	सुनुमः-न्मः	उ०	सूयासम्	सूयास्व	सूयास्म
लृट्				**लिट्**		
सोष्यति	सोष्यतः	सोष्यन्ति	प्र०	सुषाव	सुषुवतुः	सुषुवुः
सोष्यसि	सोष्यथः	सोष्यथ	म०	सुषविथ, सुषोथ	सुषुवथुः	सुषुव
सोष्यामि	सोष्यावः	सोष्यामः	उ०	सुषाव, सुषव	सुषुविव	सुषुविम
लङ्				**लुट्**		
असुनोत्	असुनुताम्	असुन्वन्	प्र०	सोता	सोतारौ	सोतारः
असुनोः	असुनुतम्	असुनुत	म०	सोतासि	सोतास्थः	सोतास्थ
असुनवम्	असुनुव-न्व	असुनुम-न्म	उ०	सोतास्मि	सोतास्वः	सोतास्मः
लोट्				**लुङ्**		
सुनोतु	सुनुताम्	सुन्वन्तु	प्र०	असावीत्	असाविष्टाम्	असाविषुः
सुनु	सुनुतम्	सुनुत	म०	असावीः	असाविष्टम्	असाविष्ट
सुनवानि	सुनवाव	सुनवाम	उ०	असाविषम्	असाविष्व	असाविष्म
विधिलिङ्				**लृङ्**		
सुनुयात्	सुनुयाताम्	सुनुयुः	प्र०	असोष्यत्	असोष्यताम्	असोष्यन्
सुनुयाः	सुनुयातम्	सुनुयात	म०	असोष्यः	असोष्यतम्	असोष्यत
सुनुयाम्	सुनुयाव	सुनुयाम	उ०	असोष्यम्	असोष्याव	असोष्याम

सु (रस निकालना) आत्मनेपद

लट्				आशीर्लिङ्		
सुनुते	सुन्वाते	सुन्वते	प्र०	सोषीष्ट	सोषीयास्ताम्	सोषीरन्
सुनुषे	सुन्वाथे	सुनुध्वे	म०	सोषीष्ठाः	सोषीयास्थाम्	सोषीध्वम्
सुन्वे	सुनुवहे-न्वहे	सुनुमहे-न्महे	उ०	सोषीय	सोषीवहि	सोषीमहि
लृट्				लिट्		
सोष्यते	सोष्येते	सोष्यन्ते	प्र०	सुषुवे	सुषुवाते	सुषुविरे
सोष्यसे	सोष्येथे	सोष्यध्वे	म०	सुषुविषे	सुषुवाथे	सुषुविध्वे
सोष्ये	सोष्यावहे	सोष्यामहे	उ०	सुषुवे	सुषुविवहे	सुषुविमहे
लङ्				लुट्		
असुनुत	असुन्वाताम्	असुन्वत	प्र०	सोता	सोतारौ	सोतारः
असुनुथाः	असुन्वाथाम्	असुनुध्वम्	म०	सोतासे	सोतासाथे	सोताध्वे
असुन्वि	असुनुवहि	असुनुमहि	उ०	सोताहे	सोतास्वहे	सोतास्महे
लोट्				लुङ्		
सुनुताम्	सुन्वाताम्	सुन्वताम्	प्र०	असोष्ट	असोषाताम्	असोषत
सुनुष्व	सुन्वाथाम्	सुनुध्वम्	म०	असोष्ठाः	असोषाथाम्	असोढ्वम्
सुनवै	सुनवावहै	सुनवामहै	उ०	असोषि	असोष्वहि	असोष्महि
विधिलिङ्				लृङ्		
सुन्वीत	सुन्वीयाताम्	सुन्वीरन्	प्र०	असोष्यत	असोष्येताम्	असोष्यन्त
सुन्वीथाः	सुन्वीयाथाम्	सुन्वीध्वम्	म०	असोष्यथाः	असोष्येथाम्	असोष्यध्वम्
सुन्वीय	सुन्वीवहि	सुन्वीमहि	उ०	असोष्ये	असोष्यावहि	असोष्यामहि

(१२४) आप् (प्राप्त करना) परस्मैपदी

लट्				लोट्		
आप्नोति	आप्नुतः	आप्नुवन्ति	प्र०	आप्नोतु	आप्नुताम्	आप्नुवन्तु
आप्नोषि	आप्नुथः	आप्नुथ	म०	आप्नुहि	आप्नुतम्	आप्नुत
आप्नोमि	आप्नुवः	आप्नुमः	उ०	आप्नवानि	आप्नवाव	आप्नवाम
लृट्				विधिलिङ्		
आप्स्यति	आप्स्यतः	आप्स्यन्ति	प्र०	आप्नुयात्	आप्नुयाताम्	आप्नुयुः
आप्स्यसि	आप्स्यथः	आप्स्यथ	म०	आप्नुयाः	आप्नुयातम्	आप्नुयात
आप्स्यामि	आप्स्यावः	आप्स्यामः	उ०	आप्नुयाम्	आप्नुयाव	आप्नुयाम
लङ्				आशीर्लिङ्		
आप्नोत्	आप्नुताम्	आप्नुवन्	प्र०	आप्यात्	आप्यास्ताम्	आप्यासुः
आप्नोः	आप्नुतम्	आप्नुत	म०	आप्याः	आप्यास्तम्	आप्यास्त
आप्नवम्	आप्नुव	आप्नुम	उ०	आप्यासम्	आप्यास्व	आप्यास्म

लिट्				लुङ्		
आप	आपतुः	आपुः	प्र०	आपत्	आपताम्	आपन्
आपिथ	आपथुः	आप	म०	आपः	आपतम्	आपत
आप	आपिव	आपिम	उ०	आपम्	आपाव	आपाम
लुट्				**लृङ्**		
आप्ता	आप्तारौ	आप्तारः	प्र०	आप्स्यत्	आप्स्यताम्	आप्स्यन्
आप्तासि	आप्तास्थः	आप्तास्थ	म०	आप्स्यः	आप्स्यतम्	आप्स्यत
आप्तास्मि	आप्तास्वः	आप्तास्मः	उ०	आप्स्यम्	आप्स्याव	आप्स्याम

उभयपदी

(१२५) चि (चुनना, इकट्ठा करना) परस्मैपद

लट्				लिट्		
चिनोति	चिनुतः	चिन्वन्ति	प्र०	चिचाय	चिच्यतुः	चिच्युः
चिनोषि	चिनुथः	चिनुथ	म०	चिचयिथ, चिचेथ	चिच्यथुः	चिच्यः
चिनोमि	चिनुवः-न्वः	चिनुमः-न्मः	उ०	चिचाय, चिचय	चिच्यिव	चिच्यिम
लृट्				**(अथवा)**		
चेष्यति	चेष्यतः	चेष्यन्ति	प्र०	चिकाय	चिक्यतुः	चिक्युः
चेष्यसि	चेष्यथः	चेष्यथ	म०	चिकयिथ, चिकेथ	चिक्यथुः	चिक्य
चेष्यामि	चेष्यावः	चेष्यामः	उ०	चिकाय, चिकय	चिक्यिव	चिक्यिम
लङ्				**लुट्**		
अचिनोत्	अचिनुताम्	अचिन्वन्	प्र०	चेता	चेतारौ	चेतारः
अचिनोः	अचिनुतम्	अचिनुत	म०	चेतासि	चेतास्थः	चेतास्थ
अचिनवम्	अचिनुव-न्व	अचिनुम-न्म	उ०	चेतास्मि	चेतास्वः	चेतास्मः
लोट्				**लुङ्**		
चिनोतु	चिनुताम्	चिन्वन्तु	प्र०	अचैषीत्	अचैष्टाम्	अचैषुः
चिनु	चिनुतम्	चिनुत	म०	अचैषीः	अचैष्टम्	अचैष्ट
चिनवानि	चिनवाव	चिनवाम	उ०	अचैषम्	अचैष्व	अचैष्म
विधिलिङ्				**लृङ्**		
चिनुयात्	चिनुयाताम्	चिनुयुः	प्र०	अचेष्यत्	अचेष्यताम्	अचेष्यन्
चिनुयाः	चिनुयातम्	चिनुयात	म०	अचेष्यः	अचेष्यतम्	अचेष्यत
चिनुयाम्	चिनुयाव	चिनुयाम	उ०	अचेष्यम्	अचेष्याव	अचेष्याम
आशीर्लिङ्						
चीयात्	चीयास्ताम्	चीयासुः	प्र०			
चीयाः	चीयास्तम्	चीयास्त	म०			
चीयासम्	चीयास्व	चीयास्म	उ०			

चि (चयन करना, इकट्ठा करना) आत्मनेपद

लट्				लिट्		
चिनुते	चिन्वाते	चिन्वते	प्र०	चिच्ये	चिच्याते	चिच्यिरे
चिनुषे	चिन्वाथे	चिनुध्वे	म०	चिच्यिषे	चिच्याथे	चिच्यिध्वे
चिन्वे	चिनुवहे-न्वहे	चिनुमहे-न्महे	उ०	चिच्ये	चिच्यिवहे	चिच्यिमहे
लृट्				**अथवा**		
चेष्यते	चेष्येते	चेष्यन्ते	प्र०	चिक्ये	चिक्याते	चिक्यिरे
चेष्यसे	चेष्येथे	चेष्यध्वे	म०	चिक्यिषे	चिक्याथे	चिक्यिध्वे
चेष्ये	चेष्यावहे	चेष्यामहे	उ०	चिक्ये	चिक्यिवहे	चिक्यिमहे
लङ्				**लुट्**		
अचिनुत	अचिन्वाताम्	अचिन्वत	प्र०	चेता	चेतारौ	चेतारः
अचिनुथाः	अचिन्वाथाम्	अचिनुध्वम्	म०	चेतासे	चेतासाथे	चेताध्वे
अचिन्वि	अचिनुवहि	अचिनुमहि	उ०	चेताहे	चेतास्वहे	चेतास्महे
लोट्				**लुङ्**		
चिनुताम्	चिन्वाताम्	चिन्वताम्	प्र०	अचेष्ट	अचेषाताम्	अचेषत
चिनुष्व	चिन्वाथाम्	चिनुध्वम्	म०	अचेष्ठाः	अचेषाथाम्	अचेढ्वम्
चिनवै	चिनवावहै	चिनवामहै	उ०	अचेषि	अचेष्वहि	अचेष्महि
विधिलिङ्				**लृङ्**		
चिन्वीत	चिन्वीयाताम्	चिन्वीरन्	प्र०	अचेष्यत	अचेष्येताम्	अचेष्यन्त
चिन्वीथाः	चिन्वीयाथाम्	चिन्वीध्वम्	म०	अचेष्यथाः	अचेष्येथाम्	अचेष्यध्वम्
चिन्वीय	चिन्वीवहि	चिन्वीमहि	उ०	अचेष्ये	अचेष्यावहि	अचेष्यामहि
आशीर्लिङ्						
चेषीष्ट	चेषीयास्ताम्	चेषीरन्	प्र०			
चेषीष्ठाः	चेषीयास्थाम्	चेषीढ्वम्	म०			
चेषीय	चेषीवहि	चेषीमहि	उ०			

उभयपदी

(१२६) वृ (वरण करना, चुनना) परस्मैपद

लट्				लृट्		
वृणोति	वृणुतः	वृण्वन्ति	प्र०	वरिष्यति वरीष्यति	वरिष्यतः वरीष्यतः	वरिष्यन्ति वरीष्यन्ति
वृणोषि	वृणुथः	वृणुथ	म०	वरिष्यसि	वरिष्यथः	वरिष्यथ
वृणोमि	वृणुवः,वृण्वः	वृणुमः, वृण्मः	उ०	वरिष्यामि	वरिष्यावः	वरिष्यामः

लङ्				लिट्		
अवृणोत्	अवृणुताम्	अवृण्वन्	प्र०	ववार	वव्रतुः	वव्रुः
अवृणोः	अवृणुतम्	अवृणुत	म०	ववरिथ	वव्रथुः	वव्र
अवृणवम्	अवृणुव अवृण्व	अवृणुम अवृण्म	उ०	ववार, ववर	वव्रिव	वव्रिम

लोट्				लुट्		
वृणोतु	वृणुताम्	वृण्वन्तु	प्र०	वरिता वरीता	वरितारौ वरीतारौ	वरितारः वरीतारः
वृणु	वृणुतम्	वृणुत	म०	वरितासि	वरितास्थः	वरितास्थ
वृणवानि	वृणवाव	वृणवाम	उ०	वरितास्मि	वरितास्वः	वरितास्मः

विधिलिङ्				लुङ्		
वृणुयात्	वृणुयाताम्	वृणुयुः	प्र०	अवारीत्	अवारिष्टाम्	अवारिषुः
वृणुयाः	वृणुयातम्	वृणुयात	म०	अवारीः	अवारिष्टम्	अवारिष्ट
वृणुयाम्	वृणुयाव	वृणुयाम	उ०	अवारिषम्	अवारिष्व	अवारिष्म

आ० लिङ्				लृङ्		
व्रियात्	व्रियास्ताम्	व्रियासुः	प्र०	अवरिष्यत् अवरीष्यत्	अवरिष्यताम् अवरीष्यताम्	अवरिष्यन् अवरीष्यन्
व्रियाः	व्रियास्तम्	व्रियास्त	म०	अवरिष्यः	अवरिष्यतम्	अवरिष्यत
व्रियासम्	व्रियास्व	व्रियास्म	उ०	अवरिष्यम्	अवरिष्याव	अवरिष्याम

वृ (वरण करना, चुनना) आत्मनेपद

लट्				लोट्		
वृणुते	वृण्वाते	वृण्वते	प्र०	वृणुताम्	वृण्वाताम्	वृण्वताम्
वृणुषे	वृण्वाथे	वृणुध्वे	म०	वृणुस्व	वृण्वाथाम्	वृणुध्वम्
वृण्वे	वृणुवहे वृण्वहे	वृणुमहे वृण्महे	उ०	वृणवै	वृणवावहै	वृणवामहै

लृट्				विधिलिङ्		
वरिष्यते वरीष्यते	वरिष्येते वरीष्येते	वरिष्यन्ते वरीष्यन्ते	प्र०	वृण्वीत	वृण्वीयाताम्	वृण्वीरन्
वरिष्येसे	वरिष्येथे	वरिष्यध्वे	म०	वृण्वीथाः	वृण्वीयाथाम्	वृण्वीध्वम्
वरिष्ये	वरिष्यावहे	वरिष्यामहे	उ०	वृण्वीय	वृण्वीवहि	वृण्वीमहि

लङ्				आशीर्लिङ्		
अवृणुत	अवृण्वाताम्	अवृण्वत	प्र०	वरिषीष्ट वृषीष्ट	वरिषीयास्ताम् वृषीयास्ताम्	वरिषीरन् वृषीरन्
अवृणुथाः	अवृण्वाथाम्	अवृणुध्वम्	म०	वरिषीष्ठाः	वरिषीयास्थाम्	वरिषीध्वम्
अवृण्वि	अवृण्वहि	अवृण्महि	उ०	वरिषीय	वरिषीवहि	वरिषीमहि

लिट्				अथवा		
वव्रे	वव्राते	वव्रिरे	प्र०	अवृत	अवृषाताम्	अवृषत
वव्रृषे	वव्राथे	वव्रृध्वे	म०	अवृथाः	अवृषाथाम्	अवृध्वम्
वव्रे	वव्रृवहे	वव्रृमहे	उ०	अवृषि	अवृष्वहि	अवृष्महि

लुट्				लृङ्		
वरिता | वरीता	वरितारौ | वरीतारौ	वरितारः | वरीतारः	प्र०	अवरिष्यत | अवरीष्यत	अवरिष्येताम् | अवरीष्येताम्	अवरिष्यन्त | अवरीष्यन्त
वरितासे	वरितासाथे	वरिताध्वे	म०	अवरिष्यथाः	अवरिष्येथाम्	अवरिष्यध्वम्
वरिताहे	वरितास्वहे	वरितास्महे	उ०	अवरिष्ये	अवरिष्यावहे	अवरिष्यामहे

लुङ्			
अवरीष्ट | अवरिष्ट	अवरीषाताम् | अवरिषाताम्	अवरीषत | अवरिषत	प्र०
अवरिष्ठाः	अवरिषाथाम्	अवरिध्वम्	म०
अवरिषि	अवरिष्वहि	अवरिष्महि	उ०

(१२७) शक् (सकना) परस्मैपदी

लट्				आशीर्लिङ्		
शक्नोति	शक्नुतः	शक्नुवन्ति	प्र०	शक्यात्	शक्यास्ताम्	शक्यासुः
शक्नोषि	शक्नुथः	शक्नुथ	म०	शक्याः	शक्यास्तम्	शक्यास्त
शक्नोमि	शक्नुवः	शक्नुमः	उ०	शक्यासम्	शक्यास्व	शक्यास्म

लृट्				लिट्		
शक्ष्यति	शक्ष्यतः	शक्ष्यन्ति	प्र०	शशाक	शेकतुः	शेकुः
शक्ष्यसि	शक्ष्यथः	शक्ष्यथ	म०	शेकिथ	शेकथुः	शेक
शक्ष्यामि	शक्ष्यावः	शक्ष्यामः	उ०	शशाक, शशक	शेकिव	शेकिम

लङ्				लुट्		
अशक्नोत्	अशक्नुताम्	अशक्नुवन्	प्र०	शक्ता	शक्तारौ	शक्तारः
अशक्नोः	अशक्नुतम्	अशक्नुत	म०	शक्तासि	शक्तास्थः	शक्तास्थ
अशक्नवम्	अशक्नुव	अशक्नुम	उ०	शक्तास्मि	शक्तास्वः	शक्तास्मः

लोट्				लुङ्		
शक्नोतु	शक्नुताम्	शक्नुवन्तु	प्र०	अशकत्	अशकताम्	अशकन्
शक्नुहि	शक्नुतम्	शक्नुत	म०	अशकः	अशकतम्	अशकत
शक्नवानि	शक्नवाव	शक्नवाम	उ०	अशकम्	अशकाव	अशकाम

विधिलिङ्				लृङ्		
शक्नुयात्	शक्नुयाताम्	शक्नुयुः	प्र०	अशक्ष्यत्	अशक्ष्यताम्	अशक्ष्यन्
शक्नुयाः	शक्नुयातम्	शक्नुयात	म०	अशक्ष्यः	अशक्ष्यतम्	अशक्ष्यत
शक्नुयाम्	शक्नुयाव	शक्नुयाम	उ०	अशक्ष्यम्	अशक्ष्याव	अशक्ष्याम

६—तुदादिगण

इस गण की प्रथम धातु 'तुद्' है, अतः इसका नाम तुदादिगण पड़ा। इस गण में १५७ धातुएँ हैं। इस गण की धातुओं और प्रत्यय के बीच में श (अ) जोड़ दिया जाता है। भ्वादि में भी (शप्)अ जोड़ा जाता है, किन्तु इस गण में धातु की उपधा को तथा अन्त के स्वर को गुण नहीं होता। यहाँ अन्तिम इ ई को इय्, उ ऊ को उव्, ऋ को रिय् और ॠ को इर् हो जाता है। यथा—रि + अ + ति = रियति, धु + अ + ति = धुवति, मृ + अ + ते = म्रियते, कॄ + अ + ति = किरति। कृष् धातु भ्वादि तथा तुदादि दोनों में है। इसके भ्वादि में कर्षति तथा तुदादि में कृषति रूप बनते हैं।

उभयपदी

(१२८) तुद् (दुःख देना) परस्मैपद

लट्				आशीर्लिङ्		
तुदति	तुदतः	तुदन्ति	प्र०	तुद्यात्	तुद्यास्ताम्	तुद्यासुः
तुदसि	तुदथः	तुदथ	म०	तुद्याः	तुद्यास्तम्	तुद्यास्त
तुदामि	तुदावः	तुदामः	उ०	तुद्यासम्	तुद्यास्व	तुद्यास्म
लृट्				**लिट**		
तोत्स्यति	तोत्स्यतः	तोत्स्यन्ति	प्र०	तुतोद	तुतुदतुः	तुतुदुः
तोत्स्यसि	तोत्स्यथः	तोत्स्यथ	म०	तुतोदिथ	तुतुदथुः	तुतुद
तोत्स्यामि	तोत्स्यावः	तोत्स्यामः	उ०	तुतोद	तुतुदिव	तुतुदिम
लङ्				**लुट्**		
अतुदत्	अतुदताम्	अतुदन्	प्र०	तोत्ता	तोत्तारौ	तोत्तारः
अतुदः	अतुदतम्	अतुदत	म०	तोत्तासि	तोत्तास्थः	तोत्तास्थ
अतुदम्	अतुदाव	अतुदाम	उ०	तोत्तास्मि	तोत्तास्वः	तोत्तास्मः
लोट्				**लुङ्**		
तुदतु	तुदताम्	तुदन्तु	प्र०	अतौत्सीत्	अतौत्ताम्	अतौत्सुः
तुद	तुदतम्	तुदत	म०	अतौत्सीः	अतौत्तम्	अतौत्त
तुदानि	तुदाव	तुदाम	उ०	अतौत्सम्	अतौत्स्व	अतौत्स्म
विधिलिङ्				**लृङ्**		
तुदेत्	तुदेताम्	तुदेयुः	प्र०	अतोत्स्यत्	अतोत्स्यताम्	अतोत्स्यन्
तुदेः	तुदेतम्	तुदेत	म०	अतोत्स्यः	अतोत्स्यतम्	अतोत्स्यत
तुदेयम्	तुदेव	तुदेम	उ०	अतोत्स्यम्	अतोत्स्याव	अतोत्स्याम

तुद् (व्यथा पहुँचाना, दुःख देना) आत्मनेपद

लट्				आशीर्लिङ्		
तुदते	तुदेते	तुदन्ते	प्र०	तुत्सीष्ट	तुत्सीयास्ताम्	तुत्सीरन्
तुदसे	तुदेथे	तुदध्वे	म०	तुत्सीष्ठाः	तुत्सीयास्थाम्	तुत्सीध्वम्
तुदे	तुदावहे	तुदामहे	उ०	तुत्सीय	तुत्सीवहि	तुत्सीमहि
लृट्				**लिट्**		
तोत्स्यते	तोत्स्येते	तोत्स्यन्ते	प्र०	तुतुदे	तुतुदाते	तुतुदिरे
तोत्स्यसे	तोत्स्येथे	तोत्स्यध्वे	म०	तुतुदिषे	तुतुदाथे	तुतुदिध्वे
तोत्स्ये	तोत्स्यावहे	तोत्स्यामहे	उ०	तुतुदे	तुतुदिवहे	तुतुदिमहे
लङ्				**लुट्**		
अतुदत	अतुदेताम्	अतुदन्त	प्र०	तोत्ता	तोत्तारौ	तोत्तारः
अतुदथाः	अतुदेथाम्	अतुदध्वम्	म०	तोत्तासे	तोत्तासाथे	तोत्ताध्वे
अतुदे	अतुदावहि	अतुदामहि	उ०	तोत्ताहे	तोत्तास्वहे	तोत्तास्महे
लोट्				**लुङ्**		
तुदताम्	तुदेताम्	तुदन्ताम्	प्र०	अतुत्त	अतुत्साताम्	अतुत्सत
तुदस्व	तुदेथाम्	तुदध्वम्	म०	अतुत्थाः	अतुत्साथाम्	अतुद्ध्वम्
तुदै	तुदावहै	तुदामहै	उ०	अतुत्सि	अतुत्स्वहि	अतुत्स्महि
विधिलिङ्				**लृङ्**		
तुदेत्	तुदेयाताम्	तुदेरन्	प्र०	अतोत्स्यत	अतोत्स्येताम्	अतोत्स्यन्त
तुदेथाः	तुदेयाथाम्	तुदेध्वम्	म०	अतात्स्यथाः	अतोत्स्येथाम्	अतोत्स्यध्वम्
तुदेय	तुदेवहि	तुदेमहि	उ०	अतोत्स्ये	अतोत्स्यावहि	अतोत्स्यामहि

(१९९) इष् (इच्छा करना) परस्मैपदी

लट्				लोट्		
इच्छति	इच्छतः	इच्छन्ति	प्र०	इच्छतु	इच्छताम्	इच्छन्तु
इच्छसि	इच्छथः	इच्छथ	म०	इच्छ	इच्छतम्	इच्छत
इच्छामि	इच्छावः	इच्छामः	उ०	इच्छानि	इच्छाव	इच्छाम
लृट्				**विधिलिङ्**		
एषिष्यति	एषिष्यतः	एषिष्यन्ति	प्र०	इच्छेत्	इच्छेताम्	इच्छेयुः
एषिष्यसि	एषिष्यथः	एषिष्यथ	म०	इच्छेः	इच्छेतम्	इच्छेत
एषिष्यामि	एषिष्यावः	एषिष्यामः	उ०	इच्छेयम्	इच्छेव	इच्छेम
लङ्				**आशीर्लिङ्**		
ऐच्छत्	ऐच्छताम्	ऐच्छन्	प्र०	इष्यात्	इष्यास्ताम्	इष्यासुः
ऐच्छः	ऐच्छतम्	ऐच्छत	म०	इष्याः	इष्यास्तम्	इष्यास्त
ऐच्छम	ऐच्छाव	ऐच्छाम	उ०	इष्यासम्	इष्यास्व	इष्यास्म

लिट्				लुङ्		
इयेष	ईषतुः	ईषुः	प्र०	ऐषीत्	ऐषिष्टाम्	ऐषिषुः
इयेषिथ	ईषथुः	ईष	म०	ऐषीः	ऐषिष्टम्	ऐषिष्ट
इयेष	ईषिव	ईषिम	उ०	ऐषिषम्	ऐषिष्व	ऐषिष्म
लुट्				लृङ्		
एषिता	एषितारौ	एषितारः	प्र०	ऐषिष्यत्	ऐषिष्यताम्	ऐषिष्यन्
एषितासि	एषितास्थः	एषितास्थ	म०	ऐषिष्यः	ऐषिष्यतम्	ऐषिष्यत
एषितास्मि	एषितास्वः	एषितास्मः	उ०	ऐषिष्यम्	ऐषिष्याव	ऐषिष्याम
अथवा						
एष्टा	एष्टारौ	एष्टारः	प्र०			
एष्टासि	एष्टास्थः	एष्टास्थ	म०			
एष्टास्मि	एष्टास्वः	एष्टास्मः	उ०			

(१३०) कॄ (तितर-वितर करना) परस्मैपद

लट्				आशीर्लिङ्		
किरति	किरतः	किरन्ति	प्र०	कीर्यात्	कीर्यास्ताम्	कीर्यासुः
किरसि	किरथः	किरथ	म०	कीर्याः	कीर्यास्तम्	कीर्यास्त
किरामि	किरावः	किरामः	उ०	कीर्यासम्	कीर्यास्व	कीर्यास्म
लृट्				लिट्		
करिष्यति	करिष्यतः	करिष्यन्ति	प्र०	चकार	चकरतुः	चकरुः
करिष्यतः	करिष्यथः	करिष्यथ	म०	चकरिथ	चकरथुः	चकर
करिष्यामि	करिष्यावः	करिष्यामः	उ०	चकार-चकर	चकरिव	चकरिम
लङ्				लुट्		
अकिरत्	अकिरताम्	अकिरन्	प्र०	करिता-करीता	करितारौ	करितारः
अकिरः	अकिरतम्	अकिरत	म०	करितासि	करितास्थः	करितास्थ
अकिरम्	अकिराव	अकिराम	उ०	करितास्मि	करितास्वः	करितास्मः
लोट्				लुङ्		
किरतु	किरताम्	किरन्तु	प्र०	अकारीत्	अकारिष्टाम्	अकारिषुः
किर	किरतम्	किरत	म०	अकारीः	अकारिष्टम्	अकारिष्ट
किराणि	किराव	किराम	उ०	अकारिषम्	अकारिष्व	अकारिष्म
विधिलिङ्				लृङ्		
किरेत्	किरेताम्	किरेयुः	प्र०	अकरिष्यत् / अकरीष्यत्	अकरिष्यताम् / अकरीष्यताम्	अकरिष्यन् / अकरीष्यन्
किरेः	किरेतम्	किरेत	म०	अकरिष्यः	अकरिष्यतम्	अकरिष्यत
किरेयम्	किरेव	किरेम	उ०	अकरिष्यम	अकरिष्याव	अकरिष्याम

(१३१) गॄ (निगलना) परस्मैपद

	लट्				आशीर्लिङ्	
गिरति	गिरतः	गिरन्ति	प्र०	गीर्यात्	गीर्यास्ताम्	गीर्यासुः
गिरसि	गिरथः	गिरथ	म०	गीर्याः	गीर्यास्तम्	गीर्यास्त
गिरामि	गिरावः	गिरामः	उ०	गीर्यासम्	गीर्यास्व	गीर्यास्म
	लृट्				लिट्	
गरिष्यति	गरिष्यतः	गरिष्यन्ति	प्र०	जगार	जगरतुः	जगरुः
गरिष्यसि	गरिष्यथः	गरिष्यथ	म०	जगरिथ	जगरथुः	जगर
गरिष्यामि	गरिष्यावः	गरिष्यामः	उ०	जगार-जगर	जगरिव	जगरिम
	लङ्				लुट्	
अगिरत्	अगिरताम्	अगिरन्	प्र०	गरिता-गरीता	गरितारौ	गरितारः
अगिरः	अगिरतम्	अगिरत	म०	गरितासि	गरितास्थः	गरितास्थ
अगिरम्	अगिराव	अगिराम	उ०	गरितास्मि	गरितास्वः	गरितास्मः
	लोट्				लुङ्	
गिरतु	गिरताम्	गिरन्तु	प्र०	अगारीत्	अगारिष्टाम्	अगारिषुः
गिर	गिरतम्	गिरत	म०	अगारीः	अगारिष्टम्	अगारिष्ट
गिराणि	गिराव	गिराम	उ०	अगारिषम्	अगारिष्व	अगारिष्म
	विधिलिङ्				लृङ्	
गिरेत्	गिरेताम्	गिरेयुः	प्र०	अगरिष्यत् / अगरीष्यत्	अगरिष्यताम् / अगरीष्यताम्	अगरिष्यन् / अगरीष्यन्
गिरेः	गिरेतम्	गिरेत	म०	अगरिष्यः	अगरिष्यतम्	अगरिष्यत
गिरेयम्	गिरेव	गिरेम	उ०	अगरिष्यम्	अगरिष्याव	अगरिष्याम

उभयपदी

(१३२) कृष् (अनिट्—भूमि जोतना) परस्मैपदी

	लट्				लृट्	
कृषति	कृषतः	कृषन्ति	प्र०	क्रक्ष्यति	क्रक्ष्यतः	क्रक्ष्यन्ति
कृषसि	कृषथः	कृषथ	म०	क्रक्ष्यसि	क्रक्ष्यथः	क्रक्ष्यन्ति
कृषामि	कृषावः	कृषामः	उ०	क्रक्ष्यामि	क्रक्ष्यावः	क्रक्ष्यामः

विशेष—स्वर बाद में हों तो गॄ धातु के र् को ल् होता है (अचि विभाषा)। इसलिए आशीर्लिङ् को छोड़कर अन्य लकारों में र् के स्थान में ल् वाले रूप भी बनते हैं। यथा—गिलति, गलिष्यति, अगिलत्, गिलतु, गिलेत्, जगाल, गलिता, अगालीत्, अगलिष्यत्।

अथवा (लृट्)				अथवा (लुट्)		
कर्क्ष्यति	कर्क्ष्यतः	कर्क्ष्यन्ति	प्र०	कर्ष्टा	कर्ष्टारौ	कर्ष्टारः
कर्क्ष्यसि	कर्क्ष्यथः	कर्क्ष्यथ	म०	कर्ष्टासि	कर्ष्टास्थः	कर्ष्टास्थ
कर्क्ष्यामि	कर्क्ष्यावः	कर्क्ष्यामः	उ०	कर्ष्टास्मि	कर्ष्टास्वः	कर्ष्टास्मः
लङ्				लुङ्		
अकृषत्	अकृषताम्	अकृषन्	प्र०	अकृक्षत्	अकृक्षताम्	अकृक्षन्
अकृषः	अकृषतम्	अकृषत	म०	अकृक्षः	अकृक्षतम्	अकृक्षत
अकृषम्	अकृषाव	अकृषाम	उ०	अकृक्षम्	अकृक्षाव	अकृक्षाम
लोट्				अथवा		
कृषतु	कृषताम्	कृषन्तु	प्र०	अक्राक्षीत्	अक्राष्टाम्	अक्राक्षुः
कृष	कृषतम्	कृषत	म०	अक्राक्षीः	अक्राष्टम्	अक्राष्ट
कृषाणि	कृषाव	कृषाम	उ०	अक्राक्षम्	अक्राक्ष्व	अक्राक्ष्म
विधिलिङ्				अथवा		
कृषेत्	कृषेताम्	कृषेयुः	प्र०	अकार्क्षीत्	अकार्ष्टाम्	अकार्क्षुः
कृषेः	कृषेतम्	कृषेत	म०	अकार्क्षीः	अकार्ष्टम्	अकार्ष्ट
कृषेयम्	कृषेव	कृषेम	उ०	अकार्क्षम्	अकार्क्ष्व	अकार्क्ष्म
आशीर्लिङ्				लृङ्		
कृष्यात्	कृष्यास्ताम्	कृष्यासुः	प्र०	अक्रक्ष्यत्	अक्रक्ष्यताम्	अक्रक्ष्यन्
कृष्याः	कृष्यास्तम्	कृष्यास्त	म०	अक्रक्ष्यः	अक्रक्ष्यतम्	अक्रक्ष्यत
कृष्यासम्	कृष्यास्व	कृष्यास्म	उ०	अक्रक्ष्यम्	अक्रक्ष्याव	अक्रक्ष्याम
लिट्				अथवा		
चकर्ष	चकृषतुः	चकृषुः	प्र०	अकर्क्ष्यत्	अकर्क्ष्यताम्	अकर्क्ष्यन्
चकर्षिथ	चकृषथुः	चकृष	म०	अकर्क्ष्यः	अकर्क्ष्यतम्	अकर्क्ष्यत
चकर्ष	चकृषिव	चकृषिम	उ०	अकर्क्ष्यम्	अकर्क्ष्याव	अकर्क्ष्याम
लुट्						
क्रष्टा	क्रष्टारौ	क्रष्टारः	प्र०			
क्रष्टासि	क्रष्टास्थः	क्रष्टास्थ	म०			
क्रष्टास्मि	क्रष्टास्वः	क्रष्टास्मः	उ०			

कृष् (भूमि जोतना) आत्मनेपद

लट्				लृट्		
कृषते	कृषेते	कृषन्ते	प्र०	क्रक्ष्यते	क्रक्ष्येते	क्रक्ष्यन्ते
कृषसे	कृषेथे	कृषध्वे	म०	क्रक्ष्यसे	क्रक्ष्येथे	क्रक्ष्यध्वे
कृषे	कृषावहे	कृषामहे	उ०	क्रक्ष्ये	क्रक्ष्यावहे	क्रक्ष्यामहे

अथवा (लृट्)				लुट्		
कर्त्स्यते	कर्त्स्येते	कर्त्स्यन्ते	प्र०	क्रष्टा	क्रष्टारौ	क्रष्टारः
कर्त्स्यसे	कर्त्स्येथे	कर्त्स्यध्वे	म०	क्रष्टासे	क्रष्टासाथे	क्रष्टाध्वे
कर्त्स्ये	कर्त्स्यावहे	कर्त्स्यामहे	उ०	क्रष्टाहे	क्रष्टास्वहे	क्रष्टास्महे
लङ्				अथवा		
अकृषत	अकृषेताम्	अकृषन्त	प्र०	कर्ष्टा	कर्ष्टारौ	कर्ष्टारः
अकृषथाः	अकृषेथाम्	अकृषध्वम्	म०	कर्ष्टासे	कर्ष्टासाथे	कर्ष्टाध्वे
अकृषे	अकृषावहि	अकृषामहि	उ०	कर्ष्टाहे	कर्ष्टास्वहे	कर्ष्टास्महे
लोट्				लुङ्		
कृषताम्	कृषेताम्	कृषन्ताम्	प्र०	अकृक्षत	अकृक्षेताम्	अकृक्षन्त
कृषस्व	कृषेथाम्	कृषध्वम्	म०	अकृक्षथाः	अकृक्षेथाम्	अकृक्षध्वम्
कृषै	कृषावहै	कृषामहै	उ०	अकृक्षे	अकृक्षावहि	अकृक्षामहि
विधिलिङ्				अथवा		
कृषेत	कृषेयाताम्	कृषेरन्	प्र०	अकृष्ट	अकृक्षाताम्	अकृक्षत
कृषेथाः	कृषेयाथाम्	कृषेध्वम्	म०	अकृष्ठाः	अकृक्षाथाम्	अकृढ्वम्
कृषेय	कृषेवहि	कृषेमहि	उ०	अकृक्षि	अकृक्ष्वहि	अकृक्ष्महि
आशीर्लिङ्				लृङ्		
कृक्षीष्ट	कृक्षीयास्ताम्	कृक्षीरन्	प्र०	अक्रक्ष्यत	अक्रक्ष्येताम्	अक्रक्ष्यन्त
कृक्षीष्ठाः	कृक्षीयास्थाम्	कृक्षीध्वम्	म०	अक्रक्ष्यथाः	अक्रक्ष्येथाम्	अक्रक्ष्यध्वम्
कृक्षीय	कृक्षीवहि	कृक्षीमहि	उ०	अक्रक्ष्ये	अक्रक्ष्यावहि	अक्रक्ष्यामहि
लिट्				अथवा		
चकृषे	चकृषाते	चकृषिरे	प्र०	अकर्त्स्यत	अकर्त्स्येताम्	अकर्त्स्यन्त
चकृषिषे	चकृषाथे	चकृषिध्वे	म०	अकर्त्स्यथाः	अकर्त्स्येथाम्	अकर्त्स्यध्वम्
चकृषे	चकृषिवहे	चकृषिमहे	उ०	अकर्त्स्ये	अकर्त्स्यावहि	अकर्त्स्यामहि

उभयपदी

(१३३) क्षिप् (फेंकना) परस्मैपद

लट्				लङ्		
क्षिपति	क्षिपतः	क्षिपन्ति	प्र०	अक्षिपत्	अक्षिपताम्	अक्षिपन्
क्षिपसि	क्षिपथः	क्षिपथ	म०	अक्षिपः	अक्षिपतम्	अक्षिपत
क्षिपामि	क्षिपावः	क्षिपामः	उ०	अक्षिपम्	अक्षिपाव	अक्षिपाम
लृट्				लोट्		
क्षेप्स्यति	क्षेप्स्यतः	क्षेप्स्यन्ति	प्र०	क्षिपतु	क्षिपताम्	क्षिपन्तु
क्षेप्स्यसि	क्षेप्स्यथः	क्षेप्स्यथ	म०	क्षिप	क्षिपतम्	क्षिपत
क्षेप्स्यामि	क्षेप्स्यावः	क्षेप्स्यामः	उ०	क्षिपानि	क्षिपाव	क्षिपाम

विधिलिङ्				लुट्		
क्षिपेत्	क्षिपेताम्	क्षिपेयुः	प्र०	क्षेप्ता	क्षेप्तारौ	क्षेप्तारः
क्षिपेः	क्षिपेतम्	क्षिपेत	म०	क्षेप्तासि	क्षेप्तास्थः	क्षेप्तास्थ
क्षिपेयम्	क्षिपेव	क्षिपेम	उ०	क्षेप्तास्मि	क्षेप्तास्वः	क्षेप्तास्मः

आशीर्लिङ्				लुङ्		
क्षिप्यात्	क्षिप्यास्ताम्	क्षिप्यासुः	प्र०	अक्षैप्सीत्	अक्षैप्ताम्	अक्षैप्सुः
क्षिप्याः	क्षिप्यास्तम्	क्षिप्यास्त	म०	अक्षैप्सीः	अक्षैप्तम्	अक्षैप्त
क्षिप्यासम्	क्षिप्यास्व	क्षिप्यास्म	उ०	अक्षैप्सम्	अक्षैप्स्व	अक्षैप्स्म

लिट्				लृङ्		
चिक्षेप	चिक्षिपतुः	चिक्षिपुः	प्र०	अक्षेप्स्यत्	अक्षेप्स्यताम्	अक्षेप्स्यन्
चिक्षेपिथ	चिक्षिपथुः	चिक्षिप	म०	अक्षेप्स्यः	अक्षेप्स्यतम्	अक्षेप्स्यत
चिक्षेप	चिक्षिपिव	चिक्षिपिम	उ०	अक्षेप्स्यम्	अक्षेप्स्याव	अक्षेप्स्याम

क्षिप् (फेंकना) आत्मनेपद

लट्				आशीर्लिङ्		
क्षिपते	क्षिपेते	क्षिपन्ते	प्र०	क्षिप्सीष्ट	क्षिप्सीयास्ताम्	क्षिप्सीरन्
क्षिपसे	क्षिपेथे	क्षिपध्वे	म०	क्षिप्सीष्ठाः	क्षिप्सीयास्थाम्	क्षिप्सीध्वम्
क्षिपे	क्षिपावहे	क्षिपामहे	उ०	क्षिप्सीय	क्षिप्सीवहि	क्षिप्सीमहि

लृट्				लिट्		
क्षेप्स्यते	क्षेप्स्येते	क्षेप्स्यन्ते	प्र०	चिक्षिपे	चिक्षिपाते	चिक्षिपिरे
क्षेप्स्यसे	क्षेप्स्येथे	क्षेप्स्यध्वे	म०	चिक्षिपिषे	चिक्षिपाथे	चिक्षिपिध्वे
क्षेप्स्ये	क्षेप्स्यावहे	क्षेप्स्यामहे	उ०	चिक्षिपे	चिक्षिपिवहे	चिक्षिपिमहे

लङ्				लुट्		
अक्षिपत	अक्षिपेताम्	अक्षिपन्त	प्र०	क्षेप्ता	क्षेप्तारौ	क्षेप्तारः
अक्षिपथाः	अक्षिपेथाम्	अक्षिपध्वम्	म०	क्षेप्तासे	क्षेप्तासाथे	क्षेप्ताध्वे
अक्षिपे	अक्षिपावहि	अक्षिपामहि	उ०	क्षेप्ताहे	क्षेप्तास्वहे	क्षेप्तास्महे

लोट्				लुङ्		
क्षिपताम्	क्षिपेताम्	क्षिपन्ताम्	प्र०	अक्षिप्त	अक्षिप्साताम्	अक्षिप्सत
क्षिपस्व	क्षिपेथाम्	क्षिपध्वम्	म०	अक्षिप्थाः	अक्षिप्साथाम्	अक्षिप्ध्वम्
क्षिपेय	क्षिपेवहि	क्षिपेमहि	उ०	अक्षिप्सि	अक्षिप्स्वहि	अक्षिप्स्महि

विधिलिङ्				लृङ्		
क्षिपेत	क्षिपेयाताम्	क्षिपेरन्	प्र०	अक्षेप्स्यत	अक्षेप्स्येताम्	अक्षेप्स्यन्त
क्षिपेथाः	क्षिपेयाथाम्	क्षिपेध्वम्	म०	अक्षेप्स्यथाः	अक्षेप्स्येथाम्	अक्षेप्स्यध्वम्
क्षिपेय	क्षिपेवहि	क्षिपेमहि	उ०	अक्षेप्स्ये	अक्षेप्स्यावहि	अक्षेप्स्यामहि

(१३४) प्रच्छ् (पूछना) परस्मैपदी

लट्				आशीर्लिङ्		
पृच्छति	पृच्छतः	पृच्छन्ति	प्र०	पृच्छयात्	पृच्छयास्ताम्	पृच्छयासुः
पृच्छसि	पृच्छथः	पृच्छथ	म०	पृच्छयाः	पृच्छयास्तम्	पृच्छयास्त
पृच्छामि	पृच्छावः	पृच्छामः	उ०	पृच्छयासम्	पृच्छयास्व	पृच्छयास्म
लृट्				लिट्		
प्रक्ष्यति	प्रक्ष्यतः	प्रक्ष्यन्ति	प्र०	पप्रच्छ	पप्रच्छतुः	पप्रच्छुः
प्रक्ष्यसि	प्रक्ष्यथः	प्रक्ष्यथ	म०	पप्रच्छिथ, पप्रष्ठ	पप्रच्छथुः	पप्रच्छ
प्रक्ष्यामि	प्रक्ष्यावः	प्रक्ष्यामः	उ०	पप्रच्छ	पप्रच्छिव	पप्रच्छिम
लङ्				लुट्		
अपृच्छत्	अपृच्छताम्	अपृच्छन्	प्र०	प्रष्टा	प्रष्टारौ	प्रष्टारः
अपृच्छः	अपृच्छतम्	अपृच्छत	म०	प्रष्टासि	प्रष्टास्थः	प्रष्टास्थ
अपृच्छम्	अपृच्छाव	अपृच्छाम	उ०	प्रष्टास्मि	प्रष्टास्वः	प्रष्टास्मः
लोट्				लुङ्		
पृच्छतु	पृच्छताम्	पृच्छन्तु	प्र०	अप्राक्षीत्	अप्राष्टाम्	अप्राक्षुः
पृच्छ	पृच्छतम्	पृच्छत	म०	अप्राक्षीः	अप्राष्टम्	अप्राष्ट
पृच्छानि	पृच्छाव	पृच्छाम	उ०	अप्राक्षम्	अप्राक्ष्व	अप्राक्ष्म
विधिलिङ्				लृङ्		
पृच्छेत्	पृच्छेताम्	पृच्छेयुः	प्र०	अप्रक्ष्यत्	अप्रक्ष्यताम्	अप्रक्ष्यन्
पृच्छेः	पृच्छेतम्	पृच्छेत	म०	अप्रक्ष्यः	अप्रक्ष्यतम्	अप्रक्ष्यत
पृच्छेयम्	पृच्छेव	पृच्छेम	उ०	अप्रक्ष्यम्	अप्रक्ष्याव	अप्रक्ष्याम

उभयपदी

(१३५) मुच् (मोचन करना, छोड़ना) परस्मैपद

लट्				लोट्		
मुञ्चति	मुञ्चतः	मुञ्चन्ति	प्र०	मुञ्चतु	मुञ्चताम्	मुञ्चन्तु
मुञ्चसि	मुञ्चथः	मुञ्चथ	म०	मुञ्च	मुञ्चतम्	मुञ्चत
मुञ्चामि	मुञ्चावः	मुञ्चामः	उ०	मुञ्चानि	मुञ्चाव	मुञ्चाम
लृट्				विधिलिङ्		
मोक्ष्यति	मोक्ष्यतः	मोक्ष्यन्ति	प्र०	मुञ्चेत्	मुञ्चेताम्	मुञ्चेयुः
मोक्ष्यसि	मोक्ष्यथः	मोक्ष्यथ	म०	मुञ्चेः	मुञ्चेतम्	मुञ्चेत
मोक्ष्यामि	मोक्ष्यावः	मोक्ष्यामः	उ०	मुञ्चेयम्	मुञ्चेव	मुञ्चेम
लङ्				आशीर्लिङ		
अमुञ्चत्	अमुञ्चताम्	अमुञ्चन्	प्र०	मुच्यात्	मुच्यास्ताम्	मुच्यासुः
अमुञ्चः	अमुञ्चतम्	अमुञ्चत	म०	मुच्याः	मुच्यास्तम्	मुच्यास्त
अमुञ्चम्	अमुञ्चाव	अमुञ्चाम	उ०	मुच्यासम्	मुच्यास्व	मुच्यास्म

	लिट्				लुङ्	
मुमोच	मुमुचतुः	मुमुचुः	प्र०	अमुचत्	अमुचताम्	अमुचन्
मुमोचिथ	मुमुचथुः	मुमुच	म०	अमुचः	अमुचतम्	अमुचत
मुमोच	मुमुचिव	मुमुचिम	उ०	अमुचम्	अमुचाव	अमुचाम

	लुट्				लृङ्	
मोक्ता	मोक्तारौ	मोक्तारः	प्र०	अमोक्ष्यत्	अमोक्ष्यताम्	अमोक्ष्यन्
मोक्तासि	मोक्तास्थः	मोक्तास्थ	म०	अमोक्ष्यः	अमोक्ष्यतम्	अमोक्ष्यत
मोक्तास्मि	मोक्तास्वः	मोक्तास्मः	उ०	अमोक्ष्यम्	अमोक्ष्याव	अमोक्ष्याम

मुच् (मोचन करना, छोड़ना) आत्मनेपद

	लट्				आशीर्लिङ्	
मुञ्चते	मुञ्चेते	मुञ्चन्ते	प्र०	मुक्षीष्ट	मुक्षीयास्ताम्	मुक्षीरन्
मुञ्चसे	मुञ्चेथे	मुञ्चध्वे	म०	मुक्षीष्ठाः	मुक्षीयास्थाम्	मुक्षीध्वम्
मुञ्चे	मुञ्चावहे	मुञ्चामहे	उ०	मुक्षीय	मुक्षीवहि	मुक्षीमहि

	लृट्				लिट्	
मोक्ष्यते	मोक्ष्येते	मोक्ष्यन्ते	प्र०	मुमुचे	मुमुचाते	मुमुचिरे
मोक्ष्यसे	मोक्ष्येथे	मोक्ष्यध्वे	म०	मुमुचिषे	मुमुचाथे	मुमुचिध्वे
मोक्ष्ये	मोक्ष्यावहे	मोक्ष्यामहे	उ०	मुमुचे	मुमुचिवहे	मुमुचिमहे

	लङ्				लुट्	
अमुञ्चत	अमुञ्चेताम्	अमुञ्चन्त	प्र०	मोक्ता	मोक्तारौ	मोक्तारः
अमुञ्चथाः	अमुञ्चेथाम्	अमुञ्चध्वम्	म०	मोक्तासे	मोक्तासाथे	मोक्ताध्वे
अमुञ्चे	अमुञ्चावहि	अमुञ्चामहि	उ०	मोक्ताहे	मोक्तास्वहे	मोक्तास्महे

	लोट्				लुङ्	
मुञ्चताम्	मुञ्चेताम्	मुञ्चन्ताम्	प्र०	अमुक्त	अमुक्षाताम्	अमुक्षत
मुञ्चस्व	मुञ्चेथाम्	मुञ्चध्वम्	म०	अमुक्थाः	अमुक्षाथाम्	अमुग्ध्वम्
मुञ्चै	मुञ्चावहै	मुञ्चामहै	उ०	अमुक्षि	अमुक्ष्वहि	अमुक्ष्महि

	विधिलिङ्				लृङ्	
मुञ्चेत	मुञ्चेयाताम्	मुञ्चेरन्	प्र०	अमोक्ष्यत	अमोक्ष्येताम्	अमोक्ष्यन्त
मुञ्चेथाः	मुञ्चेयाथाम्	मुञ्चेध्वम्	म०	अमोक्ष्यथाः	अमोक्ष्येथाम्	अमोक्ष्यध्वम्
मुञ्चेय	मुञ्चेवहि	मुञ्चेमहि	उ०	अमोक्ष्ये	अमोक्ष्यावहि	अमोक्ष्यामहि

(१३६) स्पृश् (छूना) परस्मैपदी

	लट्				लृट्	
स्पृशति	स्पृशतः	स्पृशन्ति	प्र०	स्प्रक्ष्यति	स्प्रक्ष्यतः	स्प्रक्ष्यन्ति
स्पृशसि	स्पृशथः	स्पृशथ	म०	स्प्रक्ष्यसि	स्प्रक्ष्यथः	स्प्रक्ष्यथ
स्पृशामि	स्पृशावः	स्पृशामः	उ०	स्प्रक्ष्यामि	स्प्रक्ष्यावः	स्प्रक्ष्यामः

अथवा				अथवा (लुट्)		
स्पर्द्धयति	स्पर्द्धयतः	स्पर्द्धयन्ति	प्र०	स्पर्ष्टा	स्पर्ष्टारौ	स्पर्ष्टारः
स्पर्द्धयसि	स्पर्द्धयथः	स्पर्द्धयथ	म०	स्पर्ष्टासि	स्पर्ष्टास्थः	स्पर्ष्टास्थ
स्पर्द्धयामि	स्पर्द्धयावः	स्पर्द्धयामः	उ०	स्पर्ष्टास्मि	स्पर्ष्टास्वः	स्पर्ष्टास्मः
लङ्				लुङ्		
अस्पृशत्	अस्पृशताम्	अस्पृशन्	प्र०	अस्प्राक्षीत्	अस्प्राष्टाम्	अस्प्राक्षुः
अस्पृशः	अस्पृशतम्	अस्पृशत	म०	अस्प्राक्षीः	अस्प्राष्टम्	अस्प्राष्ट
अस्पृशम्	अस्पृशाव	अस्पृशाम	उ०	अस्प्राक्षम्	अस्प्राक्ष्व	अस्प्राक्ष्म
लोट्				अथवा		
स्पृशतु	स्पृशताम्	स्पृशन्तु	प्र०	अस्पार्क्षीत्	अस्पार्ष्टाम्	अस्पार्क्षुः
स्पृश	स्पृशतम्	स्पृशत	म०	अस्पार्क्षीः	अस्पार्ष्टम्	अस्पार्ष्ट
स्पृशानि	स्पृशाव	स्पृशाम	उ०	अस्पार्क्षम्	अस्पार्क्ष्व	अस्पार्क्ष्म
विधिलिङ्				अथवा		
स्पृशेत्	स्पृशेताम्	स्पृशेयुः	प्र०	अस्पृक्षत्	अस्पृक्षताम्	अस्पृक्षन्
स्पृशेः	स्पृशेतम्	स्पृशेत	म०	अस्पृक्षः	अस्पृक्षतम्	अस्पृक्षत
स्पृशेयम्	स्पृशेव	स्पृशेम	उ०	अस्पृक्षम्	अस्पृक्षाव	अस्पृक्षाम
आशीर्लिङ्				लृङ्		
स्पृश्यात्	स्पृश्यास्ताम्	स्पृश्यासुः	प्र०	अस्प्रक्ष्यत्	अस्प्रक्ष्यताम्	अस्प्रक्ष्यन्
स्पृश्याः	स्पृश्यास्तम्	स्पृश्यास्त	म०	अस्प्रक्ष्यः	अस्प्रक्ष्यतम्	अस्प्रक्ष्यत
स्पृश्यासम्	स्पृश्यास्व	स्पृश्यास्म	उ०	अस्प्रक्ष्यम्	अस्प्रक्ष्याव	अस्प्रक्ष्याम
लिट्				अथवा		
पस्पर्श	पस्पृशतुः	पस्पृशुः	प्र०	अस्पर्क्ष्यत्	अस्पर्क्ष्यताम्	अस्पर्क्ष्यन्
पस्पर्शिथ,	पस्पृशथुः	पस्पृश	म०	अस्पर्क्ष्यः	अस्पर्क्ष्यतम्	अस्पर्क्ष्यत
पस्पर्श	पस्पृशिव	पस्पृशिम	उ०	अस्पर्क्ष्यम्	अस्पर्क्ष्याव	अस्पर्क्ष्याम
लुट्						
स्प्रष्टा	स्प्रष्टारौ	स्प्रष्टारः	प्र०			
स्प्रष्टासि	स्प्रष्टास्थः	स्प्रष्टास्थ	म०			
स्प्रष्टास्मि	स्प्रष्टास्वः	स्प्रष्टास्मः	उ०			

(१३७) मृ (मरना) आत्मनेपदी

लट्				लृट्		
म्रियते	म्रियेते	म्रियन्ते	प्र०	मरिष्यति	मरिष्यतः	मरिष्यन्ति
म्रियसे	म्रियेथे	म्रियध्वे	म०	मरिष्यसि	मरिष्यथः	मरिष्यथ
म्रिये	म्रियावहे	म्रियामहे	उ०	मरिष्यामि	मरिष्यावः	मरिष्यामः

लङ्				लिट्		
अम्रियत	अम्रियेताम्	अम्रियन्त	प्र०	ममार	मम्रतुः	मम्रुः
अम्रियथाः	अम्रियेथाम्	अम्रियध्वम्	म०	ममर्थ	मम्रथुः	मम्र
अम्रिये	अम्रियावहि	अम्रियामहि	उ०	ममार, ममर	मम्रिव	मम्रिम
लोट्				लुट्		
म्रियताम्	म्रियेताम्	म्रियन्ताम्	प्र०	मर्ता	मर्तारौ	मर्तारः
म्रियस्व	म्रियेथाम्	म्रियध्वम्	म०	मर्तासि	मर्तास्थः	मर्तास्थ
म्रियै	म्रियावहै	म्रियामहै	उ०	मर्तास्मि	मर्तास्वः	मर्तास्मः
विधिलिङ्				लुङ्		
म्रियेत	म्रियेयाताम्	म्रियेरन्	प्र०	अमृत	अमृषाताम्	अमृषत
म्रियेथाः	म्रियेयाथाम्	म्रियेध्वम्	म०	अमृथाः	अमृषाथाम्	अमृढ्वम्
म्रियेय	म्रियेवहि	म्रियेमहि	उ०	अमृषि	अमृष्वहि	अमृष्महि
आशीर्लिङ्				लृङ्		
मृषीष्ट	मृषीयास्ताम्	मृषीरन्	प्र०	अमरिष्यत्	अमरिष्यताम्	अमरिष्यन्
मृषीष्ठाः	मृषीयास्थाम्	मृषीढ्वम्	म०	अमरिष्यः	अमरिष्यतम्	अमरिष्यत
मृषीय	मृषीवहि	मृषीमहि	उ०	अमरिष्यम्	अमरिष्याव	अमरिष्याम

(१३८) कृत् (काटना) परस्मैपदी

लट्	कृन्तति	कृन्ततः	कृन्तन्ति
लृट्	कर्तिष्यति	कर्तिष्यतः	कर्तिष्यन्ति
	कर्त्स्यति	कर्त्स्यतः	कर्त्स्यन्ति
आ० लिङ्	कृत्यात्	कृत्यास्ताम्	कृत्यासुः
लिट्	चकर्त	चकृततुः	चकृतुः
लुट्	कर्तिता	कर्तितारौ	कर्तितारः
लुङ्	अकर्तीत्	अकर्तिष्टाम्	अकर्तिषुः
लृङ्	अकर्तिष्यत्	अकर्तिष्यताम्	अकर्तिष्यन्

(१३९) त्रुट् (टूट जाना) परस्मैपदी

लट्	त्रुटति	त्रुटतः	त्रुटन्ति
लृट्	त्रुटिष्यति	त्रुटिष्यतः	त्रुटिष्यन्ति
आ० लिङ्	त्रुट्यात्	त्रुट्यास्ताम्	त्रुट्यासुः
लिट्	तुत्रोट	तुत्रुटतुः	तुत्रुटुः
	तुत्रुटिथ	तुत्रुटथुः	तुत्रुट
	तुत्रोट	तुत्रुटिव	तुत्रुटिम

लुट्	त्रुटिता	त्रुटितारौ	त्रुटितारः
लुङ्	अत्रुटीत्	अत्रुटिष्टाम्	अत्रुटिषुः

(१४०) मिल् (मिलना) उभयपदी

लट् (प०)	मिलति	मिलतः	मिलन्ति
(आ०)	मिलते	मिलेते	मिलन्ते
लृट् (प०)	मेलिष्यतः	मेलिष्यतः	मेलिष्यन्ति
(आ०)	मेलिष्यते	मेलिष्येते	मेलिष्यन्ते
आ० लिङ्	मिल्यात्	मिल्यास्ताम्	मिल्यासुः
	मेलिषीष्ट	मेलिषीयास्ताम्	मेलिषीरन्
लिट्	मिमेल	मिमिलतुः	मिमिलुः
	मिमेलिथ	मिमिलथुः	मिमिल
	मिमेल	मिमिलिव	मिमिलिम
	मिमिले	मिमिलाते	मिमिलिरे
	मिमिलिषे	मिमिलाथे	मिमिलिध्वे
	मिमिले	मिमिलिवहे	मिमिलिमहे
लुट्	मेलिता	मेलितारौ	मेलितारः
लुङ्	अमेलीत्	अमेलिष्टाम्	अमेलिषुः
	अमेलिष्ट	अमेलिषाताम्	अमेलिषत
लृङ्	अमेलिष्यत्	अमेलिष्यताम्	अमेलिष्यन्
	अमेलिष्यत	अमेलिष्येताम्	अमेलिष्यत

(१४१) लिख् (लिखना) परस्मैपदी

लट्	लिखति	लिखतः	लिखन्ति
लृट्	लेखिष्यति	लेखिष्यतः	लेखिष्यन्ति
आशीर्लिङ्	लिख्यात्	लिख्यास्ताम्	लिख्यासुः
लिट्	लिलेख	लिलिखतुः	लिलिखुः
	लिलेखिथ	लिलिखथुः	लिलिख
	लिलेख	लिलिखिव	लिलिखिम
लुङ्	अलेखीत्	अलेखिष्टाम्	अलेखिषुः

(१४२) लिप् (लीपना) उभयपदी

लट्	लिम्पति	लिम्पतः	लिम्पन्ति
	लिम्पते	लिम्पेते	लिम्पन्ते
लृट्	लेप्स्यति	लेप्स्यतः	लेप्स्यन्ति
	लेप्स्यते	लेप्स्येते	लेप्स्यन्ते

आशीर्लिङ्	लिप्यात्	लिप्यास्ताम्	लिप्यासुः
	लिप्सीष्ट	लिप्सीयास्ताम्	लिप्सीरन्
लिट्	लिलेप	लिलिपतुः	लिलिपुः
	लिलिपे	लिलिपाते	लिलिपिरे
लुट्	लेप्ता	लेप्तारौ	लेप्तारः
लुङ्	अलिपत्	अलिपताम्	अलिपन्
	अलिपत	अलिपेताम्	अलिपन्त
	अलिप्त	अलिप्साताम्	अलिप्सत

(१४३) विश् (घुसना) परस्मैपदी

लट्	विशति	विशतः	विशन्ति
लृट्	वेक्ष्यति	वेक्ष्यतः	वेक्ष्यन्ति
आशीर्लिङ्	विश्यात्	विश्यास्ताम्	विश्यासुः
लिट्	विवेश	विविशतुः	विविशुः
लुट्	वेष्टा	वेष्टारौ	वेष्टारः
लुङ	अविक्षत्	अविक्षाताम्	अविक्षन्त
लृङ्	अवेक्ष्यत्	अवेक्ष्यताम्	अवेक्ष्यन्

(१४४) सद् (दुःखी होना) परस्मैपदी

लट्	सीदति	सीदतः	सीदन्ति
लृट्	सेत्स्यति	सेत्स्यतः	सेत्स्यन्ति
आशीर्लिङ्	सद्यात्	सद्यास्ताम्	सद्यासुः
लिट्	ससाद	सेदतुः	सेदुः
	सेदिथ	ससत्थ, सेदथुः	सेद
	ससाद, ससद	सेदिव	सेदिम
लुङ्	असदत्	असदताम्	असदन्
लृङ्	असत्स्यत्	असत्स्यताम्	असत्स्यन्

(१४५) सिच् (सींचना) उभयपदी

लट्	सिञ्चति	सिञ्चतः	सिञ्चन्ति
	सिञ्चते	सिञ्चेते	सिञ्चन्ते
लृट्	सेक्ष्यति	सेक्ष्यतः	सेक्ष्यन्ति
	सेक्ष्यते	सेक्ष्येते	सेक्ष्यन्ते
आशीर्लिङ्	सिच्यात्	सिच्यास्ताम्	सिच्यासुः
	सिक्षीष्ट	सिक्षीयास्ताम्	सिक्षीरन्

लिट्	सिषेच	सिषिचतुः	सिषिचुः
	सिषेचिथ	सिषिचथुः	सिषिच
	सिषेच	सिषिचिव	सिषिचिम
	सिषिचे	सिषिचाते	सिषिचिरे
लुङ्	असिचत् (असैक्षीत्)	असिचताम्	असिचन्
	असिक्त (असिचत)	असिक्षाताम्	असिक्षत

(१४६) सृज् (बनाना) परस्मैपदी

लट्	सृजति	सृजतः	सृजन्ति
लृट्	स्रक्ष्यति	स्रक्ष्यतः	स्रक्ष्यन्ति
आ० लिङ्	सृज्यात्	सृज्यास्ताम्	सृज्यासुः
लिट्	ससर्ज	ससृजतुः	ससृजुः
लुट्	स्रष्टा	स्रष्टारौ	स्रष्टारः
लुङ्	अस्राक्षीत्	अस्राष्टाम्	अस्राक्षुः
लृङ्	अस्रक्ष्यत्	अस्रक्ष्यताम्	अस्रक्ष्यन्

(१४७) स्फुट् (खुलना, फट जाना) परस्मैपदी

लट्	स्फुटति	स्फुटतः	स्फुटन्ति
लृट्	स्फुटिष्यति	स्फुटिष्यतः	स्फुटिष्यन्ति
आशीर्लिङ्	स्फुटयात्	स्फुट्यास्ताम्	स्फुट्यासुः
लिट्	पुस्फोट	पुस्फुटतुः	पुस्फुटुः
	पुस्फुटिथ	पुस्फुटथुः	पुस्फुट
	पुस्फोट	पुस्फुटिव	पुस्फुटिम
लुट्	स्फुटिता	स्फुटितारौ	स्फुटितारः
लुङ्	अस्फुटत्	अस्फुटिष्टाम्	अस्फुटिषुः
	अस्फुटीः	अस्फुटिष्टम्	अस्फुटिष्ट
	अस्फुटिषम्	अस्फुटिष्व	अस्फुटिष्म

(१४८) स्फुर् (काँपना, चमकना) परस्मैपदी

लट्	स्फुरति	स्फुरतः	स्फुरन्ति
लृट्	स्फुरिष्यति	स्फुरिष्यतः	स्फुरिष्यन्ति
आशीर्लिङ्	स्फुर्यात्	स्फुर्यास्ताम्	स्फुर्यासुः
लिट्	पुस्फोर	पुस्फुरतुः	पुस्फुरुः
	पुस्फुरिथ	पुस्फुरथुः	पुस्फुर
	पुस्फोर	पुस्फुरिव	पुस्फुरिम
लुट्	स्फुरिता	स्फुरितारौ	स्फुरितारः
लुङ्	अस्फुरीत्	अस्फुरिष्टाम्	अस्फुरिषुः

७–रुधादिगण

इस गण की धातु रुध् से आरम्भ होती हैं, अतः इस गण का नाम रुधादिगण पड़ा। इस गण में २५ धातुएँ हैं। धातु के प्रथम स्वर के बाद इस गण में श्नम् (न या न्) जोड़ा जाता है, यथा—क्षुद् + ति = क्षु + न + द् + ति = क्षुण + द् + ति = क्षुणत्ति। क्षुद् + यात् = क्षु + न + द् + यात् = क्षुन्द्यात्।

उभयपदी

(१४९) रुध् (रोकना) परस्मैपद

लट्				लिट्		
रुणद्धि	रुन्द्धः	रुन्धन्ति	प्र०	रुरोध	रुरुधतुः	रुरुधुः
रुणत्सि	रुन्द्धः	रुन्द्ध	म०	रुरोधिथ	रुरुधथुः	रुरुध
रुणध्मि	रुन्ध्वः	रुन्ध्मः	उ०	रुरोध	रुरुधिव	रुरुधिम
लृट्				लुट्		
रोत्स्यति	रोत्स्यतः	रोत्स्यन्ति	प्र०	रोद्धा	रोद्धारौ	रोद्धारः
रोत्स्यसि	रोत्स्यथः	रोत्स्यथ	म०	रोद्धासि	रोद्धास्थः	रोद्धास्थ
रोत्स्यामि	रोत्स्यावः	रोत्स्यामः	उ०	रोद्धास्मि	रोद्धास्वः	रोद्धास्मः
लङ्				लुङ्		
अरुणत्	अरुन्द्धाम्	अरुन्धन्	प्र०	अरौत्सीत्	अरौद्धाम्	अरौत्सुः
अरुणः	अरुन्द्धम्	अरुन्द्ध	म०	अरौत्सीः	अरौद्धम्	अरौद्ध
अरुणधम्	अरुन्ध्व	अरुन्ध्म	उ०	अरौत्सम्	अरौत्स्व	अरौत्स्म
लोट्				अथवा		
रुणद्धु	रुन्द्धाम्	रुन्धन्तु	प्र०	अरुधत्	अरुधताम्	अरुधन्
रुन्द्धि	रुन्द्धम्	रुन्द्ध	म०	अरुधः	अरुधतम्	अरुधत
रुणधानि	रुणधाव	रुणधाम	उ०	अरुधम्	अरुधाव	अरुधाम
विधिलिङ्				लृङ्		
रुन्ध्यात्	रुन्ध्याताम्	रुन्ध्युः	प्र०	अरोत्स्यत्	अरोत्स्यताम्	अरोत्स्यन्
रुन्ध्याः	रुन्ध्यातम्	रुन्ध्यात	म०	अरोत्स्यः	अरोत्स्यतम्	अरोत्स्यत
रुन्ध्याम्	रुन्ध्याव	रुन्ध्याम	उ०	अरोत्स्यम्	अरोत्स्याव	अरोत्स्याम
आशीर्लिङ्						
रुध्यात्	रुध्यास्ताम्	रुध्यासुः	प्र०			
रुध्याः	रुध्यास्तम्	रुध्यास्त	म०			
रुध्यासम्	रुध्यास्व	रुध्यास्म	उ०			

रुध् (आवरण करना, रोकना) आत्मनेपद

लट्				आशीर्लिङ्		
रुन्द्धे	रुन्धाते	रुन्धते	प्र०	रुत्सीष्ट	रुत्सीयास्ताम्	रुत्सीरन्
रुन्त्से	रुन्धाथे	रुन्ध्वे	म०	रुत्सीष्ठाः	रुत्सीयास्थाम्	रुत्सीध्वम्
रुन्धे	रुन्ध्वहे	रुन्ध्महे	उ०	रुत्सीय	रुत्सीवहि	रुत्सीमहि
लृट्				लिट्		
रोत्स्यते	रोत्स्येते	रोत्स्यन्ते	प्र०	रुरुधे	रुरुधाते	रुरुधिरे
रोत्स्यसे	रोत्स्येथे	रोत्स्यध्वे	म०	रुरुधिषे	रुरुधाथे	रुरुधिध्वे
रोत्स्ये	रोत्स्यावहे	रोत्स्यामहे	उ०	रुरुधे	रुरुधिवहे	रुरुधिमहे
लङ्				लुट्		
अरुन्द्ध	अरुन्धाताम्	अरुन्धत	प्र०	रोद्धा	रोद्धारौ	रोद्धारः
अरुन्द्धाः	अरुन्धाथाम्	अरुन्ध्वम्	म०	रोद्धासे	रोद्धासाथे	रोद्धाध्वे
अरुन्धि	अरुन्ध्वहि	अरुन्ध्महि	उ०	रोद्धाहे	रोद्धास्वहे	रोद्धास्महे
लोट्				लुङ्		
रुन्धाम्	रुन्धाताम्	रुन्धताम्	प्र०	अरुद्ध	अरुत्साताम्	अरुत्सत
रुन्त्स्व	रुन्धाथाम्	रुन्ध्वम्	म०	अरुद्धाः	अरुत्साथाम्	अरुद्ध्वम्
रुणधै	रुणधावहै	रुणधामहै	उ०	अरुत्सि	अरुत्स्वहि	अरुत्स्महि
विधिलिङ्				लृङ्		
रुन्धीत	रुन्धीयाताम्	रुन्धीरन्	प्र०	अरोत्स्यत	अरोत्स्येताम्	अरोत्स्यन्त
रुन्धीथाः	रुन्धीयाथाम्	रुन्धीध्वम्	म०	अरोत्स्यथाः	अरोत्स्येथाम्	अरोत्स्यध्वम्
रुन्धीय	रुन्धीवहि	रुन्धीमहि	उ०	अरोत्स्ये	अरोत्स्यावहि	अरोत्स्यामहि

उभयपदी

(१५०) छिद् (काटना) परस्मैपद

लट्				लोट्		
छिनत्ति	छिन्तः	छिन्दन्ति	प्र०	छिनत्तु	छिन्ताम्	छिन्दन्तु
छिनत्सि	छिन्थः	छिन्थ	म०	छिन्द्धि	छित्तम्	छित्त
छिनद्मि	छिन्द्वः	छिन्द्मः	उ०	छिनदानि	छिनदाव	छिनदाम
लृट्				विधिलिङ्		
छेत्स्यति	छेत्स्यतः	छेत्स्यन्ति	प्र०	छिन्द्यात्	छिन्द्याताम्	छिन्द्युः
छेत्स्यसि	छेत्स्यथः	छेत्स्यथ	म०	छिन्द्याः	छिन्द्यातम्	छिन्द्यात
छेत्स्यामि	छेत्स्यावः	छेत्स्यामः	उ०	छिन्द्याम्	छिन्द्याव	छिन्द्याम
लङ्				आशीर्लिङ्		
अच्छिनत्	अच्छिन्ताम्	अच्छिन्दन्	प्र०	छिद्यात्	छिद्यास्ताम्	छिद्यासुः
अच्छिनः, अच्छिनत्	अच्छिन्तम्	अच्छिन्तम	म०	छिद्याः	छिद्यास्तम्	छिद्यास्त
अच्छिनदम्	अच्छिन्द्व	अच्छिन्द्म	उ०	छिद्यासम्	छिद्यास्व	छिद्यास्म

लिट्				अथवा (लुङ्)		
चिच्छेद	चिच्छिदतुः	चिच्छिदुः	प्र०	अच्छैत्सीत्	अच्छैत्ताम्	अच्छैत्सुः
चिच्छेदिथ	चिच्छिदथुः	चिच्छिद	म०	अच्छैत्सीः	अच्छैत्तम्	अच्छैत्त
चिच्छेद	चिच्छिदिव	चिच्छिदिम	उ०	अच्छैत्सम्	अच्छैत्स्व	अच्छैत्स्म
लुट्				लृङ्		
छेत्ता	छेत्तारौ	छेत्तारः	प्र०	अच्छेत्स्यत्	अच्छेत्स्यताम्	अच्छेत्स्यन्
छेत्तासि	छेत्तास्थः	छेत्तास्थ	म०	अच्छेत्स्यः	अच्छेत्स्यतम्	अच्छेत्स्यत
छेत्तास्मि	छेत्तास्वः	छेत्तास्मः	उ०	अच्छेत्स्यम्	अच्छेत्स्याव	अच्छेत्स्याम
लुङ्						
अच्छिदत्	अच्छिदताम्	अच्छिदन्	प्र०			
अच्छिदः	अच्छिदतम्	अच्छिदत	म०			
अच्छिदम	अच्छिदाव	अच्छिदाम	उ०			

छिद् (काटना) आत्मनेपदी

लट्				आशीर्लिङ्		
छिन्ते	छिन्दाते	छिन्दते	प्र०	छित्सीष्ट	छित्सीयास्ताम्	छित्सीरन्
छिन्त्से	छिन्दाथे	छिन्ध्वे	म०	छित्सीष्ठाः	छित्सीयास्थाम्	छित्सीध्वम्
छिन्दे	छिन्द्वहे	छिन्द्महे	उ०	छित्सीय	छित्सीवहि	छित्सीमहि
लृट्				लिट्		
छेत्स्यते	छेत्स्येते	छेत्स्यन्ते	प्र०	चिच्छिदे	चिच्छिदाते	चिच्छिदिरे
छेत्स्यसे	छेत्स्येथे	छेत्स्यध्वे	म०	चिच्छिदिषे	चिच्छिदाथे	चिच्छिदिध्वे
छेत्स्ये	छेत्स्यावहे	छेत्स्यामहे	उ०	चिच्छिदे	चिच्छिदिवहे	चिच्छिदिमहे
लङ्				लुट्		
अच्छिन्त	अच्छिन्दाताम्	अच्छिन्दत	प्र०	छेत्ता	छेत्तारौ	छेत्तारः
अच्छिन्त्थाः	अच्छिन्दाथाम्	अच्छिन्द्ध्वम्	म०	छेत्तासे	छेत्तासाथे	छेत्ताध्वे
अच्छिन्दि	अच्छिन्द्वहि	अच्छिन्द्महि	उ०	छेत्ताहे	छेत्तास्वहे	छेत्तास्महे
लोट्				लुङ्		
छिन्ताम्	छिन्दाताम्	छिन्दताम्	प्र०	अच्छित्त	अच्छित्साताम्	अच्छित्सत
छिन्त्स्व	छिन्दाथाम्	छिन्द्ध्वम्	म०	अच्छित्थाः	अच्छित्साथाम्	अच्छिद्ध्वम्
छिनदै	छिनदावहै	छिनदामहै	उ०	अच्छित्सि	अच्छित्स्वहि	अच्छित्स्महि
विधिलिङ्				लृङ्		
छिन्दीत	छिन्दीयाताम्	छिन्दीरन्	प्र०	अच्छेत्स्यत	अच्छेत्स्येताम्	अच्छेत्स्यन्त
छिन्दीथाः	छिन्दीयाथाम्	छिन्दीध्वम्	म०	अच्छेत्स्यथाः	अच्छेत्स्येथाम्	अच्छेत्स्यध्वम्
छिन्दीय	छिन्दीवहि	छिन्दीमहि	उ०	अच्छेत्स्ये	अच्छेत्स्यावहि	अच्छेत्स्यामहि

(१५१) भञ्ज् (तोड़ना) परस्मैपदी

लट्				आशीर्लिङ्		
भनक्ति	भङ्क्तः	भञ्जन्ति	प्र०	भज्यात्	भज्यास्ताम्	भज्यासुः
भनक्षि	भङ्क्थः	भङ्क्थ	म०	भज्याः	भज्यास्तम्	भज्यास्त
भनज्मि	भञ्ज्वः	भञ्ज्मः	उ०	भज्यासम्	भज्यास्व	भज्यास्म
लृट्				लिट्		
भङ्क्ष्यति	भङ्क्ष्यतः	भङ्क्ष्यन्ति	प्र०	बभञ्ज	बभञ्जतुः	बभञ्जुः
भङ्क्ष्यसि	भङ्क्ष्यथः	भङ्क्ष्यथ	म०	बभञ्जिथ, बभङ्क्थ	बभञ्जथुः	बभञ्ज
भङ्क्ष्यामि	भङ्क्ष्यावः	भङ्क्ष्यामः	उ०	बभञ्ज	बभञ्जिव	बभञ्जिम
लङ्				लुट्		
अभनक्	अभङ्क्ताम्	अभञ्जन्	प्र०	भङ्क्ता	भङ्क्तारौ	भङ्क्तारः
अभनक्	अभङ्क्तम्	अभङ्क्त	म०	भङ्क्तासि	भङ्क्तास्थः	भङ्क्तास्थ
अभनजम्	अभञ्ज्व	अभञ्ज्म	उ०	भङ्क्तास्मि	भङ्क्तास्वः	भङ्क्तास्मः
लोट्				लुङ्		
भनक्तु	भङ्क्ताम्	भञ्जन्तु	प्र०	अभाङ्क्षीत्	अभाङ्क्ताम्	अभाङ्क्षुः
भङ्ग्धि	भङ्क्तम्	भङ्क्त	म०	अभाङ्क्षीः	अभाङ्क्तम्	अभाङ्क्त
भनजानि	भनजाव	भनजाम	उ०	अभाङ्क्षम्	अभाङ्क्ष्व	अभाङ्क्ष्म
विधिलिङ्				लृङ्		
भञ्ज्यात्	भञ्ज्याताम्	भञ्ज्युः	प्र०	अभङ्क्ष्यत्	अभङ्क्ष्यताम्	अभङ्क्ष्यन्
भञ्ज्याः	भञ्ज्यातम्	भञ्ज्यात	म०	अभङ्क्ष्यः	अभङ्क्ष्यतम्	अभङ्क्ष्यत
भञ्ज्याम्	भञ्ज्याव	भञ्ज्याम	उ०	अभङ्क्ष्यम्	अभङ्क्ष्याव	अभङ्क्ष्याम

उभयपदी

(१५२) भुज् (पालन करना, खाना , परस्मैपद

लट्				लोट्		
भुनक्ति	भुङ्क्तः	भुञ्जन्ति	प्र०	भुनक्तु	भुङ्क्ताम्	भुञ्जन्तु
भुनक्षि	भुङ्क्थः	भुङ्क्थ	म०	भुङ्ग्धि	भुङ्क्तम्	भुङ्क्त
भुनज्मि	भुञ्ज्वः	भुञ्ज्मः	उ०	भुनजानि	भुनजाव	भुनजाम
लृट्				विधिलिङ्		
भोक्ष्यति	भोक्ष्यतः	भोक्ष्यन्ति	प्र०	भुञ्ज्यात्	भुञ्ज्याताम्	भुञ्ज्युः
भोक्ष्यसि	भोक्ष्यथः	भोक्ष्यथ	म०	भुञ्ज्याः	भुञ्ज्यातम्	भुञ्ज्यात
भोक्ष्यामि	भोक्ष्यावः	भोक्ष्यामः	उ०	भुञ्ज्याम्	भुञ्ज्याव	भुञ्ज्याम
लङ्				आशीर्लिङ्		
अभुनक्	अभुङ्क्ताम्	अभुञ्जन्	प्र०	भुज्यात्	भुज्यास्ताम्	भुज्यासुः
अभुनक्	अभुङ्क्तम्	अभुङ्क्त	म०	भुज्याः	भुज्यास्तम्	भुज्यास्त
अभुनजम्	अभुञ्ज्व	अभुञ्ज्म	उ०	भुज्यासम्	भुज्यास्व	भुज्यास्म

लिट्				लुङ्		
बुभोज	बुभुजतुः	बुभुजुः	प्र०	अभौक्षीत्	अभौक्ताम्	अभौक्षुः
बुभोजिथ	बुभुजथुः	बुभुज	म०	अभौक्षीः	अभौक्तम्	अभौक्त
बुभोज	बुभुजिव	बुभुजिम	उ०	अभौक्षम्	अभौक्ष्व	अभौक्ष्म

लुट्				लृङ्		
भोक्ता	भोक्तारौ	भोक्तारः	प्र०	अभोक्ष्यत्	अभोक्ष्यताम्	अभोक्ष्यन्
भोक्तासि	भोक्तास्थः	भोक्तास्थ	म०	अभोक्ष्यः	अभोक्ष्यतम्	अभोक्ष्यत
भोक्तास्मि	भोक्तास्वः	भोक्तास्मः	उ०	अभोक्ष्यम्	अभोक्ष्याव	अभोक्ष्याम

भुज् (पालन करना, खाना) आत्मनेपद

लट्				आशीर्लिङ्		
भुङ्क्ते	भुञ्जाते	भुञ्जते	प्र०	भुक्षीष्ट	भुक्षीयास्ताम्	भुक्षीरन्
भुङ्क्षे	भुञ्जाथे	भुङ्ग्ध्वे	म०	भुक्षीष्ठाः	भुक्षीयास्थाम्	भुक्षीध्वम्
भुञ्जे	भुञ्ज्वहे	भुञ्ज्महे	उ०	भुक्षीय	भुक्षीवहि	भुक्षीमहि

लृट्				लिट्		
भोक्ष्यते	भोक्ष्येते	भोक्ष्यन्ते	प्र०	बुभुजे	बुभुजाते	बुभुजिरे
भोक्ष्यसे	भोक्ष्येथे	भोक्ष्यध्वे	म०	बुभुजिषे	बुभुजाथे	बुभुजिध्वे
भोक्ष्ये	भोक्ष्यावहे	भोक्ष्यामहे	उ०	बुभुजे	बुभुजिवहे	बुभुजिमहे

लङ				लुट्		
अभुङ्क्त	अभुञ्जाताम्	अभुञ्जत	प्र०	भोक्ता	भोक्तारौ	भोक्तारः
अभुङ्क्थाः	अभुञ्जाथाम्	अभुङ्ग्ध्वम्	म०	भोक्तासे	भोक्तासाथे	भोक्ताध्वे
अभुञ्जि	अभुञ्ज्वहि	अभुञ्ज्महि	उ०	भोक्ताहे	भोक्तास्वहे	भोक्तास्महे

लोट्				लुङ्		
भुङ्क्ताम्	भुञ्जाताम्	भुञ्जताम्	प्र०	अभुक्त	अभुक्षाताम्	अभुक्षत
भुङ्क्ष्व	भुञ्जाथाम्	भुङ्ग्ध्वम्	म०	अभुक्थाः	अभुक्षाथाम्	अभुग्ध्वम्
भुनजै	भुनजावहै	भुनजामहै	उ०	अभुक्षि	अभुक्ष्वहि	अभुक्ष्महि

विधिलिङ्				लृङ्		
भुञ्जीत	भुञ्जीयाताम्	भुञ्जीरन्	प्र०	अभोक्ष्यत	अभोक्ष्येताम्	अभोक्ष्यन्त
भुञ्जीथाः	भुञ्जीयाथाम्	भुञ्जीध्वम्	म०	अभोक्ष्यथाः	अभोक्ष्येथाम्	अभोक्ष्यध्वम्
भुञ्जीय	भुञ्जीवहि	भुञ्जीमहि	उ०	अभोक्ष्ये	अभोक्ष्यावहि	अभोक्ष्यामहि

उभयपदी

(१५३) युज् (मिलाना, लगना) परस्मैपद

लट्				लृट्		
युनक्ति	युङ्क्तः	युञ्जन्ति	प्र०	योक्ष्यति	योक्ष्यतः	योक्ष्यन्ति
युनक्षि	युङ्क्थः	युङ्क्थ	म०	योक्ष्यसि	योक्ष्यथः	योक्ष्यथ
युनज्मि	युञ्ज्वः	युञ्ज्मः	उ०	योक्ष्यामि	योक्ष्यावः	योक्ष्यामः

लङ्				लिट्		
अयुनक्	अयुङ्क्ताम्	अयुञ्जन्	प्र०	युयोज	युयुजतुः	युयुजुः
अयुनक्	अयुङ्क्तम्	अयुङ्क्त	म०	युयोजिथ	युयुजथुः	युयुज
अयुनजम्	अयुञ्ज्व	अयुञ्ज्म	उ०	युयोज	युयुजिव	युयुजिम

लोट्				लुट्		
युनक्तु	युङ्क्ताम्	युञ्जन्तु	प्र०	योक्ता	योक्तारौ	योक्तारः
युङ्ग्धि	युङ्क्तम्	युङ्क्त	म०	योक्तासि	योक्तास्थः	योक्तास्थ
युनजानि	युनजाव	युनजाम	उ०	योक्तामि	योक्तास्वः	योक्तास्मः

विधिलिङ्				लुङ्		
युञ्ज्यात्	युञ्ज्याताम्	युञ्ज्युः	प्र०	अयौक्षीत्	अयौक्ताम्	अयौक्षुः
युञ्ज्याः	युञ्ज्यातम्	युञ्ज्यात	म०	अयौक्षीः	अयौक्तम्	अयौक्त
युञ्ज्याम्	युञ्ज्याव	युञ्ज्याम	उ०	अयौक्षम्	अयौक्ष्व	अयौक्ष्म

आशीर्लिङ्				लृङ्		
युज्यात्	युज्यास्ताम्	युज्यासुः	प्र०	अयोक्ष्यत्	अयोक्ष्यताम्	अयोक्ष्यन्
युज्याः	युज्यास्तम्	युज्यास्त	म०	अयोक्ष्यः	अयोक्ष्यतम्	अयोक्ष्यत
युज्यासम्	युज्यास्व	युज्यास्म	उ०	अयोक्ष्यम्	अयोक्ष्याव	अयोक्ष्याम

युज् (मिलना, लगना) आत्मनेपद

लट्				विधिलिङ्		
युङ्क्ते	युञ्जाते	युञ्जते	प्र०	युञ्जीत	युञ्जीयाताम्	युञ्जीरन्
युङ्क्षे	युञ्जाथे	युङ्ग्ध्वे	म०	युञ्जीथाः	युञ्जीयाथाम्	युञ्जीध्वम्
युञ्जे	युञ्ज्वहे	युञ्ज्महे	उ०	युञ्जीय	युञ्जीवहि	युञ्जीमहि

लृट्				आशीर्लिङ्		
योक्ष्यते	योक्ष्येते	योक्ष्यन्ते	प्र०	युक्षीष्ट	युक्षीयास्ताम्	युक्षीरन्
योक्ष्यसे	योक्ष्येथे	योक्ष्यध्वे	म०	युक्षीष्ठाः	युक्षीयास्थाम्	युक्षीध्वम्
योक्ष्ये	योक्ष्यावहे	योक्ष्यामहे	उ०	युक्षीय	युक्षीवहि	युक्षीमहि

लङ्				लिट्		
अयुङ्क्त	अयुञ्जाताम्	अयुञ्जत	प्र०	युयुजे	युयुजाते	युयुजिरे
अयुङ्क्थाः	अयुञ्जाथाम्	अयुङ्ग्ध्वम्	म०	युयुजिषे	युयुजाथे	युयुजिध्वे
अयुञ्जि	अयुञ्ज्वहि	अयुञ्ज्महि	उ०	युयुजे	युयुजिवहे	युयुजिमहे

लोट्				लुट्		
युङ्क्ताम्	युञ्जाताम्	युञ्जताम्	प्र०	योक्ता	योक्तारौ	योक्तारः
युङ्क्ष्व	युञ्जाथाम्	युङ्ग्ध्वम्	म०	योक्तासे	योक्तासाथे	योक्ताध्वे
युनजै	युनजावहै	युनजामहै	उ०	योक्ताहे	योक्तास्वहे	योक्तास्महे

	लुङ्				लृङ्	
अयुक्त	अयुक्षाताम्	अयुक्षत	प्र०	अयोक्ष्यत	अयोक्ष्येताम्	अयोक्ष्यन्त
अयुक्थाः	अयुक्षाथाम्	अयुग्ध्वम्	म०	अयोक्ष्यथाः	अयोक्ष्येथाम्	अयोक्ष्यध्वम्
अयुक्षि	अयुक्ष्वहि	अयुक्ष्महि	उ०	अयोक्ष्ये	अयोक्ष्यावहि	अयोक्ष्यामहि

८—तनादिगण

इस गण की प्रथम धातु "तन्" है, अतः इसका नाम तनादिगण पड़ा। तनादिगण में १० धातुएँ हैं। तनादिगण की धातुओं में लट्, लोट्, लङ् और विधिलिङ् में धातु और प्रत्यय के बीच में उ जोड़ दिया जाता है, (तनादिकृञ्भ्य उः), यथा—तन् + उ + ते = तनुते।

उभयपदी

(१५४) तन् (फैलाना) परस्मैपद

	लट्				आशीर्लिङ्	
तनोति	तनुतः	तन्वन्ति	प्र०	तन्यात्	तन्यास्ताम्	तन्यासुः
तनोषि	तनुथः	तनुथ	म०	तन्याः	तन्यास्तम्	तन्यास्त
तनोमि	तनुवः-न्वः	तनुमः-न्मः	उ०	तन्यासम्	तन्यास्व	तन्यास्म
	लृट्				**लिट्**	
तनिष्यति	तनिष्यतः	तनिष्यन्ति	प्र०	ततान	तेनतुः	तेनुः
तनिष्यसि	तनिष्यथः	तनिष्यथ	म०	तेनिथ	तेनथुः	तेन
तनिष्यामि	तनिष्यावः	तनिष्यामः	उ०	ततान, ततन	तेनिव	तेनिम
	लङ्				**लुट्**	
अतनोत्	अतनुताम्	अतन्वन्	प्र०	तनिता	तनितारौ	तनितारः
अतनोः	अतनुतम्	अतनुत	म०	तनितासि	तनितास्थः	तनितास्थ
अतनवम्	अतनुव-न्व	अतनुम-न्म	उ०	तनितास्मि	तनितास्वः	तनितास्मः
	लोट्				**लुङ्**	
तनोतु	तनुताम्	तन्वन्तु	प्र०	अतानीत्	अतानिष्टाम्	अतानिषुः
तनु	तनुतम्	तनुत	म०	अतानीः	अतानिष्टम्	अतानिष्ट
तनवानि	तनवाव	तनवाम	उ०	अतानिषम्	अतानिष्व	अतानिष्म
	विधिलिङ्				**लृङ्**	
तनुयात्	**तनुयाताम्**	**तनुयुः**	**प्र०**	**अतनिष्यत्**	**अतनिष्यताम्**	**अतनिष्यन्**
तनुयाः	**तनुयातम्**	**तनुयात**	**म०**	**अतनिष्यः**	**अतनिष्यतम्**	**अतनिष्यत**
तनुयाम्	**तनुयाव**	**तनुयाम**	**उ०**	**अतनिष्यम्**	**अतनिष्याव**	**अतनिष्याम**

तन् (विस्तार करना, फैलाना) आत्मनेपद

लट्				आशीर्लिङ्		
तनुते	तन्वाते	तन्वते	प्र०	तनिषीष्ट	तनिषीयास्ताम्	तनिषीरन्
तनुषे	तन्वाथे	तनुध्वे	म०	तनिषीष्ठाः	तनिषीयास्थाम्	तनिषीध्वम्
तन्वे	तनुवहे-न्वहे	तनुमहे-न्महे	उ०	तनिषीय	तनिषीवहि	तनिषीमहि
लृट्				**लिट्**		
तनिष्यते	तनिष्येते	तनिष्यन्ते	प्र०	तेने	तेनाते	तेनिरे
तनिष्यसे	तनिष्येथे	तनिष्यध्वे	म०	तेनिषे	तेनाथे	तेनिध्वे
तनिष्ये	तनिष्यावहे	तनिष्यामहे	उ०	तेने	तेनिवहे	तेनिमहे
लङ्				**लुट्**		
अतनुत	अतन्वाताम्	अतन्वत	प्र०	तनिता	तनितारौ	तनितारः
अतनुथाः	अतन्वाथाम्	अतनुध्वम्	म०	तनितासे	तानितासाथे	तनिताध्वे
अतन्वि	अतनुवहि-न्वहि	अतनुमहि-न्महि	उ०	तनिताहे	तनितास्वहे	तनितास्महे
लोट्				**लुङ्**		
तनुताम्	तन्वाताम्	तन्वताम्	प्र०	अतनिष्ट, अतत	अतनिषाताम्	अतनिषत
तनुष्व	तन्वाथाम्	तनुध्वम्	म०	अतनिष्ठाः, अतथाः	अतनिषाथाम्	अतनिध्वम्
तनवै	तनवावहै	तनवामहै	उ०	अतनिषि	अतनिष्वहि	अतनिष्महि
विधिलिङ्				**लृङ्**		
तन्वीत	तन्वीयाताम्	तन्वीरन्	प्र०	अतनिष्यत	अतनिष्येताम्	अतनिष्यन्त
तन्वीथाः	तन्वीयाथाम्	तन्वीध्वम्	म०	अतनिष्यथाः	अतनिष्येथाम्	अतनिष्यध्वम्
तन्वीय	तन्वीवहि	तन्वीमहि	उ०	अतनिष्ये	अतनिष्यावहि	अतनिष्यामहि

उभयपदी

(१५५) कृ (करना) परस्मैपद

लट्				लोट्		
करोति	कुरुतः	कुर्वन्ति	प्र०	करोतु	कुरुताम्	कुर्वन्तु
करोषि	कुरुथः	कुरुथ	म०	कुरु	कुरुतम्	कुरुत
करोमि	कुर्वः	कुर्मः	उ०	करवाणि	करवाव	करवाम
लृट्				**विधिलिङ्**		
करिष्यति	करिष्यतः	करिष्यन्ति	प्र०	कुर्यात्	कुर्याताम्	कुर्युः
करिष्यसि	करिष्यथः	करिष्यथ	म०	कुर्याः	कुर्यातम्	कुर्यात
करिष्यामि	करिष्यावः	करिष्यामः	उ०	कुर्याम्	कुर्याव	कुर्याम
लङ्				**आशीर्लिङ्**		
अकरोत्	अकुरुताम्	अकुर्वन्	प्र०	क्रियात्	क्रियास्ताम्	क्रियासुः
अकरोः	अकुरुतम्	अकुरुत	म०	क्रियाः	क्रियास्तम्	क्रियास्त
अकरवम्	अकुर्व	अकुर्म	उ०	क्रियासम्	क्रियास्व	क्रियास्म

लिट्				लुङ्		
चकार	चक्रतुः	चक्रुः	प्र०	अकार्षीत्	अकार्ष्टाम्	अकार्षुः
चकर्थ	चक्रथुः	चक्र	म०	अकार्षीः	अकार्ष्टम्	अकार्ष्ट
चकार, चकर	चकृव	चकृम	उ०	अकार्षम्	अकार्ष्व	अकार्ष्म

लुट्				लृङ्		
कर्ता	कर्तारौ	कर्तारः	प्र०	अकरिष्यत्	अकरिष्यताम्	अकरिष्यन्
कर्तासि	कर्तास्थः	कर्तास्थ	म०	अकरिष्यः	अकरिष्यतम्	अकरिष्यत
कर्तास्मि	कर्तास्वः	कर्तास्मः	उ०	अकरिष्यम्	अकरिष्याव	अकरिष्याम

कृ (करना) आत्मनेपद

लट्				आशीर्लिङ्		
कुरुते	कुर्वाते	कुर्वते	प्र०	कृषीष्ट	कृषीयास्ताम्	कृषीरन्
कुरुषे	कुर्वाथे	कुरुध्वे	म०	कृषीष्ठाः	कृषीयास्थाम्	कृषीढ्वम्
कुर्वे	कुर्वहे	कुर्महे	उ०	कृषीय	कृषीवहि	कृषीमहि

लृट्				लिट्		
करिष्यते	करिष्येते	करिष्यन्ते	प्र०	चक्रे	चक्राते	चक्रिरे
करिष्यसे	करिष्येथे	करिष्यध्वे	म०	चकृषे	चक्राथे	चकृढ्वे
करिष्ये	करिष्यावहे	करिष्यामहे	उ०	चक्रे	चकृवहे	चकृमहे

लङ्				लुट्		
अकुरुत	अकुर्वाताम्	अकुर्वत	प्र०	कर्ता	कर्तारौ	कर्तारः
अकुरुथाः	अकुर्वाथाम्	अकुरुध्वम्	म०	कर्तासे	कर्तासाथे	कर्ताध्वे
अकुर्वि	अकुर्वहि	अकुर्महि	उ०	कर्ताहे	कर्तास्वहे	कर्तास्महे

लोट्				लुङ्		
कुरुताम्	कुर्वाताम्	कुर्वताम्	प्र०	अकृत	अकृषाताम्	अकृषत
कुरुष्व	कुर्वाथाम्	कुरुध्वम्	म०	अकृथाः	अकृषाथाम्	अकृढ्वम्
करवै	करवावहै	करवामहै	उ०	अकृषि	अकृष्वहि	अकृष्महि

विधिलिङ्				लृङ्		
कुर्वीत	कुर्वीयाताम्	कुर्वीरन्	प्र०	अकरिष्यत	अकरिष्येताम्	अकरिष्यन्त
कुर्वीथाः	कुर्वीयाथाम्	कुर्वीध्वम्	म०	अकरिष्यथाः	अकरिष्येथाम्	अकरिष्यध्वम्
कुर्वीय	कुर्वीवहि	कुर्वीमहि	उ०	अकरिष्ये	अकरिष्यावहि	अकरिष्यामहि

९—क्र्यादिगण

इस गण की प्रथम धातु "क्री" है, अतः इसका नाम क्र्यादिगण पड़ा। इस गण में ६१ धातुएँहैं। इस गण की धातुओं के लट्, लोट्, लङ् और विधिलिङ् में धातु और प्रत्यय के बीच में श्ना (ना) जोड़ दिया जाता है, (क्र्यादिभ्य श्नाः)।

कहीं यह प्रत्यय 'नी' हो जाता है और कहीं ना, न। धातु की उपधा में यदि ङ् ञ् ण् न् म् अथवा अनुस्वार हो तो उसका लोप होता है।

व्यंजनान्त धातुओं के बाद लोट् के म० पु० एक वचन में 'हि' प्रत्यय के स्थान में आन होता है, (हलः श्नः शानज्झौ), यथा—ग्रह् + हि = गृह् + आन = गृहाण।

उभयपदी

(१५६) क्री (मोल लेना) परस्मैपद

लट्				आशीर्लिङ्		
क्रीणाति	क्रीणीतः	क्रीणन्ति	प्र०	क्रीयात्	क्रीयास्ताम्	क्रीयासुः
क्रीणासि	क्रीणीथः	क्रीणीथ	म०	क्रीयाः	क्रीयास्तम्	क्रीयास्त
क्रीणामि	क्रीणीवः	क्रीणीमः	उ०	क्रीयासम्	क्रीयास्व	क्रीयास्म
लृट्				**लिट्**		
क्रेष्यति	क्रेष्यतः	क्रेष्यन्ति	प्र०	चिक्राय	चिक्रियतुः	चिक्रियुः
क्रेष्यसि	क्रेष्यथः	क्रेष्यथ	म०	चिक्रयिथ, चिक्रेथ	चिक्रियथुः	चिक्रिय
क्रेष्यामि	क्रेष्यावः	क्रेष्यामः	उ०	चिक्राय, चिक्रय	चिक्रियिव	चिक्रियिम
लङ्				**लुट्**		
अक्रीणात्	अक्रीणीताम्	अक्रीणन्	प्र०	क्रेता	क्रेतारौ	क्रेतारः
अक्रीणाः	अक्रीणीतम्	अक्रीणीत	म०	क्रेतासि	क्रेतास्थः	क्रेतास्थ
अक्रीणाम्	अक्रीणीव	अक्रीणीम	उ०	क्रेतास्मि	क्रेतास्वः	क्रेतास्मः
लोट्				**लुङ्**		
क्रीणातु	क्रीणीताम्	क्रीणन्तु	प्र०	अक्रैषीत्	अक्रैष्टाम्	अक्रैषुः
क्रीणीहि	क्रीणीतम्	क्रीणीत	म०	अक्रैषीः	अक्रैष्टम्	अक्रैष्ट
क्रीणानि	क्रीणाव	क्रीणाम	उ०	अक्रैषम्	अक्रैष्व	अक्रैष्म
विधिलिङ्				**लृङ्**		
क्रीणीयात्	क्रीणीयाताम्	क्रीणीयुः	प्र०	अक्रेष्यत्	अक्रेष्यताम्	अक्रेष्यन्
क्रीणीयाः	क्रीणीयातम्	क्रीणीयात	म०	अक्रेष्यः	अक्रेष्यतम्	अक्रेष्यत
क्रीणीयाम्	क्रीणीयाव	क्रीणीयाम	उ०	अक्रेष्यम्	अक्रेष्याव	अक्रेष्याम

क्री (मोल लेना) आत्मनेपद

लट्				लङ्		
क्रीणीते	क्रीणाते	क्रीणते	प्र०	अक्रीणीत	अक्रीणाताम्	अक्रीणत
क्रीणीषे	क्रीणाथे	क्रीणीध्वे	म०	अक्रीणीथाः	अक्रीणाथाम्	अक्रीणीध्वम्
क्रीणे	क्रीणीवहे	क्रीणीमहे	उ०	अक्रीणि	अक्रीणीवहि	अक्रीणीमहि
लृट्				**लोट्**		
क्रेष्यते	क्रेष्येते	क्रेष्यन्ते	प्र०	क्रीणीताम्	क्रीणाताम्	क्रीणताम्
क्रेष्यसे	क्रेष्येथे	क्रेष्यध्वे	म०	क्रीणीष्व	क्रीणाथाम्	क्रीणीध्वम्
क्रेष्ये	क्रेष्यावहे	क्रेष्यामहे	उ०	क्रीणै	क्रीणावहै	क्रीणामहै

विधिलिङ्				लुट्		
क्रीणीत	क्रीणीयाताम्	क्रीणीरन्	प्र०	क्रेता	क्रेतारौ	क्रेतारः
क्रीणीथाः	क्रीणीयाथाम्	क्रीणीध्वम्	म०	क्रेतासे	क्रेतासाथे	क्रेताध्वे
क्रीणीय	क्रीणीवहि	क्रीणीमहि	उ०	क्रेताहे	क्रेतास्वहे	क्रेतास्महे
आशीर्लिङ्				लुङ्		
क्रेषीष्ट	क्रेषीयास्ताम्	क्रेषीरन्	प्र०	अक्रेष्ट	अक्रेषाताम्	अक्रेषत
क्रेषीष्ठाः	क्रेषीयास्थाम्	क्रेषीढ्वम्	म०	अक्रेष्ठाः	अक्रेषाथाम्	अक्रेढ्वम्
क्रेषीय	क्रेषीवहि	क्रेषीमहि	उ०	अक्रेषि	अक्रेष्वहि	अक्रेष्महि
लिट्				लृङ्		
चिक्रिये	चिक्रियाते	चिक्रियिरे	प्र०	अक्रेष्यत	अक्रेष्येताम्	अक्रेष्यन्त
चिक्रियिषे	चिक्रियाथे	चिक्रियिध्वे	म०	अक्रेष्यथाः	अक्रेष्येथाम्	अक्रेष्यध्वम्
चिक्रिये	चिक्रियिवहे	चिक्रियिमहे	उ०	अक्रेष्ये	अक्रेष्यावहि	अक्रेष्यामहि

उभयपदी

(१५७) ग्रह् (पकड़ना, लेना) परस्मैपद

लट्				आशीर्लिङ्		
गृह्णाति	गृह्णीतः	गृह्णन्ति	प्र०	गृह्यात्	गृह्यास्ताम्	गृह्यासुः
गृह्णासि	गृह्णीथः	गृह्णीथ	म०	गृह्याः	गृह्यास्तम्	गृह्यास्त
गृह्णामि	गृह्णीवः	गृह्णीमः	उ०	गृह्यासम्	गृह्यास्व	गृह्यास्म
लृट्				लिट्		
ग्रहीष्यति	ग्रहीष्यतः	ग्रहीष्यन्ति	प्र०	जग्राह	जगृहतुः	जगृहुः
ग्रहीष्यसि	ग्रहीष्यथः	ग्रहीष्यथ	म०	जग्रहिथ	जगृहथुः	जगृह
ग्रहीष्यामि	ग्रहीष्यावः	ग्रहीष्यामः	उ०	जग्राह-जग्रह	जगृहिव	जगृहिम
लङ्				लुट्		
अगृह्णात्	अगृह्णीताम्	अगृह्णन्	प्र०	ग्रहीता	ग्रहीतारौ	ग्रहीतारः
अगृह्णाः	अगृह्णीतम्	अगृह्णीत	म०	ग्रहीतासि	ग्रहीतास्थः	ग्रहीतास्थ
अगृह्णाम्	अगृह्णीव	अगृह्णीम	उ०	ग्रहीतास्मि	ग्रहीतास्वः	ग्रहीतास्मः
लोट्				लुङ्		
गृह्णातु	गृह्णीताम्	गृह्णन्तु	प्र०	अग्रहीत्	अग्रहीष्टाम्	अग्रहीषुः
गृहाण	गृह्णीतम्	गृह्णीत	म०	अग्रहीः	अग्रहीष्टम्	अग्रहीष्ट
गृह्णानि	गृह्णाव	गृह्णाम	उ०	अग्रहीषम्	अग्रहीष्व	अग्रहीष्म
विधिलिङ्				लृङ्		
गृह्णीयात्	गृह्णीयाताम्	गृह्णीयुः	प्र०	अग्रहीष्यत्	अग्रहीष्यताम्	अग्रहीष्यन्
गृह्णीयाः	गृह्णीयातम्	गृह्णीयात	म०	अग्रहीष्यः	अग्रहीष्यतम्	अग्रहीष्यत
गृह्णीयाम्	गृह्णीयाव	गृह्णीयाम	उ०	अग्रहीष्यम्	अग्रहीष्याव	अग्रहीष्याम

ग्रह् (पकड़ना, लेना) आत्मनेपद

लट्				आशीर्लिङ्		
गृह्णीते	गृह्णाते	गृह्णते	प्र०	ग्रहीषीष्ट	ग्रहीषीयास्ताम्	ग्रहीषीरन्
गृह्णीषे	गृह्णाथे	गृह्णीध्वे	म०	ग्रहीषीष्ठाः	ग्रहीषीयास्थाम्	ग्रहीषीध्वम्
गृह्णे	गृह्णीवहे	गृह्णीमहे	उ०	ग्रहीषीय	ग्रहीषीवहि	ग्रहीषीमहि
लृट्				**लिट्**		
ग्रहीष्यते	ग्रहीष्येते	ग्रहीष्यन्ते	प्र०	जगृहे	जगृहाते	जगृहिरे
ग्रहीष्यसे	ग्रहीष्येथे	ग्रहीष्यध्वे	म०	जगृहिषे	जगृहाथे	जगृहिध्वे
ग्रहीष्ये	ग्रहीष्यावहे	ग्रहीष्यामहे	उ०	जगृहे	जगृहिवहे	जगृहिमहे
लङ्				**लुट्**		
अगृह्णीत	अगृह्णाताम्	अगृह्णत	प्र०	ग्रहीता	ग्रहीतारौ	ग्रहीतारः
अगृह्णीथाः	अगृह्णाथाम्	अगृह्णीध्वम्	म०	ग्रहीतासे	ग्रहीतासाथे	ग्रहीताध्वे
अगृह्णि	अगृह्णीवहि	अगृह्णीमहिं	उ०	ग्रहीताहे	ग्रहीतास्वहे	ग्रहीतास्महे
लोट्				**लुङ्**		
गृह्णीताम्	गृह्णाताम्	गृह्णताम्	प्र०	अग्रहीष्ट	अग्रहीषाताम्	अग्रहीषत
गृह्णीष्व	गृह्णाथाम्	गृह्णीध्वम्	म०	अग्रहीष्ठाः	अग्रहीषाथाम्	अग्रहीध्वम्
गृह्णै	गृह्णावहै	गृह्णामहै	उ०	अग्रहीषि	अग्रहीष्वहि	अग्रहीष्महि
विधिलिङ्				**लृङ्**		
गृह्णीत	गृह्णीयाताम्	गृह्णीरन्	प्र०	अग्रहीष्यत	अग्रहीष्येताम्	अग्रहीष्यन्त
गृह्णीथाः	गृह्णीयाथाम्	गृह्णीध्वम्	म०	अग्रहीष्यथाः	अग्रहीष्येथाम्	अग्रहीष्यध्वम्
गृह्णीय	गृह्णीवहि	गृह्णीमहि	उ०	अग्रहीष्ये	अग्रहीष्यावहि	अग्रहीष्यामहि

उभयपदी

(१५८) ज्ञा (जानना) परस्मैपद

लट्				लोट्		
जानाति	जानीतः	जानन्ति	प्र०	जानातु	जानीताम्	जानन्तु
जानासि	जानीथः	जानीथ	म०	जानीहि	जानीतम्	जानीत
जानामि	जानीवः	जानीमः	उ०	जानानि	जानाव	जानाम
लृट्				**विधिलिङ्**		
ज्ञास्यति	ज्ञास्यतः	ज्ञास्यन्ति	प्र०	जानीयात्	जानीयाताम्	जानीयुः
ज्ञास्यसि	ज्ञास्यथः	ज्ञास्यथ	म०	जानीयाः	जानीयातम्	जानीयात
ज्ञास्यामि	ज्ञास्यावः	ज्ञास्यामः	उ०	जानीयाम्	जानीयाव	जानीयाम
लङ्				**आशीर्लिङ्**		
अजानात्	अजानीताम्	अजानन्	प्र०	ज्ञेयात्	ज्ञेयास्ताम्	ज्ञेयासुः
अजानाः	अजानीतम्	अजानीत	म०	ज्ञेयाः	ज्ञेयास्तम्	ज्ञेयास्त
अजानाम्	अजानीव	अजानीम	उ०	ज्ञेयासम्	ज्ञेयास्व	ज्ञेयास्म

लिट्				लुङ्		
जज्ञौ	जज्ञतुः	जज्ञुः	प्र०	अज्ञासीत्	अज्ञासिष्टाम्	अज्ञासिषुः
जज्ञिथ, जज्ञाथ	जज्ञथुः	जज्ञ	म०	अज्ञासीः	अज्ञासिष्टम्	अज्ञासिष्ट
जज्ञौ	जज्ञिव	जज्ञिम	उ०	अज्ञासिषम्	अज्ञासिष्व	अज्ञासिष्म
लुट्				**लृङ्**		
ज्ञाता	ज्ञातारौ	ज्ञातारः	प्र०	अज्ञास्यत्	अज्ञास्यताम्	अज्ञास्यन्
ज्ञातासि	ज्ञातास्थः	ज्ञातास्थ	म०	अज्ञास्यः	अज्ञास्यतम्	अज्ञास्यत
ज्ञातास्मि	ज्ञातास्वः	ज्ञातास्मः	उ०	अज्ञास्यम्	अज्ञास्याव	अज्ञास्याम

ज्ञा (जानना) आत्मनेपद

लट्				आशीर्लिङ्		
जानीते	जानाते	जानते	प्र०	ज्ञासीष्ट	ज्ञासीयास्ताम्	ज्ञासीरन्
जानीषे	जानाथे	जानीध्वे	म०	ज्ञासीष्ठाः	ज्ञासीयास्थाम्	ज्ञासीध्वम्
जाने	जानीवहे	जानीमहे	उ०	ज्ञासीय	ज्ञासीवहि	ज्ञासीमहि
लृट्				**लिट्**		
ज्ञास्यते	ज्ञास्येते	ज्ञास्यन्ते	प्र०	जज्ञे	जज्ञाते	जज्ञिरे
ज्ञास्यसे	ज्ञास्येथे	ज्ञास्यध्वे	म०	जज्ञिषे	जज्ञाथे	जज्ञिध्वे
ज्ञास्ये	ज्ञास्यावहे	ज्ञास्यामहे	उ०	जज्ञे	जज्ञिवहे	जज्ञिमहे
लङ्				**लुट्**		
अजानीत	अजानाताम्	अजानत	प्र०	ज्ञाता	ज्ञातारौ	ज्ञातारः
अजानीथाः	अजानाथाम्	अजानीध्वम्	म०	ज्ञातासे	ज्ञातासाथे	ज्ञाताध्वे
अजानि	अजानीवहि	अजानीमहि	उ०	ज्ञाताहे	ज्ञातास्वहे	ज्ञातास्महे
लोट्				**लुङ्**		
जानीताम्	जानाताम्	जानताम्	प्र०	अज्ञास्त	अज्ञासाताम्	अज्ञासत
जानीष्व	जानाथाम्	जानीध्वम्	म०	अज्ञास्थाः	अज्ञासाथाम्	अज्ञाध्वम्
जानै	जानावहै	जानामहै	उ०	अज्ञासि	अज्ञास्वहि	अज्ञास्महि
विधिलिङ्				**लृङ्**		
जानीत	जानीयाताम्	जानीरन्	प्र०	अज्ञास्यत	अज्ञास्येताम्	अज्ञास्यन्त
जानीथाः	जानीयाथाम्	जानीध्वम्	म०	अज्ञास्यथाः	अज्ञास्येथाम्	अज्ञास्यध्वम्
जानीय	जानीवहि	जानीमहि	उ०	अज्ञास्ये	अज्ञास्यावहि	अज्ञास्यामहि

(१५९) बन्ध् (बाँधना) परस्मैपदी

लट्				लृट्		
बध्नाति	बध्नीतः	बध्नन्ति	प्र०	भन्त्स्यति	भन्त्स्यतः	भन्त्स्यन्ति
बध्नासि	बध्नीथः	बध्नीथ	म०	भन्त्स्यसि	भन्त्स्यथः	भन्त्स्यथ
बध्नामि	बध्नीवः	बध्नीमः	उ०	भन्त्स्यामि	भन्त्स्यावः	भन्त्स्यामः

लङ्				लिट्		
अबध्नात्	अबध्नीताम्	अबध्नन्	प्र०	बबन्ध	बबन्धतुः	बबन्धुः
अबध्नाः	अबध्नीतम्	अबध्नीत	म०	बबन्धिथ, बबन्ध	बबन्धथुः	बबन्ध
अबध्नाम्	अबध्नीव	अबध्नीम	उ०	बबन्ध	बबन्धिव	बबन्धिम
लोट्				लुट्		
बध्नातु	बध्नीताम्	बध्नन्तु	प्र०	बन्धा	बन्धारौ	बन्धारः
बधान	बध्नीतम्	बध्नीत	म०	बन्धासि	बन्धास्थः	बन्धास्थ
बध्नानि	बध्नाव	बध्नाम	उ०	बन्धास्मि	बन्धास्वः	बन्धास्मः
विधिलिङ्				लुङ्		
बध्नीयात्	बध्नीयाताम्	बध्नीयुः	प्र०	अभान्त्सीत्	अबान्द्धाम्	अभान्त्सुः
बध्नीयाः	बध्नीयातम्	बध्नीयात	म०	अभान्त्सीः	अबान्द्धम्	अबान्द्ध
बध्नीयाम्	बध्नीयाव	बध्नीयाम	उ०	अभान्त्सम्	अभान्त्स्व	अभान्त्स्म
आशीर्लिङ्				लृङ्		
बध्यात्	बध्यास्ताम्	बध्यासुः	प्र०	अभन्त्स्यत्	अभन्त्स्यताम्	अभन्त्स्यन्
बध्याः	बध्यास्तम्	बध्यास्त	म०	अभन्त्स्यः	अभन्त्स्यतम्	अभन्त्स्यत
बध्यासम्	बध्यास्व	बध्यास्म	उ०	अभन्त्स्यम्	अभन्त्स्याव	अभन्त्स्याम

(१६०) मन्थ् (मथना) परस्मैपदी

लट्				विधिलिङ्		
मथ्नाति	मथ्नीतः	मथ्नन्ति	प्र०	मथ्नीयात्	मथ्नीयाताम्	मथ्नीयुः
मथ्नासि	मथ्नीथः	मथ्नीथ	म०	मथ्नीयाः	मथ्नीयातम्	मथ्नीयात
मथ्नामि	मथ्नीवः	मथ्नीमः	उ०	मथ्नीयाम्	मथ्नीयाव	मथ्नीयाम
लृट्				आशीर्लिङ्		
मन्थिष्यति	मन्थिष्यतः	मन्थिष्यन्ति	प्र०	मथ्यात्	मथ्यास्ताम्	मथ्यासुः
मन्थिष्यसि	मन्थिष्यथः	मन्थिष्यथ	म०	मथ्याः	मथ्यास्तम्	मथ्यास्त
मन्थिष्यामि	मन्थिष्यावः	मन्थिष्यामः	उ०	मथ्यासम्	मथ्यास्व	मथ्यास्म
लङ्				लिट्		
अमथ्नात्	अमथ्नीताम्	अमथ्नन्	प्र०	ममन्थ	ममन्थतुः	ममन्थुः
अमथ्नाः	अमथ्नीतम्	अमथ्नीत	म०	ममन्थिथ	ममन्थथुः	ममन्थ
अमथ्नाम्	अमथ्नीव	अमथ्नीम	उ०	ममन्थ	ममन्थिव	ममन्थिम
लोट्				लुट्		
मथ्नातु, मथ्नीतात्	मथ्नीताम्	मथ्नन्तु	प्र०	मन्थिता	मन्थितारौ	मन्थितारः
मथान	मथ्नीतम्	मथ्नीत	म०	मन्थितासि	मन्थितास्थः	मन्थितास्थ
मथ्नानि	मथ्नाव	मथ्नाम	उ०	मन्थितास्मि	मन्थितास्वः	मन्थितास्मः

लुङ्				लृङ्		
अमन्थीत्	अमन्थिष्टाम्	अमन्थिषुः	प्र०	अमन्थिष्यत्	अमन्थिष्यताम्	अमन्थिष्यन्
अमन्थीः	अमन्थिष्टम्	अमन्थिष्ट	म०	अमन्थिष्यः	अमन्थिष्यताम्	अमन्थिष्यत
अमन्थिषम्	अमन्थिष्व	अमन्थिष्म	उ०	अमन्थिष्यम्	अमन्थिष्याव	अमन्थिष्याम

१०–चुरादिगण

इस गण की प्रथम धातु "चुर" है, अतः इसका नाम चुरादिगण पड़ा। इस गण में ४११ धातुए हैं। इस गण में धातु और प्रत्यय के बीच में अय् (णिच्) जोड़ दिया जाता है तथा उपधा के ह्रस्व स्वर (अ को छोड़कर) गुण हो जाता है। और यदि उपधा में ऐसा अ हो जिसके बाद संयुक्ताक्षर न हो तो उसको और अन्तिम स्वर को वृद्धि हो जाती है, यथा—चुर + अय् + ति = चोरयति। तड् + अय् + ति = ताडयति। आकारान्त धातुओं में आ के बाद प् और लग जाता है।

उभयपदी

(१६१) चुर् (चुराना) परस्मैपद

लट्				विधिलिङ्		
चोरयति	चोरयतः	चोरयन्ति	प्र०	चोरयेत्	चोरयेताम्	चोरयेयुः
चोरयसि	चोरयथः	चोरयथ	म०	चोरयेः	चोरयेतम्	चोरयेत
चोरयामि	चोरयावः	चोरयामः	उ०	चोरयेयम्	चोरयेव	चोरयेम

लृट्				आशीर्लिङ्		
चोरयिष्यति	चोरयिष्यतः	चोरयिष्यन्ति	प्र०	चोर्यात्	चोर्यास्ताम्	चोर्यासुः
चोरयिष्यसि	चोरयिष्यथः	चोरयिष्यथ	म०	चोर्याः	चोर्यास्तम्	चोर्यास्त
चोरयिष्यामि	चोरयिष्यावः	चोरयिष्यामः	उ०	चोर्यासम्	चोर्यास्व	चोर्यास्म

लङ्				लिट्		
अचोरयत्	अचोरयताम्	अचोरयन्	प्र०	चोरयाञ्चकार	चोरयाञ्चक्रतुः	चोरयाञ्चक्रुः
अचोरयः	अचोरयतम्	अचोरयत	म०	चोरयाञ्चकर्थ	चोरयाञ्चक्रथुः	चोरयाञ्चक्र
अचोरयम्	अचोरयाव	अचोरयाम	उ०	चोरयाञ्चकार	चोरयाञ्चकृव	चोरयाञ्चकृम

लोट्				लुट्		
चोरयतु	चोरयताम्	चोरयन्तु	प्र०	चोरयिता	चोरयितारौ	चोरयितारः
चोरय	चोरयतम्	चोरयत	म०	चोरयितासि	चोरयितास्थः	चोरयितास्थ
चोरयाणि	चोरयाव	चोरयाम	उ०	चोरयितास्मि	चोरयितास्व	चोरयितास्म

लुङ्				लृङ्		
अचूचुरत्	अचूचुरताम्	अचूचुरन्	प्र०	अचोरयिष्यत्	अचोरयिष्यताम्	अचोरयिष्यन्
अचूचुरः	अचूचुरतम्	अचूचुरत	म०	अचोरयिष्यः	अचोरयिष्यतम्	अचोरयिष्यत
अचूचुरम्	अचूचुराव	अचूचुराम	उ०	अचोरयिष्यम्	अचोरयिष्याव	अचोरयिष्याम

(१६२) चुर् (चुराना) आत्मनेपद

लट्				आशीर्लिङ्		
चोरयते	चोरयेते	चोरयन्ते	प्र०	चोरयिषीष्ट	चोरयिषीयास्ताम्	चोरयिषीरन्
चोरयसे	चोरयेथे	चोरयध्वे	म०	चोरयिषीष्ठाः	चोरयिषीयास्थाम्	चोरयिषीध्वे
चोरये	चोरयावहे	चोरयामहे	उ०	चोरयिषीय	चोरयिषीवहि	चोरयिषीमहि

लृट्				लिट्		
चोरयिष्यते	चोरयिष्येते	चोरयिष्यन्ते	प्र०	चोरयाञ्चक्रे	चोरयाञ्चक्राते	चोरयाञ्चक्रिरे
चोरयिष्यसे	चोरयिष्येथे	चोरयिष्यध्वे	म०	चोरयाञ्चकृषे	चोरयाञ्चक्राथे	चोरयाञ्चकृढ्वे
चोरयिष्ये	चोरयिष्यावहे	चोरयिष्यामहे	उ०	चोरयाञ्चक्रे	चोरयाञ्चकृवहे	चोरयाञ्चकृमह

लङ्				लुट्		
अचोरयत	अचोरयेताम्	अचोरयन्त	म०	चोरयिता	चोरयितारौ	चोरयितारः
अचोरयथाः	अचोरयेथाम्	अचोरयध्वम्	म०	चोरयितासे	चोरयितासाथे	चोरयिताध्वे
अचोरये	अचोरयावहि	अचोरयामहि	उ०	चोरयिताहे	चोरयितास्वहे	चोरयितास्महे

लोट्				लुङ्		
चोरयताम्	चोरयेताम्	चोरयन्ताम्	प्र०	अचूचुरत	अचूचुरेताम्	अचूचुरन्त
चोरयस्व	चोरयेथाम्	चोरयध्वम्	म०	अचूचुरथाः	अचूचुरेथाम्	अचूचुरध्वम्
चोरयै	चोरयावहै	चोरयामहै	उ०	अचूचुरे	अचूचुरावहि	अचूचुरामहि

विधिलिङ्				लृङ्		
चोरयेत	चोरयेयाताम्	चोरयेरन्	प्र०	अचोरयिष्यत	अचोरयिष्येताम्	अचोरयिष्यन्त
चोरयेथाः	चोरयेयाथाम्	चोरयेध्वम्	म०	अचोरयिष्यथाः	अचोरयिष्येथाम्	अचोरयिष्यध्वम्
चोरयेय	चोरयेवहि	चोरयेमहि	उ०	अचोरयिष्ये	अचोरयिष्यावहि	अचोरयिष्यामहि

उभयपदी

(१६२) चिन्त् (सोचना) परस्मैपद

लट्				लृट्		
चिन्तयति	चिन्तयतः	चिन्तयन्ति	प्र०	चिन्तयिष्यति	चिन्तयिष्यतः	चिन्तयिष्यन्ति
चिन्तयसि	चिन्तयथः	चिन्तयथ	म०	चिन्तयिष्यसि	चिन्तयिष्यथः	चिन्तयिष्यथ
चिन्तयामि	चिन्तयावः	चिन्तयामः	उ०	चिन्तयिष्यामि	चिन्तयिष्यावः	चिन्तयिष्यामः

लङ्				लिट्		
अचिन्तयत्	अचिन्तयताम्	अचिन्तयन्	प्र०	चिन्तयाञ्चकार	चिन्तयाञ्चक्रतुः	चिन्तयाञ्चक्रुः
अचिन्तयः	अचिन्तयतम्	अचिन्तयत	म०	चिन्तयाञ्चकर्थ	चिन्तयाञ्चक्रथुः	चिन्तयाञ्चक्र
अचिन्तयम्	अचिन्तयाव	अचिन्तयाम	उ०	चिन्तयाञ्चकार	चिन्तयाञ्चकृव	चिन्तयाञ्चकृम

लोट्				लुट्		
चिन्तयतु	चिन्तयताम्	चिन्तयन्तु	म०	चिन्तयिता	चिन्तयितारौ	चिन्तयितारः
चिन्तय	चिन्तयतम्	चिन्तयत	म०	चिन्तयितासि	चिन्तयितास्थः	चिन्तयितास्थ
चिन्तयानि	चिन्तयाव	चिन्तयाम	उ०	चिन्तयितास्मि	चिन्तयितास्वः	चिन्तयितास्मः

विधिलिङ्				लुङ्		
चिन्तयेत्	चिन्तयेताम्	चिन्तयेयुः	प्र०	अचिचिन्तत्	अचिचिन्तताम्	अचिचिन्तन्
चिन्तयेः	चिन्तयेतम्	चिन्तयेत	म०	अचिचिन्तः	अचिचिन्ततम्	अचिचिन्तत
चिन्तयेयम्	चिन्तयेव	चिन्तयेम	उ०	अचिचिन्तम्	अचिचिन्ताव	अचिचिन्ताम

आशीर्लिङ्				लृङ्		
चिन्त्यात्	चिन्त्यास्ताम्	चिन्त्यासुः	प्र०	अचिन्तयिष्यत्	अचिन्तयिष्यताम्	अचिन्तयिष्यन्
चिन्त्याः	चिन्त्यास्तम्	चिन्त्यास्त	म०	अचिन्तयिष्यः	अचिन्तयिष्यतम्	अचिन्तयिष्यत
चिन्त्यासम्	चिन्त्यास्व	चिन्त्यास्म	उ०	अचिन्तयिष्यम्	अचिन्तयिष्याव	अचिन्तयिष्याम

चिन्त् (सोचना) आत्मनेपद

लट्				विधिलिङ्		
चिन्तयते	चिन्तयेते	चिन्तयन्ते	प्र०	चिन्तयेत	चिन्तयेयाताम्	चिन्तयेरन्
चिन्तयसे	चिन्तयेथे	चिन्तयध्वे	म०	चिन्तयेथाः	चिन्तयेयाथाम्	चिन्तयेध्वम्
चिन्तये	चिन्तयावहे	चिन्तयामहे	उ०	चिन्तयेय	चिन्तयेवहि	चिन्तयेमहि

लृट्				आशीर्लिङ्		
चिन्तयिष्यते	चिन्तयिष्येते	चिन्तयिष्यन्ते	प्र०	चिन्तयिषीष्ट	चिन्तयिषीयास्ताम्	चिन्तयिषीरन्
चिन्तयिष्यसे	चिन्तयिष्येथे	चिन्तयिष्यध्वे	म०	चिन्तयिषीष्ठाः	चिन्तयिषीयास्थाम्	चिन्तयिषीध्वम्
चिन्तयिष्ये	चिन्तयिष्यावहे	चिन्तयिष्यामहे	उ०	चिन्तयिषीय	चिन्तयिषीवहि	चिन्तयिषीमहि

लङ्				लिट्		
अचिन्तयत	अचिन्तयेताम्	अचिन्तयन्त	प्र०	चिन्तयाञ्चक्रे	चिन्तयाञ्चक्राते	चिन्तयाञ्चक्रिरे
अचिन्तयथाः	अचिन्तयेथाम्	अचिन्तयध्वम्	म०	चिन्तयाञ्चकृषे	चिन्तयाञ्चक्राथे	चिन्तयाञ्चकृढ्वे
अचिन्तये	अचिन्तयावहि	अचिन्तयामहि	उ०	चिन्तयाञ्चक्रे	चिन्तयाञ्चकृवहे	चिन्तयाञ्चकृमहे

लोट्				लुट्		
चिन्तयताम्	चिन्तयेताम्	चिन्तयन्ताम्	प्र०	चिन्तयिता	चिन्तयितारौ	चिन्तयितारः
चिन्तयस्व	चिन्तयेथाम्	चिन्तयध्वम्	म०	चिन्तयितासे	चिन्तयितासाथे	चिन्तयिताध्वे
चिन्तयै	चिन्तयावहै	चिन्तयामहै	उ०	चिन्तयिताहे	चिन्तयितास्वहे	चिन्तयितास्महे

लुङ्				लृङ्		
अचिचिन्तत	अचिचिन्तेताम्	अचिचिन्तन्त	प्र०	अचिन्तयिष्यत	अचिन्तयिष्येताम्	अचिन्तयिष्यन्त
अचिचिंतथाः	अचिचिंतेथाम्	अचिचिंतध्वम्	म०	अचिंतयिष्यथाः	अचिंतयिष्येथाम्	अचिंतयिष्यध्वम
अचिचिंते	अचिचिंतावहि	अचिचिंतामहि	उ०	अचिंतयिष्ये	अचिंतयिष्यावहि	अचिंतयिष्यामहि

उभयपदी

(१६३) भक्ष् (खाना) परस्मैपद

लट्				आशीर्लिङ्		
भक्षयति	भक्षयतः	भक्षयन्ति	प्र०	भक्ष्यात्	भक्ष्यास्ताम्	भक्ष्यासुः
भक्षयसि	भक्षयथः	भक्षयथ	म०	भक्ष्याः	भक्ष्यास्तम्	भक्ष्यास्त
भक्षयामि	भक्षयावः	भक्षयामः	उ०	भक्ष्यासम्	भक्ष्यास्व	भक्ष्यास्म
लृट्				**लिट्**		
भक्षयिष्यति	भक्षयिष्यतः	भक्षयिष्यन्ति	प्र०	भक्षयाञ्चकार	भक्षयाञ्चक्रतुः	भक्षयाञ्चक्रु
भक्षयिष्यसि	भक्षयिष्यथः	भक्षयिष्यथ	म०	भक्षयाञ्चकर्थ	भक्षयाञ्चक्रथुः	भक्षयाञ्चक्र
भक्षयिष्यामि	भक्षयिष्यावः	भक्षयिष्यामः	उ०	भक्षयाञ्चकार	भक्षयाञ्चकृव	भक्षयाञ्चकृम
लङ्				**लुट्**		
अभक्षयत्	अभक्षयताम्	अभक्षयन्	प्र०	भक्षयिता	भक्षयितारौ	भक्षयितारः
अभक्षयः	अभक्षयतम्	अभक्षयत	म०	भक्षयितासि	भक्षयितास्थः	भक्षयितास्थः
अभक्षयम्	अभक्षयाव	अभक्षयाम	उ०	भक्षयितास्मि	भक्षयितास्वः	भक्षयितास्म
लोट्				**लुङ्**		
भक्षयतु	भक्षयताम्	भक्षयन्तु	प्र०	अबभक्षत्	अबभक्षताम्	अबभक्षन्
भक्षय	भक्षयतम्	भक्षयत	म०	अबभक्षः	अबभक्षतम्	अबभक्षत
भक्षयाणि	भक्षयाव	भक्षयाम	उ०	अबभक्षम्	अबभक्षाव	अबभक्षाम
विधिलिङ्				**लृङ्**		
भक्षयेत्	भक्षयेताम्	भक्षयेयुः	प्र०	अभक्षयिष्यत्	अभक्षयिष्यताम्	अभक्षयिष्यन्
भक्षयेः	भक्षयेतम्	भक्षयेत	म०	अभक्षयिष्यः	अभक्षयिष्यतम्	अभक्षयिष्यत
भक्षयेयम्	भक्षयेव	भक्षयेम	उ०	अभक्षयिष्यम्	अभक्षयिष्याव	अभक्षयिष्याम

भक्ष् (खाना) आत्मनेपद

लट्				लृट्		
भक्षयते	भक्षयेते	भक्षयन्ते	उ०	भक्षयिष्यते	भक्षयिष्येते	भक्षयिष्यन्ते
भक्षयसे	भक्षयेथे	भक्षयध्वे	प्र०	भक्षयिष्यसे	भक्षयिष्येथे	भक्षयिष्यध्वे
भक्षये	भक्षयावहे	भक्षयामहे	म०	भक्षयिष्ये	भक्षयिष्यावहे	भक्षयिष्यामहे

लङ्				लिट्		
अभक्षयत	अभक्षयेताम्	अभक्षयन्त	प्र०	भक्षयाञ्चक्रे	भक्षयाञ्चक्राते	भक्षयाञ्चक्रिरे
अभक्षयथाः	अभक्षयेथाम्	अभक्षयध्वम्	म०	भक्षयाञ्चकृषे	भक्षयाञ्चक्राथे	भक्षयाञ्चकृढ्वे
अभक्षये	अभक्षयावहि	अभक्षयामहि	उ०	भक्षयाञ्चक्रे	भक्षयाञ्चकृवहे	भक्षयाञ्चकृमहे

लोट्				लुट्		
भक्षयताम्	भक्षयेताम्	भक्षयन्ताम्	प्र०	भक्षयिता	भक्षयितारौ	भक्षयितारः
भक्षयस्व	भक्षयेथाम्	भक्षयध्वम्	म०	भक्षयितासे	भक्षयितासाथे	भक्षयिताध्वे
भक्षयै	भक्षयावहै	भक्षयामहै	उ०	भक्षयिताहे	भक्षयितास्वहे	भक्षयितास्महे

विधिलिङ्				लुङ्		
भक्षयेत	भक्षयेयाताम्	भक्षयेरन्	प्र०	अबभक्षत	अबभक्षेताम्	अबभक्षन्त
भक्षयेथाः	भक्षयेयाथाम्	भक्षयेध्वम्	म०	अबभक्षथाः	अबभक्षेथाम्	अबभक्षध्वम्
भक्षयेय	भक्षयेवहि	भक्षयेमहि	उ०	अबभक्षे	अबभक्षावहि	अबभक्षामहि

आशीर्लिङ्				लृङ्		
भक्षयिषीष्ट	भक्षयिषीयास्ताम्	भक्षयिषीरन्	प्र०	अभक्षयिष्यत	अभक्षयिष्येताम्	अभक्षयिष्यन्त
भक्षयिषीष्ठाः	भक्षयिषीयास्थाम्	भक्षयिषीध्वम्	म०	अभक्षयिष्यथाः	अभक्षयिष्येथाम्	अभक्षयिष्यध्वम्
भक्षयिषीय	भक्षयिषीवहि	भक्षयिषीमहि	उ०	अभक्षयिष्ये	अभक्षयिष्यावहि	अभक्षयिष्यामहि

उभयपदी

(१६४) कथ् (कहना) परस्मैपदी

लट्				विधिलिङ्		
कथयति	कथयतः	कथयन्ति	प्र०	कथयेत्	कथयेताम्	कथयेयुः
कथयसि	कथयथः	कथयथ	म०	कथयेः	कथयेतम्	कथयेत
कथयामि	कथयावः	कथयामः	उ०	कथयेयम्	कथयेव	कथयेम

लृट्				आशीर्लिङ्		
कथयिष्यति	कथयिष्यतः	कथयिष्यन्ति	प्र०	कथ्यात्	कथ्यास्ताम्	कथ्यासुः
कथयिष्यसि	कथयिष्यथः	कथयिष्यथ	म०	कथ्याः	कथ्यास्तम्	कथ्यास्त
कथयिष्यामि	कथयिष्यावः	कथयिष्यामः	उ०	कथ्यासम्	कथ्यास्व	कथ्यास्म

लङ्				लिट्		
अकथयत्	अकथयताम्	अकथयन्	प्र०	कथयाञ्चकार	कथयाञ्चक्रतुः	कथयाञ्चक्रुः
अकथयः	अकथयतम्	अकथयत	म०	कथयाञ्चकर्थ	कथयञ्चाक्रथुः	कथयाञ्चक्र
अकथयम्	अकथयाव	अकथयाम	उ०	कथयाञ्चकार	कथयाञ्चकृव	कथयाञ्चकृम

लोट्				लुट्		
कथयतु	कथयताम्	कथयन्तु	प्र०	कथयिता	कथयितारौ	कथयितारः
कथय	कथयतम्	कथयत	म०	कथयितासि	कथयितास्थः	कथयितास्थ
कथयानि	कथयाव	कथयाम	उ०	कथयितास्मि	कथयितास्वः	कथयितास्मः

लुङ्				लृङ्		
अचकथत्	अचकथताम्	अचकथन्	प्र०	अकथयिष्यत्	अकथयिष्यताम्	अकथयिष्यन्
अचकथः	अचकथतम्	अचकथत	म०	अकथयिष्यः	अकथयिष्यतम्	अकथयिष्यत
अचकथम्	अचकथाव	अचकथाम	उ०	अकथयिष्यम्	अकथयिष्याव	अकथयिष्याम

कथ् (कहना) आत्मनेपद

लट्				आशीर्लिङ्		
कथयते	कथयेते	कथयन्ते	प्र०	कथयिषीष्ट	कथयिषीयास्ताम्	कथयिषीरन्
कथयसे	कथयेथे	कथयध्वे	म०	कथयिषीष्ठाः	कथयिषीयास्थाम्	कथयिषीध्वम्
कथये	कथयावहे	कथयामहे	उ०	कथयिषीय	कथयिषीवहि	कथयिषीमहि

लृट्				लिट्		
कथयिष्यते	कथयिष्येते	कथयिष्यन्ते	प्र०	कथयाञ्चक्रे	कथयाञ्चक्राते	कथयाञ्चक्रिरे
कथयिष्यसे	कथयिष्येथे	कथयिष्यध्वे	म०	कथयाञ्चकृषे	कथयाञ्चक्राथे	कथयाञ्चकृढ्वे
कथयिष्ये	कथयिष्यावहे	कथयिष्यामहे	उ०	कथयाञ्चक्रे	कथयाञ्चकृवहे	कथयाञ्चकृमहे

लङ्				लुट्		
अकथयत	अकथयेताम्	अकथयन्त	प्र०	कथयिता	कथयितारौ	कथयितारः
अकथयथाः	अकथयेथाम्	अकथयध्वम्	म०	कथयितासे	कथयितासाथे	कथयिताध्वे
अकथये	अकथयावहि	अकथयामहि	उ०	कथयिताहे	कथयितास्वहे	कथयितास्महे

लोट्				लुङ्		
कथयताम्	कथयेताम्	कथयन्ताम्	प्र०	अचकथत	अचकथेताम्	अचकथन्त
कथयस्व	कथयेथाम्	कथयध्वम्	म०	अचकथथाः	अचकथेथाम्	अचकथध्वम्
कथयै	कथयावहै	कथयामहै	उ०	अचकथे	अचकथावहि	अचकथामहि

विधिलिङ्				लृङ्		
कथयेत	कथयेयाताम्	कथयेरन्	प्र०	अकथयिष्यत	अकथयिष्येताम्	अकथयिष्यन्त
कथयेथाः	कथयेयाथाम्	कथयेध्वम्	म०	अकथयिष्यथाः	अकथयिष्येथाम्	अकथयिष्यध्वम्
कथयेय	कथयेवहि	कथयेमहि	उ०	अकथयिष्ये	अकथयिष्यावहि	अकथयिष्यामहि

उभयपदी

(१६५) गण (गिनना)

('गण' धातु भी अकारान्त है और इसके रूप 'कथ्' के समान ही चलते हैं, इसलिए नीचे इस धातुके केवल प्र० पु० एक वचन के रूप दिये जाते हैं)

लट्—गणयति (प०), गणयते (आ०)। लृट्—गणयिष्यति (प०), गणयिष्यते (आ०)। लङ्—अगणयत् (प०), अगणयत (आ०)। लोट्—गणयतु (प०), गणयताम् (आ०)। विधिलिङ्—गणयेत् (प०), गणयेत (आ०)। आशीर्लिङ्—गण्यात् (प०), गणयिषीष्ट (आ०)। लिट्—गणयाञ्च-

कार,—म्बभूव,—मास (प०), गणयाञ्चक्रे,—म्बभूवे,—मास (आ०)। लुट्—गणयितासि (प०—म० पु०), गणयितासे (आ०—म० पु०)। लुङ्—अजीगणत् अथवा अजगणत् (प०) अजीगणत अथवा अजगणत (आ०)। लृङ्—अगणयिष्यत् (प०), अगणयिष्यत (आ०)।

कर्मवाच्य एवं भाववाच्य

संस्कृत में वाच्य तीन हैं—कर्तृवाच्य, कर्मवाच्य और भाववाच्य। सकर्मक धातुओं के रूप दो वाच्यों में होते हैं—कर्तृवाच्य में तथा कर्मवाच्य में और अकर्मक धातुओं के रूप भी दो वाच्यों में होते हैं—कर्तृवाच्य में और भाववाच्य में।

१. कर्तृवाच्य में कर्त्ता मुख्य होता है और क्रिया कर्त्ता के अनुसार चलती है, कर्त्ता में प्रथमा और कर्म में द्वितीया होती है, जैसा कि पीछे बतलाया जा चुका है।

२ (क) कर्मवाच्य में कर्म मुख्य होता है और कर्म के अनुसार ही क्रिया का पुरुष, वचन और लिंग होता है। कर्मवाच्य में कर्त्ता में तृतीया, कर्म में प्रथमा और क्रिया कर्म के अनुसार होती है।

(ख) भाववाच्य में कर्त्ता में तृतीया (कर्म नहीं होता) और क्रिया में प्रथम पुरुष का एक वचन ही होता है।

कमवाच्य एवं भाववाच्य के रूप बनाते समय निम्नलिखित नियमों पर ध्यान देना चाहिए—

१—कर्मवाच्य और भाववाच्य में सार्वधातुक लकारों (लट्, लोट्, लङ् और विधिलिङ् में) (धातु और प्रत्यय के बीच में) 'य' लगा दिया जाता है (सार्वधातुके यक्) और धातु का रूप सदा आत्मनेपद ही में चलता है। लृट् में 'य' नहीं लगाया जाता। लट्में धातु में 'य' लगाकर उसके रूप 'जायते' की भाँति चलेंगे। लृट् में 'स्यते' या 'इष्यते' लगेगा।

२—धातु में यक् (य) के पूर्व कोई परिवर्तन नहीं होता, यथा—भिद् + य + ते = भिद्यते कर्मवाच्य में सार्वधातुक लकारों (लट्, लोट् आदि) में धातुओं के स्थान में धात्वादेश (जैसे गम् का गच्छ) नहीं होता तथा गुण और वृद्धि नहीं होती।

३—दा, दे, दो, धा, धे, मा, पा, हा, गै, सो धातुओं का अन्तिम स्वर ई में बदल जाता है, यथा—दीयते, धीयते, मीयते, पीयते, हीयते, गीयते, सीयते और अन्य धातुओं में नहीं बदलता है, यथा—भूयते, गायते, स्नायते, ध्यायते। अनेक धातुओं के बीच का अनुस्वार कर्मवाच्य में निकाल दिया जाता है, यथा—बन्ध् + बध्यते, इन्ध्—इध्यते, शंस—शस्यते।

४—स्वरान्त धातुओं के तथा ग्रह्, दृश्, हन् धातुओं के दोनों भविष्य (लुट्, लृट्) क्रियातिपत्ति (लृङ्) तथा आशीर्लिङ् में धातु के स्वर को वृद्धि करके तथा प्रत्ययों के पूर्व इ जोड़कर वैकल्पिक रूप बनते हैं, यथा—दा से दाता—दायिता, दास्यते-दायिष्यते। अदास्यत—अदायिष्यत। दासीष्ट—दायिषीष्ट।

५—अन्य छः लकारों में कर्मवाच्य एवं भाववाच्य में कर्तृवाच्य के ही समान रूप होते हैं, यथा परोक्ष भूत में-जज्ञे, बभूवे, निन्ये, अथवा अस् या कृ धातु के रूप जोड़कर कथयामासे, ईक्षाञ्चक्रे आदि।

मुख्य धातुओं के कर्मवाच्य एवं भाववाच्य के रूप—

पठ् (पढ़ना) कर्मवाच्य

	एकवचन	द्विवचन	बहुवचन
लट्	पठ्यते	पठ्येते	पठ्यन्ते
लृट्	पठिष्यते	पठिष्येते	पठिष्यन्ते
लङ्	अपठ्यत	अपठ्येताम्	अपठ्यन्त
लोट्	पठ्यताम्	पठ्येताम्	पठ्यन्ताम्
विधिलिङ्	पठ्येत	पठ्येयाताम्	पठ्येरन्
आशीर्लिङ्	पठिषीष्ट	पठिषीयास्ताम्	पठिषीरन्
लिट्	पेठे	पेठाते	पेठिरे
लुट्	पठिता	पठितारौ	पठितारः
	पठितासे	पठितासाथे	पठिताध्वे
	पठिताहे	पठितास्वहे	पठितास्महे
लुङ्	अपाठि	अपाठिषाताम्	अपाठिषत
लृङ्	अपठिष्यत	अपठिष्येताम्	अपठिष्यन्त

मुच् (छोड़ना)

लट्	मुच्यते	मुच्येते	मुच्यन्ते
लृट्	मोक्ष्यते	मोक्ष्येते	मोक्ष्यन्ते
लङ्	अमुच्यत	अमुच्येताम्	अमुच्यन्त
लोट्	मुच्यताम्	मुच्येताम्	मुच्यन्ताम्
विधिलिङ्	मुच्येत	मुच्येयाताम्	मुच्येरन्
आशीर्लिङ्	मुक्षीष्ट	मुक्षीयास्ताम्	मुक्षीरन्
लिट्	मुमुचे	मुमुचाते	मुमुचिरे
	मुमुचिषे	मुमुचाथे	मुमुचिध्वे
	मुमुचे	मुमुचिवहे	मुमुचिमहे
लुट्	मोक्ता	मोक्तारौ	मोक्तारः

लुङ्	अमोचि	अमुक्षाताम्	अमुक्षत
	अमुक्थाः	अमुक्षाथाम्	अमुग्ध्वम्
	अमुचि	अमुक्ष्वहि	अमुक्ष्महि
लृङ्	अमोक्ष्यत	अमोक्ष्येताम्	अमोक्ष्यन्त

पा (पीना) कर्मवाच्य

लट्	पीयते	पीयेते	पीयन्ते
	पीयसे	पीयेथे	पीयध्वे
	पीये	पीयावहे	पीयामहे
लृट्	पास्यते	पास्येते	पास्यन्ते
लङ्	अपीयत	अपीयेताम्	अपीयन्त
	अपीयथाः	अपीयेथाम्	अपीयध्वम्
	अपीये	अपीयावहि	अपीयामहि
लोट्	पीयताम्	पीयेताम्	पीयन्ताम्
	पीयस्व	पीयेथाम्	पीयध्वम्
	पीयै	पीयावहै	पीयामहै
विधिलिङ्	पीयेत	पीयेयाताम्	पीयेरन्
	पीयेथाः	पीयेयाथाम्	पीयेध्वम्
	पीयेय	पीयेवहि	पीयेमहि
आशीर्लिङ्	पासीष्ट	पासीयास्ताम्	पासीरन्
लिट्	पपे	पपाते	पपिरे
	पपिषे	पपाथे	पपिध्वे
	पपे	पपिवहे	पपिमहे
लुट्	पाता	पातारौ	पातारः
लुङ्	अपायि	अपायिषाताम्	अपायिषत
	अपायिष्ठाः	अपायिषाथाम्	अपायिध्वम्
	अपायिषि	अपायिष्वहि	अपायिष्महि
लृङ्	अपास्यत	अपास्येताम्	अपास्यन्त
	अपास्यथाः	अपास्येथाम्	अपास्यध्वम्
	अपास्ये	अपास्यावहि	अपास्यामहि

दा (देना) कर्मवाच्य

लट्	दीयते	दीयेते	दीयन्ते
	दीयसे	दीयेथे	दीयध्वे
	दीये	दीयावहे	दीयामहे

लृट्	दास्यते	दास्येते	दास्यन्ते
	दास्यसे	दास्येथे	दास्यध्वे
	दास्ये	दास्यावहे	दास्यामहे

अथवा

	दायिष्यते	दायिष्येते	दायिष्यन्ते
	दायिष्यसे	दायिष्येथे	दायिष्यध्वे
	दायिष्ये	दायिष्यावहे	दायिष्यामहे
लङ्	अदीयत	अदीयेताम्	अदीयन्त
	अदीयथाः	अदीयेथाम्	अदीयध्वम्
	अदीये	अदीयावहि	अदीयामहि
लोट्	दीयताम्	दीयेताम्	दीयन्ताम्
	दीयस्व	दीयेथाम्	दीयध्वम्
	दीयै	दीयावहै	दीयामहै
विधिलिङ्	दीयेत	दीयेयाताम्	दीयेरन्
	दीयेथाः	दीयेयाथाम्	दीयेध्वम्
	दीयेय	दीयेवहि	दीयेमहि
आशीर्लिङ्	दासीष्ट	दासीयास्ताम्	दासीरन्
	दासीष्ठाः	दासीयास्थाम्	दासीध्वम्
	दासीय	दासीवहि	दासीमहि

अथवा

	दायिषीष्ट	दायिषीयास्ताम्	दायिषीरन्
	दायिषीष्ठाः	दायिषीयास्थाम्	दायिषीध्वम्
	दायिषीय	दायिषीवहि	दायिषीमहि
लिट	ददे	ददाते	ददिरे
	ददिषे	ददाथे	ददिध्वे
	ददे	ददिवहे	ददिमहे
लुट्	दाता	दातारौ	दातारः
	दातासे	दातासाथे	दाताध्वे
	दाताहे	दातास्वहे	दातास्महे

अथवा

	दायिता	दायितारौ	दायितारः
	दायितासे	दायितासाथे	दायिताध्वे
	दायिताहे	दायितास्वहे	दायितास्महे

लुङ्	अदायि	अदायिषाताम् अदिषाताम्	अदायिषत अदिषत
	अदायिष्ठाः अदिथाः	अदायिषाथाम् अदिषाथाम्	अदायिध्वम् अदिध्वम्
	अदायिषि अदिषि	अदायिष्वहि अदिष्वहि	अदायिष्महि अदिष्महि
लृङ्	अदास्यत	अदास्येताम्	अदास्यन्त
	अदास्यथाः	अदास्येथाम्	अदास्यध्वम्
	अदास्ये	अदास्यावहि	अदास्यामहि

अथवा

	अदायिष्यत	अदायिष्येताम्	अदायिष्यन्त
	अदायिष्यथाः	अदायिष्येथाम्	अदायिष्यध्वम्
	अदायिष्ये	अदायिष्यावहि	अदायिष्यामहि

स्था (ठहरना) भाववाच्य-अकर्मक

लट्	स्थीयते	स्थीयेते	स्थीयन्ते
लृट्	स्थास्यते	स्थास्येते	स्थास्यन्ते
लङ्	अस्थीयत	अस्थीयेताम्	अस्थीयन्त
लोट्	स्थीयताम्	स्थीयेताम्	स्थीयन्ताम्
विधिलिङ्	स्थीयेत	स्थीयेयाताम्	स्थीयेरन्
आशीर्लिङ्	स्थासीष्ट	स्थासीयास्ताम्	स्थासीरन्
लिट्	तस्थे	तस्थाते	तस्थिरे
	तस्थिषे	तस्थाथे	तस्थिध्वे
	तस्थे	तस्थिवहे	तस्थिमहे
लुट्	स्थाता	स्थातारौ	स्थातारः
लुङ्	अस्थायि	अस्थायिषाताम्	अस्थायिषत
	अस्थायिष्ठाः	अस्थायिषाथाम्	अस्थायिध्वम्
	अस्थायिषि	अस्थायिष्वहि	अस्थायिष्महि
लृङ्	अस्थास्यत	अस्थास्येताम्	अस्थास्यन्त

ध्यै (ध्या) ध्यान करना

लट्	ध्यायते	ध्यायेते	ध्यायन्ते
लृट्	ध्यास्यते	ध्यास्येते	ध्यास्यन्ते
लङ्	अध्यायत	अध्यायेताम्	अध्यायन्त

लोट्	ध्यायताम्	ध्यायेताम्	ध्यायन्ताम्
विधिलिङ्	ध्यायेत	ध्यायेयाताम्	ध्यायेरन्
आशीर्लिङ्	ध्यासीष्ट	ध्यासीयास्ताम्	ध्यासीरन्
लिट्	दध्ये	दध्याते	दध्यिरे
लुट्	ध्याता	ध्यातारौ	ध्यातारः
लुङ्	अध्यायि	अध्यायिषाताम् अध्यासाताम्	अध्यायिषत अध्यासत
लृङ्	अध्यास्यत	अध्यास्येताम्	अध्यास्यन्त

नी (लेजाना) कर्मवाच्य

लट्	नीयते	नीयेते	नीयन्ते
	नीयसे	नीयेथे	नीयध्वे
	नीये	नीयावहे	नीयामहे
लृट्	नेष्यते	नेष्येते	नेष्यन्ते
	नेष्यसे	नेष्येथे	नेष्यध्वे
	नेष्ये	नेष्यावहे	नेष्यामहे
		अथवा	
	नायिष्यते	नायिष्येते	नायिष्यन्ते
	नायिष्यसे	नायिष्येथे	नायिष्यध्वे
	नायिष्ये	नायिष्यावहे	नायिष्यामहे
लङ्	अनीयत	अनीयेताम्	अनीयन्त
	अनीयथाः	अनीयेथाम्	अनीयध्वम्
	अनीये	अनीयावहि	अनीयामहि
लोट्	नीयताम्	नीयेताम्	नीयन्ताम्
	नीयस्व	नीयेथाम्	नीयध्वम्
	नीयै	नीयावहै	नीयामहै
विधिलिङ्	नीयेत	नीयेयाताम्	नीयेरन्
	नीयेथाः	नीयेयाथाम्	नीयेध्वम्
	नीयेय	नीयेवहि	नीयेमहि
आशीर्लिङ्	नेषीष्ट	नेषीयास्ताम्	नेषीरन्
	नेषीष्ठाः	नेषीयास्थाम्	नेषीध्वम्
	नेषीय	नेषीवहि	नेषीमहि
		अथवा	
	नायिषीष्ट	नायिषीयास्ताम्	नायिषीरन्
	नायिषीष्ठाः	नायिषीयास्थाम्	नायिषीध्वम्
	नायिषीय	नायिषीवहि	नायिषीमहि

लिट्	निन्ये	निन्याते	निन्यिरे
	निन्यिषे	निन्याथे	निन्यिध्वे
	निन्ये	निन्यिवहे	निन्यिमहे
लुट्	नेता	नेतारौ	नेतारः
	नेतासे	नेतासाथे	नेताध्वे
	नेताहे	नेतास्वहे	नेतास्महे
		अथवा	
	नायिता	नायितारौ	नायितारः
	नायितासे	नायितासाथे	नायिताध्वे
	नायिताहे	नायितास्वहे	नायितास्महे
लुङ्	अनायि	{ अनायिताषाम् / अनेषाताम्	{ अनायिषत / अनेषत
	{ अनायिष्ठाः / अनेष्ठाः	{ अनायिषाथाम् / अनेषाथाम्	{ अनायिध्वम् / अनेध्वम्
	{ अनायिषि / अनेषि	{ अनायिष्वहि / अनेष्वहि	{ अनायिष्महि / अनेष्महि
लृङ्	अनेष्यत	अनेष्येताम्	अनेष्यन्त
	अनेष्यथाः	अनेष्येथाम्	अनेष्यध्वम्
	अनेष्ये	अनेष्यावहि	अनेष्यामहि
		अथवा	
	अनायिष्यत	अनायिष्येताम्	अनायिष्यन्त
	अनायिष्यथाः	अनायिष्येथाम्	अनायिध्वम्
	अनायिष्ये	अनायिष्यावहि	अनायिष्यामहि

जि (जीना) अकर्मक भाववाच्य

लट्	जीयते	जीयेते	जीयन्ते
लृट्	{ जेष्यते / जायिष्यते	{ जेष्येते / जायिष्येते	{ जेष्यन्ते / जायिष्यन्ते
लङ्	अजीयत	अजीयेताम्	अजीयन्त
लोट्	जीयताम्	जीयेताम्	जीयन्ताम्
विधिलिङ्	जीयेत	जीयेयाताम्	जीयेरन्
आशीर्लिङ्	{ जेषीष्ट / जायिषीष्ट	{ जेषीयास्ताम् / जायिषीयास्ताम्	{ जेषीरन् / जायिषीरन्

लिट्	जिग्ये	जिग्याते	जिग्यिरे
	जिग्यिषे	जिग्याथे	जिग्यिध्वे
	जिग्ये	जिग्यिवहे	जिग्यिमहे
लुट्	जेता / जायिता	जेतारौ / जायितारौ	जेतारः / जायितारः
लुङ्	अजायि	अजायिषाताम् / अजेषाताम्	अजायिषत / अजेषत
	अजायिष्ठाः / अजेष्ठाः	अजायिषाथाम् / अजेषाथाम्	अजायिध्वम् / अजेध्वम्
	अजायिषि / अजेषि	अजायिष्वहि / अजेष्वहि	अजायिष्महि / अजेष्महि
लृङ्	अजेष्यत / अजायिष्यत	अजेष्येताम् / अजायिष्येताम्	अजेष्यन्त / अजायिष्यन्त

चि (चुनना) कर्मवाच्य

लट्	चीयते	चीयेते	चीयन्ते
	चीयषे	चीयेथे	चीयध्वे
	चीये	चीयावहे	चीयामहे
लृट्	चेष्यते / चायिष्यते	चेष्येते / चायिष्येते	चेष्यन्ते / चायिष्यन्ते
	चेष्यसे / चायिष्यसे	चेष्येथे / चायिष्येथे	चेष्यध्वे / चायिष्यध्वे
	चेष्ये / चायिष्ये	चेष्यावहे / चायिष्यावहे	चेष्यामहे / चायिष्यामहे
लङ्	अचीयत	अचीयेताम्	अचीयन्त
	अचीयथाः	अचीयेथाम्	अचीयध्वम्
	अचीये	अचीयावहि	अचीयामहि
लोट्	चीयताम्	चीयेताम्	चीयन्ताम्
	चीयस्व	चीयेथाम्	चीयध्वम्
	चीयै	चीयावहै	चीयामहै
विधिलिङ्	चीयेत	चीयेयाताम्	चीयेरन्
	चीयेथाः	चीयेयाथाम्	चीयेध्वम्
	चीयेय	चीयेवहि	चीयेमहि

आशीर्लिङ्	चेषीष्ट / चायिषीष्ट	चेषीयास्ताम् / चायिषीयास्ताम्	चेषीरन् / चायिषीरन्
	चेषीष्ठाः / चायिषीष्ठाः	चेषीयास्थाम् / चायिषीयास्थाम्	चेषीध्वम् / चायिषीध्वम्
	चेषीय / चायिषीय	चेषीवहि / चायिषीवहि	चेषीमहि / चायिषीमहि
लिट्	चिक्ये	चिक्याते	चिक्यिरे
	चिक्यिषे	चिक्याथे	चिक्यिध्वे
	चिक्ये	चिक्यिवहे	चिक्यिमहे
लुट्	चेता / चायिता	चेतारौ / चायितारौ	चेतारः / चायितारः
	चेतासे / चायितासे	चेतासाथे / चायितासाथे	चेताध्वे / चायिताध्वे
	चेताहे / चायिताहे	चेतास्वहे / चायितास्वहे	चेतास्महे / चायितास्महे
लुङ्	अचायि	अचायिषाताम् / अचेषाताम्	अचायिषत / अचेषत
	अचायिष्ठाः / अचेष्ठाः	अचायिषाथाम् / अचेषाथाम्	अचायिध्वम् / अचेध्वम्
	अचायिषि / अचेषि	अचायिष्वहि / अचेष्वहि	अचायिष्महि / अचेष्महि
लृङ्	अचेष्यत / अचायिष्यत	अचेष्येताम् / अचायिष्येताम्	अचेष्यन्त / अचायिष्यन्त
	अचेष्यथाः / अचायिष्यथाः	अचेष्येथाम् / अचायिष्येथाम्	अचेष्यध्वम् / अचायिष्यध्वम्
	अचेष्ये / अचायिष्ये	अचेष्यावहि / अचायिष्यावहि	अचेष्यामहि / अचायिष्यामहि

ज्ञा (जानना) कर्मवाच्य

लट्	ज्ञायते	ज्ञायेते	ज्ञायन्ते
	ज्ञायसे	ज्ञायेथे	ज्ञायध्वे
	ज्ञाये	ज्ञायावहे	ज्ञायामहे
लृट्	ज्ञास्यते / ज्ञायिष्यते	ज्ञास्येते / ज्ञायिष्येते	ज्ञास्यन्ते / ज्ञायिष्यन्ते
	ज्ञास्यसे / ज्ञायिष्यसे	ज्ञास्येथे / ज्ञायिष्येथे	ज्ञास्यध्वे / ज्ञायिष्यध्वे

	{ ज्ञास्ये ज्ञायिष्ये	ज्ञास्यावहे ज्ञायिष्यावहे	ज्ञास्यामहे ज्ञायिष्यामहे
लङ्	अज्ञायत	अज्ञायेताम्	अज्ञायन्त
	अज्ञायथाः	अज्ञायेथाम्	अज्ञायध्वम्
	अज्ञाये	अज्ञायावहि	अज्ञायामहि
लोट्	ज्ञायताम्	ज्ञायेताम्	ज्ञायन्ताम्
	ज्ञायस्व	ज्ञायेथाम्	ज्ञायध्वम्
	ज्ञायै	ज्ञायावहै	ज्ञायामहै
विधिलिङ्	ज्ञायेत	ज्ञायेयाताम्	ज्ञायेरन्
	ज्ञायेथाः	ज्ञायेयाथाम्	ज्ञायेध्वम्
	ज्ञायेय	ज्ञायेवहि	ज्ञायेमहि
आशीर्लिङ्	{ ज्ञासीष्ट ज्ञायिषीष्ट	ज्ञासीयास्ताम् ज्ञायिषीयास्ताम्	ज्ञासीरन् ज्ञायिषीरन्
	{ ज्ञासीष्ठाः ज्ञायिषीष्ठाः	ज्ञासीयास्थाम् ज्ञायिषीयास्थाम्	ज्ञासीध्वम् ज्ञायिषीध्वम्
	{ ज्ञासीय ज्ञायिषीय	ज्ञासीवहि ज्ञायिषीवहि	ज्ञासीमहि ज्ञायिषीमहि
लिट्	जज्ञे	जज्ञाते	जज्ञिरे
	जज्ञिषे	जज्ञाथे	जज्ञिध्वे
	जज्ञे	जज्ञिवहे	जज्ञिमहे
लुट्	{ ज्ञाता ज्ञायिता	ज्ञातारौ ज्ञायितारौ	ज्ञातारः ज्ञायितारः
	{ ज्ञातासे ज्ञायितासे	ज्ञातासाथे ज्ञायितासाथे	ज्ञाताध्वे ज्ञायिताध्वे
	{ ज्ञाताहे ज्ञायिताहे	ज्ञातास्वहे ज्ञायितास्वहे	ज्ञातास्महे ज्ञायितास्महे
लुङ्	अज्ञायि	{ अज्ञायिषाताम् अज्ञासाताम्	अज्ञायिषत अज्ञासत
	{ अज्ञायिष्ठाः अज्ञास्थाः	अज्ञायिषाथाम् अज्ञासाथाम्	अज्ञायिध्वम् अज्ञाध्वम्
	{ अज्ञायिषि अज्ञासि	अज्ञायिष्वहि अज्ञास्वहि	अज्ञायिष्महि अज्ञास्महि

लृङ्	अज्ञास्यत अज्ञायिष्यत	अज्ञास्येताम् अज्ञायिष्येताम्	अज्ञास्यन्त अज्ञायिष्यन्त
	अज्ञास्यथाः अज्ञायिष्यथाः	अज्ञास्येथाम् अज्ञायिष्येथाम्	अज्ञास्यध्वम् अज्ञायिष्यध्वम्
	अज्ञास्ये अज्ञायिष्ये	अज्ञास्यावहि अज्ञायिष्यावहि	अज्ञास्यामहि अज्ञायिष्यामहि

श्रि (आश्रय लेना)

लट्	श्रीयते	श्रीयेते	श्रीयन्ते
लृट्	श्रयिष्यते श्रायिष्यते	श्रयिष्येते श्रायिष्येते	श्रयिष्यन्ते श्रायिष्यन्ते
लङ्	अश्रीयत	अश्रीयेताम्	अश्रीयन्त
लोट्	श्रीयताम्	श्रीयेताम्	श्रीयन्ताम्
विधिलिङ्	श्रीयेत	श्रीयेयाताम्	श्रीयेरन्
आशीर्लिङ्	श्रयिषीष्ट श्रायिषीष्ट	श्रयिषीयास्ताम् श्रायिषीयास्ताम्	श्रयिषीरन् श्रायिषीरन्
लिट्	शिश्रिये	शिश्रियाते	शिश्रियिरे
	शिश्रियिषे	शिश्रियाथे	शिश्रियिध्वे
	शिश्रिये	शिश्रियिवहे	शिश्रियिमहे
लुट्	श्रयिता श्रायिता	श्रयितारौ श्रायितारौ	श्रयितारः श्रायितारः
लुङ्	अश्रायि	अश्रायिषाताम् अश्रयिषाताम्	अश्रायिषत अश्रयिषत
	अश्रायिष्ठाः अश्रयिष्ठाः	अश्रायिषाथाम् अश्रयिषाथाम्	अश्रायिध्वम् अश्रयिध्वम्
	अश्रायिषि अश्रयिषि	अश्रायिष्वहि अश्रयिष्वहि	अश्रायिष्महि अश्रयिष्महि
लृङ्	अश्रायिष्यत अश्रयिष्यत	अश्रायिष्येताम् अश्रयिष्येताम्	अश्रायिष्यन्त अश्रयिष्यन्त

कृ (करना) सकर्मक–कर्मवाच्य

लट्	क्रियते	क्रियेते	क्रियन्ते
	क्रियसे	क्रियेथे	क्रियध्वे
	क्रिये	क्रियावहे	क्रियामहे

लृट्	करिष्यते	करिष्येते	करिष्यन्ते
	करिष्यसे	करिष्येथे	करिष्यध्वे
	करिष्ये	करिष्यावहे	करिष्यामहे
		अथवा	
	कारिष्यते	कारिष्येते	कारिष्यन्ते
	कारिष्यसे	कारिष्येथे	कारिष्यध्वे
	कारिष्ये	कारिष्यावहे	कारिष्यामहे
लोट्	क्रियताम्	क्रियेताम्	क्रियन्ताम्
	क्रियस्व	क्रियेथाम्	क्रियध्वम्
	क्रियै	क्रियावहै	क्रियामहै
विधिलिङ्	क्रियेत	क्रियेयाताम्	क्रियेरन्
	क्रियेथाः	क्रियेयाथाम्	क्रियेध्वम्
	क्रियेय	क्रियेवहि	क्रियेमहि
आशीर्लिङ्	{ कृषीष्ट { कारिषीष्ट	कृषीयास्ताम् कारिषीयास्ताम्	कृषीरन् कारिषीरन्
	{ कृषीष्ठाः { कारिषीष्ठाः	कृषीयास्थाम् कारिषीयास्थाम्	कृषीध्वम् कारिषीध्वम्
	{ कृषीय { कारिषीय	कृषीवहि कारिषीवहि	कृषीमहि कारिषीमहि
लिट्	चक्रे	चक्राते	चक्रिरे
	चकृषे	चक्राथे	चक्रिढ्वे
	चक्रे	चकृवहे	चक्रिमहे
लुट्	{ कर्ता { करिता	कर्तारौ कारितारौ	कर्तारः कारितारः
	{ कर्तासे { कारितासे	कर्तासाथे कारितासाथे	कर्ताध्वे कारिताध्वे
	{ कर्ताहे { कारिताहे	कर्तास्वहे कारितास्वहे	कर्तास्महे कारितास्महे
लुङ्	अकारि	{ अकारिषाताम् { अकृषाताम्	अकारिषत अकृषत
	{ अकारिष्ठाः { अकृथाः	अकारिषाथाम् अकृषाथाम्	अकारिध्वम् अकृध्वम्
	{ अकारिषि { अकृषि	अकारिष्वहि अकृष्वहि	अकारिष्महि अकृष्महि

लृङ्	अकरिष्यत अकारिष्यत	अकरिष्येताम् अकारिष्येताम्	अकरिष्यन्त अकारिष्यन्त
	अकरिष्यथाः अकारिष्यथाः	अकरिष्येथाम् अकारिष्येथाम्	अकरिष्यध्वम् अकारिष्यध्वम्
	अकरिष्ये अकारिष्ये	अकरिष्यावहि अकारिष्यावहि	अकरिष्यामहि अकारिष्यामहि

धृ (धारण करना)

लट्	ध्रियते	ध्रियेते	ध्रियन्ते
लृट्	धरिष्यते धारिष्यते	धरिष्येते धारिष्येते	धरिष्यन्ते धारिष्यन्ते
लङ्	अध्रियत	अध्रियेताम्	अध्रियन्त
लोट्	ध्रियताम्	ध्रियेताम्	ध्रियन्ताम्
विधिलिङ्	ध्रियेत	ध्रियेयाताम्	ध्रियेरन्
आशीर्लिङ्	धृषीष्ट धारिषीष्ट	धृषीयास्ताम् धरिषीयास्ताम	धृषीरन् धरिषीरन्
लिट्	दध्रे	दध्राते	दध्रिरे
लुट्	धर्ता धरिता	धर्तारौ धरितारौ	धर्तारः धरितारः
लुङ्	अधारि	अधारिषाताम् अधृषाताम्	अधारिषत अधृषत
लृङ्	अधरिष्यत् अधारिष्यत्	अधरिष्येताम् अधारिष्येताम्	अधरिष्यन्त अधारिष्यन्त

भृ (भरण करना)

लट्	भ्रियते	भ्रियेते	भ्रियन्ते
लिट्	बभ्रे बभृषे बभ्रे	बभ्राते बभ्राथे बभृवहे	बभ्रिरे बभृध्वे बभृमहे
लुङ्	अभारि	अभारिषाताम् अभृषाताम्	अभारिषत अभृषत

इसी प्रकार—अस्—भूयते, जागृ—जागर्य्यते, ग्रह्—गृह्यते, प्रच्छ्—पृच्छ्यते, वृ—व्रियते, स्मृ—स्मर्यते, हृ—ह्रियते, मस्ज्—मज्ज्यते ।

(वच्) लट—उच्यते   लङ्—औच्यत
(वद्) लट्—उद्यते   लङ्—औद्यत

(वप्) लट्—उप्यते लङ्—औप्यत
(वस्) लट्—उष्यते लङ्—औष्यत
(वह्) लट्—उह्यते लङ्—औह्यत

चुरादिगणीय धातुओं में कर्तृवाच्य में लट्, लोट्, लङ् और विधिलिङ् में प्रायः गुण या वृद्धि होती है, वह कर्मवाच्य में भी होती है। चुरादिगणीय 'अय्' लट्, लोट्, लङ्, विधिलिङ् तथा लुङ् के प्रथम पुरुष के एक वचन में हटा दिया जाता है तथा लिट् में बना रहता है और शेष लकारों में विकल्प से हटा दिया जाता है, यथा—

चुर् (चुराना) कर्मवाच्य

लट्	चोर्यते	चोर्येते	चोर्यन्ते
लृट्	{ चोरिष्यते चोरयिष्यते	चोरिष्येते चोरयिष्येते	चोरिष्यन्ते चोरयिष्यन्ते
लङ्	अचोर्यत	अचोर्येताम्	अचोर्यन्त
लोट्	चोर्यताम्	चोर्येताम्	चोर्यन्ताम्
विधिलिङ्	चोर्येत	चोर्येयाताम्	चोर्येरन्
आशीर्लिङ्	{ चोरिषीष्ट चोरयिषीष्ट	चोरिषीयास्ताम् चोरयिषीयास्ताम्	चोरिषीरन् चोरयिषीरन्
लिट्	{ चोरयामासे चोरयाञ्चक्रे चोरयाम्बभूवे	चोरयामासाते चोरयाञ्चक्राते चोरयाम्बभूवाते	चोरयामासिरे चोरयाञ्चक्रिरे चोरयाम्बभूविरे
लुट्	{ चोरिता चोरयिता	चोरितारौ चोरयितारौ	चोरितारः चोरयितारः
लुङ्	अचोरि	{ अचोरिषाताम् अचोरयिषाताम्	अचोरिषत अचोरयिषत
	{ अचोरिष्ठाः अचोरयिष्ठाः	अचोरिषाथाम् अचोरयिषाथाम्	अचोरिध्वम् अचोरयिध्वम्
	{ अचोरिषि अचोरयिषि	अचोरिष्वहि अचोरयिष्वहि	अचोरिष्महि अचोरयिष्महि
लृङ्	{ अचोरिष्यत अचोरयिष्यत	अचोरिष्येताम् अचोरयिष्येताम्	अचोरिष्यन्त अचोरयिष्यन्त

कर्मवाच्य एवं भाववाच्य में क्रिया रखकर संस्कृत में अनुवाद करो—

१—मैंने उसको देखा—मुझसे वह देखा गया। २—रमेश क्यों नहीं पढ़ता है ? रमेश से क्यों नहीं पढ़ा जाता है ? ३—तुम गुरु की आज्ञा क्यों नहीं मानते ?

४—क्या तुम से यह पुस्तक नहीं पढ़ी जाती ? ५—बिल्ली चूहे का पीछा करती है । ६—सज्जन सबसे आदर पाते हैं । ७—काम किस से किया जाता है ? ८—मुझ से नहीं ठहरा जाता । ९—तुम क्यों रोते हो ? १०—वह क्या जानता है ? ११—ऐसा सुना जाता है । १२—लोभ से क्रोध पैदा होता है । १३—उनसे पुस्तकें क्यों नहीं पढ़ी जातीं ? १४—क्या शिशु सो गया ? १५—साधु अपने से बड़ों की सेवा करते हैं । १६—उस सभा में किसके द्वारा भाषण किया गया ? १७—उस वीर द्वारा सैकड़ों सैनिक युद्ध में मारे गये । १८—माली द्वारा उस बाग में फूलों के पौधे लगाये गये । १९—वरतन्तु द्वारा कौत्स को चौदह विद्याएँ पढ़ायीं गयीं । २०—कैदियों द्वारा उस नदी पर पुल बनाया गया ।

प्रेरणार्थक (णिजन्त) क्रियाएँ

जब किसी धातु में प्रेरणा का अर्थ लाना हो तब धातु में णिच् प्रत्यय जोड़ देते हैं (करना से कराना, पढ़ना से पढ़ाना, पकाना से पकवाना आदि प्रेरणा के अर्थ हैं), यथा—देवदत्त ओदनं पचति (देवदत्त चावल पकाता है ।) "यज्ञदत्तः पचन्तं देवदत्तं प्रेरयति—यज्ञदत्तः देवदत्तेन ओदनं पाचयति" (यज्ञदत्त देवदत्त से चावल पकवाता है ।) णिच् में प्रेरणा अति आवश्यक है । यदि प्रेरणा का विषय न हो तो लोट् या लिङ् का प्रयोग होता है ।

हमें कभी-कभी अकर्मक धातुओं से सकर्मक बनाने के लिए णिजन्त का प्रयोग करना पड़ता है, यथा—पार्वती अहर्निशं तपोभिर्ग्लपयति गात्रम् (पार्वती रात दिन तप द्वारा अपने शरीर को क्षीण कर रही है ।) यहाँ पर 'ग्लपयति' अकर्मक क्रिया 'ग्लायति' का णिजन्त प्रयोग है ।

प्रेरणार्थक धातुओं के साथ मूल धातु के कर्ता में तृतीया होती है और कर्म में पूर्ववत् द्वितीया ही रहती है, क्रिया कर्त्ता के अनुसार होती है, यथा—(मूल) भृत्यः कार्यं करोति । (णिजन्त) देवदत्तः भृत्येन कार्यं कारयति ।

प्रेरणार्थक धातु में शुद्ध धातु के अन्त में णिच् (अय्) जोड़ दिया जाता है । धातु के अन्त में अय् लगाकर परस्मैपद में "पठति" के समान रूप तथा आत्मनेपद में "जायते" के समान चलते हैं । णिजन्त धातुओं के रूप चुरादिगणीय धातुओं के समान होते हैं । धातु और तिङ् प्रत्ययों के बीच में 'अय्' जोड़ दिया जाता है । णिजन्त धातुएँ प्रायः उभयपदी होती हैं । चुरादिगणीय धातुओं के रूप प्रेरणार्थक में भी वैसे ही रहते हैं जैसे बिना प्रेरणा के ।

साधारण एवं प्रेरणार्थक रूप—

(१) भू (भवति) से प्रेरणार्थक भावयति—ते।
(२) अद् (अत्ति) से „ आदयति—ते।
(३) हु (जुहोति) से „ हावयति—ते।
(४) दिव् (दीव्यति) से „ देवयति—ते।
(५) सु (सुनोति) से „ सावयति—ते।
(६) तुद् (तुदति) से „ तोदयति—ते।
(७) रुध् (रुणद्धि) से „ रोधयति—ते।
(८) तन् (तनोति) से „ तानयति—ते।
(९) क्री (क्रीणाति) से „ क्रापयति—ते।
(१०) चुर् (चोरयति) से „ चोरयति—ते।

अम्, कम्, चम्, शम्, यम् को छोड़ कर अम् में अन्त होने वाली धातुओं की उपधा के अकार को वृद्धि नहीं होती, यथा—गम् से—गमयति, परन्तु कम् से कामयति।

आकारान्त (तथा ऐसी ए, ऐ, ओ में अन्त होने वाली धातुएँ जो आकारान्त हो जाती हैं) धातुओं के बाद अय् के पहले प् जोड़ दिया जाता है, यथा—'दा' से दापयति, 'गै' से गापयति, 'स्ना' से स्नापयति। जि, मि, मी, दी, क्री में भी प् जोड़ दिया जाता है और इकार का आकार हो जाता है, यथा—जापयति, मापयति, दापयति, क्रापयति।

निम्नलिखित के प्रेरणार्थक रूप इस प्रकार हैं—

इण् (जाना) गमयति। प्रति + इ = प्रत्याययति। अधि + इ = अध्यापयति। चि (इकट्ठा करना) चाययति—चापयति। जागृ—जागरयति। दुष् (दोषी होना) दूषयति—दोषयति। रुह् (उगना) रोहयति—रोपयति। वा (डोलना) वापयति—वाजयति। हन् (मारना) घातयति। हा (छोड़ना) हापयति। ह्री (लजाना) ह्रेपयति। ह्वे (बुलाना) ह्वापयति। आरम्भ् (शुरू करना) आरम्भयति।

अणिजन्त क्रिया का कर्त्ता णिजन्त क्रिया के साथ प्रायः तृतीया विभक्ति में होता है, यथा—

१—(रमेशः दोषं त्यजति) गुरुः रमेशेन दोषं त्याजयति।
२—(रामः मारीचं हन्ति) सीता रामेण मारीचं घातयति।
३—(नृपः धनं ददाति) मन्त्री नृपेण धनं दापयति।
४—(पिता क्रीडनकं क्रीणाति) बालः पित्रा क्रीडनकं क्रापयति।
५—(सुमन्त्रः रामं वनं नयति) राजा सुमन्त्रेण रामं वनं नाययति।

निम्नलिखित १२ धातुओं के प्रयोग में अणिजन्त क्रिया के कर्त्ता में द्वितीया विभक्ति ही होती है और हृ तथा कृ के साथ तृतीया अथवा द्वितीया विभक्ति होती है, यथा—

(१) गमन—(पाण्डवाः वनं गच्छन्ति) कौरवाः पाण्डवान् वनं गमयन्ति।
(२) दर्शन—(बालः चन्द्रं पश्यति) माता बालं चन्द्रं दर्शयति।
(३) श्रवण—(नृपः गानं शृणोति) सा नृपं गानं श्रावयति।
(४) प्रवेश—(ब्रह्मचारी गृहं प्रविशति) आचार्यः ब्रह्मचारिणं गृहं प्रवेशयति।
(५) आरोहण—(सः वृक्षम् आरोहति) कृष्णः तं वृक्षम् आरोहयति।
(६) तरण—(नाविकः गङ्गामुत्तरति) स नाविकं गङ्गामुत्तारयति।
(७) ग्रहण—(निर्धनः भोजनं गृह्णाति) भक्तः निर्धनं भोजनं ग्राहयति।
(८) प्राप्ति—(बालः नगरं प्राप्नोति) पिता बालं नगरं प्रापयति।
(९) ज्ञान—(सः शास्त्रं जानाति) गुरुः तं शास्त्रं ज्ञापयति।
(१०) पठ् आदि—(छात्रः शास्त्रम् अधीते) गुरुः छात्रं शास्त्रमध्यापयति।
(११) पान—(शिशुः दुग्धं पिबति) माता शिशुं दुग्धं पाययति।
(१२) भोजन—†अद्, खाद्, भक्ष् को छोड़कर (कृष्णः अन्नं भुङ्क्ते) यशोदा कृष्णमन्नं भोजयति।

(क) ‡हृ (भृत्यः भारं ग्रामं हरति) स भृत्यं (भृत्येन) भारं ग्रामं हारयति।
(ख) कृ (सेवकः कार्यं करोति) स्वामी सेवकेन (सेवकं) कार्यं कारयति।

विभिन्न अर्थों में—

सिंहः शिशुं भीषयते (शेर बच्चे को डराता है)।
यदुः दण्डेन शिशुं भाययति (यदु दण्ड से बच्चे को डराता है)।
विष्णुः बाणेन मधुं विस्माययति (विष्णु तीर से मधु को विस्मित करता है)।
सीता जनान् विस्मापयते स्म (सीता लोगों को विस्मित करती थी)।

व्याधः मृगान् रजयति (शिकारी मृगों को मारता है।
तपस्वी तृणेन मृगान् रञ्जयति (तपस्वी तृण से मृगों को तृप्त करता है)।
यदुः खगान् रञ्जयति (यदु चिड़ियों को तृप्त करता है)।

प्रेरणार्थक धातुओं के रूप चुरादिगणीय धातुओं के दसों लकारों के समान चलते हैं, यथा—बुध् (जानना)—

---

* जल्प्, भाष्, विलप्, आलप् और दृश् के प्रयोज्य कर्त्ता में द्वितीया होती है, यथा—देवो रामं सत्यं जल्पयति।

† 'अद्' और 'खाद्' के प्रयोज्य कर्त्ता में भी तृतीया ही होती है, यथा—माता शिशुना मिष्टान्नं खादयति, आदयति वा।

‡ नी और वह् धातु के प्रयोज्य कर्त्ता में द्वितीया न होकर तृतीया ही होती है, यथा—भृत्यो भारं वहति (स भृत्येन भारं नाययति वाहयति वा)।

लट्—बोधयति, बोधयते। लिट्—{ बोधयामास, बोधयामासे
लृट्—बोधयिष्यति, बोधयिष्यते। बोधयाञ्चकार, बोधयाञ्चक्रे
लङ्—अबोधयत्, अबोधयत। बोधयाम्बभूव, बोधयाम्बभूवे।
लोट्—बोधयतु, बोधयताम्। लुट्—बोधयिता।
विधिलिङ्—बोधयेत्, बोधयेत। लुङ्—अबूबुधत्, अबूबुधत।
आशीर्लिङ्—बोध्यात्, बोधयिषीष्ट। लृङ्—अबोधयिष्यत्, अबोधयिष्यत।

संस्कृत में अनुवाद करो—

१—सूर्य कमलों को विकसित करता है और कमलिनियों को बन्द कर देता है। २—पम्पा का दर्शन मुझ दुःखी को भी सुख का अनुभव कराता है। ३—विश्वामित्र ने राम का जनक की पुत्री सीता से विवाह कराया। ४—मैं दर्जी से एक चोला सिलाऊँगा। ५—आप अपने भाषण को समाप्त कीजिए, श्रोतृगण ऊब गये। ६—नौकर धूप से पीड़ित स्वामी को ठंडे जल से स्नान कराता है (स्नपयति)। ७—भक्त ग्रामवासियों को कथा सुनाता है। ८—गुरु शिष्यों को वेद पढ़ाता है। ९—मन्त्री राजा से प्रजा पर शासन करवाता है। १०—राष्ट्रपति ने राष्ट्र के नव-युवकों को आनेवाले संकटों से सचेत किया। ११—मुनिजन कन्द, मूल और फलों द्वारा जीवन निर्वाह करते हैं। १२—माँ बच्चे को दूध पिलाती है और चाँद दिखाती है। १३—चपरासी मेरी डाक मेरे मकान पर प्रतिदिन सायंकाल पहुँचाता रहेगा (हारयिष्यति)। १४—पुरोहित अग्नि को साक्षी करके वर से वधू का मेल कराता है। १५—गायनाचार्य ने लड़कियों का गान शुरू कराया।

सन्नन्त धातुएँ

धातोः कर्मणः समानकर्तृकादिच्छायां वा।३।१।७।

किसी कार्य के करने की इच्छा का अर्थ बतलाने के लिए उस कार्य का अर्थ बतलाने वाली धातु के आगे सन् प्रत्यय लगाया जाता है, यदि दोनों (जैसे—मैं पढ़ना चाहता हूँ—अहं पिपठिष्यामि—में 'पढ़ना' और 'चाहना') क्रियाओं का कर्त्ता एक ही है। इसी नियम के अनुसार 'गोपालः रामस्य पठनमिच्छति' में पिपठिषति नहीं होता, क्योंकि 'पढ़नेवाला' और 'चाहनेवाला' एक ही कर्त्ता नहीं हैं, भिन्न-भिन्न कर्त्ता हैं।

१—पङ्कजान्युन्मीलयति—कुमुदानि निमीलयति। २—सुखयति। ३—कौशिको रामेण सीतां पर्यणाययत् ४—चोलकं सेवयिष्यामि। ५—अवसायय सपदि स्वा गिरः, उद्विजते श्रोतारः। १०—राष्ट्रपतिः राष्ट्रयुवजनमेष्यन्तीर्भियः प्राबोधयत्। १२—स्तन्यं पाययति। १४—अग्निं साक्षिणं कृत्वा। १५—संगीताचार्यो दारिकाभिर्गानमारम्भयत्।

'सन्' प्रत्यय लगने पर धातु को द्वित्व हो जाता है और धातु के स्वरूप में कुछ अन्तर भी हो जाता है—सन् प्रत्यय का स् कहीं-कहीं ष् हो जाता है। सन्नन्त धातु का रूप इस तरह बनता है, यथा—पठ्+सन्=पठ्+पठ्+सन्=प+पठ्+स्=पिपठ्+स्=पिपठिषति। इनमें सेट् (इट् वाली) तथा अनिट् (बिना इट् वाली) धातुओं का ध्यान रखना चाहिए। सन् प्रत्यय लगने पर परस्मैपदी धातु के रूप 'पठति' के समान और आत्मनेपदी के 'जायते' के समान चलते हैं। सन्नन्त धातु के आगे 'आ' लगाने से संज्ञा शब्द बन जाता है, जैसे—शास्त्रं जिज्ञासुः, जलं पिपासुः। सन्नन्त क्रियाओं के रूप—

(भू) बुभूषते—होने की इच्छा करता है (बुध्) बुभुत्सते-जानने की इच्छा करता है
(श्रु) शुश्रूषते—सुनने की ,, ,, (लिख्) लिलेखिषति—लिखने की ,,
(ज्ञा) जिज्ञासते—जानने की ,, (पठ्) पिपठिषति—पढ़ने की ,,
(ग्रह्) जिघृक्षति—ग्रहण करने की ,, (अधि+इ) अधिजिगांसते—अध्ययन की
(लभ्) लिप्सते—पाने की ,, ,, (पा) पिपासति—पीने की इच्छा करता है
(ब्रू, वच्) विवक्षति—बोलने की ,, (वि+जि) विजिगीषते—जीतने की ,,
(हन्) जिघांसति-मारने की इच्छा ,, (रुद्) रुरुदिषति—रोने की ,,
(धा) धित्सति—धारण करने की ,, (प्रच्छ्) पिपृच्छिषति—पूछने की ,,
(दृश्) दिदृक्षते—देखने की ,, (पच्) पिपक्षति—पकाने की ,,
(कॄ) चिकरिषति—बिखेरने की ,, (गम्) जिगमिषति—जाने की इच्छा ,,
(गॄ) जिगरिषति / जिगलिषति } निगलने की ,, (इण्) { जिगमिषति— ,, / प्रतिषिषति—बोध अर्थ में
(आप्) ईप्सति—पाने की इच्छा ,, (अद्) जिघत्सति—खाने की इच्छा

सन्नन्त धातु के रूप दसों लकारों में इस प्रकार होंगे—

(कर्तृवाच्य में) लट्—पिपठिषति-ते **(कर्मवाच्य में)**—पिपठिष्यते
लृट्—पिपठिषिष्यति-ते ,, पिपठिषिष्यते
लङ्—अपिपठिषत्-त ,, अपिपठिष्यत
लोट्—पिपठिषतु-ताम् ,, पिपठिष्यताम्
विधिलिङ्—पिपठिषेत्-त ,, पिपठिष्येत
आशीर्लिङ्—पिपठिषिष्यात्-षिषीष्ट ,, पिपठिषिषीष्ट
लिट्—पिपठिषामास-से ,, { पिपठिषामासे
पिपठिषाञ्चकार-क्रे ,, पिपठिषाञ्चक्रे
पिपठिषाम्बभूव-वे ,, पिपठिषाम्बभूवे }
लुट्—पिपठिषिता-ता ,, पिपठिषिता
लुङ्—अपिपठिषीत्-षिषीष्ट ,, अपिपठिषिषीष्ट
लृङ्—अपिपठिषिष्यत्-त ,, अपिपठिषिष्यत

संस्कृत में अनुवाद करो—

१—तुम्हारा अधर फड़क रहा है (स्फुरति), तुम कुछ पूछना चाहते हो (पिपृच्छिषसि)। २—यदि तुम बोलना चाहते हो (विवक्षसि) तो मैं तुम्हें समय दूँगा। ३—यदि तू राजाओं की कृपादृष्टि चाहता है (अनुग्रहं लिप्ससे) तो उनकी इच्छा के अनुकूल काम कर (तच्छन्दमनुवर्तस्व)। ४—उन्होंने युद्ध को टालना चाहा (पर्यजिहीर्षन्) तो भी शान्ति प्राप्त न कर सके (शमं लब्धुं नाशक्नुवन्)। ५—तुझ दुष्टात्मा ने शिवजी के दोष बताने की इच्छा करते हुए भी एक बात अच्छी कह दी। ६—विधाता ने मानो सौन्दर्य को एक स्थान पर देखने की इच्छा रखते हुए उसका निर्माण किया। ७—मनुष्य कर्म करता हुआ भी सौ वर्ष जीने की इच्छा करे। ८—दूसरे दिन अपने अनुचर के भाव को जानने की इच्छा से मुनि (वसिष्ठ) की धेनु ने हिमालय की गुफा में प्रवेश किया। ९—सभी प्राणी जीने की इच्छा करते हैं ! मरने की इच्छा कौन करता है ! १०—जो दुर्जन को वश में करने की इच्छा करता है वह निश्चय पूर्वक कौतुक से विष का पान करना चाहता है, कालानल को इच्छा से चूमना चाहता है और साँपों के राजा को आलिङ्गन करनेका का यत्न करता है।

यङन्त धातुएँ

धातोरेकाचो हलादेः क्रियासमभिहारे यङ् ।३।१।२२।

(पौनःपुन्यं भृशार्थश्च क्रियासमभिहारः – भट्टोजी०)

क्रिया को बार-बार करने अथवा अतिशय अर्थ को दिखाने के लिए धातु के आगे 'यङ्' प्रत्यय लगाया जाता है। यह प्रत्यय प्रथम नौ गणों की धातुओं पर तथा दसवें गण की केवल सूच्, सूत्र् और मूत्र् आदि धातुओं पर ही लगता है। यङ् प्रत्यय लगने से धातु को द्वित्व हो जाता है और धातु के रूप में भी कुछ परिवर्तन हो जाता है, यथा—पुनः-पुनः पिबति पेपीयते। यङन्त धातुओं के लट्, लोट् आदि लकारों में 'जायते' की भाँति रूप होते हैं।

धातु में यङ् प्रत्यय दो प्रकार से जोड़ा जाता है। एक को जोड़ने से परस्मैपद में रूप चलते हैं और दूसरे को जोड़ने से आत्मनेपद में। परस्मैपद वाले रूप प्रायः

५—विवक्षता दोषमपि च्युतात्मना त्वयैकमीशं प्रति साधु भाषितम्। ६—सा निर्मिता विश्वसृजा प्रयत्नादेकस्थसौन्दर्यदिदृक्षयेव। ७—कुर्वन्नेवेह कर्माणि जिजीविषेच्छतं समाः (यजुर्वेद)। ८—अन्येद्युरात्मानुचरस्य भावं जिज्ञासमाना मुनिहोमधेनुः....गौरीगुरोर्गह्वरमाविवेश (रघुवंशे)। १०—हालाहलं खलु पिपासति कौतुकेन, कालानलं परिचुचुम्बिषति प्रकामम्। व्यालाधिपं च यतते परिरब्धुमद्धा यो दुर्जनं वशयितुं कुरुते मनीषाम्॥

वैदिक संस्कृत में मिलते हैं, आत्मनेपद के ही रूप लौकिक सस्कृत में मिलते हैं। यङन्त धातु के दसों लकारों में रूप चलते हैं, जैसे बुध् धातु के रूप—(लट्) बोबुध्यते। (लिट्) बोबुधाञ्चक्रे। (लुट्) बोबुधिता। (लृट्) बोबुधिष्यते। (लोट्) बोबुध्यताम्। (लङ्) अबोबुध्यत। (लिङ्) बोबुध्येत। (आशीर्लिङ्) बोबुधिषीष्ट। (लुङ्) अबोबुधिष्ट। (लृङ्) अबोबुधिष्यत।

(नी) नेनीयते—बार-बार ले जाता है
(जि) जेजीयते—बार-बार जीतता है
(तप्) तातप्यते—अत्यन्त तपता है
(दश्) दन्दश्यते—अत्यन्त डसता है
(घ्रा) जेघ्रीयते—बार-बार सूँघता है
(गै) जेगीयते—बार-बार गाता है
(दह्)दन्दह्यते—अत्यन्त जलता है
(स्मृ) सास्मर्यते— ,, याद करता है
(पच्) पापच्यते—बार-बार पकाता है
(शी) शाशय्यते— ,, सोता है
(कृ) चेक्रीयते—बार-बार करता है
(चल्) चञ्चल्यते–इधर-उधर चलता है।
(रुद्) रोरुद्यते—बार-बार रोता है
(कृष्) चरीकृष्यते–बार-बार खेती करता है
(नृत्) नरीनृत्यते-बार-बार नाचता है
(वृध्) वरीवृध्यते—बार-बार बढ़ता है
(दृश्) दरीदृश्यते—बार-बार देखता है
(हन्) जङ्घन्यते—फिर-फिर मारता है
(दा) देदीयते—बार-बार देता है
(जप्) जञ्जप्यते—बार-बार जपता है
(सिच्) सेसिच्यते-बार-बार सींचता है
(गम्) जङ्गम्यते—टेढ़ा-मेढ़ा चलता है

ऊपर बताया गया है कि क्रिया-समभिहार में ही यङ् प्रत्यय लगता है, किन्तु कहीं कहीं भिन्न अर्थों में भी लगता है, यथा—

(क) नित्यं कौटिल्ये गतौ ।३।१।२३।

गत्यर्थक धातुओं से कौटिल्य अर्थ में यङ् प्रत्यय जुड़ता है (बार-बार या अधिक अर्थ में नहीं) यथा—कुटिलं व्रजति इति वाव्रज्यते।

(ख) लुपसदचरजपजभदहदशगृभ्यो भावगर्हायाम् ।३।१।२४।

लुप आदि धातुओं के आगे गर्हित अर्थ में यङ् प्रत्यय लगता है, यथा—गर्हितं लुम्पति इति लोलुप्यते।

(ग) जपजभदहदशभञ्जपशां च ।७।४।८६।

जप आदि धातुओं में यङ् जुड़ने पर अभ्यास अर्थ में न् का आगम हो जाता है, यथा—गर्हितं जपति इ त जञ्जप्यते। दन्दह्यते। दन्दश्यते।

(घ) ग्रो यङि ।८।२।२०।

गृ धातु में यङ् जुड़ने पर रेफ के स्थान में लकार हो जाता है, यथा—गर्हितं गिरति इति जेगिल्यते।

नाम-धातुएँ

किसी सुबन्त (संज्ञा आदि) के अनन्तर जब कोई प्रत्यय जोड़ कर धातु बना लेते हैं तब उसे नामधातु कहते हैं। नाम धातुओं के विशेष-विशेष अर्थ होते हैं, यथा—

पुत्रीयति (पुत्र+क्यच्) पुत्र की इच्छा करता है।

कृष्णति (कृष्ण इव आचरति—क्विप्) कृष्ण की तरह आचरण करता है।

लोहितायते (लोहित+क्यच्) लाल हो जाता है।

मुण्डयति (मुण्ड—णिच्) मूँड़ता है।

नाम धातु का प्रयोग प्रायः लट् में ही होता है। नामधातुओं के मुख्य दो प्रत्यय यहाँ दिये जाते हैं—

(१) क्यच् प्रत्यय

सुप आत्मनः क्यच् ।३।१।८।

जिस चीज की इच्छा करे उस चीज के सूचक शब्द के बाद क्यच् प्रत्यय जोड़ा जाता है।

(मान्तप्रकृतिकसुबन्तादव्ययाच्च क्यच् न ।वा०।)

क्यच् (य) जुड़ने के पहले शब्द के अन्तिम स्वर में परिवर्तन हो जाता है, आ तथा इ का ई, अ, आ तथा इ का ई, उ का ऊ, ऋ का री, ओ का अव् और औ का आव् और अन्तिम ङ्, ञ्, ण्, तथा न् का लोप हो जाता है। मकारान्त शब्द के बाद तथा अव्यय के बाद क्यच् जुड़ता ही नहीं।

पुत्रीयति (पुत्र + क्यच्) पुत्रम् आत्मनः इच्छति (अपने लिए पुत्र की इच्छा करता है।)

गङ्गीयति (गङ्गा+क्यच्) (गङ्गाम् आत्मनः इच्छति) अपने लिए गङ्गा की इच्छा करता है।

इसी प्रकार—राजीयति (राजन् + क्यच्), कवीयति (कवि + क्यच्)
नदीयति (नदी + क्यच्), विष्णूयति (विष्णु + क्यच्)
वधूयति (वधू + क्यच्), गव्यति (गो + क्यच्)

उपमानादाचारे ।३।१।१०। अधिकरणाच्चेति वक्तव्यम् ।

'आचार्यः छात्रं प्रजीयति' तथा 'विष्णूयति द्विजम्' में किसी चीज को समान मानकर उसके सम्बन्ध में तद्वत् आचरण करने के अर्थ में क्यच् प्रत्यय हुआ है—यहाँ जो उपमान होता है उसके आगे क्यच् जुड़ता है। यथा—छात्रं पुत्रीयति गुरुः। उपमान के अधिकरण होने पर भी क्यच् जुड़ता है, यथा—प्रासादयति कुट्यां भिक्षुः, कुटीयति प्रासादे राजा (राजा महल को कुटी समझता है।)

क्यच् प्रत्ययान्त धातु के रूप परस्मैपद के सब लकारों में चलते हैं, यदि प्रत्यय के पूर्व में व्यञ्जन हो तो लट्, लोट्, लङ् और विधिलिङ् को छोड़कर शेष में यकार का लोप होता है, यथा—समिध्यति, समधिष्यति आदि।

(२) क्यङ् प्रत्यय

कर्तुः क्यङ् सलोपश्च ।३।१।११। ओजसोऽप्सरसो नित्यमितरेषां विभाषया ।वा०।

किसी सुबन्त के अनन्तर 'जैसा वह करता है वैसा ही यह करता है' इस अर्थ का बोध कराने के लिए क्यङ् (य) प्रत्यय जोड़कर नाम धातु बनती है, यथा—

कृष्णायते (कृष्ण + क्यङ्) कृष्ण इवाचरति (कृष्ण का सा आचरण करता है।)

गर्दभी अप्सरायते (गदही अप्सरा के समान आचरण करती है)।

यशायते, यशस्यते। विद्वायते, विद्वस्यते। (विद्वान् के समान आचरण करता है।)

क्यङ् प्रत्ययान्त नामधातु के रूप आत्मनेपद में चलते हैं। इस प्रत्यय के य के पूर्व सुबन्त का अ दीर्घ कर दिया जाता है। शब्द के अन्तिम स् का विकल्प से लोप हो जाता है, परन्तु ओजस् और अप्सरस् के स् का नित्य लोप होता है, यथा—ओजायते, अप्सरायते।

क्यङ् मानिनोश्च ।६।३।३६।

'कुमारीव आचरति कुमारायते', 'युवतीव आचरति युवायते' में स्त्री प्रत्यय का लोप होकर क्यङ् जुड़ता है।

न कोपधायाः ।६।३।३७।

'पाचकेव आचरति पाचकायते' में क में अन्त होने पर स्त्री प्रत्यय का लोप नहीं होता।

कर्मणो रोमन्थतपोभ्यां वर्तिचरोः ।३।१।१५।

'रोमन्थं वर्तयति इति रोमन्थायते, तपश्चरति इति तपस्यति' कर्मभूत रोमन्थ एवं तपस् शब्दों के बाद वर्तन एवं चरण अर्थ में क्यङ् हुआ।

वाष्पोष्मभ्यामुद्वमने ।३।१।१६। फेनाच्चेति वाच्यम्। वा०।

'वाष्पमुद्वमतीति वाष्पायते', 'ऊष्माणमुद्वमतीति ऊष्मायते', 'फेनमुद्वमतीति फेनायते'—में कर्मभूत वाष्प, ऊष्मा तथा फेन के बाद उद्वमन अर्थ में क्यङ् जुड़ा है।

शब्दवैरकलहाभ्रकण्वमेघेभ्यः करणे ।३।१।१७।

शब्दं करोति शब्दायते, वैरायते, कलहायते आदि में वैर, कलह आदि के बाद क्यङ् जुड़ता है।

सुखादिभ्यः कर्तृवेदनायाम् ।३।१।१८।

"सुखं वेदयते सुखायते" में कर्मभूत सुख आदि के बाद वेदना या अनुभव अर्थ में क्यङ् जुड़ता है यदि वेदना के कर्ता को ही सुख प्राप्त हो, अन्यथा परस्य सुखं वेदयते ही होगा।

वाच्यपरिवर्तन

कर्तृवाच्य की क्रिया यदि सकर्मक हो तो कर्मवाच्य में और यदि अकर्मक हो तो वह भाववाच्य में बदल जाती हैं, तथा कर्म अथवा भाववाच्य की क्रियाएँ कर्तृवाच्य में बदली जा सकती हैं, यथा—स ग्रामं गच्छति (कर्तृ०) तेन ग्रामः गम्यते

(कर्म०)। स रोदिति (कर्तृ०) तेन रुद्यते (भाव०)। इसी प्रकार कर्मवाच्य या भाववाच्य उलटने से कर्तृवाच्य में हो जायँगे।

वाच्यपरिवर्तन करते समय क्रिया, उसका कर्त्ता, कर्त्ता के विशेषण, कर्म और कर्म के विशेषण, इन सभी में परिवर्तन होता है, यथा—(कर्तृवाच्य) सुशीलः बालः स्वकीयं पाठं पठति। (कर्मवाच्य) सुशीलेन बालेन स्वकीयः पाठः पठ्यते (सुशील) बालक अपना पाठ पढ़ता है)। इस वाक्य में कर्ता, कर्म, उनके विशेषण और क्रिया में परिवर्तन हुआ है।

वाच्यपरिवर्तन करते समय इन बातों पर ध्यान देना चाहिए—

१—पहले कर्त्ता, कर्म और क्रिया ढूँढ़ो।

२—फिर कर्त्ता और कर्म के विशेषणों को देखो।

३—फिर देखो कि क्रिया किस वाच्य की है।

४—क्रिया देखकर वाच्य स्थिर करो। [कृत्य प्रत्ययान्त (तव्य, अनीय, यत्) की क्रिया कर्तृवाच्य में कभी नहीं होती।]

जब कर्तृवाच्य और कर्मवाच्य में क्रिया का एक ही प्रकार का रूप हो जैसे, 'स ग्रामं गतः' (कर्तृ०) तेन ग्रामः गतः (कर्म०) तब कर्त्ता और कर्म को देखकर वाच्य स्थिर करो।

५—यदि कर्त्ता में तृतीया और कर्म में प्रथमा हो तो वाक्य कर्मवाच्य या भाववाच्य में है और यदि कर्त्ता में प्रथमा और कर्म में द्वितीया हो तो वाक्य कर्तृवाच्य में है।

६—क्रिया जिस काल या जिस लकार की होगी वाच्यान्तर में भी वह उसी काल और उसी लकार की होगी, जैसे—स उक्तवान् (कर्तृ०) तेन उक्तम् (कर्म०)। सा गच्छति (कर्तृ०) तया गम्यते (कर्म०)।

७—कर्ता या कर्म में जो विशेषण होगा उसमें वही विभक्ति और वचन होंगे जो कर्ता और कर्म के होंगे, यथा—शयानाः भुञ्जते मूर्खाः (कर्तृ०) शयानैः मूर्खैः भुज्यते (मूर्ख सोये-सोये खाते हैं)।

वाच्यान्तररचना

कर्मवाच्य बनाने में प्रथमान्त कर्त्ता को तृतीयान्त और द्वितीयान्त कर्म को प्रथमान्त कर देना पड़ता है। कर्तृवाच्य में जो क्रिया कर्त्ता के अनुसार होती है वह कर्म के अनुसार बना देनी पड़ती है, यथा—अहं शिशुं पश्यामि (कर्तृ०) मया शिशुः दृश्यते (कर्म०)—मैं बच्चे को देखता हूँ।

कर्तृवाच्य से कर्मवाच्य क्त प्रत्यय द्वारा भी बनाया जाता है, यथा—अहं सिंहम् अपश्यम् (कर्तृ०)। मया सिंहो दृष्टः (कम०)।

कृत् प्रत्ययान्त क्रियापद विशेषण के समान व्यवहृत होते हैं। उनके कर्त्ता और कर्म में जो लिङ्ग, वचन और कारक होते हैं वे ही उनमें भी होते हैं, जैसे— सा कथितवती। त्वया ग्रन्थः पठितः। तेन ग्रामो गन्तव्यः इत्यादि।

कर्तृवाच्य 'क्तवतु' प्रत्ययान्त क्रिया को कर्मवाच्य या भाववाच्य में क्त प्रत्ययान्त कर देते हैं, यथा—पाण्डवा वनं गतवन्तः (कर्तृ०), पाण्डवैः वनं गतम् (कर्म०) (पाण्डव वन में गये)। अहं प्रस्थितवान् (कर्तृ०), मया प्रस्थितम् (भाव०) (मैंने यात्रा की)।

कर्तृवाच्य की क्त प्रत्ययान्त क्रिया को कर्मवाच्य, या भाववाच्य बनाने में केवल विभक्ति बदलनी पड़ती है, अर्थात् कर्त्ता में प्रथमा के स्थान पर तृतीया और कर्म में द्वितीया के स्थान पर कर्म के अनुसार प्रथमा और क्रिया कर्म के अनुसार होती है, यथा—स काशीं गतः (कर्तृ०)। तेन काशी गता (कर्म०)।

द्विकर्मक धातु का वाच्यान्तर

(गौणे कर्मणि दुह्यादेः) द्विकर्मक धातु से कर्मवाच्य बनाने में दुह्, याच्, पच्, दण्ड्, चि, ब्रू, शास्, जि, मन्थ, मुष् धातुओं के अकथित अर्थात् अप्रधान या गौण कर्म (Indirect object) में प्रथमा विभक्ति होती है और क्रिया उसी कर्म के अनुसार होती है, प्रधान कर्म (Direct object) में कोई परिवर्तन नहीं होता, यथा—गोपः गां दुग्धं दोग्धि (कर्तृ०) गोपेन गौः दुग्धं दुह्यते (कर्म०)। छात्रः गुरुं धर्मं पृच्छति (कर्तृ०), छात्रेण गुरुः धर्मं पृच्छयते (कर्म०)। यहाँ पर 'गाम्' तथा 'गुरुम्' गौण कर्म हैं।

(प्रधाने नीहृकृष्वहाम्) द्विकर्मक नी, हृ, कृष् और वह् धातुओं के प्रधान कर्म (Direct object) में प्रथमा विभक्ति होती है, गौण कर्म (Indirect object) ज्यों का त्यों रहता है, यथा—कर्मकरः भारान् गृहं वक्ष्यति (कर्तृ०)। कर्मकरेण भाराः गृहं वक्ष्यन्ते (कर्म०) (मजदूर बोझ घर ले जायगा)।

णिजन्त द्विकर्मक धातु का वाच्यान्तर

(बुद्धिभक्षार्थयोः शब्दकर्मकाणां निजेच्छया) बुद्ध्यर्थक, भक्षार्थक और शब्दकर्मक धातुओं के दोनों कर्मों में से जिसमें इच्छा हो उसमें प्रथमा विभक्ति होती है, यथा—गुरुः छात्रं धर्मं बोधयति (कर्तृ०)। गुरुणा छात्रः धर्मं बोध्यते (अथवा) गुरुणा छात्रं धर्मः बोध्यते (कर्मवाच्य)।

अन्य णिजन्त द्विकर्मक धातुओं के कर्मवाच्य बनाने में प्रयोज्य कर्म में प्रथमा विभक्ति होती है, यथा—गोविन्दो भृत्यं ग्रामं गमयति (कर्तृ०)। गोविन्देन भृत्यः ग्रामं गम्यते (कर्म०) (गोविन्द नौकर को गाँव भेज रहा है)।

कर्तृवाच्य में जिन धातुओं के प्रयोज्य कर्त्ता में तृतीया विभक्ति होती है कर्मवाच्य में उनके अणिजन्त अवस्था के कर्म में प्रथमा विभक्ति होती है, यथा—श्रीकृष्णः पार्थेन जयद्रथं घातयति (कर्तृ०) (श्रीकृष्ण अर्जुन से जयद्रथ को मरवाता है)। श्रीकृष्णेन पार्थेन जयद्रथः घात्यते (कर्म०) श्रीकृष्ण द्वारा अर्जुन से जयद्रथ मरवाया जाता है।

हिन्दी में अनुवाद और वाच्य परिवर्तन करो—

१—सहैव दशभिः पुत्रैर्भारं वहति गर्दभीः २—जलानि सा तीरनिखातयूपा वहत्ययोध्यामनुराजधानीम्। ३—अपां हि तृप्ताय न वारिधारा स्वादुः सुगन्धिः स्वदते तुषारा। ४—मृत्योर्बिभेषि किं मूढ न स भीतं विमुञ्चति। ५—न्याय्यात्पथः प्रविचलन्ति पदं न धीराः। ६—तौ दम्पती स्वां प्रति राजधानीं प्रस्थापयामास वशी वसिष्ठः। ७—किं तया क्रियते धेन्वा या न सूते न दुग्धदा। ८—न पादपोन्मूलनशक्तिरंहः शिलोच्चये मूर्छति मारुतस्य। ९—भूषणाद्युपचारेण प्रभुर्भवति न प्रभुः। १०—स बाल आसीद्वपुषा चतुर्भुजः। ११—प्रजां संरक्षति नृपः सा वर्द्धयति पार्थिवम्। १२—पूर्वस्मादन्यवद्भाति भावाद्दाशरथिं स्तुवन्। ३—परायत्तः प्रीतेः कथमिव रसं वेत्तु पुरुषः। १४—सा सीतामङ्कमारोप्य भर्तृ प्रणिहितेक्षणाम्। मामेति व्याहरत्येव तस्मिन् पातालमभ्यगात्॥ १५—नोलूकोऽप्यवलोकते यदि दिवा सूर्यस्य किं दूषणम्।

सोपसर्ग धातुएँ

क्रिया के साथ भिन्न-भिन्न उपसर्गों के लगाने से वाक्य में सौष्ठव और चमत्कार आ जाता है और साधारण धातुओं के प्रयोग की अपेक्षा* सोपसर्ग धातुओं के प्रयोग से भाषा मजी हुई और परिष्कृत लगती है। साथ ही साथ छात्र धातुओं के अर्थ और रूपावली को कण्ठस्थ करने के परिश्रम से बच जाते हैं। उपसर्ग लगने से धातु का अर्थ बदल जाता है, जैसे—'हृ' का अर्थ 'हरण करना' है, उस पर "प्र" उपसर्ग लगने से उसका अर्थ 'प्रहार करना' हो जाता है "आ" उपसर्ग लगने से "भोजन करना", 'सम्' उपसर्ग लगने से 'नाश' अर्थ हो जाता है। अतः कहा गया है—

---

*प्रादि उपसर्ग और उनके मुख्य अर्थ—प्र (अधिक), परा (उल्टा, पीछे), अप (दूर), सम् (अच्छी तरह), अनु (पीछे), अव (नीचे, दूर), निस् (बिना, बाहर), निर् (बाहर), दुस् (कठिन), दुर् (बुरा), वि (बिना, अलग), आङ् (तक, कम) नि (नीचे), अधि (ऊपर), अपि (निकट), अति (बहुत), सु (सुन्दर), उद् (ऊपर), अभि (ओर), प्रति (ओर, उल्टा), परि (चारों ओर), उप (निकट)।

"उपसर्गेण धात्वर्थो बलादन्यत्र नीयते ।
प्रहाराहार-संहार-विहार-परिहारवत् ॥"

उपसर्गों के लगाने से धातुओं के अर्थों में एक और विलक्षणता यह आ जाती है कि कहीं कहीं अकर्मक धातुएँ भी सकर्मक हो जाती हैं, यथा—अकर्मक 'भू' का अर्थ (होना) है, किन्तु 'अनु' उपसर्ग लगाने से इसका अर्थ 'अनुभव करना' सकर्मक हो जाता है, जैसे—पापी दुःखमनुभवति (पापी दुःख भोगता है) ।

*धातु के साथ उपसर्ग लगाने से तीन परिवर्तन होते हैं—

(१) क्रिया का अर्थ बिलकुल बदल जाता है, जैसे—विजयः:—पराजयः, उपकारः-अपकारः, आहारः-प्रहारः, (२) क्रिया के अर्थ में विशिष्टता आ जाती है, जैसे—गमनम्-अनुगमनम्, वचनम्-निर्वचनम्, तथा (३) क्रिया के ही अर्थ का अनुवर्तन हो जाता है, जैसे—वसति–अधिवसति, उच्यते-प्रोच्यते ।

(अय्) जाना—

परा + अय् (भागना) अश्वारोहः पलायते ।

अर्थ (माँगना)—

प्र + अर्थ (प्रार्थना करना) स्वर्गतिं प्रार्थयन्ते (भगवद् गीतायाम्)

अभि + अर्थ (इच्छा करना) यदि सा तापसकन्यका अभ्यर्थनीया (शाकुन्तले) ।

अभि + अर्थ (प्रार्थना करना) माम् अनभ्यर्थनीयमभ्यर्थयते (मालविका०

अस् (फेंकना)—

अभि + अस् (रटना) छात्रः पाठमभ्यस्यति ।

निर् + अस् (हटाना) सः धूर्तं निरस्यति ।

आप् (पाना)—

वि + आप् (फैलना) रजः आकाशं व्याप्नोति ।

सम् + आप् (पूरा होना) यावत्तेषां समाप्येरन् यज्ञाः पर्याप्तदक्षिणाः (रघुवंशे)

आस् (बैठना)—

अधि + आस् (बैठना) स राजसिंहासनमध्यास्ते ।

उप + आस् (पूजा करना) भक्ताः शिवमुपासते ।

अनु + आस् (सेवा करना) सखीभ्यामन्वास्यते । (शाकुन्तले) ।

इ (जाना) –

अव + इ (जानना) अवेहि मां किङ्करमष्टमूर्तेः (रघुवंशे) ।

प्रति + इ (विश्वास करना) सः मयि न प्रत्येति ।

उत् + इ (उगना) उदेति सविता ताम्रस्ताम्र एवास्तमेति च ।

---

*धात्वर्थं बाधते कश्चित् कश्चित् तमनुवर्तते ।
तमेव विशिनष्टयन्य उपसर्गगतिस्त्रिधा ॥

उप + इ (प्राप्त करना) उद्योगिनं पुरुषसिंहमुपैति लक्ष्मीः। (पञ्चतन्त्रे)।
अभि + इ (सामने आना) सा स्वामिनमभ्येति।
अनु + इ (पीछे जाना) सेवकः शब्दार्थ इव स्वामिनमन्वेति।
अप + इ (दूर होना) सूर्योदये अन्धकारः अपैति।
अभि + उप + इ (प्राप्त होना) व्यतीतकालस्त्वहमभ्युपेतस्त्वामर्थिभावादिति मे विषादः (रघुवंशे)।

ईक्ष (देखना)—

अप + ईक्ष् (खयाल करना) किमपेक्ष्य फलं पयोधरान्ध्वनतः प्रार्थयते मृगाधिपः।
उप + ईक्ष (खयाल न करना) अलसः कर्तव्यमुपेक्षते।
परि + ईक्ष् (परीक्षा लेना) अग्नौ परीक्ष्यते स्वर्णं काव्यं सदसि तद्विदाम्।
प्रति + ईक्ष् (इन्तजार करना) क्षणं प्रतीक्षस्व यावदागच्छामि।
निः + ईक्ष् (देखना) स साग्रहं त्वां निरैक्षत।
अव + ईक्ष् (रक्षा करना) श्लाघ्यां दुहितरमवेक्षस्व जानकीम्। (उत्तर०)।
अव + ईक्ष् (आदर करना) त्रिदिवोत्सुकयाप्यवेक्ष्य माम् (रघुवंशे)।
अव + ईक्ष् (जाँच करना) स कदाचिदवेक्षितप्रजः (रघुवंशे)।

कृ (करना)—

अनु + कृ (नकल करना) सर्वाभिरन्याभिः कलाभिरनुचकार तं वैशंपायनः।
अधि + कृ (अधिकार करना) ते नाम जयिनो ये शरीरस्थान् रिपूनधिकुर्वते।
अप + कृ (बुराई करना) अथवा सैनिकाः केचिदपकुर्युर्युधिष्ठिरम् (महा०)।
प्र + कृ (बलात्कार करना) परदारान् प्रकुरुते।
प्र + कृ (कहना) गाथाः प्रकुरुते।
उत् + आ + कृ (डराना) श्येनो वर्तिकामुदाकुरुते। (बाज बटेर को डराता है)।
तिरस् + कृ (अनादर करना) किमर्थं तिरस्करोषि माम्?
नमस् + कृ (नमस्कार करना) देवदेवं नमस्कुरु।
प्रति + कृ (उपाय करना) आगतं तु भयं वीक्ष्य प्रतिकुर्याद् यथोचितम्।
उप + कृ (सेवा करना) भक्तः शिवमुपकुरुते।
उप + कृ (उपकार करना) किं ते भूयः प्रियमुपकरोतु पाकशासनः? (विक्रमो०)
उपस् + कृ (गरमी पहुँचाना) एधः उदकस्य उपस्कुरुते (इंधन पानी में गरमी०)
वि + कृ (विकार पैदा होना या करना) चित्तं विकरोति कामः।
मरणं प्रकृतिः शरीरिणां विकृतिर्जीवितमुच्यते बुधैः (रघु०)।
परि + ष्कृ (सजाना) रथो हेमपरिष्कृतः (महाभारते)।
अलम् + कृ (शोभा बढ़ाना) रामचन्द्रः वनमिदं पुनरलङ्करिष्यति?
आविः + कृ (ढूँढना) वायुयानमिदं केन धीमताऽऽविष्कृतं भुवि।
निर् + आ + कृ (हटाना) स निराकरोति दोषान्।

च्विप्रत्ययान्त कृ—

१—अङ्गीकृतं सुकृतिनः परिपालयन्ति ।
२—वीरवरः देव्यै स्वपुत्रमुपहारीकरोति ।
३—सफलीकृतं भवता मम जीवनं शुभागमनेन ।
४—स्थिरीकरोमि ते वासस्थानम् ।
५—कदा रामभद्रो वनमिदं सनाथीकरिष्यति ?
६—विरहकथा आकुलीकरोति मे हृदयम् ।

क्रम् (चलना)—

अति + क्रम् (गुजरना) यथा यथा यौवनमतिचक्राम (कादम्बर्याम्) ।
„ (उल्लङ्घन करना) कथमतिक्रान्तमगस्त्याश्रमपदम् (महावीरचरिते) ।
अप + क्रम् (दूर हटना) नगरादपक्रान्तः (मुद्राराक्षसे) ।
आ + क्रम् (आक्रमण करना) पौरस्त्यानेवमाक्रामंस्तांस्ताञ्जनपदाञ्जयी (रघु०)
आ + क्रम् (नक्षत्र का उदित होना) आक्रमते सूर्यः (महाभारते) ।
किन्तु—आक्रमति धूमो हर्म्यतलात् (महल के ऊपर से धुँआ निकलता है ।)
निस् + क्रम् (निकलना) इति निष्क्रान्ताः सर्वे ।
उप + क्रम् (आरंभ करना) राज्ञस्तस्याज्ञया देवी वसिष्ठमुपचक्रमे (भट्टि०)
वक्तुं मिथः प्राक्रमतैवमेनम् (कुमारसंभवे) ।
परि + क्रम् (परिक्रमा करना) स परिक्रामति ।
वि + क्रम् (चलना अथवा कदम रखना) विष्णुस्त्रेधा विचक्रमे ।
किन्तु—विक्रामति सन्धिः (जोड़ टूट रहा है ।)
सम् + क्रम् (संक्रमण करना) कालो ह्ययं संक्रमितुं द्वितीयं सर्वोपकारक्षममाश्रमं ते । (रघुवंशे) ।

क्षिप् (फेंकना)—

किं कूर्मस्य भरव्यथा न वपुषि क्ष्मां न क्षिपत्येष यत् (मुद्राराक्षसे) ।
अव + क्षिप् (निन्दा करना) मदलेखामवक्षिप्य (कादम्बर्याम्) ।
आ + क्षिप् (अपमान करना) अरे रे राधागर्भभारभूत ! किमेवमाक्षिपसि (वेणी०)
उत् + क्षिप् (ऊपर फेंकना) बलिमाकाश उत्क्षिपेत् (मनुस्मृतौ) ।
सम् + क्षिप् (संक्षिप्तकरना) संक्षिप्येत क्षण इव कथं दीर्घयामा त्रियामा (मेघ०)

गम् (जाना)—

गम् (जाना)—काव्यशास्त्रविनोदेन कालो गच्छति धीमताम् (हितोपदेशे) ।
अनु + गम् (पीछा करना) वत्स मामनुगच्छ ।

अव + गम् (जानना) नावगच्छामि ते मतिम्।

अधि + गम् (प्राप्त करना) अधिगच्छति महिमानं चन्द्रोऽपि निशापरिगृहीतः (मालवि०)

तेभ्योऽधिगन्तुं निगमान्तविद्यां वाल्मीकिपार्श्वादिह पर्यटामि। (उत्तर०)

अभि + उप + गम् (स्वीकार होना) अपीमं प्रस्तावमभ्युपगच्छसि ?

अभि + आ + गम् (आना) अस्मद् गृहानद्यैकोऽभ्यागतोऽभ्यागमत्।

आ + गम् (आना) स्नानार्थं स नदीमागच्छत्।

प्रति + गम् (लौटना) माणवकः कुटीरं प्रत्यागच्छति।

निर् + गम् (बाहर जाना) स गृहान्निर्गतः।

सम् + गम् (मिलना) (क) संगत्य कलं क्वणन्ति पक्षिणः।

(ख) शकुन्तला सखिभिः सङ्गच्छते।

उत् + गम् (उड़ना) पक्षी आकाशमुदगच्छत्।

प्रति + उद् + गम् (अगवानी के लिए जाना) लङ्कातो निवर्तमानं श्रीरामं भरतः प्रत्युज्जगाम।

ग्रह् (लेना)—

नि + ग्रह् (दंड देना) शीघ्रमयं दुष्टवणिक् निगृह्यताम्।

अनु + ग्रह् (कृपा करना) गुरो मामनुगृहाण।

वि + ग्रह् (लड़ाई करना) विगृह्य चक्रे नमुचिद्विषा बली य इत्थमस्वास्थ्यमहर्दिवं दिवः। (शिशुपालबधे)।

प्रति + ग्रह् (स्वीकार करना) तथेति प्रतिजग्राह प्रीतिमान्सपरिग्रहः।
आदेशं देशकालज्ञः शिष्यः शासितुरानतः॥ (रघुवंशे)।

चर् (चलना)—

अति + चर् (विरुद्ध आचरण करना) पुत्राः पितॄनत्यचरन् नार्यश्चात्यचरन् पतीन्।

आ + चर् (व्यवहार करना) प्राप्ते तु षोडशे वर्षे पुत्रं मित्रवदाचरेत्।

अनु + चर् (पीछा करना) सत्यमार्गमनुचरेत्।

उत् + चर् (उल्लंघन करना) धर्ममुच्चरते।

परन्तु—वाष्पमुच्चरति (भाप ऊपर उठती है)।

परि + चर् (सेवा करना) भृत्याः स्वामिनं परिचरन्ति।

सम् + चर् (आना-जाना) भूयांसो जना मार्गेणानेन संचरन्ते।

प्र + चर् (प्रचार होना) यावत्स्थास्यन्ति गिरयः सरितश्च महीतले।
तावद्रामायणकथा लोकेषु प्रचरिष्यति॥

उप + चर् (सेवा करना) पार्वती अहोरात्रं शिवमुपचचार।

चि (चुनना)—

उप + चि (बढ़ाना) अधोऽधः पश्यतः कस्य महिमा नोपचीयते (हितोपदेशे) ।
अप + चि (घटना) राजहंस तव सैव शुभ्रता चीयते न च न चापचीयते ।
अव + चि (चुनना) सा उद्याने प्रतानिनीभ्यो बहूनि कुसुमान्यवाचिनोत् ।
निस् + चि (निश्चय करना) वयं निश्चिनुमः न वयं विश्रमिष्यामो यावत्
स्वातन्त्र्यं प्रतिलभामह इति ।
अभि + उद् + चि (इकट्ठा होना) अभ्युचितास्तर्काः प्रभावका भवन्ति ।
आ + चि (बिछाना) भृत्यः शय्यां प्रच्छदेनाचिनोति ।
उप + चि (बढ़ाना) मांसाशिनो मांसमेवोपचिन्वन्ति न प्रज्ञाम् ।
विनि + चि (निश्चय करना) विनिश्चेतुं शक्यो न सुखमिति वा दुःखमिति वा ।
सम् + चि (इकट्ठा करना) स्वाध्यायोगादयमपि तपः प्रत्यहं संचिनोति । (शाकु०)
प्र + चि (पुष्ट होना) स पुष्टिप्रदमन्नं भुङ्क्ते तस्मात्प्रचीयन्ते तस्य गात्राणि ।

ज्ञा (जानना)—

अनु + ज्ञा (आज्ञा देना) तत् अनुजानीहि मां गमनाय (उत्तररामचरिते) ।
प्रति + ज्ञा (प्रतिज्ञा करना) हरचापारोपणेन कन्यादानं प्रतिजानीते ।
अव + ज्ञा (अनादर करना) अवजानासि मां यस्मादतस्ते न भविष्यति ।
मत्प्रसूतिमनाराध्य प्रजेति त्वां शशाप सा ॥ (रघु०) ।
अप + ज्ञा (इनकार करना) शतमपजानीते ।
सम् + ज्ञा (सोचना) मातरं मातुर्वा संजानाति ।
सम् + ज्ञा (खोजना) शतं सञ्जानीते ।

तप् (तपना)—

(अकर्मक) तमस्तपति घर्मांशौ कथमाविर्भविष्यति । (शा०)
(झुलसना) तीव्रमुत्तपमानोयमशक्यः सोढुमातपः । (भट्टि०)
(तपाना) उत्तपति सुवर्णं सुवर्णकारः । (म० भा)
(सेंकना) उत्तपते वितपते पाणी (वह अपने हाथों को सेंकता है) (म० भा०)

तॄ (तैरना)—

अव + तॄ (उतरना) अवतरति आकाशात् वायुयानम् ।
उत् + तॄ (तैरना) स अनायासं गङ्गामुदतरत् ।
वि + तॄ (देना) वितरति गुरुः प्राज्ञे विद्याम् (उत्तररामचरिते) ।
सम् + तॄ (तैरना) स हि घटिकाप्रायं नद्यां सन्तरेत् ।

दिश् (देना)—

आ + दिश् (आज्ञा देना) गुरुः शिष्यान् आदिशति ।
उप + दिश् (उपदेश देना) उपदिशतु मह्यं धर्मशास्त्रम्
सम् + दिश् (संदेश देना) किं संदिशतु स्वामी ?
निर् + दिश (बताना) यथाभिलषितं स्थानं निर्दिशेत्

दा (देना—

आ + दा (ग्रहण करना) नृपतिः प्रकृतीरवेक्षितुं व्यवहारासनमाददे युवा (रघु०)
नादत्ते प्रियमण्डनाऽपि भवतां स्नेहेन या पल्लवम् (अभि० शाकुन्तले)

आ + दा (कहना शुरू करना) अर्थ्यामर्थपतिर्वाचमाददे वदतांवरः। (रघु०)

वि + आ + दा (मुख खोलना—परस्मै०) व्याघ्रः मुखं व्याददाति।

द्रु (पिघलना)

द्रवति च हिमरश्मावुद्गते चन्द्रकान्तः (मालतीमाधवे)।

वि + द्रु (भागना) जलसङ्घात इवासि विद्रुतः (कुमारसम्भवे)।

धा (धारण करना)—

अभि + धा (कहना) पयोऽपि शौंडिकीहस्ते वारुणीत्यभिधीयते (हितोपदेशे)।

अपि + धा (बंद करना) द्वारः पिधेहि अतिकालमागतास्ते मा प्रविक्षन्निति।

अव + धा (ध्यान देना) गोपालः पठने नावधत्ते।

सम् + धा (सन्धि करना) बलीयसा शत्रुणा संदध्यात् विग्रह्णानो हि ध्रुवमुत्सीदेत्।

वि + धा (करना) सहसा विदधीत न क्रियाम् (किराते)।

वि + परि + धा (बदलना) विपरिधेहि वासांसि मलिनानि तानि जातानि।

आ + धा (गिरवी रखना) धनमिच्छामि, तन्मया साधवे स्वं गृहमाधातव्य-म्भविष्यति।

परि + धा (पहनना) उत्सवे नरः नवं वस्त्रं परिदधाति।

नि + धा (विश्वास रखना) निदधे विजयाशंसा चापे सीतां च लक्ष्मणे (रघु०)

नि + धा (नीचे बैठना) सलिलैर्निहितं रजः क्षितौ (घटकारिकाव्ये)।

नि + धा (अमानत रखना) काशीं गच्छामि, अवशिष्टं धनं विश्वास्ये ग्राम-वणिजि निधास्यामि।

नी (ले जाना)—

अनु + नी (मनाना) अनुनय मित्रं कुपितम्।

अभि + नी (अभिनय करना) गोपालः सीतायाः पाठमभिनयेत्।

आ + नी (लाना) आनय जलं पूजार्थम्।

उप + नी (लाना) उपनयति मुनिकुमारकेभ्यः फलानि (कादम्बर्याम्)।

उप + नी (उपनयन करना) माणवकमुपनयते।

उप + नी (किराये पर रखना) कर्मकरानुपनयते (मजदूरों को किराये पर रखता है)।

उप + नी (समर्पण करना) स न्यस्तशस्त्रो हरये स्वदेहमुपानयत्पिण्डमिवामिषस्य।

परि + नी (व्याह करना) नलो दमयन्तीं परिणिनाय।

प्र + नी (बनाना) वाल्मीकिः रामायणं प्रणिनाय।

व्यप + नी (दूर करना) सन्मार्गालोकनाय व्यपनयतु स वस्तामसीं वृत्तिमीशः।

अप + नी (हटाना) अपनेष्यामि ते दर्पम् ।
उद् + नी (उठाना) दण्डमुन्नयते (डंडा उठाता है) ।
उद् + नी (ऊँचा उठाना) अवदातेनानेन चरितेन कुलमुन्नेष्यसि ।
निर् + नी (निर्णय करना) कलहस्य मूलं निर्णयति ।
वि + नी (कर चुकाना) करं विनयते ।
वि + नी (दान पर खर्च करना) शतं विनयते ।
वि + नी (क्रोध दूर करना) विनेष्ये क्रोधमथवा (भट्टि०) ।

पत् (गिरना)—

आ + पत् (आ पड़ना) अहो कष्टमापतितम् !
उत् + पत् (उड़ना) प्रभाते पक्षिणः उत्पतन्ति ।
प्र + नि + पत् (प्रणाम करना) उपाध्यायचरणयोः प्रणिपतति शिष्यः ।
नि + पत् (गिरना) क्षते प्रहारा निपतन्त्यभीक्ष्णम् ।
सम् + नि + पत् (इकट्ठा होना) नानादेशस्था नयज्ञा इह सन्निपतिष्यन्ति ।
सम् + नि + पत् (टूट पड़ना) अभिमन्युः शत्रुसैन्ये संन्यपतत्, शतधा च तद् व्यदलयत्
वि + नि + पत् (पतन होना) विवेकभ्रष्टानां भवति विनिपातः शतमुखः ।

पद् (जाना)—

प्र + पद् (भजना) ये यथा मां प्रपद्यन्ते तांस्थैव भजाम्यहम् (गीतायाम्) ।
उत् + पद् (उत्पन्न होना) दुग्धात् नवनीतम् उत्पद्यते ।
वि + पद् (विपद् में पड़ना) स विपद्यते (विपन्नो भवति) ।
उप + पद् (योग्य होना) नैतत् त्वय्युपपद्यते (गीतायाम्) ।

भू (होना)—

अनु + भू (अनुभव करना) सन्तः सुखमनुभवन्ति ।
आविर् + भू (निकलना) आविर्भूते शशिनि तमो विलीयते ।
अभि + भू (तिरस्कार करना) कस्त्वामभिभवितुमिच्छति बलात् ?
परा + भू (हराना) बलवान् दुर्बलान् पराभवति ।
प्रादुः + भू (पैदा होना) प्रादुर्भवति भगवान् विपदि ।
परि + भू (तिरस्कार करना) रावणः बिभीषणं परिबभूव ।
प्र + भू (समर्थ होना) प्रभवति शुचिर्बिम्बोद्ग्राहे मणिः (उत्तररामचरिते)

कुसुमान्यपि गात्रसंगमात् प्रभवन्त्यायुरपोहितुं यदि ।
न भविष्यति हन्त साधनं किमिवान्यत्प्रहरिष्यतो विधेः ॥ (रघुवंशे)

प्र + भू (निकलना) हिमवतो गङ्गा प्रभवति ।
सम् + भू (पैदा करना) सम्भवामि युगे युगे (गीतायाम्) ।
सम् + भू (मिलना) सम्भूयाम्भोधिमभ्येति महानद्या नगापगा । (शिशु०)

अनु + भू (मालूम करना) अनुभवामि एतत् ।
वि + भावि (देखना) नाहं ते तर्के दोषं विभावयामि ।
परि + भावि (विचार करना) गुरोर्भाषितं मुहुर्मुहुः परिभावय ।

च्विप्रत्ययान्त भू के प्रयोग—

१—भस्मीभूतस्य देहस्य पुनरागमनं कुतः ?
२—दृढीभवति शरीरं व्यायामेन ।
३—भवतां शुभागमनेन पवित्रीभूतं मे गृहम् ।
४—तपसा भगवान् प्रत्यक्षीभवति ।

मन् (सोचना)—

अव + मन् (अनादर करना) नावमन्येत निर्धनम् ।
अनु + मन् (आज्ञा या सलाह देना) राजन्यान्स्वपुरनिवृत्तयेऽनुमेने (रघुवंशे) ।
सम् + मन् (आदर करना) कच्चिदग्निमिवानाय्यं काले संमन्यसेऽतिथिम् (भट्टि०)।

मन्त्र् (सलाह करना)—

अभि + मन्त्र् (संस्कार करना) जलम् अभिमन्त्र्य ददौ ।
आ + मन्त्र् (विदा होना) तात, लताभगिनीं वनज्योत्स्नां तावदामन्त्रये (शाकु०)।
आ + मन्त्र् (बुलाना) आमन्त्रयध्वं राष्ट्रेषु ब्राह्मणान् (महाभा०)
नि + मन्त्र् (न्यौता देना) ब्राह्मणान् निमन्त्रस्व ।

यम् (देना, विग्रह करना)—

आ + यम् (फैलाना) वस्त्रमायच्छते (कपड़ा फैलाता है) ।
उप + यम् (विवाह करना) सीतां हित्वा दशमुखरिपुर्नोपयेमे यदन्याम् ।
उत् + यम् (उठाना) भारमुद्यच्छते (बोझा उठाता है) ।
परन्तु—उद्यच्छति वेदम् (वेद पढ़ने के लिए घोर परिश्रम करता है) ।
सम् + यम् (इकठ्ठा करना) व्रीहीन् संयच्छते (चावल इकठ्ठा करता है) ।

रञ्ज् + (खुश होना)—

अनु + रञ्ज् (अनुराग होना) देवे चन्द्रगुप्ते दृढमनुरक्ताः प्रकृतयः (मुद्रा०) ।

रम् + (क्रीड़ा करना)—

वि + रम् (रुकना) विरम विरम पापात् ।
उप + रम् (मरना) स शोकेन उपरतः ।
उप + रम् (लगाना) यत्रोपरमते चित्तम् (भगवद्गीतायाम्) ।
आ + रम् (आराम करना) आरमति उद्याने ।
परि + रम् (प्रसन्न होना) क्षणं पर्यरमत्तस्य दर्शनात् ।
उप + आ + रम् (रुकना) नात्र सीतेत्युपारंस्त (भट्टिकाव्ये)

रुध (ढाँकना)

अनु + रुध् (आज्ञा मानना) अनुरुध्यस्व भगवतीं वसिष्ठस्यादेशम् (उत्तर०)
वि + रुध् (विरोध करना) विपरीतार्थधीर्यस्मात् विरुद्धमतिकृन्मतम् ।

लप् (बोलना)—

अप + लप् (छिपाना) दुष्टः सत्यमपलपति ।
आ + लप् (बातचीत करना) साधुः साधुना सह आलपत् ।
प्र + लप् (बकवाद करना) उन्मत्ताः सदा प्रलपन्ति ।
वि + लप् (रोना) विललाप स वाष्पगद्गदं सहजामप्यपहाय धीरताम् (रघु०)
सम् + लप् (बातचीत करना) संलापितानां मधुरैः वचोंभिः ।

वद् (कहना)—

अप + वद् (धिक्कारना, निन्दा करना) न्यायमपवदते,नृभ्योऽपवदमानस्य (भट्टि०)
लोकापवादो बलवान् मतो मे (रघुवंशे) ।
उप + वद् (चापलूसी करना, प्रार्थना करना) दातारमुपवदते ।
वि + वद् (झगड़ा करना) कृषकाः क्षेत्रे विवदन्ते ।
अनु + वद् (नकल करना) अनुवदति कठः कपालस्य ।
प्रति + वद् (उत्तर देना) तान् प्रत्यवादीदथ राघवोऽपि ।
सम्प्र + वद् (बांगदेना) वरतनु सम्प्रवदन्ति कुक्कुटाः ।
(ज़ोर से बोलना) सम्प्रवदन्ते ब्राह्मणाः ।
वि + प्र + वद् (झगड़ा करना) विप्रवदन्ते, विप्रवदन्ति वा वैद्याः ।

वस् (रहना)—

अधि + वस् (रहना) रामः अयोध्यामध्यवसत् ।
उप + वस् (उपवास करना) स एकादश्यामुपवसति ।
उप + वस् (समीप रहना) ब्राह्मणः ग्रामम् उपवसति ।
नि + वस् (रहना) स कुत्र निवसति ?
प्र + वस् (परदेश में रहना) विधाय वृत्तिं भार्यायाः प्रवसेत्कार्यवान्नरः (मनु०)

वह् (ले जाना)—

उद् + वह् (व्याह करना) इति शिरसि स वामं पादमाधाय राज्ञा-
मुदवहदनवद्यां तामवद्यादपेतः (रघुवंशे) ।
अति + वह् (बिताना) किं वा मयापि न दिनान्यतिवाहितानि (मालती०)
आ + वह् (पैदा करना) महदपि राज्यं सुखं नावहति ।
आ + वह् (पहनना) मण्डनमावहन्तीम् (चौरपञ्चासिकायाम्) ।

आ + वह् (धारण करना) मा रोदीर्धैर्यमावह (मार्कण्डेयपुराणे)।
निः + वह् (चलाना) स कार्यमेतत् निर्वहति।
प्र + वह् (बहना) अनेन मार्गेण गङ्गा प्रावहत्।

विद् (जानना)

सम् + विद् (जानना) के न संविदन्ते वायोर्मैनाद्रियथा सखा (भट्टि०)
प्रति + सं + विद् (पहचानना) पितरावपि मां न प्रतिसंविदाते (दशकु०)

विश् (प्रवेश करना)

अभि + निविश् (घुस जाना) भयं तावत्सेव्यादभिनिविशते सेवकजनम् (मुद्रा०)
उप + विश् (बैठना) आसन उपविशतु भवान्।
प्र + विश् (प्रवेश करना) निविशते यदि शूकशिखा पदे सृजति सा
कियतीमति न व्यथाम्। (नैषधे०)

वृत् (होना)—

अनु + वृत् (अनुसरण करना) साधवः साधुमनुवर्तन्ते।
आ + वृत् (वापस जाना) अनिन्द्या नन्दिनी नाम धेनुराववृते वनात् (रघु०)।
आ + वृत्—णिच् (माला फेरना) अक्षवलयमावर्तयन्तं तापसकुमारमदर्शम्।
परि + वृत् (घूमना) चक्रवत् परिवर्तन्ते दुःखानि च सुखानि च।
नि + वृत् (रुकना) प्रसमीक्ष्य निवर्तेत सर्वमांसस्य भक्षणात् (मनुस्मृतौ)।
नि + वृत् (लौटना) न च निम्नादिव सलिलं निवर्तते मे ततो हृदयम् (शाकु०)
यद् गत्वा न निवर्तन्ते तद्धाम परमं मम (भगवद् गीतायाम्)।
प्रति + आ + वृत् (लौटना) अचिरं स प्रत्यावर्तिष्यते।
प्र + वत् (लगना) प्रवर्ततां प्रकृतिहिताय पार्थिवः (अभि० शाकुन्तले)।
अपिस्वशक्त्या तपसि प्रवर्तसे ? (कुमारसंभवे)।

प्र + वृत् (शुरू होना) ततः प्रववृते युद्धम्।

सद् (जाना)—

अव + सद् (हिम्मत हारना) प्रतिहतप्रयत्नाः क्षुद्रमनसा अवसीदन्ति।
उत् + सद् (नाश होना) उत्सीदेयुरिमे लोका न कुर्यां कर्म चेदहम्।
उत्सद् + णिच् (नष्ट करना) अयमसत्येऽभिनिवेशो नियतमुत्सादयिष्यति वः।
आ + सद् (पाना) पान्थः कूपमेकमाससाद।
प्र + सद् (प्रसन्न होना) प्रसीद विश्वेश्वरि पाहि विश्वम् (दुर्गासप्तशत्याम्)।
वि + सद् (दुःखी होना) यूयं मा विषीदत।
नि + सद् (बैठना) यल्लघु तदुत्प्लवते यद् गुरु तन्निषीदति।

उप + सद् (सेवा में जाना) उपसेदिवान् कौत्सः पाणिनिं चिरं ततो व्याकरणमधिजग्मिवान्।

प्रति + आसद् (अतिसमीप आना) प्रत्यासीदति परीक्षा त्वं च पाठेऽनवहितः।

सृ (जाना)—

अप + सृ (हटना) इतो दूरमपसर।
निः + सृ (निकलना) क्षतात् रक्तं निःसरति।
अनु + सृ (पीछा करना) वनं यावदनुसरति।
प्र + सृ (फैलना) प्रससार यशस्तव।
अभि + सृ (पति के पास जाना) सा अभिसरति।

स्था (ठहरना)—

अधि + स्था (रहना) साधवः साधुतामधितिष्ठन्ति।
आ + स्था (प्रतिज्ञा करना) जलं विषं वा तव कारणात् आस्थास्ये (आ०पदम)
अनु + स्था (करना) मनसापि पापकार्यं नानुतिष्ठेत्।
अव + स्था (ठहरना) भगवन्! नावतिष्ठतामत्र।
उत् + स्था (उठना) उत्तिष्ठोत्तिष्ठ गोविन्द त्यज निद्रां जगत्पते!
प्र + स्था (रवाना होना) प्रीतः प्रतस्थे मुनिराश्रमाय।
प्रति + अव + स्था (विरोध करना) इत्युक्तेरेवं प्रत्यवतिष्ठामहे।
उप + स्था (जाना) अयं पन्थाः काशीमुपतिष्ठते।
उप + स्था (पूजा करना) स्तुत्यं स्तुतिभिरर्थ्याभिरुपतस्थे सरस्वती (रघुवंशे)।
उप + स्था (मिलना) गंगा यमुनामुपतिष्ठते।
उप + स्था (मैत्री करना) रथिकानुपतिष्ठते।

हृ (चुरा ले जाना)—

अनु + हृ (निरन्तर अभ्यास करना) पैतृकमश्वा अनुहरन्ते (आत्मनेपदम्)।
अप + हृ (चुराना) चौरः धनमपहरति।
(मिलना जुलना) रामभद्रमनुहरति (परस्मैपदम्)
अप + हृ (दूर करना) अपह्रियै खलु परिश्रमजनितया निद्रया (उत्तरराम०)।
आ + हृ (लाना) वित्तस्य विद्यापरिसंख्यया मे कोटीश्चतस्रो दश चाहरेति। (रघुवंशे)।
उत् + हृ (उद्धार करना) मां तावदुद्धर शुचो दयिताप्रवृत्त्या (विक्रमोर्वशीये)।
उत् + आ + हृ (उदाहरण देना) त्वां कामिनां मदनदूतिमुदाहरन्ति (विक्र०)
अभ्यव + हृ (खाना) सक्तून् पिब धानाः खादेत्यभ्यवहरति (पा० अष्टा०)
परि + हृ (छोड़ना) स्त्रीसन्निकर्षं परिहर्तुमिच्छन्नन्तर्दधे भूतपतिः सभूतः (कुमा०)

उप + हृ (भेंट देना) देवेभ्यः बलिमुपहरेत् ।

प्र + हृ (मारना) कृष्णः कंसं शिरसि प्राहरत् ।

वि + हृ (क्रीड़ा करना) विहरति हरिरिह सरसवसन्ते । (गीतगोविन्दे)

स कदाचिदवेक्षितप्रजः सह देव्या विजहार सुप्रजः (रघुवंशे) ।

सम् + हृ (हटाना) न हि संहरते ज्योत्स्नां चन्द्रश्चाण्डालवेश्मनः । (हितो०)

सं + हृ (रोकना) क्रोधं प्रभो संहर संहरेति यावद् गिरः खे मरुतां चरन्ति

तावत्स वह्निर्भवनेत्रजन्मा भस्मावशेषं मदनं चकार ॥ (कुमारसंभवे)

आ + ह्वे (पुकारना)—

(ललकारना) कृष्णश्चाणूरमाह्वयते (आ० पदम्)

आह्वयत चेदिराट् मुरारिम् (शिशु०)

परन्तु—इत एवाह्वयैनमप्यायुष्मन्तम् (उत्तरे०)

संस्कृत में अनुवाद करो—

१—इस बरतन में एक प्रस्थ चावल समा सकता है । २—प्रयाग में यमुना गङ्गा से मिलती हैं (सम् + गम् + परस्मै०) । ३—लंका से लौटते हुए राम को लिवा लाने के लिये (प्रति + उद् + गम्) भरत आगे बढ़ा । ४—दुष्यन्त ने देखा कि शकुन्तला अपनी सखियों के साथ बिहार कर रही है (वि + हृ) । ५—क्या तुम्हारे घर आज एक पाहुना (प्राघुणिकः) आया है (अभि + आ + गम्) ? ६—सज्जन अपकार करनेवाले के साथ भी उपकार करते हैं (उप + कृ) । ७—क्या आपको यह प्रस्ताव स्वीकृत है (अभि + उप + गम्) ? जी हाँ हमारा इससे कोई विरोध नहीं ।* ८—उत्सव के अवसर पर स्त्रियाँ अपने को वस्त्रों तथा अलंकारों से सजाती हैं । ९—सती स्त्रियाँ अपने पतियों की सेवा करती हैं (उप + चार्) । १०—श्रीमान जी को मैं कौन व्यक्ति जानूँ (अव + गम्) । ११—सूर्य निकल रहा है और अँधेरा दूर हो रहा है । १२—गङ्गा यमुना से प्रयागराज में मिलती है (उप + स्था + आत्म०) १३—यह सुन्दर पुस्तक किसने बनाई है (प्र + नी) ? १४—उसने दोनों हाथ जोड़ कर (समा + नी) गुरु को प्रणाम किया (प्र + नम्) । १५—भोजन के समय आ जाते हो (उप + स्था) काम के समय कहाँ चले जाते हो ?

---

* ननु नाहमेनं विरुन्धे ।

संक्षिप्त धातु-पाठ

भट्टोजि दीक्षित ने सिद्धान्तकौमुदी में जितनी भी प्रसिद्ध धातुएँ दी हैं तथा जिनका संस्कृत-साहित्य में विशेष रूप से प्रयोग हुआ है, उन सभी धातुओं का इस पाठ में अकारादिक्रम से समावेश किया गया है। प्रत्येक धातु के समस्त १० लकारों के प्रारम्भिक रूप (प्रथम पुरुष के एकवचन) ही इस प्रकरण में दिये गये हैं। साथ ही प्रत्येक धातु के णिच् प्रत्यय और कर्मवाच्य के रूप भी संगृहीत हैं। इस पाठ में लगभग ५०० धातुएँ दी गयी हैं।

जो धातु या क्रिया जिस गण की है, उसके रूप उस गण की क्रियाओं के समान होंगे। क्रिया-प्रकरण में प्रत्येक गण के प्रारम्भ में उस गण के सम्बन्ध में विशेष बातें बतला दी गयी हैं और साथ ही मुख्य-मुख्य रूप भी दिये हुए हैं। जो क्रिया जिस गण की और जिस पद (परस्मैपद, आत्मनेपद या उभयपद) की है, उसके रूप उस गण में निर्दिष्ट क्रिया के रूपों की भाँति चलते हैं। जो उभयपदी क्रियाएँ परस्मैपद में ही अधिक प्रचलित हैं, उनके रूप परस्मैपद में ही दिये गये हैं और जिनके रूप दोनों पदों में प्रचलित हैं उनके रूप दोनों पदों में दिये गये हैं। जिन उभयपदी क्रियाओं के रूप यहाँ आत्मनेपद में नहीं दिये गये हैं, उनके आत्मनेपद के रूप उस गण की अन्य आत्मनेपदी क्रियाओं के तुल्य समझने चाहिएँ।

प्रत्येक धातु के साथ कोष्ठ में संकेत द्वारा बतला दिया गया है कि वह धातु किस गण की है और किस पद में उसके रूप चलते हैं। कोष्ठ के भीतर धातु का अर्थ भी दिया गया है। धातुओं के अर्थ सांकेतिक हैं। कतिपय धातुओं के अनेक अर्थ हैं।

सिद्धान्तकौमुदी के लकारों का जो प्रामाणिक क्रम है उसी क्रम से हमने धातुओं के रूप इस पाठ में दिये हैं—लट्, लिट्, लुट्, लृट्, लोट्, लङ्, विधिलिङ्, आशीर्लिङ्, लुङ् तथा लृङ्। अन्त में णिजन्त और भावकर्मवाच्य के रूप दिये गये हैं। पृष्ठ के ऊपर लकारों के नाम दिये हैं और उनके नीचे प्रत्येक पंक्ति में उस लकार के रूप। धातुओं के रूप दाएँ और बाएँ दोनों पृष्ठों पर फैले हुए हैं, अतः आमने-सामने के दोनों पृष्ठ देखने चाहिएँ।

लङ्, लुङ् और लृङ् में अ या आ मूल धातु से ही पहले लगते हैं, उपसर्ग से पूर्व कदापि नहीं। अतः सोपसर्ग धातुओं के लङ् आदि में धातु से पहले अ या आ लगाकर उपसर्ग से मिलाना चाहिए; सन्धिकार्य आवश्यक हो तो करना चाहिए। स्वर-आदिवाली धातुओं के पहले 'आ' और व्यञ्जन-आदिवाली धातुओं के पहले 'अ' लगाना चाहिए, यथा—प्र + अक्षालयत् = प्राक्षालयत् (अ + प्रक्षालयत् नहीं), प्र + अशंसत् = प्राशंसत् (अ + प्रशंसत् नहीं)।

इस पाठ में हमने निम्नलिखित संकेतों का प्रयोग किया है—प० = परस्मैपदी। आ० = आत्मनेपदी। उ० = उभयपदी। १ = भ्वादिगण। २ = अदादिगण। ३ = जुहोत्यादिगण। ४ = दिवादिगण। ५ = स्वादिगण। ६ = तुदादिगण। ७ = रुधादिगण। ८ = तनादिगण। ९ = क्र्यादिगण। १० = चुरादिगण। ११ = कण्ड्वादिगण।

धातु	अर्थ	लट्	लिट्	लुट्	लृट्	लोट्
अगि	(१ प०, जाना)	अंगति	आनंग	अंगिता	अंगिष्यति	अंगतु
अङ्क्	(१ आ०, चिह्नितक०)	अंकते	आनंके	अंकिता	अंकिष्यते	अंकताम्
अञ्ज्	(७ प०, कान्ति)	अनक्ति	आनञ्ज	{ अङ्क्ता अञ्जिता	{ अङ्क्ष्यति अञ्जिष्यति	अनक्तु
अंचु	(१ प०, पूजा करना)	अंचति	आनंच	अंचिता	अंचिष्यति	अंचतु
अट्	(१ प०, घूमना)	अटति	आट	अटिता	अटिष्यति	अटतु
अत्	(१प०, सदा घूमना)	अतति	आत	अतिता	अतिष्यति	अततु
अद्	(२ प०, खाना)	अत्ति	आद, जघास	अत्ता	अत्स्यति	अत्तु
अन्	(२प०, जीवित रहना) प्र +	अनिति	आन	अनिता	अनिष्यति	अनितु
अय्	(१आ०, जाना) परा +	अयते	अयांचक्रे	अयिता	अयिष्यते	अयताम्
अर्च्	(१ प०, पूजना)	अर्चति	आनर्च	अर्चिता	अर्चिष्यति	अर्चतु
अर्ज्	(१ प०, कमाना)	अर्जति	आनर्ज	अर्जिता	अर्जिष्यति	अर्जतु
अर्द्	(१०आ०, सताना)	अर्दयति	अर्दयांचक्रे	अर्दयिता	अर्दयिष्यते	अर्दयताम्
अर्ह्	(१प० योग्य होना)	अर्हति	आनर्ह	अर्हिता	अर्हिष्यति	अर्हतु
अव्	(१ प०, रक्षा करना)	अवति	आव	अविता	अविष्यति	अवतु
अशु	(५ आ०, व्याप्तहोना)	अश्नुते	आनशे	अशिता	अशिष्यते	अश्नुताम्
अश	(९ प०, खाना)	अश्नाति	आश	अशिता	अशिष्यति	अश्नातु
अस्	(२ प०, होना)	अस्ति	बभूव	भविता	भविष्यति	अस्तु
असु	(४ प०, फेंकना)	अस्यति	आस	असिता	असिष्यति	अस्यतु
असु	(११ प०, द्रोहक०)	असूयति	असूयांचकार	असूयिता	असूयिष्यति	असूयतु
आन्दोल्	(१०उ०, हिलाना)	अन्दोलयति	आन्दोलयांचकार	आन्दोलयिता	आन्दोलयिष्यति	आन्दोलयतु
आप्	(५ प०, जाना)	आप्नोति	आप	आप्ता	आप्स्यति	आप्नोतु
आप्	(१०उ०, पहुँचाना)	आपयति-ते	आपयांचकार	आपयिता	आपयिष्यति	आपयतु
आस्	(२ आ०, बैठना)	आस्ते	आसांचक्रे	आसिता	आसिष्यते	आस्ताम्
इ	(२ प०, जाना)	एति	इयाय	एता	एष्यति	एतु
इ	(२आ०, अधि +, पढ़ना)	अधीते	अधिजगे	अध्येता	अध्येष्यते	अधीताम्
इन्धि	(७ आ०, जलना)	इन्धे	इन्धांचक्रे	इन्धिता	इन्धिष्यते	इन्धाम्
इष्	(४प०, जाना) अनु +	इष्यति	इयेष	एषिता	एषिष्यति	इष्यतु
इष्	(६ प०, चाहना)	इच्छति	इयेष	एषिता	एषिष्यति	इच्छतु
ईङ्	(४ आ०, जाना)	ईयते	अयांचक्रे	एता	एष्यते	ईयताम्
ईक्ष्	(१ आ०, देखना)	ईक्षते	ईक्षांचक्रे	ईक्षिता	ईक्षिष्यते	ईक्षताम्
ईड्	(२आ०, स्तुतिकरना)	ईट्टे	ईडांचक्रे	ईडिता	ईडिष्यते	ईट्टाम्
ईर्	(१०उ०, प्रेरण०) प्र +	ईरयति-ते	ईरयांचकार	ईरयिता	ईरयिष्यति	ईरयतु

लङ्	विधिलिङ्	आशीर्लिङ्	लुङ्	लृङ्	णिच्	कर्मवाच्य
आंगत्	अंगेत्	अंग्यात्	आंगीत्	आंगिष्यत्	अंगयति	अंग्यते
आंकत	अंकेत	अंकिषीष्ट	आंकिष्ट	आंकिष्यत	अङ्कयते	अङ्क्यते
आनक्	अञ्ज्यात्	अज्यात्	आञ्जीत्	आञ्जिष्यत्	अञ्जयति	अज्यते
आंचत्	अंचेत्	अच्यात्	आंचीत्	आंचिष्यत्	अंचयति	अंच्यते
आटत्	अटेत्	अट्यात्	आटीत्	आटिष्यत्	आटयति	अट्यते
आतत्	अतेत्	अत्यात्	आतीत्	आतिष्यत्	आतयति	अत्यते
आदत्	अद्यात्	अद्यात्	अघसत्	आत्स्यत्	आदयति	अद्यते
आनत्	अन्यात्	अन्यात्	आनीत्	अनिष्यत्	आनयति	अन्यते
आयत	अयेत	अयिषीष्ट	आयिष्ट	आयिष्यत	आययते	अय्यते
आर्चत्	अर्चेत्	अर्च्यात्	आर्चीत्	आर्चिष्यत्	अर्चयति	अर्च्यते
आर्जत्	अर्जेत्	अर्ज्यात्	आर्जीत्	आर्जिष्यत्	अर्जयति	अर्ज्यते
आर्दयत्	अर्दयेत्	अर्दयिषीष्ट	आर्दिदत	आर्दयिष्यत्	अर्दयते	अर्दयते
आर्हत्	अर्हेत्	अर्ह्यात्	आर्हीत्	आर्हिष्यत्	अर्हयति	अर्ह्यते
आवत्	अवेत्	अव्यात्	आवीत्	आविष्यत्	आवयति	अव्यते
आश्नुत	अश्नुवीत	अशिषीष्ट	आशिष्ट	आशिष्यत	आशयति	अश्यते
आश्नात्	अश्नीयात्	अश्यात्	आशीत्	आशिष्यत्	आशयति	अश्यते
आसीत्	स्यात्	भूयात्	अभूत्	अभविष्यत्	भावयति	भूयते
आस्यत्	अस्येत्	अस्यात्	आस्यत्	आसिष्यत्	आसयति	अस्यते
आसूयत्	असूयेत्	असूय्यात्	आसूयीत्	आसूयिष्यत्	असूययति	असूय्यते
आन्दोलयत्	आन्दोलयेत्	आन्दोल्यात्	आन्दुदोलत्	आन्दोलयिष्यत्	आन्दोलयति	आन्दोल्यते
आप्नोत्	आप्नुयात्	आप्यात्	आपत्	आप्स्यत्	आपयति	आप्यते
आपयत्	आपयेत्	आप्यात्	आपिपत्	आपयिष्यत्	आपयति	आप्यते
आस्त	आसीत	आसिषीष्ट	आसिष्ट	आसिष्यत	आसयति	आस्यते
ऐत्	इयात्	ईयात्	अगात्	ऐष्यत्	गमयति	ईयते
अध्यैत	अधीयीत	अध्येषीष्ट	अध्यैष्ट	अध्यैष्यत	अध्यापयति	अधीयते
ऐन्ध	इन्धीत	इन्धिषीष्ट	ऐन्धिष्ट	ऐन्धिष्यत	इन्धयति	इन्ध्यते
ऐष्यत्	इष्येत्	इष्यात्	ऐषीत्	ऐषिष्यत्	एषयति	इष्यते
ऐच्छत्	इच्छेत्	इष्यात्	ऐषीत्	ऐषिष्यत्	एषयति	इष्यते
ऐयत	ईयेत	एषीष्ट	ऐष्ट	ऐष्यत	आययते	ईष्यते
ऐक्षत	ईक्षेत	ईक्षिषीष्ट	ऐक्षिष्ट	ऐक्षिष्यत	ईक्षयति	ईक्ष्यते
ऐट्ट	ईडीत	ईडिषीष्ट	ऐडिष्ट	ऐडिष्यत	ईडयति	ईड्यते
ऐरयत्	ईरयेत्	ईर्यात्	ऐरिरत्	ऐरियिष्यत्	ईरयति	ईर्यते

धातु	अर्थ	लट्	लिट्	लुट्	लृट्	लोट्
ईर्ष्य्	(१ प०, ईर्ष्या०)	ईर्ष्यति	ईर्ष्यांचकार	ईर्ष्यिता	ईर्ष्यिष्यति	ईर्ष्यतु
ईष्	(२आ०, ऐश्वर्य०)	इष्टे	ईशांचक्रे	ईशिता	ईशिष्यते	ईष्टाम्
ईह्	(१ आ०, चाहना)	ईहते	ईहांचक्रे	ईहिता	ईहिष्यते	ईहताम्
उक्ष्	(१ प० सींचना)	उक्षति	उक्षांचकार	उक्षिता	उक्षिष्यति	उक्षतु
उज्झ्	(६प०, छोड़ना)	उज्झति	उज्झांचकार	उज्झिता	उज्झिष्यति	उज्झतु
उन्द्	(७ प०, भिगोना)	उनत्ति	उन्दांचकार	उन्दिता	उन्दिष्यति	उनत्तु
ऊह्	(१ आ०, तर्क०),	ऊहते	ऊहांचक्रे	ऊहिता	ऊहिष्यते	ऊहताम्
ऋ	(१प०जाना, पहुँचाना)	ऋच्छति	आर	अर्ता	अरिष्यति	ऋच्छतु
ऋच्छ्	(६ प०, आना)	ऋच्छति	आनर्च्छ	ऋच्छिता	ऋच्छिष्यति	ऋच्छतु
ऋज्	(१ आ० कमाना)	अर्जते	आनृजे	अर्जिता	अर्जिष्यते	अर्जताम्
एज्	(१ प०, काँपना)	एजति	एजाञ्चकार	एजिता	एजिष्यति	एजतु
एध्	(१ आ०, बढ़ना)	एधते	एधांचक्रे	एधिता	एधिष्यते	एधताम्
ओणृ	(१ प०, हटाना)	ओणति	ओणांचकार	ओणिता	ओणिष्यति	ओणतु
कण्डू	(११उ०, खुजलाना)	कण्डूयति-ते	कण्डूयां चकार	कण्डूयिता	कण्डूयिष्यति	कण्डूयतु
कत्थ्	(१अपनीप्रशंसाक०)	कत्थते	चकत्थ	कत्थिता	कत्थिष्यते	कत्थताम्
कथ्	(१० उ०, कहना) प०	कथयति	कथयांचकार	कथयिता	कथयिष्यति	कथयतु
	आ०	कथयते	कथयांचक्रे	कथयिता	कथयिष्यते	कथयताम्
कम्	(१ आ०, चाहना)	कामयते	कामयांचक्रे	कामयिता	कामयिष्यते	कामयताम्
कम्प्	(१ आ०, काँपना)	कम्पते	चकम्पे	कम्पिता	कम्पिष्यते	कम्पताम्
कांक्ष्	(१ प०, चाहना)	कांक्षति	चकांक्ष	कांक्षिता	कांक्षिष्यति	कांक्षतु
काश्	(१आ०, चमकना)	काशते	चकाशे	काशिता	काशिष्यते	काशताम्
कास्	(१आ०, खाँसना)	कासते	कासांचक्रे	कासिता	कासिष्यते	कासताम्
कित्	(१प०, रोगदूरकरना)	चिकित्सति	चिकित्सां-चकार	चिकित्सिता	चिकित्सिष्यति	चिकित्सतु
कील्	(१प०, गाड़ना)	कीलति	चिकील	कीलिता	कीलिष्यति	कीलतु
कु	(२ प०, गूँजना)	कौति	चुकाव	कोता	कोष्यति	कौतु
कुञ्च्	(१ प०, कम होना)	कुञ्चति	चुकुञ्च	कुञ्चिता	कुञ्चिष्यति	कुञ्चतु
कुत्स्	(१०आ०, दोषदेना)	कुत्सयते	कुत्सयांचक्रे	कुत्सयिता	कुत्सयिष्यते	कुत्सयताम्
कुथ्	(१ प० क्लेश०)	कुंथति	चुकुंथ	कुंथिता	कुंथिष्यति	कुंथतु
कुप्	(४ प०, क्रोध०)	कुप्यति	चुकोप	कोपिता	कोपिष्यति	कुप्यतु
कुद्	(१ आ०, कूदना)	कूर्दते	चुकूर्दे	कूर्दिता	कूर्दिष्यते	कूर्दताम्
कूज्	(१ प०, चूँ-चूँकरना)	कूजति	चुकूज	कूजिता	कूजिष्यति	कूजतु
कृ	(८ उ०, करना) प०	करोति	चकार	कर्ता	करिष्यति	करोतु
	आ०	कुरुते	चक्रे	कर्ता	करिष्यते	कुरुताम्

लङ्	विधिलिङ्	आशीर्लिङ्	लुङ्	लृङ्	णिच्	कर्मवाच्य
ऐर्ष्यत्	इर्ष्येत्	ईर्ष्यात्	ऐर्ष्यीत्	ऐर्ष्यिष्यत्	ईर्ष्ययति	ईर्ष्यते
ऐष्ट	ईशीत	ईशिषीष्ट	ऐशिष्ट	ऐशिष्यत	ईशयति	ईश्यते
ऐहत	ईहेत	ईहिषीष्ट	ऐहिष्ट	ऐहिष्यत	ईहयति	ईह्यते
औक्षत्	उक्षेत्	उक्ष्यात्	औक्षीत्	औक्षिष्यत्	उक्षयति	उक्ष्यते
औज्झत्	उज्झेत्	उज्झ्यात्	औज्झीत्	औज्झिष्यत्	उज्झयति	उज्झ्यते
औनत्	उन्द्यात्	उद्यात्	औन्दीत्	औन्दिष्यत्	उन्दयति	उद्यते
औहत	ऊहेत	ऊहिषीष्ट	औहिष्ट	औहिष्यत	ऊहयति	ऊह्यते
आर्च्छत्	ऋच्छेत्	अर्यात्	आर्षीत्	आरिष्यत्	आरयति	अर्यते
आर्च्छत्	ऋच्छेत्	ऋच्छ्यात्	आर्च्छीत्	आर्च्छिष्यत्	ऋच्छयति	ऋच्छ्यते
आर्जत	अर्जेत	अर्जिषीष्ट	आर्जिष्ट	आर्जिष्यत	अर्जयते	अर्ज्यते
ऐजत्	एजेत्	एज्यात्	ऐजीत्	ऐजिष्यत्	एजयति	एज्यते
ऐधत	एधेत	एधिषीष्ट	ऐधिष्ट	ऐधिष्यत	एधयति	एध्यते
औणत्	ओणेत्	ओण्यात्	औणीत्	औणिष्यत्	ओणयति	ओण्यते
अकण्डूयत्	कण्डूयेत्	कण्डूय्यात्	अकण्डूयीत्	अकण्डूयिष्यत्	कण्डूययति	कण्डूय्यते
अकत्थत	कत्थेत	कत्थिषीष्ट	अकत्थिष्ट	अकत्थिष्यत	कत्थयति	कत्थ्यते
अकथयत्	कथयेत्	कथ्यात्	अचकथत्	अकथयिष्यत्	कथयति	कथ्यते
अकथयत	कथयेत	कथयिषीष्ट	अचकथत	अकथयिष्यत	कथयति	कथ्यते
अकामयत	कामयेत	कामयिषीष्ट	अचीकमत	अकामयिष्यत	कामयति	काम्यते
अकम्पत	कम्पेत	कम्पिषीष्ट	अकम्पिष्ट	अकम्पिष्यत	कम्पयति	कम्प्यते
अकांक्षत्	कांक्षेत्	कांक्ष्यात्	अकांक्षीत्	अकांक्षिष्यत्	कांक्षयति	कांक्ष्यते
अकाशत	काशेत	काशिषीष्ट	अकाशिष्ट	अकाशिष्यत	काशयति	काश्यते
अकासत	कासेत	कासिषीष्ट	अकासिष्ट	अकासिष्यत	कासयति	कास्यते
अचिकि-	चिकित्सेत्	चिकित्स्यात्	अचिकि-	अचिकि-	चिकित्स-	चिकित्स्यते
त्सत्			त्सीत्	त्सिष्यत्	यति	
अकीलत्	कीलेत्	कील्यात्	अकीलीत्	अकीलिष्यत्	कीलयति	कील्यते
अकौत्	कुयात्	कूयात्	अकौषीत्	अकोष्यत्	कावयति	कूयते
अकुञ्चत्	कुञ्चेत्	कुच्यात्	अकुञ्चीत्	अकुञ्चिष्यत	कुञ्चयति	कुच्यते
अकुत्सयत	कुत्सयेत	कुत्सयिषीष्ट	अचुकुत्सत	अकुत्सयिष्यत	कुत्सयते	कुत्स्यते
अकुंथत्	कुंथेत्	कुंथ्यात्	अकुथीत्	अकुंथिष्यत्	कुंथयति	कुथ्यते
अकुप्यत्	कुप्येत्	कुप्यात्	अकुपत्	अकोपिष्यत्	कोपयति	कुप्यते
अकूर्दत	कूर्देत	कूर्दिषीष्ट	अकूर्दिष्ट	अकूर्दिष्यत	कूर्दयति	कूर्द्यते
अकूजत्	कूजेत्	कूज्यात्	अकूजीत्	अकूजिष्यत्	कूजयति	कूज्यते
अकरोत्	कुर्यात्	क्रियात्	अकार्षीत्	अकरिष्यत्	कारयति	क्रियते
अकुरुत	कुर्वीत	कृषीष्ट	अकृत	अकरिष्यत	कारयति	क्रियते

धातु	अर्थ	लट्	लिट्	लुट्	लृट्	लोट्
कृत्	(६ प०, काटना)	कृन्तति	चकर्त	कर्तिता	कर्तिष्यति	कृन्ततु
कृप्	(१ आ०, समर्थ होना)	कल्पते	चक्लृपे	कल्पिता	कल्पिष्यते	कल्पताम्
कृष्	(१ प०, जोतना)	कर्षति	चकर्ष	कर्ष्टा	कर्क्ष्यति	कर्षतु
कॄ	(६ प०, बखेरना)	किरति	चकार	करिता	करिष्यति	किरतु
कॄत्	(१० उ०, नाम लेना)	कीर्तयति-ते	कीर्तयांचकार	कीर्तयिता	कीर्तयिष्यति	कीर्तयतु
क्रन्द्	(१ प०, रोना)	क्रदन्ति	चक्रन्द	क्रन्दिता	क्रन्दिष्यति	क्रदन्तु
क्रम्	(१ प०, चलना)	क्रामति	चक्राम	क्रमिता	क्रमिष्यति	क्रामतु
क्री	(९ उ०, खरीदना) प०-	क्रीणाति	चिक्राय	क्रेता	क्रेष्यति	क्रीणातु
	आ०-	क्रीणीते	चिक्रिये	क्रेता	क्रेष्यते	क्रीणीताम्
क्रीड्	(१ प०, खेलना)	क्रीडति	चिक्रीड	क्रीडिता	क्रीडिष्यति	क्रीडतु
क्रुध्	(४ प०, क्रुद्ध होना)	क्रुध्यति	चुक्रोध	क्रोद्धा	क्रोत्स्यति	क्रुध्यतु
क्रुश्	(१ प०, रोना)	क्रोशति	चुक्रोश	क्रोष्टा	क्रोक्ष्यति	क्रोशतु
क्लम्	(४ प०, थकना)	क्लाम्यति	चक्लाम	क्लमिता	क्लमिष्यति	क्लाम्यतु
क्लिद्	(४ प०, गीला होना)	क्लिद्यति	चिक्लेद	क्लेदिता	क्लेदिष्यति	क्लिद्यतु
क्लिश्	(४ आ०, खिन्न होना)	क्लिश्यते	चिक्लिशे	क्लेशिता	क्लेशिष्यते	क्लिश्यताम्
क्लिश्	(९ प०, दुःख देना)	क्लिश्नाति	चिक्लेश	क्लेशिता	क्लेशिष्यति	क्लिश्नातु
क्वण्	(१ प०, झंकार करना)	क्वणति	चक्वाण	क्वणिता	क्वणिष्यति	क्वणतु
क्वथ्	(१ प०, पकाना)	क्वथति	चक्वाथ	क्वथिता	क्वथिष्यति	क्वथतु
क्षम्	(१ आ०, क्षमा करना)	क्षमते	चक्षमे	क्षमिता	क्षमिष्यते	क्षमताम्
क्षम्	(४ प०, क्षमा०)	क्षाम्यति	चक्षाम	क्षमिता	क्षमिष्यति	क्षाम्यतु
क्षर्	(१ प०, बहना)	क्षरति	चक्षार	क्षरिता	क्षरिष्यति	क्षरतु
क्षल्	(१० उ०, धोना) प्र +	क्षालयति-ते	क्षालयांचकार	क्षालयिता	क्षालयिष्यति	क्षालयतु
क्षि	(१ प०, नष्ट होना)	क्षयति	चिक्षाय	क्षेता	क्षेष्यति	क्षयतु
क्षिप्	(६ उ०, फेंकना)	क्षिपति-ते	चिक्षेप	क्षेप्ता	क्षेप्स्यति	क्षिपतु
क्षीब्	(१ आ०, मत्त होना)	क्षीबते	चिक्षीबे	क्षीबिता	क्षीबिष्यते	क्षीबताम्
क्षुद्	(७ उ०, पीसना)	क्षुणत्ति	चुक्षोद	क्षोत्ता	क्षोत्स्यति	क्षुणत्तु
क्षुध्	(४ प०, भूख लगना)	क्षुध्यति	चुक्षोध	क्षोद्धा	क्षोत्स्यति	क्षुध्यतु
क्षुभ्	(१ आ०, क्षुब्ध होना)	क्षोभते	चुक्षुभे	क्षोभिता	क्षोभिष्यते	क्षोभताम्
क्षै	(१ प०, क्षीण होना)	क्षायति	चक्षौ	क्षाता	क्षास्यति	क्षायतु
क्ष्णु	(२ प०, तेज करना)	क्ष्णौति	चुक्ष्णाव	क्ष्णविता	क्ष्णविष्यति	क्ष्णौतु
खण्ड्	(१० उ०, तोड़ना)	खण्डयति-ते	खण्डयांचकार	खण्डयिता	खण्डयिष्यति	खण्डयतु
खन्	(१ उ०, खोदना)	खनति-ते	चखान	खनिता	खनिष्यति	खनतु
खाद्	(१ प०, खाना)	खादति	चखाद	खादिता	खादिष्यति	खादतु
खिद्	(४ आ०, खिन्न होना)	खिद्यते	चिखिदे	खेत्ता	खेत्स्यते	खिद्यताम्

लङ्	विधिलिङ्	आशीर्लिङ्	लुङ्	लृङ्	णिच्	कर्मवाच्य
अकृन्तत्	कृन्तेत्	कृत्यात्	अकर्तीत्	अकर्तिष्यत्	कर्तयति	कृत्यते
अकल्पत	कल्पेत	कल्पिषीष्ट	अक्लृपत	अकल्पिष्यत	कल्पयति	क्लृप्यते
अकर्षत्	कर्षेत्	कृष्यात्	अकार्क्षीत्	अकर्क्ष्यत्	कर्षयति	कृष्यते
अकिरत्	किरेत्	कीर्यात्	अकारीत्	अकरिष्यत्	कारयति	कीर्यते
अकीर्तयत्	कीर्तयेत्	कीर्त्यात्	अचिकीर्तत्	अकीर्तयिष्यत्	कीर्तयति	कीर्त्यते
अक्रन्दत्	क्रन्देत्	क्रन्द्यात्	अक्रन्दीत्	अक्रन्दिष्यत्	क्रन्दयति	क्रन्द्यते
अक्रामत्	क्रामेत्	क्रम्यात्	अक्रमीत्	अक्रमिष्यत्	क्रमयति	क्रम्यते
अक्रीणात्	क्रीणीयात्	क्रीयात्	अक्रैषीत्	अक्रेष्यत्	क्रापयति-ते	क्रीयते
अक्रीणीत	क्रीणीत	क्रेषीष्ट	अक्रेष्ट	अक्रेष्यत	क्रापयति	क्रीयते
अक्रीडत्	क्रीडेत्	क्रीड्यात्	अक्रीडीत्	अक्रीडिष्यत्	क्रीडयति	क्रीड्यते
अक्रुध्यत्	क्रुध्येत्	क्रुध्यात्	अक्रुधत्	अक्रोत्स्यत्	क्रोधयति	क्रुध्यते
अक्रोशत्	क्रोशेत्	क्रुश्यात्	अक्रुक्षत्	अक्रोक्ष्यत्	क्रोशयति	क्रुश्यते
अक्लाम्यत्	क्लाम्येत्	क्लम्यात्	अक्लमत्	अक्लमिष्यत्	क्लमयति	क्लम्यते
अक्लिद्यत्	क्लिद्येत्	क्लिद्यात्	अक्लिदत्	अक्लेदिष्यत्	क्लेदयति	क्लिद्यते
अक्लिश्यत	क्लिश्येत	क्लेशिषीष्ट	अक्लेशिष्ट	अक्लेशिष्यत	क्लेशयति	क्लिश्यते
अक्लिश्नात्	क्लिश्नीयात्	क्लिश्यात्	अक्लेक्षीत्	अक्लेशिष्यत्	क्लेशयति	क्लिश्यते
अक्वणत्	क्वणेत्	क्वण्यात्	अक्वणीत्	अक्वणिष्यत्	क्वाणयति	क्वण्यते
अक्वथत्	क्वथेत्	क्वथ्यात्	अक्वथीत्	अक्वथिष्यत्	क्वाथयति	क्वथ्यते
अक्षमत	क्षमेत	क्षमिषीष्ट	अक्षमिष्ट	अक्षमिष्यत	क्षमयति	क्षम्यते
अक्षाम्यत्	क्षाम्येत्	क्षम्यात्	अक्षमत्	अक्षमिष्यत्	क्षमयति	क्षम्यते
अक्षरत्	क्षरेत्	क्षर्यात्	अक्षारीत्	अक्षरिष्यत्	क्षारयति	क्षर्यते
अक्षालयत्	क्षालयेत्	क्षाल्यात्	अचिक्षलत्	अक्षालयिष्यत्	क्षालयति	क्षाल्यते
अक्षयत्	क्षयेत्	क्षीयात्	अक्षैषीत्	अक्षेष्यत्	क्षाययति	क्षीयते
अक्षिपत्	क्षिपेत्	क्षिप्यात्	अक्षैप्सीत्	अक्षेप्स्यत्	क्षेपयति	क्षिप्यते
अक्षीवत	क्षीवेत	क्षीविषीष्ट	अक्षीविष्ट	अक्षीविष्यत	क्षीवयति	क्षीव्यते
अक्षुणत्	क्षुन्द्यात्	क्षुद्यात्	अक्षुदत्	अक्षोत्स्यत्	क्षोदयति	क्षुद्यते
अक्षुध्यत्	क्षुध्येत्	क्षुध्यात्	अक्षुधत्	अक्षोत्स्यत्	क्षोधयति	क्षुध्यते
अक्षोभत	क्षोभेत	क्षोभिषीष्ट	अक्षुभत	अक्षोभिष्यत	क्षोभयति	क्षुभ्यते
अक्षायत्	क्षायेत्	क्षायात्	अक्षासीत्	अक्षास्यत्	क्षपयति	क्षायते
अक्ष्णौत्	क्ष्णुयात्	क्ष्णूयात्	अक्ष्णावीत्	अक्ष्णविष्यत्	क्ष्णावयति	क्ष्णूयते
अखण्डयत्	खण्डयेत्	खण्ड्यात्	अचखण्डत्	अखण्डयिष्यत्	खण्डयति	खण्ड्यते
अखनत्	खनेत्	खन्यात्	अखनीत्	अखनिष्यत्	खानयति	खन्यते
अखादत्	खादेत्	खाद्यात्	अखादीत्	अखादिष्यत्	खादयति	खाद्यते
अखिद्यत	खिद्येत	खित्सीष्ट	अखित्त	अखेत्स्यत	खेदयति	खिद्यते

धातु	अर्थ	लट्	लिट्	लुट्	लृट्	लोट्
खिदे	(७आ०दैन्यदि०)	खिन्ते	चिखिदे	खेत्ता	खेत्स्यते	खिंताम्
खेल्	(१ प०, खेलना)	खेलति	चिखेल	खेलिता	खेलिष्यति	खेलतु
गण्	(१०उ०, गिनना)	गणयति–ते	गणयांचकार	गणयिता	गणयिष्यति	गणयतु
गद्	(१प०, कहना)नि+	गदति	जगाद	गदिता	गदिष्यति	गदतु
गम्	(१प०, जाना)	गच्छति	जगाम	गन्ता	गमिष्यति	गच्छतु
गर्ज्	(१ प०, गरजना)	गर्जति	जगर्ज	गर्जिता	गर्जिष्यति	गर्जतु
गर्व्	(१ प०, घमंड करना)	गर्वति	जगर्व	गर्विता	गर्विष्यति	गर्वतु
गर्ह्	(१ आ०, निन्दा करना)	गर्हते	जगर्हे	गर्हिता	गर्हिष्यते	गर्हताम्
गर्ह्	(१०उ०,निन्दा क०)	गर्हयति-ते	गर्हयांचकार	गर्हयिता	गर्हयिष्यति	गर्हयसु
गवेष्	(१० उ०, खोजना)	गवेषयति	गवेषयांचकार	गवेषयिता	गवेषयिष्यति	गवेषयतु
गाह्	(१ आ०, घुसना)	गाहते	जगाहे	गाहिता	गाहिष्यते	गाहताम्
गुञ्ज्	(१ प०, गूँजना)	गुञ्जति	जुगुञ्ज	गुञ्जिता	गुञ्जिष्यति	गुञ्जतु
गुण्ठ्	(१०उ०,घूँघट०)अव +	गुण्ठयति	गुण्ठयांचकार	गुण्ठयिता	गुण्ठयिष्यति	गुण्ठयतु
गुध्	(४ प०, लपेटना)	गुध्यति	जुगोध	गोधिता	गोधिष्यति	गुध्यतु
गुप्	(१ प०, रक्षा करना)	गोपायति	जुगोप	गोपिता	गोपिष्यति	गोपायतु
गुप्	(१आ०, निन्दा करना)	जुगुप्सते	जुगुप्सांचक्रे	जुगुप्सिता	जुगुप्सिष्यते	जुगुप्सताम्
गुम्फ्	(६ प०, गूँथना)	गुम्फति	जुगुम्फ	गुम्फिता	गुम्फिष्यति	गुम्फतु
गुह्	(१ उ०, छिपाना)	गूहति-ते	जुगूह	गूहिता	गूहिष्यति	गूहतु
गृ	(१ प०, सींचना)	गरति	जगार	गारता	गरिष्यति	गरतु
गॄ	(६ प०, निगलना)	गिरति	जगार	गरिता	गरिष्यति	गिरतु
गॄ	(९ प०, कहना)	गृणाति	जगार	गरिता	गरिष्यति	गृणातु
गै	(१ प०, गाना)	गायति	जगौ	गाता	गास्यति	गायतु
गोम्	(१० प०, लीपना)	गोमयति	गोमयांचकार	गोमयिता	गोमयिष्यति	गोमयतु
ग्रन्थ्	(९ प०, संग्रह०)	ग्रथ्नाति	जग्रन्थ	ग्रन्थिता	ग्रन्थिष्यति	ग्रथ्नातु
ग्रस्	(१ आ०, खाना)	ग्रसते	जग्रसे	ग्रसिता	ग्रसिष्यते	ग्रसताम्
ग्रह्	(९ उ०, लेना) प०	गृह्णाति	जग्राह	ग्रहीता	ग्रहीष्यति	गृह्णातु
	आ०	गृह्णाति	जगृहे	ग्रहीता	ग्रहीष्यते	गृह्णीताम्
ग्लै	(१ प०, दुःखी होना)	ग्लायति	जग्लौ	ग्लाता	ग्लास्यति	ग्लायतु
घट्	(१ आ०, यत्न०)	घटते	जघटे	घटिता	घटिष्यते	घटताम्
घुष्	(१०उ०, घोषणा०)	घोषयति	घोषयांचकार	घोषयिता	घोषयिष्यति	घोषयतु
घूर्ण्	(१ आ०, घूमना)	घूर्णते	जुघूर्णे	घूर्णिता	घूर्णिष्यते	घूर्णताम्
घूर्ण्	(६ प०, घूमना)	घूर्णति	जुघूर्ण	घूर्णिता	घूर्णिष्यति	घूर्णतु
घ्रा	(१ प०, सूँघना)	जिघ्रति	जघ्रौ	घ्राता	घ्रास्यति	जिघ्रतु
चकास्	(२प०, चमकना)	चकास्ति	चकासांचकार	चकासिता	चकासिष्यति	चकास्तु

लङ्	विधिलिङ्	आशीर्लिङ्	लुङ्	लृङ्	णिच्	कर्मवाच्य
अखिन्त	खिंदीत	खिंत्सीष्ट	अखित्त	अखेत्स्यत	खेदयति	खिद्यते
अखेलत्	खेलेत्	खेल्यात्	अखेलीत्	अखेलिष्यत्	खेलयति	खेल्यते
अगणयत्	गणयेत्	गण्यात्	अजीगणत्	अगणयिष्यत्	गणयति	गण्यते
अगदत्	गदेत्	गद्यात्	अगादीत्	अगदिष्यत्	गादयति	गद्यते
अगच्छत्	गच्छेत्	गम्यात्	अगमत्	अगमिष्यत्	गमयति	गम्यते
अगर्जत्	गर्जेत्	गर्ज्यात्	अगर्जीत्	अगर्जिष्यत्	गर्जयति	गर्ज्यते
अगर्वत्	गर्वेत्	गर्व्यात्	अगर्वीत्	अगर्विष्यत्	गर्वयति	गर्व्यते
अगर्हत	गर्हेत	गर्हिषीष्ट	अगर्हिष्ट	अगर्हिष्यत	गर्हयति	गर्ह्यते
अगर्हयत्	गर्हयेत्	गर्ह्यात्	अजगर्हत्	अगर्हयिष्यत्	गर्हयति	गर्ह्यते
अगवेषयत्	गवेषयेत्	गवेष्यात्	अजगवेषत्	अगवेषयिष्यत्	गवेषयति	गवेष्यते
अगाहत	गाहेत	गाहिषीष्ट	अगाहिष्ट	अगाहिष्यत	गाहयति	गाह्यते
अगुञ्जत्	गुञ्जेत्	गुञ्ज्यात्	अगुञ्जीत्	अगुञ्जिष्यत्	गुञ्जयति	गुञ्जते
अगुण्ठयत्	गुण्ठयेत्	गुण्ठ्यात्	अजुगुण्ठत्	अगुण्ठयिष्यत्	गुण्ठयति	गुण्ठ्यते
अगुध्यत्	गुध्येत्	गुध्यात्	अगाधीत्	अगोधिष्यत्	गोधयति	गुध्यते
अगोपायत्	गोपायेत्	गुप्यात्	अगौप्सीत्	अगोपिष्यत्	गोपयति	गुप्यते
अजुगुप्सत	जुगुप्सेत	जुगुप्सिषीष्ट	अजुगुप्सिष्ट	अजुगुप्सिष्यत	जुगुप्सयति	जुगुप्स्यते
अगुम्फत्	गुम्फेत्	गुफ्यात्	अगुम्फीत्	अगुम्फिष्यत्	गुम्फयति	गुफ्यते
अगूहत्	गूहेत्	गुह्यात्	अगूहीत्	अगूहिष्यत्	गूहयति	गुह्यते
अगरत्	गरेत	ग्रियात्	अगारीत्	अगरिष्यत्	गारयति	गीर्यते
अगिरत्	गिरेत्	गीर्यात	अगारीत्	अगरिष्यत्	गारयति	गीर्यते
अगृणात्	गृणीयात्	गीर्यात्	अगारीत्	अगरिष्यत्	गारयति	गीर्यते
अगायत्	गायेत्	गेयात्	अगासीत्	अगास्यत्	गापयति	गीयते
अगोमयत्	गोमयेत्	गोम्यात्	अजुगोमत्	अगोमयिष्यत्	गोमयति	गोम्यते
अग्रथ्नात्	ग्रथ्नीयात्	ग्रथ्यात्	अग्रन्थीत्	अग्रन्थिष्यत्	ग्रन्थयति	ग्रथ्यते
अग्रसत	ग्रसेत	ग्रसिषीष्ट	अग्रसिष्ट	अग्रसिष्यत	ग्रासयति	ग्रस्यते
अगृह्णात्	गृह्णीयात्	गृह्यात्	अग्रहीत्	अग्रहीष्यत्	ग्राहयति	गृह्यते
अगृह्णीत	गृह्णीत	ग्रहीषीष्ट	अग्रहीष्ट	अग्रहीष्यत	ग्राहयति	गृह्यते
अग्लायत्	ग्लायेत्	ग्लायात्	अग्लासीत्	अग्लास्यत्	ग्लापयति	ग्लायते
अघटत	घटेत	घटिषीष्ट	अघटिष्ट	अघटिष्यत	घटयति	घट्यते
अघोषयत्	घोषयेत्	घोष्यात्	अजूघुषत्	अघोषयिष्यत्	घोषयति	घोष्यते
अघूर्णत	घूर्णेत	घूर्णिषीष्ट	अघूर्णिष्ट	अघूर्णिष्यत	घूर्णयति	घूर्ण्यते
अघूर्णत्	घूर्णेत्	घूर्ण्यात्	अघूर्णीत्	अघूर्णिष्यत्	घूर्णयति	घूर्ण्यते
अजिघ्रत्	जिघ्रेत्	घ्रेयात्	अघ्रात्	अघ्रास्यत्	घ्रापयति	घ्रायते
अचकात्	चकास्यात्	चकास्यात्	अचकासीत्	अचकासिष्यत्	चकासयति	चकास्यते

धातु	अर्थ	लट्	लिट्	लुट्	लृट्	लोट्
चक्ष्	(२आ०,कहना)आ +	आचष्टे	आचचक्षे	आख्याता	आख्यास्यति	आचष्टाम्
चम्	(१ प०, आ+,पीना)	आचामति	आचचाम	आचमिता	आचमिष्यति	आचामतु
चर्	(१ प०, चलना)	चरति	चचार	चरिता	चरिष्यति	चरतु
चर्व्	(१ प०, चबाना)	चर्वति	चचर्व	चर्विता	चर्विष्यति	चर्वतु
चल्	(१ प०, हिलना)	चलति	चचाल	चलिता	चलिष्यति	चलतु
चि	(५उ०,चुनना)प०—	चिनोति	चिचाय	चेता	चेष्यति	चिनोतु
	आ०—	चिनुते	चिच्ये	चेता	चेष्यते	चिनुताम्
चित्	(१ प०, समझना)	चेतति	चिचेत	चेतिता	चेतिष्यति	चेततु
चित्	(१० आ०,सोचना)	चेतयते	चेतयांचक्रे	चेतयिता	चेतयिष्यते	चेतयताम्
चित्र्	(१०उ०,चित्रबनाना)	चित्रयति	चित्रयाञ्चकार	चित्रयिता	चित्रयिष्यति	चित्रयतु
चिन्त्	(१०उ०,सोचना)प०-	चिन्तयति	चिंतयाञ्चकार	चिंतयिता	चिंतयिष्यति	चिंतयतु
	आ०—	—ते	—चक्रे	चिन्तयिता	—ते	—ताम्
चिह्न्	(१०उ०,चिह्न लगाना)	चिह्नयति	चिह्नयाञ्चकार	चिह्नयिता	चिह्नयिष्यति	चिह्नयतु
चुद्	(१० उ०, प्रेरणा देना)	चोदयति	चोदयाञ्चकार	चोदयिता	चोदयिष्यति	चोदयतु
चुम्ब्	(१ प०, चूमना)	चुम्बति	चुचुम्ब	चुम्बिता	चुम्बिष्यति	चुम्बतु
चुर्	(१० उ०, चुराना)	चोरयति	चोरयाञ्चकार	चोरयिता	चोरयिष्यति	चोरयतु
	आ०—	—ते	—चक्रे	चोरयिता	—ते	—ताम्
चूर्ण्	(१०उ०,चूर करना)	चूर्णयति	चूर्णयाञ्चकार	चूर्णयिता	चूर्णयिष्यति	चूर्णयतु
चूष्	(१ प०, चूसना)	चूषति	चुचूष	चूषिता	चूषिष्यति	चूषतु
चेष्ट्	(१आ०,चेष्टा करना)	चेष्टते	चिचेष्टे	चेष्टिता	चेष्टिष्यते	चेष्टताम्
छद्	(१०उ०,ढकना)आ +	छादयति	छादयाञ्चकार	छादयिता	छादयिष्यति	छादयतु
छिद्	(७ उ०, काटना)	छिनत्ति	चिच्छेद	छेत्ता	छेत्स्यति	छिनत्तु
छुर्	(६ प०, काटना)	छुरति	चुच्छोर	छुरिता	छुरिष्यति	छुरतु
छो	(४ प०, काटना)	छ्यति	चच्छौ	छाता	छास्यति	छ्यतु
जन्	(४ आ०, पैदा होना)	जायते	जज्ञे	जनिता	जनिष्यते	जायताम्
जप्	(१ प०, जपना)	जपति	जजाप	जपिता	जपिष्यति	जपतु
जल्प्	(१ प०,बात करना)	जल्पति	जजल्प	जल्पिता	जल्पिष्यति	जल्पतु
जागृ	(२ प०, जागना)	जागर्ति	जजागार	जागरिता	जागरिष्यति	जागर्तु
जि	(१ प०, जीतना)	जयति	जिगाय	जेता	जेष्यति	जयतु
जीव्	(१ प०, जीना)	जीवति	जिजीव	जीविता	जीविष्यति	जीवतु
जुतृ	(१ आ०, चमकना)	जोतते	जुजुते	जोतिता	जोतिष्यते	जोतताम्
जुष्	(१० उ०,प्रसन्न होना)	जोषयति	जोषयाञ्चकार	जोषयिता	जोषयिष्यति	जोषयतु
जृम्भ्	(१आ०,जँभाई लेना)	जृम्भते	जजृम्भे	जृम्भिता	जृम्भिष्यते	जृम्भताम्
जॄ	(४ प०, वृद्ध होना)	जीर्यति	जजार	जरिता	जरिष्यति	जीर्यतु

लङ्	विधिलिङ्	आशीर्लिङ्	लुङ्	लृङ्	णिच्	कर्मवाच्य
आचष्ट	आचक्षीत	आख्यायात्	आख्यत्	आख्यास्यत्	ख्यापयति	ख्यायते
आचामत्	आचामेत्	आचम्यात्	आचमीत्	आचमिष्यत्	आचामयति	आचम्यते
अचरत्	चरेत्	चर्यात्	अचारीत्	अचरिष्यत्	चारयति	चर्यते
अचर्वत्	चर्वेत्	चर्व्यात्	अचर्वीत्	अचर्विष्यत्	चर्वयति	चर्व्यते
अचलत्	चलेत्	चल्यात्	अचालीत्	अचलिष्यत्	चलयति	चल्यते
अचिनोत्	चिनुयात्	चीयात्	अचैषीत्	अचेष्यत्	चाययति	चीयते
अचिनुत	चिन्वीत	चेषीष्ट	अचेष्ट	अचेष्यत	चाययति	चीयते
अचेतत्	चेतेत्	चित्यात्	अचेतीत्	अचेतिष्यत्	चेतयति	चित्यते
अचेतयत	चेतयेत	चेतयिषीष्ट	अचीचितत	अचेतयिष्यत	चेतयति	चेत्यते
अचित्रयत्	चित्रयेत्	चित्र्यात्	अचिचित्रत्	अचित्रयिष्यत्	चित्रयति	चित्र्यते
अचिन्तयत्	चिन्तयेत्	चिन्त्यात्	अचिचिन्तत्	अचिन्तयिष्यत्	चिन्तयति	चिन्त्यते
—यत	—येत	चिन्तयिषीष्ट	—न्तत	—ष्यत	चिन्तयति	चिन्त्यते
अचिह्नयत्	चिह्नयेत्	चिह्नयात्	अचिचिह्नत्	अचिह्नयिष्यत्	चिह्नयति	चिह्न्यते
अचोदयत्	चोदयेत्	चोद्यात्	अचूचुदत्	अचोदयिष्यत्	चोदयति	चोद्यते
अचुम्बत्	चुम्बेत्	चुम्ब्यात्	अचुम्बीत्	अचुम्बिष्यत्	चुम्बयति	चुम्ब्यते
अचोरयत्	चोरयेत्	चोर्यात्	अचूचुरत्	अचोरयिष्यत्	चोरयति	चोर्यते
—त	—त	चोरयिषीष्ट	—रत	अचोरयिष्यत	चोरयति	चोर्यते
अचूर्णयत्	चूर्णयेत्	चूर्ण्यात्	अचुचूर्णत्	अचूर्णयिष्यत्	चूर्णयति	चूर्ण्यते
अचूषत्	चूषेत्	चूष्यात्	अचूषीत्	अचूषिष्यत्	चूषयति	चूष्यते
अचेष्टत	चेष्टेत	चेष्टिषीष्ट	अचेष्टिष्ट	अचेष्टिष्यत	चेष्टयति	चेष्ट्यते
अच्छादयत्	छादयेत्	छाद्यात्	अचिच्छदत्	अच्छादयिष्यत्	छादयति	छाद्यते
अच्छिनत्	छिन्द्यात्	छिद्यात्	अच्छैत्सीत्	अच्छेत्स्यत्	छेदयति	छिद्यते
अच्छुरत्	छुरेत्	छुर्यात्	अच्छुरीत्	अच्छुरिष्यत्	छोरयति	छुर्यते
अच्छ्यत्	छ्येत्	छायात्	अच्छात्	अच्छास्यत्	छाययति	छायते
अजायत	जायेत	जनिषीष्ट	अजनिष्ट	अजनिष्यत	जनयति	जन्यते
अजपत्	जपेत्	जप्यात्	अजपीत्	अजपिष्यत्	जापयति	जप्यते
अजल्पत्	जल्पेत्	जल्प्यात्	अजल्पीत्	अजल्पिष्यत्	जल्पयति	जल्प्यते
अजागः	जागृयात्	जागर्यात्	अजागरीत्	अजागरिष्यत्	जागरयति	जागर्यते
अजयत्	जयेत्	जीयात्	अजैषीत्	अजेष्यत्	जापयति	जीयते
अजीवत्	जीवेत्	जीव्यात्	अजीवीत्	अजीविष्यत्	जीवयति	जीव्यते
अजोतत	जोतेत	जीतिषीष्ट	अजोतिष्ट	अजोतिष्यत	जोतयते	जोत्यते
अजोषयत्	जोषयेत्	जोष्यात्	अजूजुषत्	अजोषयिष्यत्	जोषयति	जोष्यते
अजृम्भत	जृम्भेत	जृम्भिषीष्ट	अजृम्भिष्ट	अजृम्भिष्यत	जृम्भयति	जृम्भ्यते
अजीर्यत्	जीर्येत	जीर्यात्	अजारीत्	अजरिष्यत्	जरयति	जीर्यते

धातु	अर्थ	लट्	लिट्	लुट्	लृट्	लोट्
ज्ञा	(६ उ०, जानना) प०	जानाति	जज्ञौ	ज्ञाता	ज्ञास्यति	जानातु
	आ०—	जानीते	जज्ञे	ज्ञाता	ज्ञास्यते	जानीताम्
ज्ञा	(१०उ०, आज्ञादेना) आ +	ज्ञापयति	ज्ञापयांचकार	ज्ञापयिता	ज्ञापयिष्यति	ज्ञापयतु
ज्वर्	(१प०, रुग्णहोना)	ज्वरति	जज्वार	ज्वरिता	ज्वरिष्यति	ज्वरतु
ज्वल्	(१ प०, जलना)	ज्वलति	जज्वाल	ज्वलिता	ज्वलिष्यति	ज्वलतु
टंक्	(१०उ०, चिह्नलगाना)	टंकयति	टंकयांचकार	टंकयिता	टंकयिष्यति	टंकयतु
डी	(१आ०, उड़ना) उत् +	डयते	डिडये	डयिता	डयिष्यते	डयताम्
डी	(४ आ०, उड़ना) उत् +	डीयते	उड्डिडये	उड्डयिता	उड्डयिष्यते	डीयताम्
ढौक्	(१ आ०, जाना)	ढौकते	डुढौके	ढौकिता	ढौकिष्यते	ढौकताम्
तक्ष्	(१ प०, छीलना)	तक्षति	ततक्ष	तक्षिता	तक्षिष्यति	तक्षतु
तड्	(१० उ०, पीटना)	ताडयति	ताडयांचकार	ताडयिता	ताडयिष्यति	ताडयतु
तन्	(८उ०, फैलाना) प०—	तनोति	ततान	तनिता	तनिष्यति	तनोतु
	आ०—	तनुते	तेने	तनिता	तनिष्यते	तनुताम्
तन्त्र्	(१०आ०, पालन०)	तन्त्रयते	तन्त्रयांचक्रे	तन्त्रयिता	तन्त्रयिष्यते	तन्त्रताम्
तप्	(१ प०, तपना)	तपति	ततापं	तप्ता	तप्स्यति	तपतु
तर्क्	(१०उ०, सोचना)	तर्कयति	तर्कयांचकार	तर्कयिता	तर्कयिष्यति	तर्कयतु
तर्ज्	(१प०, भर्त्सनाक०)	तर्जति	ततर्ज	तर्जिता	तर्जिष्यति	तर्जतु
तर्ज्	(१०आ०, डाँटना)	तर्जयते	तर्जयांचक्रे	तर्जयिता	तर्जयिष्यते	तर्जयताम्
तर्द्	(१ प०, सताना)	तर्दति	ततर्द	तर्दिता	तर्दिष्यति	तर्दतु
तंस्	(१०उ०, सजाना) अव +	तंसयति	तंसयांचकार	तंसयिता	तंसयिष्यति	तंसयतु
*तिजि	(१आ०, क्षमाक०)	तितिक्षते	तितिक्षांचक्रे	तितिक्षिता	तितिक्षिष्यते	तितिक्षताम्
तुद्	(६उ०, दुःखदेना)	तुदति–ते	तुतोद	तोत्ता	तोत्स्यति	तुदतु
तुल्	(१० उ०, तोलना)	तोलयति	तोलयांचकार	तोलयिता	तोलयिष्यति	तोलयतु
तुष्	(४ प०, तुष्ट होना)	तुष्यति	तुतोष	तोष्टा	तोक्ष्यति	तुष्यतु
तृप्	(४ प०, तृप्त होना)	तृप्यति	ततर्प	तर्पिता	तर्पिष्यति	तृप्यतु
तृष्	(४प०, प्यासाहोना)	तृष्यति	ततर्ष	तर्षिता	तर्षिष्यति	तृष्यतु
तॄ	(१ प० तैरना)	तरति	ततार	तरिता	तरिष्यति	तरतु
त्यज्	(१ प०, छोडना)	त्यजति	तत्याज	त्यक्ता	त्यक्ष्यति	त्यजतु
त्रप्	(१ आ०, लजाना)	त्रपते	त्रेपे	त्रपिता	त्रपिष्यते	त्रपताम्
त्रस्	(४ प०, डरना)	त्रस्यति	तत्रास	त्रसिता	त्रसिष्यति	त्रसतु
त्रुट्	(६ प०, टूटना)	त्रुटति	तुत्रोट	त्रुटिता	त्रुटिष्यति	त्रुटतु
त्रुट्	(१० आ०, तोड़ना)	त्रोटयते	त्रोटयांचक्रे	त्रोटयिता	त्रोटयिष्यते	त्रोटयताम्

*तिजेः क्षमायां सन्।

लङ्	विधिलिङ्	आशीर्लिङ्	लुङ्	लृङ्	णिच्	कर्मवाच्य
अजानात्	जानीयात्	ज्ञेयात्	अज्ञासीत्	अज्ञास्यत्	ज्ञापयति	ज्ञायते
अजानीत	जानीत	ज्ञासीष्ट	अज्ञास्त	अज्ञास्यत	ज्ञापयति	ज्ञाप्यते
अज्ञापयत्	ज्ञापयेत्	ज्ञाप्यात्	अजिज्ञपत्	अज्ञापयिष्यत्	ज्ञापयति	ज्ञाप्यते
अज्वरत्	ज्वरेत्	ज्वर्यात्	अज्वारीत्	अज्वरिष्यत्	ज्वरयति	ज्वर्यते
अज्वलत्	ज्वलेत्	ज्वल्यात्	अज्वालीत्	अज्वलिष्यत्	ज्वालयति	ज्वल्यते
अटंकयत्	टंकयेत्	टंक्यात्	अटटंकत्	अटंकयिष्यत्	टंकयति	टंक्यते
अडयत	डयेत	डयिषीष्ट	अडयिष्ट	अडयिष्यत	डाययति	डीयते
अडीयत	डीयेत	डयिषीष्ट	अडयिष्ट	अडयिष्यत	डायति	डीयते
अढौकत	ढौकेत	ढौकिषीष्ट	अढौकिष्ट	अढौकिष्यत	ढौकयति	ढौक्यते
अतक्षत्	तक्षेत्	तक्ष्यात्	अतक्षीत्	अतक्षिष्यत्	तक्षयति	तक्ष्यते
अताडयत्	ताडयेत्	ताड्यात्	अतीतडत्	अताडयिष्यत्	ताडयति	ताड्यते
अतनोत्	तनुयात्	तन्यात्	अतानीत्	अतनिष्यत्	तानयति	तन्यते
अतनुत	तन्वीत	तनिषीष्ट	अतनिष्ट	अतनिष्यत	तानयति	तन्यते
अतन्त्रयत	तन्त्रयेत	तन्त्रयिषीष्ट	अततन्त्रत	अतन्त्रयिष्यत	तन्त्रयति	तन्त्र्यते
अतपत्	तपेत्	तप्यात्	अताप्सीत्	अतप्स्यत्	तापयति	तप्यते
अतर्कयत्	तर्कयेत्	तर्क्यात्	अततर्कत्	अतर्कयिष्यत्	तर्कयति	तर्क्यते
अतर्जत्	तर्जेत्	तर्ज्यात्	अतर्जीत्	अतर्जिष्यत्	तर्जयति	तर्ज्यते
अतर्जयत	तर्जयेत	तर्जयिषीष्ट	अततर्जत	अतर्जयिष्यत	तर्जयति	तर्ज्यते
अतर्दत्	तर्देत्	तर्द्यात्	अतर्दीत्	अतर्दिष्यत्	तर्दयति	तर्द्यते
अतंसयत्	तंसयेत्	तंस्यात्	अततंसत्	अतंसयिष्यत्	तंसयति	तंस्यते
अतितिक्षत	तितिक्षेत	तितिक्षिषीष्ट	अतितिक्षिष्ट	अतितिक्षिष्यत	तेजयति	तितिक्ष्यते
अतुदत्	तुदेत्	तुद्यात्	अतौत्सीत्	अतोत्स्यत्	तोदयति	तुद्यते
अतोलयत्	तोलयेत्	तोल्यात्	अतूतुलत्	अतोलयिष्यत्	तोलयति	तोल्यते
अतुष्यत्	तुष्येत्	तुष्यात्	अतुषत्	अतोक्ष्यत्	तोषयति	तुष्यते
अतृप्यत्	तृप्येत्	तृप्यात्	अतृपत्	अतर्पिष्यत्	तर्पयति	तृप्यते
अतृष्यत्	तृष्येत्	तृष्यात्	अतृषत्	अतर्षिष्यत्	तर्षयति	तृष्यते
अतरत्	तरेत्	तीर्यात्	अतारीत्	अतरिष्यत्	तारयति	तीर्यते
अत्यजत्	त्यजेत्	त्यज्यात्	अत्याक्षीत्	अत्यक्ष्यत्	त्याजयति	त्यज्यते
अत्रपत	त्रपेत	त्रपिषीष्ट	अत्रपिष्ट	अत्रपिष्यत	त्रपयति	त्रप्यते
अत्रस्यत्	त्रस्येत्	त्रस्यात्	अत्रसीत्	अत्रसिष्यत्	त्रासयति	त्रस्यते
अत्रुटत्	त्रुटेत्	त्रुट्यात्	अत्रुटीत्	अत्रुटिष्यत्	त्रोटयति	त्रुट्यते
अत्रोटयत	त्रोटयेत	त्रोटयिषीष्ट	अतुत्रुटत	अत्रोटयिष्यत	त्रोटयति	त्रोट्यते

धातु	अर्थ	लट्	लिट्	लुट्	लृट्	लोट्
त्रै	(१ आ०, बचाना)	त्रायते	तत्रे	त्राता	त्रास्यते	त्रायताम्
त्वक्ष्	(१ प०, छीलना)	त्वक्षति	तत्वक्ष	त्वक्षिता	त्वक्षिष्यति	त्वक्षतु
त्वर्	(१आ०, जल्दीकरना)	त्वरते	तत्वरे	त्वरिता	त्वरिष्यते	त्वरताम्
त्विष्	(१ उ०, चमकना)	त्वेषति-ते	तित्वेष	त्वेष्टा	त्वेक्ष्यति	त्वेषतु
दण्ड्	(१०उ०, दण्डदेना)	दण्डयति-ते	दण्डयांचकार	दण्डयिता	दण्डयिष्यति	दण्डयतु
दम्	(४प०, दमन करना)	दाम्यति	ददाम	दमिता	दमिष्यति	दाम्यतु
दम्भ्	(५प०, धोखा देना)	दम्नोति	ददम्भ	दम्भिता	दम्भिष्यति	दम्नोतु
दय्	(१आ०, दयाकरना)	दयते	दयांचक्रे	दयिता	दयिष्यते	दयताम्
दरिद्रा	(२प०, दरिद्रहोना)	दरिद्राति	ददरिद्रौ	दरिद्रिता	दरिद्रिष्यति	दरिद्रातु
दंश्	(१ प०, डँसना)	दशति	ददंश	दंष्टा	दंक्ष्यति	दशतु
दह्	(१ प०, जलाना)	दहति	ददाह	दग्धा	धक्ष्यति	दहतु
दा	(१ प०, देना)	यच्छति	ददौ	दाता	दास्यति	यच्छतु
दा	(२ प०, काटना)	दाति	ददौ	दाता	दास्यति	दातु
दा	(३ उ०, देना) प०–	ददाति	ददौ	दाता	दास्यति	ददातु
	आ०–	दत्ते	ददे	दाता	दास्यते	दत्ताम्
दिव्	(४प०, चमकनाआदि)	दीव्यति	दिदेव	देविता	देविष्यति	दीव्यतु
दिव्	(१० आ, रुलाना)	देवयते	देवयांचक्रे	देवयिता	देवयिष्यते	देवयताम्
दिश्	(६उ०, देना, कहना)	दिशति-ते	दिदेश	देष्टा	देक्ष्यति	दिशतु
दीक्ष्	(१आ०, दीक्षादेना)	दीक्षते	दिदीक्षे	दीक्षिता	दीक्षिष्यते	दीक्षताम्
दीप्	(४आ०, चमकना)	दीप्यते	दिदीपे	दीपिता	दीपिष्यते	दीप्यताम्
दु	(५प०, दुःखित होना)	दुनोति	दुदाव	दोता	दोष्यति	दुनोतु
दुष्	(४ प०, बिगड़ना)	दुष्यति	दुदोष	दोष्टा	दोक्ष्यति	दुष्यतु
दुह्	(२उ०, दुहना) प०–	दोग्धि	दुदोह	दोग्धा	धोक्ष्यति	दोग्धु
	आ०–	दुग्धे	दुदुहे	दोग्धा	धोक्ष्यते	दुग्धाम्
दू	(४आ०, दुःखितहोना)	दूयते	दुदुवे	दविता	दविष्यते	दूयताम्
दृ	(६आ०, आदरकरना) आ +	आद्रियते	आदद्रे	आदर्ता	आदरिष्यते	आद्रियताम्
दृप्	(४प०, गर्व करना)	दृप्यति	ददर्प	दर्पिता	दर्पिष्यति	दृप्यतु
दृश्	(१ प०, देखना)	पश्यति	ददर्श	द्रष्टा	द्रक्ष्यति	पश्यतु
दॄ	(६प०, फाड़ना)	दृणाति	ददार	दरिता	दरिष्यति	दृणातु
दो	(४ प०, काटना)	द्यति	ददौ	दाता	दास्यति	द्यतु
द्युत्	(१आ०, चमकना)	द्योतते	दिद्युते	द्योतिता	द्योतिष्यते	द्योतताम्

लङ्	विधिलिङ्	आशीर्लिङ्	लुङ्	लृङ्	णिच्	कर्मवाच्य
अत्रायत	त्रायेत	त्रासीष्ट	अत्रास्त	अत्रास्यत	त्रापयति	त्रायते
अत्वक्षत्	त्वक्षेत्	त्वक्ष्यात्	अत्वक्षीत्	अत्वक्षिष्यत्	त्वक्षयति	त्वक्ष्यते
अत्वरत	त्वरेत	त्वरिषीष्ट	अत्वरिष्ट	अत्वरिष्यत	त्वरयति	त्वर्यते
अत्वेषत्	त्वेषेत्	त्विष्यात्	अत्विक्षत्	अत्वेक्ष्यत्	त्वेषयति	त्विष्यते
अदण्डयत्	दण्डयेत्	दण्ड्यात्	अददण्डत्	अदण्डयिष्यत्	दण्डयति	दण्ड्यते
अदाम्यत्	दाम्येत्	दम्यात्	अदमत्	अदमिष्यत्	दमयते	दम्यते
अदभ्नोत्	दभ्नुयात्	दभ्यात्	अदम्भीत्	अदम्भिष्यत्	दम्भयति	दभ्यते
अदयत	दयेत	दयिषीष्ट	अदयिष्ट	अदयिष्यत	दाययति	दय्यते
अदरिद्रात्	दरिद्रियात्	दरिद्र्यात्	अदरिद्रीत्	अदरिद्रिष्यत्	दरिद्रयति	दरिद्रयते
अदशत्	दशेत्	दश्यात्	अदाङ्क्षीत्	अदंक्ष्यत्	दंशयति	दश्यते
अदहत्	दहेत्	दह्यात्	अधाक्षीत्	अधक्ष्यत्	दाहयति	दह्यते
अयच्छत्	यच्छेत्	देयात्	अदात्	अदास्यत्	दापयति	दीयते
अदात्	दायात्	दायात्	अदासीत्	अदास्यत्	दापयति	दायते
अददात्	दद्यात्	देयात्	अदात्	अदास्यत्	दापयति	दीयते
अदत्त	ददीत	दासीष्ट	अदित	अदास्यत	दापयति	दीयते
अदीव्यत्	दीव्येत्	दीव्यात्	अदेवीत्	अदेविष्यत्	देवयति	दीव्यते
अदेवयत	देवयेत	देवयिषीष्ट	अदीदिवत	अदेवयिष्यत	देवयति	देव्यते
अदिशत्	दिशेत्	दिश्यात्	अदिक्षत्	अदेक्ष्यत्	देशयति	दिश्यते
अदीक्षत	दीक्षेत	दीक्षिषीष्ट	अदीक्षिष्ट	अदीक्षिष्यत	दीक्षयति	दीक्ष्यते
अदीप्यत	दीप्येत	दीपिषीष्ट	अदीपिष्ट	अदीपिष्यत	दीपयति	दीप्यते
अदुनोत्	दुनुयात्	दूयात्	अदौषीत्	अदोष्यत्	दावयति	दूयते
अदुष्यत्	दुष्येत्	दुष्यात्	अदुषत्	अदोक्ष्यत्	दूषयति	दुष्यते
अधोक्	दुह्यात्	दुह्यात्	अधुक्षत्	अधोक्ष्यत्	दोहयति	दुह्यते
अदुग्ध	दुहीत	धुक्षीष्ट	अधुक्षत	अधोक्ष्यत	दोहयति	दुह्यते
अदूयत	दूयेत	दविषीष्ट	अदविष्ट	अदविष्यत	दावयति	दूयते
आद्रियत	आद्रियेत	आदृषीष्ट	आदृत	आदरिष्यत	आदारयति	आद्रियते
अदृप्यत्	दृप्येत्	दृप्यात्	अदृपत्	अदर्पिष्यत्	दर्पयति	दृप्यते
अपश्यत्	पश्येत्	दृश्यात्	अद्राक्षीत्	अद्रक्ष्यत्	दर्शयति	दृश्यते
अदृणात्	अणीयात्	दीर्यात्	अदारीत्	अदरिष्यत्	दारयति	दीर्यते
अद्यत्	द्येत्	देयात्	अदात	अदास्यत्	दापयति	दीयते
अद्योतत	द्योतेत	द्योतिषीष्ट	अद्योतिष्ट	अद्योतिष्यत	द्योतयति	द्युत्यते

धातु	अर्थ	लट्	लिट्	लुट्	लृट्	लोट्
द्रा (२ प०, सोना) नि +		निद्राति	निदद्रौ	निद्राता	निद्रास्यति	निद्रातु
द्रु (१ प०, पिघलना)		द्रवति	दुद्राव	द्रोता	द्रोष्यति	द्रवतु
द्रुह् (४ प०, द्रोहकरना)		द्रुह्यति	दुद्रोह	द्रोहिता	द्रोहिष्यति	द्रुह्यतु
द्विष् (२उ०, द्वेषकरना)		द्वेष्टि	दिद्वेष	द्वेष्टा	द्वेक्ष्यति	द्वेष्टु
धा (३उ०, धारणकरना)	प०–	दधाति	दधौ	धाता	धास्यति	दधातु
	आ०–	धत्ते	दधे	धाता	धास्यते	धत्ताम्
धाव् (१उ०, दौड़ना, धोना)		धावति-ते	दधाव	धाविता	धाविष्यति	धावतु
धु (५ उ०, हिलाना)		धुनोति	दुधाव	धोता	धोष्यति	धुनोतु
धुक्ष् (१आ०, जलना)		धुक्षते	दुधुक्षे	धुक्षिता	धुक्षिष्यते	धुक्षताम्
धू (५ उ०, हिलाना)		धूनोति	दुधाव	धोता	धोष्यति	धूनोतु
धूप् (१प०, सुखाना)		धूपायति	धूपायांचकार	धूपायिता	धूपायिष्यति	धूपायतु
धृ (१ उ०, रखना)		धरति-ते	दधार	धर्ता	धरिष्यति	धरतु
धृ (१० उ०, रखना)		धारयति-ते	धारयांचकार	धारयिता	धारयिष्यति	धारयतु
धृष् (१०उ०, दबाना)		धर्षयति-ते	धर्षयांचकार	धर्षयिता	धर्षयिष्यति	धर्षयतु
धेट् (१प०, पालना, चूसना)		धयति	दधौ	धाता	धास्यति	धयतु
ध्मा (१ प०, फूँकना)		धमति	दध्मौ	ध्माता	ध्मास्यति	धमतु
ध्यै (१ प०, सोचना)		ध्यायति	दध्यौ	ध्याता	ध्यास्यति	ध्यायतु
ध्वन् (१प०, शब्दकरना)		ध्वनति	दध्वान	ध्वनिता	ध्वनिष्यति	ध्वनतु
ध्वंस् (१आ०, नष्टहोना)		ध्वंसते	दध्वंसे	ध्वंसिता	ध्वंसिष्यते	ध्वंसताम्
नद् (१ प०, नादकरना)		नदति	ननाद	नदिता	नदिष्यति	नदतु
नन्द् (१ प०, प्रसन्नहोना)		नन्दति	ननन्द	नन्दिता	नन्दिष्यति	नन्दतु
नम् (१ प०, झुकना) प्र +		नमति	ननाम	नन्ता	नंस्यति	नमतु
नर्द् (१ प०, गर्जना)		नर्दति	ननर्द	नर्दिता	नर्दिष्यति	नर्दतु
नश् (४ प०, नष्टहोना)		नश्यति	ननाश	नशिता	नशिष्यति	नश्यतु
नह् (४ उ०, बाँधना)		नह्यति-ते	ननाह	नद्धा	नत्स्यति	नह्यतु
निज् (३ उ०, धोना)		नेनेक्ति	निनेज	नेक्ता	नेक्ष्यति	नेनेक्तु
निन्द् (१ प०, निन्दा०)		निन्दति	निनिन्द	निन्दिता	निन्दिष्यति	निन्दतु
नी (१उ०, लेजाना)	प०–	नयति	निनाय	नेता	नेष्यति	नयतु
	आ०–	नयते	निन्ये	नेता	नेष्यते	नयताम्
नु (२ प०, स्तुति०)		नौति	नुनाव	नविता	नविष्यति	नौतु
नुद् (६उ०, प्रेरणादेना)		नुदति-ते	नुनोद	नोत्ता	नोत्स्यति	नुदतु

लङ्	विधिलिङ्	आशीर्लिङ्	लुङ्	लृङ्	णिच्	कर्मवाच्य
न्यद्रात्	निद्रायात्	निद्रायात्	न्यद्रासीत्	न्यद्रास्यत्	निद्रापयति	निद्रायते
अद्रवत्	द्रवेत्	द्रूयात्	अदुद्रुवत्	अद्रोष्यत्	द्रावयति	द्रूयते
अद्रुह्यत्	द्रुह्येत्	द्रुह्यात्	अद्रुहत्	अद्रोहिष्यत्	द्रोहयति	द्रुह्यते
अद्वेट्	द्विष्यात्	द्विष्यात्	अद्विक्षत्	अद्वेक्ष्यत्	द्वेषयति	द्विष्यते
अदधात्	दध्यात्	धेयात्	अधात्	अधास्यत्	धापयति	धीयते
अधत्त	दधीत	धासीष्ट	अधित	अधास्यत	धापयति	धीयते
अधावत्	धावेत्	धाव्यात्	अधावीत्	अधाविष्यत्	धावयति	धाव्यते
अधुनोत्	धुनुयात्	धूयात्	अधौषीत्	अधोष्यत्	धावयति	धूयते
अधुक्षत	धुक्षेत	धुक्षिषीष्ट	अधुक्षिष्ट	अधुक्षिष्यत	धुक्षयति	धुक्ष्यते
अधूनोत्	धूनुयात्	धूयात्	अधावीत्	अधोष्यत्	धूनयति	धूयते
अधूपायत्	धूपायेत्	धूपाय्यात्	अधूपायीत्	अधूपायिष्यत्	धूपाययति	धूपाय्यते
अधरत्	धरेत्	ध्रियात्	अधार्षीत्	अधरिष्यत्	धारयति	ध्रियते
अधारयत्	धारयेत्	धार्यात्	अदीधरत्	अधारयिष्यत्	धारयति	धार्यते
अधर्षयत्	धर्षयेत्	धर्ष्यात्	अदधर्षत्	अधर्षयिष्यत्	धर्षयति	धर्ष्यते
अधयत्	धयेत्	धेयात्	अधात्	अधास्यत्	धापयते	धीयते
अधमत्	धमेत्	ध्मायात्	अध्मासीत्	अध्मास्यत्	ध्मापयति	ध्मायते
अध्यायत्	ध्यायेत्	ध्यायात्	अध्यासीत्	अध्यास्यत्	ध्यापयति	ध्यायते
अध्वनत्	ध्वनेत्	ध्वन्यात्	अध्वनीत्	अध्वनिष्यत्	ध्वनयति	ध्वन्यते
अध्वंसत	ध्वंसेत	ध्वंसिषीष्ट	अध्वंसिष्ट	अध्वंसिष्यत	ध्वंसयति	ध्वस्यते
अनदत्	नदेत्	नद्यात्	अनादीत्	अनदिष्यत्	नादयति	नद्यते
अनन्दत्	नन्देत्	नन्द्यात्	अनन्दीत्	अनन्दिष्यत्	नन्दयति	नन्द्यते
अनमत्	नमेत्	नम्यात्	अनंसीत्	अनंस्यत्	नमयति	नम्यते
अनर्दत्	नर्देत्	नर्द्यात्	अनर्दीत्	अनर्दिष्यत्	नर्दयति	नर्द्यते
अनश्यत्	नश्येत्	नश्यात्	अनाशीत्	अनशिष्यत्	नाशयति	नश्यते
अनह्यत्	नह्येत्	नह्यात्	अनात्सीत्	अनत्स्यत्	नाहयति	नह्यते
अनेनेक्	नेनिज्यात्	निज्यात्	अनिजत्	अनेक्ष्यत्	नेजयति	निज्यते
अनिन्दत्	निन्देत्	निन्द्यात्	अनिन्दीत्	अनिन्दिष्यत्	निन्दयति	निन्द्यते
अनयत्	नयेत्	नीयात्	अनैषीत्	अनेष्यत्	नाययति	नीयते
अनयत	नयेत	नेषीष्ट	अनेष्ट	अनेष्यत	नाययति	नीयते
अनौत्	नुयात्	नूयात्	अनावीत्	अनविष्यत्	नावयति	नूयते
अनुदत्	नुदेत्	नुद्यात्	अनौत्सीत्	अनौत्स्यत्	नोदयति	नुद्यते

धातु	अर्थ	लट्	लिट्	लुट्	लृट्	लोट्
नृत्	(४ प०, नाचना)	नृत्यति	ननर्त	नर्तिता	नर्तिष्यति	नृत्यतु
पच्	(१ उ०, पकाना) प०–	पचति	पपाच	पक्ता	पक्ष्यति	पचतु
	आ०–	पचते	पेचे	पक्ता	पक्ष्यते	पचताम्
पठ्	(१ प०, पढ़ना)	पठति	पपाठ	पठिता	पठिष्यति	पठतु
पण्	(१ आ०, खरीदना)	पणते	पेणे	पणिता	पणिष्यते	पणताम्
पत्	(१ प०, गिरना)	पतति	पपात	पतिता	पतिष्यति	पततु
पद्	(४ आ०, जाना)	पद्यते	पेदे	पत्ता	पत्स्यते	पद्यताम्
पर्द	(१ आ०, कुशब्दकरना)	पर्दते	पपर्दे	पर्दिता	पर्दिष्यते	पर्दताम्
पश्	(१० उ०, बाँधना)	पाशयति-ते	पशयांचकार	पाशयिता	पाशयिष्यति	पाशयतु
पा	(१ प०, पीना)	पिबति	पपौ	पाता	पास्यति	पिबतु
पा	(२ प०, रक्षा करना)	पाति	पपौ	पाता	पास्यति	पातु
पाल्	(१० उ०, पालना)	पालयति-ते	पालयांचकार	पालयिता	पालयिष्यति	पालयतु
पिष्	(७ प०, पीसना)	पिनष्टि	पिपेष	पेष्टा	पेक्ष्यति	पिनष्टु
पीड्	(१० उ०, दुःखदेना)	पीडयति-ते	पीडयांचकार	पीडयिता	पीडयिष्यति	पीडयतु
पुष्	(४ प०, पुष्टकरना)	पुष्यति	पुपोष	पोष्टा	पोक्ष्यति	पुष्यतु
पुष्	(६ प०, पुष्ट करना)	पुष्णाति	पुपोष	पोषिता	पोषिष्यति	पुष्णातु
पुष्	(१० उ०, पालना)	पोषयति-ते	पोषयांचकार	पोषयिता	पोषयिष्यति	पोषयतु
पुष्प्	(४ प०, खिलना)	पुष्प्यति	पुपुष्प	पुष्पिता	पुष्पिष्यति	पुष्प्यतु
पू	(१ आ०, पवित्र०)	पवते	पुपुवे	पविता	पविष्यते	पवताम्
पू	(६ उ०, पवित्र०)	पुनाति	पुपाव	पविता	पविष्यति	पुनातु
पूज्	(१० उ०, पूजना)	पूजयति-ते	पूजयांचकार	पूजयिता	पूजयिष्यति	पूजयतु
पूर्	(१० उ०, भरना)	पूरयति-ते	पूरयांचकार	पूरयिता	पूरयिष्यति	पूरयतु
पृ	(३ प०, पालना)	पिपर्ति	पपार	परिता	परिष्यति	पिपर्तु
पृ	(१० उ०, पालना)	पारयति-ते	पारयांचकार	पारयिता	पारयिष्यति	पारयतु
पै	(१ प०, शोषण क०)	पायति	पपौ	पाता	पास्यति	पायतु
प्यै	(१ आ०, बढ़ना) आ +	प्यायते	पप्ये	प्याता	प्यास्यते	प्यायताम्
प्रच्छ्	(६ प०, पूछना)	पृच्छति	पप्रच्छ	प्रष्टा	प्रक्ष्यति	पृच्छतु
प्रथ्	(१ आ०, फैलना)	प्रथते	पप्रथे	प्रथिता	प्रथिष्यते	प्रथताम्
प्री	(४ आ०, प्रसन्नहोना)	प्रीयते	पिप्रिये	प्रेता	प्रेष्यते	प्रीयताम्
प्री	(६ उ०, प्रसन्नकरना)	प्रीणाति	पिप्राय	प्रेता	प्रेष्यति	प्रीणातु
प्री	(१० उ०, प्रसन्नक०)	प्रीणयति	प्रीणयांचकार	प्रीणयिता	प्रीणयिष्यति	प्रीणयतु
प्लु	(१ आ०, कूदना)	प्लवते	पुप्लुवे	प्लोता	प्लोष्यते	प्लवताम्
प्लुष्	(१ प०, जलाना)	प्लोषति	पुप्लोष	प्लोषिता	प्लोषिष्यति	प्लोषतु

लङ्	विधिलिङ्	आशीर्लिङ्	लुङ्	लृङ्	णिच्	कर्मवाच्य
अनृत्यत्	नृत्येत्	नृत्यात्	अनर्तीत्	अनर्तिष्यत्	नर्तयते	नृत्यते
अपचत्	पचेत्	पच्यात्	अपाक्षीत्	अपक्ष्यत्	पाचयति	पच्यते
अपचत	पचेत	पक्षीष्ट	अपक्त	अपक्ष्यत	पाचयति	पच्यते
अपठत्	पठेत्	पठ्यात्	अपाठीत्	अपठिष्यत्	पाठयति	पठ्यते
अपणत	पणेत	पणिषीष्ट	अपणिष्ट	अपणिष्यत्	पाणयति	पण्यते
अपतत्	पतेत्	पत्यात्	अपप्तत्	अपतिष्यत्	पातयति	पत्यते
अपद्यत	पद्येत	पत्सीष्ट	अपादि	अपत्स्यत	पादयति	पद्यते
अपर्दत	पर्देत	पर्दिषीष्ट	अपर्दिष्ट	अपर्दिष्यत	पार्दयति	पर्द्यते
अपाशयत्	पाशयत्	पाश्यात्	अपीपशत्	अपाशयिष्यत्	पाशयति	पाश्यते
अपिबत्	पिबेत्	पेयात्	अपात्	अपास्यत्	पाययति	पायते
अपात्	पायात्	पायात्	अपासीत्	अपास्यत्	पालयति	पायते
अपालयत्	पालयेत्	पाल्यात्	अपीपलत्	अपालयिष्यत्	पालयति	पाल्यते
अपिनट्	पिंष्यात्	पिष्यात्	अपिषत्	अपेक्ष्यत्	पेषयति	पिष्यते
अपीडयत्	पीडयेत्	पीड्यात्	अपिपीडत्	अपीडयिष्यत्	पीडयति	पीड्यते
अपुष्यत्	पुष्येत्	पुष्यात्	अपुषत्	अपोक्ष्यत्	पोषयति	पुष्यते
अपुष्णात्	पुष्णीयात्	पुष्यात्	अपोषीत्	अपोषिष्यत्	पोषयति	पुष्यते
अपोषयत्	पोषयेत्	पोष्यात्	अपूपुषत्	अपोषयिष्यत्	पाषयति	पोष्यते
अपुष्प्यत्	पुष्प्येत्	पुष्प्यात्	अपुष्पत्	अपुष्पिष्यत्	पोष्पयति	पुष्प्यते
अपवत	पवेत	पविषीष्ट	अपविष्ट	अपविष्यत्	पावयति	पूयते
अपुनात्	पुनीयात्	पूयात्	अपावीत्	अपविष्यत्	पावयति	पूयते
अपूजयत्	पूजयेत्	पूज्यात्	अपूपुजत्	अपूजयिष्यत्	पूजयति	पूज्यते
अपूरयत्	पूरयेत्	पूर्यात्	अपूपुरत्	अपूरयिष्यत्	पूरयति	पूर्यते
अपिपः	पिपूर्यात्	पूर्यात्	अपारीत्	अपरिष्यत्	पारयति	पूर्यते
अपारयत्	पारयेत्	पार्यात्	अपीपरत्	अपारयिष्यत्	पारयति	पार्यते
अपायत्	पायेत्	पायात्	अपासीत्	अपास्यत्	पाययति	पायते
अप्यायत	प्यायेत	प्यासीष्ट	अप्यास्त	अप्यास्यत	प्यापयति	प्यायते
अपृच्छत्	पृच्छेत्	पृच्छयात्	अप्राक्षीत्	अप्रक्ष्यत्	प्रच्छयति	पृच्छयते
अप्रथत	प्रथेत	प्रथिषीष्ट	अप्रथिष्ट	अप्रथिष्यत	प्रथयति	प्रथ्यते
अप्रीयत	प्रीयेत	प्रेषीष्ट	अप्रेष्ट	अप्रेष्यत	प्राययति	प्रीयते
अप्रीणात्	प्रीणीयात्	प्रीयात्	अप्रैषीत्	अप्रेष्यत्	प्रीणयति	प्रीयते
अप्रीणयत्	प्रीणयेत्	प्रीण्यात्	अपिप्रिणत्	अप्रीणयिष्यत्	प्रीणयति	प्रीण्यते
अप्लवत	प्लवेत	प्लोषीष्ट	अप्लोष्ट	अप्लोष्यत	प्लावयति	प्लूयते
अप्लोषत्	प्लोषेत्	प्लुष्यात्	अप्लोषीत्	अप्लोषिष्यत्	प्लोषयति	प्लुष्यते

धातु	अर्थ	लट्	लिट्	लुट्	लृट्	लोट्
फल्	(१ प०, फलना)	फलति	पफाल	फलिता	फलिष्यति	फलतु
बध्	(१आ०, बीभत्स होना)	बीभत्सते	बीभत्सांचक्रे	बीभत्सिता	बीभत्सिष्यते	बीभत्सताम्
बध्	(१० उ०, बाँधना)	बाधयति	बाधयांचकार	बाधयिता	बाधयिष्यति	बाधयतु
बन्ध्	(९ प०, बाँधना)	बध्नाति	बबन्ध	बन्द्धा	भन्त्स्यति	बध्नातु
बाध्	(१आ०, पीड़ा देना)	बाधते	बबाधे	बाधिता	बाधिष्यते	बाधताम्
बुध्	(१ उ०, समझना)	बोधति-ते	बुबोध	बोधिता	बोधिष्यति	बोधतु
बुध	(४ आ०, जानना)	बुध्यते	बुबुधे	बोद्धा	भोत्स्यते	बुध्यताम्
ब्रू	(२ उ०, बोलना)	प०–ब्रवीति	उवाच	वक्ता	वक्ष्यति	ब्रवीतु
		आ०–ब्रूते	ऊचे	वक्ता	वक्ष्यति	ब्रूताम्
भक्ष्	(१०उ०, खाना)	प०-भक्षयति	भक्षयांचकार	भक्षयिता	भक्षयिष्यति	भक्षयतु
		आ०–भक्षयते	भक्षयांचक्रे	भक्षयिता	भक्षयिष्यते	भक्षयताम्
भज्	(१उ०, सेवा करना)	भजति-ते	बभाज	भक्ता	भक्ष्यति	भजतु
भञ्ज्	(७ प०, तोड़ना)	भनक्ति	बभञ्ज	भंक्ता	भंक्ष्यति	भनक्तु
भण्	(१ प०, कहना)	भणति	बभाण	भणिता	भणिष्यति	भणतु
भर्त्स्	(१०आ०, डाँटना)	भर्त्सयते	भर्त्सयांचक्रे	भर्त्सयिता	भर्त्सयिष्यते	भर्त्सयताम्
भा	(२ प०, चमकना)	भाति	बभौ	भाता	भास्यति	भातु
भाष्	(१ आ०, कहना)	भाषते	बभाषे	भाषिता	भाषिष्यते	भाषताम्
भास्	(१आ०, चमकना)	भासते	बभासे	भासिता	भासिष्यते	भाषताम्
भिक्ष्	(१आ०, माँगना)	भिक्षते	बिभिक्षे	भिक्षिता	भिक्षिष्यते	भिक्षताम्
भिद्	(७ उ०, तोड़ना)	भिनत्ति	बिभेद	भेत्ता	भेत्स्यति	भिनत्तु
भिदि	(१प०, टुकड़ेकरना)	भिंदति	बिभिंद	भिंदिता	भिंदिष्यति	भिंदतु
भी	(३ प०, डरना)	बिभेति	बिभाय	भेता	भेष्यति	बिभेतु
भुज्	(७ प०, पालना)	भुनक्ति	बुभोज	भोक्ता	भोक्ष्यति	भुनक्तु
	(७ आ०, खाना)	भुङ्क्ते	बुभुजे	भोक्ता	भोक्ष्यते	भुङ्क्ताम्
भू	(१ प०, होना)	भवति	बभूव	भविता	भविष्यति	भवतु
भूष्	(१ प०, सजाना)	भूषति	बुभूष	भूषिता	भूषिष्यति	भूषतु
भृ	(१ उ०, पालना)	भरति-ते	बभार	भर्ता	भरिष्यति	भरतु
भृ	(३ उ०, पालना)	बिभर्ति	बभार	भर्ता	भरिष्यति	बिभर्तु
भ्रम्	(१ प०, घूमना)	भ्रमति	बभ्राम	भ्रमिता	भ्रमिष्यति	भ्राम्यतु
भ्रम्	(४ प०, घूमना)	भ्राम्यति	बभ्राम	भ्रमिता	भ्रमिष्यति	भ्राम्यतु
भ्रंश्	(१ आ०, गिरना)	भ्रंशते	बभ्रंशे	भ्रंशिता	भ्रंशिष्यते	भ्रंशताम्

लङ्	विधिलिङ्	आशीर्लिङ्	लुङ्	लृङ्	णिच्	क.म०
अफलत्	फलेत्	फल्यात्	अफालीत्	अफलिष्यत्	फालयति	फल्यते
अबीभत्सत	बीभत्सेत	बीभत्सिषीष्ट	अबीभत्सिष्ट	अबीभत्सिष्यत	बीभत्सयति	बीभत्स्यते
अबाधयत्	बाधयेत्	बाध्यात्	अबीबधत्	अबाधयिष्यत्	बाधयति	बाध्यते
अबध्नात्	बध्नीयात्	बध्यात्	अभान्त्सीत्	अभन्त्स्यत्	बन्धयति	बध्यते
अबाधत	बाधेत	बाधिषीष्ट	अबाधिष्ट	अबाधिष्यत	बाधयति	बाध्यते
अबोधत्	बोधेत्	बुध्यात्	अबुधत्	अबोधिष्यत्	बोधयति	बुध्यते
अबुध्यत	बुध्येत	भुत्सीष्ट	अबोधि	अभोत्स्यत	बोधयति	बुध्यते
अब्रवीत्	ब्रूयात्	उच्यात्	अवोचत्	अवक्ष्यत्	वाचयति	उच्यते
अब्रूत	ब्रुवीत	वक्षीष्ट	अवोचत	अवक्ष्यत	वाचयति	उच्यते
अभक्षयत्	भक्षयेत्	भक्ष्यात्	अभक्षत्	अभक्षयिष्यत्	भक्षयति	भक्ष्यते
अभक्षयत	भक्षयेत	भक्षयिषीष्ट	अभक्षत	अभक्षिष्यत	भक्षयति	भक्ष्यते
अभजत्	भजेत्	भज्यात्	अभाक्षीत्	अभक्ष्यत्	भाजयति	भज्यते
अभनक्	भञ्ज्यात्	भज्यात्	अभाङ्क्षीत्	अभंक्ष्यत्	भञ्जयति	भज्यते
अभणत्	भणेत्	भण्यात्	अभाणीत्	अभणिष्यत्	भाणयति	भण्यते
अभर्त्सयत	भर्त्सयेत	भर्त्सयिषीष्ट	अबभर्त्सत	अभर्त्सयिष्यत	भर्त्सयति	भर्त्स्यते
अभात्	भायात्	भायात्	अभासीत्	अभास्यत्	भापयति	भायते
अभाषत	भाषेत	भाषिषीष्ट	अभाषिष्ट	अभाषिष्यत	भाषयति	भाष्यते
अभासत	भासेत	भासिषीष्ट	अभासिष्ट	अभासिष्यत	भासयति	भास्यते
अभिक्षत	भिक्षेत	भिक्षिषीष्ट	अभिक्षिष्ट	अभिक्षिष्यत	भिक्षयति	भिक्ष्यते
अभिनत्	भिन्द्यात्	भिद्यात्	अभिदत्	अभेत्स्यत्	भेदयति	भिद्यते
अभिंदत्	भिंदेत्	भिद्यात्	अभिंदीत्	अभिंदिष्यत्	भेदयति	भिन्द्यते
अबिभेत्	बिभीयात्	भीयात्	अभैषीत्	अभेष्यत्	भाययति	भीयते
अभुनक्	भुञ्ज्यात्	भुज्यात्	अभौक्षीत्	अभोक्ष्यत्	भोजयति	भुज्यते
अभुङ्क्त	भुञ्जीत	भुक्षीष्ट	अभुक्त	अभोक्ष्यत	भोजयति	भुज्यते
अभवत्	भवेत्	भूयात्	अभूत्	अभविष्यत्	भावयति	भूयते
अभूषत्	भूषेत्	भूष्यात्	अभूषीत्	अभूषिष्यत्	भूषयति	भूष्यते
अभरत्	भरेत्	भ्रियात्	अभार्षीत्	अभरिष्यत्	भारयति	भ्रियते
अबिभः	बिभृयात्	भ्रियात्	अभार्षीत्	अभरिष्यत्	भारयति	भ्रियते
अभ्रमत्	भ्रमेत्	भ्रम्यात्	अभ्रमीत्	अभ्रमिष्यत्	भ्रमयति	भ्रम्यते
अभ्राम्यत्	भ्राम्येत्	भ्रम्यात्	अभ्रमत्	अभ्रमिष्यत्	भ्रमयति	भ्रम्यते
अभ्रंशत	भ्रंशेत	भ्रंशिषीष्ट	अभ्रंशिष्ट	अभ्रंशिष्यत	भ्रंशयति	भ्रश्यते

धातु	अर्थ	लट्	लिट्	लुट्	लृट्	लोट्
भ्रस्ज्	(६ उ०, भूनना)	भृज्जति-ते	बभ्रज्ज	भ्रष्टा	भ्रक्ष्यति	भृज्जतु
भ्राज्	(१आ०, चमकना)	भ्राजते	बभ्राजे	भ्राजिता	भ्राजिष्यते	भ्राजताम्
मण्ड्	(१०उ०, सजाना)	मण्डयति-ते	मण्डयांचकार	मण्डयिता	मण्डयिष्यति	मण्डयतु
मथ्	(१ प०, मथना)	मथति	ममाथ	मथिता	मथिष्यति	मथतु
मद्	(४प०, प्रसन्नहोना)	माद्यति	ममाद	मदिता	मदिष्यति	माद्यतु
मन्	(४ आ०, मानना)	मन्यते	मेने	मन्ता	मंस्यते	मन्यताम्
मन्	(८ आ०, मानना)	मनुते	मेने	मनिता	मनिष्यते	मनुताम्
मन्त्र्	(१०आ०, मंत्रणा०)	मन्त्रयते	मन्त्रयांचक्रे	मन्त्रयिता	मन्त्रयिष्यते	मन्त्रयताम्
मन्थ्	(९ प०, मथना)	मथ्नाति	ममन्थ	मन्थिता	मन्थिष्यति	मथ्नातु
मस्ज्	(६ प०, डूबना)	मज्जति	ममज्ज	मङ्क्ता	मङ्क्ष्यति	मज्जतु
मह्	(१प०, पूजाकरना)	महति	ममाह	महिता	महिष्यति	महतु
मा	(२ प०, नापना)	माति	ममौ	माता	मास्यति	मातु
मा	(३ आ०, नापना)	मिमीते	ममे	माता	मास्यते	मिमीताम्
मान्	(१आ०, जिज्ञासा०)	मीमांसते	मीमांसांचक्रे	मीमांसिता	मीमांसिष्यते	मीमांसताम्
मान्	(१०उ०, आदर०)	मानयति-ते	मानयांचकार	मानयिता	मानयिष्यति	मानयतु
मार्ग्	(१० उ०, ढूँढ़ना)	मार्गयति-ते	मार्गयांचकार	मार्गयिता	मार्गयिष्यति	मार्गयतु
मार्ज्	(१०उ०, साफकरना)	मार्जयति-ते	मार्जयांचकार	मार्जयिता	मार्जयिष्यति	मार्जयतु
मिल्	(६ उ०, मिलना)	मिलति-ते	मिमेल	मेलिता	मेलिष्यति	मिलतु
मिश्र्	(१०उ०, मिलाना)	मिश्रयति-ते	मिश्रयांचकार	मिश्रयिता	मिश्रयिष्यति	मिश्रयतु
मिह्	(१प०, गीलाकरना)	मेहति	मिमेह	मेढा	मेक्ष्यति	मेहतु
मील्	(१प०, आँखमोचना)	मीलति	मिमील	मीलिता	मीलिष्यति	मीलतु
मुच्	(६ उ०, छोड़ना)	प०-मुञ्चति	मुमोच	मोक्ता	मोक्ष्यति	मुञ्चतु
		आ०—मुञ्चते	मुमुचे	मोक्ता	मोक्ष्यते	मुञ्चताम्
मुच्	(१०उ०, मुक्तकरना)	मोचयति-ते	मोचयांचकार	मोचयिता	मोचयिष्यति	मोचयतु
मुद्	(१आ०, प्रसन्नहोना)	मोदते	मुमुदे	मोदिता	मोदिष्यते	मोदताम्
मुर्च्छ्	(१प०, मूर्छितहोना)	मूर्च्छति	मुमूर्च्छ	मूर्च्छिता	मूर्च्छिष्यति	मूर्च्छतु
मुष्	(९ प०, चुराना)	मुष्णाति	मुमोष	मोषिता	मोषिष्यति	मुष्णातु
मुह्	(४प०, मोहमेंपड़ना)	मुह्यति	मुमोह	मोहिता	मोहिष्यति	मुह्यतु
मृ	(६ आ०, मरना)	म्रियते	ममार	मर्ता	मरिष्यति	म्रियताम्
मृग	(१० आ० ढूँढ़ना)	मृगयते	मृगयाञ्चक्रे	मृगयिता	मृगयिष्यते	मृगयताम्
मृज्	(२ प०, साफ करना)	मार्ष्टि	ममार्ज	मर्जिता	मर्जिष्यति	मार्ष्टु

लङ्	विधिलिङ्	आशीर्लिङ्	लुङ्	लृङ्	णिच्	कर्मवाच्य
अभृज्जत्	भृज्जेत्	भृज्ज्यात्	अभ्राक्षीत्	अभ्रक्ष्यत्	भ्रजयति	भृज्ज्यते
अभ्राजत	भ्राजेत	भ्राजिषीष्ट	अभ्राजिष्ट	अभ्राजिष्यत	भ्राजयति	भ्राज्यते
अमण्डयत्	मण्डयेत्	मण्ड्यात्	अममण्डत्	अमण्डयिष्यत्	मण्डयति	मण्ड्यते
अमथत्	मथेत्	मथ्यात्	अमथीत्	अमथिष्यत्	माथयति	मथ्यते
अमाद्यत्	माद्येत्	मद्यात्	अमदीत्	अमदिष्यत्	मादयति	मद्यते
अमन्यत	मन्येत	मंसीष्ट	अमंस्त	अमंस्यत	मानयति	मन्यते
अमनुत	मन्वीत	मनिषीष्ट	अमत	अमनिष्यत	मानयति	मन्यते
अमन्त्रयत	मन्त्रयेत	मन्त्रयिषीष्ट	अममन्त्रत	अमन्त्रयिष्यत	मन्त्रयति	मन्त्र्यते
अमथ्नात्	मथ्नीयात्	मथ्यात्	अमन्थीत्	अमन्थिष्यत्	मन्थयति	मथ्यते
अमज्जत्	मज्जेत्	मज्ज्यात्	अमाङ्क्षीत्	अमङ्क्ष्यत्	मज्जयति	मज्ज्यते
अमहत्	महेत्	मह्यात्	अमहीत्	अमहिष्यत्	माहयति	मह्यते
अमात्	मायात्	मेयात्	अमासीत्	अमास्यत्	मापयति	मीयते
अमिमीत	मिमीत	मासीष्ट	अमास्त	अमास्यत	मापयति	मीयते
अमीमांसत	मीमांसेत	मीमांसिषीष्ट	अमीमांसिष्ट	अमीमांसिष्यत	मीमांसयति	मीमांस्यते
अमानयत	मानयेत्	मान्यात्	अमीमनत्	अमानयिष्यत्	मानयति	मान्यते
अमार्गयत्	मार्गयेत्	मार्ग्यात्	अममार्गत्	अमार्गयिष्यत्	मार्गयति	मार्ग्यते
अमार्जयत्	मार्जयेत	मार्ज्यात्	अममार्जत्	अमार्जयिष्यत्	मार्जयति	मार्ज्यते
अमिलत्	मिलेत्	मिल्यात्	अमेलीत्	अमेलिष्यत्	मेलयति	मिल्यते
अमिश्रयत्	मिश्रयेत्	मिश्र्यात्	अमिमिश्रत्	अमिश्रयिष्यत्	मिश्रयति	मिश्र्यते
अमेहत्	मेहेत्	मिह्यात्	अमिक्षत्	अमेक्ष्यत्	मेहयति	मिह्यते
अमीलत्	मीलेत्	मील्यात्	अमीलीत्	अमेलिष्यत्	मीलयति	मील्यते
अमुञ्चत्	मुञ्चेत्	मुच्यात्	अमुचत्	अमोक्ष्यत्	मोचयति	मुच्यते
अमुञ्चत	मुञ्चेत	मुक्षीष्ट	अमुक्त	अमोक्ष्यत	मोचयति	मुच्यते
अमोचयत	मोचयेत	मोच्यात्	अमूमुचत्	अमोचयिष्यत्	मोचयति	मोच्यते
अमोदत	मोदेत	मोदिषीष्ट	अमोदिष्ट	अमोदिष्यत	मोदयति	मुद्यते
अमूर्च्छत्	मूर्च्छेत्	मूर्च्छ्यात्	अमूर्च्छीत्	अमूर्च्छिष्यत्	मूर्च्छयति	मूर्च्छ्यते
अमुष्णात्	मुष्णीयात्	मुष्यात्	अमोषीत्	अमोषिष्यत्	मोषयति	मुष्यते
अमुह्यत्	मुह्येत्	मुह्यात्	अमुहत्	अमोहिष्यत्	मोहयति	मुह्यते
अम्रियत	म्रियेत	मृषीष्ट	अमृत	अमरिष्यत्	मारयति	म्रियते
अमृगयत	मृगयेत	मृगयिषीष्ट	अममृगत	अमृगयिष्यत	मृगयति	मृग्यते
अमार्ट्	मृज्यात्	मृज्यात्	अमार्जीत्	अमार्जिष्यत	मार्जयति	मृज्यते

धातु	अर्थ	लट्	लिट्	लुट्	लृट्	लोट्
मृज्	(१० उ०, साफ करना)	मार्जयति, ते	मार्जयांचकार	मार्जयिता	मार्जयिष्यति	मार्जयतु
मृष्	(१० उ०, क्षमा करना)	मर्षयति-ते	मर्षयांचकार	मर्षयिता	मर्षयिष्यति	मर्षयतु
म्ना	(१ प०, मानना)	आ + मनति	मम्नौ	म्नाता	म्नास्यति	मनतु
म्लै	(१ प०, मुरझाना)	म्लायति	मम्लौ	म्लाता	म्लास्यति	म्लायतु
यज्	(१ उ०, यज्ञ करना)	यजति-ते	इयाज	यष्टा	यक्ष्यति	यजतु
यत्	(१ आ०, यत्न करना)	यतते	येते	यतिता	यतिष्यते	यतताम्
यन्त्र्	(१० उ०, नियमित०)	यन्त्रयति	यन्त्रयांचकार	यन्त्रयिता	यन्त्रयिष्यति	यन्त्रयतु
यभ्	(१ प०, संभोग करना)	यभति	ययाभ	यब्धा	यप्स्यति	यभतु
यम्	(१ प०, रोकना)	नि + यच्छति	ययाम	यन्ता	यंस्यति	यच्छतु
यस्	(४ प०, यत्न करना)	प्र + यस्यति	ययास	यसिता	यसिष्यति	यस्यतु
या	(२ प०, जाना)	याति	ययौ	याता	यास्यति	यातु
याच्	(१ उ०, माँगना)	प०-याचति	ययाच	याचिता	याचिष्यति	याचतु
		आ०—याचते	ययाचे	याचिता	याचिष्यते	याचताम्
यापि	(या + णिच्, बिताना)	यापयति	यापयांचकार	यापयिता	यापयिष्यति	यापयतु
युज्	(४ आ०, ध्यान लगाना)	युज्यते	युयुजे	योक्ता	योक्ष्यते	युज्यताम्
युज्	(७ उ०, मिलाना)	युनक्ति	युयोज	योक्ता	योक्ष्यति	युनक्तु
युज्	(१० उ०, लगाना)	योजयति-ते	योजयाञ्चकार	योजयिता	योजयिष्यति	योजयतु
युध्	(४ आ०, लड़ना)	युध्यते	युयुधे	योद्धा	योत्स्यते	युध्यताम्
रक्ष्	(१ प०, पालन करना)	रक्षति	ररक्ष	रक्षिता	रक्षिष्यति	रक्षतु
रच्	(१० उ०, बनाना)	रचयति-ते	रचयाञ्चकार	रचयिता	रचयिष्यति	रचयतु
रञ्ज्	(४ उ०, प्रसन्न होना)	रज्यति-ते	ररञ्ज	रङ्क्ता	रङ्क्ष्यति	रज्यतु
रट्	(१ प०, रटना)	रटति	रराट	रटिता	रटिष्यति	रटतु
रम्	(१ आ०, रमना)	रमते	रेमे	रन्ता	रंस्यते	रमताम्
	(वि + रम्, पर०)	विरमति	विरराम	विरन्ता	विरंस्यति	विरमतु
रस्	(१० उ०, स्वाद लेना)	रसयति-ते	रसयाञ्चकार	रसयिता	रसयिष्यति	रसयतु
राज्	(१ उ०, चमकना)	प०-राजति	रराज	राजिता	राजिष्यति	राजतु
		आ०—राजते	रेजे	राजिता	राजिष्यते	राजताम्
राध्	(५ प०, पूरा करना)	आ + राध्नोति	रराध	राद्धा	रात्स्यति	राध्नोतु
रु	(२ प०, शब्द करना)	रौति	रुराव	रविता	रविष्यति	रौतु
रुच्	(१ आ०, अच्छा लगना)	रोचते	रुरुचे	रोचिता	रोचिष्यते	रोचताम्
रुद्	(२ प०, रोना	रोदिति	रुरोद	रोदिता	रोदिष्यति	रोदितु

लङ्	विधिलिङ्	आशीर्लिङ्	लुङ्	लृङ्	णिच्	कर्मवाच्य
अमार्जयत्	मार्जयेत्	मार्ज्यात्	अममार्जत्	अमार्जयिष्यत्	मार्जयति	मार्ज्यते
अमर्षयत्	मर्षयेत्	मर्ष्यात्	अममर्षत्	अमर्षयिष्यत्	मर्षयति	मर्ष्यते
अमनत्	मनेत्	म्नायात्	अम्नासीत्	अम्नास्यत्	म्नापयति	म्नायते
अम्लायत्	म्लायेत्	म्लायात्	अम्लासीत्	अम्लास्यत्	म्लापयति	म्लायते
अयजत्	यजेत्	इज्यात्	अयाक्षीत्	अयक्ष्यत्	याजयति	इज्यते
अयतत	यतेत	यतिषीष्ट	अयतिष्ट	अयतिष्यत	यातयति	यत्यते
अयन्त्रयत्	यन्त्रयेत्	यन्त्र्यात्	अययन्त्रत्	अयन्त्रयिष्यत्	यन्त्रयति	यन्त्र्यते
अयभत्	यभेत्	यभ्यात्	अयाप्सीत्	अयप्स्यत्	याभयति	यभ्यते
अयच्छत्	यच्छेत्	यम्यात्	अयंसीत्	अयस्यत्	नि + यमयति	नि + यम्यते
अयस्यत्	यस्येत्	यस्यात्	अयसत्	अयसिष्यत्	आयासयते	यस्यते
अयात्	यायात्	यायात्	अयासीत्	अयास्यत्	यापयति	यायते
अयाचत्	याचेत्	याच्यात्	अयाचीत्	अयाचिष्यत्	याचयति	याच्यते
अयाचत	याचेत	याचिषीष्ट	अयाचिष्ट	अयाचिष्यत	याचयति	याच्यते
अयापयत्	यापयेत्	याप्यात्	अयीयपत्	अयापयिष्यत्	यापयति	याप्यते
अयुज्यत	युज्येत	युक्षीष्ट	अयुक्त	अयोक्ष्यत	योजयति	युज्यते
अयुनक्	युञ्ज्यात्	युज्यात्	अयुजत्	अयोक्ष्यत्	योजयति	युज्यते
अयोजयत्	योजयेत्	योज्यात्	अयूयुजत्	अयोजयिष्यत्	योजयति	योज्यते
अयुध्यत	युध्येत	युत्सीष्ट	अयुद्ध	अयोत्स्यत	योधयति	युध्यते
अरक्षत्	रक्षेत्	रक्ष्यात्	अरक्षीत्	अरक्षिष्यत्	रक्षयति	रक्ष्यते
अरचयत्	रचयेत्	रच्यात्	अररचत्	अरचयिष्यत्	रचयति	रच्यते
अरज्यत	रज्येत्	रज्यात्	अराङ्क्षीत्	अरङ्क्ष्यत्	रञ्जयति	रज्यते
अरटत्	रटेत्	रट्यात्	अरटीत्	अरटिष्यत्	राटयति	रट्यते
अरमत	रमेत	रंसीष्ट	अरंस्त	अरंस्यत	रमयति	रम्यते
व्यरमत्	विरमेत्	विरम्यात्	व्यरंसीत्	व्यरंस्यत्	विरमयति	विरम्यते
अरसयत्	रसयेत्	रस्यात्	अररसत्	अरसयिष्यत्	रसयति	रस्यते
अराजत्	राजेत्	राज्यात्	अराजीत्	अराजिष्यत्	राजयति	राज्यते
अराजत	राजेत	राजिषीष्ट	अराजिष्ट	अराजिष्यत	राजयति	राज्यते
अराध्नोत्	राध्नुयात्	राध्यात्	अरात्सीत्	अरात्स्यत्	राधयति	राध्यते
अरौत्	रुयात्	रूयात्	अरावीत्	अरविष्यत्	रावयति	रूयते
अरोचत	रोचेत	रोचिषीष्ट	अरोचिष्ट	अरोचिष्यत	रोचयते	रुच्यते
अरोदीत्	रुद्यात्	रुद्यात्	अरुदत्	अरोदिष्यत	रोदयति	रुद्यते

धातु	अर्थ	लट्	लिट्	लुट्	लृट्	लोट्
रुध्	(७उ०,रोकना)प०-	रुणद्धि	रुरोध	रोद्धा	रोत्स्यति	रुणद्धु
	आ०-	रुन्धे	रुरुधे	रोद्धा	रोत्स्यते	रुन्धाम्
रुष्	(४प०,हिंसाकरना)	रुष्यति	रुरोष	रोषिता(ष्टा)	रोषिष्यति	रुष्यतु
रुह्	(१ प०, उगना)	रोहति	रुरोह	रोढा	रोक्ष्यति	रोहतु
रूप्	(१०उ०,रूपबनाना)	रूपयति-ते	रूपयांचकार	रूपयिता	रूपयिष्यति	रूपयतु
लक्ष्	(१० उ०, देखना)	लक्षयति-ते	लक्षयांचकार	लक्षयिता	लक्षयिष्यति	लक्षयतु
लग्	(१ प०, लगना)	लगति	ललाग	लगिता	लगिष्यति	लगतु
लङ्घ्	(१आ०,लाँघना)उत् +	लङ्घते	ललङ्घे	लंघिता	लंघिष्यते	लंघताम्
लङ्घ्	(१०उ०,लाँघना)	लंघयति-ते	लघयांचकार	लंघयिता	लंघयिष्यति	लंघयतु
लड्	(१०उ०,प्यारकरना)	लाडयति-ते	लाडयांचकार	लाडयिता	लाडयिष्यति	लाडयतु
लप्	(१ प०, बोलना)	लपति	ललाप	लपिता	लपिष्यति	लपतु
लभ्	(१ आ०, पाना)	लभते	लेभे	लब्धा	लप्स्यते	लभताम्
लम्ब्	(१आ०,लटकना)	लम्बते	ललम्बे	लम्बिता	लम्बिष्यते	लम्बताम्
लष्	(१ उ०, चाहना)	लषति-ते	ललाष	लषिता	लषिष्यति	लषतु
लस्	(१प०,शोभितहोना)वि +	लसति	ललास	लसिता	लसिष्यति	लसतु
लस्ज्	(लज्ज्,६आ०,लज्जित०)	लज्जते	ललज्जे	लज्जिता	लज्जिष्यते	लज्जताम्
लिख्	(६ प०, लिखना)	लिखति	लिलेख	लेखिता	लेखिष्यति	लिखतु
लिङ्ग	(आ +, १ प०, आलिंगन०)	आलिंगति	आलिलिंग	आलिंगिता	आलिंगिष्यति	आलिंगतु
लिप्	(६ उ०, लीपना)	लिम्पति-ते	लिलेप	लेप्ता	लेप्स्यति	लिम्पतु
लिह्	(२ उ०, चाटना)	लेढि	लिलेह	लेढा	लेक्ष्यति	लेढु
ली	(४आ०,लीनहोना)	लीयते	लिल्ये	लेता	लेष्यति	लीयताम्
लुट्	(१ प०, लोटना)	लोटति	लुलोट	लोटिता	लोटिष्यति	लोटतु
लुड्	(१प०,बिलोना)आ +	लोडति	लुलोड	लोडिता	लोडिष्यति	लोडतु
लुप्	(४ प०, लुप्त होना)	लुप्यति	लुलोप	लोपिता	लोपिष्यति	लुप्यतु
लुप्	(६ उ०,नष्ट करना)	लुम्पति-ते	लुलोप	लोप्ता	लोप्स्यति	लुम्पतु
लुभ्	(४प०,लोभ करना)	लुभ्यति	लुलोभ	लोभिता	लभिष्यति	लुभ्यतु
लू	(९ उ० काटना)	लुनाति	लुलाव	लविता	लविष्यति	लुनातु
लोक्	(१ आ०, देखना)	लोकते	लुलोके	लोकिता	लोकिष्यते	लोकताम्
लोक्	(१० उ०, देखना)आ +	लोकयति-ते	लोकयाञ्चकार	लोकयिता	लोकयिष्यति	लोकयतु
लोच्	(१०उ०,देखना)आ +	लोकयति	लोकयाञ्चकार	लोकयिता	लोकयिष्यति	लोकयतु
वच्	(१० उ०, बाँचना)	वाचयति	वाचयांचकार	वाचयिता	वाचयिष्यति	वाचयतु
वञ्च्	(१० आ०, ठगना)	वञ्चयते	वञ्चयांचक्रे	वञ्चयिता	वञ्चयिष्यते	वञ्चयताम्

लङ्	विधिलिङ्	आशीर्लिङ्	लुङ्	लृङ्	णिच्	कर्मवाच्य
अरुणत्	रुन्ध्यात्	रुध्यात्	अरुधत्	अरोत्स्यत्	रोधयति	रुध्यते
अरुन्ध	रुन्धीत्	रुत्सीष्ट	अरुद्ध	अरोत्स्यत	रोधयति	रुध्यते
अरुष्यत्	रुष्यत्	रुष्यात्	अरुषत्	अरोषिष्यत्	रोषयति	रुष्यते
अरोहत्	रोहेत्	रुह्यात्	अरुक्षत्	अरोक्ष्यत्	रोहयति	रुह्यते
अरूपयत्	रूपयेत्	रूप्यात्	अरुरूपत्	अरूपयिष्यत्	रूपयति	रूप्यते
अलक्षयत्	लक्षयेत्	लक्ष्यात्	अललक्षत्	अलक्षयिष्यत्	लक्षयति	लक्ष्यते
अलगत्	लगेत्	लग्यात्	अलगीत्	अलगिष्यत्	लगयति	लग्यते
अलंघत	लंघेत	लंघिषीष्ट	अलंघिष्ट	अलंघिष्यत	लंघयति	लंघ्यते
अलंघयत्	लंघयेत्	लंघ्यात्	अललंघत्	अलंघयिष्यत्	लंघयति	लंघ्यते
अलाडयत्	लाडयेत्	लाड्यात्	अलीलडत्	अलाडयिष्यत्	लाडयति	लाड्यते
अलपत्	लपेत्	लप्यात्	अलपीत्	अलपिष्यत्	लापयति	लप्यते
अलभत	लभेत	लप्सीष्ट	अलब्ध	अलप्स्यत	लम्भयति	लभ्यते
अलम्बत	लम्बेत	लम्बिषीष्ट	अलम्बिष्ट	अलम्बिष्यत	लम्बयति	लम्ब्यते
अलषत्	लषेत्	लष्यात्	अलषीत्	अलषिष्यत्	लाषयति	लष्यते
अलसत्	लसेत्	लस्यात्	अलसीत्	अलसिष्यत्	लासयति	लस्यते
अलज्जत	लज्जेत	लज्जिषीष्ट	अलज्जिष्ट	अलज्जिष्यत	लज्जयति	लज्ज्यते
अलिखत्	लिखेत्	लिख्यात्	अलेखीत्	अलेखिष्यत्	लेखयति	लिख्यते
आलिंगत्	आलिंगेत्	आलिंग्यात	आलिंगीत्	आलिगिष्यत्	आलिंगयति	आलिंग्यते
अलिम्पत्	लिम्पेत्	लिप्यात्	अलिपत्	अलेप्स्यत्	लेपयति	लिप्यते
अलेट्	लिह्यात्	लिह्यात्	अलिक्षत्	अलेक्ष्यत्	लेहयति	लिह्यते
अलीयत	लीयेत	लेषीष्ट	अलेष्ट	अलेष्यत्	लाययति	लीयते
अलोटत्	लोटेत्	लुट्यात्	अलोटीत्	अलोटिष्यत्	लोटयति	लुट्यते
अलोडत्	लोडेत्	लुड्यात्	अलोडीत्	अलोडिष्यत्	लोडयति	लुड्यते
अलुप्यत्	लुप्येत्	लुप्यात्	अलुपत्	अलोपिष्यत्	लोपयति	लुप्यते
अलुम्पत्	लुम्पेत्	लुप्यात्	अलुपत्	अलोप्स्यत्	लोपयति	लुप्यते
अलुभ्यत्	लुभ्येत्	लुभ्यात्	अलोभीत्	अलोभिष्यत्	लोभयति	लुभ्यते
अलुनात्	लुनीयात्	लूयात्	अलावीत्	अलविष्यत्	लावयति	लूयते
अलोकत	लोकेत	लोकिषीष्ट	अलोकिष्ट	अलोकिष्यत	लोकयति	लोक्यते
अलोकयत्	लोकयेत्	लोक्यात्	अलुलोकत्	अलोकयिष्यत्	लोकयति	लोकयते
अलोचयत्	लोचयेत्	लोच्यात्	अलुलोचत्	अलोचयिष्यत्	लोचयति	लोच्यते
अवाचयत्	वाचयेत्	वाच्यात्	अवीवचत्	अवाचयिष्यत्	वाचयति	वाच्यते
अवञ्चयत	वञ्चयेत	वञ्चयिषीष्ट	अववञ्चत	अवञ्चयिष्यत	वञ्चयति	वञ्च्यते

धातु	अर्थ	लट्	लिट्	लुट्	लृट्	लोट्
वद्	(१ प०, बोलना)	वदति	उवाद	वदिता	वदिष्यति	वदतु
वन्द्	(१ आ०, प्रणाम०)	वन्दते	ववन्दे	वन्दिता	वन्दिष्यते	वन्दताम्
वप्	(१ उ०, बोना)	वपति-ते	उवाप	वप्ता	वप्स्यति	वपतु
वम्	(१ प०, उगलना)	वमति	ववाम	वमिता	वमिष्यति	वमतु
वस्	(१ प०, रहना)	वसति	उवास	वस्ता	वत्स्यति	वसतु
वह्	(१ उ०, ढोना)	वहति-ते	उवाह	वोढा	वक्ष्यति	वहतु
वा	(२ प०, हवा चलना)	वाति	ववौ	वाता	वास्यति	वातु
वाञ्छ्	(१ प०, चाहना)	वाञ्छति	ववाञ्छ	वाञ्छिता	वाञ्छिष्यति	वाञ्छतु
विद्	(२ प०, जानना)	वेत्ति	विवेद	वेदिता	वेदिष्यति	वेत्तु
विद्	(४ आ०, होना)	विद्यते	विविदे	वेत्ता	वेत्स्यते	विद्यताम्
विद्	(६ उ०, पाना)	विन्दति-ते	विवेद	वेदिता	वेदिष्यति	विन्दतु
विद्	(१०आ०,कहना)नि +	वेदयते	वेदयाञ्चक्रे	वेदयिता	वेदयिष्यते	वेदयताम्
विश्	(६ प०, घुसना) प्र +	विशति	विवेश	वेष्टा	वेक्ष्यति	विशतु
विष्ल्	(५ उ०, व्याप्त होना)	वेवेष्टि	विवेष	वेष्टा	वेक्ष्यति	वेवेष्टु
वीज्	(१०उ०,पंखा हिलाना)	वीजयति-ते	वीजयाञ्चकार	वीजयिता	वीजयिष्यति	वीजयतु
वृ	(५ उ० चुनना)	वृणोति	ववार	वरिता	वरिष्यति	वृणोतु
वृ	(९ आ०, छाँटना)	वृणीते	वव्रे	वरिता	वरिष्यते	वृणीताम्
वृ	(१० उ०,हटाना,ढकना)	वारयति-ते	वारयाञ्चकार	वारयिता	वारयिष्यति	वारयतु
वृज्	१० उ०, छोड़ना)	वर्जयति-ते	वर्जयाञ्चकार	वर्जयिता	वर्जयिष्यति	वर्जयतु
वृत्	(१ आ०, होना)	वर्तते	ववृते	वर्तिता	वर्तिष्यते	वर्तताम्
वृध्	(१ आ०, बढ़ना)	वर्धते	ववृधे	वर्धिता	वर्धिष्यते	वर्धताम्
वृष्	(१ प०, बरसना)	वर्षति	ववर्ष	वर्षिता	वर्षिष्यति	वर्षतु
वे	(१ उ०, बुनना)	वयति-ते	ववौ	वाता	वास्यति	वयतु
वेप्	(१ आ०, काँपना)	वेपते	विवेपे	वेपिता	वेपिष्यते	वेपताम्
वेष्ट्	(१ आ० घेरना)	वेष्टते	विवेष्टे	वेष्टिता	वेष्टिष्यते	वेष्टताम्
व्यथ्	(१आ०, दुःखित होना)	व्यथते	विव्यथे	व्यथिता	व्यथिष्यते	व्यथताम्
व्यध्	(४ प०, बींधना)	विध्यति	विव्याध	व्यद्धा	व्यत्स्यति	विध्यतु
व्रज्	(१ प०, जाना) परि +	व्रजति	वव्राज	व्रजिता	व्रजिष्यति	व्रजतु
शक्	(५ प०, सकना)	शक्नोति	शशाक	शक्ता	शक्ष्यति	शक्नोतु
शङ्क्	(१ आ०, शंका करना)	शङ्कते	शशंके	शङ्किता	शङ्किष्यते	शङ्कताम्
शप्	(१ उ०, शाप देना)	शपति-ते	शशाप	शप्ता	शप्स्यति	शपतु
शम्	(४ प०, शान्त होना)	शाम्यति	शशाम	शमिता	शमिष्यति	शाम्यतु
शंस्	(१प०,प्रशंसाकरना)प्र +	शंसति	शशंस	शंसिता	शंसिष्यति	शंसतु
शान्	(१उ०,तेज करना)	शीशांसति	शीशांसांचकार	शीशांसिता	शीशांसिष्यति	शीशांसतु

लङ्	विधिलिङ्	आशीर्लिङ्	लुङ्	लृङ्	णिच्	कर्मवाच्य
अवदत्	वदेत्	उद्यात्	अवादीत्	अवदिष्यत्	वादयति	उद्यते
अवन्दत	वन्देत	वन्दिषीष्ट	अवन्दिष्ट	अवन्दिष्यत	वन्दयति	वन्द्यते
अवपत्	वपेत्	उप्यात्	अवाप्सीत्	अवप्स्यत्	वापयति	उप्यते
अवमत्	वमेत्	वम्यात्	अवमी[illegible]	अवमिष्यत्	वमयति	वम्यते
अवसत्	वसेत्	उष्यात्	अवात्सीत्	अवत्स्यत्	वासयति	उष्यते
अवहत्	वहेत्	उह्यात्	अवाक्षीत्	अवक्ष्यत्	वहयति	उह्यते
अवात्	वायात्	वायात्	अवासीत्	अवास्यत्	वापयति	वायते
अवाञ्छत्	वाञ्छेत्	वाञ्छयात्	अवाञ्छीत्	अवाञ्छिष्यत्	वाञ्छयति	वाञ्छयते
अवेत्	विद्यात्	विद्यात्	अवेदीत्	अवेदिष्यत्	वेदयति	विद्यते
अविद्यत	विद्येत	वित्सीष्ट	अवित्त	अवेत्स्यत	वेदयति	विद्यते
अविन्दत्	विन्देत्	विद्यात्	अविदत्	अवेदिष्यत्	वेदयति	विद्यते
अवेदयत	वेदयेत	वेदयिषीष्ट	अवीविदत	अवेदयिष्यत	वेदयति	वेद्यते
अविशत्	विशेत्	विश्यात्	अविक्षत्	अवेक्ष्यत्	वेशयति	विश्यते
अवेवेट्	वेविष्यात्	विष्यात्	अविषत्	अवेक्ष्यत	वेषयति	विष्यते
अवीजयत्	वीजयेत्	वीज्यात्	अवीविजत्	अवीजयिष्यत	वीजयति	वीज्यते
अवृणोत्	वृणुयात्	व्रियात्	अवारीत्	अवरिष्यत्	वारयति	व्रियते
अवृणीत	वृणीत	वृषीष्ट	अवरिष्ट	अवरिष्यत	वारयति	व्रियते
अवारयत	वारयेत	वार्यात्	अवीवरत	अवारयिष्यत	वारयति	वार्यते
अवर्जयत	वर्जयेत्	वर्ज्यात्	अवीवृजत्	अवर्जयिष्यत्	वर्जयति	वर्ज्यते
अवर्तत	वर्तेत	वर्तिषीष्ट	अवर्तिष्ट	अवर्तिष्यत	वर्तयति	वृत्यते
अवर्धत	वर्धेत	वर्धिषीष्ट	अवर्धिष्ट	अवर्धिष्यत	वर्धयति	वृध्यते
अवर्षत्	वर्षेत्	वृष्यात्	अवर्षीत्	अवर्षिष्यत्	वर्षयति	वृष्यते
अवयत्	वयेत्	ऊयात्	अवासीत्	अवास्यत्	वाययति	ऊयते
अवेपत	वेपेत	वेपिषीष्ट	अवेपिष्ट	अवेपिष्यत	वेपयति	वेप्यते
अवेष्टत	वेष्टेत	वेष्टिषीष्ट	अवेष्टिष्ट	अवेष्टिष्यत	वेष्टयति	वेष्ट्यते
अव्यथत	व्यथेत	व्यथिषीष्ट	अव्यथिष्ट	अव्यथिष्यत	व्यथयति	व्यथ्यते
अविध्यत्	विध्येत्	विध्यात्	अव्यात्सीत्	अव्यत्स्यत्	व्याधयति	विध्यते
अव्रजत्	व्रजेत्	व्रज्यात्	अव्राजीत्	अव्रजिष्यत्	व्राजयति	व्रज्यते
अशक्नोत्	शक्नुयात्	शक्यात्	अशकत्	अशक्ष्यत्	शाकयति	शक्यते
अशंकत	शंकेत	शंकिषीष्ट	अशंकिष्ट	अशंकिष्यत	शंकयति	शंक्यते
अशपत्	शपेत्	शप्यात्	अशाप्सीत्	अशप्स्यत्	शापयति	शप्यते
अशाम्यत्	शाम्येत्	शम्यात्	अशमत्	अशमिष्यत्	शमयति	शम्यते
अशंसत्	शंसेत्	शंस्यात्	अशंसीत्	अशंसिष्यत्	शंसयति	शस्यते
अशोशांसत्	शोशांसेत्	शोशांस्यात्	अशोशांसीत्	अशोशांसिष्यत्	शोशांसयति	शोशांस्यते

धातु	अर्थ	लट्	लिट्	लुट्	लृट्	लोट्
शास्	(२ प०, शिक्षा देना)	शास्ति	शशास	शासिता	शासिष्यति	शास्तु
शिक्ष्	(१ आ०, सीखना)	शिक्षते	शिशिक्षे	शिक्षिता	शिक्षिष्यते	शिक्षताम्
शी	(२ आ०, सोना)	शेते	शिश्ये	शयिता	शयिष्यते	शेताम्
शुच्	(१ प०, शोक करना)	शोचति	शुशोच	शोचिता	शोचिष्यति	शोचतु
शुध्	(४ प०, शुद्ध होना)	शुध्यति	शुशोध	शोद्धा	शोत्स्यति	शुध्यतु
शुभ्	(१ आ०, चमकना)	शोभते	शुशुभे	शोभिता	शोभिष्यते	शोभताम्
शुष्	(४ प०, सूखना)	शुष्यति	शुशोष	शोष्टा	शोक्ष्यति	शुष्यतु
शॄ	(९ प०, नष्ट करना)	शृणाति	शशार	शरिता	शरिष्यति	शृणातु
शो	(४ प०, छीलना)	श्यति	शशौ	शाता	शास्यति	श्यतु
श्चुत्	(१ प०, चूना)	श्चोतति	चुश्चोत	श्चोतिता	श्चोतिष्यति	श्चोततु
श्रम्	(४ प०, श्रम करना)	श्राम्यति	शश्राम	श्रमिता	श्रमिष्यति	श्राम्यतु
श्रि	(१ उ०, आश्रय लेना)	आश्रयति-ते	शिश्राय	श्रयिता	श्रयिष्यति	श्रयतु
श्रु	(१ प०, सुनना)	शृणोति	शुश्राव	श्रोता	श्रोष्यति	शृणोतु
श्लाघ्	(१ आ०, प्रशंसा करना)	श्लाघते	शश्लाघे	श्लाघिता	श्लाघिष्यते	श्लाघताम्
श्लिष्	(४ प०, आलिंगन०)	श्लिष्यति	शिश्लेष	श्लेष्टा	श्लेक्ष्यति	श्लिष्यतु
श्वस्	(२ प०, साँस लेना)	श्वसिति	शश्वास	श्वसिता	श्वसिष्यति	श्वसितु
ष्ठीव्	(१ प०, थूकना) नि +	ष्ठीवति	तिष्ठेव	ष्ठेविता	ष्ठेविष्यति	ष्ठीवतु
सञ्ज्	(१ प०, मिलना)	सजति	ससञ्ज	सङ्क्ता	सङ्क्ष्यति	सजतु
सद्	(१ प०, बैठना) नि +	सीदति	ससाद	सत्ता	सत्स्यति	सीदतु
सह्	(१ आ०, सहना)	सहते	सेहे	सहिता	सहिष्यते	सहताम्
साध्	(५ प०, पूरा करना)	साध्नोति	ससाध	साद्धा	सात्स्यति	साध्नोतु
सान्त्व्	(१०उ०,धैर्य बँधाना)	सान्त्वयति	सान्त्वयांचकार	सान्त्वयिता	सान्त्वयिष्यति	सान्त्वयतु
सि	(५ उ०, बाँधना)	सिनोति	सिषाय	सेता	सेष्यति	सिनोतु
सिच्	(६ उ०, सींचना)	सिंचति-ते	सिषेच	सेक्ता	सेक्ष्यति	सिंचतु
सिध्	(४ प०, पूरा होना)	सिध्यति	सिषेध	सेद्धा	सेत्स्यति	सिध्यतु
सिव्	(४ प०, सीना)	सीव्यति	सिषेव	सेविता	सेविष्यति	सीव्यतु
सु	(५ उ०, निचोड़ना)	सुनोति	सुषाव	सोता	सोष्यति	सुनोतु
सू	(२ आ०, जन्म देना)	सूते	सुषुवे	सविता	सविष्यते	सूताम्
सूच्	(१० उ०,सूचना देना)	सूचयति	सूचयांचकार	सूचयिता	सूचयिष्यति	सूचयतु
सूत्र्	(१०उ०,संक्षिप्त करना)	सूत्रयति	सूत्रयांचकार	सूत्रयिता	सूत्रयिष्यति	सूत्रयतु
सृ	(१ प०, सरकना)	सरति	ससार	सर्ता	सरिष्यति	सरतु
सृज्	(६ प०, बनाना)	सृजति	ससर्ज	स्रष्टा	स्रक्ष्यति	सृजतु

लङ्	विधिलिङ्	आशीर्लिङ्	लुङ्	लृङ्	णिच्	कर्मवाच्य
अशात्	शिष्यात्	शिष्यात्	अशिषत्	अशासिष्यत्	शासयति	शिष्यते
अशिक्षत	शिक्षेत	शिक्षिषीष्ट	अशिक्षिष्ट	अशिक्षिष्यत	शिक्षयति	शिक्ष्यते
अशेत	शयीत	शयिषीष्ट	अशयिष्ट	अशयिष्यत	शाययति	शय्यते
अशोचत्	शोचेत्	शुच्यात्	अशोचीत्	अशोचिष्यत्	शोचयति	शुच्यते
अशुध्यत्	शुध्येत्	शुध्यात्	अशुधत्	अशोत्स्यत्	शोधयति	शुध्यते
अशोभत	शोभेत	शोभिषीष्ट	अशोभिष्ट	अशोभिष्यत	शोभयति	शुभ्यते
अशुष्यत्	शुष्येत्	शुष्यात्	अशुषत्	अशोक्ष्यत्	शोषयति	शुष्यते
अशृणात्	शृणीयात्	शीर्यात्	अशारीत्	अशरिष्यत्	शारयति	शीर्यते
अश्यत्	श्येत्	शायात्	अशासीत्	अशास्यत्	शाययति	शायते
अश्चोतत्	श्चोतेत्	श्चुत्यात्	अश्चोतीत्	अश्चोतिष्यत्	श्चोतयति	श्चुत्यते
अश्राम्यत्	श्राम्येत्	श्रम्यात्	अश्रमत्	अश्रमिष्यत्	श्रमयति	श्रम्यते
अश्रयत्	श्रयेत्	श्रीयात्	अशिश्रियत्	अश्रयिष्यत्	श्राययति	श्रीयते
अशृणोत्	शृणुयात्	श्रूयात्	अश्रौषीत्	अश्रोष्यत्	श्रावयति	श्रूयते
अश्लाघत	श्लाघेत	श्लाघिषीष्ट	अश्लाघिष्ट	अश्लाघिष्यत्	श्लाघयति	श्लाघ्यते
अश्लिष्यत्	श्लिष्येत्	श्लिष्यात्	अश्लिक्षत्	अश्लेक्ष्यत्	श्लेषयति	श्लिष्यते
अश्वसीत्	श्वस्यात्	श्वस्यात्	अश्वसीत्	अश्वसिष्यत्	श्वासयति	श्वस्यते
अष्ठीवत्	ष्ठीवेत्	ष्ठीव्यात्	अष्ठेवीत्	अष्ठेविष्यत्	ष्ठेवयति	ष्ठीव्यते
असजत्	सजेत्	सज्यात्	असाङ्क्षीत्	असङ्क्ष्यत्	सञ्जयति	सज्यते
असीदत्	सीदेत्	सद्यात्	असदत्	असत्स्यत्	सादयति	सद्यते
असहत	सहेत	सहिषीष्ट	असहिष्ट	असहिष्यत	साहयति	सह्यते
असाध्नोत्	साध्नुयात्	साध्यात्	असात्सीत्	असात्स्यत्	साधयति	साध्यते
असान्त्वयत्	सान्त्वयेत्	सान्त्व्यात्	अससान्त्वत्	असान्त्वयिष्यत्	सान्त्वयति	सान्त्व्यते
असिनोत्	सिनुयात्	सीयात्	असैषीत्	असेष्यत्	साययति	सीयते
असिञ्चत्	सिञ्चेत्	सिच्यात्	असिचत्	असेक्ष्यत्	सेचयति	सिच्यते
असिध्यत्	सिध्येत्	सिध्यात्	असिधत्	असेत्स्यत्	साधयति	सिध्यते
असीव्यत्	सीव्येत्	सीव्यात्	असेवीत्	असेविष्यत्	सेवयति	सीव्यते
असुनोत्	सुनुयात्	सूयात्	असावीत्	असोष्यत्	सावयति	सूयते
असूत	सुवीत	सविषीष्ट	असविष्ट	असविष्यत्	सावयति	सूयते
असूचयत्	सूचयेत्	सूच्यात्	असूसुचत्	असूचयिष्यत्	सूचयति	सूच्यते
असूत्रयत्	सूत्रयेत्	सूत्र्यात्	असुसूत्रत्	असूत्रयिष्यत्	सूत्रयति	सूत्र्यते
असरत्	सरेत्	स्रियात्	असार्षीत्	असरिष्यत्	सारयति	स्रियते
असृजत्	सृजेत्	सृज्यात्	अस्राक्षीत्	अस्रक्ष्यत्	सर्जयति	सृज्यते

धातु	अर्थ	लट्	लिट्	लुट्	लृट्	लोट्
सेव्	(१ आ०, सेवा करना)	सेवते	सिषेवे	सेविता	सेविष्यते	सेवताम्
सो	(४ प०, नष्ट होना)अव +	स्यति	ससौ	साता	सास्यति	स्यतु
स्खल्	(१ प०, गिरना)	स्खलति	चस्खाल	स्खलिता	स्खलिष्यति	स्खलतु
स्तु	(२ उ०, स्तुति करना)	स्तौति	तुष्टाव	स्तोता	स्तोष्यति	स्तौतु
स्तॄ	(६ उ०, ढकना, फैलाना)	स्तृणाति	तस्तार	स्तरिता	स्तरिष्यति	स्तृणातु
स्था	(१ प०, रुकना)	तिष्ठति	तस्थौ	स्थाता	स्थास्यति	तिष्ठतु
स्ना	(२ प०, नहाना)	स्नाति	सस्नौ	स्नाता	स्नास्यति	स्नातु
स्निह्	(४ प०, स्नेह करना)	स्निह्यति	सिष्णेह	स्नेहिता	स्नेहिष्यति	स्निह्यतु
स्पन्द्	(१ आ०, फड़कना)	स्पन्दते	पस्पन्दे	स्पन्दिता	स्पन्दिष्यते	स्पन्दताम्
स्पर्ध्	(१ आ०, स्पर्धा करना)	स्पर्धते	पस्पर्धे	स्पर्धिता	स्पर्धिष्यते	स्पर्धताम्
स्पृश्	(६ प०, छूना)	स्पृशति	पस्पर्श	स्प्रष्टा	स्प्रक्ष्यति	स्पृशतु
स्पृह्	(१० उ०, चाहना)	स्पृहयति	स्पृहयांचकार	स्पृहयिता	स्पृहयिष्यति	स्पृहयतु
स्फुट्	(६ प०, खिलना)	स्फुटति	पुस्फोट	स्फुटिता	स्फुटिष्यति	स्फुटतु
स्फुर्	(६ प०, फड़कना)	स्फुरति	पुस्फोर	स्फुरिता	स्फुरिष्यति	स्फुरतु
स्मि	(१ आ०, मुस्कराना)	स्मयते	सिस्मिये	स्मेता	स्मेष्यते	स्मयताम्
स्मृ	(१ प०, सोचना)	स्मरति	सस्मार	स्मर्ता	स्मरिष्यति	स्मरतु
स्यन्द्	(१ आ०, बहना)	स्यन्दते	सस्यन्दे	स्यन्दिता	स्यन्दिष्यते	स्यन्दताम्
स्रंस्	(१ आ०, सरकाना)	स्रंसते	सस्रंसे	स्रंसिता	स्रंसिष्यते	स्रंसताम्
स्रु	(१ प०, चूना, निकलना)	स्रवति	सुस्राव	स्रोता	स्रोष्यति	स्रवतु
स्वद्	(१ उ०, स्वाद लेना)	आस्वादयति	स्वादयांचकार	स्वादयिता	स्वादयिष्यति	स्वादयतु
स्वप्	(२ प०, सोना)	स्वपिति	सुष्वाप	स्वप्ता	स्वप्स्यति	स्वपितु
हन्	(२ प०, मारना)	हन्ति	जघान	हन्ता	हनिष्यति	हन्तु
हस्	(१ प०, हँसना)	हसति	जहास	हसिता	हसिष्यति	हसतु
हा	(३ प०, छोड़ना)	जहाति	जहौ	हाता	हास्यति	जहातु
हिंस्	(७ प०, हिंसा करना)	हिनस्ति	जिहिंस	हिंसिता	हिंसिष्यति	हिनस्तु
हु	(३ प०, यज्ञ करना)	जुहोति	जुहाव	होता	होष्यति	जुहोतु
हृ	(१ उ०, लेजाना, चुराना)	हरति-ते	जहार	हर्ता	हरिष्यति	हरतु
हृष्	(४ प०, खुश होना)	हृष्यति	जहर्ष	हर्षिता	हर्षिष्यति	हृष्यतु
ह्नु	(२ आ०, छिपाना) अप +	ह्नुते	जुह्नुवे	ह्नोता	ह्नोष्यते	ह्नुताम्
ह्रस्	(१ प०, कम होना)	ह्रसति	जह्रास	ह्रसिता	ह्रसिष्यति	ह्रसतु
ह्री	(३ प०, लजाना)	जिह्रेति	जिह्राय	ह्रेता	ह्रेष्यति	जिह्रेतु
ह्वे	(१ उ०, आ + बुलाना)	आह्वयति	आजुहाव	आह्वाता	आह्वास्यति	आह्वयतु

लङ्	विधिलिङ्	आशीर्लिङ्	लुङ्	लृङ्	णिच्	कर्मवाच्य
असेवत	सेवेत	सेविषीष्ट	असेविष्ट	असेविष्यत	सेवयति	सेव्यते
अस्यत्	स्येत्	सेयात्	असासीत्	असास्यत्	साययति	सीयते
अस्खलत्	स्खलेत्	स्खल्यात्	अस्खालीत्	अस्खलिष्यत्	स्खलति	स्खल्यते
अस्तौत्	स्तुयात्	स्तूयात्	अस्तावीत्	अस्तोष्यत्	स्तावयति	स्तूयते
अस्तृणात्	स्तृणीयात्	स्तीर्यात्	अस्तारीत्	अस्तरिष्यत्	स्तारयति	स्तीर्यते
अतिष्ठत्	तिष्ठेत्	स्थेयात्	अस्थात्	अस्थास्यत्	स्थापयति	स्थीयते
अस्नात्	स्नायात्	स्नायात्	अस्नासीत्	अस्नास्यत्	स्नपयति	स्नायते
अस्निह्यत्	स्निह्येत्	स्निह्यात्	अस्निहत्	अस्नेहिष्यत्	स्नेहयति	स्निह्यते
अस्पन्दत	स्पन्देत	स्पन्दिषीष्ट	अस्पन्दिष्ट	अस्पन्दिष्यत	स्पन्दयति	स्पन्द्यते
अस्पर्धत	स्पर्धेत	स्पर्धिषीष्ट	अस्पर्धिष्ट	अस्पर्धिष्यत	स्पर्धयति	स्पर्ध्यते
अस्पृशत्	स्पृशेत्	स्पृश्यात्	अस्प्राक्षीत्	अस्प्रक्ष्यत्	स्पर्शयति	स्पृश्यते
अस्पृहयत्	स्पृहयेत्	स्पृह्यात्	अपस्पृहत्	अस्पृहयिष्यत्	स्पृहयति	स्पृह्यते
अस्फुटत्	स्फुटेत्	स्फुट्यात्	अस्फुटीत्	अस्फुटिष्यत्	स्फोटयति	स्फुट्यते
अस्फुरत्	स्फुरेत्	स्फूर्यात्	अस्फुरीत्	अस्फुरिष्यत्	स्फारयति	स्फूर्यते
अस्मयत	स्मयेत	स्मेषीष्ट	अस्मेष्ट	अस्मेष्यत	स्माययति	स्मीयते
अस्मरत्	स्मरेत्	स्मर्यात्	अस्मार्षीत्	अस्मरिष्यत्	स्मारयति	स्मर्यते
अस्यन्दत	स्यन्देत	स्यन्दिषीष्ट	अस्यन्दिष्ट	अस्यन्दिष्यत	स्यन्दयति	स्यद्यते
अस्रंसत	स्रंसेत	स्रंसिषीष्ट	अस्रंसिष्ट	अस्रंसिष्यत	स्रंसयति	स्रस्यते
अस्रवत्	स्रवेत्	स्रूयात्	असुस्रुवत्	अस्रोस्यत्	स्रावयति	स्रूयते
अस्वादयत्	स्वादयेत्	स्वाद्यात्	असिष्वदत्	अस्वादयिष्यत्	स्वादयति	स्वाद्यते
अस्वपीत्	स्वप्यात्	सुप्यात्	अस्वाप्सीत्	अस्वप्स्यत्	स्वापयति	सुप्यते
अहन्	हन्यात्	वध्यात्	अवधीत्	अहनिष्यत्	घातयति	हन्यते
अहसत्	हसेत्	हस्यात्	अहसीत्	अहसिष्यत्	हासयति	हस्यते
अजहात्	जह्यात्	हेयात्	अहासीत्	अहास्यत्	हापयति	हीयते
अहिनत्	हिंस्यात्	हिंस्यात्	अहिंसीत्	अहिंसिष्यत्	हिंसयति	हिंस्यते
अजुहोत्	जुहुयात्	हूयात्	अहौषीत्	अहोष्यत्	हावयति	हूयते
अहरत्	हरेत्	ह्रियात्	अहार्षीत्	अहरिष्यत्	हारयति	ह्रियते
अहृष्यत्	हृष्येत्	हृष्यात्	अहृषत्	अहर्षिष्यत्	हर्षयति	हृष्यते
अह्नुत	ह्नुवीत	ह्नोषीष्ट	अह्नोष्ट	अह्नोष्यत	ह्नावयति	ह्नूयते
अह्नसत्	ह्लसेत्	ह्लस्यात्	अह्लासीत्	अह्लसिष्यत्	ह्लासयति	ह्लस्यते
अजिहेत्	जिह्रीयात्	ह्रीयात्	अह्रैषीत्	अह्रेष्यत्	ह्रेपयति	ह्रीयते
आह्वयत्	आह्वयेत्	आहूयात्	आह्वत्	आह्वास्यत्	आह्वाययति	आहूयते

कृदन्त-प्रकरण

धातोः ।१।१।९१।

धातु में जिस प्रत्यय को जोड़कर संज्ञा, विशेषण या अव्यय बनता है, उसको कृत प्रत्यय कहते हैं और उसके द्वारा जो शब्द सिद्ध होता है उसको कृदन्त (जिसके अन्त में कृत् हो) कहते हैं, यथा—कृधातु से तृच् प्रत्यय जोड़कर 'कर्तृ' शब्द बना। यहाँ पर तृच् (कृत्) प्रत्यय है और कर्तृ कृदन्त शब्द है।

कृदतिङ् ।३।१।९३।

कृत् प्रत्ययान्त अतिङ् होते हैं। दोनों में अन्तर यह है कि तिङन्त सदा क्रिया ही होते हैं, कृत् प्रत्ययान्त (जो कि अतिङन्त है) संज्ञा, विशेषण या अव्यय होते हैं। तद्धित तथा कृत् में भेद यह है कि कृत् धातुओं में ही जोड़ा जाता है, किन्तु तद्धित किसी संज्ञा, विशेषण, अव्यय अथवा क्रिया के बाद जोड़कर उनसे अन्य संज्ञा, विशेषण, अव्यय तथा क्रिया बनायी जाती है।

कृदन्त जब संज्ञा या विशेषण होते हैं तब उनके रूप चलते हैं, यथा—कृ + तृच् = कर्ता, कर्तारौ, कर्तारः आदि, किन्तु अव्यय एक रूप रहते हैं, जैसे—कृ + त्वा = कृत्वा, यह सदा एक रूप रहेगा।

कभी-कभी कृदन्त भी क्रिया का काम देते हैं, यथा—स गतः (वह गया) में 'गत' शब्द क्रिया का काम देता है। कृत् प्रत्ययों के मुख्य तीन भेद होते हैं—(१) कृत्य, (२) कृत् और (३) उणादि।

(१) कृत्य प्रत्यय

(तव्यत्, तव्य, अनीयर, यत्)

कृत्याः ।३।१।९५।

कृत्य प्रत्यय सात हैं—तव्यत्, तव्य, अनीयर, केलिमर, यत्, क्यप्, और ण्यत्। ये कर्मवाच्य तथा भाववाच्य में ही प्रयुक्त होते हैं, कर्तृवाच्य में नहीं। ये संज्ञाओं के विशेषण स्वरूप भी प्रयोग में आते हैं, यथा—

दानीयो ब्राह्मणः—वह ब्राह्मण जिसे दान दिया जाना चाहिए।

गन्तव्या नगरी—वह नगरी जहाँ जाना चाहिए।

कर्तव्यं कर्म—वह कार्य जो किया जाना चाहिए।

स्नानीयं चूर्णम्—वह चूर्ण जिससे स्नान किया जाय।

पक्तव्याः माषाः—वे उड़द जो पकाये जाने चाहिएँ।

इन उदाहरणों से स्पष्ट है कि जो अर्थ हिन्दी में 'चाहिए' 'योग्य' आदि शब्दों से प्रकट किया जाता है वही अर्थ संस्कृत में कृत्य प्रत्ययान्त शब्दों से प्रकट होता है। यही भाव विधिलिङ् से भी प्रकट होता है, यथा—शिष्यः गुरुं सेवेत (चेला गुरु की सेवा करे), पुत्रः पितरम् अनुकुर्यात् (पुत्र पिता का अनुकरण करे) अर्थात् पुत्र को पिता का अनुकरण करना चाहिए। कृत्यान्त शब्दों के रूप संज्ञा शब्दों की भाँति तीनों लिङ्गों में चलते हैं—पुँल्लिङ्ग और नपुंसक लिङ्ग में अकारान्त और स्त्रीलिङ्ग में आकारान्त।

तव्यत्तव्यानीयरः।३।१।९२। केलिमर उपसंख्यानम्। वा०।

तव्यत् (तव्य), तव्य, अनीयर (अनीय) और केलिमर (एलिम) ये प्रायः समस्त धातुओं में लगाये जा सकते हैं। त् और र् के हल् होने से वैदिक संस्कृत में स्वरों में अन्तर पड़ता है।

जो धातुएँ सेट् हैं उनमें प्रत्यय और धातु के बीच में 'इ' लगाया जाता है और अनिट् में नहीं। उदाहरणार्थ कुछ रूप—

धातु	तव्य	अनीय	धातु	तव्य	अनीय	एलिम
पठ्	पठितव्य	पठनीय	छिद्	छेत्तव्य	छेदनीय	छिदेलिम
भू	भवितव्य	भवनीय	भिद्	भेत्तव्य	भेदनीय	भिदेलिम
गम्	गन्तव्य	गमनीय	पच्	पक्तव्य	पचनीय	पचेलिम
नी	नेतव्य	नयनीय	शंस्	शंसितव्य	शंसनीय	
चि	चेतव्य	चयनीय	सृज्	स्रष्टव्य	सर्जनीय	
चर	चरितव्य	चरणीय	कथ्	कथितव्य	कथनीय	
दा	दातव्य	दानीय	चुर्	चोरितव्य	चोरणीय	
भुज	भोक्तव्य	भोजनीय	पूज्	पूजितव्य	पूजनीय	
अद्	अत्तव्य	अदनीय	जिगमिष्	जिगमिष्टव्य	जिगमिषणीय	
भक्ष	भक्षितव्य	भक्षणीय	बुबोधिष्	बुबोधिष्टव्य	बुबोधिषणीय	

अचोयत्।३।१।९७। पोरदुपधात्।३।१।९८।

कृत्य प्रत्यय केवल ऐसी धातुओं में जोड़ा जाता है जिनके अन्त में कोई स्वर हो या जिनके अन्त में पवर्ग का कोई अक्षर हो और उपधा में अकार हो। यत् के पूर्व स्वर को गुण होता है।

ईद्यति।६।४।६५।

यदि यत् के पूर्व आ हो तो उसके स्थान पर पहले 'ई' होती है और फिर गुण (ए) हो जाता है। यत् के पूर्व यदि धातु का अन्तिम स्वर ए ऐ, ओ औ, हो तो उनके स्थान पर ई हो जाता है और फिर गुण (ए) हो जाता है, यथा—

दा + यत् = द् + ई + य + देय	शप् + यत् = शप् + य = शप्य
धा + यत् = ध् + ई + य = धेय	जप् + यत् = जप् + य = जप्य
गै + यत् = गी + य = गेय	लप् + यत् = लप् + य = लप्य
छो + यत् = छी + य = छेय	लभ् + यत् = लभ् + य = लभ्य
चि + यत् = चे + य = चेय	आ + लभ् + यत् = आलभ्य
नी + यत् = ने + य = नेय	उप + लभ् + यत् = उपलभ्य

आङो यि ।७।१।६५। उपात्प्रशंसायाम् ।७।१।६६।

लभ् धातु के पूर्व यदि 'आ' उपसर्ग हो या प्रशंसार्थक 'उप' उपसर्ग हो और आगे यकारादि प्रत्यय हो तो मध्य में नुम् (न् = म्) हो जाता है, यथा—उपलम्भ्यः साधुः (साधु प्रशंसनीय होता है।) प्रशंसा न होने पर—उपलभ्य (उलहना देने योग्य) रूप बनेगा।

कुछ और व्यञ्जनान्त धातुएँ जिनमें यत् लगता है—

तकिशसिचतियतिजनिभ्यो यद्वाच्यः। वा०।

तक (हसने) = तक्य। शस् (हिंसायाम्) शस्य।
चते (याचने) = चत्य। यत् = यत्य, जन् = जन्य।

हनो वा यद्वधश्च वक्तव्यः। वा०।

हन् + यत् = वध्य, हन् + ण्यत् = घात्य।
(शकिसहोश्च ।३।१।९९।) शक् + यत् = शक्य। सह् + यत् = सह्य।
गदमदचरयमश्चानुपसर्गे ।३।१।१००। गद् + यत् = गद्य। मद् + यत् = मद्य। चर् + यत् = चर्य। यम् + यत् = यम्य।
वह्यं करणम् ।३।१।१०२। वह् + यत् = वह्य (वह्यं शकटम्)।

अर्यः स्वामिवैश्ययोः ।३।१।१०३।

ऋ + यत् = अर्य (स्वामी या वैश्य)। ब्राह्मण के अर्थ में आर्यः (प्राशस्त्यः) यह अर्थ होगा।

अजर्यं संगतम् ।३।१।१०५।

ज के पूर्व नञ् होने पर यत् प्रत्यय होता है और वह संगत का विशेषण होता है, यथा अजर्यम् (अविनाशि, स्थायि) सङ्गतम्।

क्यप्-प्रत्यय

कतिपय धातुओं में ही क्यप् (य) लगता है। क्यप् के पूर्व धातु का अन्तिम स्वर यदि ह्रस्व हो तो उसके बाद अर्थात् धातु और प्रत्यय के मध्य में त् आ जाता है, यथा—स्तु + क्यप् = स्तु + त् + य = स्तुत्य। यहाँ गुण नहीं होता।

एतिस्तुशास्वृदृजुषः क्यप् ।३।१।१०६। मृजे र्विभाषा ।३।१।१३। भृञोऽसंज्ञायाम् ।३।१।११२। विभाषाकृवृषोः ।३।१।१२०।

इ (जाना) + क्यप् = इत्य (गमनीय)
स्तु + क्यप् = स्तुत्य । शास् + क्यप् = शिष्य ।
वृ + क्यप् = वृत्य (वरणीय) । दृ + क्यप् = (आ) दृत्य = (आदरणीय) ।
जुष् + क्यप् = जुष्य (सेव्य) । मृज् + क्यप् = मृज्य (पवित्र करने लायक) ।
भृ + क्यप् = भृत्य (सेवक) । कृ + क्यप् = कृत्य ।
वृष् + क्यप् = वृष्य (सींचने लायक) ।

कृ, भृ, मृज् और वृष् में क्यप् विकल्प से ही लगता है। क्यप् न लगने पर ण्यत् प्रत्यय लगेगा और इनके रूप कार्य, भार्या, मार्ग्य और वर्ष्य बनेंगे।

ण्यत्-प्रत्यय

ऋहलोर्ण्यत् ।३।१।१२४।

जिन धातुओं का अन्तिम अक्षर ऋ अथवा कोई व्यञ्जन हो, उनके उपरान्त ण्यत् (य) प्रत्यय लगता है। इसके पूर्व धातु के स्वर को वृद्धि हो जाती है, यदि उपधा में अ हो तो उसे आ हो जाता है और कोई अन्य स्वर हो तो उसे गुण हो जाता है।

चजोःकुघिण्यतोः ।७।३।५२। न क्वादेः ।७।३।५९।

ण्यत् तथा घित् (घ-इत्) प्रत्यय लगने पर पूर्व के च् और ज् के स्थान में क् और ग् क्रमशः हो जाते हैं, किन्तु यदि धातु कवर्ग से आरम्भ होती हो (जैसे गर्ज्) तो यह परिवर्तन न होगा।

ऋकारान्त धातुओं में ण्यत् प्रत्यय लगता है और अन्य स्वरान्त धातुओं में यत्। क्यप् और यत् प्रत्ययवाली व्यंजनान्त धातुओं को छोड़कर शेष धातुओं में ण्यत् प्रत्यय लगता है। उदाहरण—

कृ + ण्यत् = क् + आर् + य = कार्य।
मृज् + ण्यत् = म् + आर् + ग् + य = मार्ग्य (पवित्र करने लायक)
(उपधा के ऋ को वृद्धि और ज के स्थान में ग)
पठ् + ण्यत् = प् + आ + ठ् + य = पाठ्य (उपधा के अ को वृद्धि)
पच् + ण्यत् = प + आ + क् + य = पाक्य (पकाने लायक)
(उपधा के अ को वृद्धि और च् को क्)
वृष् + ण्यत् = व् + अर् + ष् + य = वर्ष्य (उपधा के ऋ को गुण) ।

यजयाचरुचप्रवचर्चश्च ।७।३।६६। त्यजेश्च ।वा०।

यज्, याच्, रुच्, प्रवच, ऋच् और त्यज् धातुओं के च् और ज् को क् और ग् नहीं होता, इनके रूप इस प्रकार होंगे—

याज्य (यज्ञ में देने योग्य पूज्य)।

याच्य (माँगने योग्य), रोच्य (प्रकाश करने योग्य)।

अर्च्य (पूज्य), त्याज्य, प्रवाच्य (ग्रन्थ विशेष)।

भोज्यं भक्ष्ये ।७।३।६६। भोग्यमन्यत्।

भोज्यम् (खाने योग्य), भोग्यम् (भोग करने योग्य)।

वचोऽशब्दसंज्ञायाम् ।७।३।६७।

वाच्यम् (कथन योग्य), वाक्य (पद समूह)।

ओरावश्यके ।३।१।१२५।

आवश्यकता के बोध कराने पर उकारान्त या ऊकारान्त धातुओं में भी ण्यत् प्रत्यय लगता है, यथा—

श्रू + ण्यत् = श्राव्य (अवश्य सुनने लायक)।

पू + ण्यत् = पाव्य (अवश्य पवित्र करने लायक)।

यू + ण्यत् = याव्य (अवश्य मिलाने लायक)।

लू + ण्यत् = लाव्य (अवश्य काटने लायक)।

वसेस्तव्यत्कर्तरि णिच्च ।वा०। भव्यगेयप्रवचनीयोपस्थानीयजन्याप्लाव्यापात्या वा ।३।४।६८।

कृत्य प्रत्ययान्त शब्द प्रायः भाववाच्य और कर्मवाच्य में ही प्रयुक्त होते हैं, किन्तु कुछ कृत्यान्त शब्द कर्तृवाच्य में भी प्रयुक्त होते हैं, यथा—

वस् + तव्य = वास्तव्यः (वसने वाला)।

भू + यत् = भव्यः (होने वाला)।

गै + यत् = गेयः (गानेवाला)।

प्रवच् + अनीयर् = प्रवचनीयः (वक्ता)।

उपस्था + अनीयर् = उपस्थानीयः (निकट खड़ा होनेवाला)।

जन् + यत् = जन्यः (जनक)।

आप्लु + ण्यत् = आप्लाव्यः (तैरनेवाला)।

आपत् + ण्यत् = आपात्यः (गिरने वाला)।

उपर्युक्त शब्द विकल्प से ही कर्तृवाच्य हैं। कृत्यान्त होने से भाववाच्य तथा कर्मवाच्य में तो होते ही हैं, यथा—

भव्योऽयं, भव्यमनेन वा। गेयः साम्नामयम् (वह सामका गायक है)। गेयं सामानैन (कर्मवाच्य)।

संस्कृत में अनुवाद करो—

१—पाठशाला में देर से न पहुँचना चाहिए। २—छात्रों को सदाचार से रहना चाहिए। ३—परिश्रम करके निर्वाह करना चाहिए, भीख माँगना अनुचित

है। ४—सैनिकों को देश के लिए प्राण दे देने चाहिएँ। ५—स्वार्थ के लिए दूसरों की हानि न करनी चाहिए। ६—छात्रों को प्रातःकाल उठकर ईश्वर से प्रार्थना करनी चाहिए। ७—स्वच्छ भोजन करना और स्वच्छ जल पीना चाहिए। ८—प्रत्येक नागरिक को अपना इतिहास और भूगोल जानना चाहिए। ९—हमें अपना कर्त्तव्य पालन करना चाहिए। १०—योग्य पुरुष को ही उपदेश देना चाहिए। ११—दुष्ट के साथ न ठहरना और न जाना ही चाहिए। १२—छात्रों को अपने-अपने गुरुओं से सन्देह निवृत्त करना चाहिए। १३—सदा वही काम करना चाहिए जो करने के योग्य हो। १४—नीच पुरुष से भी उपदेश ग्रहण करना चाहिए। १५—मेरी बात पर आपको थोड़ा भी सन्देह नहीं करना चाहिए। १६—निर्धन और असहाय मनुष्यों को देखकर नहीं हँसना चाहिए। १७—मृत्यु को देखकर हमें जरा भी नहीं डरना चाहिए। १८—हमें अब जल्दी अपना अध्ययन समाप्त करना चाहिए। १९—हमें सदैव दुष्टों का संग छोड़ना चाहिए। २०—हमें अपने गुरुजनों की सेवा करनी चाहिए।

(२) कृत् प्रत्यय

भूतकालिक कृदन्त

भूते।३।२।८४। क्तक्तवतू निष्ठा।१।२।२६।

भूतकाल के कृत् प्रत्यय मुख्यतः दो हैं—क्त (त), क्तवतु (तवत्)। इन दोनों प्रत्ययों का नाम 'निष्ठा' भी है। निष्ठा का अर्थ है 'समाप्ति'। अतः क्त और क्तवतु किसी कार्य की समाप्ति के सूचक हैं। 'तेन हसितम्' का अर्थ हुआ कि हँसने का कार्य समाप्त हुआ, इसी प्रकार 'सः पुस्तकं पठितवान्' का अर्थ हुआ कि उसने पुस्तक पढ़ डाली—पढ़ने का कार्य समाप्त हुआ।

क्त और क्तवतु में 'क्' और 'उ' का लोप हो जाता है और "त" और "तवत्" शेष रह जाते हैं। क्त और क्तवतु प्रत्ययान्त शब्दों के रूप तीनों लिंगों और सातों विभक्तियों में विशेष्य के अनुसार चलते हैं। क्त प्रत्ययान्त शब्द पुँल्लिङ्ग और नपुंसक लिङ्ग में अकारान्त और स्त्रीलिङ्ग में आकारान्त होते हैं। क्तवतु प्रत्ययान्त शब्द पुँल्लिङ्ग और नपुंसकलिंग में तकारान्त (धीमत् के समान) और स्त्रीलिङ्ग में ईकारान्त (नदी की भाँति) चलते हैं, यथा—

क्त (त) प्रत्ययान्त

	पुं०	नपुं०	स्त्री०
पठ्	पठितः	पठितम्	पठिता
गम्	गतः	गतम्	गता

धातु	पुँ०	नपुं०	स्त्री०
त्यज्	त्यक्तः	त्यक्तम्	त्यक्ता
ग्रह्	गृहीतः	गृहीतम्	गृहीता
भू	भूतः	भूतम्	भूता
पा	पातः	पातम्	पाता
स्ना	स्नातः	स्नातम्	स्नाता
प्रच्छ्	पृष्टः	पृष्टम्	पृष्टा
भिद्	भिन्नः	भिन्नम्	भिन्ना
कृ	कृतः	कृतम्	कृता
शक्	शक्तः	शक्तम्	शक्ता
सिच्	सिक्तः	सिक्तम्	सिक्ता
शीङ्	शयितः	शयितम्	शयिता
मन्	मतः	मतम्	मता
शम्	शान्तः	शान्तम्	शान्ता

क्तवतु (तवत्) प्रत्ययान्त

पठ्	पठितवान्	पठितवत्	पठितवती
गम्	गतवान्	गतवत्	गतवती
त्यज्	त्यक्तवान्	त्यक्तवत्	त्यक्तवती
ग्रह्	गृहीतवान्	गृहीतवत्	गृहीतवती
भू	भूतवान्	भूतवत्	भूतवती
पा	पातवान्	पातवत्	पातवती
स्ना	स्नातवान्	स्नातवत्	स्नातवती
प्रच्छ्	पृष्ठवान्	पृष्ठवत्	पृष्ठवती
भिद्	भिन्नवान्	भिन्नवत्	भिन्नवती
कृ	कृतवान्	कृतवत्	कृतवती
शक्	शक्तवान्	शक्तवत्	शक्तवती
सिच्	सिक्तवान्	सिक्तवत्	सिक्तवती
शीङ्	शयितवान्	शयितवत्	शयितवती
मन्	मतवान्	मतवत्	मतवती
शम्	शान्तवान्	शान्तवत्	शान्तवती

रदाभ्यां निष्ठातो नः पूर्वस्य च दः ।८।२।४२।

यदि निष्ठा प्रत्यय (क्त या क्तवतु) ऐसी धातु के पश्चात् आवें जिसके अन्त में ् या द् हो (धातु तथा निष्ठा के बीच में 'ई' न आवे) तो निष्ठा के त् के स्थान में न् हो जाता है और उसके पूर्व के द् को भी न् हो जाता है, यथा—

शॄ + क्त = शीर्ण, शॄ + क्तवतु = शीर्णवत् ।
जॄ + क्त = जीर्ण, जॄ + क्तवतु = जीर्णवत् ।
भिद् + क्त = भिन्न, भिद् + क्तवतु = भिन्नवत् ।
छिद् + क्त = छिन्न, छिद् + क्तवतु = छिन्नवत् ।

संयोगादेरातोधातोर्यण्वतः ।८।२।४३।

संयुक्ताक्षर से आरम्भ होने वाली तथा आकार में अन्त होने वाली और य् र् ल् व् में से कोई वर्ण रखने वाली धातु के निष्ठा के त् को भी न् हो जाता है, यथा—

ग्लान, म्लान, ध्यान, स्त्यान, गान आदि ।

अपवाद—ख्यात, ध्यात में नहीं होता ।

इग्यणः सम्प्रसारणम् ।१।१।४५।

निष्ठा प्रत्ययों के लगने से पूर्व जिन धातुओं में सम्प्रसारण होता है, उनमें निष्ठा प्रत्यय जुड़ने पर भी सम्प्रसारण होता है (अर्थात् यदि प्रथम अक्षर य् र् ल् व् हों तो उनके स्थान में क्रमशः इ ऋ ऌ उ हो जाते हैं), यथा—

वस् + क्त = उषित, वस् + क्तवतु = उषितवत् ।
वद् + क्त = उक्त, वद् + क्तवतु = उक्तवत् ।

कर्तरिकृत् ।३।४।६७। तयोरेव कृत्यक्तखलर्थाः ।३।४।७०।

क्तवतुप्रत्ययान्त शब्द सदैव कर्तृवाच्य में प्रयुक्त होते हैं, अर्थात् कर्ता के विशेषण होते हैं, यथा—

स पठितवान्, पठितवतस्तस्य, पठितवत्सु तेषु ।

खल् तथा कृत्य प्रत्ययों की ही तरह क्त प्रत्यय भी कर्मवाच्य और भाववाच्य में प्रयुक्त होता है, अर्थात् कर्म का विशेषण होता है, यथा—नलेन दमयन्ती त्यक्ता, तेन गतम्, पठितं पुस्तकम् (पढ़ी हुई पुस्तक)। परन्तु—

गत्यर्थाकर्मकश्लिषशीङ्स्थासवसजनरुहजीर्यतिभ्यश्च ।३।४।७२।

गत्यर्थक धातुओं का तथा अकर्मक धातुओं का 'क्त' कर्तृवाच्य के अर्थ में भी प्रयुक्त होता है, यथा—स चलितः, गतः, म्लानः ।

इसी भाँति श्लिष्, शीङ्, स्था, आस्, वस्, जन्, रुह् तथा जॄ धातुओं के क्तान्त शब्द भी कर्तृवाच्य का बोध कराते हैं, यथा—

विष्णुःशेषमधिशयितः (विष्णु शेषनाग पर सोये)।
उमामाश्लिष्टो महेशः (शिव ने पार्वती का आलिंगन किया)।
हरिःवैकुण्ठमधिष्ठितः (हरि वैकुण्ठ में बैठे हैं)।
भक्तः रामनवमीमुपोषितः (भक्त ने रामनवमी को उपवास किया)।
इसी भाँति—गरुडमारूढः, राममनुजातः आदि ।

नपुंसके भावे क्तः ।३।३।११४।

नपुंसक लिंग में क्तान्त शब्द कभी-कभी उस क्रिया के बताये हुए कार्य को भी सूचित करता है, यथा—तस्य गतं वरम् (उसका चला जाना अच्छा है)। यहाँ गतम् का अर्थ गमन है। इसी तरह पठितम् = पठनम्, सुतम् = स्वापः आदि।

लिटः कानज्वा ।३।२।१०६। क्वसुश्च ।३।२।१०७।

लिट् (परोक्षभूत) के अर्थ का बोध कराने के लिए कानच् (आन) और क्वसु (वस्) प्रत्यय प्रयुक्त होते हैं। कानच् प्रत्यय आत्मनेपदी धातुओं के अनन्तर और क्वसु परस्मैपदी धातुओं के अन्तर लगता है। ये प्रत्यय प्रायः वैदिक संस्कृत में मिलते हैं, किन्तु कभी-कभी लौकिक संस्कृत में भी, यथा—

	क्वसु	कानच्
गम्	जग्मिवस्	
दा	ददिवस्	ददान
वच्	ऊचिवस्	ऊचान
नी	निनीवस्	निन्यान
दृश्	{ ददृश्वस् ददृशिवस्	
कृ	चकृवस्	चक्राण

इनके रूप तीनों लिङ्गों में पृथक्-पृथक् संज्ञाओं के समान चलते हैं, यथा—देवो जग्मिवान् (देव गया)।

श्रेयांसि सर्वाण्यधिजग्मिवांस्त्वम् (तुमने समस्त अच्छी बातें ग्रहण की थीं।)

तं तस्थिवांसं नगरोपकण्ठे (नगर के समीप खड़े हुए उसको)।

इच्छार्थक, पूजार्थक, बुद्ध्यर्थक धातुओं से वर्तमान अर्थ में भी 'क्त' प्रत्यय होता है, उसमें कर्त्ता षष्ठी विभक्ति में और कर्म प्रथमा में होता है, यथा—प्रजानां रामः इष्टः, मतः, पूजितः (प्रजा के लोग राम को चाहते हैं, मानते हैं, पूजते हैं)।

द्विकर्मक धातुओं से 'क्त' प्रत्यय गौण कर्म में, नी, हृ, कृष् और वह् से मुख्य कर्म में और णिजन्त धातुओं से 'क्त' प्रत्यय प्रयोज्य कर्त्ता के अनुसार होता है, यथा—

शिष्यैः गुरुः शब्दार्थः पृष्टः (शिष्यों ने गुरु से शब्द का अर्थ पूछा)।

देवेन छागः ग्रामं नीतः (देव बकरे को गाँव ले गया)।

अध्यापकेन छात्रः शास्त्रम् बोधितः—(गुरुने छात्र को शास्त्र समझाया)।

अकर्मक या सकर्मक धातुओं से कर्म की विवक्षा न रहने पर 'क्त' प्रत्यय भाव में होता है, यथा—शिशुना शयितम् (बच्चा सोया), तेन कथितम् (उसने कहा)। कुछ मुख्य धातुओं के रूप —

धातु	क्त	क्तवतु	धातु	क्त	क्तवतु
अर्च्	अर्चितः	अर्चितवान्	जन्	जातः	जातवान्
अधि + इ	अधीतः	अधीतवान्	इष्	इष्टः	इष्टवान्
छिद्	छिन्नः	छिन्नवान्	कथ्	कथितः	कथितवान्
कृ	कृतः	कृतवान्	धा	हितः	हितवान्
कॄ	कीर्णः	कीर्णवान्	विधा	विहितः	विहितवान्
क्षि	क्षीणः	क्षीणवान्	निधा	निहितः	निहितवान्
क्षिप्	क्षिप्तः	क्षिप्तवान्	आह्वे	आहूतः	आहूतवान्
क्रम्	क्रान्तः	क्रान्तवान्	लिह्	लीढः	लीढवान्
क्री	क्रीतः	क्रीतवान्	शम्	शान्तः	शान्तवान्
खन्	खातः	खातवान्	निन्द्	निन्दितः	निन्दितवान्
गम्	गतः	गतवान्	नी	नीतः	नीतवान्
गॄ	गीर्णः	गीर्णवान्	पत्	पतितः	पतितवान्
गै	गीतः	गीतवान्	पी	पीतः	पीतवान्
ग्रह्	गृहीतः	गृहीतवान्	शास्	शिष्टः	शिष्टवान्
घ्रा	घ्राणः, घ्रातः	घ्रातवान्	चेष्ट्	चेष्टितः	चेष्टितवान्
चि	चितः	चितवान्	श्रु	श्रुतः	श्रुतवान्
पूज्	पूजितः	पूजितवान्	सह्	सोढः	सोढवान्
प्रच्छ्	पृष्टः	पृष्टवान्	स्पृश्	स्पृष्टः	स्पृष्टवान्
बन्ध्	बद्धः	बद्धवान्	सृज्	सृष्टः	सृष्टवान्
बुध्	बुद्धः	बुद्धवान्	स्मि	स्मितः	स्मितवान्
वद्	उदितः	उदितवान्	स्मृ	स्मृतः	स्मृतवान्
वच्	उक्तः	उक्तवान्	मन्	मतः	मतवान्
विद्	विदितः	विदितवान्	रभ्	रब्धः	रब्धवान्
भिद्	भिन्नः	भिन्नवान्	वस्	उषितः	उषितवान्
जि	जितः	जितवान्	लभ्	लब्धः	लब्धवान्
जॄ	जीर्णः	जीर्णवान्	शी	शयितः	शयितवान्
तॄ	तीर्णः	तीर्णवान्	हन्	हतः	हतवान्
त्यज्	त्यक्तः	त्यक्तवान्	हा	हीनः	हीनवान्
त्रै	त्रातः	त्रातवान्	हृ	हृतः	हृतवान्
दंश्	दष्टः	दष्टवान्	वह्	ऊढः	ऊढवान्
दा	दत्तः	दत्तवान्	कम्	कान्तः	कान्तवान्

संस्कृत में अनुवाद करो—

१—अर्जुन ने जयद्रथ का वध किया। २—जज ने अपराधियों को दण्ड दिया। ३—राम ने रावण को बाण से मारा। ४—हाथी गहन वन में छोड़ा

गया। ५—बिल्ली ने चूहे को पकड़ा। ६—कल रात मैं जल्दी सो गया। ७—अङ्गद और बाली का युद्ध हुआ। ८—मैंने जंगल में एक सिंह देखा। ९—आज मोहन वाटिका में नहीं आया। १०—व्याघ्र को देखकर बालक बहुत डरा। ११—बालक बिस्तर पर सो गया। १२—वाल्मीकि जी ने बड़े मधुर छन्दों में रामायण लिखी। १३—सबने हृदय से सुरेश की प्रशंसा की। १४—प्रजापति से संसार उत्पन्न हुआ। १५—रामचन्द्र जी ने लंका का राज्य बिभीषण को दिया। १६—आज उस बालक ने बहुत सुन्दर गाया। १७—जोर की हवा ने पेड़ों को कंपा दिया। १८—मृग पानी पीने के लिए तालाब में गया। १९—रात पड़ते ही चोर महल में घुसा और बहुत-सा धन चुरा ले गया। २०—बोपदेव ने गुरु की सेवा की और सेवा का फल प्राप्त किया।

वर्तमानकालिक कृदन्त

लटः शतृशानचावप्रथमासमानाधिकरणे ।३।२।१२४। तौसत् ।३।२।१२७।

पढ़ता हुआ (पढ़ती हुई), लिखता हुआ (लिखती हुई) आदि अर्थ को प्रकट करने के लिए संस्कृत में अनुवाद वर्तमान कालिक कृदन्त—शतृ और शानच् प्रत्ययान्त शब्दों से किया जाता है। इन्हें सत् भी कहते हैं। सत् का अर्थ है वर्तमान या विद्यमान। परस्मैपदी धातुओं में शतृ (अत्) और आत्मनेपदी धातुओं में शानच् (आन, मान) प्रत्यय जोड़ते हैं। शतृ-शानच् प्रत्ययान्त शब्द कर्त्ता के विशेषण होते हैं, यथा—

१—कदापि नरः खादन् न पठेत् (मनुष्य खाता हुआ कभी न पढ़े)।

२—सः हसन् अवदत्।

३—रुदन्ती बाला प्राह।

४—शयानं शिशुं मा प्रबोधय।

५—जलं पिबन् न हसेत्।

६—लज्जमाना वधूः आगच्छति।

७—विलपन्तीं सीतां दृष्ट्वा लक्ष्मणः विषण्णः सञ्जातः।

धातुओं के वर्तमानकाल के प्रथम पुरुष के बहुवचन में प्रत्यय लगने से पहले जो रूप होता है (जैसे—पठन्ति-पठ्, ददति-दद् आदि) उसी में शतृ तथा शानच् जोड़े जाते हैं। यदि धातु के रूप के अन्त में अ हो तो शतृ (अत्) के पूर्व उसका लोप हो जाता है, यदि शानच् के अकारान्त धातु रूप आवे तो शानच् (आन) के स्थान पर 'मान्' जुड़ता है (आनेमुक् ।७।२।८२।), यथा—

धातु	परस्मै०	आत्मने०	कर्मवाच्य
गम्	गच्छत्	×	गम्यमानः
पठ्	पठत्	×	पठ्यमानः
दा	ददत्	ददानः	दीयमानः
कृ	कुर्वत्	कुर्वाणः	क्रियमाणः

नी	नयत्	नयमानः	नीयमानः
चुर्	चोरयत्	चोरयमाणः	चोर्यमाणः
पिपठिष् (सन्नन्त)	पिपठिषत्	पिपठिषमाणः	पिपठिष्यमाणः

कुछ परस्मैपदी धातुओं के शतृप्रत्ययान्त* रूप

धातु	अर्थ	नपुंसकलिङ्ग	पुँल्लिङ्ग	स्त्रीलिङ्ग
भू	(होना)	भवत्	भवन्	भवन्ती
श्रु	(सुनना)	शृण्वत्	शृण्वन्	शृण्वती
क्री	(खरीदना)	क्रीणत्	क्रीणन्	क्रीणती
चिन्त्	(सोचना)	चिन्तयत्	चिन्तयन्	चिन्तयन्ती
अस्	(होना)	सत्	सन्	सती
आप्	(प्राप्त करना)	आप्नुवत्	आप्नुवन्	आप्नुवती
इष्	(इच्छा करना)	इच्छत्	इच्छन्	इच्छती, इच्छन्ती
अनु + इष्	(ढूँढ़ना)	अन्विष्यत्	अन्विष्यन्	अन्विष्यन्ती
कथ्	(कहना)	कथयत्	कथयन्	कथयन्ती
कूज्	(कूजना)	कूजत्	कूजन्	कूजन्ती
क्रुध्	(नाराज होना)	क्रुध्यत्	क्रुध्यन्	क्रुध्यन्ती
क्रीड्	(खेलना)	क्रीडत्	क्रीडन्	क्रीडन्ती
गर्ज्	(गर्जना)	गर्जत्	गर्जन्	गर्जन्ती
गुञ्ज्	(गूँजना)	गुञ्जत्	गुञ्जन्	गुञ्जन्ती
गै	(गाना)	गायत्	गायन्	गायन्ती

---

*शतृ (अत्) प्रत्ययान्त शब्दों के स्त्रीलिङ्ग के रूप बनाने के लिए भ्वादि, दिवादि, चुरादि और तुदादि के लट् प्रथम पुरुष के बहुवचन में प्रत्यय लगाने से जो रूप बनता है, उसके आगे 'ई' जोड़ देते हैं, यथा—'गच्छति, गच्छतः, गच्छन्ति' इत्यादि रूपों में गच्छन्ति + ई = गच्छन्ती। इसी प्रकार—कूजन्ति + ई = कूजन्ती, पूजयन्ति + ई = पूजयन्ती, जिगमिषन्ति + ई = जिगमिषन्ती, हसन्ति + ई = हसन्ती, वदन्ति + ई = वदन्ती।

अदादिगणीय (अदती, रुदती आदि), स्वादिगणीय (चिन्वती, शृण्वती आदि), क्र्यादिगणीय (क्रीणती, प्रीणती आदि), तनादिगणीय (कुर्वती, तन्वती आदि) और जुहोत्यादिगणीय धातुओं में (ददती, जहती आदि) 'ई' जोड़कर 'न्' हटाने से स्त्रीलिङ्ग रूप बनते हैं।

अदादिगणीय आकारान्त (भान्ती, भाती आदि) और तुदादिगणीय (तुदती, तुदन्ती आदि) में विकल्प से न् का लोप होता है। ये स्त्रीलिङ्ग शब्द नदी की भाँति चलते हैं। (विशेष नियम स्त्रीप्रत्यय प्रकरण में देखिए।)

घ्रा (सूँघना) जिघ्रत् जिघ्रन् जिघ्रन्ती
चल् (चलना) चलत् चलन् चलन्ती
जागृ (उठना) जाग्रत् जाग्रत् जाग्रती
तृ (तैरना) तरत् तरन् तरन्ती
दंश (डसना) दशत् दशन् दशन्ती
दृश(पश्य्) (देखना) पश्यत् पश्यन् पश्यन्ती
निन्द् (निन्दा करना) निन्दत् निन्दन् निन्दन्ती
नृत् (नाचना) नृत्यत् नृत्यन् नृत्यन्ती
पा (पीना) पिबत् पिबन् पिबन्ती
पूज् (पूजा करना) पूजयत् पूजयन् पूजयन्ती
प्रच्छ् (पूछना) पृच्छत् पृच्छन् पृच्छती, पृच्छन्ती
मस्ज् (डूबना) मज्जत् मज्जन् मज्जती, मज्जन्ती
रच् (बनाना) रचयत् रचयन् रचयन्ती
आ-रुह् (चढ़ना) आरोहत् आरोहन् आरोहन्ती
लिख् (लिखना) लिखत् लिखन् लिखती, लिखन्ती
शक् (सकना) शक्नुवत् शक्नुवन् शक्नुवती
सृज् (पैदा करना) सृजत् सृजन् सृजती, सृजन्ती
स्था (तिष्ठ्) (ठहरना) तिष्ठत् तिष्ठन् तिष्ठन्ती
स्पृश् (छूना) स्पृशत् स्पृशन् स्पृशती-न्ती
स्वप (सोना) स्वपत् स्वपन् स्वपती
आ-ह्वे (बुलाना) आह्वयत् आह्वयन् आह्वयन्ती

आत्मनेपदी धातुओं के शानच् प्रत्ययान्त शब्द

ईक्ष् (देखना) ईक्षमाणम् ईक्षमाणः ईक्षमाणा
कम्प् (काँपना) कम्पमानम् कम्पमानः कम्पमाना
जन् (पैदा करना) जायमानम् जायमानः जायमाना
दय् (दया करना) दयमानम् दयमानः दयमाना
वन्द् (प्रशंसा करना) वन्दमानम् वन्दमानः वन्दमाना
वृत् (होना) वर्तमानम् वर्तमानः वर्तमाना
वृध् (बढ़ना) वर्धमानम् वर्धमानः वर्धमाना
व्यथ् (दुःखित होना) व्यथमानम् व्यथमानः व्यथमाना
मन् (मानना) मन्यमानम् मन्यमानः मन्यमाना
यत् (यत्न करना) यतमानम् यतमानः यतमाना
लभ् (पाना) लभमानम् लभमानः लभमाना
सेव् (सेवा करना) सेवमानम् सेवमानः सेवमाना

उभयपदी धातुओं के शतृ और शानच् प्रत्ययान्त शब्द

धातु	नपुंसकलिङ्ग	पुँल्लिङ्ग	स्त्रीलिङ्ग	शानच्
छिद् (काटना)	छिदत्	छिन्दन्	छिन्दती	(छिन्दानः)
ज्ञा (जानना)	जानत्	जानन्	जानती	(जानानः)
नी (ले जाना)	नयत्	नयन्	नयन्ती	(नयमानः)
ब्रू (कहना)	ब्रुवत्	ब्रुवन्	ब्रुवती	(ब्रुवाणः)
लिह् (चाटना)	लिहत्	लिहन्	लिहती	(लिहानः)
धा (रखना)	दधत्	दधन्	दधती	(दधानः)

ईदासः ।७।२।८३।

आस् धातु के अनन्तर शानच् के 'आन' को 'ईन' हो जाता है, यथा—आस् + शानच् = आसीनः ।

विदेःशतुर्वसुः ।७।१।३६।

विद् धातु से शतृ प्रत्यय होता है और उसी अर्थ में विकल्प से 'वसु' आदेश हो जाता है, यथा—विद् + शतृ = विदत्, विद् + वसु = विद्वस् । स्त्री लिङ्ग में विदुषी होगा ।

पूङ्यजोः शानन् ।३।२।१२८।

पू तथा यज धातुओं के बाद वर्तमान का अर्थ प्रकट करने के लिए शानन् प्रत्यय लगता है, यथा—पू + शानन् = पवमानः । यज् + शानन् = यजमानः ।

ताच्छील्यवयोवचनशक्तिषु चानश् ।३।२।१२९।

परस्मैपदी तथा आत्मनेपदी धातुओं में किसी के स्वभाव, उम्र, सामर्थ्य का बोध कराने के लिए यह प्रत्यय जोड़ा जाता है, यथा भोगं भुञ्जानः (भोग भोगने के स्वभाव वाला ।) कवचं बिभ्राणः (कवच धारण करने की उम्र वाला—तरुण) । शत्रुं निघ्नानः (शत्रु को मारने की शक्ति वाला) ।

संस्कृत में अनुवाद करो—

१—मोहन दौड़ता हुआ गिर पड़ा । २—दुष्ट जानता हुआ भी बुरा काम करता है । ३—लड़ते हुए सिपाही ने युद्ध में वीरतापूर्वक प्राण दे दिये । ४—श्याम प्रयत्न करता हुआ भी इम्तिहान में फेल हो गया । ५—सिंह की डर से काँपता हुआ बच्चा माँ की गोद में चिपक गया । ६—यह कहते-कहते दमयन्ती का गला भर आया । ७—दयालु राजा ने एक काँपती हुई रमणी को देखा । ८—कुत्ते को भौंकते हुए सुनकर चोर भाग गये । ९—परस्पर झगड़ते हुए किसान राजा के पास गये । १०—वह दौड़ता हुआ पत्र पढ़ रहा है । ११—जल पीते हुए भेड़िये को गोविन्द ने लाठी से मारा । ११—राम भागता हुआ गया । १२—वह हँसता हुआ

काम करता है। १३—वे बालक पढ़ते हुए कहीं जा रहे हैं। १४—सत्य जानता हुआ भी असत्य बोलता है। १५—चोर अन्धेरे को देखता हुआ चोरी करता है। १६—पापी धर्म को देखते हुए भी पाप करते हैं। १७—रावण ने रामचन्द्र जी को ईश्वर जानते हुऐ भी उन्हें सीता नहीं दी। १८—गोपाल हँसता हुआ आचार्य से क्या पूछता है? १९—गाँव को जाते हुए किसान ने एक साँप को मार डाला।

भविष्यत्कालिक कृदन्त

लृटः सद्वा ।३।३।१४।

"वाला" का अनुवाद संस्कृत में भविष्यत्कालवाचक सत् (शतृ एवं शानच्) प्रत्ययान्त शब्दों से किया जाता है। भविष्य (लृट्) के प्रथम पुरुष के बहुवचन में जो रूप होता है उसके अनन्तर ये प्रत्यय जोड़े जाते हैं, यथा—भविष्यन्ति के भविष्य में 'अत' और 'मान' जोड़ कर भविष्यत् और भविष्यमाण रूप हो जाते हैं। इसी कारण इन प्रत्ययों को ष्यत् और ष्यमाण भी कहते हैं।

१—हिमालयशिखरमारोक्ष्यन् साहसी वीरः तेनसिंहोऽस्ति।
(हिमालय की चोटी पर चढ़ने वाला साहसी वीर तेनसिंह है।)

२—मासिकवेतनं प्राप्स्यन् सेवकः अतीव प्रसन्नः दृश्यते।
(मासिक तनख्वाह पाने वाला नौकर बहुत खुश दीखता है)।

३—विदेशं गमिष्यन् गोपालः पितरौ प्राणमत्।
(विदेश जाने वाले गोपाल ने अपने माता-पिता को प्रणाम किया)।

४—पादकन्दुकेन क्रीडिष्यन्तः छात्राः क्रीडाक्षेत्रं गच्छन्ति।
(फुटबाल खेलने वाले छात्र खेल के मैदान में जा रहे हैं)।

५—युद्धक्षेत्रे योत्स्यमानाः सैनिकाः सम्बन्धिन आपृच्छन्ति।
(लड़ाई के मैदान में लड़नेवाले सिपाही अपने सम्बन्धियों से विदा लेते हैं)।

परस्मैपदी (स्यतृ)	आत्मनेपदी (स्यमान)	उभयपदी (स्यतृ, स्यमान)
भू—भविष्यत्	जनु—जनिष्यमाणः	कृ—करिष्यत्—करिष्यमाणः
गम्—गमिष्यत्	सह्—सहिष्यमाणः	दा—दास्यत्—दास्यमानः
स्था—स्थास्यत्	व्यथ्—व्यथयिष्यमाणः	ग्रह-ग्रहीष्यत्-ग्रहीष्यमाणः
दर्शि—दर्शयिष्यत्	प्र+स्था—प्रस्थास्यमानः	नी—नेष्यत्—नेष्यमाणः
मृ—मरिष्यत्	युध्—योत्स्यमानः	ज्ञा—ज्ञास्यत्—ज्ञास्यमानः
हन्—हनिष्यत्	लभ्—लप्स्यमानः	छिद्—छेत्स्यत्—छेत्स्यमानः

कर्मवाच्य में भविष्यत् अर्थ में धातुओं से 'स्यमान' प्रत्यय होता है और 'स्यमान' प्रत्ययान्त पद कर्म के विशेषण हो जाते हैं, यथा—रामेण सेविष्यमाणः विश्वामित्रः। सीतया सेविष्यमाणा अरुन्धती। अस्माभिः भोक्ष्यमाणानि फलानि।

'स्यतृ' और 'स्यमान' प्रत्ययों से बने हुए शब्द विशेषण होते हैं, इसलिए विशेष्य के अनुसार उनमें लिङ्ग, विभक्ति और वचन होते हैं, यथा—वक्ष्यमाणं वचनम्, वक्ष्यमाणेन वचनेन, वक्ष्यमाणे वचने इत्यादि।

पूर्वकालिक क्रिया (क्त्वा और ल्यप्)

समानकर्तृकयोः पूर्वकाले।३।४।२१।

'पढ़कर', 'लिखकर', 'खाकर', 'पीकर' आदि पूर्वकालिक कृदन्तों का अनुवाद संस्कृत में 'क्त्वा' (त्वा) प्रत्ययान्त शब्दों से किया जाता है। ऐसे स्थलों पर एक क्रिया के आरम्भ होने पर दूसरी क्रिया आरम्भ हो जाती है। अतः इसे पूर्वकालिक क्रिया कहते हैं, परन्तु पूर्वकालिक क्रिया और उसके साथ वाली क्रिया का एक ही कर्ता होना चाहिए, यथा—रामो रावणं हत्वा अयोध्यामाजगाम।

समासेऽनञ्पूर्वेक्त्वो ल्यप्।७।१।३७।

यदि धातु के पूर्व कोई उपसर्ग लगा हो तो 'क्त्वा' के स्थान में 'ल्यप्' (य) प्रत्यय होता है, परन्तु नञ् के पूर्व होने पर नहीं होता।

ह्रस्वस्य पिति कृति तुक्।६।१।७१।

यदि यह 'य' ह्रस्व स्वर के बाद आता है तो इसके पूर्व 'त्' लगाकर इसका रूप 'त्य' हो जाता है, यथा—(सं + चि + य =) संचित्य, निश्चित्य।

पूर्वकालिक क्रिया के रूप नहीं चलते, क्योंकि वह अव्यय है, यथा—

१—वैशम्पायनो मुहूर्तमिव ध्यात्वा सादरमब्रवीत् (कादम्बर्याम्)।
(वैशम्पायन ने क्षण भर सोचकर विनयपूर्वक कहा)।

२—तत् ते कर्म प्रवक्ष्यामि यज्ज्ञात्वा मोक्ष्यसेऽशुभात्।
(मैं तुम्हें ऐसा कर्म बताऊँगा जिसे जानकर तुम मुक्त हो जाओगे)।

३—यद् गत्वा न निवर्तन्ते तद्धाम परमं मम। (गीतायाम्)
(जहाँ से लौटते नहीं हैं वही मेरा उत्तम स्थान है)।

४—प्रातः आरभ्य सायं यावत् त्वमत्रैव तिष्ठ।
(सुबह से शाम तक तुम यहीं ठहरो)।

५—उत्थाय हृदि लीयन्ते दरिद्राणां मनोरथाः।
(निर्धनों की इच्छाएँ चित्त में उठकर लीन हो जाती हैं)।

६—देवदत्तो वेदानधीत्य विद्वान् अभवत् (वेदों को पढ़कर देवदत्त विद्वान् हो गया)।

उपसर्ग और च्वि प्रत्यय-युक्त धातु से पूर्वकालिक कृदन्त के 'त्वा' के स्थान पर ल्यप् (य) होता है (नञ् समास में नहीं, यथा—अकृत्वा, अगत्वा।)

ल्यप् प्रत्यय होने पर ये परिवर्तन होते हैं—

अ, ई, ऊ + ल्यप् = य । इ, उ, ऋ + ल्यप् + त्य । ऋ + ल्यप् = इर्य, यथा—(आकारान्त) उत्—स्था + यप् = उत्थाय, आ—दा + यप् = आदाय (ईकारान्त) आ—नी + यप् = आनीय, वि—क्री + यप् = विक्रीय। (ऊकारान्त) अनु—भू + यप् = अनुभूय, प्र—सू + यप् = प्रसूय। (च्विप्रत्ययान्त) मलिनी + भू + यप् = मलिनी भूय। स्थिरी + भू + यप् = स्थिरीभूय। (इकारान्त) वि + जि + यप् = विजित्य, अधि—इ + यप् = अधीत्य। (उकारान्त) प्र—स्तु + यप् = प्रस्तुत्य, प्रतिश्रु + यप् = प्रति-श्रुत्य। (ऋकारान्त) अधि—कृ + यप् = अधिकृत्य, अनु—सृ + यप् = अनुसृत्य। (ॠकारान्त) अव—तॄ + यप् = अवतीर्य, वि—कॄ + यप् = विकीर्य।

वच्, वद्, वस्, वह्, स्वप् धातुओं के 'य' के स्थान में 'उ' हो जाता है। शी के स्थान में शय्, ह्वे = हू, ग्रह् = गृह्, प्रच्छ = पृच्छ्, जैसे—प्र—वच् + यप् + प्रोच्य, अनु—वद् + यप् = अनूद्य। अधि—वस् + यप् = अधुष्य, सम्—ग्रह् + यप् = संगृह्य, सम्—शी + यप् = संशय्य।

जान्तनशां विभाषा ।३।४।३२।

जान्त धातुओं और नश् धातु के बाद क्त्वा जुड़ने से विकल्प से 'न्' का लोप हो जाता है, यथा—रञ्ज् + क्त्वा = रक्त्वा, रङ्क्त्वा, भुञ्ज् + त्वा = भुक्त्वा, भुङ्क्त्वा। नश् + क्त्वा = नष्ट्वा, नंष्ट्वा तथा नशित्वा।

ल्यपि लघुपूर्वात् ।६।४।५६।

णिजन्त तथा चुरादिगणीय धातुओं की उपधा में यदि ह्रस्व स्वर हो तो उनमें ल्यप् के पूर्व अय् जोड़ दिया जाता है, यथा—प्रणम् (णिजन्त) + अय् + ल्यप् य = प्रणमय्य, परन्तु प्रचोर् + य = प्रचोर्य (प्रचोरय्य नहीं बनता)।

विभाषापः ।६।१।५७।

आप् धातु के अनन्तर जुड़ने पर विकल्प से 'अय्' आदेश होता है, यथा—प्र + आप् + ल्यप् = प्रापय्य, प्राप्य।

अलं खल्वोः प्रतिषेधयोः प्राचां क्त्वा ।३।४।१८।

क्त्वान्त तथा ल्यबन्त क्रिया जब 'अलम्' तथा 'खलु' शब्द के साथ आती है तब पूर्वकाल का बोध नहीं कराती, अपितु प्रतिषेध का भाव सूचित करती है, यथा—अलं कृत्वा (मत करो, बस), पीत्वा खलु (मत पीओ), विजित्य खलु (मत जीतो, बस), अवमत्यालम् (अपमान मत करो, बस)।

मुख्य धातुओं के क्त्वा और ल्यप के रूप—

धातु	क्त्वा	ल्यप्	धातु	क्त्वा	ल्यप्
अप्	आप्त्वा	प्राप्य	कृ	कृत्वा	अनुकृत्य
		समाप्य	क्री	क्रीत्वा	विक्रीय
इ	इत्वा	अधीत्य	क्षिप्	क्षिप्त्वा	निक्षिप्य
ईक्ष्	ईक्षित्वा	निरीक्ष्य	गण्	गणयित्वा	विगण्य
		परीक्ष्य	कॄ	कीर्त्वा	विकीर्य
दृश्	दृष्ट्वा	संदृश्य	हा	हित्वा	विहाय
धा	हित्वा	विधाय	ह्वे	हूत्वा	आहूय
नम्	नत्वा	प्रणत्य	चिन्ति	चिन्तयित्वा	संचिन्त्य
		प्रणम्य	छिद्	छित्वा	विच्छिद्य
नी	नीत्वा	आनीय	ज्ञा	ज्ञात्वा	विज्ञाय
					प्रतिज्ञाय
गम्	गत्वा	आगत्य	तॄ	तीर्त्वा	संतीर्य
		आगम्य	त्यज्	त्यक्त्वा	परित्यज्य
ग्रन्थ्	ग्रन्थित्वा	संग्रथ्य	दंश्	दष्ट्वा	संदश्य
ग्रह्	गृहीत्वा	संगृह्य	रुह्	रुढ्वा	आरुह्य
		अनुगृह्य	भू	भूत्वा	संभूय
घ्रा	घ्रात्वा	समाघ्राय	भ्रम्	भ्रमित्वा	विभ्रम्य
ची	चित्वा	संचित्य		भ्रान्त्वा	
पत्	पतित्वा	निपत्य	मन्	मत्वा	अवमत्य
लभ्	लब्ध्वा	उपलभ्य	मन्थ्	मथित्वा	संमथ्य
लिख्	लिखित्वा	विलिख्य	रुध्	रुद्ध्वा	अवरुद्ध्य
वस्	उषित्वा	अध्युष्य	सिंच्	सिक्त्वा	निषिच्य
शम्	शमित्वा	निशम्य	सृज्	सृष्ट्वा	विसृज्य
श्वस्	श्वसित्वा	विश्वस्य	स्था	स्थित्वा	उत्थाय
शी	शयित्वा	अतिशय्य	स्पृश्	स्पृष्ट्वा	उपस्पृश्य
लप्	लप्त्वा	विलप्य	स्मृ	स्मृत्वा	विस्मृत्य
पा	पीत्वा	निपीय	हन्	हत्वा	निहत्य
प्रच्छ्	पृष्ट्वा	संपृच्छ्य	हस्	हसित्वा	विहस्य
बुध्	बुद्ध्वा	प्रबुद्ध्य	हृ	हृत्वा	संहृत्य
वद्	उदित्वा	अनूद्य	विश्	विष्ट्वा	प्रविश्य
भञ्ज्	भङ्क्त्वा	प्रभज्य	श्रि	श्रित्वा	आश्रित्य

संस्कृत में अनुवाद करो—

१—व्याघ्र तरकस से बाण निकाल कर मोर को मारता है। २—हे बालक! तू सिंह को देखकर क्यों डरता है! ३—माता पिता को प्रणाम कर पुत्र विदेश चला गया। ४—काश्मीर जाकर हम बहुत सुन्दर दृश्य देखते हैं। ५—मैं कपड़े पहन कर अभी आपके साथ चलूँगा। ६—व्याध चावलों को बिखेर कर कबूतरों को मारेगा। ७—प्रतिज्ञा करके कहो कि मैं सत्य बोलूँगा। ८—महाराज दशरथ राम के लिए विलाप करके मर गये। ९—ईश्वरचन्द्र विद्यासागर पढ़कर स्कूलों के इन्स्पेक्टर हो गये। १०—कौत्सने अपने अध्ययन को समाप्त कर गुरु से दक्षिणा लेने का आग्रह किया। ११—रावण को मार कर श्रीराम ने लंका का राज्य बिभीषण को दिया। १२—चोर घर में घुस कर माल के साथ भाग गये। १३—श्रीराम राक्षसों को जीत कर सीता के साथ अयोध्या लौटे। १४—वह धन इकठ्ठा करके उसे दूसरों के लिए छोड़कर सन्यासी हुआ। १५—छात्रो, पुस्तक खोलकर पढ़ो।

णमुल् प्रत्यय

आभीक्ष्ण्ये णमुल् च ।६।४।२२। नित्यवीप्सयोः ।८।१।४।

किसी क्रिया के बार-बार करने के भाव को प्रकट करने के लिए क्त्वा प्रत्ययान्त शब्द अथवा णमुल्-प्रत्ययान्त शब्द प्रयुक्त होता है और वह शब्द दो बार रखा जाता है, यथा—

भक्तः स्मारं स्मारं प्रणमति शिवम् (भक्त बार-बार याद करके शिव को प्रणाम करता है)। यहाँ याद करने की क्रिया बार-बार हुई है। इसी प्रकार—

भक्तः स्मृत्वा स्मृत्वा प्रणमति शिवम्। याद करने की क्रिया प्रणाम करने की क्रिया से पूर्व होती है। इसी प्रकार—

गम्—	गामं	गामम्	अथवा	गत्वा	गत्वा	बार-बार	जाकर
लभ्—	लाभं	लाभम्	,,	लब्ध्वा	लब्ध्वा	,,	पाकर
पा—	पायं	पायम्	,,	पीत्वा	पीत्वा	,,	पीकर
भुज्—	भोजं	भोजम्	,,	भुक्त्वा	भुक्त्वा	,,	खाकर
श्रु—	श्रावं	श्रावम्	,,	श्रुत्वा	श्रुत्वा	,,	सुनकर
जागृ—	जागरं	जागरम्	,,	जागरित्वा	जागरित्वा	,,	जगकर

धातु में णमुल् का अम् जोड़ दिया जाता है। अकारान्त धातु में अ और णमुल् के अम् के बीच में 'य' आ जाता है, यथा—पा + अम् = पायम् इसी प्रकार दायं दायम्, स्नायं स्नायम्। णमुल् में ण् होने के कारण पूर्व स्वर को वृद्धि भी होती है, यथा—श्रु + अम् = श्रौ + अम् = श्रावम्, स्मृ + अम् = स्मारम्।

णमुल् प्रत्ययान्त शब्द अव्यय हैं, इनके रूप नहीं चलते।

अन्यथैवङ्कथमित्थंसुसिद्धाप्रयोगश्चेत् ।३।४।२७।

यदि कृ धातु के पूर्व अन्यथा, एवम्, कथम्, इत्थम् शब्द आवें और कृधातु का अर्थ वाक्य में अपेक्षित न हो और केवल अव्ययों का अर्थ अपेक्षित हो तो भी णमुल् का प्रयोग होता है, यथा—अन्यथाकारं ब्रूते (वह दूसरी ही तरह बोलता है), एवं कारम्, कथंकारम्, इत्थं कारम् (इस तरह)। यहाँ कृ का कुछ भी अर्थ इष्ट नहीं है।

कर्मणि दृशिविदोः साकल्ये ।३।४।२९।

जब दृश् और विद् धातुएँ ऐसे उभयपदों के साथ आती हैं जो उनके कर्म होते हैं तब उनके आगे णमुल् प्रत्यय लगता है और समस्त प्रत्ययान्त शब्द साकल्य (सब) अर्थ का बोधक होता है और प्रयोग एक ही बार होगा पुनः पुनः नहीं, यथा—कन्यादर्शं वरयति (जिस जिस कन्या को देखता है, उसी से विवाह कर लेता है, अर्थात् सभी कन्याओं से विवाह कर लेता है।)

यावति विन्दजीवोः ।३।४।३०।

यावत् के साथ विन्द् और जीव् धातुओं में भी णमुल् लगता है, यथा—यावत् + विन्द् + णमुल् = यावद्वेदम्। स यावद्वेदं भुङ्क्ते (वह जब तक पाता है तब तक खाता रहता है)। इसी तरह यावज्जीवमधीते (जीवन भर अध्ययन करता रहेगा)।

स्वादुमि णमुल् ।३।४।२६।

स्वादु के अर्थ में कृ धातु में णमुल् प्रत्यय जुड़ता है, यथा—स्वादुङ्कारं भुङ्क्ते (अर्थात् अस्वादुं स्वादुं कृत्वा भुङ्क्ते)। इसी तरह सम्पन्नङ्कारम्, लवणङ्कारम्। सम्पन्न तथा लवण शब्द स्वादु के पर्याय शब्द हैं।

निमूलसमूलयोः कषः ।३।४।३४।

यदि निमूल और समूल कष् के कर्म हों तो कष् में णमुल् लगता है, यथा—निमूलकाषं कषति, समूलकाषं कषति (निमूलं समूलं कषति—समूल यानी जड़ से गिरा देता है।)

समूलाकृतजीवेषु हन्कृञ्ग्रहः ।३।४।३६।

यदि समूल, अकृत और जीव शब्द हन्, कृ और ग्रह् धातुओं के कर्म हों तो इनके आगे णमुल् जुड़ता है, यथा—समूलघातं हन्ति (जड़ सहित उखाड़ रहा है), जीवग्राहं गृह्णाति (जीवित ही पकड़ता है), इसी तरह अकृतकारं करोति।

समासत्तौ ।३।४।५०।

जब धातु के पूर्व आनेवाले उपपद शब्द तृतीया या सप्तमी विभक्ति का अर्थ व्यक्त करते हों तब धातु के बाद णमुल् प्रत्यय लगता है और समस्त पद सामीप्य अर्थ को प्रकट करता है, यथा—केशग्राहं युध्यन्ते (केशेषु गृहीत्वा युध्यन्ते), बहुत समीप से लड़ रहे हैं—यह अर्थ प्रकट होता है। इसी तरह हस्तग्राहं (हस्तेन गृहीत्वा) युध्यन्ते।

समास के अन्त में आने पर णमुलन्त शब्द प्रायः पुनः-पुनः के भाव को प्रकट नहीं करता, यथा—सा बन्दिग्राहं गृहीता (वह कैद कर ली गयी), समूलघातमघ्नन्तः परान्नोद्यन्ति मानिनः (मानी लोग दुश्मनों को जड़ से उखाड़े बिना उन्नति नहीं करते)।

तुमुन् (तुम्) प्रत्यय

तुमन्ण्वुलौ क्रियायां क्रियार्थायाम् ।३।३।१०।

जिस क्रिया के लिए कोई क्रिया की जाती है, उसकी धातु में भविष्यत् अर्थ प्रकट करने के लिए तुमन् (तुम्) और ण्वुल् (अक) प्रत्यय लगते हैं, यथा—"रामं द्रष्टुं दर्शको वा याति।"

इस वाक्य में दो क्रियाएँ हैं—देखना और जाना—जाने की क्रिया देखने की क्रिया के हेतु होती है, अतः दृश् (देखना) धातु में तुमन् (तुम्) जोड़ दिया गया है। तुमुनन्त क्रिया जिस क्रिया के साथ आती है उसकी अपेक्षा सदा बाद को होती है, जैसे ऊपर के उदाहरण में देखने की क्रिया जाने की क्रिया के बाद ही सम्भव है, अतः तुमुनन्त क्रिया दूसरी क्रिया की अपेक्षा भविष्य में होती है।

समानकर्तृकेषु तमुन् ।३।३।१५८।

जिस क्रिया के साथ तुमुनन्त शब्द आता है उस क्रिया का और तुमुनन्त क्रिया का कर्ता एक ही होना चाहिए, भिन्न-भिन्न कर्ता होने पर तुमुनन्त क्रिया का प्रयोग नहीं हो सकता, यथा-छात्रः पठितुं पाठशालां गच्छति। इस वाक्य में 'पठितुम्' और 'गच्छति' का कर्ता छात्र ही है, भिन्न-भिन्न होने पर तुमुन्त शब्द प्रयोग में नहीं आता।

कालसमयवेलासु तुमुन् ।३।३।१६७।

कालवाची शब्दों (काल, समय, वेला) के साथ एक कर्ता न होने पर भी तुमुनन्त शब्द प्रयोग में आता है, यथा—गन्तुं समयोऽयमस्ति (यह समय जाने के लिए है, यहाँ दो शब्द क्रियावाचक हैं—'है' और 'जाने के लिए'। 'है' का कर्ता है 'समयः' और 'जाने के लिए' का कर्ता और ही है, किन्तु फिर भी तुमुनन्त शब्द का प्रयोग हुआ। इसी भाँति अध्येतुं कालः, भोक्तुं वेला आदि। तुमुनन्त शब्द के रूप नहीं चलते, क्योंकि यह अव्यय है।

१—स्वेदसलिलस्नाताऽपि पुनः स्नातुम् (स्नानाय) अवातरत्।
(पसीने से नहाई हुई भी नहाने के लिए उत्तरी—कादम्बर्याम्)।

२—इच्छार्थक क्रिया के निमित्त में—
पिनाकपाणिं पतिमाप्तुमिच्छसि ? (तू शिवजी को पाना चाहती है ?)
(कुमारसम्भवे)

३—समय शब्द के योग में—

समयः खलु स्नानभोजनं सेवितुम् (स्नान और भोजन का यह वक्त है)।

४—शक्, ज्ञा, क्रम् आदि धातुओं के साथ—

न शक्नोति शिरोधरां धारयितुम् (यह गरदन नहीं उठा सकता।) (कादम्बर्याम्)

५—समर्थद्योतक 'अलं' के योग में—

प्रासादास्त्वां तुलयितुमलम्। (महल तुम्हारे मुकाबले के लिए समर्थ हैं)।

६—काम और मनस् के आगे म् का लोप हो जाता है (तुंकाममनसोरपि) द्रष्टुमना जननी मेऽत्र समागता। (मेरी माता मुझे देखने के लिए यहाँ आयी)।

७—पुनरपि वक्तुकाम इव आर्यो लक्ष्यते (स्यात् आप और कुछ कहना चाहते हैं—अभि० शाकुन्तले)।

अर्च् (पूजा करना) अर्चितुम्।	स्तु (स्तुति करना) स्तोतुम्।
अर्ज् (कमाना) अर्जितुम्।	स्था (ठहरना) स्थातुम्।
अधि+इ (पढ़ना) अध्येतुम्।	स्ना (नहाना) स्नातुम्।
ईक्ष् (देखना) ईक्षितुम्।	स्पृश् (छूना) स्प्रष्टुम्।
कथ् (कहना) कथयितुम्।	हृ (चुराना) हर्तुम्।
कृ (करना) कर्तुम्।	मृ (मरना) मर्तुम्।
क्री (खरीदना) क्रेतुम्।	यज् (यज्ञ करना) यष्टुम्।
गै (गाना) गातुम्।	रम् (रमना) रन्तुम्।
त्यज् (छोड़ना) त्यक्तुम्।	ग्रह् (पकड़ना) ग्रहीतुम्।
त्रै (रक्षा करना) त्रातुम्।	चि (चुनना) चेतुम्।
दंश् (डसना) दंष्टुम्।	चिन्ति (सोचना) चिन्तयितुम्।
दृश् (देखना) द्रष्टुम्।	छिद् (काटना) छेत्तुम्।
धाव् (दौड़ना) धावितुम्।	जि (जीतना) जेतुम्।
प्र+णम् (झुकना) प्रणन्तुम्।	ज्ञा (जानना) ज्ञातुम्।
नी (ले जाना) नेतुम्।	ज्ञापि (सूचित करना) ज्ञापयितुम्।
नृत् (नाचना) नर्तितुम्।	तॄ (तैरना) तरितुम्, तरीतुम्।
पच् (पकाना) पक्तुम्।	रुद् (रोना) रोदितुम्।
प्रच्छ् (पूछना) प्रष्टुम्।	आ+रुह् (चढ़ना) आरोढुम्।
पूजि (पूजा करना) पूजयितुम्।	रूपि (स्थिर करना) रूपयितुम्।
वच् (कहना) वक्तुम्।	लभ् (पाना) लब्धुम्।
भक्षि (खाना) भक्षयितुम्।	लिह् (चाटना) लेढुम्।
भिद् (तोड़ना) भेत्तुम्।	वह् (ले जाना) वोढुम्।

भ्रस्ज् (भूनना) भ्रष्टुम्।	वप् (बोना) वप्तुम्।
मुच् (छोड़ना) मोक्तुम्।	शम् (शांत करना) शमितुम्।
शी (सोना) शयितुम्।	स्वप् (सोना) स्वप्तुम्।
शुच् (पछताना) शोचितुम्।	सेव् (सेवा करना) सेवितुम्।
श्रु (सुनना) श्रोतुम्।	स्मृ (याद करना) स्मर्तुम्।
सह् (सहना) सहितुम्, सोढुम्।	हन् (मारना) हन्तुम्।
सृज् (पैदा करना) स्रष्टुम्।	हस् (हँसना) हसितुम्।

संस्कृत में अनुवाद करो—

१—ब्रह्मचारी यज्ञ करने के लिए यज्ञशाला में जाता है। २—व्याध जानवरों का शिकार करने के लिए वन-वन में घूम रहा है। ३—मैं श्रीनेहरू का भाषण सुनने के लिए जा रहा हूँ। ४—पिता जी कुम्भ-स्नान के लिए प्रयाग गये। ५—माली फूल लेने के लिए जाता है। ६—क्या तुम पुराण पढ़ना चाहते हो? ७—क्या स्नान का यह समय है? ८—वह अपने शत्रुओं को मारना चाहता है। ९—गुरु आज काशी जाना चाहते हैं। १०—भरत जी श्रीरामजी को देखने के लिए चित्रकूट गये थे। ११—वीर अर्जुन शत्रुओं से लड़ने को उद्यत हुआ। १२—कल तुम्हारा नौकर काम करने नहीं आया। १३—श्री राम रावण को दण्ड देने के लिए लंका गये थे। १४—तुम गाने के लिए कहाँ जाओगे? १५—इस भार को उठाने के लिए मजदूर कब आवेगा? १६—आज मैं पुस्तकें खरीदने को जाऊँगा। १७—सोहन ने हमें यहाँ पर भोजन करने के लिए निमन्त्रण दिया। १८—उपदेश देने में सभी समर्थ होते हैं, किन्तु उपदेश ग्रहण करने के लिए कोई नहीं होता। १९—अध्यापक छात्रों को उपदेश देना चाहते हैं। २०—दुर्वासा का तप समग्र लोकों को भस्म करने के लिए पर्याप्त था।

भावार्थ कृत् प्रत्यय

घञ् (अ)—भावे ।३।३।१८। अकर्तरि च कारके संज्ञायाम् ।३।३।१९।

धातु का अर्थ बतलाने के लिए तथा कर्ता को छोड़कर अन्य कारक का अर्थ बतलाने के लिए घञ् (अ) प्रत्यय लगता है, यथा—पच् + घञ् (अ) = पाकः, हासः, लाभः, कामः। पाकः का अर्थ है पक जाना। घञन्त शब्द पुँल्लिङ्ग होते हैं। घञन्त के साथ कर्म में षष्ठी होती है, यथा—भोजनस्य पाकः, गोविन्दस्य हासः (हँसी)।

घञन्त शब्दों को बनाने के लिए आवश्यक नियम—

अत उपधायाः ।७।२।११६।

धातु के अन्तिम इ ई, उ ऊ और ऋ ॠ को वृद्धि होकर क्रमशः ऐ, औ और आर् हो जाता है। धातु की उपधा के अ को आ, इ को ए, उ को ओ और ऋ को अर् होता है।

चजोः कु घिण्ण्यतोः ।७।३।५२।

च् और ज् को क्रमशः क् और ग् हो जाता है, यथा—

चि + घञ् (अ) = कायः, नि + घञ् (अ) = नायः ।
प्रस्तु + घञ् = प्रस्तावः, भू + घञ् = भावः ।
पठ् + घञ् = पाठः, लिख् + घञ् = लेखः ।
रुध् + घञ् = रोधः, विरोधः, अवतॄ + घञ् = अवतारः ।
कृ + घञ् = कारः, उपकारः, विकारः, प्रकारः, संस्कारः ।
पच् + घञ् = पाकः, त्यज् + घञ् = त्यागः ।
शुच् + घञ् = शोकः, सिच् + घञ् = सेकः ।
भज् + घञ् = भागः, भुज् + घञ् = भोगः ।
यज् + घञ् = यागः, युज् + घञ् = योगः ।
रुज् + घञ् = रोगः, मृज् + घञ् = मार्गः, अपामार्गः ।

घञि च भावकरणयोः ।६।४।२७।

भाव और करण में रञ्ज् के न् का लोप हो जाता है, यथा—रञ्ज् + घञ् = रागः, अन्यत्र रङ्गः (रजत्यस्मिन्निति) ।

निवासचितिशरीरोपसमाधानेष्वादेश्च कः ।३।३।४१।

निवास, समूह, शरीर और ढेर अर्थ में चि के च को क होता है, यथा—चि + घञ् = कायः, निकायः, गोमयनिकायः ।

उपसर्गस्य घञ्यमनुष्ये बहुलम् ।६।३।१२२।

उपसर्ग को विकल्प से दीर्घ होता है, यथा—परिपाकः, परीपाकः, प्रतीहारः, परीहारः, । अमुष्ये किम्—निषादः ।

नोदात्तोपदेशस्य मान्तस्यानाचमेः ।७।३।३४।

म् अन्तवाली धातुओं को ञित्, णित्, और कृत् में प्रायः वृद्धि नहीं होती, यथा—दमः, श्रमः, विश्रमः, । (विश्राम शब्द पाणिनि के अनुसार अशुद्ध है) ।

अनाचमिकमिवमीनामिति वक्तव्यम् ।वा०।

आचम्, कम्, वम् को वृद्धि होती है, यथा—आचामः, कामः, वामः, रम् से रामः ।

इङश्च ।३।३।२१।

इ धातु से घञ् होता है, यथा—उप + अधि + इ = उपाध्यायः ।

उपसर्गे रुवः ।३।३।२२।

उपसर्ग पूर्वक रु धातु से घञ् होता है, यथा—संरावः (अन्यत्र रवः) ।

श्रिणीभुवोऽनुपसर्गे ।३।३।२४।

उपसर्ग रहित श्रि, नी और भू धातु से घञ् प्रत्यय होता है, यथा—श्रायः, नायः, भावः । अनुपसर्गे किम्—प्रश्रयः, प्रणयः, प्रभवः । कथं प्रभावः—प्रकृष्टोभाव इति प्रभावः (अत्र प्रादिसमासः) ।

प्रे द्रुस्तुस्रुवः ।३।३।२७।

प्र पूर्वक द्रु, स्तु, स्रु धातु से घञ् होता है—प्रद्रावः, प्रस्तावः, प्रस्रावः। प्रे किम्—द्रवः, स्तवः, स्रवः।

उन्योर्ग्रः ।३।३।२९।

उत् और नि पूर्वक गॄ धातु से घञ् होता है, यथा—उद्गारः, निगारः। उन्योः किम्—गरः।

परिन्योर्नीणोर्द्यूताभ्रेषयोः ।३।३।३७।

द्यूत तथा उचित अर्थ में परिणी और नि+इ से घञ् होता है, यथा—परिणायः, (समन्तान्नयनम्), न्यायः (उचितम्), द्यूताभ्रेषयोः किम्—परिणयो विवाहः, न्ययो नाशः।

(अच् प्रत्यय) एरच् ।३।३।५६। भयादीनामुपसंख्यानम् ।वा०।

इकारान्त धातुओं में अच् (अ) जोड़ा जाता है, यथा—जि+अच्=जयः, नी+अच्=नयः। भी+अच्=भयम्, वर्षम्।

(अप् प्रत्यय) ऋदोरप् ।३।३।५७।

ऋकारान्त और उकारान्त धातुओं में अप् प्रत्यय लगता है, यथा—कॄ+अप्=करः (बखेरना), गॄ+अप्=गरः (विष)। यु+अप्=यवः (जोड़ना), लू (ञ्)+अप्=लवः (काटना)। स्तु+अप्=स्तवः (स्तुति), पू (ञ्)+अप्=पवः (फीका करना), भू+अप्=भवः।

ग्रहवृदृनिश्चिगमश्च ।३।३।५८। वशिरण्योरुपसंख्यानम् ।वा०।

ग्रह्, वृ, दृ, निश्चि, गम्, वश्, रण् में भी अप् लगता है, यथा—ग्रहः, वरः, दरः, निश्चयः, गमः, वशः, रणः।

[नङ् (अ) प्रत्यय] यजयाचयतविच्छप्रच्छरक्षो नङ् ।३।३।९०।

यज्, याच्, यत्, विच्छ्, (चमकना) प्रच्छ, रक्ष् में धातुओं से भावार्थक नङ् (अ) प्रत्यय जुड़ता है, यथा—यज्ञः, याच्ञा, यत्नः, विश्नः, प्रश्नः, रक्ष्णः।

[कि (इ) प्रत्यय] उपसर्गे घोः किः ।३।३।९२। कर्मण्यधिकरणे च ।३।३।९३।

उपसर्ग सहित घुसंज्ञक धातुओं—डुदाञ् (दा)—देना, दाण्—देना, दो—खंडन करना, दे—प्रत्यर्पण करना, धा—धारण करना, धे—पीना के बाद भावार्थ में कि (इ) प्रत्यय लगता है, यथा—प्र+धा+किः=प्रधिः (आतो लोप इटि च ।६।४।६४। से आ का लोप हुआ), अन्तर्धिः, जलधिः (जलानि धीयन्तेऽस्मिन् इति), नीरधिः, वारिधिः। 'कि' प्रत्ययान्त शब्द पुँल्लिंग होते हैं।

[क्तिन् (ति) प्रत्यय] स्त्रियां क्तिन् ।३।३।९४।

धातुओं में क्तिन् (ति) प्रत्यय जोड़कर स्त्रीलिङ्ग भाववाचक शब्द बनाये जाते हैं, यथा—कृतिः, मतिः, धृतिः, चितिः, स्तुतिः।

[क्तिन् (ति) प्रत्यय] **ऋल्वादिभ्यः क्तिन्निष्ठावद्वाच्यः । वा० ।**

ऋकारान्त तथा लू आदि धातुओं में ति जोड़ने पर वही परिवर्तन होता है जो निष्ठा प्रत्यय जोड़ने में होता है, यथा—कॄ + ति (क्तिन्) = कीर्णिः, गीर्णिः, लूनिः, धूनिः आदि ।

(क्तिन् प्रत्यय) **स्थागापापचो भावे ।३।३।९५।**

स्था आदि से भाव में क्तिन् (ति) प्रत्यय होता है उपस्थितिः, गीतिः, प्रस्थितिः, संपीतिः, पक्तिः, सङ्गीतिः ।

ऊतियूतिजूतिसातिहेतिकीर्तयश्च ।३।३।९७। ऊतिः, हेतिः, कीर्तिः ।

विशेष—क्त प्रत्ययान्त शब्दों में साधारणतया त के स्थान पर ति प्रत्यय लगाने से भाववाचक क्तिन् प्रत्ययान्त रूप बनते हैं, यथा—गा–गीत–गीतिः, गम्–गत–गतिः, वच्–उक्त–उक्तिः, कृतिः, हृतिः, धृतिः, गीतिः, प्रीतिः, स्थितिः, उपमितिः, गतिः, यतिः, नतिः, जातिः, ख्यातिः, इष्टिः, सुतिः, ग्लानिः, म्लानिः ।

(क्विप् तथा क्तिन् प्रत्यय) **सम्पदादिभ्यः क्विप् । वा० । क्तिन्नपीष्यते । वा० ।**

सम्पद्, विपद्, आपद्, प्रतिपद्, परिषद् में क्विप् और क्तिन् दोनों भावार्थ प्रत्यय लगाये जाते हैं, यथा—सम्पत्, विपत्, आपत्, प्रतिपद्, परिषद्—विपत्तिः, सम्पत्तिः, आपत्तिः, प्रतिपत्तिः, परिषत्तिः ।

(अङ् प्रत्यय) **चिन्तिपूजिकथिकुम्बिचर्चश्च** ।३।३।१०५। **आतश्चोपसर्गे**।३।३।१०६।

चिन्त्, पूज्, कथ्, कुम्ब्, चर्च्, धातुओं में तथा सोपसर्ग आकारान्त धातुओं में अङ् प्रत्यय लगता है और वे शब्द स्त्री लिङ्ग भाववाचक होते हैं, यथा—चिन्ता, पूजा, कथा, कुम्बा, चर्चा, प्रदा, उपदा, श्रद्धा, अन्तर्धा ।

(अ प्रत्यय) अ प्रत्ययात् ।३।३।१०२। गुरोश्च हलः ।३।३।१०३।

जिन धातुओं में (सन्, यङ् आदि) कोई प्रत्यय पहले से ही लगा हो, उनमें स्त्रीलिङ्ग भाववाचक शब्द बनाने के लिए 'अ' प्रत्यय लगता है, यथा—कृ धातु से सन्नन्त चिकीर्ष् बना उसमें 'अ' प्रत्यय जोड़कर (चिकीर्ष) टाप् (आ) प्रत्यय लगा—इस प्रकार चिकीर्षा (करने की इच्छा) बना । इसी तरह पिपासा, बुभुक्षा, जिगमिषा, पुत्रकाम्या आदि शब्द बनते हैं ।

यदि हलन्त धातु हो और उसमें कोई गुरु वर्ण (दीर्घ स्वर या संयुक्त व्यंजन) हो तो 'क्तिन्' नहीं लगता 'अ' प्रत्यय लगता है, यथा—ईह + अ + आ = ईहा, ऊह् से ऊहा ।

[युच् (अन) प्रत्यय] ण्यासश्रन्थो युच् ।३।३।१०७। घट्टिवन्दिविदिभ्यश्चेति वाच्यम् ।वा०।

णिजन्त (प्रेरणार्थक) धातुओं में तथा आस्, श्रन्थ्, घट्ट, वन्द्, विद् में **भावार्थ स्त्री लिङ्ग प्रत्यय युच् (अन) जुड़ता है, यथा—**

कृ + णिच् + युच् (अन) + टाप् (आ) = कारणा, इसी प्रकार—हारणा, धारणा। आस् + युच् (अन) + टाप् (आ) = आसना, अन्थना, घट्टना, वन्दना, वेदना।

(घ प्रत्यय) **पुंसि संज्ञायां घः प्रायेण ।३।३।११८। गोचरसंचरवहव्रजव्यजापणनिगमाश्च ।३।३।११९।**

पुंल्लिङ्ग नाम शब्द बनाने के लिए प्रायः धातुओं में घ प्रत्यय लगता है, यथा—आकृ + घः = आकरः (खान), आपणः (बाजार), आखनः (फावड़ा), निकषः (कसौटी), गोचरः (चरागाह), सञ्चरः (रास्ता), वहः (स्कन्ध), निगमः (वेद), व्रजः (बाड़ा), व्यजः (पंखा) आदि।

(घञ् प्रत्यय) **हलश्च ।३।३।१२१।**

हलन्त धातुओं में घञ् लगता है, यथा—रम् + घञ् = रामः (रमन्ते योगिनोऽस्मिन् इति), इसी प्रकार अपामार्गः (एक ओषधि का नाम)।

[क्त तथा ल्युट् (अन) प्रत्यय] **नपुंसके भावे क्तः ।३।३।११४। ल्युट् च ।३।३।११५**

धातुओं में नपुंसक भाववाचक शब्द बनाने के लिए क्त (निष्ठा) अथवा ल्युट् (अन) प्रत्यय लगाया जाता है, यथा—

हसितम्—हसनम्, गतम्—गमनम्, हृतम्—हरणम्, कृतम्—करणम् आदि।

[खल् (अ) प्रत्यय] **ईषद्दुःसुषु कृच्छ्राकृच्छ्रार्थेषु खल् ।३।३।१२६।**

सु एवं ईषत् (सुखार्थ) तथा दुर् (दुःखार्थ) शब्द धातु के पूर्व जुड़े रहने पर धातुओं के परे खल् (अ) प्रत्यय लगता है, यथा—सुकृ + खल् = सुकरः (सुखेन कर्तुं योग्यः) कटो मया (मेरे द्वारा चटाई आसानी से बन सकती है), ईषत्करः कटो मया (मेरे द्वारा चटाई थोड़े प्रयत्न से ही बन सकती है)। दुष्कृ + खल् = दुष्करः (दुःखेन कर्तुं योग्यः) कटो मया (मुझसे चटाई कठिनाई से (दुःख से) बन सकती है।) ईषत्करः, सुवहः, दुर्लभः, दुःशासनः।

(युच् प्रत्यय) **आतो युच् ।३।३।१२८।**

आकारान्त धातुओं में खल् के स्थान में युच् प्रत्यय लगता है, यथा—सुपा + युच् = सुपानः (सुखेन पातुं योग्यः), ईषत्पानः, दुष्पानः।

(युच् प्रत्यय) **भाषायांशासियुधिदृशिधृषिमृषिभ्यो युज्वाच्यः ।वा०।**

इसी तरह युच् प्रत्यय लगाकर दुःशासनः, दुर्योधनः, दुर्वहः, ईषद्वहः (पुँल्लिङ्ग), तथा दुष्करा, दुर्वहा आदि (स्त्रीलिङ्ग) तथा दुष्करम्, दुर्वहम् आदि (नपुंसकलिङ्ग) शब्द बनते हैं।

कर्तृवाचक कृदन्त शब्द

ण्वुल् (अक्) और तृच् (तृ) प्रत्यय

ण्वुल्तृचौ ।३।१।१३३। तुमुन्ण्वुलौ क्रियायां क्रियार्थायाम् ।३।३।१०।

वाला (कर्ता) अर्थ में धातु से ण्वुल् (अक) और तृच् (तृ) प्रत्यय लगाये जाते हैं, यथा—कृ + ण्वुल् (अक) = कारकः (करनेवाला)।

कृ + तृच् (तृ) = कर्तृ (कर्ता, कर्तारौ, कर्तारः) करनेवाला ।

इसी तरह—पाठकः, पठितृ (पठिता), दायकः, दातृ (दाता)।

पाचकः—पक्तृ, हारकः—हर्तृ, धारकः—धर्तृ ।

ण्वुल् के पूर्व धातु में वृद्धि तथा तृच् के पूर्व धातु में गुण होता है। कर्तृ, हर्तृ आदि के रूप कर्ता के अनुसार पुँल्लिङ्ग, स्त्रीलिङ्ग और नपुंसक लिङ्ग में चलते हैं। पुलिङ्ग में कर्ता–कर्तारौ–कर्तारः आदि, स्त्री लीङ्ग में ई (कर्त्री) लगाकर नदी की भाँति और नपुंसक लिङ्ग में कर्तृ-कर्तृणी-कर्तॄणि आदि चलेंगे। तृच् प्रत्ययान्त के साथ कर्म में षष्ठी होती है, यथा—पुस्तकस्य कर्ता, धर्ता, हर्ता वा।

ण्वुल् प्रत्यय तुमुन् की भाँत क्रिया के रूप में भी प्रयुक्त होता है, यथा—कृष्णं दर्शको याति (कृष्ण को देखने के लिए जाता है)।

[ल्यु (अन) प्रत्यय] **नन्दिग्रहिपचादिभ्यो ल्युणिन्यचः ।३।१।१३४।**

नन्दि आदि (नन्दि, वाशि, मदि, दूषि, साधि, वर्धि, शोभि, रोचि के णिजन्त रूप) धातुओं में कर्तृ वाचक शब्द बनाने के लिए ल्यु (अन) प्रत्यय लगता है; ग्रहि आदि (ग्राहि, उत्साही स्थायी, मन्त्री, अयाची, अवादी, विषयी, अपराधी आदि) के बाद णिनि (इन्) लगता है, पच् आदि (पचः, वदः, चलः, पतः, जरः, मरः, क्षमः, सेवः, व्रणः, सर्पः आदि) के बाद अच् (अ) प्रत्यय लगता है, यथा—

नन्द् + ल्यु = नन्दनः (नन्दयतीति नन्दनः), जनार्दनः, मधुसूदनः। वाशनः, मदनः, दूषणः, साधनः, वर्धनः, शोभनः, रोचनः ।

ग्रह् + इन् = ग्राहिन् (गृह्णातीति), उत्साही, स्थायी आदि ।

पच् + अच् (अ) = पचः (पचतीति), वदः, चलः आदि ।

[क (अ) प्रत्यय] **इगुपधज्ञाप्रीकिरः कः ।३।१।१३५।**

जिन धातुओं की उपधा में इ उ ऋ लृ में से कोई स्वर हो उनके बाद तथा ज्ञा, प्री (प्रसन्न करना) और कॄ (बखेरना) के बाद कर्तृवाचक क (अ) प्रत्यय लगता है, यथा—

क्षिप् + क (अ) = क्षिपः (क्षिपतीति) फेंकनेवाला ।

लिख् + क (अ) = लिखः (लिखतीति) लिखनेवाला ।

बुधः (समझने वाला), कृशः (दुबला), ज्ञः (जानने वाला), किरः (बखेरने वाला), प्रियः (प्रीणातीति) प्रसन्न करने वाला ।

(क प्रत्यय) **आतश्चोपसर्गे** ।३।१।१३६।

आकारान्त धातु के तथा ए ऐ, ओ औ में अन्त होनेवाली जो धातु आकारान्त हो जाती है उसके पूर्व यदि उपसर्ग हो तो भी क प्रत्यय लगता है, यथा—प्रज्ञा + क = प्रज्ञः (प्रजानातीति), विज्ञः, सुज्ञः, अभिज्ञः, आह्वे + क = आह्वः (आह्वयतीति), प्रह्वः ।

[क (अ) प्रत्यय] **आतोऽनुपसर्गे कः** ।३।२।३।

यदि आकारान्त धातु के पूर्व कोई उपसर्ग न हो तो कर्म के योग में धातु के बाद क (अ) प्रत्यय लगता है, यथा—गो + दा + क = गोदः (गां ददाति इति), सुखदः दुःखदः, गोत्रम्, आतपत्रम्, पुत्रः, छत्रः । द्विपः गोपः, महीपः, पादपः, किन्तु—गो + सम् + दा + अण् + गोसन्दायः । उपसर्ग होने से अण् प्रत्यय हुआ, क नहीं ।

(क) **सुपि स्थः** ।३।२।४।

कोई शब्द पूर्व में रहने पर आकारान्त धातु से क प्रत्यय होता है, यथा—

द्वि + पा + क = द्विपः, स्था-समस्थः, विषमस्थः ।

(क) **गेहे कः** ।३।१।१४४।

गृह अर्थ में ग्रह् से क प्रत्यय होता है, यथा—ग्रह् + क = गृहम् (गृह्णाति धान्यादिकमिति) । तात्स्थ्याद् गृहा दाराः ।

(क प्रत्यय) **कप्रकरणे मूलविभुजादिभ्य उपसंख्यानम्** ।वा०।

मूलविभुज, नखमुच, काकग्रह, कुमुद, महीध्र, कुध्र, गिरिध्र आदि के बाद भी क प्रत्यय लगता है ।

[अण् (अ) प्रत्यय] **कर्मण्यण्** ।३।२।१। **अण् कर्मणि च** ।३।३।१२।

जब कर्म के योग में धातु आवे तब कर्तृवाचक अण् (अ) प्रत्यय होता है, यथा—कुम्भ + कृ + अण् = कुम्भकारः (कुम्भं करोति इति), भार + हृ + अण् = भारहारः (भारं हरति इति) । अण् के पूर्व वृद्धि होती है ।

कर्म के योग में अण् प्रत्यय तुमुन् की भाँति क्रिया के रूप में प्रत्युक्त होता है, यथा—कम्बलदायो याति (कम्बल देने के लिए जाता है) ।

[अच् (अ) प्रत्यय] **अर्हः** ।३।२।१६।

कर्म के योग में अर्ह् धातु के बाद अच् (अ) प्रत्यय लगता है, यथा—पूजा + अर्ह + अच् = पूजार्हः (पूजामर्हति इति) ब्राह्मणः ।

[ट प्रत्यय] **चरेष्टः ।३।२।१६।**

चर् धातु के पूर्व अधिकरण होने पर धातु से परे कर्तृवाचक ट प्रत्यय होता है, यथा--कुरु + चर् + ट (अ) = कुरुचरः (कुरुषु चरतीति) ।

(ट प्रत्यय) **भिक्षासेनादायेषु च ।३।२।१७।**

भिक्षा, सेना, आदाय शब्दों में से कोई एक चर् के पूर्व रहे तो ट प्रत्यय लगता है, यथा--भिक्षा + चर् + ट = भिक्षाचरः (भिक्षां चरतीति) । इसी प्रकार--सेनाचरः (सेनां प्रविशतीति), आदायचरः (गृहीत्वा गच्छतीति) ।

(ट प्रत्यय) **पुरोऽग्रतोऽग्रेषु सर्त्तेः ।३।२।१८।**

पुर् पूर्व में रहे तो सृ धातु से ट प्रत्यय होता है, यथा--पुरस्सरः, अग्रसरः, अग्रतस्सरः, अग्रेसरः ।

(ट प्रत्यय) **कृञो हेतुताच्छील्यानुलोम्येषु ।३।२।२०।**

कृ धातु से कर्म के योग में हेतु, स्वभाव और अनुकूल अर्थ में ट प्रत्यय लगता है (कर्मण्यण् से अण् प्रत्यय नहीं लगता), यथा--यशस्करी विद्या, श्राद्धकरः, वचनकरः ।

(ट प्रत्यय) **दिवाविभानिशाप्रभाभास्करान्तानन्तादिबहुनान्दीकिंलिपिलिबिबलिभक्तिकर्तृचित्रक्षेत्रसंख्याजङ्घाबाह्वहर्यत्तद्धनुररुष्षु ।३।२।२१।**

यदि कृ धातु के पूर्व दिवा, विभा, निशा, प्रभा आदि शब्द कर्म रूप में आवें तो ट (अ) प्रत्यय लगता है (अण् नहीं), यथा—दिवाकरः, विभाकरः, निशाकरः, प्रभाकरः, भास्करः, किंकरः, बहुकरः, एककरः, धनुष्करः, अरुष्करः, लिपिकरः, चित्रकरः, यत्करः, तत्करः ।

(ट प्रत्यय) **कर्मणि भृतौ ।३।२।२२।**

कृ के पूर्व कर्म शब्द रहे तो ट प्रत्यय होता है, यथा—कर्मकरः (नौकर) ।

[खश् (अ) प्रत्यय] **एजेः खश् ।३।२।२८। अरुर्द्विषदजन्तस्य मुम् ।६।३।६७।**

णिजन्त एज् धातु के पूर्व यदि कर्म हो तो खश् (अ) प्रत्यय लगता है, यथा—जन् + एज् + खश् (अ) = जनमेजयः (जनमेजयतीति) ।

विशेष—अरुष्, द्विषत् तथा अजन्त शब्दों (अव्यय न होने पर) के बाद यदि खित् (ख इत्) प्रत्ययान्त शब्द आवे तो बीच में एक 'म्' आ जाता है, यथा—जनमेजयः में 'जन + एजयः' है जन शब्द अकारान्त है और एजयः में खश् प्रत्यय है जो खित् है, अतः बीच में 'म्' आ गया है ।

[खश् प्रत्यय] **नासिकास्तनयोर्ध्माधेटोः ।३।२।२९।**

ध्मा और धेट् के पूर्व यदि नासिका और स्तन कर्म रूप में आवें तो इनके अनन्तर खश् प्रत्यय लगता है, यथा—स्तनन्धयः (स्तनं धयतीति), नासिकन्धमः (नासिकां ध्मायतीति) ।

विशेष—खित्यनव्ययस्य ।६।३।३६। खिदन्त शब्दों के आगे आने पर पूर्व शब्द का दीर्घस्वर ह्रस्व हो जाता है और फिर मुम् आगम होता है । अतः नासिका का आकार अकार में बदल गया ।

[खश् प्रत्यय] **आत्ममाने खश्च ।३।२।८३।**

अपने आप को समझने के अर्थ में खश् प्रत्यय होता है, यथा—पण्डितंमन्यः (पण्डितमात्मानं मन्यते), नरंमन्यः, स्त्रियंमन्यः, कालिमन्या ।

(खश् प्रत्यय) **असूर्यललाटयोर्दृशितपोः ।३।२।३६।**

दृश् के पहले असूर्य, और तप के पहले ललाट शब्द आने पर खश् प्रत्यय होता है, यथा—सूर्यं नपश्यन्तीति असूर्यंपश्याः (राजदाराः), ललाटं तपतीति ललाटंतपः (सूर्यः) ।

(खश् प्रत्यय) **विध्वरुषोस्तुदः ।३।२।३५।**

यदि विधु और अरुष् तुद् धातु के पूर्व कर्म होकर आवें तो खश् प्रत्यय लगता है, यथा—विधुंतुदः (विधुं तुदतीति), अरुन्तुदः आदि ।

(खश् प्रत्यय) **वहाभ्रे लिहः ।३।२।३२।**

यदि वह (स्कन्ध) और अभ्र, लिह् धातु के पूर्व कर्म होकर आवें तो खश् प्रत्यय होता है, यथा—अभ्रं लेढीति अभ्रंलिहो वायुः । वहं (स्कन्धं) लेढीति वहंलिहो गौः ।

(खश् प्रत्यय) **उदिकूले रुजिवहोः ।३।२।३१।**

यदि कूल शब्द उत्पूर्वक रुज् और वह् धातुओं के पूर्व कर्म होकर आवे तो खश् प्रत्यय लगता है, यथा—कूल + उत् + रुज् + खश् = कूलमुद्रुजः, इसी तरह कूलमुद्वहः ।

[खच् (अ) प्रत्यय] **प्रियवशे वदः खच् ।३।२।३८।**

यदि प्रिय और वश शब्द वद् धातु के पूर्व कर्मरूप में आवें तो वद् धातु में खच् (अ) प्रत्यय लगता है, यथा—प्रिय + म् + वद् + खच् = प्रियंवदः (प्रियं वदतीति), वश् + म् + वद् + खच् = वशंवदः ।

(खच् प्रत्यय) **संज्ञायां भृतॄवृजिधारिसहितपिदमः ।३।२।४६। गमश्च ।३।२।४७।**

यदि कोई संज्ञा शब्द भृ, तॄ, वृ, जि, धृ, सह्, तप्, दम् तथा गम् धातु के पूर्व कर्मरूप में आवे तो खच् (ख) प्रत्यय लगता है, यथा—

विश्व + म् + भृ + खच् + टाप् = विश्वम्भरा (पृथ्वी) विश्वं बिभर्तीति ।
पति + म् + वृ + खच् + टाप् = पतिंवरा (कन्या) पतिं वरतीति ।
रथ + म् + तॄ + खच् = रथन्तरं (साम) रथं तरतीति ।
शत्रु + म् + जि + खच् = शत्रुञ्जयः (गजः) एक हाथी का नाम ।
युग + म् + धृ + खच् = युगन्धरः (एक पर्वत का नाम) ।

अरि + म् + दम् + खच् = अरिन्दमः (एक राजा का नाम) ।
शत्रु + म् + सह् + खच् = शत्रुंसहः (एक राजा का नाम) ।
सुत + म् + गम् + खच् = सुतंगमः ।

(खच् प्रत्यय) **द्विषत्परयोस्तापे ।३।२।३६।**

यदि द्विषत् और पर शब्द ताप् (तप का णिजन्त रूप) के कर्म रूप में आवें तो ताप् के आगे खच् प्रत्यय लगेगा, यथा—द्विषन्तपः, परन्तपः (द्विषन्तं परं वा तापयतीति) ।

(खच् प्रत्यय) **वाचि यमो व्रते ।३।२।४०।**

वाक् शब्द के उपपद होने पर यम् धातु के आगे व्रत का अर्थ प्रकट करने में खच् प्रत्यय लगता है, यथा—वाचं यमः (वाचं यच्छतीति) मौनव्रती, व्रत का अर्थ अभीष्ट न होने पर वाग्यामः (वाचं यच्छतीति) रूप बनेगा ।

(खच् और अण् प्रत्यय) **क्षेमप्रियमद्रेऽण् च ।३।२।४४।**

यदि क्षेम, प्रिय और मद्र शब्द कृ धातु के उपपद रहें तो खच् प्रत्यय और अण् प्रत्यय लगते हैं, यथा—क्षेमङ्करः—क्षेमकारः, प्रियङ्करः—प्रियकारः, मद्रंकरः—मद्रकारः ।

क्षेमं करोति इति क्षेमङ्करः में 'क्षेम' 'कृ' का कर्म था। जब कर्म की विवक्षा न हो तो 'शेषे षष्ठी' से षष्ठी विभक्ति में होगा और क्षेमकरः शब्द बनेगा—करोतीतिः करः (कृ + अच्) क्षेमस्य कर क्षेमकरः, यथा—अल्पारम्भाः क्षेमकराः ।

[कञ् (अ) और क्विन् प्रत्यय] **त्यदादिषु दृशोऽनालोचने कञ्च ।३।२।६०।**

समानान्ययोश्चेति वाच्यम् ।वा०। क्सोऽपि वाच्यः ।वा०।

यदि त्यद्, तद्, यद्, एतद्, इदम्, अदस्, एक, द्वि, युष्मद, अस्मद्, भवत्, किम्, अन्य तथा समान शब्दों में से कोई दृश् धातु के पूर्व रहे और दृश् धातु का देखना अर्थ न हो तो कञ् (अ) प्रत्यय लगता है और विकल्प से क्विन् प्रत्यय भी लगता है, यथा—तद् + दृश् + कञ् = तादृशः, इसी तरह—त्यादृशः, यादृशः, एतादृशः, सदृशः, अन्यादृशः, यादृशः आदि ।

इसी अर्थ में क्स प्रत्यय भी लगता है, उसका स शेष रहता है, क्विन् का लोप हो जाता है, तद् + दृश् + क्विन् = तादृश्, तद् + दृश् + क्स = तादृक्षः, अन्य + दृश् + क्विन् = अन्यादृश्, अन्य + दृश् + क्स = अन्यादृक्षः आदि ।

इसी प्रकार—भवादृक्, भवादृशः, भवादृक्षः। कीदृक्, कीदृशः, कीदृक्षः। युष्मादृक्, युष्मादृशः, युष्मादृक्षः। अस्मादृक्, अस्मादृशः, अस्मादृक्षः आदि ।

(क्विप् प्रत्यय) **सत्सूद्विषद्रुहदुहयुजविदभिदच्छिदजिनीराजामुपसर्गेऽपि क्विप् ।३।२।६१।**

सद् (बैठना), सू (उत्पन्न करना), द्विष् (वैर करना), द्रुह् (द्रोह करना), दुह् (दुहना), युज् (मिलाना), विद् (होना या जानना), भिद् (काटना),

छिद् (काटना), जि (जीतना), नी (ले जाना) और राज् (शोभित होना) के पूर्व कोई उपसर्ग रहे या न रहे इनके बाद क्विप् प्रत्यय लगता है और क्विप् का लोप हो जाता है, यथा—

द्युसत् (देवता—स्वर्ग में बैठने वाला), प्रसूः (जननी), द्विट् (शत्रु), मित्रध्रुक् (मित्र द्रोही), गोधुक् (ग्वाला), अश्वयुक् (सईस), वेदवित् (वेद ज्ञाता), गोत्रभित् (इन्द्र), पक्षच्छित् (इन्द्र), इन्द्रजित् (मेघनाद), सेनानी (सेनापति), सम्राट् (महाराज)।

(क्विप्) **सुकर्मपापमन्त्रपुण्येषु कृञः ।३।२।८९।**

सुकर्म आदि पूर्व में हों तो कृ धातु से क्विप् प्रत्यय होता है, यथा—सुकृत्, कर्मकृत्, पापकृत्, मन्त्रकृत्, पुण्यकृत्।

कतिपय अन्य धातुओं पर भी क्विप् प्रत्यय लगता है, यथा—दृश्—सर्वदृश्, चि—अग्निचित्, कृ—टीकाकृत्, स्तु—देवस्तुत्, सृज्—विश्वसृज्, स्पृश्—मर्मस्पृश् आदि।

(क्विप् प्रत्यय) **ब्रह्मभ्रूणवृत्रेषु क्विप् ।३।२।८७।**

यदि हन् धातु के पूर्व ब्रह्म, भ्रूण तथा वृत्र शब्द कर्म के रूप में आवें तो क्विप् प्रत्यय लगता है, यथा—ब्रह्म + हन् + क्विप् = ब्रह्महा, भ्रूणहा, वृत्रहा आदि।

(क्विप् प्रत्यय) **भ्राजभासधुर्विद्युतोर्जिपॄजुग्रावः स्तुवः क्विप् ।३।२।१७७।**

भ्राज्, भास्, धुर्, विद्युत्, ऊर्ज्, पृ, जु, ग्रावस्तु से क्विप् प्रत्यय होता है, तथा अन्यों में भी, यथा—विभ्राट्, भाः, धूः, विद्युत्, ऊर्क्, पूः, जूः, ग्रावस्तुत्, छित् श्रीः, धीः, प्रतिभूः आदि।

[णिनि (इन्) प्रत्यय] **कुमारशीर्षयोर्णिनिः ।३।२।५१।**

कुमार और शीर्ष शब्द यदि हन् धातु के पूर्व उपपद रहें तो णिनि प्रत्यय लगता है, यथा—कुमारघाती (कुमारं हन्तीति), शिरश् का 'शीर्ष' हो जाता है, अतः शीर्षघाती रूप बनेगा।

(णिनि प्रत्यय) **सुप्यजातौ णिनिस्ताच्छील्ये ।३।२।७८।**

साधुकारिण्युपसंख्यानम् ।वा०। ब्रह्मणि वदः ।वा०।

जातिवाचक संज्ञा (गो, अश्व, ब्राह्मण आदि) से भिन्न कोई सुबन्त (संज्ञा, सर्वनाम, विशेषण) किसी धातु के पूर्व आवे तो स्वभाव के अर्थ में णिनि (इन्) प्रत्यय लगता है, यथा—उष्ण + भुज् + णिनि = उष्णभोजी (उष्णं भोक्तुं शीलमस्येति), शीतभोजी, आमिषभोजी, शाकाहारी, मांसाहारी, मिथ्यावादी, मित्रद्रोही, मनोहारी।

यदि साधु तथा ब्रह्मन् शब्द कृ तथा वद् के पूर्व आवें तो स्वभाव न होने पर भी णिनि प्रत्यय लगता है, यथा—साधुकारी, ब्रह्मवादी।

(णिनि) **कर्तर्य्युपमाने** ।३।२।७९।

उपमान पूर्व में होने पर णिनि प्रत्यय होता है, यथा—उष्ट्र इव क्रोशति उष्ट्रक्रोशी, ध्वाङ्क्षरावी।

(णिनि) **व्रते** ।३।२।८०।

व्रत में णिनि प्रत्यय होता है, यथा—स्थण्डिलशायी।

(णिनि प्रत्यय) **मनः** ।३।२।८३। **आत्ममाने खश्च** ।३।२।८४।

मन् के पहले यदि कोई सुबन्त रहे तो स्वभाव रहे या न रहे णिनि प्रत्यय होता है, यथा—पण्डित + मन् + णिनि = पण्डितमानी (पण्डितमात्मानं मन्यते)। इसी तरह दर्शनीयमानी।

अपने आप को कुछ मानने के अर्थ में खश् प्रत्यय भी होता है, यथा—पण्डित + मन् + पण्डितम्मन्यः (खिदन्त शब्द के पहले म् लगता है।)

(ड प्रत्यय) **अन्तात्यन्ताध्वदूरपारसर्वानन्तेषु डः** ।३।२।४८। **सर्वत्रपन्नयोरुपसंख्यानम्** ।वा०। **उरसो लोपश्च** ।वा०। **सुदुरोधिकरणे** ।वा०।

सु तथा दुः के बाद गम् धातु में ड प्रत्यय लगता है यदि अन्त, अत्यन्त, अध्व, दूर, पार, सर्व, अनन्त, सर्वत्र, पन्न, उरस् और अधिकरण अर्थ हो, यथा—अन्तगः, अत्यन्तगः, अध्वगः, दूरग, पारगः, सर्वगः, अनन्तगः, सर्वत्रगः, पन्नगः, उरगः, (स् का लोप हो गया), सुगः, (सुखेन गच्छतीति), दुर्गः (किला) दुःखेन गच्छत्यत्रेति।

(ड प्रत्यय) **सप्तम्यां जनेर्डः** ।३।२।९७। **पञ्चम्यामजातौ** ।३।२।९८। **उपसर्गे च संज्ञायाम्** ।३।२।९९। **अनौ कर्मणि** ।३।२।१००। **अन्येष्वपि दृश्यते** ।३।२।१०१।

सप्तम्यन्त पद पहले रहने पर जन् धातु में ड (अ) प्रत्यय लगता है, यथा—

लवपुरे जातः = लवपुरजः। सरसिजम् = सरोजम्।

मन्दुरायां जातः = मन्दुरजः।

जातिभिन्न पञ्चम्यन्त शब्द उपपद होने पर भी ड प्रत्यय लगता है, यथा—संस्काराज्जातः संस्कारजः।

उपसर्ग पूर्वक जन् धातु में भी ड लगता है, यदि निष्पन्न शब्द किसी का नाम विशेष हो, यथा—प्रजन् + ड + टाप् = प्रजा।

अनु + जन् के पूर्व कर्म उपपद होने पर भी ड लगता है, यथा—पुमनुजा = पुमांसमनुरुध्य जाता।

अन्य उपपदों के पूर्व होने पर भी जन् में ड लगता है, यथा—अजः, द्विजः आदि।

[तृन् (तृ) प्रत्यय] आक्वेस्तच्छीलतद्धर्मतत्साधुकारिषु ।३।२।१३४। तृन् ।३।२।१३५।

शील, धर्म तथा अच्छी तरह बनाना के भाव बतलाने के लिए धातु में तृन् (तृ) प्रत्यय लगाया जाता है, यथा—कृ + तृ = कर्तृ ।

कर्ता कटम् { जो चटाई बनाया करता है,
जिसका धर्म चटाई बनाना है,
जो अच्छी तरह चटाई बनाता है ।

[वुञ् (अक) प्रत्यय] **निन्दहिंसक्लिशखादविनाशपरिक्षिपपरिरटपरिवादिव्याभाषासूयो वुञ् ।३।२।१४६।**

शील, धर्म तथा अच्छी तरह करने के अर्थ में निन्द्, हिंस, क्लिश्, खाद्, विनाश्, परिक्षिप्, परिरट्, परिवाद्, व्ये, भाष्, असूय् धातुओं में वुञ् (अक) प्रत्यय लगता है, यथा—

निंदकः, हिंसकः, क्लेशकः, खादकः, विनाशकः, परिक्षेपकः, परिरटकः, परिवादकः व्यायकः, भाषकः, असूयकः ।

[युच् (अन) प्रत्यय] **चलनशब्दर्थादकर्मकाद्युच् ।३।२।१४८। क्रुधमण्डार्थेभ्यश्च ।३।२।१५१।**

शील आदि अर्थों में चलना, शब्द करना अर्थवाली अकर्मक धातुओं में तथा क्रोध करना, आभूषित करना अर्थों वाली धातुओं में युच् (अन) प्रत्यय लगता है, यथा—

चल् + युच् (अन) = चलनः (चलितुं शीलमस्य स चलनः) ।
कम्प् + युच् (अन) = कम्पनः (कम्पितुं शीलमस्य स कम्पनः) ।
शब्द् + युच् (अन) = शब्दनः (शब्दं कर्तुं शीलमस्य सः) ।

इसी तरह—क्रोधनः, रोषणः, मण्डनः, भूषणः आदि शब्द मनुष्य वाचक हैं ।

शुकः पठिता विद्याम्—यहाँ पठ् सकर्मक धातु होने के कारण युच् प्रत्यय नहीं हुआ, अपितु तृन् प्रत्यय लगा ।

[षाकन् (आक) प्रत्यय] **जल्पभिक्षकुट्टलुण्टवृङः षाकन् ।३।२।१५५।**

शील, धर्म, साधुकारिता अर्थ में जल्प्, भिक्ष्, कुट्ट्, (काटना), लुण्ट् (लूटना) तथा वृ (चाहना) धातुओं में षाकन् (आक) प्रत्यय लगता है, यथा—जल्प् + षाकन् (आक) = जल्पाकः (बहुत बोलने वाला), भिक्षाकः (मंगता), कुट्टाकः (काटने वाला), लुण्टाकः (लूटने वाला), वराकः (बेचारा) ।

[इष्णुच् (इष्णु) प्रत्यय] **अलङ्कृञ् निराकृञ्प्रजनोत्पचोत्पतोन्मदरुच्यपत्रपवृतुवृधुसहचर इष्णुच् ।३।२।१३६।**

अलंकृ, निराकृ, प्रजन्, उत्पच्, उत्पत्, उन्मद्, रुच्, अप-त्रप्, वृत्, वृध्, सह्, चर् इन धातुओं में इसी अर्थ में इष्णुच् (इष्णु) प्रत्यय लगता है, यथा—

अलंकृ + इष्णुच् (इष्णु) = अलंकरिष्णुः (अलंकृत करनेवाला)।
निराकरिष्णुः (निरादर करने वाला), प्रजनिष्णुः (उत्पादक)।
उत्पचिष्णुः (पाचक), उत्पतिष्णुः (ऊपर उठाने वाला)।
उन्मदिष्णुः (उन्मत्त होनेवाला), रोचिष्णुः (रोचक)।
अपत्रपिष्णुः (लज्जाशील), वर्तिष्णुः (वर्तमान)।
वर्धिष्णुः (वर्धनशील), सहिष्णुः (सहनशील)।
चरिष्णुः (भ्रमण करने वाला)।

(आलुच् प्रत्यय) **स्पृहिगृहिपतिदयिनिद्रातन्द्राश्रद्धाभ्य आलुच्** ।३।२।१५८।
शीङो वाच्यः ।वा०।

स्पृह्, ग्रह्, पत्, दय्, शीङ् धातुओं में तथा निद्रा, तन्द्रा और श्रद्धा के बाद आलुच् (आलु) प्रत्यय होता है, यथा—स्पृहयालुः, गृहयालुः, पतयालुः, दयालुः, शयालुः, निद्रालुः, तन्द्रालुः, श्रद्धालुः।

(उ प्रत्यय) **सनाशंसभिक्ष उः** ।३।२।१६८।

सन्नन्त धातुओं तथा आशंस् और भिक्ष् में उ प्रत्यय लगता है, यथा—चिकीर्षुः (कर्तुमिच्छति), आशंसुः, भिक्षुः, लिप्सुः, पिपासुः इत्यादि।

(३) उणादि प्रत्यय

कृत्य और कृत् प्रत्यय ऊपर दिये जा चुके हैं। अब उणादि प्रत्यय दिये जा रहे हैं। उणादि का अर्थ है उण् आदि। ये प्रत्यय सरल नहीं हैं और बुद्धिमत्ता के साथ इनका प्रयोग किया जाता है।

(उण् आदि) **उणादयो बहुलम्** ।३।३।१।

उणादि बहुत से हैं, और विभिन्न अर्थों में प्रयुक्त होते हैं। महर्षि पाणिनि ने उणादि प्रत्ययों द्वारा ऐसे शब्दों को सिद्ध किया, जो अन्यथा सिद्ध नहीं हो सकते थे।

कृवापाजिमिस्वदिसाध्यशूभ्य उण्। उणादि १।

कृ + उण् = कारुः (करोतीति, शिल्पी तथा कारक)।
वा + उण् = वायुः (वातीति), पा + उण् = पायुः (गुदम्) (पिबत्यनेन इति)।
जि + उण् = जायुः (औषधम्) जयति रोगान् अनेनेति।
मा + उण् = मायुः (पित्तम्) मिनोति प्रक्षिपति देहे ऊष्माणमिति।
स्वादुः स्वदते रोचते इति। साधुः साध्नोति पर कार्यम्। अश्नुते इति आशु (शीघ्रम्)।

(उषच् प्रत्यय) **पॄनहिकलिभ्यः उषच्।**

पॄ + उषच् = परुषम्। नह् + उषच् = नहुषः। कल् + उषच् = कलुषम् इत्यादि।

संस्कृत में अनुवाद करो—

१—खेलना तथा पढ़ना समय पर होना चाहिए। २—भले आदमी अपकार का बदला उपकार से चुकाते हैं। ३—यह बहुत आनन्द देने वाला वृत्त है। ४—झूठ बोलने वाले मित्र मित्रघाती होते हैं। ५—काम करनेवाला मानव है, पर कर्म का फल देने वाला भगवान् है। ६—यह उपदेश शोक को नाश करने वाला है। ७—झूठ बोलने वाले का कोई विश्वास नहीं करता। ८—इस गाँव के कुम्हार बहुत चतुर हैं। ९—नाश होने वाले शरीर का क्या विश्वास ? १०—क्या इस घर में सभी खाने वाले हैं, कमाने वाला कोई नहीं ? ११—यह पकाने वाला बहुत निपुण है। १२—क्या इस नगर में कोई बड़ा गवैया नहीं ? १३—वेद का पढ़ना पापों का नाश करने वाला है। १४—इस नगर के प्रायः सभी बनिये लुटेरे हैं। १५—कल विमला ने एक मनोहर राग अलापा। १६—तुम्हारे जैसे आदमी को धिक्कार है ! १७—वीरों का निश्चय कठोर कर्मों वाला होता है, वह प्रेम पथ को त्याग देता है। १८—वह साहसियों में धुरीण और विद्वानों में अग्रणी है। १९—मधुर आकृतिवालों के लिए क्या मण्डन नहीं है ? २०—संसार में सुन्दरता सुलभ है, गुणार्जन कठिन है। २१—सर्वनाश प्राप्त होने पर विद्वान् आधा छोड़ देता है। २२—प्रिय प्रवास से उत्पन्न दुःख स्त्रियों के लिए दुःसह होते हैं। २३—सम्पत्तियाँ अच्छे आचरण वालों को भी विचलित कर देती हैं। २४—ऐश्वर्य से उन्मत्तों में प्रायः विकार बढ़ते हैं। २५—यदि एक ही काम से संसार को वश में करना चाहते हो तो परनिन्दा से वाणी को रोको।

तद्धित-प्रकरण

तद्धित शब्द का अर्थ है "तेभ्यः प्रयोगेभ्यः हिताः इति तद्धिताः" अर्थात् ऐसे प्रत्यय जो विभिन्न प्रयोगों के काम में आ सकें।

संज्ञा, सर्वनाम, विशेषण आदि में जिन प्रत्ययों को जोड़ कर कुछ और अर्थ भी निकल आता है, उन प्रत्ययों को तद्धित प्रत्यय कहते हैं, यथा—दितेः अपत्यं दैत्यः (दिति + एय), दिति शब्द में एय (तद्धित प्रत्यय) जोड़ कर दिति के पुत्र (दैत्य) का ज्ञान कराया गया है। कषायेण रक्तं काषायं (वस्त्रम्) (कषाय रंग में रंगा हुआ), यहाँ कषाय शब्द में अण् प्रत्यय लगाकर "कषाय से रंगे हुए" का बोध कराया गया है।

तद्धित प्रत्ययों के लिए ये नियम आवश्यक हैं—

(१) तद्धितेष्वचामादेः ।७।२।११७।

यदि तद्धित प्रत्यय में ञ् तथा ण् इत हों तो जिस शब्द में ऐसा प्रत्यय लगेगा उसके प्रथम स्वर को वृद्धि होगी, यथा—दिति + एय (य) = दैत्यः—यहाँ दिति के 'दि' में 'इ' के स्थान में वृद्धि 'ऐ' हो गयी।

(२) किति च ।७।२।११८।

यदि तद्धित प्रत्यय में क् इत् हो तो उस में भी प्रत्येक आदि शब्द के स्वर को वृद्धि होगी, यथा—वर्षा + ठक् (इक) = वार्षिकः, आदि स्वर को वृद्धि हो गयी और वर्षा के 'आ' का लोप हो गया।

(३) यदि तद्धित प्रत्यय किसी व्यञ्जन से आरम्भ है तो शब्द के अन्तिम 'न्' का प्रायः लोप हो जाता है, यथा—राजन् + वुञ् (अक) = राजकम्। जब प्रत्यय स्वर से या य से आरम्भ होते हों तो न् के साथ पूर्ववर्ती स्वर का भी कभी-कभी लोप हो जाता है, यथा—आत्मन् + ईय = आत्म् + ईय = आत्मीय।

(४) युवोरनाकौ ।७।१।१।

प्रत्यय के यु, वु के स्थान में अन तथा अक हो जाते हैं, यथा—ल्युट् + यु (अन), वुञ् = अक।

(५) ठस्येकः ।७।३।५०।

प्रत्यय में आये हुए ठ् के स्थान में इक हो जाता है, यथा—ठक = इक।

(६) प्रत्यय के अन्त में आया हुआ हल् अक्षर केवल वृद्धि, गुण आदि का सूचक होता है, शब्द के साथ नहीं जुड़ता, यथा—अण् प्रत्यय का ण् केवल वृद्धि का सूचक है, शब्द में केवल अ जुड़ता है।

(७) आयनेयीनीयियः फढखछघां प्रत्ययादीनाम् ।७।१।२।

प्रत्यय के आदि में आये हुए फ, ढ, ख, छ, घ के स्थान में क्रमशः **आयन्,** एय्, ईन, ईय्, इय् हो जाते हैं।

[अपत्यार्थ] **तस्यापत्यम् ।४।१।६२।**

अपत्य का अर्थ है सन्तान—अतः अपत्यार्थक वर्ग में ऐसे प्रत्यय दिये गये हैं जिनको संज्ञाओं में जोड़ने से किसी पुरुष या स्त्री की सन्तान (पुत्र या पुत्री) का बोध होता है।

अपत्यं पौत्रप्रभृतिगोत्रम् ।४।१।१६२।

इन प्रत्ययों में गोत्र शब्द का प्रयोग पौत्र आदि अपत्य के अर्थ में आया है। मुख्य नियम ये हैं—

(इञ् प्रत्यय) **अत इञ् ।४।१।६५।**

अपत्य का अर्थ सूचित करने के लिए अकारान्त प्रातिपादिक में इञ् प्रत्यय लगता है यथा—

दशरथ + इञ् = दाशरथिः (राम), दक्ष + इञ् = दाक्षिः (दक्षस्य अपत्यम्)

वसुदेव + इञ् = वासुदेवः (वसुदेवस्य अपत्यं पुमान्)।

सुमित्रा + इञ् = सौमित्रिः, (लक्ष्मणः), द्रोण + इञ् = द्रौणिः (अश्वत्थामा)

(इञ्) **बाह्वादिभ्यश्च ४।१।६६।**

बाहु आदि शब्दों से अपत्यार्थ में इञ् प्रत्यय होता है, यथा—

बाहु + इञ् = बाहविः, औडुलोमिः।

(ढक् प्रत्यय) **स्त्रीभ्योढक् ।४।१।१२०।**

जिन प्रातिपदिकों में स्त्री प्रत्यय लगा हो, उनमें अपत्यार्थ सूचक ढक् (एय्) प्रत्यय लगता है, यथा—

विनता + ढक् (एय्) = वैनतेयः (विनता का पुत्र)।

भगिनी + ढक् (एय्) = भागिनेयः (भानजा)।

(ढक् प्रत्यय) **द्व्यचः ।४।१।१२१।**

जिन प्रतिपादिकों में दो स्वर हों और स्त्रीप्रत्ययान्त हों तथा जो प्रातिपदिक दो स्वर वाले तथा इकारान्त हों (इञ् में अन्त न होते हों), उनमें अपत्यार्थ सूचक ढक् प्रत्यय लगता है, यथा—

कुन्ती + ढक् = कौन्तेयः (कुन्त्याः अपत्यं पुमान्।) माद्रेयः, राधेयः।

दत्ता + ढक् = दात्तेयः (दत्तायाः अपत्यं पुमान्)।

अत्रि + ढक् = आत्रेयः (अत्रेरपत्यं पुमान्)।

(यत् प्रत्यय) **राजश्वशुराद्यत् ।४।१।१३७। राज्ञोजातावेवेति वाच्यम्। वा०।**

राजन् और श्वसुर शब्दों में अपत्यार्थ सूचक यत् (य) प्रत्यय लगता है, यथा—

राजन् + यत = राजन्यः (राजवंश वाले क्षत्रिय)।

श्वशुर + यत् = श्वशुर्यः (साला)।

राजन् में यत् प्रत्यय जाति के ही अर्थ में लगता है।

(अण् प्रत्यय) **अश्वपत्यादिभ्यश्च** ।४।१।८४।

अश्वपति आदि प्रातिपदिकों में अपत्यार्थ सूचक अण् (अ) प्रत्यय लगता है, यथा—

अश्वपति + अण् = आश्वपतम्।

गणपति + अण् = गाणपतम्।

(अश्वपति आदि—अश्वपति, शतपति, धनपति, गणपति, राष्ट्रपति, कुलपति, गृहपति, पशुपति, धान्यपति, धन्वपति, सभापति, प्राणपति और क्षेत्रपति।)

(अण् प्रत्यय) **शिवादिभ्योऽण्** ।४।१।११२।

शिव आदि से अपत्यार्थ सूचक अण् प्रत्यय होता है, यथा—

शिव + अण् = शैवः (शिवस्यापत्यम्)।

गङ्गा + अण् = गाङ्गः (गङ्गायाः अपत्यं पुमान्)।

(अण् प्रत्यय) **ऋष्यन्धकवृष्णिकुरुभ्यश्च** ।४।१।११४।

ऋषि (ऋषयो मन्त्रद्रष्टारः) अन्धकवंशी, वृष्णिवंशी और कुरुवंशी से अपत्यार्थ सूचक अण् प्रत्यय होता है, यथा—

(ऋषिभ्यः) वसिष्ठ + अण् = वासिष्ठः (वसिष्ठस्य अपत्यं पुमान्)।

विश्वामित्र + अण् = वैश्वामित्रः (विश्वामित्रस्य अपत्यं पुमान्।)

(वृष्णिभ्यः) वसुदेव + अण् = वासुदेवः (वसुदेवस्य अपत्यं पुमान्।)

अनिरुद्ध + अण् = आनिरुद्धः (अनिरुद्धस्य अपत्यं पुमान्।)

(कुरुभ्यः) नकुल + अण् = नाकुलः (नकुलस्य अपत्यं पुमान्)।

सहदेव + अण् = साहदेवः (सहदेवस्य अपत्यं पुमान्।)

(अण् प्रत्यय) **मातुरुत्संख्यासंभद्रपूर्वायाः** ।४।१।११५।

यदि कोई संख्या, सन् या भद्र पूर्व हो तो मातृ शब्द से अपत्यार्थ सूचक अण् प्रत्यय होता है, यथा—

द्विमातृ + अण् = द्वैमातुरः, षट् + मातृ + अण् = षाण्मातुरः, सम् + मातृ + अण् = सांमातुरः। भद्र + मातृ + अण् = भाद्रमातुरः।

[ण्य (य) प्रत्यय] **दित्यदित्यादित्यपत्युत्तरपदाण्ण्यः** ।४।१।८५।

दिति, अदिति, आदित्य, पति अन्तवाले शब्दों से अपत्यार्थ में ण्य (य) प्रत्यय लगता है और शब्द के प्रथम स्वर को वृद्धि होती है, यथा— दिति- दैत्यः, अदिति- आदित्यः, प्रजापति–प्राजापत्यः।

(ण्य प्रत्यय) **कुरुनादिभ्यो ण्यः** ।४।१।१७२।

कुरुवंशी और नकारादि शब्दों से अपत्य अर्थों में ण्य प्रत्यय होता है, यथा— कुरु—कौरव्यः, निषध्—नैषध्यः।

रक्तार्थक अण् प्रत्यय

(अण् प्रत्यय) **तेन रक्तं रागात् ।४।२।१। लाक्षारोचनात् ठक् ।४।२।२।**

जिससे रंगा जाय उस रंग वाची शब्द में अण् प्रत्यय लगता है और उसके प्रथम स्वर को वृद्धि हो जाती है, यथा—

कषाय + अण् = काषायम् (वस्त्रम्) गेरु से रंगा हुआ वस्त्र ।

मञ्जिष्ठा + अण् = माञ्जिष्ठम् (मंजीठ से रंगा हुआ) ।

किन्तु लाक्षा, रोचन, शकल, कर्दमसे ठक् प्रत्यय होता है = लाक्षिक, रौचनिक, शाकलिक, कार्दमिक ।

(अन् प्रत्यय) **नील्या अन् ।वा०।**

नीली शब्द से अन् (अ) प्रत्यय होता है, यथा—नीली + अन् = नीलम् (नील से रंगा हुआ) ।

(कन् प्रत्यय) **पीतात्कन् ।वा०।**

पीत से कन् (क) प्रत्यय होता है, यथा—पीत—पीतकम् ।

[अञ् (अ) प्रत्यय] **हरिद्रामहारजनाभ्यामञ् ।वा०।**

हरिद्रा से अञ् (अ) प्रत्यय होता है, हरिद्रा—हारिद्रम् (हल्दी से रंगा हुआ) महारजनम् ।

कालार्थक अण् प्रत्यय

(अण् प्रत्यय) **नक्षत्रेण युक्तः कालः ।४।२।३। पूर्णमासादण् वक्तव्यः । वा० ।**

नक्षत्र से युक्त समयवाची शब्द बनाने के लिए नक्षत्रवाची शब्द में अण् (अ) प्रत्यय लगता है, यथा—

पुष्य + अण् = पौषम् अहः ।

= पौषी (पुष्येण युक्ता रात्रिः) ।

पूर्णोमासोऽस्यांवर्तते इति पौर्णमासी तिथिः ।

(अण् प्रत्यय) **सास्मिन् पौर्णमासीति ।४।१।२१।**

नक्षत्र से युक्त पूर्णिमा रात्रि होने पर जब मास का नाम पड़ता है तब अण् (अ) प्रत्यय होता है, यथा—

पुष्य + अण् = पौषः (पौषी पूर्णमासी अस्मिन् इति पौषः मासः) ।

चित्रा + अण् = चैत्रः (चित्रया युक्तः मासः) ।

विशाखा—वैशाखः, अषाढा—आषाढः ।

मतुप् (मत्) प्रत्यय

तदस्यास्त्यस्मिन्निति मतुप् ।५।२।९४। भूमनिन्दाप्रशंसासु नित्ययोगेऽतिशायने । सम्बन्धेऽस्ति विवक्षायां भवन्ति मतुबादयः । वा० ।

इसके पास है या इसमें है, इन अर्थों में मतुप् प्रत्यय होता है, 'वान्' 'वाला' (कोचवान्, मिठाईवाला) से जो अर्थ सूचित किया जाता है, उसी अर्थ का बोध करने

के लिए संस्कृत में 'मतुप्' प्रत्यय प्रयुक्त होता है, यथा—गो + मतुप् (मत्) = गोमान् (गावः अस्य सन्ति इति)।

किसी वस्तु के बाहुल्य, निन्दा, प्रशंसा, नित्ययोग, अधिकता अथवा सम्बन्ध का बोध करने के लिए मत्वर्थीय प्रत्यय लगाते हैं। यथा—

बाहुल्य—गोमान् (बहुत गायों वाला)।
निन्दा—ककुदावर्तिनी कन्या (कुबड़ी लड़की) (मत्वर्थीय इनिः)।
प्रशंसा—रूपवान् (अच्छे रूप वाला)।
नित्ययोग—क्षीरी वृक्षः (जिसमें नित्य दूध रहता है) (मत्वर्थीय इनिः)।
अधिकता—उदरिणी कन्या (बड़े पेट वाली लड़की) ,,
सम्बन्ध—दण्डी (दण्ड के साथ रहने वाला साधु) ,,

(मतुप्) **रसादिभ्यश्च ।५।२।९५।**

मतुप् प्रत्यय प्रायः गुणवाची शब्दों (रूप, रस, गन्ध, स्पर्श आदि) के पश्चात् लगता है, यथा—रसवान्, रूपवान् आदि।

मादुपधायाश्च मतोर्वोऽयवादिभ्यः ।८।२।९। झयः ।८।२।१०।

यदि मतुप प्रत्यय के पहले ऐसे शब्द हों जो म् या अ, आ, या पाचों वर्गों के प्रथम चार वर्णों में अन्त होते हों या जिनकी उपधा (अन्तिम वर्ण के पूर्ववाला वर्ण) में, म्, अ या आ हो तो मतुप् के म् के स्थान में व् हो जाता है, यथा—किंवान्, विद्यावात्, लक्ष्मीवान्, यशस्वान्, भास्वान्, तडित्वान् आदि। यव आदि के बाद म् को व् नहीं होता, यथा—यवमान्, भूमिमान्।

(इनि और ठन् प्रत्यय) **अत इनिठनौ ।५।२।१५।**

आकारान्त शब्दों के पश्चात् इनि (इन्) और ठन् (इक) प्रत्यय भी लगते हैं, यथा—

दण्ड + इनि = दण्डी, दण्ड + ठन् = दण्डिकः।
धन + इनि = धनी, धन + ठन् = धनिकः।

(इतच् प्रत्यय) **तदस्य संजातं तारकादिभ्य इतच् ।५।२।३६।**

युक्त अर्थ में तारकादि शब्दों के अनन्तर इतच् (इत्) प्रत्यय लगता है, यथा—

तारका + इतच् (इत्) = तारकितं नभः (तारे निकल आये हैं जिसमें)।
पिपासा + इतच् (इत्) = पिपासितः (प्यासा)।

(तारकादि गण के मुख्य शब्द—तारका, पुष्प, कर्णक, मंजरी, ऋजीष, क्षण, सूत्र, सूत्र, मूत्र, निष्क्रमण, पुरीष, उच्चार, प्रचार, विचार, कुड्मल, कण्टक, मुसल, मुकुल, कुसुम, कुतूहल, स्तवक, किसलय, पल्लव, खंडवेग, निद्रा, मुद्रा, बुभुक्षा, धेनुष्या, पिपासा, श्रद्धा, अभ्र, पुलक, अंगारक, वर्णक, द्रोह, दोह, सुख, दुःख, उत्कण्ठा, भर, व्याधि, वर्मन्, व्रण, गौरव, शास्त्र, तरङ्ग, तिलक, चन्द्रक, अन्धकार,

गर्व, मुकुर, हर्ष, उत्कर्ष, रण, कुवलय, गर्ध, क्षुध्, सीमन्त, ज्वर, गर, रोग, रोमाञ्च, पण्डा, कज्जल, तृष, कोरक, कल्लोल, स्थपुट, फल, कञ्चुक, शृंगार, अंकुर, शैवल, श्वभ्र, अराल, बकुल, कलंक, कर्दम, कन्दल, मूर्च्छा, अङ्गार, प्रतिबिम्ब, हस्तक, विघ्नतन्त्र, प्रत्यय, दीक्षा, गर्ज, गर्भादप्राणिनि ।)

[विनि (विन्) प्रत्यय] **अस्मायामेधास्रजो विनिः ।५।२।१२१।**

अस् अन्तवाले शब्दों तथा माया, मेधा, स्रज् शब्दों से विनि (विन्) प्रत्यय होता है, यथा—यशस्वी, यशस्वान्, मायावी, स्रग्वी, मेधावी ।

व्रीह्यादि पाठादिनिठनौ—मायी, मायिकः ।

(ग्मिनि प्रत्यय) **वाचोग्मिनिः ।५।२।१२४।**

वाच् शब्द से ग्मिनि प्रत्यय होता है, यथा—वाग्मी (सुन्दर वक्ता) ।

(अच् प्रत्यय) **अर्शआदिभ्योऽच् ।५।२।१२७।**

अर्शस् आदि से अच् (अ) प्रत्यय होता है, अर्शसः (बवासीर युक्त) ।

(उरच् प्रत्यय) **दन्त उन्नत-उरच् ।५।२।१०६।**

दन्त शब्द से उरच् प्रत्यय होता है, यथा—दन्तुरः ।

(व प्रत्यय) **केशाद् वोन्यतरस्याम् ।५।२।१०९।**

केश शब्द से व प्रत्यय होता है, यथा—केश + व = केशवः, केशी, केशिकः, केशवान् ।

(श प्रत्यय) **लोमादिपामादिपिच्छादिभ्यः शनेलचः ।५।२।१००।**

लोमन् आदि से श प्रत्यय होता है, लोमन् + श = लोमशः, लोमवान् रोमशः, रोमवान् ।

पामादिभ्यो नः—पामन् से न प्रत्यय होता है, पामन् + न = पामनः (खाजवाला) ।

अङ्गात्कल्याणे—अंग + न = अंगना (स्त्री) । लक्ष्म्या अच—लक्ष्मी + न = लक्ष्मणः (लक्ष्मीयुक्त) ।

पिच्छादिभ्य इलच्—पिच्छ आदि से इलच् (इल) प्रत्यय होता है, यथा—पिच्छ + इलच् = पिच्छिलः । उरस् + इलच् = उरसिलः ।

भावार्थ एवं कर्मवाच्य

तस्य भावस्त्वतलौ ।५।१।११९।

भाववाचक संज्ञा बनाने के लिए किसी शब्द में त्व अथवा तल् (ता) प्रत्यय लगाते हैं, यथा—

गुरु + त्व = गुरुत्वम्, गुरु + तल् (ता) = गुरुता ।

शिशु + त्व = शिशुत्वम्, शिशु + तल् (ता) = शिशुता ।

लघुत्वम्—लघुता, ब्राह्मणत्वम्—ब्राह्मणता ।

विद्वत्त्वम्—विद्वत्ता, महत्त्वम्—महत्ता आदि ।

(इमनिच् प्रत्यय)पृथ्वादिभ्य इमनिज्वा ।५।१।१२२। र ऋतो हलादेर्लघोः।६।४।१६१।

पृथु आदि शब्दों से भावार्थ सूचक इमनिच् प्रत्यय विकल्प से लगाते हैं, यथा–

पृथु + इमनिच् = प्रथिमन्, पृथुत्वम्, पृथुता ।

मृदु + इमनिच् = म्रदिमन्, मृदुत्वम्, मृदुता ।

महिमन्, अणिमन्, गरिमन्, पटिमन्, तनिमन्, बहिमन्, लघिमन् आदि। प्रथिमन् आदि शब्द महिमन् की भाँति पुंल्लिङ्ग होते हैं ।

यदि इमनिच् प्रत्ययान्त शब्द व्यंजन से आरम्भ हो और उसके बाद ऋकार (मृदु, पृथु आदि) आवें तो ऋकार के स्थान में र हो जाता है ।

(पृथु आदि शब्द—पृथु, मृदु, महत्, पटु, तनु, लघु, बहु, साधु, आशु, उरु, गुरु, बहुल, खण्ड, दण्ड, चण्ड, अकिंचन, बाल, होड, पाक, वत्स, मन्द, स्वादु, ह्रस्व, दीर्घ, प्रिय, वृष, ऋजु, क्षिप्र, क्षुद्र और अणु ।)

(इमनिच् अथवा ष्यञ्)

वर्णदृढादिभ्यः ष्यञ् च ।५।१।१२३।

वर्णवाची शब्दों (नील, शुक्ल आदि) तथा दृढ आदि के पश्चात् इमनिच् अथवा ष्यञ् (य) भावार्थ प्रकट करने के लिए लगाते हैं, यथा—

शुक्लस्य भावः शुक्लिमा, शौक्ल्यम् (अथवा शुक्लता, शुक्लत्वम्)

दृढस्य भावः द्रढिमा, दार्ढ्यम् (दृढत्वम्, दृढता)

मधुरिमा, माधुर्यम् । (ष्यञन्त शब्द नपुंसकलिङ्ग होते हैं) ।

(दृढादि शब्द—दृढ, वृढ, परिवृढ, भृश, कृश, वक्र, शुक्र, चुक्र, आम्र, कष्ट, लवण, ताम्र, शीत, उष्ण, जड, बधिर, पण्डित, मधुर, मूर्ख, मूक और स्थिर) ।

[ष्यञ् (य) प्रत्यय] **गुणवचनब्राह्मणादिभ्यः कर्मणि च ।५।१।१२४।**

गुणवाचक और ब्राह्मणादि शब्दों में कर्म या भाव के अर्थ को सूचित करने के लिए ष्यञ् प्रत्यय लगता है, यथा—

शौर्यम्, सौन्दर्यम्, ब्राह्मण्यम् (ब्राह्मणस्य भावः कर्म वा) । इसी तरह चौर्यम्, धौर्त्यम्, आपराध्यम्, ऐकभाव्यम्, नैपुण्यम्, कौशल्यम्, चापल्यम्, कौतूहल्यम्, बालिश्यम्, जाड्यम् आदि ।

(ब्राह्मणादि गण के मुख्य शब्द—ब्राह्मण, चोर, धूर्त, आराधय, विराधय, अपराधय, उपराधय, एकभाव, द्विभाव, त्रिभाव, अन्यभाव, संवादिन्, संवेशिन्, संभाषिन्, बहुभाषिन्, शीर्षघातिन्, विघातिन्, समस्थ, विषमस्थ, परमस्थ, मध्यस्थ, अनीश्वर, कुशल, चपल, निपुण, पिशुन, कुतूहल, बालिश, अलस, दुःपुरुष, कापुरुष, राजन्, गणपति, अधिपति, दायाद, विषम, विपात और निपात ।)

[ष्यञ् (य) प्रत्यय] **चतुर्वर्णादीनां स्वार्थ उपसंख्यानम्** ।वा०।

चतुर्वर्ण आदि से स्वार्थ में ष्यञ् (य) प्रत्यय होता है, यथा—चातुर्वर्ण्यम्, चातुराश्रम्यम्, षाड्गुण्यम्, सैन्यम्, सामीप्यम्, सान्निध्यम्, त्रैलोक्यम्।

(अण् प्रत्यय) **इगन्ताच्च लघुपूर्वात्** ।५।१।१३१।

शब्द के अन्त में इ, उ, ऋ या ऌ हो और उससे पहले ह्रस्व स्वर हो तो भाव अथवा कर्म का अर्थ दिखाने के लिए अण् (अ) प्रत्यय लगता है, यथा—

मुनेर्भावः कर्म वा मौनम् (मौन)।

शुचेर्भावः कर्म वा शौचम् (स्वच्छता)।

पृथोर्भावः कर्म वा पार्थम् (मोटापा)।

कथं काव्यम्—कविशब्दस्य ब्राह्मणादित्वात् ष्यञ्।

(य प्रत्यय) **सख्युर्यः** ।५।१।१२६।

सखि शब्द से भाव में य प्रत्यय होता है, यथा—सखि + य = सख्यम्।

[यक् (य) प्रत्यय] **पत्यन्तपुरोहितादिभ्यो यक्** ।५।१।१८८।

पति अन्तवाले शब्दों, पुरोहित आदि और राजन् से यक् (य) प्रत्यय होता है, यथा—सेनापति—सैनापत्यम्, पौरोहित्यम्, राजन् से राज्यम्।

[अञ् (अ) प्रत्यय] **प्राणभृज्जातिवयोवचनोद्गात्रादिभ्योऽञ्** ।५।१।१२९।

प्राणी, जातिवाचक, और आयुवाचक से अञ् (अ) प्रत्यय होता है, यथा—(प्राणभृज्जातिः) अश्व—आश्वम, औष्ट्रम् (वयोवचने) कुमार—कौमारम्, किशोर—कैशोरम्, (उद्गात्रादिः) औद्गात्रम्, औन्नेत्रम्, सौष्ठवम्, दौष्ठवम्।

[अण् (अ) प्रत्यय] **हायनान्तयुवादिभ्योऽण्** ।५।१।१३०।

हायन् अन्त वाले और युवन् आदि से अण् (अ) प्रत्यय होता है, यथा—

द्वैहायनम् (दो साल का), त्रैहायनम्, युवन्—यौवनम्, स्थाविरम्।

[वति (वत्) प्रत्यय) **तेन तुल्यं क्रिया चेद्वति** ।५।१।११५।

जब किसी के तुल्य क्रिया करने का अर्थ हो तो जिसके समान क्रिया की जाती है उसमें वति (वत्) प्रत्यय लगाते हैं, यथा—

ब्राह्मणेन तुल्यम् = ब्राह्मणवत् अधीते।

(वति प्रत्यय) **तत्र तस्येव** ।५।१।११६।

यदि किसी के तुल्य कोई वस्तु हो तो वति प्रत्यय जोड़ते हैं, यथा—

इन्द्रप्रस्थे इव = इन्द्रप्रस्थवत् प्रयागे दुर्गः।

चैत्रस्य इव = चैत्रवन्मैत्रस्य भावः। मथुरायामिव मथुरावत्।

(कन् (क) प्रत्यय) **इवे प्रतिकृतौ** ।५।३।९६।

तत्सदृश मूर्ति या चित्र अर्थ में कन् (क) प्रत्यय होता है, यथा—

अश्वकः (अश्व इव प्रतिकृतिः) अश्व के समान है मूर्ति या चित्र जिसका।

पुत्रकः (पुत्र इव प्रतिकृतिः) पुत्र के समान जब किसी वृक्ष या पक्षी को मानें।

समूहार्थक अण् प्रत्यय

तस्य समूहः ।४।२।३७। **भिक्षादिभ्योऽण्** ।४।२।३८।

किसी वस्तु के समूह के अर्थ को बतलाने के लिए उस वस्तु से अण् (अ) प्रत्यय लगाया जाता है, यथा—

काकानां समूहः = काकम् ।

बकानां समूहः = बाकम् ।

वृकानां समूहः = वार्कम् (भेडिए) ।

इसी प्रकार—(अनुदात्तादेरञ्) कापोतम्, मायूरम् । भैक्षम्, गार्भिणम् । (गर्भिणीनां समूहः) ।

(तल् (ता) प्रत्यय) **ग्रामजनबन्धुभ्यस्तल्** ।४।२।४३। **गजसहायाभ्यां चेति वक्तव्यम्** । **वा०** ।

ग्राम, जन, बन्धु, गज, सहाय शब्दों से समूह अर्थ में तल् (ता) प्रत्यय लगाया है, यथा—ग्राम + तल् (ता) = ग्रामता (गाँवों का समूह), बन्धुता, जनता, गजता, सहायता आदि ।

सम्बन्ध एवं विकार अर्थ में अण्

(अण् प्रत्यय) **तस्येदम्** ।४।३।१२०।

'यह इसका है' इस अर्थ में जिसका सम्बन्ध बताना हो उसमें अण् प्रत्यय लगता है, यथा—देवस्य अयम् = दैवः ।

उपगोरिदम् = औपगवम् (उपगु + अण्) ।

निशा + अण् = नैशम्, ग्रीष्म + अण् = ग्रैष्मम् ।

[ठक् (इक) प्रत्यय] **हलसीराट्ठक्** ।४।३।१२४।

हल और सीर शब्द से सम्बन्ध अर्थ में ठक् (इक) प्रत्यय लगता है, यथा—

हल + ठक् (इक) = हालिकम्, सैरिकम् ।

(अण् प्रत्यय) **तस्य विकारः** ।४।३।१३४।

जिस वस्तु से बनी हुई (विकार रूप में) कोई अन्य वस्तु प्रतीत हो, उसमें अण् प्रत्यय होता है, यथा—

मृत्तिका + अण् = मार्तिकः (मिट्टी से बना हुआ) ।

भस्म + अण् = भास्मनः (भस्मनो विकारः—भस्म से बना हुआ) ।

(अण् प्रत्यय) **अवयवे च प्राण्योषधिवृक्षेभ्यः** ।४।३।१३५।

प्राणिवाचक, ओषधिवाचक तथा वृक्षवाचक शब्दों में यही (अण्) प्रत्यय लगने से विकार के अतिरिक्त अवयव अर्थ भी बतलाता है, यथा—

मयूर + अण् = मायूरः (मयूरस्य विकारः अवयवो वा) ।

मर्कट + अण् = मार्कटः (मर्कटस्य विकारः अवयवो वा) ।

पिप्पल + अण् + पैप्पलः (पिप्पलस्य विकारः अवयवो वा)।
मूर्वा + अण् = मौर्वं काण्डम् भस्म वा ।

(मयट् प्रत्यय) **मयड् वैतयोर्भाषायामभक्ष्याच्छादनयोः** ।४।३।१४३।

खाने पहनने की वस्तुओं को छोड़कर अन्य वस्तुओं से विकार तथा अवयव अर्थ में मयट् प्रत्यय विकल्प से होता है, यथा—

सुवर्णस्य विकारो अवयवो वा = सौवर्णम्, सुवर्णमयम् ।
अश्मनः विकारो अवयवो वा = आश्मनम्, अश्ममयम् ।
भस्मनः विकारो अवयवो या = भास्मनम्, भस्ममयम् ।

अपवाद— { मौद्गः सूपः (मूँग की दाल), 'मुद्गमयः सूपः' अशुद्ध है ।
कार्पासमाच्छादनम् (कार्पासमयमाच्छादनम् अशुद्ध है) ।

[अञ् (अ)] **ओरञ्** ।४।३।१३९।

उ ऊ में अन्त होनेवाले शब्दों में अवयव का अर्थ बतलाने के लिए अञ् (अ) प्रत्यय लगाया जाता है, यथा—

देवदारु + अञ् (अ) = दैवदारवम्, भाद्रदारवम् ।

हितार्थक छ (ईय) प्रत्यय

[छ (ईय) प्रत्यय] **तस्मै हितम्** ।५।१।५

जिसके हित की कोई वस्तु हो उसमें छ (ईय) प्रत्यय लगता है, यथा—

वत्स + छ (ईय) = वत्सीयं दुग्धम् (वत्सेभ्यः हितम्) ।

(यत् प्रत्यय) **शरीरावयवाच्च** ।५।१।६।

हित के अर्थ में शरीर के अवयव वाची शब्दों से, उकारान्त शब्दों से तथा गो आदि (गो, हविष्, अक्षर, विष्, बर्हिस् अष्टका, युग, मेधा, नाभि, श्वन् (श्वन् शून वा शुन हो जाता है), कूप, दर, खर, असुर, वेद, बीज आदि) शब्दों से यत् प्रत्यय लगता है, यथा—

दन्त + यत् = दन्त्या (दन्तेभ्यः हिता) ओषधिः, कर्ण्या ।
गो + यत् = गव्यम् (गोभ्यः हितम्) ।
शरु + यत् = शरव्यम् (शरवे हितम्) ।
इसी प्रकार—शून्यम्, शुन्यम्, असुर्यम्, वेद्यम्, बीज्यम् आदि ।

परिमाणार्थक एवं संख्यार्थक

(वतुप् प्रत्यय) **यत्तदेतेभ्यः परिमाणे वतुप्** ।५।२।३९। **किमिदंभ्यां वो घः** ।५।२।४०।

यत्, तत्, एतत् में वतुप् प्रत्यय लगता है और वतुप् का व 'घ' (य) में बदल जाता है, यथा—कियत्, इयत् ।

(मात्रच्) प्रमाणपरिमाणाभ्यां संख्यायाश्चापि संशये मात्रज्वक्तव्य; ।वा०।

प्रमाण, परिमाण तथा संख्या की अनिश्चितता मात्रच् प्रत्यय लगाकर दूर की जाती है, मथा—सेरमात्रम् (सेर भर ही), प्रस्थमात्रम् ।

शमः प्रमाणम् = शममात्रम् (निश्चय ही शम् प्रमाण है) । पञ्चमात्रम् (केवल पाँच)।

(अण्) पुरुषहस्तिभ्यामण् च ।५।२।२८।

प्रमाण बतलाने के लिए पुरुष और हस्तिन् में अण् प्रत्यय लगाया जाता है, यथा—पुरुष + अण् = पौरुषम् जलम् (आदमी डूबने भर पानी) अस्यां नद्याम् । हास्तिनं जलमस्यां सरिति ।

(डति) किमः संख्यापरिमाणे डति च ।५।२।४१।

किम् शब्द में डति (अति) लगा कर संख्या तथा परिमाण का बोध कराते हैं, यथा—किम् + डति (अति) = कति ।

(तमप् ,तयच्) संख्याया अवयवे तमप् ।५।२।४२। द्वित्रिभ्यां तयस्यायज्वा ।५।२।४३।

संख्या शब्द में तमप् लगाकर संख्या समूह का बोध होता है, यथा–द्वितयम्, त्रितयम् ।

द्वि और त्रि से इसी अर्थ में तयच् प्रत्यय भी लगता है, यथा—द्वयम्, त्रयम् ।

(द्वयस् आदि) प्रमाणे द्वयसज्दघ्नञ् मात्रचः ।५।२।३७।

प्रमाण अर्थात् नाप तोल अर्थ में द्वयस् , दघ्नच् और मात्रच् प्रत्यय लगते हैं, यथा—(जाँघ तक) ऊरुद्वयसम् (ऊरू प्रमाणमस्य), ऊरुदघ्नम् , ऊरुमात्रम् , हस्तमात्रम् , कटिमात्रम् ।

(वतुप् प्रत्यय) यत्तदेतेभ्यः परिमाणे वतुप् ।५।२।३९।

यत् आदि से परिमाण अर्थ में वतुप् (वत्) प्रत्यय लगता है, यथा—यावान् (यत्परिमाणमस्य), तावान् , एतावान् ।

क्रिया विशेषण तद्धित

[तसिल् (तः) प्रत्यय] पञ्चम्यास्तसिल् ।५।३।७। पर्यभिभ्यां च ।५।३।६। सर्वोभयार्थाभ्यामेव ।वा०।

संज्ञा, सर्वनाम तथा विशेषण के बाद पञ्चमी विभक्ति के अर्थ में तथा परि (सर्वार्थक) और अभि (उभयार्थक) उपसर्गों के बाद तसिल् (तस्) प्रत्यय लगता है । इस प्रत्यय के पूर्व सर्वनाम शब्दों में कुछ परिवर्तन होता है, यथा—

युष्मत्तः, अस्मत्तः, त्वत्तः, मत्तः, ततः, यतः, अतः, मध्यतः, परतः, सर्वतः, इतः, अमुतः, उभयतः, परितः, अभितः ।

कुति हो ।७।२।१०४। किम् को कु हो जाता है—कुतः (कस्मात्) ।

(त्रल् प्रत्यय) सप्तम्यास्त्रल् ।५।३।१०। इदमो हः ।५।३।११।

सर्वनाम तथा विशेषण के बाद सप्तमी विभक्ति के अर्थ में त्रल् प्रत्यय लगता है, यथा—यत्र, तत्र, कुत्र, बहुत्र, एकत्र, सर्वत्र ।

इदम् शब्द में 'ह' प्रत्यय लगता है (यह त्रल् का अपवाद है), यथा—इह।

किमो ऽत् ।५।३।१२। क्काति । ७।२।१०५।

किम् को क्क आदेश भी होता है, यथा—क्क, कुत्र ।

इतराभ्योऽपि दृश्यन्ते ।५।३।१४।

पञ्चमी और सप्तमी विभक्तियों के अतिरिक्त स्थलों पर भी तः और त्र प्रत्यय लगते हैं, यथा—स भवान्, ततो भवान्, तत्र भवान्। तं भवन्तम्, ततो भवन्तम्, तत्र भवन्तम्। इसी प्रकार—दीर्घायुः, देवानांप्रियः, आयुष्मान्।

(दा प्रत्यय) **सर्वैकान्यकिंयत्तदः काले दा ।५।३।१५। दानीं च ।५।३।१२। तदो दा च ।५।३।१६।**

सर्व, एक, अन्य, किं, यत्, तद्, शब्दों के बाद जब, तब, कब आदि अर्थ प्रकट करने के लिए दा प्रत्यय लगता है, यथा—सर्वदा, एकदा, अन्यदा, कदा, यदा, तदा।

इसी अर्थ में 'दानीम्' प्रत्यय भी लगता है, यथा—कदानीम्, यदानीम्, इदानीम्। तदा—तदानीम्।

अधुना ।५।३।१७।

इदम् को अधुना हो जाता है।

इदमोर्हिल् ।५।३।१६।

सप्तम्यन्त से काल में र्हिल् प्रत्यय होता है, यथा—एतर्हि (अस्मिन्काले)।

(थाल् प्रत्यय) **प्रकारवचने थाल् ।५।३।२३। इदमस्थमुः ।५।३।२४। किमश्च ।५।३।२५।**

प्रकार अर्थ में थाल् (था) प्रत्यय लगता है, यथा—यथा, तथा, सर्वथा आदि।

इदम्, एतत्, किम् में 'थमु' प्रत्यय लगता है, यथा—कथम्, इत्थम्।

अनद्यतने र्हिलन्यतरस्याम् ।५।३।२१।

अनद्यतन में र्हिल् विकल्प से होता है (पक्षे काले दा), यथा—कर्हि, कदा। यर्हि, यदा। तर्हि, तदा। एतस्मिन्काले एतर्हि।

(अस्ताति) **दिक्शब्देभ्यः सप्तमीपञ्चमीप्रथमाभ्यो दिग्देशकालेष्वस्तातिः ।५।३।२७।**

आगे-पीछे आदि शब्दों के अर्थसूचक पूर्व आदि दिशावाची शब्दों में प्रथमा, पञ्चमी तथा सप्तमी के अर्थ में अस्ताति (अस्तात्) प्रत्यय लगता है, यथा—

पूर्व + अस्ताति = पूर्वस्तात्। अधस्तात्, उपरिष्टात्, अवस्तात्, अवरस्तात्।

(एनप् और आति) **एनबन्यतरस्यामदूरेऽपञ्चम्याः ।५।३।३५। पश्चात् ।५।३।३२। उत्तराधरदक्षिणादातिः ।५।३।३४।**

प्रथमा और सप्तमी का अर्थ बतलाने के लिए 'एनप्' लगाया जाता है, यथा—दक्षिणेन, उत्तरेण, पूर्वेण, अधरेण, पश्चिमेन।

दक्षिणादि शब्दों पर आति प्रत्यय भी लगता है, यथा—पश्चात्, उत्तरात्, अधरात्, दक्षिणात् आदि।

(धा प्रत्यय) **संख्याया विधार्थे धा ।५।३।४२।**

संख्यावाची शब्दों से प्रकार अर्थ में धा प्रत्यय होता है, यथा—एकधा, द्विधा, त्रिधा, चतुर्धा, पञ्चधा, शतधा, सहस्रधा, बहुधा।

[कृत्वसुच् (कृत्वस्)] **संख्यायाः क्रियाभ्यावृत्तिगणने कृत्वसुच् ।५।४।१७।**

दो बार, तीन बार आदि की भाँति 'बार' शब्द का अर्थ प्रकट करने के लिए संख्यावाची शब्दों में कृत्वसुच् (कृत्वस्) प्रत्यय लगता है, यथा—

पञ्चकृत्वः (पाँच बार) भुङ्क्ते। इसी प्रकार—षट्कृत्वः, सप्तकृत्वः आदि।

[सुच् (स्) प्रत्यय] **द्वित्रिचतुर्भ्यः सुच् ।५।४।१८।**

द्वि, त्रि, चतुर् शब्दों में सुच् प्रत्यय लगता है, यथा—

द्विः (दोबार), त्रि (तीन बार), चतुः (चार बार)।

(सुच्) **एकस्य सकृच्च ।५।४।१६।**

इसी अर्थ में एक शब्द से सुच् लगता है और एकके स्थान में सकृत् हो जाता है, यथा—एक + सुच् = सकृत् + सुच् = सकृत्।

(धा) **विभाषाबहोर्धाऽविप्रकृष्टकाले ।५।४।२०।**

बहु शब्द में कृत्वसुच् और धा दोनों प्रत्यय लगते हैं, यथा—बहुकृत्वः, बहुधा।

शैषिक

शेषे ।४।२।९२।

जिन अर्थों का ज्ञान अपत्यार्थक, समूहार्थक आदि प्रत्ययों से नहीं होता, वे तद्धित-अर्थ पाणिनीय व्याकरण में शेष शब्द से बतलाये गये हैं। 'शेष' तद्धित अर्थों के लिए अण् आदि प्रत्यय लगाये जाते हैं, यथा—

श्रवण + अण् = श्रावणः (श्रवणेन श्रूयते—शब्दः)।
चक्षुष् + अण् = चाक्षुषम् (चक्षुषा गृह्यते—रूपम्)।
अश्व + अण् = आश्वः (अश्वैरुह्यते—रथः)।
चतुर्दशी + अण् = चातुर्दशम् (चतुर्दश्यां दृश्यते—रक्षः)।
चतुर् + अण् = चातुरम् (चतुर्भिरुह्यते—शकटम्)।

(य, खञ्) **ग्रामाद्यखञौ ।४।२।९४।**

ग्राम शब्द में शैषिक प्रत्यय य और खञ् (ईन) होते हैं, यथा—ग्राम + य = ग्राम्यः, ग्राम + खञ् (ईन) = ग्रामीणः।

(त्यक्) **दक्षिणापश्चात्पुरसस्त्यक् ।४।२।९८।**

दक्षिणा आदि से त्यक् (त्य) प्रत्यय होता है, यथा—दाक्षिणात्यः, पाश्चात्यः, पुरस्—पौरस्त्यः।

(ढक्) **नद्यादिभ्यो ढक् ।४।२।९७।** नादेयम्, माहेयम्, वाराणसेयम्।

[घ (इय्), ख (ईन)] **राष्ट्रावारपाराद्घखौ** ।४।२।९३।

राष्ट्र शब्द से घ (इय्) तथा अवारपार से ख (ईन) प्रत्यय होता है, यथा—राष्ट्रे जातः = राष्ट्रियः, अवारपारीणः ।

(यत् प्रत्यय) **द्युप्रागपागुदक्प्रतीचो यत्** ।४।२।१०१।

द्यु, प्राच्, अपाच्, उदच्, प्रतीच् शब्दों से यत् प्रत्यय होता है, यथा—द्यु + यत् = दिव्यम्, प्राच्यम्, अपाच्यम्, उदीच्यम्, प्रतीच्यम् ।

[ठञ् (इक)] **कालाट्ठञ्** ।३।३।११।

कालवाची शब्दों से शैषिक ठञ् (इक) प्रत्यय होता है, यथा—मास + ठञ् (इक) = मासिकम् । इसी प्रकार—सांवत्सरिकम्, सायंप्रातिकः, पौनः पुनिकः ।

(अण् प्रत्यय) **सन्धिवेलाद्यृतुनक्षत्रेभ्योऽण्** ।४।३।१६।

सन्धिवेला, सन्ध्या, अमावस्या, त्रयोदशी, चतुर्दशी, पौर्णमासी, प्रतिपद् तथा ऋतुवाची (शरद् आदि) और नक्षत्रवाची शब्दों से अण् प्रत्यय होता है, यथा—

सन्धिवेला + अण् = सान्धिवेलम्, (सन्धिवेलायां भवम्) सान्ध्यम्, आमावास्यम्, त्रायोदशम्, चातुर्दशम्, पौर्णमासम्, प्रातिपदम् । ग्रैष्मम्, तैषम्, शारदम्, हैमन्तम्, शैशिरम्, वासन्तम्, पौषम्, वार्षिकम् (वर्षा + ढक्), प्रावृषेण्यम् (प्रावृष + एण्य) ।

(ट्युट्युल्) **सायंचिरंप्राह्णेप्रगेऽव्ययेभ्यष्ट्युट्युलौ तुट् च** ।४।३।२३।

सायं, चिरं, प्राह्णे, प्रगे शब्दों के तथा अव्ययों के बाद शैषिक ट्युट्युल् (अन) प्रत्यय लगते हैं तथा शब्द और प्रत्यय के बीच में त् आ जाता है, यथा—

सायं + त् + ट्युल् (अन) = सायन्तनम् । इसी तरह—चिरंतनम्, प्राह्णेतनम्, प्रगेतनम्, दोषातनम्, दिवातनम्, इदानीन्तनम्, तदानीन्तनम् आदि ।

(ट्युट्युल्, तुट्, ठञ्) **विभाषापूर्वाह्णापराह्णाभ्याम्** ।४।३।२४।

पूर्वाह्ण और अपराह्ण से ट्युट्युल्, तुट् और ठञ् प्रत्यय होते हैं, यथा—पूर्वाह्णेतनम्, पूर्वाह्णतनम्, पौर्वाह्णिकम् । अपराह्णेतनम्, अपराह्णतनम्, आपराह्णिकम् ।

[त्यप् (त्य) प्रत्यय] **अव्ययात्त्यप्** ।४।२।१०४। **अमेहक्वतसित्रेभ्यः एव** । वा० । **त्यब्नेर्ध्रुव इति वक्तव्यम्** । वा० ।

अमा, इह, क्व तथा नी के बाद और तसि तथा त्रल् प्रत्ययान्त शब्दों के बाद त्यप् (त्य) प्रत्यय लगता है, यथा—अमा + त्यप् (त्य) = अमात्यः, इहत्यः, क्वत्यः, अत्रत्यः, ततस्त्यः, यतस्त्यः, कुत्रत्यः, तत्रत्यः, नित्यः आदि ।

[छ (ईय) प्रत्यय] **वृद्धिर्यस्याचामादिस्तद् वृद्धम्** ।१।१।७३। **त्यदादीनि च** ।१।१।७४। **वृद्धाच्छः** ।४।२।११४।

'वृद्धों' के बाद शैषिक छ (ईय) प्रत्यय लगता है, यथा—शाला + छ (ईय) = शालीयः, मालीयः, तदीयः, यदीयः, एतदीयः, युष्मदीयः, अस्मदीयः, भवदीयः आदि ।

[वृद्ध—जिन शब्दों के स्वरों में प्रथम स्वर वृद्धिवाला (आ, ऐ, औ) हो, वे शब्द तथा त्यद् आदि शब्द (त्यद्, तद्, यद्, एतद्, इदम्, अदस्, एक, द्वि, युष्मद्, अस्मद्, भवत्, किम्) पाणिनीय व्याकरण में वृद्ध कहलाते हैं।)

(छ, अण्, खञ्,) **युष्मदस्मदोरन्यतरस्यां खञ्च ।४।३।१। तस्मिन्नणि च युष्माकास्माकौ ।४।३।२। तवकममकावेकवचने ।४।३।३।भवतष्ठक् छसौ ।**

युष्मद्—(छ) = युष्मदीयः, युष्माक + अण् = यौष्माकः,
युष्माक + खञ् = यौष्माकीणः (तुम्हारा)।

तवक + अण् = तावकः, खञ्—तावकीनः, छ = त्वदीयः (तेरा)।

अस्मद्—(छ) = अस्मदीयः, अस्माक + अण् = आस्माकः, खञ् = आस्माकीनः।

मम + अण् = मामकः, + खञ् = मामकीनः, (छ) मदीयः (मेरा)।

भवत्—भवत् + ठक् = भावत्कः, + छ = भवदीयः।

तरप्—(तर) ईयसुन् (ईयस्) तथा तमप् और इष्ठन्

द्विवचनविभज्योपपदे तरबीयसुनौ ।५।३।५७ अतिशायने तमबिष्ठनौ ।५।३।५५।

दो में से एक का अतिशय दिखलाने के लिए तरप् और ईयसुन् तथा दो से अधिक में से एक का अतिशय दिखलाने के लिए तरप् और इष्ठन् लगते हैं, यथा—

लघु से { लघीयः, लघुतरः (दो में से एक की विशेषता के लिए)।
लघिष्ठः, लघुतमः (दो से अधिक में से एक की विशेषता के लिए)। }

किमेत्तिङव्ययघादाम्वद्रव्यप्रकर्षे ।५।४।११।

किम् के बाद एत प्रत्ययान्त (प्राह्णे प्रगे आदि) शब्दों के बाद, अव्ययों के बाद तथा तिङन्त के बाद तमप् + आमु = तमाम् प्रत्यय लगाया जाता है, यथा—

किन्तमाम्, प्राह्णेतमाम्, उच्चैस्तमाम् (बहुत ऊँचा), पचतितमाम् (बहुत अच्छी तरह पकाता है), नीचैस्तमाम्, गच्छतितमाम्, दहतितमाम् आदि।

द्रव्य सम्बन्धी प्रकर्ष सूचित होने पर आमु नहीं लगता, यथा—उच्चैस्तमः वृक्षः।

ईषदसमाप्तौ कल्पब्देश्यदेशीयरः ।५।३।६७।

कुछ कमी दिखाने के लिए कल्पप् (कल्प), देश्य, और देशीयर् (देशीय) प्रत्यय जोड़े जाते हैं, यथा—

विद्वत्कल्पः, (ईषदूनो विद्वान्), विद्वद्देश्यः, विद्वद्देशीयः (कुछ कम विद्वान्)।

पञ्चवर्षकल्पः, पञ्चवर्षदेश्यः, पञ्चवर्षदेशीयः (पाँच बरस से कुछ कम)।

पचतिकल्पम्, हसतिकल्पम् (कुछ कम हँसता है)।

अजादी गुणवचनादेव ।५।३।५८।

ईयस् और इष्ठ प्रत्यय गुण वाचकों से ही लगते हैं, किन्तु तर और तम प्रत्यय सब के आगे लगते हैं। ईयस् और इष्ठ के कुछ उदाहरण—

अन्तिक (नेद्) नेदीयान् नेदिष्ठः	लघु (लघ्) लघीयान् लघिष्ठः
उरु (वर्) वरीयान् वरिष्ठः	बलिन् (बल्) बलीयान् बलिष्ठः
गुरु (गर्) गरीयान् गरिष्ठः	बाढ (साध्) साधीयान् साधिष्ठः
दीर्घ (द्राघ्) द्राघीयान् द्राघिष्ठः	महत् (मह्) महीयान् महिष्ठः
दूर (दू) दवीयान् दविष्ठः	मृदु (म्रद्) म्रदीयान् म्रदिष्ठः
पटु (पट्) पटीयान् पटिष्ठः	युवन् (कन्) कनीयान् कनिष्ठः
प्रशस्य (श्र) श्रेयान् श्रेष्ठः	वृद्ध, प्रशस्य (ज्य) ज्यायान् ज्येष्ठः
प्रिय (प्र) प्रेयान् प्रेष्ठः	स्थिर (स्थ) स्थेयान् स्थेष्ठः
बहु (भू) भूयान् भूयिष्ठः	स्थूल (स्थू) स्थवीयान् स्थविष्ठः

उपरि लिखित शब्दों में इन नियमों से परिवर्तन होता है—

(क) **टेः**—ईयस् या इष्ठ के बाद में रहने पर टि (अन्तिम स्वर सहित अंश) का लोप होता है।

(ख) **र ऋतोहलादेर्ल**०—शब्द के ऋ को र् हो जाता है।

(ग) **प्रियस्थिरस्फिरोरुबहुलगुरु**०-प्रिय स्थिर आदि को प्रस्थ आदि होते हैं।

(घ) **स्थूलदूरयुवह्रस्वक्षिप्रक्षुद्राणां**० —ईयस् और इष्ठ के बाद में रहने पर स्थूल दूर के अन्तिम र ल या व का लोप होता है।

[कन् (क) प्रत्यय] **अनुकम्पायाम्**।५।३।७६।

अनुकम्पा का बोध कराने के लिए कन् (क) प्रत्यय लगाते हैं, यथा—

भिक्षुकः (बेचारा भिखारी), पुत्रकः (बेचारा लड़का)।

(च्वि प्रत्यय) **कृभ्वस्तियोगे सम्पद्यकर्तरि च्विः** ।५।४।५०।

अभूततद्भाव इति वक्तव्यम् (वा) अस्य च्वौ । जब कोई वस्तु इतनी बदल जाय कि जो पहले न थी वह हो जाय तो च्वि प्रत्यय लगाकर इस अर्थ का बोध कराते हैं, च्वि प्रत्यय केवल भू, कृ और अस् धातुओं के योग में लगता है। च्वि का लोप हो जाता है और पूर्व पद का अकार अथवा आकार ईकार में बदल जाता है और कोई अन्य स्वर पूर्व में आवे तो वह दीर्घ हो जाता है, यथा—

कृष्णः + च्वि + क्रियते = कृष्णः + ई + क्रियते = कृष्णी क्रियते अर्थात् अकृष्णः कृष्णः क्रियते।

इसी भाँति—ब्रह्मीभवति (अब्रह्मा ब्रह्मा भवति)।

अगङ्गा गङ्गास्यात् = गङ्गीस्यात्। शुची भवति, पटूकरोति।

(च्वि तथा साति) **विभाषा साति कार्त्स्न्ये** ।५।४।५२। **सात्पदाद्योः** ।८।३।१११।

जब किसी वस्तु का किसी दूसरी वस्तु में बदल जाना दिखाना हो तब च्वि के अतिरिक्त साति (सात्) प्रत्यय भी जोड़ते हैं, और साति के स को ष नहीं होता, यथा—

कृत्स्नं शस्त्रमग्निः संपद्यते अग्निसात् भवति = अग्नी भवति (समस्त शस्त्र आग हो रहे हैं)।

अग्निः भस्मसात् भवति = अग्निः भस्मीभवति (आग भस्म हो जाती है)।

विभिन्नार्थक तद्धित प्रत्यय

(अण् प्रत्यय) तद्गच्छति पथि दूतयोः ।४।३।८५।

रास्ता या दूत के अर्थ में अण् (अ) प्रत्यय होता है, यथा—

स्रुघ्न + अण् = स्रौघ्नः (स्रुघ्नं गच्छति) पन्था दूतो वा (स्रुघ्न को जाता हुआ दूत)।

(अण् प्रत्यय) सोऽस्य निवासः ।४।३।८९। अभिजनश्च ।४।३।९०।

निवास अर्थ में तथा अभिजन अर्थ में अण् प्रत्यय होता है, अभिजन पूर्वबान्धवों को कहते हैं (अभिजनाः पूर्वबान्धवाः—इति वृत्तिः)।

स्रुघ्न + अण् = स्रौघ्नः (स्रुघ्नो निवासो अस्य) स्रुघ्न में जिसका घर हो।

,, ,, (स्रुघ्नोऽभिजनोऽस्य) स्रुघ्न जिसके पूर्वज हों।

(अण् प्रत्यय) अधिकृत्य कृते ग्रन्थे ।४।३।८७।

जिस विषय को लेकर कोई ग्रन्थ बनाया जाय, उससे अण् प्रत्यय होता है, यथा—शकुन्तलाम् अधिकृत्य कृतं नाटकं शाकुन्तलम्, शारीरकम् भाष्यम्, वासवदत्तम्।

(अण् प्रत्यय) तत्र भवः ।४।३।५३।

यदि किसी वस्तु में कोई दूसरी वस्तु वर्तमान हो तो उससे अण् प्रत्यय होता है, यथा—स्रुघ्न + अण् = स्रौघ्नः (स्रुघ्ने भवः) स्रुघ्न में है।

(अण्) विषयो देशे ।४।२।५२। तस्य निवासः ।४।२।६९।

यदि किसी देश के जन विशेष के निवास अथवा किसी सम्बन्ध से उसे बतलाना हो तो जनवाची शब्द से अण् प्रत्यय होता है, यथा—

शिव + अण् = शैवः (शिवीनां विषयो देशः) (शिवि लोगों के रहने का देश)।

(अण् प्रत्यय) तत आगतः ।४।३।७४।

यदि किसी स्थान से कोई आवे तो स्थान वाचक शब्द से अण् प्रत्यय होता है, यथा—स्रुघ्न + अण् = स्रौघ्नः (स्रुघ्नादागतः)।

[छ (ईय)] तेन प्रोक्तम् ।४।३।१०१।

कृति अर्थ में छ (ईय) प्रत्यय होता है, यथा—पाणिनिना प्रोक्तं पाणिनीयम्।

[ठक् (इक)] ठगाय स्थानेभ्यः ।४।३।७५।

आय के स्थान (दूकान, कारखाना) आदि के बाद ठक् (इक) प्रत्यय होता है, यथा—शौल्कशालिकः (शुल्कशालायाः आगतः)।

[वुञ् (अक)] विद्यायोनिसम्बन्धेभ्यो वुञ् ।४।३।७७।

जिनसे विद्या अथवा जन्म का सम्बन्ध हो उनमें वुञ् (इक) प्रत्यय लगता है, यथा—

उपाध्यायात् आगता = औपाध्यायिका (विद्या)।

पितामहात् आगतं = पैतामहकं धनम्।

(ठञ्) ऋतष्ठञ् ।४।३।७८। पितुर्यच्च ।४।३।७९।

ऋकारान्त शब्दों से सम्बन्ध अर्थ में ठञ प्रत्यय लगता है, यथा—भ्रातृकम्, हौतृकम्। पितृ शब्द से यत् और वुञ् दोनों हो हैं, यथा—पित्र्यम्, पैतृकम्।

(यत्) दिगादिभ्यो यत्। शरीरावयवाच्च ४।३।५४–५५।

किसी वस्तु में किसी दूसरी वस्तु का वर्तमान होना अर्थ में शरीर के अवयवों से तथा दिक् आदि (दिश्, वर्ग, पूग, पक्ष, रहस्, उखा, साक्षिन्, आदि, अन्त, मेघ, यूथ, न्याय, वंश, काल, मुख, जघन) शब्दों में यत् (य) प्रत्यय लगता है, यथा—

दन्त्यम्, मुख्यम्, रहस्यम् (मन्त्रः), उख्यम्, साक्ष्यम्, आद्यः (पुरुषः), अन्त्यः, मेध्यम्, यूथ्यम्, न्याय्यम्, वंश्यम्, काल्यम्, मुख्यम् (सेना का अंग), जघन्यम् (नीच)।

[ञ्य (य)] अव्ययीभावाच्च ।४।३।५९। गम्भीराञ्ञ्यः ।४।३।५८।

उसी अर्थ में अव्ययीभाव समास के बाद ञ्य (य) प्रत्यय लगता है, यथा—परिमुखं भवं पारिमुख्यम्। गम्भीरे भवं गाम्भीर्यम्।

(ठक् प्रत्यय) तेन दीव्यतिखनतिजयतिजितम् ।४।४।२। चरति ।४।४।८।

यदि कोई किसी वस्तु से जुआ खेले, कुछ खोदे, कुछ जीते, तैरे, चले तो उस वस्तु के बाद ठक् प्रत्यय लगाकर उस व्यक्ति का बोध होता है, यथा—

अक्षैः दीव्यति = आक्षिकः (अक्ष + ठक्) पैसे से जुआ खेलने वाला।

अभ्र्या खनति = आभ्रिकः (अभ्र + ठक्) फावड़े से खोदने वाला।

अक्षैर्जयति = आक्षिकः (अक्ष + ठक्) पासों से जीतने वाला।

अक्षैर्जितम् = आक्षिकम् (अक्ष + ठक्) ,, ।

उडुपेन तरति = औडुपिकः (उडुप् + ठक्—डोंगी से तैरने वाला)।

हस्तिना चरति = हास्तिकः (हस्तिन् + ठक्—हाथी से चलने वाला)।

(ठक् प्रत्यय) अस्ति नास्ति दिष्टं मतिः ।४।४।६०।

मति के अर्थ में अस्ति, नास्ति और दिष्ट इन शब्दों के बाद ठक् प्रत्यय होता है, यथा—

अस्ति + ठक् = आस्तिकः (अस्ति परलोकः इत्येवं मतिर्यस्य सः) ।

नास्ति + ठक् = नास्तिकः (नास्तीति मतिर्यस्य सः) ।

दिष्ट + ठक् = दैष्टिकः (दिष्टमिति मतिर्यस्य सः) भाग्यवादी ।

(ठक् प्रत्यय) **शीलम् ।४।४।६१। तत्र नियुक्तः ।४।४।६६।**

जिस बात करने का स्वभाव हो, उसमें तथा जिस काम पर नियुक्त किया गया हो, उसमें ठक् प्रत्यय होता है, यथा—

अपूप + ठक् = आपूपिकः (अपूपभक्षणं शीलमस्य सः) (पूआ खाने की आदत वाला ।)

आकर + ठक् = आकरिकः (आकरे नियुक्तः) खजांची ।

(यत् प्रत्यय) **वशंगतः ।४।४।८६। धर्मपथ्यर्थन्यायादनपेते ।४।४।६२।**

'वश में आया हुआ' के अर्थ में तथा धर्म, पथ, अर्थ और न्याय के अर्थ में यत् प्रत्यय होता है, यथा—

वश + यत् = वश्यः (वशं गतः), धर्म + यत् = धर्म्यम् (धर्मादनपेतम्) धर्मानुकूल । इसी भाँति पथ्यम्, अर्थ्यम्, न्याय्यम् ।

(यत्) **हृदयस्य प्रियः ।४।४।६५। तत्र साधुः ।४।४।६८।**

प्रिय के अर्थ में हृद् के बाद तथा यदि किसी वस्तु के लिए कोई योग्य हो तो उससे यत् प्रत्यय होता है, यथा—

हृदयस्य प्रियः हृद्यः (प्रिय), शरणे साधुः शरण्यः (शरण लेने के योग्य), कर्मणि साधुः कर्मण्यः (काम के लिए उपयुक्त) ।

(ठञ् प्रत्यय) **तदर्हति ।५।१।६३।**

जिस वस्तु के जो मनुष्य योग्य होता है उसका बोध कराने के लिए उस वस्तु से ठञ् प्रत्यय होता है, यथा—

प्रस्थ + ठञ् = प्रास्थिकः (प्रस्थमर्हति) असौ याचकः ।

द्रोण + ठञ् = द्रौणिकः (द्रोणामर्हति) असौ सेवकः ।

श्वेतच्छत्र + ठञ् = श्वेतच्छत्रिकः ।

(यत्) **दण्डादिभ्यः ।५।१।६६।**

जिस वस्तुके जो मनुष्य योग्य होता है उसके बोध कराने के लिए दण्डादि (दण्ड, मुसल, मधुपर्क. कशा, अर्घ मेघ, मेधा, सुवर्ण, उदक, वध, युग, गुहा, भाग, इभ, भंग) शब्दों के बाद यत् प्रत्यय लगता है, यथा—

दण्ड + यत् = दण्ड्यः (दण्डमर्हति) असौ चोरः । इसी भाँति मुसल्यः, मधुपर्क्यः, अर्घ्यः, मेध्यः, वध्यः, युग्य, गुह्य, भाग्य, भंग्य आदि ।

(ठञ्) **प्रयोजनम् ।५।१।१०६।**

प्रयोजन के अर्थ में ठञ् प्रत्यय लगता है, यथा इन्द्रमह + ठञ् = ऐन्द्रमाहिकः (इन्द्रमहः प्रयोजनमस्य) पदार्थः (इन्द्र के उत्सव के लिए), प्रयोजन का अर्थ फल तथा कारण दोनों हैं ।

(अण् प्रत्यय) संस्कृतं भक्षाः ।४।२।१६।

जिस चीज में कोई खाने-पीने की चीज तैयार की जाय उसके बोध के लिए उस चीज से अण् प्रत्यय जोड़ा जाता है, यथा—

भ्राष्टे संस्कृताः भ्राष्ट्राः (यवाः) भाड़ में भूने हुए जौ।

अष्टसु कपालेषु संस्कृतोऽष्टकपालः (पुरोडाशः)

पयसि संस्कृतं पायसम् (भक्तम्) दूध में बना हुआ भात।

पयसा संस्कृतं पायसम् (दूध से बनी हुई चीज)।

(ठक् प्रत्यय) दध्नष्ठक् ।४।२।१८। संस्कृतम् ।४।४।३।

दही से बनी हुई चीज पर तथा किसी वस्तु (घी, मिर्च आदि) से बनी हुई चीज पर ठक् प्रत्यय लगता है, यथा—

दध्नि संस्कृतं दाधिकम् (दही में बनी हुई चीज)।

दध्ना संस्कृतं दाधिकम् (दही से बनी हुई चीज)।

तैलेन संस्कृतम् तैलिकम (तेल से बनी हुई वस्तु)।

घृतेन संस्कृतम् घार्तिकम् (घी से बनी हुई वस्तु)।

मरीचेन संस्कृतम् मारिचिकम् (मिर्च से छौंकी हुई वस्तु)।

[ण (अ) प्रत्यय] तदस्यां प्रहरणमिति क्रीडायां णः ।४।२।५७।

यदि किसी खेल में कोई प्रहरण प्रयोग में लाया जाय तो उस खेल का बोध कराने के लिए प्रहरणवाची शब्द से ण (अ) प्रत्यय होता है, यथा—

दण्डः प्रहरणमस्यां क्रीडायां सा दाण्डा (डंडेबाजी)।

मुष्टिः प्रहरणमस्यां क्रीडायां सा मौष्टा (मुक्केबाजी)।

(अण् प्रत्यय) तदस्मिन्नस्तीति देशे तन्नाम्नि ।४।२।६७। तेन निवृतम् ।४।२।६८। तस्य निवासः ।४।२।६९। अदूरभवश्च ।४।२।७०।

'यह वस्तु इसमें है', 'यह उससे बनी है', 'उनका इसमें निवास है', यह उससे दूर नहीं है' इन अर्थों का बोध कराने के लिए अण् प्रत्यय लगाते हैं, यथा—

उदुम्बराः सन्त्यस्मिन्देशे इति औदुम्बरो देशः।

कुशाम्बेन निवृत्ता इति कौशाम्बी नगरी।

शिवीनां निवासो देशः इति शैवो देशः।

विदिशाया अदूरभवं नगरम् इति वैदिशम् नगरम्।

इन चार अर्थों के बोधक प्रत्ययों को चातुरर्थिक तद्धित कहते हैं।

(अण् प्रत्यय का लोप) जनपदे लुप् ।४।२।८१।

जनपद के अर्थ बतलाने में चातुरर्थिक प्रत्ययों का लोप हो जाता है, यथा—

पञ्चालानां निवासो जनपदः = पञ्चालाः।

इसी प्रकार—कुरवः, अङ्गाः, वङ्गाः, कालिङ्गाः। जनपदवाची शब्द बहुवचनान्त ही होते हैं।

(मतुप् प्रत्यय) **नद्यां मतुप्** ।४।२।८५।

ऐसे शब्दों में, जिनमें इ ई उ ऊ अन्त में हों, मतुप् प्रत्यय लगता है, यथा—इक्षुमती, इन्दुमती ।

(ञ प्रत्यय) **तदधीते तद्वेद** ।४।२।५९।

किसी चीज के जानने या पढ़ने का ज्ञान कराने के लिए ञ (अ) प्रत्यय लगता है, यथा—व्याकरण+ञ् = वैयाकरणः (व्याकरणमधीते वेद वा)

संस्कृत में अनुवाद करो—

१—हमें समाज की बुराइयों को दूर करने का यत्न करना चाहिए। २—अर्जुन ने जयद्रथ को मारने के लिए कठोर प्रतिज्ञा की। ३—जब दशरथ जी के पुत्र श्री राम बन जाने लगे तो सुमित्रा के पुत्र व्याकुल हुए कि मुझे वे घर ही न छोड़ जायँ। ४—दिति और अदिति के पुत्रों में घोर संग्राम हुआ। ५—पाणिनि के व्याकरण जानने वाले को पाणिनीय कहते हैं। ६—आप कहाँ से आ रहे हैं और कहाँ जा रहे हैं! ७—लव और कुश दशरथ जी के पुत्र के पुत्र थे। ८—घुटने तक पानी में जाकर स्नान करो, गहरे पानी में न जाओ। ९—ज्ञानवाले और धनवाले लोगों में बहुत अन्तर है। १०—पुराने जमाने में लोग सदाचारी और सत्यवादी होते थे। ११—मथुरा में उत्पन्न हुए लोगों को माथुर कहते हैं। १२—पुराण की कथाओं पर आजकल लोग विश्वास नहीं करते। १३—वेद सम्बन्धी शास्त्रों का अध्ययन करना चाहिए। १४—लोक की बातों में लिप्त न होना चाहिए। १५—वह स्त्री धनवाली और ज्ञानवाली भी है। १६—पौरस्त्य और पाश्चात्य संस्कृतियों में भेद होते हुए भी समानता है। १७—पाणिनि की अष्टाध्यायी समस्त व्याकरणों का सार तथा पाण्डित्य की चरम सीमा है। १८—संस्कृत में महीनों के नाम नक्षत्रों के नामों पर पड़े हैं। १९—काक समूह, बक समूह और कपोत समूह अपने समूह के साथ ही उड़ते, बैठते और रहते हैं। २०—सुमित्रा के पुत्र लक्ष्मण ने कभी राम का साथ नहीं छोड़ा। २१—वासुदेव ने कुन्ती के पुत्र अर्जुन का सारथी होना स्वीकार किया। २२—माद्री के पुत्र नकुल और सहदेव युधिष्ठिर के साथ ही वन में गये। २३—प्राचीन समय में बहुत ही अद्भुत गुणों वाले अस्त्र—आग्नेय, वारुण, वायव्य और पाशुपत थे। २४—तीर्थ का जल और अग्नि अन्य चीजों से शुद्धि के योग्य नहीं हैं। २५—जननी और जन्मभूमि स्वर्ग से भी बढ़ कर हैं।

लिङ्गज्ञान

हिन्दी में लिङ्ग दो होते हैं—पुँल्लिङ्ग और स्त्रीलिङ्ग। समस्त शब्द चेतन-अचेतन इन्हीं दो लिङ्गों में विभक्त होते हैं। संस्कृत में इन दो के अतिरिक्त एक और लिङ्ग है—नपुंसक लिङ्ग। समस्त संज्ञाएँ इन्हीं तीन लिङ्गों में विभक्त हैं। संस्कृत में लिङ्गज्ञान बहुत कठिन है, क्योंकि लिङ्ग प्रकृति के अनुसार नहीं है। उसमें संस्कृत व्याकरण का ज्ञान अधिक सहायक नहीं हो सकता। केवल कोषों की सहायता, पाणिनीय के लिङ्गानुशासन तथा संस्कृत साहित्य के अध्ययन से लिङ्गज्ञान हो सकता है। संस्कृत में एक ही वस्तु या व्यक्ति के वाचक शब्द भिन्न-भिन्न लिङ्गों के हैं, यथा—"तटः-तटी-तटम्" इन तीनों का अर्थ किनारा है। इसी प्रकार "सङ्गरः युद्धम्-आजिः" इन तीनों का अर्थ युद्ध है। इसी प्रकार—"दाराः, भार्या और कलत्राणि" इन तीनों का अर्थ विभिन्न लिङ्ग और विभिन्न वचनान्त होने पर भी स्त्री है। कुछ ऐसे भी शब्द हैं जिनका अर्थ-भेद से लिङ्गभेद होता है, जैसे—मित्र शब्द 'सखा' का बोधक होने से नपुंसकलिङ्ग और 'सूर्य' का बोधक होने से पुँल्लिङ्ग होता है। इस प्रकार संस्कृत के प्रत्येक शब्द का लिङ्ग निश्चित है। संस्कृत में लिङ्ग तीन हैं—पुँल्लिङ्ग, स्त्रीलिङ्ग और नपुंसकलिङ्ग।

संस्कृत शब्दों के लिङ्गनिर्णय के कुछ नियम नीचे दिये जाते हैं—

पुँल्लिङ्ग

१—घञ्, अप्, घ और अच् प्रत्ययान्त शब्द पुँल्लिङ्ग होते हैं, यथा—पाकः, त्यागः, भावः, गरः, विस्तरः, गोचरः, सञ्चयः, विजयः, विनयः इत्यादि, परन्तु भय, मुख, वय, पद, लिङ्ग आदि शब्द नपुंसकलिङ्ग होते हैं।

२—नकारान्त शब्द पुंल्लिङ्गहोते हैं, यथा राजन्—राजा, आत्मन्-आत्मा, किन्तु मन् प्रत्ययान्त कर्म्मन् और चर्म्मन् आदि शब्द नपुंसकलिङ्ग हैं।

३—साधारण और विशेष सुर (देवता) और असुर (राक्षस) और इनके अनुचर वाचक शब्द पुँल्लिङ्ग होते हैं, यथा—देवः, विष्णुः, शिवः, दानवः, दैत्यः आदि।

४—कि प्रत्ययान्त शब्द पुंल्लिङ्ग होते हैं, यथा—विधिः, निधिः, वारिधिः इत्यादि, परन्तु कि प्रत्ययान्त इषुधि शब्द स्त्रीलिङ्ग और पुंल्लिग दोनों में होता है।

५—नङ् प्रत्ययान्त शब्द पुंल्लिङ्ग होते हैं, यथा—यत्नः, प्रश्नः, स्वप्नः, परन्तु याच्ञा शब्द स्त्रीलिङ्ग होता है।

६—इमन् प्रत्ययान्त शब्द पुंल्लिङ्ग होते हैं, यथा—महिमा, गरिमा, लघिमा इत्यादि, परन्तु प्रेमन् शब्द पुंल्लिङ्ग और नपुंसकलिङ्ग दोनों होता है।

७—करः (किरण, हाथ) और बलिः, गण्डः (कपोल) ओष्ठः (ओठ), दोः (बाहु), दन्तः (दांत), कण्ठः, केशः, नखः (नाखून) और स्तनः—ये सब शब्द और इनके पर्यायवाचक शब्द पुंल्लिङ्ग होते हैं, परन्तु दीधितिः (किरण) शब्द स्त्रीलिङ्ग है और मरीचिः शब्द स्त्रीलिङ्ग और पुंल्लिङ्ग दोनों है।

८—दार–दाराः, अक्षत–अक्षताः, लाज—लाजाः, असु (प्राण)—असवः शब्द पुंल्लिङ्ग और बहुवचनान्त होते हैं।

९—स्वर्गः, यागः (यज्ञ), अद्रिः (पर्वत), मेघः, अब्धिः (समुद्र), द्रुः (वृक्ष), कालः (समय), असिः (तलवार), शरः (बाण) और शत्रुः ये शब्द और इनके पर्यायवाचक शब्द पुंल्लिग होते हैं, किन्तु त्रिविष्टपम् (स्वर्ग), अभ्रम् (मेघ) ये शब्द नपुसकलिंग हैं। द्यौः और दिव् (स्वर्ग) ये शब्द स्त्रीलिंग हैं। इषुः (बाण) शब्द पुंल्लिग और स्त्रीलिंग दोनों है। स्वर् (स्वर्ग) अव्यय है।

१०—मास वाचक (वैशाखः, ज्येष्ठः आदि) ऋतु (वसन्तः, ग्रीष्मः आदि), रस (कटुः, तिक्तः आदि), वर्ण (शुक्लः, कृष्णः आदि रंग), अग्निः, शब्दः, वायुः (हवा), नरः (आदमी), अहिः (साँप) ये शब्द तथा इनके पर्यायवाचक शब्द पुंल्लिङ्ग होते हैं, किन्तु ऋतुवाचक शरत् और वर्षा शब्द स्त्रीलिङ्ग हैं।

११—समास-युक्त अह्न और अह—भागान्त शब्द पुँल्लिङ्ग होते हैं, यथा—पूर्वाह्णः, पराह्णः, मध्याह्नः, एकाहः, द्व्यहः, त्र्यहः इत्यादि, किन्तु पुण्याहम् शब्द नपुंसकलिङ्ग है।

१२—समासोत्पन्न रात्रभागान्त शब्द पुँल्लिङ्ग होते हैं, यथा—सर्वरात्रः, मध्यरात्रः आदि, किन्तु संख्यावाचक शब्द के आगे रात्र शब्द रहने से नपुंसकलिङ्ग होता है, यथा—द्विरात्रम्, पञ्चरात्रम् इत्यादि।

१३—खर्वः, निखर्वः, शङ्खः, पद्मः, और सागरः शब्द पुंल्लिङ्ग हैं।

स्त्रीलिङ्ग

१—क्तिन् (ति) प्रत्ययान्त शब्द स्त्रीलिङ्ग होते हैं, यथा—मतिः, गतिः, सम्पत्तिः इत्यादि, परन्तु ज्ञातिः शब्द पुंल्लिङ्ग होता है।

२—तिथिवाचक शब्द स्त्रीलिङ्ग होते हैं, यथा—प्रतिपत्, द्वितीया, तृतीया, चतुर्थी, पूर्णिमा आदि।

३—एकाक्षर ईकारान्त और ऊकारान्त शब्द स्त्रीलिङ्ग होते हैं, यथा—श्रीः, ह्रीः, भूः, भ्रूः, आदि।

४—ईकारान्त शब्द स्त्रीलिङ्ग होते हैं, यथा—नदी, लक्ष्मीः, गौरी, देवी।

५—तल् प्रत्ययान्त शब्द स्त्रीलिङ्ग होते हैं, यथा—लघुता, सुन्दरता, ब्राह्मणता आदि।

६—ऋकारान्त मातृ (माता), दुहितृ (कन्या), स्वसृ (बहिन), यातृ (पति के भाइयों की स्त्रियां) और ननांद्र (ननद) शब्द स्त्रीलिङ्ग होते हैं।

७—ऊङ् और आप् प्रत्ययान्त शब्द स्त्रीलिङ्ग होते हैं, यथा—कुरुः, विद्या, शोभा।

८—विद्युत् (बिजली), निशा (रात), बल्ली (लता), वीणा (बीन), दिक् (दिशा), भूः, (पृथ्वी), नदी, ह्रीः (लाज) वाचक शब्द स्त्रीलिङ्ग होते हैं।

९—समाहार द्विगु समासयुक्त अकारान्त शब्द (जिनके आगे ईप् होता है) स्त्रीलिङ्ग होते हैं, यथा—त्रिलोकी, पञ्चवटी, द्विपुरी आदि, किन्तु पात्र, युग और भुवन शब्द परे रहने से नपुंसकलिङ्ग होता है, यथा—पञ्चपात्रम् चतुर्युगम्, त्रिभुवनम्।

१०—विंशति से नवति पर्यन्त संख्यावाचक शब्द स्त्रीलिङ्ग होते हैं, यथा—विंशतिः, त्रिंशत् आदि।

नपुंसकलिङ्ग

१—भाववाच्य में ल्युट् (अन) प्रत्यय लगाने से जो शब्द बनते हैं, वे नपुंसकलिंग होते हैं, यथा—गमनम्, शयनम्, भोजनम् इत्यादि।

२—भाव में क्त (त) प्रत्यय लगाने से बने हुए शब्द नपुंसकलिङ्ग होते हैं, यथा—हसितम्, गीतम्, जीवितम् इत्यादि।

३—भाववाच्य में कृत्य (तव्य, अनीय, ण्यत्, यत्) तथा क्यप् प्रत्ययान्त शब्द नपुंसकलिङ्ग होते हैं, यथा—भवितव्यम्, भवनीयम्, भाव्यम् आदि।

४—तद्धित के त्व और ष्यञ् प्रत्ययान्त शब्द नपुंसकलिङ्ग होते हैं, यथा—शुक्लत्वं—शौक्ल्यम्, सुन्दरत्वम्—सौन्दर्यम्, राजत्वम्—राज्यम्, मधुरत्वम्—माधुर्यम् इत्यादि।

५—यत्, य, ढक्, यक्, अञ्, अण्, वुञ् तथा छ प्रत्ययान्त शब्द नपुंसकलिङ्ग होते हैं- यथा—स्तेयम्, सख्यम्, कापेयम्, आधिपत्यम्, औष्ट्रम्, द्वैहायनम्, पितापुत्रकम्, किरातार्जुनीयम् आदि।

६—"उसका भाव या कर्म" इस अर्थ में षण् (अ) प्रत्ययान्त जो शब्द हैं वे नपुंसकलिङ्ग होते हैं, यथा—शैशवम्, गौरवम्, लाघवम् आदि।

७—शत आदि संख्यावाचक शब्द नपुंसकलिङ्ग होते हैं, यथा—शतम्, सहस्रम् आदि, पर कोटिः शब्द स्त्रीलिङ्ग होता है। शत, अयुत, प्रयुत, शब्द पुंल्लिंग और नपुंसकलिंग दोनों होते हैं, यथा—अयं शतः, इदं शतम् इत्यादि।

८—डयट् और तयट् प्रत्ययान्त शब्द नपुंसकलिङ्ग होते हैं, यथा—द्वयम्, त्रयम्, द्वितयम्, त्रितयम् इत्यादि। ये शब्द स्त्रीलिङ्ग भी (द्वयी, त्रयी, द्वितयी, त्रितयी) होते हैं।

९—'त्र' जिनके अन्त में हो ऐसे शब्द नपुंसकलिङ्ग होते हैं, यथा—छत्रम्, पत्रम्, चरित्रम् इत्यादि, परन्तु अमित्रः, छात्रः, पुत्रः, मन्त्रः, वृत्रः, मेढ्रः और उष्ट्रः शब्द पुंल्लिङ्ग हैं और पत्र, पात्र, पवित्र. सूत्र और छत्र पुंल्लिङ्ग तथा नपुंसकलिङ्ग दोनों होते हैं। यात्रा, मात्रा, भस्त्रा और द्रंष्ट्रा ये शब्द स्त्रीलिङ्ग हैं। मित्र शब्द सूर्य के अर्थ में पुंल्लिङ्ग और सखा के अर्थ में नपुंसकलिङ्ग होता है।

१०—क्रिया विशेषण और अव्यय विशेषण स्त्रीलिङ्ग होते हैं, यथा—साधु वदति (अच्छा कहता है), मनोहरं प्रातः (सुन्दर सबेरा)।

११—समाहारद्वन्द्व और अव्ययीभावसमासोत्पन्न शब्द नपुंसकलिङ्ग होते हैं, यथा—पाणिपादम्, हस्त्यश्वम्, प्रतिदिनम्, यथाशक्ति आदि।

१२—संख्यावाचक और अव्यय शब्द के परवर्ती समासोत्पन्न 'पथ' शब्द नपुंसकलिङ्ग होता है, यथा—त्रिपथम्, चतुष्पथम्, विपथम् आदि।

१३—यदि संख्यावाचक शब्द आदि में हो और अन्त में रात्र शब्द हो तो नपुंसकलिङ्ग होता है, यथा—द्विरात्रम्, पञ्चरात्रम् आदि।

१४—दो स्वर वाले अस्, इस्, उस् और अन् भागान्त शब्द नपुंसकलिङ्ग होते हैं, यथा—अस् भागान्त—यशस्, तेजस् आदि; इस् भागान्त—सर्पिस्, हविस् आदि; उस् भागान्त—वपुस्, धनुस् आदि; अन् भागान्त—नामन्, चर्मन् इत्यादि, किन्तु अर्चिस् शब्द स्त्रीलिङ्ग और वेधस् शब्द पुंल्लिङ्ग है।

दो से अधिक स्वर होने के कारण अणिमा, महिमा, चन्द्रमा आदि शब्द पुंल्लिङ्ग हैं और अप्सरस् शब्द स्त्रीलिङ्ग है। ब्रह्मन् शब्द पुंल्लिङ्ग और नपुंसकलिङ्ग दोनों है।

१५—जो शब्द स्त्रीलिङ्ग या पुंल्लिङ्ग नहीं है, वे भी नपुंसकलिङ्ग होते हैं, यथा—वृन्दम् (समूह), खम् (आकाश), अरण्यम् (वन), पर्णम् (पत्ता), श्वभ्रम् (बिल), हिमम् (पाला), उदकम् (जल), शीतम् (ठण्ढा), उष्णम् (गर्म), मांसम् (मांस), रुधिरम् (रक्त), मुखम् (मुँह), अक्षि (आँख), द्रविणम् (धन), बलम् (बल), हलम् (हल), हेम (सोना), शुल्वम् (तांबा), लोहम् (लोहा), सुखम् (सुख), दुःखम् (दुःख), शुभम् (कुशल), अशुभम् (अमंगल), जलपुष्पम् (पानी में उत्पन्न होनेवाला फूल), लवणम् (नमक), व्यञ्जनम् (दूध, दही आदि), अनुलेपनम् (चन्दन आदि) ये ऊपर लिखे हुए तथा इन शब्दों के अर्थ बोध करने वाले अन्यान्य शब्द नपुंसकलिङ्ग होते हैं, किन्तु अर्थः और विभवः (धन) अवश्यायः, नीहारः और तुषारः (पाला) तथा छदः (पत्ता) पुंलिङ्ग हैं। अप् (जल), अटवी (वन) मुद् और प्रीतिः (हर्ष) वपा और शुषिः (बिल), दृश् और दृष्टिः (आंख) तथा मिहिका (पाला) स्त्रीलिङ्ग है। आकाशः, विहायस् (आकाश) तथा द्युमः ये पुंल्लिङ्ग और नपुंसकलिङ्ग दोनों होते हैं।

स्त्रीप्रत्यय-प्रकरण

कुछ संज्ञाएँ ऐसी हैं जिनके जोड़े बन जाते हैं—पुरुष और स्त्री। इस प्रकार के शब्दों के पुँल्लिङ्ग और स्त्रीलिङ्ग बनाने के लिए जो प्रत्यय जोड़े जाते हैं, उन्हें स्त्री प्रत्यय कहते हैं, यथा—अज से अजा, कुमार से कुमारी।

स्त्री प्रत्यय ये हैं—टाप् (आ), ङीप् (ई) और ङीष् (ई)।

टाप (आ)

अजाद्यतष्टाप् ।४।१।४।

अकारान्त शब्दों के आगे स्त्रीलिङ्ग बनाने के लिए उनके आगे टाप् (आ) जोड़ दिया जाता है, यथा—अचल + टाप् (आ) = अचला, कृष्ण-कृष्णा, सरल-सरला, प्रथम-प्रथमा, अनुकूल-अनुकूला, पूर्व-पूर्वा, निपुण-निपुणा, अज-अजा (बकरी), कोकिला, अश्वा, चटका, बाला, वत्सा, ज्येष्ठा, पुत्रिका, वैश्या, क्षत्रिया, शूद्रा आदि।

प्रत्ययस्थात्कात्पूर्वस्यात इदाप्यसुपः ।७।३।४४। मामकनरकयोरुपसंख्यानम्। त्यक्त्यपोश्च। वा०।

टाप् (आ) प्रत्यय जोड़ने के पूर्व यदि शब्द ककारान्त हो और उसके पहले 'अ' हो तो 'अ' के स्थान में 'इ' हो जाता है, किन्तु यह नियम तभी लगता है जब 'क' किसी प्रत्यय का हो और टाप् के पूर्व सुप् प्रत्ययों में से कोई न लगा हो, यथा—मूषक + टाप् (आ) = मूषिक + आ = मूषिका, पाचक + टाप् (आ) = पाचिक + आ + पाचिका, सर्वक + टाप् (आ) = सर्विक + आ = सर्विका, मामक + टाप् = मामिक + आ = मामिका। इसी भाँति पाश्चात्यिका, दाक्षिणात्यिका।

यदि 'क' किसी प्रत्यय का न हो तो यह नियम नहीं लगेगा, यथा—शङ्क + आ = शङ्का (यहाँ पर 'क' धातु का है)।

ङीप् (ई)

ऋन्नेभ्यो ङीप् ।४।१।५।

ऋकारान्त और नकारान्त पुँल्लिङ्ग शब्दों में स्त्रीलिङ्ग बनाने के लिए ङीप् (ई) प्रत्यय जोड़ दिया जाता है, यथा—(ऋकारान्त)—कर्तृ—ङीप् = कर्त्री, दातृ + ङीप् = दात्री, जनयित्री, शिक्षयित्री आदि।

विशेष—स्वसृ, मातृ आदि शब्दों में ङीप् (ई) प्रत्यय नहीं जोड़ा जाता, यथा—स्वसा, माता, दुहिता, ननान्दा, तिस्रः, चतस्रः।

(नकारान्त) मालिन् + ङीप् (ई) मालिनी, दण्डिनी, श्वन्-शुनी, मानिनी, कामिनी, गुणिनी, मनोहारिणी, तपस्विनी आदि ।

विशेष—व्यञ्जनान्त शब्द के तृतीया के एक वचन के रूप का अन्तिम स्वर हटा दिया जाता है और शतृ एवं स्यतृ प्रत्ययों के बने हुए शब्दों में त् के पूर्व 'न्' जोड़ दिया जाता है, यथा—श्वन् का तृतीया का एक वचन शुना हुआ, इसका आकार हटा दिया तो शुन् शेष रहा, उसमें ई जोड़कर शुनी बना, इसी भाँति राज्ञा से राज्ञी, पचता से पचन्ती । स्वरान्त शब्दों का अन्तिम स्वर हटा दिया जाता है, यथा—सुमङ्गल—सुमङ्गल् + ई = सुमङ्गली ।

टिड्ढाणञ्द्वयसज्दघ्नञ्मात्रच्तयपठक्ठञ्कञ्करपः ।४।१।१५।

निम्नलिखित शब्दों के अनन्तर स्त्रीलिङ्ग बनाने के लिए ङीप् (ई) प्रत्यय जोड़ दिया जाता है, कर में अन्त होने वाले—यथा—भोगकरः—भोगकरी ।

नद, चोर, देव, ग्राह, गर, प्लव—नदी, चोरी, देवी, ग्राही, गरी, प्लवी ।

ढक्, अण्, अञ्, द्वयसच्, दघ्नञ्, मात्रच्, तयप्, ठक्, ठञ्, कञ् तथा करप् प्रत्ययान्त शब्द, यथा—

सुपर्ण—सौपर्णेयी, इन्द्र—ऐन्द्री, उत्स—औत्सी, उरु—द्वयसी, उरुदघ्नी, उरुमात्री, पञ्चतयी, आह्निकी, लावणिकी, यादृशी, इत्वरी ।

वयसि प्रथमे ।४।१।२०। वयस्य चरम् इति वाच्यम् ।

प्रथम वयस् (अन्तिम अवस्था को छोड़कर) ज्ञान कराने वाले शब्दों के अनन्तर स्त्रीलिङ्ग में ङीप् (ई) प्रत्यय जोड़ दिया जाता है, यथा—कुमार—कुमारी, किशोर—किशोरी, वधूट—वधूटी । अन्तिम अवस्था में नहीं होगा, यथा—वृद्धा, स्थाविरा ।

ङीष् (ई)

षिद्गौरादिभ्यश्च ।४।१।४१।

षित् (नर्तक, खनक, पथिक आदि) शब्दों तथा गौरादि गण (गौर, मत्स्य, मनुष्य, हरिण, आमलक, वदर, उभय, भृङ्ग, अनडुह, नट, मङ्गल, मण्डल, बृहत् आदि) के अनन्तर स्त्रीलिङ्ग बनाने के लिए ङीष् (ई) जोड़ दिया जाता है, यथा—

नर्तक—नर्तकी, गौरी, पथिकी, रजकी, सुन्दरी, मातामही, पितामही, नदी, नटी, स्थली, तटी, कदली ।

पुंयोगादाख्यायाम् ।४।१।४८। पालकान्तान्न । वा० ।

पुँल्लिङ्ग शब्द जो पुरुष का द्योतक हो उससे स्त्रीलिङ्ग बनाने के लिए ङीष् (ई) जोड़ा जाता है, किन्तु जिन शब्दों के अन्त में पालक हो उनसे नहीं, यथा—गोपः—गोपी, शूद्रः-शूद्री, परन्तु गोपालकः—गोपालिका (गोपालिकी नहीं बनेगा) ।

जातेरस्त्रीविषयादयोपधात् ।४।१।६३।

ऐसे अकारान्त जातिवाचक शब्दों के जिनकी उपधा में 'य्' न हो, स्त्रीलिंग बनाने में ङीष् (ई) लगता है, यथा—ब्राह्मण-ब्राह्मणी, गोप-गोपी, मानुष-मानुषी। सिंह-सिंही, मृग-मृगी, व्याघ्री, भल्लूकी, महिषी, शूकरी, गर्धवी आदि।

वोतोगुणवचनात् ।४।१।४४।

उकारान्त गुणवाची शब्दों के अनन्तर स्त्रीलिंग बनाने के लिए विकल्प से ङीष् जोड़ते हैं, यथा मृदु-मृद्वी, मृदुः। पटु-पट्वी, पटुः। साधु-साध्वी-साधुः। गुरु-गुर्वी, गुरुः आदि।

उगितश्च ।४। ।६।

ऐसे प्रातिपादिकों से जिनमें उकार और ऋकार का लोप होता है (मतुप्, वतुप्, इयसु, तवतु, शतृ से बने हुए शब्दों से) स्त्रीलिंग बनाने में ङीप् (ई) प्रत्यय जोड़ दिया जाता है, यथा—

(उकार लोप)—भवत्-भवती, श्रीमत्-श्रीमती, बुद्धिमती, लज्जावती आदि।

(ऋकार लोप)—रुदत्-रुदती, जानत्-जानती, गृह्णती आदि।

भ्वादि, दिवादि, और चुरादिगणीय धातुओं से तथा णिजन्त से शतृ प्रत्यय करने से जो शब्द बनते हैं, उन शब्दों से ङीप् (ई) प्रत्यय जोड़ने पर 'त्' के पूर्व 'न्' लग जाता है, यथा—

(गच्छत्) गच्छन्ती, (वदत्) वदन्ती, (दीव्यत्) दीव्यन्ती, (नृत्यत्) नृत्यन्ती, (चिन्तयत्) चिन्तयन्ती, (भक्षयत्) भक्षयन्ती। (दर्शयत्) दर्शयन्ती, (कारयत्) कारयन्ती।

तुदादिगणीय तथा अदादिगणीय आकारान्त धातुओं से शतृ प्रत्यय जोड़ने पर जो शब्द बनते हैं, स्त्रीलिंग बनाने में जब उनके आगे ङीप् (ई) प्रत्यय जोड़ा जाता है तो 'त्' के पूर्व 'न्' विकल्प से लगता है, यथा—

(इच्छत्) इच्छन्ती, इच्छती। (पृच्छत्) पृच्छन्ती, पृच्छती। (स्पृशत्) स्पृशन्ती, स्पृशती। (यात्) यान्ती, याती। (भात्) भान्ती, भाती आदि।

स्वाङ्गाच्चोपसर्जनादसंयोगोपधात् ।४।१।५४।

बहुव्रीहि समास में अवयव वाचक अकारान्त शब्दों के अनन्तर स्त्रीलिंग बनाने के लिए विकल्प से ङीष् (ई) प्रत्यय लगता है, यथा—केशानतिक्रान्ता अतिकेशी, अतिकेशा। चन्द्रमुखी, चन्द्रमुखा, सुकेशी, सुकेशा। कृशांगी, कृशांगा। बिम्बोष्ठी, बिम्बोष्ठा आदि।

बह्वादिभ्यश्च ।४।१।४५।

बह्वादिगण (बहु, पद्धति, अञ्चति....अहिं, कपि, यष्टि, मुनि आदि) के शब्दों से विकल्प से स्त्रीलिंग में ङीष् (ई) होता है, यथा—बहु-बह्वी, बहुः। रात्रिः,

रात्री । श्रेणिः—श्रेणी । राजिः, राजी । भूमिः, भूमी । क्तिन् प्रत्ययान्त में नहीं होता, यथा—मतिः, गतिः, स्थितिः आदि ।

इन्द्रवरुणभवशर्वरुद्रमृडहिमारण्ययवयवनमातुलाचार्याणामानुक् ।४।१।४९। हिमारण्ययोर्महत्त्वे । वा० । यवादोषे । वा० । यवनाल्लिप्याम् । वा० । मातुलोपाध्याययोरानुग्वा । आचार्यादणत्वं च । अर्यक्षत्रियाभ्यां वा स्वार्थे ।

जाया अर्थ में इन्द्र, वरुण, भव, शर्व, रुद्र, मृड, आचार्य और ब्रह्मन् शब्दों में ङीष् लगने से पूर्व आनुक् (आन्) जोड़ दिया जाता है, यथा—इन्द्रस्य जाया इन्द्राणी, वरुणानी, भवानी, शर्वाणी, रुद्राणी, मृडानी, आचार्याणी और ब्रह्माणी (ब्रह्मन् शब्द के न् का लोप हो जाता है)।

महद् हिमं हिमानी । महद् अरण्यम् अरण्यानी, दुष्टो यवो यवानी । यवनानां लिपिर्यवनानी । मातुलानी, मातुली । उपाध्यायानी, उपाध्यायी । आचार्यस्य स्त्री आचार्यानी, आचार्या स्वयं व्याख्यात्री । अर्याणी, अर्या । स्वामिनी वैश्या वेत्यर्थः । क्षत्रियाणी, क्षत्रिया । पुंयोगे तु अर्यी, क्षत्रियी । ब्राह्मणीत्यत्र ब्राह्मणमानयति जीवयति इति कर्मण्यण् ।

कुछ ज्ञातव्य स्त्रीप्रत्ययान्त शब्द

पुँल्लिङ्ग	स्त्रीलिङ्ग	पुँल्लिङ्ग	स्त्रीलिङ्ग
गवय	गवयी	अवाच् (दक्खिन)	अवाची
हय	हयी	तस्थिवस्	तस्थुषी
मत्स्य	मत्सी	विद्वस्	विदुषी
मनुष्य	मनुषी	सूर्य	सूर्या (देवता)
शूद्र (जाति)	शूद्रा	सूर्य	सूरी (कुन्ती)
,, (पत्नी)	शूद्री	चातुर्य	चातुरी
राजन्	राज्ञी	मातुल	मातुलानी मातुली
युवन्	युवती	यव (खराब जौ)	यवानी
,,	युवतिः	यवन (लिपि)	यवनानी
,,	यूनी	यवन (स्त्री)	यवनी, यवनिका
श्वन्	शुनी	क्षत्रिय (जाति)	क्षत्रिया क्षत्रियाणी
		,, (पत्नी)	क्षत्रियी
मघवन्	मघोनी	उपाध्याय (पत्नी)	उपाध्यायानी उपाध्यायी
,,	मघवती		
प्राच् (पूर्व)	प्राची	,, (अध्यापिका)	उपाध्याया
प्रत्यच् (पच्छिम)	प्रतीची	आचार्य (पाठिका)	आचार्या

आचार्या (पत्नी)	आचार्याणी	श्वशुरः	श्वश्रूः
हिमम्(विस्तार अर्थमें)	हिमानी	अर्य (वैश्य)	अर्याणी
		,, (जाति)	अर्या
अरण्यम्	अरण्यानी	अर्य (पत्नी)	अर्यी
सखि	सखी	पतिः	पत्नी
कुरुः	कुरूः		

संस्कृत में अनुवाद करो—

१—एक छोटी उम्र वाली बालिका खेल रही है। २—इतनी पतली कमर वाली स्त्री मेरे देखने में पहले नहीं आयी। ३—पति के वियोग में विलाप करती हुई दमयन्ती ने एक अजगर देखा। ४—वह कुम्हार की स्त्री घड़े बेच रही है। ५—गार्गी पढ़ी लिखी स्त्री थी। ६—मामा की स्त्री ने मेरा प्यार दुलार किया। ७—उस पुरुष की स्त्री अच्छे लक्षणों वाली है। ८—आचार्य जी की स्त्री छात्राओं को पढ़ा रही हैं। ९—उस तप करती हुई पार्वती ने घोर तप करके शिव जी को प्रसन्न किया। १०—उपाध्याय की स्त्री माता के सदृश होती है। ११—श्रीराम का विवाह चन्द्र के समान मुखवाली सीता जी से हुआ। १२—उस नाचने वाली ने अपने कौशल से देखनेवालों को प्रसन्न कर दिया।

लेखोपयोगी चिह्न

हम "प्राक्कथन" में बतला चुके हैं कि संस्कृत भाषा की वाक्यरचना में शब्दों का विकारी होने के कारण कोई क्रम निश्चित नहीं है। कर्त्ता, कर्म, क्रिया वाक्य के आदि, मध्य और अन्त में भी रखे जा सकते हैं। इसी कारण संस्कृत में आधुनिक लेखोपयोगी चिह्नों का यद्यपि विशेष महत्त्व नहीं है, तथापि **"अत्र तुनोक्तम् तत्रापि नोक्तम्"** इस प्रसिद्ध संस्कृत वाक्य का सीधा यही अर्थ होता है—"इस स्थल पर नहीं कहा गया है (और) उस स्थल पर भी नहीं कहा गया है।" लेखक को यह अर्थ अभिप्रेत नहीं। वह तो चाहता है—"अत्र तुना उक्तम्" अर्थात् "जो बात इस स्थल पर "तु" शब्द से प्रकट की गयी है वही बात उस स्थल पर "अपि" शब्द द्वारा व्यक्त की गयी है। अतः मानना पड़ेगा कि शोभन शब्द-विन्यास से लेख में अवश्य चारुता आ जाती है और जटिलता भी जाती रहती है। इसी ध्येय को दृष्टि में रखकर हमने यहाँ कुछ लेखोपयोगी चिह्न दिये हैं—

अल्प-विराम-चिह्नम्	,	(Comma)
अर्धविरामचिह्नम्	;	(Semi-Colon)
पूर्णविराम-चिह्नम्	।	(Full Stop)
प्रसङ्गसमाप्तिचिह्नम्	॥	
प्रश्नबोधकचिह्नम् (काकुचिह्नम्)	?	(Sign of Interrogation)

विस्मयादिबोधकचिह्नम् सम्बोधनाऽऽश्चर्यखेदचिह्नम्	!	(Sign of admiration, Surprise etc.)
उद्धरणचिह्नम्	" "	(Inverted Gommas)
निर्देशचिह्नम्	:—	
योजकचिह्नम्	—	(Hyphen)
कोष्ठक-(पाठान्तर) चिह्नम्	[ ] ( )	(Parenthesis)
सन्धिच्छेदचिह्नम्	+	
पर्याय-चिह्नम्	=	
त्रुटिनिर्देशचिह्नम्	ʌ	

लेखोपयोगी चिह्नों पर ध्यान दो और हिन्दि भाषा में अनुवाद करो

१—अपि क्रियार्थं सुलभं समित्कुशम् ? (कुमारसम्भवे)

२—तारापीडो देवीमवदत्—"अफलमिवाखिलं पश्यामि जीवितं राज्यं च अप्रतिविधेये (निष्प्रतीकारे) धातरि किं करोमि ! तन्मुच्यतां देवि ! शोकानुबन्धः आधीयतां धैर्ये च धीः ।" (कादम्बर्याम्)

३—अहो प्रभावो महात्मनाम् ! अत्र शाश्वतं विरोधमपहायोपशान्तान्तरात्मानस्तिर्यञ्चोऽपि तपोवनवसतिसुखमनुभवन्ति । (कादम्बर्याम्)

४—हा कथं सीतादेव्या ईदृशं जनापवादं देवस्य कथयिष्यामि ! अथवा नियोगः खल्वीदृशो मन्दभाग्यस्य । (उत्तररामचरिते)

५—आसीच्च मे मनसि, "शान्तात्मन्यस्मिञ्जने मां निक्षिपता, किमिदमनार्येणासदृशमारब्धं मनसिजेन !" (कादम्बर्याम्)

संस्कृत में अनुवाद करो—

१—जेठ महीने की पूर्णमासी तिथि को पतिव्रता स्त्रियाँ वट वृक्ष की पूजा और उपवास करती हैं । इस तिथि को प्राचीनकाल में सत्यवान् की भार्या सावित्री ने यम द्वारा लिये जाते हुए अपने पति सत्यवान् को छुड़ाया । तभी से इस व्रत का आरम्भ हुआ है । स्त्रियाँ यह मानती हैं कि इस व्रत के करने से उनके पति की आयु दीर्घ होती है । सब सोहागिन स्त्रियाँ इस व्रत को करती हैं । (काशी प्रथमा परीक्षा १९३१)

२—हे मित्र ! अब आप आदि से मेरा वृत्तान्त सुनिए । मेरा जन्म पद्मपुर में हुआ था । मेरे पिता के पाँच भाई थे, जो मृत्यु को प्राप्त हुए । आप ही के देश से आये हुए एक ब्राह्मण से मेरा विवाह हुआ । उनको मरे आज सात वर्ष हो गये । मैं अनाथ अब क्या करूँ ? मन्दभागिनी मैं कहा जाऊँ ? इस अवस्था में आप ही मेरी शरण हैं । (काशी प्रथमा परीक्षा १९३१)

पत्रलेखन-प्रणाली

(१) अवकाशाय आवेदनपत्रम्

श्रीमन्तः प्रधानाचार्यमहोदयाः,

दयानन्द-ऐंग्लो-वैदिक-महाविद्यालयः, लवपुरम् ।

श्रीमन् !

सेवायां सविनयमिदमावेद्यते यन्मम ज्येष्ठभ्रातुः श्रीजगदीशस्य वैशाखमासे शुक्लाष्टम्यां तिथौ विवाहः निश्चितोऽस्ति । वरयात्रा च देवप्रयागं गमिष्यति । ममापि गमनं तत्रावश्यकं प्रतीयते । अतोऽहमष्टानां दिवसानामवकाशं याचे । आशासे ममावेदनमवश्यमेव स्वीकृतं भविष्यतीति—

प्रार्थयते—

विद्यादत्तः सप्तमकक्षास्थः ।

(२) अनुपस्थितिविषयकं आवेदनपत्रम्

श्रीमन्तः नवमकक्षाध्यापकमहोदयाः,

क्वीन्स-इण्टरकालेज, लक्ष्मणपुरम् ।

भगवन् !

अहं गतदिवसात् ज्वरपीडितः शय्याग्रस्तोऽस्मि, बलवती शिरः पीडा च मां व्यथयति । अतोऽद्यविद्यालयमागन्तुमसमर्थोऽस्मि । मम अद्यानुपस्थितिं मर्षयिष्यन्ति कक्षाचार्यमहोदया इति प्रार्थयते—

आज्ञाकारी शिष्यः—प्यारेलालः ।

(३) पित्रे पत्रम्

श्रीमत्पितृचरणेषु प्रणतयः सन्तुतराम् ।

कुशलमत्र तत्रास्तु । बहुदिनादारभ्य नाद्यावधि मया प्राप्तं मावत्कं कृपापत्रम् वृत्तं च । अतो मे चेतश्चिन्ताकुलं वर्तते । अस्माकं परीक्षा नातिदूरं विद्यते, अतोऽध्ययने नितरां व्यापृतोऽस्मि । गतार्धवार्षिकपरीक्षायां मया प्रायः समस्तेषु गणितेतरविषयेषु उच्चाङ्काः प्राप्ताः । इदानीं गणितविषये नितरां परिश्रमं करोमि । आशासे वार्षिकपरीक्षायां प्रथमश्रेण्यामुत्तीर्णो भविष्यामि । मातुश्चरणयोः प्रणतिर्मे वाच्या । झटिति गृहस्य वृत्तं लेख्यम् ।

भवतामाज्ञाकारी तनूजः,

विनोदचन्द्रः ।

(४) भ्रात्रे पत्रम्

प्रयाग-विश्वविद्यालय-बनर्जीछात्रावासतः,
दिनांकः १०-११-६१।

प्रिय रमेश !

नमस्ते। अत्र कुशलं तत्रास्तु। त्वं षाण्मासिकपरीक्षायां सर्वप्रथमस्थानमाप्नोरितिविज्ञाय परमप्रीतोऽस्मि। वार्षिकपरीक्षायामपि भवानेतत्स्थानं प्राप्स्यतीति दृढो मे निश्चयः। अहमपीदानीं राजनीतिविषये एम० ए० परीक्षां दातुकामः। विधानचन्द्रोऽपि भवन्तमनुस्मरति।

भावत्कः प्रियबन्धुः—प्रकाशचन्द्रः।

(५) मित्राय भ्रमणविषयकं पत्रम्

नरही-लक्ष्मणपुरतः,
दिनांकः १८-२-६१

प्रियवर सोम ! सप्रेम नमस्ते।

अहं परेशस्य कृपया सकुशलोऽस्मि, तत्रापि कुशलं वाञ्छामि। अस्माकं त्रैमासिकपरीक्षाऽभवत्। उत्तरपत्राणि चाहं सुन्दरमलिखम्। अधुना उष्णकालावकाशेषु भवान् क्व गन्मुमिच्छति। अपि रोचते भवते काश्मीरगमनम् ? तत्र खलु गिरिभ्यो जलप्रवाहाः, निर्भराश्च निस्सरन्ति। एलजम्बीर-सेव-द्राक्षा-नारङ्ग-अक्षोटफलानाञ्च तत्र बाहुल्यं वर्तते। तस्योदीच्यां दिशि पर्वतराजः तिष्ठति, यस्य शिखराणि हिमाच्छादितानि विद्यन्ते। शैलोऽयम् उत्तरप्रदेशालङ्कारभूतः सन् भारतवर्षस्य मेखलेव पूर्वापरजलनिध्योर्वेलापर्य्यन्तं विस्तीर्णः तिष्ठति। तत्रौषधयः, प्रस्तराः, उत्तमकाष्ठादीनि च बहून्युपयोगीनि वस्तून्युपलभ्यन्ते। किं बहुना। ततोऽस्माकं महाँल्लाभो भविष्यति। स्वास्थ्यं च तत्रोषित्वा शोभनं भविष्यति। स्वपरीक्षाविषये तथा भ्रमणविषये च त्वरितमुत्तरं देयम्।

अभिन्नहृदयः,
रामप्रसादः दशमकक्षास्थः।

(६) निमन्त्रण-पत्रम्

श्रीमन्महोदय !

भवन्त एतदवगत्यावश्यं हर्षमनुभविष्यन्ति यत् परमात्मनः महत्यानुकम्पया मम ज्येष्ठपुत्रस्य पी-एच्० डी० इत्युपाधिविभूषितस्य श्रीमोहनचन्द्रस्य परिणयनसंस्कारः प्रयागवास्तव्यस्य श्रीमतः श्रीप्रसादगौडस्य ज्येष्ठपुत्र्या बी० ए० इत्युपाधिविभूषितया मनोरमादेव्या सह दिनांके १६-४-१९६१, रात्रौ अष्टवादनसमये प्रयागे भविष्यति। अतः भवन्तः सादरं प्रार्थ्यन्ते यत्सपरिवारमस्मिन् मङ्गल-

कार्ये समागत्य शुभाशीर्वादप्रदानेन वरवधूयुगलमनुगृह्णन्ताम्। भवतां वरयात्रागमनमप्यपेक्ष्यते।

१८ अमीनाबादः, भवतां दर्शनाभिलाषी—
लक्ष्मणपुरम्। गोपालचन्द्रगौडः।
दिनांकः २-४-१९६१

(सूचनयाऽनुग्राह्योऽयंजनः)

(७) दर्शनाय समय-याचना

श्रीमन्त उपराष्ट्रपतिमहोदया डा० राधाकृष्णन् महाभागाः,
देहली।

श्रीमन्तः परमसंमाननीयाः

अहं शारदाविद्यापीठ-वार्षिकसमारोहविषयमाश्रित्य भवद्भिः सह किञ्चिद् आलपितुमिच्छामि। भवन्निर्दिष्टकाले भवद्दर्शनमभिधाय भवत्परामर्शलाभेन कृतार्थमात्मानं मंस्ये।

दर्शनाभिलाषी—

शारदाविद्यापीठम्, परशुरामः,
श्रीनगरम् (काश्मीरम्)। मन्त्री।
दिनांकः ३-५-१९५८

(८) शारदाविद्यापीठ एकादशवार्षिकसमारोहः

एतदवगत्य भवतां परमहर्षो भविष्यति यत् शारदाविद्यापीठस्य वार्षिकोत्सवः आगामिनि अगस्तमासस्य पञ्चदशतारकायां संपत्स्यते। उत्सवे सर्वेषामपि संस्कृतज्ञानां संस्कृतप्रेमिणां चोपस्थितिः प्रार्थ्यते। उत्सवे मङ्गलगानानन्तरं स्वनामधन्याः प्रख्याताः विद्वांसः संस्कृतभाषोन्नतिविषयकानि भाषणानि, आचारविषयकानुपदेशान् च दास्यन्ति। पीठस्थ बालिकाः स्वरचितानि हृद्यानि पद्यानि श्रावयिष्यन्ति तथा च शाकुन्तलस्य चाभिनयं करिष्यन्ति। आशासे यत् सर्वे यथासमयं समागत्य स्वान्तःसुखमनुभविष्यन्ति।

दिनांकः २०-७-१९६१ परशुरामः,
समारोह-संयोजकः।

(९) पुस्तकप्रेषणाय आदेशः

श्री प्रबन्धकमहोदयाः,
महोदयाः, मोतीलाल बनारसीदास महोदयाः
जवाहरनगरम्, देहली—६

भवत्प्रकाशिता 'नवीनानुवादचन्द्रिका' नाम पुस्तिका मयावलोकिता। अस्या

उपयोगितां समीक्ष्य नितरां प्रसन्नोऽस्मि। कृपया पुस्तकद्वयमधोल्लिखितस्थाने वी० वी० पी० द्वारा शीघ्रं प्रेषणीयम्।

भावत्कः—
आचार्यजितेन्द्रभारतीयः एम० ए०,
व्याकरणाचार्यः, साहित्यरत्नम्,
संस्कृत प्राध्यापकः।

विशननारायण इंटरकालिजः,
लक्ष्मणपुरम् (लखनऊ)।

(१०) अभिनन्दनपत्रम्

महामान्यायां श्रीमतां डा० बी० रामकृष्णरावमहाभागानां करकमलयोस्सादरं समर्पितम्

शशिशत-विशदस्मिताऽस्मितां या, शमयति मानसपङ्कजाधिवासा।
दिशतु सुरसरस्वती शिवं सा, क्वणनगुणां वरवल्लकीं दधाना॥

परमावदातचरिताः शिक्षापक्षपातिनः !

पूनास्थे हि फरगुसनकालेजेऽनवरतपरिश्रमसदाचारसहरीमुच्चामुच्चावचपरिचायिकां तावदाप्य शिक्षां वाक्कीलनदक्षां हैद्राबादन्यायालये तत्प्रयोगं कुर्वद्भिर्भवद्भिर्यदर्जितं यशश्शशिधवलम्, मन्यामहे तत्सर्वथाऽलङ्कारस्यानन्वयस्यैवोदाहरणमित्यत्र न स्यात् कस्यापि सचेतसो विप्रतिपत्तिः।

सफला राज्यपालाः !

प्रथमं केरले तदनु चास्मिन्नुत्तरप्रदेशे श्रेष्ठतमं राज्यपालपदं समलङ्कुर्वद्भिरत्रभवद्भिर्यदुपदर्श्यते राज्यपालनप्रक्रियावैभवम् सर्वथा तत्सुदुर्लभमेव मन्यामहेऽन्यत्रकुत्राऽपि।

संस्कृतसंस्कृतिरक्षादक्षाः !

तास्तास्तामिलोर्दूहिन्दीपारस्याङ्ग्लीर्भाषाः स्वायत्ताः कुर्वद्भिरपि संस्कृतां वाचं सबहुमानमाश्रयद्भिः, सस्वरस्वाध्यायाध्ययनपरैः, प्रतिदिनं ब्राह्म एव हि मुहूर्त्ते समुत्थाय वाल्मीकीयरामायणपारायणपरायणैर्वदान्यैर्भवद्भिस्समुपस्थापिता हि सर्वदा सदाचारनिष्ठा नूनं समुपदिशति तद्विमुखानपीदानीन्तनान् शिक्षितम्मन्यानन्यान् बहून् सत्यं सर्वदेति।

अस्माकं कुलपतयः !

भवदीयस्य लखनऊविश्वविद्यालयस्यास्य संस्कृतविभागीयानां छात्राणां सभेयं ज्ञानवर्धिनी महामहिम्नां स्वकुलपतीनां भवतां सान्निध्येनाद्य महद्गौरवमनुभवन्ती सत्यं सभा समवलोक्यते सर्वैरस्माभिः।

श्रीमतामागमेनाद्य धन्येयं ज्ञानवर्धिनी।
अभिनन्दनसत्पत्रमत्रार्पयति सादरम्॥ इति

२३ सितम्बर, १९६१ } अभिनन्दका भवदीयाः
लखनऊविश्व० संस्कृतविभागीयज्ञानवर्धिनीसभासदस्याः।

(११) भाषणम्

(संस्कृतविभागाध्यक्षस्य श्रीसत्यव्रतसिंहस्य स्वागतार्थं भाषणम्)

मान्याः उपकुलपतिमहोदयाः, तत्तद्विद्या-कलादिविभागाध्यक्षैः तत्तद्विद्या-कलादिविभागाचार्यैः सर्वैश्चास्मद्विभागवर्तिभिः सुहृद्भिस्स्वयूथ्यैस्सतीर्थ्यैश्च संगताः संस्कृतविभागीया अन्तेवसन्तः अन्तेवसन्त्यश्च,

समस्तास्मत्स्नेहश्रद्धाभिनिवेशपात्राणां समस्तास्मदाचार्यमूर्धन्यानां मनोवाक्कायकर्मभिर्नाम्ना च सुब्रह्मण्यार्यवर्याणां सुरभारतीमयेन सदाशयेन संरोपिता संवर्द्धिता चेयं ज्ञानवर्द्धिनी सभा या—

सेयं सभा यत्र हि सन्ति सभ्याः
सभ्याश्च ते ये हि वदन्ति शास्त्रम्।
शास्त्रं च तद् यत् खलु संस्कृतेद्धं
तत्संस्कृतं यत्खलुभारतस्वम् ॥

अद्यास्मिन् शुभे सायंकाले, महामहिम्नामत्रभवतामधुना समलङ्कृतास्मत्प्रदेश-राज्यपालपदप्रतिष्ठानां पुराऽपि समलंकृतकेरलप्रान्तराज्यपालपदानां, पूर्वपश्चिम-देश-प्रदेश-तत्तद्भाषासाहित्यरसज्ञानामपि गीर्वाणवाणीनिबद्ध-भावानां, समधिगततत्तद्वाङ्मयवैभवानामपि बहुमानितवाल्मीकिरामायणमहिम्नां तत्तद्राज्यपालनकर्त्तव्यजात-रतानामपि प्रत्यहं वाल्मीकिरामायणपारायणानुष्ठितब्रह्मयज्ञसंस्थानां सस्वरयजुर्वेदविदुषां समस्तास्मत्प्रदेशस्थविश्वविद्यालयकुलपतिपदस्थानां श्रीमतां श्री डॉक्टर रामकृष्ण-रावेत्यभिख्याविभ्राजितानां शुभागमने कमपि शुभोदर्कं कृतज्ञतासंतोषं सर्वाङ्गेषु नितरामावहति ।

× × × ×

(तदनन्तरं भाषणस्य प्रारम्भः)

मान्याः महामहिमानः ! भवत्स्वागते यदपि स्खालित्यं तद्भवतामत्रभवतां विद्या-वयस्तपः परिपूतमनसां क्षान्तिदानैर्लालित्यमुपयात्विति प्रार्थयामहे वयं ज्ञान-वर्द्धिनीकुलवासिनः भगवतीं शारदां शाङ्करीं वैष्णवीं वा श्रियं सर्वेश्वरीमितिशम्। इति भाषणस्य समाप्तिः ।

(क) अनुवादार्थ गद्य-पद्य संग्रह

१—एकस्मिञ्जीर्णकोटरे जायया सह निवसतः पश्चिमे वयसि वर्तमानस्य कथमपि पितुरहमेवैको विधिवशात्सूनुरभवम्। (कादम्बर्याम् २६)

२—देव काचिच्चाण्डालकन्या शुकमादाय देवं विज्ञापयति—"सकलभुवनतल-सर्वरत्नानामुदधिरिवैकभाजनं देवः। विहङ्गमश्चायमाश्चर्यभूतो निखिलभुवनतलरत्नमितिकृत्वा देवपादमूलमागताहमिच्छामि देवदर्शनसुखमनुभवितुमिति।" (कादम्बरी ८)

३—अयं शिशुर्न शक्नोति शिरोधरां धारयितुम्। तदेहि गृहाणैममवतारय सलिलसमीपमित्यभिधाय तेनर्षिकुमारेण मां सरस्तीरमनाययत्। उपसृत्य च जलसमीपं स्वयं मामादाय मुक्तप्रयत्नमुत्तानितमुखमंगुल्या कतिचित्सलिलविन्दूनपाययत्। (कादम्बर्याम् ३८)

४—अयि पञ्चालतनये! अलं विषादेन। किं बहुना। यत्करिष्ये, तच्छ्रूयताम्—अचिरेणैव कालेन सुयोधनशोणितशोणपाणिस्तव कचान् भीम उत्तंसयिष्यति। (वेणीसंहारे १)

५—एषा मे मनोरथप्रियतमा सकुसुमास्तरणं शिलापट्टमधिशयाना सखीभ्यामन्वास्यते। सागरं वर्जयित्वा कुत्र वा महानद्यवतरति। क इदानीं सहकारमन्तरेणातिमुक्तलतां पल्लवितां सहते। (शाकुन्तले ३)

६—तं क्रमेण जन्मभूमिं जातिं विद्यां च कलत्रमपत्यानि विभवं वयः प्रमाणं प्रव्रज्याकारणं स्वयमेव पप्रच्छ चन्द्रापीडः। (कादम्बरी)

७—तौ कुशलवौ भगवता वाल्मीकिना धात्रीकर्म वस्तुतः परिगृह्य पोषितौ परिरक्षितौ च वृतचूडौ च त्रयीवर्जमितरा विद्याः सावधानेन परिपाठितौ। समनन्तरञ्च गर्भादेकादशे वर्षे क्षात्रेण कल्पेनोपनीय गुरुणा त्रयीं विद्यामध्यापितौ। (उत्तर० २)

८—प्रवातशयने निषण्णा देवी परिजनहस्तगृहीतेन चरणेन परिव्राजिकया कथाभिर्विनोद्यमाना तिष्ठति। (मालविकाग्निमित्रे ४)

१—जीर्णकोटरे = पुराने खोखले या गड्ढे में। जाया = स्त्री। २—उदधि = समुद्र। विहङ्गम = पक्षी। ३—शिरोधरा = गर्दन। उत्तानित = खुला हुआ। ४—शोणित = खून। शोणपाणि = रक्तहस्त। कच = बाल। उत्तंसय = अलंकृत करना। ५—अनु + आस् = सेवा करना। सहकार = आम। अतिमुक्तलता = माधवीलता। पल्लव = पत्र। ६—कलत्र = स्त्री। प्रवज्या = संन्यास। ७—कल्य = बड़े सवेरे। ८—प्रवात = हवा वाला। परिव्राजिका—संन्यासिनी।

९—तेषु तेषु रम्यतरेषु स्थानेषु तया सह तानि तान्यपरिसमाप्तान्यपुनरुक्तानि न केवलं चन्द्रमाः कादम्बर्या सह, कादम्बरी महाश्वेतया सह, महाश्वेता तु पुण्डरीकेण सह, पुण्डरीकोऽपि चन्द्रमसा सह सर्व एव सर्वकालं सर्वसुखान्यनुभवन्तः परां कोटिमानन्दस्याध्यगच्छन्। (कादम्बर्याम्)

१०—मूर्ख, नैष तव दोषः। साधोः शिक्षा गुणाय सम्पद्यते, नासाधोः। (पञ्चतन्त्रे १—१८)

११—प्रसीद भगवति वसुन्धरे! शरीरमसि संसारस्य। तत्किमसंविदानेव जामात्रे कुप्यसि। (उत्तररामचरिते ७)

१२—सखि वासन्ति! दुःखायेदानीं रामस्य दर्शनं सुहृदाम्। तत्कियच्चिरं त्वां रोदयिष्यामि। तदनुजानीहि मां गमनाय। (उत्तररामचरिते २)

१३—न जानामि केनापि कारणेनापहस्तितसकलसखीजनं त्वयि विश्वसिति मे हृदयम्। (कादम्बर्याम् २३३)

१४—धिङ्मां दुष्कृतकारिणीं यस्याः कृते तवेयमीदृशी दशा वर्तते। (काद०)

१५—हा दयित माधव! परलोकगतोऽपि स्मर्तव्यो युष्माभिरयं जनः। न खलु स उपरतो यस्य वल्लभो जनः स्मरति। (मालतीमाधवे)

१६—अत्रान्तरे शक्तिखण्डनामर्षितेन गाण्डीविनैवं भणितम्—"अरे दुर्योधनप्रमुखाः कुरुबलसेनाप्रभवः! अरे अविनयनदीकर्णधार कर्ण! युष्माभिर्मम परोक्ष एकाकी पुत्रकोऽभिमन्युर्व्यापादितः। अहं पुनर्युष्माकं प्रेक्षमाणानामेनं कुमारवृषसेनं स्मर्तव्यशेषं नयामि।" (वेणीसंसारे ४)

१७—तदेव पञ्चवटीवनम्। सैव प्रियसखी वासन्ती। त एव जातनिर्विशेषा पादपाः। मम पुनर्मन्दभाग्यायाः सर्वमेवैतद् दृश्यमानमपि नास्ति। (उत्तर० ३)

१८—तस्य तरुषण्डस्य मध्ये मणिदर्पणमिव त्रैलोक्यलक्ष्म्याः क्वचित् त्र्यम्बकवृषभविषाणकोटिखण्डिततटशिलाखण्डं क्वचिदैरावतदशनमुसलखण्डितकुमुददण्डमच्छोदं नाम सरो दृष्टवान्। (कादम्बर्याम् १२३)

१९—अलमनया कथया। संह्रियतामियम्। अहमप्यसमर्थः श्रोतुम्। अतिक्रान्तान्यपि संकीर्त्यमानान्यनुभवसमां वेदनामुपजनयन्ति सुहृज्जनस्य दुःखानि। तन्नार्हसि कथं कथमपि विधृतानिमानसुलभानसून् पुनः पुनः स्मरणशोकानलेन्धनतामुपनेतुम्। (कादम्बर्याम्)

११—असंविदान = अनभिज्ञ। १३—अपहस्तित = दूर करके। १६—गाण्डीविन् = अर्जुन। अमर्षित = क्रुद्ध। स्मर्तव्यशेषम् = मृत्यु को। १७—पादप = वृक्ष। १८—तरुषण्ड = वृक्षवन। त्र्यम्बकवृषभ = शिवजी का बैल। विषाण = सींग। ऐरावत = इन्द्र का हाथी। १९—वेदना = दुःख। असु = प्राण। अनल = आग। इन्धन = लकड़ी।

२०—उपकारिणि विश्रब्धे शुद्धमतौ यः समाचरति पापम् ।
तं जनमसत्यसन्धं भगवति वसुधे कथं वहसि ॥

२१—कन्या वरयते वित्तं माता रूपं पिता सुखम् ।
बान्धवाः कुलमिच्छन्ति मिष्टान्नमितरे जनाः ॥

२२—गुरोः प्रातः परीवादो न श्रोतव्यः कदाचन ।
कर्णौ तत्र पिधातव्यौ गन्तव्यं वा ततोऽन्यथा ॥

२३—लक्ष्मीश्चन्द्रादपेयाद्वा हिमवान्वा हिमं त्यजेत् ।
अतीयात्सागरो वेलां न प्रतिज्ञामहं पितुः ॥

२४—वारिजेनेव सरसी शशिनेव निशीथिनी ।
यौवनेनेव वनिता नयेन श्रीर्मनोहरा ॥

२५—अनित्यं यौवनं रूपं जीवितं द्रव्यसञ्चयः ।
ऐश्वर्यं प्रियसंवासो मुह्येत्तत्र न पण्डितः ॥

२६—आदरेण यथा स्तौति धनवन्तं धनेच्छया ।
तथा चेद्विश्वकर्त्तारं को न मुच्येत बन्धनात् ॥

२७—न जातु कामः कामानामुपभोगेन शाम्यति ।
हविषा कृष्णवर्त्मेव भूय एवाभिवर्धते ॥

२८—अलं भारतीया मतानां विभेदैरलं देशभेदेन वैरेण चालम् ।
अयं शाश्वतो धर्म एको धरायां न सम्भाव्यते धर्मतत्त्वेषु भेदः ॥

२९—वरमसिधारा तरुतलवासो वरमिह भिक्षा वरमुपवासः ।
वरमपि घोरे नरके पतनं न च धनगर्वितबांधवशरणम् ॥

३०—निर्वाणदीपे किमु तैलदानं चौरे गते वा किमु सावधानम् ।
वयो गते किं वनिताविलासः पयो गते किं खलु सेतुबन्धः ॥

३१—विश्वासप्रतिपन्नानां वञ्चने का विदग्धता ।
अङ्कमारुह्य सुप्तं हि हत्वा किन्नाम पौरुषम् ॥

३२—सा सीतामङ्कमारोप्य भर्तृप्रणिहितेक्षणाम् ।
मामेति व्याहरत्येव तस्मिन्पातालमभ्यगात् ॥

३३—गुणेष्वेव क्रियतां यत्नः किमाटोपैः प्रयोजनम् ।
विक्रीयन्ते न घण्टाभिर्गावः क्षीरविवर्जिताः ॥

३४—साहित्यसंगीतकलाविहीनः साक्षात्पशुः पुच्छविषाणहीनः ।
तृणं न खादन्नपि जीवमानस्तद्भागधेयं परमं पशूनाम् ॥

२०—असत्यसन्ध = झूठ बोलनेवाला । २२—परीवाद = निन्दा । पिधातव्यौ = बन्द करने चाहिएँ । २७—हविष् = घी । कृष्णवर्त्मन् = अग्नि । २८—शाश्वत = नित्य । २९—व्याहृ = बोलना । ३०—आटोप = कृत्रिम वेश । ३१—विषाण = सींग ।

३५—इतरपापफलानि यथेच्छया वितरितानि सहे चतुरानन।
अरसिकेषु कवित्वनिवेदनं शिरसि मा लिख मा लिख मा लिख॥

वाग्व्यवहार के प्रयोग

१—कर्तव्यं हि सतां वचः—(सज्जन पुरुषों की बात माननी चाहिए।)

२—द्वितीयगामी नहि शब्द एष नः—(यह हमारा उपाधिसूचक पद दूसरे किसी के नाम के साथ नहीं जा सकता।)

३—इयं कथा मामेव लक्षीकरोति—(इस कथा का संकेत-विषय मैं ही हूँ।)

४—न ते वचोऽभिनन्दामि—(मैं तेरे वचन का समर्थन नहीं करता।)

५—नाहमात्मविनाशाय बेतालोत्थापनं करिष्यामि—(मैं अपने नाश के लिए शैतान को नहीं उठाऊँगा।)

६—वसुधां तस्य हस्तगामिनीमकरोत्—(उसने भूमि उसे दे दी।)

७—अतिभूमिं गतोऽस्या अनुरागः—(इसका प्रेम सीमा के बाहर हो गया है।)

८—मनो मे संशयमेव गाहते—(मेरे चित्त में संदेह ही है।)

९—स सर्वेषां मूर्ध्नि तिष्ठति—(वह सबके ऊपर है)।

१०—बलवती शिरोवेदना मां बाधते—(मुझे बहुत जबर्दस्त सर दर्द है)।

११—कुशाग्रबुद्धिः (तेज बुद्धि वाला)।

१२—आमंत्रयस्व (आपृच्छस्व) सहचरम्—(अपने मित्र से विदा ले लो)।

१३—अयमपरो गण्डस्योपरि स्फोटः, गण्डस्योपरि पिटिका संवृत्ता—(पहले अनर्थ के ऊपर यह एक और नया अनर्थ आकर उपस्थित हो गया—फोड़े के ऊपर फुंसी)।

१४—मम छिद्रेण लब्धावकाशः (मेरी कमजोरी से फायदा उठाकर)।

१५—इति वार्ता प्रसृता (ऐसी अफवाह फैली थी)।

१६—एवं पिंडीकृत्य मह्यं विंशतिं रूपकान् देहि (सब मिलाकर मुझे बीस रुपये दीजिए।)

१७—क्वानिर्दिष्टकारणं गम्यते (बिना किसी निश्चित लक्ष्य के कहाँ जा रहे हो ?)

१८—तव कथा सत्यमेव प्रतिभाति (अवभासते) (तुम्हारी कथा सच्ची-सी मालूम पड़ती है)।

१९—मम द्रव्यस्य कथं त्वया विनियोगः कृतः ?—(तुमने मेरे द्रव्य को किस प्रकार खर्च किया ?)

२०—अपि कुशलं (शिवं) भवतः ? (आप अच्छे तो हैं ?)

२१—नीचैर्गच्छत्युपरि च दशा चक्रनेमिक्रमेण—(चक्र की नेमि के समान सुख और दुःख घूमते रहते हैं।)

२२—समवायो हि दुस्तरः—(एकता अत्यन्त कठिन है।)

२३—कालः कश्चित् प्रतीक्ष्यताम् (कुछ समय प्रतीक्षा करो।)

२४—तिले तालं पश्यति (सरसों को पहाड़ के बराबर देखना अर्थात् छोटी-सी बात को बड़ा बना देना।)

२५—शिखी केकाभिस्तिरयति मे वचनम्—(मयूर अपनी आवाज से मेरे वचन को छिपाता है।)

२६—न परिहसामि, नायं समयः परिहासस्य—(मैं सत्य कहता हूँ, यह हँसी करने का समय नहीं है।)

२७—मृगा मृगैः सङ्गमनुव्रजन्ति—(मृग मृग का साथ होता है, अर्थात्—अच्छे-अच्छे या बुरे-बुरे का साथ होता है।)

२८—लोकापवादो बलवान्मतो मे-(मेरे विचार में लोकनिन्दा बलवती है।)

२९—सकलवचनानामविषयम्—वर्णनविषयातिक्रान्तं तत्स्थानम्—(उस स्थान का वर्णन नहीं हो सकता।)

३०—किं मिष्टमन्नं खरशूकराणाम्—(भैंस के आगे बीन बजाना।)

३१—स्वभावो दुरतिक्रमः—(स्वभाव नहीं बदल सकता।)

३२—अतिभूमिं गतो रणरणकोऽस्याः—(इसकी चिन्ता की कोई सीमा नहीं रही।)

३३—अग्निसात्कुरु—(आग में फेंक दो।)

३४—अपि रक्ष्यते रहस्यनिक्षेपः ? (क्या तूने गुप्त बात की रक्षा की ?)

३५—सर्वजनस्योपहास्यतामुपयान्ति—(सब उनकी हँसी करते हैं।)

३६—सा पुपोष लावण्यमयान् विशेषान्—(उस—उमा—के अंग अंग में सौन्दर्य भर गया।)

३७—इति लोकवादः न विसंवादमासादयति—(इस लोकोक्ति में कोई विवाद नहीं।)

३८—कालस्य कुटिला गतिः—(समय की गति कुटिल है।)

३९—न ते वाचोऽभिनन्दामि—(मैं तुम्हारे वचनों का अनुमोदन नहीं करता)।

४०—आपतन्ति हि संसारपथमवतीर्णानामेते वृत्तान्ताः (इस प्रकार की घटनाएँ संसारी मनुष्यों के ऊपर घटती रहती हैं)।

४१—स पुनरपि स्वकार्ये मनो न्यवेशयत् (वह फिर अपने काम में दत्तचित्त हो गया)।

४२—उर्वशी प्रत्यादेशः श्रियः (उर्वशी लक्ष्मी को मात कर देती है)।

४३—किमिव हि मधुराणां मण्डनं नाकृतीनाम् ! (सुन्दर शरीर पर कौन-सी वस्तु अच्छी नहीं लगती !)

४४—रात्रावपि निकामं शयितव्यं नास्ति (रात को भी मैं आराम से नहीं सो सकता)।

४५—च्यवनाय मां प्रणिपातय (च्यवन जी से मेरा प्रणाम कहना)।

४६—सांवत्सरिकैः संवाद्यताम् (ज्योतिषियों से परामर्श ले लिया जाय)।

४७—तस्याचरणं वचसा न विसंवदति (उसका आचरण उसकी बातों के विरुद्ध नहीं है)।

४८—अन्यकार्यातिपातमन्तरेण (कार्यान्तराविरोधेन) भवान् कदा मया द्रष्टव्यः (आपको मुझसे मिलने के लिए कब सुविधा होगी ?)

४९—गुरुः प्रहर्षः प्रबभूव नात्मनि (उसकी खुशी समाती ही न थी)।

५०—परिणतप्रायमहः (दिन ढल रहा है, सूर्यास्त होनेवाला है)।

५१—गुणान् भूषयते रूपम्—(रूप और गुण का साथ सोने में सुगन्ध है।)

५२—शृणु मे सावशेषं वचः—(मेरी कहानी अन्त तक सुनो।)

५३—अजीर्णे भोजनं विषम्—(अपच में भोजन करना विष के तुल्य है।)

५४—कुतूहलेन तस्य चेतसि पदं कृतम्—(उसके चित्त में बड़ा आश्चर्य है।)

५५—अतिदानाद् बलिर्बद्धः—(अति बुरी है।)

५६—अलमतिविस्तरेण—(अधिक कहने की आवश्यकता नहीं।)

५७—विपद् विपदमनुबध्नाति—(एक विपत्ति के पीछे दूसरी विपत्ति आती है।)

५८—उत्सर्गाः सापवादाः (नियम के अपवाद भी होते हैं।)

५९—स्वहस्तेनाङ्गाराकर्षणम् (अपने हाथ से अंगार उठाना, अर्थात् अपने ही आप अपना नाश करना।)

६०—महति प्रत्यूषे—(बहुत तड़के—प्रातः ब्राह्म मुहूर्त में)

६१—पश्चिमे वयसि—(ढलती हुई अवस्था में अर्थात् बुढ़ापे में।)

६२—किं बहुना—(अधिक कहने से क्या, अर्थात् सारांश में।)

६३—प्रतिहतममङ्गलम्—(अमङ्गल दूर हो, भगवान् ऐसा न करें।)

६४—अपुत्रस्य गृहं शून्यम्—(निपूते का घर मसान।)

६५—आज्ञा गुरूणां ह्यविचारणीया—(बड़ों की आज्ञा सिर माथे।)

६६—अनुतिष्ठात्मनो नियोगम्—(अपना कार्य करो।)

६७—अतिपरिचयादवज्ञा—(अधिक परिचय से अपमान होता है।)

६८—को वृत्तान्तस्तत्रभवत्याः—(श्रीमती जी का कैसा हाल है।)

६९—सचेतसः कस्य मनो न दूयते—(किस सहृदय का मन दुःखित न होगा।)

७०—चिन्ता ज्वरो मनुष्याणाम्—(चिन्ता बहुत बुरी है।)

७१—मन्मुखासक्तदृष्टिः—(एक टक से मेरी ओर उसकी दृष्टि थी।)

७२—सर्वनाशे समुत्पन्ने अर्धं त्यजति पण्डितः—(बिलकुल न होने से थोड़ा होना अच्छा है।)

७३—महतां पदमनुविधेयम्—(बड़ों का अनुकरण करो ।)

७४—न चलति खलु वाक्यं सज्जनानां कदाचित्—(सत्पुरुष अपने वचन का पालन करते हैं ।)

७५—नात्र मुनिर्दोषं ग्रहीष्यति—(मुनि इसमें बुरा न मानेंगे ।)

७६—चौराणामनृतं बलम्—(चोर का बल झूठ है ।)

७७—द्वीपिचर्मपरिच्छन्नः गर्दभः (व्याघ्र की खाल से ढका हुआ गधा)।

७८—संह्रियन्ताम् इयं कथा (इस विषय को छोड़िए ।)

७६—अविरलवारिधारासंपातः (पट्टधारासारः) (निरन्तर जलधारा)।

८०—जातो ममायं विशदः प्रकामम् अन्तरात्मा (मेरी आत्मा पूर्णतया स्वस्थ है)।

८१—वज्रं तपोवीर्यमहत्सु कुण्ठम् (घोर तपस्या करने वालों पर वज्र कुछ भी प्रभाव नहीं डालता)।

८२—परसुखासहिष्णुः (दूसरों के सुख से ईर्ष्या करने वाला)।

८३—इति लोकवादः न विसंवादमासादयति (इस उक्ति में अपवाद नहीं है)।

८४— { अनामयापदेशेन (बीमारी का बहाना करके)।
शिरःशूलस्पर्शनमपदिशन् (सिर दर्द का बहाना करता हुआ)।

८५—यौवनपदवीमारूढः—(वह जवान हो गया ।)

८६—तृष्णैका तरुणायते—(तृष्णा कभी कम नहीं होती ।)

८७—किमस्मान् सम्भृतदोषैरधिक्षिपथ—(हमारे ऊपर इतने दोष क्यों लगाते हो ।)

८८—स महति जीवितसंशये अवर्तत—(वह मृत्यु के अत्यन्त खतरे में है ।)

८६—इति कर्णपरम्परया श्रुतमस्माभिः—(ऐसा हमने कानों कान सुना है ।)

६०—विना पुरुषकारेण दैवं न सिद्ध्यति—(ईश्वर उनकी सहायता करता है जो अपनी सहायता आप करते हैं ।)

६१—भिन्नरुचिर्हि लोकः—(अपनी-अपनी पसन्द, अपना-अपना स्वाद ।)

६२—इति राजा शिरसि वामपादमाधाय—(इस प्रकार राजाओं को भली भाँति नीचा दिखाकर ।)

६३—वाच्यतां याति—दोषभाजनं भवति—(दोषी बनता है ।)

६४—स्वगृहनिर्विशेषमत्र वस—(अपने घर की तरह यहाँ ठहरो ।)

६५—अव्यापारेषु व्यापारः—(दूसरे के कार्य में हस्तक्षेप करना ।)

६६—दन्तैर्दन्तान् निष्पीडयन्—(दाँतो से दाँत पीसना, बहुत क्रोध करना ।)

६७—श्रुतिविषयमापतितम्—(सुनाई दिया, ज्ञात हुआ ।)

६८—नार्हसि मे प्रणयं विहन्तुम्—(कृपया मेरी प्रार्थना को अस्वीकार न कीजिए ।)

९९—सफलीकृतभर्तृपिण्डः—(मालिक का नमक चुकाना ।)

१००—वचनीयमिदं व्यवस्थितम्—(यह बुराई सदा के लिए रह गयी ।)

१०१—आकृतिरेवानुमापयत्यमानुषताम्—(उसकी शक्ल ही मनुष्य से भिन्न आकृति को बता रही है ।)

१०२—रामस्य दैवदुर्नियोगः कोऽपि—(यह राम का मन्द भाग्य था ।)

१०३—परिहासविजल्पितं सखे !—(हे मित्र ! हँसी में कहा गया है ।)

१०४—विषयसुखनिरतो जीवितमत्यवाहयत्—(विषय सुख में लीन होकर उसने जीवन बिताया ।)

१०५—उमाख्यां सा जगाम—(उसका नाम उमा प्रसिद्ध हुआ ।)

१०६—ममाशयं सम्यग्गृहीतवानसि—(तू मेरा भाव अच्छी तरह समझ गया है ।)

१०७—मृत्योर्मुखे वर्तते—मृत्युगोचरं गतः—(मरने वाला है ।)

१०८—न हि सर्वविदः सर्वे—(संसार में कोई भी सर्वज्ञ नहीं ।)

१०९—अक्षिगतोऽहं तस्य—(मैं उसकी आँखों की किरकिरी हूँ) ।

११०—असौ क्रमाद्यौवनभिन्नशैशवः (उसका शैशव धीरे-धीरे युवावस्था को प्राप्त हो गया) ।

१११—अपवादैरिवोत्सर्गाः कृतव्यावृत्तयः (सामान्य नियम अपवादों से नियमित रहते हैं) ।

११२—तैः सोऽपराधी स्थापितः (उन लोगों ने उसे अपराधी ठहराया) ।

११३—स लक्ष्यच्युतसायकोऽभूत् (उसका बाण निशाने से चूक गया) ।

११४—तव महिमानमुत्कीर्त्य वचः संह्रियते (आपकी महिमा वर्णन करने में वाणी विफल हो जाती है) ।

११५—युद्धाय संनद्धाः (बद्धपरिकराः) ते (वे युद्ध के लिए तैयार हैं) ।

११६—त्रिशंकुरिवान्तरा तिष्ठ (त्रिशंकु की तरह लटके रहो) ।

११७—स सर्वेषां धुरि (मूर्ध्नि) तिष्ठति (वह सबके ऊपर है) ।

११८—लेभेऽन्तरं चेतसि नोपदेशः, अलब्धपदो हृदि (उसके हृदय पर उपदेश का कुछ भी प्रभाव न पड़ा) ।

११९—नास्ति बन्धुसमं बलम्—(बन्धु सदृश कोई बल नहीं ।)

१२०—निःस्पृहस्य तृणं जगत्—(योगी को संसार तिनके के समान है ।)

१२१—पुत्रः शत्रुरपण्डितः—मूर्ख पुत्र शत्रु के समान है ।)

१२२—मानुषीं गिरमुदीरयामास—(मनुष्य की भाषा में कहा ।)

१२३—अहो दारुणो दैवदुर्विपाकः—(ऐ बदकिस्मत !)

१२४—भूस्वर्गायमानमेतत्स्थलम्—(यह स्थान पृथ्वी पर स्वर्ग है ।)

१२५—लुब्धमर्थेन गृह्णीयात्—(लोभी को द्रव्य से वश में करना चाहिए ।)

१२६—गतोऽसि सर्वास्वायुधविद्यासु परां प्रतिष्ठाम्—(समग्र शस्त्रविद्याओं पर तुमने पूर्ण पाण्डित्य प्राप्त कर लिया है।)

१२७—गात्राणामनीशोऽस्मि संवृत्तः—(मेरा अपने अङ्गों पर भी स्वामित्व नहीं रहा।)

१२८—तस्य यश इयत्तया परिच्छेत्तुं नालम्—(उसकी कीर्ति की सीमा नहीं।)

१२९—स न तस्या रुचये बभूव—(वह उसकी इच्छा के अनुकूल नहीं था।)

१३०—बन्धे मोक्षे चाधुना सा ते प्रभवति—(तुम्हें रोकने या छोड़ने में वही अब समर्थ है।)

१३१—एको हि दोषो गुणसन्निपाते निमज्जति—(अनेक गुणों में एक दोष छिप जाता है।)

१३२—अये, सम्यगनुबोधितोऽस्मि—(अरे, आपने तो अच्छी याद दिलाई।)

१३३—त्वामहं तृणाय मन्ये, त्वामहं तृणी करोमि—(मैं तुझे तिनके के समान समझता हूं।)

१३४—सूचिभेद्यं तमः—(सूई से छेदने योग्य अन्धकार—बहुत अँधेरा।)

१३५—आनन्दपरिवाहिणा चक्षुषा—(आनन्दपूर्ण नेत्रों से।)

१३६—मालती मूर्धानं चालयति—(मालती सिर हिला रही है।)

१३७—न चेदन्यत्कार्यातिपातः—(यदि और कोई कार्य न रहा।)

१३८—अमी विनोदनोपायाः संदीपना एव दुःखस्य—(ये विनोद के साधन दुःख को अधिक बढ़ा रहे हैं।)

१३९—ओजस्वितया सा न परिहीयते शच्याः—(वह ओजस्विता में इन्द्राणी से कम नहीं।)

१४०—एष ते जीवितावधिः प्रवादः—(यह अपवाद जीवन पर्यन्त ठहरेगा।)

१४१—तुल्यप्रतिद्वन्द्वि बभूव युद्धम्—(युद्ध बराबर ताकत वालों में हुआ।)

१४२—मैनमन्तरा प्रतिबध्नीत (उसे मत टोको)।

१४३—नायमेकान्तो नियमः (यह नियम ऐसा नहीं है जो बदल न सके)।

१४४—सुखमुपदिश्यते परस्य (दूसरे को उपदेश देना बहुत सरल है)।

१४५—नामग्राहं मामाह्वयति (वह मेरा नाम लेकर मुझे पुकारता है)।

१४६—मामुद्दिश्य तस्मै सभाजनाक्षराणि पातय (मेरी तरफ से नमस्कार कह देना)।

१४७—सागरं वर्जयित्वा कुत्र वा महानद्यवतरति (महानदी सागर को छोड़कर कहाँ उतर सकती है ?)

१४८—अमुद्रालांछितः (टिकट या पास के बिना)।

१४९—जालान्तरप्रेषितदृष्टिः (जंगले में से झाँकती हुई)।

१५०—इदं धियः पथि न वर्तते (यह बात समझ के बाहर है)।

१५१—शासनात् करणं श्रेयः, वाचः कर्मातिरिच्यते (कहने से करना अच्छा होता है)।

१५२—कतिपयदिवसस्थायिनी यौवनश्रीः—(जवानी की शोभा बहुत थोड़े दिन रहती है।)

१५३—अनुदिवसं परिहीयसेऽङ्गैः—(दिन प्रतिदिन तू बहुत कमज़ोर हो रही है।)

१५४—मनुष्याः स्खलनशीलाः—(भूल होना मनुष्य का स्वभाव ही है।)

१५५—सुखमुपदिश्यते परस्य—(दूसरे को उपदेश देना सरल है।)

१५६—परित्रायस्वैनां मा कस्यापि तपस्विनो हस्ते पतिष्यति—(इसको बचाओ जब तक यह किसी तपस्वी के हाथ में नहीं पड़ती।)

१५७—स सुहृद् व्यसने यः स्यात्—(आपत्तिकाल में साथ देने वाला ही मित्र होता है।)

१५८—लघुसंदेशपदा सरस्वती—(संक्षिप्त वाणी या संदेश।)

१५९—कस्मिन्नपि पूजार्हे अपराद्धा शकुन्तला—(किसी पूज्य व्यक्ति की शकुन्तला ने अवहेलना की है।)

१६०—विहगाः समदुःखा इव चुक्रुशुः—(मानों सहानुभूति में पक्षी चिल्लाने लगे।)

१६१—तव न कदापि मया विप्रियं कृतम्—(मैंने कभी आपकी बुराई नहीं की।)

१६२—धारासारैर्महती वृष्टिर्बभूव—(मुसलाधार वर्षा हुई।)

१६३—तया हृदयवल्लभोऽभिलिख्य कामदेवव्यपदेशेन सखीपुरतोऽपह्नुतः—(उसने अपने प्राणप्रिय का चित्र खींचा, किन्तु सखियों के आगे कामदेव कह कर छिपा दिया।)

१६४—ग्राहकैर्गृह्यते चौरः पदेन—(चोर पैरों के चिह्नों से पकड़ा जाता है।)

१६५—गड्डलिकाप्रवाहः—(भेड़िया धसान या बेसमझे बूझे काम करना।)

१६६—परिच्छेदातीतः—(जिसकी परिभाषा न हो सके, जिसका वर्णन करना असम्भव हो।)

१६७—अन्तःपुरविरहपर्युत्सुको राजर्षिः—(राजर्षि अपनी स्त्रियों के वियोग से दुःखित है।)

१६८—विललाप विकीर्णमूर्धजा—(बालों को बिखेर कर उसने विलाप किया।)

१६९—न कामचारो मयि शङ्कनीयः—(मेरे ऊपर व्यभिचार की शङ्का न करनी चाहिए।)

१७०—अलमन्यथा गृहीत्वा—(ऐसा न समझो।)

१७१—चौरदण्डेन दण्डयेत् (अपराधी को चोर की सी सजा देनी चाहिए।)

१७२—स प्रहारः करालतां गतः (वह घाव भयानक हो गया)।

१७३—तथा च लौकिकानामाभाणकः (लोकोक्ति इस प्रकार है, जैसी कहावत है।)

१७४—विनाशधर्मेषु विषयेषु मनो मा सन्निवेशय (नश्वर पदार्थों में मन को मत लगाओ।)

१७५—गुणा विनयेन शोभन्ते (गुणों की शोभा नम्रता से होती है)।

१७६—केन वान्येन सह साधारणी करोमि दुःखम् (किस दूसरे पुरुष के साथ अपना दुःख बैठाऊँ।)

१७७—सर्वत्र नो वार्तमवेहि—(हमारा सब प्रकार से कुशल जानो।)

१७८—खलः सर्षपमात्राणि परच्छिद्राणि पश्यति।
आत्मनो विल्वमात्राणि पश्यन्नपि न पश्यति॥

(दुष्ट पुरुष दूसरे के छोटे-छोटे दोषों को भी देखता है, किन्तु अपने बड़े-बड़े दोषों को भी नहीं देखता।)

१७९—त्वं मम जीवितसर्वस्वीभूतः—(तुम मेरे जीवन के एक मात्र धन हो।)

१८०—वाच्यस्त्वया मद्वचनात्स राजा-(मेरी ओर से उस राजा से कहना।)

१८१—अनुरूपभर्तृगामिनी—(अपने अनुकूल पति पानेवाली।)

१८२—अमुष्य विद्या रसनाग्रनर्तकी—(विद्या उसकी जिह्वा पर थी।)

१८३—ज्ञायतां कः कः कार्यार्थीति—(मालूम करो कि कौन-कौन प्रार्थी है।)

१८४—बधिरात् मन्दकर्णः श्रेयान्—(बहरे से अर्ध बहरा अच्छा है।)

१८५—शनैर्निद्रा निमीलितलोचनं मामकार्षित्—(निद्रा ने धीरे-धीरे मेरी आँखें बन्द कर दीं।)

१८६—वरं मृत्युर्न पुनरपमानः—(अपमान से मौत अच्छी है।)

१८७—प्रस्तूयतां विवादवस्तु—(विवाद के विषय का प्रारम्भ करो।)

१८८—वक्तुं सुकरमिदमध्यवसातुं तु दुष्करम्—(करने से कहना सरल है।)

१८९—तद्वचः मम हृदये शल्यं जातम्—(उसके वचन ने मेरे हृदय पर बाण का काम किया।)

१९०—तदहं विदधे तत्र स्तवं दमयन्त्याः सविधे—(सो मैं दमयन्ती के आगे तुम्हारी प्रशंसा करूँगा।)

१९१—सकलरिपुजयाशा यत्र बद्धा सुतैस्ते—(जिसके ऊपर तुम्हारे लड़कों ने समग्र शत्रुओं को जीतने की आशा रक्खी हुई है।)

१९२—मितं च सारं च बचो हि वाग्मिता—(थोड़े शब्दों में तत्त्व की बात कहना ही वाक् कला है।)

१९३—गण्डस्योपरि स्फोटः—(घाव के ऊपर फुन्सी उत्पन्न होना अर्थात् एक दुःख के ऊपर दूसरा दुःख होना।)

१९४—अवदातेनानेन चरितेत कुलमुन्नेष्यसि—(इस उज्ज्वल चरित्र से तुम अपने कुल को ऊँचा उठा दोगे ।)

१९५—इदं प्रायेण तव कर्ण-पथमायातम्—(शायद आपने यह सुन लिया हो ।)

१९६—हृदि एनां भारतीमुपधातुमर्हसि (इन शब्दों को भली-भाँति याद रखिए ।)

१९७—तन्तुवायः स्वत एव तन्तून् सृजति (मकड़ी स्वयं अपने जाले को तानती है) ।

१९८—तस्य हृदयं पस्पर्श विस्मयः (वह आश्चर्य से चकित हो गयी ।)

१९९—किं स्वातन्त्र्यमवलम्बसे (क्या तुम मनमानी कर रहे हो !)

२००—तेनाष्टौ परिगमिताः समाः कथंचित्—(उसने किसी प्रकार आठ वर्ष बिताये ।)

२०१—उपकारः प्रत्युपकारेण निर्यातयितव्यः—(उपकार का बदला उपकार से चुकाना चाहिए ।)

२०२—हृदयंगमः परिहासः—(मनोहर हास्य) ।

२०३—मित्राणां तत्त्वनिकषग्रावा विपत्—(मित्रों को परखने के लिए विपत्ति कसौटी है ।)

२०४—यौवनमङ्गेषु सन्नद्धम् (अंग-अंग में जवानी भर गयी ।)

२०५—अपत्यमन्योन्यसंश्लेषणं पित्रोः (सन्तान माता पिता के बन्धन की गाँठ है ।)

२०६—दासी देवीभावं गमिता—(दासी रानी के पद को प्राप्त हुई ।)

२०७—अस्मात्स्थानात्पदात्पदमपि न गन्तव्यम्—(इस स्थान से एक कदम भी मत हिलो ।)

२०८—स्नेहस्यैकायतनीभूता—(एक मात्र स्नेह की वस्तु ।)

२०९—अन्यथा एषा वीप्सा न चरितार्था भविष्यति—(नहीं तो यह पुनरुक्ति सफल न होगी ।)

२१०—शास्त्रे प्रयोगे च मां विमृश—(शास्त्र में तथा प्रयोग में मेरी परीक्षा ले लो) ।

२११—न रत्नमन्विष्यति मृग्यते हि तत् (रत्न किसी को ढूँढ़ता नहीं वह तो ढूँढ़ा जाता है ।)

२१२—निर्व्यूढस्तेऽपत्यस्नेहः (तेरा अपत्यस्नेह पूर्ण रूप से प्रकट हो गया) ।

लोकोक्तियाँ PROVERBS

१—अङ्गीकृतं सुकृतिनः परिपालयन्ति (प्राण जायँ पर वचन न जाय ।)
The virtuous make good their promise.

२—अर्धो घटो घोषमुपैति नूनम् अथवा सम्पूर्णकुम्भो न करोति शब्दम् (थोथा चना बाजे घना ।) An empty vessel makes much noise.

३—इतो भ्रष्टस्ततो नष्टः (धोबी का कुत्ता न घर का न घाट का ।) A man falls between two stools.

४—कुञ्चुकमेव निन्दति शुष्कस्तनी (पीनस्तनी) नारी (नाच न जाने आँगन टेढ़ा ।) A bad workman quarrels with his tools.

५—आमुखापाति कल्याणं कार्यसिद्धिं हि शंसति (होनहार बिरवान के होत चीकने पात) Coming events cast their shadows before.

६—निःसारस्य पदार्थस्य प्रायेणाडम्बरो महान् (ऊँची दूकान, फीका पकवान ।) Great cry, little wool.

७—नवांगनानां नव एव पंथाः (हर एक अपनी डेढ़ ईंट की मस्जिद बनाता है ।) New Lords new laws.

८—गतस्य शोचनं नास्ति अथवा निर्वाणदीपे किमु तैलदानम् अथवा काले दत्तं वरं ह्यल्पमकाले बहुनाऽपि किम् ? (अब पछताए होत क्या जब चिड़ियाँ चुग गयीं खेत ।) It is no use crying over spilt milk.

९—छिद्रेष्वनर्था बहुलीभवन्ति अथवा विपद् विपदमनुबध्नाति (गरीबी में आटा गीला या ताड़ से गिरा खजूर पै अटका ।) Misfortunes never come alone.

१०—न कूपखननं युक्तं प्रदीप्ते वह्निना गृहे अथवा हिमवति दिव्यौषधयः शीर्षे सर्पः समाविष्टः (का वर्षा जब कृषि सुखाने । जब तक हिमालय से संजीवनी आवे बीमार मर जावे ।) While the grass grows the horse starves.

११—अतिपरिचयादवज्ञा संततगमनादनादरो भवति (मान घटे नित के घर जाये ।) Familiarity breads contempt.

१२—याचको याचकं दृष्ट्वा श्वानवद् गुर्गुरायते (कुत्ता कुत्ते का बैरी होता है ।)Two of the traders seldom agree.

१३—महाजनो येन गतः स पंथाः (बड़ों की राह भली ।) Do what the great men do.

१४—श्वा यदि क्रियते राजा स किं नाश्नात्युपानहम् अथवा सुतप्तमपि पानीयं शमयत्येव हि पावकम् (आदत सिर के साथ जाती है ।)

१५—निरस्तपादपे देशे एरण्डोऽपि द्रुमायते अथवा यत्र विद्वज्जनो नास्ति श्लाघ्यस्तत्राल्पधीरपि (अन्धों में काना राजा ।) Figure among cyphers.

१६—महान् महत्येव करोति विक्रमम् अथवा अनुहुंकुरुते घनध्वनिं न तु गोमायुरुतानि केसरी (शेर बादल के गरजने पर ही गरजता है ।) The great display their power only before the great.

१७—बली बलं वेत्ति न वेत्ति निर्बलः अथवा गुणी गुणं वेत्ति न वेत्ति निर्गुणः (हीरे की परख जौहरी ही जाने ।) The mighty knows what might is and not the weak.

१८—अपि धन्वन्तरिर्वैद्यः किं करोति गतायुषि अथवा मरणं प्रकृतिः शरीरिणाम् (मृत्यु और ग्राहक का क्या भरोसा ।) Death Keeps no calander or Death forgives none.

१९—इन्द्रोऽपि लघुतां याति स्वयं प्रख्यापितैर्गुणैः (अपने मुँह मिया मिट्ठू—अपने मुँह अपनी बड़ाई शोभा नहीं देती ।) Self-praise is no recommendation.

२०—कण्टकेनैव कण्टकम् अथवा पिशाचानां पिशाचभाषयैवोत्तरं देयम् (काँटे से काँटा निकाला जाता है या जैसे को तैसा ।) Tit for tat.

२१—यो यद्वपति बीजं हि लभते सोऽपि तत्फलम् (जैसा करोगे वैसा भरोगे ।) As you sow so shall you reap.

२२—बह्वारम्भे लघुक्रिया (खोदा पहाड़ निकली चुहिया ।) Much ado about nothing.

२३—हिताहितं वीक्ष्य निकाममाचरेत् (जितनी चादर देखो उतने पैर फैलाओ ।) Cut your coat according to your cloth.

२४—तस्य तदेव हि मधुरं यस्य मनो यत्र संलग्नम् अथवा सर्वः स्वार्थं समीहते अथवा सर्वः कान्तमात्मीयं पश्यति (कोई अपनी लस्सी को खट्टी नहीं कहता ।) Every potter praises his own pot.

२५—न हि सुखं दुःखैर्विना लभ्यते (सेवा बिना मेवा नहीं ।) No pains no gains.

२६—दुग्धधौतोऽपि किं याति वायसः कलहंसताम् ; अथवा
या यस्य प्रकृतिः स्वभावजनिता केनापि न त्यज्यते , अथवा
भूयोऽपि सिक्तः पयसा घृतेन न निम्बवृक्षो मधुरत्वमेति , अथवा
आकण्ठजलमग्नोऽपि श्वा लिहत्येव जिह्वया , अथवा
नहि कस्तूरिकामोदः शपथेन निवार्यते (आदत सिर के साथ जाती है ।) It is hard ro break an old hog of an ill custom.

२७—कष्टः खलु पराश्रयः (पराधीन सपनेहु सुख नाहीं ।) Dependence is indeed painful.

२८—कुपुत्रेण कुलं नष्टम् (डूबा वंश कबीर का उपजे पूत कमाल ।) A bad descendant destroys the line.

२९—को धर्मः कृपया विना (दया धर्म का मूल) । No pity without mercy.

३०—जलबिन्दुनिपातेन क्रमशः पूर्यते घटः (बूँद बूँद से घट भरे) Many a little makes a mickle.

३१—पयः पानं भुजङ्गानां केवलं विषवर्धनम् (जो तू सींचे दूध से नीम न मीठो होय।) Snake's venom increases by drinking milk.

३२—वीरभोग्या वसुन्धरा अथवा बली बलीयान्न तु नीतिमार्गः (जिसकी लाठी उसकी भैंस।) Might is rigth or Fortune favours the brave.

३३—बालानां रोदनं बलम् (बालक को बल रोदन एका।) Cry is the only strength of a child.

३४—पाणौ पयसा दग्धे तक्रं फूत्कृत्य पामरः पिबति (दूध का जला छाछ फूँक फूँक कर पीता है।) A burnt child dreads the fire.

३५—निजसदननिविष्टः श्वा न सिंहायते किम्? (अपनी गली में कुत्ता भी शेर होता है।) Every cock fights best on its own dung hill.

३६—दुर्बलस्य बलं राजा (निर्बलों के बल राम)। The king is the strength of the weak.

३७—दूरस्थाः पर्वता रम्याः (दूर के ढोल सुहावने।) Distance lends enchancement to the view.

३८—अर्थमनर्थं भावय नित्यम् (दौलत का नशा बुरा होता है।) Wealth is the root of all calamities.

३९—केषां न स्यादभिमतफला प्रार्थनाभ्युन्नतेषु अथवा सत्संगजानि निधनान्यपि तारयन्ति अथवा कर्तव्यो महदाश्रयः अथवा हरेः पदाहतिः श्लाघ्या न श्लाघ्यं खररोहणम् (बड़ों के सहारे छोटे भी तर जाते हैं।) It's wise to take refuge under the great.

४०—मन्दोऽप्यविरतोद्योगः सदा विजयभाग्भवेत् अथवा शनैः पन्थाः शनैः कन्था शनैः पर्वतलङ्घनम् (सहज पके से मीठा होय।) Slow and steady wins the race.

४१—न मुनिः पुनरायातो न चासौ वर्धते गिरिः (न नौ मन तेल होगा न राधा नाचेगी।) If the sky falls we shall catch larks or If desires were horses fools would ride them.

४२—गतस्य शोचनं नास्ति (बीती ताहि बिसारि दे।) Let bygone be bygone.

४३—संसर्गजा दोषगुणा भवन्ति (एक मछली सारे तालाब को गन्दा करती है।) A black sheep infects the whole flock.

४४—घनाम्बुना राजपथे हि पिच्छिले क्वचिद् बुधैरप्यपथेन गम्यते अथवा बर्तमानेन कालेन वर्तयन्ति मनीषिणः (जैसा देश वैसा वेष।) Do at Rome as the Romans do.

४५—यथा वृक्षस्तथा फलम् (जैसी मुँह वैसी चपेट ।) Thank a man according to his rank.

४६—ये गर्जन्ति मुहुर्मुहुर्जलधरा वर्षन्ति नैतादृशाः (जो गरजते हैं वे बरसते नहीं ।) Barking dogs seldom bite.

४७—एका क्रिया द्व्यर्थकरी प्रसिद्धा (एक पन्थ दो काज ।) To kill two birds with one stone.

४८—काश्मीरजस्य कटुतापि नितान्तरम्या अथवा पण्डितोऽपि वरं शत्रुर्न मूर्खो हितकारकः अथवा अल्पविद्या भयङ्करी (नीम हकीम खतरे जान ।) Little knowledge is a dangerous thing or A courageous foe is better than a cowordly friend.

४९—अध्रुवाद् ध्रुवं वरम् अथवा वरमद्य कपोतो न श्वो मयूरः (नौ नकद न तेरह उधार ।) A bird in hand is better than two in the bush.

५०—नवा वाणी मुखे मुखे (पाँचों उँगलियाँ बराबर नहीं ।) There are men and men.

५१—गतः कालो न चायाति (गया वक्त फिर हाथ आता नहीं है ।) Time once past cannot be recalled.

५२—अतिदर्पे हता लङ्का (गरूर का सिर नीचा ।) Pride goeth before a fall.

५३—एकस्य हि विवादोऽत्र दृश्यते न तु प्राणिनः (एक हाथ से ताली नहीं बजती अथवा अकेला चना भाड़ नहीं फोड़ता ।) It takes two to make a row or one swallow does not make a summer.

५४—खलः करोति दुर्वृत्तं तद्धि फलति साधुषु ।
दशाननोऽहरत् सीतां बन्धनं च महोदधेः ॥

(लड़े लोह पाहन दोऊ बीच रूई जरि जाय ।) Wicked person commits a fault and good man suffers for it.

५५—परोपदेशे पाण्डित्यं सर्वेषां सुकरं नृणाम् ।
धर्मे स्वीयमनुष्ठानं कस्यचित्तु महात्मनः ॥

(उपदेश से उदाहरण उत्तम) Example is better than precept.

५६—भक्षितेऽपि लशुने न शांतो व्याधिः (जेहिके कारण मूँड मुंडावा, सो दुख मोरे आगे आवा ।) Even in using bitter pills one is not free from disease.

५७—स सुहृत् व्यसने यः स्यात् (वक्त पड़े पर जानिए को वैरी को मीत ।) A friend in need is a friend indeed.

५८—विषकुम्भं पयोमुखम् (मुँह में राम बगल में छुरी ।) A wolf in lamb's clothing.

५६—कस्यात्यन्तं सुखमुपनतं दुःखमेकान्ततो वा (हर रोज ईद कहाँ ?) Christmas comes but once a year.

६०—कष्टं निर्धनिकस्य जीवितमहो दारैरपि त्यज्यते अथवा दारिद्र्यदोषो गुणराशिनाशी (गरीब की जोरू सब की भाभी ।) A light purse is a heavy curse.

६१—चक्रवत्परिवर्तन्ते दुःखानि च सुखानि च (चार दिन की चाँदनी फिर अन्धेरी रात ।) To every spring there is an autumn.

६२—यो ध्रुवाणि परित्यज्य ह्यध्रुवाणि निषेवते ।
ध्रुवाणि तस्य नश्यन्ति ह्यध्रुवं नष्टमेव च ॥

(दुविधा में दोनों गये माया मिली न राम ।) A man falls between two stools.

६३—प्राणिनां हि निकृष्टापि जन्मभूमिः परा प्रिया अथवा जननी जन्मभूमिश्च स्वर्गादपि गरीयसी (छुज्जू जैसा सुख चुबारे न बल्ख न बुखारे ।) East or west home is the best.

६४—हा हन्त सम्प्रति गतानि दिनानि तानि (वे दिन गये जब अखीलखां फाखता उड़ाया करते थे ।) Those palmy days are gone.

६५—विश्वस्तेषु च वञ्चना परिभवश्चौर्यं न शौर्यं हि तत् ; अथवा
अङ्कमारुह्य सुप्तं हि हत्वा किं नाम पौरुषम् ॥

(विश्वासघात महापाप है ।) It is a great sin to harm a person who comes for shelter.

६६—अपन्थानं तु गच्छन्तं सोदरोऽपि विमुञ्चति (बुरे का साथी कौन है ?) None would like to be friend of a wicked person.

६७—संघे शक्तिः कलौ युगे (एकता महान् शक्ति है ।) Union is strength.

६८—शुभस्य शीघ्रम् (तुरत दान महाकल्याण) He gives thrice who gives in a trice.

६९—अगच्छन् वैनतेयोऽपि पदमेकं न गच्छति (आलस बुरी बला है ।) Idleness is a great disease.

७०—पात्रको लोहसंगेन मुद्गरैरभिहन्यते (गेहूँ के संग घुन पिसें) । One is to suffer when associated with another.

७१—नीचो वदति न कुरुते, वदति न साधुः करोत्येव अथवा ब्रुवते हि फलेन साधवो न तु कण्ठेन निजोपयोगिताम् (सज्जन करते हैं कहते नहीं ।) Good men prove their usefulness by deeds not by words.

७२—बन्धनभ्रष्टो गृहकपोतश्चिल्लाया मुखे पतितः (आकाश से गिरा खजूर में अटका ।) Out of the frying pan into the fire.

७३—सर्वनाशे समुत्पन्ने अर्द्धं त्यजति पण्डितः (भागते चोर की लँगोटी ही सही ।) Something is better than nothing.

७४—पङ्को हि नभसि क्षितः क्षेप्तुः पतति मूर्धनि (आसमान पर थूका अपने सिर ।) Slander hurts the slanderer.

७५—न बिडालो भवेद्यत्र तत्र क्रीडन्ति मूषकाः (मियाँ घर नहीं बीबी को डर नहीं ।) Where the cat is away the mice will play.

७६—यत्र चौरा न विद्यन्ते तत्र किं स्यान्निरीक्षकैः (मियाँ बीबी राजी तो क्या करेगा काजी ।) Where there is peace at home there is no need of a judge.

७७—को न याति वशं लोके मुखे पिण्डेन पूरितः (लेने देने से सभी अपने हो जाते हैं ।) Wealth is a great attraction or Friends are plenty when the purse is full.

७८—प्रक्षालनाद्धि पङ्कस्य दूरादस्पर्शनं वरम् (पैर कीचड़ में डाल कर धोने से कीचड़ में न डालना ही अच्छा है ।) Prevention is better than cure.

७९—उष्ट्राणां च विवाहोऽस्ति गर्दभा गीतगायकाः (जैसा घर वैसा वर) ।

८०—मृगा मृगैः सङ्गमनुव्रजन्ति (पानी से पानी मिले मिले कीच से कीच ।) Birds of the same feather flock together.

८१—आपदामापतन्तीनां हितोऽप्यायात्यहेतुताम् (आपत्ति पड़ने पर अपना भी पराया हो जाता है ।) When calamities fall upon one, his own friends become his enemies.

८२—रत्नाकरो जलनिधिरित्यसेवि धनाशया ।
धनं दूरेऽस्तु वदनमपूरि क्षारवारिभिः ॥

(चौबे गये छब्बे बनने दुब्बे बन के आये ।) One trying for better got worst.

८३—अगाधजलसञ्चारी न गर्वं याति रोहितः ।

[अगाध (सागर के) जल में विचरण करता हुआ भी रोहित (महामत्स्य) अभिमान नहीं करता ।] Light sorrows speak but deeper ones are dumb.

८४—अश्नुते स हि कल्याणं व्यसने यो न मुह्यति ।

(जा मुसीबत में नहीं घबराता वही संसार में सुख भोगता है ।) Calamity is the touchstone of brave mind.

८५—उद्योगिनं पुरुषसिंहमुपैति लक्ष्मीः (परिश्रम सफलता की कुंजी है ।) Diligence is mother of good luck.

८६—एतत्तु मां दहति नष्टधनाश्रयस्य, यत्सौहृदादपि जनाः शिथिलीभवन्ति (बनी के सब साथी ।) When good cheer is lacking, the friends will be packing.

८७—आहारे व्यवहारे च त्यक्तलज्जः सुखी भवेत् ।

(आहार और व्यवहार में संकोच न करनेवाला सुखी रहता है ।)

८८—उदिते हि सहस्रांशौ न खद्योतो न चन्द्रमाः ।

(सूर्य के उदय हो जाने पर न जुगनू और न चन्द्रमा ही जँचता है ।)

८९—अनुभवति हि मूर्ध्ना पादपस्तीव्रमुष्णं,
शमयति परितापं छायया संश्रितानाम् ।

(वृक्ष अपने सिर पर सूर्य की प्रचण्ड धूप सहता है, किन्तु अपने आश्रितों का ताप अपनी छाया से दूर करता है ।)

९०—अन्यायं कुरुते यदा क्षितिपतिः कस्तं निरोद्धुं क्षमः ? ।

(यदि राजा ही अन्याय करता है तो उसे कौन रोक सकता है ?)

९१—अपि मुदमुपयान्तो वाग्विलासैः स्वकीयैः,
परभणितिषु तृप्तिं यान्ति सन्तः कियन्तः ?

(अपनी रचनाएँ तो सभी को अच्छी लगती हैं, किन्तु ऐसे सज्जन बहुत कम हैं जो दूसरों की रचनाओं को सुनकर प्रसन्न होते हैं ।)

९२—अप्रकटीकृतशक्तिः शक्तोऽपि जनस्तिरस्क्रियां लभते ।

(अपनी शक्ति का परिचय न देने पर शक्तिशाली व्यक्ति भी तिरस्कृत होता है ।)

९३—किं वाऽभविष्यदरुणस्तमसां विभेत्ता,
तं चेत्सहस्रकिरणो धुरि नाऽकरिष्यत् ?

(सूर्य भगवान् यदि पीठ पर न होते तो क्या अरुण (संसार के) घने अन्धकार को मिटा सकता ?)

९४—को जानाति जनो जनार्दनमनोवृत्तिः कदा कीदृशी ?

(कौन जानता है—भगवान् कब क्या करते हैं ?)

९५—को वा दुर्जनवागुरासु पतितः क्षेमेण यातः पुमान् ?

(दुर्जन के फन्दे में पड़कर कौन कुशलपूर्वक बच सकता है ?)

९६—ग्रावाणोऽप्यार्द्रतां सम्यग् भजन्त्यभिमुखे विधौ ।

(भाग्य साथ दे तो पत्थर भी रुखाई छोड़कर चिकनाई धारण कर लेते हैं ।)

९७—दुर्दुरा यत्र वक्तारस्तत्र मौनं हि शोभनम् ।

(जहाँ वाचाल लोग वक्ता हों वहाँ चुप रहना ही अच्छा है ।)

९८—कलौ वेदान्तिनो भान्ति फाल्गुने बालका इव ।

(कलियुग में इसी प्रकार वेदान्ती दिखाई देते हैं जैसे फागुन मास में बालक ।)

९९—कल्पवृक्षोऽप्यभव्यानां प्रायो याति पलाशताम् ।
(भाग्यहीनों के लिए कल्पवृक्ष भी ढाक का पेड़ बन जाता है ।)

१००—कः प्राज्ञो वाञ्छति स्नेहं वेश्यासु सिकतासु च ।
(कौन बुद्धिमान् वेश्याओं और बालू से प्रेम या तेल की आशा करेगा ?)

१०१—काले दत्तं वरं ह्यल्पमकाले बहुनाऽपि किम् ?
(समय पर थोड़ा भी दिया जाय तो बहुत है, बाद में अधिक भी बेकार ।)

१०२—कुदेशेष्वपि जायन्ते क्वचित्केचिन्महाशयाः ।
(कभी-कभी निकृष्ट स्थान में भी अच्छी चीजें पैदा हो जाती हैं ।)

१०३—न स्पृशति पल्वलाम्भः पञ्जरशेषोऽपि कुञ्जरः क्वापि ।
(पंजरमात्र रह जाने पर भी हाथी कभी छिछली तलैया का पानी नहीं छूता ।)

१०४—दैवे दुर्जनतां गते तृणमपि प्रायेण वज्रायते ।
(भाग्य के विपरीत होने पर तिनका भी प्रायः वज्र बन जाता है ।)

१०५—न सुवर्णे ध्वनिस्तादृक् यादृक् कांस्ये प्रजायते ।
(सोने में वैसी आवाज नहीं होती जैसी कांसे में ।)

१०६—बुभुक्षितैर्व्याकरणं न भुज्यते न पीयते काव्यरसः पिपासुभिः ।
(भूखे लोग व्याकरण नहीं खाते और प्यासे काव्यरस को नहीं पीते ।)

१०७—यथा चित्तं तथा वाचो यथा वाचस्तथा क्रिया ।
चित्ते वाचि क्रियायां च साधूनामेकरूपता ॥
(सज्जन पुरुषों के मन, वाणी और काम में कोई अन्तर नहीं होता ।)

संस्कृत-व्यावहारिक-शब्द

कुछ जातिवाचक शब्द

आरा—क्रकचः, करपत्रम्
आवा—आपाकः
इंट—इष्टका
उस्तरा—क्षुरम् (ब्लेड — क्षुरकम्)
कंघावाला—कंकतकृत्
कलाल—शौण्डिकः, मांसविक्रेता
कहार—जलवाहः, कहारः
कान का मैल निकालनेवाला—कर्ण-मलनिस्सारकः
कारीगर—शिल्पी, कारुकः
कार्टून—उपहासचित्रम्
किसान—कृषकः, कृषीवलः
कुम्हार—कुम्भकारः
कैंची—कर्तरी, छेदनी
कोल्हू—रसयन्त्रम्
खटिक—शाकविक्रेता
खेत—वप्रः, केदारः, क्षेत्रम्
चक्की—घरट्टः
चप्पू—अरित्रम्
चमार—चर्मकारः
चाक—चक्रम्
चाकू—छुरिका, असिपुत्री
चारण—कुशीलवः
चित्रकार—चित्रकारः
चूड़ीहार—काचकङ्कणविक्रेता
छाज—शूर्पम्
छेनी—वृश्चनः

जुआड़ी—द्यूतकारः
जुलाहा—तन्तुवायः
झाड़ू—सम्मार्जनी
टोकरा—कण्डोलः
ठग—वञ्चकः
ड्राइ क्लीनर—निर्णेजकः
ढिंढोरा पीटनेवाला—डिण्डिमः
ढोल—पटहः, आनकः
तागा—सूत्रम्
ताँबे के बर्तन बनानेवाला—शौल्विकः
तेली—तैलकारः, तैलिकः
दरवान—प्रतीहारः
दरांती—दात्रम्
दर्जी—सौचिकः, सूचकः
दाढ़ी—कूर्चम्
धारधरनेवाला—शस्त्रमार्जः
धौंकनी—भस्त्रा
नगारा—दुन्दुभिः
नाई—नापितः, क्षौरिकः
नील—नीली
नौकर—भृत्यः, प्रैष्यः, किङ्करः
पड़ोसी—प्रतिवेशी (पुं०)
पालिश—पादुरञ्जकः
पेटी—पेटिका, मञ्जूषा
पेटू—तुन्दिलः
प्याला—चषकः, पानपात्रम्
फावड़ी—खनित्रम्

फैक्टरी—शिल्पशाला
बढ़ई (राज)—त्वष्टा, वर्धतिः, स्थपतिः, तक्षकः
बर्मा—आविधः
बसूला—तक्षणी
बहँगी—जलानयनयन्त्रम्
बाँसुरी—वंशी, वेणुः
बाजा—वादनम्, वाद्यम्
बाल काटने की मशीन—कर्तनी
बौना—वामनः
ब्रुश—वर्तिका
ब्लेड—क्षुरकम्
भड़भूजा—भर्जरः, भृष्टकारः
भाड़—भ्राष्ट्रम्, भूर्जनयन्त्रम्
मजदूर—कर्मकरः, भारवाहः
मजदूरी—भृतिः
मदारी—ऐन्द्रजालिकः, आहितुण्डिकः
मशीन—यन्त्रम्
मल्लाह—कर्णधारः, कैवर्तः, नाविकः
माली—मालाकारः
मिल—मिलः
मिस्त्री—यान्त्रिकः
मृदंग—मुरजः, मृदंगः
मेहतर—श्वपचः
मोम—द्रावकः
रंगरेज—रंजकः
रेत—सिकता
लेप लगानेवाला—लेपकः, सुधाजीवी
लोहा—अयस् (नपुं०) आयसम्, लौहम्
लौहार—लौहकारः
वेतन—वेतनम्
शराब—सुरा, मदिरा, मद्यम्
शराब घर—शुण्डापानम्, मद्यस्थानम्
शाणवाला—शस्त्रमार्जकः, असिजीवी
शिकारी—व्याधः
शिल्पि-संघ—श्रेणिः
शिल्पि संघाध्यक्ष—कुलिकः
शिल्पी—कारुः
सितारिया—वीणावादकः, वैणिकः
सिलाई—स्यूतिः
सिलाई का काम—सूचिकर्म, सूत्रकर्म (नपुं०)
सीमेंट—अश्मचूर्णम्
सेफ्टी रेजर—उपक्षुरम्
हथौड़ा—अयोघनः

संस्कृत में अनुवाद करो—

१—राज सीमेंट से ईंटों को जोड़ कर मकान बनाता है। २—इस मकान में सिलाई का काम सिखाया जायगा। ३—चित्रकार ब्रुश से चित्र पर रंग लगा रहा है। ४—जुलाहा सूत से कपड़ा बुन रहा है (वयति)। ५—बढ़ई आरी से लकड़ी चीरता है और उस पर बर्मा से छेद करता है (छिद्रयति)। ६—धोबी कपड़े धोता है और उन पर लोहा करता है (अयस्करोति)। ७—ड्राईक्लीनर मशीन से ऊनी कपड़े (राङ्कववस्त्राणि) साफ करता है और उन पर लोहा करता है। ८—नाई उस्तरे से दाढ़ी बनाता है (कूर्चं मुण्डयति)। ९—आधुनिक सभ्यता वाले लोग सेफ्टीरेजर से स्वयं दाढ़ी बनाते हैं। १०—कारीगर ने कितनी अच्छी पेटी बनायी।

११—हमारा पड़ोसी शान्तिप्रिय है, कभी कलह नहीं करता। १२—सुनार देखते रहने पर भी सोना चुराता है, अतः 'पश्यतोहर' कहलाता है। १३—कुम्हार आवा में मिट्टी के बरतन पकाता है। १४—लोहार चाकू, कैंची, सूई बनाता है। १५—चमार चमड़े से जूता सीता है (सीव्यति)। १६—कुम्हार डंडे से चाक घुमा रहा है। १७—भूनने वाला रेत के साथ चना भून रहा है। १८—लेप लगाने वाले ने मकान में लेप लगाया। १६—खटिक सुबह और शाम तरकारियाँ बेचता है। २०—कल सरकार ने ढिंढोरा पिटवाया कि कोई आठ बजे के बाद न घूमे। २१—गौ माता को कसाइयों के हाथ न बेचना चाहिए। २२—इस पनशाला में ठंडा पानी मिलता है। २३—विवाह आदि उत्सवों में कहार बहंगियों से पानी लाते हैं। २४—तेली कोल्हू के द्वारा तिलों से तेल निकालता है (निः सारयति) २५—धार रखने वाला उस्तरे पर धार रखता है (क्षुरं तीक्ष्णयति)।

सम्बन्ध-सूचक शब्द

औरत—स्त्री, योषित्, नारी
गाभिन—गर्भिणी
चचेरा भाई—पितृव्यपुत्रः
चाचा—पितृव्यः
चाची—पितृव्यपत्नी
छोटा भाई—अनुजः, कनिष्ठसहोदरः
जँवाई (दामाद)—जामातृ
जीजा (बहनोई)—आवुत्तः, भगिनीपतिः
दादा—पितामहः
दादी—पितामही
दुश्मन—अरिः, रिपुः, शत्रुः
दूती—दूती, सञ्चारिका
देवर—देवरः
देवरानी—यातृ (याता)
ननद—ननान्दृ (ननान्दा)
नाती—नप्तृ (नप्ता)
नाना—मातामहः
नानी—मातामही
नौकर—भृत्यः, प्रैष्यः, अनुचरः
नौकरानी—परिचारिका

पति—पतिः
पतिव्रता—साध्वी
पतोतरा-तरी—प्रपौत्रः प्रपौत्री
परदादा—प्रपितामहः
परदादी—प्रपितामही
परनाना—प्रमातामहः
परनानी—प्रमातामही
पिता—जनकः, पितृ (पिता)
पुत्र—आत्मजः
पुत्री—आत्मजा
पोता—पौत्रः
पोती—पौत्री
फूआ—पितृष्वसृ (पितृष्वसा)
फूफा—पितृष्वसृपतिः
फूफेरा भाई—पैतृष्वस्रीयः
बड़ा भाई—अग्रजः
बहिन—भगिनी, स्वसृ (स्वसा)
भतीजा—भ्रात्रीयः, भ्रातृपुत्रः
भतीजी—भ्रातृसुता
भानजा—स्वस्रीयः, भागिनेयः

भाभी (भौजाई)—भ्रातृजाया, प्रजावती
माता—मातृ (माता), जननी
मामा, मामी—मातुलः, मातुली
मालिक—स्वामी, प्रभुः
मित्र—वयस्यः, मित्रम्, सुहृद्
मौसा—मातृष्वसृपतिः
मौसी—मातृष्वसृ (मातृष्वसा)
मौसेरा भाई—मातृष्वस्रीयः।
यार—जारः, उपपतिः
रंडा—विधवा, विश्वस्ता, रण्डा
रिश्तेदार (सम्बन्धी)—ज्ञातिः, बन्धुः
वृद्धपरनाना—वृद्धप्रपितामहः
वेश्या—गणिका, वारस्त्री, वेश्या
सखी—आलिः, वयस्या
सगाभाई—सहोदरः
समधिन—सम्बन्धिनी
समधी—सम्बन्धिन्
ससुर—श्वशुरः
साला—श्यालः
सास—श्वश्रूः
सोहागिन—पुरन्ध्रिः, सौभाग्यवती

संस्कृत में अनुवाद करो—

१—जब से उस घर में नयी व्याही पतोहू आयी है तब से सुख-समृद्धि का राज्य है। २—दामाद को ससुर के घर में अधिक दिनों तक न रहना चाहिए। ३—नौकर की सेवा से मालिक बहुत प्रसन्न हुआ। ४—बङ्गाल में विधवाओं की बड़ी दुर्दशा है। ५—दूती अपनी सखी के संदेश को उसके पति के पास पहुँचाती है। ६—अपने बड़े भाई की स्त्री माता के तुल्य होती है। ७—चंचल स्त्री का विश्वास न करना चाहिए। ८—सास को माता कहकर पुकारना चाहिए। ९—विधवा का शृङ्गार यही है कि वह ईश्वर की आराधना करे। १०—रामचन्द्र जी ने कहा था कि संसार में सगा भाई नहीं मिल सकता। ११—दक्षिण में मामा की लड़की से विवाह निषिद्ध नहीं। १२—वेश्या की संगति स्त्री को पतित कर देती है। १३—घर में पतोहू की बड़ी इज्जत होनी चाहिए। १४—उसका मौसेरा भाई सगे भाई से भी अच्छा है। १५—मेरी भतीजी का विवाह इसी वर्ष होगा। १६—मेरे घर में मेरे माता-पिता, चाचा चाची, भाई बहिन सभी सुखी हैं। १७—नाती-नातिनों, पोता-पोतियों, भानजों तथा भतीजों से प्रेम का व्यवहार करना चाहिए। १८—मेरी बहिन के विवाह में मामा-मामी, भानजा-भानजियाँ आई थीं। १९—समधी से समधी और समधिन से समधिन प्रेम पूर्वक मिले। २०—पतिवती स्त्रियों का चित्त (पुरन्ध्रीणां चित्तम्) पुष्प के समान कोमल होता है।

शाकादि और मसालों के नाम

अचार—सन्धानम्, सन्धितम्
अदरक—आर्द्रकम्
आलू—आलुः (पुं०)
इमली—तिन्तिडीफलम्
इलायची—एला
ककड़ी—कर्कटी

कटहल—पनसम्
कत्था—खदिरम्
कद्दू—कूष्माण्डः
करेला—कारवेल्लम्
करौंदा—करमर्दनम्
कुंदरू—कुन्दरुः
गाजर—गृंजनम्
गोभी—गोजिह्वा
चूना—चूर्णः
छोटी इलायची—त्रिपुटा
जीरा—जीरकः
टमाटर—रक्ताङ्गः
टिंडा—टिंडिशः
तोरई—जालिनी
दालचीनी—दारुत्वचम्
धनिया—धान्यकम्
नमक—लवणम्
नमक (सेंधा)—सैंधवम्
नमक (सांभर)—रौमकम्
परवर—पटोलः
पान—ताम्बूलम्
पालक—पालकी
पीपर—पिप्पली
प्याज—पलाण्डुः
फरासबीन—सुसिम्बः
बथुवा—वास्तुकम्
वैंगन—वंगनः
वैगन (भांटा)—भण्टाकी
भिंडी—भिडकः
मटर—कलायः
मसाला—व्यञ्जनम्
मिर्च—मरीचम्
मूली—मूलकम्
लहसुन—लशुनम्
लौंग—लवंगम्
लौकी—अलाबुः
शलगम—श्वेतकन्दः
सलाद—शदः
साग—शाकम्
सुपारी—पूगम्
सेम—सिम्बा
सोंठ—शुंठी
सौंफ—मधुरा
हल्दी—हरिद्रा
हींग—हिंगुः

संस्कृत में अनुवाद करो—

१—हरे सागों में पालक बहुत स्वास्थ्य-वर्धक है। २—सलाद स्वादिष्ट और रक्तवर्धक है। ३—आलू, मटर और टमाटर मिलाकर (संमिश्य) स्वादिष्ट तरकारी बनाते हैं। ४—अनेक साग हैं किसी को कोई अच्छा लगता है (रोचते) किसी को कोई। ५—गर्मियों में मूली, करेला आदि तरकारियाँ अच्छी लगती हैं। ५—बीमार को परवर की तरकारी लाभकारी होती है। ६—कुछ लोग हरा पालक और टमाटर कच्चे ही खाते हैं। ७—अमीर लोग दो-दो तीन-तीन तरकारियाँ (शाकत्रयम्) बनाते हैं। ८—गरीब लोग तरकारी के बिना ही खाना खा लेते हैं। ९—कुछ लोग साग में और दाल में अधिक मसाला पसन्द करते हैं। १०—दाल में

हल्दी, धनियाँ, जीरा, काली मिर्च आदि मसाला डाला जाता है। ११—कुछ लोग चाय में (चाये) दालचीनी, काली मिर्च और इलायची डालते हैं (निक्षिपन्ति)। १२—पनवाडी (ताम्बूलिका) पान में चूना, कत्था लगाकर उसमें इलायची डालता है। १३—पान द्वारा अतिथि का सत्कार किया जाता है (सत्क्रियते)। १४—जो पान नहीं खाते उनका सत्कार सुपारी और इलायची से किया जाता है।

कुछ वृक्षों तथा फूलों के नाम

वृक्षों के नाम

आँवला—आमलकी
आक—अर्कः
आम—रसालः, आम्रः
आबनूस—तमालः
एरंड—एरण्डः
कटहल—पनसः
कदम्ब—नीपः
करील, बबूर—करीरः
खैर—खदिरः
गूगल—गुग्गुलः
चिरचिटा—अपामार्गः
चीड़—भद्रदारुः
जामुन—जम्बूः
ढाक—पलाशः
ताड़—तालः
देवदार—देवदारुः
धतूरा—धत्तूरः
नारियल—नारिकेलः
नीम—निम्बः
पाकड़—प्लक्षः
पीपल—अश्वत्थः
बड़—न्यग्रोधः
बहेडा—बिभीतकः
बाँझ का पेड़—सिन्दूरः
बेंत—बेतसः
बेल—बिल्वः
महुआ—मधूकः
रीठा—फेनिलः
लिसोड़ा—श्लेष्मातकः
शीशम—शिंशपा
साल का पेड़—सालः
सेमर—शाल्मली
हर्र—हरीतकी

पुष्पों के नाम

कनेर—कर्णिकारः
कमल (नील)—इन्दीवरम्
कमल (नील)—कुवलयम्
कमल (श्वेत) कुमुदम्
कमल (श्वेत) पुण्डरीकम्
कमल (श्वेत) कल्हारम्
कमल (लाल) कोकनदम्
कुमुद की लता—कुमुदिनी
कुन्द—कुन्दम्
केवड़ा—केतकी

गुलदस्ता—स्तबकः
गुलाब—स्थलपद्मम्
गेंदा—गन्धपुष्पम्
चमेली—मालती
चम्पा—चम्पकः
जवाकुसुम—जपापुष्पम्
जूही—यूथिका
दुपहरिया—बन्धूकः
नेवारी—नवमालिका
पद्मसमूह—नलिनी
पराग—मकरन्दः
फूल—प्रसूनम्, पुष्पम्
बेला—मल्लिका
मौलसरी—बकुलः
रात की रानी—रजनी गन्धा
हार सिंगार—शेफालिका

कुछ प्रकीर्ण शब्द

इंधन—इन्धनम्
कोंपल—किसलयम्
जड़—मूलम्
डंठल—वृन्तम्
पत्ता—पर्णम्, पत्रम्
प्याल—प्रियालः
बौर—वल्लरिः
लकड़ी—दारु
लता—व्रततिः, वीरुध्
वन—काननम्, विपिनम्, अरण्यम्
वृक्ष—विटपन्, पादपः, शाखिन्

संस्कृत में अनुवाद करो—

१—हिमालय की तलहटी के वनों में देवदार और चीड़ के वृक्ष दर्शनीय हैं। २—उपवन में वृक्षों की पंक्तियाँ देखते ही बनती हैं। ३—नीम की पत्तियाँ अनेक बीमारियों को नष्ट कर देती हैं। ४—कुछ पेड़ों की लकड़ी इंधन के काम आती है। ५—कुछ पेड़ फल देते हैं और वे फल स्वास्थ के लिए लाभकारी हैं। ६—नीम और बबूर की दातूनें (दन्तधावनानि) अच्छी और गुणकारी होती हैं। ७—वन भूमि को रेगिस्तान होने से बचाते हैं। ८—वृक्षों की उपयोगिता बहुत है, उनके पत्ते, जड़, डण्ठल, फूल, फल सभी चीजें काम आती हैं। ९—आबनूस की लकड़ी काली होती है और इसकी अनेक कीमती चीजें बनती हैं। १०—बाग में भाँति-भाँति के फूल खिले रहते हैं जो दर्शकों के मन मोह लेते हैं। ११—फूलों के भाँति-भाँति के रंगों को देखकर भगवान् की सृष्टि की महत्ता मालूम देती है। १२—कुछ लोग आम के फल को और कुछ लोग सेव को उत्तम फल समझते हैं। १३—हर्र, बहेड़ा और आँवला ही त्रिफला कहलाते हैं। १४—बेल का फल और उसकी पत्तियाँ अनेक बीमारियों का नाश करती हैं। १५—ढाक और आम की लकड़ी यज्ञ में जलाने के काम आती है। १६—जिस वन से लकड़ी काटी जाय उसमें नये वृक्ष लगा देने चाहिएँ। १७—वन भी देश की अमूल्य सम्पत्ति हैं, उनकी रक्षा करना उस देश की सरकार का धर्म है। १८—आचार्य जगदीश बोस ने

सिद्ध किया कि वृक्षों में भी प्राण हैं, और प्राणियों की भाँति उन्हें भी कष्ट और हर्ष का अनुभव होता है।

फलों के नाम

अँगूर—मृद्वीका, द्राक्षा
अँगूर (बिदाना)—निर्बीजम्
अंजीर—अंजीरम्
अखरोट—अक्षोटम्
अनार—दाडिमम्
अनार—(बिदाना)—निर्बीजम्
अमचूर—आम्रचूर्णम्
अमरूद—आम्रलम्
आँवड़ा (अमावट)—आम्रातकम्
आड़ू—आद्रालुः
आम—आम्रम्
आलूबुखारा—आलुकम्
ककड़ी—कर्कटिका
कच्चा फल—शलाटुः
कटहर—पनसः
कत्था (कैत) कपित्थम्
कदम—कदम्बः, नीपफलम्
कमरख—कर्मरक्षम्
करौंच—करमर्दकम्
कसेरू—कसेरूः
कागजी नीबू—नीम्बूकम्, जम्बीरकम्
काजू—काजवम्
काफल—श्रीपर्णिका
किशमिश—शुष्कद्राक्षा
खजूर—खर्जूरम्
खरबूजा—खर्बुजम्, दशाङ्गुलम्
खिर्नी—क्षीरिका
खीरा—चर्भटिः, त्रपुषम्
खुमानी—क्षुमानी

गूलर—उदुम्बरम्
चकोतरा—मधुकर्कटी, मधुजंबीरम्
चिरौंजी—प्रियालम्
छुहारा—क्षुधाहरम्
जामुन—जम्बूफलम्, जम्बु
तरबूज—तारबूजम्, कालिन्दम्
नारंगी (संतरा)—नारंगम्
नारियल—नारिकेलम्
पिस्ता—अंकोलम्,
पीलू—पीलूफलम्
पोस्ता—पौष्टिकम्
फालसा—पुरुषः, पुंनागफलम्
बड़हल—लकुचम्
बादाम—वातादम्
बेल—बिल्वम्, श्रीफलम्
बेर—बदरीफलम्, कर्कन्धुः
मकोय—स्वर्णक्षीरी
मखाना—मखान्तम्
मुनक्का—मधुरिका
मुसम्मी—मातुलुंगः
मेवा—शुष्कफलम्
लीची—लीचिका
शरीफा—शिशवृक्षफलम्, सीताफलम्
शहतूत—तूतम्
सिंघाड़ा—शृंगाटकम्
सुपारी—पूगः, पूगीफलम्
सेव—सेवम्
हर्र—हरीतकी

संस्कृत में अनुवाद करो—

१—फलों के रस से शरीर स्वस्थ रहता है और बुद्धि बढ़ती है। २—महँगे फल ही नहीं ऋतुओं में उत्पन्न सस्ते फल भी लाभदायक हैं। ३—अपनी आर्थिक स्थिति को देखकर फल खाने चाहिएँ। ४—ऋतु के अनुसार आम, सेव, अनार, केला, शहतूत, आलूबुखारा, मकोय, जामुन आदि फल खावै। ५—बीमार के लिए मुसम्मी और संतरा अधिक लाभदायक हैं। ६—फलों का रस रक्त को शुद्ध करके लाल बनाता है। ७—भोजन के बाद या तीसरे पहर फल खाने चाहिए। ८—आम सब फलों का राजा है और लखनऊ का दशहरी आम सर्वोत्तम है। ९—प्रयाग के अमरूद संसार भर में प्रसिद्ध हैं। १०—लखनऊ के खरबूजों का स्वाद अनुपम है। ११—चुनार के पास अच्छे स्वाद वाले शरीफे होते हैं। १२—कटहल की तरकारी अच्छी होती है। १३—गर्मियों में तरबूज खाने से ठंढक रहती है। १४—अंगूर खाने से रक्त बढ़ता है। १५—नारंगी का रस बहुत स्वादिष्ट और मधुर होता है। १६—जामुन का मुरब्बा पाँचक होता है। १७—गर्मियों में कसेरू भी ठंडा होता है। १८—कैत के फल की चटनी स्वादिष्ट होती है। १९—बिजौरे नींबू का अचार अच्छा होता है। २०—रोगियों को अनार फल का रस भी दिया जाता है। २१—बेर सब फलों में निकृष्ट फल है। २२—खट्टी चीजों में कागजी नींबू का अधिक सेवन करना चाहिए। २३—अपने घर पर पान सुपारी से अतिथि का सम्मान करना चाहिए। २४—मेवा भी पौष्टिक और रक्त वर्धक है।

अन्न एवं भोजन सम्बन्धी शब्द

अचार—सन्धितम्, सन्धानम्
अरहर—आढकी
अदरक—आर्द्रकम्
आलू—आलुः
इमली—तिन्तडीफलम्
उड़द—माषः
ओल—सूरणकम्
ककड़ी—कर्कटिका
ककोड़ा—कर्कोटम्
कचनार—काञ्चनारः
कच्चा अन्न—आमान्नम्
कड़ुवा—कटु
कत्था—खदिरम्

कद्दू—तुम्बी
करेला—कारवेल्लम्
करौंदा—करमर्दकम्
कुलफा—मेघनादः
कोदो—कोद्रवः
कौनी—कंगुः
खजुली—खाजा (स्त्री०)
खट्टा—अम्लम्
खिचड़ी—कृशरः
खीरा—चर्मटिः
गरम—उष्णम्
गरम मसाला—सौरभम्
गाजर—गृञ्जनम्

गेहूँ—गोधूमः
गेहूँ का आटा—गोधूमचूर्णः
गोभी—गोजिह्वा
चटनी—अवलेहः
चना—चणकः
चावल (भूसी के बिना)—तण्डुलः, अक्षतानि
चावल—व्रीहिः
चिकना—चिक्कणम्
जौ—यवः
ज्वार—यवनालः
ठंडा—शीतलम्
तिल—तिलः
तोरई—जालिनी
दाल—द्विदलम्
धान—धान्यम्, शालिः
पका अन्न—सिद्धान्तम्
परवर—पटोलम्
पालक—पालक्या (स्त्री०)
पोदीना—अजगन्धः
प्याज—पलाण्डुः
फुलका—पूपला, पोलिका
बथुआ—वास्तुकम्
बाजरा—प्रियङ्गुः
बासमती चावल—अणुः
बेसन—चणकचूर्णम्
बैंगन (भाँटा)—वृन्ताकम्, भण्टाकी
भरता—भर्ता
भात—भक्तम्, ओदनः, ओदनम्
भिंडी—रामकोशातकी, भिण्डकः
मकई—शस्यम्

मकोय—स्वर्णक्षीरी
मटर—कलायः, वर्तुलः
मट्ठा—तक्रम्
मसाला—व्यंजनम्, उपस्करः
मसूर—मसूरः
मुरथा—रागखाण्डवम्
मूँग—मुद्गः
मूली—मूलकम्, मूलिका
रसोई—रसवती, पाकशाला, महानसम्
राई—राजिका
रायता—राज्यक्तम्
रोटी—रोटिका
लहसुन—लशुनः, लशुनम्
लोभिया—धनमुद्गः
लौंग—लवङ्गम्
लौकी—अलाबूः
शक्कर—शर्करा
शरीफा—सीताफलम्
शलगम—श्वेतकन्दः
सत्तू—सक्तुः
समोसा—समोषः
सरसों—सर्षपः, तन्तुकः
सलाद—शदः
साग—शाकः, शाकम्
सावाँ—श्यामाकः
सिंघाड़ा—शृंगाटकम्
सेम—सिम्बा
सोंठ—शुण्ठी
सौंफ—मधुरा
हल्दी—हरिद्रा
हींग—हिंगुः

संस्कृत में अनुवाद करो—

१—बाजार में गेहूँ, चावल, बाजरा, जौ, चना आदि अनाजों की अनेक दूकानें हैं। २—गेहूँ के आटे और बेसन की रोटी जाड़ों में अच्छी लगती हैं। ३—दाल-रोटी अच्छी पकी होती हैं तो स्वादिष्ट और पौष्टिक होती हैं। ४—देहरादून की बासमती का भात बहुत स्वादिष्ट होता है ५—पंजाब के लोग भात की अपेक्षा रोटी अधिक पसन्द करते हैं। ६—बंगाल के लोग जाड़ों में भी चावल का भात खाते हैं। ७—बीमार को पतली खिचड़ी खानी चाहिए। ८—दूध और घी के सेवन से शरीर पुष्ट और बलवान् होता है। ६—भात से रोटी अधिक लाभदायक है। १०—दालभात के साथ साग और पापड़ अधिक स्वाद देते हैं। ११—जाड़े की रातों में पूरी का भोजन बलदायक है। १२—खिचड़ी का खाना भी जाड़ों में हितकर है। १३—गरीब सत्तू खाकर दिन बिताते हैं। १४—खत्री लोग रात को प्रायः परौठा खाते हैं। १५—भोजन के अन्त में चीनी मिला हुआ दही खाया जाता है। १६—बीमार को मूँग की दाल दो। १७—तिलों से तेल निकलता है। १८—दूध पीने से बच्चे तन्दुरुस्त रहते हैं। १६—गर्मियों में मट्ठा पीने से तन्दुरुस्ती बढ़ती है। २०—कड़ी के साथ भात खाने में बहुत स्वाद आता है।

मिष्ठान्न एवं पानादि पदार्थ

आलू—आलुः
आलू की टिकिया—पक्वालुः
इमरती—अमृती
इलायची—एला
कचौरी—माषगर्भा, पिष्टिका
कढ़ी—तेमनम्
कलाकन्द—कलाकन्दः
कसैला—कषायम्
काफी—कफघ्नी
कुलफी—कूलपी
केतली—कन्दुः (पुँ०, स्त्री०)
खाजा—मधुशीर्षः
खीर—पायसम्
गजक—गजकः
गुलाब जामुन—दुग्धपूपिका
गुझिया—संयावः
गोलमाल—वर्तुलम्
घी—घृतम्, आज्यम्
घेवर—घृतपूरः
चटनी—अवलेहः
चाट—अवदेशः
चायपानी—चायपानम्
चीनी—सिता
छाछ (मट्ठा)—तक्रम, कालशेयम्
जलपान—जलपानम्
जलेबी—कुण्डली, कुण्डलिका
टाफी—गुल्यः
टी पार्टी—सपीतिः
टेढ़ा—वक्रम्
टोस्ट—भृष्टापूवः
डबल रोटी—अभ्यूषः
तेज—तिक्तम्

दही—दधि
दहीबड़ा—दधिबटकः
दालमोठ—दालमुद्गः
दूध—दुग्धम्, पयः, क्षीरम्
नमक—लवणम्
नमकीन—लवणान्नम्
नमकीन सेव—सूत्रकः
पकवान—पक्वान्नम्
पकौड़ी—पक्ववटिका
पपड़ी—पर्पटी
परौठा—पूपिका
पापड़—पर्पटा
पुलाव (तहरी)—पुलाकः
पूआ—पूपः, पोठिका
पूड़े—अपूपः
पूरी—पूलिका, शष्कुली
पेड़ा—पिण्डः
पेठे की मिठाई—कौष्माण्डम्
पेस्टी—पिष्टान्नम्
फैनी—फेनिका
बताशा—वाताशः
बरफी—हैमी
बालू शाही—मिष्टमण्ठः, मधुमण्ठः
बिस्कुट—पिष्टकः
भाँग—भङ्गा, मातुलानी
मक्खन—नवनीतम्, दधिजम्
मलाई—सन्तानिका
मसाला—व्यंजनम्
मिठाई—मिष्ठान्नम्
मालपूआ—अपूयः, मल्लपूयः
मुरब्बा—मिष्टपाकः
मावा (खोया)—किलाटः, किलाटिका
मिस्री—सिता
मोहन भोग—मोहनभोगः
खाड़ी—कूर्चिका
रसगुल्ला—रसगोलः
रायता—दाधेयम्, राज्यक्तम्
लंच—सहभोजः
लड्डू—मोदकः
लपसी—यवागूः
लस्सी—दाधिकम्
लहशुन—लशुनः, लशुनम्
लाजा—लाजाः
शक्कर—शर्करा
शक्करपारा—शर्करापालः
समोसा—समोषः
सुपारी—पूगम्, पूगीफलम्
सेवई—सूत्रिका
हलुआ—लप्सिका
हलवाई—कान्दविकः

संस्कृत में अनुवाद करो—

१—आलू की तरकारी स्वादिष्ट होती है, किन्तु गुणकारी नहीं। २—हरा साग और सलाद स्वास्थ्य के लिए लाभप्रद हैं। ३—दो-तीन साग मिलाकर (संमिश्र्य) बनाने से स्वादिष्ट होते हैं। ४—लौकी की तरकारी बीमारों को दी जाती है ? ५—जलेबी से भी अच्छी अनेक मिठाइयाँ हैं। ६—कुल्फा और पालक का शाक गर्मियों में अधिक पसन्द किया जाता है। ७—परवर की तरकारी बीमारी में भी हानिकारक नहीं है। ८—गोभी और आलू की तरकारी स्वादिष्ट होती है। ९—मटर और आलू की तरकारी बहुत लाभदायक होती है। १०—हिन्दू

शास्त्रों में प्याज को निषिद्ध बताया गया है। ११—इमली की चटनी पोदीना के साथ बहुत स्वादिष्ट होती है। १२—करेले की तरकारी बहुत गुणकारी है। १३—कच्ची मूली बहुत गुणकारी है। १४—फेनियाँ दूध में मिलाकर खाई जाती हैं। १५—भिण्डियों में कागजी नींबू का रस पड़ने से वे बहुत स्वादिष्ट हो जाती हैं १६—तरोई वर्षा ऋतु में अधिक पैदा होती है। १७—साग में कम मसाला डाला जाता है और दाल में कुछ ज्यादा। १८—जाड़ों में दाल और साग में काली मिर्च और दालचीनी डाली जाती है।

विद्यालय सम्बन्धी शब्द

अच्छा लेख—सुलेखः
अध्यापक—अध्यापकः, पाठकः
आजकल—अद्यतनम्, इदानींतनम्
इम्तिहान—परीक्षा
कक्षा का साथी—सतीर्थ्यः
कलम—कलमः, लेखनी
कागज—कागदः
कालिज—महाविद्यालयः
कापी—संचिका
क्लर्क—लिपिकः, करणिकः
क्लर्क—(हेड–) प्रधानलिपिकः
चाक—कठिनी
चान्सलर—कुलपतिः
चान्सलर (वाइस–)—उपकुलपतिः
छात्र—अध्येता, पठकः, विद्यार्थिन्
छात्रा—अध्येत्री, छात्रा
छुट्टी—अवकाशः
जमात—कक्षा, श्रेणी
जिल्द—प्रावरणम्
झगड़ा—विवादः कलहः
टाइम टेबिल—समयसारणी
डस्टर—मार्जकः
डाइरेक्टर—{ सञ्चालकः, शिक्षा-सञ्चालकः }

डाइरेक्टर (डिप्टी)–उपशिक्षासञ्चालकः
डिसिप्लिन—अनुशासनम्, विनयः
दवात—मसीपात्रम्
नम्बर—अङ्कः
निब—लेखनीमुखम्
पढ़ना—पठनम्
पढ़ाना—पाठनम्
पन्ना, कागज—पत्रम्
पट्टी—पट्टिका
पाठशाला—पाठशाला
पाठ्यपुस्तक—पाठ्यपुस्तकम्
पेंसिल—तूलिका
पेज, सफा—पृष्ठम्
प्रिंसिपल—आचार्यः
प्रोफेसर—प्राध्यापकः
फाइल—पत्रावली
फाउँटेनपेन—धारालेखनी
बस्ता—वेष्टनम्
बारहबजे—द्वादशवादनसमयः
ब्लाटिंग पेपर—मसीशोषः
ब्लैक बोर्ड—श्यामफलकः
मैनेजर—प्रबन्धकर्ता
यूनिवर्सिटी—विश्वविद्यालयः
रजिस्टर—पंजिका

रजिस्ट्रार—प्रस्तोता
रबड़—घर्षकः
लिखना—लेखनम्
शिष्य—अन्तेवासी
सलाह—परामर्शः
सवाल—प्रश्नः
(उत्तर—उत्तरम्)
सहाध्यायी—सतीर्थ्यः
स्कूल—विद्यालयः
स्कूल-इन्स्पेक्टर-विद्यालय-निरीक्षकः
स्याही—मसी
स्लेट—अश्मपट्टिका
हाजिर—उपस्थितः
(गैर हाजिर—अनुपस्थितः)
होल्डर—लेखनी
होशियार—प्राज्ञः, बुद्धिमान्
(नालायक—मन्दधीः, बालिशः, मूर्खः)

संस्कृत में अनुवाद करो—

१—आज कल वैज्ञानिक युग है, पढ़ाई का भी वैज्ञानिक ढंग चला है। २—छात्रों में अनुशासन और अध्यापकों के प्रति आदर होना चाहिए। ३—पुरानी और आजकल की पढ़ाई में बहुत अन्तर है। ४—कुछ छात्र स्कूल में कुछ कालिज में और कुछ यूनिवर्सिटी में पढ़ते हैं। ५—इन्स्पेक्टर स्कूलों का निरीक्षण करता है और डाइरेक्टर शिक्षा विभाग का प्रधान कर्मचारी है। ६—रजिस्ट्रार परीक्षाओं का टाइम टेबिल बनाता है। ७—क्लर्क टाइप राइटर से (टंकनयन्त्रेण) टाइप कर रहा है (टंकयति) ८—विना कारण स्कूल से अनुपस्थित न रहना चाहिए। ९—जो प्रश्न पूछा जाय उसी का उत्तर देना चाहिए। १०—स्कूल के रजिस्टर और फाइलें हेडक्लर्क के पास रहती हैं। ११—यदि कापी पर स्याही गिर जाय तो ब्लाटिंग पेपर से सुखा लो। १२—अपने सहपाठियों के साथ सदैव मित्रता का व्यवहार करो। १३—तुमने पिछले इम्तिहान में गणित में कितने नम्बर पाये थे? १४—चतुर विद्यार्थी का सभी आदर करते हैं और नालायक को सभी घृणा की दृष्टि से देखते हैं। १५—गुरुकुलों की प्रणाली में अनुशासन-हीनता नहीं हैं और छात्रों एवं अध्यापकों में परस्पर प्रेम की भावना रहती है।

शरीर-सम्बन्धी शब्द

अँगूठा—अङ्गुष्ठः
अंडकोष—वृषणः
आँख—लोचनम्, नेत्रम्, नयनम्
आँत—अन्त्रम्
उँगुली—अंगुलिः
ओठ—ओष्ठः
ओठ (नीचे का)—अधरः
कन्धा—स्कन्धः
कन्धे की हड्डी—जत्रु (नपुं०)
कमर—श्रोणिः, कटिः
कलाई—मणिबन्धः
कलाई से कानी उँगुली तक—करभः

कलेजा—वृक्कम्, वृक्कः, हृद्
कान—श्रोत्रम् कर्णः
कोहनी—कफोणिः
खाल—चर्म (नपुं०), त्वक् (स्त्री०)
खून—रक्तम्, रुधिरम्
गर्दन (गला)—गलः, ग्रीवा, कण्ठः
गाल—कपोलः
गुदा—अपानम्, मलद्वारम्
गोबर—गोमयः, शकृत्
घुटना—जानुः
चपत—चपेटः
चर्बी—वसा, वपा, मेदस्
चारों उँगुलियाँ—तर्जनी, मध्यमा, अनामिका, कनिष्ठा
चूची—चूचुकम्
चूतड़—नितम्बः
चोटी—शिखा
छाती—उरः, वक्षः
जाँघ—जंघा, ऊरुः (पुं०)
जिगर—यकृत्
जीभ—रसना, जिह्वा
ठुड्ढी—चिबुकम्, हनुः
ताली—करतलध्वनिः (पुं०)
तिल्ली—प्लीहा
तोंद—तुन्दम्
दाँत—रदनः, दन्तः, दशनः
दाढ़ी—कूर्चम्
नस—शिरा
नहरनी (नेल कटर)—नखनिकृन्तनम्
नाक—घ्राणम्, नासिका
नाखून—कररुहः, नखः, नखम्
नाड़ी—नाडिः, स्नायुः (पुं०)
पलक—पक्ष्मः (नपुं०)

पाँव—पादः, अङ्घ्रिः, चरणः-णम्
पीठ—पृष्ठम्
पेट—कुक्षिः, उदरम्
पैर के जोड़ की हड्डी—गुल्फः
पैर की गिट्टी—गुल्फकः
फेफड़ा—फुप्फुसम्
बाँह—बाहुः भुजः (पुं०)
बाल—शिरोरुहः, केशः
बुद्धि—प्रज्ञा, मनीषा, धीः, बुद्धिः
भौं—भ्रूः स्त्री०)
मन—चित्तम्, मनः, स्वान्तम्, हृद्
मल—विष्ठा, पुरीषम्, मलम्
मसूड़—दन्तमासम्
मास—आमिषम्, पिशितम्, मांसम्
माथा—ललाटम्
मुट्ठी—मुष्टिः, मुष्टिका
मूत—मूत्रम
मूँछ—श्मश्रु (नपुं०)
योनि—योनिः, भगः
रज—रजः
रीढ़—पृष्ठास्थि
लार—लाला
लिङ्ग—लिङ्गम्, शिश्नः, मेढ्रः
वीर्य—शुक्रम्
शरीर—गात्रम्, शरीरम्
सफेद बाल—पलितम्
साबुन—फेनिलम्
सिर—शीर्षम्, शिरः
स्तन—कुचः, स्तनः
हड्डी—अस्थि, कीकसम्
हड्डी के भीतर की चर्बी—मज्जा
हाथ—करः, हस्तः, पाणिः
हथेली—करतलः—तलम्

संस्कृत में अनुवाद करो—

१—प्राणायाम करने से शरीर की रक्षा होती है। २—प्राणायाम से फेफड़ों में शुद्ध वायु पहुँचती है जो रक्त को शुद्ध कर देती है। ३—कफ, वात और पित्त के विकार से ही शरीर में रोग उत्पन्न होते हैं। ४—दाढ़ी और मूछों को उस्तरे से साफ करे (कृन्तेत्)। ५—स्नान करते समय शिर में तेल लगाना चाहिए तथा माथे पर तिलक लगाना चाहिए। ६—बच्चे और बूढ़े की लार टपकती है। ७—उस सुन्दर स्त्री की कमर बहुत पतली है। ८—नेहरू जी के व्याख्यान के अन्त में सब लोगों ने ताली बजाई। ९—उस बनिये की तोंद बड़ी है। १०—हम जीभ से स्वाद लेते हैं। ११—अच्छे लक्षणों वाली स्त्री की कमर पतली होती है। १२—चुटकी मत बजाओ। १३—योगी अपनी आंतों को धोते हैं। १४—कान का मल निकालना चाहिए। १५—उसके शरीर में खून सूख गया। १६—बच्चे के पैदा होने से पहले माँ के स्तनों में दूध आ जाता है। १७—उसकी जाँघें केले के खम्भे की तरह सुडौल और बाँह हाथी की सूँड़ की तरह है। १८—उसके शरीर में खून का विकार है। १९—गोबर से लिपी हुई जमीन पवित्र होती है। २०—बनिये की बड़ी तोंद देखकर बच्चा डर गया। २१—शरीर ही मुख्यतः धर्म का साधन है। २२—अतः शरीर को स्वस्थ एवं नीरोग रखना चाहिए। २३—स्वच्छ हवा में घूमने तथा व्यायाम करने से शरीर नीरोग और पुष्ट रहता है। २४—ठीक आहार, विहार से भी शरीर स्वस्थ रहता है!

वस्त्रों के नाम

अँगरखा—अँगरक्षिका
अँगोछा—गात्रमार्जनी
ऊनी—रांकवम्
ओढनी—प्रच्छदपटः
कंबल—कम्बलः
कनात—काण्डपटः, अपटी
कपड़ा—वस्त्रम्, वसनम्, चीरम्
कमरबन्द—रसना, परिकरः, कटिसूत्रम्
कुरता—कञ्चुकः, निचोलः
कोट—प्रावारः
गद्दा—तूलसंतरः
गलेबन्द—गलबन्धनांशुकम्
चादर—शय्याच्छादनम्, प्रच्छदः

जाँघिया—अर्धोरुकम्
जाकट—अङ्गरक्षकः
जूता—उपानह् (त्, द्) स्त्री०
तकिया—उपधानम्
दरी—आस्तरणम्
दुपट्टा—उत्तरीयम्
धोती—अधोवस्त्रम्
नाइटड्रेस—नक्तकम्
नायलोन का—नवलीनकम्
पगड़ी—शिरस्त्रम्, उष्णीषम्
परदा—यवनिका, तिरस्करिणी, अवगुण्ठनम्
पायजामा—पादयामः

पेटी कोट—अन्तरीयम्
पैंट—आप्रपदीनम्
बिछौना—शय्या
ब्लाउज—कंचुलिका
मरेठा (टोपी)—शिरस्कम्, शिरस्त्राणम्
मोजा—पादत्राणम्
रजाई—तूलिका, नीशारः
रूई—कार्पासः, तूलः
रूमाल—करवस्त्रम्
रेशम—कौशेयम्, क्षामम्, दुकूलम्
लोई—रल्लकः
शेरवानी—प्रावारकम्
सलवार—स्यूतवरः
साड़ी—शाटिका
सूती—कार्पासम्
स्वेटर—ऊर्णावरकम्

पात्रों के नाम

अँगीठी—हसन्ती
कटोरा—कटोरम्
कटोरी—कटोरा
कड़ाही—स्वेदनी, कटाहः
काँच का गिलास—काचकंसः
कण्डाल—वारिधिः
करछुल—दर्वी
गिलास—कंसः
घड़ा—घटः, कुम्भः
चम्मच—चमसः
चिलमची—हस्तधावनी, पतद्ग्रहा
चीमठा—सन्दंशः
जार (काच का)—काचघटी
टब (पानी का)—द्रोणिः, द्रोणी
तवा—ऋजीषम्
तसला—धिषणा (स्त्री०)
थाली—स्थालिका, थालिका
पतीली—स्थाली
प्याला—चषकः
प्लेट—शरावः
बाल्टी (पानी की)—उदञ्चनम्
लोटा—करकः
सास-पेन—उखा
स्टोव—उद्ध्मानम्

शृङ्गारिक वस्तुओं के नाम

अँगूठी—अङ्गुलीयकम्
अँगूठी (नामांकित)—मुद्रिका
आयना (शीशा)—दर्पणः, मुकुरः, आदर्शः
इत्र—गन्धतैलम्
उबटन—उद्वर्तनम्
ओढ़ने की चादर—उत्तरीयांचलः
कंघी—प्रसाधनी, कंकतिका
काजल—अञ्जनम्, कज्जलम्
क्रीम—शरः
ड्रेसिंग टेबिल—शृङ्गारफलकम्
तिलक—तिलकम्
दाँत कुरेदने की सूई—दन्तशोधनी, सूची
दाँत का ब्रुश—दन्तधावनम्
नेल पालिश—नखरंजनम्
पाउडर—चूर्णकम्
बिन्दी—बिन्दुः

ब्रुश—रोममार्जनी
मंगल टीका—ललाटिका
मंजन—दन्तचूर्णम्
महावर—अलक्तकः
मेंहदी—मञ्जिष्ठा
रूज—कपोलरंजनम्
लिपस्टिक—ओष्ठरंजनम्
शीशा—दर्पणः, मुकुरः, आदर्शः
साबुन—फेनिलम्
सिंगारदान-शृंगारधानम्, शृङ्गारपिटकम्
सिंदूर—सिन्दूरम्
स्नो—हैमम्

आभूषणों के नाम

अँगूठी—अंगुलीयकम्, ऊर्मिका
अंगूठी (नामांकित)—मुद्रिका
एक लड़ी का हार—एकावली
कँगना—कंकणः, कंकणम्
कण्ठा—कण्ठाभरणम्, कण्ठिका
कनफूल—कर्णपूरः कर्णिका
करधनी—मेखला, काञ्चिः
कान की बाली—कुण्डलम्
गहना—अलङ्कारः, आभरणम्
घुंघरू—किङ्किणी
चूड़ी—काचवलयः, काचवलयम्
टिकुली—ललाटाभरणम्
नथ—छोलिका
नाक का फूल—नासापुष्पम्
पहुँची—कटकः, आवापकः
पाजेव (झांझ)—नूपुरः, नूपुरम्
पुष्प माला—स्रक् (स्त्री०)
बाजू बंद (ब्रेस लेट)—केयूरम्, अंगदम्
बुलाक—वरमौक्तिकम्
बेणी—स्त्रीमस्तकाभरणम्
माला—ललन्तिका, लम्बनम्, स्रक्
मोती का हार—हारः
मोती की माला—मुक्तावली
लच्छे—पादाभरणम्
सोने का कड़ा—कटकः
हसुली—ग्रैवेयकम्
हाथ का तोड़ा—त्रौटकम्

संस्कृत में अनुवाद करो—

१—वस्त्र शरीर को ढकते हैं और स्वच्छ वस्त्र शरीर की शोभा बढ़ाते हैं। २—भारतवासी प्रायः कुरता, धोती और टोपी पहनते हैं। ३—पाश्चात्य पद्धति पर चलने वाले लोग कोट, पैंट और पायजामा पहनते हैं। ४—स्त्रियाँ साड़ी, ब्लाउज और पेटी कोट पहनती हैं। ५—पंजाब में स्त्रियाँ कुरता पहनती हैं। ६—आज कल स्त्रियाँ रेशमी और नाइलोन के कपड़े बहुत पसन्द करती हैं। ७—जाड़ों में गद्दा और चादर बिछानी चाहिए और रजाई या कम्बल ओढ़ना चाहिए। ८—पढ़ी लिखी स्त्रियाँ जेवर पहनना पसन्द नहीं करतीं। ९—आज कल इत्र, तेल और साबुन शृंगार की मुख्य वस्तुएं हैं। १०—पढ़ी लिखी स्त्रियाँ नथ और बुलाक को घृणा की दृष्टि से देखती हैं। ११—अपढ़ एवं पढ़ी लिखी स्त्रियाँ चूड़ियाँ पहनना

अधिक पसन्द करती हैं। १२—नथ और सिंदूर सुहाग की निशानी मानी जाती है। १३—हाथ और मुँह साफ़ करने के लिए सदैव रूमाल पास रखना चाहिए। १४—असभ्य जातियों में जेवर अधिक पहना जाता है। १५—आभूषण शरीर को अलंकृत करते हैं। १६—सधवा स्त्रियाँ सिर पर बेणी, माथे पर टिकुली और गले में हार पहनती हैं। १७—अनेक स्त्रियाँ कलाई में चूड़ियाँ, उँगुली में अँगूठी और पैरों में पायजेब तथा घुँघरू पहनती हैं। १८—विधवा स्त्रियाँ स्वच्छ एवं सफेद वस्त्र पहनती हैं। १९—स्नान करके बालों में तेल लगाना चाहिए और कंघी करनी चाहिए। २०—कपड़े साबुन से साफ करने चाहिएँ।

धातुसम्बन्धी शब्द

अभ्रक—अभ्रकम्	पीतल—पीतलम्, रीतिः
कसकूट—कांस्यकूटः	पुखराज—पुष्परागः
कांसा (फूल)—कांस्यम्	फिटकरी—स्फटिका
गन्धक—गन्धकः	मूँगा—प्रवालम्
चांदी—रजतम्	मोती—मौक्तिकम्
चुन्नी—माणिक्यम्	लहसुनिया—वैदूर्यम्
जर्मनसिलवर—चन्द्रलौहम्	लोहा—आयसम्
जस्त—यशदम्	सीसा—सीसम्
तूतिया—तुत्थांजनम्	सोना—कार्तवम्, सुवर्णम्
नीलम्—इन्द्रनीलः	स्टेनलेस स्टील—निष्कलंकायसम्
पन्ना—मरकतम्	हरताल—पीतकम्
पारा—पारदः	हीरा—हीरकः

वाद्यसम्बन्धी शब्द

उतार—अवरोहः	तीव्रस्वर—तारः
कोमलस्वर—मन्द्रः	तुरही (सहनाई)—तूर्यम्
चढ़ाव—आरोहः	नगाड़ा—दुन्दुभिः
जलतरङ्ग—जलतरङ्गः	नौ रस—नव रसाः
ढिंढोरा—डिण्डिमः	पियानो—तन्त्रीवाद्यम्
ढोल—पटहः	बाँसुरी—मुरली
ढोलक—ढौलकः	बिगुल—संज्ञाशंखः
तबला—मुरजः	बीनबाजा—वीणावाद्यम्
तानपुरा—तानपूरः	बैंड—वादित्रगणः

मंजीरा—मञ्जीरम्
मध्यम स्वर—मध्यः, मध्यस्वरः
मजराव—कोणः
सातस्वर—सप्तस्वराः
सारङ्गी (वाइलिन)—सारङ्गी
सितार—वीणा
हारमोनियम—मनोहारिवाद्यम्

संस्कृत में अनुवाद करो

१–पृथ्वी में अनेक बहुमूल्य धातुएँ हैं, अतः उसे रत्नगर्भा कहते हैं। २–आज के संसार में धातुओं का ही महत्त्व है। ३––जिस देश में जितनी अधिक धातुएँ पैदा होती हैं वह देश उतना ही अधिक शक्तिशाली होता है। ४–अमेरिका में सब देशों से अधिक धातुएँ पाई जाती हैं। ५––उसमें सोना, चान्दी, लोहा आदि की बहुत खानें हैं। ६—प्राचीन भारत में सोना, चाँदी, मोती, नीलम, हीरा, मूँगा, पुखराज, पन्ना आदि बहुमूल्य धातुओं का भंडार था। ७––आजकल लोहा, जर्मन सिलवर स्टेनलेस स्टील, ताम्बा, पीतल भी कम महत्त्व की धातुएँ नहीं हैं। ८—समस्त संसार का अधिकांश सोना, चान्दी अमेरिका चला जाता है। ९—संगीत मानव जीवन को सरस और सुखी बनाता है। १०—प्राचीन वाद्यों में बांसुरी, सितार, सारङ्गी, तानपूरा, तबला, ढोलक, मंजीरा, तुरही आदि हैं जिन का प्रचलन अभी तक है। ११—नवीन वाद्यों में हारमोनियम, बीन, वाइलिन, पियानो, बिगुल जलतरङ्ग प्रचलित हैं। १२—संगीत में कोमल, मध्यम, और तीव्र स्वरों के तीन सप्तक होते हैं। १३—निषाद, ऋषभ, गांधार, षड्ज, मध्यम, धैवत, और पञ्चम ये सात स्वर हैं। १४—विभाव, अनुभाव, और संचारी भावों के ही संयोग से रसों की निष्पत्ति होती है।

युद्ध एवं शस्त्रास्त्र सम्बन्धी शब्द

एटम बम—परमाण्वस्त्रम्
कवच—वर्मन्
काठी—पर्याणम्
कृपाण—कौक्षेयकः
कैद—कारावासः
कोड़ा—कशा
खड्ग—निस्त्रिंशः
गँडासा—तोमरः
गदा—गदा
गुप्ती—करवालिका
गोली—गुलिका
घुड़सवार—सादिन्, अश्वारोहः, अश्ववारः
चाकू—छुरिका
चिंघाड़—चीत्कारः
छावनी—शिविरम्
जल सेनापति—नौ सेनाध्यक्षः
जेल—कारा
टीयर गैस—धूम्रास्त्रम्
डेरा—निवेशः, वासस्थानम्
तूणीर—तूणीरः
तोप—शतघ्नी

धड़—कबन्धः
धनुर्धर—धन्विन्
धनुष—कार्मुकम्, कोदण्डः, चापः
पताका—वैजयन्ती
पनडुब्बी—जलान्तरितपोतः
पानी का जहाज—पोतः
पिस्तौल—लघुभुशुंडिः
पैदल सेना—पदातिः, पत्तिः, पदचारिन्
फौजी आदमी—सैनिकः
बन्दूक—भुशुंडिः
बम—आग्नेयास्त्रम्
बम फेकना—आग्नेयास्त्रक्षेपः
बर्छी—शल्यम्
बाण—त्रिशिखः, शरः, बाणः
बारूद—अग्निचूर्णम्
भाला—प्रासः
भूसेनापति—भूसेनाध्यक्षः
मस्तूल—कूपकः
मोर्चा बाँधना—परिखया परिवेष्टनम्
युद्ध—आहवः, आजिः (पुं० स्त्री०) जन्यम्
यूनिफार्म—एक परिधानम्
रकाब—पादधानी
रणकुशल—सांयुगीनः
लक्ष्य—शरव्यम्
लगाम—खलीनः-नम्, वल्गा
लड़ाई का जहाज—युद्धपोतः
लड़ाई का विमान—युद्धविमानम्
लोहे का टोप—शिरस्त्रम्
वर्दी—सैन्यवेषः
वायु सेनापति—वायुसेनाध्यक्षः
विजयी—जिष्णुः, विजयिन्
शस्त्र—प्रहरणम्, शस्त्रम्
शस्त्रागार—आयुधागारम्, शस्त्रागारम्
शस्त्रास्त्र—आयुधम्
सिपाही—रक्षिन्
हाइड्रोजन बम—जलपरमाणवस्त्रम्
हाथी का झूल—कुथम्
हद—सीमा

संस्कृत में अनुवाद करो—

१—सिपाही वर्दी पहन कर व्यायाम कर रहे हैं। २—गत महायुद्ध के पहले अंग्रेजों का जहाजी बेड़ा प्रसिद्ध था (नौसेना विश्रुता)। ३—अब युद्ध का निर्णय सैन्य-बल पर नहीं अपितु अणुशक्ति पर निर्भर है। ४—एक बम से हजारों नहीं लाखों प्राणियों का संहार हो जाता है। ५—जापान के नगर हिरोशिमा तथा नागासाकी के लाखों नागरिकों का एक-एक ही अणुबम ने संहार कर दिया था। ६—प्रत्येक प्रदेश में पुलिस का एक प्रधान अफसर आई० जी० (प्रधानरक्षि-निरीक्षकः) रहता है, उसके नीचे अनेक डी० आई० जी० (उपप्रधान०)। ७—आज कल के युद्धों में अटम बम, हाइड्रोजन बम और लड़ाई में हवाई जहाजों का महत्त्व है। ८—लड़ाई में दोनों ओर से मोर्चाबन्दी की जाती है। ९—आज-कल अटमिक पनडुब्बियाँ भी बन गयी हैं। १०—ये पनडुब्बियाँ पानी के नीचे जाकर शत्रुदेश का विध्वस कर डालती हैं।

व्यापार सम्बन्धी शब्द

अदल बदल—विनिमयः
आयात पर चुंगी—आयातशुल्कम्
इनकम टैक्स—आयकरः
उधार—ऋणम्
एजूकेशन सेक्रेटरी—शिक्षासचिवः
एजेंट (आढ़ती)—अभिकर्ता
एजेंसी (आढ़त)—अभिकरणम्
कमीशन (दलाली)—शुल्कम्
कमीशन एजेंट (दलाली)—शुल्काजीवः
कर्जदार—अधमर्णः
कर्जा (उधार) ऋणम्
कर्जा देनेवाला—उत्तमर्णः
कर्जा लेनेवाला—अधमर्णः
कानून—विधिः
कैबिनेट—मन्त्रिपरिषद्
खरीद—क्रयः
चुंगी—शुल्कशाला
चुंगी का अध्यक्ष—शौल्किकः
छत्र—आतपत्रम्
जामिन प्रतिभू
जीविका—वृत्तिः
जुर्माना—दण्डः
टकसाल—टकशाला
टकसालाध्यक्ष—नैष्किकः
टैक्स—करः
डाकिया—पत्रवाहकः
तौल—तोलः
तोलना—तोलनम्
दूकान—आपणः
दूकानदार—आपणिकः
दूत—चारः
द्वारपाल (अर्दली)—प्रतीहारः
धरोहर—न्यासः, उपनिधिः
धोखेबाज—जाल्मः, कितवः
निर्यात पर चुंगी—निर्यातशुल्कम्
पूँजी—मूलधनम्
प्रतिज्ञा—प्रतिश्रुतिः, प्रतिश्रवः
प्राइम मिनिस्टर—प्रधान मन्त्री
फीस, चुंगी—शुल्कः
बाट (बटखरा)—तुलामानम्
बाजार—विपणिः
बाहर जाना (एक्सपोर्ट)—निर्यातः
बाहर से आना (इम्पोर्ट)—आयातः
बेचने वाला—विक्रेता
बोरा—शणपुटः
भाव (रेट)—अर्घः
भाव गिरना—अर्घापचितिः
भाव चढ़ना—अर्घोपचितिः
भेंट—प्रतिग्रहः, उपहारः
मंत्री—अमात्यः
मंदी—मन्दाधनम्
मुनीम—लेखकः
मूल्य—मूल्यम्
योधा—योधः
रकम—राशिः
राजदूत—राजदूतः
राजा—अवनिपतिः, भूभृत्, भूपतिः
लेनेवाला—ग्राहकः
वकील—प्राड्विवाकः
वसीयतनामा—मृत्युपत्रम्, चरमपत्रम्
वही—वणिक् पंजिका
बिक्री—विक्रयः

ब्याज—कुसीदः
वैश्य—वणिज् (क्, ग्)
शत्रु—अरातिः
सलाह—परामर्शः
सामान (सौदा)—पण्यम्
साहूकार—कुसीदिकः, उत्तमर्णः
साहूकारा—कुसीदवृत्तिः, कुसीदम्
सिक्का—मुद्रा
सिक्का ढालना—टंकनम्
सिपाही—रक्षिन्, सैनिकः
सूद—कुसीदम्
सेक्रेटरी—सचिवः
सेक्रेटरी (अंडर)—अनुसचिवः
सेक्रेटरी (असिस्टैंट) सहायकसचिवः
सेना—चमूः
सेनापति—सेनापतिः
सेल्स टैक्स—विक्रयकरः
होड़—प्रतिद्वन्द्विता

संस्कृत में अनुवाद करो—

१—प्रदेशों में मुख्य मन्त्री मन्त्रिपरिषद् की सलाह से कार्य करते हैं। २—भारत के प्रधान मन्त्री भी अपने मन्त्रियों की सलाह लेते हैं। ३—शिक्षा सचिव भी शिक्षा मन्त्री से आदेश लेकर विद्यालयों को भेजते हैं (प्रेषयति)। ४—टकसाल का अध्यक्ष चाँदी आदि के सिक्के टकसाल में ढलवाता है (टंकयति)। ५—चुंगी का प्रधानाधिकारी (शौल्किकः) चुंगी की आय का निरीक्षण करता है। ६—दलाल कमीशन लेकर एक का सामान दूसरे के हाथ बेचता है। ७—सरकार ने बिक्री पर सेल्स टैक्स और आमदनी पर इन्कम टैक्स लगाया है। ८—उधार लेना और उधार देना दोनों ही हानिकारक हैं। ९—दूकानदार ठीक तोलता है, डंडी नहीं मारता है (कूटमानं न करोति)। १०—भाव कभी गिरता है (अर्घापचितिर्भवति) कभी चढ़ता है। ११—गाहक को खरीदने से पहले दूकानदार से भाव पूछना चाहिए। १२—भाव निश्चित करके ही सामान खरीदना चाहिए।

ग्राम एवं नगर सम्बन्धी शब्द

अटारी (बुर्जी)—अट्टः
अर्गला (किवाड़ के पीछे का डंडा)—अर्गलम्
आँगन—अजिरम्
आम रास्ता—जनमार्गः
कच्ची सड़क—मृन्मार्गः
कमरा—कक्षः
कस्बा—नगरी
काँच—काचः
कार्पोरेशन—निगमः
किवाड़—कपाटम्
कुटिया—कुटी
कोठरी—लघुकक्षः
कोतवाली—कोटपालिका
खंभा—स्तम्भः
खपड़ा—खर्परः
खपड़ैल का—खर्पराच्छतम्

खिड़की—गवाक्षः
खूँटी—नागदन्तः, नागदन्तकः
गली (गैलरी)—वीथिका
गाँव—ग्रामः
घर के बाहर का चबूतरा—अलिन्दः
चटकनी—कीलः
चबूतरा—चत्वरम्
चारों ओर मकान के बीच में आँगन—चतुः शालम्
चौड़ी सड़क—रथ्या
छज्जा—वलभी
छत—छदिः
जज—विचारकः, न्यायाधीशः
झोपड़ा—उटजः, पर्णशाला
टीन—त्रपु
टीन की चादर—त्रपुफलकम्
डाइनिंग रूम—भोजन-गृहम्
ड्राइंग रूम—उपवेश-गृहम्
तिमंजला—त्रिभूमिकः
थाना—रक्षिस्थानम्
दीवार—भित्तिः
दूकान—आपणः
देहली—देहली
द्वार—द्वारम्
द्विमंजला—द्विभूमिकः
नाली—प्रणालिनी
पक्की सड़क—दृढमार्गः
परकोटा—प्राकारः
पहरेदार—यामिकः
पार्क—पुरोद्यानम्
पोर्टिको—प्रकोष्ठः
प्याऊ—प्रपा
प्लास्टर—प्रलेपः
फर्श—कुट्टिमम्
फूंस—तृणम्
बरांडा—वरण्डः
बाजार—विपणिः
बाजीगर—आहितुण्डिकः
बाड़ (घेरा)—वृतिः
बाथ रूम—स्नानागारम्
मंडप (टेंट)—मण्डपः
मंडी—महाहट्टः
मकान—भवनम्
महल—प्रासादः
मुकदमा—अभियोगः
मुख्य द्वार—गोपुरम्
मुख्य सड़क—राजमार्गः
मुसाफिर खाना—पथिकालयः
मेयर—निगमाध्यक्षः
म्युनिसिपल चेयर मैन—नगराध्यक्षः
म्युनिसिपैलिटी—नगरपालिका
रनिवास—अन्तः पुरम्
लकड़ी—दारु
लोहे की चादर—लौहफलकम्
वेदी—वेदिका
शहर—नगरम्
सीढ़ी—सोपानम्
सीढ़ी काठ आदि की—निश्रेणिः
सीमेंट—अश्मचूर्णम्
स्काई लाइट—पटलगवाक्षः
स्टोर रूम—भाण्डागारम्
हाल—महाकक्षः

संस्कृत में अनुवाद करो—

१—किसी भी देश में शहर, कस्बे और गांव होते हैं। २—नगरों में ऊँचे-ऊँचे महल, सुन्दर भवन और पक्की सड़कें होती हैं। ३—गावों में झोपड़ियाँ और कच्चे मकान और कची सड़कें होती हैं। ४—शहरों में पानी के प्रबन्ध के लिए वाटर वर्क्स (जलयन्त्राणि) और बिजली के लिये बिजलो घर (विद्युद् गृहाणि) रहते हैं। ५—शहरों में शहर की सुरक्षा के लिए थाने, बच्चों के लिए पार्क (बालोद्यानानि) रहते हैं। ६—बड़े शहरों में कार्पोरेशन होते हैं और उनका अध्यक्ष मेयर कहलाता है। ७—म्युनिसिपैलिटियों के अध्यक्ष चेयरमैन कहलाते हैं। ८—वे नगर की सुरक्षा तथा उन्नति के लिए प्रयत्न करते है। ९—शहरों के आधुनिक मकानों में ड्राइङ्ग रूम, डाइनिंग रूम, बाथ रूम, स्टोर रूम, किचन (पाक शाला) गेस्ट रूम (अतिथि गृहम्), और स्लीपिंग रूम (शयनगृहम्) रहते हैं। १०—गाँवों में कचो सड़कें होती हैं जो बरसात में बहुत कष्ट दायक होती हैं। ११—बड़े शहरों में बाजार, मण्डियां और दूकानें होती हैं। १२—कई महल द्विमंजले, तिमंजले और सात-सात आठ-आठ मंजिलों के (सप्तभूमिकाः अष्टभूमिकाः) होते हे, जिनमें लिफ्ट द्वारा (उत्थापनयन्त्रेण) चढ़ते उतरते हैं (उत्तरन्ति अवतरन्ति च)। १३—मकानों में छज्जा, अटारी, द्वार, मुख्यद्वार, आंगन, सीढ़ी लगी रहती हैं। १४—शहरों के मकान पक्की ईंटों के बने (पक्वेष्टिकानिर्मितानि) होते हैं, उनमें खिड़कियाँ, स्काई लाइट, बरामदा, फर्श, किवाड़, चटकनी, खूटी आदि बनी होती हैं। १५—शहरों के मकान सीमेंट के प्लास्टर और लोहे के बने रहते हैं और गाँवों की झोपड़ियाँ घास-फूस और खपड़ैल की होती हैं। १६—कुछ मकानों पर लोहे की चादरें या टीन की चादरें लगी रहती हैं। १७—काश्मीर, मसूरी आदि पहाड़ों के मकानों में लकड़ी और काच अधिक लगाया जाता है जिससे खिड़की, दरवाजे बन्द रहने पर भी उनके अन्दर प्रकाश जा सके। १८—प्रायः सभी बड़े-बड़े नगरों में यूनिवर्सिटी, कालिज तथा स्कूल रहते हैं जहाँ छात्र पढ़ने के लिए जाते हैं।

क्रीडा सम्बन्धी शब्द

अलमारी—काष्ठमञ्जूषा
आधीरात—निशीथः
उत्तर—उदीची
कुर्सी—आसन्दिका
खाट—खट्वा
गेंद—कन्दुकः
ग्रीष्म ऋतु—निदाघः
घंटा—होरा

घड़ी—घटिका
चबूतरा—स्थण्डिलम्
चिड़िया—पत्रिन्
चुंगी, फीस—शुल्कः
टेनिस का खेल—प्रक्षिप्त-कन्दुक-क्रीडा
डेस्क—लेखन-पीठम्
दक्षिण—दक्षिणा
दिन—दिवसः, दिनम्, अहन् (नपुं०)

दिशा—काष्ठाः
दोपहर—मध्याह्नः
दोपहर के पहले का समय—पूर्वाह्णः (A. M.)
दोपहर के बाद का समय—पराह्णः (P. M.)
निवाड़—निवारः
नेट—जालम्
पलंग—पल्यङ्कः
पश्चिम—प्रतीची
पूर्व—प्राची
प्रातः—प्रत्यूषः
फर्नीचर—उपस्करः
फुटबाल—पादकन्दुकः
बजे—वादनम्
बुक रेक—पुस्तकाधानम्
बेंच—काष्ठासनम्
बैड मिंटन—पत्रिक्रीडा
मिनट—कला
मेज—फलकम्
मैच—क्रीडाप्रतियोगिता
रात—रात्रिः, विभावरी
रेफरी—निर्णायकः
रैकेट—काष्ठपरिष्करः
वर्षाकाल—प्रावृष्
बालीबाल—क्षेपकन्दुकः
शिष्य—अन्तेवासी
संदूक—मञ्जूषा
सप्ताह—सप्ताहः
समय—बेला
सूर्यास्त समय—प्रदोषः
सेकंड—विकला
सोफा—पर्यङ्कः
स्टूल—संवेशः
स्नातक—समावृत्तः
हाकी का खेल—यष्टिक्रीडा

संस्कृत मे अनुवाद करो—

१—प्रातः काल छात्र को उठ जाना चाहिए। २—उठ कर शौच जाना चाहिए और दाँत साफ करने चाहिएँ। ३—सात बजे के समय जलपान करना चाहिए। ४—तत्पश्चात् दो घंटे तक पढ़ाई करनी चाहिए। ५—दस बजे स्कूल का समय हो तो साढ़े नौ बजे भोजन करना चाहिए। ६—जब स्कूल में दस बजे की घंटी बजे तो क्लास में चले जाओ। ७—दोपहर को इंटरवल के समय (मध्यावकाशसमये) कुछ फल खाओ। ८—शाम के समय कोई न कोई खेल अवश्य खेलो। ९—अंग्रेजी खेलों में हाकी, फुट बाल, बैड मिंटन और टेनिस प्रसिद्ध हैं। १०—टेनिस महँगा खेल है, उसको धनवान् लड़के ही खेल सकते हैं। ११—कालेज में जो फर्नीचर होता है उसमें कुर्सी, मेज, डेस्क और बेंच प्रसिद्ध हैं। १२—घरेलू फर्नीचर में (गृहोपस्करेषु) खाट, पलंग, सोफा, तिपाई, बुकरेक, डाइनिंग टेबिल (भोजनफलकम्) आरामकुर्सी (सुखासनिका) होती हैं।

पशुओं के नाम

ऊँट—उष्ट्रः
कनखजूरा—कर्णजलौका
कुतिया—शुनी, सरमा
कुत्ता—कौलेयकः, कुक्कुरः, श्वा
खरगोश—शशकः
गधा—गर्दभः, खरः
गाय—गौः
गीदड़—गोमायुः, मृगालः, फेरुः
गैंडा—गण्डकः
गोह—गाधा
घोड़ा—अश्वः, घोटकः
चूहा, चूही—मूषिकः, मूषिका
छिपकली—गृहगोधिका
तेंदुआ—तरक्षुः
नेवला—नकुलः
बन्दर—वानरः, कपिः, शाखामृगः
बकरा, बकरी—अजः, अजा
बघेरा (बाघ)—व्याघ्रः, द्वीपिन्
बिच्छू—वृश्चिकः
बिल्ला, बिल्ली—मार्जारः, मार्जारी
बैल—बलदः, वृषभः, उक्षन्
भालू—ऋक्षः, भल्लूकः
भेड़—मेषः, एडका
भेड़िया—वृकः
भैंस—महिषी
भैंसा—महिषः
मकड़ी—लूता
लोमड़ी—लोमशा
शेर—सिंहः, केसरिन्
सुअर—वराहः, शूकरः
सेंह—शल्यः
हाथी—गजः, करी, दन्ती, द्विरदः
हिरन—मृगः, कुरंगः, हरिणः
हिरन का बच्चा—हरिणकः

पक्षियों के नाम

उल्लू—उलूकः, कौशिकः
कठफोड़ा—दार्वाघाटः
कबूतर—कपोतः, पारावतः
कोयल—कोकिलः, परभृतः
कौवा—ध्वांक्षः, काकः
खंजन—खंजनः
गीध—गृध्रः
चकवा—चक्रवाकः
चकोर—चकोरः
चिड़िया (गौरय्या)—चटकः, चटका
चील—चिल्लः, चिल्ला
टिटीहर—टिट्टिभः, टिट्टिभी
तीतर—तित्तिरिः
तोता—शुकः, कीरः
नीलकण्ठ—चाषः
पतंगा (टिड्डी)—शलभः
पपीहा—चातकः
बगला—बकः
बटेर—लावः
बतख—वर्तकः, वर्तिका
बाज—श्येनः
भौंरा—षट्पदः
मधुमक्खी—सरघा
ममोला—खञ्जनः

मुर्गा—कुक्कुटः, कुक्कुटी
मैना—सारिका
मोर—मयूरः, बर्हिन्
सारस—सारसः
हंस—हंसः, मरालः
हंसी, ततैया, बर्रे—वरटा

पशुपक्षियों की बोलियाँ

(कुत्ते) भौंकते हैं—श्वानः बुक्कन्ति
(कौवे) काँव काँव करते हैं—काकाः कायन्ति
(गधे) हींगते हैं—गर्दभाः रासन्ते
(गीदड़) चीखते हैं—क्रोष्टारः क्रोशन्ति
(गौवें) रांभती है—गावः रम्भन्ते
(घोड़े) हिन हिनाते हैं—अश्वा हेषन्ते
(चिड़ियाँ) चूँ चूँ करती हैं—पक्षिणः चीभन्ते
(बिल्लियाँ) म्याऊँ म्याऊँ करती हैं—बिडालाः षीवन्ति
(भेड़िये) गुर्राते हैं—वृकाः रसन्ति
(भैंसें) रांभती हैं—महिष्यः रेभन्ते
(मेंढक) टर्राते हैं—दर्दुराः रुवन्ति
(शेर) दहाड़ते हैं—सिंहा गर्जन्ति, नर्दन्ति
(सांप) फुँकारते हैं—सर्पाः फूत्कुर्वन्ति
(हाथी) चिंघाड़ते हैं—गजाः बृंहन्ति

संस्कृत में अनुवाद करो—

१—पशु भी मनुष्य के उपकार को समझते हैं। २—पशु भी मनुष्य के ही समान दया के पात्र हैं। ३—अकारण ही शेर, बघेरा, भालू, गीदड़, साँप, बिच्छू आदि को न मारना चाहिए। ४—पक्षियों की मधुर ध्वनि किसके मन को नहीं हरती है! ५—पक्षी वृक्षों में घोंसले बना कर रहते हैं। ६—भौंरे और मधु-मक्खी पुष्पों का पराग ले लेती हैं। ७—मधुमक्खियाँ शहद तैयार करती हैं। ८—कुछ डाक्टरों की राय है कि शहद के सेवन से समस्त बीमारियाँ दूर हो जाती हैं। ९—शेर के गरजने से वन गूँज उठता है। १०—गीदड़ों की चीखें सुनकर अन्य गीदड़ भी चीखते हैं। ११—गौवें अपने बच्चों से मिलने के लिए राँभती हैं। १२—शेर और हाथी का स्वाभाविक बैर है। १३—लोग तोता और मैना को चाव से पालते हैं। १४—कौवा एक ऐसा पक्षी है जिसके लिए किसी के दिल में स्थान नहीं, परन्तु पितृपक्ष में कौवे का सम्मान होता है। १५—बन्दर और भालू का नाच बच्चों को बहुत अच्छा लगता है। १६—चूहा और बिल्ली का सहज बैर है। १७—पशुओं में शृगाल और पक्षियों में कौवा बहुत चतुर होते हैं। १८—कवि लिखते हैं कि चकोर चन्द्र की किरणों का पान करता है। १९—जिन्हें घोड़े की सवारी करनी नहीं आती वे गधे की सवारी करते हैं। २०—बाज एक शिकारी पक्षी है। २१—रेगिस्तान में ऊँट का बड़ा महत्त्व है। २२—गैंडे को मारना अत्यन्त कठिन है। १३—मेंढक टर्राते रहते हैं, किन्तु गायें पानी पीती ही रहती हैं। २४—आजकल हमारी सरकार ने हिंसक पशुओं का शिकार करना भी बन्द कर दिया है!

कुछ रोगों के नाम

इन्फ्लुएंजा—शीतज्वरः
कब्ज—अजीर्णम्
कैंसर—विद्रधिः
कै—वमथुः
खांसी—कासः
गरमी—उपदंशः
घूस—उत्कोचः
चेचक—शीतला
छींक—क्षवथुः, छिक्का
जुकाम—प्रतिश्यायः
टाईफाइड—संनिपातज्वरः
डाइबिटीज (बहुमूत्र)—मधुमेहः
तपेदिक—(टी० बी०)—राजयक्ष्मन्
दस्त—अतिसारः
निमोनिया—प्रलापकज्वरः
पीलिया—पाण्डुः
पेचिस (संग्रहणी)—प्रवाहिका
प्रमेह—प्रमेहः
फूंसी—पिटिका
फोड़ा—पिटिका
बवासीर—अर्शंस्
बुखार—ज्वरः
ब्लड प्रेशर—रक्तचापः
मलेरिया—विषमज्वरः
मोतीझरा—मन्थरज्वरः
लकवा मारना—पक्षाघातः
हैजा—विसूचिका

निम्नस्तर के लोगों के नाम

कुम्हार—कुलालः, कुम्भकारः
कुली—भारवाहः
गडरिया—अजाजीवः
गमबूट—अनुपदीना
गिरहकट—ग्रन्थिभेदकः
चप्पल—पादुका
चपरासी—प्रैष्यः
चमार—चर्मकारः
चोर—तस्करः, चौरः
जादूगर—मायाकारः
जाल—वागुरा
जूता—उपानत्
जूता सीने की सूई—चर्मप्रभेदिका
झाड़ू—मार्जनी
डाकू—पाटच्चरः
नीच—निकृष्टः
नौकर—कर्मकरः
पुताई वाला—लेपकः
बहेलिया—शाकुनिकः
भंगी—संमर्जाकः
माली—मालाकारः
वेतनभोगी नौकर—वैतनिकः
शिकार—मृगया
शिकारी—मृगयुः
शूद्र—अन्त्यजः
सुरा विक्रेता—शौण्डिकः

संस्कृत में अनुवाद करो—

१—स्वस्थ रहने का प्रयत्न करना चाहिए, क्योंकि शरीर एक व्याधि-मन्दिर है। २—स्वस्थ रहने के लिए सात्विक भोजन, समुचित आहार-विहार और व्यायाम आवश्यक हैं। ३—अनियमित आहार विहार से अनेक बीमारियाँ लगती हैं, जैसे—कब्ज, फोड़ा, फूँसी, खांसी, जुकाम, मलेरिया, बुखार, इन्फ्लेंजा, टाइ फाइड, बवासीर, प्रमेह, तपैदिक आदि। ४—कैंसर, लकवा, दिल के रोग (हृद्रोगाः), और टी॰ बी॰ घातक बीमारियाँ हैं। ५—कैंसर का तो अभी तक उचित इलाज ही नहीं निकला है। ६—धर्म के आधार भूत शरीर का स्वस्थ रहना परमावश्यक है। ७—इस लिए वेदों में प्रार्थना की गई है—हम सौ वर्ष जीवें, सब सुखी हों, सब नीरोग हों, सब का कल्याण हो, और कोई नीरोग न हो*। ८—शूद्र, चमार, भंगी आदि भी समाज के अंग हैं, इन्हें नीच नहीं समझना चाहिए। ९—पैर जमीन पर चलते हैं, किन्तु शरीर से पृथक् नहीं समझे जाते। १०—चमार जूता सीता है; भंगी झाड़ू लगाता है, कुम्हार मिट्टी के बरतन बनाता है, माली फूलों की मालाएँ बनाता है, ये सभी अच्छे काम हैं। ११—बहेलिया जाल से पक्षी मारता है, डाकू दीवार में सेंध मारता है (भित्तौ सन्धि करोति), गिरह कट जेब काटता है (ग्रंथिं भिनत्ति) ये सब नीच काम हैं।

*जीवेम शरदः शतम्। सर्वे भवन्तु सुखिनः सर्वे सन्तु निरामयाः, सर्वे भद्राणि पश्यन्तु मा कश्चिद् दुःखभाग् भवेत्।

अशुद्धि-प्रदर्शन

कुछ सामान्य अशुद्धियाँ

अशुद्ध-वाक्य	शुद्ध-वाक्य
१—एषो भगवान् उमापतिः ।	१—एष भगवान् उमापतिः ।
२—दधिना सर्वे जनास्तृप्यन्ति ।	२—दध्ना सर्वे जनास्तृप्यन्ति ।
३—आसमुद्रस्य पृथिव्या अयं राजा ।	३—आसमुद्रं पृथिव्या अयं राजा ।
४—अत्र ब्रह्मपुत्रः अतिवेगवती ।	४—अत्र ब्रह्मपुत्रः अतिवेगवान् ।
५—कृष्णः कंसमहनत् ।	५—कृष्णः कंसमहन् ।
६—कथं सा स्त्री रादति ।	६—कथं सा स्त्री रोदिति ।
७—अहो विधिर्बलवती ।	७—अहो विधिर्बलवान् ।
८—प्राते भ्रमणं लाभदायकम् ।	८—प्रातः भ्रमणं लाभदायकम् ।
९—अष्टानि फलानि आनय ।	९—अष्टौ (अष्ट) फलानि आनय ।
१०—सम्राटस्य आज्ञा नावमन्तव्या ।	१०—सम्राज आज्ञा नावमन्तव्या ।
११—असौ उभयोर्बलिष्ठतमः ।	११—असौ उभयोर्बलीयान् ।
१२—महातेजोऽसौ मुनिप्रवरः ।	१२—महातेजा असौ मुनिप्रवरः ।
१३—फलमेतत् न ग्रहीतव्यम् ।	१३—फलमेतत् न ग्रहीतव्यम् ।
१४—पर्वते अवस्थित्वा रात्रिं यापय ।	१४—पर्वते अवस्थाय रात्रिं यापय ।
१५—आनय मे प्रियं सखिम् ।	१५—आनय मे प्रियं सखायम् ।
१६—अत्र क्रीडन्ति सुन्दरी रमणीगणः ।	१६—अत्र क्रीडति सुन्दरो रमणीगणः
१७—त्रिः बालाः गच्छन्ति ।	१७—तिस्रः बालाः गच्छन्ति ।
१८—मया चन्द्रः पश्यते ।	१८—मया चन्द्रः दृश्यते ।
१९—एकविंशतयः छात्राः कक्षायाम् ।	१९—एकविंशतिः छात्राः कक्षायाम् ।
२०—चत्वारि पक्षीरत्र सन्ति ।	२०—चत्वारः पक्षिणोऽत्र सन्ति ।
२१—साध्विमौ ब्राह्मणबालकौ ।	२१—साधू इमौ ब्राह्मणबालकौ ।
२२—दक्षिणां प्रतिगृहीत्वा ब्राह्मणाः प्रस्थिताः ।	२२—दक्षिणां प्रतिगृह्य ब्राह्मणाः प्रस्थिताः ।
२३—सखे अनुजानाहि मां गमनाय ।	२३—सखे, अनुजानीहि मां गमनाय ।
२४—मृतभर्ता इयं नारी ।	२४—मृतभर्तृका इयं नारी ।

२५—नास्ति मे मरणस्य भयम् ।
२६—पश्चिमस्यां दिशि रविरस्तं याति ।
२७—मातृपितृहीनः बालोऽयम् ।
२८—चतुर्विप्रान् आमन्त्रयित्वा भोजय ।
२९—बहुपन्था अयं ग्रामः ।
३०—नरपत्युरादेशं पालय ।
३१—सिंहा हरिणान् निहन्ति ।
३२—वर्द्धन्तं शत्रुं रोगं च नोपेक्षेत ।
३३—इतरं नास्ति कारणमस्य ।
३४—अद्य प्रातः वृष्टिर्बभूव ।
३५—मे वचन स न विश्वसिति ।
३६—राजानः भूमण्डलानि शासन्ति ।
३७—तं जीवनाय धिक् ।
३८—पितुराज्ञया रामो वनं प्रतिष्ठत् ।
३९—प्रभुः भृत्याय अभिक्रुध्यति ।
४०—सूर्यस्य तेजेन भूमण्डलं तप्तम् ।
४१—कदापि मृषां मा वदेत् ।
४२—गृहाणामुपरिषु धूमलेखाः ।
४३—यतयोऽरण्ये अधिवस्तुमिच्छन्ति ।
४४—मम न रोचते ते वाक्यम् ।
४५—नदीभ्यो गङ्गा श्रेष्ठा ।
४६—आलस्यपरायणो जनः सततमेव गृहे अधितिष्ठन्ति अतोधिक् तेभ्यः कर्तव्यविमुखेभ्यः ।

२५—नास्ति मे मरणाद् भयम् ।
२६—पश्चिमायां दिशि रविरस्तं याति ।
२७—मातापितृहीनः बालोऽयम् ।
२८—चतुरः विप्रान् आमन्त्र्य भोजय ।
२९—बहुपथोऽयं ग्रामः ।
३०—नरपतेरादेशं पालय ।
३१—सिंहा हरिणान् निघ्नन्ति ।
३२—वर्द्धमानं शत्रुं रोगं च नोपेक्षेत ।
३३—इतरत् नास्ति कारणमस्य ।
३४—अद्य प्रातः वृष्टिरभवत् ।
३५—मम वचनं स न विश्वसिति ।
३६—राजानः भूमण्डलानि शासति ।
३७—तव जीवनं धिक् ।
३८—पितुराज्ञया रामो वनं प्रातिष्ठत् ।
३९—प्रभुः भृत्यम् अभिक्रुध्यति ।
४०—सूर्यस्य तेजसा भूमण्डलं तप्तम् ।
४१—कदापि मृषा मा वदेत् ।
४२—गृहाणामुपरि धूमलेखाः ।
४३—यतयोऽरण्यम् अधिवस्तुमिच्छन्ति ।
४४—मह्यं न रोचते ते वाक्यम् ।
४५—नदीषु गङ्गा श्रेष्ठा ।
४६—आलस्यपरायणा जना सततमेव गृहमधितिष्ठन्ति, अतः धिक् तान् कर्तव्यविमुखान् ।

कुछ विशेष अशुद्धियाँ

(१) संज्ञा एवं सर्वनाम की अशुद्धियाँ

अशुद्ध वाक्य	शुद्ध वाक्य
१—मायाविनं मित्रं त्यजेत् ।	१—मायावि मित्रं त्यजेत् ।
२—आसां तिसॄणामृचामर्थः किं त्वया न ज्ञातः ।	२—आसां तिसृणामृचामर्थः किं त्वया न ज्ञातः ।
३—ग्राम्याश्चतुष्पदो विनाशितास्तैर्नृशंसैः ।	३—ग्राम्याश्चतुष्पादो विनाशितास्तैर्नृशंसैः ।
४—यया कार्याणि सिध्यन्ति सा लक्ष्मीत्यभिधीयते ।	४—यया कार्याणि सिध्यन्ति सा लक्ष्मीरित्यभिधीयते ।
५—त्रिंशद्भिरपि वर्षैर्नेदं शक्यं साधयितुम् ।	५—त्रिंशताऽपि वर्षैर्नेदं शक्यं साधयितुम् ।
६—सभासदानामाचारशुद्धिः सभायाः यशसे जायते ।	६—सभासदाम् आचारशुद्धिः सभायाः यशसे जायते ।
७—मनो न रमते स्त्रीणां जराजीर्णेन्द्रिये पतौ ।	७—मनो न रमते स्त्रीणां जराजीर्णेन्द्रिये पत्यौ ।
८—उर्वशी नामाप्सरा स्वर्गस्यालङ्कारः ।	८—उर्वशी नामाप्सराः स्वर्गस्यालङ्कारः ।
९—वीणायास्तन्त्री विच्छिन्ना ।	९—वीणायास्तन्त्रीर्विच्छिन्ना ।
१०—ख्यातिमधिगन्तुमना जना यथा तथा प्रयतन्ते ।	१०—ख्यातिमधिगन्तुमनसो जना यथा तथा प्रयतन्ते ।

विवेचन

१—सुहृद् वाचक मित्र शब्द के नपुंसकलिङ्ग होने से उसका विशेषण 'मायावि' शब्द भी नपुंसक लिङ्ग में हुआ । २—'नतिसृचतसृ ।६।४।४।' इस पाणिनीय सूत्र से दीर्घ नहीं हुआ । ३—प्रथमा के बहुवचन में 'चतुष्पादः' होगा और द्वितीया के बहुवचन में 'चतुष्पदः' होगा । ४—'लक्ष्मी' शब्द दीर्घ ईकारान्त औणादिक है, न कि स्त्री प्रत्यय, अतः 'सु' का लोप नहीं हुआ, विसर्ग होकर प्रथमा के एकवचन में 'लक्ष्मीः' ऐसा रूप हुआ । ५—त्रिंशता एक वचन होगा, विंशति प्रभृति शब्द नवनवति तक संख्यावाचक एक वचन में ही प्रयुक्त होते हैं । ६—सभासद् शब्द दान्त प्रातिपदिक है । ७—पति शब्द मात्र की घि संज्ञा नहीं है, अतः सप्तमी के एक वचन में पत्यौ होगा । ८—अप्सरस् शब्द सकारान्त है न कि अकारान्त, अतः 'अप्सराः' होगा । ९—'तन्त्री' शब्द ईकारान्त औणादिक है, न कि स्त्री प्रत्यय, अतः प्रथमा के एकवचन में 'तन्त्रीः' होगा । १०—'मनाः—मनसौ—मनसः' यहाँ बहुवचन उचित है ।

११—विश्वेऽस्मिन्ननृतात् परतरं पातकं नास्त ।

१२—स्वात्ममानः प्राणैरपि धनैरपि रक्ष-णीयः ।

१३—पूर्वस्यां दिशि सूर्य उदेति, पश्चि-मस्यां चास्तमेति ।

१४—गेये केन विनीतौ वाम् ।

१५—अनृतादितरं महत्तरं पातकं नास्ति ।

१६—या ब्राह्मणी सुरापी नैनां देवाः पतिलोकं नयन्ति ।

१७—सर्वेषां चतुष्पदानां ज्वलनाद् भयं जायते ।

१८—तपसैव सृजत्येनां विश्वसृट सृष्टि-मुत्तमाम् ।

११—विश्वस्मिन्नस्मिन् अनृतात् परतरं पातकं नास्ति ।

१२—स्वमानः (आत्ममानो वा) प्राणै-रपि धनैरपि रक्षणीयः ।

१३—पूर्वस्यां दिशि सूर्य उदेति, पश्चि-मायां चास्तमेति ।

१४—गेये केन विनीतौ युवाम् ।

१५—अनृतादितरत् महत्तरं पातकं नास्ति ।

१६—या ब्राह्मणी सुरापी नैनां देवाः पतिलोकं नयन्ति ।

१७—सर्वेषां चतुष्पदां ज्वलनाद् भयं जायते ।

१८—तपसैव सृजत्येतां विश्वसृट् सृष्टि-मुत्तमाम् ।

अजादि सन्धियों की अशुद्धियाँ

१—तऽअब्रुवन् मुनिम्, भगवन् व्याख्याहि नः सदाचारम् ।

१—तेऽब्रुवन् मुनिम्, भगवन् व्याख्याहि नः सदाचारम् ।

विवेचन

११—विश्व शब्द सर्ववचन सर्वनाम है, अतः शुद्धरूप 'विश्वस्मिन्' होगा । १२—स्व तथा आत्म शब्द एक दूसरे के पर्यायवाची हैं, अतः इनमें से एक का ही प्रयोग करना चाहिए । १३—पश्चिम शब्द के सर्वादिगण में न होने से उसकी सर्वनाम संज्ञा नहीं है, अतः 'पश्चिमायाम्' शुद्ध रूप है । १४—उपर्युक्त प्रयोग रामायण के उत्तर काण्ड में है, किन्तु पाणिनि के मतानुसार 'वाम्' के स्थान पर 'युवाम्' होना चाहिए । १५—स्वमोरद्डादेश विधान होने से 'इतरत्' ही शुद्ध रूप है । १६—एतत् शब्द में अन्वादेश नहीं होगा, क्योंकि उसका प्रयोग एक ही बार हुआ है, अतः एताम् होगा । १७—चतुष्पदाम् यही शुद्ध रूप है । १८—अन्वादेश के न होने से 'एनाम्' के स्थान पर 'एताम्' होगा ।

१—'ते अब्रुवन्' में 'एङः पदान्तादति ।६।१।१०९।' से पूर्वरूप सन्धि होती है ।

२—देशे किम्वदन्ती यत् सुभाषवसुरद्यापि जीवतोऽस्ति ।	२—देशे किंवदन्ती यत्सुभाषवसुरद्यापि जावितोऽस्ति ।
३—श्वोहं गुरुमुपेष्यामीति प्रतिजाने ।	३—श्वोहं गुरुमुपैष्यामीति प्रतिजाने ।
४—उभेऽपि युवत्यौ नृत्ये प्रवीणे सङ्गीते चापि विशारदे ।	४—उभे अपि युवत्यौ नृत्ये प्रवीणे सङ्गीते चापि विशारदे ।
५—अहोऽस्मि परमप्रीतो यस्य में त्वादृशः सखा ।	५—अहो अस्मि परमप्रीतो यस्य मे त्वादृशः सखा ।
६—यदाचार्यैर्मतमुपन्यस्तं तत्रौमिति ब्रूमः ।	६—यदाचार्यैर्मतमुपन्यस्तं तत्रोम् इति ब्रूमः (ओमित्यङ्गीकारे) ।
७—अस्माकं साम्प्रतिकी परिस्थितिर्न शुभा ।	७—अस्माकं साम्प्रतिकी परिष्ठिति र्न शुभा ।
८—प्रनश्यति यशो दुराचारस्य ।	८—प्रणश्यति यशो दुराचारस्य ।
९—ते ही श्रेयान्सो ये स्वार्थाविरोधेन परहितं कुर्वन्ति ।	९—तेहि श्रेयांसो ये स्वार्थाविरोधेन परहितं कुर्वन्ति ।
१०—भो तात गृहाण सदुपदेशम् ।	१०—भोस्तात गृहाण सदुपदेशम् ।
११—त्वं राजसदनस्य बहिः प्रदेशे तिष्ठ यावदहं प्रत्यावर्ते ।	११—त्वं राजसदनस्य बहिष्प्रदेशे तिष्ठ यावदहं प्रत्यावर्ते ।
१२—आयुःकामः पथ्याशी, व्यायामी, स्त्रीषु जितात्मा च भवेत् ।	१२—आयुष्कामः पथ्याशी, व्यायामी, स्त्रीषु जितात्मा च भवेत् ।

२—'मोऽनुस्वारः ।८।३।२३।' सूत्र से अनुस्वार होकर 'किंवदन्ती' शुद्ध रूप होता है, इसी प्रकार—प्रियंवदा, स्वयंवरः, संवादः आदि शब्दों में अनुस्वार होता है । ३—'उपैष्यामि' यहाँ पर 'एत्येधत्यूठ् सु ।६।१।८६।' से वृद्धि होती है । ४—'उभे अपि' शुद्ध रूप है, क्योंकि 'ईदूदेद् द्विवचनम् प्रगृह्यम् ।१।१।११।' से प्रगृह्य संज्ञा होकर प्रकृतिभाव हो गया । ५—यहाँ पर 'ओत् ।१।१।१५।' से प्रगृह्य संज्ञा होकर प्रकृतिभाव हो गया । ६—'तत्रोम्' इस में 'ओमाङोश्च ।६।१।९५।' सूत्र से पररूप हो गया । ७—'परिष्ठिति' यहाँ पर 'उपसर्गात्सुनोति सुवति स्यति स्तौति० ।८।३।६५।' से स् को ष् हो गया । ८—'प्रणश्यति' में 'उपसर्गादसमासेऽपि ।८।४। १४।' से णत्व हो गया । ९—श्रेयांसः में नश्चापदान्तस्य झलि ।८।३।२४। से न् का अनुस्वार हो गया । १०—भोस्तात में 'विसर्जनीयस्य सः ।८।३।३४।' से विसर्ग को स् हो गया । ११—'इदुदुपधस्य चाप्रत्ययस्य ।८।३।४१ ।' से विसर्ग को ष् हो गया । १२—नित्यं समासेऽनुत्तरपदस्थस्य ।८।३।४५। से षकार हो गया ।

१३—आहन्ति कपाटं कश्चित्, कः कोऽत्र भोः।

१४—अङ्गुलिसङ्गेऽपि कोमलानि पुष्पाणि म्लायन्ति।

१५—श्वः प्रात एवागच्छ।

१६—स्वयं विफलः कः परान्तारयेत्।

१७—तपोधनस्य रघोर्मृण्मयानि भाजनान्यासन्।

१८—कुत्सितेन परामर्शेण सर्वेषां स्वान्तं नितान्तं दूयते।

१९—तेजस्वी नान्यस्य समुन्नतिं विषोढुं क्षमः।

२०—रघुवंशिनो राजानः स्वतेजसा सुरासुरलोकानभ्यभूवन्।

१३—आहन्ति कपाटं कश्चित्, कस्कोऽत्र भोः।

१४—अङ्गुलिषङ्गेऽपि कोमलानि पुष्पाणि म्लायन्ति।

१५—श्वः प्रातरेवागच्छ।

१६—स्वयं विफलः कः परांस्तारयेत्।

१७—तपोधनस्य रघोर्मृन्मयानि भाजनान्यासन्।

१८—कुत्सितेन परामर्शेन सर्वेषां स्वान्तं नितान्तं दूयते।

१९—तेजस्वी नान्यस्य समुन्नतिं विसोढुं क्षमः।

२०—रघुवंशिनो राजानः स्वतेजसा सुरासुरलोकान्यभ्यभूवन्।

लिङ्ग सम्बन्धी अशुद्धियाँ

१—सर्वे पदाः हस्तिपदे निमग्नाः।

२—यादृशी शीतला देवी तादृशो वाहनः खरः।

३—द्वौ द्वौ चत्वारो भवन्ति।

१—सर्वे पादाः हस्तिपादे निमग्नाः।

२—यादृशी शीतला देवी तादृशं वाहनं खरः।

३—द्वे द्वे चत्वारि भवन्ति।

१३—यहाँ पर 'कस्कादिषु च ।८।३।४८।' से 'स्' हुआ, 'ष्' नहीं। १४—अङ्गुलिषङ्ग में 'समासेऽङ्गुलेः सङ्गः ।८।३।८०।' अङ्गुलि के साथ सङ्ग का समास होने पर 'स्' को 'ष्' हो जाता है। १५—'प्रातर' रकारान्त अव्यय है। १६—नश्छव्यप्रशान् ।८।३।७ से नकारान्त पद को रु हो गया, रु का विसर्ग और फिर सत्व हो गया, तथा उसके पूर्व अनुस्वार। १७—अनुनासिक के असिद्ध होने से 'मृन्मयानि' होगा। १८—शकार के व्यवधान होने से णत्व नहीं होता। १९—सोढः ।८।३।११५। से सको मूर्धन्यादेश नहीं हुआ। २०—नकार के पूर्व ह्रस्व न होने से "ङमोह्रस्वादचि ङमुण् नित्यम् ।८।३।३२।" सूत्र यहाँ नहीं लगता।

१—पद शब्द नित्य नपुंसक लिङ्ग है और पाद नित्य पुँल्लिङ्ग। २—वाहन शब्द नपुंसक लिङ्ग है और खर शब्द विशेषण भी नहीं है जिससे यहाँ पुँल्लिङ्ग सार्थक हो। ३—'सामान्ये नपुंसकम्' इस नियम के अनुसार नपुंसक लिङ्ग।

४—वर्षनं वाऽथ सम्मानं खलानां प्रीतये कुतः।

५—इमानि कन्दराणि श्वापदाकुलानीति भयं जनयन्ति जनानाम्।

६—शुचौ शुष्यन्ति पल्वलाः।

७—कियत्यो वितस्तयो विस्तारः अस्याः शाटिकायाः।

८—महानयमाजिर्न जानाति कश्चित् कदाऽवसास्यति।

९—पुराणीयं कलिर्नैषा शक्या शमयितुम्।

१०—अतीते महायुधि लक्षशो योधाः मृताः।

११—एषा ध्वनिः श्रवणयोर्मूर्च्छति।

१२—सर्षपा ण स्वया पीतिम्ना दिशः अनुरञ्जयन्ति।

१३—गरुडो ध्वजायां यस्य स गरुडध्वजो विष्णुः।

१४—श्रुतौ स्त्रीणामधिकारोऽस्ति न वा इतिविवादास्पदो विषयः।

१५—दानवीरेण घनश्यामदासश्रेष्ठिना ग्रामेऽत्रैककम् औषधालयं समुद्घाटितम्।

४—वर्षनं वाऽथ सम्मानः खलानां प्रीतये कुतः।

५—इमे कन्दराः श्वापदाकुला इति भयं जनयन्ति जनानाम्।

६—शुचौ शुष्यन्ति पल्वलानि।

७—कियन्ता वितस्तयो विस्तारः अस्याः शाटिकायाः।

८—महतीयमाजिर्न जानाति कश्चित् कदाऽवसास्यति।

९—पुराणोऽयं कलिर्नैष शक्यः शमयितुम्।

१०—अतीतायां महायुधि लक्षशो योधाः मृताः।

११—एष ध्वनिः श्रवणयोर्मूर्छति।

१२—सर्षपाणि स्वेन पीतिम्ना दिशः अनुरञ्जयन्ति।

१३—गरुडो ध्वजे यस्य स गरुडध्वजो विष्णुः।

१४—श्रुतौ स्त्रीणामधिकारोऽस्ति न वा इति विवादास्पदं विषयः।

१५—दानवीरेण घनश्यामदासश्रेष्ठिना ग्रामेऽत्रैकः औषधालयः समुद्घाटितः।

४—सम्मान शब्द घञ् प्रत्यय से बनता है, अतः पुँल्लिङ्ग है। ५—कन्दर शब्द पुँल्लिङ्ग तथा स्त्रीलिङ्ग है, नपुंसक लिङ्ग नहीं। ६—पल्वल शब्द अमरकोश के अनुसार नपुंसक लिङ्ग है। ७—वितस्ति शब्द पुँल्लिङ्ग है। ८—लिङ्गानुशासन के अनुसार आजि शब्द स्त्री लिङ्ग है। ९—कलि शब्द पुंल्लिङ्ग है। १०—युध् शब्द स्त्री लिङ्ग है। ११—'शब्दे निनादनिनदध्वनिध्वानरवस्वनाः" अमरकोश के अनुसार ध्वनि-शब्द पुंल्लिङ्ग है। १२—पीतिमन् शब्द इमनिजन्त होने से नित्य पुँल्लिङ्ग है। १३—'केतनं ध्वजमस्त्रियाम्' अमरकोश के अनुसार ध्वज शब्द स्त्रीलिङ्ग नहीं है। १४—'आस्पद' शब्द अजहल्लिङ्ग अर्थात् नित्य नपुंसक लिङ्ग है। १५—पुंसि संज्ञायां घः प्रायेण।४।३।११८। इस सूत्र के अनुसार घाजन्त शब्द पुंल्लिङ्ग होते हैं।

१६—दुर्जनाः परकार्येषु बहूनि विघ्नानि कुर्वन्ति ।

१७—कोकिलायाः कण्ठस्वरमतिमधुरमस्ति ।

१८—अयमपथः अन्यमार्गेण याहि ।

१९—अत्र तिलकक्रियायां कियन्त्यक्षतानि अपेक्षन्ते ।

२०—गम्भीरमिदं जलाशयं नात्र स्नातव्यम् ।

१६—दुर्जनाः परकार्येषु बहून् विघ्नान् कुर्वन्ति ।

१७—कोकिलायाः कण्ठस्वरोऽति मधुरोऽस्ति ।

१८—इदमपथम् अन्यमार्गेण याहि ।

१९—अत्र तिलकक्रियायां कियन्तोऽक्षताः अपेक्षन्ते ।

२०—गम्भीरोऽयं जलाशयः नात्र स्नातव्यम् ।

स्त्रीप्रत्यय की अशुद्धियाँ

१—पिता रत्नाकरो यस्य लक्ष्मीर्यस्य सहोदरी ।

२—पापीयं नापिती, इयं हि यत्र तत्र विग्राहयति जनान् ।

३—एतादशाया अवस्थायाः कः प्रतीकारः इति विभावयन्तु विज्ञाः ।

४—सुन्दरया अनया बालया को न युवको विस्मापितः ।

५—इदानीन्तनासु भाषासु संस्कृत इव नान्या कापि सुललिता गम्भीरा च ।

१—पिता रत्नाकरो यस्य लक्ष्मीर्यस्य सहोदरा ।

२—पापेयं नापिती, इयं हि यत्र तत्र विग्राहयति जनान् ।

३—एतादृश्या अवस्थायाः कः प्रतीकारः इति विभावयन्तु विज्ञाः ।

४—सुन्दर्या अनया बालया को न युवको विस्मापितः ।

५—इदानीन्तनीषु भाषासु संस्कृत इव नान्या कापि सुललिता गम्भीरा च ।

१६— विघ्नोऽन्तरायः प्रत्यूहः' अमरकोश के अनुसार विघ्न शब्द पुँल्लिङ्ग है । १७—स्वर शब्द पुँल्लिङ्ग है । १८—अपथं नपुंसकम् ।२।४।३०। सूत्र के अनुसार 'अपथः' अशुद्ध है । १९—'लाजाः अक्षताः' आदि शब्द पुँल्लिङ्ग में ही प्रयुक्त होते हैं । २०—'आशेरते जलानि अत्र इति जलाशयः' जलाशय शब्द में 'एरच् ।३।३।५६। सूत्र से अच् प्रत्यय हुआ, और घाजन्त शब्द पुँल्लिङ्ग होते हैं ।

१—सहोदरी में किसी नियम से भी ङीप् नहीं हो सकता, अतः टाप् होकर सहोदरा शुद्ध रूप बनता है । २—पापा नापिती शुद्ध रूप है, केवल मामकभागधेयपाप० ।४।१।३०। से संज्ञा एवं छन्द में ही ङीप् होता है । ३—कञ् प्रत्यय होने से स्त्रीलिङ्ग में ङीप् होता है । ४—षिद्गौरादिभ्यश्च ।४।१।४१। से ङीष प्रत्यय होता है । ५—ट्युल् प्रत्यय होने पर 'इदानीन्तनीषु' ऐसा रूप ही शुद्ध है ।

६—इयं सुरापी क्षत्रिया, इयं च क्षीरपी, अत इमौ भिद्येते विनयेन ।

७—अहो रम्येयं रशना त्रिसूत्रा !

८—सुधाधरीस्तस्या वाचो निशम्य अवर्णनीयं रसमन्वभूवम् ।

९—नैजां क्षमतां विचार्यैव कार्यसम्पादने मतिं कुरु ।

१०—पाञ्चाल प्रदेशे हडप्पानाम्नि स्थाने चिरन्तना मृन्मयाः मुद्रा आनुसन्धानिकैर्लब्धाः ।

११—इयमार्षा भणितिः कस्य चेतो नावर्जयति ।

१२—नूतनीषु प्रथासु प्रीतिमांस्त्वम्, प्राचीनासु कमपि गुणं नेक्षसे इति नोचितम् ।

६—इयं सुरापी क्षत्रिया इयं च क्षीरपा, अत इमौ भिद्येते विनयेन ।

७—अहो रम्येयं रशना त्रिसूत्री !

८—सुधाधरास्तस्या वाचो निशम्यावर्णनीयं रसमन्वभूवम् ।

९—नैजीं क्षमतां विचार्यैव कार्यसम्पादने मतिं कुरु ।

१०—पाञ्चालप्रदेशे हडप्पानाम्नि स्थाने चिरन्तन्यः मृन्मय्यो मुद्रा आनुसन्धानिकैर्लब्धाः ।

११—इयमार्षी भणितिः कस्य चेतो नावर्जयति ।

१२—नूतनासु प्रथासु प्रीतिमांस्त्वम्, प्राचीनासु कमपि गुणं नेक्षसे इति नोचितम् ।

विभक्तियों की अशुद्धियाँ

१—दिष्टयाऽऽचार्यपरीक्षायामुत्तीर्णोऽस्मि ।

२—दुष्टानां नाशोऽवश्यं भाव्यः ।

१—दिष्टयाऽऽचार्यपरीक्षामुत्तीर्णोऽस्मि ।

२—दुष्टानां नाशेनावश्यं भाव्यम् ।

६—क्षीरपा ही शुद्ध रूप है, क्योंकि टक् की प्राप्ति नहीं, आतोऽनुपसर्गे कः ।३।२।३। से क प्रत्यय होता है और फिर टाप् हो जाता है। सुरापी शुद्ध रूप है क्योंकि 'सुरासीध्वोः' ऐसे वक्तव्य से 'गापोष्टक् ।३।२।८।' से टक् हुआ और फिर ङीप् प्रत्यय हुआ । ७—त्रीणि सूत्राणि यस्याः इस प्रकार बहुव्रीहि होने से ङीप् नहीं हो सकता, अतः त्रिसूत्रा ही शुद्ध रूप है । ८—सुधायाः धरः इति धरशब्दः पचाद्यजन्तः, अतः सुधाधराः ही शुद्ध रूप है । ९—नैज शब्द अणन्त है, अतः नैजीम् ही शुद्ध है । १०—चिरन्तन्यः, मृन्मय्यः ही शुद्ध हैं, पूर्व वाले में ट्युल् प्रत्यय है और बाद वाले में मयट् । ११—तद्धित अण् प्रत्यय होने पर स्त्रीलिङ्ग में ङीप् होता है, आर्षी ही शुद्ध रूप है । १२—नूतन में तनप् प्रत्यय है, टाप् होने पर नूतना बनता है ।

१—पार जाने के अर्थ में तरति सकर्मक है, तैरने के अर्थ में ही अकर्मक है । २—भाव्य शब्द कृत्य प्रत्ययान्त है। 'ओरावश्यके ।३।१।१२५।' सूत्र से ण्यत् होता है, क्योंकि भाव में यह प्रत्यय हुआ है, अतः अनुक्त कर्ता में तृतीया होती है, अतः नाशेन शुद्ध है ।

३—कः वर्णयेत्तस्य वीरस्य गुणान् परश्शतेष्वपि श्लोकेषु ।	३—को वर्णयेत्तस्य वीरस्य गुणान् परश्शतैरपि श्लोकैः ।
४—तरन्ति सन्तो जगतो महान्तः ।	४—तरन्ति सन्तो जगत् महान्तः ।
५—घोरायां निद्रायां शेतेऽयमनात्मज्ञः ।	५—घोरया निद्रया शेतेऽयमनात्मज्ञः ।
६—दयासागरोऽपि त्वं कथं न दयसे मयि ।	६—दयासागरोऽपि त्वं कथं न दयसे मम मां वा ।
७—कैकयी वरमयाचत यद् रामश्चतुर्दशभ्यो वर्षेभ्यो वनं गच्छेत् ।	७—कैकयी वरमयाचत यद् रामश्चतुर्दशवर्षाणि वनं गच्छेत् ।
८—नद्यामाप्लवमानस्य कूपेभ्यः किं प्रयोजनम् ।	८—नद्यामाप्लवमानस्य कूपैः किं प्रयोजनम् ।
९—यन्मह्यं प्रियं नावश्यं तत्सर्वेभ्यः प्रियं स्यात् ।	९—यन्मम प्रियं नावश्यं तत्सर्वेषां प्रियं स्यात् ।
१०—कादयो मावसाना वर्णाः पञ्चसु वर्गेषु विभक्ताः ।	१०—कादयो मावसाना वर्णाः पञ्चभिः वर्गैः विभक्ताः ।
११—परमात्मनि संश्रितः साधुर्न कुतश्चन बिभेति ।	११—परमात्मानं संश्रितः साधुर्न कुतश्चन बिभेति ।
१२ ये सर्वायुषि सुकर्म द्विषन्ति सुकृतिषु चासूयन्ति ते पापात्मानः ।	१२—ये सर्वमायुः सुकर्म द्विषन्ति सुकृतिभ्यः चासूयन्ति ते पापात्मानः ।

३—अपवर्गे तृतीया ।२।३।६। से तृतीया होकर परश्शतैः शुद्ध रूप होगा । ४—जगत् तरति का कर्म है, जगतः पञ्चमी रूप अशुद्ध है । ५—इत्थं भूतलक्षणे ।२।३।२ । इस सूत्र से तृतीया हुई, सप्तमी का कोई अर्थ यहाँ पर आधार का नहीं है, दूसरे शब्दों में कह सकते हैं—घोरं निद्राणः शेतेऽयमनात्मज्ञः । ६—अधीगर्थदयेशां कर्मणि ।२।३।५२। से कर्म की शेषत्व विवक्षा में षष्ठी होती है, अतः षष्ठी का रूप 'मम' होगा । दयति सकर्मक है, अतः द्वितीया 'माम्' भी शुद्ध है । ७—चतुर्दशवर्षाणि में अत्यन्त संयोगे च ।२।१।२६। से द्वितीया हुई । ८ 'गम्यमानापि क्रिया कारकविभक्तेः प्रयोजिका' वामन के इस वचन से कूपैः करण में तृतीयान्त होगा । ९—प्रिय शब्द क प्रत्ययान्त है, कृद्योगलक्षणा से षष्ठी होने से 'मम-सर्वेषाम्' शुद्ध रूप होंगे । १०—विभाग विषय 'कादयो मावसानाः वर्णाः' है, वह विभाग पञ्चभिः वर्गैः' इष्ट है, अतः 'इत्थं भूतलक्षणे ।२।३।२१। से तृतीया हुई । ११—संश्रि धातु सकर्मक है, अतः 'परमात्मानम्' ही शुद्ध रूप है । १२—कालाध्वनोरत्यन्त संयोगे ।२।३।५। इस सूत्र से द्वितीया हुई, अतः 'सर्वमायुः' शुद्ध है, 'सुकृतिभ्यः' में क्रुध द्रुहेर्ष्यासूयार्थानाम्० ।१।४।३७। से सम्प्रदान होने से चतुर्थी हुई ।

१३—हरीतकीं भुङ्क्ष्व पान्थ मातेव हितकारिणीम् ।	१३—हरीतकीं भुङ्क्ष्व पान्थ मातरमिव हितकारिणीम् ।
१४—ब्रह्मैव जगद्रूपे परिणतमित्याहुरपण्डिताः ।	१४—ब्रह्मैव जगद्रूपेण परिणतमित्याहुरपण्डिताः ।
१५—ये वदितारो जनापवादानां ग्रहीतारो वोत्कोचानां ते नार्हन्ति सम्मानम् ।	१५—ये वदितारो जनापवादान् ग्रहीतारो वोत्कोचांस्ते नार्हन्ति सम्मानम् ।
१६—अस्मभ्यं तु शंकरप्रभृतयः अधिकप्रज्ञानाः प्रतीयन्ते ।	१६—अस्माकं तु शंकरप्रभृतयः अधिकप्रज्ञानाः प्रतीयन्ते ।
१७—किमिति वृथा प्रकुप्यसि गुरौ ।	१७—किमिति वृथा प्रकुप्यसि गुरवे ।
१८—नहि कुशलोऽपि स्वस्कन्धे समारोढुं क्षमः ।	१८—न हि कुशलोऽपि स्वस्कन्धमारोढुं क्षमः ।
१९—नृशंसास्ते खलु ये बालेष्वपि नादयन्त ।	१९—नृशंसास्ते खलु ये बालानां (बालान् वा) नादयन्त ।
२०—यो दुष्टे मार्गे संचरते स आत्मनि शत्रूयते ।	२०—यो दुष्टेन मार्गेण संचरते स आत्मनि शत्रूयते ।
२१—नाटिका हि प्रायेण चतुर्ष्वङ्केषु पूर्यत ।	२१—नाटिका हि प्रायेण चतुर्भिरङ्कैः पूर्यते ।
२२—देवभाषाव्यवहारो हिन्दुजात्यै न सुपरिहरः ।	२२—देवभाषाव्यवहारो हिन्दुजात्या न सुपरिहरः ।

१३—मातेव इति प्रथमा अनुपयुक्त है, मातरमिव उचित है । १४—प्रकृत्यादिभ्यः इससे अथवा इत्थं भूतलक्षणे इससे तृतीया हुई, जैसा कि प्रयोग मिलता है—'पयो दधिभावेन परिणमते ।" १५—न लोकाव्ययनिष्ठा० ।२।३।६९। इस सूत्र से षष्ठी का निषेध है, अतः जनापवादान्, उत्कोचान् ये दोनों द्वितीया के रूप शुद्ध हैं । १६—अस्माकम् इस में शैषिकी षष्ठी है । १७—प्रकुप्यसि के साथ मह्यम् चतुर्थी होती है, क्रुधद्रुहेर्ष्यासूयार्थानां यंप्रतिकोपः ।१।४।३७। इस सूत्र द्वारा । १८—आरुह धातु सकर्मक है, अतः स्कन्धमारोढुम ही शुद्ध है । १९—बालान् अथवा बालानाम् शुद्ध हैं, सप्तमी के लिए कोई आधार यहाँ पर नहीं है । २०—समस्तृतीया युक्तात् ।१।३।५४। इससे तृतीया हुई । कालिदासने मेघदूत में प्रयोग किया है—'कच्चित् पथा संचरते घनानाम् ।' २१—अपवर्गे तृतीया ।२।३।६। से तृतीया हुई, 'चतुर्भिरङ्कैः' यही शुद्ध है । २२—भाव में तथा अकर्मक क्रिया से ही खलर्थ प्रत्यय होते हैं, अतः कर्ता के अनुक्त होने पर 'हिन्दुजात्या' यही शुद्ध रूप होगा ।

२३—मासत्रयात प्रवृत्तस्य विववाद-स्याद्य अन्ती जातः।	२३—मासत्रयं प्रवृत्तस्य विवादस्याद्य अन्तो जातः।
२४—स साधुर्यो न केनचिद् द्वेष्टि न स्निह्यति कस्य चित्।	२४—स साधुर्यो न कंचिद् द्वेष्टि न स्निह्यति कस्मिश्चित्।
२५—संस्कृतावहेलनं भारतवासिभ्यो न शोभते।	२५—संस्कृतावहेलनं भारतवासिनां च शोभते।
२६—दुर्जनः सर्वैरविशेषेण विश्वास-घातं करोति।	२६—दुर्जनः सर्वेषामविशेषेण विश्वास-घातं करोति।
२७—कौसल्यया रामो जातः सुमित्रया च लक्ष्मणः।	२७—कौसल्यायां रामो जातः सुमित्रायां च लक्ष्मणः।
२८—धन्यास्ते ये हिंसावृत्तैर्विवर्जिताः।	२८—धन्यास्ते ये हिंसावृत्या विवर्जिताः।
२९—धिक् तं यस्मान्न पिता प्रसीदति न च गुरुः।	२९—धिक् तं यस्मिन् न पिता प्रसीदति न च गुरुः।
३०—वर्तमानायां बहुदैवतार्चायाम् उप-हसन्ति केचित्।	३०—वर्तमानां बहुदेवतार्चाम् उप-हसन्ति केचित्।
३१—न जाने किं तेन करिष्यति नृशंसो दुरात्मा।	३१—न जाने किं तं करिष्यति नृशंसो दुरात्मा।
३२—नहि शुकवच् छक्यते पाठयितुं बालान्।	३२—न हि शुकवच्छक्यन्ते पाठयितुं बालाः।

२३—अत्यन्तसंयोगे च।२।१।२९। इस सूत्र से मासत्रयम् द्वितीया ही शुद्ध है। २४—द्विष् धातु सकर्मक है और स्निह् धातु अकर्मक है, अतः न कंचिद् द्वेष्टि न स्निह्यति कस्मिंश्चित ये ही शुद्ध रूप हैं, सम्बन्ध षष्ठी में कस्य चित् रूप भी ठीक है। २५—भारतवासिनाम् इति शेषे षष्ठी। विषय सप्तमी का प्रयोग भी हो सकता है। २६—सर्वेषाम शुद्ध रूप है, यहाँ सह का अर्थ नहीं है, अतः तृतीया नहीं होगी। २७—यहाँ अधिकरण की विवक्षा ही लोक में प्रसिद्ध है। २८—हिंसा वृत्या इति अनुक्त कर्ता में तृतीया ही ठीक है। २९य—स्मिन इसमें वैषयिकी सप्तमी है। ३०—दैवतार्चाम् यहाँ पर कर्म में द्वितीया हुई, क्योंकि उपहस् सकर्मक है, मेघदूत में कवि-कालिदास ने लिखा है—"गौरीवक्त्रभ्रुकुटिरचनां या विहस्येव फेनैः।" ३१—तेन इसमें तृतीया ठीक नहीं है, किं तं करिष्यति यही शिष्ट प्रयोग है। महाभारत में प्रयोग है—'क्रुद्धः किं मां करिष्यति।' ३२—बालाः कर्म है, कर्मवाची प्रधान क्रिया के में के मानने पर 'शक्यन्ते पाठयितुं बालाः' ऐसा होना चाहिए था, प्रधान क्रिया के अनुक्त होने पर भी प्रधान क्रिया उक्त है, भाव में प्रत्यय हुआ तो भी दोष नहीं।

३३—दुराचारो नार्हति भवार्णवादुत्तरीतुम् ।
३४—एते हि नैकत्र शक्नुवन्ति चिरकालाय स्थातुम् ।

३३—दुराचारो नार्हति भवार्णवमुत्तरीतुम् ।
३४—एते हि नैकत्र शक्नुवन्ति चिरकालं स्थातुम् ।

प्रकीर्ण अशुद्धियाँ

१—वाङ् मनोतीताय ब्रह्मणे नमः ।
२—भारते वर्षे स्त्रियः प्रायशः स्वपत्या सह बहिर्न पर्यटन्ति ।
३—नौ देहि माहिषं दधि ।
४—स्व स्त भूपतये सपुत्राय सामात्याय ।
५—योऽग्र विहरति स तदापि अविहरत् ।
६—कदानीं भवान् यास्यसि ?
मया तु परश्वो गमिष्यते ।
७—भवानेतानि फलानि किमिति न परिक्रीणाति ।
८—दिवाकरः सदैवोष्णीभूतो भ्राम्यति ।

१—वाङ् मनसातीताय ब्रह्मणे नमः ।
२—भारते वर्षे स्त्रियः प्रायशः स्वपतिना सह बहिर्न पर्यटन्ति ।
३—आवाभ्यां देहि माहिषं दधि ।
४—स्वस्ति भूपतये सह पुत्राय सहामात्याय ।
५—योऽग्र विहरति स तदापि व्यहरत् ।
६—कदानीं भवान् यास्यति ?
मया तु परश्वो गंस्यते ।
७—भवानेतानि फलानि किमिति न परिक्रीणीते ।
८—दिवाकरः सदैवोष्णो भ्राम्यति ।

३३—उत्तृ सकर्मक है, अतः भवार्णवम् यही प्रयोग ठीक है । ३४—अत्यन्त संयोग में द्वितीया हुई, चिरकालाय यह अशुद्ध प्रयोग है ।

१—अचतुरविचतुरसुचतुरस्त्रीपुंस० ।५।४।७७। इत्यादि सूत्र से अजन्त निपातन होने से 'वाङ्मनसातीताय' ऐसा शुद्ध प्रयोग होगा । २—पतिः समास एव ।१।४।८। इस सूत्र से समास में पति शब्द की घिसंज्ञा होने से "आङोनाऽस्त्रियाम् ।७।३।१२०।" इस सूत्र से न के अभाव में 'स्वपतिना' ऐसा रूप बनेगा । ३—अनुदात्तं सर्वमपादादौ ।८।१।१८। इत्यधिकृत्य "युष्मदस्मदोः षष्ठीचतुर्थीद्वितीया० ।८।१।२२।" से अस्मद् के 'आवाभ्याम्' के स्थान पर 'नौ' आदेश नहीं हुआ । ४—प्रकृत्याशिषि ।६।३।८३। इस सूत्र से आशीर्वाद अर्थ में सह शब्द को प्रकृतिभाव हो जाता है । ५—'अविहरत्' में अट् उपसर्ग धातु के पूर्व और वि के बाद में लगेगा, अतः व्यहरत् शुद्ध रूप बनेगा । ६—गमेरिट् परस्मैपदेषु ।७।२।५८। इस सूत्र से परस्मैपद में इट् होता है, आत्मनेपद में नहीं, अतः गंस्यते रूप ही शुद्ध है । ७—परिव्यवेभ्यः क्रियः ।१।३।१८। से परिपूर्वक क्री धातु को आत्मनेपद हो जाता है. अतः परिक्रीणीते रूप बनेगा । ८—अभूततद्भाव होने पर ही च्वि प्रत्यय होता है सूर्य का अनुष्ण होना असम्भव है, अतः उष्णीभूतः के स्थान पर केवल उष्णः होगा ।

९—विभाकरो दिने प्रकाशकर्त्ता रात्रौ चाग्निसोमौ।
१०—कविः द्वौ श्लोकौ विरच्य प्रेषितवान्।
११—क्रीडन्तं बालं दृष्ट्वा माता अहासीत्।
१२—शीतलेन जलेन पान्थस्य कण्ठमार्द्रं बभूव।
१३—सुरापानेषु देशेषु विप्रा न यान्ति।
१४—क्रीडनकं प्राप्य बालोऽसौ सानन्दमाक्रीडति।
१५—उत्तरस्यां दक्षिणस्यां च ध्रुवौ स्तः पूर्वस्यां पश्चिमस्यां च रवेरुदयास्तौ।
१६—बालः श्वेतैः पुष्पैर्भ्रातारं स्वसारं च भूषयति।
१७—अग्निं सन्तप्तमयोऽपि दहिष्यति।
१८—कृष्णे जाते कंसप्रहरिमण्डलः असुस्वपत्।
१९—सर्वे छात्रा गुरुं प्रश्नान् पपृच्छुः।

९—दिवाकरो दिने प्रकाशकर्त्ता रात्रौ चाग्नीषोमौ।
१०—कविः द्वौ श्लोकौ विरचय्य प्रेषितवान्।
११—क्रीडन्तं बालं दृष्ट्वा माता अहसीत्।
१२—शीतलेन जलेन पान्थस्य कण्ठ आर्द्रो बभूव।
१३—सुरापाणेषु देशेषु विप्रा न यान्ति।
१४—क्रीडनकं प्राप्य बालोऽसौ सानन्दमाक्रीडते।
१५—उत्तरस्यां दक्षिणस्यां च ध्रुवौ स्तः पूर्वस्यां पश्चिमायाम् च रवेरुदयास्तम्।
१६—बालः श्वेतैः पुष्पैर्भ्रातरं स्वसारं च भूषयति।
१७—अग्निं सन्तप्तमयोऽपि धक्ष्यति।
१८—कृष्णे जाते कंसप्रहरिमण्डलः अस्वपत्।
१९—सर्वे छात्रा गुरुं प्रश्नान् पप्रच्छुः

९—ईदग्नेः सोमवरुणयोः।६।३।२७। अग्नेः स्तुत्स्तोमसोमाः।८।३।८२। इन सूत्रों से ईत्व और षत्व होने से अग्नीषोमौ होगा। १०—ल्यपि लघुपूर्वात्।६।४।५६। से अय् आदेश होने से विरचय्य बनेगा। ११—ह्म्यन्तक्षणश्वसजागृणिश्व्येदिताम्।७।२।५। इस सूत्र से वृद्धि का निषेध हो गया। अतः 'अहसीत्' रूप होगा। १२—'कण्ठो गलोऽथ ग्रीवायाम्' के अनुसार कण्ठ शब्द पुँल्लिङ्ग है। १३—पानं देशे।८।४।९। इस सूत्र से न को ण हो गया, अतः सुरापाणेषु रूप बनेगा। १४—क्रीडोऽनुसम्परिभ्यश्च।१।३।२१। इस सूत्र से आङ् पूर्वक क्रीड् धातु को आत्मनेपद होता है, अतः 'आक्रीडते' रूप बनेगा। १५—सर्वनाम संज्ञा के न होने से 'पश्चिमायाम्' रूप बनेगा और अव्यय होने से 'उदयास्तम्' रूप होगा। १६—अप्तृन्तृच्स्वसृनप्तृनेष्टृत्वष्टृ०।६।४।११। से दीर्घ के निषेध होने से 'भ्रातरम्' रूप बनेगा। १७—दह् धातु अनिट् है, अतः धक्ष्यति रूप बनेगा। १८—णि के अनावश्यक होने से 'अस्वपत्' रूप होगा। १९—ग्रहिज्यावयिव्यधि०।६।१।१६। इस सूत्र से कित् में ही संप्रसारण होने से यहाँ पर 'पप्रच्छुः' रूप बनेगा।

२०—विषयी दरिद्राति त्यागिनस्तु न दरिद्रान्ति ।	२०—विषयी दरिद्राति त्यागिनस्तु न दरिद्रति ।
२१—अस्मिन् वृक्षे द्वे फलेऽतितरां संशोभेते ।	२१—अस्मिन् वृक्षे द्वे फले अतितरां संशोभेते ।
२२—स्वामिनं प्रार्थयित्वा गृहं गच्छत ।	२२—स्वामिनं प्रार्थ्य गृहं गच्छत ।
२३—वाराङ्गना विलसद्भ्यां दृग्भ्यां वीक्षते ।	२३—वाराङ्गना विलसन्तीभ्यां दृग्भ्यां वीक्षते ।
२४—भगवद्भक्तः भूमिस्थोऽपि वासवं हसति ।	२४—भगवद्भक्तः भूमिष्ठोऽपि वासवं हसति ।
२५—बिडालोऽयं नित्यं भोजनसमये उपतिष्ठति ।	२५—बिडालोऽयं नित्यं भोजनसमये उपतिष्ठते ।
२६—श्रूयते यद् रावणसेनायां त्रिमूर्धन-श्चतुर्मूर्धानश्च दैत्या आसन् ।	२६—श्रूयते यद् रावणसेनायां त्रिमूर्धा-श्चतुर्मूर्धानश्च दैत्या आसन् ।
२७—तस्याचरणं बोधश्च प्रशस्यौ स्तः ।	२७—तस्याचरणं बोधश्च प्रशस्ये स्तः ।
२८—पिकशावः काकीभिः पाल्यते न तु काकीशावः पिकैः ।	२८—पिकशावः काकीभिः पाल्यते न तु काकशावः पिकैः ।
२९—कः श्रुतिमान् मधुरगानं न शुश्रूषति ?	२९—कः श्रुतिमान् मधुरगानं न शुश्रूषते ?

२०—अदभ्यस्तात् ।७।१।४। से अत् आदेश होने पर दरिद्रति रूप बनेगा। २१—ईदूदेद् द्विवचनं प्रगृह्यम् ।१।१।११। से प्रगृह्य संज्ञा होने से प्रकृतिभाव हुआ, अतः 'फले अतितराम्' होगा। २२—प्रार्थयित्वा अशुद्ध है, यहाँ पर त्वा को ल्यप् हो जाता है, अतः 'प्रार्थ्य' रूप बनेगा। २३—विलसद्भ्याम् यहाँ पर 'विलसत्' शब्द दृश् (स्त्रीलिङ्ग) का विशेषण है, अतः स्त्रीलिङ्ग बनाने के लिए उगितश्च ।४।१।६। इस सूत्र से ङीप् होकर 'विलसन्तीभ्याम्' ऐसा रूप बनेगा। २४—अम्बाम्बगोभूमिसव्यापद्वित्रि० ८।३।९७। इस सूत्र से भूमि के पश्चात् 'स्थ' होने से स को ष हो गया, अतः 'भूमिष्ठः' ही ठीक रूप होगा। २५—उपाद्देवपूजासंगतकरणमित्रकरणपथिष्विति वक्तव्यम् ।वा०। उप पूर्वक स्था को आत्मनेपद हो गया। २६—द्वित्रिभ्यां ष मूर्ध्नः ।५।४।११५। इस सूत्र से समासान्त में ष हो जाता है, चूंकि यहाँ पर बहुव्रीहि समास है, अतः त्रिमूर्धाः दैत्याः होगा। २७—नपुंसकमनपुंसकेनैकवच्चास्यान्यतरस्याम् ।१।२।६९। अक्लीव और क्लीव के साथ समास होने पर क्लीव शेष रहता है। २८—कुक्कुट्यादीनामण्डादिषु ।वा०। इस से पुंलिङ्ग हो गया, अतः कुक्कुटाण्डम्, मृगक्षीरम्, काकशावः आदि रूप निष्पन्न होते हैं। २९—ज्ञाश्रुस्मृदृशां सनः ।१।३।५७। इस सूत्र से आत्मनेपद हो गया।

३०—देवी खड्गेन शुम्भस्य शिरोऽप्रहरत्।	३०—देवी खड्गेन शुम्भस्य शिरः प्राहरत्।
३१—सन्तसभायां धर्मोपदेशो भवति, रक्षः सभासु च पापोपदेशः।	३१—सन्तसभायां धर्मोपदेशो भवति रक्षःसभेषु च पापोपदेशः।
३२—भो छात्राः पठत एवं स्म आचार्य उवाच।	३२—भो छात्राः पठत एवमाचार्य आह स्म।
३३—हा धिक्। अपि स्वसारमताडयत् भवान्।	३३—हा धिक्। अपि स्वसारं ताडयति भवान्।
३४—अस्मिन् बिले नकुलकुलानि विशन्ति निविशन्ति च तस्मिन् मूषकाः।	३४—अस्मिन् बिले नकुलकुलानि विशन्ति निविशन्ते च तस्मिन् मूषकाः।
३५—पटोलस्य फलं मूलं छदं च रोगमहन्ति।	३५—पटोलस्य फलं मूलं छदश्च रोगानवघ्नन्ति।

पद तथा वाक्य की अशुद्धियाँ

१—न जातु दुष्टः कदापि स्वभावं त्यजति।	१—न जातु दुष्टः स्वभावं त्यजति।
२—एके सूर्यवंशिनो ह्यपरे सोमवंशिनः।	२—एके सूर्यवंश्या ह्यपरे सोमवंशीयाः।

३०—लुङ्लङ्लृङ्क्ष्वडुदात्तः।६।४।७१। लुङ् आदि के परे रहने पर धातु के पूर्व में व्यवधानरहित अट् का आगम होता है। अतः प्र+अहरत् (प्राहरत्) रूप बनेगा। ३१—सभा राजाऽमनुष्यपूर्वा।२।४।२३। राजपर्यायपूर्व तथा अमनुष्यपूर्व समासान्त-तत्पुरुष नपुंसकलिङ्ग होता है, अतः रक्षः सभेषु रूप होगा। ३२—लट् स्मे।३।२।११८। स्म के साथ लट् का प्रयोग होता है। ३३—गर्हायां लडपिजात्वोः।३।३।१४२। निन्दा में केवल लट् होगा अन्य लकार नहीं, यथा—अपि जायां त्यजसि जातु गणिकामाधत्से गर्हितमेतत् (सि०कौमुदी)। ३४—नेर्विशः।१।३।१७। इस सूत्र से नि पूर्वक विश् धातु को आत्मनेपद हो गया—निविशन्ते रूप होगा। ३५—'छदः पुमान्' अमरकोश के अनुसार छद शब्द पुंल्लिङ्ग है और तीनों के साहचर्य से बहुवचन होगा—अवघ्नन्ति।

१—जातु तथा कदापि का एक ही अर्थ है, अतः इन दोनों में से एक ही का प्रयोग करना चाहिए। २—'सूर्यवंश एषामस्तीति सूर्यवंशिनः' ऐसी व्युत्पत्ति होने पर भी इस शब्द (सूर्यवंशिनः) का प्रयोग शिष्टसम्मत नहीं है, शुद्ध प्रयोग हैं—सूर्यवंश्याः, सूर्यवंशीयाः, सोमवंश्याः, सोमवंशीयाः।

३—द्वाभ्यां त्रिभिर्वाऽपत्यानां तुष्येतां दम्पती आधुनिके युगे ।	३—द्वाभ्यामपत्याभ्यां त्रिभिर्वा अपत्यैस्तुष्येतां दम्पती आधुनिके युगे ।
४—बहवोऽस्य परिजना अमिताश्च परिच्छदा इत्यराजापि राजेव प्रतिभात्यसौ ।	४—बहुरस्य परिजनः अमितश्च परिच्छदः इत्यराजापि राजेव प्रतिभात्यसौ ।
५—सत्पथेन गच्छन्तोऽपि ये परां सत्पथे निनीषन्ति ते हि महान्तः ।	५—सत्पथेन गच्छन्तोऽपि ये परां सत्पथेन निनीषन्ति ते हि महान्तः ।
६—दशरथस्य कौसल्यायां रामो नाम पुत्ररत्नमजनि ।	६—दशरथात् कौसल्यायां रामो नाम पुत्ररत्नमजनि ।
७—पारस्परिकं कलहः राष्ट्राणां नाशायैव भवतीति निश्चितम् ।	७—परस्परं कलहः राष्ट्राणां नाशायैव भवतीति निश्चितम् ।
८—स सर्वं जीवनमध्ययनमध्यापनं चाकरोत् ।	८—स सर्वमायुरध्ययनमध्यापनं चाकरोत् ।
९—परिणीतायां दशायां यदि दम्पती संयमेन तिष्ठन्स्तदारोग्यसुखं लभेते ।	९—यदि दम्पती संयमेन तिष्ठतः तदा आरोग्यसुखं लभेते ।
१०—मार्गोऽयं समाजस्य व्यक्तेश्च समं हिताय भवति !	१०—मार्गोऽयं समष्टेर्व्यक्तेश्च समं हिताय भवति ।
११—अस्या वार्ताया मिथ्याभवने न कोऽपि सन्देहः ।	११—अस्या वार्ताया मिथ्यात्वे (इदं मिथ्येत्यत्र) न कोऽपि सन्देहः ।

३—"द्वाभ्यामपत्याभ्याम् त्रिभिरपत्यैः" ऐसा प्रयोग होना चाहिए ! ४—'बहुरस्यपरिजनः अभिमतश्च परिच्छदः' एक वचन में प्रयोग करना चाहिए, परिजन-परिच्छदौ इस प्रकार एकवचन का प्रयोग करने पर भी शब्द-शक्ति-स्वभाव से बहुत्व का मान होता है । ५—सत्पथेन तृतीया होनी चाहिए 'सत्पथे' सप्तमी नहीं, क्योंकि कविवर कालिदास ने भी तृतीया में ही प्रयोग किया है—"प्रजासु कः केन पथा प्रयातीति ।" ६—'दशरथात् कौसल्यायाम्' ऐसा व्यवहार है, सम्बन्ध मात्र की विवक्षा में षष्ठी (दशरथस्य) भी ठीक है । ७—पारस्परिक शब्द का प्रयोग आधुनिक लोग करते हैं, किन्तु 'परस्परं कलहः' यही परम्परागत व्यवहार है । ८—'आयुः जीवनकालः' इस प्रकार कोशकारों का मत है । ९—जाया और पति 'दम्पती' होते हैं, उनमें एक परिणेता होता है और दूसरी परिणीता, विवाह होकर ही दम्पती होते हैं, अतः 'परिणीतायां दशायाम्' निरर्थक है । १०—समाज के स्थान पर समष्टि का प्रयोग होना चाहिए, क्योंकि व्यक्ति शब्द का प्रयोग किया गया है । ११—मिथ्याभवने अशुद्ध प्रयोग है, मिथ्यात्वे अथवा इदं मिथ्येत्यत्र न कोऽपि सन्देहः ऐसा प्रयोग शिष्ट-सम्मत है ।

१२—भक्ता भक्तिप्रह्वाः सन्तो मठाधीशस्य चरणं स्पृशन्ति ।	१२—भक्ता भक्तिप्रह्वाः सन्तो मठाधीशस्य चरणौ स्पृशन्ति ।
१३—अतिराजेते खल्वस्योपानहौ पादयोः परिहिते ।	१३—अतिराजेते खल्वस्योपानहौ पादयोः बद्धे ।
१४—जिज्ञासाभराक्रान्तोऽहं कियतामेव विपश्चितां सकासमगमम् ।	१४—जिज्ञासाभराक्रान्तोऽहं बहूनां विपश्चितां सकाशमगमम् ।
१५—विविधाभिः खेलाभिर्व्यत्येति बालानां बाल्यम् ।	१५—विविधाभिः खेलाभिर्व्यत्येति बालानां वयः(बालानां कालो वा)।
१६—परेषामधीनतायां नात्मश्रेयः सम्पादयितुं समर्था वयम् ।	१६—परदास्ये वर्तमानाः(परैः परवन्तोः) नात्मश्रेयः सम्पादयितुं समर्था वयम् ।
१७—आगतेषु दुर्दिनेषु मित्राण्यपि त्यजन्ति ।	१७—समुपस्थिते विषमे समये मित्राण्यपि त्यजन्ति ।
१८—न हि कारणं विना कार्योत्पत्तिः सम्भवा ।	१८—न हि कारणं विना कार्योत्पत्तिः संभविनी ।
१९—जगतः समुत्पत्तौ कियन्ति वर्षाणि व्यतीतानि ।	१९—जगतः समुत्पत्तेः (समुत्पन्नस्य जगतः वा) कियन्ति वर्षाणि व्यतीतानि ।

१२—चरण आदि शब्द प्रायः द्विवचनान्त होते हैं, 'चरणौ स्पृश्येते' ऐसा प्रयोग शिष्टसम्मत एवं ठीक है—चरणस्पर्श की विधि इस प्रकार है—"वामेन हस्तेन वामश्चरणः स्प्रष्टव्यः दक्षिणेन च दक्षिणः ।" १३—उपानहौ हि बध्येते न परिधीयेते उपानह् शाटिकाकी भाँति पहने नहीं जाते अपितु बांधे जाते हैं, इसी कारण 'परिमुक्तोपानत्कः, अवमुक्तोपानत्कः' इत्यादि प्रयोग मिलते हैं । १४—कियत् शब्द का संख्याप्रश्न में प्रयोग होता है, एव का यहाँ पर कोई अर्थ नहीं; बहूनाम् का प्रयोग करना उचित है । १५—बालानां भाव एव बाल्यं भवति । अतः या तो बालानाम् हटा देना चाहिए या वयः का प्रयोग करना चाहिए । १६—अधीनता शब्द अव्यावहारिक है, या तो 'परदास्ये वर्तमानाः' या 'परैः परवन्तो वयम्' ऐसा प्रयोग होना चाहिए । १७—मेघ से घिरे दिन को ही दुर्दिन कहते हैं, अतः विषमे समये समुपस्थिते ऐसा कहना चाहिए । १८—संभवनं संभवः ऋदोरप् ।३।३।५७। से अप् प्रत्यय हुआ । पचाद्यजन्त भी यह नहीं है, जिससे संभवा स्त्रीलिङ्ग रूप बन जाय । इस कारण 'संभविनी' शब्द का प्रयोग करना उचित है । १९—अधिकरण का कोई आधार नहीं है, यहाँ पर शैषिकी षष्ठी होगी, अतः 'जगतः समुत्पत्तेः' ठीक प्रयोग है ।

२०—नाहं लवणप्रियः। नास्ति में लवणस्य प्रयोजनम्।	२०—नाहं लवणप्रियः। नास्ति मे लवणेन प्रयोजनम्।
२१—तथा वर्तताम् यथा जीवनमादर्शः स्याल्लोकस्य।	२१—तथा वर्ततां यथा वर्तनं (वृत्तिर्वा) आदर्शः स्याल्लोकस्य।
२२—प्रभो तव शरणं प्राप्तोऽहं। पाहि माम्।	२२—अहं त्वां शरणं प्राप्तोऽस्मि। पाहि माम्।
२३—धृष्टोऽसौ भृत्यः। ममादेशं मस्तके न निदधाति।	२३—धृष्टोऽसौ भृत्यः। ममादेशं शिरसा न वहति (अथवा मूर्ध्ना नादत्ते)।
२४—विगते महति युद्धे पदातीनां संख्या विंशतिकोटिरासीत्।	२४—विगते महति युद्धे पदातयः विंशतिः कोट्य आसन् (विंशतिकोटीर्वा)।
२५—भगवतः शपथेन कथयामि नैतन्मया कदापि कृतम्।	२५—भगवता शपे। नैतन्मया कदापि कृतम्।
२६—पाकिस्तानस्था दिवा वा रात्रौ वा भारतस्य विरुद्धं विषमुद्गमन्ति।	२६—पाकिस्तानस्था दिवा वा दोषा वा भारतस्य विरोधे (भारतं प्रति वा) विषमुद्गमन्ति।
२७—संस्कृतज्ञान् विहाय नान्येऽस्योपरि विचारयन्ति इति खेदः।	२७—संस्कृतज्ञान् विहाय नान्ये इदं विचारयन्ति इति खेदः।

२०—'नास्ति मे लवणेन प्रयोजनम्' ऐसा ही लोक व्यवहार है। २१—वृत्तिः अथवा वर्तनम् होना चाहिए, क्योंकि जीवन तो प्राणधारण होता है। २२—'शरणं गृहरक्षित्रोः' अमर कोश के अनुसार शरण रक्षक होता है न कि रक्षण, अतः 'अहं त्वां शरणं प्राप्तोऽहम्' यही ठीक है। २३—शिष्ट व्यवहार के अनुसार तृतीया होनी चाहिए, सप्तमी नहीं। २४—पदातयः विंशतिः कोटय आसन्' ऐसा कहना चाहिए। विंशतिकोटिः ऐसा समस्त पद भी नहीं बन सकता। विंशतिः कोटयः समाहृताः, विंशतेः कोटीनां समाहारः ऐसा विग्रह करने पर 'विंशतिकोटीः' ऐसा द्विगु समास होगा। २५—'सत्येन शापयेद्विप्रम्' इत्यादि प्रयोगों के देखने से ज्ञात होता है कि तृतीया का प्रयोग ही ठीक है। २६—दिवा वा दोषा वा ऐसा प्रयोग अच्छा है। भारतस्य विरोधे, भारतं प्रति वा ऐसा कहना ठीक है। २७—'नान्ये इदं विचारयन्ति' ऐसा कहना चाहिए, 'अस्योपरि विचारयन्ति' ऐसा कहना ठीक नहीं।

२८—शासनमतिक्रामतोऽपि तस्य न किमपि कर्तुं शशाक शासकः।	२८—शासनमतिक्रामन्तं तं न किमपि कर्तुं शशाक शासकः।
२९—मन्दाक्षस्यापि जनस्य नेदं तिरोहितम्।	२९—मन्ददृष्टेरपि (मन्ददर्शनस्यापि वा) जनस्य नेदं तिरोहितम्।
३०—नायमर्थो जनसाधारणस्य गोचरः।	३०—नायमर्थो जनसामान्यस्य (जन-समष्टेर्वा) गोचरः।
३१—इदानीमाविष्काराणां समाप्तिप्रायं वर्तत इति मूर्खा वदन्ति।	३१—इदानीमाविष्काराणां प्रायेण समाप्तिर्वर्तत इति मूर्खा वदन्ति।
३२—न कोऽपि सहजं स्वभावमतिक्रमितुं समर्थः।	३२—न कोऽपि स्वभावमतिक्रमितुं समर्थः।
३३—विज्ञा हि विविधाभिर्विधाभिः प्रतिष्ठामर्हन्ति।	३३—विज्ञा हि विविधां प्रतिष्ठाम् अर्हन्ति।
३४—नेदानीं सन्त्युपयुक्ता ग्रन्था इति न सत्यम्।	३४—नेदानीं सन्त्युपयोगिनो ग्रन्था इति न सत्यम्।
३५—दशवर्षावस्थायामेव शङ्कराचार्यः शास्त्रौघमवेदीत्।	३५—दसवर्षे एव अथवा वयसा दस-हायने शङ्कराचार्यः शास्त्रोघमवेदीत्।
३६—शास्त्रपारंगतः स आचार्यचरणात् विद्यावाचस्पतिपदं लेभे।	३६—शास्त्रपारंगतः स आचार्यचरणेभ्यः वाचस्पतिपदं लेभे।

२८—'क्रुद्धः किं मां करिष्यति' महाभारत में इस प्रकार के प्रयोग देखने से 'शासनमतिक्रामन्तं तम्' ऐसा द्वितीया का प्रयोग होना चाहिए। नागानन्द नाटक के द्वितीय अङ्क में "भगवन्कुसुमायुध, येन त्वं रूपशोभया निर्जितोऽसि तस्य त्वया न किमपि कृतम्" इस प्रकार षष्ठी का प्रयोग देखने से 'आक्रमतोऽपि तस्य' भी ठीक है। २९—मन्दाक्ष शब्द लज्जार्थ में रूढ़ है, यहाँ पर मन्ददृष्टि अथवा मन्ददर्शन शब्द का प्रयोग होना चाहिए। ३०—जन सामान्यस्य जनसमष्टेर्वा कहना उचित है, 'जन साधारणम् जनैः साधारणम्' है। ३१—'प्रायेण समाप्तिभूत' अथवा 'आविष्काराः समाप्तप्रायाः' कहना चाहिए। ३२—स्वस्य भावः स्वभावः, स सहजः सहभूरेव भवति इस प्रकार विशेषण से कोई अर्थ विशेष नहीं निकलता। ३३—विशिष्टा विभिन्ना विधा यस्याः सा विविधा, विविधां प्रतिष्ठाम् अर्हन्ति ऐसा कहना चाहिए, व्यर्थ के वाक्प्रपंच में न पड़ना चाहिए। ३४—'उपयुक्ताः' नियमपूर्वक अधीत होते हैं, उपयोगं वा येन केन प्रकारेण नीताः ऐसा अर्थ होगा। ३५—दश-वर्षावस्था ऐसा समस्त शब्द नहीं बन सकता। ३६—तत्पुरुष समास में उत्तरपद चरण शब्द पूजार्थक बहुत्वविवक्षा में होगा, एकवचन नहीं।

३७—तत्राभिनये विद्यालयस्य प्राध्यापकाः सूत्रधारस्य पात्रं वहन्ति ।	३७—तत्राभिनये विद्यालयस्य प्राध्यापकाः सूत्रधारस्य वेषं परिगृह्णन्ति ।
३८—एवं सर्वं स्थालीपुलाकं परीक्षितं स्यात् ।	३८—एवं सर्वं स्थालीपुलाकन्यायेन परीक्षितं स्यात् ।
३९—प्राणिमात्राणि सुखमात्मनः इच्छन्ति न दुःखम् ।	३९—प्राणिमात्रम् सुखमात्मनः इच्छति न दुःखम् ।
४०—ऋषिमुनीनां शक्त्या सह स्वशक्तिर्न जातु तोलनीया ।	४०—ऋषिमुनीनां शक्त्या स्वशक्तिर्न जातु तुलनीया ।
४१—वल्गां संनियम्य मन्दीकुरु रथवेगम् ।	४१—वल्गाः संनियम्य मन्दीकुरु रथवेगम् ।
४२—महान् एष गंभीरो विषयो विशेषतः भवादृशां विषये ।	४२—महानेष गंभीरो विषयो विशेषतो भवादृशाम् ।
४३—आदर्शविनीता इमे किंकराः ।	४३—विनयादर्शा इमे किंकराः ।
४४—अथ केन मूल्येनेमे ग्रन्थाः परिक्रीताः ।	४४—अथ केन मूल्येनेमे ग्रन्थाः क्रीताः ।
४५—वयमन्येषां परीक्षां परिगृह्णीमः स्वं तु न परीक्षामहे ।	४५—वयमन्यान्परीक्षामहे, नत्वात्मानम् ।
४६—सुख संवादमिमं श्रुत्वा सर्वे ते प्राहृष्यन् ।	४६—कुशलवृत्तान्तमिमं श्रुत्वा सर्वे ते प्राहृष्यन् ।

३७—पात्र का अर्थ अभिनेता है, अतः सूत्रधारस्य पात्रम् इसका उटपटांग अर्थ हो जायगा । ३८—स्यात् पुलाकस्तुच्छधान्ये इत्यमरः । ३९—'प्राणिमात्रम्' शुद्ध रूप है, कृत्स्नाः प्राणिनः प्राणिमात्रम् । 'मात्रं कार्त्स्न्येऽवधारणे' इत्यमरः । ४०—यहाँ सह शब्द निरर्थक है, यहाँ पर 'तुलां करोति तुलयति' ऐसा प्रयोग होता है, न तु चौरादिक 'तुल उन्माने' धातु का रूप । मेघदूत में एक स्थल पर आया है—'प्रासादास्त्वां तुलयितुमलं यत्र तैस्तैर्विशेषैः" । ४१—वल्गा का प्रयोग रश्मि के समान ही बहुवचन में होता है, जैसे कि "आलाने गृह्यते हस्ती वाजी वल्गासु गृह्यते ।" ४२—'मादृशाम्' ही रहेगा, विषये' नहीं रखना चाहिए । यहाँ पर सम्बन्ध मात्र विवक्षित है, वैषयिक अधिकरण नहीं । ४३—'विनयादर्शा इमे किंकराः' ऐसा प्रयोग करना चाहिए । 'विनयस्य आदर्शा इति वा, विनयमादर्शयन्तीति वा" ऐसा विग्रह होगा । ४४—नियतकालभृत्यस्वीकरणं परिक्रयणम् भवति न तु क्रयणमात्रम् । ४५—'वयमन्यान् परीक्षामहे, नत्वात्मानम्' ऐसा कहना चाहिए । ४६—'संवाद' 'संलाप' होता है, 'वृत्तान्त' नहीं होता, अतः 'कुशलवृत्तान्तमिमं श्रुत्वा' ऐसा कहना चाहिए ।

(ख) अनुवादार्थ गद्य-पद्य-संग्रह

१—हा कथं महाराजदशरथस्य धर्मदाराः प्रियसखी मे कौसल्या। क एतद्प्रत्येति सैवेयमिति।....धिक् प्रहसनम्। अयमृष्यशृङ्गाश्रमादरुन्धतीपुरस्कृतान् महाराजदशरथस्य दारानधिष्ठाय भगवान् वसिष्ठः प्राप्तः। तत्किमेवं प्रलपसि। (उत्तर०)

२—चन्द्रापीडस्य सहपांसुक्रीडिततया सहसंवृद्धतया च सर्वविश्रम्भस्थानं द्वितीयमिव हृदयं वैशम्पायनः परं मित्रमासीत्। (कादम्बर्याम् ७६)।

३—स्वयमेवोत्पद्यन्ते एवं विधाः कुलपांसवो निःस्नेहाः पशवो येषां क्षुद्राणां प्रज्ञा पराभिसन्धानाय न ज्ञानाय, पराक्रमः प्राणिनामुपघाताय नोपकाराय, धनपरित्यागः कामाय न धर्माय, किं बहुना, सर्वमेव येषां दोषाय न गुणाय। (कादम्ब०)

४—राजा विस्फारितेन स्निग्धेन चक्षुषा पिबन्निवालपन्निव मनोरथसहस्रप्राप्तदर्शनं सस्पृहमीक्षमाणस्तनयाननं मुमुदे कृतकृत्यं चात्मानं मेने। (कादम्बर्याम् ७२)

५—सर्वथा निष्प्रतीकारेयमापदुपस्थिता। किमिदानीं कर्त्तव्यं कां दिशं गन्तव्यमित्येते चान्ये च विषण्णहृदयस्य मे सङ्कल्पाः प्रादुरासन्। (कादम्बर्याम् १५७)

६—राजवाहनो रसालतरुषु कोकिलादीनां पक्षिणामालापाञ्छ्रावं श्रावं विकसितानि सरांसि दर्शं दर्शमगन्दलीलया ललनासमीपमवाप। (दशकुमारचरिते १-५)

७—अतिप्रबलपिपासावसन्नानि गन्तुमल्पमपि मे नालमङ्गकानि। अलमप्रभुरस्म्यात्मनः। सीदति मे हृदयम्। अन्धकारतामुपयाति चक्षुः। अपि नाम खलो विधिरनिच्छतोऽपि मे मरणमद्यैवोपपादयेत्। (कादम्बर्याम् ६)

८—सुखे पुण्डरीक सुविदितमेतन्मम। केवलमिदमेव पृच्छामि, यदेतदारब्धं भवता किमिदं गुरुभिरुपदिष्टमुत धर्मशास्त्रेषु पठितमुत मोक्षप्राप्तियुक्तिरियमाहोस्विदन्यो नियमप्रकारः ?" (कादम्बर्याम् १५५)

९—एवं कदलीदलेनानवरतं वीजयता समुदभून्मे मनसि चिन्ता। नास्ति खल्वसाध्यं मनोभुवः। क्वायं हरिण इव वनवासनिरतः स्वभावमुग्धो जनः क्व च विविधविलासरसराशिर्गन्धर्वराजपुत्री महाश्वेता ! (कादम्बर्याम् १५७)

१—दार—स्त्री। २—पांशु—धूलि। विश्रम्भस्थान—विश्वासपात्र। ३—अभिसन्धान—धोखा। ४—विस्फारित—खोला हुआ। ईक्ष्—देखना। ५—निष्प्रतीकार—इलाज के बिना। विषण्ण—खिन्न। ६—ललना—स्त्री। ७—अवसन्न—समाप्त। सीद् – दुःखित होना। विधि—भाग्य। अनुरोध = लिहाज। प्रणय = प्रेम। ८—आहोस्वित् = अथवा। ९—कदली = केला। अनवरत = निरन्तर। विलास = कौतुक।

१०—स मद्वचनानन्तरमेव न वेद्मि किमसह्यवृत्तेर्मदनज्वरस्य वेगादुत, सद्योविपाकस्यात्मनो दुष्कृतस्य गौरवादाहोस्विन्मद्वचस एवं सामर्थ्यादाच्छिन्नमूलस्तरुरिव क्षितावपतत्। (कादम्बर्याम्)

११—तदेवंप्रायेऽतिकुटिलकष्टचेष्टासहस्रदारुणे राज्यतन्त्रेऽस्मिन् महामोहान्धकारकारिणि च यौवने कुमार ! तथा प्रयतेथा यथा नोपहस्यसे जनैर्नोपालभ्यसे सुहृद्भिर्नाक्षिप्यसे विषयैर्न विकृष्यसे रागेण नापह्रियसे सुखेन। (कादम्बर्याम् १०६)

स किं सखा साधु न शास्ति योऽधिपं
हिताम्न यः संश्रृणुते स किं प्रभुः।
सदानुकूलेषु हि कुर्वते रतिं
नृपेष्वमात्येषु च सर्वसम्पदः ॥ १२ ॥ (किराता०)

मदसिक्तमुखैर्मृगाधिपः करिभिर्वर्तयते स्वयं हतैः।
लघयन् खलु तेजसा जगन्न महानिच्छति भूतमन्यतः ॥ १३ ॥
किमपेक्ष्य फलं पयोधरान्ध्वनतः प्रार्थयते मृगाधिपः।
प्रकृतिः खलु सा महीयसः सहते नान्यसमुन्नतिं यया ॥

(शाकुन्तले)

यास्यत्यद्य शकुन्तलेति हृदयं संस्पृष्टमुत्कण्ठया
कण्ठस्तम्भितवाष्पवृत्तिकलुषश्चिन्ताजडं दर्शनम्।
वैक्लव्यं मम तावदीदृशमपि स्नेहादरण्यौकसः
पीड्यन्ते गृहिणः कथं नु तनयाविश्लेषदुःखैर्नवैः ॥१५॥ (शाकु०)

शुश्रूषस्व गुरून् कुरु प्रियसखीवृत्तिं सपत्नीजने
भर्तुर्विप्रकृतापि रोषणतया मा स्म प्रतीपं गमः।
भूयिष्ठं भव दक्षिणा परिजने भाग्येष्वनुत्सेकिनी
यान्त्येवं गृहिणीपदं युवतयो वामाः कुलस्याधयः ॥१६॥ (शाकु०)

पातुं न प्रथमं व्यवस्यति जलं युष्मास्वपीतेषु या
नादत्ते प्रियमण्डनापि भवतां स्नेहेन या पल्लवम्।
आद्ये वः कुसुमप्रवृत्तिसमये यस्या भवत्युत्सवः
सेयं याति शकुन्तला पतिगृहं सर्वैरनुज्ञायताम् ॥१७॥ (शाकु०)

१०—मदन = काम, विपाक = फल। दुष्कृत = पाप। क्षिति = पृथ्वी। ११—दारुण = दुःखप्रद। उपालभ् = ताना मारना। १२—अमात्य = मन्त्री। १३—मृगाधिपः = सिंह, करिन् = हाथी, वर्तयते = गुजारा करता है। भूति = ऐश्वर्य। १४—पयोधर = मेघ, प्रकृति = स्वभाव, महीयस् = महापुरुष। १५—प्रतीप = विपरीत। अनुत्सेक = निरभिमान। १७—ऋजु = सीधा।

अभिजनवतो भर्तुः श्लाघ्ये स्थिता गृहीणीपदे,
विभवगुरुभिः कृत्यैस्तस्य प्रतिक्षणमाकुला।
तनयमचिरात्प्राचीवार्कं प्रसूय च पावनम्
मम विरहजां न त्वं वत्से शुचं गणयिष्यसि ॥१८॥ (शाकु०)

अर्थो हि कन्या परकीय एव
तामद्य संप्रेष्य परिगृहीतुः।
जातो ममायं विशदः प्रकामं
प्रत्यर्पितन्यास इवान्तरात्मा ॥१६॥ (शाकु०)

(कुमारसम्भवे)

विधिप्रयुक्तां परिगृह्य सत्क्रियां परिश्रमं नाम विनीय च क्षणम्।
उमां स पश्यन्नृजुनैव चक्षुषा प्रचक्रमे वक्तुमनुज्झितक्रमः ॥२०॥
अपि क्रियार्थं सुलभं समित्कुशं जलान्यपि स्नानविधिक्षमाणि ते।
अपि स्वशक्त्या तपसि प्रवर्तसे शरीरमाद्यं खलु धर्मसाधनम् ॥२१॥
किमित्यपास्याभरणानि यौवने, धृतं त्वया वार्धकशोभि वल्कलम्।
वद प्रदोषे स्फुटचन्द्रतारका, विभावरी यद्यरुणाय कल्पते ॥२२॥
वपुर्विरूपाक्षमलक्ष्यजन्मता, दिगम्बरत्वेन निवेदितं वसु।
वरेषु यद् बालमृगाक्षि मृग्यते, तदस्ति किं व्यस्तमपि त्रिलोचने ॥२३॥
द्वयं गतं सम्प्रति शोचनीयतां, समागमप्रार्थनया कपालिनः।
कला च सा कान्तिमती कलावतस्त्वमस्य लोकस्य च नेत्रकौमुदी ॥२४॥
उवाच चैनं परमार्थतो हरं न वेत्सि नूनं यत एवमात्थ माम्।
अलोकसामान्यमचिन्त्यहेतुकं द्विषन्ति मन्दाश्चरितं महात्मनाम् ॥२५॥
निवार्यतामालि किमप्ययं वटुः पुनर्विवक्षुः स्फुरितोत्तराधरः।
न केवलं यो महतोऽपभाषते शृणोति तस्मादपि यः स पापभाक् ॥२६॥
इतो गमिष्याम्यथवेति वादिनी चचाल बाला स्तनभिन्नवल्कला।
स्वरूपमास्थाय च तां कृतस्मितः समाललम्बे वृषराजकेतनः ॥२७॥
तं वीक्ष्य वेपथुमती सरसाङ्गयष्टिर्निक्षेपणाय पदमुद्धृतमुद्वहन्ती।
मार्गाचलव्यतिकराकुलितेव सिन्धुः शैलाधिराजतनया न ययौ न तस्थौ ॥२८॥

१६—आभरण = जेवर, वल्कल = छाल, विभावरी = रात्रि, प्रदोष = निशा का प्रारम्भ-काल। २०—वसु = धन, व्यस्त = अलग-अलग, त्रिलोचन = शिवजी। २१-कपालिन् = शिवजी, कौमुदी = प्रकाश। २३-आली = सखी, वटु = ब्रह्मचारी। २४—वृषराजकेतन = शिवजी। २६—अह्नाय = शीघ्र ही। २७—रंहस् = वेग।

अद्यप्रभृत्यवनताङ्गि ! तवास्मि दासः क्रीतस्तपोभिरिति वादिनि चन्द्रमौलौ ।
अह्नाय सा नियमजं क्लममुत्ससर्ज क्लेशः फलेन हि पुनर्नवतां विधत्ते ॥२६॥

(रघुवंशे)

अलं महीपाल तव श्रमेण प्रयुक्तमप्यस्त्रमितो वृथा स्यात् ।
न पादपोन्मूलनशक्तिरंहः शिलोच्चये मूर्छति मारुतस्य ॥३०॥

एकातपत्रं जगतः प्रभुत्वं नवं वयः कान्तमिदं वपुश्च ।
अल्पस्य हेतोर्बहु हातुमिच्छन् विचारमूढः प्रतिभासि मे त्वम् ॥३१॥

रघुमेव निवृत्तयौवनं तममन्यन्त नवेश्वरं प्रजाः ।
स हि तस्य न केवलां श्रियं प्रतिपेदे सकलान् गुणानपि ॥३२॥

वपुषा करणोज्झितेन सा निपतन्ती पतिमप्यपातयत् ।
ननु तैलनिषेकबिन्दुना सह दीपार्चिरुपैति मेदिनीम् ॥३३॥

विललाप स वाष्पगद्गदं सहजामप्यपहाय धीरताम् ।
अभितप्तमयोऽपि मार्दवं भजते कैव कथा शरीरिषु ॥३४॥

स्रगियं यदि जीवितापहा हृदये किं निहिता न हन्ति माम् ।
विषमप्यमृतं क्वचिद्भवेदमृतं वा विषमीश्वरेच्छया ॥३५॥

कुसुमान्यपि गात्रसङ्गमात्प्रभवन्त्यायुरपोहितुं यदि ।
न भविष्यति हन्त साधनं किमिवान्यत्प्रहरिष्यतो विधेः ॥३६॥

अथवा मम भाग्यविप्लवादशनिः कल्पित एष वेधसा ।
यदनेन तरुर्न पातितः क्षपिता तद्विटपाश्रिता लता ॥३७॥

गृहिणी सचिवः सखी मिथः प्रियशिष्या ललिते कलाविधौ ।
करुणाविमुखेन मृत्युना हरता त्वां वत किन्न मे हृतम् ॥३८॥

(नैषधे)

मदेकपुत्रा जननी जरातुरा नवप्रसूतिर्वरटा तपस्विनी ।
गतिस्तयोरेष जनस्तमर्दयन्नहो विधे त्वां करुणा रुणद्धि न ॥ ३६ ॥

पदे पदे सन्ति भटा रणोद्भटा न तेषु हिंसारस एष पूर्यते ।
धिगीदृशं ते नृपते कुविक्रमं कृपाश्रये यः कृपणे पतत्त्रिणि ॥ ४० ॥

इत्थममुं विलपन्तममुञ्चद्दीनदयालुतयावनिपालः ।
रूपमदर्शि धृतोऽसि यदर्थं गच्छ यथेच्छमथेत्यभिधाय ॥ ४१ ॥

३०—मेदिनी = पृथिवी । ३६—अयस् = लोहा । ३२—स्रक् = माला । ३४—अशनि = वज्र । ३६—वरटा = हंसी । ३७—पतत्रिन्—पक्षी । ३८—अवनिपाल = राजा (नल) । ३९—दिदृक्षा = देखने की इच्छा ।

सर्वोपमाद्रव्यसमुच्चयेन यथाप्रदेशं विनिवेशितेन ।
सा निर्मिता विश्वसृजा प्रयत्नादेकस्थसौन्दर्यदिदृक्षयेव ॥ ४२ ॥

नीतिसम्बन्धी रोचक श्लोक*

कनकभूषणसंग्रहणोचितो यदि मणिस्त्रपुणि प्रणिधीयते ।
न स विरौति न चापि स शोभते भवति योजयितुर्वचनीयता ॥ (१६५४)
शशिदिवाकरयोर्ग्रहपीडनं गजभुजङ्गमयोरपि बन्धनम् ।
मतिमतां च निरीक्ष्य दरिद्रतां विधिरहो बलवानिति मे मतिः ॥ (१६५३)

कुमुदवनमपश्रि श्रीमदम्भोजखण्डं
त्यजति मुदमुलूकः प्रीतिमांश्चक्रवाकः ॥
उदयमहिमरश्मिर्याति शीतांशुरस्तं
हतविधिनिहतानां हा विचित्रो विपाकः ॥३॥ (१६५४)
मातेव रक्षति पितेव हिते नियुङ्क्ते
कान्तेव चाभिरमयत्यपनीय खेदम् ।
कीर्तिं च दिक्षु विमलां वितनोति लक्ष्मीं
किं किं न साधयति कल्पलतेव विद्या ॥ ४ ॥ (१६४०)
न चौरहार्यं न च राजहार्यं न भ्रातृभाज्यं न च भारकारि ।
व्यये कृते वर्धत एव नित्यं विद्याधनं सर्वधनप्रधानम् ॥ ५ ॥ (१६५४)
तुल्यान्वयेत्यनुगुणेति गुणोन्नतेति दुःखे सुखे च सुचिरं सहवासिनीति ।
जानामि केवलमहं जनवादभीत्या सीते ! त्यजामि भवतीं न तु भावदोषात् ॥६॥
घृष्टं घृष्टं पुनरपि पुनश्चन्दनं चारुगन्धं
छिन्नं छिन्नं पुनरपि पुनः स्वादु चैवेक्षुकाण्डम् ।
दग्धं दग्धं पुनरपि पुनः काञ्चनं कान्तवर्णं,
प्राणान्तेऽपि प्रकृतिविकृतिर्जायते नोत्तमानाम् ॥ ७ ॥
यावत्स्वस्थमिदं शरीरमरुजं यावज्जरा दूरतो,
यावच्चेन्द्रियशक्तिरप्रतिहता यावत्क्षयो नायुषः ।
आत्मश्रेयसि तावदेव विदुषा कार्यः प्रयत्नो महान्
संदीप्ते भवने तु कूपखननं प्रत्युद्यमः कीदृशः ॥ ८ ॥
सारङ्गाः सुहृदो गृहं गिरिगुहा शान्तः प्रिया गेहिनी,
वृत्तिर्वन्यलताफलैर्निवसनं श्रेष्ठं तरूणां त्वचः ।
तद्ध्यानामृतपूरमग्नमनसां येषामियं निर्वृति-
स्तेषामिन्दुकलाऽवतंसयमिनां मोक्षेऽपि नो नः स्पृहा ॥ ९ ॥

---

*कोष्ठकों के भीतर (१६५४ आदि) अङ्कों से हाई स्कूल परीक्षा के वर्षों का संकेत है ।

अद्भिम क्षमस्व वचनीयमिदं यदुक्तमन्धीभवन्ति पुरुषास्त्वदुपासनेन ।
नो चेत्कथं कमलपत्रविशालनेत्रो नारायणः स्वपिति पन्नगभोगतल्पे ॥ (१६५४)

मित्रं प्रीतिरसायनं नयनयोरानन्दनं चेतसः
पात्रं यत् सुखदुःखयोः सह भवेन्मित्रं हि तद्दुर्लभम्
ये चान्ये सुहृदः समृद्धिसमये द्रव्याभिलाषाकुला-
स्ते सर्वत्र मिलन्ति तत्त्वनिकषग्रावा तु तेषां विपत् ॥११॥ (१६५२)

महाराज श्रीमन् ! जगति यशसा ते धवलिते
पयः पारावरं परमपुरुषोऽयं मृगयते
कपर्दी कैलासं करिवरमभौमं कुलिशभृत्
कलानाथं राहुः कमलभवनो हंसमधुना ॥ १२ ॥ (१६५२)

दूरादुच्छ्रितपाणिरार्द्रनयनः प्रोत्सारितार्धासनो
गाढालिङ्गनतत्परः प्रियकथाप्रश्नेषु दत्तादरः ।
अन्तर्भूतविषो बहिर्मधुमयश्चातीव मायापटुः
को नामायमपूर्वनाटकविधिर्यः शिक्षितो दुर्जनैः ॥१३॥ (१६५३)

प्राक् पादयोः पतति खादति पृष्ठमांसं
कर्णे कलं किमपि रौति शनैर्विचित्रम् ।
छिद्रं निरूप्य सहसा प्रविशत्यशङ्कं
सर्वं खलस्य चरितं मशकः करोति ॥१४॥ (१६५३)

कस्यादेशात् क्षपयति तमः सप्तसप्तिः प्रजानां
छायाहेतोः पथि विटपिनामञ्जलिः केन बद्धः ।
अभ्यर्थ्यन्ते जललवमुचः केन वा वृष्टिहेतोः
जात्यैवैते परिहितविधौ साधवो बद्धकक्ष्याः ॥१५॥

वयमिह परितुष्टा वल्कलैस्त्वं च लक्ष्म्या
सम इह परितोषो निर्विशेषो विशेषः ।
स तु भवति दरिद्रो यस्य तृष्णा विशाला
मनसि च परितुष्टे कोऽर्थवान् को दरिद्रः ॥१६॥

उचितमनुचितं वा कुर्वता कार्यजातं
परिणतिरवधार्या यत्नतः पण्डितेन ।
अतिरभसकृतानां कर्मणामाविपत्ते-
र्भवति हृदयदाही शल्यतुल्यो विपाकः ॥१७॥ (१६५४)

आश्वास्य पर्वतकुलं तपनोष्णतप्त-
मुद्दामदावविधुराणि च काननानि ।
नानानदीनदशतानि च पूरयित्वा
रिक्तोऽसि यज्जलद सैव तवोत्तमश्रीः ॥१८॥ (१६५०)

स हि गगनविहारी कल्मषध्वंसकारी दशशतकरधारी ज्योतिषां मध्यचारी ।
विधुरपि विधियोगाद् ग्रस्यते राहुणासौ लिखितमपि ललाटे प्रोज्झितुं कः समर्थः ॥१६॥

सत्यं न मे विभवनाशकृतास्ति चिन्ता भाग्यक्रमेण हि धनानि भवन्ति यान्ति ।
एतत्तु मां दहति नष्टधनाश्रयस्य यत्सौहृदादपि जनाः शिथिलीभवन्ति ॥२०॥

उद्योगिनं पुरुषसिंहमुपैति लक्ष्मीर्दैवेन देयमिति कापुरुषा वदन्ति ।
दैवं निहत्य कुरु पौरुषमात्मशक्त्या यत्ने कृते यदि न सिद्ध्यति कोऽत्र दोषः ॥२१॥

तानीन्द्रियाण्यविकलानि तदेव नाम सा बुद्धिरप्रतिहता वचनं तदेव ।
अर्थोष्मणा विरहितः पुरुषः स एव अन्यः क्षणेन भवतीति विचित्रमेतत् ॥२२॥

गुणा गुणज्ञेषु गुणा भवन्ति ते निर्गुणं प्राप्य भवन्ति दोषाः ।
आस्वाद्यतोयाः प्रभवन्ति नद्यः समुद्रमासाद्य भवन्त्यपेयाः ॥२३॥ (१९५२)

को वीरस्य मनस्विनः स्वविषयः को वा विदेशस्तथा
यं देशं श्रयते तमेव कुरुते बाहुप्रतापार्जितम् ।
यद्दंष्ट्रानखलांगुलप्रहरणैः सिंहो वनं गाहते
तस्मिन्नेव हतद्विपेन्द्ररुधिरैस्तृष्णां छिनत्त्यात्मनः ॥२४॥

कल्याणानां त्वमसि महसां भाजनं विश्वमूर्ते,
धुर्यां लक्ष्मीमथ मयि भृशं धेहि देवि प्रसीद ।
यद्यत्पापं प्रतिजहि जगन्नाथ नम्रस्य तन्मे,
भद्रं भद्रं वितर भगवन्भूयसे मङ्गलाय ॥२५॥

घर्मार्तं न तथा सुशीतलजलैः स्नानं न मुक्तावली
न श्रीखण्डविलेपनं सुखयति प्रत्यङ्गमप्यर्पितम् ।
प्रीत्या सज्जनभाषितं प्रभवति प्रायो यथा चेतसः
सद्युक्त्या च पुरस्कृतं सुकृतिनामाकृष्टिमन्त्रोपमम् ॥२६॥

सरल हिन्दी में व्याख्या कीजिए—

नाद्रव्ये निहिता काचित् क्रिया फलवती भवेत् ।
न व्यापारशतेनापि शुकवत् पाठ्यते बकः ॥ १ ॥ (१९५३)

तृणानि भूमिरुदकं वाक् चतुर्थी न सूनृता ।
सतामेतानि गेहेषु नोच्छिद्यन्ते कदाचन ॥ २ ॥ (१९५२)

जातमात्रं न यः शत्रुं व्याधिं च प्रशमं नयेत् ।
अतिपुष्टाङ्गयुक्तोऽपि स पश्चात्तेन हन्यते ॥ ३ ॥ (१९५२)

सर्वं परवशं दुःखं सर्वमात्मवशं सुखम् ।
एतद् विद्यात् समासेन लक्षणं सुखदुःखयोः ॥ ४ (१९५१)

नीतो न केनापि न दृष्टपूर्वो न श्रूयते हेममयः कुरङ्गः ।
तथापि तृष्णा रघुनन्दनस्य विनाशकाले विपरीतबुद्धिः ॥५॥

आरम्भगुर्वी क्षयिणी क्रमेण लघ्वी पुरा वृद्धिमती च पश्चात् ।
दिनस्य पूर्वार्धपरार्धभिन्ना छायेव मैत्री खल-सज्जनानाम् ॥ ६ ॥

अलिरसौ नलिनीवनवल्लभः कुमुदिनीकुलकेलिकलारसः ।
विधिवशेन विदेशमुपागतः कुटजपुष्परसं बहु मन्यते ॥ ७ ॥

विधौ विरुद्धे न पयः पयोनिधौ सुधौघसिन्धौ न सुधा सुधाकरे ।
न वाञ्छितं सिद्ध्यति कल्पपादपे न हेम हेमप्रभवे गिरावपि ॥८॥

आयाति याति पुनरेत्र जलं प्रयाति
पद्माङ्कुराणि विचिनोति धुनोति पक्षौ ।
उन्मत्तवद् भ्रमति कूजति मन्दमन्दं
कान्तावियोगविधुरो निशि चक्रवाकः ॥ ९ ॥

जनयति हृदि खेदं मङ्गलं न प्रसूते,
परिहरति यशांसि ग्लानिमाविष्करोति ।
उपकृतिरहितानां सर्वभोगच्युतानां,
कृपणकरगतानां संपदां दुर्विपाकः ॥ १० ॥

पात्रं पवित्रयति नैव गुणान् क्षिणोति,
स्नेहं न संहरति नापि मलं प्रसूते ।
दोषावसानरुचिरश्चलतां न धत्ते,
सत्सङ्गमः सुकृतसद्मनि कोऽपि दीपः ॥ ११ ॥

आदित्यस्य गतागतैरहरहः संक्षीयते जीवनं
व्यापारैर्बहुकार्यभारगुरुभिः कालो न विज्ञायते ।
दृष्ट्वा जन्मजराविपत्तिमरणं त्रासश्च नोत्पद्यते
पीत्वा मोहमयीं प्रमादमदिरामुन्मत्तभूतं जगत् ॥ ११ ॥ (भर्तृहरिः)

(ग) आगरा विश्वविद्यालय के एम. ए. के प्रश्नपत्रों में से अनुवादार्थ संगृहीत गद्य-पद्यांश

(१)

यस्मिंश्च राजनि गिरीणां विपक्षता, प्रत्ययानां परत्वं, दर्पणानामभिमुखावस्थानम्, शूलपाणिप्रतिमानां दुर्गाश्लेषः, जलधराणां चापग्रहणम्, पद्मानां जलदिव्यं, वंशानां शिलीमुखक्षतिः, ग्रहणानां तुलारोहणं, अगस्त्योदयः विषविशुद्धिः, कुमार-

स्तुतिषु तारकोद्धरणं, शशिनो ज्येष्ठातिक्रमः, करेणां दानविच्छित्तिः, अक्षक्रीडासु शून्यगृहदर्शनं पृथिव्यामासीत्। (१६५०)

(२)

ततः स राजकुमारो दिवसकरोदयमिव उल्लसत्पद्माकरकमलामोदं, नाटकमिव प्रकटपताकाङ्कशोभितम्, ईशानबाहुवनमिव महाभोगिमण्डलसहस्राधिष्ठितप्रकोष्ठं, महाभारतमिव अनन्तगीताकर्णनानन्दितनरं, प्राग्वेशमिव नानासवपात्रसंकुलं, प्रभातसमयमिव पूर्वदिग्भागरागानुमेयमित्रोदयं, वर्षपर्वतसमूहमिव अन्तः स्थितापरिमाणशृङ्गिहेमकूटं, स्फीतमपि भ्रमन्नमलोकं राजकुलं विवेश। (१६५०)

(३)

अहो जगति जन्तूनामसमर्थितोपनतान्यापतन्ति वृत्तान्तान्तराणि। तथाहि—मया मृगयायां यदृच्छया निरर्थकमनुबध्नता तुरङ्गमुखमिथुनमयमतिमनोहरो मानवानामगम्यो दिव्यजनसंचरणोचितः प्रदेशो वीक्षितः। अत्र च सलिलमन्वेषमाणेन हृदयहारि सिद्धजनोपस्पृष्टजलं सरो दृष्टम्। तत्तीरलेखाविश्रान्तेन चामानुषं गीतमाकर्णितम्। तच्चानुसरता मानुषदुर्लभदर्शना दिव्यकन्यकेयमालोकिता। न हि मे संशीतिरस्या दिव्यतां प्रति। (१६५१)

(४)

तस्यां चैवंविधायां नगर्यां नल-नहुष-ययाति-धुन्धुमार-भारत-भगीरथ-दशरथ-प्रतिमः, भुजबलार्जितभूमण्डलः, फलितशक्तित्रयः, मतिमान्, उत्साहसम्पन्नः, नीतिशास्त्राखिन्नबुद्धिः, अधीतधर्मशास्त्रः, तृतीय इव तेजसा कान्त्या च सूर्याचन्द्रमसोः, अनेकसप्ततन्तुपूतमूर्तिः, उपशमितसकलजगदुपप्लवः विहाय कमलवनान्यवगण्य नारायणवक्षःस्थलवसतिसुखमुत्फुल्लारविन्दहस्तया शूरसमागमव्यसनिन्या निर्व्याजमालिङ्गतो लक्ष्म्या, महामुनिजनसंसेवितस्य मधुसूदनचरण इव सुरसरित्प्रवाहस्य प्रभवः सत्यस्य, शिशिरस्यापि रिपुजनसन्तापकारिणः स्थिरस्यापि नित्यं भ्रमतो निर्मलस्यापि मलिनीकृतारातिवनितामुखकमलद्युतेरतिधवलस्यापि सर्वजनरागकारिणः सुधासूतेरिव सागर उद्भवो यशसः पाताल इवाश्रितो निजपक्षक्षतिभीतैः क्षितिभृत्कुटिलैः, ग्रहगण इव बुधानुगतः, मकरध्वज इवोत्सन्नविग्रहः, दशरथ इव सुमित्रोपेतः, पशुपतिरिव महासेनानुयातः, भुजगराज इव क्षमाभरगुरुः, नर्मदाप्रवाह इव महावंशप्रभवः, अवतार इव धर्मस्य, प्रतिनिधिरिव पुरुषोत्तमस्य, परिहृतप्रजापीडो राजा तारापीडोऽभूत्। (१६५३)

(५)

आसीच्चास्य मनसि—सरभसपरिवर्तनवलितवासुकिभ्रमितमन्दरेण मध्नता जलधिजलमिदमश्वरत्नमनभ्युद्धरता किं नाम रत्नमुद्धृतं सुरासुरलोकेन। अनारोहता च-

मेरुशिलातलविशालमस्य पृष्ठमाखण्डलेन किमासादितं त्रैलोक्यराज्यफलम्। उच्चैःश्रवसा विस्मृतहृदयो वञ्चितःखलु जलनिधिना शतमखः। (१६५४)

(६)

तस्य च राज्ञो निखिलशास्त्रकलावगाहगंभीरबुद्धिराशैशवादुपारूढनिर्भरप्रेमरसो नीतिशास्त्रप्रयोगकुशलो भुवनराज्यभारनौकर्णधारो महत्स्वपि कार्यसंकटेष्वविषण्णधीर्धाम धैर्यस्य स्थानं स्थितेः, सेतुः सत्यस्य गुरुर्गुणानामाचार्य आचाराणां धाता धर्मस्य शेषाहिरिव महीभारधारणक्षमः सलिलनिधिरिव महासत्त्वो जरासन्ध इव घटितसंधिविग्रहस्त्र्यम्बक इव प्रसाधितदुर्गो युधिष्ठिर इव धर्मप्रभवः सकलवेदवेदाङ्गविदशेषराज्यमङ्गलैकसारो बृहस्पतिरिव सुनासीरस्य कविरिव वृषपर्वणो वसिष्ठ इव दशरथस्य विश्वामित्र इव रामस्य धौम्य इवाजातशत्रोर्दमनक इव नलस्य सर्वकार्येष्वाहितमतिरमात्यो ब्राह्मणः शुकनासो नामासीत्। (१६५५)

(७)

यस्यामुत्तुङ्गसौधोत्सङ्गसङ्गीतसङ्गिनीनामङ्गनानामतिरमणीयेन गीतरवेणाकृष्यमाणाधोमुखरथतुरङ्गः पुरः पर्यस्तरथपताकापटः कृतमहाकालप्रणाम इव प्रतिदिनं लक्ष्यते गच्छन्दिवसकरः। यस्यां च संध्यारागारुणा इव सिन्दूरमणिकुट्टिमेषु प्रारब्धनीलकमलिनीपरिमण्डला इव मरकतवेदिकासु गगनतल प्रसृता इव वैदूर्यमणिभूमिषु तिमिरपटलविघटनोद्यता इव कृष्णागुरुधूममण्डलेषु अभिभूततारकापङ्क्तय इव मुक्ताप्रालम्बेषु विकचकमलचुम्बिन इव नितम्बिनीमुखेषु प्रभातचन्द्रिकामध्यपतिता इव स्फटिकभित्तिप्रभासु गगनसिन्धुतरङ्गावलम्बिन इव सितपताकांशुकेषु पल्लविता इव सूर्यकान्तोपलेषु राहुमुखकुहरप्रविष्टा इवेन्द्रनीलवातायनविवरेषु विराजन्ते रविगभस्तयः। (१६५६)

(८)

कृष्णबालचरितमिव तटकदम्बशाखाधिरूढहरिकृतजलप्रपातक्रीडम्, मदनध्वजमिव मकराधिष्ठितम्, दिव्यमिवानिमिषलोचनरमणीयम्, अरण्यमिव विजृम्भमाणपुण्डरीकम् उरगकुलमिवानन्तशतपत्रपद्माद्भासितम्, कंसबलमिव मधुकरकुलोपगीयमानकुलवलयापीडम्, कद्रूस्तनयुगलमिव नागसहस्रपीतपयोगण्डूषम्, मलयमिव चन्दनशिशिरवनम्, असत्साधनमिवादृष्टान्तम्, अतिमनोहरमाह्लादनं दृष्टेरच्छोदं नाम सरो दृष्टवान्। (१६५६)

(९)

म्लानस्य जीवकुसुमस्य विकाशनानि
सन्तर्पणानि सकलेन्द्रियमोहनानि।
एतानि ते सुवचनानि सरोरुहाक्षि
कर्णामृतानि मनसश्च रसायनानि। (१६५०)

(१०)

एको रसः करुण एव निमित्तभेदाद्
भिन्नः पृथक्पृथगिवाश्रयते विवर्त्तान्।
आवर्त्तबुद्बुद्तरङ्गमयान् विकारान्
अम्भो यथा सलिलमेव तु तत्समग्रम्। (१६५०)

(११)

न सुवर्णमयी तनुः परं ननु किं वागपि तावकी तथा।
न परं पथि पक्षपातिताऽनवलम्बे किमु मादृशेऽपि सा। (१६५१)

(१२)

प्रतीपभूपैरपि किं ततो भिया विरुद्धधर्मैरपि भेत्तृतोज्झिता।
अमित्रजिन्मित्रजिदोजसा स यद् विचारदृक् चारदृगप्यवर्तत। (१६५१)

(१३)

पतत्पतङ्गप्रतिमस्तपोनिधिः पुरोऽस्य यावन्न भुवि व्यलीयत।
गिरेस्तडित्वानिव तावदुच्चकैर्जवेन पीठादुदतिष्ठदच्युतः। (१६५१)

(१४)

विलुलितमतिपूरै र्बाष्पमानन्दशोक-
प्रभवमवसृजन्ती तृष्णयोत्तानदीर्घा।
स्नपयति हृदयेशं स्नेहनिष्यन्दिनी ते
धवलबहुलमुग्धा दुग्धकुल्येव दृष्टिः। (१६५१)

(१५)

हृतसारमिवेन्दुमण्डलं दमयन्तीवदनाय वेधसा।
कृतमध्यविलं विलोक्यते धृतगंभीरखनीखनीलिम। (१६५२)

(१६)

सरसिजमनुविद्धं शैवलेनापि रम्यं
मलिनमपि हिमांशोर्लक्ष्म लक्ष्मीं तनोति।
इयमधिकमनोज्ञा वल्कलेनापि तन्वी
किमिव हि मधुराणां मण्डनं नाकृतीनाम्। (१६५३)

(१७)

युगान्तकालप्रतिसंहृतात्मनो जगन्ति यस्यां सविकासमासत।
तनौ ममुस्तत्र न कैटभद्विषस्तपोधनाभ्यागमसंभवा मुदः। (१६५३)

(१८)

इदं किलाव्याजमनोहरं वपुस्तपःक्षमं साधयितुं य इच्छति।
ध्रुवं स नीलोत्पलपत्रधारया शमीलतां छेत्तुमृषिर्व्यवस्यति। (१९५४)

(१९)

तव कुसुमशरत्वं शीतरश्मित्वमिन्दो-
र्द्वयमिदमयथार्थं दृश्यते मद्विधेषु।
विसृजति हिमगर्भैरग्निमिन्दुर्मयूखै-
स्त्वमपि कुसुमबाणान् वज्रसारीकरोषि। (१९५४)

(२०)

प्रयातुमस्माकमियं कियत्पदं धरा तदम्भोधिरपि स्थलायताम्।
इतीव वाहैर्निजवेगदर्पितैः पयोधिरोधक्षममुद्धतं रजः। (१९५४)

(२१)

हरत्यघं संप्रति हेतुरेष्यतः शुभस्य पूर्वाचरितैः कृतं शुभैः।
शरीरभाजां भवदीयदर्शनं व्यनक्ति कालत्रितयेऽपि योग्यताम्। (१९५५)

(२२)

वृद्धास्ते न विचारणीयचरितास्तिष्ठन्तु किं वर्ण्यते
सुन्दस्त्रीदमनेऽप्यखण्डयशसो लोके महान्तो हि ते।
यानि त्रीण्यपराङ्मुखान्यपि पदान्यासन् खरायोधने
यद्वा कौशलमिन्द्रसूनुनिधने तत्राप्यभिज्ञो जनः। (१९५५)

(२३)

किमपि किमपि मन्दं मन्दमासत्तियोगात्
अविरलितकपोलं जल्पतोरक्रमेण।
अशिथिलितपरिरम्भव्यापृतैकैकदोष्णो-
रविदितगतयामा रात्रिरेव व्यरंसीत्। (१९५६)

(२४)

सहजचापलदोषसमुद्धतश्चलितदुर्बलपक्षपरिग्रहः।
तव दुरासदवीर्यविभावसौ शलभतां लभतामसुहृद्गणः। (१९५५)

(२५)

पुरीमवस्कन्द लुनीहि नन्दनं मुषाण रत्नानि हरामराङ्गनाः।
विगृह्य चक्रे नमुचिद्विषा बली य इत्थमस्वास्थ्यमहर्दिवं दिवः। (१९५०, १९५२)

(२६)

तस्मिन्नद्रौ कतिचिदबलाविप्रयुक्तः स कामी
नीत्वा मासान्कनकवलयभ्रंशरिक्तप्रकोष्ठः ।
आषाढस्य प्रथमदिवसे मेघमाश्लिष्टसानुं
वप्रक्रीडापरिणतगजप्रेक्षणीयं ददर्श । (१६५०)

(२७)

धूमज्योतिःसलिलमरुतां सन्निपातः क्व मेघः
संदेशार्थाः क्व पटुकरणैः प्राणिभिः प्रापणीयाः ।
इत्यौत्सुक्यादपरिगणयन् गुह्यकस्तं ययाचे
कामार्ता हि प्रकृतिकृपणाश्चेतनाचेतनेषु । (१६५२)

(२८)

आलोके ते निपतति पुरा सा बलिव्याकुला वा
मत्सादृश्यं विरहतनु वा भावगम्यं लिखन्ती ।
पृच्छन्ती वा मधुरवचनां सारिकां पञ्जरस्थां
कच्चिद्भर्तुः स्मरसि रसिके त्वं हि तस्य प्रियेति । (१६५४)

(२९)

नन्वात्मानं बहु विगणयन्नात्मनैवावलम्बे
तत्कल्याणि त्वमपि नितरां मा गमः कातरत्वम् ।
कस्यैकान्तं सुखमुपनतं दुःखमेकान्ततो वा
नीचैर्गच्छत्युपरि च दशा चक्रनेमिक्रमेण । (१६५२)

(३०)

सन्तप्तानां त्वमसि शरणं तत्पयोद प्रियायाः
संदेशं मे हर धनपतिक्रोधविश्लेषितस्य ।
गन्तव्या ते वसतिरलका नाम यक्षेश्वराणां
बाह्योद्यानस्थितहरशिरश्चन्द्रिकाधौतहर्म्या । (१६५७)

(३१)

इत्याख्याते पवनतनयं मैथिलीवोन्मुखी सा
त्वामुत्कण्ठोच्छ्वसितहृदया वीक्ष्य संभाव्य चैव ।
श्रोष्यत्यस्मात्परमवहिता सौम्य सीमन्तिनीनां
कान्तोदन्तः सुहृदुपगतः संगमात्किञ्चिदूनः । (१६५८)

(३२)

श्यामास्वङ्गं चकितहरिणीप्रेक्षणे दृष्टिपातं
वक्त्रच्छायां शशिनि शिखिनां बर्हभारेषु केशान्।
उत्पश्यामि प्रतनुषु नदीवीचिषु भ्रूविलासान्
हन्तैकस्थं क्वचिदपि न ते चण्डि सादृश्यमस्ति। (१९५०,१९६०)

(३३)

कच्चित्सौम्य व्यवसितमिदं बन्धुकृत्यं त्वया मे
प्रत्यादेशान्न खलु भवतो धीरतां कल्पयामि।
निःशब्दोऽपि प्रदिशसि जलं याचितश्चातकेभ्यः
प्रत्युक्तं हि प्रणयिषु सतामीप्सितार्थक्रियैव। (१९५१)

(३४)

एतत्कृत्वा प्रियमनुचितप्रार्थनावर्तिनो मे
सौहार्दाद्वा विधुर इति वा मय्यनुक्रोशबुद्ध्या।
इष्टान् देशाञ्जलद विचर प्रावृषा संभृतश्री-
र्मा भूदेवं क्षणमपि च ते विद्युता विप्रयोगः॥

वृत्त-परिचय*

संस्कृत के पद्यमय काव्य में चार 'पाद' या 'चरण' होते हैं। पादों की रचना या तो अक्षरों से या मात्राओं से होती है।

"अक्षर" शब्द का वह भाग है, जो एक ही बार के उच्चारण में आसानी से कहा जा सके। अक्षर में स्वर के साथ व्यञ्जन लगा होता है, जैसे—क, सम्, आदि। यदि अक्षर के साथ कोई व्यञ्जन न भी हो, तो भी उसे अक्षर ही कहेंगे, जैसे—अक्षर शब्द में अ।

"मात्रा" समय के उस अंश को कहते हैं, जो कि एक ह्रस्व स्वर के उच्चारण में लगता है। अतः ह्रस्व स्वर में एक ही मात्रा होती है। दीर्घ स्वर के उच्चारण में ह्रस्व अक्षर के उच्चारण से दूना समय लगता है, अतः उसमें दो मात्राएँ होती हैं।

अक्षर

अक्षर दो प्रकार के होते हैं (१) लघु और (२) गुरु। "लघु" अक्षर उसे कहते हैं, जिसमें स्वर ह्रस्व हो; "गुरु" अक्षर उसे कहते हैं, जिसमें स्वर दीर्घ हो।

ह्रस्व स्वर—अ, इ, उ, ऋ तथा ऌ।

दीर्घ स्वर—आ, ई, ऊ, ॠ, ए, ऐ ओ तथा औ।

सानुस्वारश्च दीर्घश्च विसर्गी च गुरुर्भवेत्।
वर्णः संयोगपूर्वश्च तथा पादान्तगोऽपि वा॥

जब ह्रस्व स्वर के बाद अनुस्वार अथवा विसर्ग अथवा संयुक्ताक्षर आता है तब उस ह्रस्व स्वर को छन्दःशास्त्र में दीर्घ माना जाता है, यथा—"मन्द" में "म" दीर्घ है क्योंकि "म" के उपरान्त संयुताक्षर "न्द" आता है, इसी भाँति "संचय" में "सं" दीर्घ है, क्योंकि "स" अनुस्वार-सहित है, "देवः" में "वः" दीर्घ है, क्योंकि "वः" विसर्ग सहित है।

वृत्तशास्त्र की ऐसी परिपाटी है कि यदि पद्य में पाद के अन्त वाला अक्षर गुरु अपेक्षित है, किन्तु वह लघु है तो उसे उस स्थान पर गुरु ही मान लेते हैं। इसी प्रकार यदि किसी पद्य में पाद के अन्त वाला अक्षर ह्रस्व अपेक्षित है किन्तु वह गुरु है तो वह भी आवश्यकतानुसार लघु मान लिया जाता है।

---

*इस वृत्त-परिचय में छन्दों के उदाहरणों के रूप में जो पद्य या पद्यांश दिये गये हैं वे आगरा विश्वविद्यालय की एम० ए० को परीक्षा के प्रश्न-पत्रों से उद्धृत हैं और वर्ष का संकेत कोष्ठों के भीतर अंकों द्वारा किया गया है।

यति—किसी पद्य का उच्चारण करते समय जहाँ साँस लेने के लिए क्षण भर रुकना पड़ता है, वहाँ पद्य की 'यति' होता है। यतियाँ नियमित हैं। यति शब्द के अन्त में होती है मध्य में नहीं।

वृत्त—वृत्त में पद्य की रचना अक्षरों के हिसाब से होती है और वृत्त रचना में सुविधा के लिए तीन-तीन अक्षरों के समूह को गण कहा गया है। यथा—

"नमोऽस्तु तस्मै पुरुषोत्तमाय" इस पद्यांश में "नमोस्तु" (१), तस्मैपु (२), रुषोत्त (३), माय दो गुरु तीन गण और दो गुरु अक्षर हैं। 'नमोऽस्तु' में "न–मोऽ–स्तु" तीन अक्षर का गण है। इस प्रकार तीन गणों में नौ अक्षर और दो गुरु अक्षर कुल ११ अक्षर हैं।

गण आठ हैं—

आदिमध्यावसानेषु भजसा यान्ति गौरवम्।
यरता लाघवं यान्ति मनौ तु गुरुलाघवम्॥

(१) भगण (२) जगण (३) सगण (४) यगण
(५) रगण (६) तगण (७) मगण (८) नगण

(१) भगण में पहला अक्षर गुरु तथा द्वितीय और तृतीय लघु हैं।
(२) जगण में मध्य अक्षर गुरु है, और पहला तथा तीसरा लघु।
(३) सगण में तीसरा अक्षर गुरु है और पहिला तथा दूसरा लघु।
(४) यगण में पहला अक्षर लघु है और शेष दो गुरु।
(५) रगण में दूसरा अक्षर लघु है और शेष दो गुरु।
(६) तगण में तीसरा अक्षर लघु है और शेष दो गुरु।
(७) मगण में तीनों अक्षर गुरु हैं।
(८) नगण में तीनों अक्षर लघु हैं।

लघु का चिह्न । है।
गुरु का चिह्न ऽ है।

आठों गण चिह्नों द्वारा नीचे दिखाये जाते हैं—

(१) भगण	ऽ।।
(२) जगण	।ऽ।
(३) सगण	।।ऽ
(४) यगण	।ऽऽ
(५) रगण	ऽ।ऽ
(६) तगण	ऽऽ।
(७) मगण	ऽऽऽ
(८) नगण	।।।

जाति—जब पद्य की रचना मात्राओं के हिसाब से की जाती है तब उसे जाति कहते हैं। कभी-कभी मात्राओं का भी गणों में विभाजन करते हैं। ऐसी दशा में प्रत्येक गण चार मात्राओं का होता है। जैसे—

"यदयं शशिशेखरो हगे हरिरप्येष यदीशिता श्रियः" इस पद्य में "यदयं" "शशिशे" "खरोह" गण हैं; क्योंकि "यद" में दो मात्राएँ हैं और "ये" में दो मात्राएँ हैं, इस प्रकार चार मात्राएं हुईं; इसलिए इन चार मात्राओं का एक गण (यदयं) हो गया। यदि यह पद्य वृत्त होता तो भी 'शशिशे" एक ही गण माना जाता, क्योंकि उसमें तीन अक्षरों का एक गण होता है।

मात्रागण पाँच होते हैं—

(१) मगण	ऽऽ
(२) सगण	।।ऽ
(३) जगण	।ऽ।
(४) भगण	ऽ।।
(५) नगण	।।।।

वृत्त के भेद

(१) समवृत्त—वह है, जिसके चारों पाद (या चरण) एक से होते हैं अर्थात् उसमें अक्षर एवं मात्राएँ समान होती हैं।

(२) अर्धसमवृत्त—वह है, जिसके प्रथम तथा तृतीय पाद एक तरह के और द्वितीय तथा चतुर्थ पाद दूसरी तरह के होते हैं।

(३) विषमवृत्त—वह है, जिसके चारों चरण एक दूसरे से भिन्न होते हैं।

संस्कृत काव्य में प्रायः समवृत्त छन्दों का प्रयोग हुआ है।

समवृत्त

समवृत्त अनेक प्रकार के हैं। प्रत्येक चरण में १ अक्षर से २६ अक्षर तक रहते हैं। यहाँ पर कुछ ऐसे प्रचलित समवृत्त दिये गये हैं जो बहुधा साहित्यिक रचनाओं में आते हैं।

८ अक्षरों वाला—अनुष्टुप् (श्लोक)

श्लोके षष्ठं गुरु ज्ञेयं सर्वत्र लघु पञ्चमम्।
द्विचतुःपादयोर्ह्रस्वं सप्तमं दीर्घमन्ययोः॥

अनुष्टुप् या श्लोक के सभी पादों में छठा अक्षर गुरु तथा पाँचवाँ लघु होता है। सातवाँ अक्षर दूसरे तथा चौथे चरण में ह्रस्व होता है और पहिले और तीसरे में दीर्घ होता है। उदाहरण—

(१) न सा विद्या न सा रीतिर्न तच्छास्त्रं न सा कला।
जायते यन्न काव्याङ्गमहो भारो महाकवेः।
(२) वागर्थाविव संपृक्तौ वागर्थप्रतिपत्तये। (१६५५, ५७)
(३) सुभगाविभ्रमोद्भ्रान्तभ्रूविलासचलाःश्रियः (१३६०)

११ अक्षरोंवाला—इन्द्रवज्रा

स्यादिन्द्रवज्रा यदि तौ जगौ गः।

इन्द्रवज्रा के प्रत्येक चरण में दो तगण, एक जगण, और अन्त में दो गुरु अक्षर होते हैं। उदाहरणार्थ—

	तगण	तगण	जगण	ग	ग	
	।।ऽ	ऽऽ।	।ऽऽ	ऽ	ऽ	
(क)	लोकोत्त	रंधैर्य	महोप्र	भा	वः	(१६५२, १६५०)
(ख)	ये दुष्टदैत्या इह मर्त्यलोके					(१६५५)

११ अक्षरों वाला—उपेन्द्रवज्रा

उपेन्द्रवज्रा जतजास्ततो गौ।

उपेन्द्रवज्रा के प्रत्येक चरण में जगण, तगण, जगण तथा दो गुरु होते हैं।

जगण	तगण	जगण	ग ग
।ऽ।	ऽऽ।	।ऽ।	ऽऽ
नमोऽस्तु	तस्मैपु	रुषोत्त	माय—(१६५३, १६५७)

उपजाति (मिश्रित—इन्द्रवज्रा-उपेन्द्रवज्रा)

अनन्तरोदीरितलक्ष्मभाजौ
पादौ यदीयावुपजातयस्ताः।

उपजाति वृत्त वह वृत्त है जो इन्द्रवज्रा तथा उपेन्द्रवज्रा के मेल से बनता है। उदाहरणार्थ—

।ऽ। ऽऽ। ।ऽ। ऽऽ, ऽऽ। ऽऽ। ।ऽ। ऽऽ

(१) अथप्र जानाम धिपःप्र भाते, जायाप्र तिग्राहि तगन्ध म ल्याम् (१६५५)
(२) गोष्ठे गिरिं सव्यकरेण धृत्वा रुष्टेन्द्रवज्राहतिमुक्तवृष्टौ। (१६५८, ६०)
(३) यो गोकुलं गोपकुलं च चक्रे सुस्थं स मे रक्षतु चक्रपाणिः। (१६६०)

१२ अक्षरों वाला-वंशस्थ

जतौ तु वंशस्थमुदीरितं जरौ।

वंशस्थ के प्रत्येक पाद में जगण, तगण, जगण, रगण रहते हैं।

	जगण	तगण	जगण	रगण
	।ऽ।	ऽऽ।	।ऽ।	ऽ।ऽ
(१)	नृपःप	राक्रान्ति	भुजाम	हीभुजाम्।

(२) निमीलिताक्षीव भियामरावती (१९५०, ५७)
(३) प्रिये स कीदृक् भविता तव क्षणः (१९६०)
(४) नमो नमो वाङ् मनसातिभूमये (१९५३)
(५) नमोऽस्त्वनन्ताय सहस्रमूर्तये (१९३५)
(६) क्रमादमुं नारद इत्यबोधि सः (१९५८)
(७) प्रियेषु सौभाग्यफला हि चारुता (१९६०)
(८) हितं मनोहारि च दुर्लभं वचः (१९५७)

१२ अक्षर वाला–द्रुतविलम्बित

द्रुतविलम्बितमाह नभौ भरौ ।

द्रुतविलम्बित के प्रत्येक चरण में नगण, भगण, भगण और रगण होते हैं, जैसे—

नगण	भगण	भगण	रगण	
।।।	ऽ।।	ऽ।।	ऽ।ऽ	
(१) जनप	देनग	दःपद	मादधौ	(१९५४)

(२) उपकृतं बहु तत्र किमुच्यते (१९५३)
(३) किमुदधौ बडवा बडवानलात् (१९५३)

१२ अक्षर वाला-भुजङ्गप्रयात

भुजङ्गप्रयातं भवेद्यैश्चतुर्भिः ।

भुजङ्गप्रयात के प्रत्येक चरण में चार यगण होते हैं; जैसे—

यगण	यगण	यगण	यगण	
।ऽऽ	।ऽऽ	।ऽऽ	।ऽऽ	
(१) अलंती	र्थयानैः	फलंकि	बितानैः	(१९५३)

(२) त्यजेत्तादृशं दुर्विनीतं कुमित्रम् (१९५२)
(३) पुरः साधुवद् भाति मिथ्याविनीतः (१९५५)
(४) धनान्यर्जयध्वं धनान्यर्जयध्वम् (१९६०)

१३ अक्षर––प्रहर्षिणी

म्नौ ज्रौ गस्त्रिदशयतिः प्रहर्षिणीयम् ।

प्रहर्षिणी के प्रत्येक चरण में मगण, नगण, जगण, रगण और अन्त में एक गुरु अक्षर रहता है । तीसरे और दसवें अक्षर पर यति होती है, यथा—

मगण	नगण	जगण	रगण	गुरु	
ऽऽऽ	।।।	।ऽ।	ऽ।ऽ	ऽ	
(१) सम्राज	श्चरण	युगंप्र	सादल	भ्यम्	(१९६०)

(२) इशान स्मरहर चन्द्रचूड शम्भो। (१९५३)

पहले उदाहरण में तीसरे अक्षर "जः" में तथा उसके बाद दसवें अक्षर "भ्यम्" में यति है।

१४ अक्षर वाला--वसन्ततिलका

उक्ता वसन्ततिलका तभजा जगौ गः।

वसन्ततिलका के प्रत्येक चरण में तगण, भगण, जगण, जगण और अन्त में दो गुरु होते हैं; जैसे—

	तगण	भगण	जगण	जगण	ग ग
	ऽऽ।	ऽ।।	।ऽ।	।ऽ।	ऽऽ
(१)	कृष्णात्प	रंकिम	पितत्त्व	महंन	जाने —(१९५३)

(२) न्याय्यात्पथः प्रविचलन्ति पदं न धीराः (१९५३)

(३) स्त्रीरत्नसृष्टिरपरा प्रतिभासिता मे (१९६०)

(४) दानाम्बुसेकसुभगः सततं करोऽभूत् (१९५६)

(५) सोऽयं न पुत्रकृतकः पदवीं मृगस्ते (१९५८)

१५ अक्षर--मालिनी

ननमययुतेयं मालिनी भोगिलोकैः।

मालिनी के प्रत्येक चरण में नगण, नगण, मगण, यगण तथा यगण होते हैं और आठवें तथा सातवें अक्षर के बाद यति होती है; जैसे—

	नगण	नगण	मगण	यगण	यगण
(१)	।।।	।।।	ऽऽऽ	।ऽऽ	।ऽऽ
	कलय	तिचहि	मांशोर्नि	ष्कलंक	स्यलक्ष्मीम्

(२) धवलबहुलमुग्धा दुग्धकुल्येव दृष्टिः (१९५३)

(३) न खलु न खलु बाणः सन्निपात्योऽयमस्मिन (१९५३)

(४) मलिनमपि हिमांशोर्लक्ष्म लक्ष्मीं तनोति (१९६०)

१७ अक्षर--मन्दाक्रान्ता

मन्दाक्रान्ताम्बुधिरसनगैर्मो भनौ तौ गयुग्मम्।

मन्दाक्रान्ता के प्रत्येक चरण में मगण, भगण, नगण, तगण, तगण और अन्त में दो गुरु अक्षर होते हैं।

चार अक्षरों के बाद फिर छः अक्षरों के बाद और फिर सात अक्षरों के बाद यति होती है; जैसे—

मगण	भगण	नगण	तगण
ऽऽऽ	ऽ।।	।।।	ऽऽ।
केषांनै	षाकथ	यकवि	ताकौमु

तगण	ग	ग	
ऽऽ।	ऽ	ऽ	
दीकौतु	का	य	(१६५७, ५८)

यहाँ पर पहिली यति "षा" के उपरान्त, दूसरी "ता" के उपरान्त तीसरी अन्त में "य" के उपरान्त है। इसी प्रकार चारों चरणों में यति होगी।

(२) क्रूरस्तस्मिन्नपि न सहते संगमं नौ कृतान्तः (१६५०)
(३) याञ्चा मोघा वरमधिगुणे नाधमे लब्धकामा (१६५२, १६५३, १६५७)
(४) उद्देशोऽयं सरसकदली श्रेणिशोभातिशायी (१६५६)
(५) नीचैर्गच्छत्युपरि च दशा चक्रनेमिक्रमेण (१६५६)

१७ अक्षर—शिखरिणी

रसैः रुद्रैश्छिन्ना यमनसभलागः शिखरिणी।

शिखरिणी के प्रत्येक चरण में यगण, मगण, नगण, सगण, भगण, और अन्त में एक लघु और एक गुरु होता है। छः अक्षरों के बाद फिर ग्यारह अक्षरों के बाद यति रहती है; जैसे—

	।ऽऽ	ऽऽऽ	।।।
	यगण	मगण	नगण
(१)	तृणेवा	स्त्रैणेवा	ममस

सगण	भगण	ल	ग
।।ऽ	ऽ।।	।	ऽ
मदृशो	यान्तिदि	व	साः (१६५०, ५२, ५५)

(२) न मे दूरे किञ्चित् क्षणमपि न पार्श्वे रथजवात् (१६५३)
(३) मरुन्मन्दंमन्दं दलितमरविन्दं तरलयन् (१६५३, ५८, ६०)

महाकवि कालिदास ने शकुन्तला का सौन्दर्य-वर्णन "शिखरिणी" छन्द में कितना सुन्दर किया है?

(४) अनाघ्रातं पुष्पं किसलयमलूनं कररुहै—
रनाविद्धं रत्नं मधु नवमनास्वादितरसम्।
अखण्डं पुण्यानां फलमिव च तद्रूपमनघम्
न जाने भोक्तारं कमिह समुपस्थास्यति विधिः॥

१७ अक्षर-हरिणी

रसयुगहयैर्न्सौम्रौ स्लौ गो यदा हरिणी तदा।

हरिणी छन्द के चारों पादों में नगण, सगण, मगण, रगण तथा सगण और अन्त में एक लघु और एक गुरु रहता है। छ अक्षरों पर चार अक्षरों पर तथा सात अक्षरों पर यति होती है, यथा—

	नगण	सगण	मगण	रगण	सगण	लघु	गुरु	
	।।।	।।ऽ	ऽऽऽ	ऽ।ऽ	।।ऽ	।	ऽ	
(१)	कनक	निकष	स्निग्धावि	द्युत्प्रिया	नममो	वंशी		(१६५०)

प्रथम यति छठे अक्षर "ष" पर दूसरी चौथे अक्षर "द्युत्" पर तथा तीसरी यति सातवें अक्षर "शी" पर है।

(२) अयमहमसृङ् मेदोमांसैः करोमि दिशां बलिम् (१६५२)
(३) कृतमनुमतं दृष्टं वा यैरिदं गुरुपातकम् (१६५५)
(४) स्फुटितकमलामोदप्रायाः प्रशान्तु वनानिलाः (१६६०)
(५) प्रबलतमसामेवं प्रायाः शुभेषु हि वृत्तयः (१६६०)

१९ अक्षर-शार्दूलविक्रीडितम्

सूर्याश्वैर्यदि मः सजौ सततगाः शार्दूलविक्रीडितम्।

शार्दूलविक्रीडित के प्रत्येक चरण में मगण, सगण, जगण, सगण, तगण, तगण और अन्त में एक गुरु अक्षर होता है। बारहवें अक्षर के बाद पहिली यति, फिर सातवें अक्षर के बाद दूसरी यति होती है; जैसे—

	मगण	सगण	जगण	सगण
	ऽऽऽ	।।ऽ	।ऽ।	।।ऽ
(१)	यस्यान्तं	नविदुः	सुरासु	रगणा

तगण	तगण	ग	
ऽऽ।	ऽऽ।	ऽ	
देवाय	तस्मैन	मः	(१६५२)

(२) यः कौमारहरः स एव हि वरस्ता एव चैत्रक्षपाः (१६५०, ५८)
(३) आशंसा परिकल्पितास्वपि भवत्यानन्दसान्द्रोलयः (१६५६)
(४) वन्दे त्वां रसभारतीं सुरनुतां श्रीराजराजेश्वरीम् (१६६६)

पहले उदाहरण में पहिली यति बारहवें अक्षर "णा" के बाद तथा दूसरी यति फिर सातवें अक्षर "मः" के बाद है। कालिदास ने शकुन्तला की बिदाई का शार्दूलविक्रीडित में क्या सुन्दर चित्रण किया है—

पातुं न प्रथमं व्यवस्यति जलं युष्मास्वपीतेषु या,
नाददत्ते प्रियमण्डनाऽपि भवतां स्नेहेन या पल्लवम् ।
आद्ये वः कुसुमप्रसूतिसमये यस्या भवत्युत्सवः,
सेयं याति शकुन्तला पतिगृहं सर्वैरनुज्ञायताम् ॥

२१ अक्षर-स्रग्धरा

म्रभ्नैर्यानां त्रयेण, त्रिमुनियतियुता स्रग्धरा कीर्तितेयम् ।

स्रग्धरा के प्रत्येक चरण में मगण, रगण, भगण, नगण, यगण, यगण, यगण होते हैं और सात-सात अक्षरों पर यति होती है; जैसे—

	मगण	रगण	भगण	नगण
	ऽऽऽ	ऽ।ऽ	ऽ।।	।।।
(१)	प्रत्यक्षा	भिःप्रप	न्नस्तनु	भिरव

यगण	यगण	यगण	
।ऽऽ	।ऽऽ	।ऽऽ	
तुवस्ता	भिरष्टा	भिरीशः	(१६६०)

यहाँ पर पहिली यति सातवें अक्षर "न्नः" के बाद, फिर दूसरी यति सातवें अक्षर "वस्" के बाद, फिर तीसरी यति सातवें अक्षर "शः" के बाद है ।

(२) येषां श्रीमद्यशोदासुतपदकमले नास्ति भक्तिर्नराणाम् (१६५५)
(३) किञ्चिद्भ्रूभङ्गलीलानियमितजलधिं राममन्वेषयामि । (१६५०, १६५५)
(४) ग्रीवाभङ्गाभिरामं मुहुरनुपतति स्यन्दने दत्तदृष्टिः,
पश्चार्द्धेन प्रविष्टः शरपतनभयाद् भूयसा पूर्वकायम् ।
दर्भैरर्द्धावलीढैः श्रमविवृतमुखभ्रंशिभिः कीर्णवर्त्मा
पश्योदग्रप्लुतत्वाद्वियति बहुतरं स्तोकमुर्व्यां प्रयाति ॥ १६५३ ॥

स्वभावोक्ति अलङ्कार का कितना सुन्दर चित्रण इस श्लोक में कालिदास ने किया है !

अर्धसमवृत्त

पुष्पिताग्रा

**अयुजि नयुगरेफतो यकारो
युजि च नजौ जरगाश्च पुष्पिताग्रा ।**

पुष्पिताग्रा के प्रथम तथा तृतीय चरण में नगण, नगण, रगण यगण (१२ अक्षर), और द्वितीय तथा चतुर्थ में नगण, जगण, जगण, रगण और एक गुरु (१३ अक्षर) होते हैं ।

नगण	नगण	रगण	यगण	प्रथम तथा
।।।	।।।	।ऽऽ	।ऽऽ	तृतीय पाद

नगण	जगण	जगण	रगण	ग द्वितीय तथा
।।।	।।।	ऽ।ऽ	।ऽऽ	ऽ चतुर्थ पाद

जैसे—

।।।	।।।	ऽ।ऽ	।ऽऽ	
करत	लगत	मप्यमू	ल्यचिन्ता	
।।।	।ऽ।	।ऽ।	ऽ।ऽ	ऽ
मणिम	वधीर	यतीङ्गि	तेनमू	र्खः

पूरा श्लोक इस प्रकार है—

करतलगतमप्यमूल्यचिन्तामणिमवधीरयतीङ्गितेन मूर्खः ।
कथमहमपहाय युद्धरत्नं जयति धनैर्गुणवांश्च पण्डिश्च ॥

विषमवृत्त

विषमवृत्तों का साहित्य में बहुत कम प्रयोग हुआ है । उदाहरणार्थ उद्गता का ही लक्षण दे रहे हैं—

सजमादिमे सलघुकौ च नसजगुरुकेष्वथोद्गता ।
त्र्यङ्घ्रिगतभनजलागयुताः सजसा जगौ चरम एकतः पठेत् ॥

सगण	जगण	सगण	ल	
।।ऽ	।ऽ।	।।ऽ	।	
तडितो	ज्ज्वलंज	लदरा	शि-	
नगण	सगण	जगण	गु	
।।।	।।ऽ	।ऽ।	ऽ	
मनिश	मुदहा	रबन्धु	रम्	
भगण	नगण	जगण	ल	ग
ऽ।।	।।।	।ऽ।	।	ऽ
घोरघ	नरसि	तमीश	ध	नुः
सगण	जगण	सगण	जगण	गु
।।ऽ	।ऽ।	।।ऽ	।ऽ।	ऽ
कृपया	कयापि	बहती	यमुद्ग	ता

जाति

"जाति" या 'आर्या' छन्द उसे कहते हैं जिसके गण मात्रा के हिसाब से नियमित किये जाते हैं। "जाति" का साधारण भेद "आर्या" है। आर्या नौ प्रकार की होती है—

पथ्या विपुला चपला मुखचपला जघनचपला च।
गीत्युपगीत्युद्गीतय आर्यागीतिश्च नवधार्या॥

आर्या

यस्याः पादे प्रथमे, द्वादशमात्रास्तथा तृतीयेऽपि।
अष्टादश द्वितीये, चतुर्थके पञ्चदश साऽर्या॥

आर्या के प्रथम तथा तृतीय पाद में १२ मात्राएँ होती हैं; द्वितीय में १८ और चतुर्थ में १५ मात्राएँ होती हैं। उदाहरणार्थ—

अधरः किसलयरागः कोमलविटपानुकारिणौ बाहू।
कुसुममिव लोभनीयं यौवनमङ्गेषु सन्नद्धम्॥ (शाकुन्तले)

नोट—विशेष अध्ययन के लिए वृत्तरत्नाकर, श्रुतबोध या पिङ्गलमुनि-रचित छन्दःसूत्र शास्त्र पढ़ना चाहिए।

हिन्दी-संस्कृत-अनुवाद के उदाहरण

(१) हिन्दी

१—अपने बड़ों के उपदेश की अवहेलना न करो। २—जल्दी न करो रेलगाड़ी पर पहुँचने के लिए काफी समय है। ३—किस के साथ मैं अपने दुःख को बँटा सकता हूँ? ४—चपलता न करो इससे तुम्हारा स्वभाव बिगड़ जायगा। ५—तुम इधर-उधर की क्यों हाँकते हो, प्रस्तुत विषय पर आओ।

(१) संस्कृतानुवादः

१—गुरूणामुपदेशान् माऽवमंस्थाः। २—मा त्वरिष्ठाः कालात् प्राप्स्यसि रेलयानम्। ३—केन साधारणीकरोमि दुःखम्। ४—मा चापलाय, विकरिष्यते ते शीलम्। ५—किमत्यप्रस्तुतमालयसि प्रस्तुत-मनुसन्धीयताम्।

(२) हिन्दी

१—उसने मुझसे एक हजार रुपये ठग लिये, पुलिस उसका पीछा कर रही है। २—एक स्त्री जल के घड़े को लेकर पानी लेने जाती है। ३—सूर्य की प्रखर किरणों से वृक्ष लता सब सूख जाते हैं। ४—मैं घर जाकर अपने मित्रों से पूछ कर आऊँगा। ५—माता-पिता और गुरुजनों का सम्मान करना उचित है। ६—देशाटन करने से शरीर बलवान् हो जाता है। ७—मैं तुम्हारी जरा भी परवाह नहीं करता, तुम यों ही बड़े बनते हो।

(२) संस्कृतानुवादः

१—स मां रुप्यकसहस्रादवञ्चयत,* रक्षिवर्गस्तमनुसरति। २—एका स्त्री जलकुम्भमादाय जलमानेतुं गच्छति। ३—सूर्यस्य तीक्ष्णकिरणैः वृक्षलताः शुष्का भवन्ति। ४—अहं गृहं गत्वा मित्राणि पृष्ट्वा आगमिष्यामि। ५—पितरौ गुरुजनश्च सम्माननीयाः। ६—देशपर्य्यटनेन शरीरं बलवद् भवति। ७—अहं त्वां †तृणाय मन्ये अकारणं गुरुतां धत्से।

---

*—यहाँ ठगे जाने के अर्थ में पञ्चमी हुई और 'अवञ्चयत' यह प्रयोग वञ्चि (चुरादिगणीय) आत्मनेपदी का है।

†—'मन्ये' के साथ चतुर्थी का प्रयोग हुआ है।

(३) हिन्दी

१—मेरा भाई और मैं मैच देखने को जा रहे हैं, पता नहीं कब तक लौटेंगे। २—डूबते को तिनके का सहारा। ३—इस समय मेरी घड़ी में पौने चार बजे हैं। ४—वह सदैव मेरे उन्नति-मार्ग में रोड़े अटकाता रहा है। ५—न्यूयार्क में मनुष्यों की चहल-पहल देखने योग्य है। ६—गोपाल ने इस जोर से गेंद मारी कि शीशा टूट कर चूर चूर हो गया। ७—दमयन्ती सुन्दरता में अन्तःपुर की दूसरी स्त्रियों से बाजी ले गई है।

(३) संस्कृतानुवादः

१—मम सोदर्योऽहं च विजगीषा-खेलां प्रेक्षितुं गच्छावः न विद्मः कदा परापतावः। २—मज्जतो हि कुशं वा काशं वाऽवलम्बनम्। ३—अधुना मम कालमापनी (घटिकायन्त्रम्) पादोन-चतुर्थी होरां दिशति। ४—स मे समुन्नतिपथं सदैव प्रतिबध्नाति। ५—न्यूयार्कनगरे प्रचुरो जनसञ्चारः दर्शनीयः। ६—गोपालस्तथा वेगेन कंदुकं प्राहरत् यथाऽऽदर्शः परिस्फुट्य खण्डशोऽभूत्। ७—दमयन्ती लावण्येन सर्वान्तःपुर-वनिताः अतिक्रामति (प्रत्यादिशति वा)।

(४) हिन्दी

१—जो होना है सो होवे, मैं उसके सामने नहीं झुकूँगा। २—राम ने वन में लाखों राक्षसों को मारा। ३—वह बानर वृक्ष से उतर कर नीचे बैठा है। ४—विद्याहीन मनुष्य और पशुओं में कोई भेद नहीं है। ५—एक पागल लड़का दौड़ता हुआ आया। ६—ईश्वर की कृपा से उसका शरीर आरोग्य हो गया। ७—उसने रमेश को खूब उल्लू बनाया।

(४) संस्कृतानुवादः

१—यद्भावि तद्भवतु, नाहं तस्य पुरः शिरोऽवनमयिष्यामि। २—रामः वने लक्षशः राक्षसान् जघान। ३—स वानरः वृक्षात् अवतीर्य नीचैः उप-विष्टोऽस्ति। ४—विद्याहीनानां नराणां पशूनाञ्च कोऽपि भेदो नास्ति। ५—कश्चित् (एकः) उन्मत्तो बालक इतो धावन्नागतः। ६—ईश्वरस्य कृपया तस्य शरीरं नीरोगमभवत्। ७—स रमेशं मातृमुखमुपदर्श्य व्याडम्बयत्।

(५) हिन्दी

१—उसकी मुट्ठी गरम करो, फिर तुम्हारा काम हो जायगा। २—मैंने आज पढ़ा नहीं, इसलिए मेरे पिता मुझ पर नाराज थे। ३—मैं खेलकर समय नष्ट नहीं करूँगा। ४—तुम घर जाओ, तुम्हारे साथ मैं नहीं खेलूँगा। ५—देवदत्त आज मेरे घर आवेगा। ६—

(५) संस्कृतानुवादः

१—उत्कोचं तस्मै देहि तेन तव कार्यं सेत्स्यति। २—अहमद्य नापठम्, अतः मम पिता मयि अप्रसन्न आसीत्। ३—अहं क्रीडित्वा समयं न नंक्ष्यामि। ४—त्वं गृहं गच्छ, त्वया सह अहं न क्रीडिष्यामि। ५—देवदत्तः अद्य मम गृहमागमिष्यति। ६—गतवर्षे स परी-

गत वर्ष परीक्षा में वह उत्तीर्ण नहीं हुआ, इस कारण वह परिश्रम से पढ़ता है। ७—चार दिन की चाँदनी फिर अँधेरी रात।

क्षायामुत्तीर्णो नाभवत्, अतः परिश्रमेण पठति। ७—अहः कतिपयानि सम्पद-स्ततो व्यापदः।

(६) हिन्दी

१—आपको अपने काम से मतलब औरों की बातों में क्यों टाँग अड़ाते हो। २—उसका दाँव नहीं चला, नहीं तो तुम इस समय अपना सिर धुनते होते। ३—चिर प्रवासी तथा रोगी रहने से वह ऐसा बदल गया है कि पहचाना नहीं जाता। ४—उसकी ऐसी दशा देखकर मेरा जी भर आया। ५—मेरी सब आशाओं पर पानी फिर गया। ६—तुम तो दूसरे के घर में आग लगा कर तमाशा देखना चाहते हो। ७—तुम सदा मन के लड्डू खाते हो।

(६) संस्कृतानुवादः

१—भवान् पराधिकारचर्चां किमिति करोति। २—न स प्रभावश्शाठ्यस्य अन्यथा सम्प्रति स्वानि भाग्यानि निन्द-यिष्यसि। ३—चिरंविप्रोषितो रुग्णश्चासौ तथा परिवृत्तो यथा परिचेतुं न शक्यः। ४—तस्य तथावस्थामवलोक्य करुणार्द्र-चेता अभवम्। ५—सर्वा ममाशा मोघाः सञ्जाताः। ६—त्वं तु परगृहेषु विसंवादमुद्भाव्य कौतुकं मार्गयसि। ७— मनोरथमोदकप्रायानिष्टानर्थानित्थं भुङ्क्षे।

(७) हिन्दी

१—दिल के बहलाने को गालिब खयाल अच्छा है। २—ईश्वर जब देता है तब छप्पर फाड़कर देता है। ३—मैंने सारी रात आँखों में काटी। ४—आजकल प्रत्येक मनुष्य अपना उल्लू सीधा करना चाहता है, दूसरों के हित की उसे चिन्ता नहीं। ५—आज सबेरे ही सबेरे बीस रुपयों पर पानी फिर गया। ६—मुझे इस बात के सिर पैर का पता नहीं लगता। ७—व्यायाम सौ दवा की एक दवा है, फिर हींग लगे न फिटकिरी।

(७) संस्कृतानुवादः

१—आत्मनो विनोदाय कल्पतेऽयं विचारः। २—भाग्यानां द्वाराणि भवन्ति सर्वत्र। ३—पर्यङ्के निषण्णस्य ममाक्ष्णोः प्रभातमासीत्। ४—अद्यत्वे सर्वः स्वार्थमेव समीहते परहितं तु नैव चिन्तयति। ५—अद्य प्रातरेव विंशते रूप्यकाणां हानिर्मे जाता। ६—अस्या वार्ताया अन्तादी (आद्यन्तौ वा) नावगच्छामि। ७—व्यायामो हि भेष-जानां भेषजम्, एतदर्थे कश्चिद्व्ययोऽपि नानुभवितव्यो भवति।

(८) हिन्दी

पुराणों में कथा है कि एक बार धर्म और सत्य में विवाद हुआ। धर्म ने कहा—"मैं बड़ा हूँ", सत्य ने कहा "मैं"। अंत में फैसला कराने के लिए वे दोनों शेषजी के पास गये। उन्होंने कहा कि "जो पृथ्वी धारण करे वही बड़ा"। इस प्रतिज्ञा पर धर्म्म को पृथ्वी दी, तो वे व्याकुल हो गये, फिर सत्य को दी, उन्होंने कई युग तक पृथ्वी को उठा रखा।

(८) संस्कृतानुवादः

पुराणेषु कथास्ति यत् एकदा धर्म्म-सत्ययोः परस्परं विवादोऽभवत्। धर्म्मोऽब्रवीत्—"अहं बलवान्" सत्योऽवदत् "अहम्" इति। अन्ते निर्णायितुं तौ सर्पराजस्य समीपे गतौ। तेनोक्तं यत् "यः पृथ्वीं धारयेत् स एव बलवान् भवेदिति।" अस्यां प्रतिज्ञायां धर्म्माय पृथ्वीं ददौ। स हि धर्मो व्याकुलोऽभवत्। पुनः सत्याय ददौ। स कतिपययुगानि यावत् पृथ्वीमुदस्थापयत्।

(९) हिन्दी

१—उसके मुँह न लगना वह बहुत चलता पुरजा है। २—सबेरे उठकर पढ़ने बैठ जाओ। ३—परीक्षा के बाद छुट्टियों में दूसरी जगह जाना अच्छा है। ४—अच्छी तरह पास करोगे तो एक किताब मिलेगी। ५—हस्तलिपि को साफ एवं शुद्ध बनाओ। ६—पढ़ने के समय दूसरी ओर ध्यान मत दो। ७—मेरे पाँव में काँटा चुभ गया है, उसे सूई से निकाल दो।

(९) संस्कृतानुवादः

१—तेन सार्कं नातिपरिचयः कार्यः, कितवोऽसौ। २—प्रातरुत्थाय अध्येतुमुपविश। ३—परीक्षानन्तरम् अवकाशेषु अन्यत्र गमनं वरम्। ४—सम्यगुत्तीर्णो भवेस्तर्हि पुस्तकमेकं लभेथाः। ५—हस्तलिपिं स्पष्टां शुद्धां च कुरु। ६—अध्ययनसमये अन्यत्र मा ध्यानं देहि। ७—मम पादे कण्टको लग्नः, तं सूच्या समुद्धर।

(१०) हिन्दी

१—एक ही बात अलापते जाते हो दूसरे की सुनते ही नहीं। २—पति वियोग से वह सूखकर काँटा हो गयी है। ३—फोड़े में पीप भर गया है और उसका मुँह भी बन गया है, अब उसे चीर दिया जायगा। ४—जिसका काम उसी को साजे और करे तो ठींगा बाजे। ५—इस दुर्घटना से वह बाल-बाल बच गया। ६—पहले उसने अपनी

(१०) संस्कृतानुवादः

१—एकमेवार्थमनुलपसि, न चान्यं शृणोषि। २—पतिविप्रयोगेण सा तनुतां गता (कङ्कालशेषा समजनि।) ३—व्रणः पूयक्लिन्नो बद्धमुखश्च जातः, इदानीमस्य शालाक्यं करिष्यते। ४—यद् यस्योचितं तत् समाचरन् स एव शोभते इतरस्तु प्रवृत्तो लोकस्य हास्यो भवति। ५—अस्मिन् दुर्योगे दैवात् तस्यासवो रक्षिताः। ६—पूर्वं स स्वां

जायदाद बंधक रखी थी, अब वह दिवाला दे रहा है। ७—विष वृक्ष को भी पाल करके स्वयं काटना ठीक नहीं है।

सम्पत्तिं बन्धकेऽददात् साम्प्रतम् ऋण-शोधनेऽक्षमतामुद्घोषयति। ७—विष-वृक्षोऽपि संवर्ध्य स्वयं छेत्तुमसाम्प्रतम्।

(११) हिन्दी

रात्रि समाप्त हुई; प्रभात का रमणीक दृश्य दृष्टिगोचर होने लगा। तारागण जो रात के अँधेरे में चमक दमक दिखा रहे थे, अपने प्रकाश को फीका देखकर धीरे-धीरे लोप हो गये। जैसे चोर प्रभात का प्रकाश होते ही अपने अपने ठिकाने को भागते हैं, ऐसे ही रात्रि की स्याही का रंग उड़ा। पूर्व दिशा में सफेदी प्रकट हुई मानो प्रेमी सुबह ने प्रेमिका रात्रि के स्याह बिखरे बालों को मुख से समेट लिया और उसका उज्ज्वल मस्तक दीखने लगा। प्रातः कालीन वायु, युवकों की तरह अटखेलियाँ करती हुई चली। पक्षियों ने चहचहाना आरम्भ किया। उद्यान में कलिकाएँ खिलने लगीं, जैसे नींद से कोई नेत्र खोले।

(११) संस्कृतानुवादः

रात्रिर्गता, प्रातः सुरम्यं दृश्यं दृष्टिपथमवाप। नक्तं तमसि रोचिष्णून्युडूनि सम्प्रति मन्दरुचीनि सन्ति शनैः शनैस्तिरोहितानि। यथा तस्कराः प्रातरालोके स्वावासं प्रति विद्रवन्ति तथैव रात्रिश्यामिकापि। पूर्वस्यां दिशि प्रकाशः प्राकट्यमगात्, मन्ये प्रियं प्रातः प्रियाया निशाया असितान् पर्याकुलान् मूर्धजान् मुखात्प्रतिसमहार्षीत् समुज्ज्वलं च तन्मस्तकं दृष्टिपथमवातरत्। वैभातिको वायुर्युवजनवत् सविभ्रममवात्। पक्षिणः कलरवं कर्तुमारभन्त। उद्याने कलिका विकासोन्मुख्यः सञ्जाताः, यथा सुप्तोत्थितः कश्चिन्निमीलिते लोचने समुन्मीलयेत्।

(१२, १३ वाक्य खण्डों में सोपसर्ग धातुओं का प्रयोग किया गया है)।

(१२) हिन्दी

१—हिमालय से गंगा निकलती है। २—चन्द्रमा के निकलने पर अंधकार दूर हो गया। ३—यह पहलवान

*(१२) संस्कृतानुवादः

१—हिमवतो गङ्गा उद्गच्छति (प्रभवति वा)। २—आविर्भूते शशिनि अन्धकारस्तिरोऽभूत्। ३—अयं मल्लः

*इस वाक्य-खण्ड में तथा आगे के वाक्य-खण्ड में भिन्न-भिन्न उपसर्गों के साथ क्रियाओं का प्रयोग किया गया है। याद रखो, सोपसर्ग धातुओं के प्रयोग से वाक्यों में सौष्ठव तथा एक विशेष चमत्कार आ जाता है।

दूसरे पहलवान से टक्कर ले सकता है। ४—वह शीघ्र ही वियोग की पीड़ा का अनुभव करेगा। ५—तुम ठीक कह रहे हो, तुम्हारी दलील में मुझे कोई दोष दिखाई नहीं देता है। ६—जो शारीरिक शत्रुओं को वश में कर लेते हैं वे ही सच्चे विजयी हैं। ७—जो रामयण की कथा कहता है वह जनता की सेवा करता है। ८—गौओं को इकट्ठा करो, आओ घर को ले चलें! ९—जब मैं तुम्हारे भाषण पर विचार करता हूँ तब उसमें मुझे अधिक गुण नहीं दिखाई देते। १०—चन्द्रमा चाण्डाल के घर से चाँदनी को नहीं हटाता।

अन्यस्मै मल्लाय प्रभवति। ४—अचिरमेव स वियोगव्यथाम् अनुभविष्यति। ५—युक्तमेव कथयति भवान् नाहं भवतस्तर्के दोषं विभावयामि। ६—ये शरीरस्थान् रिपूनधिकुर्वते ते नाम जयिनः। ७—यो रामायणं प्रकुरुते स खलु साधिष्ठमुपकरोति लोकस्य। ८—गावः संह्रियन्तां गृहं प्रति निवर्तामहे। ९—यदाहं तव भाषितं परिभावयामि तदा नात्र बहुगुणं विभावयामि। १०—न हि संहरते ज्योत्स्नां चन्द्रश्चाण्डालवेश्मनः।

(१२) हिन्दी

१—सूर्य निकल रहा है और अंधेरा दूर हो रहा है। २—लंका से लौटते हुए राम को लाने के लिए भरत आगे बढ़ा। ३—हमारे घर आज एक मेहमान आया है उसका आतिथ्य सत्कार करना है। ४—जो शिष्टाचार की सीमा लांघते हैं वे निन्दित हो जाते हैं। ५—बहुत से लोग इस सड़क से आते जाते हैं। ६—मोटर पास में लाओ जिससे मैं चढ़ सकूँ। ७—निःसन्देह तुम इस उज्ज्वल चरित्र से वंश को ऊँचा उठा दोगे। ८—इस युक्ति का हम इस प्रकार विरोध करते हैं। ९—प्रत्येक वर्ष हमें गाँव से एक सौ रुपये लगान प्राप्त होता है। १०—योगी लोगों को समाधि-विधि का उपदेश करता हुआ पृथ्वी पर घूमा।

(१२) संस्कृतानुवादः

१—भानुरुद्गच्छति तिमिरश्चापगच्छति। २—लङ्कातो निवर्तमानं रामं भरतः प्रत्युज्जगाम। ३—अद्यास्मद्गृहानेकोऽभ्यागतोऽभ्यागमत् स आतिथ्येन सत्करणीयः। ४—ये समुदाचारमुच्चरन्ते तेऽवगीयन्ते। ५—भूयांसो जना मार्गेणानेन संचरन्ते। ६—उपानय मोटरयानं यावदारोहयामि। ७—अवदातेनानेन चरितेन कुलमुन्नेष्यसि नात्र सन्देहः। ८—इत्युक्तेरेवं प्रत्यवतिष्ठामहे। ९—प्रत्यब्दं शतं रुप्यका उत्तिष्ठन्त्यस्माद् ग्रामात्। १०—योगी लोकं समाधिविधिमुपदिशन् भुवं विचचार।

११—उस राज्य में पुत्र पिता के विरुद्ध आचरण करते थे और नारियाँ पति के विरुद्ध। १२—जब तक पृथ्वी पर पर्वत स्थिर रहेंगे और नदियाँ बहती रहेंगी तब तक लोगों में रामायण की कथा प्रचलित रहेगी।

११—तस्मिन् राज्ये पुत्राः पितॄनत्यचरन् नार्यश्चात्यचरन् पतीन्।

१२—यावत्स्थास्यन्ति गिरयः
सरितश्च महीतले।
तावद्रामायणकथा
लोकेषु प्रचरिष्यते॥

(१४) हिन्दी

१—स्कूल जाने का यही वक्त है। किताबें और कलम लेकर मेरे साथ आओ। २—पिता के घर में वह होनहार बालक बढ़ने लगा और ब्राह्मणों ने उसके अनुरूप ही उसका नाम देवसोम रखा। ३—बड़े भाई की प्रतिकूल आज्ञा भी छोटे भाई को माननी चाहिए। ४—राजा महीपाल हाथी पर चढ़ कर बहुत सारे बनों में घूमता हुआ अपने राज्य में लौट रहा था। ५—दुश्मन की सारी फौज इस तरह से हरा दी गयी, उनके दो हजार सिपाही मार दिये गये और सात सौ से भी अधिक पकड़ लिये गये। ६—यह सुन कर वह झटपट गाड़ी पर सवार हुआ और पहाड़ की तलहटी में पहुँचा। ७—उस राजकुमार ने उस गाँव के चारों ओर चाण्डालों को देखा जो मोर के पंखों से सजे हुए थे, जिन्होंने बाघ की खाल ओढ़ी हुई थी और जो पशुओं का मांस खानेवाले थे। ८—ऊपर एक डाल पर उसने एक शहद के छत्ते को देखा। वृक्ष पर चढ़कर छत्ते तक पहुँचा और शहद पिया। इसी समय कीड़े उस वृक्ष की जड़ को काट रहे थे। वह आदमी, वृक्ष और सब कुछ एक अँधियारे गढ़े में गिर पड़े।

(१४) संस्कृतानुवादः

१—विद्यालयं गन्तुमयमेव समयः। पुस्तकानि लेखनीं च गृहीत्वा मया सार्धमागम्यताम्। २—उदीयमानो बालकोऽसौ पितृभवने वर्धते स्म। विप्रा देवसोम इति तस्य यथार्थं नाम कृतवन्तः। ३—अनभिप्रेतेऽपि ज्यायसः आदेशे कनीयसा अवज्ञा न कार्या। ४—राजा महीपालः हस्तिनमारुह्य बहूनि वनानि भ्रमित्वा स्वमेव द्वीपं प्रतिगच्छति स्म। ५—सर्वाणि किल शत्रुसैन्यानि सर्वथैव पराजितानि तेषां सहस्रद्वयं निहतं सप्तशत्या अपि अधिकानि आबद्धानि। ६—स हि एतदाकर्ण्य झटिति शकटमारुह्य उपगिरि (उपगिरं) गतः। ७—राजपुत्रोऽसौ तं ग्रामं सर्वतः मयूरपिच्छैः शोभितान्, व्याघ्रचर्मपरिधायिनः मृगमांसभोजिनः चण्डालान् दृष्टवान्। ८—ऊर्ध्वमवलोक्य स शाखास्थितं किमपि मधुचक्रं दृष्टवान्। वृक्षमारुह्य समासाद्य च मधुचक्रं तस्मात् मधु पपौ। कीटाः समयेऽस्मिन् वृक्षमूलं कृन्तन्ति स्म, स मानवः सहिततरुः अन्यत् सर्वं च अन्धकारावृते गर्ते पपात।

(१५) हिन्दी

१—कितनी देर तक यह उत्सव रहेगा ? तुम्हें इसकी कहानी का पता है ? २—पशुपक्षियों की दिल दहलानेवाली आवाज ने उसको चौंका दिया। ३—क्षण भर में मूसलाधार वर्षा हो पड़ी और आसमान बादलों से घिर गया। ४—एक दिन महर्षि ने ध्यान के समय दूर जङ्गल में धधकती हुई आग को देखा। ५—गाँव में एक त्यौहार मनाया जा रहा है। यह कब आरम्भ हुआ ? ६—राजा एक साथ बहुत से शत्रुओं से न लड़े, क्योंकि बहुत सारी चीटियों से साँप भी मारा जाता है। ७—बुद्धिमान् अपने स्वार्थ के लिए शत्रुओं को भी अपने कन्धे पर ले जाय। मनुष्य जलाने के लिए ही सिर पर लकड़ियों को उठाते हैं। ८—राजकुमार ने और वजीरों ने पोखर के किनारे एक बहुत बड़े पेड़ को देखा, जिसकी डालें बाहों की तरह मालूम पड़ती थीं।

(१५) संस्कृतानुवादः

१—कियत्कालम् उत्सवोऽयं स्थास्यति ? अपि जानासि अत्र का किवदन्ती ? २—पशूनां पक्षिणां च आर्तनादस्तं प्रबोधितवान्। ३—मुहूर्तेन धारासारैर्महती वृष्टिर्बभूव। नभश्च जलधरपटलैरावृतम्। ४—एकदा ध्यानमग्नोऽसौ ऋषिः दूरवर्तिनि वनप्रदेशे जाज्वल्यमानं दावानलं ददर्श। ५—ग्रामे उत्सवः कश्चित् सम्पद्यते। कदासौ प्रारब्धः ? ६—राजा युगपत् बहुभिररिभिर्न युध्येत, यतः समवेताभिर्बह्वीभिः पिपीलिकाभिः बलवानपि सर्पः विनाश्यते। ७—प्राज्ञो हि स्वकार्यसम्पादनाय रिपूनपि स्वस्कन्धेन वहेत्। मानवाः दहनार्थमेव शिरसा काष्ठानि वहन्ति। ८—ससचिवो राजपुत्रः सरस्तीरे विशालं महीरुहमपश्यत्, अगणिता यस्य शाखा भुजवत् प्रतिभान्ति स्म।

(१६) हिन्दी

१—बुरों का साथ छोड़ और भलों की संगति कर। २—पढ़ाई मे आलस न कर अवश्यमेव परीक्षा में पास होगा। ३—गरीबों पर दया कर भगवान् मदद करेंगे। ४—उस भीषण दृश्य को देख कर उसके हाथ-पैर काँपने लगे। ५—उनका कोई दोष न होने पर भी उनपर सन्देह बना ही रहा। ६—राम ! बाजार जाओ, झटपट ५५ (पचपन) आम खरीद कर लौट आओ। ७—यदि वह

(१६) संस्कृतानुवादः

१—त्यज दुर्जनसंसर्गं भज साधुसमागमम्। २—पाठे च अयत्नं मा कुरु नूनमेव त्वं परीक्षामुत्तरिष्यसि। ३—दरिद्रान् प्रति दयां कुरु। भगवांस्ते साहाय्यं विधास्यति। ४—तद् भीषणं दृश्यमवलोक्य तस्याः पाणिपादं कम्पितुमारेभे। ५—तेषां कांश्चिद् दोषानन्तरेणापि ते सन्देहास्पदं बभूवुः। ६—राम ! हट्टं गत्वा पञ्चपञ्चाशतं आम्रफलानि परिक्रीय झटिति प्रत्यागच्छ। ७—यद्यसौ

तैरना जानता तो पानी से न डरता। ८—उसने पेड़ पर चढ़ कर खुशबूदार फूलों से लदी हुई एक छोटी सी टहनी को तोड़ दिया। ९—दुश्मन की सारी फौज इस तरह से हरा दी गयी, उनके दो हजार सिपाही मार दिये गये और सात सौ से भी अधिक पकड़ लिये गये। १०—उस रात को बड़ा घना अँधेरा था और मूसलाधार वारिस हो रही थी। उसका रास्ता बनैले सूअर और शेरों से भरे हुए भयङ्कर वन में से हो कर जाता था। ११—निडर बटोही अपने रास्ते पर चला जा रहा था। पौ फटने से पहले उसने घर पहुँचने की प्रतिज्ञा की। उसे इसको पूरा करना ही था।

संतरणकौशलम् अज्ञास्यत् तर्हि जलात् नाभेष्यत्। ८—वृक्षमारुह्यासौ सुगन्धिपुष्पसंभारां क्षुद्रशाखां बभञ्ज। ९—सर्वाणि किल शत्रुसैन्यानि सर्वथैव पराजितानि, तेषां सहस्रद्वयं निहतं सप्तशत्या अपि अधिकानि आवद्धानि। १०—घनतमसावृता हि रजनी आसीत्, आसीच्च तदा भीषणो झटिकाप्रपातः। वन्य-शूकर-शार्दूल-समाकुले निविडे वने तस्य गन्तव्यपथश्च आसीत्। ११—निर्भीकोऽसौ पथिकः पन्थानमतिचक्राम। प्रागेव सूर्योदयात् स गृहं प्राप्स्यतीति प्रतिज्ञातवान्। अतः अवश्यमेव पालयितव्यम् तत्।

(१७) हिन्दी

एक समय राजा दिलीप ने अश्वमेध यज्ञ करने के लिए एक घोड़ा छोड़ा। उस की रक्षा का भार रघु पर पड़ा। वह घोड़े के पीछे-पीछे चला। इन्द्र ने इस डर से कि 'सौ यज्ञ करके दिलीप मेरा पद लेगा' छिप कर उस घोड़े को चुरा लिया। नन्दिनी की कृपा से रघु को यह बात विदित हुई और पहले उसने साम-नीति के अनुसार देवेन्द्र से वह घोड़ा मांगा। घोड़ा न मिलने पर रघु ने देवेन्द्र के साथ युद्ध आरम्भ किया। उनके बीच युद्ध होने पर रघु ने ही पहले देवेन्द्र के हृदय पर बाण मारा। प्रहार से क्रुद्ध हो कर उसने भी रघु पर बाण मारा। दानवों के रक्त को निरन्तर पीते रहने के कारण और मनुष्य के खून का

(१७) संस्कृतानुवादः

एकदा राजा दिलीपोऽश्वमेधयज्ञं कर्तुमश्वमेकं मुमोच। तस्य रक्षितृत्वेन नियुक्तो रघुस्तमनुययौ। "दिलीपः शतं यज्ञान् विधाय पदवीं मे ग्रहीष्यति" इति भयेन प्रच्छन्नरूपो देवेन्द्रस्तं वाजिनमपजहार। नन्दिनीप्रसादाद् विदितवृत्तो रघुः प्रथमं साम्ना देवेन्द्रमश्वं ययाचे। अनुपलब्धेऽश्वे तेन सह योद्धुं प्रववृते। तयोर्मिथं युद्धे संप्रवृत्ते रघुरेव पूर्वं देवेन्द्रं बाणेन हृदि बिभेद। तत्प्रहारेण संक्रुद्धो देवेन्द्रोऽपि रघुं बाणेन प्रत्यविध्यत्। सायकः खलु यः सततमसुराणां रक्तपाने-

स्वाद न जानते हुए, मानो वह रघु का खून पीने लगा। इसके बाद सुकुमार रघु ने भी अपने नाम वाले बाण को देवेन्द्र की बांह पर मारा और बाण से देवेन्द्र की ध्वजा काट डाली। इस प्रकार उनका घोर युद्ध हुआ। इन्द्र के पास जो सिद्ध लोग स्थित थे और रघु के पास जो सैनिक थे वे युद्ध को देखते रहे। इन्द्र के आकाश में और रघु के भूमि पर होने के कारण उनके बाणों के मुख भी ऊपर नीचे थे। समय पाकर रघु ने देवेन्द्र के धनुष की डोर काट डाली। इससे अति क्रुद्ध होकर देवेन्द्र ने पहाड़ों के पंखों के काटने वाले वज्र से सुकुमार रघु के ऊपर प्रहार किया। उससे चोट खाकर रघु पृथ्वी पर गिर पड़ा, किन्तु क्षण भर में पीड़ा को भुला कर फिर युद्ध करने के लिए तैयार हो गया। इस प्रकार रघु की अलौकिक वीरता को देखकर देवेन्द्र बहुत प्रसन्न हुआ और उसने युद्ध बन्द कर दिया।

नाज्ञात-नररुधिरास्वादः कुतूहलेनेव तच्छोणितं पपौ। कुमारो रघुरपिस्वनामाङ्कितं सायकं देवेन्द्रस्य भुजे निचखान इषुणा च तस्य पताकां चिच्छेद। तयोरेवं तुमुलं युद्धमजनि। इन्द्रपार्श्वे सिद्धाद्याः, रघोः समीपे च तस्य सैनिका युद्धप्रेक्षका बभूवुः। इन्द्ररघ्वोराकाशभूमिस्थायित्वेन तयोः सायका अप्यधोमुखाश्च ऊर्ध्वमुखाश्च प्रासरन्। अवसरमुपलभ्य रघुर्देवेन्द्रस्य धनुर्ज्यामच्छिनत्। तेनातिक्रुद्धो मघवा पर्वतपक्षच्छेदनोचितं वज्रं सुकुमारे रघौ प्राहिणोत्। तेन ताडितो रघुर्भूम्यां पपात। तद्व्यथां च क्षणेनैवावधूय स पुनर्योद्धुं सज्जोऽभवत्। रघोस्तादृशमलौकिकं वीर्यं निरीक्ष्य भृशं तुतोष देवेन्द्रो युद्धाद् व्यरमच्च।

(१८) हिन्दी

राजा रघु ने विश्वजित् नामक यज्ञ में अपना समस्त खजाना यज्ञ करनेवालों और भिखमङ्गों को दान किया और अपना समस्त स्नानादि कार्य मिट्टी के वर्तन से करने लगा। कुछ ही समय के बाद महर्षि बरतन्तु का शिष्य कौत्स ऋषि गुरुदक्षिणा प्राप्त करने के उद्देश्य से रघु के पास आया, क्योंकि चौदह विद्याएँ सीखकर वह गुरु को दक्षिणा

(१८) संस्कृतानुवादः

विश्वजिन्नाम्नि यज्ञे सर्वमात्मीयं कोषजातमृत्विग्भ्यो याचकेभ्यश्च दत्वा मृण्मयपात्रेणैव रघुः सर्वमात्मीयं स्नानादिकं देहकृत्यं चकार।

ततः कियत्समयानन्तरं महर्षेवरतन्तोः शिष्यः कौत्सनामा ऋषिश्चतुर्दश विद्या अधिगत्य स्वगुरवे दक्षिणाम्

देना चाहता था। रघु ने अपने घर पर आये हुए अतिथि कौत्स की अर्घ्यादि से यथाविधि पूजा की। रघु ने कुशल पूछी तो कौत्स ने कहा—"राजन् आप के समान धर्मात्मा प्रजापालक राजा के होते हुए प्रजा क्यों सुखी न हो? इस समय मैं आपके पास स्वार्थवश आया हूँ, किन्तु आपकी वर्तमान स्थिति को देखकर यही कल्पना करता हूँ कि अच्छा होता यदि मैं आपके पास पहले ही आ गया होता। इसलिए अब मैं गुरुदक्षिणा को प्राप्त करने के लिए किसी और राजा के पास जाऊँगा।" यह कहकर कौत्स जाना ही चाहता था कि रघु ने उसे रोक कर कहा—"विद्वन्, आपको कितने धन की आवश्यकता है?" तब कौत्स ने अपने गुरु महर्षि वरतन्तु के साथ हुई पहले की अपनी बातचीत सुनाई कि उन्हें देने के लिए चौदह करोड़ गुरुदक्षिणा की आवश्यकता है। यह सुनकर रघु ने कहा—"आज तक कभी भी कोई अतिथि रघु के पास से विफलमनोरथ नहीं गया। अतः आप दो तीन दिन मेरे अग्निगृह में निवास करके प्रतीक्षा करें, मैं प्रयत्न करता हूँ।" कौत्स ने रघु की बात मान ली।

तब रघु ने कुबेर पर चढ़ाई करने का निश्चय किया। सुबह वह रथ पर चढ़ कर जाना ही चाहता था कि भण्डरियों ने आकर निवेदन किया—"राजन्, रात को खजाने में सोने की वर्षा हुई।" रघु ने जाकर उसे देखा। रघु ने उस सुमेरु पहाड़ के समान सुवर्ण के ढेर को

दातुकामः रघोः समीपमाययौ। रघुः स्वगृहमागतमतिथिं कौत्सं विलोक्य यथाविध्यर्घ्यादिभिस्तमपूजयत्। कुशलप्रश्नानन्तरं कौत्सस्तमभाषत "राजन् भवादृशे धर्मात्मनि प्रजापालके भूपतौ सति कथं न प्रजाः सुखिताः स्युः? साम्प्रतमहं तु भवत्सन्निधौ स्वार्थं साधयितुमेवागतोऽस्मि, परं भावत्कीं वर्तमानस्थितिमवलोक्य मया कल्प्यते यद्भवत्सन्निधौ ममागमनमतः प्रागेव समुचितमासीदिति। अतः सम्प्रत्यहं गुरुदक्षिणार्थमन्यस्यैव कस्यचिन्नरपतेः सविधे यामि"। इत्युक्त्वा यावत्कौत्सोऽन्यत्र गन्तुमैच्छत् तावद्रघुस्तं प्रत्यावर्त्याप्रृच्छत्—"विद्वन्! कियद्धनमपेक्ष्यते भवता?" ततः कौत्सो गुरुणा सह कृतां सर्वां स्वां वार्तामुक्त्वा रघुं विज्ञापितवान्—"यदहं चतुर्दशकोटिपरिमितं द्रव्यं वाञ्छामीति।" तदाकर्ण्य रघुरपि "मत्सकाशान्नाद्यावधि कश्चिदतिथिर्विफलीभूतमनोरथोऽन्यत्र गत इत्यतो भवान् मदीय आवासे द्वित्राणि दिनान्यतिवाहयन्प्रतीक्षतामहं तावद्भवदर्थं साधनाय प्रयते" इत्यवदत्। कौत्सोऽपि तदङ्गीचकार।

रघुरपि प्रातः कुबेरं प्रत्यभियातुं निश्चिकाय। ततो यावत् प्रातरेव रथमारुरुक्षुः स उदतिष्ठत् तावदेव भाण्डागारिकैरागत्य विनयावनतैः निवेदितम्—यन्महाराज! रात्रौ कोषागारे हेमवृष्टिरभवदिति। ततो रघुरपि तामद्राक्षीत्। ततश्च सुमेरुपर्वतमिव स्थितं सुवर्णराशिं

विद्वान् कौत्स को दान दे दिया। कौत्स भी उसे पुत्रप्राप्ति का आशीर्वाद देकर गुरु के आश्रम की ओर चल दिया। कुछ समय के बाद रघु की रानी के एक पुत्ररत्न उत्पन्न हुआ, जिसका नाम "अज" पड़ा।

रघुः विदुषे कौत्साय अददात्। कौत्सोऽपि सुतप्राप्त्याशिषस्तस्मै दत्त्वा गुरोराश्रममाजगाम। ततोऽचिरादेव रघोर्महिष्याः सुतरत्नमेकमजायत यः खलु "अज" इति नाम्ना प्रसिद्धिमगात्।

इस प्रकार शनैः शनैः उचित समय पर शिक्षा आदि प्राप्त करके अज जवान हुआ। पिता की आज्ञा से उसने इन्दुमती के स्वयंवर की ओर प्रस्थान किया। मार्ग में उसने हाथी के रूप धारण किये हुए उस प्रियंवद नामक गन्धर्व को मारकर योनि-मुक्त किया, जिसको मातङ्ग महर्षि का शाप था। उसने प्रसन्न होकर अज को सम्मोहन नामक अस्त्र दिया। इस प्रकार अज विदर्भ के राजा भोज की नगरी में पहुँचा। भोज ने उसका स्वागत किया और खूब सजाये हुए अपने महल में उसे ठहराया। अज ने समस्त स्नानादि क्रियाएँ समाप्त कीं और विश्राम किया। दूसरे दिन प्रातःकाल वह वर के योग्य वेशभूषा बनाकर स्वयंवर की ओर चला, जहाँ राजा लोग एकत्र थे।

एवं क्रमेण स यथाकालं शिक्षादिकं प्राप्य किशोरावस्थामत्यवाहयत्। ततः स पितुराज्ञयेन्दुमत्याः स्वयंवरे प्रातिष्ठत। मार्गे च मातङ्गमहर्षिशापवशाद् गजत्वं प्राप्तं प्रियंवदं बाणेनाहत्य गजयोनितस्तं मोचयामास। प्रसन्नो भूत्वा स च तस्मै सम्मोहननामकास्त्रं समर्पयत्। स चेत्थं विदर्भराजभोजस्य नगरीं प्राप्तः। भोजोऽपि तस्य स्वागतं विधायैकस्मिन् सर्वालङ्कारभूषिते शोभने राजप्रासादे तं न्यवासयत्। ततोऽजः सकलाः स्नानादिकाः क्रियाः समाप्य विश्राममलभत। अन्येद्युः प्रातरेव वरोचितवेशभूषां विधाय राजाधिष्ठितं स्वयंवरं प्रति जगाम।

अनुवादार्थ हिन्दी-गद्य-संग्रह

(क)

१—वह गुरु पर श्रद्धा रखता है।
२—वह खेल में मन लगाता है।
३—राजाओं के पास चुगलखोर रहते हैं।
४—अपना पेट कौन नहीं पालता?
५—पटवारी ने जञ्जीर से खेत नापा।
६—गौतम तपस्या के लिए वन में गया।
७—परोपकारियों का स्वभाव ही ऐसा होता है।
८—हाथी के मित्र गीदड़ नहीं होते।
९—पूर्व दिशा में चन्द्रमा निकल रहा है।
१०—सुनार देखते-देखते सोना चुरा लेता है।
११—बलवान् शत्रु से सन्धि कर लेनी चाहिए।
१२—राजाहीन देश में शान्ति नहीं रहती।
१३—वह गोपाल नाम से पुकारा जाता है।
१४—झूठ बोलने से मनुष्य गिर जाता है।
१५—अच्छा जाने दो, ठीक बात पर आओ।
१६—बड़ा आदमी बड़े पर ही पराक्रम दिखाता है।
१७—वह मुझ पर विश्वास नहीं करता है।
१८—पुराने कर्मफलों को कौन उलट सकता है।

(क) १—श्रद्धा रखता है—श्रद्दधाति। २—मन लगाता है—मनो ददाति। ३—राजाओं....रहते हैं—पिशुनजनं खलु बिभ्रति क्षितीन्द्राः। ४—पेट—उदरम्। ५—लेखपाल....नापा—लेखपालः शृङ्खलाभिः क्षेत्रममास्त। ६—वन में गया—वनं जगाम। ७—परोपकारियों का—परोपकारिणाम्। ८—हाथी....होते—नहि गोमायुसखा भवन्ति दन्तिनः। ९—पूर्व दिशा में—प्राच्यां दिशि। १०—सुनार—पश्यतोहरः, चुरा लेता है—मुष्णाति। ११—बलीयसा शत्रुणा संदध्यात्। १२—राजा हीन देश में—अराजके जनपदे। १३—पुकारा जाता है—आहूयते। १४—गिर जाता है—लघुतां याति। १५—यातु, प्रकृतमनुसन्धीयताम्। १६—महान् महत्स्वेव करोति विक्रमम्। १७—स मयि न प्रत्येति। १८—पुरातनानि कर्मफलानि केन शक्यन्तेऽन्यथाकर्तुम्।

१६—कारण के होने पर भी जिनके चित्त विकृत नहीं होते, वे धीर हैं।
२०—काँच सुवर्ण के संग से मरकत की कान्ति को धारण करता है।

(ख)

१—ब्रह्मा जगत् का कर्ता, धर्ता और संहर्ता है।
२—शुकनास के मनोरमा से एक पुत्र पैदा हुआ।
३—आपका शुभागमन कहाँ से हुआ ? मिथिला से।
४—इन दो फलों में से एक ले लो।
५—वह गंगा को पार करके काशी को गया।
६—उस विधवा के दो बच्चे हैं एक लड़का और एक लड़की।
७—किसान हल से खेत को जोतता है।
८—आगन्तुक ने कहा कि मेरी यहाँ बहुत दिन रहने की इच्छा है।
६—पुत्र के बिना इतना वैभव मुझे सुख नहीं देता।
१०—बहुत शीघ्र मैं तुम्हारे घमंड को दूर कर दूँगा।
११—यह लड़की आवाज़ में अपनी माता से मिलती जुलती है।
१२—जो हित की बात नहीं सुनता वह नीच स्वामी है।
१३—मित्र, हँसी की बात को सत्य न समझ लेना।
१४—सज्जन कार्य से अपनी उपयोगिता बताते हैं, न कि मुँह से।
१५—बनियों का पैसा ही धर्म और पैसा ही कर्म है।
१६—भरत भाई के पैर पकड़ कर चीख-चीख कर बहुत देर तक रोया।

१६—विकारहेतौ सति विक्रियन्ते येषां न चेतांसि त एव धीराः। २०—मरकत की........करता है—धत्ते मारकतीं द्युतिम्।

(ख) १—कत.... = ब्रह्म....कर्तृ, धर्तृ, संहर्तृ च। २—शुकनासस्य मनोरमायां तनयो जातः। ३—कुतो भवान् ? मिथिलायाः। ४—गृह्यताम् अनयोरन्यतरत्। ५—पार करके—उत्तीर्य। ६—दो बच्चे हैं—अपत्यद्वयम्। ७—खेत को जोतता है—क्षेत्रं कर्षति। ८—बहुत दिन रहने की—भूयांसि दिनानि स्थातुमभिलषति मे मनः। ६—इतना वैभव—एतावान् विभवः न मे सुखमावहति। १०—दूर कर दूँगा—व्यपनेष्यामि ते गर्वम्। ११—आवाज में—स्वरेण मातरमनुहरति। १२—हितान् न यः संशृणुते स किं प्रभुः। १३—परिहासविजल्पितं सखे, परमार्थेन न गृह्यतां वचः। १४—ब्रुवते हि फलेन साधवो न हि कण्ठेन निजोपयोगिताम्। १५—वणिजो वित्तधर्माणो वित्तकर्माणश्च भवन्ति। १६—चरणौ आश्लिष्य मुक्तकण्ठमतिचिरं प्ररुरोद।

१७—पैर में एक छोटी सी नुकीली चीज़ चुभ जाती है तो यह कितनी पीड़ा देती है।

१८—तेजस्वियों की आयु नहीं देखी जाती है।

१९—यौवन के आरम्भ में बहुधा युवकों की दृष्टि कलुषित हो जाती है।

२०—मानी लोग सहर्ष अपने प्राण और सुख छोड़ देते हैं, किन्तु अपने न माँगने के व्रत को नहीं छोड़ते।

(ग)

१—क्या मेरी आज्ञा टाली जा सकती है?

२—पहले फूल आता है, फिर फल आता है।

३—दरिद्रता से मनुष्य लज्जा को प्राप्त होता है।

४—हे बालक, तू मृत्यु से क्यों डरता है, वह डरे हुए को छोड़ती नहीं।

५—आपके साथ गुरुओं के समीप जाने में मैं लज्जा का अनुभव करती हूँ।

६—पुत्रस्नेह कितना प्रबल होगा जब कि भ्रातृस्नेह इतना प्रबल है।

७—वह अपने कुल को बदनाम करता है।

८—शत्रु भी जिसके नाम की प्रशंसा करते हैं वही पुरुष पुरुष है।

९—किसके सिर दोष मढ़ूँ?

१०—बंदर बगीचे को तोड़-फोड़ रहे हैं।

११—गुप्त बात छः कानों में पड़ते ही गुप्त नहीं रहती।

१२—सुन्दर भाषण वक्ता की वाग्मिता को प्रकट करता है।

१३—पत्नी के वियोग में समस्त संसार जंगल बन जाता है।

१४—सज्जन पुरुषों की संगति क्या मंगल नहीं करती?

१५—साँप को दूध पिलाना केवल विष बढ़ाना है।

१७—निविशते यदि शूकशिखापदे सृजति सा कियतीमिव न व्यथाम्। १८—तेजसां न हि वयः समीक्ष्यते। १९—कलुषित हो जाती है—कालुष्यमुपयाति। २०—त्यजन्त्यसून् शर्म च मानिनो वरं त्यजन्ति न त्वेकमयाचितव्रतम्।

(ग) १—टाली जा सकती है—विकल्प्यते। २—उदेति पूर्वं कुसुमं ततः फलम्। ३—दारिद्र्याद् ह्रियमेति मानवः। ४—मृत्योर्बिभेषि किं बाल, न स भीतं विमुञ्चति। ५—जिह्रेमि आर्यपुत्रेण सह गुरुसमीपं गन्तुम्। ६—कीदृक् तनयस्नेहः यदा भ्रातृस्नेहः ईदृक्। ७—बदनाम करता है—मलिनयति। ८—द्विषोऽपि यस्य नामाभिनन्दन्ति स एव पुमान्। ९—कं दोषपक्षे स्थापयामि। १०—तोड़ फोड़ रहे हैं—भंजन्ति। ११—षट्कर्णो भिद्यते मन्त्रः। १२—प्रकट करता है—व्यनक्ति। १३—जगज्जीर्णारण्यं भवति च कलत्रे ह्युपरते। १४—संगः सतां किमु न मंगलमातनोति। १५—पयः पानं भुजंगानां केवलं विषवर्धनम्।

१६—पण्डितों को भी अपने ऊपर पूरा भरोसा नहीं होता।

१७—सोने की शुद्धता और खराबी आग की परीक्षा से मालूम देती है।

१८—आज उसे मरे हुए आठ महीने हो गये।

१९—तिनके से भी हलकी रूई होती है और उससे भी हलका माँगने वाला।

२०—सूर्य जिस दिशा से निकलता है, वही पूर्व दिशा है, सूर्य दिशा के अधीन होकर नहीं निकलता।

(घ)

१—सांसारिक सज्जनों की वाणी अर्थ के पीछे चलती है।

२—प्राचीन महर्षियों की वाणी के पीछे अर्थ दौड़ते थे।

३—दो चित्तों के एक होने पर संसार में क्या असाध्य है?

४—शेष चार महीने भी आँख बन्द करके बिताओ।

५—आप आगे चलिए, मैं पीछे-पीछे आता ही हूँ।

६—मैं अभी तक अपने आप को नहीं संभाल पाया।

७—तुम्हारी दुष्टता की शिकायत मैंने गुरु जी से कर दी है।

८—विद्वानों ने सेवा को श्ववृत्ति माना है।

९—सज्जन को ठग कर मुझे क्या मिलेगा।

१०—अत्यधिक पाप पुण्यों का यहीं फल मिलता है।

११—मध्याह्न का समय है, अब तुम विश्राम करो।

१२—विश्वामित्र ने जनक से कहा कि राम धनुष को देखना चाहते हैं।

१३—नवोढा ने मुँह में घूँघट काढ़ लिया।

१६—आत्मन्यप्रत्ययं चेतः। १७—हेम्नः संलक्ष्यते ह्यग्नौ विशुद्धिः श्यामिकापि वा। १८—अद्य नवमो मासस्तस्योपरतस्य। १९—तृणादपि लघुस्तूल स्तूलादपि च याचकः। २०—उदयति दिशि यस्यां भानुमान् सैव पूर्वा। न हि तरुणिरुदेति दिक् पराधीनवृत्तिः।

(घ) १—लौकिकानां हि साधूनामर्थं वागनुधावति। २—ऋषीणां पुनराद्यानां वाचमर्थोऽनुधावति। ३—एकचित्ते द्वयोरेव किमसाध्यं भवेदिह। ४—शेषान् मासान् गमय चतुरान् लोचने मीलयित्वा। ५—गच्छतु पुरो भवान् अहमनुपदमागत एव। ६—नाहमद्यापि पर्यस्थापयामि आत्मानम्। ७—तवाविनयमन्तरेण परिगृहीतार्थः कृत आचार्यः। ८—श्ववृत्ति माना है—श्ववृत्तिं विदुः। ९—सज्जनमभिसन्धाय किं लभ्यते मया। १०—अत्युत्कटैः पापपुण्यैरिहैव फलमश्नुते। ११—मध्याह्न का समय—मध्याह्नकल्पः, विश्रम्यताम्। १२—जनक से कहा—मैथिलाय कथयाम्बभूव। १३—मुँह में घूँघट—मुखमवागुण्ठयत्।

१४—अपराधी ने राजा के पैर छू कर क्षमा मांगी।

१५—अहिंसा के सिद्धान्त से ही संसार का कल्याण संभव है।

१६—दृढ निश्चय वाले मन को और नीचे बहते हुए पानी को कौन रोक सकता है।

१७—रे धूर्त, क्यों इस प्रकार अपमान कर रहा है।

१८—हाथी का छूना भी मार डालता है।

१६—सम्पत्तियाँ सदाचारियों को भी विचलित कर देती हैं।

२०—विद्वानों के मुँह से कभी बात बाहर नहीं निकलती और यदि निकलती है तो फिर लौटती नहीं है।

(ङ)

१—गाय ने बछड़े को चाटा, ग्वाले ने गाय को दुहा।

२—प्रातः चिड़ीमारों के कोलाहल ने मुझे जगा दिया।

३—अतिस्नेह में अनिष्ट की शङ्का बनी रहती है।

४—यह बात आपके कानों तक पहुँची ही होगी।

५—अत्युन्नति के बाद बड़ों का भी पतन होता है।

६—लज्जा ही वस्तुतः स्त्रियों की शोभा है।

७—जूता पैर में हो तो समस्त पृथ्वी चमड़े से ढँकी दीखती है।

८—उसने धरोहर की भाँति राज्य का पालन किया।

६—संसार में मानव के अपने कर्म ही उच्च और नीच स्थान देते हैं।

१०—तीर्थ के जल और अग्नि ये अन्य से शुद्धि की अपेक्षा नहीं रखतीं।

११—ऐसी वाणी न कहे जिससे दूसरे के हृदय को ठेस पहुँचे।

१४—पैर छू कर क्षमा मांगी—पादयोर्निपत्य क्षमामयाचत। १५—संसार का कल्याण—विश्वजनीनः। १६—क ईप्सितार्थस्थिरनिश्चयं मनः पयश्च निम्नाभिमुखं प्रतीपयेत् (कुमारसं०)। १७—अपमान कर रहा है—आक्षिपसि। १८—स्पृशन्नपि गजो हन्ति। १६—संपदः साधुवृत्तानपि विक्षिपन्ति। २०—मुँह से बात—वदनाद् वाचः, लौटती नहीं है—याताश्चेन्न परांचन्ति।

(ङ) १—बछड़े को चाटा—वत्समलिक्षत्, गाय को दुहा—गां दुदोह। २—महति प्रत्यूषे शाकुनिककोलाहलेन प्रतिबोधितोऽस्मि। ३—पापशंकी अतिस्नेहः। ४—इदं भवतः श्रुतिविषयमापतितमेवभविष्यति। ५—अत्यारूढिर्भवति महतामप्यपभ्रंशनिष्ठा। ६—स्फुटमभिभूषयति स्त्रियस्त्रपैव। ७—उपानद् गूढपादस्य सर्वा चर्मावृतेव भूः। ८—धरोहर की भाँति—परिणतन्यासमिवाभुनक्। ६—लोके गुरुत्वं विपरीततां वा स्वचेष्टितान्येव नरं नयन्ति। १०—अन्य से शुद्धि—नान्यतः शुद्धिमर्हतः। ११—न कहे—नोदीरयेत्।

१२—घोड़े पिता की चाल से चलते हैं और गाय माँ की चाल से।

१३—ऐसे पुत्र से क्या लाभ जो पिता को दुःख दे।

१४—जलाशय तक प्रिय व्यक्ति को पहुँचाने जाना चाहिए।

१५—मेरी बुद्धि कुछ निश्चय नहीं कर पा रही है।

१६—चन्द्रमा के राहुग्रस्त होने पर भी रोहिणी उसके पीछे चलती है।

१७—गुरुओं की आज्ञा पर तर्क-वितर्क नहीं करना चाहिए।

१८—ऊँट क्रीडोद्यान में जाकर भी काँटे ही ढूँढ़ता है।

१९—शेर बादल की आवाज पर हुंकार करता है, गीदड़ों की आवाज पर नहीं।

२०—वे विद्वानों में सभ्यतम गिने जाते हैं जो मन की बात को वाणी से प्रकट कर सकते हैं।

(च)

१—इसके बाद मुनि, गन्धवती नाम की नदी पर पहुँच कर नहाये और थकावट दूर होने पर अपने साथियों के साथ महाकाल के मन्दिर में चले गये।

२—पिता के गुजर जाने के बाद मैं पढ़ने के लिए पटना जयदत्त नाम के उपाध्याय के पास गया। पर वहाँ कुछ भी न सीख सकने के कारण तीर्थ यात्रा के लिए दुर्गा के मन्दिर की तरफ चल दिया।

३—जीवन पर्यन्त उसका पिता उसे अपने काम में लगाने की कोशिश करता रहा पर सफल न हुआ। उसकी मौत के बाद से वह गली-गली में फिरकर समय बिताया करता है।

४—इस समय तक गडरिये की मां बूढी होने के कारण कमजोर हो गयी और कुछ भी करने में असमर्थ थी। सबेरे गडरिये ने उन में से एक को कहा कि मेरे पीछे मां की सेवा टहल करते रहना।

१२—पैतृकमश्वा अनुहरन्ते, मातृकं गावः। १३—पुत्रेण किम्, यः पितृदुःखाय जायते। १४—ओदकान्तं स्निग्धोजनोऽनुगन्तव्यः। १५—न मे बुद्धिर्निश्चयमधिगच्छति। १६—अनुचरति शशाङ्कं राहुदोषेऽपि तारा। १७—आज्ञा गुरूणां ह्यविचारणीया। १८—निरीक्षते केलिवनं प्रविष्टः क्रमेलकः कण्टकजालमेव। १९—अनुहुंकुरुते घनध्वनिं नहि गोमायुरुतानि केसरी। २०—भवन्ति ते सभ्यतमा विपश्चितां मनोगतं वाचि निवेशयन्ति ये।

(च) १—नदी पर पहुँच कर—नदीं प्राप्य। थकावट दूर होने पर—विगतश्रमः। साथियों के साथ—सङ्गिभिः सह। २—पिता के गुजर जाने के बाद—स्वर्गं गतवति मदीये पितरि। मन्दिर की तरफ—मन्दिराभिमुखः। ३—स्वकीयव्यवसाये तं संप्रयोजयितुं आमरणात् चेष्टमानस्तस्य पिता व्यर्थमनोरथोऽभवत्। तस्य मरणात् पथि-पथि हेलया कालं निनायति। ४—गडरिये की—मेषपालस्य। बूढी होने....असमर्थ थी—स्थविरत्वात् हृतबलाकार्यक्षमा। मां की सेवा टहल....मातुर्मे परिचर्यां कुरु।

५—उसके दीन वचनों से उस अपराधी का हृदय पसीज गया। उसने अपना अपराध स्वीकार करके छुरी नीचे फेंक दी और उसकी आँखों में आँसू भर आये। अब उसने अपना दोष जानकर पूछा कि क्या मुझ से पापी को भी पुण्य मिल सकता है।

(छ)

१—तड़के सोकर उठने के बाद हम सब को अपने मुँह की सफाई करनी चाहिए और अपना मुँह धोना चाहिए। खाना खाने से पहले ही हाथ-मुँह धो लेना चाहिए। मैले बच्चों को कोई भी प्रेम नहीं करता—यह बात हमको भूलनी न चाहिए। जो बच्चे मैले रहते हैं उनके साथ घूमना, बैठना या बोलना कोई भी पसन्द नहीं करता।

२—आप मालिक हैं, जो कुछ मेरे इस शरीर से बन सकता है, वही करने के लिए आप मुझे आज्ञा दे सकते हैं। पर मेरी आत्मा स्वतन्त्र है। मेरी आत्मा के ऊपर आपका कुछ भी अधिकार नहीं। आत्मा तो केवल एक ही मालिक को मानती है और वह मालिक ईश्वर है। मेरी आत्मा दूसरे किसी की भी आज्ञा नहीं मान सकती।

३—प्रबल चिन्ताओं के बोझ से दबा हुआ वह अभागा युवक घूमने की इच्छा से नदी तट की ओर निकल गया। रात बहुत अन्धेरी थी। पक्षी चुप थे, भौंरे भी गुंजार नहीं कर रहे थे, सभी प्राणी आराम कर रहे थे, किन्तु दिल की शान्ति के बिना उस बेचारे युवक को आराम कहाँ!

५—दीन वचनों से—सकरुणवचनजातेन। हृदय पसीज गया—हृदयमार्द्रीकृतम्। छुरी नीचे फेंक दी—छुरिकामधः निक्षिप्य आंखों में आंसू—विगलिताश्रुः। क्या मुझ से पापी........अपि नाम अहमिव पापीयान् निष्कृतिलाभाय अलम्।

(छ) १—तड़के सो कर उठने के बाद....प्रत्यूषसि सुप्तोत्थितानामस्माकं मुखस्य मलिनता दूरीकरणीया। हाथ मुँह धो लेना चाहिए—हस्तमुखं प्रक्षालयितव्यम्। जो बच्चे मैले....ये हि बालकाः बालिकाश्च मलिनाः तैः सह न कोऽपि भ्रमितुम्, उपवेष्टुमालपितुं वा इच्छति। २—आप मालिक हैं—भवान् मे प्रभुः। जो कुछ मेरे इस शरीर....यन्मे देहस्य साध्यं, भवान् तत्साधनार्थमेव माम् आदेष्टुं समर्थः, परम् आत्मने स्वाधीन एव मम आत्मन उपरि नहि किञ्चिदपि भवतः प्रभुत्वम् अस्ति। आत्मा खलु एकमेव प्रभुं स्वीकरोति। ३—प्रबल चिन्ताओं—प्रबलचिन्ताभारपीडितः। घूमने की इच्छा से....भ्रमितुकामः निरगच्छत्। बहुत अंधेरी—भीषणतमसावृता। पक्षी चुप....पक्षिणो नाकूजन् भ्रमरा अपि नागुञ्जन्। सभी प्राणी....सर्वे हि प्राणिनः विश्रान्तिसुखं लभन्तेस्म। आराम कहाँ—कुतः विश्रान्तिसुखम्!

४—एक गधा कई सालों तक अपने मालिक के लिए भार ढोने के बाद अपने आपको कमजोर समझने लगा और अब जीवन निर्वाह के लिए कुछ भी न कर सकता था। उसके मालिक ने इस प्रकार सोचा कि मैं अपने इस पुराने सेवक को मार कर इसका चमड़ा निकाल लूँगा। गधे को मालिक की मर्जी मालूम हो गयी और उसने (बचकर) दौड़ जाना चाहा। कुछ दूरी पर बसे हुए नगर को जाने वाले रास्ते से वह चल पड़ा। कुछ फासला तै करने के बाद उसकी नजर रास्ते में सोये हुए एक कुत्ते पर पड़ी। वह कुत्ता भी बहुत लंबे रास्ते को तय करने के बाद लंबी-लंबी साँस ले रहा था। गधे ने उससे पूछा कि क्या बात है कि जो तुम इस प्रकार थकान को अनुभव कर रहे हो।

(ज)

१—आचार्य शिष्य को वेद पढ़ा कर अन्त में उपदेश देते हैं—सच बोलना, धर्म पर चलना प्रमादवश स्वाध्याय मत छोड़ना। आचार्य को प्रिय-धन लाते रहना, जिसमें सन्तान परम्परा बनी रहे। सत्य में, मङ्गल कार्य में, ऐश्वर्यप्रद कार्य में तथा पढ़ने-पढ़ाने में प्रमाद मत करना।

देव कार्य एवं माता-पिता के कार्य में प्रमाद मत करना। माता-पिता, आचार्य और अतिथि इन सबको देवता समझना। श्रेष्ठ कार्य ही करना श्रेष्ठेतर नहीं। अपने आचार्यों के सुचरितों का अनुसरण करना दूसरों का नहीं।

अच्छे ब्राह्मणों के आसन में न बैठना। श्रद्धा से ही दान देना विना श्रद्धा के नहीं। अपने ऐश्वर्य के भीतर ही दान देना और दान देते हुए लज्जा तथा सहानुभूति के भाव रखना।

जब कभी किसी विषय में या आचार के सम्बन्ध में शङ्का हो तो वहाँ के ब्राह्मणों का, जो विचार शील, धर्मपरायण, साधु तथा कर्मवीर हों, अनुसरण करना। यदि किसी के ऊपर कोई दोष लगाया गया हो तो उसके साथ वैसा ही व्यवहार करना जैसा कि वहाँ के विचार शील, धर्मपरायण, साधु एवं कर्मवीर ब्राह्मण करें। यह हमारी आज्ञा है, उपदेश है और यही वेद का रहस्य है, यही शिक्षा है। इस पर आचरण करना।

४—कई सालों तक—बहून् वर्षान्। मार कर इसका चमड़ा निकाल लूँगा—चर्मणि हनिष्यामि। मालिक की मर्जी जान कर....विदितप्रभुमानसः बभूव। कुछ फासला तै करने के बाद—कियन्तं मार्गम् अतीत्यैव पथि शयानं कमपि सारमेयमपश्यत्। लंबी साँस ले रहा था—दीर्घमुच्छ्वसितिस्म।

(ज) १—वेद पढ़ा कर—वेदमनूच्य। शिष्य को उपदेश देते हैं—अन्तेवासिनमनुशास्ति। सच बोलना आदि—सत्यं वद, धर्मं चर, स्वाध्यायान्माप्रमदः। आचार्य को....परम्परा बनी रहे—आचार्याय प्रियं धनमाहृत्य प्रजातन्तुं मा व्यवच्छेत्सीः। ऐश्वर्य प्रद कार्य में....प्रमाद मत करना—भूत्यै न प्रमदितव्यम्। अपने

२—मैत्रेयी और कात्यायनी नाम की याज्ञवल्क्य की दो पत्नियाँ थीं। मैत्रेयी को ब्रह्म का ज्ञान था, किन्तु कात्यायनी समान्य ज्ञान वाली स्त्री थी। याज्ञवल्क्य ने मैत्रेयी से कहा—मैं संन्यास लेना चाहता हूँ और तुम्हें कुछ देना चाहता हूँ। मांगो। मैत्रेयी ने कहा—यदि यह समस्त पृथ्वी धन से भर जाय तो क्या मैं अमर हो जाऊँगी? याज्ञवल्क्य ने उत्तर दिया—नहीं, धन से अमरत्व की कोई आशा नहीं। तब मैत्रेयी ने कहा—जिसको लेकर मैं अमर नहीं हो सकती उसका मैं क्या करूँगी, जिससे अमरत्व प्राप्त हो ऐसा ज्ञान मुझे दीजिए। याज्ञवल्क्य ने कहा—पति, स्त्री, पुत्र, धन, पशु, ब्राह्मण, क्षत्रिय, जनता, देवता, वेद और प्राणियों के हित के लिए ये वस्तुएँ प्रिय नहीं होती हैं, वरन अपनी आत्मा की भलाई के लिए ये वस्तुएँ प्रिय होती हैं। इस लिए आत्मा को देखो, सुनो, मनन और चिन्तन करो। आत्मा के देखने, सुनने, मनन और चिन्तन से सब कुछ ज्ञात हो जाता है।

(बृहदारण्यक उपनिषद्)

× × ×

३—दूध दही के रूप में परिणत होता है और पानी बर्फ के रूप में। उसी प्रकार ब्रह्म जगत् के रूप में बदल जाता है। उष्णता आदि दूध से दही बनने में सहायक मात्र होते हैं। दूध से ही दही बनेगी, पानी से ही बर्फ, अन्य वस्तु से नहीं।

आचार्यों के सुचरितों का अनुसरण करना दूसरों का नहीं—यान्यनवद्यानि कर्माणि तानि सेवितव्यानि। नो इतराणि। यान्यस्माकं सुचरितानि तानि त्वयोपास्यानि। अच्छे ब्राह्मणों के आसन....ये के चास्मच्छ्रेयांसो ब्राह्मणाः तेषां त्वयासने न प्रश्वसितव्यम्। जो ब्राह्मण विचारशील आदि—ये तत्र ब्राह्मणाः संमर्शिनः, युक्ताः, आयुक्ताः अलूक्षाः (जो रूखे न हों) धर्मकामाः स्युः यथा ते वर्तेरन् तथा तत्र वर्तेथाः। अथाभ्याख्यातेषु (जिन पर दोष या जुर्म लगाया गया हो), ये तत्र ब्राह्मणाः संमर्शिनः युक्ताः, आयुक्ताः अलूक्षा धर्मकामाः स्युः। यथा ते तेषु वर्तेरन् तथा तेषु वर्तेथाः, एष उपदेशः।

२—संन्यास लेना चाहता हूँ—प्रव्रजिष्यन् अस्मि। तो क्या मैं अमर हो जाऊँगी—स्यां न्वहं तेनामृता। धन से अमरत्व की कोई आशा नहीं—अमृतत्वस्य तु नाशास्ति वित्तेन। हित के लिए—कामाय। अपनी आत्मा की भलाई के लिए—आत्मनस्तु कामाय। आत्मा को देखो........आत्मा वा अरे द्रष्टव्यः श्रोतव्यो मन्तव्यो निदिध्यासितव्यः। आत्मा के देखने........आत्मनि दृष्टे श्रुते मते विज्ञाते इदं सर्वं विदितम्।

३—दही के रूप में बदल जाता है—दधिरूपेण परिणमते। बर्फ के रूप में—हिमरूपेण। मेल से—योगात्। उत्पन्न होता है—उत्पद्यते।

इससे विदित होता है कि वस्तु विशेष से ही वस्तु विशेष बनती है, अन्य वस्तुएँ उसमें सहायक का काम करती हैं। ब्रह्म सर्व साधन सम्पूर्ण है, इस लिए विचित्र शक्तियों के मेल से एक ब्रह्म से ही विचित्र परिणाम-युक्त यह जगत् उत्पन्न होता है।
(ब्रह्मसूत्र-शांकरभाष्य)

(४) शब्द उसे कहते हैं, जिसके उच्चारण से तत्तद्गुणादिविशिष्ट वस्तु का ज्ञान हो। व्याकरणाध्ययन के प्रयोजन हैं—रक्षा, ऊह (तर्क) आगम, लघुत्व और असन्देह। वेदों की रक्षा के लिए व्याकरण पढ़ना चाहिए। वेद के मन्त्रों में उचित स्थान पर विभक्ति आदि के परिवर्तन के लिए व्याकरण पढ़ना चाहिए। यह आदेश भी है कि ब्राह्मण को निःस्वार्थ भाव से धर्म-स्वरूप षडङ्ग वेद पढ़ना और जानना चाहिए। व्याकरण के द्वारा ही अत्यन्त लघु उपाय से शब्द ज्ञान हो सकता है। व्याकरण के द्वारा शब्दार्थ ज्ञान में संशय नहीं रहता कि इस शब्द का वास्तविक अर्थ क्या है। (महाभाष्य—नवाह्निक)

+ + +

(५) शब्द ज्ञान के बिना संसार में कोई ज्ञान नहीं हो सकता। समस्त ज्ञान शब्द से मिश्रित होकर ही प्रकाशित होता है। शब्द और अर्थ ये दोनों एक ही आत्मा के अपृथक् भेद हैं। अनेकार्थ शब्दों के अर्थों का निर्णय इन साधनों से होता है—संयोग, वियोग, साहचर्य, विरोध, प्रयोजन, कारण, चिह्न विशेष, अन्य शब्दों का संनिध्य, सामर्थ्य, औचित्य, देश, काल, लिङ्ग विशेष, स्वर आदि।
(वाक्यपदीय)

---

(४) व्याकरणाध्ययन के प्रयोजन—रक्षोहागमलध्वसन्देहाः प्रयोजनम्। आदेश भी है—आगमः खल्वपि ब्राह्मणेन निष्कारणो धर्मः षडङ्गो वेदोऽध्येयो ज्ञेयश्च।

(५) शब्द ज्ञान के विना...

न सोऽस्ति प्रत्ययो लोके यः शब्दानुगमादृते।
अनुविद्धमिव ज्ञानं सर्वं शब्देन भासते॥

शब्द और अर्थ ये दोनों....

एकस्यैवात्मनो भेदौ शब्दार्थावपृथक् स्थितौ।

अनेकार्थ शब्दों के अर्थों का निर्णय....

संयोगो विप्रयोगश्च साहचर्यं विरोधिता।
अर्थः प्रकरणं लिंगं शब्दस्यान्यस्य संनिधिः॥
सामर्थ्यमौचिती देशः कालो व्यक्तिः स्वरादयः।
शब्दार्थस्यानवच्छेदे विशेषस्मृतिहेतवः॥

६—कालमृत्यु और अकालमृत्यु के सम्बन्ध में भगवान् आत्रेय ने अग्निवेश से कहा—जैसे रथ की धुरी अपनी विशेषताओं से युक्त होती है और वह उत्तम तथा शक्तिसम्पन्न होने पर भी चलते-चलते समय बीतने पर शक्ति के क्षीण हो जाने से नष्ट हो जाती है, वैसे ही बलवान् मनुष्य के शरीर में आयु स्वभावतः शनैः-शनैः उपयोग में आने पर अपनी शक्ति के क्षीण होने पर नष्ट हो जाती है। वही धुरी बहुत बोझ लदने से ऊँचे-नीचे मार्ग पर चलने से पहिए के टूटने से, कील निकल जाने से, तेल न देने से बीच में ही टूट जाती है, उसी भाँति शक्ति से अधिक काम करने से, उचित रूप से भोजन न करने से, क्षतिकारक भोजन खाने से और अनशन आदि से बीच में ही आयु समाप्त हो जाती है। यही अकालमृत्यु है। इसी भाँति रोगों की उचित चिकित्सा न होने से भी अकालमृत्यु होती है।

(चरकसंहिता)

× × ×

७—महामन्त्री शुकनास ने युवराज चन्द्रापीड को उपदेश देना आरम्भ किया—जन्मजात प्रभुत्व, नवयौवन, अनुपम सौन्दर्य और असाधारण शक्ति ये चारों महान् अनर्थ के कारण हैं। इनमें से एक-एक सभी अनर्थों के कारण हैं, ये सभी एकत्र हों तो कहना ही क्या। यौवनारम्भ में बहुधा शास्त्ररूपी जल से धुली हुई निर्मल बुद्धि भी कलुषित हो जाती है। विषयभोगरूपी मृगतृष्णा इन्द्रियरूपी मृगों को हरनेवाली है और इसका कोई अन्त नहीं है और उसमें लिप्त हुए पुरुष का नाश कर देती है। निर्मल मन में उपदेश की बातें उसी प्रकार सरलता से प्रविष्ट हो जाती हैं जिस प्रकार स्फटिक मणि में चन्द्रमा की किरणें। गुरुजनोपदेश मनुष्यों के समस्त मलों को धोनेवाला विना जल का स्नान है, बालों की सफेदी आदि विरूपता को न करनेवाला वृद्धत्व है, चर्बी आदि को न बढ़ानेवाला

---

(६) रथ की धुरी—अक्षः। समय बीतने पर—यथाकामम्। अपनी शक्ति के क्षीण हो जाने से—स्वशक्ति क्षयात्। बहुत बोझ लदने से—अतिभाराधिष्ठितत्वात्। ऊँचे नीचे मार्ग पर चलने से—विषमपथात्। पहिए के टूटने से—चक्रभङ्गात्। कील निकल जाने से—कीलमोक्षात्। तेल न देने से—तैलादानात्। बीच में ही टूट जाती है—अन्तरा व्यसनमापद्यते। शक्ति से अधिक काम करने से—अयथाबल-मारम्भात्। उचित चिकित्सा न होने से—मिथ्योपचारात्।

(७) ये सभी एकत्र हों तो कहना ही क्या—किमुत समवायः। इन्द्रियरूपी मृगों को हरने वाली—इन्द्रियहरिणहारिणी। इसका कोई अन्त नहीं है—अतिदुरन्ता। उपदेश की बातें—उपदेशगुणाः। सरलता से प्रविष्ट हो जाती हैं—सुखं विशन्ति। समस्त मलों को धोने वाला—अखिलमलप्रक्षालनक्षमम्। विना जल का स्नान है—अजलस्नानम्। बालों की सफेदी आदि विरूपता को न करने वाला—अनुप-जातपलितादिवैरूप्यम्। चर्बी आदि को न बढ़ाने वाला—अनारोपितमेदोदोषम्।

गौरव है, असाधारण तेजवाला प्रकाश है। लक्ष्मी को ही देखिए, यह मिलने पर भी बहुत कष्ट से सुरक्षित रहती है। गुणरूपी पाशों के बन्धन से निश्चेष्ट बनाने पर भी नष्ट हो जाती है। यह न परिचय का खयाल करती है, न कुलीनता को देखती है, न सौन्दर्य को देखती है, न कुल परम्परा को मानती है, न शील को देखती है, न चतुरता को कुछ गिनती है, न त्याग का आदर करती है, न विशेषज्ञता का विचार करती है, न सत्य को कुछ समझती है, न आचार का ही पालन करती है। इसको पाकर लोग सभी अविनयों के स्थान बन जाते हैं। वे न देवताओं को प्रणाम करते हैं, न ब्राह्मणों का सम्मान करते हैं, न पूज्यों की पूजा करते हैं, न माननीयों का मान करते हैं और न गुरुओं का सत्कार करते हैं। (कादम्बरी)

(८) दूसरे दिन नन्दिनी (मुनिवसिष्ठ की गाय) के साथ घूमता हुआ राजा दिलीप पर्वत की शोभा को देखने लगा। अचानक उसने गाय की चीख सुनी। ज्योंही उसने दृष्टि हटाई तो देखता क्या है कि एक सिंह ने गाय पकड़ी हुई है। आश्चर्य और खेद के साथ राजा ने उस असहाय अवस्था में नन्दिनी को देख कर सिंह को मारने के लिए तरकस से बाण निकाला, परन्तु उसका हाथ बाण के पंख पर ही चित्र लिखित-सा ज्यों का त्यों रह गया। इस प्रकार अपराधी को दण्ड देने में असमर्थ राजा अपने ही तेज से जलने लगा। आश्चर्यचकित राजा के आश्चर्य को और भी बढ़ाते हुए सिंह ने मनुष्य की वाणी में कहना आरम्भ किया—"राजन्, बस, हो गया। यदि आप बाण छोड़ते भी तो व्यर्थ ही जाता। मुझे शिवजी का सेवक समझिए। यह सामने जो देवदारु का वृक्ष है, उसकी रक्षा के लिए भगवान् शंकर ने मुझे नियुक्त किया है। मेरी भूख को दूर करने के लिए ही भगवान् ने यह गाय यहाँ भेजा है। आपका शस्त्र इसकी रक्षा नहीं कर सकता। अतः आप लज्जा छोड़ कर लौट जाइए। दिलीप ने उत्तर दिया—हे सिंहराज, यद्यपि भगवान् की आज्ञा मुझे शिरोधार्य है तथापि मैं गुरु जी की धेनु

असाधारण तेज वाला प्रकाश है—अतीतज्योतिरालोकः। मिलने पर भी—लब्धापि। गुणरूपीपाशों के बन्धन से निश्चेष्ट बनाने पर भी—गुणपाशसन्दान-निष्पन्दीकृताऽपि। मानती है—गणयति। आदर करती है—आद्रियते। समझती है—अनुबुध्यते। गुरुओं का सत्कार करते हैं—न अभ्युत्तिष्ठन्ति गुरून्।

(८) दूसरे दिन—अन्येद्युः। अचानक—सहसा। चीख—आक्रन्दनम्। पकड़ा हुआ—आक्रान्तः। बाण के पंख पर—बाणपुंखे। रह गया—अवतस्थे। तेज से जलने लगा—स्वतेजोभिरदह्यत। मनुष्य की वाणी में—मनुष्यवाचा। अपनी भूख को दूर करने के लिए—क्षुधानिवारणाय। गुरुजी की धेनु का नाश नहीं

का नाश नहीं देख सकता। अतः आप मेरे शरीर से अपनी भूख को शान्त करें और महर्षि की इस गाय को छोड़ दीजिए। इस पर सिंह ने हँस कर कहा—आप मुझे मूर्ख से प्रतीत होते हैं, क्योंकि कहाँ आपका नवयौवन और एकछत्र राज्य और कहाँ यह तुच्छ वस्तु गाय! आप करोड़ों गाय देकर भी गुरु की अप्रसन्नता को दूर कर सकते हैं। फिर राजा ने कहा—मैं क्षत्रिय हूँ और क्षत्र शब्द का अर्थ है—नाश से बचाना, उसके विपरीत यदि मैं अपने सामने नाश होती हुई गाय को नहीं बचा सकता तो इन तुच्छ प्राणों और राज्य से क्या लाभ? अतः इस गाय की मुझे अपने प्राणों से भी रक्षा करनी चाहिए। आप दया करके मेरे यश रूप शरीर की रक्षा करें। सिंह ने राजा की बात मान ली। दिलीप ने शस्त्र से हाथ हटाया और अपने शरीर को मांस के पिण्ड की भाँति सिंह के समक्ष समर्पित किया। जब उसका मुँह नीचे की तरफ था तो देखता क्या है कि ऊपर से फूलों की वर्षा हो रही है। 'बेटा! उठ' ऐसे अमृत के समान वचन को सुन कर राजा उठा तो देखता क्या है कि माता की भाँति गौ खड़ी है और सिंह का कहीं पता भी नहीं। (रघुवंश-सार)

६—मनुष्य और मनुष्य के बीच, वस्तुओं के विषय में अपनी इच्छा और मति का आदान-प्रदान करने के लिए व्यक्त ध्वनि संकेतों का जो व्यवहार होता है उसे भाषा कहते हैं। भाषा विचारों को व्यक्त करती है, पर विचारों से अधिक सम्बन्ध उसके वक्ता के भाव, इच्छा, प्रश्न आदि मनोभावों से रहता है। भाषा सदा किसी न किसी वस्तु के विषय में कुछ कहती है वह वस्तु चाहे बाह्य भौतिक जगत् की हो अथवा सर्वथा आध्यात्मिक और मानसिक। यह कभी नहीं भूलना चाहिए कि भाषा एक सामाजिक वस्तु है। भाषा का शरीर प्रधानतः उन व्यक्त ध्वनियों से बना है, जिन्हें वर्ण कहते हैं। इसके अतिरिक्त संकेत, मुख-विकृति और स्वर-विकार भी भाषा के अङ्ग माने जाते हैं। स्वर, बल प्रयोग और उच्चारण का वेग या प्रवाह भी भाषा के विशेष अङ्ग हैं। 'बोली' से अभिप्राय स्थानीय और घरेलू बोली से है, जो तनिक भी साहित्यिक नहीं होती और बोलने वालों के मुख में ही रहती है। (बा० श्यामसुन्दरदास—भाषा विज्ञान)

देख सकता—गुरोर्धेनोर्नाशं द्रष्टुं न पारयामि। भूख को शान्त करें—शरीरवृत्तिं निर्वर्तयितुं प्रसीद। करोड़ों गाय—कोटिशो गाः। अप्रसन्नता दूर कर लीजिए—गुरोर्मन्युं शान्तय। उसके विपरीत इन प्राणों और राज्य का क्या—तद्विपरीतवृत्तेः किं राज्येन प्राणैर्वा। यश के शरीर की दया करके रक्षा करें—मम यशः शरीरे दयालुर्भव। अपने शरीर को मांस के पिण्ड की भाँति—स्वदेहं मांसस्य पिण्डमिव। माता की भाँति गौ—जननीमिव गाम्।

६—व्यक्त ध्वनियों से बना—व्यक्तध्वनिभिर्निर्मीयते। घरेलू बोली से—परिवारेषु उपयुज्यमानया वाण्या। तनिक भी—नाममात्रमपि।

१०—जिस प्रकार आत्मा की मुक्तावस्था ज्ञान दशा कहलाती है, उसी प्रकार हृदय की यह मुक्तावस्था रस दशा कहलाती है। हृदय की इसी मुक्ति की साधना के लिए मनुष्य की वाणी जो शब्द विधान करती आई है उसे कविता कहते हैं। इस साधना को हम भाव योग कहते हैं और कर्मयोग और ज्ञानयोग को समकक्ष मानते हैं। कविता ही मनुष्य के हृदय को स्वार्थ सम्बन्धों के संकुचित मंडल से ऊपर उठा कर लोक-सामान्य भावभूमि पर ले जाती है, यहाँ जगत् की नाना गतियों के मार्मिक स्वरूप का साक्षात्कार और शुद्ध अनुभूतियों का संचार होता है। इस भूमि पर पहुंचे हुए मनुष्य को कुछ काल के लिए अपना पता नहीं रहता। वह अपनी सत्ता को लोक सत्ता में लीन किये रहता है। उसकी अनुभूति सब की अनुभूति होती है या हो सकती है। इस अनुभूतियोग के अभ्यास से हमारे मनोविकारों का परिष्कार तथा शेष सृष्टि के साथ हमारे रागात्मक सम्बन्ध की रक्षा और निर्वाह होता है। (पण्डित रामचन्द्रशुक्ल—चिन्तामणि)

१०—समकक्ष मानते हैं—समकक्षत्वेन जानीमहे। ऊपर उठाकर—उन्नीय। इस भूमि पर पता नहीं रहता—भूमिमेतामारूढस्य जनस्य आत्मज्ञानमपि न भवति। लीन किये रहता है—विलाययति।

परीक्षा-प्रश्नपत्र

यू० पी० हाईस्कूल परीक्षा

(१६५७)

संस्कृत में अनुवाद कीजिए—

(क) विद्या की शोभा धर्म से होती है ।
(ख) विद्वान् होकर भी जो आचारवान् नहीं होता उसकी विद्या व्यर्थ है ।
(ग) उस विद्या का मूल्य नहीं होता जो आचरण में नहीं आती ।
(घ) केवल विद्या से तो उसका ज्ञान बढ़ता है ।
(ङ) हृदय की महत्ता तो उसके आचरण से ही होती है ।
(च) इसी लिए हम लोग महात्मा की पूजा करते हैं ।
(छ) चित की महत्ता से ही मनुष्य महात्मा होता है ।
(ज) आचरण के विना ज्ञान भी व्यर्थ होता है ।
(झ) आचारहीन को तो वेद भी पवित्र नहीं करते हैं ।
(ञ) इसी लिए जीवन में आचरण का महत्त्व है ।

(१६५८)

(क) आज के छात्र कठिन परिश्रम करना नहीं चाहते हैं ।
(ख) इससे केवल छात्रों को ही नहीं, सम्पूर्ण देश की हानि है ।
(ग) यह सरोवर जल से पूर्ण है ।
(घ) इसी के जल से हम अपने खेत भी सींचते हैं ।
(ङ) राजा को पिता की तरह प्रजा का पालन करना चाहिए ।
(च) तपस्वियों का काम क्षमा से ही सिद्ध होता है ।
(छ) क्रोध से चिरकाल संचित तप का तत्क्षण नाश होता है ।
(ज) अतः क्रोध ही हमारा प्रधान वैरी है ।
(झ) सुख चाहने वाले को विद्या छोड़ देती है ।
(ञ) सत्य से ही धर्म की रक्षा होती है ।

(१६५६)

(क) जब मृत्यु निश्चित है तब तुम रणभूमि से क्यों भागते हो !
(ख) पाण्डवों ने हस्तिनापुर छोड़ कर वन के लिए प्रस्थान किया ।

(ग) वन में जाते हुए राम ने भरद्वाज मुनि को प्रणाम किया।
(घ) वह सदा सत्य बोलता है और कदापि किसी को कष्ट नहीं देता।
(ङ) मैं दुष्टों का नाश करने के लिए पृथ्वी पर आया हूँ।
(च) योग्य पुरुष का सर्वदा आदर होता है, भले ही वह निर्धन हो।
(छ) जिसके घर में मैं ठहरा था वह मनुष्य बड़ा धार्मिक था।
(ज) नीच पुरुष से भी उत्तम विद्या लेनी चाहिए।
(झ) गुरुजनों की आज्ञा पालन करना छात्र का प्रधान धर्म है।
(ञ) अपने धर्म की रक्षा करके मनुष्य अक्षय सुख प्राप्त करता है।

(१९६०)

(१) पाटलीपुत्र नगर में एक ब्राह्मण रहता था उसकी स्त्री कर्कशा थी।
(२) अधिक मात्रा में धन पाकर सोमदत्त सुख से रहने लगा।
(३) जो लोग धनी हैं उनका धर्म है कि दूसरों का उपकार करें।
(४) छोटा बालक कहानी सुनने के लिए अपनी माता के पास गया।
(५) शास्त्र सबकी आँख है जो शास्त्र नहीं जानता वह अंधा है।
(६) मेघों की गर्जन सुनकर जंगल में मोर नाचता है।
(७) अच्छे विद्यार्थी आपत्ति के समय एक दूसरे की सहायता करते हैं।
(८) मेरी बाईं आँख में दर्द है इससे आज मैं पाठशाला न जाऊँगा।
(९) मैं कभी भी दुष्टों के साथ झगड़ा करना नहीं चाहता।
(१०) यदि आप मुझसे नाराज न हों तो मैं उसे कल लाऊँगा।
(११) परीक्षा का समय पास आ गया है इससे तुम्हें पढ़ने में बहुत श्रम करना चाहिए।
(१२) तीनों शक्तियों वाला राजा ही राज्य का शासन कर सकता है।
(१३) महाराज राम ने निर्दोष सीता को अपवाद के भय से छोड़ दिया।
(१४) सच बोलने वालों की सदा जीत होती है और झूठ बोलने वालों की हार।
(१५) जब हाथी नहाने के लिए तालाब में घुसा, एक मगर ने उसका पैर पकड़ लिया।

(१९६१)

(१) ईश्वर तुम्हें अच्छी बुद्धि दें और तुम्हारा मंगल करें।
(२) सज्जन लोगों की रक्षा और दुष्टों के नाश के लिए मैं जन्म लेता हूँ।

(१९६०) (२) धन पाकर—धनं प्राप्य। रहने लगा—निवस्तुमारभत। (३) उपकार कर—उपकुर्वन्तु। (४) सुनने के लिए—श्रोतुम्। (७) एक दूसरे की—परस्परम्।
(१९६१) (१) दें—दद्यात्, करें—कुर्यात्। (२) जन्म लेता हूँ—सम्भवामि।

(३) हे कृष्ण ! आप पतित लोगों के उद्धार करने वाले हैं।
(४) धर्महीन मनुष्य की अपेक्षा पशु ही अच्छा है।
(५) मालव देश में पद्मगर्भ नाम का एक तालाब था।
(६) माता को प्रणाम करके राम के साथ लक्ष्मण बन में गये।
(७) परिश्रम के बिना मनुष्य पण्डित नहीं हो सकता।
(८) वह सदा सत्य बोलता है, स्वप्न में भी झूठ नहीं बोलता।
(९) मैं ज्ञान प्राप्त करने तथा अच्छे गुण सीखने के लिए पाठशाला जाता हूँ।
(१०) सत्य और प्रिय बोलो, परन्तु अप्रिय सत्य बात न कहो।
(११) एक समय गर्मी की ऋतु में सब तालाब और कुएँ सूख गये।
(१२) ईश्वर की भक्ति करने से पापी पुरुष भी संसार से तर जाता है।
(१३) एक हाथी पानी पीने के लिये तालाब में घुसा।
(१४) मारीच को मारकर रामचन्द्रजी आश्रम में लौट आये।
(१५) सीता का रोना सुनकर वाल्मीकि मुनि उनके पास गये।

ऐडमिशन परीक्षा (बनारस हिन्दू यूनिवर्सिटी)

(1933)

Translate into Sanskrit—

(a) For men may come and men may go, but I go on for ever. (b) Great men remain the same whether in prosperity or in adversity. (c) A coward dies many times but a brave man dies only once. (d) Oh ! mother tell me where is the great God Hari that I may go and find him. (e) 'Child' the mother answered He is within your own heart. (f) Long Long ago there lived in this land of ours a holy and merciful king by the name of Asoka.

(१९६१) (१०) सत्य और प्रिय—सत्यं ब्रूयात्प्रियं ब्रूयात् न ब्रूयात् सत्यमप्रियम् (११) सूख गये—अशुष्यन्। (१३) घुसा—प्राविशत्। (१४) लौट आये—प्रत्यागच्छत्। (१५) पास गये—उपागच्छत्।

1936 (a) for ever—सततम्। (b) in prosperity or in adversity—सम्पत्तौ अथवा विपत्तौ। (c) coward—भीरुः, (e) within your own heart—त्वदीयमानसाभ्यन्तर एव। (f) holy and merciful king—धार्मिकः दयालुश्च राजा।

(1953)

1. (a) Do not stand in front of me. मेरे सामने खड़े मत होओ।
(b) I have a bad headache. मेरे सिर में बहुत दर्द है।
(c) How far is your home from here? तुम्हारा घर यहाँ से कितनी दूर है?
(d) She was thirsty all the day. वह दिन भर प्यासी रही।
(e) Learning is a priceless wealth. विद्या अनमोल धन है।
(f) He will not go to Kashi. वह काशी नहीं जायगा।
(g) You will reap the fruit of this sin. तुमको इस पाप का फल मिलेगा।
(h) The robber struck the traveller with a stick. डाकू ने पथिक को लाठी मारी।
(i) I acquire knowledge from Ramayana's study. रामायण के पढ़ने से मैं ज्ञान प्राप्त करता हूँ।
(j) It is not proper to go again and again. बार-बार जाना उचित नहीं है।
(k) I had three Books here. मेरे पास यहाँ तीन पुस्तकें थीं।
(l) An ascetic is known by his matted hair. जटा से साधु मालूम पड़ता है।

वाराणसेय संस्कृत विश्वविद्यालय

प्रथमपरीक्षायाम्

(१९५३)

१—अधोलिखितवाक्यानां हिन्दीभाषयाऽनुवादः कार्यः—

(क) सदाचारसम्पन्नो जनः केनापि प्रलोभनेन प्रभावितो न जायते, किन्तु महत उद्देश्यस्य पूर्त्यै सदा प्रयतते।

(ख) एतदनन्तरं राजा शोकसन्तप्तोऽभवत् सोरस्ताडयन् स्वशिरो घूर्णयंश्च स आक्रन्दितुमारेभे।

1953 (a) in front of me—मम सम्मुखे। (b) bad headache—अतीव शिरः पीड़ा। (c) from here—इतः। (d) thisty—तृषार्ता।

१९५३—१ (ख) सोरस्ताडयन्—छाती पीटता हुआ।

(ग) ततो निखिलमपि नगरं विलोक्य कमपि मूर्खममात्यो नापश्यत्, यं निरस्य विदुषे गृहं दीयते। तत्र सर्वत्र भ्रमन् कस्यचित् कुविन्दस्य गृहं वीक्ष्य कुविन्दं प्राह।

(घ) आधुनिकशिक्षायां भारतीयादर्शाः समावेष्टव्याः येनाद्यतनो भारतीयश्छात्रो भवेदनुकरणीय आदर्शनागरिकः।

(ङ) परं ध्रियमाणः कपोतो मांसेनात्यरिच्यत। सदा कपोतेन समं धृतं मांसं न विद्यते, तदोत्कृत्तमांसोऽसौ स्वयं तुलामारुरोह।

(च) भारतीयराज्यानां भारतीयसंघे यदि विलयनं नाभवत्, तर्हि भारतमेकं शक्तिशालि राष्ट्रं कथमपि भवितुं नाशक्नोत्।

(छ) भारतीयप्रशासनेनाविलम्बं तथा प्रयतनीयं यथा देशस्य प्रत्येकनागरिकः संस्कृतज्ञः स्यात् संस्कृतं च राष्ट्र-भाषा-पदं लभेत।

२—अधोलिखित वाक्यानां संस्कृतभाषयाऽनुवादः कार्यः—

(क) वसन्त ऋतु में नियम से भ्रमण करना स्वास्थ्य के लिए लाभदायक होता है।

(ख) एक ही समय में खेलना तथा पढ़ना उचित नहीं है।

(ग) इस धर्मशाला में शरणार्थी चार वर्ष से रह रहे हैं।

(घ) वे लोग, जो भारतीय संस्कृति में विश्वास रखते हैं, विदेशी वातावरण से कभी प्रभावित नहीं होते।

(ङ) यह चर्चा थी कि मेरे गाँव में चोरी हो गयी।

(च) जब तक संस्कृत-भाषा की उन्नति न होगी, तब तक देश का उत्थान न होगा।

(छ) पानी पीकर मैं मित्रों के साथ घूमने गया।

(ज) बच्चे कक्षा में शोर मचा रहे हैं।

(१९५७)

१—अधोलिखितवाक्यानां हिन्दीभाषायाम् अनुवादः कार्यः

(क) मनुष्याणां सुखाय समुन्नतये च यानि यानि कार्याणि आवश्यकानि सन्ति तेषु सर्वतोऽधिकं आवश्यकं कार्यं स्वास्थ्यरक्षा अस्ति।

(ख) अस्माकं पुराणेषु इतिहासग्रन्थेषु च सत्यवादिनाम् अनेकविधानि चरितानि मिलन्ति यानि पठित्वा महती शिक्षा प्राप्ता भवति।

(१९५३) (ग) निरस्य—निकालकर। कुविन्दस्य—कुम्हार का। (घ) समावेष्टव्याः—रहने चाहिएँ। (ङ) ध्रियमाणः—(तराजू पर) रखा हुआ। अत्यरिच्यत—बढ़ गया,। उत्कृत्यमांसः—जिसका मांस नोचा गया था।

(ग) यस्य यत्कर्म शास्त्रेषु निर्दिष्टं वर्तते तस्य यथावत् पालनमपि ईश्वरस्य आराधनायाः प्रसन्नतायाश्च परमं साधनमस्ति ।

(घ) रामो मारीचं राक्षसं हत्वा स्वाश्रमं प्रति निवृत्तः । स दूरादेव आयान्तं लक्ष्मणं निरीक्ष्य चिन्तां प्राप्तवान् ।

(ङ) गंगाया उत्तरे तीरे कपिलवस्तु नाम महनीयम् एकं नगरमासीत् । तत्र शुद्धोदनः नयेन बहुकालपर्यन्तं राज्यं कृतवान् ।

(च) वाराणसी नगरी गङ्गायाः पवित्रे तटे विराजमाना अस्ति । अत्र गंगायां स्नानाय श्रीविश्वनाथस्य दर्शनाय च सदैव भिन्न-भिन्नप्रदेशेभ्यः जना आगच्छन्ति ।

(छ) यदा विद्यार्थिनां परीक्षा भवति तदा एव तेषां बुद्धेः प्रतिभायाः स्मरण-शक्तेः परिश्रमस्य विद्यानुरागस्य तथा लेखनशक्तेः सम्यक् परिज्ञानं भवति ।

२—अधोलिखितानां वाक्यानां संस्कृतभाषयाऽनुवादः क्रियताम्—

(क) वे लड़के दौड़ते हुए घर जा रहे हैं ।

(ख) तुम दोनों भोजन करके यहाँ कब आओगे ?

(ग) सीता और लक्ष्मण के साथ राम बनको गये ।

(घ) श्री रामचन्द्र ने शंकर की पूजा करके लंका में प्रवेश किया ।

(ङ) प्राचीन काल में सब लोग संस्कृत पढ़ते थे ।

(च) आज हम लोग सायंकाल सम्मेलन में भाषण सुनेंगे ।

(१९५८)

हिन्दी भाषयानुवादः कार्यः

(क) यथा अपवित्रस्थानपतितं सुवर्णं न कोऽपि परित्यजति तथैव स्वस्मात् नीचादपि विद्या अवश्यं ग्राह्या ।

(ख) ऐतिहासिकग्रन्थानां पठनेन सम्यग् ज्ञानं भवति यत् सत्संगप्रभावात् कीदृशाः कीदृशाः निन्दिताचरणा अपि जनाः महापुरुषाणां पदं प्रापुः ।

(ग) प्राचीनकाले एतादृशा बहवो गुरुभक्ता बभूवुः येषामुपाख्यानं श्रुत्वा पठित्वा च महदाश्चर्यं जायते । यथा एकलव्यः गुरोः मृत्तिकामयीं मूर्त्तिमग्रे निधाय शस्त्रचालने महतीं कुशलतां प्राप ।

(घ) विद्यासदृशमेव स्वास्थ्यमपि परमं श्रेष्ठं धनमस्ति, यस्य समीपे इदं धनं नास्ति स सर्वधनसम्पन्नोऽपि सुखं भोक्तुं नार्हति ।

(१९५७) १—(ङ) महनीयम्—प्रतिष्ठा-स्थान । २—(क) दौड़ते हुए—धावन्तः । (घ) प्रवेश किया—प्राविशत् । (च) सुनेंगे—श्रोष्यामः ।

(ङ) चरित्रनिर्माणे संसर्गस्यापि महान् प्रभावो भवति, संसर्गात् सज्जना अपि बालकाः दुर्जनाः भवन्ति दुर्जनाश्च सज्जनाः ।

(च) गवामेव सेवया लौकिकं पारलौकिकं च श्रेयः मानवाः लब्धवन्तः । को न जानाति यद् दिलीपः गोसेवया पुत्ररत्नं लेभे ।

(छ) भारतीयप्रशासनेन अविलम्बं तथा प्रयतनीयं यथा देशस्य प्रत्येकनागरिकः संस्कृतज्ञः स्यात् , संस्कृतश्च राष्ट्रभाषापदं लभेत ।

संस्कृतभाषया अनुवादः क्रियताम्

(क) यज्ञदत्त प्रतिदिन अपने मित्रों के साथ स्नान करने जाता है ।

(ख) तुम दोनों पढ़कर मेरे घर आओ ।

(ग) आज प्रातःकाल हम लोग वहाँ आयेंगे ।

(घ) श्रीरामचन्द्र ने रावण को मार कर विभीषण की रक्षा की ।

(ङ) परशुराम ने जनकपुर में लक्ष्मण से कठोर वचन कहा ।

(च) वे लड़के दिलीप का चरित्र सुनते हैं ।

(छ) वृक्ष से कोमल-कोमल पत्ते गिरते हैं ।

(१९५९)

१—निम्ननिर्दिष्टगद्यभागानां हिन्दीभाषयाऽनुवादः कार्यः—

(क) पुराभारते कनकपुरं नाम नगरमासीत् । तत्र सुशासकनामा राजा बभूव । स विद्यावान् गुणज्ञः भक्तिमांश्चासीत् । याचके दृष्टे तस्य महती प्रीतिः । तस्य सज्जनः नाम मित्रमभवत् । नाम्ना स सज्जनः परन्तु कर्म्मणा दुर्जनः ।

(ख) एकदा कस्मिंश्चिद्वने अटन् एकः सिंहः श्रान्तो भूत्वा निद्रां गतः । अस्मिन्नवसरे कश्चिद् क्षुद्रो मूषिकस्तन्मुखे पतित्वा तस्य निद्राभङ्गं चकार । अतः स सिंहः कोपेन तं मूषिकं व्यापादयितुमैच्छत् । भयाकुलो मूषिकः प्राणरक्षार्थं तं बहुधा याचितवान् । सिंहेनापि दया प्रदर्शिता तस्मिन् मूषिके ।

(ग) एवं निश्चित्य राजापि खड्गमादाय तदनुसरणक्रमेण नगराद् बहिर्निर्जगाम । गत्वा च तेन कापि रुदती रमणी दृष्टा पृष्टा च । का त्वम् ! किमर्थं रोदिषि ! स्त्रियोक्तम्—अहं राज्ञः शूद्रकस्य राजलक्ष्मी । कारणवशादिदानीमन्यत्र गमिष्यामि ।

२—अधोलिखित हिन्दीवाक्यानां संस्कृतभाषया अनुवादः क्रियताम्—

पूर्व जन्म का तप विद्या है । विद्वान् की पूजा सब जगह होती है । अच्छे बालक सदा सत्सङ्ग में रहते हैं । मोहन कल पिता के साथ

१—(ख) व्यापादयितुम्—मारने के लिए । २—पूजा सब जगह होती है—**सर्वत्र पूज्यते । नीचे आती हैं—अवतरन्ति ।**

काशी जावेगा। राजा दशरथ के चार पुत्र थे। सोहन सदा सायं प्रातः गौ का दूध पीता है। वह मुझको पत्र देता है। पर्वत से बकरियां नीचे आती हैं।

(१९६०)

१—अधोनिर्दिष्टगद्यभागानां हिन्दीभाषया अनुवादः कार्यः—

(क) परमात्मना विचारशक्तिर्जगति केवलं मानवायैव दत्ता, तयैव विचारशक्तिशाली मनुष्यः कठिनात्कठिनतरमपि कार्यं कुर्वन् स्वस्य स्वदेशस्य च कीर्तिं तनोति, सुखं च लभते। दृश्यतां तावत् बुद्धिप्रभावेणैव मनुजोऽद्य व्योम्नि चानायासेन पक्षी इव उड्डीयते, स्पराकेटास्त्रमपि चन्द्रलोकं प्रेषयति। अहो अद्य मानवमस्तिष्कमपि विज्ञानमयं जातम्। अतः सर्वैर्विज्ञानयुगमिदं कथ्यते।

(ख) संस्कृतभाषा देवभाषा, प्रायः सर्वासां भारतीयभाषाणां जननी, प्रादेशिकभाषाणाञ्च प्राणभूता इति। यथा प्राणी अन्नेन जीवति, परन्तु वायुं विना अन्नमपि जीवनं रक्षितुं न शक्नोति, तथैव अस्मद्देशस्य कापि भाषा संस्कृतभाषावलम्बं विना जीवितुमक्षमेति निःसंशयम्। अस्यामेव अस्माकं धर्मः, अस्माकमितिहासः, अस्माकं भूतं भविष्यच्च सर्वं सुसन्निहितमस्ति।

(ग) पञ्चविंशतिः शतानि वत्सराणां व्यतीतानि, यदा गौतमकुलोत्पन्नः सिद्धार्थः इमां भारतभुवम्–अलञ्चकार स्वजन्मना। भागीरथ्या उत्तरे तीरे कपिलवस्तुनाम महनीयं नगरमेकमासीत्। शाक्यवंशोत्पन्नः शुद्धोदनस्तत्र राज्यमकरोत्। तस्य माया देवी नाम सतीभार्याऽभवत्। तस्याश्च सिद्धार्थो नाम सूनुर्जन्म लेभे। स शैशवादेव सुवृत्तो विवेकी चाभूत्।

२—निम्ननिर्दिष्टवाक्यानां संस्कृतभाषया अनुवादो विधेयः—

बालकों प्रातःकाल हो गया, उठो और गङ्गास्नान को जाओ।
अच्छे बालक प्रातः उठकर नित्य गङ्गास्नान करते हैं।
गङ्गास्नान से बुद्धि निर्मल और स्वास्थ्य लाभ होता है।
गङ्गा का उद्गम भी भारत के हिमालय प्रदेश में ही है।
प्राचीन आर्यों की उत्पत्ति इसी देश में हुई थी।
कुरुक्षेत्र में भगवान् कृष्ण ने अर्जुन को आत्मतत्त्व का उपदेश दिया था।
यदि मैं झूठ बोलूँ तो आप मुझे दण्ड दें।
काशी विद्या की भूमि है।
मैं विद्या पढ़ने को काशी जाऊँगा।
ज्ञानी मनुष्य पाप से सदा डरते हैं। (बिभ्यति)

वाराणसेय-संस्कृत-विश्वविद्यालये

पूर्वमध्यमपरीक्षायाम्

(१९५७)

सरल संस्कृतभाषयाऽनूद्यतामधोऽङ्कितो हिन्दी निबन्धः—

१—धर्म कुछ है ही नहीं, ऐसा माननेवालों की संख्या भगवान् की कृपा से भारत में अभी नगण्य ही है, परन्तु धार्मिक शिक्षा की ओर वह सर्वथा उदासीन है। यदि ऐसा न होता तो वह आधुनिक शिक्षा को, जिसका धर्म से कोई नाता ही नहीं है, एक दिन भी सहन न करती। साधारण जनता की तो बात ही क्या, बड़े-बड़े पण्डितों को, जो धर्म के संरक्षक माने जाते हैं, अपने बच्चों को अंग्रेजी शिक्षा देने की ही चिन्ता रहती है।

निम्ननिर्दिष्टः संस्कृतसंदर्भो हिन्दीभाषयाऽनूद्यताम्—

२—क्षपिता क्षपा, स्मयते सविता सम्प्रति, प्रफुल्ला प्रसूनकलिका, चकम्पिरे लतिकाः प्रससार मातरिश्वा, चुकूचुर्विहंगमकुलानि, रेजे मेदिनी, शिशुरेकः समुत्पन्नः प्रसन्नवदनाः परिचारिकाः, सन्तुष्टमनसो द्विजाः, प्रमुदितं याचकवृन्दम्, स्मयमानमालोक्य त्रिदशनं बालमेनं स्मेरानना जननी, उत्फुल्ललोचनो जनकः।

३—एष भगवान् मणिराकाशमण्डलस्य, चक्रवर्ती खेचरचक्रस्य, कुण्डलमाखण्डलदिशः, दीपको ब्रह्माण्डभाण्डस्य, प्रेयान् पुण्डरीकपटलस्य, शोक वमोकः कोकलोकस्य, अवलम्बो रोलम्बकदम्बस्य, सूत्रधारः सर्वव्यवहारस्य, इनश्च दिनस्य। अयमेव अहोरात्रं जनयति, अयमेव वत्सरं द्वादशसु भागेषु विभनक्ति, अयमेव कारणं षण्णामृतूनाम्, एष एवाङ्गीकरोति उत्तरं दक्षिणं चायनम्, एनेनैव सम्पादिता युगभेदाः।

४—सञ्जीवकोऽप्यायुःशेषतया यमुनासलिलमिश्रैः शिशिरतरवातैराप्यायितशरीरः कथञ्चिदप्युत्थाय यमुनातटमुपपेदे। तत्र मरकतसदृशानि बालतृणाग्राणि भक्षयन् कतिपयैरहोभिर्हरवृषभ इव पीनः ककुद्मान्बलवांश्च संवृत्तः। प्रत्यहं वल्मीकाशिखराणि शृङ्गाभ्यां विदारयन् गर्जमान आस्ते।

(१९५८)

सरलसंस्कृतभाषयाऽनूद्यताम् अधोङ्कितो हिन्दीनिबन्धः—

बालक का मन कच्ची मिट्टी के समान होता है। कुम्हार अपने चाक के सहारे कच्ची मिट्टी का मनोवाञ्छित रूप देता है। इसी प्रकार शिक्षक शिक्षा के द्वारा बालक के भविष्य का निर्माण करता है। बालक के मन में यह

(१९५८) कच्चे घड़े के समान—आममृत्तिकावत्। चाक के सहारे—चक्रेण।

भावना भर देनी चाहिए कि मैं महान् हूँ और अवसर प्राप्त होने पर अपनी शक्तियों का पूरा-पूरा विकास कर सकता हूँ।

निम्ननिर्दिष्टः संस्कृतसंदर्भो हिन्दीभाषयाऽनूद्यताम्—

(क) किं फलं शिक्षायाः, किमर्थं चेयं सस्नेहमुपादीयते, पुरा भारतीयानामस्मत्पूर्वजानां यादृशी दृष्टिरासीत्, किमधुनापि तादृश दृष्टिरस्ति। पुरा सुवर्णरजताऽऽकरे भारते शुल्करहिता शिक्षा वितीर्यते स्म। पुरा या प्रणाली भारते शिक्षायाः साः तिरोहिता दौर्भाग्यादस्माकम्। इदानीं वहवः तां प्रणालीं प्रवर्तयितुं बद्धपरिकरा विलोक्यन्ते।

(ख) यावदेष ब्रह्मचारी बटुरलिपुञ्जमुद्धूय कुसुमकोरकानवचिनोति, तावत् सतीर्थ्योऽपरस्तत्समानवयाः कस्तूरिकारेणुरूषित इव श्यामः चन्दनचर्चितभालः, कर्पूरागुरुक्षोदच्छुरितवक्षोबाहुदण्डः, सुगन्धपटलैरुन्निद्रयन्निव निद्रामन्थराणि कोरकनिकुरम्बकान्तःकुसुमानि मिलिन्दवृन्दानि, झटिति समुपसृत्य निवारयन् गौरं बटुमेवमवादीत्—अलं भो अलम्, मयैव पूर्वमवचितानि कुसुमानि, त्वं तु चरं रात्रावजागरीरिति क्षिप्रं नोत्थापितः।

४—(क) भो दमनक शृणोषि शब्दं दूरात्महान्तम् सोऽब्रवीत्—स्वामिन् शृणोमि। ततः किम्? पिङ्गलक आह—भद्रमहमस्मात् वनात् गन्तुमिच्छामि। दमनक आह—कस्मात्? पिङ्गलक आह—यतोऽद्यास्मद्वने किमप्यपूर्वं सत्वं प्रविष्टं यस्यायं महाञ्छब्दः श्रूयते, तस्य च शब्दस्यानुरूपेण सत्वेन भाव्यम् सत्वानुरूपेण च पराक्रमेण भाव्यम् इति।

उत्तरमध्यमपरीक्षायाम्

(१९५७)

अधोलिखितो हिन्दीगद्यांशः संस्कृतभाषयाऽनूद्यताम्—

गांधी जी पहले पहल साबरमती आश्रम में रहते थे। वे तो युगद्रष्टा थे। उनका प्रत्येक कार्य महान् होता था। वे जो निश्चय करते थे उसके पीछे उनकी शक्ति होती थी और उस शक्ति से लोगों को स्फूर्ति व प्रेरणा प्राप्त होती थी। *बारह मार्च उन्नीस सौ तीस ईस्वी को गांधीजी ने यह प्रतिज्ञा की थी कि जब तक स्वराज न मिल जाय तब तक साबरमती आश्रम में आकर न रहूंगा। गांधी जी ने वहाँ ही से डांडी †कूच किया था। उसे उनके निजी सचिव श्री महादेव देसाई ने महाभिनिष्क्रमण कहा था।

---

*बारह मार्च उन्नीस सौ तीस ईस्वी को—त्रिंशदुत्तरनवशत्युत्तरसहस्रतमे खिस्ताब्दे मार्चमासस्य द्वादश्यां तिथौ। †कूच किया—प्रतस्थे।

अधोलिखितः संस्कृतगद्यांशो हिन्दीभाषयाऽनूद्यताम्—

संस्कृतसंसारे कात्यायननामानः बहवो विद्वांसः श्रूयन्ते। श्रौतसूत्रकारः कात्यायनो महर्षिस्तु प्राचीनतरः। पाणिनेरनन्तरं वार्तिककारः कात्यायनापरनामा वररुचिरासीत्। स एव प्राकृतव्याकरणस्य प्रणेता भवेदिति प्रतीमः। कस्य चन महाकाव्यस्य निर्माता कश्चनापर एव कात्यायनः श्रूयते। नन्दराजस्य मन्त्रिमण्डले कश्चन कात्यायनो वररुचिः पुरोहित आसीत्। अयमेव राजनीतिज्ञो भवेदिति प्रतीयते। कौटिल्यात् किञ्चिदेव प्राचीनस्तत्समकालीनो वा भवेदिति सुव्यक्तमेव।

(१६५८)

संस्कृतभाषयाऽनुवादो विधेयः—

राजा दशरथ धनुर्विद्या में बहुत प्रवीण थे। उन्हें चल तथा स्थिर लक्ष्य को बींधने का बड़ा अभ्यास था। वे शब्द सुनकर भी प्राणियों को सरलता से लक्ष्य बना लेते थे। एक बार श्रवणकुमार अपने अन्धे माता-पिता के लिए जल लाने गये। जब श्रवण कुमार घड़े को भर रहे थे, हाथी के भ्रम से राजा दशरथ ने तीर चला दिया। श्रवणकुमार का उसी क्षण देहान्त हो गया। श्रवण कुमार के माता-पिता भी पुत्र-शोक से दिवंगत हो गये। उन्हीं के शाप से राजा दशरथ की मृत्यु भी पुत्र-वियोग से हुई।

हिन्दीभाषयाऽनुवादो विधेयः—

(क) चिरप्रतीक्षितं वाराणसेयसंस्कृतविश्वविद्यालयविधेयकम् उत्तरप्रदेशीयविधानमण्डलेन पारितम्। महामान्येन राज्यपालेन स्वीकृत्याधिनियमपदवीमारोपितं च। तदनु भाविनः संस्कृतविश्वविद्यालस्य कार्यप्रणालीं निर्धारयितुं विशेषाधिकारिणो नियुक्तिरपि कृता प्रशासनेन। इत्थं संस्कृतविश्वविद्यालयप्रतिष्ठापूर्वार्द्धं सम्पन्नम्।

(ख) धन्यो महाराजः य एवं प्राणानप्यवगणयन् करुणया आत्मीयानां कुशलं चिन्तयति। एवमेव धर्मो राज्ञां यत् स्वीयानां प्रतिपालनं सम्माननं सदा कुशलचिन्तनं च। भृत्या हि रोदं रोदं वक्षोघ्नतीं मातरं, विलुलितैः केशैर्भूमिविलुण्ठनैश्च रोदसीं रोदयन्तीं पत्नीं, तात तातेति कलरवैर्मूर्च्छयतः पटान्तमाकर्षतः पृथुकांश्च तृणवत् विहाय स्वामिकार्यं साधयितुं स्वदेहमर्पयन्ति। तत् कृतज्ञतास्वीकारो हि राज्ञां प्रथमो धर्मः।

(१६६०)

१—**अधोलिखितः संस्कृतगद्यांशो हिन्दीभाषयाऽनूद्यताम्—**

संस्कृतशिक्षायां प्रथमा बाधा तावदियं, यत् अस्यां शिक्षार्थिनां प्रायेणाऽभाव एव वर्तते। संस्कृतशिक्षाक्षेत्रे वर्तमानस्य शिक्षार्थिनामभावस्य यद्या कारण-

मन्विष्यते, तदाऽस्माभिरेव एव निष्कर्षः प्राप्यते, यत् सम्प्रति शिक्षाया उद्देश्यमेव लोकैरेतत् स्वीकृतं यत् विविधोपभोगसाधनानामभिवृद्धये धनार्जनस्य सामर्थ्यं प्राप्येत। तच्च संस्कृतशिक्षापेक्षया इतरशिक्षाभिरिदानीमनायासेन स्वल्पायासेन वा भवितुं शक्नोति।

५—अधोलिखितहिन्दीगद्यांशः स्वसंस्कृतेनानूद्यताम्—

इस नाटक ने जिस आदर्श का मुझ पर प्रभाव डाला वह यही आदर्श था कि सत्य का अनुसरण करना और कठोर परीक्षाओं में होकर निकलना, जिसमें से हरिश्चन्द्र निकले। मैं हरिश्चन्द्र की कहानी में पूर्णतया विश्वास करता था। अब मेरी सामान्य बुद्धि कहती है कि हरिश्चन्द्र ऐतिहासिक व्यक्ति नहीं हो सकते थे। फिर भी दोनों हरिश्चन्द्र और श्रवण मेरे लिये जीवित सत्य हैं और मुझे पूर्ण निश्चय है कि यदि मैं उन नाटकों को आज फिर से पढ़ूं तो पूर्व की भांति प्रभावित हो जाऊंगा।

पटना की मैट्रिक्यूलेशन परीक्षा

1937 (Compulsory)

संस्कृत में अनुवाद कीजिए—

(१) राजा इन्द्रद्युम्न अपने हाथी पर चढ़ा और कई एक देशों में भ्रमण करता हुआ अन्त में जगन्नाथ धाम पहुँचा।

(२) मगध में बहुत दिन पूर्व जरासन्ध नाम का राजा रहता था और एक समय कृष्ण के साथ भीमसेन वहाँ आये और उसको मार दिया।

(३) उसके दूसरे दिन गुरु अपने शिष्यों के साथ योगी के आश्रम में गये और वहाँ गोदावरी नदी के किनारे ध्यान में बैठ गये।

(४) जो धर्म के अनुकूल काम करते और दूसरों की भलाई करने में लगे रहते हैं केवल वे ही ईश्वर के कृपा पात्र होते हैं।

(५) उसकी सेना के शत्रु द्वारा पूरी तरह हराये जाने पर कुछ सिपाही पहाड़ों पर चढ़ गये, कुछ समुद्रों से उतर गये और दूसरे एकान्त कन्दराओं में घुस गये।

1937 (Additional)

(१) सब प्रजाओं को खबर दो कि अब चन्द्रगुप्त अपने ही राजकार्यों को देखेंगे।

१९३७ C (५) हराये जाने पर—पराजिते सति।

(२) अपने मां बाप की आज्ञा मानो, विद्वानों का आदर करो; दूसरों की निन्दा का एक शब्द भी कभी मत बोलो; और अपनी अवस्था से सन्तुष्ट रहो।

(३) व्याध को अपनी ओर आते देख सब जानवर डर कर भिन्न-भिन्न दिशाओं में भाग गये।

(४) मुझे आशा है कि आप को उस आदमी का स्मरण होगा जिसके बारे में एक महीना पहले आप से मैंने कहा था।

(५) पुराने समय में असित नाम का एक मुनि था, जिसने अपने धर्माचरण के लिए देवों के देव से देवल की पदवी प्राप्त की।

1938 (Compulsory)

(१) धन से अच्छे और बुरे दोनों काम होते हैं। इसका जैसा व्यवहार करोगे वैसा ही फल मिलेगा।

(२) तुमको उत्तम पुरुष होना चाहिए। इसके लिए सबकी भलाई करो।

(३) अपने बड़े भाई रामचन्द्र की आज्ञा से लक्ष्मण ने सीता को वन में ले जाकर अकेली छोड़ दिया।

(४) जब कोई तुम्हारे घर पर आ जाय तो उसका आदर करो, उसे बैठने के लिए आसन और पैर धोने के लिए जल दो।

(५) धर्म को छोड़ कर सुख पाने का दूसरा कोई उपाय नहीं है। इसलिए कुछ लोग धर्म के लिए प्राण तक दे देते हैं।

1938 (Additional)

(१) मन में अत्यन्त उद्विग्न होकर युवा संन्यासी नदी के किनारे टहलने के लिए निकला।

(२) रात बहुत अन्धेरी थी; मधुमक्खियाँ ही गूँज रही थीं; सब विश्राम कर रहे थे।

(३) जो हो युवा संन्यासी को विश्राम न था। उसने मानसिक शान्ति खो दी थी।

(४) राजा अपनी प्रजाओं को पालता है। यदि कोई कुरास्ते जाय तो राजा को चाहिए कि उसे दण्ड दे।

१९३७ A (३) भाग गये—पलायिताः।

१९३८ C (१) इसका जैसा व्यवहार करोगे वैसा फल पाओगे—अनेन यथा व्यवहरिष्यथ तथैव फलं प्राप्स्यथ, (३) अकेली—एकाकिनीम्, (५) प्राण तक दे देते हैं—प्राणानुत्सृजन्ति।

(५) यदि बदमाशों को दण्ड नहीं दिया जाय तो सम्पूर्ण समाज विशृंखल हो जायगा।

1947 (Annual)

(१) मनुष्य किसी के साथ शत्रुता न करे।
(२) आचार्य लोग धर्म का उपदेश देते हैं।
(३) कवि सज्जनों की प्रशंसा करता है।
(४) बालिका वृद्ध को देखकर बैठ गयी।
(५) मैंने अति दुर्बल बालक को देखा।
(६) मैंने गोदोहन काल में कृष्ण को देखा।

1947 (Supplementary)

(a) विष्णु ने क्षीर समुद्र को मथा।
(b) ईश्वर की कृपा का फल सर्वत्र देखा जाता है।
(c) हरिण वन में पानी पीने की इच्छा करता है।
(d) उसने शत्रु से एक सौ गायें जीत लीं।
(e) गुरु छात्रों को पढ़ाते हैं।
(f) तुम कहाँ रहते हो, यह मैं जानना चाहता हूँ।

1948 (Annual)

(a) पिता की आज्ञा से रामचन्द्र बन गये।
(b) कृपया मुझे फल दीजिए।
(c) परमपिता परमेश्वर सर्वत्र है।
(d) श्याम पुत्र के लिए पुस्तक लाता है।
(e) तुम्हारा भाई कहाँ पढ़ता है ?
(f) कब काशी जाओगे ?

1948 (Supplementary)

(a) कृपया ग्राम चलिए।
(b) तुम्हारा घर कहाँ है ?
(c) पिता आज आवेंगे।
(d) कवियों में कालिदास श्रेष्ठ थे।

१६३८ A (५) बदमाशों को—धूर्तान्। १६४७ A (२) धर्म का उपदेश देते हैं—धर्मम् उपदिशन्ति। (४) बैठ गयी—उपाविशत्। १६४७ S (c) पीने की इच्छा करता है—पिपासति। (d) उसने शत्रु से एक सौ गायें जीत ली—स शत्रुं शतं गा अजयत्।

(e) रामचन्द्र ने रावण को मारा।
(f) मैं स्वयं कार्य करूँगा।

पंजाब की ऐंट्रेंस-परीक्षा

(१९४९)

संस्कृत में अनुवाद कीजिए—

(क) (१) सदा धर्म पर चलो।
(२) धर्म जीवन है।
(३) सत्य धर्म का अङ्ग है।
(४) सत्य से बड़ा कोई दूसरा धर्म नहीं।
(५) तप धर्म का अङ्ग है।
(६) आज कल के विद्यार्थी तपरहित हैं।
(७) तप में बड़ा सुख है।
(८) सिनेमा मत देखो।
(९) यह चरित्र को भ्रष्ट करता है।
(१०) अध्यापक भी तपस्वी हों।

(ख) अब भारत स्वतन्त्र है। अङ्गरेज यहाँ से चले गये हैं। हिन्दी राष्ट्रभाषा बन रही है। संस्कृत का उत्थान समीप ही दिखाई देता है। अङ्गरेजों की प्रधानता नष्ट हो जायगी। पुराने साहित्य का मूल्य अब बढ़ेगा। हिन्दी संस्कृत न जानना घृणा का स्थान होगा। राम राज्य का आरम्भ होने वाला है।

(१९५०)

(क) (१) ईश्वर पाप और पुण्य को देखता है।
(२) सत्य बोलने से मन शुद्ध होता है।
(३) प्राचीन काल में धर्म का राज्य था।
(४) सब लोग आपस में प्रेम करते थे।
(५) बलवान् निर्बलों को नहीं सताते थे।
(६) स्त्रियाँ भी विद्या ग्रहण करती थीं।
(७) कृपा करके इस पत्र का पढ़ दो।
(८) हे भाई ! मुझे क्षमा करो।
(९) अविद्या का अँधेरा दूर हो जायगा।
(१०) ईश्वर हम सब की रक्षा करें।

१९४९ (८) सिनेमा मत देखो—छायाचित्राणि न पश्यत। १९५० (२) मन शुद्ध होता है—मनः शुद्ध्यति। (८) मुझे क्षमा कर दो—क्षमस्व माम्।

(ख) रामायण हमारी पवित्र पुस्तक है। इसमें रामचन्द्र जी की कथा है। भारतवर्ष में इसका बहुत आदर है। छोटे बड़े सब इसको पढ़ते हैं। वाल्मीकि ऋषि ने इसे संस्कृत श्लोकों में लिखा था। वाल्मीकि आदि कवि माने जाते हैं। रामायण से इनका नाम अमर हो गया है। हमें भी रामायण पढ़नी चाहिए।

(१९५१)

(क) (१) इस पाठशाला में केवल तीन कन्याएँ पढ़ती हैं।
(२) वह अपना काम मुझसे करवाता है।
(३) मेरे चारों भाई सेना में भर्ती हो गये।
(४) गंगा का जल यमुना की अपेक्षा निमल है।
(५) यह पुस्तक सब पुस्तकों में सरल है।
(६) मुझसे अब पढ़ा नहीं जाता।
(७) हे भगवन्! मुझे वर दो।
(८) बच्चा आज नहीं रोएगा।
(९) चोर कपड़े चुरा कर भाग गया।
(१०) मैं सब कुछ कर सकता हूँ।

(ख) नदी के किनारे भरद्वाज ऋषि का आश्रम है। कहते हैं एक बार रामचन्द्र जी यहाँ आये थे। आजकल भी यहाँ अनेक ऋषि निवास करते हैं। इनके दर्शन के लिये बहुत लोग यहाँ आते हैं। आश्रम को देखकर प्रत्येक मनुष्य का मन प्रसन्न होता है। जो यहाँ आते हैं, वे पवित्र विचार लेकर लौटते हैं। सच है, आश्रम का जीवन भाग्य से मिलता है।

(१९५२)

(a) 1. आप और हम रविवार को अमृतसर जाएँगे।
2. गोपाल वा तुम यह काम करो।
3. इस पाठशाला में बीस लड़कियाँ और सौ लड़के थे।
4. गोविन्द जन्म से ब्राह्मण है।
5. सब कोई धन की इच्छा करता है।
6. तुम्हारा चित्र इस चित्र से अधिक सुन्दर है।
7. भिखारी ने सेठ से सौ रुपये माँगे।
8. सूर्य के निकलने पर हम बाहर गये।

१९५१—(क) (१) तीन कन्याएँ—तिस्रः कन्याः। (२) करवाता है—कारयति। (३) भर्ती हो गये—प्रविष्टाः। (५) सब में सरल है—सरलतमम्। १९५२(a) (३) बीस लड़कियाँ सौ लड़के—विंशतिः बालिकाः शतं छात्राः।

(b) पंचपुर नगर में एक ब्राह्मण रहता था। उसका पुत्र देवशर्मा था। वह पढ़कर किसी और देश को चला गया और वहाँ भागीरथी के किनारे तप करने लगा। एक दिन वह तपस्वी गंगा के किनारे जप के लिए बैठा था। उस समय किसी उड़ती हुई बलाका ने उसके शरीर पर बीठ कर दी। इससे वह क्रुद्ध हो गया और उसने ऊपर देखा। उसके क्रोध की आग से जल कर बलाका भूमि पर आ गिरी, यह देख कर उसे अपने तप पर गर्व हो गया।

(१९५३)

(क) (१) हम और गोपाल कल पाठशाला नहीं गये।
(२) तुम या हम आज नाटक देखेंगे।
(३) वह आँख से काना और पाँव से लँगड़ा है।
(४) गुरु को नमस्कार कर, वे हमें विद्या देते हैं।
(५) मनुष्यों में ब्राह्मण सब से अच्छा है।
(६) मैं अभी लवपुर से आया हूँ।
(७) उसने गर्म पानी से हाथ-पाँव धोये।
(८) इस श्रेणी में २५ लड़के हैं और राकेश उनमें चौथा है।

(ख) राम ने रावण को जीता और सीता को प्राप्त किया। उसने लंका का राज्य विभीषण को दे दिया। वह सीता और लक्ष्मण के साथ पुष्पक विमान से अयोध्या को लौटा, जहाँ भरत उसकी प्रतीक्षा कर रहा था। अयोध्या पहुँच कर राम ने अपनी माताओं और गुरुओं का अभिवादन किया। यह समाचार पाकर अयोध्यावासी बहुत प्रसन्न हुए। सारे नगर में दीप जलाये गये। फिर बड़े समारोह से राम का राज्याभिषेक किया गया।

पञ्जाब की प्राज्ञपरीक्षा

(१९४८)

संस्कृत में अनुवाद कीजिए—

(क) किसी वन में मदोत्कट नामवाला सिंह रहता था। चीता, कौआ और गीदड़ उसके नौकर थे। एक बार सिंहने इधर-उधर घूमते हुए व्यापारी के साथ से बिछुड़े हुए एक ऊँट को देखा। वह बोला, "आश्चर्य है" यह एक अद्भुत प्राणी है। 'पता करो, यह वन का है अथवा गाँव का है।' यह सुनकर कौआ बोला—'हे स्वामी! ऊँट नामवाला यह गाँव का प्राणि-विशेष आपके खाने योग्य है, अतः इसे मारिए।' सिंह बोला, "मैं घर में आये को नहीं मारूँगा। इसे अभय का दान देकर मेरे पास ले आओ, जिससे इसके इधर आने का कारण पूछूँ।"

१९५३ (क) (८) २५ लड़के हैं—पञ्चविंशतिः छात्राः, उनमें राकेश चौथा है—तेषु राकेशश्चतुर्थः।

(ख) जेठ महीने की पूर्णिमा को पतिव्रता स्त्रियाँ वट वृक्ष की पूजा और उपवास करती हैं। इस तिथि को प्राचीन काल में सत्यवान् की भार्या सावित्री ने यम से लिए जाते हुए अपने पति सत्यवान् को छुड़ाया था। तभी से इस व्रत का आरम्भ हुआ है। स्त्रियाँ यह मानती हैं कि इस व्रत के करने से उनके पति की आयु दीर्घ होती है। सब सोहागिन स्त्रियाँ इस व्रत को करती हैं।

(ग) (१) धोबी मैले कपड़ों को गाड़ी में नदी पर ले जायगा ?
(२) तू क्या चाहता है, स्पष्ट क्यों नहीं कहता ?
(३) बारह वर्षों में चारों वेद छः अङ्गों सहित पढ़े जाते हैं।
(४) खेलने के समय खेलना और पढ़ने के समय पढ़ना चाहिये।
(५) ब्रह्मचारी भोग-विलास से सदा डरे और पाप से बचे।
(६) यदि तुम परिश्रम करते तो परीक्षा में अवश्य सफल हो जाते।
(७) प्राचीन काल में राजा लोग विद्वानों की सेवा करना अपना कर्तव्य समझते थे।
(८) संवत् २००३ में इस मकान में एक पुरुष, दो स्त्रियाँ, तीन बालक और चार कन्याएँ रहती थीं।

(१६४६)

(क) कुछ सोचकर वसिष्ठ ने दिलीप से कहा कि महाराज ! अब चिन्ता छोड़ो और एक काम करो। मेरे आश्रम में एक गाय है जिसका नाम नन्दिनी है और यह कामधेनु है। अब इसकी सेवा करो। यह तुम्हारे मनोरथ को पूरा करेगी। जहाँ वह जाए जाने दो। जैसा वह करे वैसा ही तुम भी करो।

राजा ने अपने गुरु की बात मान ली और उसकी सेवा बड़े प्रेम और श्रद्धा के साथ की, जिससे वह बहुत प्रसन्न हो गयी।

(ख) नन्दिनी ने मीठे स्वर से कहा—"बेटा ! उठ बैठो। यह सब मेरी ही माया थी। ऋषि की तपस्या के बल से यमराज भी मेरी ओर आँख नहीं उठा सकता। साधारण पशुओं की तो बात ही क्या है ! मुझे निरे दूध देनेवाली गाय मत समझो। मैं दूध भी देती हूँ और वरदान भी।"

१६४८ (ख) छुड़ाया था—विमोचितः, सोहागिन स्त्रियाँ—सधवाः। (ग) १—धोबी—रजकः। ५—भोगविलास से—विलासमयजीवनात्। ८—संवत् २००३ में—त्र्युत्तरद्विसहस्रसंवत्सरे। १६४६ (क) बात मान ली—कथनं स्वीचकार। (ख) बेटा उठो—उत्तिष्ठ वत्स, आंख नहीं उठा सकता—किमपि कर्तुमसमर्थः।

राजा ने कहा कि मैं अपने राज्य का एक उत्तराधिकारी चाहता हूँ, तो नन्दिनी ने कहा कि तुम मेरा दूध पी लो। देखो, तुम्हारी इच्छा पूर्ण होगी।

राजा ने उत्तर दिया कि आपके दूध में सबसे पहले बछड़े का भाग है, फिर गुरु जी का और तब मेरा। क्षमा करना, मैं गुरु की आज्ञा के विना दूध नहीं पी सकता। इस बात को सुनकर नन्दिनी बहुत ही प्रसन्न हुई और उसे असीस दी।

सायङ्काल को आश्रम में पहुँचकर महाराज दलीप ने वसिष्ठ को सारा संवाद सुनाया और गुरु की आज्ञा से दूध पिया। नन्दिनी की कृपा से रानी सुदक्षिणा से रघु उत्पन्न हुए, रघु से अज और अज से महाराज दशरथ उत्पन्न हुए। महाकवि कालिदास ने रघुवंश में इसका वर्णन किया है।

(ग) (१) भले आदमी सदा भला ही काम करते हैं।
(२) सूर्य की गर्मी से जल सूख जाता है।
(३) लोग सभा में चुपचाप बैठें और भाषण सुनें।
(४) पिताजी ! आप जाइये, मैं भी आ जाऊँगा।
(५) यदि वह बात सुननी है तो बैठ जाइए।
(६) विद्या को परिश्रम से पढ़ो, सुख पाओगे।
(७) सन् उन्नीस सौ सैंतालीस में भारत स्वतन्त्र हुआ।
(८) मूर्ख पुत्र को धिक्कार है ! वह पढ़ता क्यों नहीं ?
(९) माता बच्चे को चाँद दिखाती है।
(१०) हमें सदा सत्य बोलना चाहिए।
(११) इस समय के भारत के प्रधान मन्त्री का नाम पं० जवाहरलाल है।
(१२) क्या तुमसे यहाँ ठहरा नहीं जाता।

(१९५०)

(क) एक समय राजा उशीनर ने यज्ञ करना आरम्भ किया। यज्ञ के लिए सारी सामग्री एकत्र की। जहाँ पर राजा यज्ञ कर रहे थे वहाँ पर इन्द्र, राजा की परीक्षा लेने गये। राजा की जाँघ पर एक कबूतर आकर बैठ गया। इन्द्र ने कहा, राजन् ! यह कबूतर मुझे दे दो। मैं इस कबूतर को खाऊँगा। यह

१९४९ (ग) १—भले आदमी—सत्पुरुषाः। २—गर्मी से—आतपेन। ७—सन् उन्नीस सौ सैंतालीस में—सप्तचत्वारिंशदधिकैकोनविंशतिख्रिस्ताब्दे। ८—धिक्कार है—धिक् ! १२—ठहरा नहीं जाता है—स्थातुं न शक्यते। १९५० (क) यज्ञ करना आरम्भ किया—यज्ञं कर्तुमारेभे। जांघ पर—जंघायाम्, कबूतर—कपोतः।

मेरा भोजन है। मैं भूख से व्याकुल हूँ। अतएव तुम धर्म के लोभ से इसकी रक्षा मत करो। तुम्हारा धर्म नष्ट हो चुका। राजा ने कहा, तुम्हारे भय से व्याकुल होकर प्राण बचाने की इच्छा से यह कबूतर हमारे पास आया है। हम इसकी रक्षा क्यों न करें? इसकी प्राणरक्षा करने में क्या तुमको धर्म नहीं दिखाई पड़ता? यह कबूतर तड़पता हुआ मेरे पास आया है। शरणागत की रक्षा करना मनुष्य का धर्म है। जो पुरुष शरणागत की रक्षा नहीं करते वे महापापी हैं।

इन्द्र ने कहा, राजन्! आहार से जगत् के सब जीव-जन्तु उत्पन्न होते हैं, आहार से बढ़ते हैं और आहार से जीते हैं। अन्य वस्तुओं के त्याग से मनुष्य कई दिन तक जी सकता है, परन्तु भोजन छोड़कर जीना असम्भव है। इसलिए भोजन न पाने से मेरे प्राण शरीर से निकल जायँगे। मेरे मरने से मेरे स्त्री और पुत्र सब मर जायँगे। आप एक कबूतर की रक्षा करके सब प्राणियों को मारते हैं। जिस धर्म से धर्म का नाश हो, वह धर्म नहीं, अधर्म है।

राजा ने कहा, तुम ठीक कहते हो। परन्तु हम शरणागत को नहीं छोड़ सकते। जिससे तुम इस पक्षी के प्राण छोड़ो, मैं वही करूँगा।

(ख) (१) गंगा हिमालय से निकलती है।
(२) गोपाल गौ का दूध दोहता है।
(३) विद्या सीखने के लिए गुरु की आज्ञा मानना परम आवश्यक है।
(४) विद्यार्थी को सुख कहाँ और सुखार्थी को विद्या कहाँ?
(५) विदुर की कथा शिक्षा से पूर्ण है।
(६) झूठ बोलना सब पापों का मूल है।
(७) विदुर के कहे उपदेश अनमोल हैं।
(८) जुआ खेलना अच्छा काम नहीं है।
(९) कोई न कोई कला सबको सीखनी चाहिए।
(१०) मित्र वही है जो संकट में साथ देता है।
(११) दुर्जन सदा दूसरों के छिद्र ढूँढता रहता है।
(१२) राजमार्ग के दोनों तरफ हरे-हरे वृक्ष हैं।

(१९५१)

(क) एक दिन सुदामा की स्त्री ने पति से विनयपूर्वक कहा—"स्वामिन्! आप कहा करते हैं कि श्रीकृष्ण जी आपके सखा हैं। आप इस समय दीन

१९५० (क) तड़पता हुआ—विह्वलः। (ख) (८) जुआ खेलना—द्यूतक्रीडनम्। (११) छिद्र ढूंढता रहता है—छिद्राणि अन्विष्यति।

अवस्था में हैं। घर में खाने को कुछ नहीं। अतः आप उनके पास जाएँ और कुछ ले आएँ। सुना है कि वे दीनों पर दया करते हैं। वे अवश्य आप की सहायता करेंगे। आपको ऐसी अवस्था में मित्र के पास जाते हुए लज्जा नहीं करनी चाहिए। कहते हैं कि विपत्ति में मित्र ही मित्र के काम आता है। आप उनसे सहायता प्राप्त करें, जिससे हमारा निर्वाह भली भाँति हो सके। आशा है कि आप मेरी प्रार्थना पर ध्यान देंगे और वहाँ जायँगे।

सुदामा अब कुछ न बोल सका और अपनी पत्नी के कथन को युक्तियुक्त जानकर श्रीकृष्ण के पास जाने को प्रस्तुत हो गया। उसके मन में विचार उठा कि मैं मित्र से कई वर्षों के पश्चात् मिलने जा रहा हूँ। भेंट में क्या ले जाऊँ? वहाँ था ही क्या जो सुदामा साथ ले जाता?

पर सुदामा की स्त्री ने झट पुराने कपड़े में थोड़े से चावल बांध कर पति को दिये और वह उन्हें लेकर अपने सखा के पास द्वारिका को चल पड़ा।

(ख) (१) वह क्यों व्यर्थ दुःख सहता है?
(२) मैं तो देश की रक्षा के लिए कष्ट सहूँगा।
(३) हम से गर्म दूध नहीं पिया जाता।
(४) हे प्रभु! मेरी विपदा हरो।
(५) तू गुणियों के साथ रह।
(६) विद्वानों का सर्वत्र आदर होता है।
(७) हमें गुरुओं की आज्ञा माननी चाहिए।
(८) जो दान देना चाहता है दे।
(९) वर्षा होती तो सुभिक्ष होता।
(१०) तुम शीघ्र जल जाओ।

(१९५२)

(क) धर्म में लगा हुआ अशोक दिन प्रतिदिन अधिकाधिक दान करता रहता था। एक बार जब वह पुनः दान करने लगा तब मंत्री-मण्डल ने उसे रोक दिया। खिन्न अशोक ने मंत्रियों से पूछा—अब पृथ्वी का स्वामी कौन है? मंत्री बोले—देव भूमि के अधिपति हैं। अश्रुपूर्ण नेत्रों से अशोक ने फिर

१९५१ (क) कहते हैं—कथयन्ति। भेंट—उपहारः, झट—सपदि, पुराने कपड़े में—जीर्णवस्त्रे, चावल—तण्डुलान्, चल पड़ा—प्रस्थितः। (ख) (९) वर्षा होती तो सुभिक्ष होता—यदि वर्षणमभविष्यत्तदा सुभिक्षमभविष्यत्।

१९५२ (क) धर्म में लगा हुआ—धर्मनिरतः, रोक दिया—रुद्धः।

कहा—क्यों आप असत्य कहते हैं ? हम राज्य से भ्रष्ट हो चुके हैं। मंत्रि-मंडल जानता था कि यदि कोष समाप्त हो गया तो इतना बड़ा साम्राज्य क्षण भर में नष्ट हो जायगा। राजा और मन्त्री दोनों एक दूसरे को समझते थे। राजा ने राज त्यागने का निश्चय कर लिया और मन्त्रियों की निर्भयता कितनी विस्मयोत्पादक है। भला संसार के कितने विश्वविजयी राजा इतने महान् हुए हैं ? और कितनों के मन्त्री इतने निर्भीक थे ?

(ख) (१) यह आपका अपना ही घर है।
(२) श्याम खेल रहा होगा।
(३) कथा तो होती है, पर कोई सुने भी।
(४) क्या बाबू जी यहाँ आये थे ?
(५) चलो, मैं अभी आता हूँ।
(६) मुझ में इतनी अक्ल कहाँ ?
(७) क्षमा किजिए, फिर ऐसा नहीं करूँगा।
(८) तुम्हारे जैसे बहुतेरे देखे हैं।
(९) वह इधर से आया और उधर चला गया।
(१०) आपके बिना यह काम नहीं बनेगा।

यू० पी० शिक्षा-बोर्ड की इण्टरमीडिएट-परीक्षा

(१९५५)

Translate into Sanskrit—

The wife of Pandu was known as Pritha or Kunti, and became the mother of five Pandavas. They were Yudhishthira, Bhima Arjuna and the twins Nakula and Sahadeva. Every one loved these boys, for they were full of great qualities. The heart of Bhima was glad, for he saw that Yudhishthira the eldest of all the princes had in him the making of a perfect king. Prince Pandu, the father, died suddenly in the forest, and Dhritarashtra declared that the young Yudhishthira should be regarded henceforth as the heir to both the kingdoms.

---

(३) कथा तो होती है पर कोई सुने भी—कथा तु भवति, परं कश्चित् शृणोत्वपि। (४) क्या बाबूजी यहाँ आये थे ?—अपि 'बाबूजी' अत्र आगतः ? (६) अक्ल—बुद्धिः। (७) क्षमा कीजिए, फिर ऐसा नहीं करूँगा—क्षम्यताम्, पुनरेवं न करिष्यामि। (८) तुम्हारे जैसे बहुतेरे देखे हैं—भवादृशाः बहवो दृष्टाः। (९) वह इधर से आया और इधर चला गया—स इत आगतस्ततश्च गतः।

अथवा

पाण्डु की स्त्री पृथा अथवा कुन्ती के नाम से प्रसिद्ध थी और वह पाँच पाण्डवों की माँ हुई। ये युधिष्ठिर, भीम, अर्जुन अथवा जुड़वाँ नकुल और सहदेव थे। सब लोग उनसे स्नेह करते थे, क्योंकि वे महान् गुणों से पूर्ण थे। भीम का हृदय प्रसन्न था, क्योंकि उन्होंने देखा कि सब राजकुमारों में ज्येष्ठ युधिष्ठिर में उत्तम राजा बनने के गुण विद्यमान हैं। उनके पिता महाराज पाण्डु की वन में अकस्मात् मृत्यु हो गयी और धृतराष्ट्र ने घोषित किया कि आज से राजकुमार युधिष्ठिर को दोनों राज्यों का उत्तराधिकारी समझना चाहिए।

(१९५६)

To follow truth and to go through all the ordeals Harish Chandra went through, was the one ideal this play inspired in me. I literally believed in the story of Harish Chandra. The thought of it all often made me weep. My common sense tells me today that Harish Chandra could not have been a historical character. Still both Harish Chandra and Shravana are living realities for me and I am sure I should be moved as before if I were to read those plays again today.

अथवा

इस नाटक ने जिस आदर्श का मुझ पर प्रभाव डाला वह यही आदर्श था कि सत्य का अनुसरण करना और कठोर परीक्षाओं में होकर निकलना, जिसमें से हरिश्चन्द्र निकले। मैं हरिश्चन्द्र की कहानी में पूर्णतया विश्वास करता था। इस सब का विचार प्रायः मुझे रुला देता था। अब मेरी सामान्य बुद्धि कहती है कि हरिश्चन्द्र ऐतिहासिक व्यक्ति नहीं हो सकते थे। फिर भी दोनों हरिश्चन्द्र और श्रवण मेरे लिए जीवित सत्य हैं और मुझे पूर्ण निश्चय है कि यदि मैं उन नाटकों को आज फिर से पढ़ूँ तो पूर्व की भाँति प्रभावित हो जाऊँगा।

(१९५७)

Gokhale was a real patriot. He loved India. His great desire was to help it to become a great country. His life was very simple and unselfish. He cared neither for money nor for fame. The height of his ambition was to

do his duty. As a speaker he won fame in his day. But above all, he was a man of action. He did not believe in words alone. He wanted to do things. Whatever he undertook, he carried out in a spirit of unselfishness and that was an example to all his countrymen.

गोखले सच्चे देश भक्त थे। वे भारतवर्ष से प्रेम करते थे। उनकी प्रबल इच्छा थी कि वे उसे एक महान् देश बनाने में सहायक हों। उनका जीवन अति सरल और स्वार्थरहित था। वे न तो धन की परवाह करते थे और न ख्याति की। उनकी सबसे बड़ी महत्त्वाकांक्षा थी कि वे अपने कर्त्तव्य का पालन करें। अपने समय में उन्होंने वक्ता के रूप में ख्याति प्राप्त की, किन्तु सर्वोपरि वे क्रियाशील मनुष्य थे। वे केवल शब्दों में विश्वास नहीं करते थे। वे कार्यों को करना चाहते थे। जो काम उन्होंने अपने ऊपर लिया उसे निःस्वार्थ भावना से कार्यान्वित किया और वे अपने देशवासियों के लिए एक उदाहरण बन गये।

(१९६०)

चार ब्राह्मणों ने ज्ञान प्राप्त करने के लिए दूसरे देश को जाने का निश्चय किया। तदनुसार वे सब कन्नौज को गये और वहाँ बारह वर्ष तक अध्ययन किया। उन सबों ने सभी शास्त्रों को पढ़ा और अपने घर को लौटने का निश्चय किया। अपने आचार्य से अनुमति लेकर कन्नौज से वे चल पड़े। रास्ते में उन्हें दो यात्री मिले, उन में से एक ने कहा—"हे भद्रलोगो, हम लोग अयोध्या जा रहे हैं, किस रास्ते से हम सब जायँ?" उन चारों ब्राह्मणों में से एक ने झट से अपनी पुस्तक को खोला और उत्तर दिया "आप लोगों को आज अयोध्या न जाना चाहिए। आप सबों को या तो यहीं पाँच दिन ठहरना चाहिए या लौट कर अपने घर को चला जाना चाहिए, क्योंकि आप सबों के ग्रहों की स्थिति आज अच्छी नहीं है।"

(१९६१)

राजा जीमूतवाहन नर्मदा नदी के किनारे पर धर्मपुर में राज्य करता था। एक दिन उसने एक स्त्री का विलाप सुना। जाँच करने पर ज्ञात हुआ कि वह स्त्री सर्पों की माता है। उसके आठ बच्चों को पक्षियों के राजा गरुड़ ने खा लिया है। वह इसलिए रो रही है कि गरुड़ उसके आखरी बच्चे को भी खाना चाहता है।

(१९६०) बारह वर्ष तक—द्वादशवर्षाणि। लौटने का—परावर्तयितुम्। किस रास्ते से—केन पथा। खोला—उदघाटयत्। उत्तर दिया—प्रत्यवदत्। न जाना चाहिए—न गन्तव्यम्। लौट कर—परावर्त्य। अच्छी नहीं है—न शुभा।

१९६१—राज्य करता था—शशास। आठ बच्चों को—अष्टौ शिशून्।

राजा ने उसके बच्चे को वचन दिया और बच्चे के बदले अपना शरीर गरुड़ को दे दिया। जब गरुड़ ने उसके शरीर का वाम भाग खा लिया तो राजा ने दाहिना हिस्सा भी उसके सम्मुख कर दिया। यह देख गरुड़ ने अत्यन्त पश्चात्ताप किया और राजा के शरीर को पुनः सर्वाङ्गपूर्ण करने के विचार से अमृत लाने के लिए पाताल लोक गया और अमृत ले आया। ज्योंही गरुड़ राजा के शरीर पर अमृत छिड़कने वाला था कि राजा ने गरुड़ से सर्पों के आठों बच्चों को भी पुनः जीवित करने के लिए कहा जिनको वह पहले ही मार चुका था।

HINDU UNIVERSITY OF BANARAS

B. A. Examination

Samskrit (III)

(1957)

Translate the following into Samskrit :—

(a) Bharata is well-known for an ideal brotherly love and affection. His devotion and faithfulness to Rama, his elder brother, has been proverbial and he has set the finest example of a true brother which will continue to inspire the people while the earth exists. When Rama did not return to Ayodhya, Bharata would not sit on the throne. He begged for his sandals to be placed on the throne, representing the king during his absence.

Or

(b) Rana Pratapa was an ideal man not only of his own time but of all the ages. He was gifted with all the noble qualities of a true Rajput and possessed the noble qualities of a true hero. As a soldier he was the

---

(१९६१) बच्चे के बदले–शिशुस्थाने। पुनः जीवित करने के लिए–पुनर्जीवयितुम्।

(1957) (a) ideal brotherly love = अनुकरणीयः भ्रातृकः स्नेहः। affection = अनुरागः। devotion = भक्तिः। faithfulness = अनुरक्तिः। proverbial = लोकप्रसिद्धा। set the finest example = शोभनतमादर्शं स्थापितवान्। to inspire = प्रोत्साहयितुम्। representing the king = राजप्रतिनिधिभूतः। (b) was gifted with all the noble qualities = सर्वोत्कृष्टगुणसम्पन्नः।

boldest and bravest of all and the great deeds he performed during the battle live in every valley of Mewad. As a true patriot he holds a very high position in the whole Hindu community.

(1958)

(a) One of the noblest sons of India was Pandit Motilal Nehru. He was one of the chief helpers of Mahatma Gandhi. To make India free from British rule was his chief thought in life. He made sacrifices and suffered a great deal in his fight for freedom. He was a fine gentleman, cool, polite and full of humour. He was a man of great courage.

(b) Rana Pratap took a vow that until Chittor was recovered he would live a hard life. He would not use gold and silver dishes at his meals. He would use the leaves of trees instead. He showed the greatest valour in the battle of Haldighat. With a small body of Rajputs he fought against the huge army of Akbar. The Moghal army became desperate. Haldighat will never be forgotten: it will always be remembered as the field where brave Pratap fought like a hero.

(c) आर्यों के अनुसार यह हमारा स्वदेश स्वर्ग से भी बढ़कर है। स्वर्ग भोगभूमि है, परन्तु भारत है कर्मभूमि। आत्मविकास की पूर्णता की साधिका

(1957) (b) boldest and bravest = निर्भयतमः वीरतमश्च। Vallev of Mewad = मेवाडदरीभूमिः। true patriot = सत्यव्रतो देशभक्तः।

(1958) (a) noblest = प्रशस्ततमः। chief helpers = मुख्यसहायकाः। chief thought in life = जीवने प्रधानः संकल्पः। suffered a great deal = अत्यन्तं दुःखमनुभूतवान्। cool = शान्तः। polite = शिष्टः। full of humour = बुद्धिविलाससम्पन्नः। courage = पराक्रमः। (b) took a vow = प्रतिज्ञामकरोत्। was recovered = विजितः। dishes = पात्राणि। at his meals = भोजने। valour = पराक्रमः। huge army = महत्सैन्यम्। (c) स्वर्ग से भी बढ़कर है = स्वर्गादपि गरीयसी।

यह भारतभूमि है। आर्य-संस्कृति एवं स्वतन्त्रता की भावना से ओतप्रोत है। भारत के इतिहास में आध्यात्मिकता की धारा बहाने का श्रेय आर्यों को ही है। उन्होंने स्वार्थ तथा परमार्थ का मञ्जुल सामञ्जस्य प्रस्तुत कर विश्व के समक्ष एक सुन्दर आदर्श उपस्थित किया है।

(1960)

2. (a) Once upon a time one of the governers of Sindh was a rich Brahman called Naun. The Brahman had vast wealth and great stores of jewels, but he had neither son nor daughter. Although he spent thousands of rupees on pilgrimages, he and his wife remained childless and unhappy. One day his wife came to hear of an old astrologer who was said to be very clever. She said to her husband, 'Life without children is like a starless night—dark and unhappy, where even an electric lamp cannot dispel the prevailing darkness. Let us go and consult this astrologer without any further hesitation.'

Or

(b) ईश्वर की सृष्टि विचित्रताओं से भरी हुई है। इसका जितना अन्वेषण किया जायगा, उतनी ही विचित्रता की नई नई शृङ्खलाएँ मिलती जायँगी। कहाँ एक छोटा-सा बीज और कहाँ उससे उत्पन्न एक विशाल वृक्ष ! दोनों में महान् अन्तर है, तथापि दोनों में घनिष्ठ सम्बन्ध वर्तमान है। एक छोटे से बीज के गर्भ में क्या क्या भरा हुआ है ! वह छोटा बीज ही बढ़ते बढ़ते

(1958) (c) भावना से ओतप्रोत है = भावनानुप्राणिता। धारा बहाना = धाराप्रवाहः। सामञ्जस्य प्रस्तुत किया है = सामञ्जस्यं प्रस्तुतम्।

(1960) (a) governors of Sindh = सिन्धस्य प्रशासकाः। vast wealth = प्रभूतं धनम्। great stores of jewels = महान् रत्नसम्भारः। on pilgrimages = तीर्थाटनेषु। childless and unhappy = निःसन्ताना अप्रसन्ना च। old astrologer = वृद्धो दैवज्ञः। starless night = नक्षत्रविहीना रात्रिः। cannot dispel = निराकर्तुमसमर्थः। consult = परामर्शं कुरु। (b) महान् अन्तर = महदन्तरम्।

एक विशाल वृक्ष के रूप में परिणत हो जाता है और वह वृक्ष पत्र, पुष्प तथा फल से सम्पन्न होकर इस पृथ्वीतल को मण्डित करता है।

(1961)

(a` Kalidasa was a great Samskrit poet and dramatist whose literary work has lived through the ages. If ever a man won immortality only by what he thought and wrote, Kalidasa is he. His works reveal a wonderful power of description and deep knowledge of human nature. He has such expression as can only belong to a king among poets. He was a man of culture and was acquainted with the fine arts. Of the poetical and dramatic works ascribed to Kalidasa, the one for which he is best known even in the West is the play 'Shakuntala'. It is unfortunate that no record exists of the life and residence of such a poetic genius.

Or

(b) जगत् की स्थितिरक्षा के लिए अहिंसा नितान्त आवश्यक है। यदि समाज में दूसरों की भावनाओं के प्रति हम सहानुभूति नहीं रखेंगे, तो बड़ी अराजकता फैल जायगी। यदि हम चाहते हैं कि दूसरे लोग हमें कष्ट न दें, हमारा अपकार न करें, हमारी निन्दा न करें, तो हमें स्वतः इन बातों को छोड़ देना होगा। जगत् में सभी एक ही हृदय सूत्र में बँधे हुए हैं और हमारा यह सतत प्रयत्न होना चाहिए कि इस बन्धन को दृढ करते जायँ। 'हिंसा न करो' का तात्पर्य है प्रेम करो। यदि इस प्रेम भावना को हम अपनी संकुचित परिधि से बढ़ाकर समाज, देश तथा विश्व तक पहुँचा देंगे तो हमें वास्तविक आनन्द प्राप्त होगा और लोक का भी कल्याण होगा।

(1960)(b) परिणत हो जाता है = परिणमति। मण्डित करता है = मण्डयति। (1961) (a) literary work = साहित्यकृतिः। immortality = अमरत्वम्। his works = तस्य कृतिः। description = वर्णनम्। deep knowledge of human nature = मानुषत्वज्ञानगाम्भीर्यम्। expression = वाग्व्यापारः। acquainted with = परिचितः। ascribed = आरोपणम्। poetic genius = कवित्वशक्तिः। (b) अराजकता फैल जायगी = अव्यवस्थितिः वर्धिष्यते। संकुचित परिधि से = कृपणबुद्धिं त्यक्त्वा।

UNIVERSITY OF AGRA

B. A. Examination

Samskrit Second Paper

(१९५६)

संस्कृत में अनुवाद करो—

प्राचीन काल में कोई बनिया गधे पर भार लाद कर व्यापार करता फिरता था। वह आने जाने के स्थान पर गदहे की पीठ से भार उतार कर उसे सिंह चर्म से ढक कर धान और जौ के खेतों में छोड़ देता था। खेत के रखवाले उसे सिंह समझ कर उसके पास नहीं जा सकते थे। एक दिन उस बनिये ने एक गाँव के समीप निवास किया और उस गर्धव को सिंह चर्म से ढक कर जौ के खेत में छोड़ दिया। खेत का रखवाला उसे सिंह समझ कर उसके पास न जा सका। उसने घर घर जाकर उसकी सूचना दी। ग्रामवासी आयुधों को लेकर शंख और भेरी बजाते हुए आये। इससे गर्दभ डर कर अपने स्वर में चिल्लाने लगा। गाँववालों ने उसे गर्दभ जान कर लाठियों के प्रहारों से मार डाला।

(१९५७)

कोई बकरी घास चरने के लिए बाहर जा रही थी। बाहर जाते हुए उसने अपने बच्चे से कहा—"बेटा, तुम दरवाजे को बन्द कर लो और जब तक मैं न आऊँ तब तक किसी के लिए भी दरवाजा न खोलना। कोई भेड़िया समीप ही यह बात सुन रहा था। वह बकरी के जाते ही थोड़ी ही देर में वहाँ आया और बकरी के स्वर में बोला—"बेटा, द्वार खोलो।" बकरी का बच्चा बोला— 'अरे जा, तेरा स्वर ही बकरी जैसा है, आकार से तो तू भेड़िया ही है।"

(१९५६) लाद कर—वाहयित्वा। आने जाने के स्थान पर—गमनागमन-स्थलेषु। उतार कर—अपनीय। ढक कर—आच्छाद्य। खेत का रखवाला—क्षेत्र-पालः। न जा सका—गन्तुं न शशाक। सूचना दी—सूचितवान्। शंख और भेरी बजाते हुए—शंखान् भेरीश्च वादयन्तः। चिल्लाने लगा—अक्रोशत्। लाठियों के प्रहारों से—लगुडप्रहारैः। मार डाला—व्यापादयामासुः।

(१९५७) घास चरने के लिए—घासं चरितुम्। दरवाजे को बन्द कर लो—द्वारमावृणु। दरवाजा न खोलना—द्वारमनावृतं न विधेयम्। समीप ही—अन्तिकादेव। बकरी के जाते ही—अजायां प्रस्थितायाम्। आकार से तो तू भेड़िया ही है—आकृत्या तु त्वं वृक एव।

(१६५८)

किसी सिंह ने पर्वत की अधित्यका में चरता हुआ एक श्वेत मेमना देखा। सिंह ने उस स्थल को अपने लिए अगम्य जानकर उससे कहा—"अरे भाई, तुम्हें ऐसे ऊँचे नीचे स्थान पर सारे दिन घूम कर क्या सुख मिलता होगा? यदि किसी दिन उछलते हुए पैर फिसल कर गिर पड़े तो प्राणों से हाथ धो बैठोगे। इस लिए अच्छा हो कि तुम नीचे आ जाओ और हरी घास के मैदान में कोमल हरी घास खाओ।" मेमने ने कहा—"तुम्हारी बात बिलकुल सच है, परन्तु मुझे ऐसा प्रतीत होता है कि तुम भूखे हो। मैं तुम्हारे स्थान पर आकर अपने प्राणों को संशय में नहीं डालूँगा।"

(१६५९)

एक प्यासे कौवे को पीने के लिए पानी न मिला। बहुत देर तक ढूँढने के पश्चात् उसे एक पानी का घड़ा मिला, परन्तु जब वह घड़े के पास पहुँचा तो उसने उसमें पानी बहुत नीचे पाया। वह बहुत दुःखी हुआ और पानी लेने का बहुत प्रयत्न किया पर पानी न ले सका। उसने घड़े को तोड़ने का उद्योग किया, परन्तु वैसा न कर सका। उसने घड़े को लुढ़काना चाहा पर यह भी न कर सका। तब उसने पत्थर के टुकड़े उठाये और उन्हें एक-एक करके घड़े में डाला। अन्त में पानी घड़े के ऊपर तक आ गया और कौवे ने उसे आराम से पी लिया। संकल्प से सब काम पूरे होते हैं।

(१६६०)

एक दिन सुदामा की स्त्री ने पति से विनयपूर्वक कहा—पति जी, आप कहा करते हैं कि श्रीकृष्ण जी आपके सखा हैं। आप इस समय दीन अवस्था में हैं। घर में खाने को कुछ नहीं। अतः आप उनके पास जायँ और कुछ ले आयें। सुना है

(१६५८) श्वेत मेमना—श्वेतं मेषशिशुम्। ऊँचे नीचे स्थान पर—उच्चावच-प्रदेशे। घूमकर—भ्रमित्वा। उछलते हुए—उत्पतन्। फिसल कर—पादस्खलनेन। नीचे आजाओ—अधस्तात् आगच्छः। हरे घास के मैदान में—हरिततृणसंकुलायाम् (वसुधायाम्)। अपने प्राणों को—स्वप्राणान्। डालूँगा—पातयिष्यामि।

(१६५९) प्यासा—तृषार्तः। बहुत देर ढूंढने के पश्चात्—चिराय अन्विष्य। बहुत नीचे—अतिनीचैः। बहुत दुखी—नितरां क्लिश्यमानः। प्रयत्न किया—प्रायतत। न कर सका—न प्राभवत्। पत्थर के टुकड़े—प्रस्तरशकलानि। संकल्प से सब काम पूरे होते हैं—संकल्पेन सर्वाणि कार्याणि सिध्यन्ति।

(१६६०) सुदामा की स्त्री—सुदाम्नः पत्नी। खाने को कुछ नहीं—अशितव्यं किञ्चिदपि नास्ति।

वे दीनों पर दया करते हैं। ये अवश्य आपकी सहायता करेंगे। आपको ऐसी अवस्था में मित्र के पास जाते हुए लज्जा नहीं करनी चाहिए। कहते हैं कि विपत्ति में मित्र ही मित्र के काम आता है। आप उनसे सहायता प्राप्त करें, जिससे हमारा निर्वाह भली-भाँति हो। आशा है आप मेरी प्रार्थना पर ध्यान देंगे और वहाँ जायँगे।

UNIVERSITY OF DELHI

B. A. (Hons) Examination

Samskrit

(1956)

Translate the following into Samskrit :

This man, Ramakrishna Paramahamsa, came to live near Calcutta, the then Capital of India, the most important town in our country. The great men from the different Universities used to come and listen to him. I heard of this man and I went to see him. He looked just like an ordinary man, with nothing remarkable about him. He used the most simple language, and I thought, "Can this man be a great teacher ?" I crept near to him and asked him the question which I had been asking others all my life, "Do you believe in God, Sir ?" "Yes," he replied. "Can you prove it, Sir ?" "Yes." "How ?" "Because I see Him just as I see you here, only in a much intense sense." That impressed me at once. For the first time I had found a man, who dared to say that he saw God.

(१९६०) ऐसी अवस्था में—एतादृश्याम् अवस्थायाम्। लज्जा करें—लज्जताम्। मित्र के काम आता है—मित्रस्य कार्यं साधयति। प्राप्त करें—प्राप्नुयात्। निर्वाह भली-भाँति हो—सम्यक् निर्वाहो भवेत्। आशा है—आशासे। ध्यान देंगे—चेतसि करिष्यति।

(1956) remakable = स्मरणीयः। I crept near to him = उपासर्पम्। can prove it = प्रमाणयितुं समर्थः। intense sense = अत्यन्तावबोधः। impressed = हृदयनिष्ठितः। dared to say = साहसपूर्वकमकथयत्।

(19 8)

Exactly at 9-30 A. M. all gathered together at the prayer ground and Gandhiji blessed the couple in a brief speech which was as solemn as the occasion itself. It was a most moving scene in Gandhiji's life. Those present could see that Gandhiji on such occasions could be as human as any of them. He was nearly moved to tears as he referred to Ramdas and Dev Das as two of his sons who had been brought up exclusively by him and under his care. The consciousness that the son had never deceived him and had hidden none of his faults and failings from him, nearly choked him with a feeling of grateful pride :

"You have confessed your faults to me ; but, they have never alarmed me, for your frank confession has exonerated you in my eyes. I am glad that you would rather be deceived by the whole world than deceive any one. May you always live in the same truthful way."

(1960)

This book demonstrates beyond the shadow of doubt that modern researches can be carried out in Samskrit. The adoption of critical method and scientific treatment does not involve a break with old classical style of composition with the characteristic of the celebrated writers

---

(1958) blessed = आशिषमददात् । solemn = गम्भीरः । confessed foults = आत्मापराधं स्वीचकार । has exonerated = दोषमुक्तः । deceived = परिवञ्चितः ।

(1960) demonstrates = प्रमाणयति । beyond the shadow of doubt = निःसंशयम् । the adoption of critical method of scientific treatment = आलोचनात्मकवैज्ञानिकप्रणाल्याः संग्रहणम् । characteristic = लक्षणम् । celebrated writers = प्रथिताः ग्रन्थकाराः ।

of the Sastras. Modern thought can be garbed in an ancient idiom without violence to the latter's genius and without imperilling the former's distinctive individuality. It sets an example and pattern to the students of oriental learning which can be emulated with profit. Lastly, it illustrates a bold adventure and a new enterprise which presupposes conspicuous ability, courage and mastery of thought and expression.

UNIVERSITY OF PATNA

B. A. Examination

(1957 S)

Translate into Samskrit :

(a) Some general rules are prescribed, such as 'avoid extremes'. Even too much of patience is forbidden. Though the principles of truth and Ahimsa are recognised as imperative still the Mahabharata contemplates exceptions to them. The law of truth speaking has no intrinsic value, since truthfulness, which means love of humanity, is the only unconditioned end. Yet knowing the danger of allowing exceptions to rules, the Mahabharata insists on Prayaschitta, or purification, for those who transgress the law of truth-speaking.

---

individuality = व्यक्तित्वम् । pattern = निदर्शनम् । can be emulated = स्पर्धितुं शक्यते । adventure = चेष्टितम् । enterprise = उपक्रमः । conspicuous ability = विशिष्टं नैपुण्यम् ।

(1957 S) (a) avoid extremes = आतिशय्यं परिहर । contemplates = निरूपयति । intrinsic value = वास्तविकं मूल्यम् । unconditioned end = अप्रतिबद्धा सिद्धिः । exceptions = अपवादाः । transgress = अतिचरन्ति ।

(b) The first Englishman who acquired a knowledge of Samskrit was Charles Wilkins, who had been urged by Warren Hastings to take instruction from the pandits in Benares, the chief seat of Indian learning. As the first-fruits of his Samskrit studies he published in the year 1785 an English translation of the philosophical poem 'Bhagavadgita' which was the first time a Samskrit book had been translated directly into a European language. Two years later there followed a translation of the book of fables, 'Hitopadesa', and in 1795 a translation of the Shakuntala episode from the Mahabhárata.

(c) 'From this land, long ago, the message of peace and the brotherhood of man went out to the distant parts of the world. To this land every year millions of people come from other parts of the world for pilgrimage. I have also come here as a pilgrim in search of peace and friendship. I am sure I shall find it here in your hearts and minds.' Thus said the Prime Minister of India in his reply to the address of welcome in Saudi Arabia.

(1958 A)

(a) Sringeri was discovered by Sri Sankaracharya as a place where even natural animosities did not exist. He saw a frog in labour protected from the scorching rays of the sun by the raised hood of a cobra. He installed at that place the Goddess of learning, Sri Sarada. He also established a Matha for the propaga-

---

(1957 S) b) book of fables = प्रबन्धकल्पनापुस्तकम् । episode = उपाख्यानम् । (c) pilgrimage = तीर्थयात्रा ।

(1958) (a) discovered = परिज्ञातः । animosity = द्वेषः, वैरम् । scorching rays = प्रचण्डाः किरणाः । installed = प्रतिष्ठापितः ।

tion of Advaita philosophy. His first Sisya, Sri Suresvaracharya, was made the Head of the Matha. From then onwards Sringeri has become famous as a centre of learning, philosophy, and sublime spirituality. It is one of the holy places of India and it attracts many pilgrims.

(b) Recently the venerated President of India, Dr Rajendra Prasad visited Sringeri and received the blessings of His Holiness. My friend of many years who was then at Sringeri published in the newspaper a series of articles describing the visit, innate humility and reverence showed by President. It also drew attention to the extraordinary benignity and grace which he received at the hands of the peerless sage. The articles were full of interesting details and contained a vivid description of the personalities of two great men who met at this place.

(c) A pilgrimage to sacred places is often undertaken to wash off sins. I undertake pilgrimage for different reasons. The 'Lalitopakhyana', which is a dialogue between Hayagriva and Agastya, presdribes certain rules and regulations for the conduct of the disciple in respect of his Guru. A disciple has to visit and pay his respects to his Guru so many times a year according to the distance separating the two. The distance is, of course, purely physical. On the mental and spiritual plane the Guru and the Sisya are presumed to live together.

---

sublime spirituality=अत्युन्नता परमार्थनिष्ठा। (b) venerated = सम्माननीयः। innate humility = नैसर्गिकी विनम्रता। benignity = स्नेहः, अनुग्रहः। peerless sage = अद्वितीयः सिद्धपुरुषः। (c) presumed = तर्क् (तर्क्य्)।

(1958 S)

(a) On my way to Sringeri, the abode of my Guru Maharaj, I halted for a day at Coimbatore. It is an industrial centre. But it was not on this account that I was attracted to this place. I had three other reasons. In the year 1939, I had the privilege of living at Coimbatore for a few days in the company of my Guru Maharaj on his way to Kaladi, the birthplace of Bhagavan Sri Sankaracharya. Secondly, there is within four miles of Coimbatore a shrine dedicated to Siva where the Lord danced his Urdhvatandava before his spouse, Kali.

(b) Everyone has heard of the Purna Kumbha Mela which comes off once in twelve years and is celebrated with great eclat on the banks of the Ganga in Banaras, Prayag, Hardwar and Gangotri. Once in the dim past Lakhs of pilgrims were bathing in the Ganga on a cold and frosty morning at the Manikarnika Ghat in Banaras. The general belief was, as it continues to be, that a person having a dip in the waters of the holy river on the day of Kumbha Mela is relieved of all his sins.

(c Sringeri is the first of the four Pithas established by Bhagavan Sri Sankaracharya. Sringeri is the modern rendering of Sringa Giri or the Mountain of Risya Sringa, a great Risi whose tomb is still preserved and thousands of pilgrims brave the hard path and repair there to worship at the holy shrine. It is said

---

(1958 S) (a) industial centre = औद्योगिककेन्द्रम् । privilege = विशेषाधिकारः । dedicated = सुप्रतिष्ठितः । spouse = भार्य्या । (b) eclat = स्तुतिः, प्रशंसा । in the dim past = दुरालोके अतीतकाले । relieved of all sins = पापमुक्तः । (c) rendering = भाषान्तरम् । preserved = सुरक्षितः ।

in the Ramayana that a 12 year drought and famine had reduced Anga to a scorching and uninhabitable desert. The reigning monarch, King Romapada, did everything to alleviate the sufferings of his people but to no visible effect.

(1959 A)

(a) I must have been about seven when my father left Porbandar for Rajkot to become a member of the Rajasthanik court. There I was put into a primary school, and I can well recollect those days, including the names and other particulars of the teachers who taught me. As at Porbandar, so here, there is hardly anything to note about my studies. I could only have been a madiocre student. From this school I went to the suburban school and thence to the high school, having already reached my twelfth year. I do not remember having ever told a lie,

(b) I have already said that I was learning at the high school when I was married. We three brothers were learning at the same school. The eldest brother was in a much higher class and the brother who was married at the same time as I was, only one class ahead of me. Marriage resulted in both of us wasting a year. Indeed the result was even worse for my brother, for he gave up studies altogether. Heaven knows how many youths are in the same plight as he. Only in our present Hindu society do studies and marriage go thus hand in hand.

---

drought = अनावृष्टिः । scorching = प्रचण्डः । uninhabitable = अवासयोग्यः । alleviate the sufferings = दुःखानि प्रशमयितुम् ।

(1959) (a) can recollect = स्मर्तुं क्षमः । mediocre = साधारणगुणः । suburban (school) = नगरोपान्तिकः (विद्यालयः) । (b) wasting a year = अपचीयमान एकः वर्षः । gave up = अत्यजम् । plight = दशा, स्थितिः ।

(c) My studies were continued. I was not regarded as a dunce at the high school. I always enjoyed the affection of my teachers. Certificates of progress and character used to be sent to the parents every year. I never had a bad certificate. In fact, I even won prizes after I passed out of the second standard. In the fifth and sixth I obtained scholarships of rupees four and ten respectively, an achievement for which I have to thank good luck more than my merit. For the scholarships were not open to all but reseved for the best boys amongst those coming from the Sorath Division of Kathiawad.

HINDU UNIVERSITY OF BANARAS

M. A. (Final) Examination

Sahitya–Paper IV

(1957)

1. Translate the following into Samskrit :—

The visions of the beauty of life and nature in the Vedas are extremely rich in poetic value. Perhaps nowhere else in the world has the glory of dawn and sunrise and the silence and sweetness of nature received such rich and at the same time such pure expression. The beauty of woman has been most tenderly delineated. It has been said by Anatole France that the smile of the

---

(1959 A) (c) enjoyed = अन्वभवम् । certificates of progress = अग्रसरण-प्रमाणपत्राणि । respectively = इतरेतरम् । achievement चेष्टितम् । merit = गुणः, योग्यता ।

(1957) visions = दर्शनम्, आभासः । poetic value = कवित्व-मूल्यम् । glory of dawn = प्रातः कालीनशोभा । pure expression = शुद्धं ख्यापनम् । delineated = (सौन्दर्यं) चित्रितम् ।

woman's face marked a new step in human evolution. The Vedas speak of 'gracious, smiling women' and in Usha, with the beauty of the youthful woman, they find the perfect smile. They regard the love of man and wife and the motherhood of woman with a profound sense of sanctity. Life's little things are invested with holiness and living appears to be a grand ritual.

(1958)

Modern scientists are interested in breaking the atom, which we are told is a solar system in miniature, in order to release the captive energy for the exploitation of Nature. The Risis of ancient India were interested in breaking the tangled knot of personality, which is the very cosmos in miniature, in order to release the captive energy for the sublimation of Nature. The titanic painters of the colossal *Mahabharata* canvas were all imbued with this idea, urged from within by this need, for they were the proud inheritors of that esoteric culture which made it possible to realize that ideal. Unseen but all-pervasive in the life of every people is the great company of its ideals. And the *Mahabharata* is the Golden Treasury of the ideals of the Indians at their best.

(1957) in human evolution = मानवप्रादुर्भावे । gracious = अनुग्राहणी । profound = गूढार्थज्ञा । invested with holiness = शुचितया परिहितः । grand ritual = उत्कृष्टा क्रियापद्धतिः ।

(1958) miniature = सूक्ष्मपरिमाणा । captive energy = वन्दीकृता शक्तिः । exploitation = आश्चर्यकर्म । tangled knot = संश्लिष्टा ग्रन्थिः । sublimation = अत्युत्कृष्टता । titanic painters = प्रसिद्धा लेखकाः । of colossal Mahabharata = भीमकायस्य महाभारतस्य । imbued with = रञ्जिताः । of esoteric culture = अन्तर्भूतसंस्कृतेः । all-pervasive = सर्वव्यापी ।

(1959)

Since the Vedic times there had been a silent transition in thought from the many gods to whom the most elaborate forms of sacrifice were ordained in the Vedas to the One Absolute of the Upanisads. In the course of this deposition of the gods to subordinate intelligences, all the rituals and sacrifices had become, by a mere process of exegesis, symbols and texts for the deepest Vedantic speculation. Parallel to this development there was the change in the aims and character af the traditional war between the Devas and the Asuras· Whereas the Vedic conflict between the warring parties was merely for the sake of *aisvarya,* lordship of the worlds, a phase of power politics, the Mahabharata War, fought between later incarnations of these very Devas and Asuras, is motivated in a very different manner. This war was for the sake of *Dharma.*

Paper IV—Veda

(1960)

(a) Madura, the capital of the pandyas, was a fortified city. There were four gates to the fort, surmounted by high towers, and outside the massive walls, which were built of rough-hewn stone, was a deep moat, and surrounding the moat was a thick jungle of thorny trees. The roads leading to the gates were

---

(1959) transition in thought = विचारसङ्क्रमणम् । were ordained = प्रकल्पिताः । deposition = पदात् भ्रंशनम् । subordinate intelligences = अप्रधानचेतनत्वम् । exegesis = व्याख्यानम । speculation = परिकल्पना । incarnations = देहधारणम् । is motivated = सञ्चालिका ।

(1960) Veda (a) a fortified city = परिखाप्राचीरादिवेष्टितं नगरम् । surmounted = अधिरुह् (भ्वादि) । massive walls = स्थूलाकारा भित्तयः । :deep moat = गम्भीरपरिखा ।

wide enough to permit several elephants to pass abreast and on the walls on both sides of the entrance there were all kinds of weapon and missile concealed, ready to be discharged on an enemy. Yavana soldiers with drawn swords guarded the gates. The principal streets in the city were royal street, the market street, the courtezans' street, and the streets where dwelt the goldsmiths, corndealers, cloth merchants, jewellers etc.

Or

(b) The importance of the Rgveda as the earliest available record of Indian civilization is universally admitted. 'Though the secular poems', writes Macdonell, 'are very few in number, the incidental references are sufficiently numerous to afford materials for a good picture of the social condition of India.' The study of Rgveda is, therefore, essential for a proper understanding of ancient Indian architecture. The very first thing to be noted is that architecture had already come to be closely associated with religion; and the building of a structure was recognized as a religious act. The Vastu or the site of a building is conceived as presided over by a deity called 'Vastospati', invocation to whom must have been necessary whenever a new house was built. Two chapters in the seventh Mandala deal entirely with invocations to that god, where he is prayed to for an excellent abode.

(1960) abreast = पार्श्वापार्श्वि । missile = क्षेप्यायुधम् । (b) universally admitted = सर्वतः स्वीकृतम् । secular poems = इहलोकविषयकं कवित्वम् । incidental references = आकस्मिकाः सन्दर्भाः । architecture = निर्माणशिल्पम् । structure = भवनम् । conceived = विभावितः । invocation = आह्वानम् ।

(1960)

Sahitya Paper IV

(a) What is of importance is to realize that there is an inner significance behind the events so realistically narrated in the Great Epic of India, just as there is an inner significance behind all the phenomena of life, even though we may not be able to define and understand precisely that significance. All great works of Indian art and literature, be it then the *Mahabharata*, the *Ramayana* or the *Yoga Vasistha* or the plastic image of Nataraja—they are all infused with the idea of penetrating behind the phenomena to the core of things, and they represent but so many pulsating reflexes of one and the same central impulse towards seeing unity in diversity, towards achieving one gigantic all-embracing synthesis.

(b) There is an inner significance behind the events so dramatically narrated in the *Mahabharata*, a meaning which is of far greater interest and consequence than the epic story on the mundane plane; or even for that matter on the ethical plane. It is true that most modern scholars are inclined to reject all such interpretations as mere subjective reading into the text of meanings that were never intended by the author; but such a view is entirely superficial. Such criticism is particularly inapplicable to our epic since

---

(1960) Sahitya (a) significance = अर्थतत्त्वम् । realistically = वस्तुतः । phenomena = दृग्गोचरो विषयः । precisely = यथार्थम् । infused with = सम्मिश्र् (चुरादि०) । penetrating = व्यापिन् । pulsating reflexes = स्फुरणशीलाः प्रतिमूर्तयः । impulse = मनोवेगः । unity in diversity = विभिन्नतायाम् एकता । synthesis = संयोजनम् । (b) mundane plane = ऐहिकं क्षेत्रम् । ethical plane = नीतिशास्त्रसम्बन्धि क्षेत्रम् । superficial = बाह्यम् ।

it itself declares as its object the exposition of all the four aims of life : dharma, artha, kama and moksa. The last item is concerned with metaphysical entities. We are therefore justified in expecting in the *Mahabharata*, directly or indirectly, light on the eternal verities of life.

(1961)

Translate into Samskrit :

(a) (1) If a word were a flower, a poem would be a garden in the morning.

(2) Yet anithing I now write, should it be any good at all, will be a flower in a wound.

(3) The beauty of a poem depends on the mind of the poet.

(4) Solitude is the Kingdom of an artist, loneliness his prison.

(5) An artist is the punctuation in the mind of God.

(6) For art is the reflexion of the mind of God in the heart of man.

(7) Poems are old before they are made and young after a hundred years.

(8) A palace is shabby when compared to the mind of a real artist. A storm is gentle in comparision to the anger of a true radical.

(9) Genius is only the capacity to feel deeply and the ability to see straight together with the talent to express what one has felt and to describe what one has seen.

(1961) Sahitya (b) exposition = व्यक्तीकरणम् । metaphysical entities = आध्यात्मिकी सत्ता ।

(1961) (a) (4) solitude = एकान्तता । (5) punctuation = अवसानचिह्नांकनम् । (6) reflexion = प्रतिच्छेद: । (9) Genius = बुद्धि-शक्तिमान् ।

Or

(b) (1) Genius is the mixture of an awful lot of simflicity and quite a bit of energy.

(2) I would like to make my poety so real that it does not need the verse.

(3) A real artist contains a simplicity of nature to such a degree that it becomes greatness.

(4) I would like my prose to be a clown, to play between the acts of other mens' great verse.

(5) As I did not start writing until I had something to say, I must not go on after 1 have said it.

(6) There is a switch in a real poets mind that can light up the language.

(7) No man can be a real artist unless he is holy.

(8) What I have been trying to do is to add steel and concrete to my visions.

UNIVERSITY OF AGRA

M. A. Examination

Samskrit fifth Paper

(1954)

Translate into Samskrit :

All would agree that the present system of education in India is the development of the System which was introduced by the British for the convenience of their own administration, and which modelled as it was on

---

(1961) (b) (1) awful lot = दारुणं भाग्यम् । (4) clown = वृषलः । (6) switch = पिञ्जा । (8) steel and concrete = सारलोहः अश्मचूर्णं च । visions = मनः कल्पना ।

(1954) convenience = उपयोगिता । administration = कर्मनिर्वाहः । to model = आदर्शं कृ०, प्रतिरूपं कृ० ।

the western ideas, was naturally divorced from any basis of Indian culture and history. It being so, it is but natural that system can never subserve the highest ideals of education from the indivisual and national point of view. Nor can it be conducive to the development of the ideals of Indian culture and a regard for Indias' past. But who would deny that the system of education of any country, however progressive, must have an intimate relation to its culture and due regard for its achievements and past history ? Can it be said that the present system of education in India fulfils this requirement ?

(1955)

Another tendency which is sapping the vitality of the present day Samskrit learning consist in the emphasis on form rather than on subsistance. This tendency, really speaking, is not only of recent growth. It began to manifest itself in the different branches of Samskrit literature many centuries before.

This tendency consists in attaching more importance to outward embellishment, verbal jngglery and the art of disputation for its own sake or for gaining cheap victory over one's own rival, than to the inner beauty of ideas, depth of Knowledge and investigation of truth. It is wellknown that the development of the later Samskrit poetry, attaching more importance to play on

(1954) divorced from = परित्यक्तः । to subserve = उपकृ० । conducive = प्रतिपादकः । achievements = चेष्टितानि ।

(1955 tendency = प्रवृत्तिः । is sapping = नाशयति । vitality = जीवनशक्तिः । emphasis = अवधारणम् । subsistance = सत्वम् । to manifest = प्रकटीकृ० । embellishment = अलङ्करणम् । jngglery = दृश्मिोहः । disputation = वादप्रतिवादः । rival = प्रतिस्पर्धी । investigation = निरूपणम् ।

words or Sabdalankaras than to the real beauty of ideas or Arthalankaras, of Navya Nyaya with its over emphasis on only a few topics of Anumana, hairsplitting, and the neglect of the real problems of knowledge (the Prameyansa), and of Karma Kanda consisting more in the recitation of formulae than in understanding their meaning and the significance of sacrifice, is the manifestation of the same tendency.

(1956)

Another important objection against the present courses of Sanskrit study is that they are based on a partial view of Sanskrit literature. Sanskrit literature in India is the result of thousand of years of development and contains treasures in the form of Vedic Samhitas, Upanishads, Ramayana and Mahabharata etc. which are the most precious heritage of Indian Civilisation and of which every Indian justly ought to feel proud. An acquaintance with these different phases of Sanskrit literature is necessary for having a comprehensive idea as regards Sanskrit literature and also for their cultural value. But this idea is altogether neglected in the present Courses.

The same tendency of onesidedness and partial view of Sanskrit literature is discernible in the spheres of special subjects also. It is an undesirable fact that the present day Sanskrit learning is mostly confined to the study of those works which are the product of only the last four or five centuries. It was certainly the period

---

(1955) manifestation = प्रत्यक्षीकरणम् ।

(1956) treasures = निधयः । heritage = पैतृकधनम् । acquaintance = परिचयः । comprehensive idea = बहुग्रहाबुद्धिः । discernible = दृष्टिगोचरः । in the spheres = विषये ।

when we had lost that vigorous and high thinking which is a characteristic of the earlier periods of Indian history. Like every other country which has seen better days Ancient India too in the days of her freedom and glory had her own creative period as regards literature, philosophy, Art and religion. Unfortunately the study of those ancient works, which are the product to that creative period, is either very much neglected or does not find a proper place in the present-day-courses.

(1957)

'I have to defend myself, Athenians, first against the old false charges of my old accusers, and then against the later ones of my present accusers. For many men have been accusing me to you, and for very many years, who have not uttered a word of truth; and I fear them more than I fear Anytus and his companions, formidable as they are. But my friends, those others are still more formidable; for they got hold of most of you when you were children and they have been more persistent in accusing me with lies, and in trying to persuade that there is one Socrates, a wise man, who speculates about the heavens, and who examines into all things that are beneath the earth, and who can "make the worse appear the better reason". These men, Athenians who spread abroad this report, are the accusers whom I fear; for their hearers think that persons who pursue such inquiries never believe in the gods. And then they are many and their attacks have been going on for a long time and

---

(1956) vigorous thinking = प्रौढसत्त्वाबुद्धिः । characteristics = विशेषलक्षणम् ।

(1957) accusers = अभियोक्तारः । uttered = उदीरयमासुः । formidale = भयानकाः । persist = अतिनिर्बन्धं कृतवन्तः । to persuade = सहेतुवादेन कस्मिंश्चित् कर्मणि प्रवृत्० । speculates = परिकल्प्० । persue = अनुसृ० ।

they spoke to you when you were at the age most readily to believe them : for you were all young, and many of you were children, and there was no one to answer them when they attacked me'.

(1958)

4. (a) Summing up his conclusion, the Judge has regarded the beating up of the Hindi Samiti volunteers as probably unprecedented in the annals of Punjab jails.

The State Government today released only extracts of Mr. Kapur's report, which is believed to run into about 30 pages, in the form of an official five-page note.

The Judge has pointed out that there was incontrovertible evidence that the undertrials were beaten up inside their barracks and even in latrines and bathrooms.

The Judge observed that the use of excessive force was a contravention of Rule 145 of the Jail Manual and would also be an offence under the Criminal law and added: 'To my mind, any person responsible for hitting the undertrials in the present case, either in the barracks as they were resteng, engaged in reading or in peaceful pursuits or in the bathrooms and latrines, has committed a criminal offence. But the circumstances were such that it is not easy to fix individual responsibility.

(1958) (a) summing up = उत्क्षेपसंहारं कुर्वन् । conclusion = निर्णयः । volunteer = स्वेच्छापूर्वकसैन्यः । unprecedented = अपूर्वम् । annals = पुरावृत्तम् । extracts = सारः, संक्षेपः । incontrovertible = अविवदनीयः । undertrials = विचाराधीनाः । inside barracks = प्राकारीयनगरोपान्ते निर्मिते दुर्गे । observed = आलोचयामास । excessive = आत्यन्तिकः । contravention = विरोधः । circumstances = संस्थितिः । responsibility = अनुयोगाधीनता ।

(b) He is on the side of those who recognize the value of Mr. Churchill's leadership but believe he wasted the time and energies of his military men with a spate of impossible strategic ideas. Yet time and again through his book he acknowledges that the great statesman was sometimes proved right by events and his generals wrong.

Or

(a) अपनी जाँच का सार देते हुए जज ने माना है कि हिन्दी समिति के वालण्टियरों का पीटना पंजाब की जेलों के इतिहास में अपना उदाहरण नहीं रखता।

स्टेट सरकार ने आज श्री कपूर की रिपोर्ट के— जिसे समझा जाता है कि वह करीब तीस पृष्ठों में है—कुछ अंश पाँच पृष्ठों के एक सरकारी नोट के रूप में प्रकाशित किये हैं।

जज ने बताया है कि इस बात के लिये अकाट्य साक्ष्य मौजूद है कि बन्दियों को उनका बैरकों में, यहाँ तक कि पाखानों और गुसलखानों में पीटा गया है।

बाद में जज कहते हैं कि इस प्रकार के अत्यधिक बल का प्रयोग जेल मैन्युअल के एकसौ पैंतालीसवें नियम का भङ्ग है और फौजदारी कानून के अनुसार एक जुर्म है। साथ ही उन्होंने यह भी कहा है कि "मेरी समझ में जो कोई भी आदमी इस मामले में, उन वन्दियों को पीटने का जिम्मेदार है जो कि या तो अपनी बैरकों में पढ़-पढ़ा रहे थे, या आराम कर रहे थे, अथवा कुछ और शान्तिपूर्ण काम कर रहे थे, या जो गुसलखाने अथवा लैट्रीन में थे—उसने दण्डय अपराध किया है। किन्तु उस समय की परिस्थितियाँ ऐसी थीं कि व्यक्तिगत जिम्मेदारी का सही-सही निर्णय करना आसान नहीं है।

(b) यह उन लोगों मेंसे एक है जोकि श्री चर्चिल के नेतृत्व की कीमत को पहचानते हैं, किन्तु जिनका भरोसा है कि उन्होंने बहुधा असंभाव्य सैनिक ख्यालों की भरमार से अपने फौजियों के समय एवं उनकी शक्तियों का नष्ट किया है। किन्तु अपनी पुस्तक में बार बार उन्होंने इस बात को माना है कि घटनाओं ने इस बात को सिद्ध कर दिया है कि कभी-कभी महान् स्टेटस्मैन सही था और उसके जनरल गलत।

(1958) (b) strategic = कल्पनानुगतम्।

(1959)

There can hardly be a nobler and more stimulating example than that of the helpless Rama, rising above the most terrible calamity that can befall an honourable man, and fighting his way to a successful issue by dint of his stubborn will, energy and prowess. The high ideals of Aryan life were embodied in Rama, the faithful and dutiful son, the affectionate brother, the loving husband, the stern, relentless hero and an ideal king, who placed the welfare of his state above the most cherished personal feelings—a strange combination, as an ancient text puts it, of the grace of flowers and the fury of thunders.

Or

किसी भी सत्पुरुष पर पड़ सकने वाली घोर विपत्ति से ऊपर उठते हुए और अपने सुदृढ़ निश्चय, शक्ति और पराक्रम की सहायता से सफल परिणाम की ओर संघर्ष द्वारा मार्ग बनाते हुए निःसहाय राम से बढ़कर श्रेष्ठ तथा अधिक प्रेरणा देने वाला अन्य उदाहरण कठिनाई से मिल सकेगा। आर्य-जीवन के उच्च आदर्श, राम में, जो कि एक भक्त और कर्त्तव्यपरायण पुत्र, स्नेहशील भ्राता, प्रणयी भर्ता, कठोर और दारुण योद्धा, आदर्शभूत राजा जो अपने राज्य के हित को अपनी व्यक्तिगत परम अभिमत भावनाओं से अधिक महत्व देता था - मूर्तिमान हो उठे थे। जैसा कि एक प्राचीन ग्रन्थ में वर्णन किया गया है, पुष्पों के सुकुमार लावण्य और बिजली की कड़क की तीव्रता का यह अद्भुत सम्मिश्रण है।

1960

(a) Hindu Dharma is like a boundless ocean teeming with priceless gems. The deeper you dive, the more treasures you find. Here God is known by various names. Rama and Krishna both are considered by thousands to be historical persons, but millions lite-

(1959) घोर विपत्ति = दारुणा विपत्तिः। मार्ग बनाते हुए = मार्गं रचयन्। बढ़कर श्रेष्ठ = श्रेष्ठः। प्रेरणा देनेवाला—प्रेरणाप्रदः। उदाहरण = दृष्टान्तः। कठिनाई से मिल सकेगा = द्रष्टुमसुलभम्। अद्भुत सम्मिश्रण = विचित्रयोगः।

rally believe that God came down in their person on earth to relieve humanity of suffering. History, imagination and truth have got so inextricably mixed up that it is next to impossible to disentangle them. I have accepted all the names and forms attributed to God as symbols connoting one formless, omnipresent Rama.

Or

(b) हिन्दूधर्म अमूल्य रत्नों से भरपूर असीम समुद्र के समान है। जितने ही गहिरे पैठिए, उतने ही अधिक खजाने आपको मिलते हैं। यहाँ ईश्वर बहुतेरे नामों से विदित है। राम और कृष्ण दोनों को हजारों, ऐतिहासिक व्यक्ति मानते हैं, परन्तु करोड़ों सचमुच विश्वास करते हैं कि ईश्वर उनके रूप में मानव का दुःख दूर करने के लिये पृथ्वी पर उतरा था। इतिहास, कल्पना और सत्य इस प्रकार उलझ गये हैं कि उनको अलग अलग करना असंभव-सा है। मैंने ईश्वर के द्योतक सभी नामों और रूपों को एक निराकार, सर्वत्र विद्यमान राम का वाचक संकेत मान रक्खा है।

UNIVERSITY OF DELHI

M. A. (New Course) Examination

Samskrit

(1954)

Translate into Samskrit:

Nevertheless, even if we grant that the philosopher, in his best moments. is a poet, we may suspect that the poet has his worst moments when he tries to be a philosopher, or rather, when he succeeds in being one. Philosophy is something reasoned and heavy; poetry

---

(1960) खजाना = निधिः। ईश्वर उनके रूप में = ईश्वरोऽवताररूपेण। दुःख दूर करने के लिए = दुःखमपनेतुम्। पृथ्वी पर उतरा था = पृथिव्यामवातरत्। उलझ गये हैं = असुलभो योगः। मान रखा है = स्वीकृतम्।

(1954) Nevertheless = तथापि, किञ्च। Suspect = आशङ्क०। Philosophy = तत्त्वज्ञानम्। reasoned and heavy = युक्तियुक्तः गरीयान् च।

something winged, flashing, inspired. Take almost any longish poem, and the parts of it are better than the whole. A poet is able to put together a few wods, a cadence or two, a single interesting image. He renders in that way some moment of comparatively high tension, of comparatively keen sentiment. But at the next moment the tension is relaxed, the sentiment has faded and what succeeds is usually incongruous with what went before, or at least inferior. The thought drifts away from what it had started to be. It is lost in the sands of versification.

M. A. Examination

Samskrit

(1955)

The Puranas are valuable to the historian and to the antiquarian as sources of political history by reason of their genealogies, even though they can only be used with great caution and careful discrimination. At all events they are of inestimable value from the point of the history of religion, and on this head alone they deserve far more careful study than has hitherto been devoted to them. They afford us for greater insight into all aspects and phases of Hinduism— its mythology, its idol-worship, its philosophy and its superstitions, its festivals and ceremonies, and its ethics, than any other works:

(1954) winged = पक्षवान् । flashing = स्फुरत् । inspired = उत्तेजितः । cadence = छन्दः । tension = अशैथिल्यम् । sentiment = भावः । relaxed = शिथिलतः । incongruous = असंगतः । drifts = प्रवृत्तयः । versificatiou = पदरचना ।

(1955) antiquarian = प्राक्कालीनविषयेषु पण्डितः । genealogies = वंशावलयः । discrimination = परिच्छेदः । inestimable = अनर्घ्यः । afford = प्रदा । aspects = दशाः । mythology = पुरावृत्तशास्त्रम् । theism = ईश्वरवादः । pantheism = अद्वैतवादः । superstitions = शकुनादिविश्वासः । ethics = नीतिविद्या ।

निबन्धरत्नमाला

निबन्धः

अथ कीदृशो नाम निबन्धः ? तत्र ब्रूमः । निबन्धः, प्रस्तावः, प्रबन्धः सन्दर्भः इमे सर्वेऽपि शब्दाः समानार्थकाः सन्ति । निबन्धो हि नामोपपत्त्युपसंहारानुबन्धिसरलसुगमकान्तपदविन्यासः अनुज्झितार्थसम्बन्धो भवति ।

अथ कतिविधा भवन्ति प्रबधाः । प्रबधाः खलु मुख्यतस्त्रिविधा भवन्ति—आख्यानात्मकाः, वर्णनात्मकाः, विवेचनात्मकाश्च ।

आख्यानात्मकः प्रबन्धस्तावत् यत्रोपाख्यान-कथा-गाथाचरित-चित्राणां वर्णनं भवति । वर्णनात्मके प्रबन्धे गिरि-निर्झर-नदी-नदकाननानां नगराणामैतिहासिकस्थलानां च वर्णनं भवति । तथा च विवेचनात्मके प्रबन्धे कमपि गम्भीरविषयमादाय तस्य गुणदोषोहापोहनिरूपणं तथा च वैज्ञानिकं दार्शनिकं वा विषयमवलम्ब्य विवेचनं क्रियते ।

निबन्धानां भाषा कीदृशी स्यात् ? निबन्धानां हि भाषा नितरां सरला, सुगमावबोधा अनतिदीर्घसमासा च स्यात् । क्लिष्टा जटिला वा भाषा न कदापि प्रबन्धेषु प्रयोज्या ।

सामान्यतस्त्रिविधा हि भाषा भवति—सरला, जटिला प्रौढा च । तत्र सरला भाषा पञ्चतन्त्र-हितोपदेशादिषु सन्दर्भेषु दृश्यते । प्रौढा दशकुमारचरित-वासवदत्ता-कादम्बरी-प्रभृतिषु सन्दर्भेषु दृश्यते । जटिला च नलचम्पू-यशस्तिलकचम्पू-युधिष्ठिरविजयादिषु रचनासु समवलोक्यते । सौन्दर्य-माधुर्य-गाम्भीर्यादिभाषागुणा न केवलं क्लिष्टश्लिष्टासु प्रौढरचनासु दृश्यन्ते अपितु सरलायामपि भाषायां ते सम्भवन्ति ।

निबन्धेषु तावत् महाकवेः कालिदासस्य शैली समवलम्बनीया न तु बाणस्य सुबन्धोर्दण्डिना वा प्रलम्बसमासा । तेन महाकविना स्वीयरचनासु वैदर्भी शैली अनुसृता या खलु प्रबन्धकाव्येषु सर्वश्रेष्ठा भवति । या भाषानुवाचकानां समकालमेव भावानावबोधयति सा दुरूहा निरवबोधा च भवति, सा कस्यापि सहृदयस्य हृदयंगमा न भवति । अतः सरला-बोधगम्या च भाषा प्रबन्धरचनासु अनुसरणीया ।

सन्धिविषयका अपि केचन नियमाः सन्ति, ते हि निबन्धे पालनीया भवन्ति । तथाहि—

> सन्धिरेकपदे नित्यो नित्यो धातूपसर्गयोः ।
> सूत्रेष्वपि तथा नित्यः स चान्यत्र विकल्पितः ॥

समासयुक्तेषु वाक्येषु उपसर्गधातुषु च सन्धिर्नित्यः, अतः सन्धिस्तत्रावश्यमेव कर्तव्यः। समासादन्यत्र सन्धेर्वैकल्प्यं वर्तते। यत्र सन्धिना जटिलता, अर्थदुर्बोधत्वं जायेत तत्र सन्धिरुपेक्षणीयः। यदि कर्णकटुत्वं न भवेत् उच्चारणसौकर्यं च स्यात्तदा सन्धिर्विधेयः।

निबन्धलेखने पठकैरवधेयं यत् यद्विषयको निबन्धस्तद्विषयमुद्दिश्यैव निबन्ध आरम्भणीयः। तत्र (१) प्रतिज्ञा (२) हेतुः (३) निदर्शनम् (४) उपसंहारश्चेति चत्वारो मुख्यावयवाः।

ये विषया निबन्धे निवेशनीयास्ते खलु निबन्धस्य समारम्भणात् पूर्वमेव सम्यक् विचारणीयाः। एको हि भावः एकस्मिन् वाक्यपरिच्छेदे सन्निवेशनीयः। एवं त्रयश्चत्वारो वा वाक्यपरिच्छेदा निबन्धे कल्पनीयाः। द्वितीयवाक्यपरिच्छेदे विषयानुसारं यत्किञ्चिदपि वक्तव्यं भवति तत् सन्निवेशनीयम्। ततः स्वविषयोपपत्त्यर्थं प्रमाणत्वेन सुप्रसिद्धलेखकानां मतानि समुद्धरणीयानि। उपसंहारे च विहंगमदृष्ट्या स्वविषयपरिपोषणार्थम् ओजस्विभिर्भावपूर्णैः सहृदयाकर्षकैर्वाक्यैः स्वनिबन्धः समापनीयः। इति दिक्।

१—संस्कृतभाषाया वैशिष्ट्यं सौष्ठवं च

'सम्' पूर्वात् कृधातोर्निष्पन्नः शब्दः 'संस्कृतशब्दः'। संस्कृतभाषा देववाणी-भारती-विद्येति पदैराख्यायते। प्रचलितासु विश्वभाषासु संस्कृतभाषैव प्राचीनतमेति सर्वसम्मतः पक्षः। संस्कृतभाषातः प्राकृत-सेमिटिकभाषाः निर्गताः, तासां जननी संस्कृतभाषैव। न केवलं तासामपितु अखिलभाषाणां जननी संस्कृतभाषैव। अस्या निखिला जगद्भाषाः प्रादुरभवन्निति सर्वेषां भाषातत्त्वविदां मतम्। अस्यामेव भाषायामाध्यात्मिकविषयेऽनेके ग्रन्थाः विरचिताः सन्ति। उपनिषत्सु दर्शनग्रन्थेषु च लोकोत्तरमाध्यात्मिकं ज्ञानतत्त्वं दरीदृश्यते। अस्यामेव संस्कृतभाषायां प्राचीनैराचार्यैः दर्शनशास्त्रेषु एकतः जीवब्रह्मणोः प्रकृतेश्च अतीव हृदयंगमं विवेचनं विहितम् अपरतश्च धर्मशास्त्र-नीतिशास्त्र-कामशास्त्र-राजतन्त्र-शिल्पकलादिविषयानधिकृत्य भारतीयाचार्यैः अतीव रोचकाश्चमत्कारकारकाश्च ग्रन्था विरचिताः। ललितसाहित्यविषयेऽपि रससिद्धैः कवीश्वरैः भास-कालिदास-भवभूति-भारविप्रभृतिभिरक्षयो निधिः परिपूरितः।

संस्कृतभाषाया व्यावहारिकत्वमासीन्न वा। अत्रोच्यते। पाणिनेरष्टाध्याय्यां सूत्रद्वयं वर्तते। "दूराद्धूते च।८।२।८३, प्रत्यभिवादे सूत्रे।८।२।८४।" इति सूत्राभ्यां प्लुतत्वविधानं संस्कृतभाषाया व्यावहारिकत्वं प्रमाणयति। भगवता यास्केनापि निरुक्ते "भाषिकेभ्यो धातुभ्यो नैगमा कृते भाष्यन्ते", "शवतिर्गतिकर्मा कम्बोजेषु भाष्यते" विकारमस्यार्येषु भाषन्ते शव इति। महाभाष्येऽपि "दातिर्लवनार्थे प्राच्येषु

दात्रमुदीच्येषु" एवमादिवचोभिः संस्कृतभाषाया भाषणव्यवहारगतत्वं ज्ञायते। भाषणव्यवहाराभावे तु प्राच्योदीच्यदेशभेदात्तत्तद्भाषोपनतभेदस्य कथं सामञ्जस्यं स्यात्।

संस्कृतभाषा किं जीवितभाषा अथवा मृतभाषेति प्रश्ने ब्रूमः। भगवता बुद्धदेवेन खैस्तशताब्द्याः ५०० वर्षप्राग्भवेन समादिष्टं यत्तदीया उपदेशा आदेशाश्च प्राकृतभाषायामेव प्रचारणीयाः न तु संस्कृतभाषायाम्। अतः सम्राजाऽशोकेन खैस्ततृतीयशताब्द्याः प्राग्भवेन ते उपदेशाः प्रस्तरखण्डेषु, ताम्रलेखेषु, कीर्तिस्तम्भेषु च अनेकप्राकृतभाषास्वेवोत्कीर्णाः विशेषरूपेण च मागधीभाषायाम्। एतावता इदमनुमातुं सुकरं यत् खैस्ततृतीयशताब्द्याः प्राक् संस्कृतभाषाया व्यावहारिकत्वमासीत्। यद्यपि बौद्धसैद्धान्तिका ग्रन्थाः तासु तासु प्राकृतभाषासु प्रकाशितास्तथापि शतशः सार्वजनिकताम्रलेखाः तदानीन्तनशासनीयलेखाश्च संस्कृतभाषायामेवाद्यापि समुपलभ्यन्ते। तथा च गणपाठेषु प्रयुक्तैः कहूषय-गुड्लु-नवाकु-आलिगु-वटाकु-बह्यस्क-शिग्रु-कहोढप्रभृतिशब्दैरपि ज्ञायते यत् संस्कृतभाषा यदि तदानीं व्यवहृता नाभविष्यत्तर्हि सर्वसाधारणावबोधविषयीभूतानां शब्दानां प्रयोगः संस्कृतभाषायां कथमभविष्यत्।

श्रीविद्वद्वरमैक्सम्यूलरमहाभागः समुद्घोषयामास यच्छताब्दीपर्यन्तं सुप्रतिष्ठितेऽपि आङ्ग्लसाम्राज्ये आङ्ग्लभाषाविदां समाजेऽपि संस्कृतभाषैव सर्वाधिकप्रचारा सर्वत्र भारतेऽवबुध्यमाना आभाष्यमाणा च्यासीत्। अद्यापि भारते बहूनि समाचारपत्राणि संस्कृतभाषायामेव प्रकाश्यन्ते। अमुद्रितग्रन्थानामद्यापि पाण्डुलिपिबद्धानां संख्या लब्धपरिमितां संख्यामतिक्रमते। शतशः विद्वांसोऽद्यापि संस्कृतभाषयैव व्यवहरन्ति भाषणलेखनकर्मणि सुविदितमेव सर्वेषां नास्त्यत्र काचिदत्युक्तिः। वस्तुतः ग्रीक-लेटिन-ट्यूटानिक-फ्रेञ्च-जर्मन इंग्लिशप्रभृतयः सर्वा अपि भाषाः संस्कृत-(आर्य) भाषात एव प्रादुरभवन्निति भाषातत्त्वविदां मतम्। सम्प्रति अखिला अपि भारतीयभाषा द्राविडीभाषामन्तरा संस्कृतभाषातः एव लब्धप्रसवा इत्याकलयन्त्यालोचकाः। यदि संस्कृतभाषा व्यावहारिकी नाभविष्यत् तर्हि संस्कृतसाहित्ये तद् भाषणादिचर्चापि नोपालप्स्यत। परं संस्कृतभाषणचर्चा बहुत्रोपालभ्यते। भगवता शङ्कराचार्येण यदा मण्डनमिश्रधाम्नः जिज्ञासायां प्रश्नः कृतस्तदा जलकुम्भवत्या कयाचिद्युवत्योत्तरं निम्नाङ्कितेन पद्येन दत्तम्—

स्वतः प्रमाणं परतः प्रमाणं कीराङ्गना यत्र गिरो गिरन्ति।
द्वारस्थनीडान्तरसन्निरुद्धा जानीहि तन्मण्डनमिश्रधाम॥

इत्यादिप्रमाणैः स्फुटं ध्वन्यते यत् पुरा संस्कृतभाषा लेखनभाषणादिव्यवहारे प्रयुक्ता आसीदेव नात्र सन्देहावसरः।

संस्कृतभाषायामितिवृत्तवैरल्यम्—केचन पाश्चात्यविद्वांस अनेके भारतीया अपि वदन्ति यत् संस्कृतसाहित्ये इतिहासस्य अभावः वर्तते। ते खलु घोषयन्ति यत् पुरा

भारतीया इतिहासः नामेत्यपि नाजानन । तत्र ब्रूमः । यदि भारतीया इतिहासं नाजानन् तदा संस्कृतसाहित्ये पदे पदे इतिहासशब्दस्य प्रयोगः किं प्रयोजनकः । छान्दोग्योपनिषदि नारदसनत्कुमारसंवादे—

"ऋग्वेदं भगवो अध्येमि यजुर्वेदं सामवेदं आथर्वणमितिहासपुराणं पञ्चानां वेदानां वेदमिति ।"

भगवता यास्काचार्येणापि निरुक्ते "इत्यैतिहासिकाः" इत्यैतिहासिकरूपप्रसङ्ग उल्लिखितः । मीमांसायां कविराजेन राजशेखरेण इतिहासनामोल्लेखः कृतः— "इतिहासवेदधनुर्वेदौ गान्धर्वायुर्वेदावपि चोपवेदाः" इति । अथ किमर्थक उल्लेखोऽयम् ?

खैस्तद्वादशशतके महाकविकल्हणेन राजतरङ्गिणी प्रणीता या क्रमबद्धेतिहासस्य साक्षीभूता वर्तते । एतत्तु महदाश्चर्यजनकं यत् वैदेशिका विद्वांसः एकत्र कथयन्ति यत् भारतीयानामितिहासज्ञानमेव नासीत् अपरत्र ते वेदेष्वपीतिहासं मार्गयन्ति । वेदेषु चानित्येतिहासलेशोऽपि नास्ति, अर्थवादमात्रमेव तत्रेतिहासपदार्थः ।

अस्माकं तु निश्चितं मतं यत् संस्कृतभाषैव विश्वभाषापदमर्हति । जगति या अपि संस्कृत-प्राकृत-लेटिन-ग्रीक-इंग्लिशाद्या भाषाः तत्र तत्र देशेषु प्रचलिता दृश्यन्ते तासु संस्कृतभाषैव सौष्ठवे, सारल्ये, माधुर्ये च श्रेष्ठा । कस्यामपि अन्यस्यां भाषायां न तादृशं सर्वाङ्गपूर्णं व्याकरणम् यादृशं संस्कृतभाषायाम् , न चापि तादृशी वैज्ञानिकी लिपिः यादृशी संस्कृतभाषायाम् । संस्कृतभाषाया इयं विशेषता यत् तस्यां यल्लिख्यते तदेव पठ्यते, अन्यासु भाषासु न तथा । अपि च यावन्तः कण्ठताल्वादिध्वनिविशेषाः संस्कृतभाषायां सम्भवन्ति तावन्तः सर्वे नान्यभाषासु । तथा हि फ्रेंचभाषायां टकार-डकारौ न वर्तेते, आङ्गलभाषायां तकारो नास्ति । आङ्गललिप्यां च चकार-धकार-ठकार-छकार-खकार-फकार-थकाराश्च न तादृशीं स्वतन्त्रसत्तां लभन्ते यादृशीं संस्कृतभाषायाम् । संस्कृतभाषायां यादृशः शब्दकोशः न तादृशः अन्यभाषासु । आंगलभाषायां सूर्यवाचकः एकः शब्दः (सन) चन्द्रवाचकश्चापि एकः (मून), परन्तु संस्कृतभाषायामेकस्य वस्तुनः अनेकानि नामानि विद्यन्ते ।

सेयं दिव्या, भव्या, हृद्या चामरवाणी सांस्कृतिकैक्यप्रतिष्ठानाय, सद्भावनाप्रसाराय शान्तिकल्पतरुसमारोपणाय, विश्वबन्धुत्वसंस्थापनाय च सर्वथा विश्वभाषापदवीमर्हति ।

२—विद्याधनं सर्वधनप्रधानम्

अथवा

विद्ययाऽमृतमश्नुते ।

परमेश्वरेण जगति समुत्पादितेषु सर्वद्रव्येषु विद्यैव सर्वश्रेष्ठं द्रव्यम् । विद्याद्रव्येण विहीनः यो मानवोऽस्ति सः असभ्यः मूर्खः ग्रामीणः कथ्यते । ज्ञानेन विना यथा

पशुः धर्माधर्मयोर्विचारं कर्तुं न शक्नोति तथैव मानवोऽपि विद्यया विहीनः पापपुण्ययोः कर्त्तव्याकर्त्तव्ययोर्विचारं कर्तुं न पारयति। विद्याविहीनो मानवोऽन्ध एव निगद्यते। उक्तञ्च—

इदमन्धतमः कृत्स्नं जायेत भुवनत्रयम्।
यदि शब्दाह्वयं ज्योतिरासंसारं न दीप्यते॥ (आचार्यप्रवरः दण्डी)

अत्र शब्दाह्वयं ज्योति र्विद्यैव। यदि नामेयं विद्याज्योतिरस्मिन् जगति न भवेत् तर्हि जगदिदमखिलमपि अन्धकारावृतं सम्पत्स्येत। विद्ययैवास्य जगतः यावज्ज्ञेयं तत्त्वं तावदखिलं सम्प्रकाश्यते। किं नाम तद्वस्तु यद्विद्यया न साध्यते। यत्कार्यमन्येन द्रविणादिनापि न साध्यते तत्कार्यं विद्याद्रविणेनानायासेन साध्यते। अत एव विद्याधनस्य सर्वेतरधनेभ्यः प्रधानतोक्ता कविभिः। तथा हि

"विद्याधनं सर्वधनप्रधानम्।"

इयं च विद्याधनस्य प्रधानता यदन्यानि धनानि व्ययीकृतानि क्षयं यान्ति, किन्तु विद्याधनं व्ययेन संवर्द्धते। एतद्वैशिष्ट्यं विद्याधनस्य यद्दानात्प्रवर्द्धते सञ्चयाच्चापक्षीयते। तथा चोक्तं कविभिः—

अपूर्वः कोऽपि कोशोऽयं विद्यते तव भारति।
व्ययतो वृद्धिमायाति क्षयमायाति सञ्चयात्॥

विद्याधनस्य इयमपि विशेषता यदिदं धनं न केनापि चोरयितुं शक्यते। क्रूरोऽपि कोऽपि नरपतिः विद्याधनं हर्तुं न प्रभवति। न कोऽपि विद्वान् पण्डितः राजाज्ञया विद्याविहीनः कर्तुं शक्यते। नापि विद्याधनं भ्रातृभाज्यं भवति। धनस्य राशिः पुनर्भारयुक्तो भवति, परं विद्याधनं न कदापि भारकारि भवति। समीचीनमुक्तं केनापि सुकविना—

न चौर्यहार्यं न च राजहार्यं न भ्रातृभाज्यं न च भारकारि।
व्यये कृते वर्धत एव नित्यं विद्याधनं सर्वधनप्रधानम्॥

अन्यदपि—

वसुमतीपतिना न सरस्वती बलवता रिपुणापि न नीयते।
समविभागहरैर्न विभज्यते विबुधबोधबुधैरपि सेव्यते॥

विद्याबलेनैव महर्षयः महाकवयश्च अमृता भवन्ति अमरपदवीं वा प्राप्नुवन्ति। अत एवोक्तम्—

विद्ययाऽमृतमश्नुते। (श्रुतिः)

विद्ययैव कालिदास-भवभूति-बाणप्रभृतयः महाकवयः अमरत्वं प्राप्नुवन्। तेषां सरसपदावली इदानीमपि सहृदयानां कर्णकुहरेषु पीयूषधारां क्षरति। विद्यावन्तो जनाः सर्वत्र प्रतिष्ठां लभन्ते पूजनीयाश्च भवन्ति। राजानः विद्यावतां पुरस्तात् नत-

मस्तका जायन्ते। विद्या नामैकः खलु प्रदीपोऽस्ति। यदा मानवः जीवनस्य जटिल-समस्यापाशेन व्यामोहान्धतमसि निमज्जितो भवति तदा विद्याप्रदोप एव कमपि सरलमार्गं प्रदीपयति। तथा च—

"घनान्धकारेष्विव दीपदर्शनम्"।

चतुर्वर्गस्य फलप्राप्तिसाधनमपि विद्यैव। विद्या विनयं ददाति, विनयेन मानवः पात्रतां याति, पात्रत्वात् धनमाप्नोति। एवं चतुर्वर्गस्य प्रथमो वर्गः धनरूपः विद्ययैव प्राप्यते। अनेन मानवो दानं ददाति, तेन च पुण्यार्जनं करोति। उक्तञ्च

विद्या ददाति विनयं विनयाद् याति पात्रताम्।
पात्रत्वाद् धनमाप्नोति धनाद् धर्मः ततः सुखम्॥

धनेनैव कामस्यापि प्रारम्भो भवति—धनेन जनोऽभ्रंकषं प्रासादं निर्माति, नानाऽऽस्वादजनकानि भोजनानि भुङ्क्ते, एवं तृतीयवर्गस्य कामस्य अर्जनं करोति। विद्ययैव मानवः आत्मपरमात्मनोरभेदं पश्यति, स ब्रह्म जानाति, अतः तद्रूपो भवति। "ब्रह्म वद् ब्रह्मैव भवति" इति श्रुतिः।

एतदप्यवधारणीयं यत् या विद्या क्रियान्विता न भवति सा खल्वनर्थायैव कल्पते। कर्मकलापसमुचिता हि विद्या फलवती भवति न खलु तद्विरहिता। यः क्रियावान् सदाचारसम्पन्नः स एव विद्वान् कथ्यते। विद्यावान् कर्मविहीनो नरः मूर्ख एव निगद्यते। विद्याया आचरणप्रचारणयोश्च ज्ञानं धर्मेणैव भवितुमर्हति अतएव कथ्यते—

विद्यामधीत्यापि भवन्ति मूर्खाः,
यस्तु क्रियावान् पुरुषः स विद्वान्।

यद्येवं तर्हि सा विद्या कथमुपार्जनीया। उच्यते। विद्यामभीप्सुना मानवेन सुखदुःखे मनसापि न चिन्तनीये। अविश्रान्तश्रमम् अनवरतं गुरुणा वितरिता विद्या सर्वात्मना आत्मसात्करणीया। सुखाभिलाषुकाश्छात्रा विद्यामृतं न पिबन्ति। तथा च सम्यगुक्तम्—

सुखार्थिनः कुतो विद्या विद्यार्थिनः कुतः सुखम्।
सुखार्थी चेत्त्यजेद्विद्यां विद्यार्थी चेत्त्यजेत्सुखम्॥

आलस्यं सुखेहा च विद्यार्थिनां निसर्गजः शत्रुः। ताभ्यामभिभूतोऽन्तेवासी न कदापि स्वेष्टं फलं लभते।

विद्यया मानवः विपुलां कीर्तिं धनञ्च लभते। 'को न जानाति यद् दिवंगतः रवीन्द्रनाथठाकुरः, वेङ्कटेशरमणः, राधाकृष्णो वा विद्ययैव विपुलं यशः प्रभूतं च धनं प्राप्नुवन्तः। विद्यायाः प्रशंसायां केनचित् कविना समुचितमेवाविहितम्—

मातेव रक्षति पितेव हिते नियुङ्क्ते
कान्तेव चाभिरमयत्यपनीय खेदम्।
लक्ष्मीं तनोति वितनोति च दिक्षु कीर्तिं
किं किं न साधयति कल्पलतेव विद्या॥ इति।

३—वेदानां महत्त्वम्

अथ कोऽयं वेदः ? तत्रोच्यते—"विद्यन्ते ज्ञायन्ते लभ्यन्ते वा धर्मादिपुरुषार्था एभिरिति वेदाः।" ज्ञानार्थकाद् विद् धातोर्घञि प्रत्यये रूपमिदं सिद्धयति। सायणेन पुनः कृष्णयजुर्वेदीयभाष्यभूमिकायाम् उपन्यस्तम्—

"प्रत्यक्षेणानुमित्या वा यस्तूपायो न विद्यते।
एतं विदन्ति वेदेन तस्माद् वेदस्य वेदता॥", इति।

एवं वेदो हि नाम अशेषज्ञानविज्ञानराशिः। आम्नायः, आगमः, श्रुतिः, वेद इति समानार्थकाः शब्दाः। "इष्टप्राप्त्यनिष्टपरिहारयोरलौकिकमुपायं यो वेदयते स वेदः" इति सायणेन प्रतिपादितम्। अतः वेदः खलु अशेषविश्वविज्ञानविशेषपरिज्ञानप्रदं शाश्वतिकमपौरुषेयं शास्त्रम्।

वर्णाश्रमधर्मः—वेदेषु मनुष्याणां कर्मादिभेदतः पञ्च श्रेणिविभागा दृश्यन्ते—ब्राह्मणः, क्षत्रियः, वैश्यः, दासः, दस्युश्च। दस्युः खलु अनार्यः। आर्याश्चत्वारः। ते भेदाः पश्चाज्जातिपदेन प्रचलिताः। परं सर्वैर्जनैः परस्परं प्रीतिभावेन वर्तितव्यम्—

"प्रियं मा कृणु देवेषु प्रियं राजसु मा कृणु।
प्रियं सर्वस्य पश्यतः उत शूद्र उतार्ये॥ (अथर्व०)

चत्वार आश्रमाः—मानवजीवनं चतुर्षु विभागेषु विभक्तं विद्यते। चत्वारो विभागाः चत्वार आश्रमा उच्यन्ते—ब्रह्मचर्य-गृहस्थ-वानप्रस्थ-संन्यासलक्षणाः। पञ्चविंशतिवर्षपर्यन्तम् एकस्मिन्नाश्रमे विश्रम्य चत्वारोऽप्याश्रमाः सेव्याः, तेषु प्रथमः सर्वैरपरिहार्यत्वेन सेव्यः। गृहस्थादित्रयः आश्रमास्तु ऐच्छिकाः। सोऽयं प्रथमः ब्रह्मचर्याश्रमः मानवजीवनस्याधारभूतः, यतः स एव शारीरिकीं मानसीं च शक्तिं विकासयति। तथा च—

"ब्रह्मचर्येण तपसा देवा मृत्युमुपाघ्नत।
इन्द्रो ह ब्रह्मचर्येण देवेभ्यः स्व राभरत्॥" इति।

ब्रह्मचर्यकाले ब्रह्मचारिणो गुरुकुलाश्रमे निवसन्तः आचार्यसकाशात् विविधा विद्याः, शिल्पकलाः, विज्ञानानि च शिक्षन्ते स्म निःशुल्कम्। ब्रह्मचर्याश्रमानन्तरं गृहस्थाश्रमस्य चोपक्रमः विवाहसंस्कारेण सञ्जायते।

स्त्रीपुरुषयोः समानाधिकारः—वेदेषु स्त्रीपुरुषयोः समानाधिकारः उपदिष्टः। उभयोः शिक्षा दीक्षा च पितृभ्यां समानभावेन सम्पादनीया। षोडशसंस्कारेषु विवाहः खलु प्रधानतमः। अयं सम्बन्धः अविच्छेद्योऽग्निसाक्षिकः मैत्रीभावरूपः मन्त्रैर्नियन्त्रितः। पाणिग्रहणानन्तरं वधूवरौ जगदतुः—

"समञ्जन्तु विश्वे देवा समापो हृदयानि नौ।
सम्मातरिश्वा सं धाता समु देष्ट्री दधातु नौ॥

पाणिग्रहणसंस्कारे प्रथमं तावत् पाणिग्रहणम्, ततो यज्ञाग्निपरिक्रमा, ततो लाजाहोमः, ततः शिलारोहणम्, ध्रुवदर्शनम्, सूर्यदर्शनम्, सप्तपदी च। ततः परस्परं समानं सौहार्दम् जायते। पतिकुलमपि परिणीताया देव्याः गौरवास्पदं पदम्—

"साम्राज्ञी श्वशुरे भव साम्राज्ञी श्वश्र्वां भव।
ननान्दरि साम्राज्ञी भव साम्राज्ञी अधिदेवृषु॥" इति॥

विवाहसम्बन्धस्याविच्छेद्यत्वं वेदे वर्तते। एष विवाहसम्बन्धः न तात्कालिकोऽपितु नित्यः यावज्जीवनस्थायी च। तथा च वेदेऽयमादेशः यदेकः पतिः एकामेव पत्नीं परिणयेत्। पत्न्यपि एकमेव पतिं वृणुयात्। अपि च वेदे भगिनी-भ्रातृविवाहः सर्वथा निषिद्धः।

वेदानामपौरुषेयत्वं नित्यत्वं च प्रायः सर्वेऽपि प्राचीनाचार्याः स्वीचक्रुः। "प्रलयकालेऽपि परमात्मनि वेदराशिः स्थितः" इति भगवता कुल्लूकभट्टेन वेदानां नित्यत्वं प्रदर्शयतोक्तम्। वस्तुतः सृष्ट्युत्पत्तिसमकालमेव आदिमहर्षीणां हृदयेषु वेदज्ञानं प्रादुरभूत्।

वैदिकधर्मस्य स्वरूपम्—वेदप्रतिपादितः धर्मः वैदिकधर्मः। वैदिकधर्मे ईश्वरः अजरः, अमरः, शुद्धः, व्यापकः, सर्वशक्तिमान्, जगन्नियन्ता, सर्वज्ञः, न्यायशीलः शुभाशुभकर्मफलदाता, सृष्टि-स्थिति-प्रलयकर्त्ता च। तथा चोक्तम्—

"तमेकं सत् विप्रा बहुधा वदन्ति।"
"ईशावास्यमिदं सर्वं यत्किञ्च जगत्यां जगत्।
तेन त्यक्तेन भुञ्जीथा मा गृधः कस्यस्विद्धनम्॥"

स एव ईश्वर उपास्यः।

वेदे मोक्षस्यानन्दः—वेदे मोक्षानन्दस्वरूपस्य वर्णनं दृश्यते—

"यत्र ज्योतिरजस्रं यस्मिन् लोके स्वर्हितम्। तस्मिन् मां धेहि पवमानामृते लोके अक्षित इन्द्रायेन्दो परिस्रव"॥ ऋक्।

स खलु मोक्षानन्दः सत्येन, तपसा, श्रद्धया तथा च आध्यामिकज्योतिष्प्रदीप्त्या एव सम्भवः।

यस्य च ज्योतिषा आत्मायं ज्योतिष्मान् भवति तं स्तौति—

"एक एवाग्निर्बहुधा समिद्ध एकः सूर्यो विश्वमनुप्रभूतः। एकैवोषा सर्वमिदं विभात्येकं वा इदं वि बभूव सर्वम्"॥ ऋक्।

वेदे पुनर्जन्म—पुनर्जन्मसम्बन्धि अतिरमणीयं तत्त्वं ऋचो वर्णयन्ति—

"आ यो धर्माणि प्रथमः ससाद ततो वपूंषि कृणुते पुरूणि। धास्युर्योनिं प्रथम आविवेश यो वाचमनुदितां चिकेत।" अथर्व०।

"भूतस्य जातः पतिरेक आसीत्"।

"यः देवेषु अधिदेव एक आसीत्"।

अत्र परमात्मैव हिरण्यगर्भः तदुपाधिभूतानां पृथिव्यादीनां भौतिकानां ब्रह्मणः सकाशादुत्पत्तेः। स एव एकोऽद्वितीयः सन् भूतस्य विकारभूतस्य ब्रह्माण्डादेः पतिरासीत्।

वेदे राष्ट्र-भावना—वेदेऽखिलमेव विश्वं राष्ट्रत्वेनाभिमतम्। तादृशराष्ट्रस्य राजा तादृशो भवेत् यं सर्वाः प्रजाः वाञ्छेयुः। उक्तञ्च—

"ध्रुवं ते राजा वरुणो ध्रुवं देवो बृहस्पतिः।
"ध्रुवं त इन्द्रश्चाग्निश्च राष्ट्रं धारयतां ध्रुवम्"। ऋक्।
"भद्रमिच्छन्त ऋषयः स्वर्विदस्तपो दीक्षामुप निषेदुरग्रे।
ततो राष्ट्रं बलमोजश्च जातं तदस्मै देवा उपसंनमन्तु॥" अथर्व०।

एतादृशस्य एकच्छत्रवतो राज्ञः राष्ट्रं जनकल्याणकारि भवेदत्र न संदेहो भवितुमर्हति, एवं विधो नृपः पर्वत इवाचलः सन् राष्ट्रं धारयति।

वेदे मांसभक्षणनिषेधः—वेदे गोमांस-मनुष्यमांस-अश्वादिमांसभक्षणस्य निषेधः। तथाहि—

यः पौरुषेयेण क्रविषा समङ्क्ते यो अश्व्येन पशुना यातुधानः।
यो अघ्न्याया भरति क्षीरमग्ने तेषां शीर्षाणि हरसा वि वृश्च॥ ऋक्।

पुरुष-अश्वादिमांसभक्षयितुः शिरश्छेदो दण्डरूपेण विहितः। गोदुग्धपरिहर्तुश्चापि शिरश्छेदो व्यवस्थितः।

वेदे द्यूतनिषेधः कृषिप्रशंसा च—ऋग्वेदस्य दशममण्डले 'अक्षाख्य-द्यूतक्रीडाया' निन्दा निषेधश्चोपदिष्टः। तथा हि—

अक्षैर्मा दीव्यः कृषिमित् कृषस्व वित्ते रमस्व बहुमन्यमानः।
तत्र गावः कितव तत्र जाया तन्मे विचष्टे सवितायमर्यः॥ ऋक्।

प्रसविता अयमीश्वरः आचष्टे द्यूतं मा कुरु। कृषिमेव कृषस्व, तत्सम्पादिते धने रतिं कुरु। द्यूते पराजितस्य का दशा भवति ?

जाया तप्यते कितवस्य हीना माता पुत्रस्य चरतः क्वस्वित्।
ऋणावा बिभ्यद्धनमिच्छमानोऽन्येषामस्तमुप नक्तमेति॥ ऋक्।

कितवस्य भार्या तप्यते। मातापि संतप्ता भवति। अक्षपराजयात् ऋणवान् कितवः भयमापन्नः कस्यचिद् धनिनः गृहे रात्रौ चौर्यमुपगच्छति, इति कीदृशः स शोच्यः।

एवं विधाः जनकल्याणकारिणउपदेशाः परामर्शाश्च वेदेषु निर्दिष्टाः सन्ति। तेषामनुष्ठानेन मानवसमाजस्य नितरां कल्याणं भवति।

४—वेदाङ्गानि तेषामुपयोगिता च

चतुर्णां वेदानां चत्वार उपवेदाः सन्ति। तेषु ऋग्वेदस्य आयुर्वेदः, यजुर्वेदस्य धनुर्वेदः, सामवेदस्य गान्धर्ववेदः, अथर्ववेदस्य च अर्थवेदः।

आयुर्वेदः—अयं ऋग्वेदस्योपवेदः। आयुर्वेदस्य प्रधानग्रन्थाः चरकसुश्रुतादयः सन्ति। चरकनिर्माणकालः खैस्तपूर्वद्वितीयशतकं विद्यते। भगवता पतञ्जलिमुनिना ग्रन्थोऽयं प्रणीतः। सुश्रुतसंहिता हि आयुर्वेदस्य शल्यशालक्यचिकित्सायाः सर्वोत्कृष्टः ग्रन्थः विद्यते, अन्येऽपि ग्रन्था आयुर्वेदे समुपलभ्यन्ते। तेषु वाग्भटस्य अष्टाङ्गहृदयाख्यो ग्रन्थः, माधवस्य मादवनिदानाख्यः, शार्ङ्गधराचार्यस्य शार्ङ्गधरसंहिता, भावमिश्रस्य च भावप्रकाशो ग्रन्थः सुप्रसिद्धः।

आयुर्वेदोऽपि शल्य-शालक्य-कायचिकित्सा-भूतविद्या-कौमारभृत्य-अगदरसायन-वाजीकरणतन्त्राख्येषु अष्टाङ्गेषु विभक्तः।

धनुर्वेदः—अयं यजुर्वेदस्योपवेदः। यद्यपि धनुर्वेदः इदानीं लुप्तप्रायस्तथापि इतरग्रन्थेषु चास्यास्तित्वमस्योद्धरणै र्ज्ञायते। धनुर्वेदश्च वसिष्ठ-विश्वामित्र-जामदग्न्य-वैशम्पायन-भरद्वाजप्रभृतिभिः प्रणीतः इति ख्यातिः।

गान्धर्ववेदः—अयं सामवेदस्योपवेदः। अयं सामगानस्य संगीतविद्यायाश्च प्रतिपादकः ग्रन्थः। रागरागिणीनां सप्तस्वरताल-लयादीनां परिचायकोऽयमुपवेदोऽपि लुप्तप्राय एव।

अर्थवेदः—अथर्ववेदस्यायमुपवेदः। अस्मिन्नुपवेदे राजनीतितन्त्र-अर्थतन्त्र-कृषि-वाणिज्य-समाज-शास्त्रादीनि तत्वानि प्रतिपादितानि सन्ति। एषोऽपि वेदः प्रणष्ट एव। अधुना तु इतस्ततः प्रकीर्णसामग्रीगवेषणया यत्किञ्चिदपि लब्धुमेव शक्यते।

वेदाङ्गानि—छन्दः पादौ तु वेदस्य हस्तौ कल्पोऽथ पठ्यते।
ज्योतिषामयनं चक्षुर्निरुक्तं श्रोत्रमुच्यते॥
शिक्षा घ्राणास्तु वेदस्य मुखं तु व्याकरणं स्मृतम्
तस्मात्साङ्गमधीत्यैव ब्रह्मलोके महीयते॥
(पाणिनीयशिक्षायाम्)

वेदाङ्गानि—शिक्षा-कल्प-व्याकरण-निरुक्त-छन्दो-ज्यौतिषमिति षट् संख्यकानि। तानि हि वेदानां सम्यगवबोधनार्थं प्रवृत्तानि। वेदाङ्गानां ज्ञानं विना वेदार्थः प्रतिपत्तुं नैव शक्यते। यतः "साक्षात् कृतधर्माण ऋषयो बभुवुः। तेऽवरेभ्योऽसाक्षात्कृतधर्मभ्य उपदेशेन मन्त्रान् सम्प्रादुरुपदेशाय ग्लायन्तोऽवरेभ्य बिल्मग्रहणायेमं ग्रन्थं समाम्नासिषुर्वेदञ्च वेदाङ्गानि च।" अतः वेदार्थावबोधसौकर्यार्थमेव वेदाङ्गानि समाम्नातानि महर्षिभिः।

शिक्षा—वर्णस्वराद्युच्चारणविधिरुपदिश्यते यथा सा शिक्षा । वर्ण-स्वर-मात्रा-बल-साम-सन्तानानामवबोधनमेव शिक्षायाः प्रयोजनम् । अधुना शिक्षाया ग्रन्था त्रिंशत् संख्याका उपलभ्यन्ते । तेषु पाणिनीयशिक्षैव आद्रियते विद्वद्भिः ।

कल्पसूत्राणि—कर्मकाण्डविधिप्रतिपादका ग्रन्थाः कल्पसूत्रेति पदेन परिभाष्यन्ते । वेदविहितश्रुतिप्रतिपादितयज्ञयागादिविधानतद्विवरणप्रतिपादका ग्रन्थाः श्रौतसूत्राणि व्यपदिष्यन्ते । श्रुतिमूलकत्वात् गृह्यसूत्राणि तानि सन्ति येषु गृहाश्रमिणां जन्म-प्रभृतिमृत्युपर्यन्ताः संस्कारादयः उपदिश्यन्ते । धर्मसूत्राणि तानि भवन्ति येषु पारमार्थिकाः सामाजिकाः राजनीतिविषयकाश्च धर्मविशेषा व्यपदिश्यन्ते ।

व्याकरणम्—इदमन्धतमः कृत्स्नं जायेत भुवनत्रयम् ।
यदि शब्दाह्वयं ज्योतिरासंसारं न दीप्यते ॥ (दण्डी)

भाषां विना लोका नैजमाशयं प्रकाशयतुं न प्रभवेयुः । आशयं चाप्रकाशयन्तस्ते किमपि कर्तुं कथं समर्था भवेयुः । तदभावे तेषां कृते जगदिदमन्धकारमयं स्यात् । साधुशब्दा हि प्रयुक्ताः यथार्थमर्थं प्रकटयन्ति । साधुशब्दप्रयोगे व्याकरणमेव मूलभूतं कारणम् ।

तथा चोक्तं रामायणे—नूनं व्याकरणं कृत्स्नमनेन बहुधा श्रुतम् ।
बहु व्याहरतानेन न किञ्चिदपभाषितम् ॥

अवैयाकरणः साधुशब्दप्रयोगे नैव क्षमः । व्याकरणज्ञानं विना सम्यक् पद-पदार्थावबोधः नैव सम्भवः । आचार्यो वररुचिः व्याकरणप्रयोजनमुद्घोषयन्नाह—'रक्षोहागमलघ्वसंदेहाः प्रयोजनम् ।'

कति व्याकरणानि ? लघु-त्रिमुनि-कल्पतरुकारः कथयति—
ऐन्द्रं चान्द्रं काशकृत्स्नं कौमारं शाकटायनम् ।
सारस्वतं चापिशलं शाकलं पाणिनीयकम् ॥ इति ।

सर्वेष्वपि व्याकरणेषु पाणिनीयव्याकरणस्यैव वेदाङ्गत्वम् नेतरेषाम् । यतः मुनिः पाणिनिः अक्षरसमाम्नायादारभ्य लोकवेदोभयपथा विचरन् विलक्षणं व्याकरणं प्रणिनाय । स्वकाले प्रयुक्तानेव शब्दान् लक्षीकृत्यैव पाणिनिः नैजं व्याकरणं प्रणिनाय । पश्चाच्च कांश्चिद् विपर्यस्तान् शब्दान् स्वकाले प्रयुक्तानुद्दिश्य कात्यायनो वार्तिकान् प्रणिनाय । तदनु च भगवान् पतञ्जलिः पूर्वदृष्टान् शब्दान् लक्षीकृत्य भाष्यं रचयामास । अतः पाणिनीयं व्याकरणं त्रिमुनिव्याकरणपदेन व्यपदिश्यते ।

व्याकरणक्षेत्रे श्रीलक्ष्मीधरतनुजस्य भट्टोजिदीक्षितस्य नाम स्वर्णाक्षरैरङ्कितं भविष्यति । तेन विदुषा शब्दकौस्तुभः, तन्निष्कर्षरूपा वैयाकरणसिद्धान्तकौमुदी तद्व्याख्यानभूता मनोरमा चेति सन्दर्भा विरचिताः ।

निरुक्तम्—अस्मिन् शास्त्रे पदविभागमन्त्रार्थदेवतानिरूपणमुपदिश्यते । यद्यपि पदार्थानामर्थावभासः व्याकरणेनापि सुलभः तथापि निरुक्तस्य व्याकरणात् किञ्चिद्-विशिष्टप्रयोजनं वर्तते । निरुक्तं हि पञ्चविधम्—

वर्णागमो वर्णविपर्ययश्च द्वौ चापरौ वर्णविकारनाशौ ।
धातोस्तदर्थातिशयेन योगस्तदुच्यते पञ्चविधं निरुक्तम् ॥ (हरिकारिकायाम्)

छन्दःशास्त्रम्—"छन्दः पादौ तु वेदस्य" इति शिक्षायां प्रतिपादितम्। यथा वेदवाणी पद्यात्मिका तथा लोकवाण्यपि। पिङ्गलाचार्यकृतं पिङ्गलसूत्रमेव सम्प्रत्युपलब्धेषु छन्दोग्रन्थेषु प्राचीनतमं वेदाङ्गत्वेन च स्वीकृतं मन्यते। पतञ्जलिरेवायं पिङ्गलाचार्य इति केचित्। अन्ये पुनस्तं पाणिनेरनुज इति प्रतिपादयन्ति।

अन्यः प्रसिद्धतमश्छन्दो ग्रन्थः वृत्तरत्नाकरो नाम विद्वद्वरश्रीकेदारभट्टेन विचरितः।

ज्यौतिषशास्त्रम्—वेदाङ्गेषु ज्यौतिषशास्त्रस्यापि नितरां महत्त्वं वर्तते। तथा हि—"वेदा हि यज्ञार्थमभिप्रवृत्ताः कालानुपूर्वा विहिताश्च यज्ञाः। तस्मादिदं कालविधानशास्त्रं यो ज्यौतिषं वेद स वेद यज्ञम्।" (आर्यज्यौतिषम्)

सुमुहूर्तं ज्ञात्वैव यज्ञयागादिक्रियाविशेषाः सम्पाद्यमानाः फलाय कल्पन्ते। मुहूर्तज्ञानं हि ज्यौतिषं विना नैव सम्भवति। वेदचतुष्टयस्यापि प्रतिवेदं भिन्नं ज्यौतिषशास्त्रम्—ऋग्ज्यौतिषम्, यजुर्ज्यौतिषम्, सामज्यौतिषम्, अथर्वज्यौतिषञ्चेति। सामज्यौतिषम् लुप्तप्रायम्। वेदाङ्गदर्शनस्य प्रवर्तका अष्टादश महर्षयः—

"सूर्यः पितामहो व्यासो वशिष्ठोऽत्रिः पराशरः।
कश्यपो नारदो गर्गो मरीचिः मनुरङ्गिराः॥
लोमशः पौलिशश्चैव च्यवनो यवनो भृगुः।
शौनकोऽष्टादशाश्चैते ज्यौतिषशास्त्रप्रवर्तकाः॥

गणितशास्त्रम्—अङ्कगणितं बीजगणितं चेति द्वयमपि ग्रहविज्ञानस्याङ्गभूतं परिगण्यते। गणितशास्त्रप्रपञ्चोऽपि वेदाङ्गभूतः वेदादेव लब्धप्रसवः इति नात्र-सन्देहः। धन-ऋण-गुण-विभागादीनां परिज्ञानमपि वेदमन्त्रेषु उपलभ्यते, यथा (यजुर्वेदे)—

"एका च मे तिस्रश्च मे तिस्रश्च मे पञ्च च मे पञ्च च मे सप्त च मे सप्त च मे नव च मे नव च मे...." अत्र गणितसिद्धान्तोल्लेखः दृश्यते।

प्रातिशाख्यानि—वैदिकं व्याकरणं प्रातिशाख्यमुच्यते। वेदानां रक्षार्थमेव प्रातिशाख्यानां रचना। वैदिकशब्दानां व्याकरणप्रक्रियाप्रदर्शनं हि तेषां प्रधानं प्रयोजनम्। प्रातिशाख्यानां प्रतिपाद्यविषयाः—वर्णसमाम्नायः, स्वरव्यञ्जनानां गणना, तदुच्चारणविधयश्च।

ब्राह्मणानि—ब्राह्मणेन प्रोक्तम् ब्राह्मणम्। ब्राह्मणप्रोक्तं यागविधि-बोधानुस्यूतं वचनम् ब्राह्मणम्। वेदप्रतिपादितयागविधयः एव ब्राह्मणानां प्रधानो विषयः।

ब्रह्म वै वेदः, तद्व्याख्यानानि ब्राह्मणानि, अथवा ब्रह्मविद्भिः ब्राह्मणैः प्रोक्तत्वात् इमानि ब्राह्मणानि व्यपदिश्यन्ते। यज्ञयागादिरेव एषां प्रतिपाद्यो विषयः।

विधिरूपमर्थवादरूपमुभयविधलक्षणञ्चेति ब्राह्मणं त्रिविधम्। तत्र देवतास्वरूपमात्रबोधको विधिः, यथा—"आग्नेयोऽष्टकपालो भवति" इत्यादि। ब्राह्मणानाम् उपदेशाः—

"यज्ञो वै श्रेष्ठतमं कर्म"। (शतपथ०)
"अग्निर्वै धूमो जायते, धूमादभ्रमभ्राद् वृष्टिः"। (शतपथ०)
"नाऽपुत्रस्य लोकोऽस्ति"। (ऐत०)
"नानृतं वदेत्, न मांसमश्नीयात्, न स्त्रियमुपेयात्"। (तैतः०)
"अमेध्यो वै पुरुषो योऽनृतं वदति"। (शतपथ०)

आरण्यकानि—आरण्यकानि हि ब्राह्मणभागस्य परिशिष्टभागरूपाणि, गद्यपद्यमयानि विद्यन्ते। अरण्येऽध्ययनाद् इमे आरण्यकानि गद्यन्ते। एषां वानप्रस्थानामध्ययनाध्यापनस्वाध्यायपराणि यज्ञयागादिविधिविधायकानि सन्ति। आरण्यकानां दृशा निखिलं विश्वमेतद् यज्ञमयम्। ज्ञानकर्मसमुच्चयसिद्धान्तः आरण्यकेषु अङ्कुरितः प्रश्नाच्च वेदान्तेषु पुष्पितः फलितश्च। आरण्यकानामपि बहवो ग्रन्थाः। परं तेषु ऋग्वेदीयम् 'ऐतरेयारण्यकम्' प्रसिद्धम्। आरण्यकानां भाषा सरला, मधुरा, संक्षिप्ता क्रियाबहुला च, यथा—

"एतमेव विदित्वा मुनिर्भवति। एतमेव प्रव्राजिनो लोकमिच्छन्तः प्रव्रजन्ति। एतद्ध स्म वै तत्पूर्वे विद्वांसः प्रजां न कामयन्ते। किं प्रजया करिष्यामो येषां नोऽयमात्माऽयं लोक इति।"

उपनिषदः—उप+नि पूर्वकस्य विशरणगत्यवसादनार्थकस्य षद्लृ धातोः क्विबन्तस्य रूपमिदम् उपनिषत्। उपनिषत्सु ब्रह्मविद्यायाः त्रिविधदुःखप्रमोक्षस्य मोक्षस्यैवोपदेशः। सा च परा विद्या कथ्यते। उपनिषदः वेदान्तसंज्ञयापि प्रसिद्धाः।

उपनिषत्सु द्वैताद्वैतौ द्वौ पक्षौ प्रतिपादितौ विलोक्येते। श्रीशङ्कराचार्योऽद्वैतमेव मन्यते, रामानुजाचार्यो विशिष्टाद्वैतवादम्, निम्बार्काचार्यो द्वैताद्वैतवादं, वल्लभाचार्यो विशुद्धाद्वैतवादम्, मध्वाचार्यश्च पुनर्द्वैतवादमेव मन्यते।

उपनिषद् ग्रन्थाः अध्यात्मविद्याप्रधानाः सन्ति। तासु संवादरूपेण आख्यानरूपेण च विविधा विद्याः समुपदिष्टाः। परं तासु तात्पर्यविषयीभूतोऽर्थः आत्मानमधिकृत्यैव प्रस्तुतः। उपनिषत्साहित्यमेव सर्वेषां सम्प्रदायानां मूलभित्तिरिति मन्यामहे। उपनिषत्साहित्यमतीव शान्तिप्रदं, ज्ञानप्रकाशकं वर्तते, तदेव च मानवसंस्कृतेरादिजननी। विश्वतत्त्वज्ञानस्य आदिमं स्रोतोऽपि उपनिषन्महानदीत एव प्रवाहितमिति नात्रसन्देहः। ब्रह्मविद्या हि मनस आत्मनश्च निरतिशयशान्तिप्रदा। तथा हि—

"उत्तिष्ठत जाग्रत प्राप्य वरान् निबोधत।"

उपनिषदां वचनामृतमेतत् सुधीभ्यो मुमुक्षुभ्यः प्रेरणप्रदं निरतिशयशान्तिप्रदं चेति दिक्।

५—भारतीयसंस्कृतेः स्वरूपम्

अथ का नाम संस्कृतिः ? किं तस्याः स्वरूपम् ? तत्रोच्यते । संस्कृतिः संस्करणम् मनसः आत्मनो वेति संस्कृतिः । सम् पूर्वककृधातोः 'क्तिन्' प्रत्ययेन रूपमिदं सिद्धयति । संस्कृतिः मानवमनसोऽज्ञानमपनयति, संस्कृतिः चित्तभ्रममपहरति, संहरति चाविद्यातमः, प्रकाशयति च ज्ञानज्योतिः, संस्थापयति च सत्यवृत्तिम्, दारयति च दुर्गुणततिम्, प्रसादयति च निर्मलं चेतः, समादधाति च शान्तिम् । संस्कृतिः खलु मानवस्य, राष्ट्रस्य अखिलविश्वस्याप्युपकर्त्री । संस्कृतिमन्तरा न कोऽपि मानवः समाजो वा शान्तिमधिगन्तुं समर्थः, सस्कृतिरेव मानवस्य क्षेमकरी, जीवनसञ्चालिका स्वान्तः सुखदायिका च वर्तते । संस्कृतिरेव मानवहृदयेषु विश्व-बन्धुत्वसद्भावनामुत्पाद्य अखिललोकहिताय कल्पते । भारतीया संस्कृतिः खलु निखिलातिशायिगरिष्ठगुणगरिम्णा समस्तविश्वसंस्कृतिवियन्मण्डले सावित्रं ज्योति-रिव देदीप्यते ।

निम्नाङ्किता विषया भारतीयसंस्कृतेरङ्गभूता वर्ण्यन्ते—

(१) **धार्मिकी भावना**—मानवेषु धर्मभावनैव तान् पशुभ्यः व्यवच्छेदयति । उक्तञ्च—

"धर्मो हि तेषामधिको विशेषो धर्मेण हीनाः पशुभिः समानाः" इति

"धारणाद्धर्म इत्याहुधर्मो धारयते प्रजाः ।
यः स्याद्धारणसंयुक्तः स धर्म इति निश्चयः ।"

"यतोऽभ्युदयनिःश्रेयससिद्धिः स धर्मः" इति वैशेषिकदर्शनकृता महर्षिकणादे-नापि ऐहिकमामुष्मिकं चोभयं क्षेमकरं धर्म इति पदेन व्यवस्थापितम् । सा एव धर्म-भावना मानवेषु विशेषा, सा च पशुषु नैव विद्यते ।

(२) **सदाचारः**—सदाचारोऽपि मानवेषु तान् पशुभ्यः पृथक् करोति । 'आचारः परमो धर्म' इति वचनात् आचारः सर्वोत्तमं तपः । सदाचारः ब्रह्मचर्यादिनियमानां पालनम्, तेन इन्द्रियाणां निग्रहो भवति । तथाचोक्तं महाभारते—

"वृत्तं यत्नेन संरक्षेत् वित्तमेति च याति च ।
अक्षीणो वित्ततः क्षीणो वृत्ततस्तु हतोहतः ॥" इति ।

(३) **पारलौकिकी भावना**—सर्वेषां धर्मशास्त्राणामध्ययनेन परिज्ञायते यत् जगदिदं विनश्वरं कीर्तिरेव कल्पान्तस्थायिनी अविनाशिनी वा । भौतिकाश्च विषयाः परिभोगरम्याः किन्तु अन्ते परितापिनः सन्ति । भौतिकपदार्थानामुपभोगेन सुखावाप्तिः सुलभा, किन्तु मानवरतनमप्यदुर्लभं न । अतएव धीरा मनस्विनः कर्त्तव्यप्राधान्यं जानन्तः भौतिकविषयेषु विरता अभूवन्, कर्त्तव्यपालनं च कुर्वन्तस्ते न कदापि प्राणानपि गणयामासुः । अद्यापि तेषामेव विमला कीर्तिः प्रसरति तराम् संसारे ।

(४) **आध्यात्मिकी भावना**—निखिलमपि संस्कृतवाङ्मयं विशेषतश्चोपनिषत्साहित्यं व्याप्तमनया भावनया। अध्यात्मविद्याप्रधानासु उपनिषत्सु संवादरूपेण अतिमनोहरा उपदेशाः समुल्लसन्ति। सर्वेषां संवादानां तात्पर्यविषयीभूतोऽर्थः आत्मानमधिकृत्यैव प्रस्तुतः। छान्दोग्योपनिषद् बृहदारण्यकोपनिषच्चेति उपनिषद्द्वयम् अतीव महत्त्वपूर्णं बृहदाकारकञ्च। तत्र छान्दोग्योपनिषदि तृतीये भागे घोराङ्गिरसनाम्नो महर्षेः श्रीकृष्णेन ब्रह्मविद्योपार्जितेति वर्णितम्। षष्ठे च भागे उद्दालकारुणेयात् तदात्मजेन श्वेतकेतु-आरुणेयेन ब्रह्मविद्याप्राप्तिविवेचनम्। एवमुपनिषन्नाम अध्यात्मविद्यापरमतीवोज्ज्वलं मनस आत्मनश्च अतीव शान्तिप्रदं ब्रह्मविद्यातन्त्रम्।

(५) **वर्णव्यवस्था**—वेदपर्यालोचनेनेदं विज्ञायते यत् वर्णाश्चत्वारः सन्ति—ब्राह्मण-क्षत्रिय-वैश्य-शूद्रभेदात्। यथाऽस्माकं शरीरे मुखं, बाहू, ऊरू, पदश्चेति चतुःसंख्यकानि अङ्गानि सन्ति तथैव समाजशरीरे ब्राह्मणादयः चत्वारः अङ्गविशेषाः सन्ति कार्यभारसञ्चालनार्थम्। सुप्रसिद्धे पुरुषसूक्ते "ब्राह्मणोऽस्य मुखमासीद् बाहु-राजन्यः" इत्यस्मिन् वर्णव्यवस्थायाः निर्देशो विहितः। यदा सर्वेऽमी ब्राह्मणादयो वर्णाः सम्भूय कार्यं स्वस्वधर्मं वानुतिष्ठन्ति तदानीमेव विश्वसमुन्नतिः सम्भवा नान्यथा।

(६) **आश्रमव्यवस्था**—संस्कृतवाङ्मयाध्ययनेन ज्ञायते यत् मानवजीवनं चतुर्षु विभागेषु विभक्तम्। ते विभागाश्चत्वार आश्रमा अप्युच्यन्ते। आश्रम्यते स्थीयते यस्मिन् स आश्रमः। चत्वार आश्रमाः—ब्रह्मचर्य-गृहस्थ-वानप्रस्थ-संन्याससंज्ञकाः। पञ्चविंशतिवर्षपर्यन्तमेकस्मिन् आश्रमे विश्रम्य चत्वारोऽपि आश्रमाः सेव्याः, तत्रापि प्रथमाश्रमः ब्रह्मचर्याश्रमः सर्वैरपि मानवैः अपरिहार्यत्वेन परिपालनीयः। गृहस्थादित्रयः आश्रमास्तु ऐच्छिकाः। आश्रमाणां सर्वोत्कृष्टः ब्रह्मचर्याश्रमः मानवजीवनस्य आधारभूतः स एव मानसीं शारीरिकीं च शक्तिं विकासयति। अस्मिन्नाश्रमे ब्रह्मचारिणः गुरुकुलाश्रमे निवसन्तः गुरोः सकाशात् विविधा विद्याः, विज्ञानानि शिक्षन्ते निःशुल्कम्।

(७) **वैदिकधर्मनिष्ठा**—वेदप्रतिपादितो धर्मः वैदिकधर्मः। वैदिकधर्मे ईश्वर एव सर्वशक्तिमान्, सृष्टिस्थितिप्रलयकर्त्ता, व्यापकः, अजरः, अमरः, शुद्धः, बुद्धः, जगन्नियन्ता, जीवेभ्यः शुभाशुभकर्मफलप्रदाता, सर्वज्ञः, न्यायशीलश्च वर्तते। भारतीय-संस्कृतौ मानवस्य वैदिकधर्मं प्रति नितरां निष्ठा वर्तते।

(८) **पुनर्जन्मवादः**—पुनर्जन्माधिकृत्य अतिरोचकं तत्त्वम् ऋचो वर्णयन्ति। तत्र परमात्मैव हिरण्यगर्भः तदुपाधिभूतानां पृथिव्यादीनां भौतिकानां ब्रह्मणः सकाशादुत्पत्तेः तदुपहितत्वात् तदुत्पन्नत्वव्यपदेशो वर्तते। "भूतस्यजातः पतिरेक आसीदिति" स एव एकोऽद्वितीयः सन् भूतस्य विकारजातस्य ब्रह्माण्डादेः पतिरासीत्। यश्च पुनः पृथिवीं पुनर्द्यांश्च धारयतीति।

(९) **मोक्षावाप्तिः**—मोक्षानन्दस्य वर्णनं वेदेषु दरीदृश्यते—

"यत्र ज्योतिरजस्रं यस्मिन् लोके स्वर्हितम्।
तस्मिन् मां धेहि पवमानामृते लोके अक्षित इन्द्रायेन्दो परिस्रव ॥ ऋक्।

स खलु मोक्षानन्दानुभवः सत्येन, श्रद्धया, तपसा च आध्यात्मिकज्योतिष्प्रदीप्त्या एव सम्भवः। यस्य ज्योतिषा योऽयमात्मा ज्योतिष्मान् भवति विश्वं चैतद् विभाति स एव ज्योतिषां ज्योतिः स्वरूपः परमेश्वरः स्तूयते।

(१०) **अभयत्वभावना**—प्राणभृतां निर्भयता सर्वोत्कृष्टो गुणः। निर्भयो जनः विलक्षणानि लोकोत्तराणि कार्याणि कर्तुं समर्थः न हि भीरः। भीरवो हि मरणात् पूर्वमेव बहुशो म्रियन्ते, ते हि शरीरेण धृता अपि मृता एव जीवन्ति। अत एव श्रुतौ प्रार्थना—"अभयं मित्रादभयममित्रादभयं ज्ञातादभयं पुरोयः।" अपि च—

"यतो यतः समीहसे ततो नोऽभयं कुरु।
शन्नः कुरु प्रजाभ्यः अभयं पशुभ्यः॥" इति।

एभिर्मन्त्रैरेतत्स्पष्टं ध्वनितं भवति यत् यो विभेति स विनश्यति। भयमेव च प्रायशः विनाशकारणं जायते। विजिगीषुभिर्जनै महत्यां संकटावस्थायाम् उपस्थितायां कदापि भयापन्नैर्न भवितव्यम् इति निर्देशः।

वेदप्रतिपादिताखिलकर्मप्रतिपत्त्यर्थं ब्राह्मणग्रन्थानामुदयः। तेषु वर्णितानां वस्तुतत्त्वानां विशदीकरणार्थं कल्पसूत्राणां विन्यासः। इतिहेतोरेव तेषामपि वेदाङ्गत्वेन अङ्गीकारः। एषु प्रतिपादितो धर्मः वैदिकधर्मः। वैदिकधर्मः खलु विश्वहिताय मानवहिताय च प्रवर्तितः। विश्वहितस्य विश्वोन्नतेश्च सर्वा भावना भारतीयसंस्कृतावेव उपलभ्यन्ते।

६—ईश्वरवादः

ईशावास्यमिदं सर्वं यत्किञ्च जगत्यां जगत्।
तेन त्यक्तेन भुञ्जीथाः मा गृधः कस्य स्विद्धनम् ॥ (यजु०)

अस्य दृश्यजगतः यो निर्माणं नियन्त्रणञ्च विदधाति स एव ईश्वरपदेन व्यपदिश्यते। स च पुनः 'सपर्य्यगात्' सर्वव्यापकः। यः सर्वेष्वणुपरमाणुषु च व्याप्नोति यश्च सर्वशक्तिमान् प्रभुः अस्य विशदस्य विश्वप्रपञ्चस्य निर्माणे, नियन्त्रणे च प्रभवति स एवेश्वरः, नैकदेशिकः कश्चिदल्पशक्तिमान् वराकः ईश्वरपदभाग् भवति। स एव सर्वशक्तिमान् सर्वज्ञः नित्यशुद्धबुद्धमुक्तस्वभावः परमेश्वर एव सृष्टिस्थितिप्रलयकर्त्तृत्वेनाङ्गीक्रियते, न तद्व्यतिरिक्तः कश्चिदन्यः। अस्य च दृश्यप्रपञ्चस्य पर्यालोचनेन ज्ञायते यत्सर्वोऽप्य विषयावभासः ज्ञातृज्ञेयेति तत्त्वद्वयनिबन्धनः। तत्र ज्ञाता चैतन्यरूपः ज्ञयश्च यावत्प्रमेयनिचयः जडरूपः। तदेतद्द्वयमेवास्य प्रपञ्चस्य निमित्तोपादान-

भूतम्। निमित्तभूतं कारणं तु स तत्रभवान् परमेश्वर एव चिद्रूपत्वात्। नहि कश्चिदचेतनो जडरूपः निमित्तत्वमधिकर्तुमर्हति जडत्वात्। जडे हि उपादानता घटते न कर्हिचिन्निमित्तत्वम्। स खल्वेकः परमेश्वर एव भवितुमर्हति, नापि जीवः अल्पज्ञत्वात्। अतः भगवती श्रुतिः प्रतिपादयति—

सपर्यगाच्छुक्रमव्रण मस्नाविरं शुद्धमपापविद्धम्। कविर्मनीषी परिभूः स्वयम्भूः। याथातथ्यतोऽर्थान् विदधात्याच्छाश्वतीभ्यः समाभ्यः। यजु०।

अस्मिन् मन्त्रे परमेश्वरस्य मुख्यस्वरूपं प्रतिपादितमस्ति। यः सर्वव्यापकः, शरीररहितत्वादव्रणः शुद्धः पापानविद्धः, मननशीलः, सर्वप्रभुः सन् सर्वाभ्यः प्रजाभ्यो याथातथ्येन पदार्थान् वितरति।

स एष परमकारुणिको भगवान् परमेश्वर एव सृष्टिं रचयति, रक्षति, संहरति चान्ते। सृष्टौ चास्यां जडजङ्गमदेव-मनुष्य-तिर्यक्-स्त्रीपुंभेदरूपाः क्रमेण सर्वेऽवभासिरे। तेषु मानवसृष्टिरेव सर्वगरीयसी ज्यायसी च। यद्यपि वर्णादिभेदा नासन्। स्वभावत एव धर्मपरायणाः सन्तो स्वे स्वे कर्मणि रता आसन् मानवाः। तेषु रागद्वेषादयोऽपि पदं न निदधिरे। ते च सर्वे * आर्यपदेनैव व्यवजह्रिरे। ततः बहुलां प्रजासमृद्धिं विलोक्य महर्षयः वेदादेशानुसारमेव लोकहितकाम्यया कामपि सरलामजिह्माञ्च व्यवस्थां प्रधातुकामाः वर्णाश्रमव्यवस्थामाविश्चक्रुः। तत्र ब्राह्मण-क्षत्रिय-वैश्य-शूद्राभिधानाः चत्वारो वर्णपदेनावधीयन्ते। तेषां प्रातस्विकं कर्त्तव्यं क्रियाकलापश्च निर्णेषुरिति। तत्रापि यजनयाजनाध्यापनदानप्रतिग्रहाश्च ब्राह्मणपदवाच्यानां धर्माः कर्त्तव्यकर्माणि वा। क्षत्रियाणां प्रजापालनरिपुभिः सुरक्षा धनयजनाध्ययनदानानि च धर्माः। वैश्यानां कृषिकर्मगोरक्षणवाणिज्यानि यजनाध्ययनदानसंवलितानि कर्माणि च धर्माः। शूद्राणां तु पूर्वोक्तत्रैवर्णिकानामेव सेवापरिचर्यादयो हि धर्माः। चामी धर्मा वेदोपदिष्टा एव वेदितव्या इति।

अत्र च स्वभावतः प्रश्नोऽयमुदेति। यद् धर्मस्वरूपं बहुभिः बहुधा च वैलक्ष्येण प्रतिपादितद्धर्मस्य प्रामाण्याप्रामाण्ये कस्य प्रामाण्यं सर्वङ्कषत्वेन समादरणीयम् इति तत्रोत्तरं त्विदमेव यत् स्वतन्त्रप्रमाणत्वाद्वेदस्यैव सर्वोत्कृष्टत्वम्। यदन्येषां शास्त्राणान्तु वेदप्रामाण्येनैव प्रमाणता। न स्वतन्त्रतया। शास्त्रान्तराणि तु परतः प्रामाण्य–संवलितानि एव। ईश्वरेण प्रेरितत्वादेव वेदानां सर्वङ्कषप्रामाण्यं विद्वद्भिः मुक्तकण्ठं स्वीकृतम्। यद्यपि भारतेऽपि बहवो धर्मापरनामधेयाः सम्प्रदाया अनीश्वरवादिनः सन्तोऽपि येन केनापि प्रकारेण ईश्वरसत्तां स्वीकुर्वन्त्येव। एवमेव मुहम्मदानुयायिनः खीस्तानुगामिनश्च झरबुस्तप्रभृतयः ईश्वरं स्वीकुर्वन्त्येव, जैनबौद्धप्रभृतयोऽपि ईश्वरमभिमन्यन्त एव। चारबागबृहस्पतिप्रभृतयो नूनं ईश्वरसत्तायां न विश्वसन्ति, न च तत्र आस्थां निदधति। परन्तेषामनीश्वरवादिता तर्कनिस्त्रिंशम् अंशतोऽपि न सहते।

---

* अर्यः ईश्वरस्तस्यपुत्रा आर्याः, ईश्वरपुत्रा इतियावत्।

कुतः ईश्वरसत्तास्वीकाराभावे, अल्पज्ञस्य जीवस्य परिमितशक्तिमतः ईश्वरीकरणं कस्य वा सुज्ञस्य मनोरञ्जकं भवेत्। यदि ईश्वरस्य सत्ता न स्वीक्रियेत तर्हि जीवस्य सत्तायां किं प्रमाणम्? यदुच्येत अहं जीव एव प्रमाणम् जीवस्य सत्तास्थापनविधौ जीव एव प्रमाणमितिविनिगमनाभावात्कदापि प्रामाण्यं नावगाहेत। अथ चान्यः प्रश्नोऽप्युदेति। यज्जीव एक एव अनेके संख्याता वा। अनेके चेत् अल्पज्ञेन वा कथं ज्ञातुं शक्यन्ते ते। अज्ञातेषु तेषु पुण्यपापादीनां पुरस्कारदण्डादिव्यवस्था कथं संपत्स्यते तेषामिति हिमाद्रिसदृशः प्रश्नः अशक्योत्तरः जागरूक एव तेषां सम्मुखं सन्तिष्ठत एव। अतः ईश्वरसत्ता स्वीकारः खलु बुद्धिसङ्गतम् एवेति।

अस्मिन् विज्ञानमये युगे तु नितरां बलीयसी सम्पुष्टिः सञ्जाता। पाश्चात्यवैज्ञानिकैरपि समुद्घोषितं मुक्तकण्ठं संसारप्रपञ्चप्रत्यक्षगोचरी भूतः यदि सूर्यचन्द्रनक्षत्रादीनां गतिविधौ कश्चिन्नियतः नियमः सन्दृश्यते तर्हि तन्नियामकेनावश्यमेव भवितव्यम् स च नियामकः ईश्वर एवेति ध्रुवम्।

७–धर्मे सर्वं प्रतिष्ठितम्

धर्मो हि नाम प्राणभृतां कल्याणाय, प्रेयसः श्रेयसश्च परमसाधनभूतं नितरामनुष्ठेयं वस्तुतत्त्वम्। आह च महर्षिकणादः धर्मतत्त्वं लिलक्षयिषुः।

"यतोऽभ्युदयनिश्रेयससिद्धिः स धर्मः" इति।

अभ्युदयः लौकिकोन्नतिः निःश्रेयसश्च पारलौकिकी सिद्धिः। येनानुष्ठितेन खल्वैहिकोन्नतिरलौकिकेष्टसिद्धिश्च सम्पद्यते स एव धर्मपदव्यपदेश्य इति निष्कृष्टोऽर्थः।

शास्त्रकारैः धर्मस्य विविधानि लक्षणानि कृतानि दृश्यन्ते, तद्यथा—

चोदनालक्षणो धर्मः इति जैमिनिः।
यत्त्वार्याः क्रियमाणं प्रशंसन्ति स धर्मः।
यद्गर्हन्ते सोऽधर्मः। इत्यापस्तम्बाचार्याः।

तत्रभवान् भगवान् मनुः साक्षाद्धर्मस्य लक्षणमाह—

"वेदः स्मृतिसदाचारः स्वस्य च प्रियमात्मनः।
एतच्चतुर्विधं प्राहुः साक्षाद्धर्मस्य लक्षणम्॥"

सर्वेषामेषां लक्षणानां निष्कृष्टोऽर्थः समानार्थे एव पर्यवस्यति। इदमत्र बोध्यम् यद्धर्मो हि नाम शुभाशुभकर्मानुष्ठानम्, यत्समुपस्थिते हि, धर्मार्थनिर्णये क्वचित्सन्देहसंशयादिव्याकुलितेऽर्थे सर्वतः प्राग्वेदस्य स्वतः प्रमाणभूतस्यैव प्रामाण्यं, तदनु स्मृतेः, ततो धर्मशास्त्रस्य ततः सतामाचारस्य, तदनु स्वात्मनः प्रियस्य स्वान्तःकरणनिर्देशस्य प्रामाण्यं स्वीकरणीयं भवति। यतो वेदानुसारिण्य

एव स्मृतयो भवन्ति, वेदानन्तरं तासामेव प्रामाण्यं खलु यौक्तिकं सुसमञ्जसञ्चेति विदुषामभ्युपगमः। चेन्नाम श्रुतिस्मृत्योः क्वचिद्विरोधो समापद्येत तदा स्मृत्यर्थं परित्यज्य श्रुत्यर्थ एव सम्मान्यो भवति, समादरणीयश्च। एवमेव स्मृत्याचारयोर्विरोधे प्रतिपन्ने स्मृतिरेव बलीयसीति। निर्णीतोऽयमर्थो महर्षिकात्यायनेनापि—

"स्मृतेर्वेदविरोधे तु परित्यागो यथा भवेत्।
तथैव लौकिकाचारं स्मृतिबाधात् परित्यजेत्।"

परं विद्यमानेष्वपि एतादृशेषु संख्यातीतेषु धर्माधर्मतत्त्वनिर्णायकेषु शास्त्रप्रमाणेषु धर्मस्वरूपप्रतिपत्तिसमस्याया अद्यापि किञ्चित्साधुतरं सार्वभौमं समाधानन्तु नैव प्रतीतिपथमुपयाति। प्रतिव्यक्ति प्रतिस्थिति च धर्मतत्त्वस्य विभिन्नतया अधुना यावन्न समभ्युपपन्नः प्रतिभाति। भगवता मनुना प्रतिपादितम् यत्—

आर्षं धर्मोपदेशश्च वेदशास्त्राविरोधिना।
यस्तर्केणानुसन्धत्ते स धर्मं वेद नेतरः॥

वेदशास्त्रप्रतिपादितस्यार्थस्य अविरोधिना तर्केण धर्मो विनिश्चेयः न खलु स्वतन्त्रेण। इति तर्कस्योपरि अङ्कुश एव कृत तर्कस्य निरङ्कुशता प्रसिद्धचरा एवेति नोपपत्तिमपेक्षते। अत एवोक्तमभियुक्तैः—

तर्कोऽप्रतिष्ठः श्रुतयो विभिन्नाः
नैको मुनिः यस्य वचः प्रमाणम्।
धर्मस्य तत्त्वं निहितं गुहायां
महाजनो येन गतः स पन्थाः॥

तदत्र समुपस्थिते येतादृशे व्यतिकरे महताम् आचार एव तर्हि प्रमाणत्वेनाङ्गीकरणीयः। परं तत्रापि यथार्हावबोधमगृह्णन्तो व्याकुलीभवन्तश्च तार्किका एवं व्याजहुः—

जानामि धर्मं न च मे प्रवृत्तिः
जानाम्यधर्मं न च मे निवृत्तिः।
केनापि देवेन हृदि स्थितेन
यथा नियुक्तोऽस्मि तथा करोमि॥ इति।

कविकुलचूडामणिः कालिदासोऽपि शाकुन्तले तादृशमेव किञ्चिदिव निगदति---

"सतां हि सन्देहपदेषु वस्तुषु
प्रमाणमन्तःकरणप्रवृत्तयः।" इति।

परन्तु अन्तः करणमपि यदा तमस्तोमसमावृतं भवति तदा तदपि श्वासान्धदर्पणमिव न यथार्हंरूपं प्रतिबिम्बीकरोति, तदा किं करणीयमिति प्रश्नः सुतरामुदेति। तत्राह बोधायनाचार्यः—

"धर्मशास्त्ररथारूढा वेदखड्गधरा द्विजाः।
क्रीडार्थमपि यद्ब्रूयुः स धर्मः परमः स्मृतः॥" इति।

एवं बहुधर्मभिन्नेषु धर्मलक्षणेषु किञ्चिदेकमेव सर्वङ्कषं सर्वाभिनन्दितञ्च लक्षणं भवेत् येन धर्मतत्त्वं यथार्थतया सुविज्ञातं भवेत् तच्च अस्मन्नयेन भगवज्जैमिनि-मुनिपादसूत्रितं "चोदनालक्षणो धर्मः" इत्येव सर्वश्रेष्ठं लक्षणम्। चोदना शब्दोऽत्र विधिवचनः। यो वै वेदविधिः स एव धर्मः, यश्च तन्निषेधः स एवाधर्मश्चेति निष्कृष्टं लक्षणम्।

तत्र विधिर्यथा—अध्येतव्या नित्यं वेदाः, अनुष्ठेयो वेदोदितकर्मनिकरः। प्रविलापनीया प्राक्कर्मपटली। संसेव्या विद्वांसस्तपस्विनः। प्रतिपालनीयमहिंसा-व्रतम्। भाषणीयं सत्यमेव नित्यम्। प्रदेयं पात्रेभ्यो विद्याद्रविणम्। चिकित्सितव्यो जरामरणव्याधिः प्रयत्नेन। संसेव्यौ पितरौ प्रतिष्ठापनीयं विश्वबन्धुत्वं सर्वात्मना उपलब्धव्यः सर्वथा त्रिविधदुःखात्यन्तविप्रमोक्षः मोक्षः इत्यादिकम्।

अथापि निषेधस्तावत्—न भणितव्या मृषा वाणी। अधर्मे रतिर्नैव विधेया। न च वञ्चनीयाः प्राणिनः। हिंसा न कर्तव्या। अक्षैर्मादीव्यः। गुरवो नावहेल-नीया इत्यादि।

एवं विधिनिषेध रूपेण विहितो निषिद्धो वा तत्तद्भावेन सर्वदैव अनुष्ठेयो धर्मः परित्यक्तव्यश्चाधर्मः सर्वथेति। यतः श्रूयते तैत्तिरीये—

"धर्मो विश्वस्य जगतः प्रतिष्ठेति"। अतः सोऽवश्यमेवानुष्ठातव्यः कल्याणम-भीप्सुभिः। आह न भगवान् बादरायणोऽपि महाभारते—

"न धर्मं त्यजेज्जीवितस्यापि हेतोः" इति।

जीवितमपि तृणीकृत्य सुकृतिभिः धर्मस्तु सर्वात्मना परिपालनीय एवेति भावः। इदमप्यत्र अवधेयम् भवति यत् यस्य यो धर्मः स तस्य निरतिशयगरीयानेव भवति, "स्वधर्मे निधनं श्रेयः परधर्मो भयावहः" इति स्थान एवोक्तं योक्तकैः। यतो दृश्यते हि लोके यदेकस्य धर्मः तदन्यस्य अधर्मः। ब्राह्मणस्य यो धर्मः न स क्षत्रियस्य। वैश्यस्य ये धर्माः न ते शूद्रस्य। ब्रह्मचारिणो ये धर्मा न ते गृहमेधिनामित्येवं प्रस्थानभेदात् धर्मा अपि सुतरां बेभिद्यन्तेतमाम्। एतादृशं धर्माधर्मलक्षणं विपुल-जाटिल्यजालसंवलितं प्रबुध्यैव भगवता मनुना अतीव सरलं सुगमावबोधञ्च सूत्रं विस्पष्टं समुपदिष्टं धर्मतत्त्वनिर्णिनीषयेति—

"श्रूयतां धर्मसर्वस्वं श्रुत्वा चैवावधार्यताम्।
आत्मनः प्रतिकूलानि परेषां न समाचरेत्॥"

अस्यायमाशयः यदात्मनः प्रतिकूलं भवेत्तदन्येषां न कदापि समाचरणीयम्। तथाचरणमेव परमोधर्म इति प्रबोध्यम्।

अथापि यद् यजनाध्ययनदानादीनि धर्मतत्त्वानि यत्रतत्रोपदिष्टानि, तत्रापि धर्मचारिणा सक्षणेन खलु भवितव्यम्। तद्यथा—

इज्याध्ययनदानानि
तपः सत्यं धृतिः क्षमा।

तेषु पूर्वश्चतुर्वर्गो दम्भार्थमपि सेव्यते
उत्तरस्तु चतुर्वर्गो महात्मन्येव तिष्ठति॥

तत्रापि सत्यन्तु सर्वेतरानतिशेते । तदेतेनाकूतं भवति यत्सत्यमेव परमोधर्म इति । तच्च सत्यं मनसा वाचा कर्मणानुष्ठितमेव धर्मपदवीमधिरोहति । अतएव कविभिरुदाहृतम् "सत्यान्नास्ति परोधर्मः ।" "सत्ये सर्वं प्रतिष्ठितम्" इत्यनेकाः शास्त्रोपपत्तयः विलसन्ति । सत्यप्येवं विद्वद्भिः धर्मस्वरूपनिर्णयार्थं भगवती श्रुतिरेव आलोडनीया भवति । "धर्मं जिज्ञासमानानां प्रमाणं परमं श्रुतिः" इति ।

एवं यथाकथञ्चिद् बुद्धिपद्धतिमवतरितेऽपि धर्मतत्त्वे तदाचरणं तत्क्रियान्वयीकरणं त्वतीव कठिनम् । विरला एव सत्पुरुषा धर्मानुष्ठाने प्रवर्त्तन्ते । ये धर्ममाचरन्ति त एव विजयिनो भवन्ति खलु संसारसंघर्षे । अत्र 'यतो धर्मस्ततो जयः' इत्युक्तिः अक्षरशः सत्यसम्भृता विलसति । महाभारताख्यमङ्गरे धर्मकल्पद्रुमारूढानां योगीश्वरश्रीकृष्णचन्द्रदर्शितपथा सञ्चरमाणानां धर्मराजयुधिष्ठिरप्रभृतिपाण्डवानां यो विजयः कुत्सितासितकर्माचारिणां दुर्विनीतानां परसम्पदामपहन्तॄणाम् अधर्ममाचरताम् कायराणां कौरवाणां विद्यमानेषु संख्यातीतेषु सैन्यदलेषु अनल्पकल्पसमग्रसाधनसामग्रीसम्पन्नेष्वपि पराजयः समपद्यत तं प्रति तेषां धर्मवैमुख्यमेवापराध्यति । तदेव च खलु मुख्यकारणत्वेनोन्नीयते नयज्ञैः । पाण्डवानां विजये तेषां भूयसी सुदृढधर्मनिष्ठता एव विजयस्य हेतुरिति ध्रुवं मन्यन्ते चक्षुष्मन्तो विचक्षणाः । कारणान्तरन्तु सुभृशं मृग्यमाणमपि न लोचनगोचरीभवति । इत्थमेव रामरावणयोर्युद्धेऽपि हेतुता किल धर्माधर्मावेव संलक्षितव्यौ । अतः यद्यपि धर्मस्य पन्था अतिगहनो दुरूहश्च तथापि स ससमारम्भं समाश्रयणीय एव । रक्षितो धर्मः अवश्यमेव रक्षिष्यतीति निर्विशङ्कम् । यद्यपि सत्यमेवोक्तं केनापि अभियुक्तेन—

मानुष्ये सति दुर्लभा पुरुषता पुंस्त्वे पुनर्विप्रता
विप्रत्वे बहुविद्यताऽतिगुणता विद्यावतोऽर्थज्ञता ।
अर्थज्ञस्य विचित्रवाक्यपटुता तत्रापि लोकज्ञता
लोकज्ञस्य समस्तशास्त्रविदुषो धर्मे मतिः दुर्लभा ॥ इति ।

यत्सत्यं धर्मे मतिः दुर्लभा भवति । अल्पीयांस एव जना धर्मं प्रति बद्धादरा दृश्यन्ते । यद्यपि चतुरस्रतया हितावहो धर्म एवेति विजानन्तोऽपि जनाः कामक्रोधलोभमोहवशगास्ते धर्ममेकतः परित्यज्य अधर्मे पथि अभिनिविशन्ति प्रत्यक्षफलमभिनन्दन्तः । यद्यपि तर्कस्य वेदशास्त्राविरोधित्वमपि तत्तद्देशशास्त्रज्ञानगम्यम् । न च ये अज्ञानिनस्तेषां कृते तु धर्मस्वरूपावबोधो अगम्य एवेति तैः तन्निर्णयः विधेय इति विचिकित्सन् मनुराह—

प्रत्यक्षमनुमानं च शास्त्रं च विविधागमम् ।
त्रयं सुविदितं कार्यं धर्मशुद्धिमभीप्सता ॥

धर्मस्य विशुद्धस्वरूपमधिजिगांसुभिः सर्वमपि शास्त्रजातं सुविदितं कार्यम्। तदानीमेव ते धर्माधर्मस्वरूपं विज्ञातुं प्रभविष्यन्ति। मनुष्याणां परमकर्त्तव्यत्वेनोद्दिष्टं यत्पुरुषार्थचतुष्टयं धर्मार्थकाममोक्षाख्यं तत्रापि धर्मस्य* प्राथम्यं समुपदिष्टमभियुक्तैः। धर्मसाहचर्येण परिपालिताः कामार्थमोक्षाः सिद्धा भवन्ति। न तद्विधुरा इत्याशयः। अतः तादृशः उक्तलक्षणलक्षित एव धर्मः महता प्रयत्नेन सर्वैः पालनीयः ऐहिकाष्मिकसाध्यसिद्धं कामयमानैः यतः धर्मे सर्वं प्रतिष्ठितम्। उक्तञ्च—

एक एव सुहृद्धर्मो निधनेऽप्यनुयाति यः।
शरीरेण समं नाशं सर्वमन्यद् धि गच्छति॥ इति।

धर्मानुष्ठानेनैव मनुष्याः परमं पदमाप्नुवन्ति नान्यथेति।

८—वर्णाश्रमव्यवस्था

भारतीयसंस्कृतौ वर्णाश्रमव्यवस्थेयंनिर तिशयमहत्त्वं भजते। भारतीयसमाजस्य समुत्कर्षार्थं समस्तविश्वोन्नत्यर्थञ्चेयं नूनं किमप्यनर्घ्यमुपायनम्। समाजस्य कल्याणार्थमेव अस्या व्यवस्थाया महर्षिवराणां मस्तिष्कपटलेषु अवतरणम नि। तत्र चत्वारो वर्णाः, चत्वारश्च आश्रमा निर्धारिता दृश्यन्ते गुणकर्मस्वभावतः। चतुर्णां वर्णानां विभागः—

"चातुर्वर्ण्यं मया सृष्टं गुणकर्मस्वभावतः।" (गीता) ब्राह्मणः, क्षत्रियः, वैश्यः, शूद्रश्चेति चत्वारो वर्णाः। ते सर्वेऽपि समाजस्योन्नत्यर्थं परमावश्यकाः सन्ति। न ते परस्परं प्रतिस्पर्द्धन्ते। अपि तु समन्विताः सन्तः परस्परोपकुर्वन्ति बहुतरम्। नह्येषु समुत्कर्षत्वेन उत्तमाधमभावो वा पदमाधत्ते। यद्यपि सर्वेषामेषां धर्माणां पृथक् पृथगिव वैशिष्ट्यमधिकृत्य इमे प्रतिभान्ति। तथापि तत्त्वतः सर्वेऽमी समानभावं जुषमाणाः वरीवर्तन्ते, तेऽमी परस्परं मात्रयाऽपि न विसंवदन्ते। शास्त्रेषु एषां कर्त्तव्यानि धर्माश्चापि पृथक् उपदिष्टाः सन्तोऽपि ते समाजस्य सर्वसामान्यधर्ममेवावहन्ति, तदुक्तं कौटिल्येन स्वकीयेऽर्थशास्त्रे "एष त्रयी धर्मः चतुर्णां वर्णाश्रमानां स्वधर्मस्थापनादौपकारिकः।" स्वधर्मो ब्राह्मणस्याध्ययनमध्यापनं यजनं दानं प्रतिग्रहश्चेति। क्षत्रियस्याध्ययनं यजनं दानं शस्त्राजीवो भूतरक्षणञ्च। वैश्यस्याध्ययनं यजनं दानं कृषिपशुपाल्ये वाणिज्यञ्च। शूद्रस्य द्विजातिशुश्रूषा वार्त्ताकारु कुशीलवं कर्म नैव धर्म इति, स एव वर्णधर्मः सग्रहेण प्रदर्शितः। यद्यपि इमे वर्णाः साम्प्रतिके काले जातिपदव्यपदेश्याः सञ्जाताः। जातिशब्दो हि जन्मवचनः, जात्या जन्मना एव ब्राह्मणादयो भवन्ति ब्राह्मणकुले समुत्पन्नो ब्राह्मणः, क्षत्रियकुले समुत्पन्नः क्षत्रियो, वैश्यकुले उत्पन्नो वैश्यः, शूद्रकुले चोत्पन्नः पुनः शूद्र इति तथापि प्राचीनकाले तु गुणकर्मस्वभावत एव

---

* मनुरप्याह—परित्यजेदर्थकामौ यौ स्यातां धर्मवर्जितौ।

ते ब्राह्मणादयो भवन्ति स्म। ब्राह्मणकुले जातोऽपि यदि गुणकर्मतः ब्राह्मणो न भवेत्तर्हि स ब्राह्मणवर्णाद्विच्युतो भवति स्म। इत्थमेव अन्ये क्षत्रियादयः अपि तत्तद्वर्णार्हगुणकर्मणोर्विहीनाः सन्तः तत्तद्वर्णाच्च्यवन्ते स्म। न हि तेषु स्वस्वधर्मविहीनेषु तत्ताकोटिरवगाहते स्म। तदेतदनेकैरितिवृत्तवृत्तैः साधयितुं न दुष्करमिति। यदि नाम कश्चिद् व्यक्तिविशेषः जन्मना कर्मणापि तत्तद्गुणकर्मविशिष्टः स्यात् तर्हि तु स्वर्णसुगन्धिवत् अतितरामभिनन्दनीयः स्यादिति। यथा राजर्षिः विश्वामित्रः तपः-श्रुतिप्रभृतिगुणराशिबलेन ब्रह्मर्षितामियाय। इत्येवमादयः। उक्तञ्च—

तपः श्रुतञ्च योनिश्चेत्येतद्ब्राह्मणकारणम्।
तपःश्रुताभ्यां यो हीनः जातिब्राह्मण एव सः॥

अस्यायमभिप्रायः—यद् ब्राह्मणत्वे कारणतां गतानि त्रीणि कारणानि भवन्ति 'तपः श्रुतं योनिश्चेति।' तत्र तपः श्रुताभ्यां हीनः केवलं जातिब्राह्मण इति पदेन व्यपदिश्यते। केवलेन जन्मना स ब्राह्मण्यां लब्धजन्मत्वादेव स किं ब्राह्मणः कुत्सितब्राह्मणः न जातु श्रेष्ठ इत्याशयः। यद्यपि जन्मनावर्णवादिनः प्रत्यवतिष्ठन्ते, यत्कर्मणा गुणगणेन च क्षत्रियकर्मकुर्वाणा अपि ब्राह्मणाः, अश्वत्थामा प्रभृतयः ब्राह्मणपदेनैव व्यवह्रियन्ते स्म न क्षत्रियपदेन न वर्णपरिवृत्तिमकामयन्त ते। कर्णसङ्काशाः क्षत्रियगुणालङ्कृता अपि नेतवृत्ते ते क्षत्रियपदमुपलम्भिताः। सूतसन्ततित्वात्सम्भवेन ते सूत इति पदेनैव प्रख्यातिङ्गताः। एवं द्रोणाचार्य-कृपाचार्यप्रभृतयः समनुष्ठितक्षात्रधर्माः सर्वे ब्राह्मणपदभाज एव समभूवन् इति सर्वप्रत्यक्षम्। अतः वर्णव्यवस्था जन्मनैवेति तेषां द्रढीयान् विश्वासः, परन्तु समुत्कर्षगुणाधायकत्वं तु गुणकर्मकलापेनैव सम्पद्यते। तुष्यतु न्यायेन एतत्स्वीकारे अपि वैशिष्ट्यं प्राधान्यन्तु खलु गुणकर्मणोरेवेति। अत एव प्राह भगवान्मनुः—"जन्मना जायते शूद्रः संस्काराद् द्विज उच्यते।" इति।

संस्कारो हि तपःश्रुताभ्यां सुसंस्करणं, तादृशसंस्करणसंस्कृतो जनो द्विजपदवीमुपादत्ते। नान्यथा। अत एव ब्राह्मणक्षत्रियवैश्यादिभिः गुणगणानां ग्रहणे एव यत्नो विधेयः। केवलं जन्मना न सन्तोष्टव्यम्। तदानीमेव सद्ब्राह्मणाः सत्क्षत्रियाः सद्वैश्याश्च भवितुमर्हन्ति। तत्र ब्राह्मणानामध्ययनाध्यापनादीनि क्षत्रियाणां प्रजारक्षणराज्यकार्यादीनि। वैश्यानां पुनः कृषिवाणिज्यादीनि कर्माणि निर्दिष्टानि। यजुर्वेदे साम्नातम्—

ब्रह्मणे ब्राह्मणं क्षत्राय राजन्यं *मरुते वैश्यं तपसे शूद्रम्। इति। वस्तुतः जगतः कल्याणाय इयं वर्णव्यवस्था निरतिशयोपकारकारिणीति सर्वैः सर्वात्मना इतिकर्त्तव्यत्वेन समनुष्ठेया इति।

---

*मरुत् शब्देनात्र मरुद् व्यापार इष्यते। यथा मरुद्वेगेन सिकता इतस्ततः प्रक्षिप्यन्ते तथैव वणिजोऽपि वाणिज्यवस्तुजातमितस्ततो वा प्रक्षिपन्ति इति।

९—कालिदासभारती—उपमा कालिदासस्य

अस्पृष्टदोषा नलिनीव दृष्टा हारावलीव ग्रथिता गुणौघैः ।
प्रियाङ्कपालीव विमर्दहृद्या न कालिदासादपरस्य वाणी ॥ श्रीकृष्णः ।

कविकुलललामभूतः कालिदासः संस्कृतसाहित्यमहाकाशे अम्बरमणिरिव प्रकाशते इति सुविदितमेव काव्यकलानुशीलनपराणां विद्वद्वराणाम् । चरित्रचित्रणे प्रकृतिवर्णनेऽयं कविकुलशिरोमणिः सर्वानपि कवीन्द्रानतिशेते । अस्य प्रसादगुणालंकृता वाणी, गम्भीरार्था च कल्पना अस्य सिद्धवाग्विभवस्यैव प्रखरप्रतिभाप्रसूतेषु काव्येषु विलोक्यते । अस्य सुललितपदविन्यासगुम्फितानि माधुर्यगुणोपेतानि काव्यकुसुमानि कस्य सहृदयस्य मनः प्रीतिं नोपजनयन्ति ।

अयं कविकुलगुरुः कदा कतमञ्च जनपदमलङ्कृतवान् स्वजन्मनेति विवादास्पदमद्यापि । तथापि अस्य ग्रन्थानां सूक्ष्मपरीक्षणेनेदं वक्तुं शक्यते यदेष महाकविः स्वजनुषा काश्मीरभुवमलञ्चकार । अस्य कविवरस्य मेघदूत उज्जयिनीवर्णनेन कुमारसम्भवे च हिमालयवर्णनेन ज्ञायते यदयं प्रौढे वयसि उज्जयिनीं गतो भवेत् तत्र च महीभुजो विक्रमाङ्कस्य सभायां प्रतिष्ठां लेभे तरुणे च वयसि काश्मीरानेवाधिजगाहे । कालिदासस्य कीर्तिकौमुदी नूनमचिरेणैवाभूत् दिग्दिगन्तरालव्यापिनी । तथा च—

"निर्गतासु न वा कस्य कालिदासस्य सूक्तिषु ।
प्रीतिर्मधुरसान्द्रासु मंजरीष्विव जायते ॥" बाणः ।

अयं महाकविः विक्रमादित्यभूपतेः राजसभायां नवरत्नेषु मुख्यतमः आसीत् । इतिहासविदो मनीषिणः प्रायः निश्चिन्वते यत्तस्य प्रादुर्भावकालः खैस्तप्राग्वर्ती सप्तपञ्चाशत्तमो वर्षः ।

अस्य महाकवेः काव्येषु भाषाया रमणीयता, भावानां गाम्भीर्यम्, रसानां परिपाकः, छन्दसामौचित्यम्, मानवीयप्रकृतेः स्वाभाविकं विश्लेषणं, प्राकृतदृश्यानां सजीवचित्रणम् यादृशं सुलभं न तादृशमन्यत्र । अस्य कवेः रूपनिरूपणचातुरी, तच्चित्रनिर्माणकौशलं च लोकोत्तरं हृदयम् आनन्दनिमग्नं करोति । तथा हि कुमारसम्भवे पार्वतीसौन्दर्यवर्णनम्—

सर्वोपमाद्रव्यसमुच्चयेन यथाप्रदेशं विनिवेशितेन ।
सा निर्मिता विश्वसृजा प्रयत्नादेकस्थसौन्दर्यदिदृक्षयेव ॥

अस्मिन् पद्ये पार्वतीसौन्दर्यवर्णनव्यतिरिक्तमर्थान्तरमपि ध्वनितं भवति । तथा हि अत्र मदीये काव्ये सर्वोपमाद्रव्याणां यथाप्रदेशं सन्निवेशितानां समुच्चयो हि मया प्रयत्नतो विहितः काव्यविश्वसृजा एकत्रैव काव्यसौन्दर्यदिदृक्षयेवेति भावः ।

कुमारसम्भवे रतिविलापवर्णनं कीदृशं स्त्रीमनोभावानुगुणं स्वाभाविकं चित्रणम् । तथा हि—

गत एव न ते निवर्त्तते स सखा दीप इवानिलाहतः ।
अहमेव दशेव पश्य मामविसह्य व्यसनेन धूमिताम् ॥

अपि च—

आत्मानमालोक्य च शोभमानमादर्शबिम्बे स्तिमितायताक्षी ।
हरोपयाने त्वरिता बभूव स्त्रीणां प्रियालोकफलो हि वेषः ॥

उपमा कालिदासस्य—उपमाविषये त्वयं कविकुलगुरुरितरान् अखिलान् कवीश्वराननतिशेते । उपमा त्वस्य निसर्गसिद्धा प्रेक्षसीव प्रतीयते । अस्य काव्येषु उपमालता यादृशी पुष्पिता पल्लविता च न तादृशी कवीश्वराणामन्येषां काव्येषु । विस्तृतिभयादिह कानि चिदेत्र निदर्शनानि चोदाहरामः ।

पुरस्कृता वर्त्मनि पार्थिवन प्रत्युद्गता पार्थिवधर्मपत्न्या ।
तदन्तरे सा विरराज धेनुर्दिनक्षपामध्यगतेव सन्ध्या ॥ रघुवंशे ।

अवसानोन्मुखे दिवसे एकतः पश्चिमायामाशायामुपेयुषि दिनकरे अपरतश्च समायान्त्यां रात्रौ तदुभयमध्यगतां सन्धिवेलां नरेन्द्रवत्पत्न्योश्च मध्यगतां धेनुं दिनक्षपामध्यगतया सहोपमिमानः कवीश्वरोऽयं किमुपमासौष्ठवस्य परां कोटिं न गतवान् ! पुनश्च—

अप्यग्रणीर्मन्त्रकृतामृषीणां कुशाग्रबुद्धे कुशली गुरुस्ते ।
यतस्त्वया ज्ञानमशेषमाप्तं लोकेन चैतन्यमिवोष्णरश्मेः ॥ रघु० ।

यथेदं भौतिकं जगत् उष्णरश्मेः सूर्यात् चैतन्यमाप्नोति तद्वत् त्वयापि हे व्रतिन् सूर्यतुल्यगुरोरशेषं ज्ञानमधिगतं कच्चित् तव गुरुदेवः कुशली खलु ! किञ्च—

पितुः प्रयत्नात्स समग्रसम्पदः शुभैः शरीरावयवैर्दिने दिने ।
पुपोष वृद्धिं हरिदश्वदीधितेरनुप्रवेशादिव बालचन्द्रमाः ॥ रघुवंशे ।

स रघुः पितुर्दिलीपस्य मनोहरैः शरीरावयवैः सूर्यरश्मेरनुप्रवेशात् बालचन्द्रमा इव वृद्धिं पुपोष । अहो कीदृशी पूर्णा मनोहारिणी चेयमुपमा ।

भारतीयसंस्कृतिपरम्परानुकूलां रघूणां जीवनपद्धतिं कविरित्थं वर्णयति—

सोऽहमाजन्मशुद्धानामाफलोदयकर्मणाम् ।
आसमुद्रक्षितीशानामानाकरथवर्त्मनाम् ॥
यथाविधिहुताग्नीनां यथाकामार्चितार्थिनाम् ।
यथापराधदण्डानां यथाकालप्रबोधिनाम् ॥
त्यागाय सम्भृतार्थानां सत्याय मितभाषिणाम् ।
यशसे विजिगीषूणां प्रजायै गृहमेधिनाम् ॥
शैशवेऽभ्यस्तविद्यानां यौवने विषयैषिणाम् ।
वार्द्धके मुनिवृत्तीनां योगेनान्ते तनुत्यजाम् ।
(रघूणामन्वयं वक्ष्ये तनुवाग्विभवोऽपिसन्)

अहो ! भारतीयपरम्परोपनतस्त्रीजनस्य भर्तृजनं प्रति प्रेम्णः कीदृशमादर्शभूतं प्रदर्शनं विहितम् । तथा हि–

किं वा तवात्यन्तवियोगमोघे कुर्यामुपेक्षां हतजीवितेऽस्मिन् ।
स्याद्रक्षणीयं यदि मे न तेजस्त्वदीयमन्तर्गतमन्तरायः ॥
साऽहं तपःसूर्यनिविष्टदृष्टिरूर्ध्वं प्रसूतेश्चरितुं यतिष्ये ।
भूयो यथा मे जननान्तरेऽपि त्वमेव भर्त्ता न च विप्रयोगः ॥
नृपस्य वर्णाश्रमपालनं यत् स एव धर्मो मनुना प्रणीतः ।
निर्वासिताऽप्येवमतस्त्वयाहं तपस्विसामान्यमपेक्षणीया ॥

अजविलापमपि सहृदयहृदयसंवेद्यमतीव मार्मिकं प्रतिभाति ।

पतिरंकनिषण्णया तया करणापायविभिन्नवर्णया ।
समलक्ष्यत बिभ्रदाविलां मृगलेखामुषसीव चन्द्रमाः ॥
विललाप सबाष्पगद्गदं सहजामप्यपहाय धीरताम् ।
अभितप्तमयोऽपि मार्दवं भजते कैव कथा शरीरिषु ॥
कुसुमान्यपि गात्रसङ्गमात्प्रभवन्त्यायुरपोहितुं यदि ।
न भविष्यति हन्त साधनं किमिवान्यत्प्रहरिष्यतो विधेः ॥
स्रगियं यदि जीवितापहा हृदये किं निहिता न हन्ति माम् ।
विषमप्यमृतं क्वचिद्भवेदमृतं वा विषमीश्वरेच्छया ॥
अथवा मम भाग्यविप्लवादशनिः कल्पित एष वेधसा ।
यदनेन तरुर्न पातितः क्षपिता तद्विटपाश्रिता लता ॥

ईदृशं हृदयद्रावकं चित्रणं कस्य सचेतसो मनः नाश्चर्यचकितं करोति ।

गीतिमयं काव्यं मेघदूतं हि काव्याम्बुधौ समुपगतं परमोज्ज्वलं रत्नम् । अस्मिन् विरहसंतप्तस्य यक्षस्य मानसी व्यथा अतीव मार्मिकतया कविकुलगुरुणा वर्णिता । आज्ञाभंगापराधक्रुद्धेन अलकाधीश्वरेण कुबेरेण यक्षः वर्षमात्रकालाय निर्वासितः । स मेघद्वारा प्रेयसीं हृदयवल्लभां प्रति प्रणयसंदेशं प्रेषयामास ।

मेघदूतस्य भाषा अतीव प्राञ्जला, प्रवाहवाहिनी, सुमधुरा, प्रसादगुणशालिनी च । मेघं प्रति याचनाप्रकारः कियान् रोचकः । तथा हि—

जातं वंशे भुवनविदिते पुष्करावर्तकानां
जानामि त्वां प्रकृतिपुरुषं कामरूपं मघोनः ।
तेनार्थित्वं त्वयि विधिवशात् दूरबन्धुर्गतोऽहं
याच्ञा मोघा वरमधिगुणे नाधमे लब्धकामा ॥

धूमज्योतिः सलिलमरुतां सन्निपातः क्व मेघः
संदेशार्थाः क्व पटुकरणैः प्राणिभिः प्रापणीयाः ।
इत्यौत्सुक्यादपरिगणयन् गुह्यकस्तं ययाचे
कामार्ता हि प्रकृतिकृपणाश्चेतनाऽचेतनेषु ॥

यद्वस्य तादृगौचितीं कविवरः कियच्चारुतया उत्पादयति इति विचारणीयम्। पुनश्च—

त्वामालिख्य प्रणयकुपितां धातुरागैः शिलाया-
मात्मानं ते चरणपतितं यावदिच्छामि कर्तुम्।
अस्रैस्तावन् मुहुरुपचितैर्दृष्टिरालुप्यते मे
क्रूरस्तस्मिन्नपि न सहते संगमं नौ कृतान्तः॥

मानवीयान्तःप्रकृतेः मार्मिकं स्नेहस्पन्दनं चित्रार्पितमिव प्रतिभाति। कालिदासः खलु शृङ्गाररसस्याद्वितीयः कविः, शृङ्गारे नान्यः कोऽपि कविस्तस्य तुलां स्पृशति।

अस्य महाकवेश्चत्वारि महाकाव्यानि ऋतुसंहार–कुमारसम्भव–रघुवंश–मेघदूता-भिधानानि तथा त्रीणि विश्वविश्रुतानि नाटकानि–मालविकाग्निमित्र-विक्रमोर्वशीय-अभिज्ञानशाकुन्तलाभिधानि, तेषु शाकुन्तलं परमोत्कृष्टम्। इदं नाटकं कालिदासस्य सर्वस्वमभिधीयते। शकुन्तलावलोकनसमकालमेव दुष्यन्तः विस्मयापन्नः व्याजहार—

'अहो मधुरमासां दर्शनम्। लब्धमद्य नेत्रनिर्माणफलम्!'
मानुषीषु कथं वा स्यादस्य रूपस्य संभवः।
न प्रभातरलं ज्योतिरुदेति वसुधातलात्॥

अपि च—

अधरः किसलयरागः कोमलविटपानुकारिणौ बाहू।
कुसुममिव लोभनीयं यौवनमंगेषु सन्नद्धम्॥

पुनश्च—

सरसिजमनुविद्धं शैवलेनापि रम्यं
मलिनमपि हिमांशोर्लक्ष्म लक्ष्मीं तनोति।
इयमधिकमनोज्ञा वल्कलेनापि तन्वी
किमिव हि मधुराणां मण्डनं नाकृतीनाम्॥

शकुन्तलायाःसौन्दर्यस्य कीदृशं मनोहरं चित्रणम्?

शकुन्तलायाः पतिगृहं प्रति विसर्जनवेलायां महर्षिः कण्वः कीदृङ्मर्मस्पृग्वचोभिर्मनोभावमावेदयति। (५५६-५६० पृष्ठौ चाप्यवलोकनीयौ)

यास्यत्यद्य शकुन्तलेति हृदयं संस्पृष्टमुत्कण्ठया,
कण्ठस्तम्भितबाष्पवृत्तिकलुषश्चिन्ताजडं दर्शनम्।
वैक्लव्यं मम तावदीदृशमपि स्नेहादरण्यौकसः
पीड्यन्ते गृहिणः कथं नु तनयाविश्लेषदुःखैर्नवैः॥

\+ + +

शकुन्तला—(पितरमाश्लिष्य) कथमिदानीं तातस्याङ्कात्परिभ्रष्टा मलयतटोन्मूलिता चन्दनलतेव देशान्तरे जीवनं धारयिष्ये!

काश्यपः—किमेवं कातरासि!

अभिजनवतो भर्तुः श्लाघ्ये स्थिता गृहिणीपदे,
विभवगुरुभिः कृत्यैस्तस्य प्रतिक्षणमाकुला।
तनयमचिरात्प्राचीवार्कं प्रसूय च पावनं
मम विरहजां न त्वं वत्से शुचं गणयिष्यसि॥

(शकुन्तला पितुः पादयोः पतति)

गौतमी—जाते परिहीयते गमनवेला निवर्तय पितरम्।

शकुन्तला—कदा नु भूयस्तपोवनं प्रेक्षिष्ये?

काश्यपः—गच्छ वत्से। शिवास्ते पन्थानः सन्तु।

अहो! कीदृशोऽयं मर्मस्पर्शी मनोरमश्च संवादः!

कालिदासः रसमूर्धन्ये शृङ्गाररसे उपमालङ्कारे च सर्वानेव कवीश्वरानतिशेते इत्यत्र नास्ति सन्देहावसरः। विविधरूपधारिणी अस्योपमाऽपि चेतश्चमत्करोति—

तां हंसमाला शरदीव गङ्गां
महौषधिं नक्तमिवावभासः।
स्थिरोपदेशामुपदेशकाले
प्रपेदिरे प्राक्तनजन्मविद्याः॥ (कुमार०)

कालिदासस्य काव्यकलायाः अतिशयलोकप्रियत्वं सर्वश्रेष्ठत्वञ्च सर्वैः सहृदयहृदयैः स्वीकृतम्। तस्य वर्णविन्यासमाधुर्यं, भाषायाः प्राञ्जलता च नान्यत्राभिलक्ष्यते। कियत्तावद्वर्ण्येत तस्य कविकुलचूडामणेः भारती। तथा हि—

"अमृतेनैव संसिक्ता चन्दनेनैव चर्चिता।
चन्द्रांशुभिरिवोद्धृष्टा कालिदासस्य भारती॥"

महाकवेरस्य सुधा धवलाकीर्तिः अमान्तीव भारतेवर्षे पाश्चात्यानपि देशान् स्वकीयैरमलैर्गुणैर्नितरां मुखरयाम्बभूव। न हि सन्ति संस्कृतभाषाविदः केचनापि धरातले ये विश्ववन्दनीयं महाकविमेनं सबहुमानं न स्मरन्ति।

१०—बाणोच्छिष्टं जगत्सर्वम्

अस्ति कविसार्वभौमो वत्सान्वयजलधिकौस्तुभो बाणः
नृत्यति यद्रसनायां वेधोमुखरंगलासिका वाणी॥

(पार्वतीपरिणये)

महाकविबाणभट्टः संस्कृतगद्यलेखकेषु सर्वमूर्द्धाभिषिक्तः असाधारणप्रतिभासम्पन्नो महामेधावी चासीत्। स्वजीवनविषये स्ववंशपरिच्चयविषये चायं स्वविरचिते हर्षचरिते समासेन लिखितवान्। तथा हि—

"स बाल एव विधेर्बलवतो वशादुपसम्पन्नया व्ययुज्यत जनन्या।
जातस्नेहस्तु नितरां पितैवास्य मातृतामकरोत्।" (हर्षचरिते)

बभूव वात्स्यायनवंशसम्भवो द्विजो जगद्गीतगुणोऽग्रणीः सताम्।
अनेकगुप्तार्चितपादपङ्कजः कुबेरनामांश इव स्वयम्भुवः॥
(कादम्बरी)

बाणभट्टस्य कालविषये कतिपयैः प्रमाणैर्निश्चीयते यदयं कान्यकुब्जाधिपस्य श्रीहर्षदेवस्य सभापण्डित आसीत्। श्रीहर्षदेवस्य च समयः खैस्त ६०६ तमोऽवधारितः कालविद्भिः। बाणभट्टस्यापि स एव समय इति विवादातीतम्।

बाणभट्टः बाल्यकाल एव दुर्भाग्यवशात् जनन्या व्ययुज्यत। अतः समुपजातस्नेहः पितैव मातृत्वमकरोत्। अयं कुशाग्रधीर्वटुः व्याकरणादीनि शास्त्राणि अधीयानः यदा चतुर्दशवर्षीयो जातस्तदास्य जनकोऽपि सुरपुरं जगाम। ततः शोकविह्वलोऽयं किञ्चित्कालं स्वगृह एव दिनानि व्यतीयाय। तदनु अप्रतिमप्रतिभाशाली देशादेशान्तरभ्रमणपर्युत्सुकोऽयं मित्रगणैः परीतः गृहान्निरगच्छत्। यदाऽसौ प्रत्यावर्तत तदा सुहृद्वर्गैः महतासमारम्भेण तत्स्वागतोत्सवो निरवर्ति। अथ गच्छता कालेन 'राजाधिराजःश्रीहर्षः भवन्तं प्रति कलुषितान्तःकरणः' इति संदेशहरमुखेन श्रुत्वा बाणः विदीर्णहृदयो राजानं दिदृक्षुस्त्वरितमेवाभ्यगात्। राजा तं दृष्ट्वैव 'महानयं भुजङ्गः' इति व्याजहार। बाणोऽपि प्रगल्भया गिरा प्राह—"देव नार्हसि मामन्यथा सम्भावयितुमविशिष्टमिव जनम्। ब्राह्मणोऽस्मि जातः सोमपायिनां वंशे वात्स्यायनानाम्। यथाकालमुपनयनादयः कृताः संस्काराः। सम्यक् पठितः साङ्गोवेदः। श्रुतानि यथाशक्ति शास्त्राणि। दारपरिग्रहादभ्यागारिकोऽस्मि का मे भुजङ्गता"। राजा च तन्निशम्य किञ्चिन्मन्त्रमुग्ध इव मौनमभजत। अथ गच्छता कालेन भूपतिः स्वयमेव गृहीतस्वभावः प्रसन्नोऽभूत्। प्रसन्नेन राज्ञा तस्मै प्रभूतं द्रविणं† दत्तमादरातिशयं च स लेभे। ततो बाणः सहर्षं प्रशस्तिरूपमनवद्यं प्रबन्धं हर्षचरितसमाख्यं निबबन्ध। इयं हि बाणस्य प्रथमा रचना तथापि अस्याः कापि अपूर्वा वर्णनशैली, कवित्वकलापूर्णवाग्धारा या सहृदयानां मनः बलात् चारुत्वचमत्कृतं करोति। तद्यथा—

"यस्मिंश्च राजनि निरन्तरैर्यूपनिकरैरङ्कुरितमिव कृतयुगेन, दिङ्मुखविसर्पिभिरध्वरधूमैः पलायितमिव कलिना, ससुधैः सुरालयैरिवावतीर्णमिव स्वर्गेण, सुरालयशिखरोद्धूयमानैर्धवलध्वजैः पल्लवितमिव धर्मेण...."

---

† हेम्नो भारशतानि वा मदमुचां वृन्दानि वा दन्तिनाम्
श्रीहर्षेण समर्पितानि कवये बाणाय कुत्राद्य तत्।
या बाणेन तु तस्य सूक्तिनिकरैरुट्टङ्किताः कीर्तय-
स्ताः कल्पप्रलयेऽपि यान्ति न मनाक मन्ये परिम्लानताम्॥

"स्थानेषु स्थानेषु च मन्दमन्दमास्फाल्यमानालिङ्ग्यकेन, शिञ्जानमञ्जुवेणुकेनानुत्तालाबुवीणेन, कलकांस्यकोशीक्वणितकोलाहलेन समकालदीयमानानुत्तालतानकेनातोद्यवाद्येनाऽनुगम्यमानाः, पदे पदे झणझणितरवैरपि सहृदयैरिवानुवर्त्तमाना ताललयाः कोकिला इव मदकलकाकलीकोमलालापिन्यः, विटानां कर्णामृतान्यश्लीलरासकपदानि गायन्त्यः, कुङ्कुमप्रभृष्टरुचिरकायाः काश्मीरकिशोर्य इव वल्गन्त्यः...."

अहो कीदृश आश्चर्यकारी लालित्योपेतो वाग्धाराप्रवाहः!

कादम्बरी बाणभट्टस्य अद्वितीया द्वितीया रचना। अस्मिन् गद्यमहाकाव्ये बाणेन तथाद्भुतं कलाकौशलं वाग्विन्यासविलासं च प्रदर्शितं यथास्य तुलामधिरोढुं न कस्यापि कवेर्गद्यकृतिरुत्सहते। तथा चोक्तं पुलिन्दभट्टेन—

"कादम्बरीरसभरेण समस्त एव मत्तो न किञ्चिदपि चेतयते जनोऽयम्।"

बाणेन कादम्बर्याः कथानकं गुणाढ्यनिर्मितबृहत्कथातः संकलितं प्रतीयते। बाणः कादम्बरीमपूर्णामेव त्यक्त्वा सुरपुरं गतवान् ततोऽस्या उत्तरभागस्तदात्मजेन पुलिन्दभट्टेन विरचितो बाणशैलीमनुसृत्यैव।

बाणेन स्वरचनासु पाञ्चालीरीतिरेवाश्रिता। बाणस्य पदविन्यासविलासो वर्ण्यवस्त्वनुरूपो भवति, इदमेवास्य रचनाया वैशिष्ट्यम्। विन्ध्याटवीं वर्णयन्नसौ प्रयुङ्क्ते विकटानेव शब्दान् परन्तु वसन्तवर्णनावसरे मृदुलामतिकोमलाञ्च पदावलीं प्रयुङ्क्ते। निदर्शनरूपेण अधोलिखितानि प्रदीयन्ते—

(विन्ध्याटवीवर्णनम्) "क्वचित् प्रलयवेलेव महावराहदंष्ट्रासमुत्खातधरणिमण्डला, क्वचिदुत्कृतमृगपतिनादभीतेव कण्टकिता...."

(वसन्तवर्णनम्) "अशोकतरुताडनरणितरमणीमणिनूपुरझङ्कारसहस्रमुखरेषु सकलजीवलोकहृदयानन्ददायकेषु मधुमासदिवसेषु....।"

(अनुप्रासालङ्कारचमत्कृतिः) "इभकलभकल्लोलपल्लववेल्लितलवलीलयैः मधुकरकुलकलङ्ककालीकृतकालेयककुसुमकुड्मलेषु...."

(उपमालङ्कारचमत्कारः) क्रमेण च कृतं मे वपुषि वसन्त इव मधुमासेन, मधुमास इव नवपल्लवेन, नवपल्लव इव कुसुमेन, कुसुम इव मधुकरेण, मधुकर इव मदेन, नवयौवनेन पदम्।"

(विरोधाभासालङ्कारः) शिशिरस्यापि रिपुजनसन्तापकारिणः स्थिरस्यापि अनवरतं भ्रमतः, निर्मलस्यापि मलिनीकृताराातिवनितामुखकमलद्युतेः, अतिधवलस्यापि सर्वजनरागकारिणः।"

(अर्थापत्तिः) किं बहुना तापसाग्निहोत्रधूमलेखाभिरुत्सर्पन्तीभिरनिशमुपपादितकृष्णाजिनोत्तरासङ्गशोभाः फलमूलभृतो वल्कलिनो निश्चेतनास्तरवोऽपि सनियमा इव लक्ष्यन्तेऽस्य भगवतः समीपवर्तिनः, किं पुनश्चेतनाः प्राणिनः।"

(मधुरपदविन्यासः) "वशीकर्तुकामं काममिव सनियमम्, हर्षजलकण-नीहारिणि वियद्विहारिणि कर्पूरधूलिधूसरेषु मलयजरसलवलुलितेषु बकुलावलीवलयेषु स्तनेषु ।"

प्रकृतिचित्रणम्

"एकदा तु नातिदूरोदिते नवनलिनदलसम्पुटभिदि किञ्चिदुन्मुक्तपाटलिम्नि भगवति मरीचिमालिनि....!"

"दिवसावसाने लोहिततारका तपोवनधेनुरिव कपिला वर्तमाना सन्ध्या....।"

"यौवनमिवोत्कलिकाबहुलं षण्मुखचरितमिव श्रूयमाणक्रौञ्चवनिताविलापम्, भारतमिव पाण्डवधार्तराष्ट्रकुलकृतक्षोभं, कद्रूस्तनयुगलमिव नागसहस्रपीतपयोगण्डूष-मच्छोदं नाम सरो दृष्टवान् ।"

"अनेन च समयेन परिणतो दिवसः, स्नानोत्थितेन मुनिजनेनार्घविधिमुपपादयता यः क्षितितले दत्तहस्तमम्बरतलगतः साक्षादिव रक्तचन्दनाङ्गरागं रविरुदवहत् ।"

बाणस्य रचनाशैली न क्वापि औचितीमतिक्रमते, कामपि चानन्यसाधारणीं निपुणतामाविष्करोति । सर्वत्र चोर्वरां कल्पनामनुबध्नाति, सूक्ष्मनिरीक्षणनैपुण्यमपि प्रदर्शयति, क्वचित् शब्दाडम्बरमालम्बते, क्वचित् गर्जनम्, क्वचित् भर्त्सनम्, क्वचिच्च तर्जनं करोति । कपिञ्जलमुखेन कविः कीदृश्या प्राञ्जलया भाषया पुण्डरीकस्य भर्त्सनं करोति । तथा हि—

"सखे, पुण्डरीक, सुविदितमेतन्मम । केवलमिदमेव पृच्छामि यदेतदारब्धं भवता किमिदं गुरुभिरुपदिष्टम् उत धर्मशास्त्रेषु पठितम्, उत धर्मार्जनोपायोऽयम्, उतापरस्तपसां प्रकारः, उत स्वर्गगमनमार्गोऽयम्, उत व्रतरहस्यमिदम्, उत मोक्षप्राप्तियुक्तिरियम् आहोस्विदन्यो नियमप्रकारः ?"

बाणस्य वाणी स्वरचनासु सर्वत्र परिपुष्णाति भारतीयसंस्कृतिम्, आर्यमर्यादाञ्चानुपालयति । स्थान एव कविवरः श्रीधर्मराजो निगदति—

> रुचिरस्वरवर्णपदा रसभाववती जगन्मनो हरति ।
> सा किं तरुणि ! नहि नहि वाणी बाणस्य मधुरशीलस्य ॥

न केवलमलङ्कारचमत्कृतिचारुतैवास्य कवेर्विशेषता अपितु राजनीतिविषयका उपदेशा अप्यस्य नैपुणीमाविष्कुर्वन्ति । तथा हि मन्त्रिप्रवरस्य शुकनासस्योपदेशास्तथ्यस्य वाक्प्रागल्भ्यं प्रकटयन्ति—

"तात चन्द्रापीड, विदितवेदितव्यस्याधीतसर्वशास्त्रस्य ते नाल्पमप्युपदेष्टव्यमस्ति, केवलं च निसर्गत एवाभानुभेद्यमरत्नालोकोच्छेद्यमप्रदीपप्रभापनेयमतिगहनं तमो यौवनप्रभवम् । अपरिणामोपशमो दारुणो लक्ष्मीमदः । कष्टमनञ्जनवर्तिसाध्यमपरमैश्वर्यतिमिरान्धत्वम् । अशिशिरोपचार्यहार्योऽतितीव्रो दर्पदाहज्वरोष्मा । सततममल-

मन्त्रगम्यो विषयो विषयविषादास्वादमोहः। नित्यमस्नानशौचवध्यो रागमलावलेपः। अजस्रमक्षपाऽवसानप्रबोधा घोरा च राज्यसुखसन्निपातनिद्रा भवतीति विस्तरेणाभिधीयते। गर्भेश्वरत्वमभिनवयौवनत्वमप्रतिमरूपत्वममानुषशक्तित्वञ्चेति महतीयं खल्वनर्थपरम्परा सर्वा। अविनयानामेमामैकैकमप्येषामायतनम् किमुत समवायः। यौवनारम्भे च प्रायः शास्त्रजलप्रक्षालननिर्मलापि कालुष्यमुपयाति बुद्धिः। अनुज्झितधवलतापि सरागैव भवति यूनां दृष्टिः....।

तदेवं प्रायोऽतिकुटिलकष्टचेष्टासहस्रदारुणे राज्यतन्त्रेऽस्मिन् महामोहकारिणि च यौवने कुमार, तथा प्रयतेथा यथा नोपहस्यसे जनैः, न निन्द्यसे साधुभिः, न धिक्क्रियसे गुरुभिः, नोपालभ्यसे सुहृद्भिः, न शोच्यसे विद्वद्भिः, यथा च न प्रकाश्यसे विटैः न प्रतार्यसेऽकुशलैः, नास्वाद्यसे भुजङ्गैः, नावलुप्यसे सेवकवृकैः, न वञ्च्यसे धूर्तैः, न प्रलोभ्यसे वनिताभिः, न विडम्ब्यसे लक्ष्म्या, न नर्त्यसे मदेन, नाक्षिप्यसे विषयैः नावकृष्यसे रागेण, नापह्रियसे सुखेन। कामं भवान् प्रकृत्यैव धीरः, पित्रा च समारोपितसंस्कारः, तरलहृदयमप्रतिबद्धञ्च मदयन्ति धनानि। तथापि भवद्गुणसन्तोषो मामेवं मुखरीकृतवान्....।

बाणभट्टस्येयं गम्भीरार्थकल्पना वाणी कस्य हृदयं नाह्लादयति। स्थान एव श्रीगोवर्धनाचार्येण लिखितं यत्सरस्वत्या स्वयं वाक्प्रागल्भ्यं प्रकटयितुं बाणावतारो गृहीतः। तथा हि—

जाता शिखण्डिनी प्राक् यथा शिखण्डी तथाऽवगच्छामि।
प्रागल्भ्यमधिकमाप्तुं वाणी बाणो बभूव ह॥

अत एवेयमुक्तिः सम्यक् घटते—"बाणोच्छिष्टं जगत् सर्वम्" इति।

११—कारुण्यं भवभूतिरेव तनुते

भवभूतेः सम्बन्धाद् भूधरभूतेव भारती भाति।
एतत्कृतकारुण्ये किमन्यथा रोदिति ग्रावा॥

(गोवर्द्धनाचार्यः)

संस्कृतसाहित्ये भवभूतिप्रसूतानि त्रीणि नाटकरत्नानि विलसन्ति—वीरचरित-मालतीमाधव—उत्तररामचरिताख्यानि। तानि खल्वसाधारणगुणगरिम्णा रसिकानां चेतांसि समाकर्षन्ति। तदेषां पदविन्यासेन भावभङ्ग्या चानुमीयते यद् वीरचरितमेव प्रथमा रचना तदनु मालतीमाधवं तदनन्तरं चोत्तररामचरितम्, उत्कर्षदृशा च सर्वोत्कृष्टकृतिरुत्तररामचरितमेव।

कविवरोऽयं श्रीकण्ठः रत्नखेटकः कोटिसार इत्येतैर्नामभिः प्रख्यातः। कविरसौ उत्तररामचरिते सूत्रधारमुखेन स्वपरिचयमेवं दत्तवान्—"एवमत्रभवन्तो विदाङ्कुर्वन्तु

अस्ति खलु तत्र भवान् काश्यपः श्रीकण्ठपदलाञ्छनः पदवाक्यप्रमाणज्ञो भवभूतिर्नाम जातुकर्णीपुत्रः ।" तथा चायं वीरचरिते मालतीमाधवे चात्मानं परिचाययति—"अस्ति दक्षिणापथे पद्मपुरं नाम नगरम् । तत्र केचित्तैत्तिरीयिणः काश्यपाश्चरणगुरवः पङ्क्तिपावनाः पञ्चाग्नयो धृतव्रताः उदुम्बरा ब्रह्मवादिनः प्रतिशन्ति । तदामुष्यायणस्य तत्र भवतो वाजपेययाजिनो महाकवेः पञ्चमः सुगृहीतनाम्नो भट्टगोपालस्य पौत्रः पवित्र-कीर्तेर्नीलकण्ठस्यात्मसम्भवः श्रीकण्ठपदलाञ्छनो भवभूतिर्नाम जातुकर्णीपुत्रः कविः मित्रधेयमस्माकमित्यत्रभवन्तो विदाङ्कुर्वन्तु—

श्रेष्ठः परमहंसानां महर्षीणामिवाङ्गिराः ।
यथार्थनामा भगवान् यस्य ज्ञाननिधिर्गुरुः ॥"

एवं हि ज्ञायते यत् जतुकर्णगोत्रसम्भवत्वात् कविवरस्य जननी जातुकर्णीति नाम्ना प्रसिद्धा गुरुश्चास्य ज्ञाननिधिनामा यथार्थनामा ज्ञाननिधिरेव बभूव ।

भवभूतिर्जन्मना विदर्भदेशमलञ्चकार । मालतीमाधवस्य पर्यालोचनेन ज्ञायते यत् विदर्भदेशस्य राजधानी कुण्डिनपुरमासीत् । यत्र पद्मपुरे भवभूतिर्जन्मपरिग्रहम-करोत् तदधुना जनशून्यं बृहद्वनं सञ्जातम् ।

केचिन् मन्यन्ते यत् कालिदासः भवभूतिश्च समसामयिकावास्ताम् । परं तयोः रचनापर्यालोचनेन ज्ञायते यत् नैतौ समसामयिकौ । कालिदासस्य रचना शैली प्रसादबहुला, सरला निसर्गजा च, भवभूतेस्तु जटिला, प्रलम्बसमासबहुला च प्रतिभाति ।

भवभूतेः कालविषये राजतरङ्गिण्याश्चतुर्थेऽङ्के पद्यमिदं महत्त्वपूर्णम्—

"कविर्वाक्पति-राजश्री-भवभूत्यादिसेवितः ।
जितो ययौ यशोवर्मा तद्गुणस्तुतिबन्दिताम् ॥"

एतेन पद्येन विज्ञायते यत् भवभूतिः कान्यकुब्जाधिपतेः यशोवर्मणो राजपण्डित आसीत् । यशोवर्माऽसौ काश्मीरकेण राज्ञा ललितादित्येन पराजितः । ललितादित्यस्य शासनकालः खैस्त ६९३ अब्दात् ७२९ पर्यन्तमासीत् । अतः भवभूतेः समयः अष्टम-शताब्द्याः प्रारम्भ एवेति सुनिश्चितम् ।

भवभूतिः कालिदासस्य समसामयिकः इति प्रचारितः प्रवादोऽपि विचारणीयः । अस्य प्रवादस्य मूलं भोजप्रबन्धोल्लिखितमाख्यायिकमिदं वर्तते यदेकदा भवभूतिः उत्तररामचरितं विरच्य कालिदासस्य सविधं गतस्तच्छ्रावणाय । शतरञ्जनक्रीडासक्तः कालिदासो भवभूतिं प्राह यदुच्चैः श्रावय । श्राद्यन्तं च सर्वं निशम्य कालिदासः परमसन्तुष्टोऽभूत्, उक्तवांश्च यद्रूपकमतिरमणीयं सम्पन्नम् , परन्तु—

किमपि किमपि मन्दं मन्दमासत्तियोगा-
दविरलितकपोलं जल्पतोरक्रमेण ।
अशिथिलितपरिरम्भव्यापृतैकैकदोष्णो-
रविदितगतयामा रात्रिरेवं व्यरंसीत् ॥

इत्यस्य श्लोकस्य चतुर्थे चरणे "एवं" इत्यत्र अनुस्वारोऽधिकः सञ्जातः। भवभूतिना कालिदासस्यैतन्निर्देशं स्वीकृत्य 'रात्रिरेव व्यरंसीत्' इति पाठभेदेऽनुस्वारोऽपाकृतः। परमस्य प्रवादस्य कोऽपि आधारो नास्ति यतः भोजप्रबन्धे पठ्यते—'वाराणसीतः समागतः कोऽपि भवभूतिर्नाम कविः द्वारि तिष्ठति।' भूजानेर्भोजदेवस्य शासनसमयस्यायं वृत्तान्तः। श्रीभोजदेवश्च मुञ्जभ्रातृजः। यदि भोजदेवस्य शासने भवभूतेः विद्यमानता स्वीक्रियेत तर्हि भवभूतेः समयः एकादशशताब्द्याम् भवेत् एतच्च प्रमाणान्तरैर्भवितुं नार्हति। अतः भवभूतेः समयः अष्टमशताब्द्याः प्रारम्भ एवेति सुनिश्चितम्।

नाटककारेषु भवभूतेः स्थानं सर्वोत्कृष्टमित्यत्र न काप्यत्युक्तिः। 'उत्तरे रामचरिते भवभूतिर्विशिष्यते' अस्याभाणकस्यापि चारितार्थ्यमेव। अस्य कवेः करुणरसः सर्वस्वभूतः तस्य रसस्य च प्राधान्यं कविः स्वयमेवोद्घोषयति—

एको रसः करुण एव निमित्तभेदात्
भिन्नः पृथक् पृथगिव श्रयते विवर्तान्।
आवर्त्तबुद्बुदतरङ्गमयान् विकारा-
नम्भो यथा सलिलमेव हि तत्समस्तम्॥ इति।

स्वयं भवभूतिस्तमसामुखेन करुणरसस्य प्राधान्यं रससार्वभौमत्वं च सूचयति तथा चान्ये रसास्तु तद्विकृतय एव।

उत्तरचरिते तु करुणरसः पराकाष्ठां गत इव प्रतिभाति। तद्यथा—

हा हा देवि स्फुटति हृदयं स्रंसते देहबन्धः
शून्यं मन्ये जगदविरतज्वालमन्तर्ज्वलामि।
सीदन्नन्धे तमसि विधुरो मज्जतीवान्तरात्मा
विष्वङ्मोहः स्थगयति कथं मन्दभाग्यः करोमि॥

भवभूतिना यद्यपि यत्रतत्र स्वनाटकेषु वीरकरुणबीभत्सादिरसानां प्रयोगः कृतस्तथापि करुणरस एव शिखरायते तस्य रचनायाम्। संस्कृतसाहित्ये भवभूतेः उच्चतमं स्थानम्, न केवलं भाषासौष्ठवदृशा, अपितु तस्य रचनासु भारतीयसंस्कृतेः परम्परा, रीतिनीतिव्यवहारा, अध्यात्मज्योतिश्च परिदीप्यमानं वर्तते।

वीरचरिते तृतीयाङ्के समाजपरिपाटीं च चित्रयन् कविरयं ब्रह्मर्षिवसिष्ठमुखेन जामदग्न्यं ब्राह्मणधर्मम् अवबोधयति—

"अयि वत्स, किमनया यावज्जीवनमायुधपिशाचिकया। श्रोत्रियोऽसि जामदग्न्य- पूतं भजस्व पन्थानम् आरण्यकश्चापि तत्प्रचिनु चित्तप्रसादनाश्चतस्रो मैत्र्यादिभावनाः। प्रसीदतु हि ते विशोका ज्योतिष्मती नाम चित्तवृत्तिः। समापयतु परशुं च। तत्प्रसादजमृतम्भराभिधानमवहिःसाधनोपाधेयसर्वार्थसामर्थ्यमपविद्धसर्वोपरागमूर्जस्वलमन्तर्ज्योतिषो दर्शनं प्रज्ञानमपि सम्भवति। तद्धि आचरितव्य ब्राह्मणेन तरति येन मृत्युं पाप्मानम्।"

उत्तरचरिते चतुर्थाङ्के जनकेन लववेशवर्णनव्याजेन कियन्नैपुण्येन चित्रितानि क्षत्रियान्तेवासिनां लक्षणानि—

चूडाचुम्बितकङ्कपत्रमभितस्तूणीद्वयं पृष्ठतः
भस्मस्तोकपवित्रलाञ्छनमुरो धत्ते त्वचं रौरवीम् ।
मौर्व्या मेखलया नियन्त्रितमधो वासश्च माञ्जिष्ठकम्
पाणौ कार्मुकमक्षसूत्रवलयं दण्डः परः पैप्पलः ॥

भवभूतिना स्वरचनायां प्राचीनसमाजस्य यत् प्रकृतचित्रणं कृतं तत्खलु तस्य वैशिष्ट्यम् । तद्रचनायां तदानीन्तनशास्त्रीयाचारव्यवहारस्यापि सम्यक् प्रतिबिम्बरतचातुरीम् प्रदर्शयति । भवभूतिर्नाट्यकलायां कालिदासस्य तुलनां तु नाधिरोहति किन्तु स स्थाने स्थाने ऽसाधारणकवित्वशक्तिं दर्शयति—

"स्नपयति हृदयेशं स्नेहनिष्यन्दिनी ते धवलबहुलमुग्धा दुग्धकुल्येव दृष्टिः'

कीदृङ्मर्मस्पृग्वर्णनमेतत् । अयं हि कविः लब्धप्रतिष्ठः श्रेष्ठश्चासीत् । श्री हरिहरेण कविवरेण स्थान एवोक्तम्—

जडानामपि चैतन्यं भवभूतेरभूद् गिरा ।
ग्रावाप्यरोदीत् पार्वत्या हसतः स्म स्तनावपि"

कालिदास-भवभूत्योस्तुलना—उभावपि कवीश्वरौ संस्कृतसाहित्यस्य मूर्द्धाभिषिक्तौ नाट्यकारौ । कालिदासः शृङ्गाररसस्य आचार्यः भवभूतिश्च करुणरसस्य । उभावपि स्वस्वविषये निरुपमौ नाट्यकलाकारौ । यद्यपि महापुरुषयोस्तुलना नोचितीमर्हति तथापि समालोचकाः स्वदृष्टिविन्दुमुद्दिश्यैव एवं त्रिदधति । कालिदासस्य रचनायां कल्पनावृत्तिरेव मुख्या भवभूतेः रचनायामभिधावृत्तिरेव मुख्या । दुष्यन्तः शकुन्तलाप्रथमदर्शन एव चमत्कृतो निगदति—

'अहो लब्धं-नेत्रनिर्वाणम् ।'

भवभूतिः मालतीमाधवे मालतीमवलोक्य माधवः—

"अविरलमपि दाम्ना पौण्डरेणेव नद्धः स्नपित इव च दुग्धस्रोतसा निर्भरेण ।"

यत्र कालिदासः संकेतमात्रं तनुते तत्र भवभूतिः विशदवर्णनं करोति । कालिदासस्य भाषा मधुरा शैली च प्रसादगुणोपेता भवभूतेस्तु भाषा प्रौढा ।कश्चित् कृत्रिमा, समासाडम्बरशालिनी च । यद्यपि काव्यकलानाट्यपाटवं भावावेशसंश्लेषश्चोभयोः कवीश्वरयोरलौकिकः मार्मिकश्च तथापि तारतम्यदृशा तु स्थिरीक्रियते यद्भवभूतिः कालिदासस्य तुलनां नारोहत्येव ।

१२–सर्वे क्षयान्ता निचयाः

सर्वे क्षयान्ता निचयाः पतनान्ताः समुच्छ्रयाः ।
संयोगा विप्रयोगान्ता मरणान्तं च जीवितम् ॥

अस्मिन् संसारे यत्किञ्चिदपि वस्तुजातं दृश्यते तत् किमपि न स्थायि। यान्यपि वस्तूनि अस्माकं दृष्टिगोचरं भवन्ति तान्यपि स्थिरतां न भजन्ते। वस्तुतः इदं सर्वमेव मायाप्रपञ्च एव। जगद्वस्तूनां सर्वेषामपि दशा जलबुद्बुदवत्, जलतरङ्गवत् वर्तते। नूनं सर्वं जगदिदम् नाट्यशालावत् प्रतिभाति। यथा नाट्यशालायां विभिन्नपात्राणि विभिन्नवेषं परिधाय समागच्छन्ति गच्छन्ति च तथैव मानवा अपि स्वकर्मानुसारेण विश्वेऽस्मिन् जन्म लब्धा स्वकर्त्तव्यानि च कृत्वा पुनरपि लोकान्तरं गच्छन्ति। अतो नात्र संदेहलेशोऽपि वर्तते यदत्र सर्वेषां वस्तूनां स्थितिः क्षणभङ्गुरा। न कस्यापि मनुजस्य वित्तसञ्चयः चिरस्थायी। क्वास्ति बन्दीकृतकुबेरस्य स्वर्णलङ्काधिपतेः दशाननस्य च अतुला धनसम्पत्तिः ? क्वास्ति विश्वविजयिनः अलक्षेन्द्रस्य अतुलो धनराशिः यः परिमातुमपि न शक्यः यं च दृष्ट्वा अलक्षेन्द्रः मृत्युकाले भृशं रुरोद नितरां विषादं च प्राप्तवान् ? महाराजाधिराजस्य भोजस्यापि क्व गतं तदखिलं धनं यस्य गणनापि कर्तुं नाशक्यत ? श्रूयते यत् मुगलकाले शाहंशाह शाहजहाँ नाम्नः नरपतेः कोशे महान्ति रत्नानि, सुवर्णादीनि चासन् किन्तु कुत्र तानि रत्नानि गतानि ? वस्तुतः तानि सर्वाणि कालेन कवलीकृतानि। अस्माकं देशस्य भारतवर्षस्य असंख्यधनराशिः कुत्र गतः ? तं खलु आङ्गलदेशीया व्यापारिणः शासकाश्च पारेसमुद्रं नीतवन्तः। किं स धनराशिरिदानीम् आङ्गलदेशे वर्तते ? नैव, आङ्गलदेशीयास्तु इदानीं पराश्रिताः सन्ति, अमेरिकादेशस्य सहायतां विना ते स्वतन्त्ररूपेण स्थातुमप्यसमर्थाः। अत एवोच्यते यत् सर्वेषां निचयानाम् अन्तः क्षय एव दृश्यते नात्र सन्देहावसरः।

विभिन्नकाले विभिन्नराष्ट्रा देशा वा समुन्नतेः पराकाष्ठां गताः। इतिहासविदः जानन्ति यद् रोमनसाम्राज्यस्य प्रभावेण, प्रतापेन च समस्ता योरपदेशीया भयाक्रान्ता आसन्। ग्रीकदेशस्य राज्योत्कर्षस्य अतुलनीयप्रभावस्य च गाथामद्यापि इतिहासज्ञा घोषयन्ति। का कथान्येषाम् देशानाम् अस्माकं देशोऽपि तदा स्वोन्नतेः सभ्यतायाश्च पराकाष्ठां प्राप्नोत्, यदा पाश्चात्यदेशा अज्ञानान्धकारेण संछन्ना आसन्, राजाधिराज–चन्द्रगुप्तविक्रमादित्यस्य राज्यकालेऽस्य देशस्य संस्कृतिः सभ्यता च शिखरायते स्म। परमद्य पारितापस्य विषयोऽयं यत् भारतवर्षस्य तत्प्राचीनं गौरवं विकरालकालेन कवलीकृतम्। सर्वदेशानामग्रणीरस्माकं देशः साम्प्रतमतिनिकृष्टां हीनां च दशां प्राप्तोऽस्ति। अधुना भारते वाल्मीकि-कालिदासप्रभृतीनां कवीनां कोमलकान्तपदावली नैव श्रूयते, दरिद्रतया अज्ञानान्धकारेण च समन्वितोऽयमस्माकं देशः सुतरां दीनः हीनश्च समजनि। अतुलधनराशिसम्पन्नोऽस्माकं देशोऽद्य परमुखापेक्षी

विद्यते, अन्यदेशानाम् आर्थिकसहायतां विना स्वोन्नतिं विदधातुमपि न समर्थः। न केवलमस्माकं देशस्यैव हीना दशा, अन्ये प्राचीनकाले सर्वोन्नता ग्रीसरोमादिदेशा अपि इदानीं पतिता हीनाश्च दृश्यन्त। सुष्टूक्तं कविवरेण कालिदासेन—

"कस्यैकान्तं सुखमुपनतं दुःखमेकान्ततो वा
नीचैर्गच्छत्युपरि च दशा चक्रनेमिक्रमेण।"

वस्तुतः यः कोऽपि समुन्नतिं याति तस्य पतनमपि अवश्यमेव भवति। अत एवोक्तं "पतनान्ताः समुच्छ्रयाः"।

असारेऽस्मिन् संसारे सर्वेषां संयोगे विप्रयोगः पर्यवस्यति। संसारः नाट्यशाला इव वर्तते यत्र मनुष्याः समागच्छन्ति, कञ्चन कालमुषित्वा यथाभिमतं स्थानं गच्छन्ति। स्थिरता तु नैव कस्यापि वस्तुनः मनुष्यस्य वा। युक्तमुक्तं भगवता व्यासेन—

यथा काष्ठं च काष्ठं च समेयातां महादधौ।
समेत्य च व्यपेयातां तादृग् भूतसमागमः॥

यथा महासमुद्रे द्वे काष्ठे संयोगवशात् कतिचित् कालाय संयोगं प्राप्य पुनरपि तस्मिन्ननन्तसागरे वियोगं प्राप्नुतः तथैव मानवा अपि नदी-नौकासंयोगेन संमेलनं प्राप्य पुनः मृत्युना हृता अनन्तकालाय वियोगं प्राप्नुवन्ति। निशानिशाकरयोः, चन्द्रिकाचकोरयोः, सूर्यकमलयोः संयोगः न शाश्वतः प्रत्युत क्षणभङ्गुर एव। संसारे पुत्रवत्सलः पिता पुत्रात् वियोगं प्राप्नोति, प्रियसमागमोत्सुका कान्ता कान्तात् विप्रयोगं गच्छति, प्राणेभ्यः प्रियतरा पुत्री विवाहानन्तरं मातुः सकाशात् विच्छेदं प्राप्नोति। एवं सर्वस्यापि वस्तुनः संयोगो विप्रयोगान्त एव।

मरणान्तं च जीवनं—विषयेऽस्मिन् कस्यापि संदेहलेशो नास्ति। संसारे जातस्य मृत्युरवश्यंभावी। इयमेव संसारस्यासारता, संसरणशीलता च। भगवता श्रीकृष्णेनापि गीतायाम्—

"जातस्य हि ध्रुवो मृत्युः ध्रुवं जन्म मृतस्य च" इति सिद्धान्तः प्रतिपादितः। संसारेऽस्मिन् बहवो मानवा जाता मृताश्च, बहूनां नामापि न श्रूयते। सत्यमुक्तं केनापि कविना—

मान्धाता च महीपतिः कृतयुगालङ्कारभूतो गतः
सेतुर्येन महोदधौ विरचितः क्वासौ दशास्यान्तकः।
अन्ये चापि युधिष्ठिरप्रभृतयो याता दिवं भूपते
नैकेनापि समं गता वसुमती नूनं त्वया यास्यति॥

क्व सन्ति श्रीरामकृष्णादयः मानवश्रेष्ठा ये सज्जनानां परिपालका दुर्जनानां च नाशका आसन्! क्व सन्ति हरिश्चन्द्रादयः दानवीरा भूपतयः येषां केवलं गाथाद्य श्रूयते! क्व सन्ति स्वतन्त्रतासंग्रामस्य अनन्यतमसेनानायकाः लोकमान्यतिलक-पटेलादयोऽस्मान् विहाय गताः! सर्वे कालवशेन पञ्चत्वं गताः। अतः नितरां समीचीनेयमुक्तिः—

"सर्वे क्षयान्ता निचयाः"। इति।

१३-धर्मार्थकाममोक्षाणामारोग्यं मूलमुत्तमम्

इह खलु संसारचक्रे चङ्क्रम्यमाणा मानवानां जीवनसाफल्यसिद्धये चत्वारः परमपुरुषार्था धर्मार्थकाममोक्षाख्याः सकलश्रुतिस्मृतिप्रसिद्धा निरतिशयानुष्ठेयत्वेन प्रतिपादिताः। तेषामनुष्ठानमारोग्यमन्तरा न कदापि सुकरम्। तच्चारोग्यं नियमिताहारविहारनिद्रादि सवर्था व्यायामादेव समुपलभ्यते नान्यथा। आरोग्यसंरक्षणार्थं, व्यायामः, प्राणायामः यमनियमासनादियोगाङ्गानुष्ठानस्य परमावश्यकता। तथा हि—

व्यायामपुष्टगात्रस्य बुद्धिस्तेजो यशो बलम्।
प्रवर्धन्ते मनुष्यस्य तस्माद् व्यायाममाचरेत्॥

आरोग्यमन्तरा न धर्मः सम्यक्तया परिपाल्यते नाप्यर्थः सम्यगुपार्जयितुं मन उत्सहते। दुर्बलाङ्गत्वान्नापि कामना एव प्रपूरयितुं शक्या। पुनः सर्वदुःखजातप्रमोक्षस्य मोक्षस्य तु कथैव किल का? परिणामतः आरोग्याभावे मनुष्यजीवनसाफल्यमेव कदर्थितं भवति। तर्हि दुरापैः कर्मकलापैरगण्यै र्वा पुण्यैश्च उपलब्धस्य मानवजन्मनो वैफल्यन्नाम कियद्दौर्भाग्यमयं कष्टम्। अतः आरोग्यरत्नमिदं सर्वतोभावेन रक्षणीयमेव बुद्धिमद्भिरिति इमे सर्वेऽपि पुरुषार्था आरोग्येणैवैकेन संसाध्याः सर्वास्ववस्थासु तत्तत्साफल्यावाप्तये आरोग्यमेवैकमावश्यकं साधनम्। विद्योपासकानां ब्रह्मचर्याश्रमिणां छात्राणां कृते तावदारोग्यं खल्वत्यन्तमावश्यकम्। व्यायामादिना सुसम्पन्ने ब्रह्मचर्यव्रते प्रपन्ने हृष्टपुष्टशरीरे एव समारोपिता विद्यालता पूर्णतया प्रफुल्यते। स्वस्थे शरीरे एव विद्या समुज्ज्वला वर्चस्वला च संशोभते। अस्वस्थे दुर्बले वपुषि च सा तेजोविहीना दीनहानेव च प्रतिभाति। एवमेव गृहस्थसुखमपि पूर्णारोग्यसम्पन्नानां बलिष्ठानामेव यूनां युवतीनां च कृते सम्पन्नं भवति न जातु रुग्जीर्णशीर्णवपुष्मताम्। अत एव धर्मशास्त्रकारेण भगवता मनुना प्रतिपादितम्—

"अधार्यो दुर्बलेन्द्रियैः।"

एतावतां दुर्बलेन्द्रियाणां कृते गृहस्थाश्रमो निषिद्ध एव खलु। एवमेव ये खलु श्रमजीविनस्तेऽपि यदि दुर्बलाः श्वासकासनिपीडिताः सदैव तेषां स्वामिभिरवहेल्यन्ते निराद्रियन्ते च। एवं धनाढ्या राजानो महाराजा अपि यद्यारोग्यदरिद्राः तेऽपि स्वपदोचितं सुखमुपभोक्तुं न खलु न खलु पारयन्ति। सदैव ते वैद्यराजानुकम्पानुजीविनः सन्त आधिव्याधिवशंवदतया जीवनं यापयन्तो धृतशरीरा अपि मृता इव ते यथा कथञ्चिन्निश्वसन्ति, जीवनञ्च दुर्भरतया यापयन्ति। श्रूयते किल अमरीकादेशललामभूतो लब्धमहालक्ष्मीप्रसादः कश्चित् श्री फोर्डनामा महाभागो धनाढ्यतमोऽपि महासम्पत्सनाथोऽपि सन् नैरुज्यदरिद्रो न कदापि साधारणसुखसम्पदामभजत। औषधसेवनमन्तरा सूचीभेदप्रसादमन्तरा स कदापि निद्रासुखं न लेभे। अमुद्रितलोचनः सन् सदैव चन्द्रतारकमण्डलं गणयन्नेव निरवशेषां निशां निराशः सन्नैषीत्। एकदा स प्रभातवेलायां वायुसेवनार्थं कस्मिंश्चित् कान्तकान्तारे विहा-

रार्थं स्ववाष्परथमारूढः किं सम्पश्यति यत् एकस्मिन् हरिततृणान्नलतादिसमलङ्कृतेऽतिरमणीये सुक्षेत्रे कमनीये कुटीरद्वारि कश्चन कृषीबलः सुस्वस्थः स्वकुमारकुमारीदाराभिः सह संक्रीडनसाट्टहासं धूमपानरसमुपरसयन् स्वच्छानन्दस्य परां कोटिमाटीकमानः किमपि स्वर्गीयसुखमुपभुञ्जानो व्यराजत। मया तु सताऽपि धनधान्यादिनिरतिशयसम्पत् शालिना एतादृशोन्मुक्ताट्टहासः कदापि नानुभूतः, मदपेक्षयात्वयं स्मेराननो द्रविणेन दरिद्रोऽपि श्रीधरैरप्यप्रमेयं सुखसम्पत्तिमश्नुते इति। तादृशारोग्यसम्पादनार्थम् उपायान्तरेषु मुख्यतया व्यायामः अपरिहार्यत्वेन संस्मृतः।

नियमपूर्वकं विधीयमानो व्यायामो हि फलप्रदो भवति। स च व्यायामो द्विधः श्रूयते, व्यायामेन वपुषः सर्वेषु अङ्गेषु मर्मस्थलेषु रक्तसञ्चारः समीचीनतया सम्पद्यते। तेन गात्रं परिपुष्टं जायते। परिपुष्टे स्वस्थे गात्रे हि मनोऽपि स्वस्थं प्रसन्नञ्च भवति। सर्वाङ्गीणा स्फूर्ति विवर्धते, बुद्धिस्तेजो यशो बलञ्च सुतरां प्रवर्धन्ते। व्यायाममहिम्ना एव वक्षः स्थलं विशालं नेत्रयुगलं तरलं तेजस्वि च, घनगात्रविभक्तता चानायासेन सुसम्पन्ना भवति। यद्यपि व्यायामस्य अनेके भेदा दृश्यन्ते, यथा वारितरणं, ह्यारोहणं, धावनम्, योगासनानि, सूर्यनमस्कारः, प्राणायामः, तथापि ते द्वेधा विभाजयितुं शक्यन्ते। एकः शारीरिकोऽपरो मानसश्च। उपर्युक्ताः प्रकाराः शारीरिकेष्वन्तर्भवन्ति। मानसश्च पुनः स्वाध्यायः, श्रवणं, मननं, निदध्यासनं समाधिश्चेति। एषु मुख्यतमः समाधिरेव यत्रात्मपरमात्मनोः समाकलनं भवति। परन्तु साधारणजनानां कृते तु शारीरिकेषु यथारुचि, यथाशक्ति च यो यस्मै रोचते स एव नियमतः परिपालनीयः। कोमलप्रकृतिभाजां कृते तु भ्रमणमेव केवलं सर्वोत्कृष्टत्वेन वयमाकलयामः। इत्थमेव मानसेष्वपि यावच्छक्तिबलोदयं नियमेनानुष्ठेयम्, सामान्यजनेभ्यस्तु स्वाध्यायसन्ध्याध्यानं प्रणवजपश्च एव महीयान् इति निष्कर्षः। बाला बालिका युवानः युवत्योऽपि यथाशक्यं मानसशक्तिसंप्राप्त्यर्थं शारीरसम्पत्तिञ्च समुत्कर्षयितुं सर्वात्मना व्यायामोऽनुष्ठेय एवेति शम्।

एतदतिरिक्तमेतदपि चावधेयं भवति यत् अहं स्वस्थोऽस्मीति कथमाकलयेयम्। इत्येदर्थं स्वस्थपुरुषस्य लक्षणं विशेषज्ञैरलक्षि—

समदोषः समाग्निश्च समधातुमलक्रियः।
प्रसन्नात्मेन्द्रियमनाः स्वस्थ इत्यभिधीयते॥

स्वस्थे पुरुषे हि नियतं बुभुक्षाप्रवृत्तिः, भोज्येषु चाभिरुचिः, कार्येषु कर्मसु समुत्साहः, आत्ममनसोः प्रसादः, गात्राणां लघुमात्रता, प्रसन्नेन्द्रियग्रामता च प्रवर्त्तते, स एव स्वस्थः। अस्वस्थस्य पुनः उन्निद्रता, आलस्यं, वपुर्मनसोऽवसादः, उदासीनवृत्तिः, असहिष्णुता प्रभृतयो दोषाः प्रवर्त्तन्ते। तदपाकरणार्थं सर्वदा सर्वात्मना च हितेप्सुभिः प्रयतनीयमिति। स्वास्थ्यसंवर्द्धनार्थं निम्नाङ्किताः कतिपयनियमाः नित्यं पालनीया नियतवृत्या—

(१) व्यायामः प्राणायामश्च प्रत्यहमवश्यमनुष्ठेयौ ।

(२) सन्ध्योपासनं गायत्रीजपः अवश्यमेव करणीयः ।

(३) प्रतिदिनं भ्रमणं विशुद्धवायुसेवनञ्च विधिपूर्वकं करणीयम्, वायुसेवनार्थं नगराद्बहिर्गन्तव्यम्। वनोपवननिर्मलवायुसेवनेन गात्राणि प्रसन्नानि भवन्ति। मनसि समुत्साहः नवाभिनवाश्चेतना, बुद्धिविकासश्च समुत्पद्यते।

(४) सात्त्विकाहारः, विशुद्धो विहारश्चावश्यकः; "यादृशमन्नं तादृशं मनः" इति लोकप्रसिद्धा भणितिः यथार्था एव, सात्त्विके आहारे सत्यमेव मनोऽपि खलु सात्त्विकं भवति। चित्तप्रसादश्च जायते, अधिगते हि चित्तप्रसादे बुद्धिः पर्यवतिष्ठते, उक्तञ्च गीतायाम्—

तस्माद् यस्य महाबाहो निगृहीतानि सर्वशः।
इन्द्रियाणीन्द्रियार्थेभ्यः तस्य प्रज्ञा प्रतिष्ठिता ॥

तदारोग्यमहिम्ना मनुष्येण स्थितप्रज्ञता समवाप्यते। स्थितप्रज्ञस्य च स्वयं सिद्ध एव निखिलेन्द्रियसंयमः। सतीन्द्रियसङ्गमे एव पूर्णमारोग्यं शारीरं मानसश्च सम्प्रतिपन्नं भवति। अत एव सत्यमेवोक्तम्—

'धर्मार्थकाममोक्षाणामारोग्यं मूलमुत्तमम्' इति। तस्मात् धर्मार्थकाममोक्षाणां सिद्धये आरोग्यं सर्वतःप्राक् सम्पादनीयं भवति।

यद्यपि बुद्धिबलं सर्वबलप्रधानम् इति भणितिः सुप्रसिद्धा तथापि शरीरबलमेव तदप्यपेक्षते। बलवति शरीरे एव मनो बलवत् बुद्धिश्च बलवती सम्भवति। बलवान् पुरुषो, देशो वा सर्वैः समाद्रियते, निर्बलः सदैव परिभूयते। संसारोऽयं निर्बलानां कृते नास्ति। "देवो दुर्बलघातकः" इति शास्त्रोक्तिः अक्षरशः सत्या। शक्तिहीनो परेषां दास्यपाशेन च अनायासेन निगिडितो भवति। सुखसम्पदभीप्सुभिः बलवद्भिः शक्तिसम्पन्नैः भवितव्यम्। श्रुतिरपि प्रार्थनारूपेण सन्दिशति—

तेजोऽसि तेजो मयि धेहि
बलमसि बलं मयि धेहि। इति।

यतो बलवन्त एव स्वातन्त्र्यं रक्षितुं सक्षमा नान्ये, अतो मनुष्यैः स्वस्थैर्बलवद्भिश्च भवितव्यमिति।

१४—सत्सङ्गतिः कथय किन्न करोति पुंसाम्

सतां सज्जनानां सङ्गतिः संपर्कः संसर्गो वा जनेषु गुणोत्कर्षप्रकर्षाय सर्वश्रेष्ठं वस्त्वस्तीति कविप्रवरस्याशयः। यथा स्पर्शमणिसंसर्गाल्लोहमपि स्वर्णतां याति तथैव गुणिजनसंसर्गात् गुणरहितोऽपि जनः गुणवान् जायते। तथैव दुर्गुणिसम्बन्धाद्दुर्गुणी भवति। इत्यत्र नास्ति सन्देहलवोऽपि। अतः सत्यमुक्तं कविना—

यादृशो यस्य संसर्गो भवेत्तद्गुणदोषभाक् ।
अयस्कान्तमणेर्योगादयोप्याकर्षको भवेत् ॥

वस्तुतः सत्सङ्गवशादेव मानवः समुन्नतो भवति । सज्जनानां सम्पर्केण जनः सज्जनः भवति, दुर्जनानां संसर्गेण च दुर्जनः । स्थाने एवोक्तं "संसर्गजा दोषगुणा भवन्ति" इति । अतः सौजन्यसमुन्नतिञ्चेच्छता जनेन सर्वदा सतामेव सङ्गतिर्विधेया न कदाप्यसताम् । उक्तमपि—

सद्भिरेव सहासीत सद्भिः कुर्वीत सङ्गतिम् ।
सद्भिर्विवादं मैत्रीञ्च नासद्भिः किञ्चिदाचरेत् ॥

असद्भिः दुर्जनैः सह सङ्गतिं कुर्वाणो मनुष्यः निरपवादरूपेण दुर्जनतां प्रव्रजति । सत्सङ्गतिंकुर्वाणश्च पुनः सर्वाङ्गीणमुन्नतिपदमासादयति । उक्तं च सङ्गतिफलं विवृण्वता केनापि कविना—

पापान्निवारयति योजयते हिताय,
गुह्यं निगूहति गुणान् प्रकटीकरोति ।
आपद्गतं च न जहाति ददाति काले
सत्सङ्गतिः कथय किन्न करोति पुंसाम् ॥

अतः सज्जनानां सङ्गतिरेव अविनाभावत्वेन समुपास्या । सज्जनः सर्वदा जनान् पापकर्मणो निवारयति । यानि हितानि कल्याणकराणि च तत्त्वानि तान्येव अनुष्ठेयत्वेन निर्दिशति नाहितसाधकानि । हीनोऽपि जनः सत्संसर्गवशात् महान् जायते, स्तेनोऽपि परोपकारप्रवणो भवति । वाल्मीकिसदृशाः सत्संसर्गवशान्मुनिवृत्तिपरा महर्षयोऽभूवन् । एवमेव असत्संसर्गेण मानवोऽपि दानवो जायते । सकलगुणालङ्कृतोऽपि विविधविद्याविभूषितोऽपि सत्कुलीनोऽपि निन्दनीयतां वचनीयतां च व्रजति । च्यवते च नितरां मनुष्यपदात् । सर्वत्र समवहेल्यते विद्वज्जनैः । सर्वेषां जायतेऽनादरास्पदम् । उक्तं च यथा—

असतां सङ्गदोषेण को न याति रसातलम् ।

किञ्च—

हीयते हि मतिस्तात हीनैः सह समागमात् ।
समैश्च समतामेति विशिष्टैश्च विशिष्टताम् ॥

एतेन एतदपि समुपदिष्टं भवति यत्सत्सङ्गतिरपि स्वापेक्ष्यगुणैर्गरिष्ठस्यैव विद्यावरिष्ठस्यैव महात्मनः विधेयत्वेनोपदिष्टा, तदेव सोत्तमफलाय कल्पते नान्यथा । नूनं महतां सङ्गेनैव जनो महान् भवति—

काचः काञ्चनसंसर्गाद्धत्ते मारकती द्युतीः ।
तथा सत्सन्निधानेन मूर्खो याति प्रवीणताम् ॥

दृश्यते यत् सत्पुरुषाः सर्वदा जनैः पुष्पमालाधानैः सम्मान्यन्ते, पुष्पानुशायिनः क्षुद्राः कीटा अपि कुसुमसङ्गप्रसङ्गात्सतां शिरः समारोहन्ति, अन्यथा वराकस्य कीटहतकस्य सतां शिरः समारोहणप्रसङ्गो नितरामसम्भव एव किल। एवं गणनातीतैः कविवरैः सत्सङ्गतेर्माहात्म्यवर्णनं मुक्तकण्ठं कृतमवलोक्यते। कियद्यावद्वर्ण्येत—

जाड्यं धियो हरति सिञ्चति वाचि सत्यम्
मानोन्नतिं दिशति पापमपाकरोति।
सन्तोषमाकलति दिक्षु तनोति कीर्तिम्
सत्सङ्गतिः कथय किन्न करोति पुंसाम्॥

किन्नाम तद् हितं यत्सत्सङ्गतिर्न वितनुते। एतदवधेयमत्र। यथा यथा सत्संगतिः प्रभवति तथा सत्वगुणोद्रेको विजृम्भते, प्रस्फुरति च सत्वगुणोद्रेकविशेषे सत्कृत्यानि, प्रशस्तकर्माण्येव जनः विधातुमुपक्रमते, सञ्चिनोति परितः प्रसत्वरां यशश्चन्द्रिकाम्। यथा यथा च जनोऽसङ्गतिमुपसन्दधाति तथाऽयशोगर्ते निपतति। नून यावत्कल्याणजातसम्पत्सम्पादनसाधनं सत्सङ्गतिरसङ्गतिश्च पुनर्ध्रुवमकल्याणं करोतीति निर्विवादम्। अत एवोक्तम्—

"सतां सद्भिः सङ्गः कथमपि हि पुण्येन भवति।" यद्यपि सत्सङ्गतिप्रसङ्गः कैश्चित्पुण्यकृद्भिरेवावाप्यते न सर्वैं तथापि यथाशक्ति प्रयत्नस्तु आस्थेय एव। सतामेव वर्त्म च सर्वात्मना अनुसरणीयमेव।

यदि तेषामुद्दिश्य पन्थानं कात्स्‍र्न्येनानुगन्तुं शक्यं न भवेत् तदांशत एव समनुसर्तव्यम्। तद्यथा—

अनुगन्तुं सतां वर्त्म कृत्स्नं यदि न शक्यते।
स्वल्पमप्यनुगन्तव्यं मार्गस्थो नावसीदति॥

येषां मानसमन्दिरे सत्सङ्गप्रणयिनी वृत्तिः निरन्तरं जागर्ति विग्रहवती सती ते स्वजीवनेऽवश्यमेव रसयन्ति कल्याणकल्पद्रुमामृतमयं रसमिति निर्विशङ्कम्। अतः आत्मकल्याणाभिलाषुकेण जनेन दुर्जनसङ्गतिमपास्य सर्वात्मना सत्सङ्गतिरेवोपास्या। सत्सङ्गतेर्गुणगणान्गायं गायमनेकैः कवीश्वरैः स्वकीया काव्यकला निर्मला कृता—

गङ्गेवाघविनाशनी जनमनः सन्तोषसच्चन्द्रिका
तीक्ष्णांशोरपि सत्प्रभेव जगदज्ञानान्धकारापहा।
छायेवाखिलतापनाशनकरी स्वर्धेनुवत् कामदा
पुण्यैरेव हि लभ्यते सुकृतिभिः सत्सङ्गतिर्दुर्लभा॥

किञ्च—

सन्तप्तायसि संस्थितस्य पयसो नामापि न श्रूयते
मुक्ताकारतया तदेव नलिनी पत्रास्थितं राजते।
स्वात्यां सागरशुक्तिसंपुटगतं तज्जायते मौक्तिकम्
प्रायेणाधममध्यमोत्तमगुणः संसर्गतो जायते॥

भगवति वेदेऽपि च सत्सङ्गतेर्महती प्रशंसा कृताऽत्रलोक्यते ।

शुक्रोऽसि भ्राजोऽसि स्वरसि ज्योतिरसि ।
आप्नुहि श्रेयांसमतिसमं क्राम ॥ अ० वेदे ॥

मन्त्रोऽयं विस्पष्टमभिप्रैति यज्जीवात्मा निसर्गतः शुभ्रज्ञानप्रदीप्तः सुखसम्पन्न-ज्योतिष्मान् सन्नपि जन्मान्तरसञ्चिताज्ञानतिमिरावरणेनावृतो भूत्वा अधमतां याति स्वरूपं विस्मरन् तदज्ञानावरणस्य निवृत्तिः सत्सङ्गप्रसङ्गेनैव भवितुमर्हति । सत्सङ्गतिं विधानोऽयं निर्धूतसकलकल्मषः स्फाटिकमणिरिव शुद्धान्तःकरणः परितोभासमानः यशसः कीर्तेश्च पराकाष्ठामवगाहते मानवजन्मनश्च साफल्यं भजते यच्च अकृतपुण्या-नां न सुलभम् इति । किं बहुना—

कल्पद्रुमः कल्पितमेव सूते सा कामधुक् कामितमेव दोग्धि ।
चिन्तामणिश्चिन्तितमेव दत्ते सतां तु सङ्गः सकलं प्रसूते ॥
वरं गहनदुर्गेषु भ्रान्तं वनचरैः सह ।
न दुष्टजनसम्पर्कः सुरेन्द्रभवनेष्वपि ॥

अतः सत्सङ्ग एवोपादेयः हेयश्च कुसङ्गः सर्वदेति ।

इत्यलं पल्लवितेन ।

१५—बुद्धिर्यस्य बलं तस्य

अथवा

दीर्घौ बुद्धिमतो बाहू

इह संसारे यानि गुरूणि कार्याणि तानि बुद्धिमद्भिरेव कृतानि न कदापि जड-मतिभिः । पुरा आधुनिके वा युगे यानि सारभूतानि वैज्ञानिकानि वा कार्याणि दृश्यन्ते तानि सर्वाण्यपि बुद्धिमद्भिः विज्ञानवेतृभिरेव सम्पादितानि । कस्य चिदपि कार्यस्य सम्पादने बुद्धिरेव प्रधानभूतं साधनं विद्यते मानवानाम् ।

अथ का नाम बुद्धिः । तत्रोच्यते । बुद्धि बोधनात्, यया बलाद् विषया समव-बोध्यन्ते ज्ञायन्ते सा बुद्धिः, बुध्यते अनेनेति व्युत्पत्तेः । बुद्धिर्हि ज्ञानात्मिका शक्ति-विशेषा । बुद्धिमान् हि मानवो यस्मिन् कस्मिन् नापि विषये पदमाधत्ते तस्मिन्नेव विषये स्वबुद्धिचमत्कारं प्रदर्शयति । सत्यमेतत्, किन्तु नायं सार्वत्रिको नियमः । कस्मिंश्चिद् विषये निपुणतरोऽपि कश्चित् विषयान्तरे जाड्यं प्रदर्शयति । कश्चित् छात्रः गणितविषये मन्दोऽपि भाषायाम् अतिमेधावी विलोक्यते । अतः व्यक्तिभेदात् बुद्धिभेदा अपि जायन्ते । स च बुद्धिभेदः कर्मानुबन्धी भवति । बुद्धयस्तावत् त्रिविधा दृश्यन्ते—बोधात्मिका, प्रेरणात्मिका, उभयात्मिका च । तासु बोधात्मिका

सामान्या, प्रेरणात्मिका च विशिष्टा, उभयात्मिका पुनः सविशेषा भवति। सविशेष-बुद्धिमन्तो हि मानवाः विशिष्टा महान्तश्च जायन्ते। त एव मेधाविन इति पदेन व्यपदिश्यन्ते। तथा च श्रुतिः—

यां मेधां देवगणाः पितरश्चोपासते।
तया मामद्य मेधया मेधाविनं कुरु॥ इति।

प्रेरणात्मिका हि बुद्धिः सदा फलवती भवति। बुद्धिर्हि ज्ञापयति खलु यथार्थं तत्त्वम्। प्रेरणा च पुनः मानवं बुद्धिसङ्गतं तत्त्वं क्रियान्वयीकर्तुं प्रचोदयति तदेतद्बुद्धिप्रेरणयोः ज्ञानकर्मणो वा फलं कठिनतरेषु असम्भवप्रायेषु कार्येष्वपि सर्वाङ्गीणा सिद्धिरिति। अतएव अयमेव महतामुपदेशो यत् बुद्धितत्त्वं सर्वात्मना पालनीयम्। बुद्धिनाशकानि अमेध्यानि यद् द्रव्याणि—पलाण्डुलशुनगृंजनकवकपललागर्भजातानि न कदापि सेव्यानि। मेधायै हितकारीणि सात्त्विकानि पयोदधिनवनीतघृतादीनि बुद्धिप्रसादकानि कन्दमूलफलादीनि सदा सेव्यानि न जातु बुद्धिमान्द्यकराणि तामसानि द्रव्याणीति। सा च बुद्धिः पुनः द्वेधा प्रदिष्टा मनोविज्ञानपण्डितैः व्यवसायात्मिका, संशयात्मिका चेति। व्यवसायात्मिका बुद्धिरेव साफल्यं भजते न पुनः संशयात्मिका। व्यवसायत्मिका बुद्धिद्वारा कृतसङ्कल्पतया समारब्धा उद्योगा विघ्नैः पुनः पुनरपि प्रतिहन्यमाना आसिद्ध्यवधि प्रचलन्त्येव न कथञ्चिदपि विरता भवति। बुद्धिर्हि तावत् ज्ञानस्य साधनं, ज्ञानस्योपाकरणम्। सा पुनश्चेतना। परं चितिशक्तेः सान्निध्यतात् अयस्कान्तमणिकल्पा सा चितिशक्तेः प्रतिबिम्बोद्ग्राहितया चैतन्यरूपतां बिभ्राणाऽर्थाकारपरिणतार्थमवबोधयति तेन योऽसौ तत्तदर्थाकारपरिणामो बुद्धेः स ज्ञानलक्षणावृत्तिरिति पदेन व्यवह्रियते। तदिदं बुद्धितत्त्वं जडप्रकृतितया इन्दुमण्डलमिव स्वयमप्रकाशं चैतन्यसूर्यमण्डलच्छायापत्त्या प्रकाशमानः प्रकाशयत्यर्थान्।

एवं बलहीनोऽपि मानवः निजयाऽलौकिक्या बुद्ध्या मत्तानपि गजान्, अतिबलशालिनः सिंहान् स्ववशं नयति। सरकसनामके क्रीडास्थले मानवेन प्राणघातका अपि वन्यपशवः स्वबुद्धिप्रभावेण स्ववशं नीताः।

आधुनिके युगे यानि नूतनानि आविष्काराणि—टेलीग्राफ-टेलीफोन-रेडियो-एक्सरे-टेलीविजन-वायरलेस-एरोप्लेन-रेलवे-टैंक-टारपीडो-राकेटादीनि सन्ति तानि सर्वाणि मनुष्यबुद्ध्यैव निष्पादितानि सन्ति। अद्य मानवः स्वबुद्धिबलेनैव चन्द्रलोकं जिगमिषति। अतः एतन्निर्विवादं यत् मानवस्य प्रज्ञैव चक्षुः बुद्धिरेव बाहू इति। स बाहुभ्यामसाध्यमपि कार्यं स्वबुद्ध्या सम्पादयति। इति दिक्।

१६—प्रजातन्त्रशासनपद्धतिः

अथ किं नाम प्रजातन्त्रशासनम्? उच्यते। प्रजायाः शासनं, प्रजया शासनम्, प्रजायै वा शासनं प्रजातन्त्रम् इत्युच्यते। प्रजातन्त्रशासने खलु वस्तुतः प्रजैव राजा भवति, अतः प्रजातन्त्रसंविधानपि प्रजायाः संविधानं सम्पद्यते। प्रजया निर्वाचिताः

प्रतिनिधयः प्रजातन्त्रशासने अधिकारिणो भवन्ति । तत्र प्रजा स्वमताधिकारेण लोकसभाराजसभाप्रभृतिसंसदां निर्माणं करोति । अखिलमपि च शासन-निर्वहण-यन्त्रं स्वयमेव रचयति । प्रजैव प्रत्यक्षाप्रत्यक्षरूपनिर्वाचनपद्धत्या प्रातिनिधिसरण्या शासनचक्रं संसृजति संगृह्णाति च । योग्या प्रजा सर्वाङ्गसुन्दरशासनंशासन विधानं च निर्मिमीते अयोग्या चायोग्यम् । पाश्चात्यविशारदा अपि प्रजातन्त्रलक्षणमेवं विदधति यत् प्रजायाः प्रशासनं, प्रजायै प्रशासनं प्रजया वा प्रशासनं प्रजाशासन-मिति । "यथा राजा तथा प्रजा" इत्यासीत् प्राचां प्रवादः । परं प्रजातन्त्रे स एव न्यायः विपर्यासं भजते । 'इदानीं' तु यथा प्रजा तथा प्रजा इत्येवोचितं प्रतिभाति । प्रजातन्त्रशासनस्य तदैव साफल्यं भवितुं शक्नोति यदा प्रजाः सुशिक्षिताः शिष्टाः, धर्मपरायणाः, कर्त्तव्यनिष्ठिताः, परोपकारव्रताः, नीतिनिपुणाश्च स्युः नान्यथा ।

तदिदं प्रजातन्त्रशासनं कदा कथं वा प्रादुर्बभूव इति प्रश्नः निसर्गतयैवोदेति । पुरावृत्तानुशीलनेन ज्ञायते यत् कालानुसारं परिस्थितिवशंवदतया च नैका राज-पद्धतयः प्रचलिता यथा कुलीनतन्त्रम्, क्रूरतन्त्रम्, अल्पजनतन्त्रम्, मूर्खजनतन्त्रम्, राज्यतन्त्रम्, प्रजातन्त्रम् इत्यादीनि विविधानि राजतन्त्राणि यथासमयं प्रादुरभूवन् । एतासु शासनपद्धतिषु सर्वोत्कृष्टा प्रजातन्त्रपद्धतिरेव इत्यत्र न कस्यापि विप्रतिपत्तिः । अस्याः पद्धतेः प्रादुर्भावः इटली देश एव समभवद् इति भूयसामितिहासज्ञानां सम्मतिः । तत्र गेरिवाल्डो महोदय आसीत् यः खलु महान् कान्तिकारी अस्याः पद्धतेराविष्कर्ता चासीत् । अपरो महापुरुषस्तत्रैव प्रादुरभूत् यस्य नाम 'मेजिनी' इत्यासीत् । केचित् गेरिबाल्डी महोदयं मेजिनीमहोदयस्य प्रचारकमेव मन्यन्ते । भवतु परमिटली देशः अस्याः पद्धतेः प्रसवभूमिरिति तु निर्विवादमेव । भारतीयशास्त्रानु-शीलनेन ज्ञायते यत् इयं पद्धतिः प्राचीनभारतेऽपि प्रचलिता आसीत् । ऋग्वेदे राज्ञः प्रजातन्त्रत्वमुपन्यस्तम्—

"विशस्त्वा सर्वा वाञ्छन्तु । मात्वद्राष्ट्रमधिभ्रशत्" अर्थात् सर्वाः प्रजाः त्वां कामयन्ताम् त्वदीयराष्ट्रञ्च प्रजातन्त्रमपि स्वराज्यसंवलितं भवेत् ।

तैत्तिरीयब्राह्मणे च—

"विशि राजा प्रतिष्ठितः" ।

विशि प्रजायामेव राज्ञः प्रतिष्ठानं भवति । प्रजया निर्वाचनपद्धत्या राजा प्रति-ष्ठापितो भवतीत्यर्थः ।

स्वराज्यं हि नाम राष्ट्रस्य परमोत्कर्षधायकं तत्त्वम् । सर्वेषां स्वराष्ट्रियप्रजाजनानां सम्मत्या प्रातिनिध्यविधया प्रवर्तितं यद्राज्यं तत्स्वराज्यपदेन व्यपदिश्यते । तादृश-स्वराज्योपलब्ध्यर्थमेव जनैः प्रयतितव्यम् इति ऋग्वेदेऽपि समुपदिष्टम् । वेदे स्वराज्य-महिमा वर्णनार्थमेकमखिलं सूक्तमेव पठ्यते, तद्धि स्वराज्यसूक्तमिति नाम्ना कथ्यते । अन्यत्रापि बहुत्र स्वराज्यगुणगरिमाऽवलोक्यते—

यदजः प्रथमं संबभूव सह तत्स्वराज्यमियाय।
यस्मान्नान्यत् परमस्ति भूतम्। ऋक्।

कस्यापि राष्ट्रस्य कृते स्वराज्यसदृशमन्यत् भूतं प्रभूतं वैभवं नास्ति। एतेन ध्वन्यते प्रस्फुटं यत् प्रजातन्त्रं शासनमपि तदेवोत्कृष्टं यत्स्वराज्यसंवलितं भवेत्।

एष प्रजातन्त्रप्रसङ्गः अन्यत्रापि संस्कृतसाहित्ये दरीदृश्यते। प्रायशः वर्षाणां सहस्रद्वयी व्यतीयाय यदा राजनीतिनिपुणः कौटल्यापरनामधेयः आचार्यचाणक्यः बभूव। तेन कूटनीतिधुरंधरेण एकायत्तं नन्दवंशप्रशासनमुच्छिद्य मौर्यकूलभूषणं चन्द्रगुप्तं राज्यसिंहासने प्रतिष्ठापयामास। महान् राजनीतिज्ञः कौटल्यः चन्द्रगुप्तस्य कृते साम्राज्यधुरं निर्वोढुमर्थशास्त्रविधं लोकविश्रुतं राजनीतितन्त्रं प्रणिनाय। यत्र प्रजातन्त्रपद्धतिमेवावलम्ब्य राज्यतन्त्रं सञ्चालयितव्यमिति सर्वं सुनिपुणं प्रतिपादितम्। शास्त्रमिदं राज्यचक्रसञ्चालनौपयिकान् अर्थान् अनुबध्नाति राजाप्रजाऽनुबन्धिनः समस्तानप्यावश्यकान् विषयान् संस्पृशति। ग्रन्थरत्नमिदवलोक्य पाश्चात्या अपि नीतिविशारदा विस्मिता भवन्ति यद्भारतेऽपि ईदृशा नीतिनिपुणाः पण्डिताः समजायन्त।

अस्याः पद्धतेः दोषाः—अस्यामनेके गुणाः सन्ति दोषा अपि नैके। यदि दोषा अस्याः पद्धतेः सावधानतया न दूरीकृताः स्युः तदेयं पद्धतिरभिशापतां व्रजति। प्रथमो दोषस्तावत् दलगतबन्धनस्य। प्रजातन्त्रशासने केनापि दलविशेषेण न भवितव्यम्। प्रजातन्त्रीयनियमानाश्रित्यैव निष्पक्षपातेन निर्वाचनादिकार्यंजातं भवेत्। अधिकारिणां नियुक्तिरपि योग्यताधारे स्यात्। दलविशेषस्य शासनं न कदापि निर्दोषं भवति। एवं विधं शासनं प्रजातन्त्रस्य महान् दोषः। शासनारूढं दलं स्वपरिपुष्टये दलान्तरस्य निराकरणाय च सदैव यतते। विशुद्धप्रजातन्त्रीयशासने इमे दोषा न निर्वहणीयाः। द्वितीयो महान् दोषः अयोग्या निर्वाचकाः। निर्वाचनयोग्या एव जनाः सुयोग्यान् सदस्यान् अधिकारिणश्च निश्चिन्वन्ति। परप्रत्ययनेयबुद्धयस्तु जनाः सदैव निर्वाचनपद्धतेः कलङ्का एव जायन्ते।

प्रथम परिशिष्ट

शब्दरूपावली-अनुक्रमणिका

द्वितीय परिशिष्ट

धातुरूपावली-अनुक्रमणिका